益陽兔子山七號井西漢簡牘

上

湖南省文物考古研究院
益陽市文物考古研究所
中國人民大學歷史系
編著

上海古籍出版社

國家社科基金重點項目《益陽兔子山遺址七號井出土簡牘的整理與研究》
（19AZS004）階段性成果
「簡牘高質量整理出版工程」項目成果
「古文字與中華文明傳承發展工程」資助項目
二〇二一—二〇三五年國家古籍工作規劃重點出版項目
國家古籍整理出版資助項目

前　言

簡牘高質量整理出版工程，是全國古籍整理出版規劃領導小組主持，中國學術界、文化界、出版界共同推進實施的一項重大文化工程，旨在高水平集成刊布、高質量系統整理簡牘文獻。《益陽兔子山七號井西漢簡牘》爲工程的重點項目。

一、緣起

兔子山遺址位於益陽市赫山區三里橋社區，蘭溪河與資江交匯處一座東北—西南走向的山崗上，山崗名鐵鋪嶺。遺址於一九七八年發現，益陽文物部門多次試掘，認定遺址爲戰國至漢代益陽縣治所在，一九九七年公布爲市重點文物保護單位，二〇一九年獲批爲全國重點文物保護單位。遺址平面呈長方形，東西寬400米、南北長300米。

益陽縣地處湘西北與長沙地區的交通要衝，現在析分爲益陽市赫山區和資陽區。益陽是湖南歷史上最早設置的縣份之一，荆門包山二號墓簡83號「益陽公」是楚國益陽縣之縣公[一]，兔子山遺址九號井簡牘明確了兔子山遺址是楚益陽（縣）公治所[二]，其後秦漢沿襲楚國的益陽縣設置，里耶秦簡8-147等記載有「益陽」[三]，《漢書·高帝紀》記載漢高祖五年（前二〇二年）「以長沙、豫章、象郡、桂林、南海立番君芮爲長沙王」，益陽是長沙國轄縣。

長沙易盛達置業有限公司獲得鐵鋪嶺區域開發權，二〇一三年春，益陽市文物考古研究所（當時是益陽市文物處）開始勘探和發掘，五月二十八日三號井發現簡牘，湖南省文物考古研究所受湖南省文物局委托主持後續工作，發掘持續至當年十一月。發掘面積1000平方米，清理古井十六口，灰坑五十六個，灰溝七條，房屋建築遺存九處。出土大量板瓦、筒瓦、瓦當、大型空心磚、方形花紋磚、陶瓷器、木漆器、金屬器、動植物標本，其中十一口井出土簡牘。本書是七號井的發掘和收穫。

七號井（J7）位置在兔子山遺址西北部，鐵鋪嶺地勢最高處，現存井口海拔高度41.83米，發掘時井口清晰地顯現在第四紀網紋紅土層上。井口平面呈圓形，結構爲筒形土坑直壁，井壁光滑，井口直徑1.2米，現存深度7.5米，出土文物有陶器、金屬器、簡牘及動植物遺骸。

七號井開鑿時間必早於紀年簡中最早的漢高祖十一年，使用、廢棄的時間應當與簡文記録最晚的時間相當，出土的高領圜底罐特徵明顯，製作時間可能在楚國晚期。空心磚、板瓦、筒瓦、瓦當等建築材料與簡牘文書可以證實西漢初年益陽縣衙署仍在此處。

[一] 湖北省荆沙鐵路考古隊：《包山楚墓》圖版一二六，文物出版社，一九九一年。黄錫全：《〈包山楚簡〉釋文校釋》，中國古文字研究會第九届學術研討會論文，一九九二年。黄錫全：《〈包山楚簡〉部分釋文校釋》，見《湖北出土商周文字輯證》，武漢大學出版社，一九九二年。

[二] 湖南省文物考古研究所、益陽市文物管理處：《湖南益陽兔子山遺址九號井發掘報告》，載湖南省文物考古研究所編《湖南考古輯刊》（第十二集），科學出版社，二〇一六年，第一二九—一六三頁。

[三] 湖南省文物考古研究所編著：《里耶秦簡（壹）》，文物出版社，二〇一二年。

二、簡牘形制内容簡述

（一）簡牘概況

經過清洗、紅外綫掃描後統計，七號井出土簡牘2600餘枚，目前保護整理工作基本完成。

簡牘出土時情狀欠佳，殘、裂、斷現象嚴重，完整簡牘僅百十枚。形制長寬不一，簡材製作粗糙，形制規範的完整簡牘長約23厘米。有多面書寫的殘觚數例。楬類頂部有鑽孔，上端平直或呈舌狀弧突，畫有網格圖案或徑直塗黑，或兩者兼具。竹簡存在編聯關係，多是單行書寫，内容以簿籍類爲主，復原難度較大。保存較爲完好的木牘正背面書寫，行數多者可四五行，形成完整的單篇文書，記録行政事務。這批簡牘中更多的是削衣，削衣大小、厚薄各異，有削改文字的遺留，更多是習字時邊練習邊削除所致。

大家共同努力，完成綴合86組。同一層位的殘簡綴合情況較多，也有跨層位綴合的事例，有兩枚至六枚殘簡殘片綴合者（如J7⑦309+J7⑦308、J7④19+J7③36+J7③125、J7⑤壹186+J7⑤壹256+J7⑤壹387+J7⑤壹262+J7⑤壹260+J7⑤壹324）；個别削衣可綴合（如J7②98+J7②111、J7⑦725+J7⑦163），亦有圖畫圖案類的削衣綴合者（如J7③60+J7③81）。

有紀年朔日干支的簡文對研究秦末漢初的曆法很有助益，西漢初年吴姓長沙國采用漢朝廷紀年，簡牘紀年集中在漢高祖十一年至高后四年（前一九六—前一八四年）。考古發現的簡牘棄置於井窖中，出土時雜亂無序，有序堆積極其罕見。年代較早的資料棄置在下，年代稍晚的資料堆積在上，七號井資料是難得一見的例證。同一層位紀年信息有殘缺的資料，可由紀年明確者推定其年代，同層位簡牘年代確定可以更好地理解簡牘内容。不論是從紀年簡看，還是從相關内容看，可以確認這批資料是漢初長沙國屬縣益陽縣署的文書遺存，以縣署經辦的各類文書爲主體，有少數幾通私人書信。簡牘年代與里耶秦簡相去十餘年，時代相連，銜接緊密，其形制、公文格式繼承了秦朝的制度。

（二）長沙國的行政建制、官吏設置

漢高祖五年，「以長沙、豫章、象郡、桂林、南海立番君芮爲長沙王」。象郡、桂林、南海三地爲虚封，其地由南越趙陀實際控制。有學者以爲漢郡成爲王國疆域後，國都所在之郡應改稱内史，故漢初的長沙國實有（長沙）内史及武陵（支郡）兩地，其前身即里耶秦簡中的蒼梧郡、洞庭郡，都臨湘。高祖五年或高后七年（前一八一年）又從内史地中析置桂陽郡，這種格局一直延續至漢文帝后元七年（前一五七年）——吴姓長沙國除。以上觀點是基於傳世文獻立論，考古方面的證據相對薄弱。七號井簡牘資料對於上述論斷有驗證、補充之功用。

漢初長沙國有内史而無長沙郡。簡文「丞相府、内史府、中尉府」或「丞相府下内史府」等（J7⑥7、J7⑦48）即是例證。簡牘「少内書二月甲午朔：日，内史杲告中尉、武陵守昌行御史」（J7④110），擔任長沙國内史的「杲」首次出現在研究者的視野中；「武陵守昌」，可以有兩種解釋：一作武陵郡守「昌」解，一作武陵守令「昌」解，作「守令」解是指代理縣令。遵從簡文語意，以理解作武陵郡守爲宜：下行文書的接收者之中尉之職是王國高官，與之同時出現的應是同級别官吏即郡守，與其後的「行御史」相匹配。據虎溪山漢簡「故沅陵在長沙武陵郡」，至遲在高后元年（前一八七年）武陵郡已存在。

桂陽郡的設置，可見以下簡文：

五年七月庚辰朔丙申，内史陽謂觀川、桂☑

鞫便、荼陵、郴采錫，西山，昭陵，泠道嗇夫□☑　　J7⑦305

簡文所見「五年七月庚辰朔丙申」，是漢惠帝五年七月；「桂」字下殘斷，因「觀川、桂陽」多次出現（J7⑦325、J7⑦358），推知「桂」下殘字當爲「陽」，即桂陽；觀川、西山地望不詳，其餘各縣是桂陽郡屬縣；武帝時泠道、昭陵改隸零陵郡，漢平帝時又置昭陵侯國；簡文所見「采錫」，即采錫官，與文獻所見「長沙出連、錫」、桂陽郡有「金官」的記載相合。從文書運作程序分析，是內史徑自下文給桂陽等金官及昭陵、泠道等縣道長吏，上述諸縣、官當爲內史轄地。桂陽郡惠帝五年時仍不存在，高帝置桂陽郡之説不能成立。桂陽郡之設當如周振鶴所言：「疑呂后七年分長沙內史置。」文帝元年（前一七九年）賜趙佗書中有「南郡」語，而此「南郡」當指長沙國之南邊郡，而呂后七年正是南越攻打長沙國邊境之年。

長沙國國都在臨湘，是學界的共同認識。簡「☐☐廷下長沙令秩☐」（J7⑦48正），若將此「長沙」理解爲長沙縣的話，則里耶秦簡「長沙」（7-11）與此處「長沙」「臨湘」的關係值得探討，長沙、臨湘是一地之先後地名，還是同時存在的兩個縣？

長沙國設丞相、御史、中尉、郎中、少內等官，地方設內史或郡守，諸縣設令長（嗇夫），與封泥、璽印所見資料可相互印證。

簡文中「丞相蒼」出現兩次（J7⑤壹170、J7⑦320+J7⑦391）。「丞相蒼」只能是以長沙國丞相封侯的軑侯利蒼（傳世文獻或作「黎朱蒼」），即長沙馬王堆二號漢墓的主人。

益陽常見職官有令（嗇夫）、丞（守丞、行丞）、尉、少內（嗇夫）、喪尉及令史、小史等，另有髳長、校長；縣廷分曹理事，有倉曹、户曹、吏曹、尉曹、（獄）東曹、（獄）西曹等。作爲長沙內史轄地的益陽，有學者以爲秦時屬於洞庭郡，秦漢時的益陽城，就在今天的兔子山遺址。兔子山遺址現存規模400平方米，這也是秦漢縣治的一般規模。

綜合簡文可知，益陽下轄四鄉：都鄉、上資鄉、下資鄉、溈陵鄉（或省寫爲溈鄉），鄉設嗇夫。都鄉是縣城周邊區域，上資、下資因資水而得名，溈陵因溈山而得名。諸鄉之下設有亭，有溈陵亭、兼亭等；鄉下設里，有成里、黄里（屬溈陵）、莊里等里名。

（三）益陽縣行政運作舉要

選取相對完整的簡文數例，據具體的事務簡略探討長沙國益陽縣行政。

● 例一　或遝：下資鄉恒徙爲陽馬鄉嗇、佐信爲尉史書。

　　七年七月戊戌朔丙寅，西曹史萔移吏曹，可

　具寫移，須以驗獄，勿留，它如律令。（正）

　萔手。（背）

J7⑥6

「或遝」是遝書類文書的起首辭。「遝書」通常理解爲傳喚書，傳喚當事人或證人到相關機構接受訊問。就這份文書及其他簡牘內容分析，它還具有申請傳送文書材料的功能。恒與信可能是下資鄉人或在下資鄉爲吏，前者徙爲陽馬鄉嗇夫，後者徙爲尉史。七年七月戊戌朔，是惠帝七年七月，丙寅爲二十九日。東西曹設置於三公府，郡國縣道無東西曹，此處的西曹應是獄西曹的省稱。西曹（也包括上文提到的東曹）負責縣內與法律相關的事務，吏曹負責與人事相關的事務。此牘大意是說，獄西曹請求吏曹寫移恒、信的職務調動文書，以便進行有關案件的處理（須以驗獄），屬於曹與曹之間的平行文書。「勿留」，即不得留遝，需盡快送付，其餘按律令行事。

● 例二　四月乙巳，益陽丞梁告溈陵鄉主，寫下，書到定

　當坐者名吏里、它坐，遣詣獄。以書致署西☐（正）

　勿留☐它如律令。（背）

J7⑦307

據七號井同層位簡牘紀年相同或相近的規律，這枚竹牘可能是惠帝四年四月物，乙巳爲十九日。這是益陽下發給溈陵鄉的文書，溈陵鄉收到文書後，需確定坐罪者的姓

名、身份、所居之里及其他罪錯等信息，然後將其遣送至獄，同時通告獄西曹。可據文例(J7⑦319+J7⑦321)補出「當坐者名吏里、它坐，遣詣獄」。里耶簡中多作「名吏里、它坐、訾/貲，遣詣廷/獄」，表述文字略有不同，內容、性質相同。值得留意的是，簡文反映了訾/貲刑的存廢變化，睡虎地秦簡及里耶秦簡中，貲罰作爲輕刑普遍存在，張家山漢簡中貲刑多被罰金刑取代。七號井資料與張家山漢簡相關內容趨於一致(J7⑦330)，習見的公文用語也相應發生改變。

● 例三　四年四月丁亥朔丙申，都鄉守𦉜敢言之：倉變、髳長區爲

縣使漢長安長沙邸。自言與私奴婢偕，牒書所與

偕者三人，(人)一牒，署奴婢主•者名于牒上，謁告過所縣，即(正)

乏用，欲賣聽爲質，敢言之。/四月丁酉，益陽夫移過所

縣，長安市，令史可聽爲質，它如律令。/處手。

辰手。(背)

J7⑦3

簡文中雖然没有「傳」或「致」的自名，可以確定是與「傳」「致」相同的通行憑證。四年四月丁亥朔，是惠帝四年四月(前一九一年)，丙申爲初十日。倉吏變、髳長區因公出行至長安，當入住設立在長安城的長沙(國)邸。文書的特別處在於，當變、區用度不足時，可在經行之地質賣同行的私奴婢，「欲賣聽爲質」。「益陽夫」當是J7④7所見的「益陽令夫」，「夫」並未直接處理這份文書，而是由「處」代爲批示的，這是迄今爲止考古發現的年代最早的通行文書。其意義並不僅僅局限於通行，對認識「質錢」等法律術語的內涵、私奴婢究竟是人還是物的法律屬性有所助益，也對認識漢代公文書生成的簽署與批示具體過程有益，更重要的是它打開了重新審視郡國並存體制特質的視窗，是了解秦漢統一國家體制行政運作的具體例證。

● 例四　☑□亥，敬再拜獻書多問公孫佩毋恙。秋時不利御前者，得毋有所不安。大□□□□夫□獻書□□，僕願以身□

君且受□□丞主〓□方□□不得。/僕有非敢上書君也，願王孫匄、公孫佩□獲之，因敢言道之。過□再拜，多問兩公孫。(正)

☑也，敬再拜道之。(背)　J7④30+J7④43

此簡是私人書信，大體保存完整，長約46厘米，寬1.5厘米。參照里耶秦簡書信，簡首殘缺之字可能是時間(即某月某日)。「再拜」「多問」「毋恙」等是書信習見客套用詞。「獻書」同里耶簡中的「進書」(8-2084+8-661)，是奉上或呈上書札。因收信者的身份等級不同而用詞略有差别，與「獻書」令關係不大。「御前者」或指「公孫佩」，揭示收信者的身份可能是長沙王的近侍。書信中的「公孫」「王孫」可能特指原六國王室貴族之後嗣，「王侯内外孫也」，也可能是當時人稱對方的客氣用詞，如漂母稱窮蹙之時的韓信爲「王孫」。

以上所舉簡文，可供今天的人們了解西漢初年長沙國益陽縣公文書、私人書信的大致面貌，是當時縣鄉基層文書行政的具體呈現，與里耶秦簡展現的文書行政一脈相承。

(四) 益陽縣學童以吏爲師

簡牘中數量居多的削衣，小部分是書寫錯誤刮削的薄片，多數是練習寫字削後遺留，是習字簡。現有的研究多依據西北地區出土的西漢中晚期資料，七號井資料的年代是西漢初年，將研究的可能向更早的的年月拓展。邢義田指出，漢代邊塞的軍中教育體現在「(1)練習寫字的簡牘，(2)字書《蒼頡》或《急就》篇，(3)九九乘法表簡」。這

樣的教育内容不僅僅局限於軍隊中，或者説軍中教育的内容更可能是學在官府，是當時社會生活教育活動的體現。七號井中「練習寫字的簡牘」雜錯紛紜，除爲數甚多的削衣外，大小、長短、形制不一的各類殘簡之上多留有稚拙的字迹，是習字的墨迹。廢棄簡牘用來習字，是資源的再利用。練習的具體内容或是筆畫，或是單字，或是干支，或是地名，或是圖畫，如J7③60+J7③81等。簽、楬等上端畫出狀如網格的圖案，也需要練習。對初學者而言，所在地的地名、各級官府及機構名稱，必然是反復練習的内容。舉例如下：

内史史

内史府内内益益陽（正）

益陽益陽丞□（背）　J7④20

西曹發

廷廷獄西曹

獄（正）

西曹發敢言之（背）　J7⑥11

J7④20所見的「内史」或「内史府」，是益陽縣的上級管轄部門，與益陽縣文書往來頻仍；J7⑥11所示文字是益陽縣的機構名及公文語。習字者可能是學童，也可能是在縣署工作的小史，這些文字是習字者迫切需要熟悉掌握的，和里耶簡中的「遷陵」、居延簡中的「居延」相近，所習之字多具有地域色彩。習字簡呈現出某種學習的共性：起初以所在地的地名、職官、辦理的公務爲學習内容，務求實用。若把干支、地名及公文用字的練習視作初階，依據字書學習書寫是轉進更高的階段，如：

騩駈騂（騂）□騏驥騅駱魁隗魏□□匱☒（正）

牛羊羊牛牛牛牛☒（背）　J7①1

正面書寫較工整，背面書寫粗陋樸拙，筆迹風格有異，不像是一人所寫。内容有純粹駁雜之分，正面文字大致四字一句，義近字並列，聲符相同字比鄰，前兩句是不同顏色的馬匹名稱並列。阜陽漢簡《蒼頡篇》中有「黚黶黯黮」（C033）等字句，以類相從，把單字集中排列在一起。考慮到這重相似性，我們認爲J7①1正面文字抄録自當時流傳字書，是字書的佚文，或許即《蒼頡篇》佚文，也可能是習字者根據通行字書而自行組合的文字。推論的另一依據是相似内容亦見於《急就篇》「騂騩騅駮驪騮驢，騏驍馳驟怒步超」。

文字書寫外，初學者必須掌握基本的運算技能。「九九表」可見十餘枚，均殘損嚴重，殘片存留一兩句九九術的内容；由三枚殘簡綴合的J7⑤壹328+J7⑤貳27+J7⑦41，相對完整，正面存六欄，始於「七九六十三」，終於「二參而六」，其餘每欄四句；背面一欄，殘存字迹爲「二＝而四、一＝而二、二半而一」，可復原全牘，見其完整形制。

漢初益陽縣署遺址殘簡所見的學童學習内容，與西北屯戍遺址所出漢簡記録的軍中教育（書寫者的學習經歷可能完成在戍邊之前的少年時期）可互相印證，使我們重新思考以吏爲師的問題。以吏爲師作爲普遍施行的教育方式由來有自，戰國以降法家學派即主張此辦法。秦末李斯在提出焚書建議的同時，禁止以詩、書爲教授内容的（儒家）私學教育，提倡「若有欲學者，以吏爲師」，官家推行，學在官府即必然之事。秦内史之地存在學室當無異議，邢義田推測郡縣也存在學室，里耶秦簡所見始皇二十六年

（前二二一年）的「學佴」資料，可證成其説。里耶秦簡14-18、15-172所載爲關聯之事：前者是遷陵縣令向學佴發問，後者是學佴對縣令發問的答覆。發問、答覆在同一天，可知秦時縣道官設有學校或學室，且設置在官府附近或官衙内。

學室、學佴之外，必有學童，有學童則當有學童名籍。J7④3、J7④107有「益陽學童成里」「益陽學童熊☒」，可能是依據既有的名籍抄録練習。學童名籍先記録籍貫（益陽）、身份（學童），接着記録鄉里（成里）、姓名（熊）。遷陵縣令要求學佴協助確定逃亡學童的「名吏（事）里」，即姓名、身份、籍貫等信息；綜合七號井所見學童名籍，可以得知學佴掌握着學童的身份信息。「令教以甲子算馬大桊」（15-146），或許就是學佴教授的内容：甲子、算似指干支表、九九表，這些内容與漢簡習見的「能書」「會算」考核標準相契合。

里耶秦簡和七號井簡牘，符合「知律令」這一要求的資料罕見。不是説里耶或七號井中没有與律令相關的記載，而是説相關律令條文是否就是教學内容無法斷定。較之能書、會算這些初級知識而言，律令學習可能是吏專精的教與學行爲；張家山漢簡所見史、卜、祝之教育，帶有專門色彩。《史記》記載趙高「故嘗教胡亥書及獄律令法事」，從知識教授層次看，由基礎的書寫開始（書），漸進而學習法律條文（獄律令），然後參與司法實踐（法事）。這種循序漸進的教育學習，與學書、會算有别，屬於較高層次的學習。

綜上所述，可以認爲秦及西漢初期的以吏爲師，是指著籍在册的學童先跟隨官吏學習書寫、計算等基礎知識，然後學習律令等吏專業的内容。不論是基礎所學，還是高層次所學，均與實務操作密不可分。或許還有如「爲吏之道」的説教内容，但與儒家所提倡的詩、書之教有别。

兔子山七號井、走馬樓八號井、兔子山三號井，對應着吴姓長沙國時期、劉姓長沙國初期及劉姓長沙國晚期的歷史，西漢王朝長沙國由此歷程完整，縣鄉基層社會的行政運作、民衆生活姿彩畢現。七號井簡牘可能是考古發掘出土殘損最嚴重的資料，對其初步梳理及解讀，了解漢初吴姓長沙國的歷史，作爲資料證據鏈的一環，意義不限於益陽一縣或湖南省境，可以據此推知大一統的中華文明發展之途徑，漢承秦制之初，中央王朝與郡國、郡國與縣鄉、吏員與民衆層級相因的關係，獲知西漢初年其他郡國縣的基層行政管理和社會萬象。

兔子山簡牘整理保護工作在郭偉民、顧海濱、高成林等院領導的支持下有序開展，張春龍、楊先雲負責兔子山簡牘整理工作，荆州文物保護中心承擔兔子山簡牘保護工作。兔子山七號井簡牘釋文由張春龍、楊先雲完成，張忠煒等參與修訂釋文。

進入編輯審稿環節，顧莉丹女史細緻設定各階段的工作和完成時間，規範文稿，重新排定圖版，在此深表謝忱。

張春龍　張忠煒

凡　例

一、收録範圍：收録益陽兔子山遺址七號井（J7）出土的簡牘2 600餘枚。

二、編號：簡牘編號以出土層位自爲起訖，圖版標明簡牘出土編號。部分編號的簡牘是無字簡，確認後剔除，故編號不完全聯屬。第五層有兩處簡牘相對集中，分兩組提取，出土編號以「⑤壹」「⑤貳」標明，如⑤壹406，是第五層第一組的第406簡。

三、圖版：彩色圖版包含兩部分：一部分是飽水狀態拍攝，一部分是脱水後拍攝；有幾支簡牘因保存不佳無法拍攝彩照，缺少彩色圖版，該部分排入紅外綫圖版，以保持圖版的完整性，亦方便讀者參看。黑白圖版采用未脱水之前的紅外綫掃描圖片。全部圖版與簡牘原物呈1∶1比例。

四、綴合：少數簡牘、削衣可以綴合者，綴合殘片不另出圖版，歸置於先出現的層位編號。明確是同一簡而茬口不密合者，綴合圖片略留空隙，譬如④19+③36+③125，三片殘片是同一簡，綴合圖版歸入第三層。具體綴合情況請參看附表。

五、釋文：爲了方便閱讀和翻檢，釋文附於上下兩册每簡圖版之後，不再另出。釋文采用通行字，異體字（主要是非常見字）、假借字、脱文、衍文、合文、重文等一仍其舊；原簡符號如「·」「/」「=」「∠」「○」等均照録，並加以規範；正、背、側面均有文字時，釋文括注正、背、側加以區分；圖形標識爲「圖案」，不描摹。

六、不能辨識之字以「□」表示，一字一「□」；簡文模糊不能確定字數者以「……」表示；斷茬以「▨」表示；凡筆畫殘缺但能補定的字，在補定文字外加「[ ]」；簡牘表面被删削處以「⊠」表示。

總目録

上册目録

彩色圖版

第一層

⿰馬龍⿰馬氏⿰馬羊□騏⿰馬貴騅駱⿰鬼攵隗⿱⿰丰丰鬼□□匱⧄

①1正

牛羊羊牛牛牛牛牛⧄

①1背

三□□□□朔□□□益〔年〕年禾

……

①2+④47正

□□□

①2+④47背

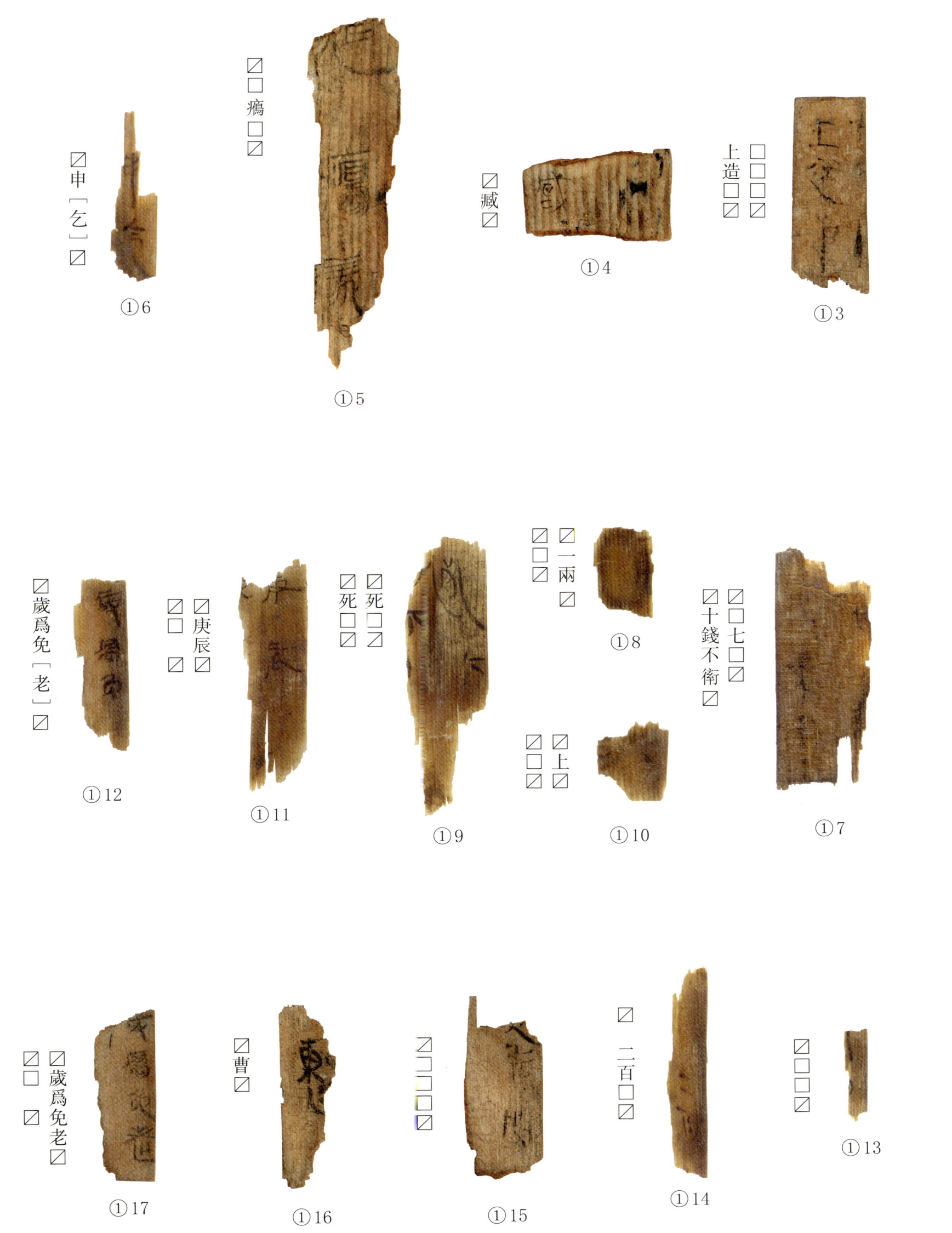

□□□☒
上造□☒

①3

☒臧☒

①4

☒□瘍□☒

①5

☒申［乞］☒

①6

☒□七□☒
☒十錢不衛☒

①7

☒一兩☒
☒□☒

①8

☒上☒
☒□☒

①10

☒死□☒
☒死□☒

①9

☒庚辰☒
☒□ ☒

①11

☒歲爲免［老］☒

①12

☒□□☒

①13

☒ 二百□☒

①14

☒□□□☒

①15

☒曹☒

①16

☒歲爲免老☒
☒□ ☒

①17

☒☐☐☐☐☐
☒☐☐☐益陽
☒☐☐☐☐☐
☒☐☐☐☐☐

①18正

☒☐☐

①18背

☒☐☒

①22

☒☐ ☒
☒責☐☐☐☒
☒發☐令☒

①19正

☒☐☐☒
☒☐☐☐☒

①19背

☒☐

①24

☒☐☐☐☒

①27

☒☐☐☒
☒☐☐☒

①20正

☒☐☐☐☐☒
☒……☒

①20背

☒三年七月辛亥［朔］☒
☒☐數賦☒

①29

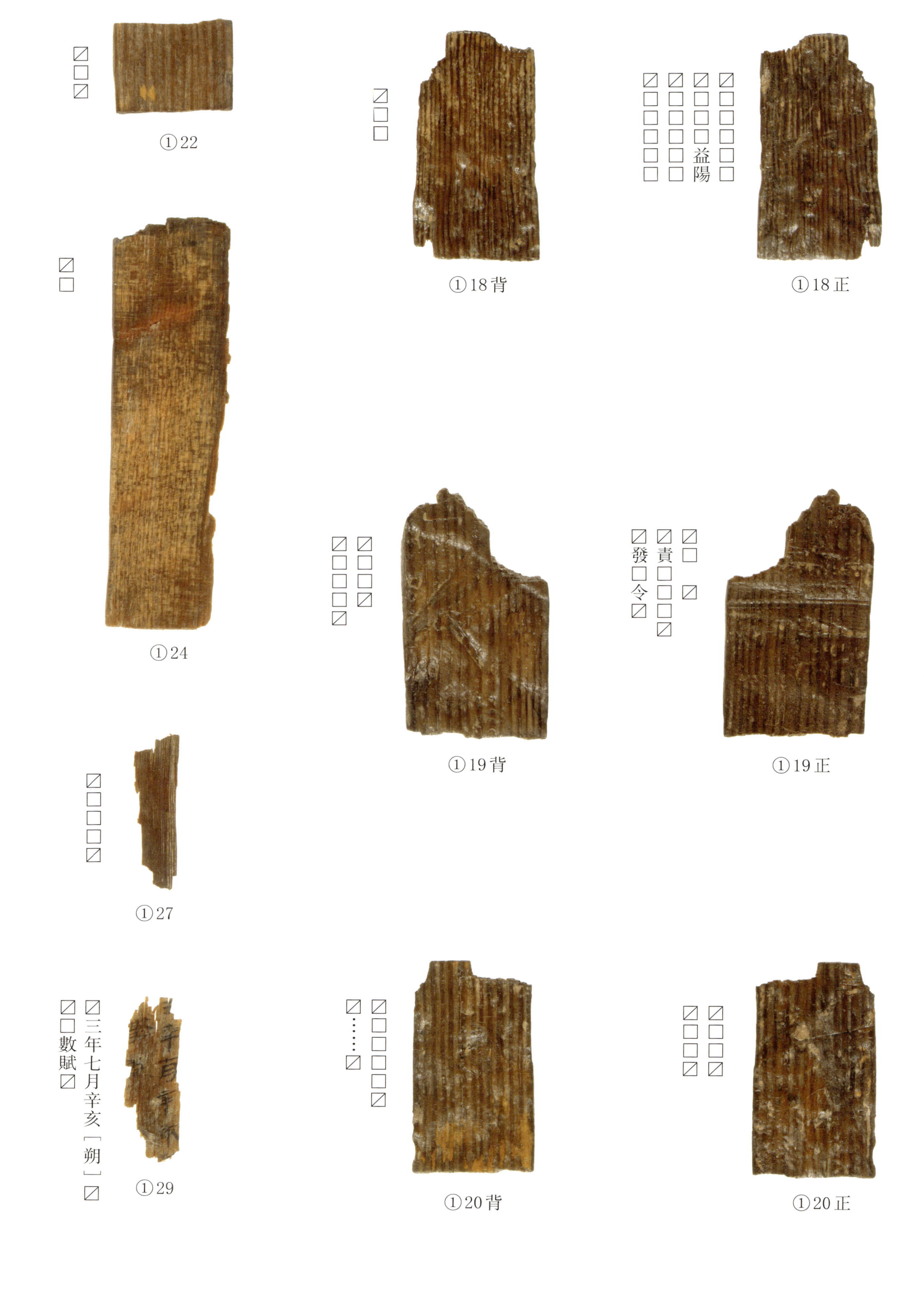

第二層

▨□□□□□

②1

垣廿六人 ▨
□□□□［人］▨

②2

三年六八月［庚］▨

②3

▨□□二 ▨

②4

▨□［金］□▨

②5

▨可二百一十□▨

②6

▨［癸］亥倉［辯］▨

②7

□當［陽］□□［益］［陽］▨

②10

各吏▨

②11

▨□□□□□▨
▨□……▨

②8

▨□□□□□▨

②9

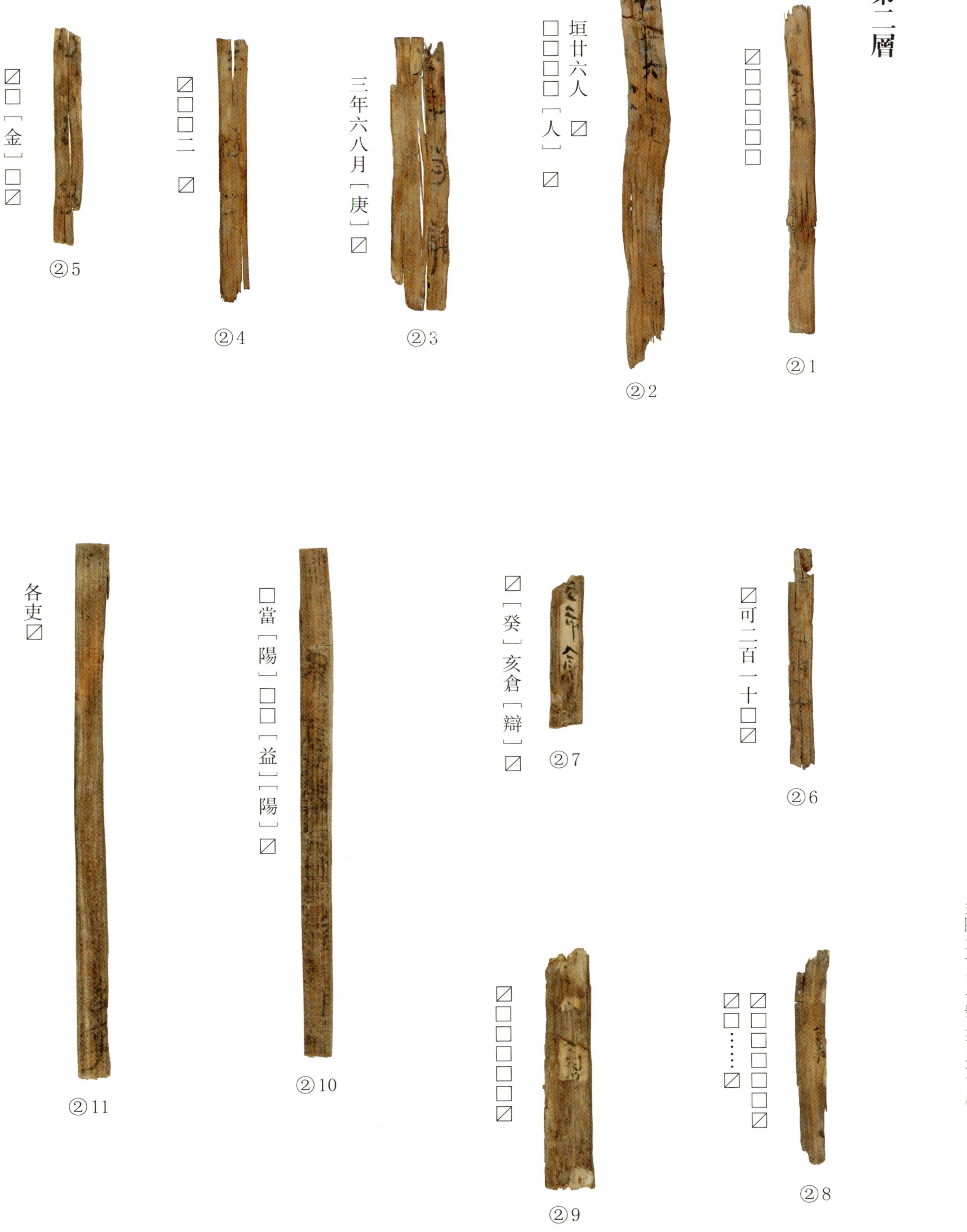

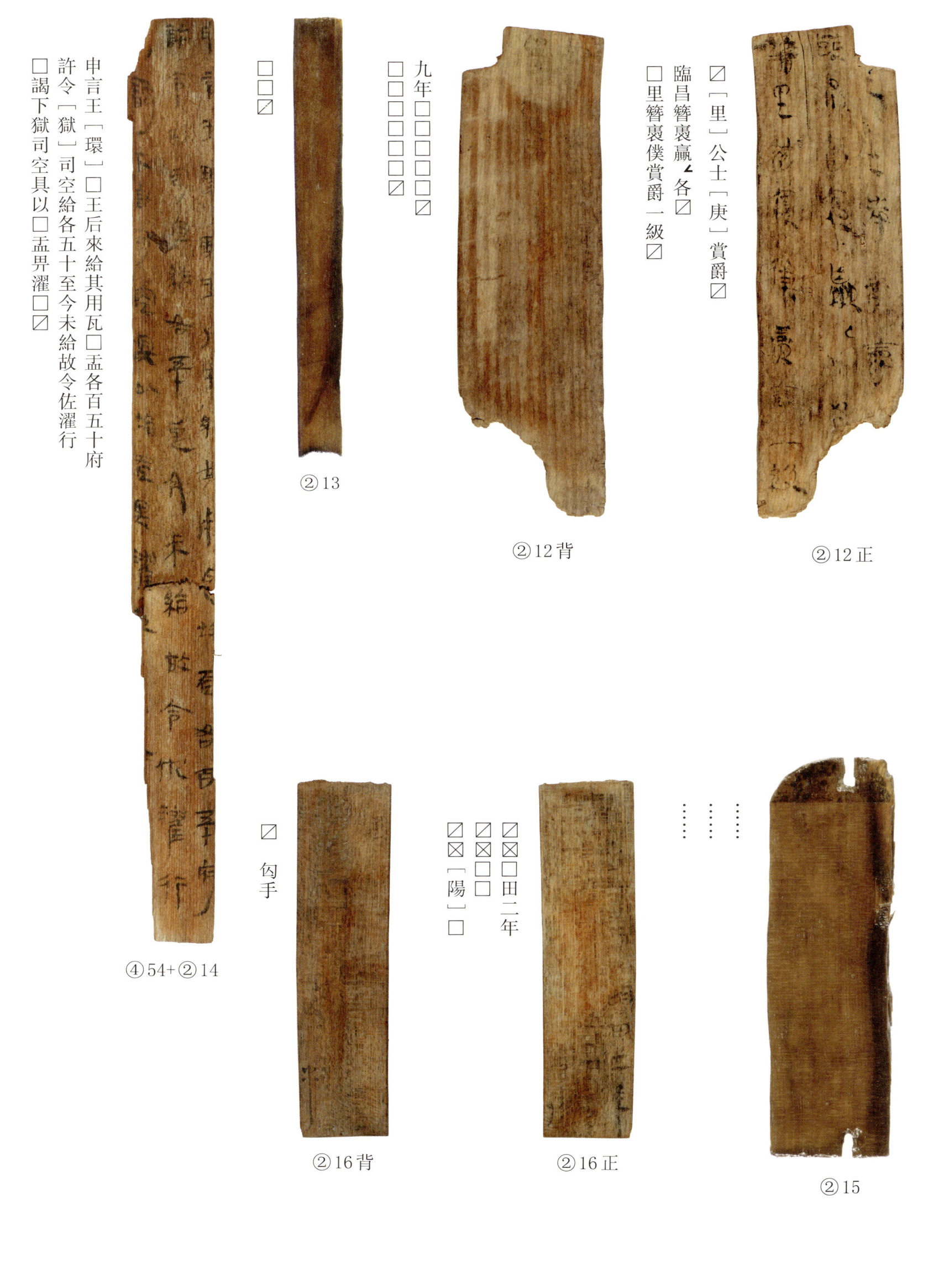

☐［里］公士［庚］賞爵☐
臨昌簪褭贏ㄥ各☐
□里簪褭僕賞爵一級☐

②12正

九年□□□□□☐
□□□□□☐

②12背

□□☐

②13

申言王［環］□王后來給其用瓦□盂各百五十府
許令［獄］司空給各五十至今未給故令佐濯行
□謁下獄司空具以□盂畀濯□☐

④54+②14

……
……
……

②15

☐☒□田二年
☐☒□□
☐☒［陽］□

②16正

☐ 勾手

②16背

②17

☒今餘

②18

☒□□□言　☒
☒□　☒

②19正

☒器□□□☒

②19背

☒足足□□☒
☒　□敬☒

②20

•小男二□☒

②21正

☒章章

②21背

☒……
☒長其章

②22

☒□戌倉辯敢言☒

②23正

☒□敢　☒
☒□　☒

②23背

☒　▌兩　☒

說明：背面有分欄痕迹。

②24正

☒益陽☒

②24背

☒益陽☒

②25

☒［潙］陵☒

②26正

☒□□□□☒

②26背

☒　□□☒

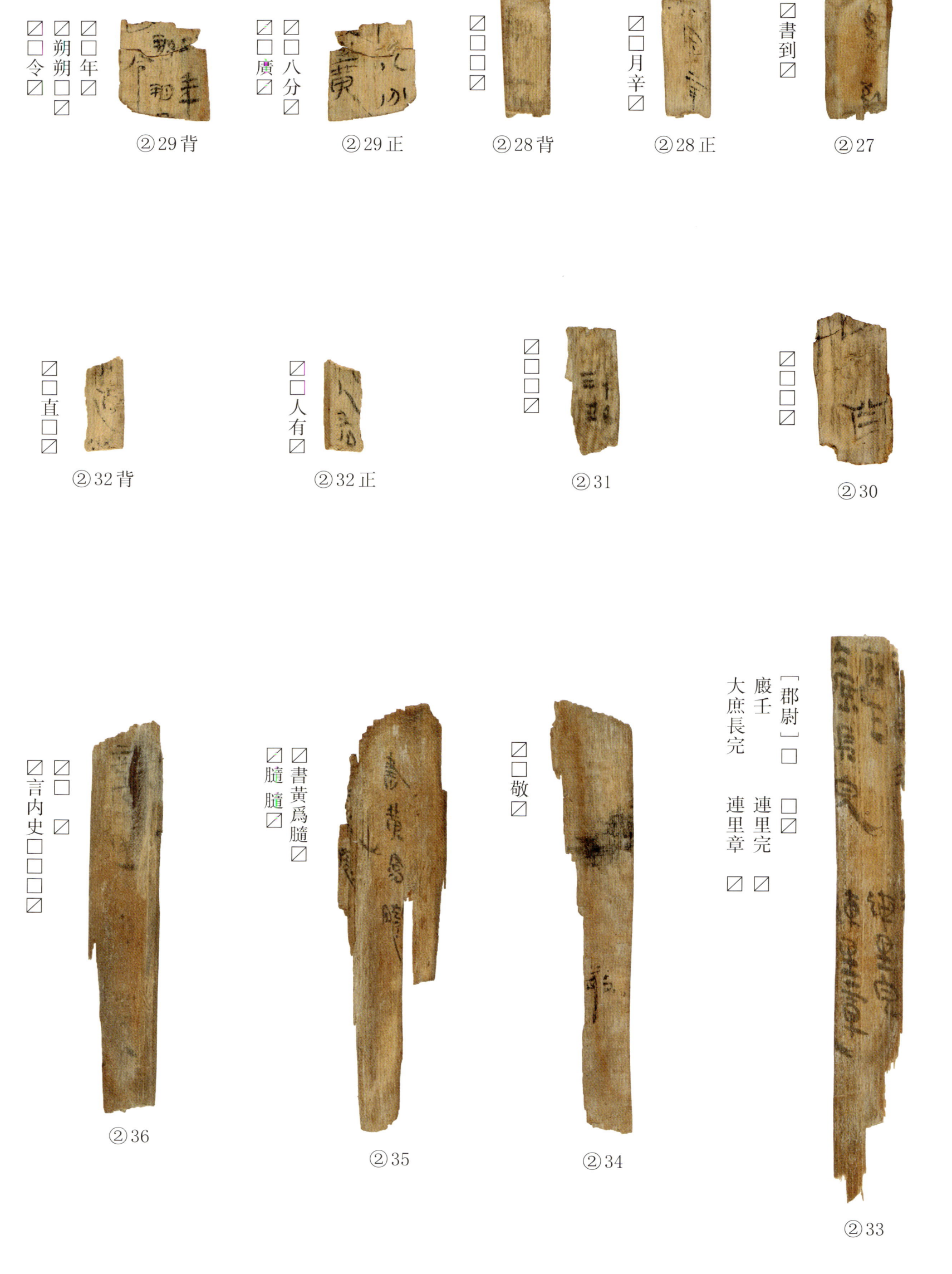

⧄書到⧄

②27

⧄□月辛⧄

②28正

⧄□□⧄

②28背

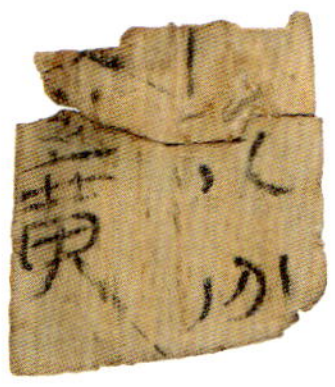
⧄□八分⧄
⧄□廣⧄

②29正

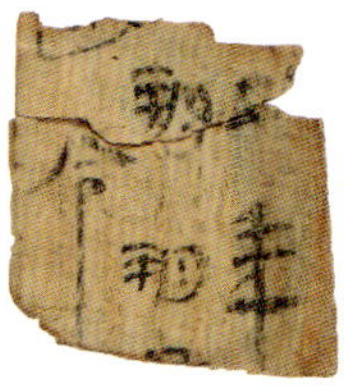
⧄□年⧄
⧄朔朔□⧄
⧄□令⧄

②29背

⧄□□⧄

②30

⧄□□⧄

②31

⧄□人有⧄

②32正

⧄□直□⧄

②32背

［郡尉］□　□⧄
廄壬　連里完　⧄
大庶長完　連里章　⧄

②33

⧄□敬⧄

②34

⧄書黃爲牘⧄
⧄牘　牘⧄

②35

⧄□　⧄
⧄言内史□□□⧄

②36

☒（虎頭圖案）☒

②37

☒□謂予錢千六須以☒

②38

三年益陽 ☒

②39

□年 ☒

②40

☒鋏幭☒

②41

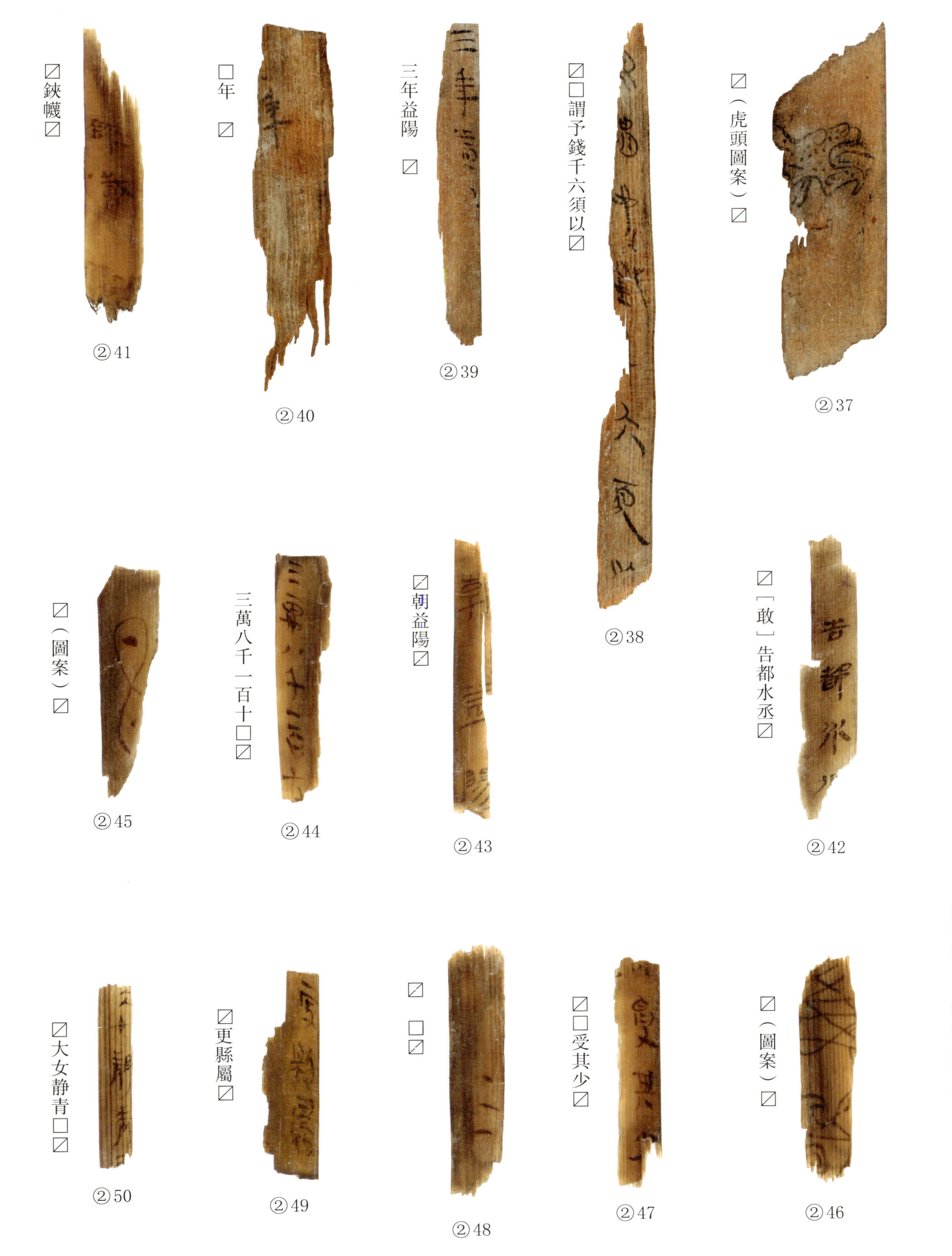

☒［敢］告都水丞☒

②42

☒朝益陽☒

②43

三萬八千一百十□☒

②44

☒（圖案）☒

②45

☒（圖案）☒

②46

☒□受其少☒

②47

☒ □☒

②48

☒更縣屬☒

②49

☒大女静青□☒

②50

☒凡［笥］㇏☒

②51

僕☒

②52

☒□里旁籍［曰］☒

②53

☒□□□☒
☒□律令☒

②54

☒矦□☒

②55

☒里□☒

②56

☒（圖案）☒

②57

三年益陽□☒
□□□□☒

②58

☒□□□□□☒

②59

☒乙乙

②60

□ ☒

②61

☒月辛亥朔☒
☒……☒

②62

☒發［弩］□☒

②63

☒書到言☒

②64

☒□□□☒

②65

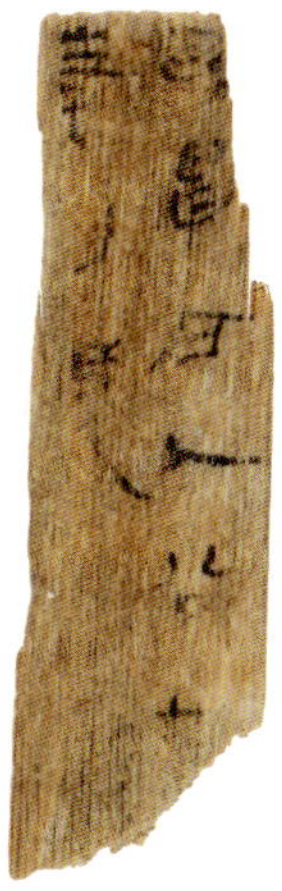
臨昌户人公士☒
妻［曰］□☒

②66

☒［見］論□☒
☒田＝移☒

②67

☒徒三人☒

②68正

②68背

説明：正面有墨綫分欄，背面右側有一組墨道。

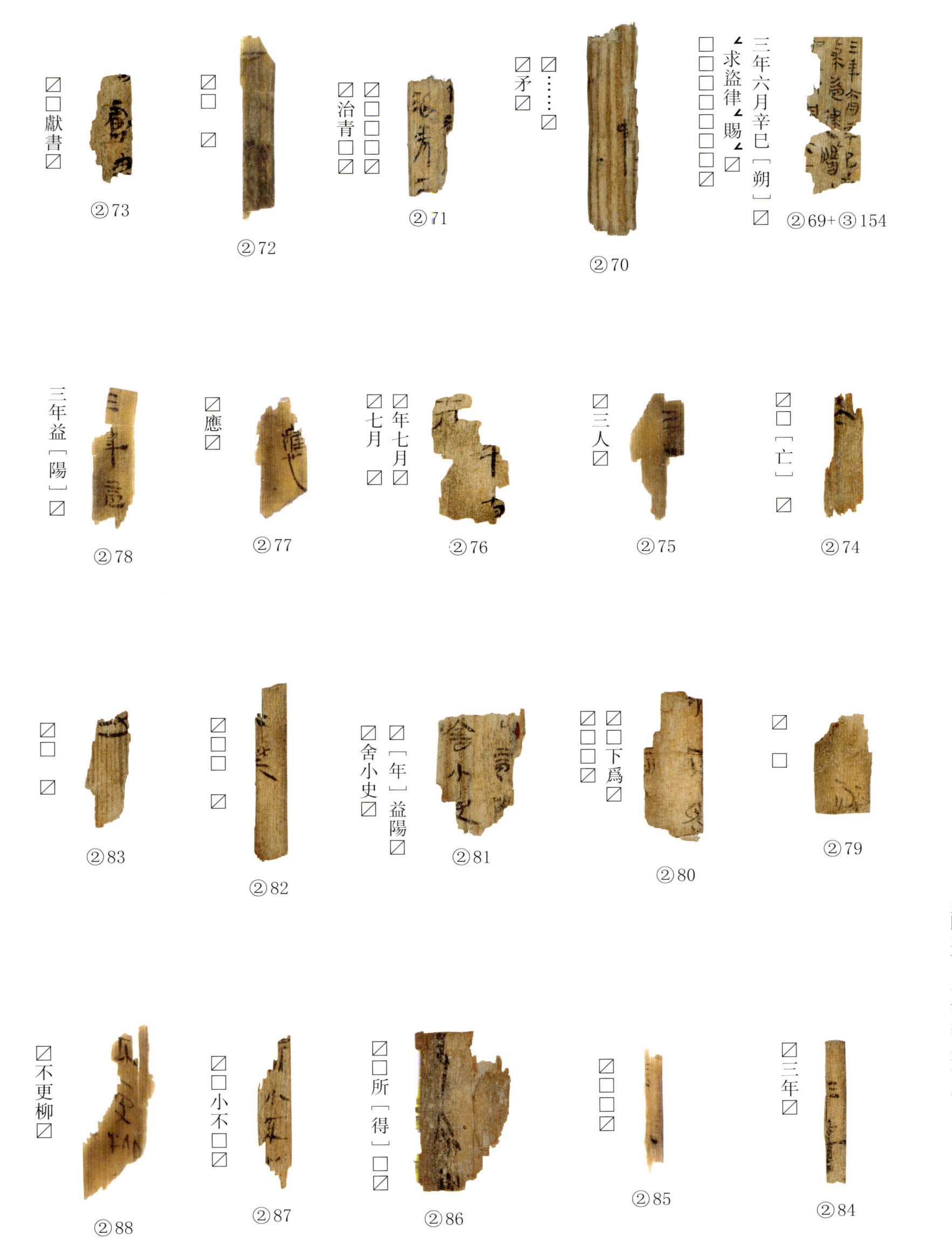

三年六月辛巳［朔］☑
⸍求盗律⸍賜⸍☑
□□□□□□□☑

②69+③154

☑……☑
☑矛☑

②70

☑□□□☑
☑治青□☑

②71

☑□　☑

②72

☑□獻書☑

②73

☑□［亡］　☑

②74

☑三人☑

②75

☑年七月☑
☑七月　☑

②76

☑應☑

②77

三年益［陽］☑

②78

☑　□

②79

☑□下爲☑
☑□□☑

②80

☑［年］益陽☑
☑舍小史☑

②81

☑□□　☑

②82

☑□　☑

②83

☑三年☑

②84

☑□□☑

②85

☑□所［得］□☑

②86

☑□小不□☑

②87

☑不更柳☑

②88

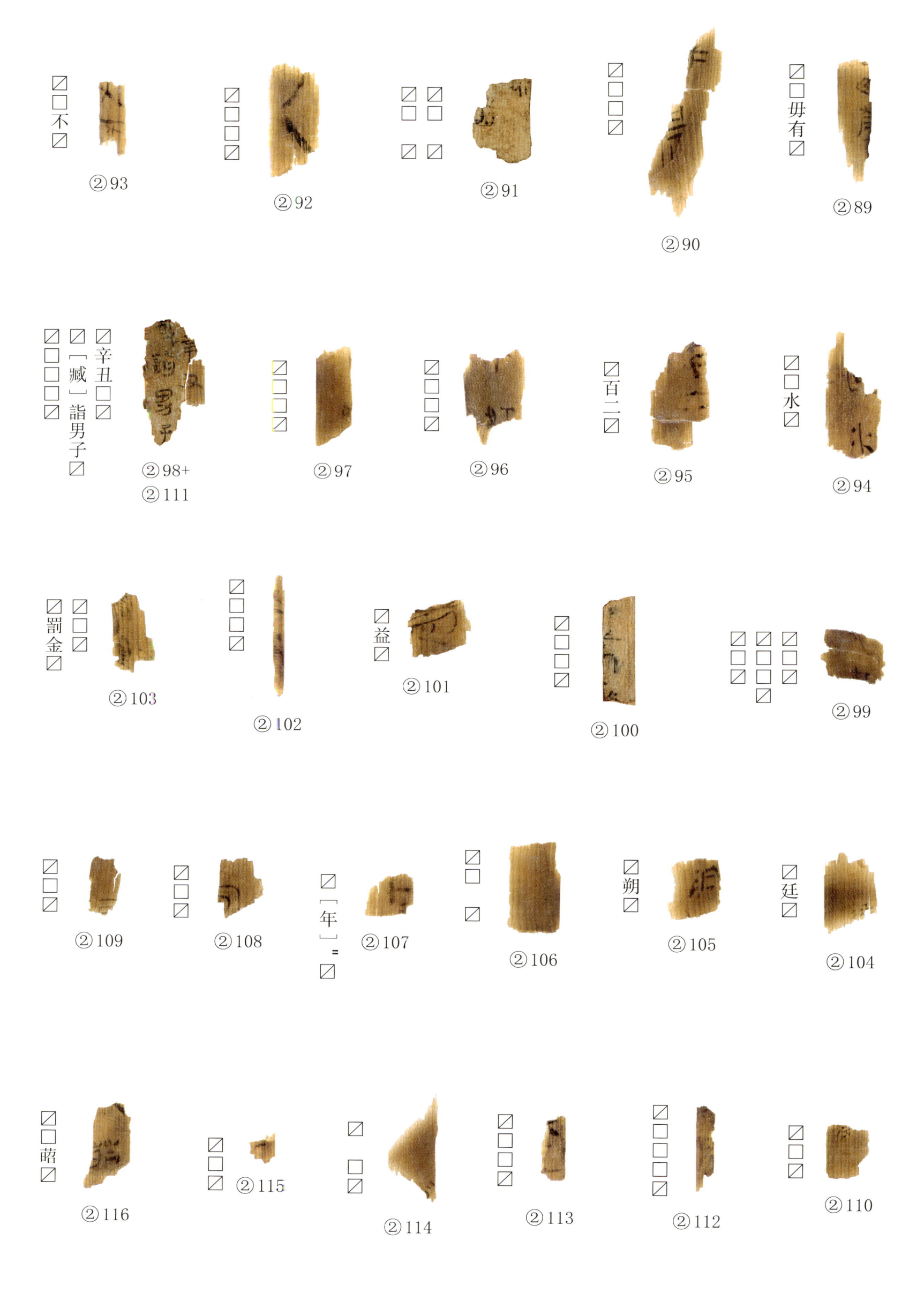

☒□毋有☒

②89

☒□□☒

②90

☒□　☒
☒□　☒

②91

☒□□☒

②92

☒□不☒

②93

☒□水☒

②94

☒百二☒

②95

☒□□☒

②96

☒□□☒

②97

☒辛丑□☒
☒［臧］詣男子☒
☒□□□☒

②98+②111

☒□☒
☒□□☒
☒□☒

②99

☒□□☒

②100

☒益☒

②101

☒□□☒

②102

☒□☒
☒罰金☒

②103

☒廷☒

②104

☒朔☒

②105

☒□　☒

②106

☒［年］＝☒

②107

☒□☒

②108

☒□☒

②109

☒□☒

②110

☒□□□☒

②112

☒□□☒

②113

☒　□☒

②114

☒□☒

②115

☒□菑☒

②116

☒……☒

②117

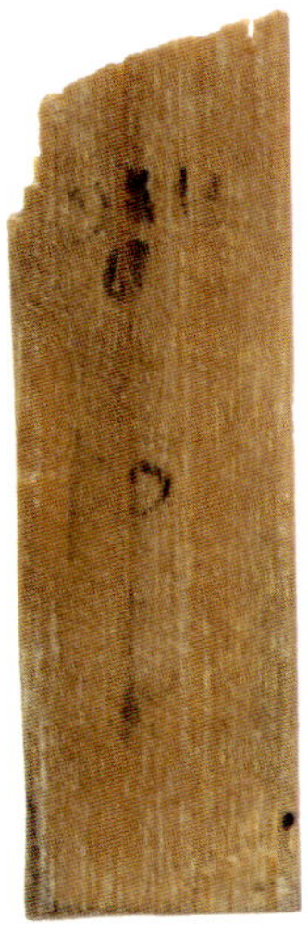

☒丞印

②118

☒陽□□□益□☒

②119正

☒……☒

②119背

☒……☒

☒……☒

②120正

☒□　☒

②120背

□□☒

②121正

……☒

②121背

☒□□□□☒

②122

☒八□□☒

②123

☒……☒

□□見之□☒

②124

☒□　三☒

②125

☒□☒

②126

☒□☒

②127

☒有　書　☒
☒各各各曰令下廷　☒
☒又金書各敢敢言之令□……☒
☒　□史十斤五□令……☒
☒各有□有食忘有史書曰二年　令　☒

②128

第三層

③1

（圖案）廄佐武所輔

③2

［不治］辛亥夜半［等時］〼

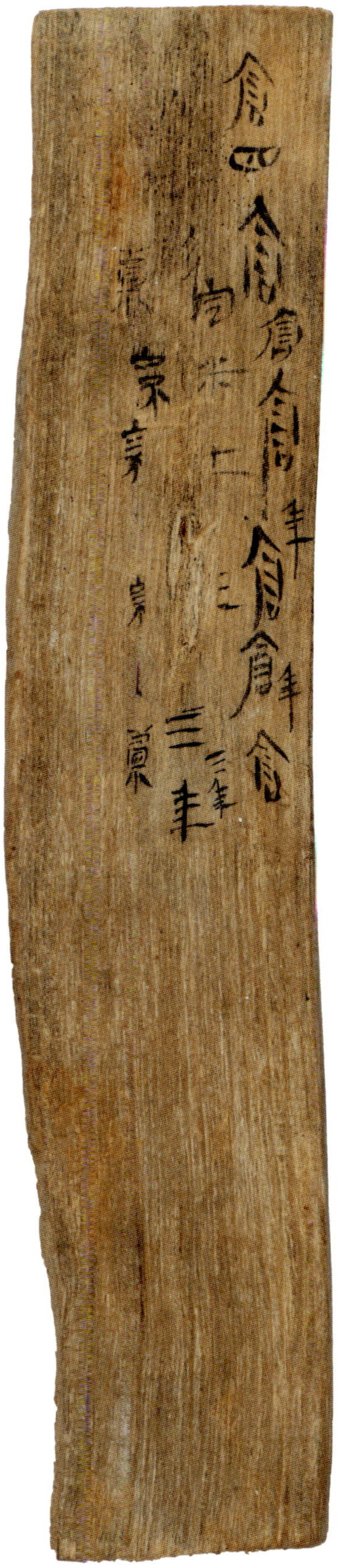

③3

年　年
倉四倉倉倉倉倉倉
□定米上三　三年三年
出平稾糸糸糸□稾

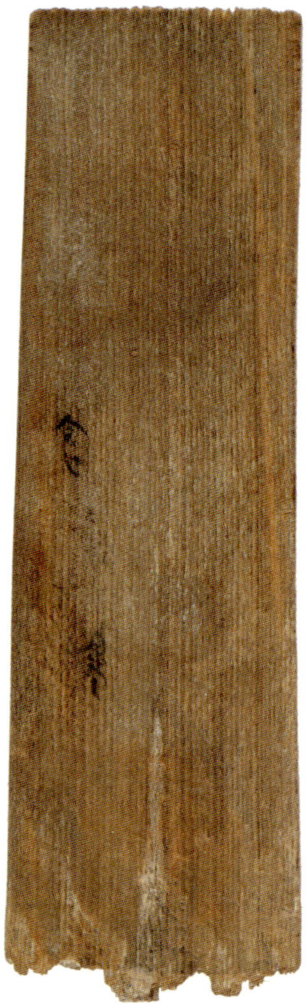

③4

食［食］盡〼

假

③5正

不有物故
有　司乀

③5背

☒　史可以□

③7正

說明：正背面下端塗黑。

③7背

三年三月癸丑朔壬☒
王環王后來益陽☒
謁以二年三年作☒
之　佐佐佐佐☒

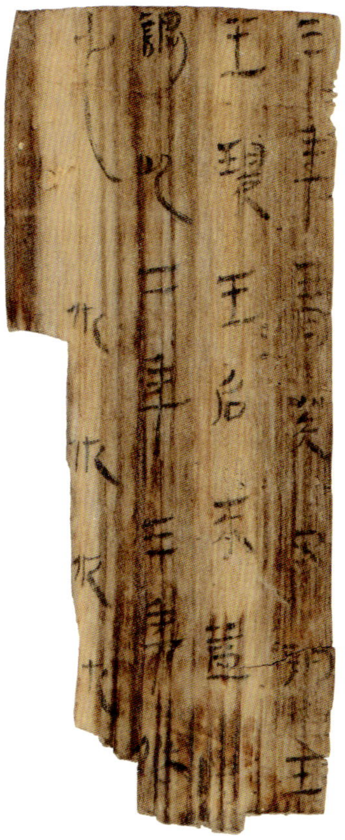

③6正

賤畜僕佗☒
前者得毋有所不辨☒
以百五十錢屬倉主［勝］☒
若過如故賈幸以米屬☒
大粟敬道之　☒

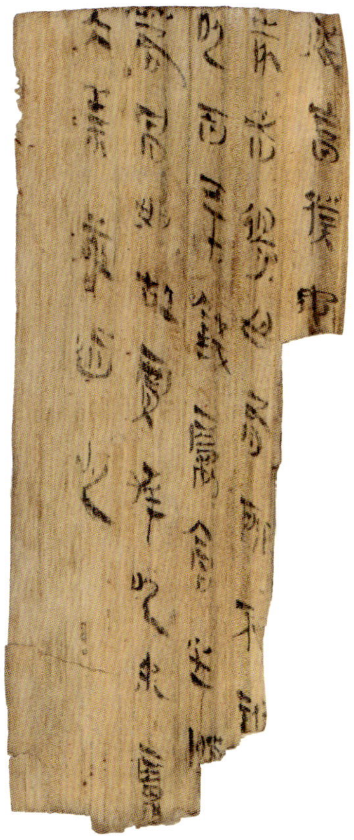

③6背

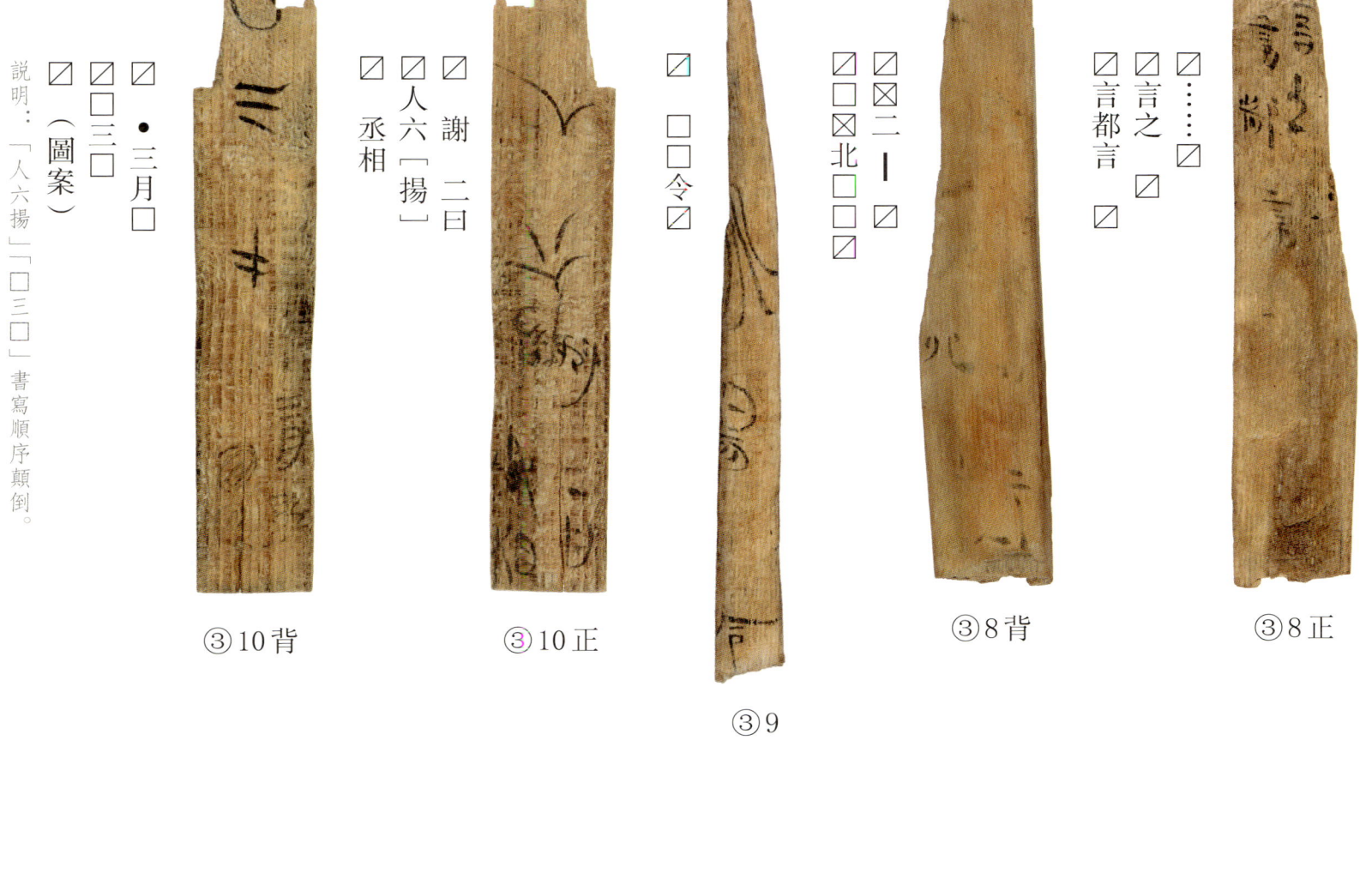

☐……☐
☐言之　☐
☐言都言　☐

③8正

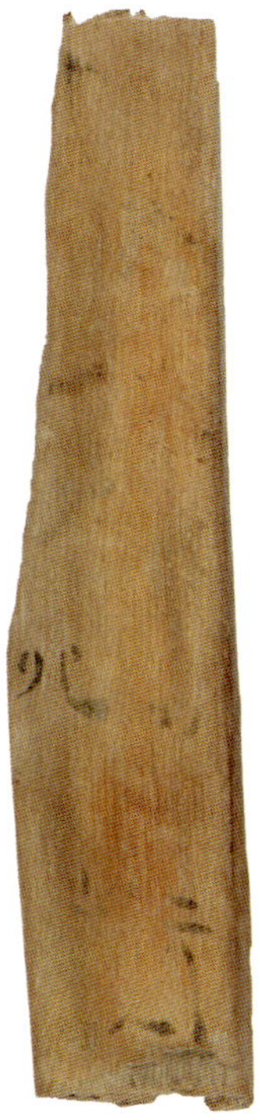
☐☒二一　☐
☐□☒北□□☐

③8背

☐　□□令☐

③9

☐　謝　二曰
☐人六［揚］
☐　丞相

③10正

☐　•三月□
☐□三□
☐（圖案）

③10背

說明：「人六揚」「□三□」書寫順序顛倒。

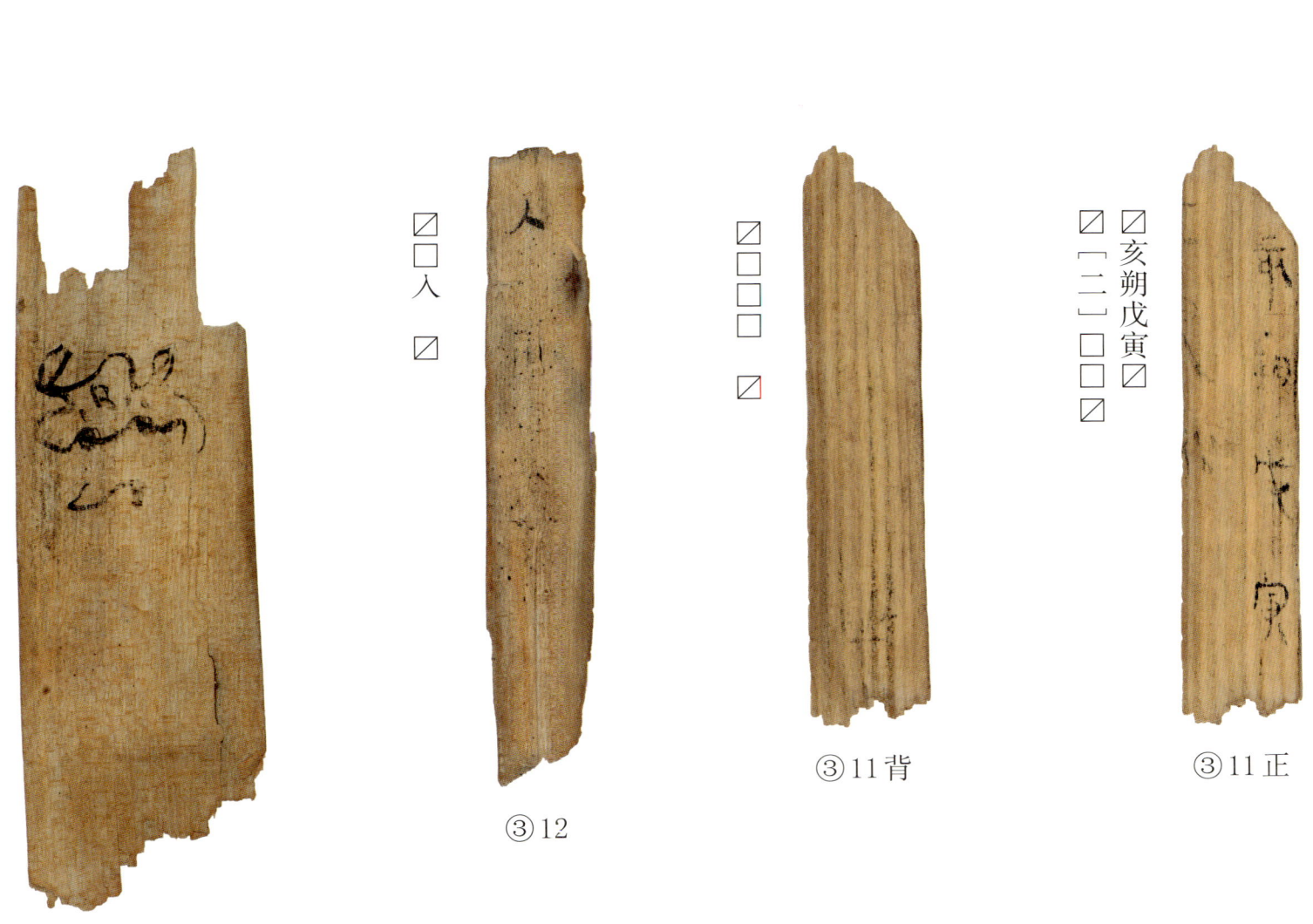

☐亥朔戊寅☐
☐［二］□□☐

③11正

☐□□□　☐

③11背

☐□入　☐

③12

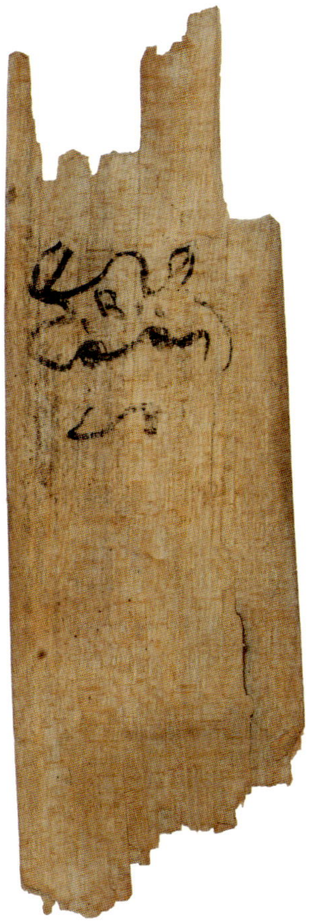
☐（圖案）☐

③13

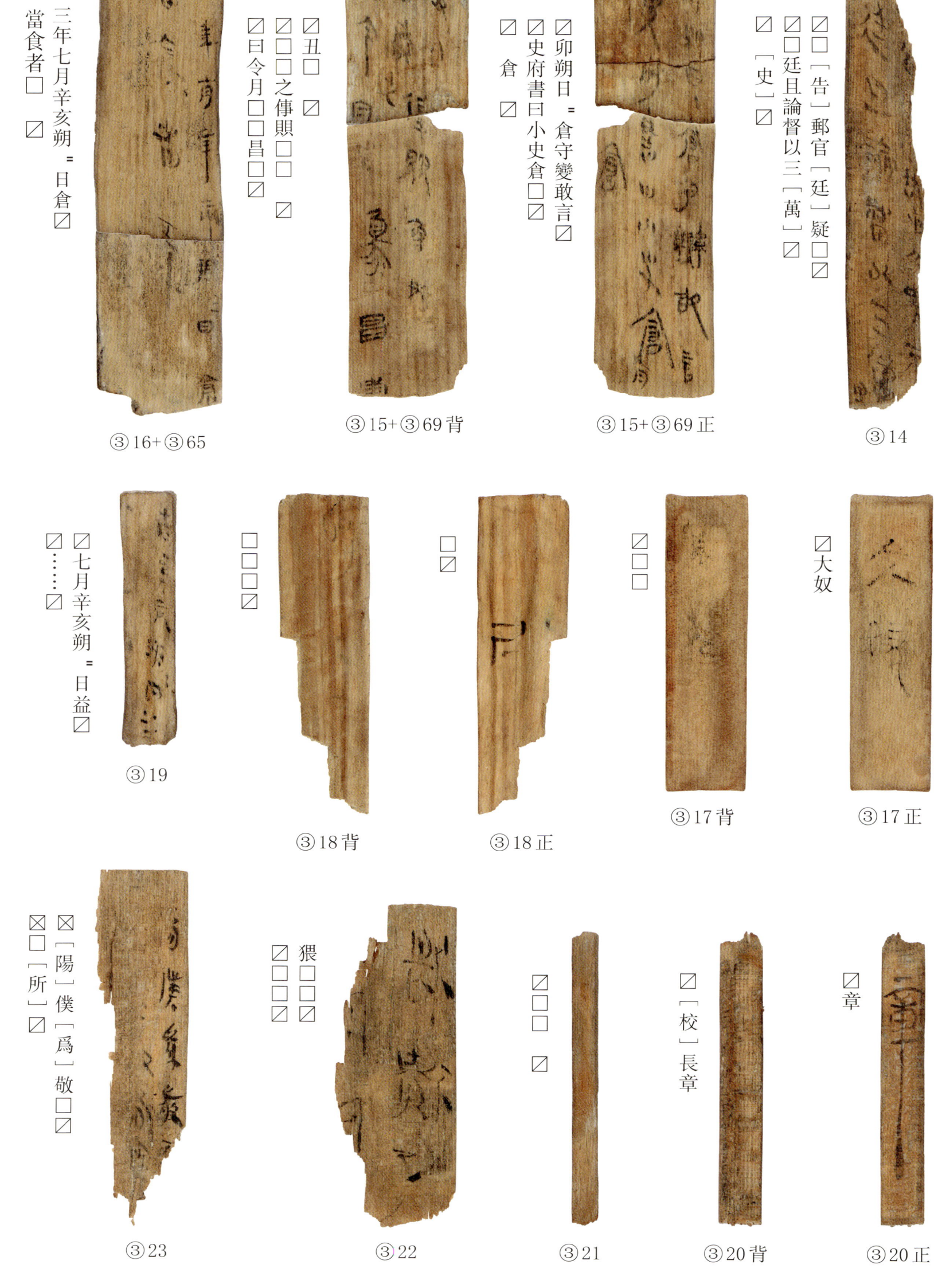

⧄☐［告］郵官［廷］疑☐⧄
⧄☐廷且論督以三［萬］⧄
⧄［史］⧄

③14

⧄卯朔日〻倉守變敢言⧄
⧄史府書曰小史倉☐⧄
⧄　倉　⧄

③15+③69正

⧄丑☐　⧄
⧄☐☐之傳䝼☐☐　⧄
⧄曰令月☐☐昌☐⧄

③15+③69背

三年七月辛亥朔〻日倉⧄
當食者☐　⧄

③16+③65

⧄大奴

③17正

⧄☐☐

③17背

☐⧄

③18正

☐☐☐⧄

③18背

⧄七月辛亥朔〻日益⧄
⧄……⧄

③19

⧄章

③20正

⧄［校］長章

③20背

⧄☐☐　⧄

③21

猥☐☐⧄
⧄☐☐⧄

③22

⊠［陽］僕［爲］敬☐⧄
⊠☐［所］⧄

③23

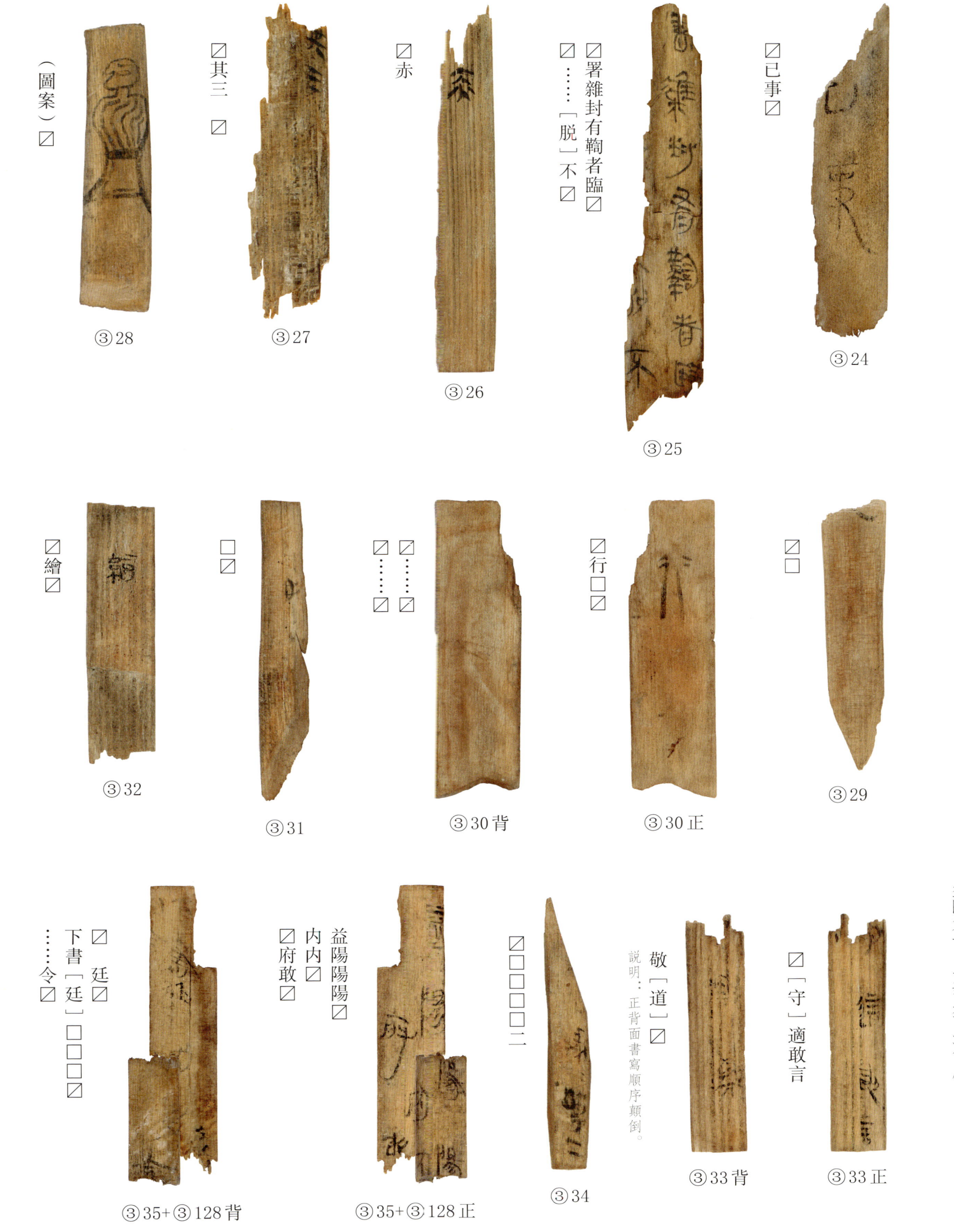

☒已事☒

③24

☒署雜封有鞫者臨☒
☒……［脱］不☒

③25

☒赤

③26

☒其三　☒

③27

（圖案）☒

③28

☒□

③29

☒行□☒

③30正

☒……☒
☒……☒

③30背

□☒

③31

☒繪☒

③32

☒［守］適敢言

③33正

敬［道］☒

説明：正背面書寫順序顛倒。

③33背

☒□□□□二

③34

益陽陽陽☒
內內☒
☒府敢☒

③35+③128正

☒廷☒
下書［廷］□□□□☒
……令☒

③35+③128背

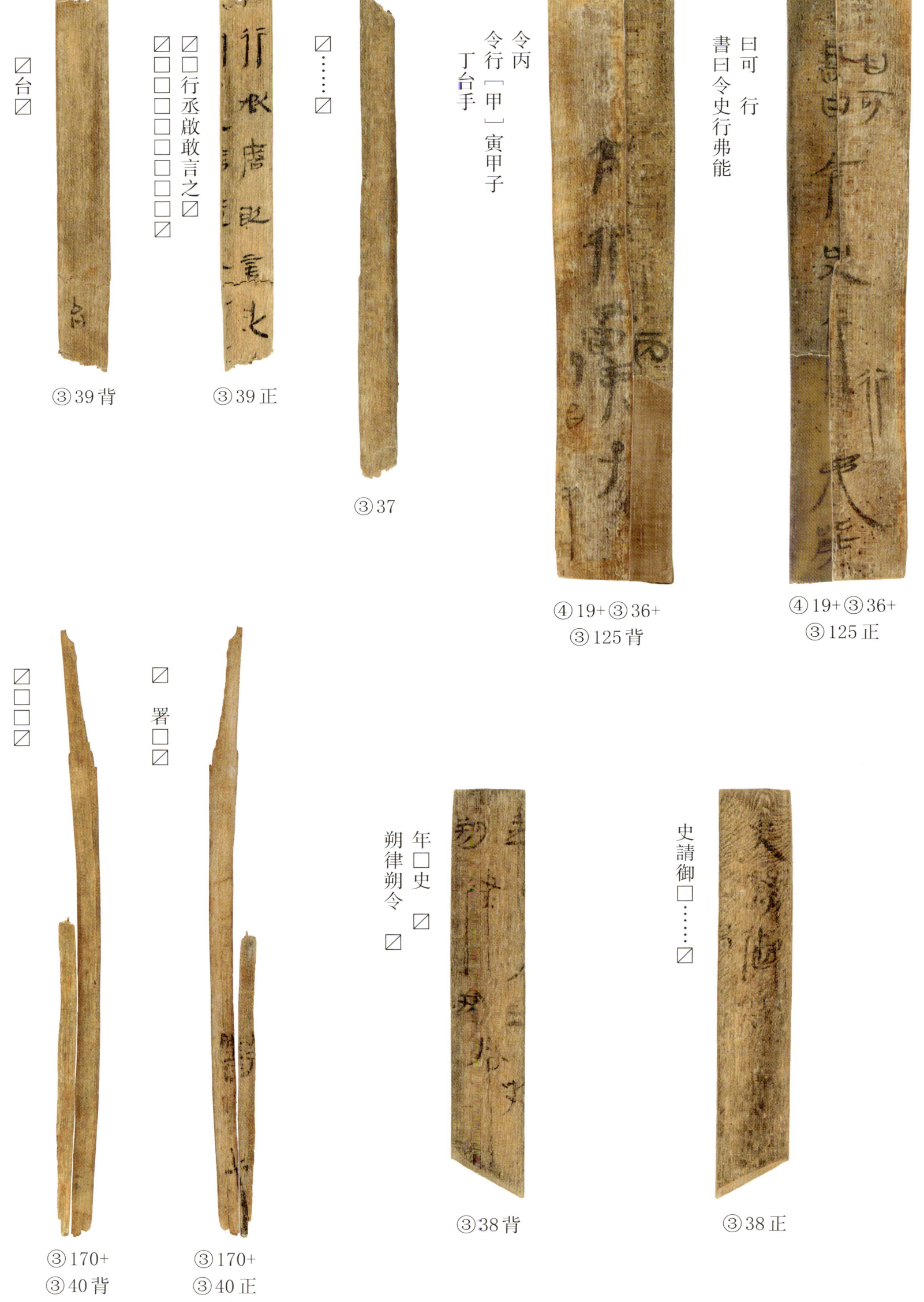

曰可　行
書曰令史行弗能

④19+③36+
③125正

令丙
令行［甲］寅甲子
丁台手

④19+③36+
③125背

☐……☐

③37

☐□行丞啟敢言之☐
☐□□□□□□□□☐

③39正

☐台☐

③39背

史請御□……☐

③38正

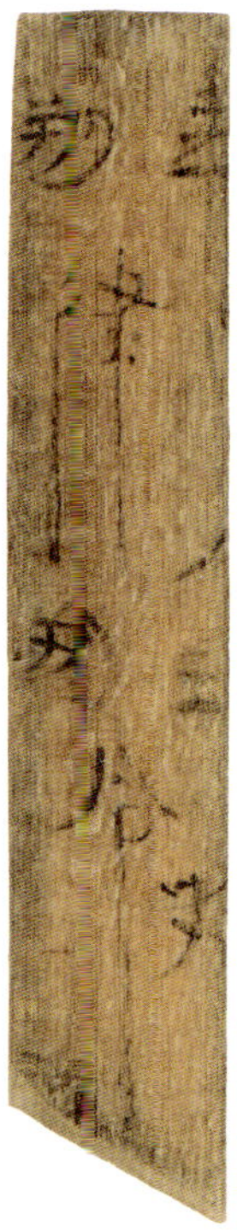

年□史　☐
朔律朔令　☐

③38背

☐　署□☐

③170+
③40正

☐□□☐

③170+
③40背

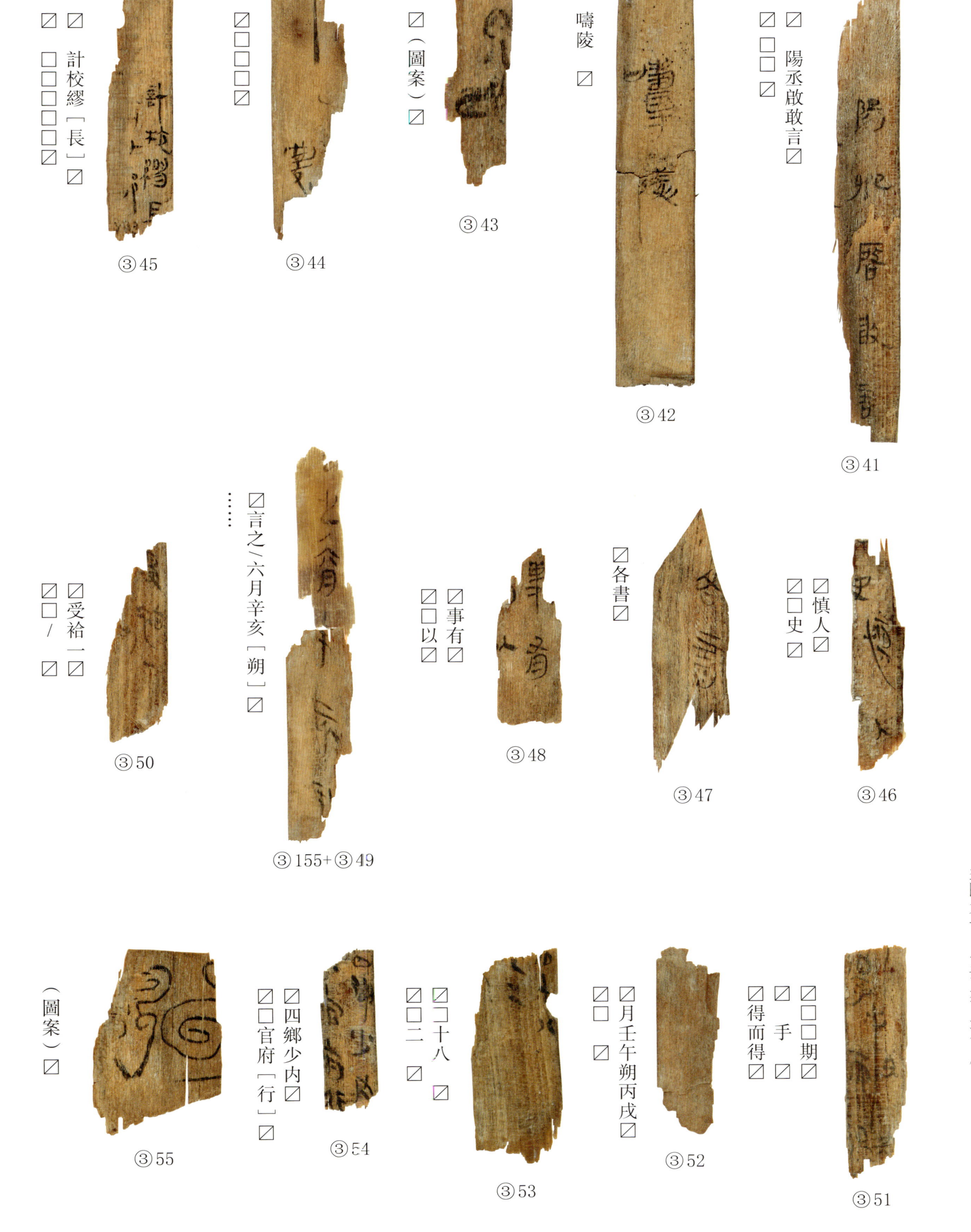

③41

☐陽丞啟敢言☐
☐□□☐

③42

嗃陵 ☐

③43

☐（圖案）☐

③44

☐□□□☐

③45

☐計校繆［長］☐
☐□□□□□☐

③46

☐慎人☐
☐□史☐

③47

☐各書☐

③48

☐事有☐
☐□以☐

③155+③49

☐言之/六月辛亥［朔］☐
……

③50

☐受給一☐
☐□/ ☐

③51

☐□□期☐
☐ 手 ☐
☐得而得☐

③52

☐月壬午朔丙戌☐
☐□ ☐

③53

☐□十八 ☐
☐□二 ☐

③54

☐四鄉少內☐
☐□官府［行］☐

③55

（圖案）☐

☐書敢言之☐

③56

子丙丙□☐

③57

☐□牛以給其☐
☐□☐

③58

☐（圖案）☐

③59

☐（圖案）☐

③60+③81

☐
悲☐

③61

☐（圖案）☐

③62

☐［亂］二年五月□☐
☐亂□☐

③67+③63

一☐

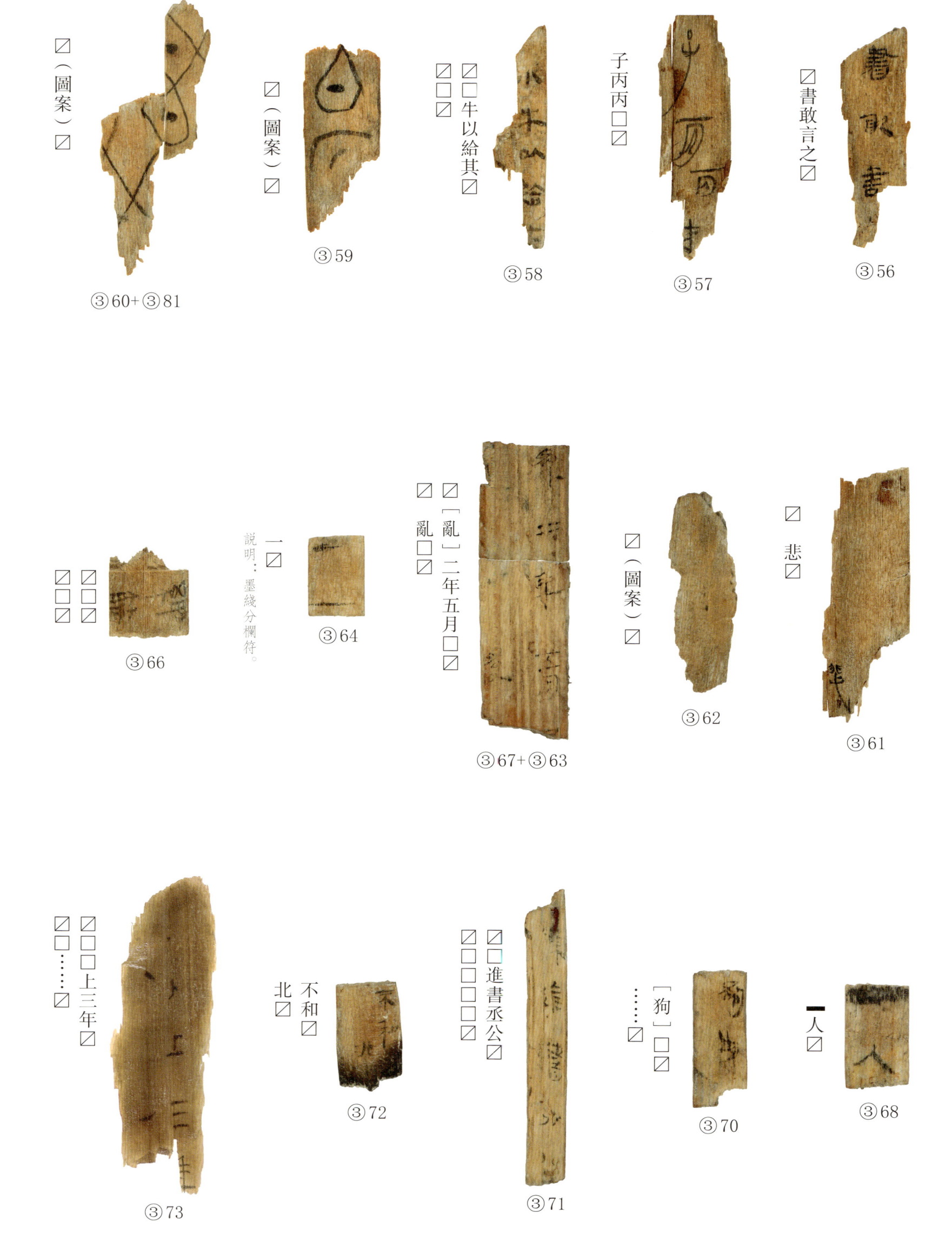

說明：墨綫分欄符。

③64

☐□☐
☐□☐

③66

▬人☐

③68

［狗］□☐
……☐

③70

☐□進書丞公☐
☐□□□□☐

③71

不和☐
北☐

③72

☐□□上三年☐
☐□……☐

③73

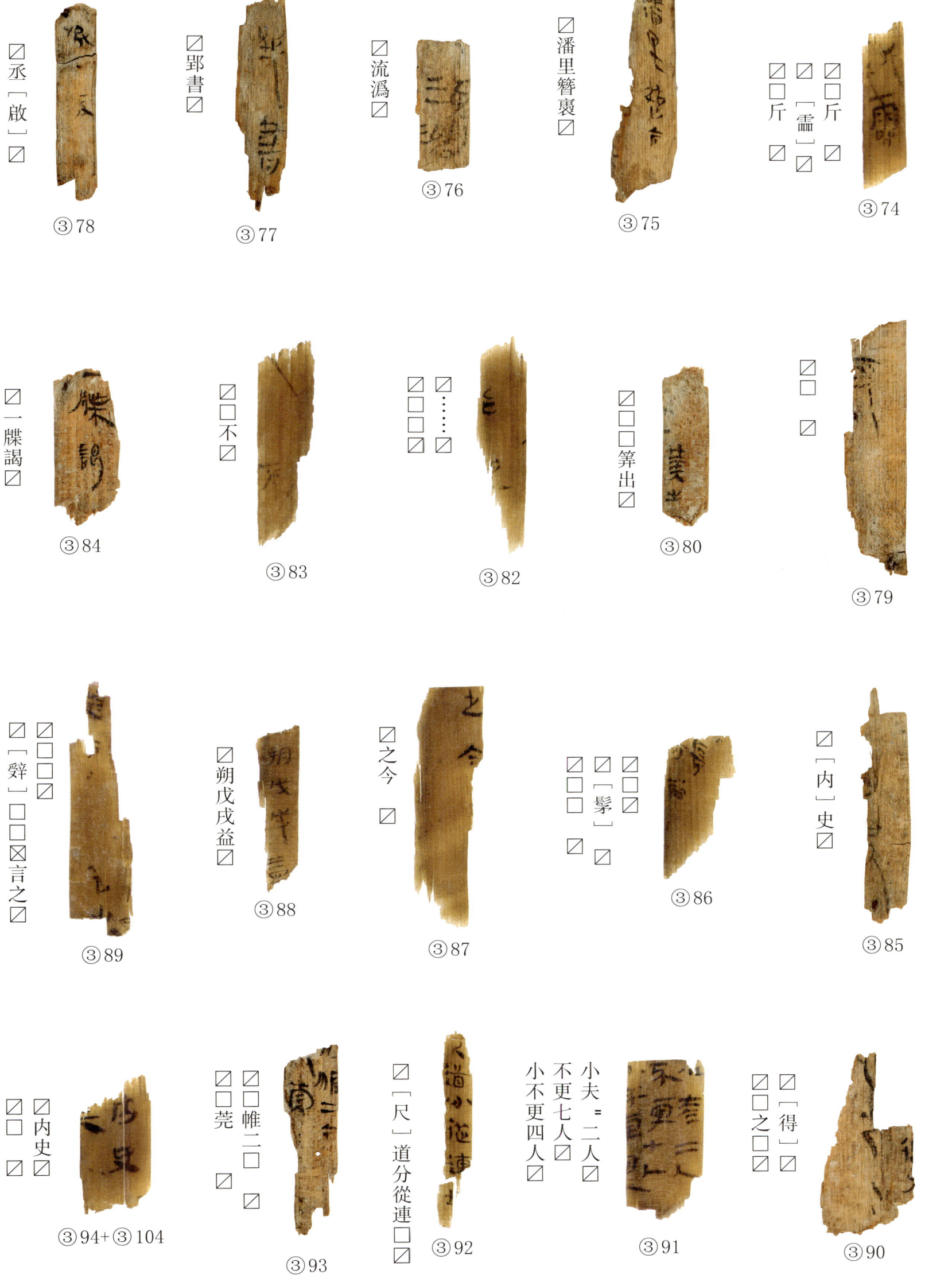

☐□斤　☐
☐［霝］☐
☐□斤　☐

③74

☐潘里簪褭☐

③75

☐流潙☐

③76

☐郢書☐

③77

☐丞［啟］☐

③78

☐□　☐

③79

☐□□□笲出☐

③80

☐……☐
☐□□□☐

③82

☐□不☐

③83

☐一牒謁☐

③84

☐［内］史☐

③85

☐□☐
☐［髳］　☐
☐□□　☐

③86

☐之今　☐

③87

☐朔戊戌益☐

③88

☐□□☐
☐［辯］□□☒言之☐

③89

☐［得］☐
☐□之□☐

③90

小夫〓二人☐
不更七人☐
小不更四人☐

③91

☐［尺］道分從連□☐

③92

☐□帷二□　☐
☐□莞　☐

③93

☐内史☐
☐□　☐

③94+③104

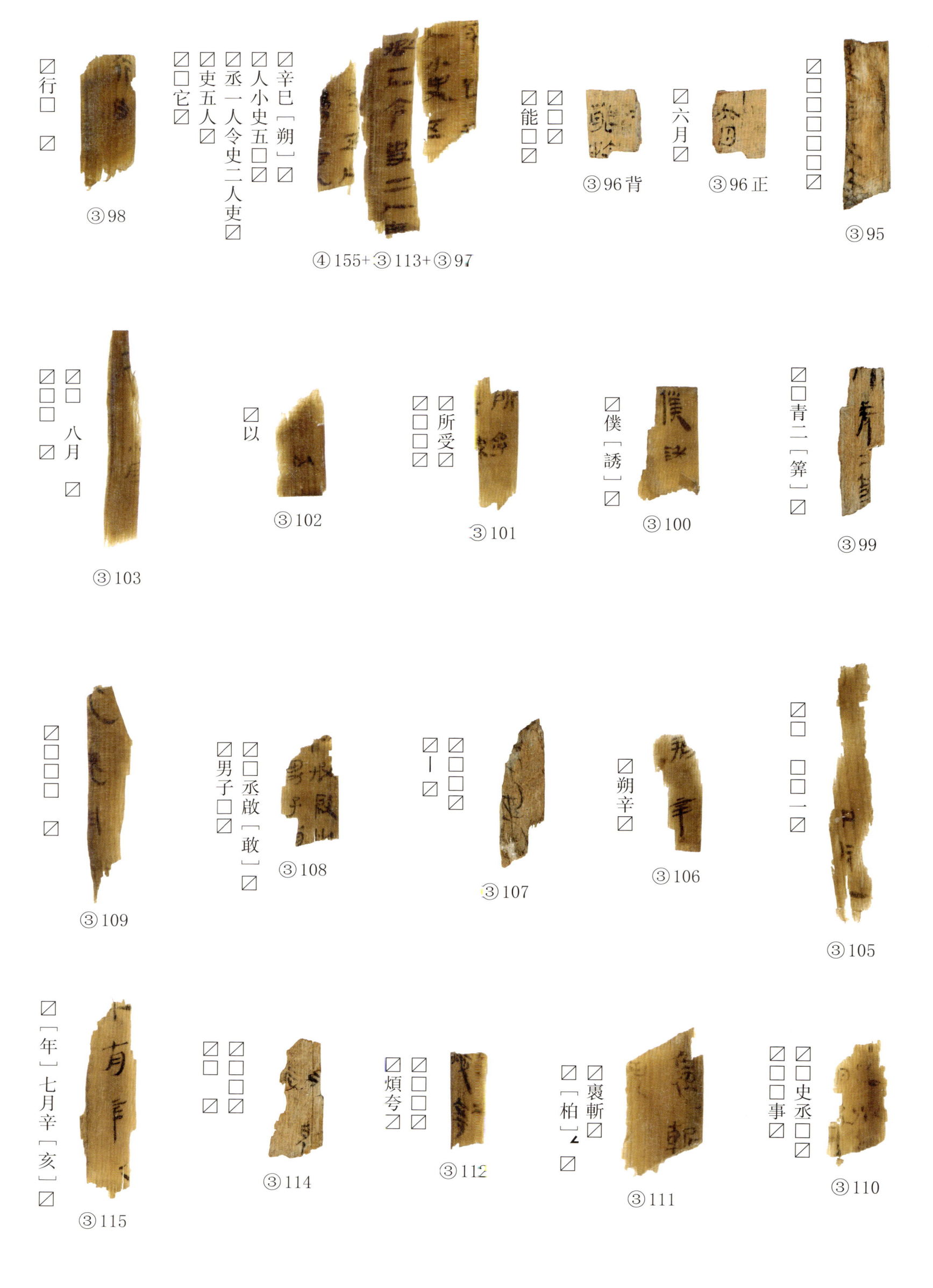

☒□□□□□□☒

③95

☒六月☒

③96正

☒□☒

☒能□☒

③96背

☒辛巳［朔］☒

☒人小史五□☒

☒丞一人令史二人吏☒

☒吏五人☒

☒□它☒

④155+③113+③97

☒行□　☒

③98

☒□青二［筭］☒

③99

☒僕［誘］☒

③100

☒所受☒

☒□□□☒

③101

☒以

③102

☒□　八月　☒

☒□□　☒

③103

☒□　□□一☒

③105

☒朔辛☒

③106

☒□□□☒

☒一☒

③107

☒□丞敢［敢］☒

☒男子□☒

③108

☒□□□　☒

③109

☒□史丞□☒

☒□□事☒

③110

☒裹斬☒

☒［柏］☒

③111

☒□□☒

☒煩夸☒

③112

☒□□☒

☒□　☒

③114

☒［年］七月辛［亥］☒

③115

③116

⧄［陽行］⧄

③117

⧄□之□⧄

③118

⧄□⧄

③119

⧄□陽丞啟⧄

③120

⧄□朔□⧄

③121

⧄□□書⧄

③122

⧄后使□⧄
⧄□□□⧄

③123

━沱（池）官　⧄

③124

⧄□□⧄

③126正

⧄三月庚

③126背

⧄手⧄

③127

⧄□餘徹

③129

⧄［定］□⧄

③130

⧄膝⧄

③131

⧄尉聽⧄
⧄□□陽⧄

③132

粟　⧄

③133

⧄□卯朔□⧄

③134

⧄□敬　⧄

③135

⧄□□　⧄

③136

⧄（圖案）⧄

③137

⧄甲⧄
⧄壬⧄

③138

⧄身⧄

③139

⧄□□封□⧄
⧄□當□⧄

③140

⧄□□□⧄

⍁□未⍁
③141

⍁□□⍁
③142

⍁年三月□⍁
⍁年三月⍁
③143

⍁乙未⍁
⍁當□⍁
③144

⍁□三⍁
③145

⍁□⍁
③146

⍁賊□⍁
③147

⍁……⍁
③148

⍁（圖案）⍁
③149

⍁□盜□⍁
③150

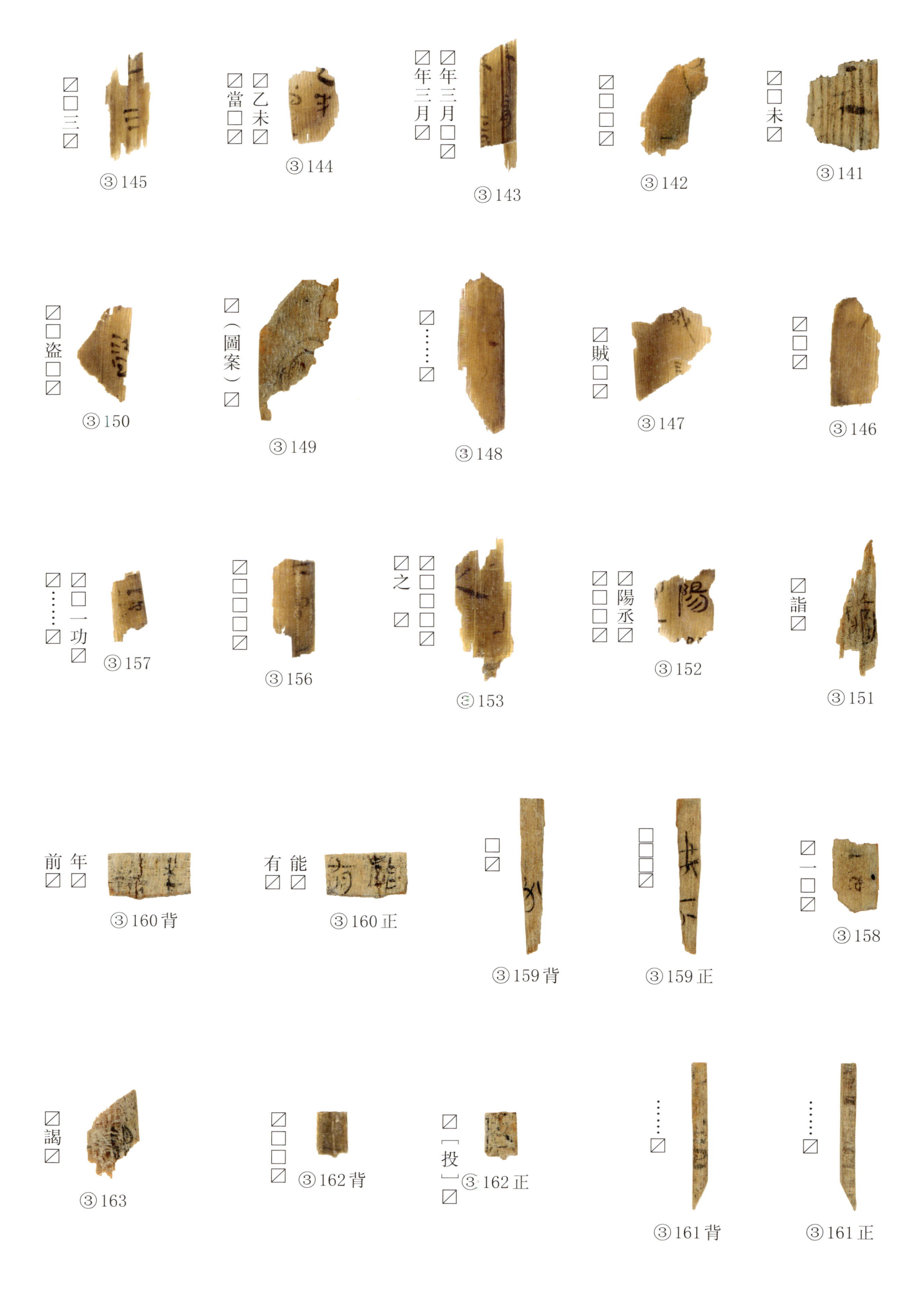

⍁詣⍁
③151

⍁陽丞⍁
⍁□□⍁
③152

⍁□□□⍁
⍁之 ⍁
③153

⍁□□□⍁
③156

⍁□一功⍁
⍁……⍁
③157

⍁一□⍁
③158

□□□
③159正

□⍁
③159背

能⍁
有⍁
③160正

年⍁
前⍁
③160背

⍁……
③161正

⍁……
③161背

⍁［投］⍁
③162正

⍁□□⍁
③162背

⍁謁⍁
③163

☒書☒

③164

☒益陽☒

③165

☒□□□　☒

③166

☒□　☒

③167

☒□□敢☒

③168

☒□□☒

③169

☒漢□☒

③171

☒［敢］言☒

③172

☒□□☒

③173

☒言之□☒

③174

☒今☒

③175

☒□計☒

③176

☒三年□☒

③177

☒□告□☒

③178

☒□☒

③179

☒一兩☒
☒［錢］☒

③180

三年☒

③181

☒□☒

③182

☒□［酉］□☒

③183

☒年☒
☒……☒

③184

☒□益☒

③185

☒臨湘☒

③186+③188

☒□□□☒

③187

☒其□☒

③189

☒工☒

③190

☒□☒

③191

☒辛☒

③192

☒□☒

③193

☒〻五☒

③194

□……☒

③195

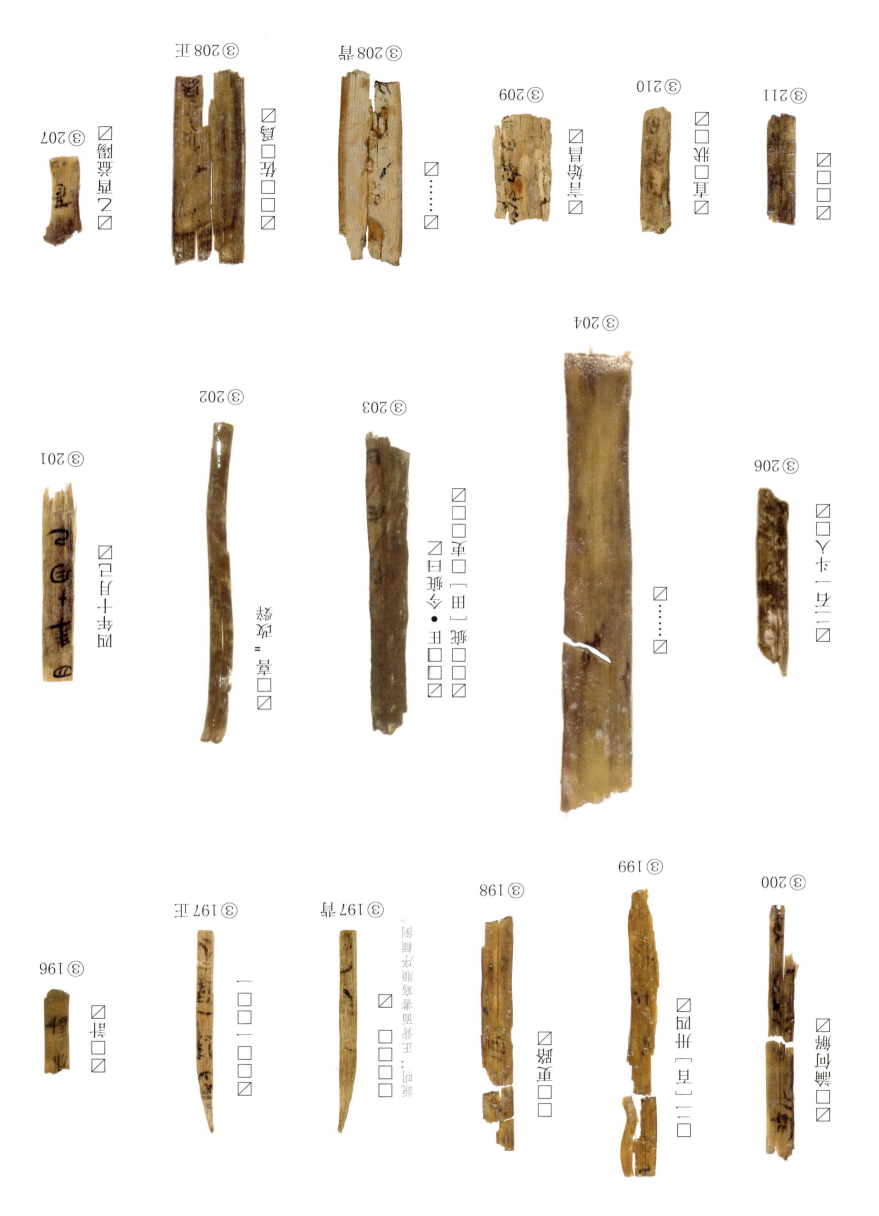

〼□計〼
③196

〼□□一□□一
③197正

□□□□　〼
說明：正背面書寫順序顛倒。
③197背

□□更路〼
③198

□二［百］卅四〼
③199

〼□論何解〼
③200

四年十月己〼
③201

〼□喜＝改辤
③202

〼□□丑•今疵曰〼
〼□□疵［田］□吏□□〼
③203

〼……〼
③204

〼二石一斗入□〼
③206

〼乙酉益陽〼
③207

〼□□佐□爲〼
③208正

〼……〼
③208背

〼言始昌〼
③209

〼直□狀□〼
③210

〼□□〼
③211

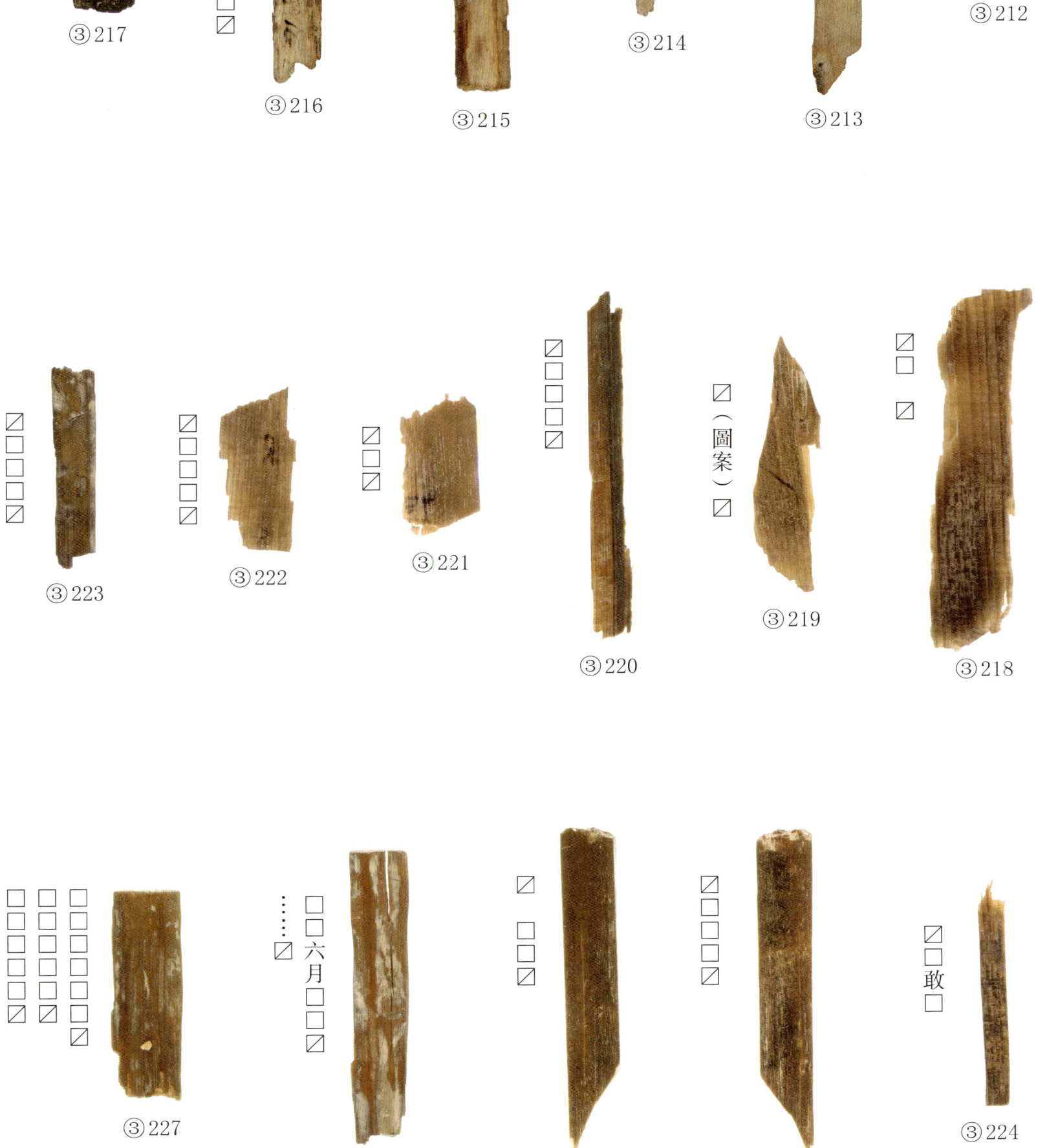

☒行☒
③212

☒連☒
③213

☒三年☒
③214

☒……☒
③215

☒年五月壬子朔丙☐☒
③216

☒十一月以上☒
③217

☒☐ ☒
③218

☒（圖案）☒
③219

☒☐☐☐☒
③220

☒☐☒
③221

☒☐☐☐☒
③222

☒☐☐☐☒
③223

☒☐敢☐
③224

☒☐☐☐☒
③225正

☒ ☐☐☒
③225背

☐☐六月☐☐☒
☒……
③226

☐☐☐☐☐☐☒
☐☐☐☐☐☒
☐☐☐☐☐☒
③227

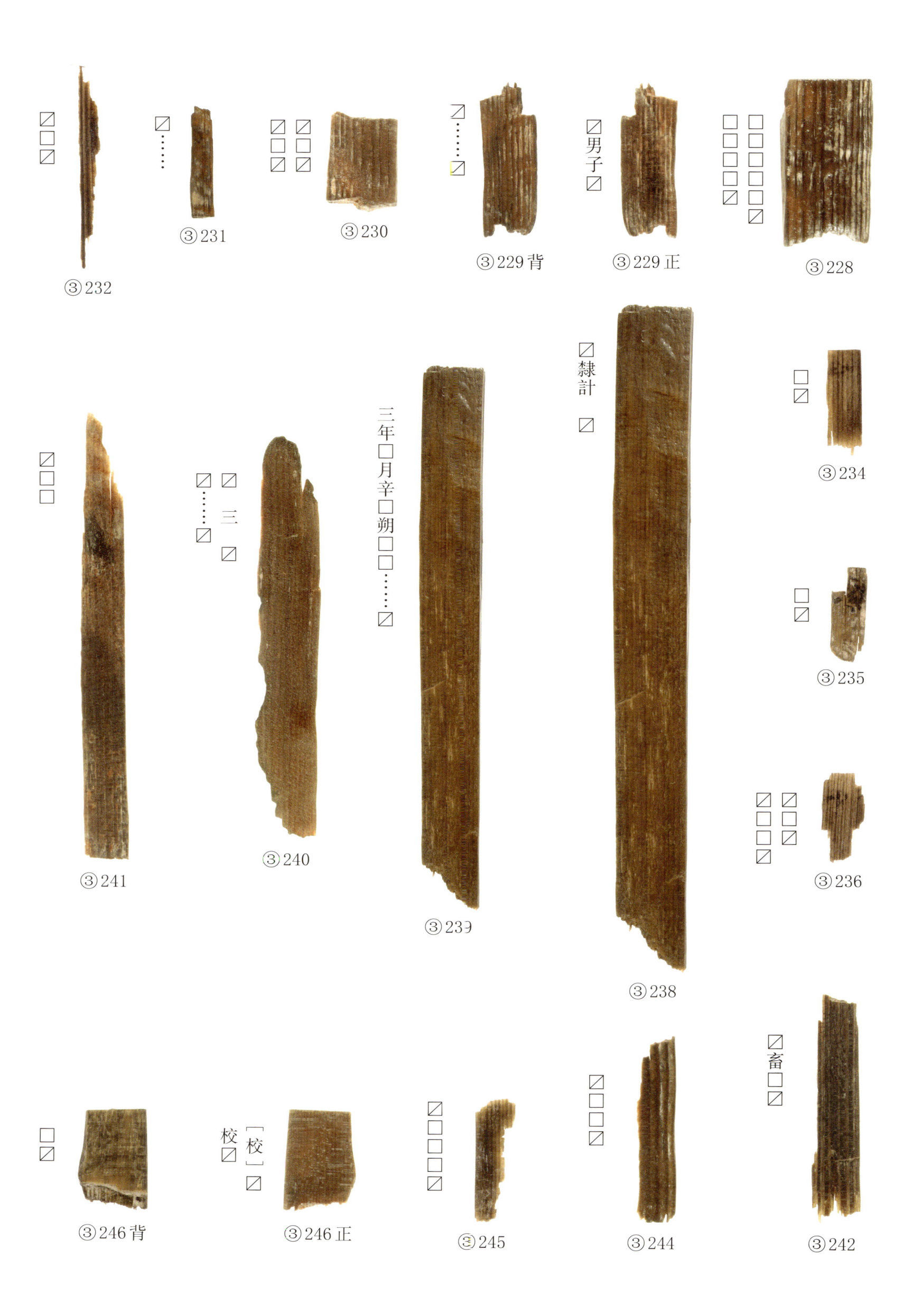

□□□□□⧄
□□□□⧄

③228

⧄男子⧄

③229正

⧄……⧄

③229背

⧄□⧄
⧄□⧄

③230

⧄……

③231

⧄□⧄

③232

□⧄

③234

□⧄

③235

⧄□⧄
⧄□□⧄

③236

⧄隸計 ⧄

③238

三年□月辛□朔□□……⧄

③239

⧄ 三 ⧄
⧄……⧄

③240

⧄□□

③241

⧄畜□⧄

③242

⧄□□⧄

③244

⧄□□□⧄

③245

［校］⧄
校⧄

③246正

□⧄

③246背

第四層

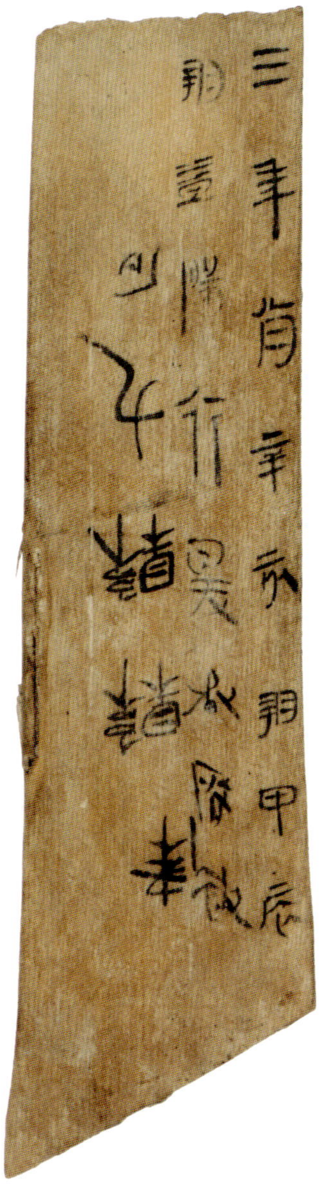

三年八月辛亥朔甲辰
朔益陽行爰丞敢敢
石九縣縣律

④1正

䣜爰不䄯丹九兩斤
反卑

說明：正面第三行書寫順序顛倒。

④1背

□級謁謁言内史
升一賣謁□府府

④2正

書到定定定 ⧄
……㇏⧄

說明：「升一賣謁口」顛倒書寫。

④2背

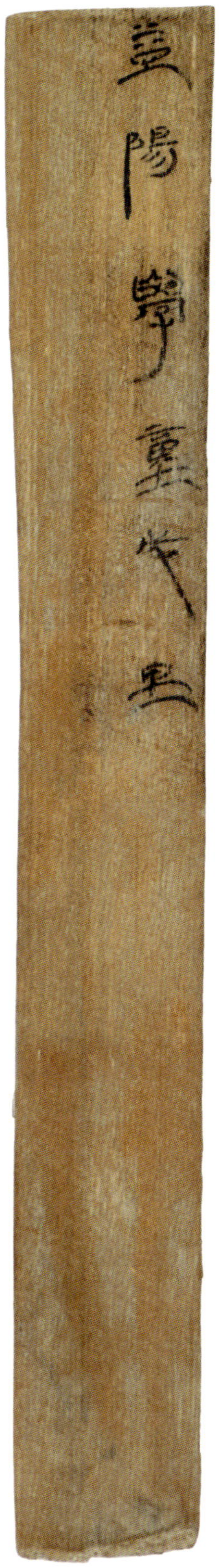

④3

益陽學童成里

④4

僕過敬至令〈今〉陳公侍馬足下者府付尉☐
賤走僕敢敬再捧獻書若侍　☐

④5正

三年九月己卯朔辛巳益陽丞㪅敢
言之府書曰令史敢

④5背

三年

三年益陽都鄉隸計付其潙陵鄉隸計
小女一人

④6

三年三月朔戊午益陽令夫＝〼
上十年嗇計入何解言何〼

④7正

益陽下資小簪褭不當用〼
五千一百□〼

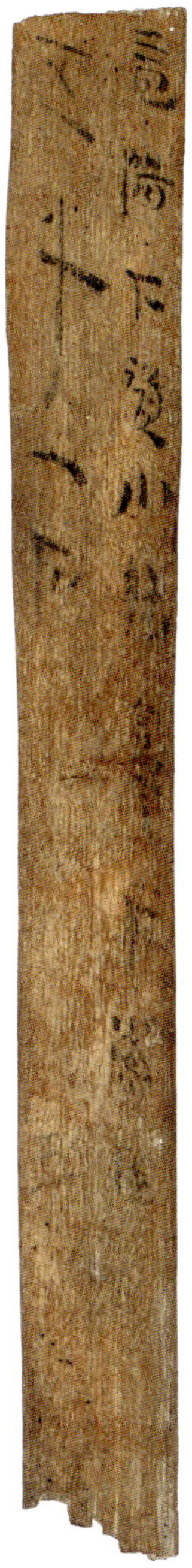

④7背

三年八月庚辰朔〼
令＝史台∠尉史〼
九牒有不定□〼

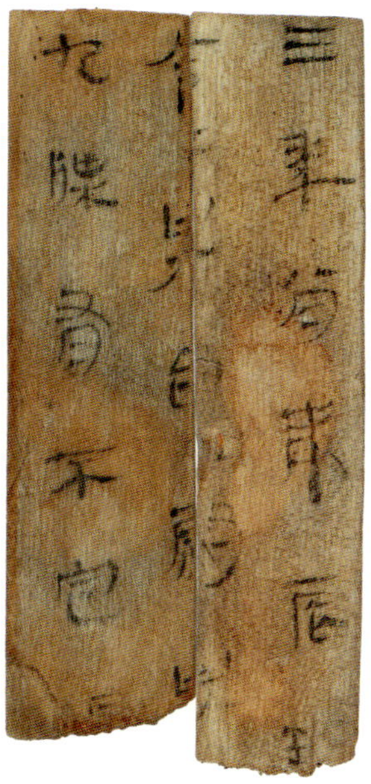

④10+④53

鍵〼

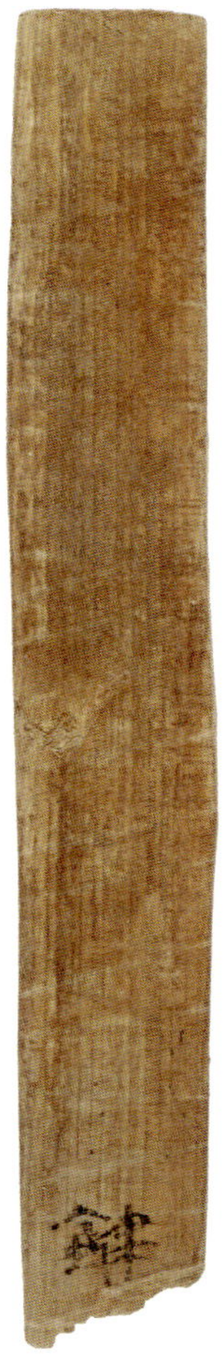

④11正

□〼

④11背

説明：正背面書寫順序顛倒。

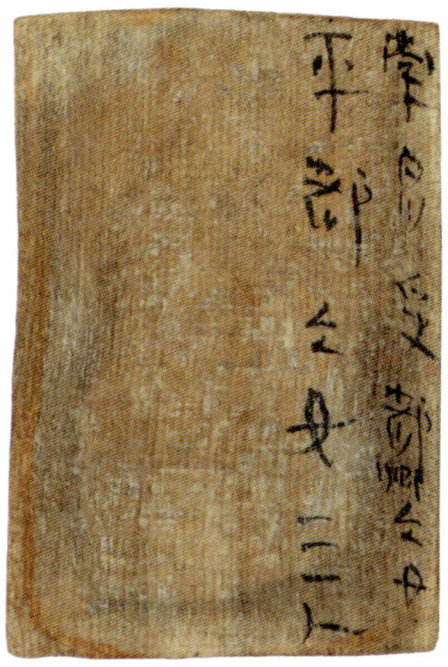

④12正

南昌受［都］鄉大女
平都大女三人

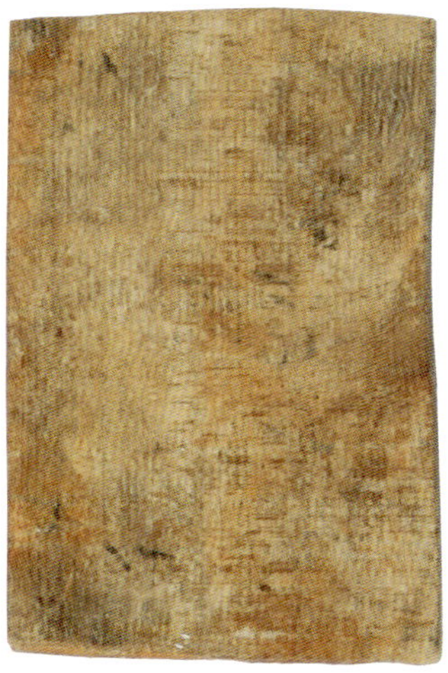

④12背

⊠
⊠
⊠人

④13

九〃八十一　⧄
八九七十二　⧄
七九　⧄

④14正

⧄□□□⧄
⧄　仁⧄
⧄［陽］□□⧄

④14背

⧄□⧄

④15

⧄　□

⍁卅　簀六盛器☐二箭一竿七

⍁　二

⍁　中廚笥三☐

④16正

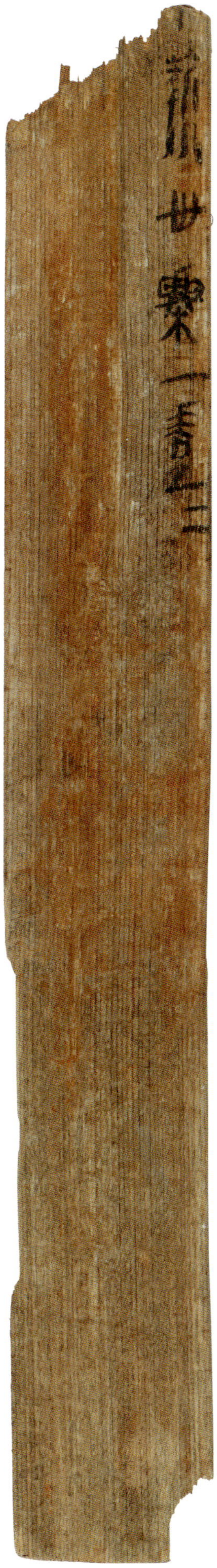

⍁☐薪卅檠一壺二

④16背

三年☑月辛亥朔癸亥下資鄉
華敢［言］之

④17

☑☒□庶一牒書
☑☒□有罪皆［疏］

④18正

☑　慶手

④18背

內史史
內史府內內益益陽

④20正

益陽益陽丞□

④20背

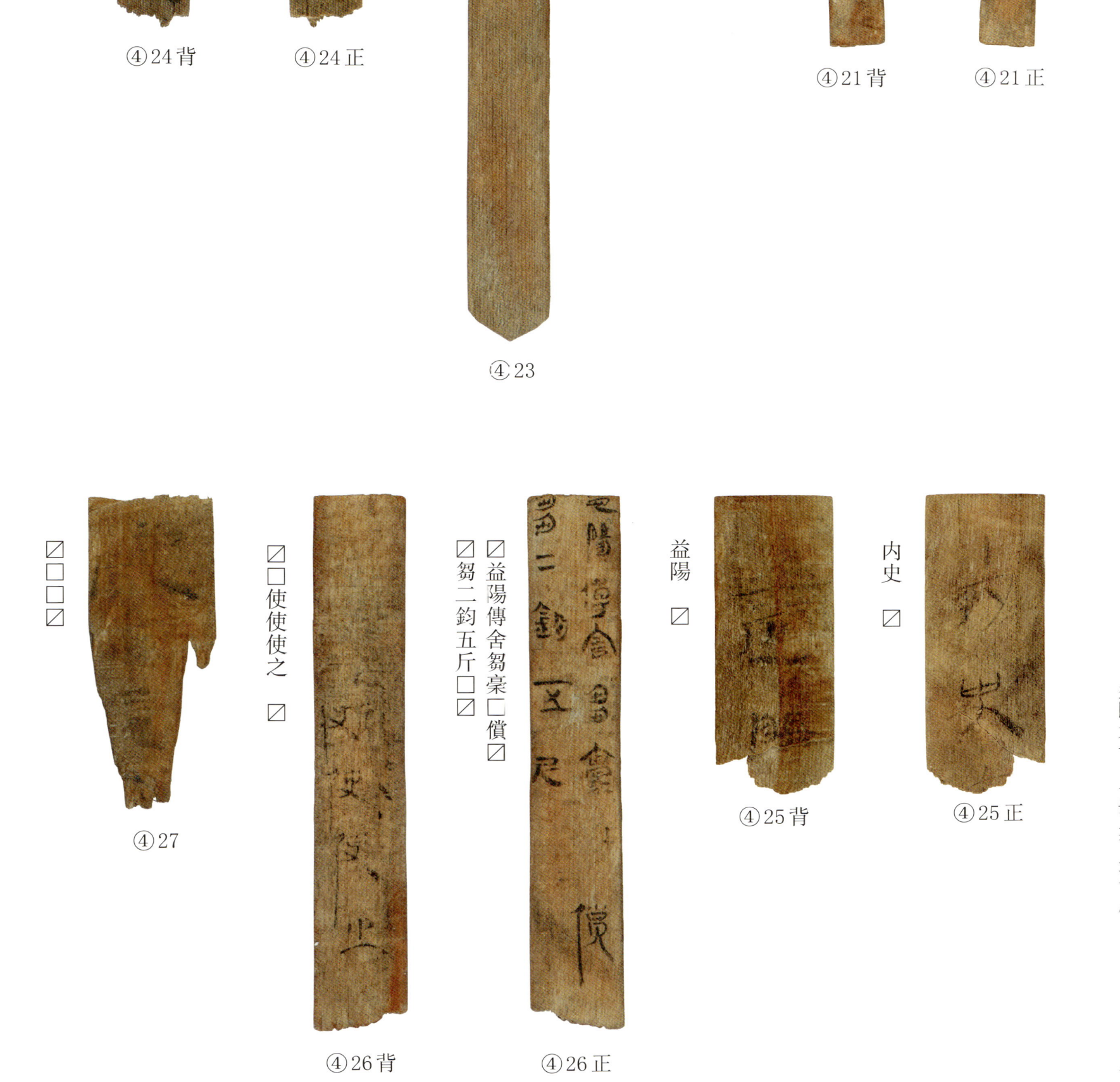

④21正

☐矦邑

④21背

☐□九十九十九

④22

☐從事

④23

廷倉曹

④24正

下資鄉☐

④24背

三年正月壬［申］申益☐
三年六月來　☐

④25正

内史　☐

④25背

益陽　☐

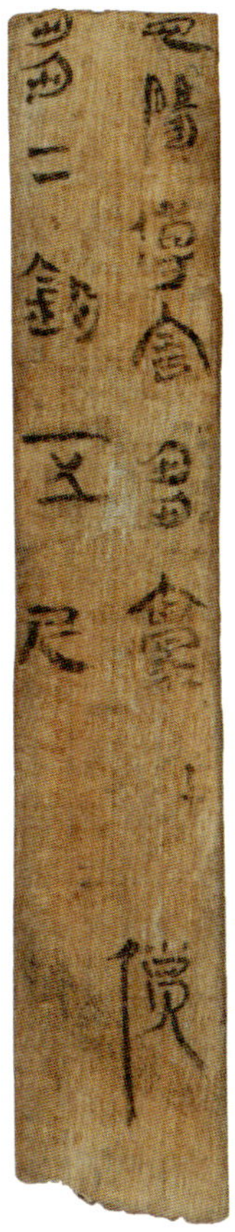
④26正

☐益陽傳舍芻槀□償☐
☐芻二鈞五斤□☐

④26背

☐□使使使之　☐

④27

☐□□☐

④28

☐曹事當下及郤

④29

三年益陽都鄉隸　☐

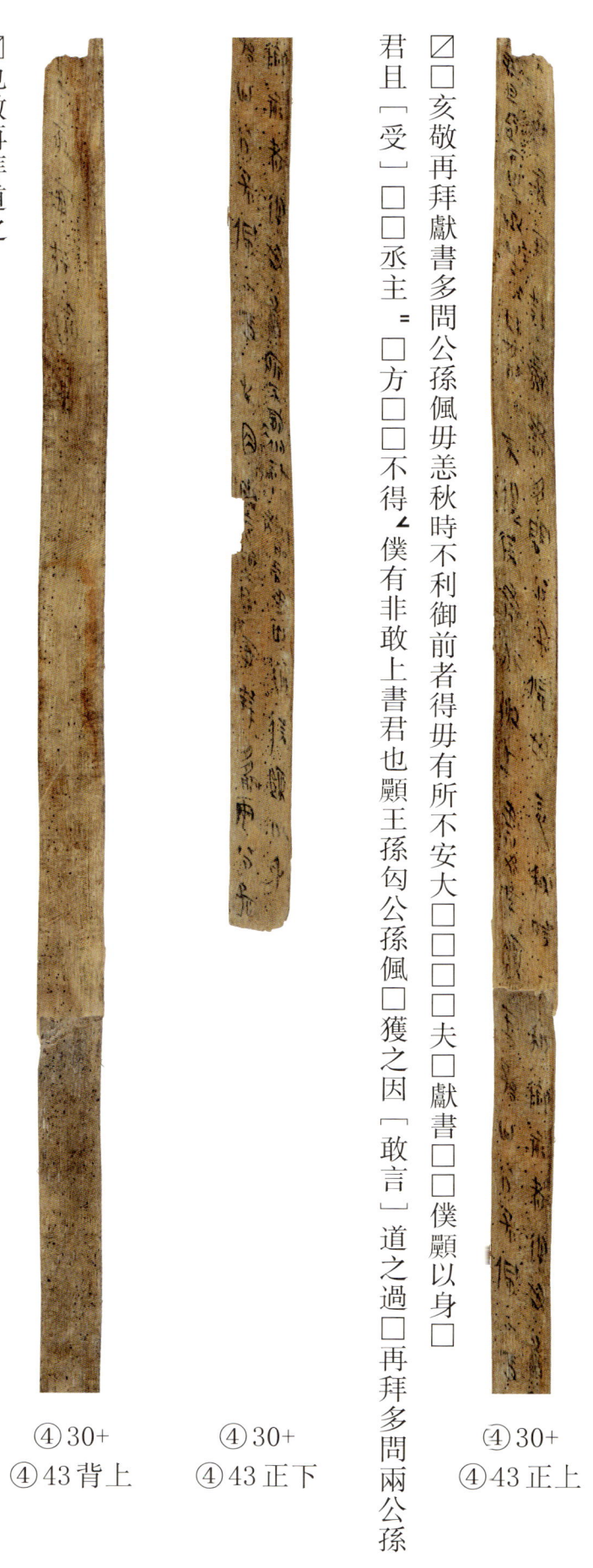

④30+
④43正上

☐□亥敬再拜獻書多問公孫佩毋恙秋時不利御前者得毋有所不安大□□□□夫□獻書□□僕顧以身□

君且［受］□□丞主＝□方□□不得㇠僕有非敢上書君也顧王孫勾公孫佩□獲之因［敢言］道之過□再拜多問兩公孫

④30+
④43正下

④30+
④43背上

☐也敬再拜道之

④30+
④43背下

三□三□七月　☐
三［年］□□　☐

④31正

□□朔朔　☐

④31背

■金布［須］☐

④32

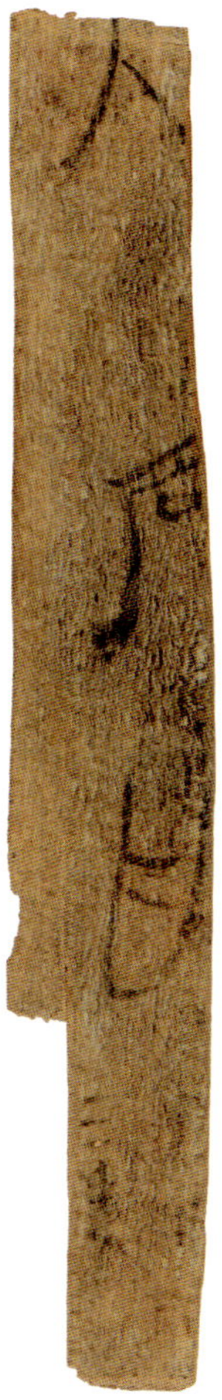

☐入名曰三年☐

④33正

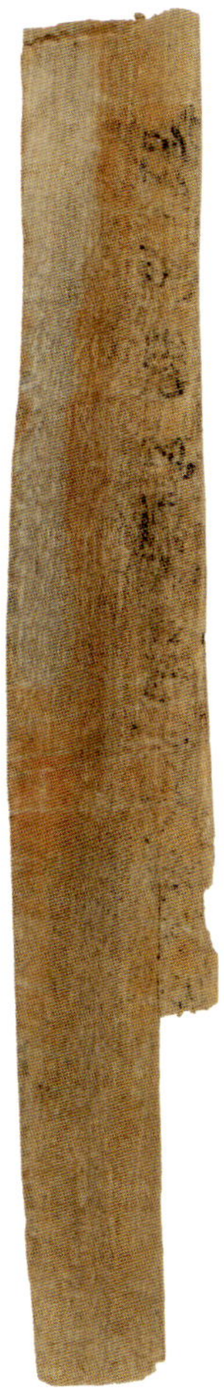

☐［謂］□陽昭□□□□□☐

④33背

☐門淺公馬足☐
☐不安處疏遠☐

④34

☐□［慎］
☐之謂母家
☐□褁簪褁

④35正

☐益陽［人］之安
☐□再再再變□敬
☐　烏小　☐

④35背

春　□　☐
鯉　☐
□　☐
以　☐

④36

其出　〼
④37

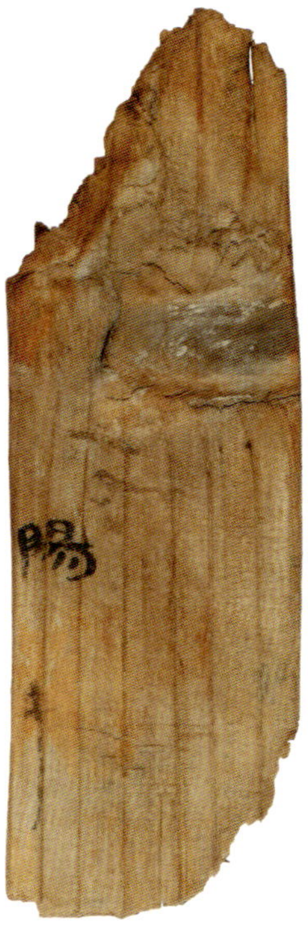
〼〔陽〕手
④38

三年六月壬辰☐〼
……〼
④39

〼及
〼☐及
〼及
④40正

〼☐
〼☐
④40背

九月丙子旦鄉菑☐
④42正

夫書到亟爲遣☐而☐以書☐☐☐〼
勿留　〼
④42背

〼☐☐〼
④41

十二月☐☐☐☐假〼
④44

☐☐　〼
匿弗別〼
④45

〼☐☐
④46

☑年九月乙丑朔乙酉益陽丞☑
☑之府書曰令上計［丞］☑

④48正

☑　𠬝敢□數□𠬝☑
☑𠬝𠬝𠬝𠬝屬及𠬝
☑數□夂𠬝𠬝

④48背

☑給四年吏當食者

④49

書以三年它有□□□□☑
年七月三年年　☑

④50正

謂七月月七□年年年年年年☑
年月七年月七朔謂☑

說明：背面書寫順序混亂。

④50背

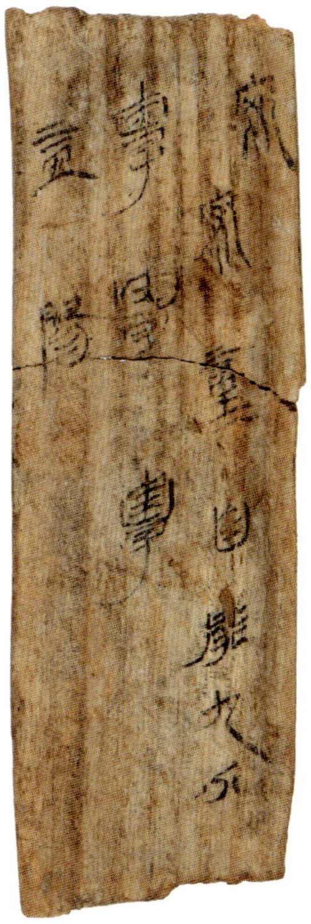

☑安安童自能九□☑
☑曼曼曼　☑
☑益陽　　☑

④51

☑級爲上造☑

④52

三年八月庚辰朔癸未益陽丞啟敢言之
十六
……［敢言］

④55正

□手

④55背

廷益陽

④56

〼三月［敢］□〼

④57

九九百九十九十〼
千九百九十〼

④58

☐始
☐始始

④59

令　☐
賤走僕☐
木　☐

④60正

二年　☐☐
二☐☐☐

④60背

☐令☐
☐令☐☐

④61

［内］☐

④62

☐朔己
☐裹☐
☐☐☐

④63

☐……

④64

☐☐

④65正

……☐

④65背

☐☐☐☐☐☐勿☐☐

④66

④67
☐□□……
☐□□□□……
☐□□□□……

④68
☐從

④69
☐□□義　☐

④71
……☐

④72
□勿□□□☐

④74
☐□□□□☐

④76
☐□□□……

④75
☐□□☐

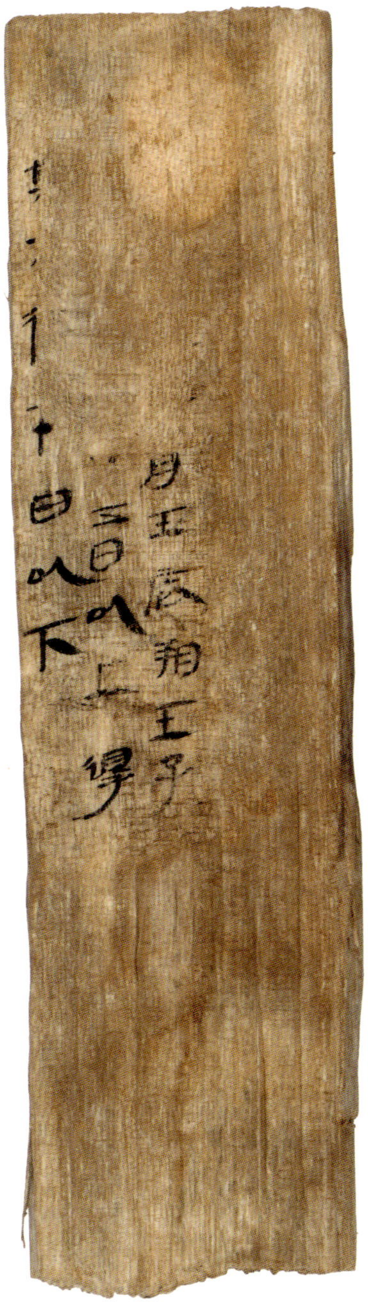
④77
☒月壬辰朔壬子　☐
☒五日以上得　☐
其□□［七］十日以下　☐

④78
三年益陽都鄉隸計受臨湘［杲］鄉都邑□☐
小女一人　☐

④79
☐春之鼠

④80正

☑武庫庫☑

④80背

☑陽　☑

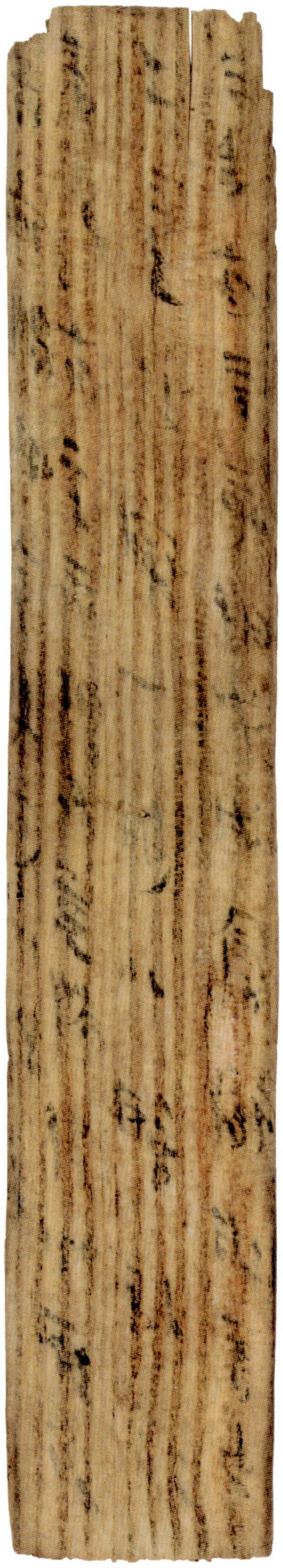

④81正

三年七月辛亥朔戊戌倉變敢言之
上三年計㝡一謁以臨計敢
言之•七月辛亥朔=日益陽［行］丞啟敢
告［安］陽［丞］令史可以從［事］

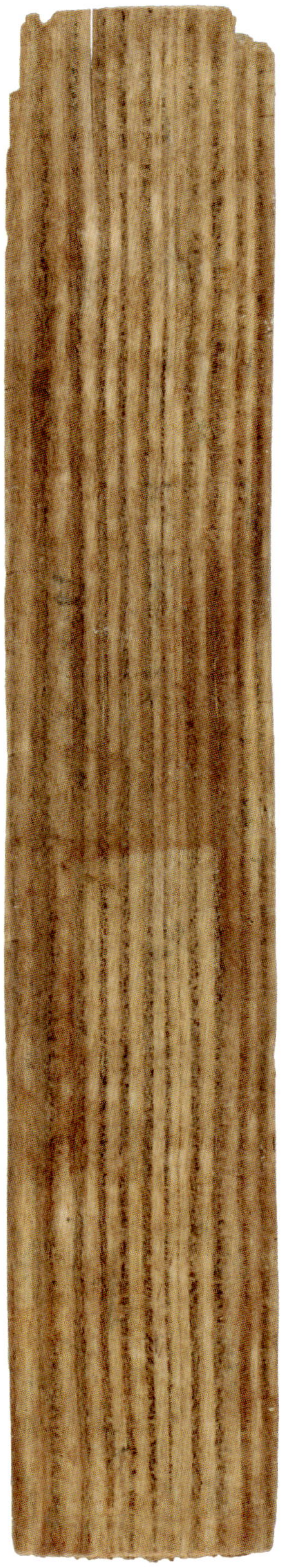

④81背

三年七月……
三年六［月］……

□名吏里它坐遣詣獄以書
致書□

④82+④84正

緒巾四□

④82+④84背

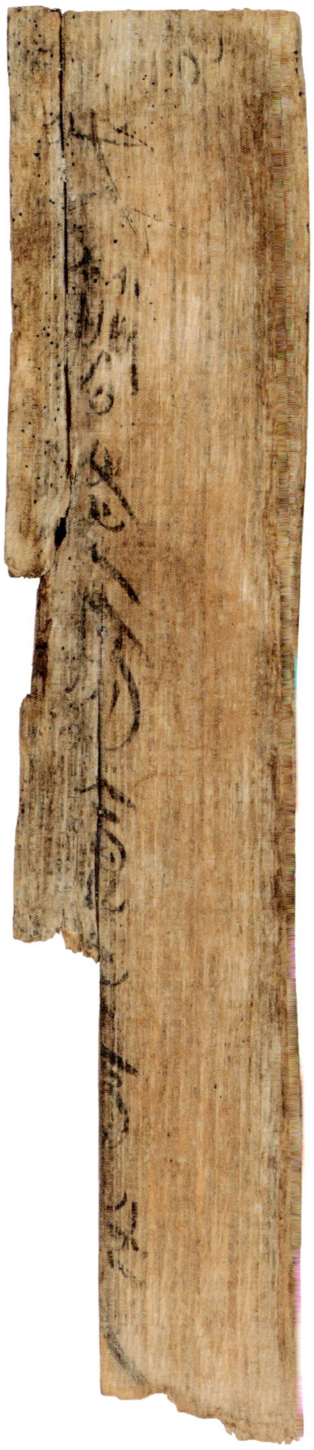

伐簡各一寫食□□廷☒

④85

內史□☒
□朔敢言之☒
朔御朔物尉☒

④86正

各一書☒
尉令尉史令□☒
□御☒

④86背

☒攸˅益陽各一☒
☒［攸］下尉聽☒

④83

④87正

先見 ▨

詣府尉吏謹府它書到定［名］▨

④87背

急令户□及盡吏它坐遣▨

户曹到書遣先 ▨

④88正

▨……

▨方□□與□陽丞□

▨方方方手

④88背

▨訾浦謂

▨［僕］陽手亟

▨非豕

④89正

▨癸未益陽丞啟敢言之

▨ □官

▨壬上□年［令］除爲官校

▨ 壬……校

▨□令壬□□□戊成

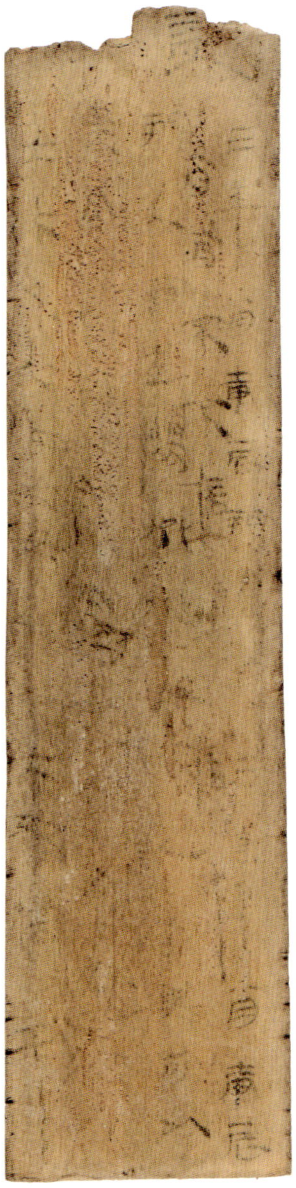

④89背

▨三年□月庚辰……□月庚辰

▨□月……辰……

▨……丞……以

▨……

▨大……大女……

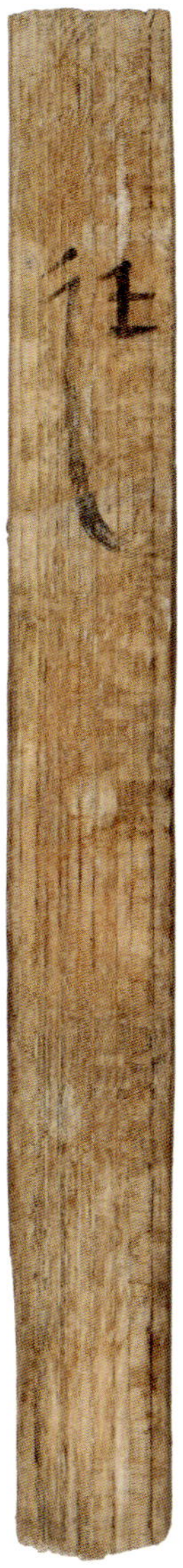

廷

④90

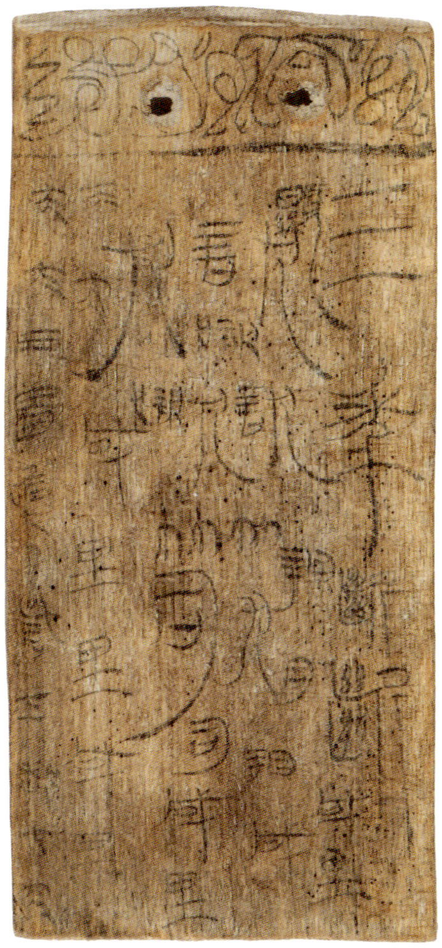

三年斷斷成里
學獄艸朔犬司朔成
獄獄獄笥里成里
夫夫成里里成里
夫夫三嗇雜訾「壬」都□夫＝

說明：頂部有墨綫圖案。

④91

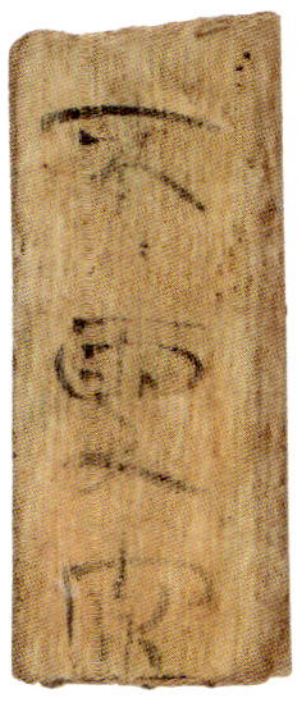

〼不更［寡］〼

④93正

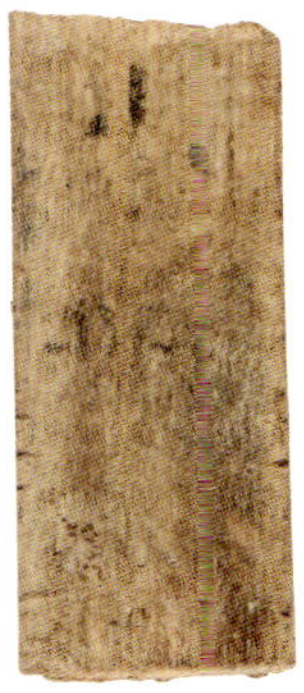

〼小女〼

④93背

三年六月辛巳朔□□內史□〼
□□□丞牒書［上］［錢］未□〼
三年丁及□九九十〼

④92正

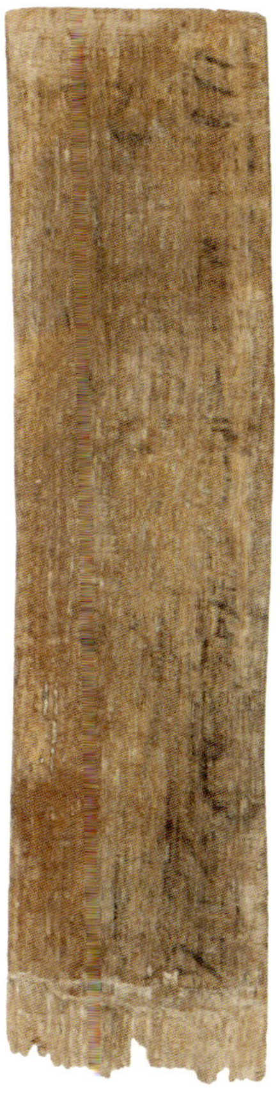

三三年內巳［今］□〼
九十九□□　〼

④92背

〼□□□水大女子□〼
〼小女□□□［男］〼

④94

④95

三 ☑

室 ☑

④96

□□……□□□少內□☑

里人 ☑

④97

……

④98

小史卯當☑

與秀 ☑

④100正

三年益陽獄

東曹日治笥

第甲

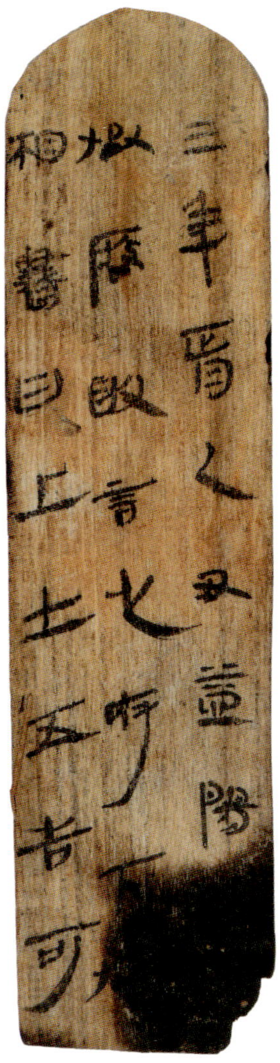

④100背

三年正月乙丑益陽［行］

丞啟敢言之府下丞

相書曰上士五告可

⧄□□小簪裹□□
⧄□

④101

⧄［内］史府内史□

④102+
④103正

⧄書到亟

④102+
④103背

⧄書吏⧄

④104

④105正

米粟一千二百八十九☒
畜［計］七千八百三 ☒
□四千八今以減十八復減卌……☒

四□ ☒

④105背

賤□……□⧄
時不御□⧄

④106正

三年……⧄
□……⧄

④106背

益陽學童［熊］⧄

④107正

顯乙［机］衕□□□⧄

④107背

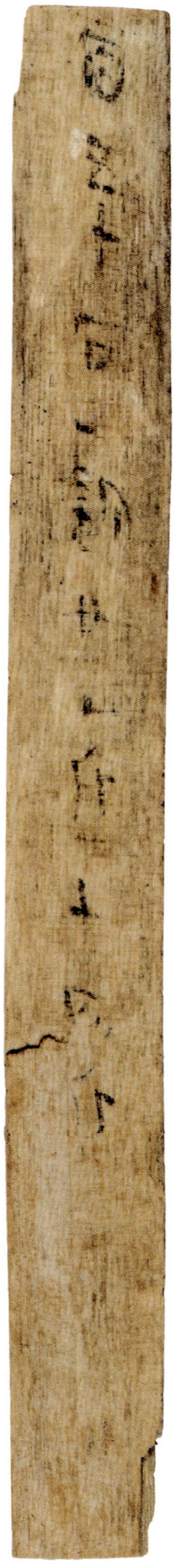

百五十石一鈞廿七斤十四斤

④108正

二石七斤八兩　百卌五石三鈞十一斤四兩

④108背

益陽倉米粟志
見米三千二百卌四石五斗一升 |
粟卌五石 |
叔千石 |

④109

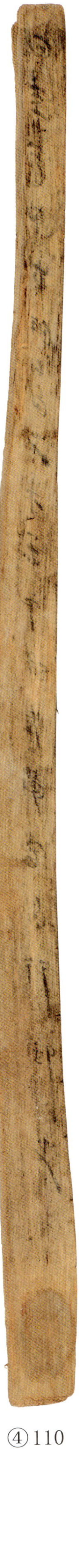

少内書［二］月甲午朔=日内史杲告中尉武陵守昌行御史

④110

☑□郵人□　□□□☑

④111

☑□五人☑

④113

莊里官夫=□☑

④115

☑□□□人□☑

④112

☑毋娆將來［書］名數□☑

④114

☑□五斗賈一斗三升□☑

④116

☒☐一［書］☒

④117

家∠居☒
皆曰☐☐☐☒
展等脱若☒

④118+④119

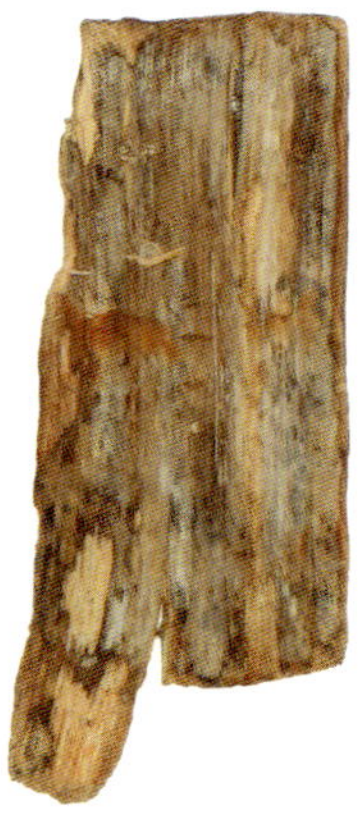

［三］年九月辛酉☒
☐☐☐☐☒

④120

走 ☒

④121

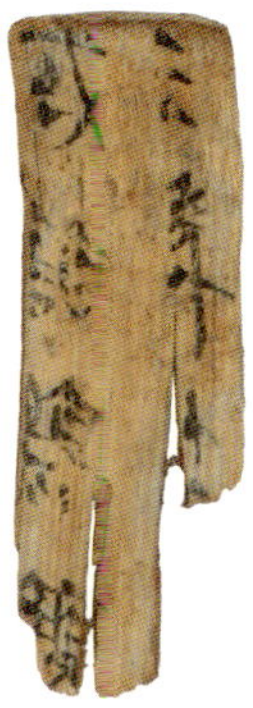

三年十月☒
或詣黥顔☒

④122

☒䜣爲☐☒

④123正

☒☐者☒

④123背

☒衣服☒

④124

☒☐啟六年三月丙☐☒

④125正

☒……☒

④125背

•倉☒

④126

☒二百九十五☒

④127正

☒☐☐☐☐☒

④127背

☒再拜再再再再☒
☒獻獻獻獻☒

④128+④129正

☒辵辵金布布益☐

④128+④129背

☒∠☒

④130

☒□字□☒
☒爲□☒

④131正

☒賈☒
☒當□☒

④131背

説明：正背面書寫順序相反。

□ ☒
大麦 ☒
茈= □☒

④132

□□☒
及 ☒
及 ☒

④133正

□ ☒

④133背

☒□□☒

④134正

☒［邑］☒

④134背

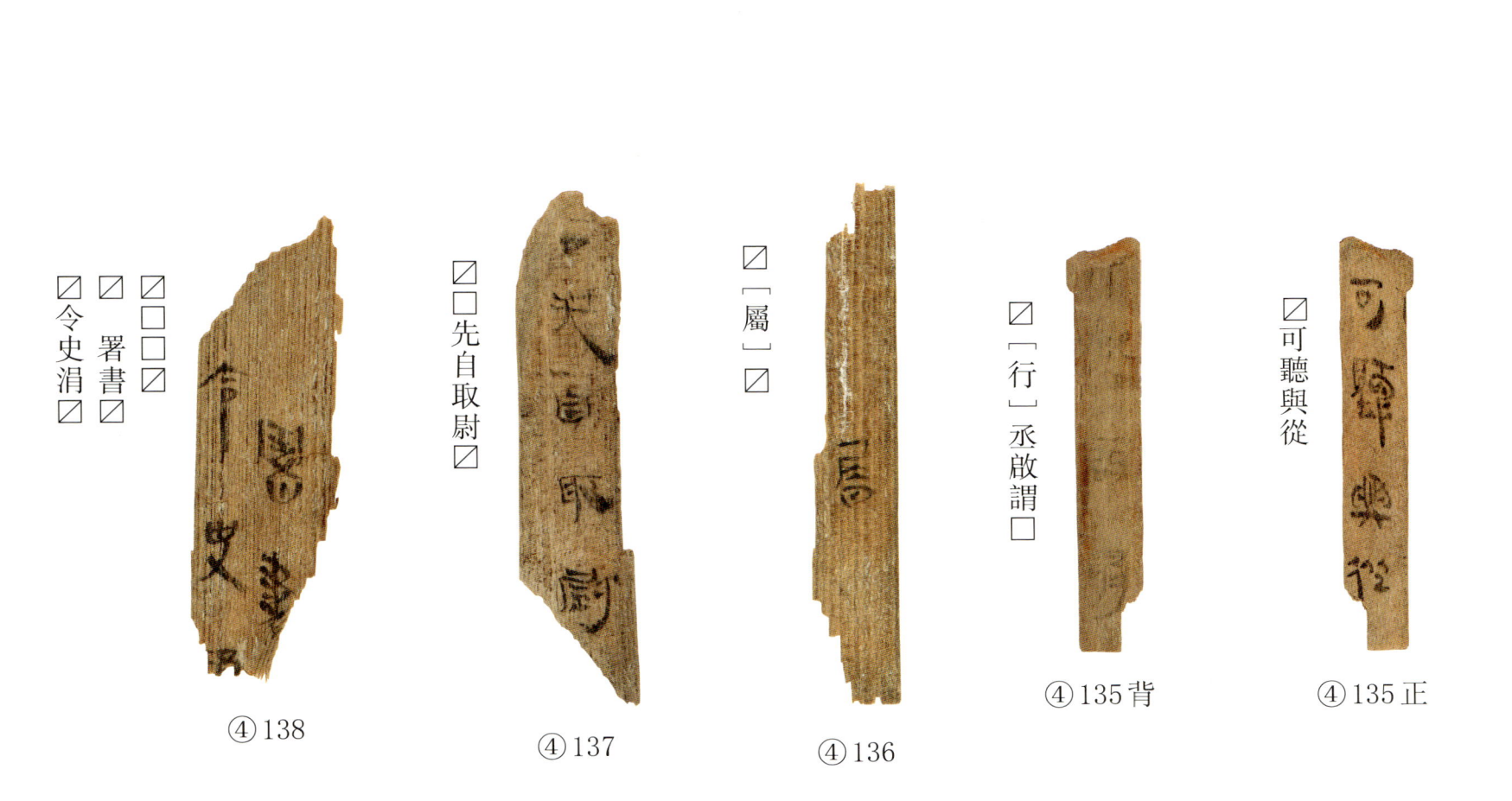

☒可聽與從

④135正

☒［行］丞啟謂□

④135背

☒［屬］☒

④136

☒□先自取尉☒

④137

☒□□☒
☒ 署書☒
☒令史涓☒

④138

☐（圖案）☐
④139

倉倉　☐
④140正

敢言之　☐
④140背

☐□益陽陽☐
④141

☐（圖案）☐
④142

☐朔戊子下資鄉☐
④143

☐　□□□☐
④144正

☐……☐
④144背

☐益陽☐
④145

☐［賈］☐
④146

☐年三月☐
④147

☐□田□☐
④148

☐［東］曹☐
④149

☐■倉縣☐
④150

☐因　☐
④151

☐期［與］☐
④152

☐䘧☐
④153

☐丁酉☐☐
④154

☐負田☐☐
☐相除定☐
④156

☐☐黄陽失☐
☐喜失期☐
④157+④164

☐行☐
④158

☐☐☐☐
④159

☐☐曰　☐
④160

☐［期］☐☐
☐今見☐
④161

☐朔☐
☐史書☐
④162

☐級☐☐☐
④163

☐下資☐
④165

☐六升六分升☐
☐五斗七升☐
☐☐☐☐
④166

☐☐酒☐
④167

☐傳☐☐
④168

☐☐名☐☐
☐☐　☐
④169

☐☐☐☐☐
④170

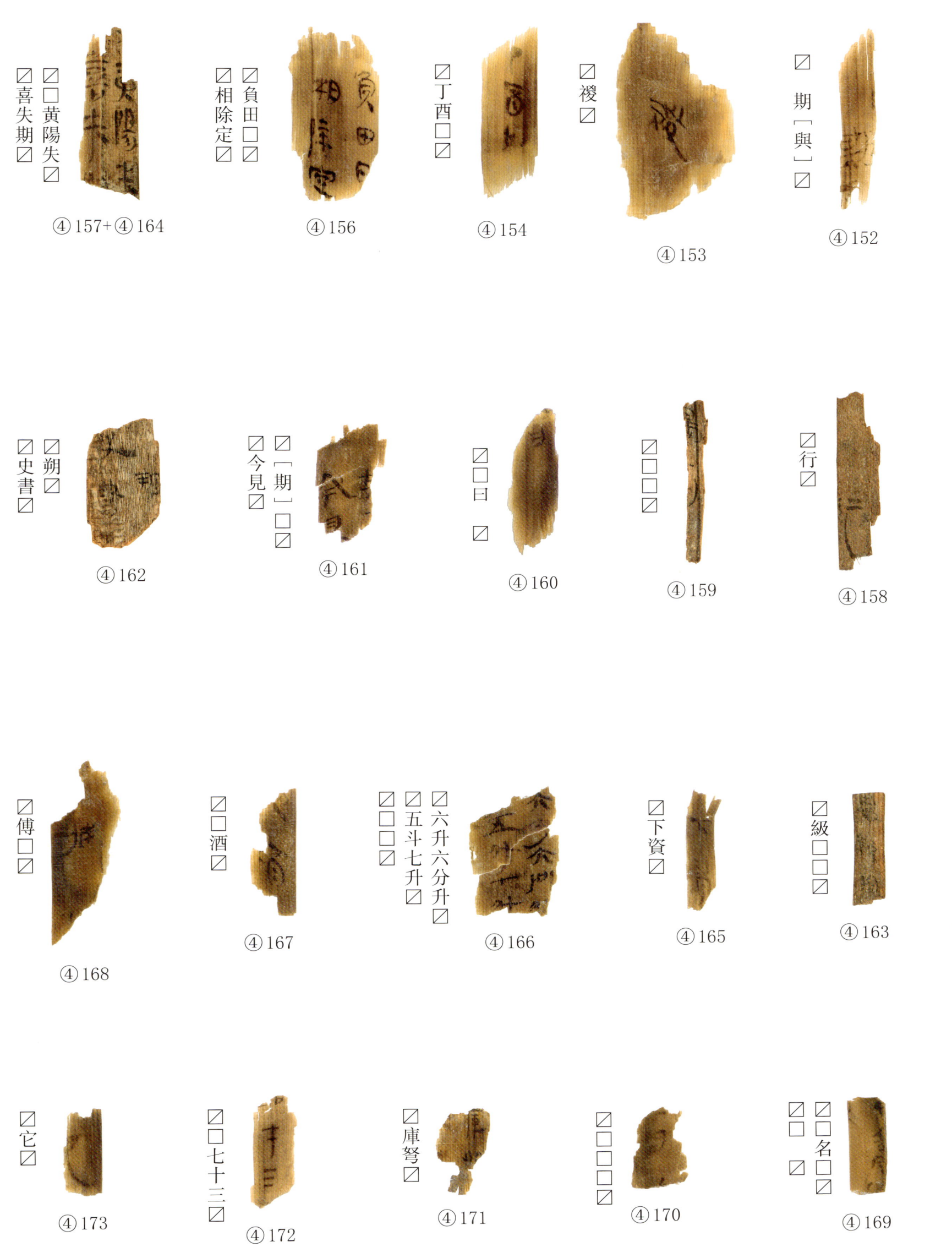

☐庫弩☐
④171

☐☐七十三☐
④172

☐它☐
④173

☒勿留☒

④174

☒一百☒

④175

期☐☒
☐ ☒

④176

☒☐☐ ☒

④177

☒☐內☐☒
☒☐已益陽☒

④178

☒☐☐☐ ☒

④186

☒☐自☒

④179

☒（圖案）☒

④180

☐☐☒

④181

☒☐☒

④182

隸☒

④183

三年☒
☐☒

④184

☒陽☒

④185

☒沱☒
☒☐☒

④187

☒☐☒

④188

第五層

☐年□月乙亥屬喪尉□級吏□所□☐

⑤壹1

☐……二□□前送爲□平□

⑤壹2

……☐

⑤壹3

☐□□□［笥］少□五□□

⑤壹4

☐□長長□□□□□□□□

⑤壹5

☐非有道不敢爲當∠直問［敢］☐

⑤壹6

☐……［攻］一□☐

⑤壹7

☐之罪等以上者不爲不審

⑤壹8

謹閉☐

⑤壹9

☐壬午　辛巳　庚辰☐

⑤壹10

☐[所]假百目罔□六石一鈞□□□☐

⑤壹11

隸大女韋年六十六　故一筭□☐

⑤壹12

癸妻曰交年[十]五　故□筭□☐

⑤壹13正

說明：背面劃痕兩道。

⑤壹13背

☐……

⑤壹14

……☐

⑤壹15

□[水]簪褭毋□□□求盜□☐

⑤壹16

蓄菜六石一鈞☐

⑤壹17

☐獻書□公御者

⑤壹18

☐□六□□及三百廿四☐

⑤壹19

■夫=糴徙臨湘書　大男☐

⑤壹20

☐□不筭　☐

⑤壹21

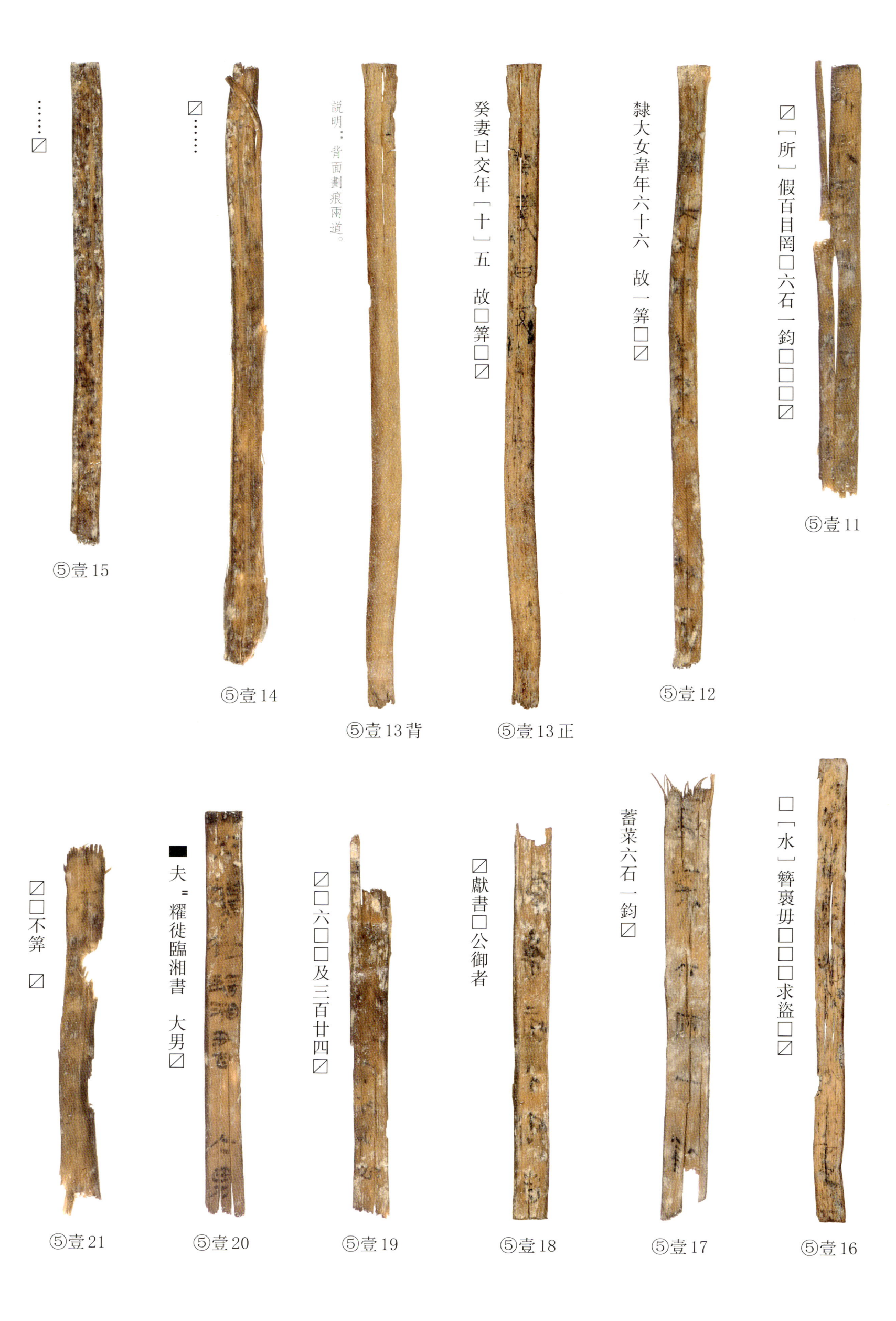

七年輸内幣錢數未備⍁

⑤壹22

⍁□［租］錢二千二百□十　•其□⍁

⑤壹23

⍁□不□利□⍁
⍁□□□□□□［癸］　⍁
⍁□□　⍁

⑤壹24

⍁不更益陽塱利公士□⍁

⑤壹25

□舍

⑤壹26

⍁鹽二分十一月癸巳食廷⍁

⑤壹27

⍁……⍁

⑤壹28正

説明：背面有一道編痕。

⑤壹28背

⍁□□□⍁

⑤壹29

安陽安陽⍁

⑤壹158+⑤壹30

⍁里兄簪褭肥年卄三⍁

⑤壹31

⍁……⍁

⑤壹32

⍁□月辛未屬喪尉都［賀］□⍁

⑤壹33

⍁　當繇半□⍁

⑤壹34

□人和　⍁

⑤壹35

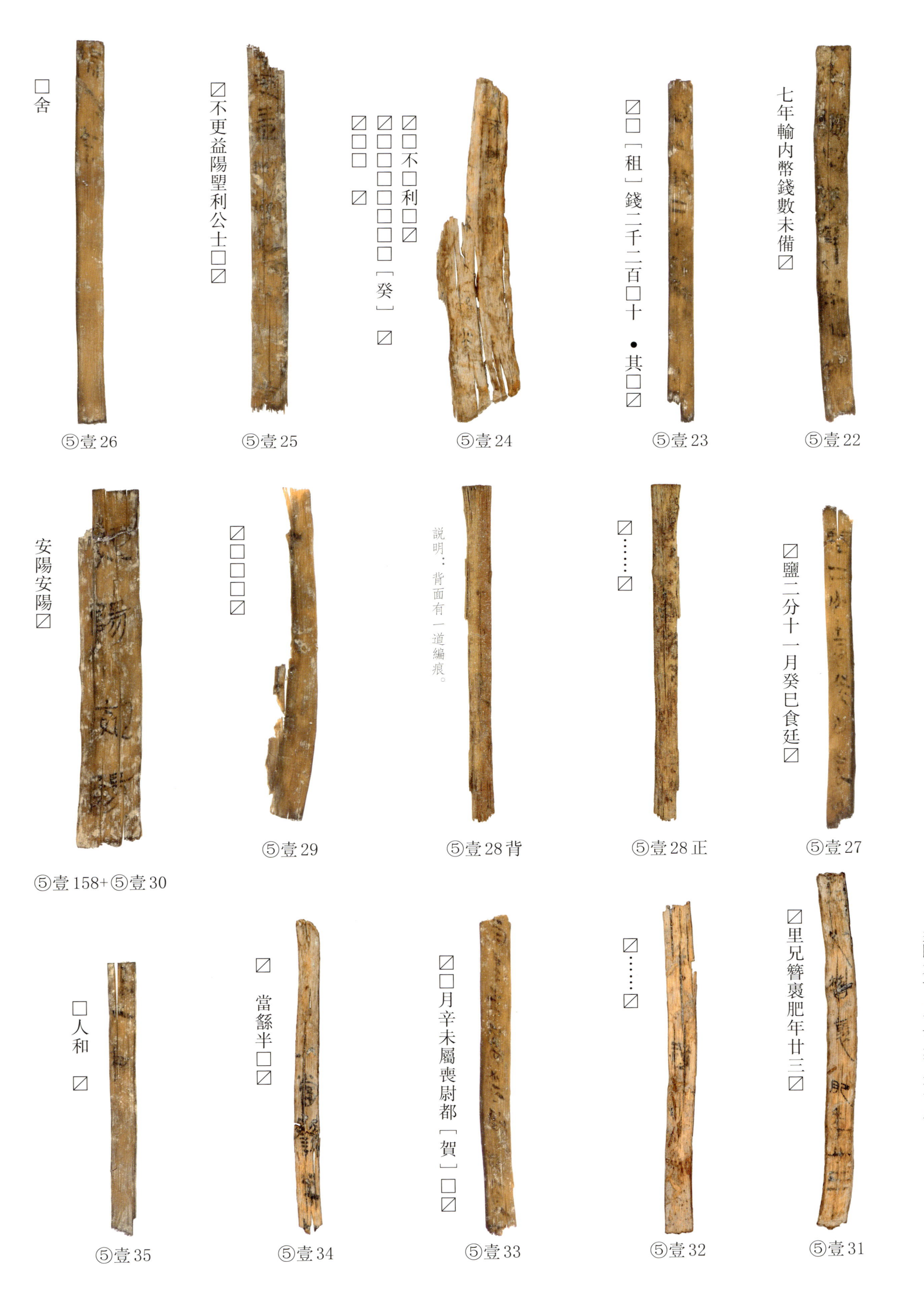

☒四年四月庚寅初學☒

⑤壹36

相□□□□□言☒
□ㄥ□□□□□□□☒

⑤壹37

☒□□□□□□☒
☒……☒

⑤壹38

☒穀隸　☒

⑤壹39

☒□內　十月辛巳佐☒

⑤壹40

☒□〔尉〕不〔昌〕已報☒

⑤壹41

☒〔九〕十八人
☒□廿九□少□□

⑤壹42

三年〔十〕二月〔乙〕未朔辛☒
□曰或詣黥顔頯☒
〔爵〕里名□□□□□□☒
□□□□☒

⑤壹43

☒唐乃□□☒

⑤壹44

元年八月壬戌朔□☒
元年九月□☒

⑤壹45

☒莠道賦購□未□☒

⑤壹46

臨水官夫=　☒

⑤壹47

☒……☒
☒里它坐識者操☒
☒……☒

⑤壹48

二年□月辛酉朔□☒

⑤壹49

☒〔令〕各邑搼急急急□☒

⑤壹50

☒□盗盗可事

⑤壹51正

説明：下端有一道編痕。

⑤壹51背

☒租［箄］□☒

⑤壹52

☒……不□☒

⑤壹53

益陽・富陽・□☒
［言］史　☒

⑤壹54

☒［酉］朔庚辰倉□☒

⑤壹55

☒　乙丑作☒

⑤壹56

☒獄□道☒

⑤壹57

☒□十四日　一日
説明：「一日」逆序書寫。

⑤壹58

☒尉曹發☒

⑤壹59

☒禾租米九石□□□☒

⑤壹60

☒□［大僕］養［黠］秣□☒

⑤壹61

☒□☒
☒月日去亡書☒
☒……☒

⑤壹62

☒□［鍘］不□□☒

⑤壹63

益陽丞主［騰］☒

⑤壹64

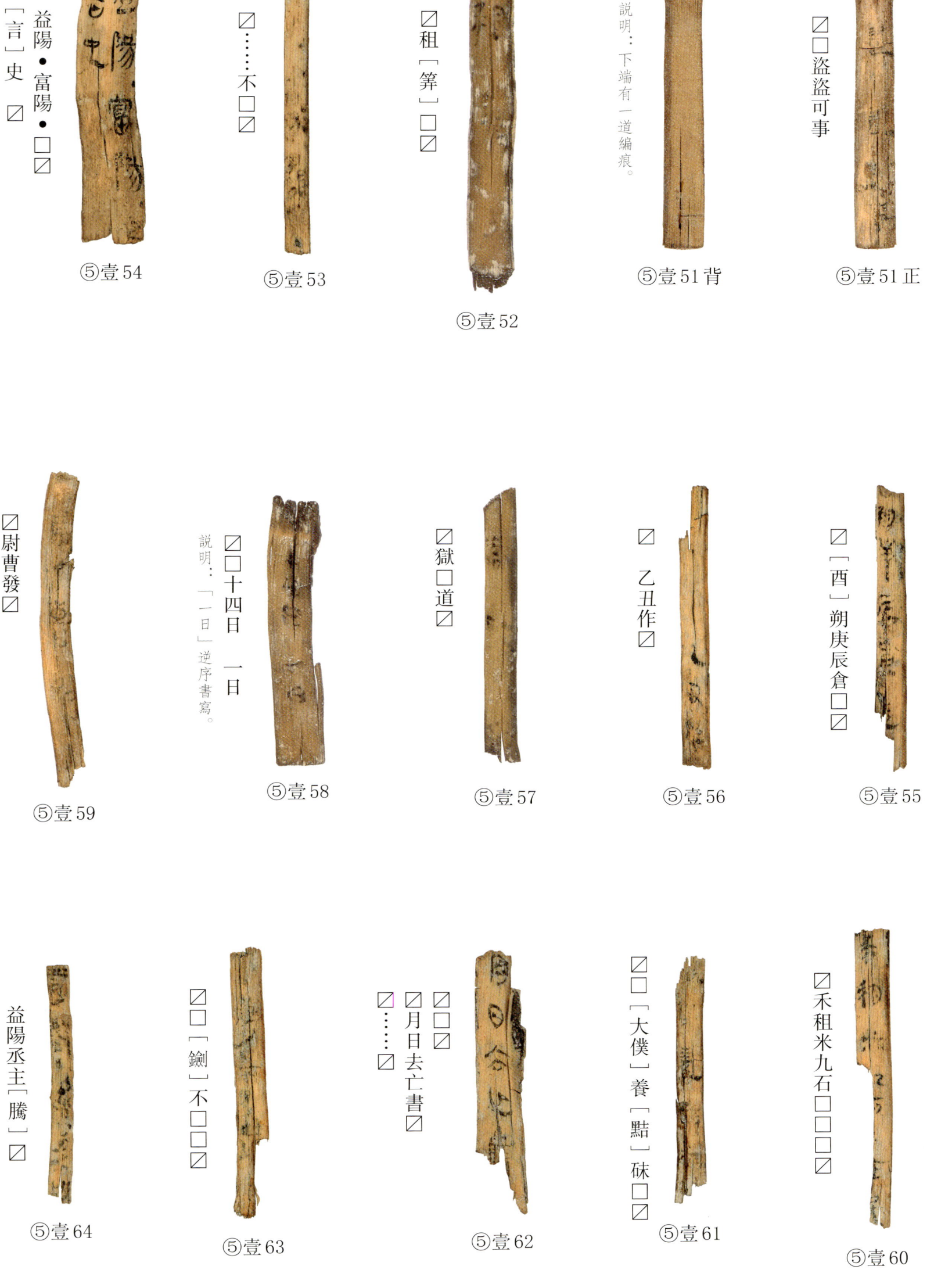

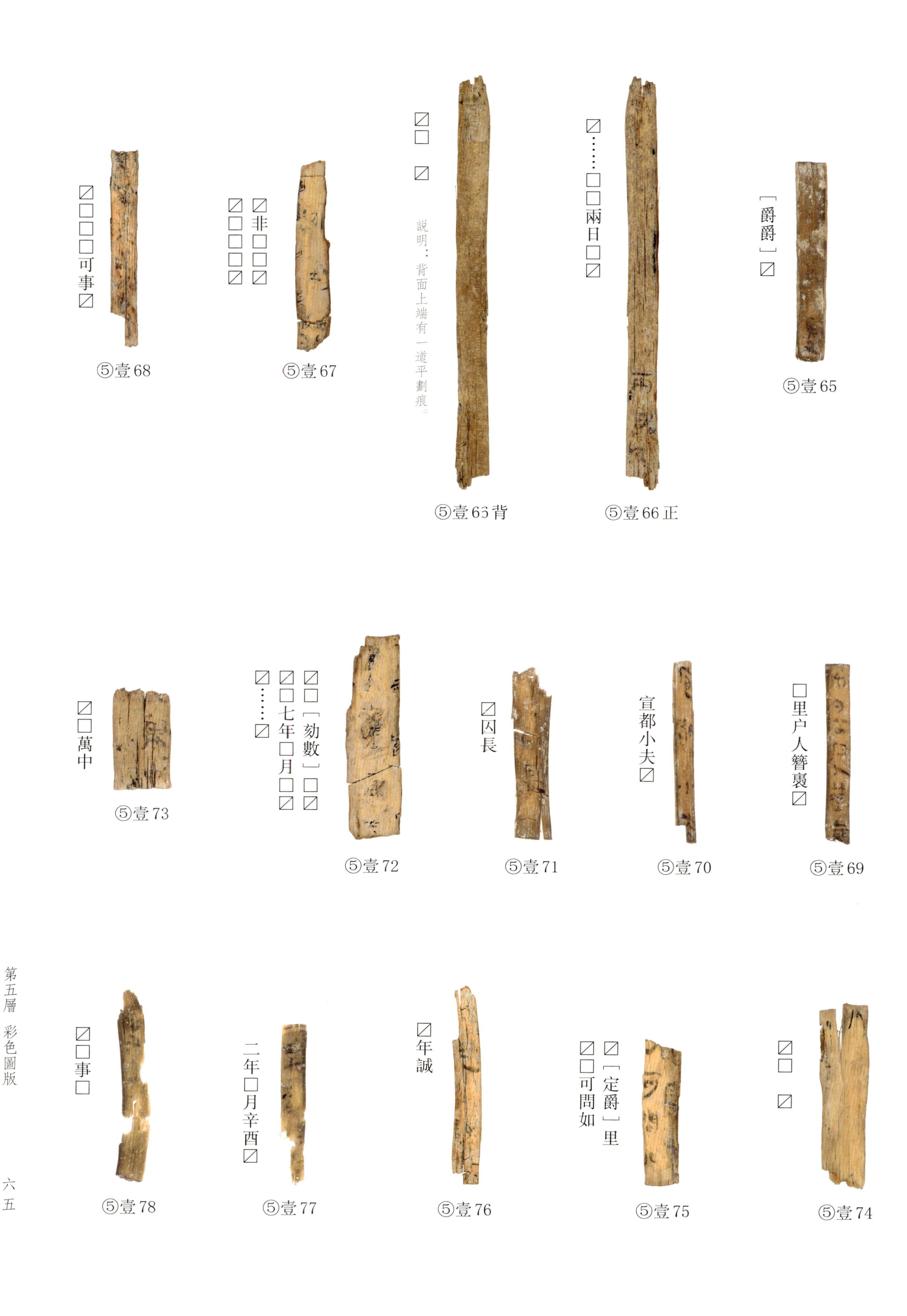

〔爵爵〕⧄

⑤壹65

⧄……☐☐兩日☐⧄

⑤壹66正

☐⧄ ⧄

説明：背面上端有一道平劃痕。

⑤壹63背

⧄非☐☐⧄
⧄☐☐☐⧄

⑤壹67

⧄☐☐☐可事⧄

⑤壹68

☐里户人簪裹⧄

⑤壹69

宣都小夫⧄

⑤壹70

⧄囚長

⑤壹71

⧄☐〔翃數〕☐⧄
⧄☐七年☐月☐⧄
⧄……⧄

⑤壹72

⧄☐萬中

⑤壹73

⧄☐ ⧄

⑤壹74

⧄〔定爵〕里
⧄☐可問如

⑤壹75

⧄年誠

⑤壹76

二年☐月辛酉⧄

⑤壹77

⧄☐事☐

⑤壹78

乏萬六千□〼

⑤壹79

〼書書

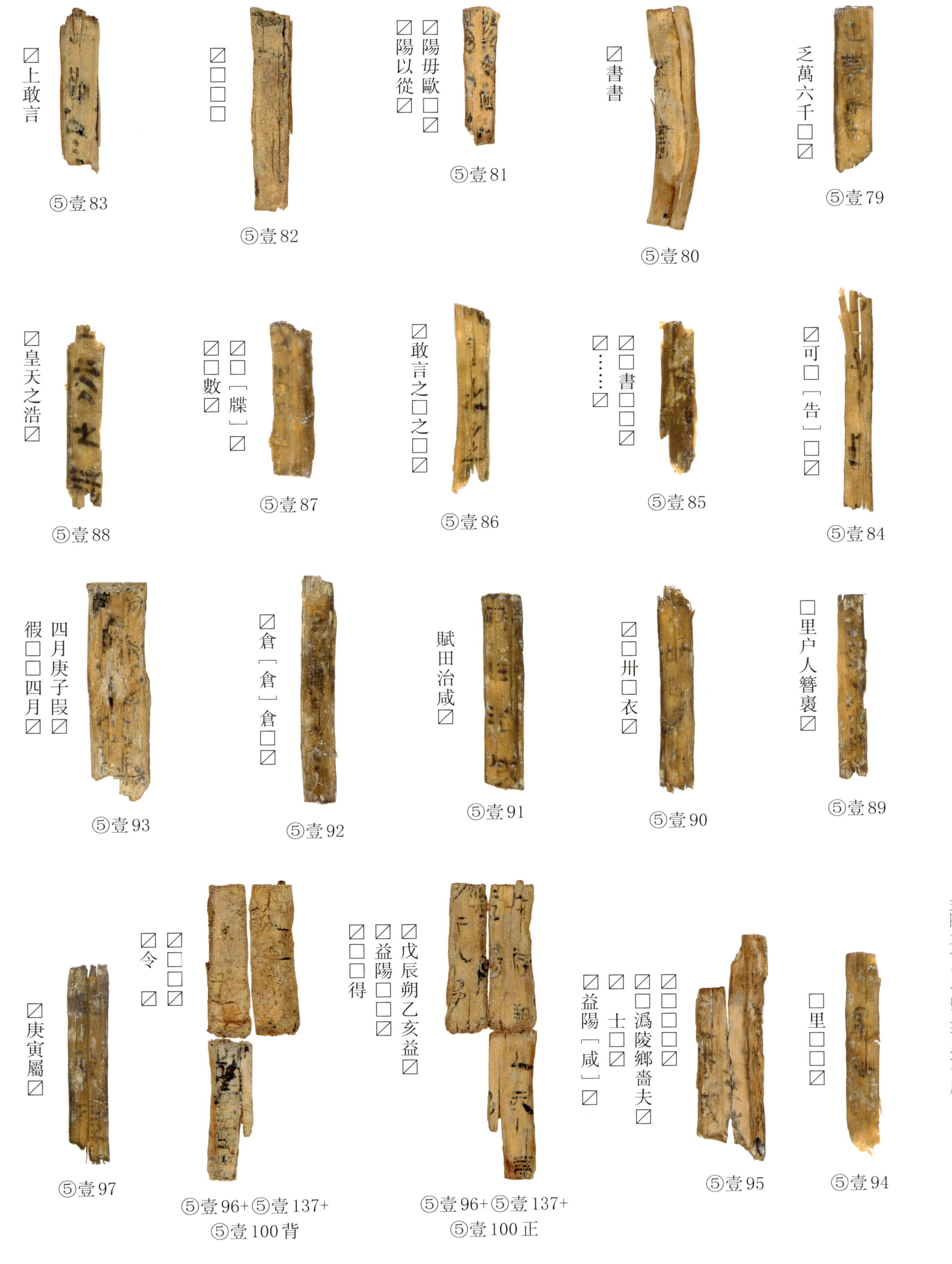

⑤壹80

〼陽毋歐□〼
〼陽以從〼

⑤壹81

〼□□□

⑤壹82

〼上敢言

⑤壹83

〼可□［告］□〼

⑤壹84

〼□書□□〼
〼……〼

⑤壹85

〼敢言之□之□〼

⑤壹86

〼□［牒］〼
〼□數〼

⑤壹87

〼皇天之浩〼

⑤壹88

□里户人簪褭〼

⑤壹89

〼□卅□衣〼

⑤壹90

賦田治咸〼

⑤壹91

〼倉［倉］倉□〼

⑤壹92

四月庚子段〼
假□□四月〼

⑤壹93

□里□□〼

⑤壹94

〼□□□〼
〼□潙陵鄉嗇夫〼
〼　士□〼
〼益陽［咸］〼

⑤壹95

〼戊辰朔乙亥益〼
〼益陽□□〼
〼□□得

⑤壹96+⑤壹137+⑤壹100正

〼□□〼
〼令　〼

⑤壹96+⑤壹137+⑤壹100背

〼庚寅屬〼

⑤壹97

十二月癸□☐
言勿☐

⑤壹98

☐□□　□二百廿九☐

⑤壹99

平都户人不更☐

⑤壹101

☐□識□少☐

⑤壹102

☐□以書致□☐

⑤壹103+
⑤壹106

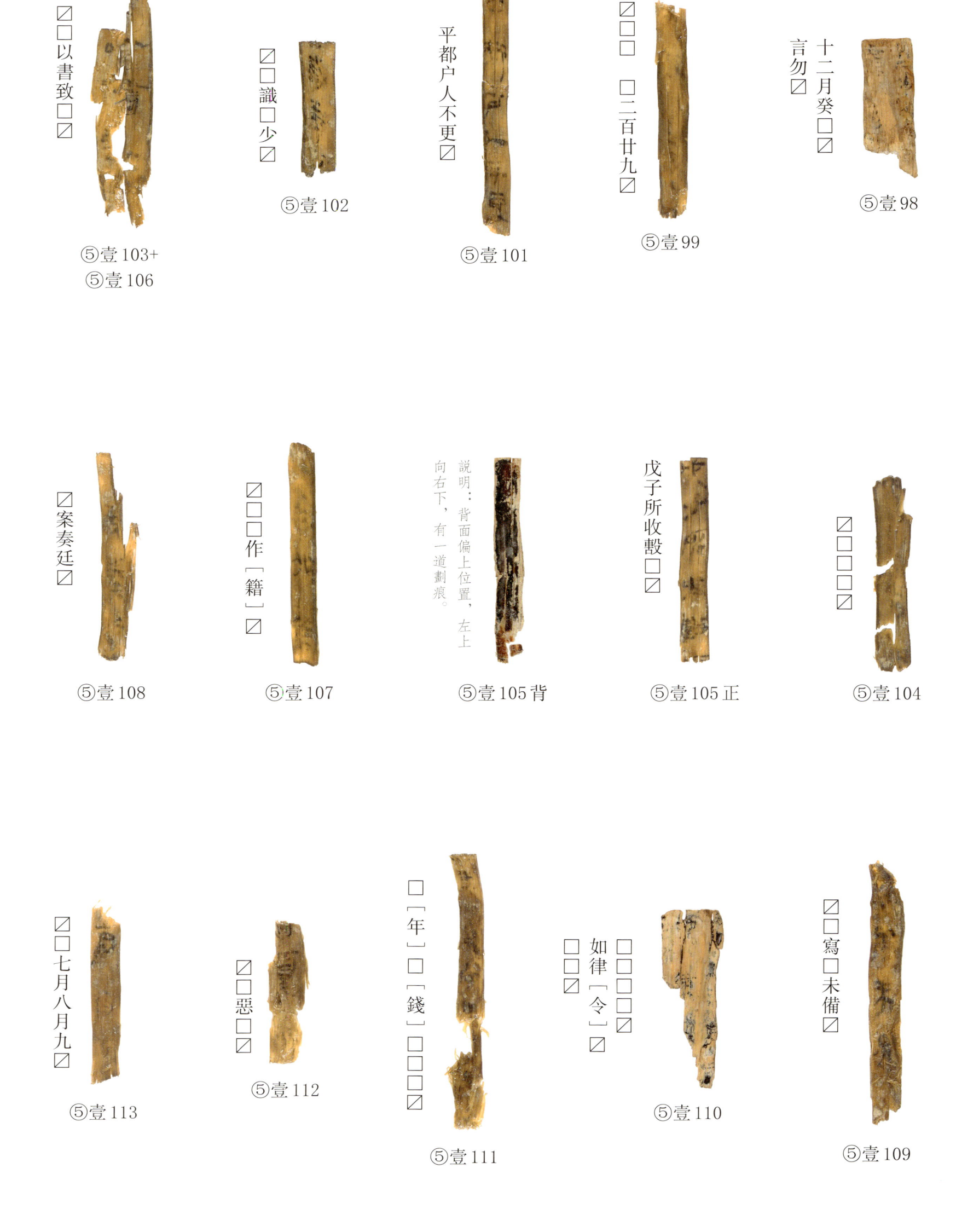

☐□□□☐

⑤壹104

戊子所收殼□☐

⑤壹105正

說明：背面偏上位置，左上向右下，有一道劃痕。

⑤壹105背

☐□□作［籍］☐

⑤壹107

☐案奏廷☐

⑤壹108

☐□寫□未備☐

⑤壹109

□□□□☐
如律［令］☐
□□☐

⑤壹110

□［年］□［錢］□□□☐

⑤壹111

☐□惡□☐

⑤壹112

☐□七月八月九☐

⑤壹113

☒……廿人□□☒

⑤壹114

☒〔律〕佐 ☒

⑤壹115

十月己卯〔都〕鄉佐□上☒

⑤壹116

☒……☒

⑤壹117

☒□□□☒

⑤壹118

六年〔頃〕□☒

⑤壹119

☒□長可☒

⑤壹120

☒□革带□☒

⑤壹121

二年十月辛酉☒
冗作大男一人☒
……☒

⑤壹122

☒□ 九〔月〕☒
☒□□ ☒

⑤壹123正

☒□ ☒

⑤壹123背

☒□多☒

⑤壹124

☒□石一斗一升□

⑤壹125

賤走☒

⑤壹126

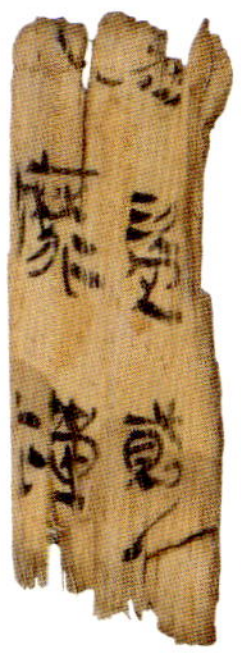
☒〔爲〕盜賊□☒
☒□靡禪☒

⑤壹127

☒敢告□☒
☒□□〔帛〕☒

⑤壹128

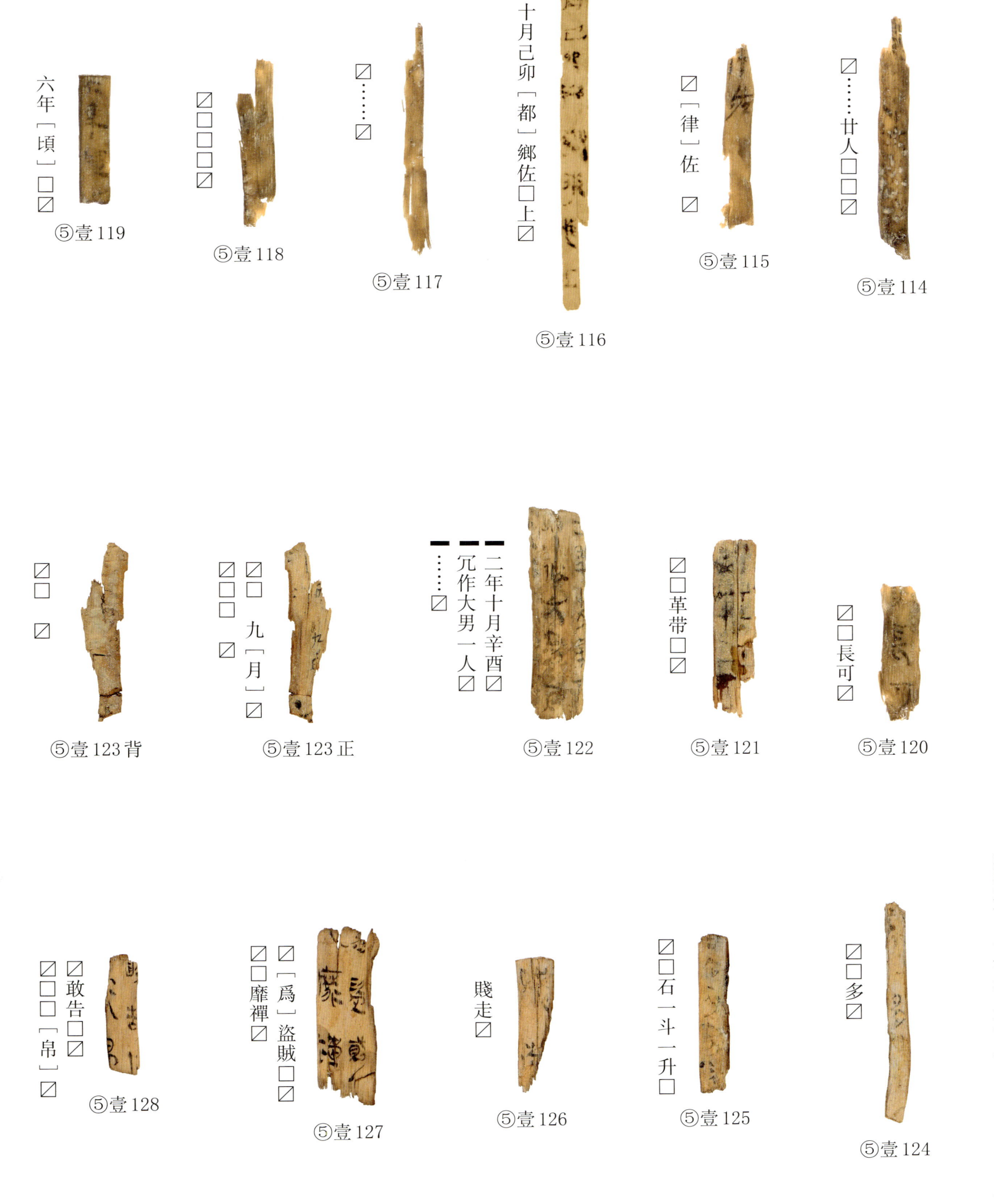

二年正月庚寅朔丁巳益［陽］☐
亭潙陵亭兼亭□☐
□□□二年畜員各一牒☐
畜員豕母三犬四雞十一□☐
畜者九牒署不畜十牒□☐

⑤壹131+⑤壹129正

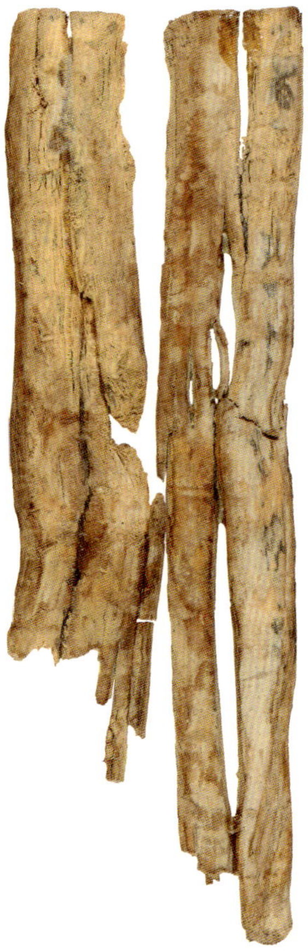

當報者它如律［令］☐

⑤壹131+⑤壹129背

☐宦

⑤壹130

☐□錢一☐

⑤壹132

☐陽
☐益陽嗇夫

⑤壹133正

☐□
☐□□

⑤壹133背

元年已繇積☐

⑤壹134

益陽☐
□□☐

⑤壹135

☐鄉見筭三☐

⑤壹136

☐食置□☐

⑤壹138

☐□及

⑤壹139

☐（圖案）☐

⑤壹140

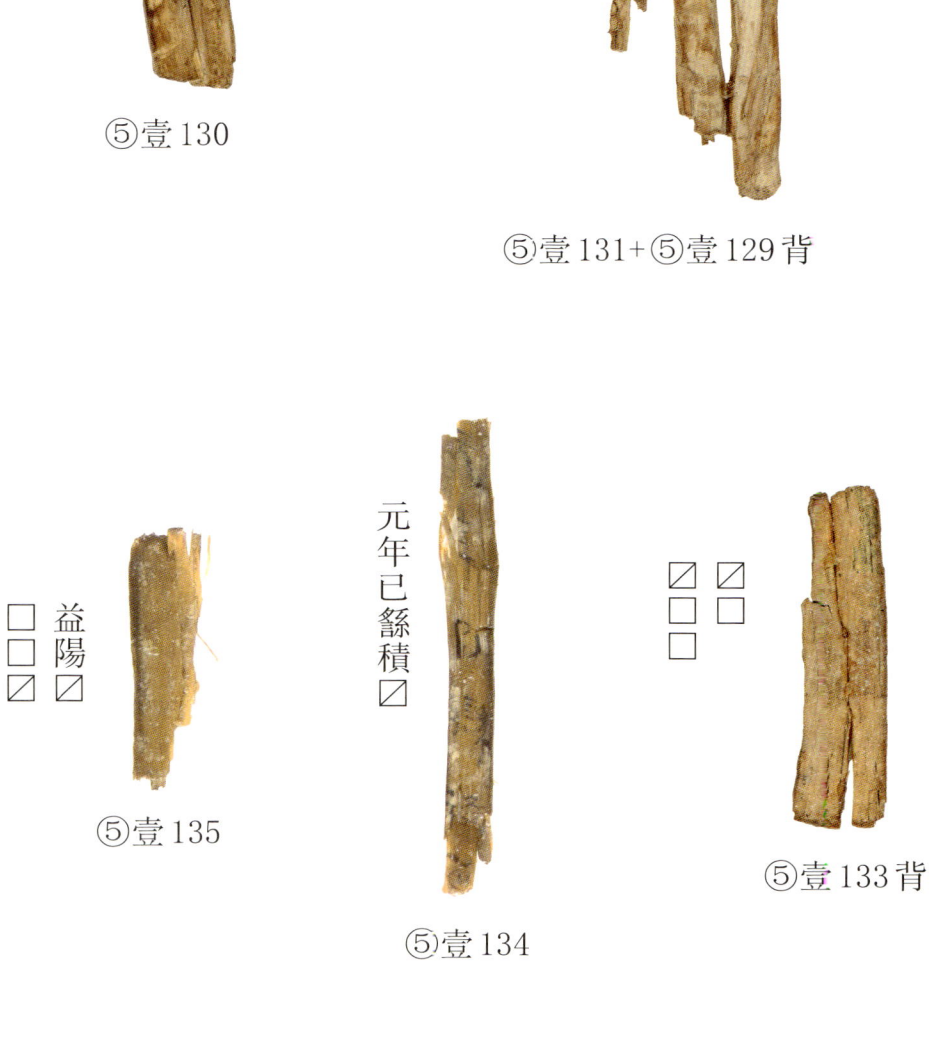

☐御史☐

⑤壹141

☑萬一千☑
⑤壹142

竹平公士☑
⑤壹143

☑□禪衣☑
⑤壹144

□及所糴☑
⑤壹145

☑□［屬喪］☑
⑤壹146

☑□［夢］☑
⑤壹147

☑□□☑
⑤壹148

☑□田□☑
⑤壹149正

☑□☑
⑤壹149背

☑□□□☑
☑□□☑
⑤壹150

☑升賈一斗□☑
⑤壹151

☑□☑
⑤壹152

☑之□□☑
☑［來］令　☑
⑤壹153

☑道叚☑
☑［謂］□☑
⑤壹154正

☑□□☑
⑤壹154背

☑瀉［陵］☑
☑……☑
⑤壹155

☑□□☑
⑤壹156

☑□十升賈□☑
⑤壹157

☑□□□□☑
⑤壹159

☑□□☑
⑤壹160

☑二斗二升☑
⑤壹161

☑□書☑
⑤壹162

☑□户☑
⑤壹163

☑□□☑
⑤壹164

八月盡九月致使傳當計書束

說明：簡兩側有契口。

⑤壹165

▍廷倉曹

⑤壹166

廷金布

⑤壹167

廷倉曹

⑤壹168

下資鄉□　□

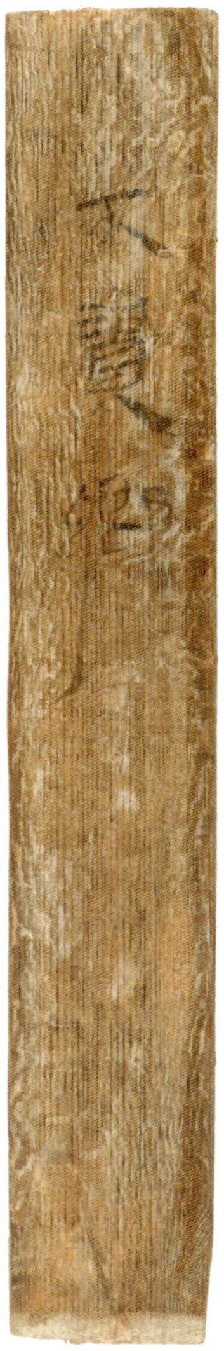

⑤壹169

⑤壹170正

☒□丞相蒼敢告主初昭
☒　□陽益
☒□□□□石石數女□□

⑤壹170背

☒□□□

說明：文字書寫順序混亂。

⑤壹171

傳

⑤壹172

☒□

說明：簡側有契口。

■佐寂繇辤 ▨

⑤壹173

聽書到 ▨
……▨

⑤壹174正

益陽行□▨

⑤壹174背

▨䊵益

⑤壹175正

▨□□□□□〔益〕□
▨益

⑤壹175背

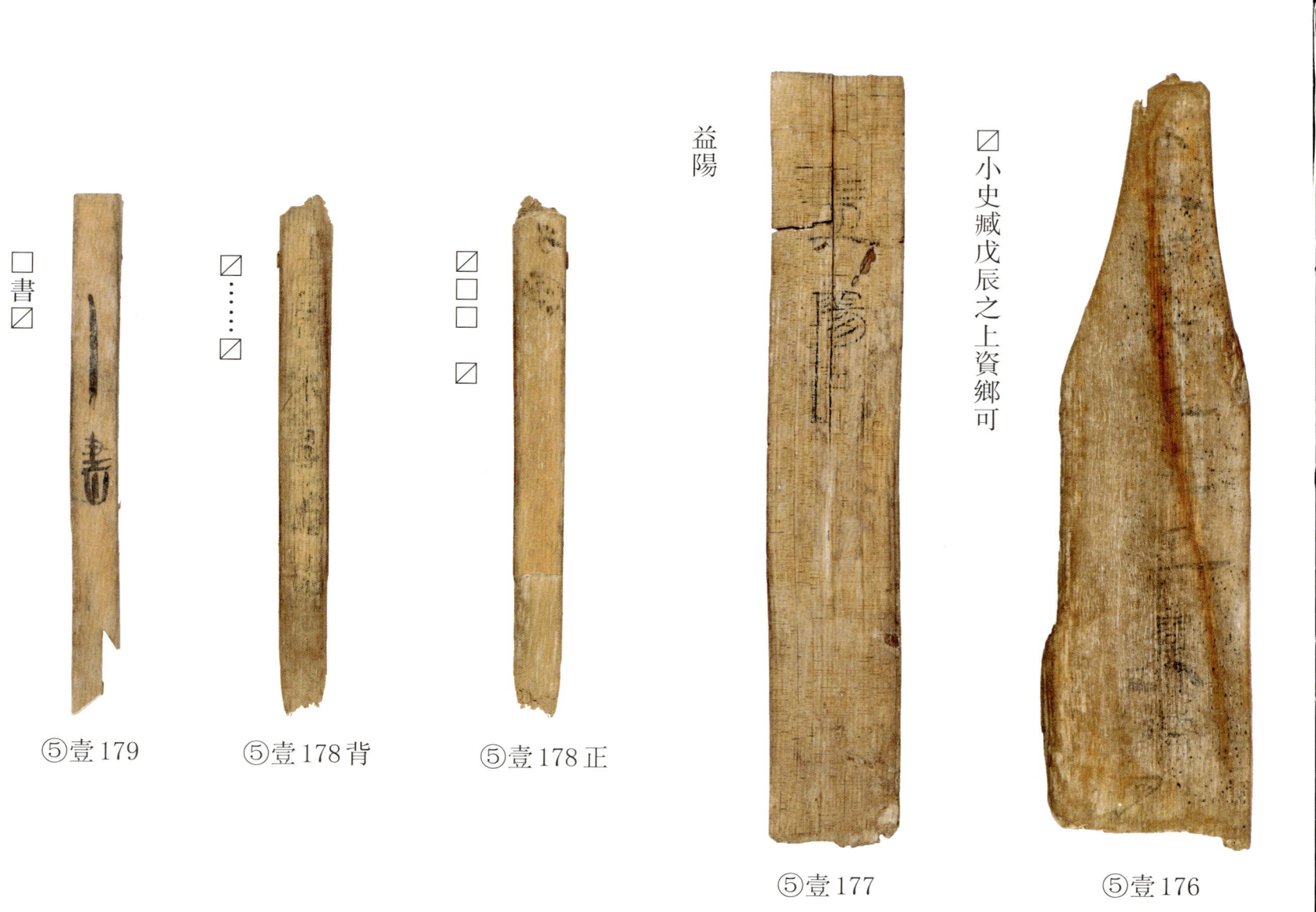

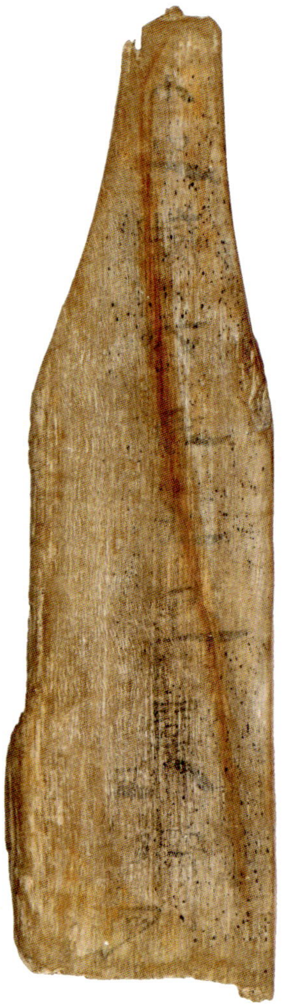

▨小史臧戊辰之上資鄉可

⑤壹176

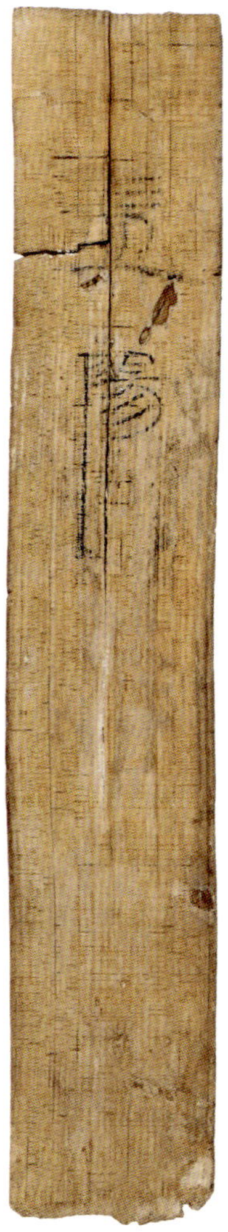

益陽

⑤壹177

▨□□ ▨

⑤壹178正

▨……▨

⑤壹178背

□書▨

⑤壹179

……⍁
曰令都鄉嗇夫⍁
［斬］左□□　⍁

⑤壹180正

……⍁
……⍁

⑤壹180背

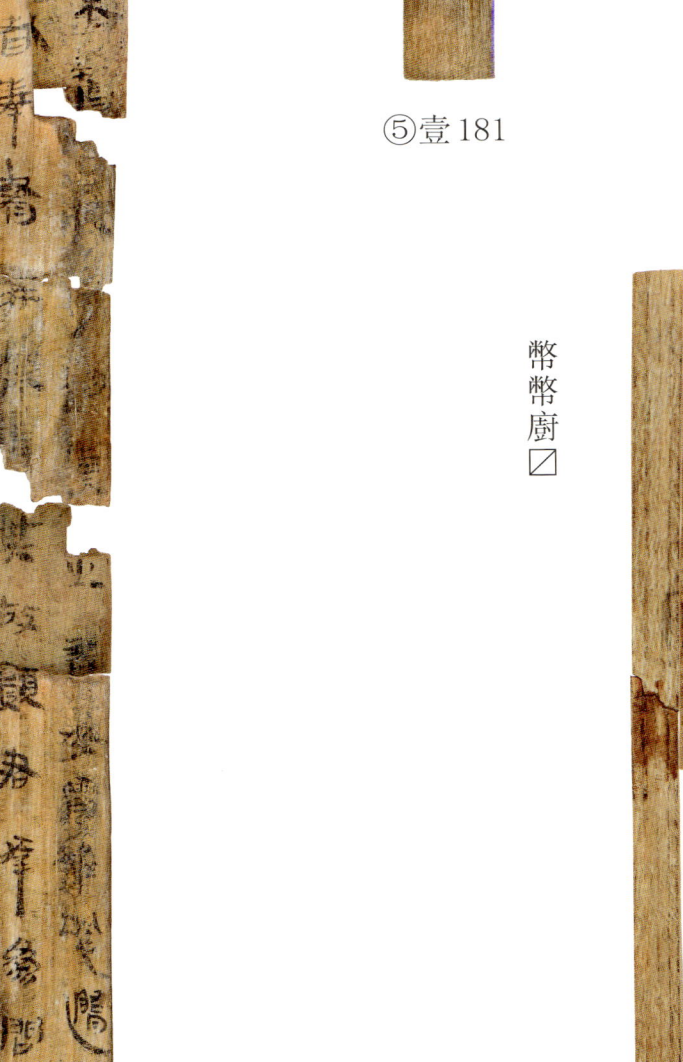

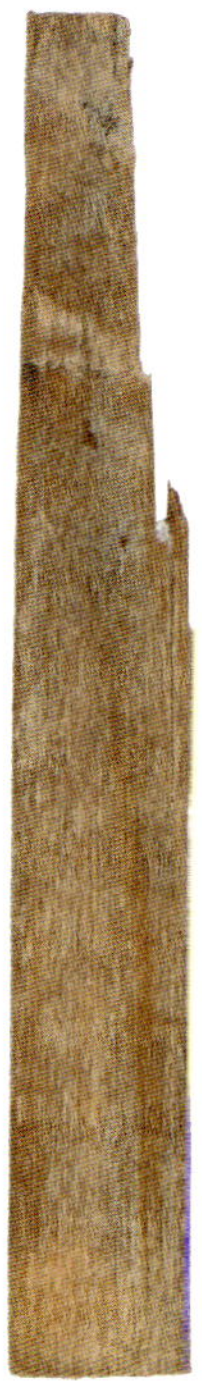

□

⑤壹181

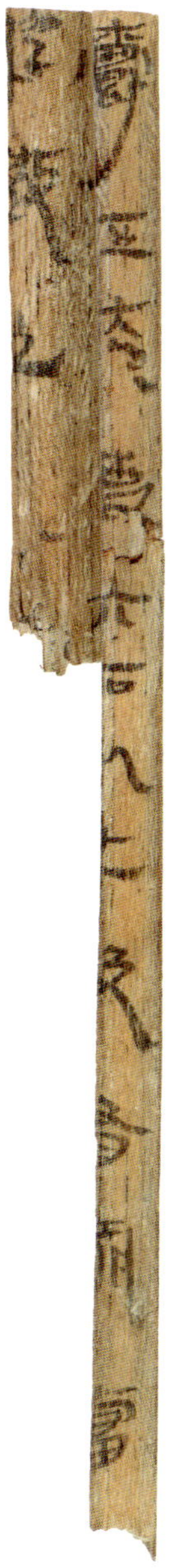

爵五夫〓吏六石以上及有罪當⍁
縱轂之　⍁

⑤壹193+⑤壹194+⑤壹182正

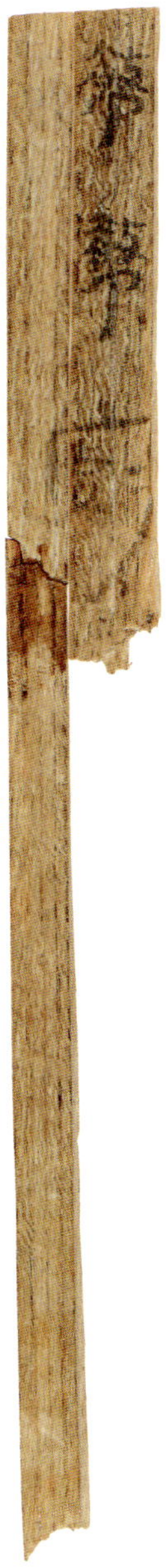

幣幣廚⍁

⑤壹193+⑤壹194+⑤壹182背

不智⍁□□何物僕⍁之言毋留難恐隨
者奉書再拜請⍁其故顛君幸爲問

⑤壹325+⑤壹207+⑤壹199+⑤壹261+⑤壹183

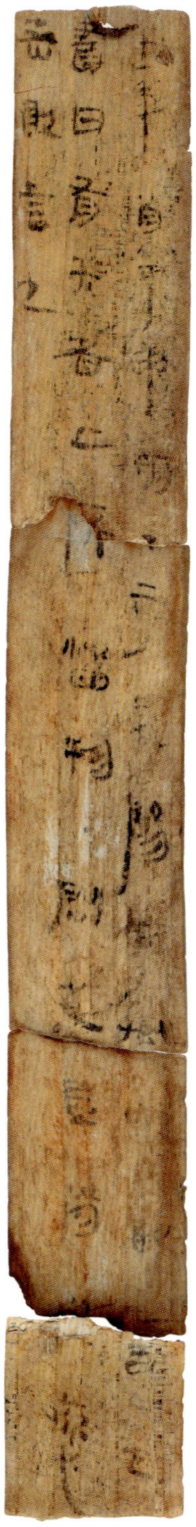

十一年［八］月甲申朔［辛］亥益陽守丞□敢言之
書曰有失者上所燔物・問之益陽［毋］應
者敢言之

⑤壹184+
⑦26+⑦38+
⑦676正

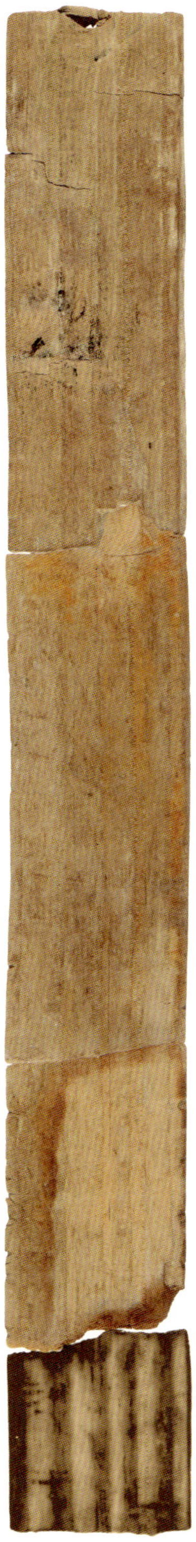

□手

⑤壹184+
⑦26+⑦38+
⑦676背

☐……☐

⑤壹185

□□□□　☐□□□［隸］內史［守］☐
御史□上　☐曰令官上所□金☐

⑤壹186+
⑤壹256+
⑤壹387+
⑤壹262+
⑤壹260+
⑤壹324正

□□□☐
……

說明：⑤壹186與其餘殘片遥綴。

⑤壹186+
⑤壹256+
⑤壹387+
⑤壹262+
⑤壹260+
⑤壹324背

☐☐☐行☐

⑤壹187正

☐☐☐☐

⑤壹187背

☐癸出稟尉史☐

說明：右側有三組刻齒，分别爲五、一、二。

⑤壹188

七年

⑤壹189

☐［御］史府☐☐

⑤壹190正

☐☐小簪☐☐

⑤壹190背

☐應

⑤壹191

内☐

⑤壹192

☐☐壬午［倉］☐
☐☐户［四］四☐☐

⑤壹196

☐［年］七月☐☐

⑤壹197

［衛］户有百八十一分日之☐☐

⑤壹195正

☐☐☐

⑤壹195背

☐二年二月一月乙未朔☐
☐府☐☐曰☐

⑤壹258+⑤壹198+
⑤貳182正

☐［益陽舄舄］敢☐
☐［丞］☐☐☐

說明：正背面文字書寫順序顛倒。

⑤壹258+⑤壹198+
⑤貳182背

☐☐☐辭曰☐
☐益陽行丞☐
☐☐鄉鄉鄉☐

⑥46+⑤壹200正

☐審/四月壬寅［朔］
☐☐☐☐

⑥46+⑤壹200背

☐☐☐
☐☐☐

⑤壹201

☐☐林黑
☐林黑

⑤壹202

☐☐☐

⑤壹203正

☐☐☐

⑤壹203背

☐☐［丞］梁敢☐
☐☐☐☐☐

⑤壹204正

☐年 七月 七月☐

⑤壹204背

☐☐☐賤畜☐☐
☐☐☐☐☐☐
☐☐☐☐

⑤壹323+⑤壹266+⑤壹205

☐七月☐☐☐

⑤壹206正

☐者☐☐

⑤壹206背

廷倉曹☐

⑤壹208+⑤壹381+⑤壹382

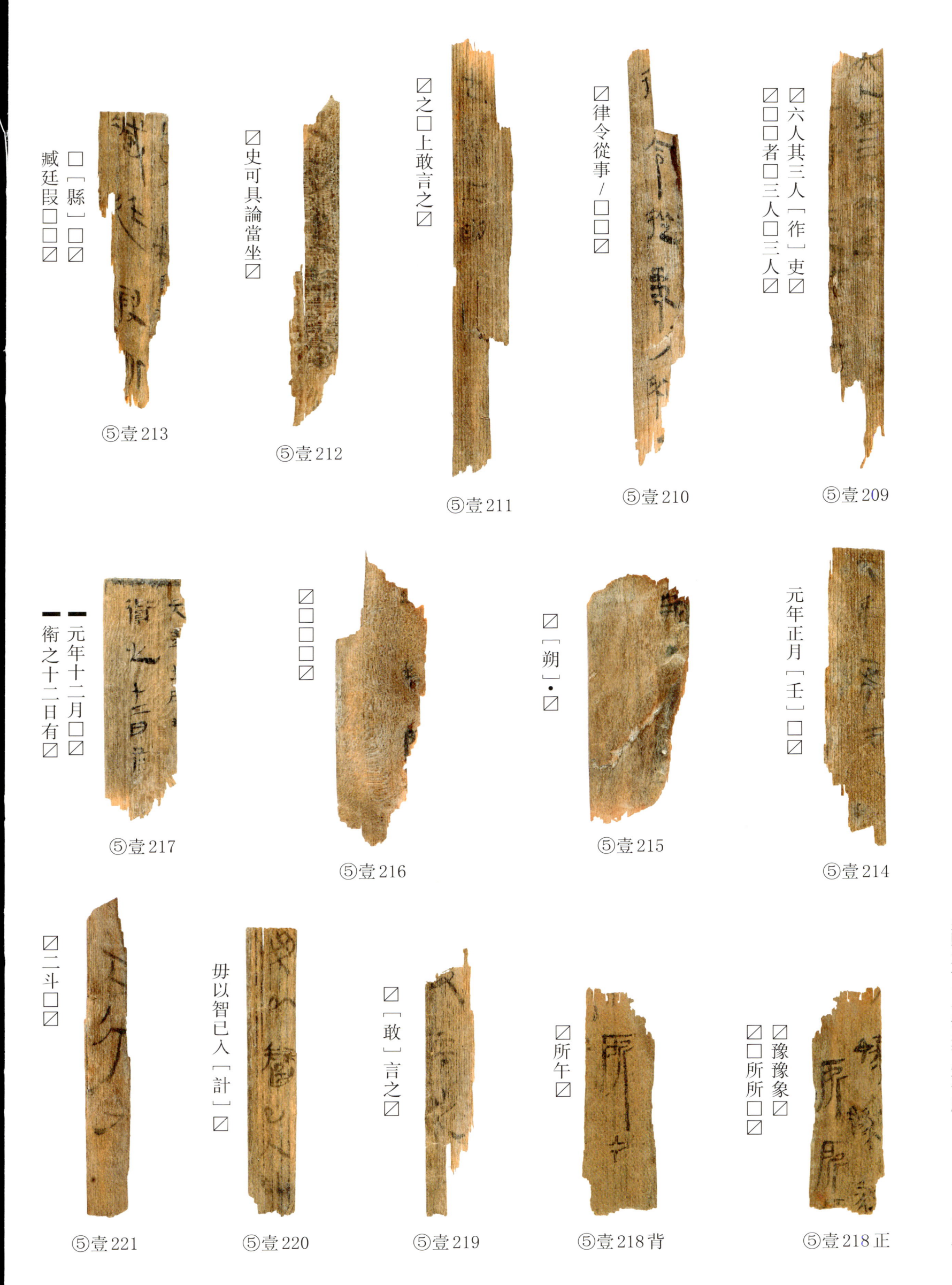

⑤壹209

☐六人其三人［作］吏☐
☐□□者□三人□三人☐

⑤壹210

☐律令從事／□□☐

⑤壹211

☐之□上敢言之☐

⑤壹212

☐史可具論當坐☐

⑤壹213

□［縣］□☐
臧廷段□□☐

⑤壹214

元年正月［壬］□☐

⑤壹215

☐［朔］·☐

⑤壹216

☐□□□☐

⑤壹217

▬元年十二月□☐
▬衛之十二日有☐

⑤壹218正

☐豫豫象☐
☐□所所□☐

⑤壹218背

☐所午☐

⑤壹219

☐［敢］言之☐

⑤壹220

毋以智已入［計］☐

⑤壹221

☐二斗□☐

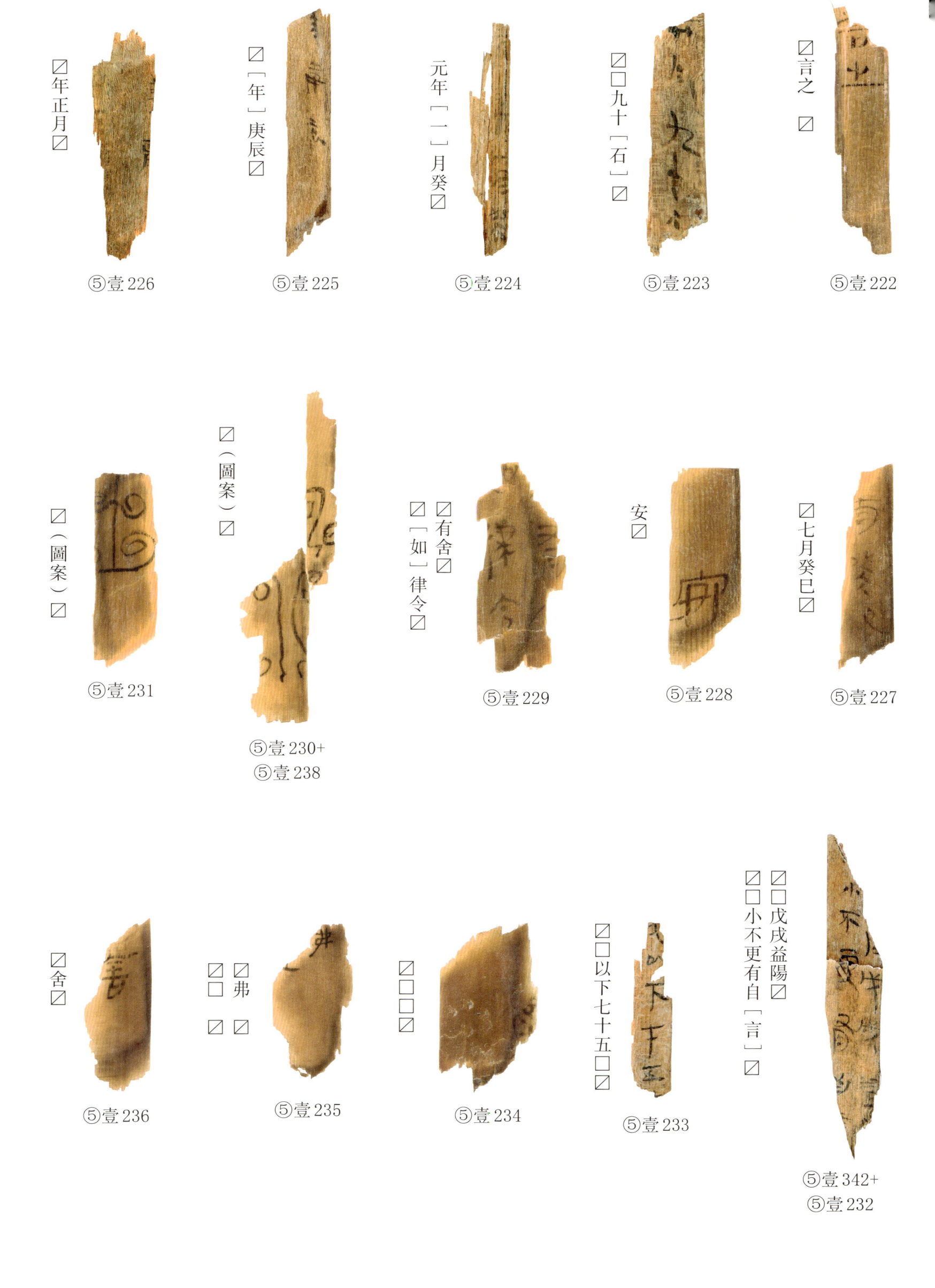

☒年正月☒

⑤壹226

☒［年］庚辰☒

⑤壹225

元年［一］月癸☒

⑤壹224

☒□九十［石］☒

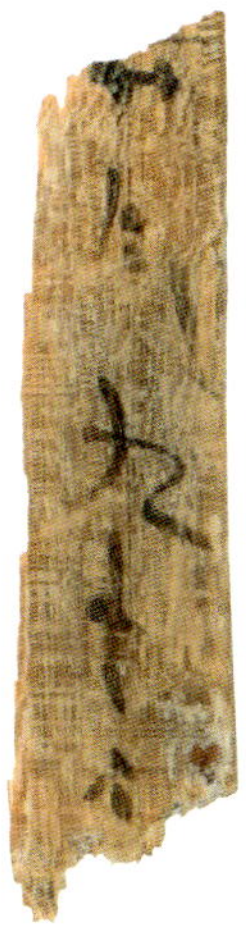

⑤壹223

☒言之　☒

⑤壹222

☒（圖案）☒

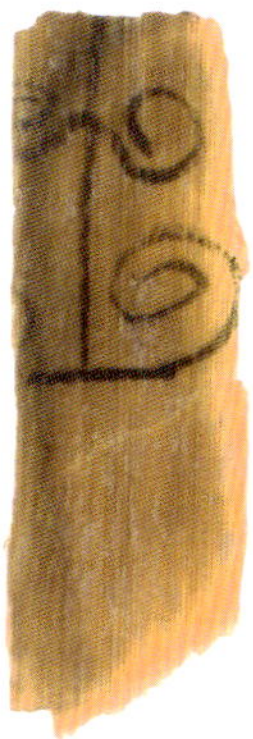

⑤壹231

☒（圖案）☒

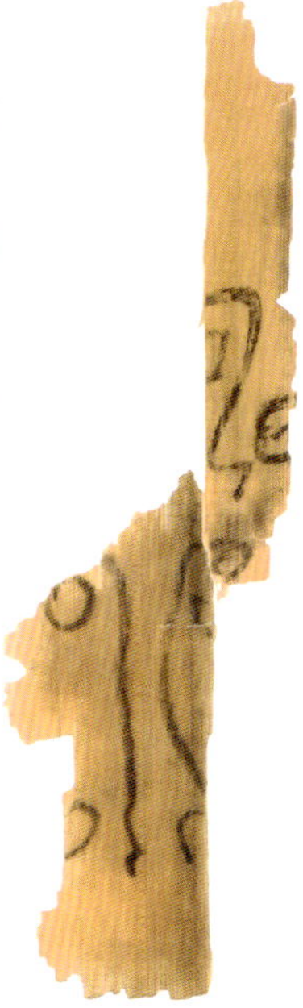

⑤壹230+
⑤壹238

☒有舍☒
☒［如］律令☒

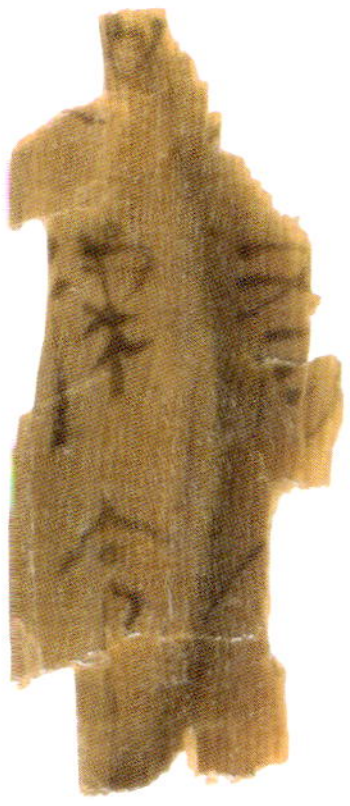

⑤壹229

安☒

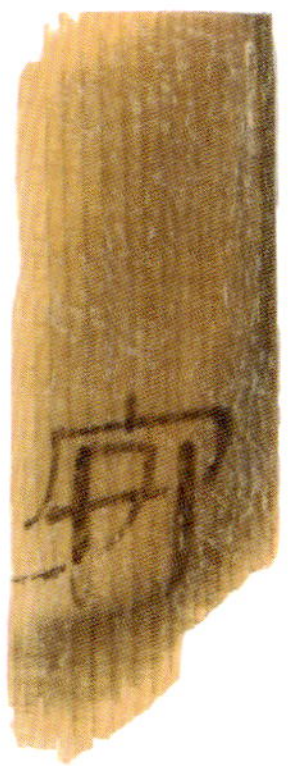

⑤壹228

☒七月癸巳☒

⑤壹227

☒舍☒

⑤壹236

☒弗　☒
☒□　☒

⑤壹235

☒□□☒

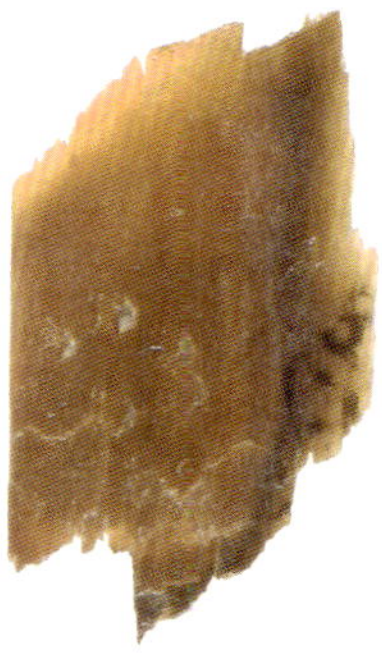

⑤壹234

☒□以下七十五□☒

⑤壹233

☒□戊戌益陽☒
☒□小不更有自［言］☒

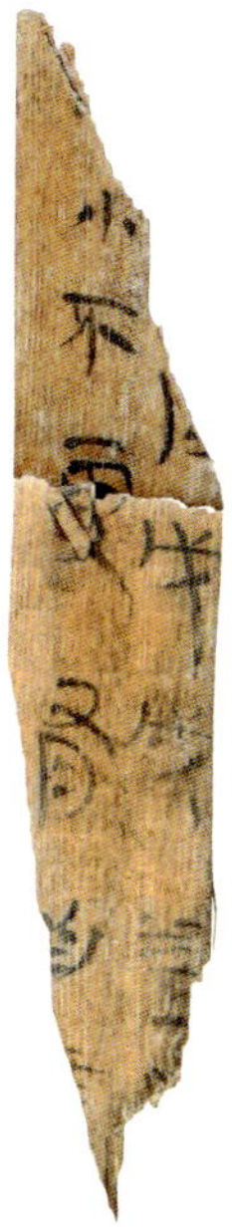

⑤壹342+
⑤壹232

⧄□發⧄

⑤壹237

⧄□告尉鄉⧄

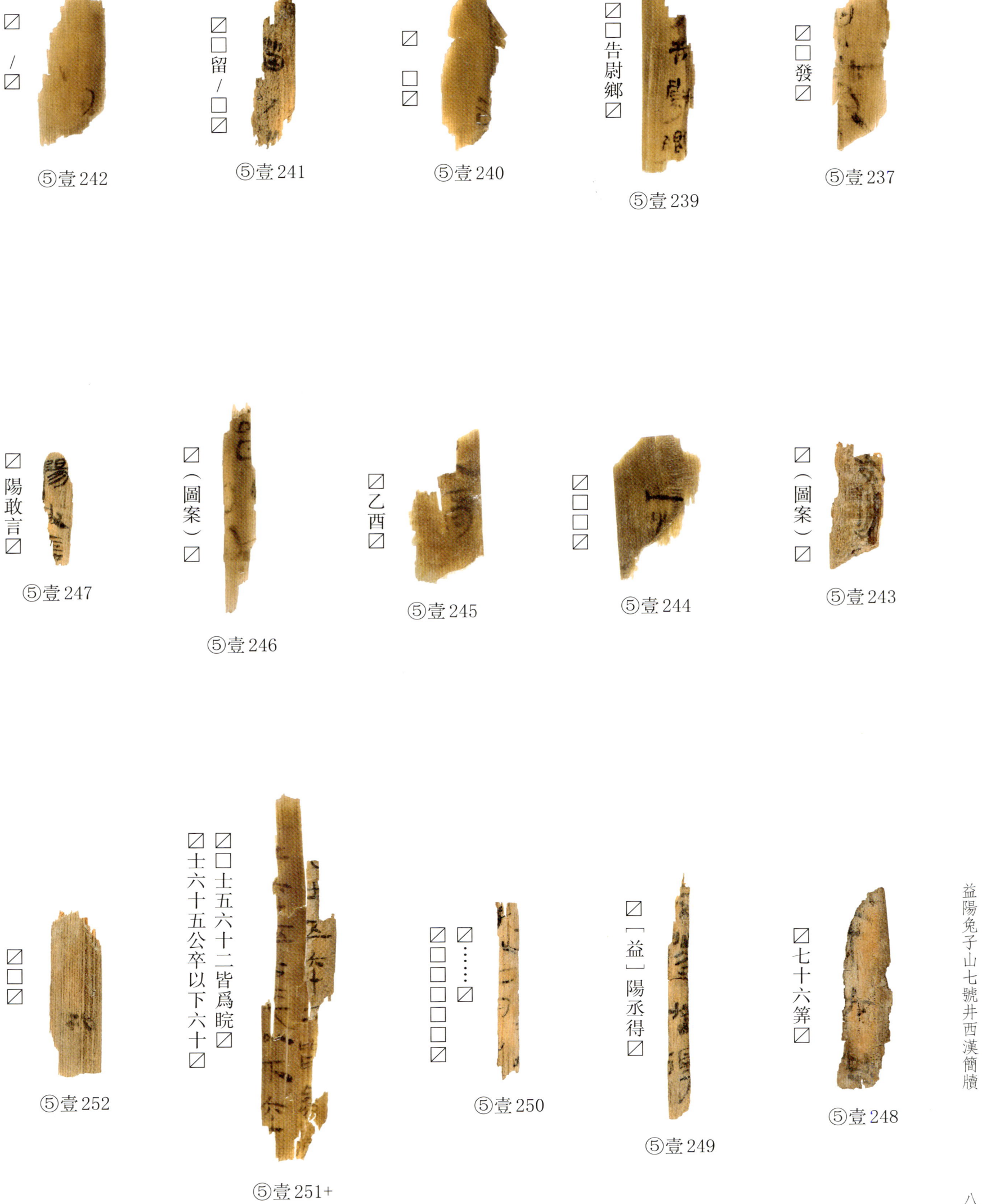

⑤壹239

⧄　□⧄

⑤壹240

⧄□留／□⧄

⑤壹241

⧄　／⧄

⑤壹242

⧄（圖案）⧄

⑤壹243

⧄□□⧄

⑤壹244

⧄乙酉⧄

⑤壹245

⧄（圖案）⧄

⑤壹246

⧄陽敢言⧄

⑤壹247

⧄七十六筭⧄

⑤壹248

⧄［益］陽丞得⧄

⑤壹249

⧄……⧄
⧄□□□□□⧄

⑤壹250

⧄□士五六十二皆爲睆⧄
⧄士六十五公卒以下六十⧄

⑤壹251+
⑤壹344

⧄□⧄

⑤壹252

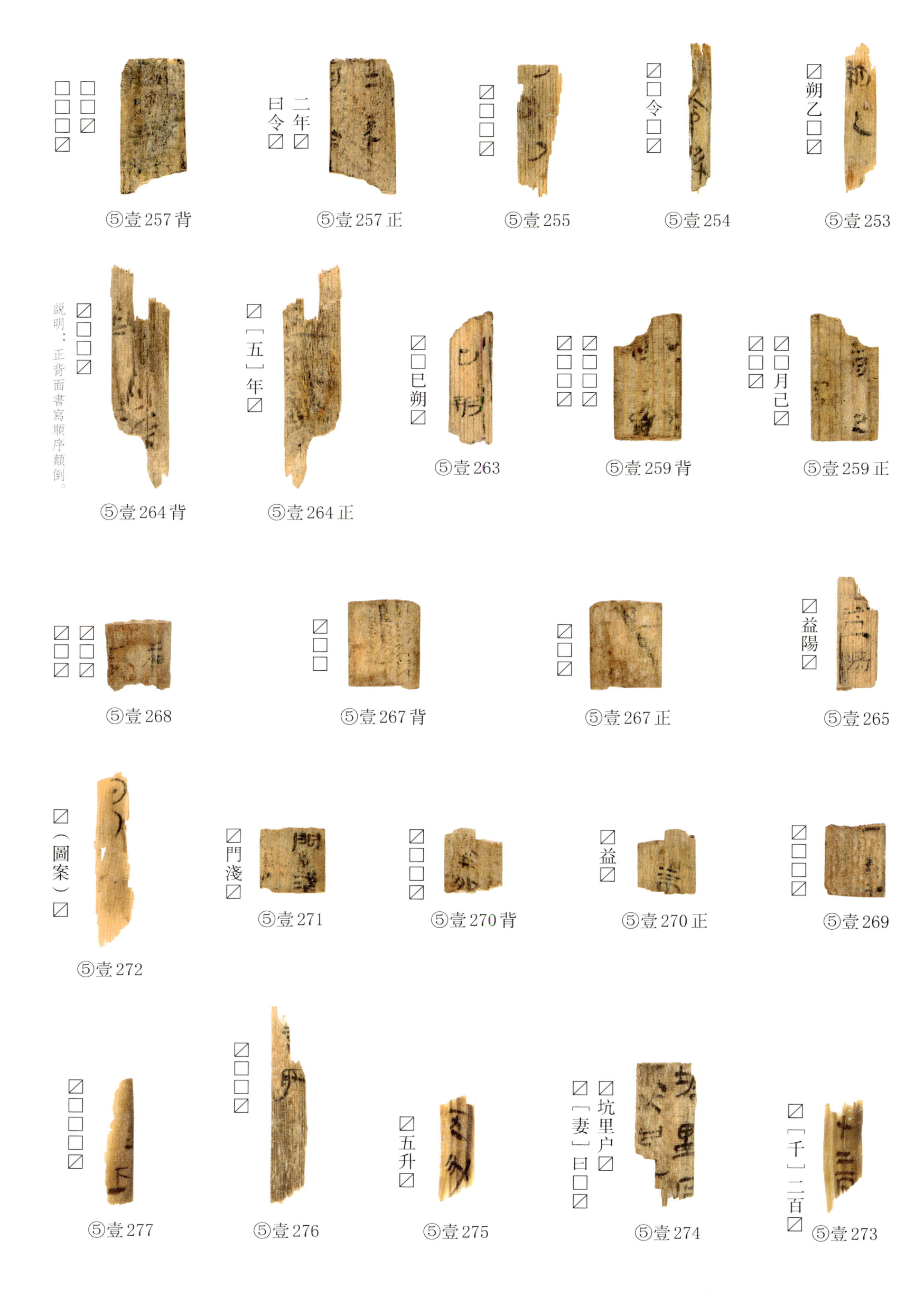

☒朔乙□☒
⑤壹253

☒□令□☒
⑤壹254

☒□□□☒
⑤壹255

二年☒
日令☒
⑤壹257正

□□☒
□□□☒
⑤壹257背

☒□月己☒
☒□☒
⑤壹259正

☒□□□☒
☒□□□☒
⑤壹259背

☒□巳朔☒
⑤壹263

☒［五］年☒
⑤壹264正

☒□□☒
説明：正背面書寫順序顛倒。
⑤壹264背

☒益陽☒
⑤壹265

☒□☒
⑤壹267正

☒□□
⑤壹267背

☒□☒
☒□☒
⑤壹268

☒□□☒
⑤壹269

☒益☒
⑤壹270正

☒□□☒
⑤壹270背

☒門淺☒
⑤壹271

☒（圖案）☒
⑤壹272

☒［千］二百☒
⑤壹273

☒坑里户☒
☒［妻］曰□☒
⑤壹274

☒五升☒
⑤壹275

☒□□☒
⑤壹276

☒□□□☒
⑤壹277

☒□一箄☒

⑤壹278

☒□□☒
☒□丁卯☒

⑤壹279

☒除等☒
☒□□□☒

⑤壹280

☒從事/□☒

⑤壹281

☒［南里］☒
☒□□☒

⑤壹282

☒□食冗□☒
☒□□□□☒

⑤壹283

☒□□☒

⑤壹284

☒［尉］☒
☒□□☒

⑤壹285

一百十四石五斗☒

⑤壹286

☒［罰］□☒

⑤壹287

☒內☒

⑤壹288

☒尉☒

⑤壹289

☒益☒

⑤壹290

☒丞☒

⑤壹291

☒□□☒
☒獻☒

⑤壹292

☒□十二□☒
☒□☒

⑤壹293

☒蒼手☒

⑤壹294

☒［庫］□☒

⑤壹295

☒史
☒

⑤壹296

☒［詣］□☒

⑤壹297

☒［傳］□☒

⑤壹298

☒□言☒

⑤壹299

☒□□☒

⑤壹300

☒□☒
☒□亟☒

⑤壹313+
⑤壹301

☒□□☒

⑤壹302

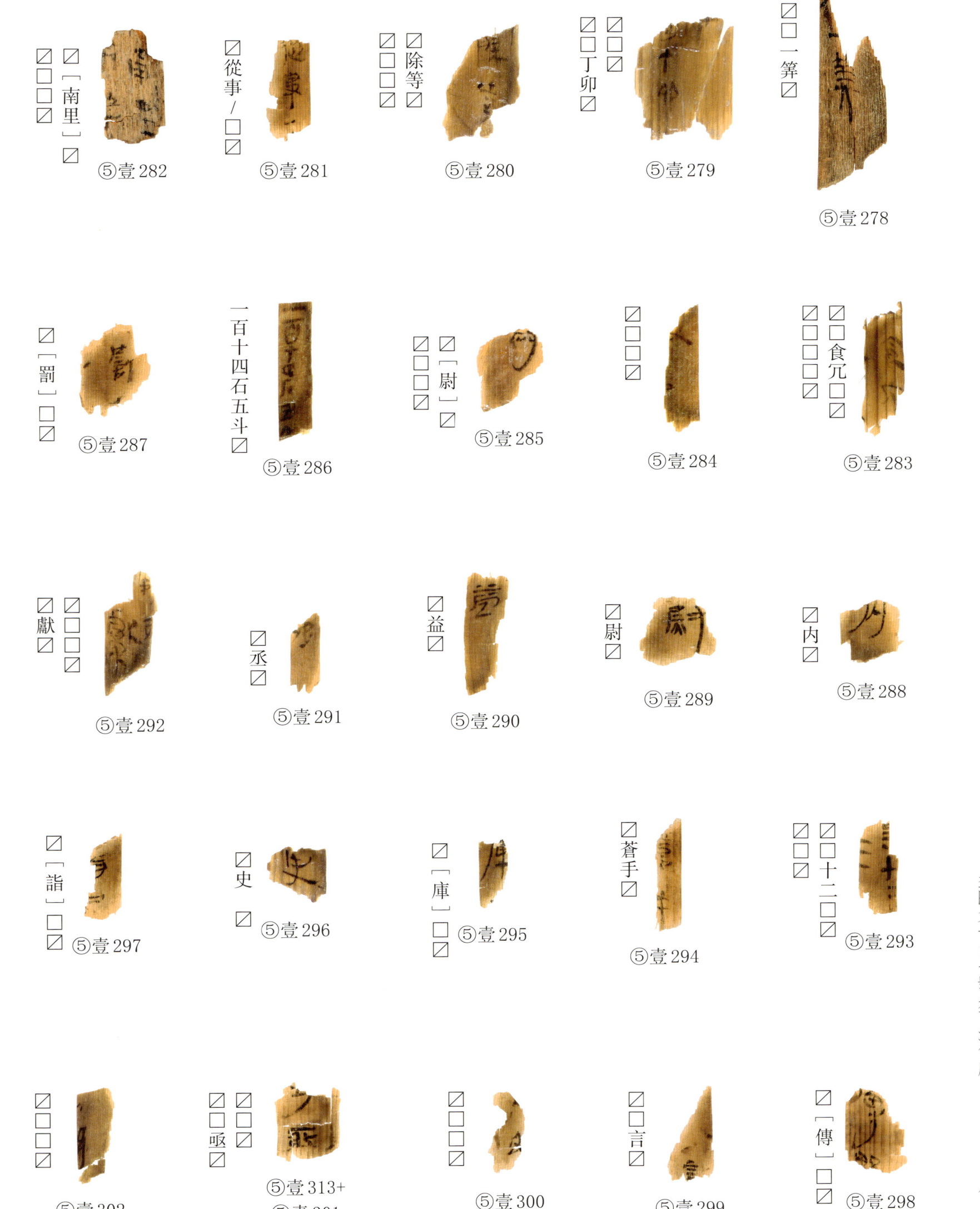

☒敬☒
⑤壹303

☒□☒　☒□☒
⑤壹304

☒當☒
⑤壹305

☒□□☒
⑤壹306

☒□□□□☒
☒……☒
⑤壹307

☒即☒
☒［丞］啟☒
⑤壹308

☒□□☒
⑤壹309

☒［陽］☒
⑤壹310

☒□一□☒
⑤壹311

☒［史］☒
⑤壹312

☒□□□☒
⑤壹314

☒□☒
⑤壹315

☒□☒
⑤壹316

［二］年☒
⑤壹317

☒□☒　☒□☒
⑤壹318

☒□六☒
⑤壹319

☒一束荆
⑤壹320正

☒拜撫毋［養］
⑤壹320背

☒謂父☒
⑤壹321正

☒□金☒
⑤壹321背

☒□□□☒
⑤壹322正

☒□□□☒
⑤壹322背

☒陽☒
⑤壹326正

☒［至］□☒
⑤壹326背
說明：正背面書寫顛倒。

☒□所☒
⑤壹327

七九六十［三］　二九十八　三八廿四　三七廿一　［二六十二］　［三四十二］☑
［六］九五［十］四　八=六十四　二八十六　二七十四　五=廿五　二四而八☑
［五］九卌［五］　七八五十六　七=卌九　六=卌六　四五廿　三=而九☑
六八卌八　六七卌二　五六卅　三五十五　二參而六☑

⑤壹328+
⑤貳27+
⑦41正

［二］=而［四］☑
［一］=而［二］☑
［二半而一］☑

⑤壹328+
⑤貳27+
⑦41背

☑□書☑
☑□月史☑

⑤壹330正

☑□以☑
☑事☑

⑤壹330背

☑二年☑
□☒☑

⑤壹331

☑□☑

⑤壹332

☑□☑

⑤壹333正

☑□☑

⑤壹333背

☑□令☑

⑤壹334正

☑□□☑

⑤壹334背

☑□□☑

⑤壹335正

☑□☑

⑤壹335背

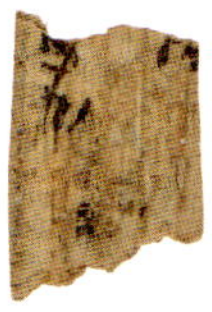

☑□☑
☑書☑

⑤壹329

☒□□☒
⑤壹336正

☒□□□□☒
⑤壹336背

☒［百］☒
⑤壹337

☒□☒
☒□☒
⑤壹338正

☒□☒
⑤壹338背

☒□□☒
☒何□☒
⑤壹339正

☒［遠］□☒
⑤壹339背

三年［月］☒
□□□☒
⑤壹340

☒□實☒
☒□☒
⑤壹341

☒□府府□□☒
⑤壹343

☒司空☒
☒□佐☒
⑤壹345

☒書一□☒
☒［書］四☒
⑤壹346

☒□□☒
☒萬五☒
☒□□☒
⑤壹347

☒□□☒
⑤壹348

☒□見□☒
⑤壹349

☒□手☒
⑤壹350

☒□□☒
⑤壹351

☒縣☒
☒□☒
⑤壹352

☒□☒
⑤壹353

☒□☒
⑤壹354

⧄□⧄
⑤壹355

⧄□⧄
⑤壹356

⧄□⧄
⧄□里⧄
⑤壹357

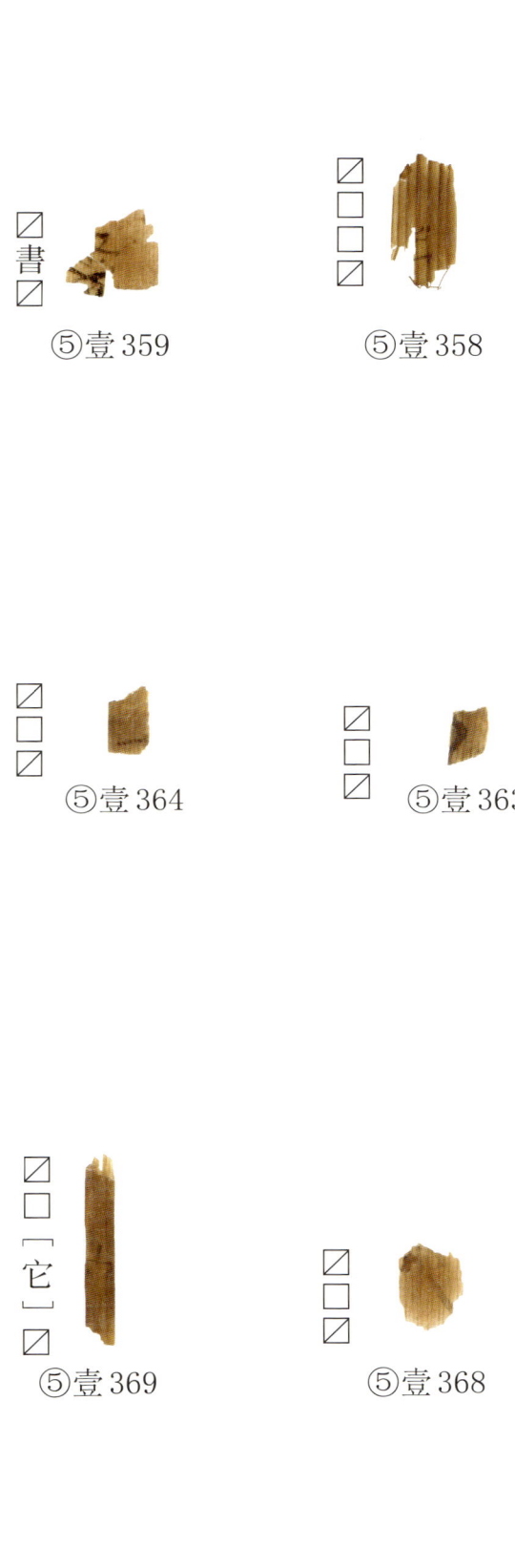

⧄□□⧄
⑤壹358

⧄書⧄
⑤壹359

⧄□⧄
⑤壹360

□年七月⧄
□⧄
⑤壹361

⧄□□⧄
⑤壹362

⧄□⧄
⑤壹363

⧄□⧄
⑤壹364

⧄［廿石］⧄
⑤壹365

⧄□⧄
⧄□□⧄
⑤壹366

⧄□⧄
⑤壹367

⧄□⧄
⑤壹368

⧄□［它］⧄
⑤壹369

⧄獻⧄
⑤壹370

⧄□□⧄
⑤壹371

⧄□⧄
⑤壹372

⧄□□⧄
⑤壹373

⧄□□官舍史史令⧄
⑤壹374

☒☐敢牒書吏

⑤壹375正

☒☐出丙☐以乙以☐

⑤壹375背

鄉鄉☒
☐☐☐☐☒

⑤壹376正

☒☐☐☐☒

說明：正背面書寫順序顛倒。

⑤壹376背

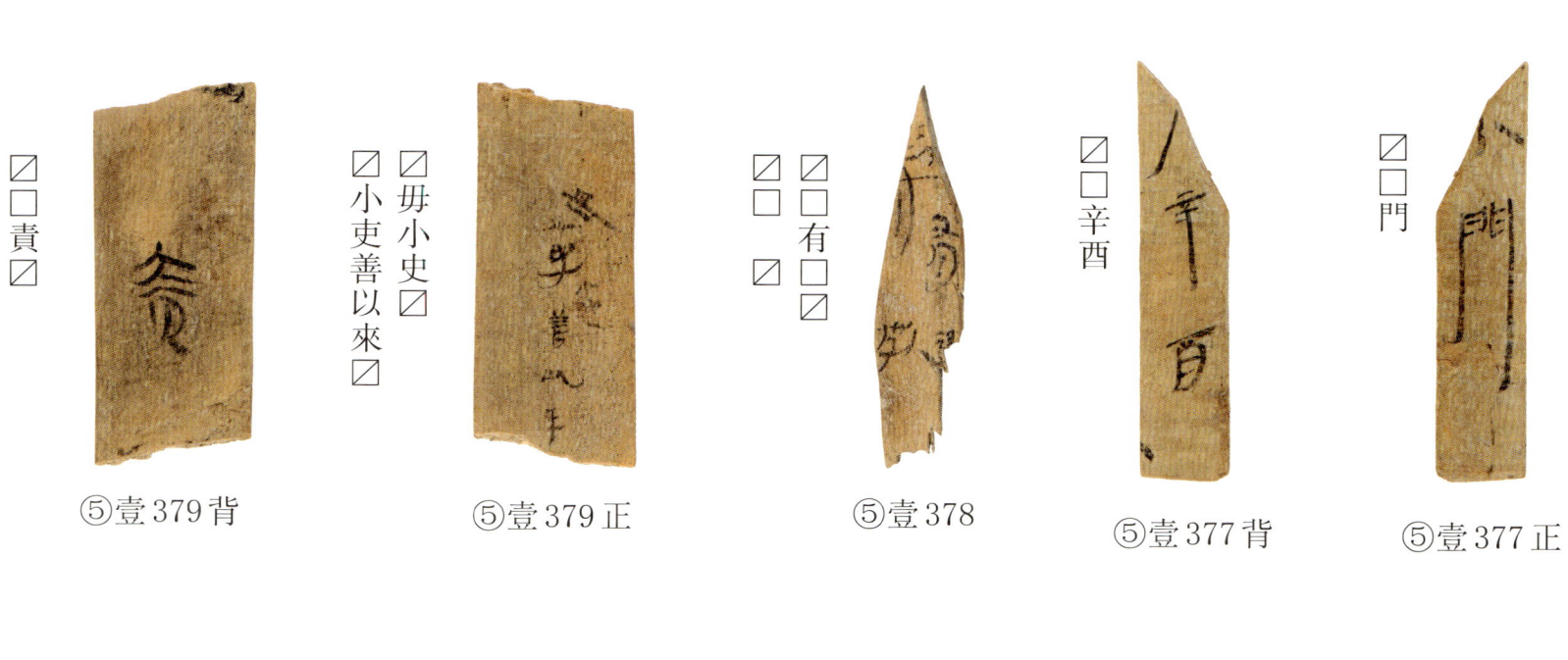

☒☐門

⑤壹377正

☒☐辛酉

⑤壹377背

☒☐有☐☒
☒☐　☒

⑤壹378

☒毋小史☒
☒小吏善以來☒

⑤壹379正

☒☐責☒

⑤壹379背

☒☐☐賤　☒

⑤壹380

☒☐鄉嗇夫☒
☒☐☐　☒
☒☐☐☐☐☒

⑤壹383正

☒☐☒

說明：正背面書寫順序顛倒。

⑤壹383背

☒［辰］辰

⑤壹384

大婢二☐☒
大奴婢☐☒

⑤壹385

☐［書］莊里ㄥ婦☐
☐　元年☐☐☐
⑤壹388

賤子僕善☐
⑤壹389

☐而而民☐
⑤壹390

☐☐☐☐
☐☐亟遺勿留☐
⑤壹391

☐問伯無☐
⑤壹392

☐☐☐　☐
☐☐奉［解］☐
⑤壹393

莊里寡婦☐☐
⑤壹394

☐敬　☐
⑤壹395

☐☐南鄉☐☐
☐☐☐☐☐
⑤壹396

☐爲☐☐
⑤壹397

☐☐☐
☐☐☐
☐☐☐
⑤壹398

☐☐月禾稼☐
☐☐☐☐
⑤壹399

☐敬事☐
⑤壹400

☐☐☐
⑤壹401

☐☐☐☐☐
☐……☐
⑤壹402

☐☐☐
⑤壹403

☐走僕☐
☐☐十二月庚☐
⑤壹404+
⑤壹406

☐學☐
⑤壹405

☐夜☐
⑤壹407

☐☐壬☐
⑤壹408

⑤壹409
☒再□☒

⑤壹410
☒□☒

⑤壹411
☒□☒

⑤壹412
☒□☒

⑤壹413
☒□益陽☒

⑤壹414正
☒□不給□□□卅日☒

⑤壹414背
☒□□　☒

⑤壹415
☒□何□　☒
☒□□［曰］百　☒

⑤壹416
□□□☒

⑤壹417
☒□

⑤貳2正
☒辰辰辰辰辰辰辰辰辰☒
☒辰辰辰辰辰辰辰辰辰☒

⑤貳2背
☒辰辰辰辰辰辰　☒
☒辰辰辰辰辰　☒
説明：疑與⑤壹384簡遥綴。

⑤貳3
署到
説明：有墨團，四横道。

⑤貳4
☒□□□□☒

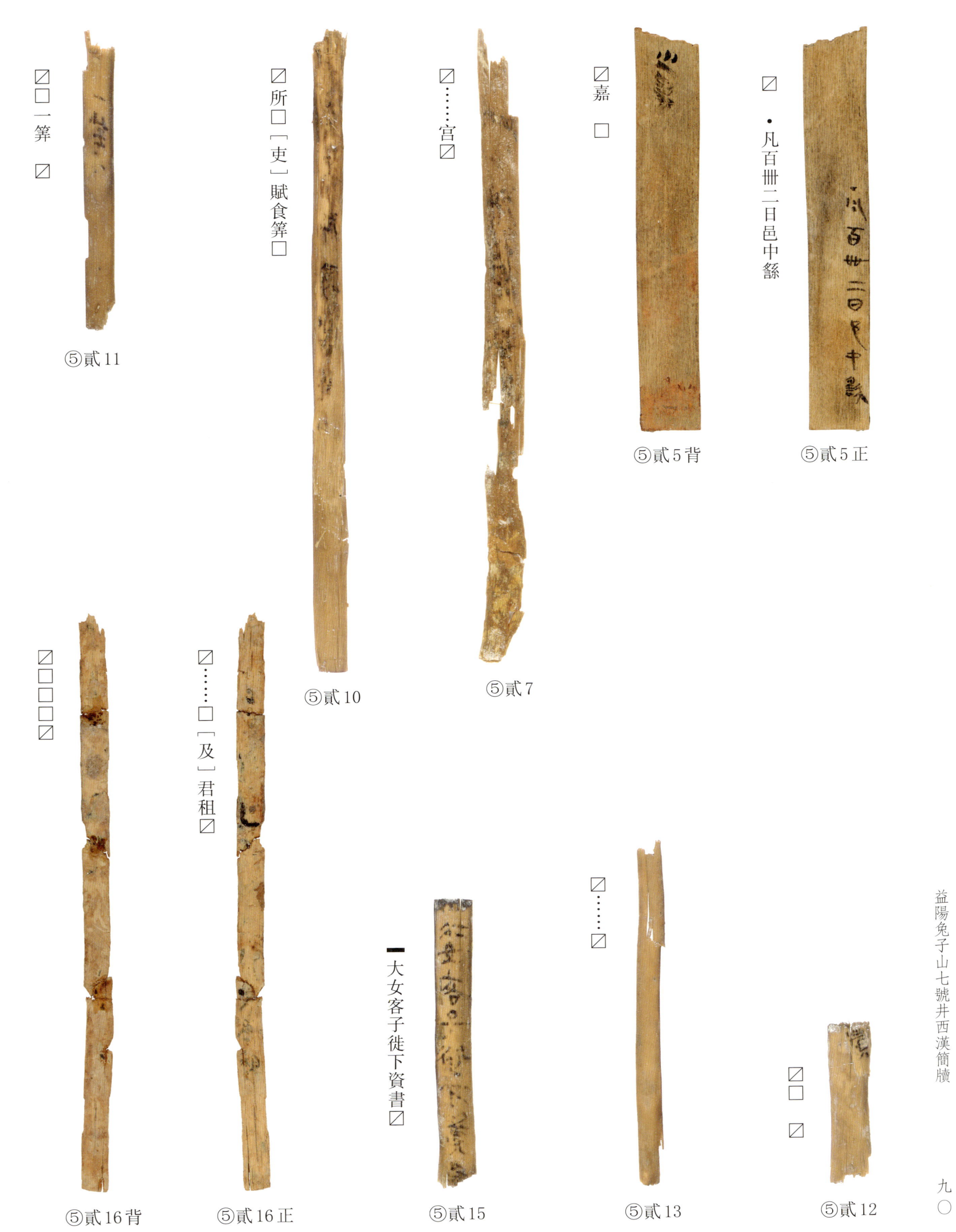

☐ ·凡百卌二日邑中繇

⑤貳5正

☐嘉 □

⑤貳5背

☐……宮☐

⑤貳7

☐所□［吏］賦食筭□

⑤貳10

☐□一筭 ☐

⑤貳11

☐□ ☐

⑤貳12

☐……☐

⑤貳13

━大女客子徙下資書☐

⑤貳15

☐……□［及］君租☐

⑤貳16正

☐□□□☐

⑤貳16背

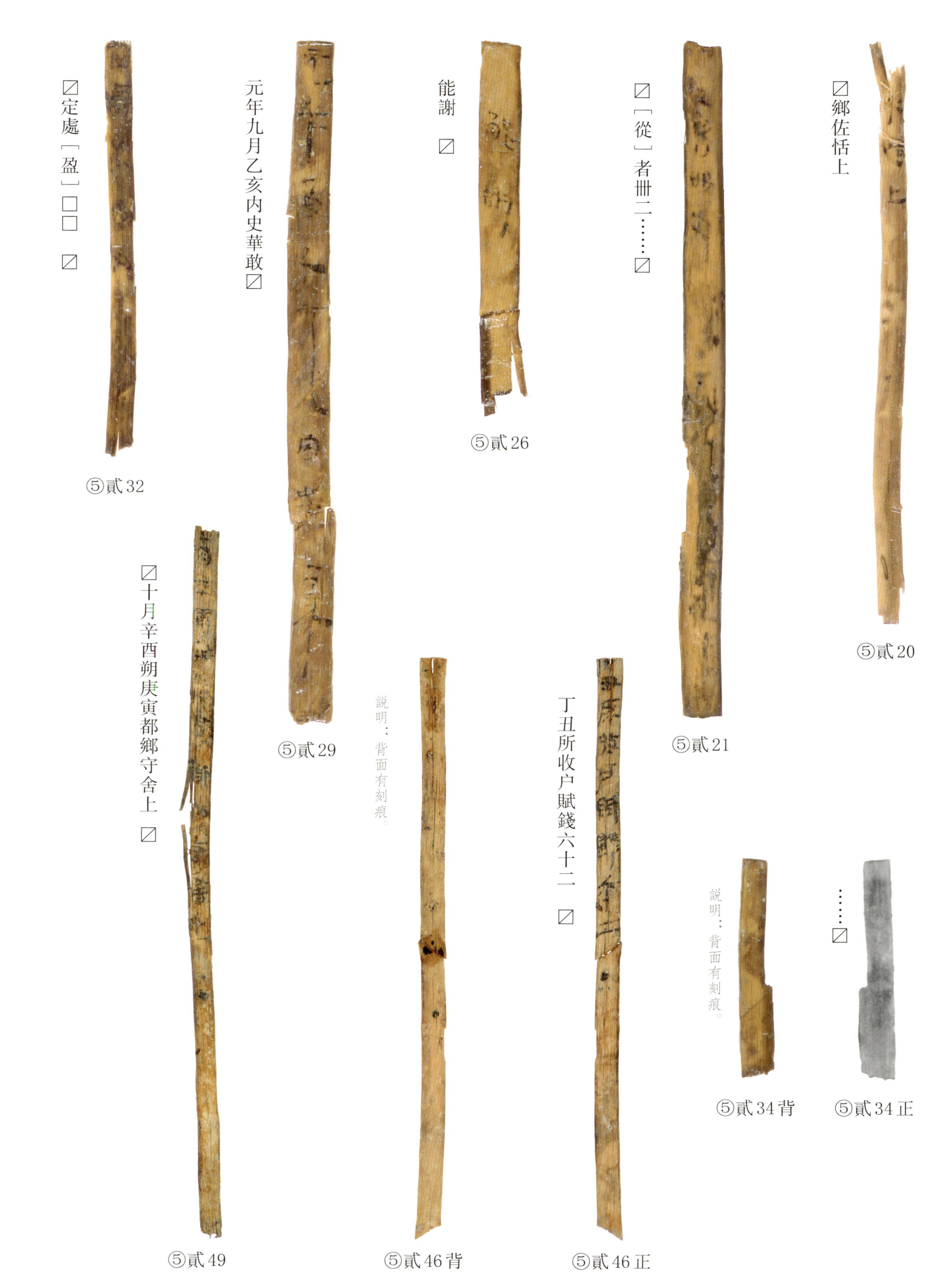

☐鄉佐恬上

⑤貳20

☐［從］者卌二……☐

⑤貳21

能謝　☐

⑤貳26

元年九月乙亥内史華敢☐

⑤貳29

☐定處［盈］□□　☐

⑤貳32

☐……

⑤貳34正

說明：背面有刻痕。

⑤貳34背

丁丑所收户賦錢六十二　☐

⑤貳46正

說明：背面有刻痕。

⑤貳46背

☐十月辛酉朔庚寅都鄉守舍上　☐

⑤貳49

☒令☒

⑤貳52

☒尉□☒

⑤貳53

☒□者☒
☒□□☒

⑤貳54+
⑤貳55

☒［庚］☒

⑤貳56

☒年案☒

⑤貳58

☒□年已□☒

⑤貳59

☒廣☒

⑤貳61

☒□米凡三石四□☒

⑤貳62

☒□瘁篤不可□☒

⑤貳63

☒□大女童亡☒

⑤貳64

☒□□□□□□□□□☒

⑤貳65

☒□鄉□嗇史吏士史□☒

⑤貳68+
⑤貳71

■此以上二人☒

⑤貳69

□□☒

⑤貳70

☒［四］升　□

⑤貳72

十二月甲子壬辰大□☒

⑤貳74

☒千八☒

⑤貳76

☒丞☒

⑤貳77

☒□☒

⑤貳78

☒□☒

⑤貳79

☒□☒
⑤貳80

☒［乘］☒
⑤貳81

☒毋☒
⑤貳82

☒去□☒
⑤貳83

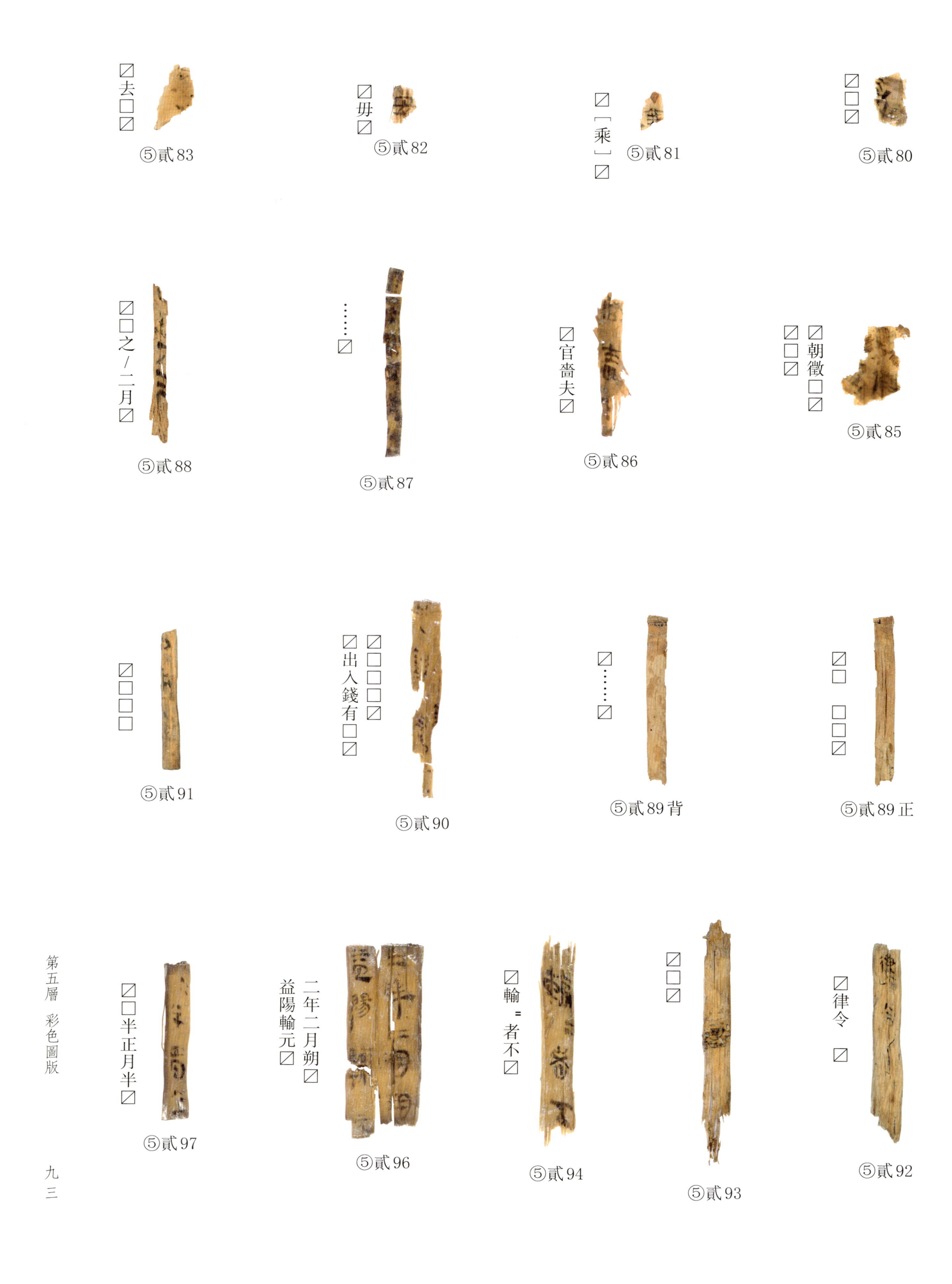

☒朝徵□☒
☒□☒
⑤貳85

☒官嗇夫☒
⑤貳86

☒……
⑤貳87

☒□之/二月☒
⑤貳88

☒□　□□☒
⑤貳89正

☒……☒
⑤貳89背

☒□□□☒
☒出入錢有□☒
⑤貳90

☒□□□
⑤貳91

☒律令　☒
⑤貳92

☒□☒
⑤貳93

☒輸=者不☒
⑤貳94

二年二月朔☒
益陽輸元☒
⑤貳96

☒□半正月半☒
⑤貳97

甲戌盡乙亥所收户賦錢一百七十☒

⑤貳99正

說明：背面有劃痕。

⑤貳99背

二年七月己丑所收賦少二□□□□□☒

⑤貳100

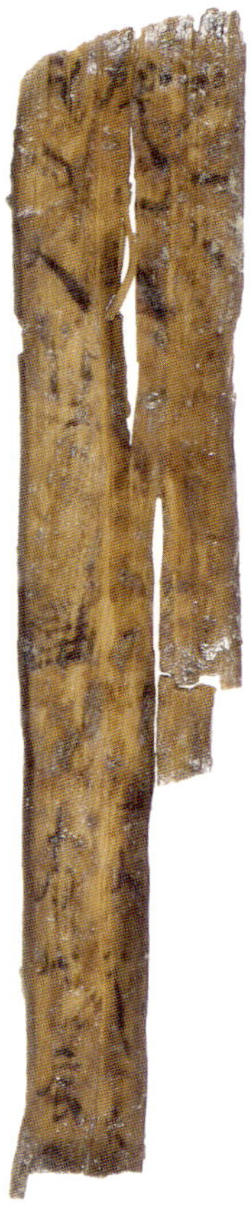

☒大婢一人　□　一人廷［削］☒
☒□奴一人　　十月戊辰□☒
☒奴四人☒

說明：第二欄倒序。

⑤貳101

十月辛酉倉變敢言之□☒

⑤貳102正

……☒

⑤貳102背

擊反錢一千庚辰輸少☒

⑤貳103

☒［養］

⑤貳104

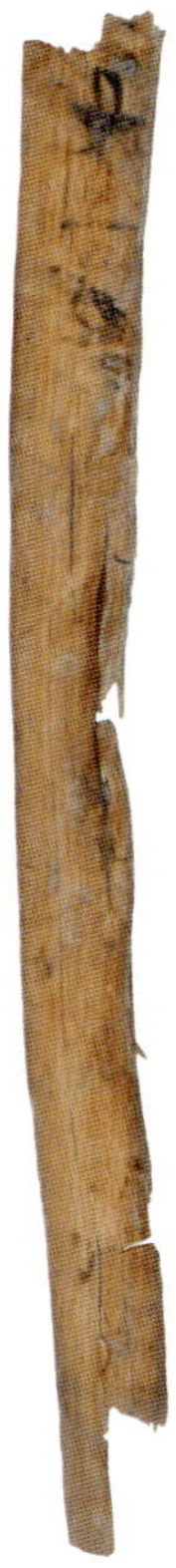

☒女一人☒

⑤貳106

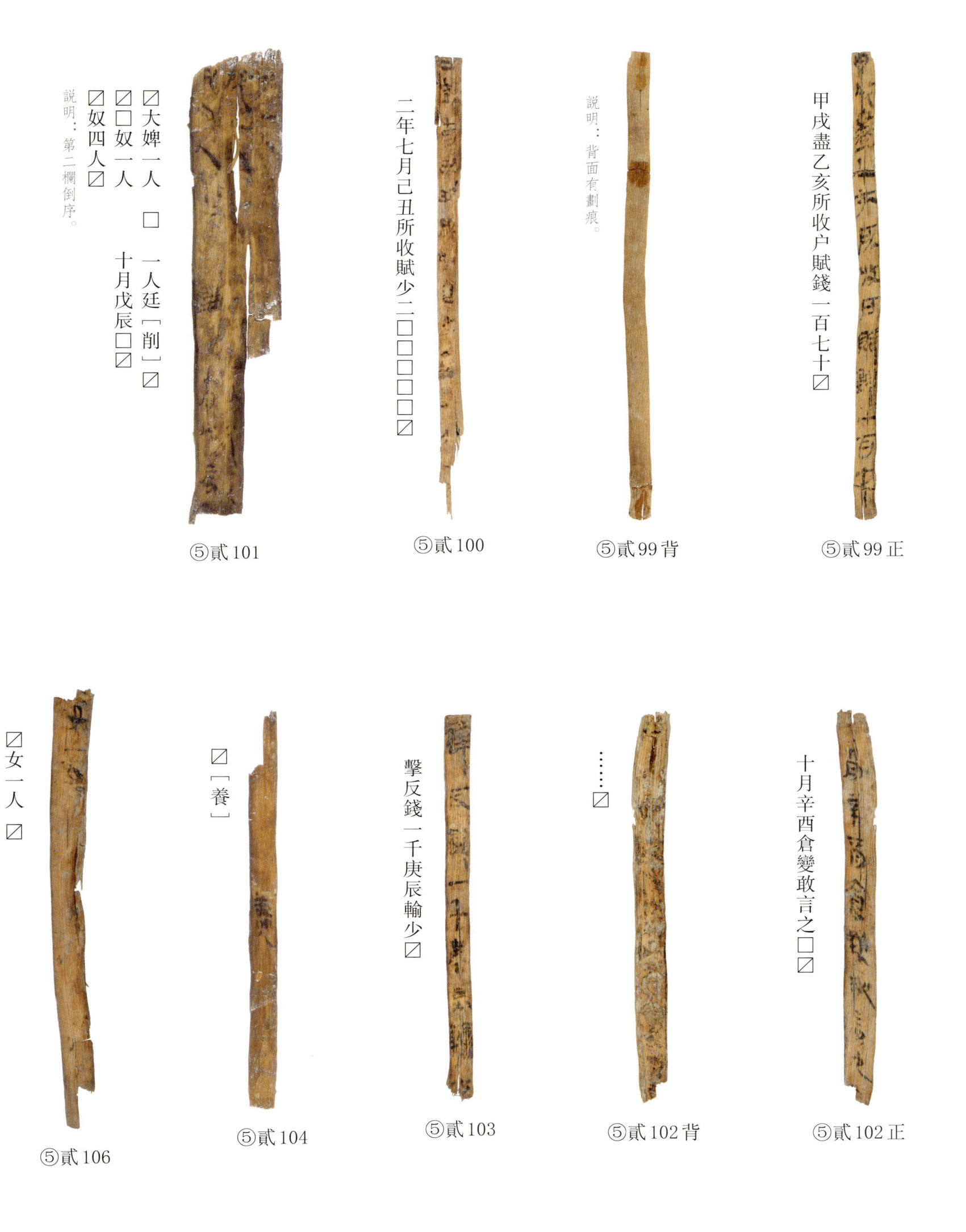

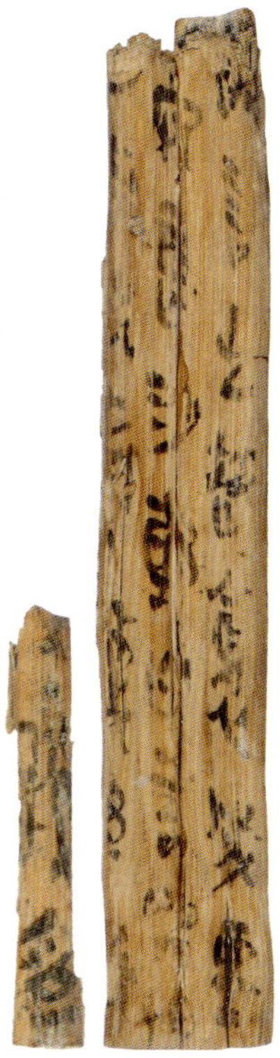

☒敢言之簪褭成里
☒安長沙邸自言與私
☒［乏用欲］賣聽爲［質］

⑤貳108+
⑤貳116

二年三月 ☒
……☒

⑤貳112

□☒

⑤貳113

☒□益陽令

⑤貳115

□□☒

⑤貳118

☒六 ☒

⑤貳119

☒［五］□□□□□☒

⑤貳121

☒產子［優］□□

⑤貳124正

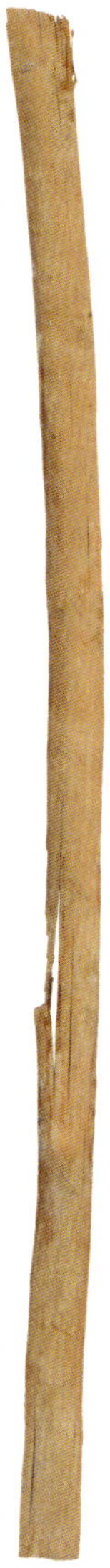

說明：背面有劃痕。

⑤貳124背

☒□以□☒
☒□☒

⑤貳126

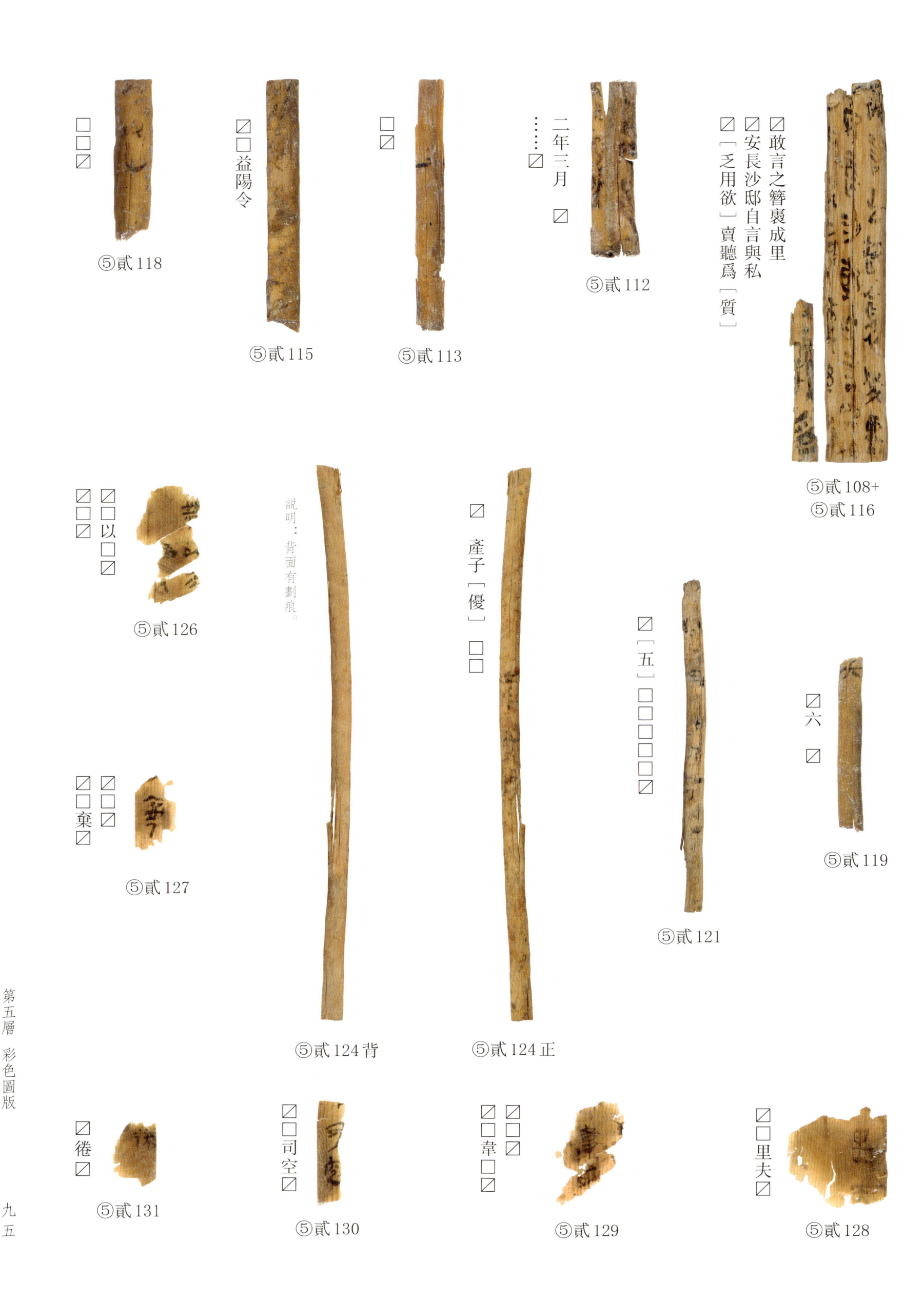

☒□☒
☒□棄☒

⑤貳127

☒□里夫☒

⑤貳128

☒□☒
☒□韋□☒

⑤貳129

☒□司空☒

⑤貳130

☒倦☒

⑤貳131

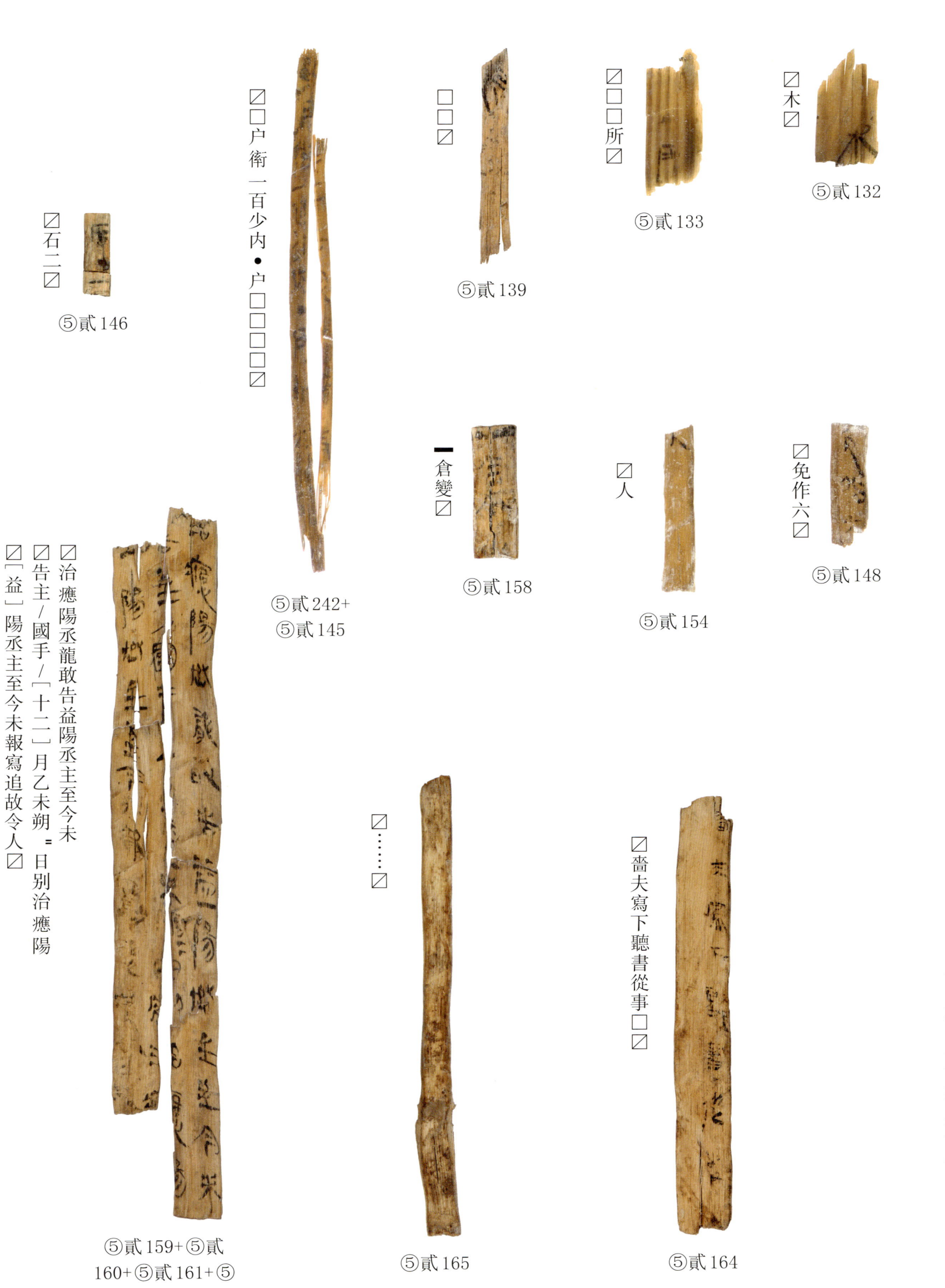

☐木☐

⑤貳132

☐□□所☐

⑤貳133

□□☐

⑤貳139

☐□户衛一百少内•户□□□□□☐

⑤貳242+⑤貳145

☐石二☐

⑤貳146

☐免作六☐

⑤貳148

☐人

⑤貳154

▌倉變☐

⑤貳158

☐嗇夫寫下聽書從事□☐

⑤貳164

☐……☐

⑤貳165

☐治瘺陽丞龍敢告益陽丞主至今未

☐告主/國手/［十二］月乙未朔〻日別治瘺陽

☐［益］陽丞主至今未報寫追故令人☐

⑤貳159+⑤貳160+⑤貳161+⑤貳162+⑤貳163

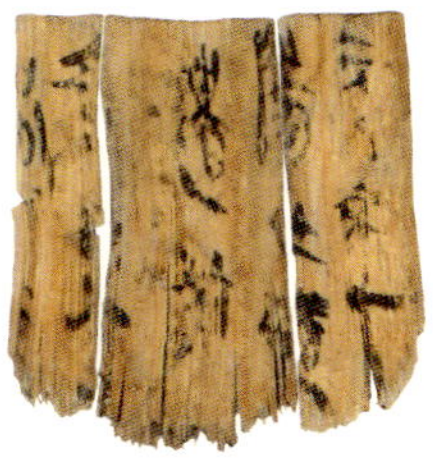

元年☐
陽□□☐
遺詣□☐
名吏里☐
□□☐

⑤貳168+
⑤貳170+
⑤貳167正

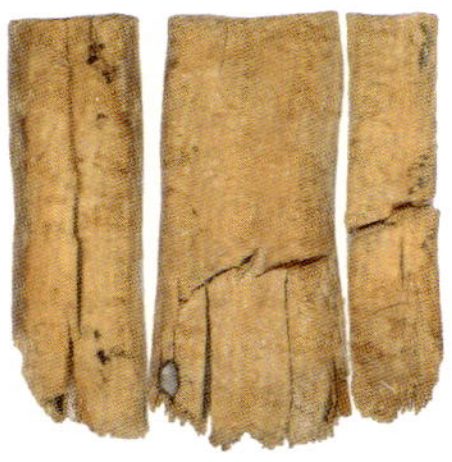

……☐

⑤貳168+
⑤貳170+
⑤貳167背

☐□牒□☐

⑤貳171

☐癄☐
☐當移應☐

⑤貳172

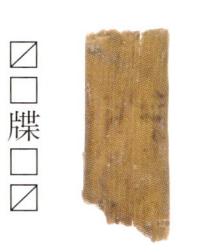

☐□□□☐

⑤貳173

☐□□數□☐
☐……☐

⑤貳174

☐□奴曰禄□☐
☐益陽丞☐

⑤貳175

☐嗇夫完☐

⑤貳176正

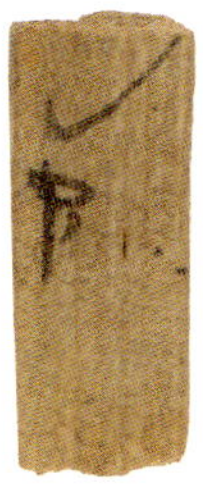

☐□它☐

⑤貳176背

☐□□☐

⑤貳177

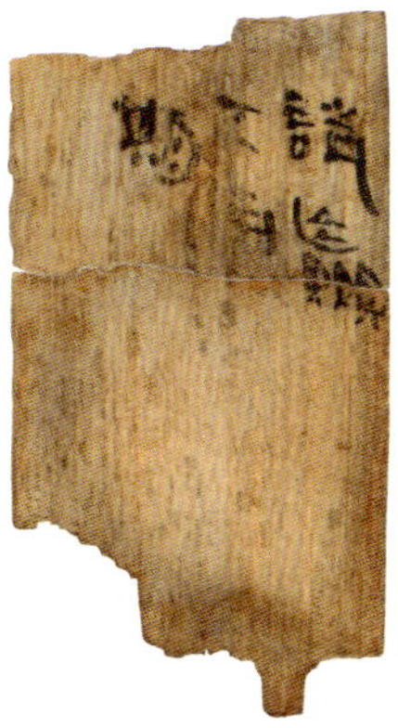

☐請嬴　☐
☐不備　☐
☐期　☐

⑤貳178+
⑤貳185

☐鞫☐

⑤貳179

□□□☐
後到縣☐

⑤貳180

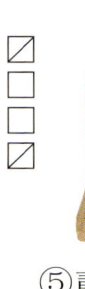

□☐

⑤貳181

☐下　□
☐□□□☐

⑤貳183正

☐……☐

⑤貳183背

……里不更……
益陽□

⑤貳184+⑦15正

索

⑤貳184+⑦15背

☐廷金布☐

⑤貳186正

☐□☐

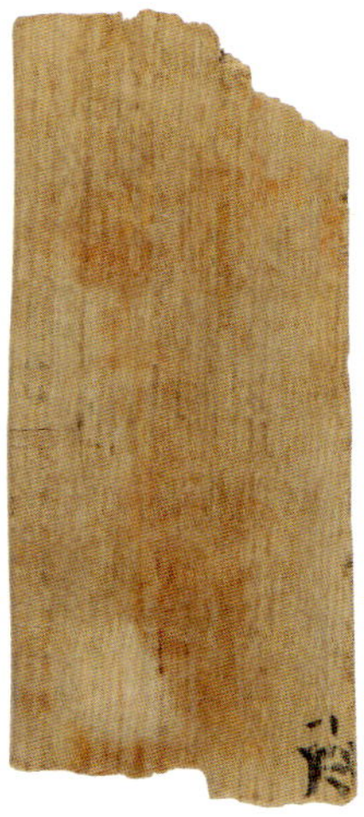

⑤貳186背

益［陽］☐郵行

⑤貳187+⑦33

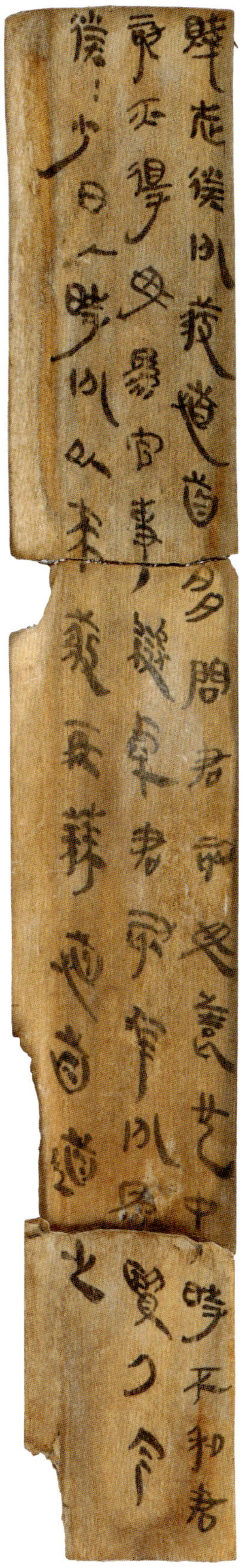

賤走僕分敬頓首多問君劾毋養也中時不和君
劾亦得毋爲官事變虖君劾幸分爲賢［人］今
僕=少日入時分以來敬再拜頓首道之

⑦10+⑤貳188

━倉曹已事

⑤貳190

⧄□□⧄

⑤貳191

⧄□□⧄

⑤貳192

⧄［木］⧄

⑤貳193

⧄［年］⧄
⧄□⧄

⑤貳194

告□⧄
□⧄

⑤貳195

⧄□⧄
⧄□⧄

⑤貳196

⧄所⧄

⑤貳197

⧄□□⧄

⑤貳198

⧄平⧄

⑤貳199

⧄□⧄
⧄□⧄

⑤貳200

⧄女⧄
⧄□⧄

⑤貳201

⧄□⧄

⑤貳202

⧄勞⧄

⑤貳203

⧄□⧄

⑤貳204

⧄□⧄
⧄□⧄

⑤貳205

⧄□⧄

⑤貳206

⧄□⧄

⑤貳207

⧄信⧄

⑤貳208

⧄□⧄

⑤貳209

⧄僕□⧄

⑤貳210

□□⧄

⑤貳211

⧄□⧄

⑤貳212

⧄□大女⧄
⧄□小簪⧄

⑤貳213

⧄夫寫⧄

⑤貳214

⧄□⧄

⑤貳215

⧄［書］到⧄

⑤貳216

⧄亥手⧄

⑤貳217

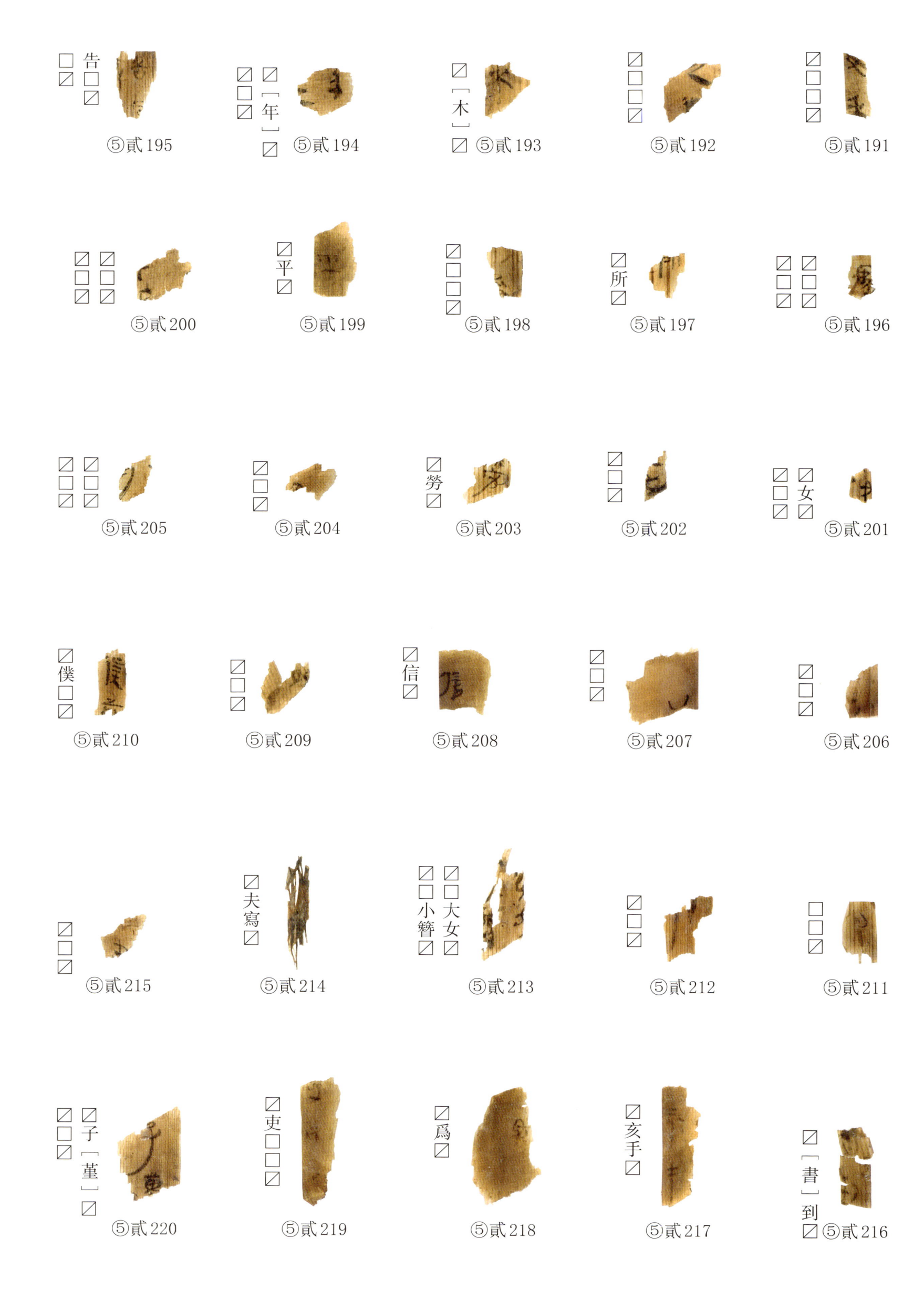

⧄爲⧄

⑤貳218

⧄吏□□⧄

⑤貳219

⧄子［堇］⧄
⧄□⧄

⑤貳220

☒□以□☒

⑤貳221

☒□□☒

⑤貳222

☒□□□☒
☒□☒

⑤貳223

☒潙鄉□☒

⑤貳224

☒……☒

⑤貳226

☒□歸☒

⑤貳227正

☒□☒

⑤貳227背

☒□□□☒
大女沙冗□☒
壄利公士賜家三☒

⑤貳228

司空☒

⑤貳229

☒□智士五趙　☒

⑤貳230

☒一□☒

⑤貳231

☒•凡［一］☒

⑤貳232

二年☒

⑤貳233

□幸☒

⑤貳236

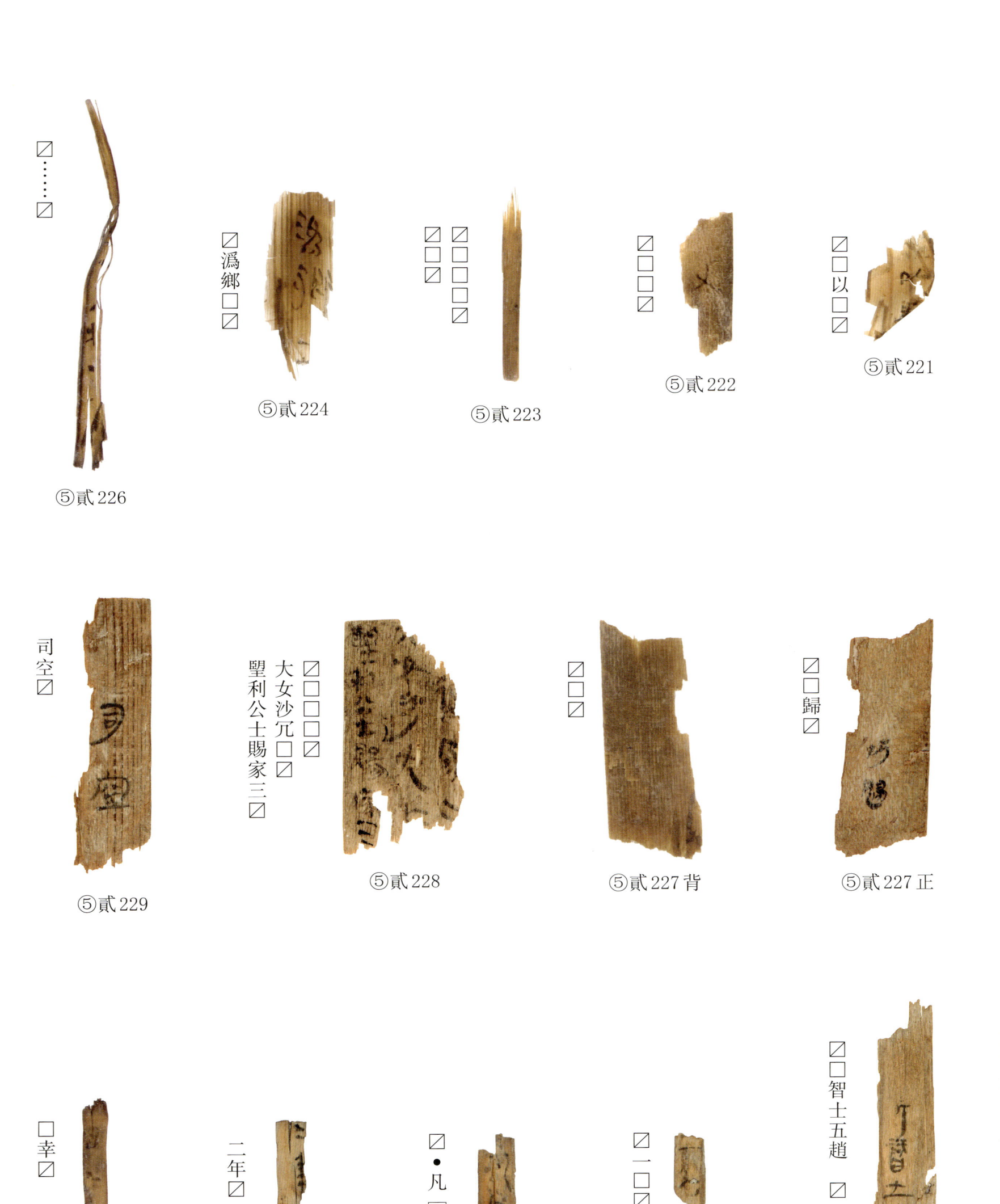

☑……☑

⑤貳238

☑……☑

⑤貳240正

説明：背面有刻劃痕。

⑤貳240背

益陽［出］□□☑

⑤貳241

☑己未益陽丞☑
☑年［賦］□☑

⑤貳243

☑□□□書　☑

⑤貳246

☑之廷下　應陽
☑辭曰爲益陽人不智
□名吏里它坐•今問之益

⑤貳248正

☑□□□

⑤貳248背

☑金布

⑤貳249

☑……☑
☑……☑
☑敢言之•……☑

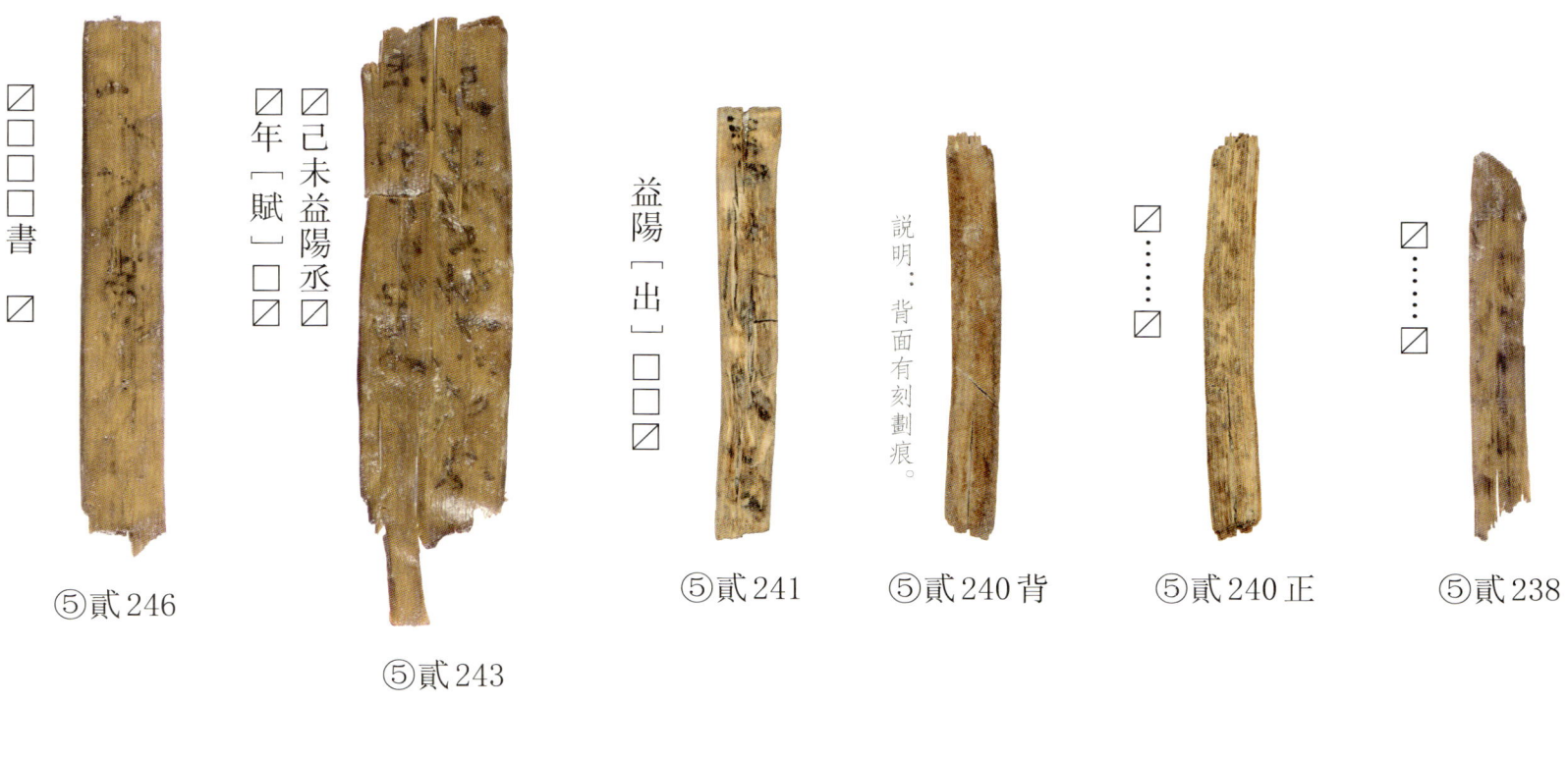

⑤貳250

守：尉☒

⑤貳251

☒☐
☒勿

⑤貳252

☒浪☒

⑤貳255

☒……☒

⑤貳256

☒☐☐ ☒

⑤貳258

☒☐☒

⑤貳259

☒☐☐☒

⑤貳260

☒☐☒

⑤貳261

☒元年☒
☒☐☐☐☒

⑤貳262

☒☐☐☐☒

⑤貳263

☒大半☐☒

⑤貳264

☒☐☐☐☒

⑤貳265正

☒……☒

⑤貳265背

☒☐☐☐☒

⑤貳266

☒☐☐☐☒

⑤貳267

☒☐☐☐☐☐☒

⑤貳268

☐☐☒

⑤貳270

☒☐☐☒

⑤貳271

☒☐☒

⑤貳272

☒☐☐☒

⑤貳273

☒□□□

⑤貳274

☒□☒
☒□□☒

⑤貳275正

☒□☒
☒□□☒

⑤貳275背

□□□□☒

⑤貳276

□□☒

⑤貳277

□□□□☒

⑤貳278

☒……☒

⑤貳279

☒［會］□☒

⑤貳280

☒□□□☒

⑤貳281

☒［史史］

⑤貳283正

☒□□

⑤貳283背

☒□□☒

⑤貳285

☒□□□□☒

⑤貳286

☒□□□□□□☒

⑤貳287

□□□□□□□☒

⑤貳289

☒……

⑤貳290

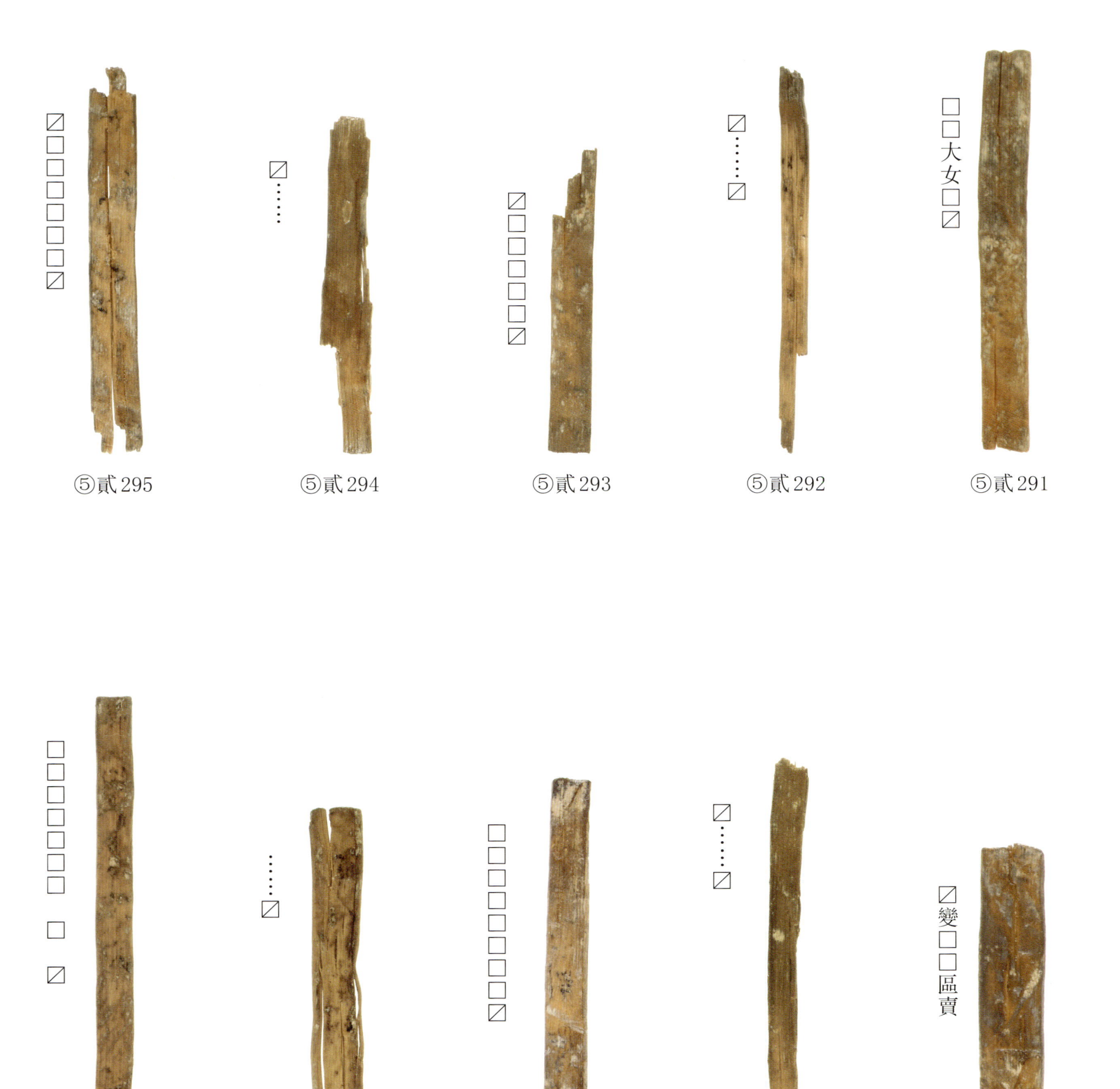

□□大女□☒

⑤貳291

☒……☒

⑤貳292

☒□□□□□☒

⑤貳293

☒……

⑤貳294

☒□□□□□□☒

⑤貳295

☒變□□區賣

⑤貳296

☒……☒

⑤貳297

□□□□□□□□☒

⑤貳298

……☒

⑤貳299

□□□□□□□ □ ☒

⑤貳300

⍁□□
⑤貳301

⍁□百五十［八］⍁
⑤貳303

⍁陽未［輸］⍁
⑤貳304

戊□所收虎購錢十一⍁
⑤貳307

⍁□□□□⍁
⑤貳308

⍁□□□□⍁
⑤貳309

⍁□付廣□□⍁
⑤貳310

⍁□⍁
⑤貳311

⍁□□⍁
⑤貳312

⍁□［箄］□⍁
⑤貳313

⍁□□□⍁
⑤貳315

⍁□□□□⍁
⑤貳316

⍁□
⑤貳318

⍁□□□□⍁
⑤貳319

……⍁
⑤貳322

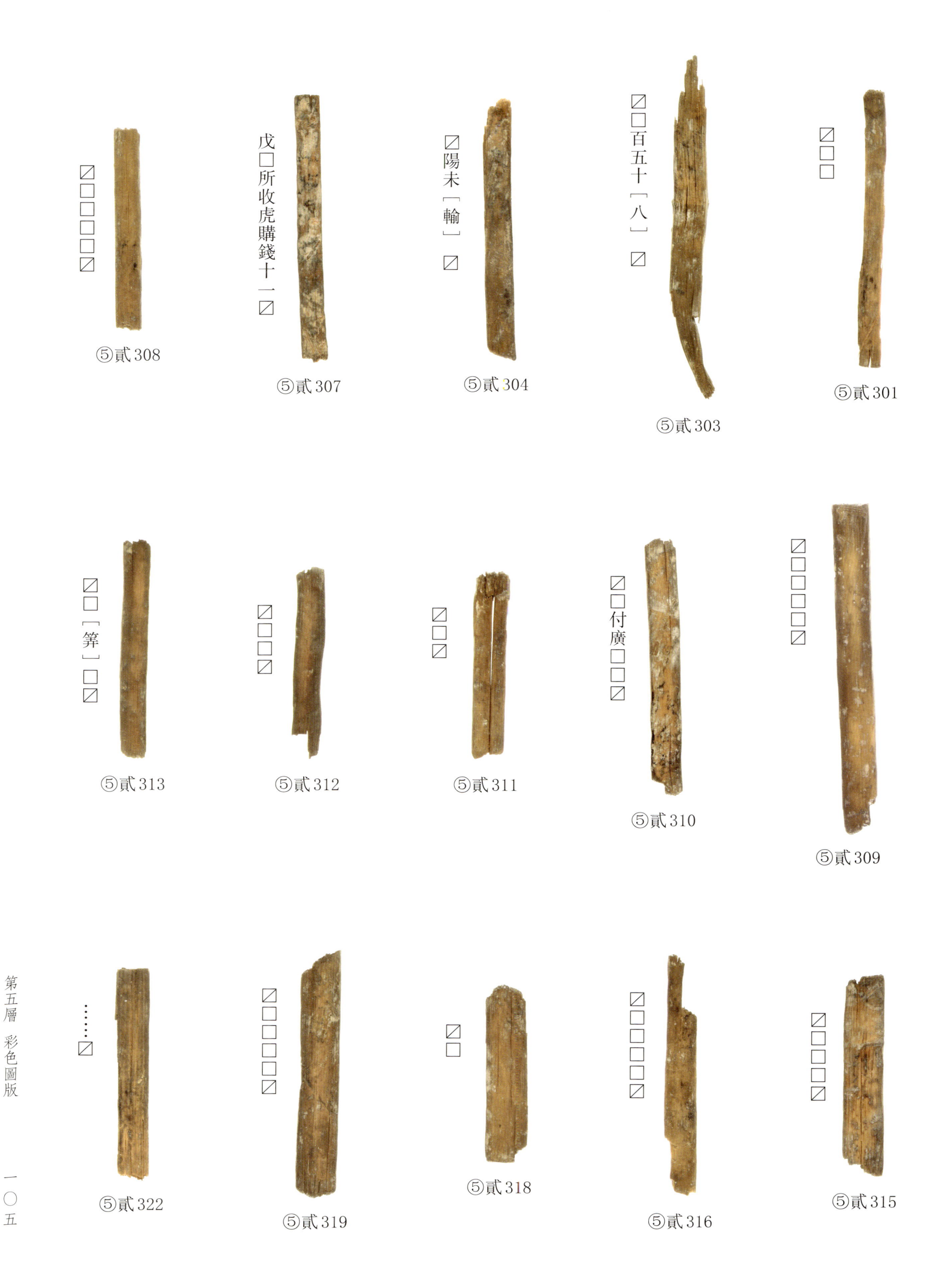

⧄□□□□⧄
⑤貳323

⧄□盡乙⧄
⧄言之／四月□⧄
⑤貳325

⧄□⧄
⑤貳326

其三人□□⧄
⑤貳327

⧄……⧄
⧄……⧄
⑤貳328

益陽⧄
⑤貳329

⧄□□□□⧄
⑤貳330

⧄□□□⧄
⑤貳331

⧄□□□□□⧄
⑤貳332

⧄□□⧄
⑤貳333

□□□□□⧄
⑤貳334

⧄□□⧄
⑤貳335

⧄□□⧄
⑤貳337

⧄□□⧄
⑤貳338

⧄□□□□⧄
⑤貳339

□□□□☒

⑤貳340

☒……☒

⑤貳341

☒□□□□☒

⑤貳342

☒□□□□☒

⑤貳343

☒□□☒

⑤貳344

☒□傳以節□☒

⑤貳345

☒□□□□☒

⑤貳346

☒□□☒

⑤貳347

☒斤□☒

⑤貳348

☒□☒

⑤貳351

☒□□☒
☒□☒

⑤貳352

☒不☒

⑤貳353

☒□☒

⑤貳354

☒□☒
☒□數☒

⑤貳355

☒□☒

⑤貳356

☒□□□□□☒

⑤貳357

☒□□□□☒

⑤貳358

☒□□☒

⑤貳359

☒［夫］：□☒

⑤貳360

☒□□☒
☒□□☒

⑤貳361

☒荷☒

⑤貳362

☒［中］□☒

⑤貳363

☒□☒

⑤貳365

☒□□☒

⑤貳370

☒□☒

⑤貳371

☒□□☒

⑤貳374

☒□☒

⑤貳375

☒□☒

⑤貳376

三☒

⑤貳378

第六層

五年它如律令安武并死舍☐
鄉都 武☐

⑥1正

目☐☐☐☐☐☐自☐

⑥1左側

（圖案）☐東曹日司金☐（圖案）
笥（圖案）
兩廿人☐☐

⑥1背

甲子乙丑丙丁卯癸丑筋齒羽留留菑奴婢四千☐

⑥1右側

（圖案）制（圖案）

⑥2正

得□□（圖案）☐
得□（圖案）

⑥2背

三尺十七枚二尺十枚校月有☐

⑥3

三月辛丑□□□□□□□□亟□□□☐

⑥4

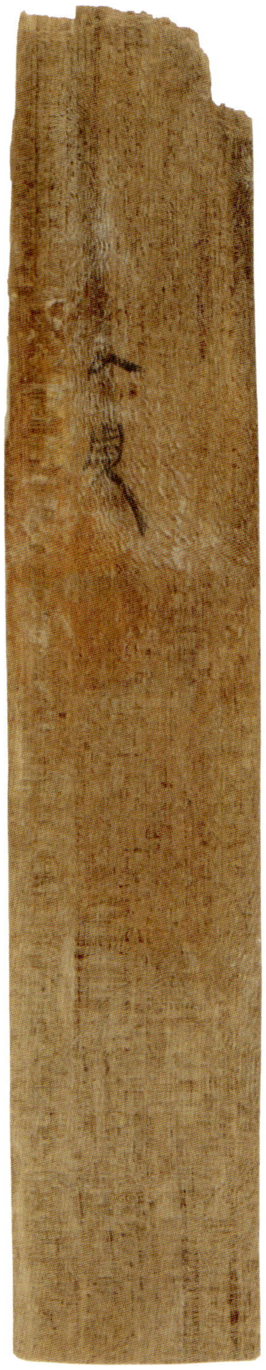

⑥5正

☑以買☑

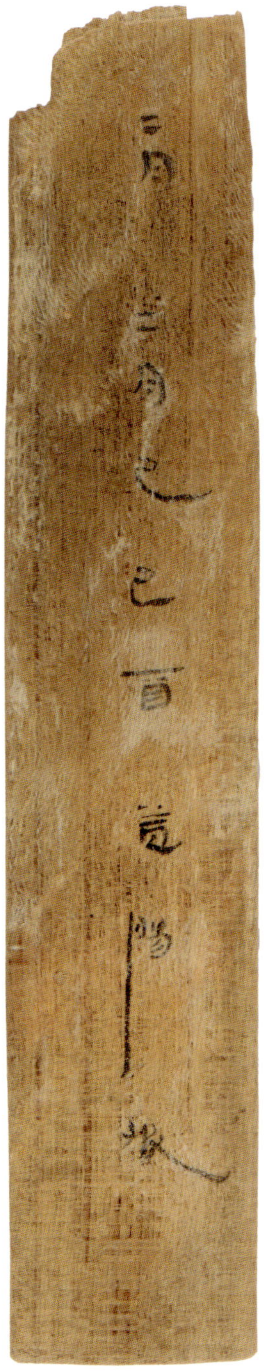

⑥5背

☑二月二月己己酉益陽丞☑

⑥6正

或遝下資鄉恒徙爲陽馬鄉嗇佐信爲尉史書

七年七月戊戌朔丙寅西曹史菭移吏曹可

具寫移［須］以驗獄勿留它如律令

⑥6背

菭手

□丞相府内史府中尉府

⑥7正

敢言之益陽當道事多急謁言丞相府
賜報謁告尉尉令乙敢言之廷下

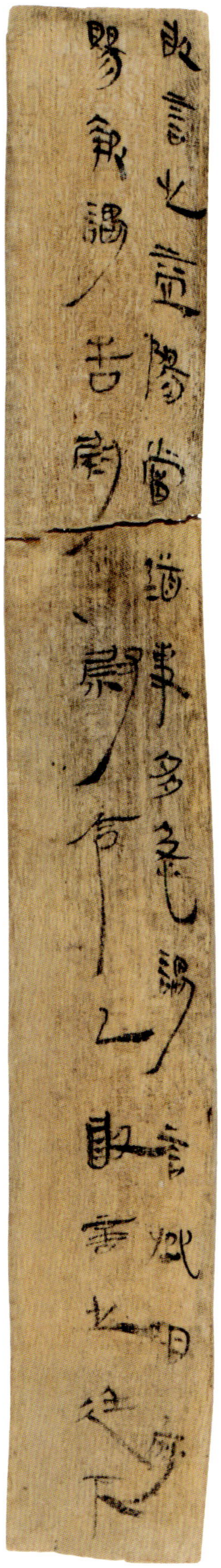

⑥7背

縣它縣論勿留它如律令勿留它它如律

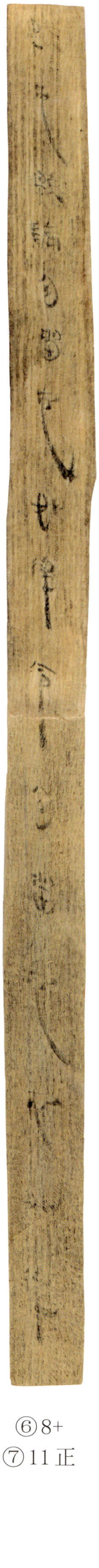

⑥8+
⑦11正

敢言之守府府下書曰令書吏甲復

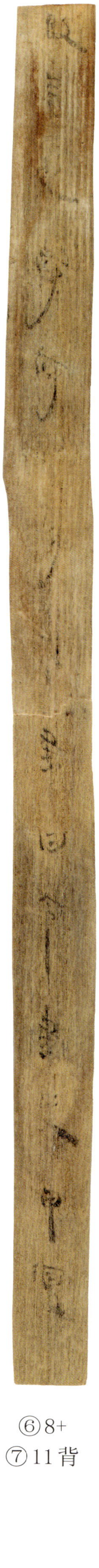

⑥8+
⑦11背

年七年七七年長伯〼

説明：書寫順序倒錯。

⑥9

〼［敬］再拜獻〼

⑥10正

〼□□史人爲＝何人不審〼

⑥10背

西曹發
廷廷獄西曹
獄

⑥11正

西曹發敢言之

⑥11背

九卩二年〼
三年□九月〼

⑥12

☒有令半升八斗九
☒□有月有有有有事有

⑥13正

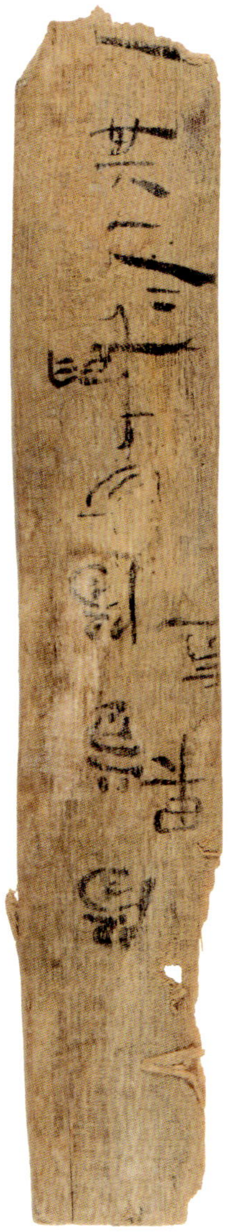

☒益界□□□
☒□人其一人=千□陽陽益陽書

⑥13背

說明：正背面均書寫順序混亂。

□虜敬☒

⑥14

潙陵鄉

⑥15

獄東曹 ☒

⑥16正

笲凡負二日賈□□☒

⑥16背

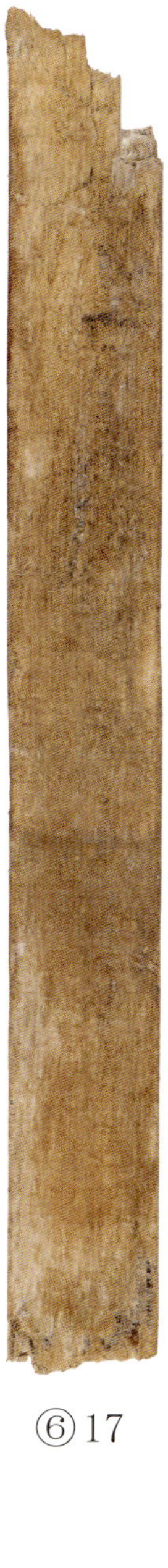

☒……☒

⑥17

金布
日治

⑥18

⑥19正

⊘□不用此律（圖案）
⊘陽□□益陽丞□⊘
⊘［陽］公陽陽□□之⊘
⊘敢言（圖案）⊘
⊘［末］陽□丞□敢言之之⊘

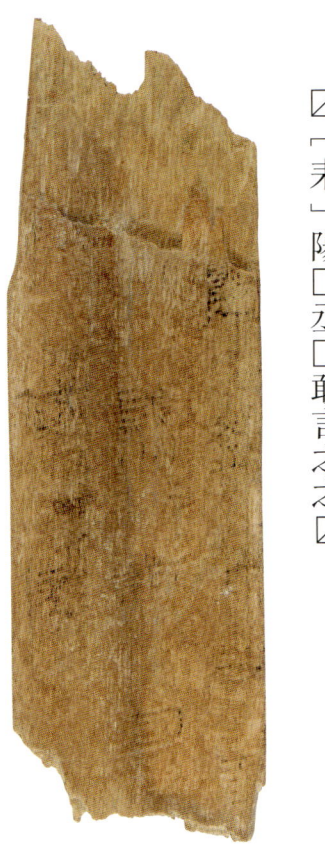

⑥19背

⊘□□□□□⊘
⊘□縣［道］官⊘
⊘□貸□⊘

⑥20正

益年年陽⊘

⑥20背

卯⊘
益陽⊘

說明：「年年」「卯」倒書。

⑥21

⊘（圖案）男子內史府⊘

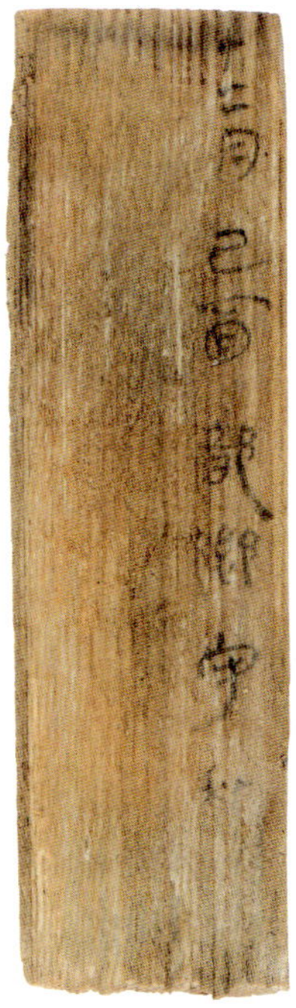

⑥22正

十二月己酉都鄉守□⊘

⑥22背

二□　⊘
器十□　⊘
曰毋它　財物　⊘

☒　它它☒
☒內史府它如律☒
☒令敢言之☒

⑥23正

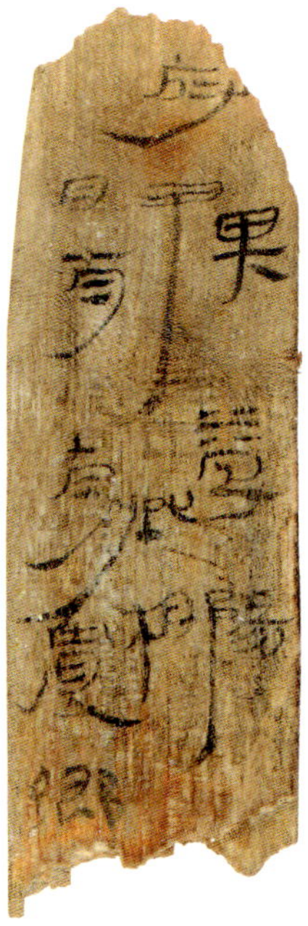

☒弄益陽☒
☒□府甲丞相☒
☒月七月［十］月買鄉☒

⑥23背

☒　□□☒

⑥24

☒□及有罪弗

⑥25

☒□□爲丞勝告□田丞令獄史
☒□□□［有］徵還捕繫傳
☒　□徒疑畏害所
☒　律令

說明：簡面文字書寫順序混亂。

⑥37+
⑦49+
⑥26正

☒　告手

⑥37+
⑦49+
⑥26背

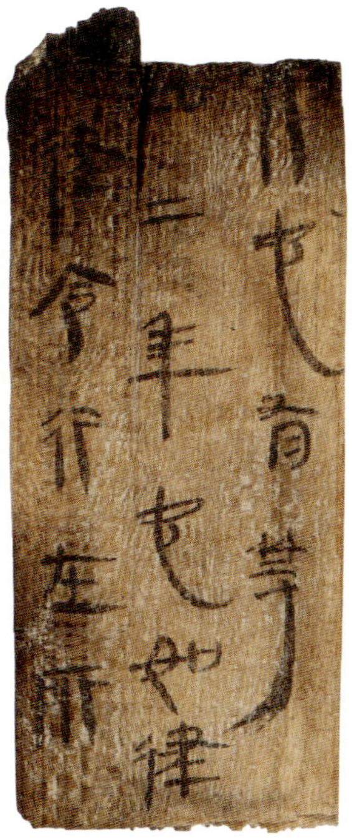

☑□它有等
☑［比］二年它如律
☑□律令行在所

⑥27正

☑它有等［比］□□
☑它有等比二年九月
☑之日下失時亡日失

⑥27背

☑書及等界笥□敢罪＝不恐☑
☑□券未者□□□□□［復］☑

說明：簡面有鋭器分欄痕迹，簡文横寫。

⑥39+⑥28

☑……☑

⑥29

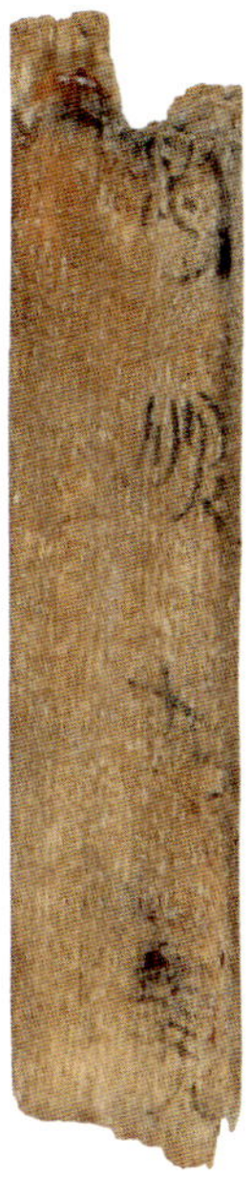

☑則脾□黄☑

⑥30

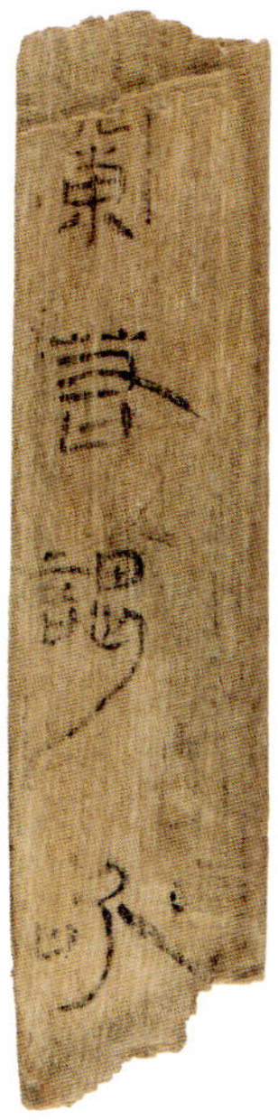

☑闌若謁欲☑

⑥31正

☑陽□☑

⑥31背

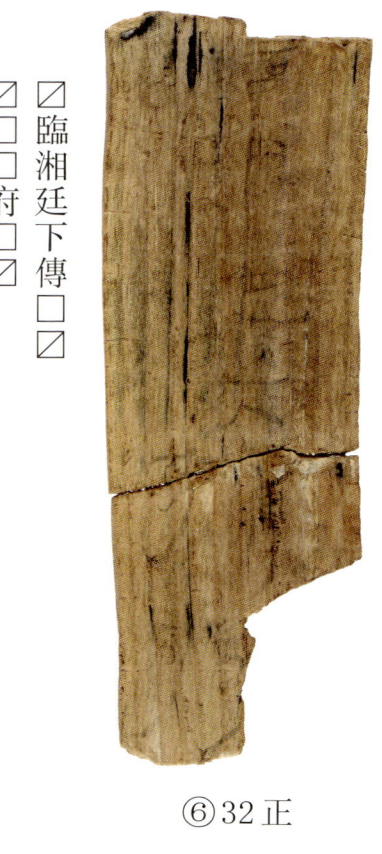

☒臨湘廷下傳□☒
☒□□府□☒

⑥32正

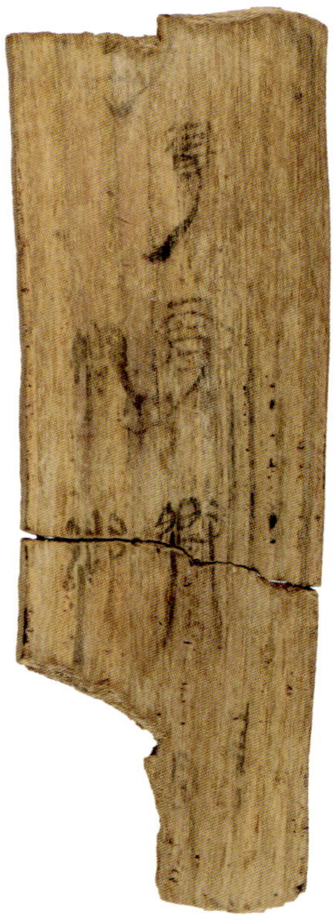

☒□得有鄉□☒
☒鄉鄉☒

⑥32背

□韭韭

⑥33

石二廿☒
令史可聽☒

⑥34正

武庫☒
甲☒

說明：正面兩行文字書寫順序顛倒。

⑥34背

也顧君幸以一札書☒

⑥35+⑦56正

再拜道之僕□☒

⑥35+⑦56背

☒□曰幸［因］書□☒

⑥36+⑦57

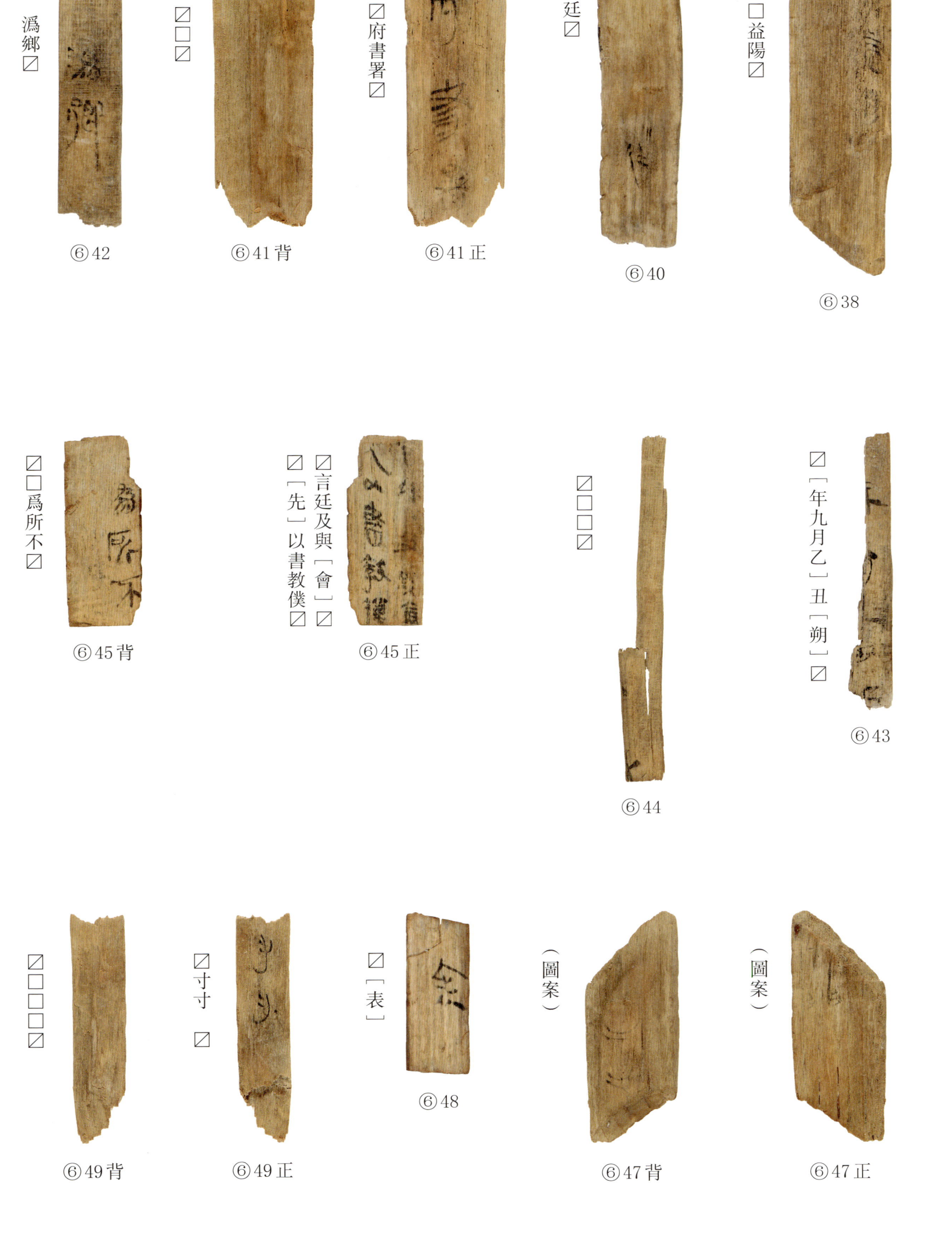

□益陽☐

⑥38

廷☐

⑥40

☐府書署☐

⑥41正

☐□☐

⑥41背

潙鄉☐

⑥42

☐［年九月乙］丑［朔］☐

⑥43

☐□□☐

⑥44

☐言廷及與［會］☐
☐［先］以書教僕☐

⑥45正

☐□爲所不☐

⑥45背

（圖案）

⑥47正

（圖案）

⑥47背

☐［表］

⑥48

☐寸寸　☐

⑥49正

☐□□□☐

⑥49背

☒詔御☒

⑥50正

☒□□☒

⑥50背

☒□□☒

⑥51

☒［還］
☒□□

⑥52+⑦69+⑦70正

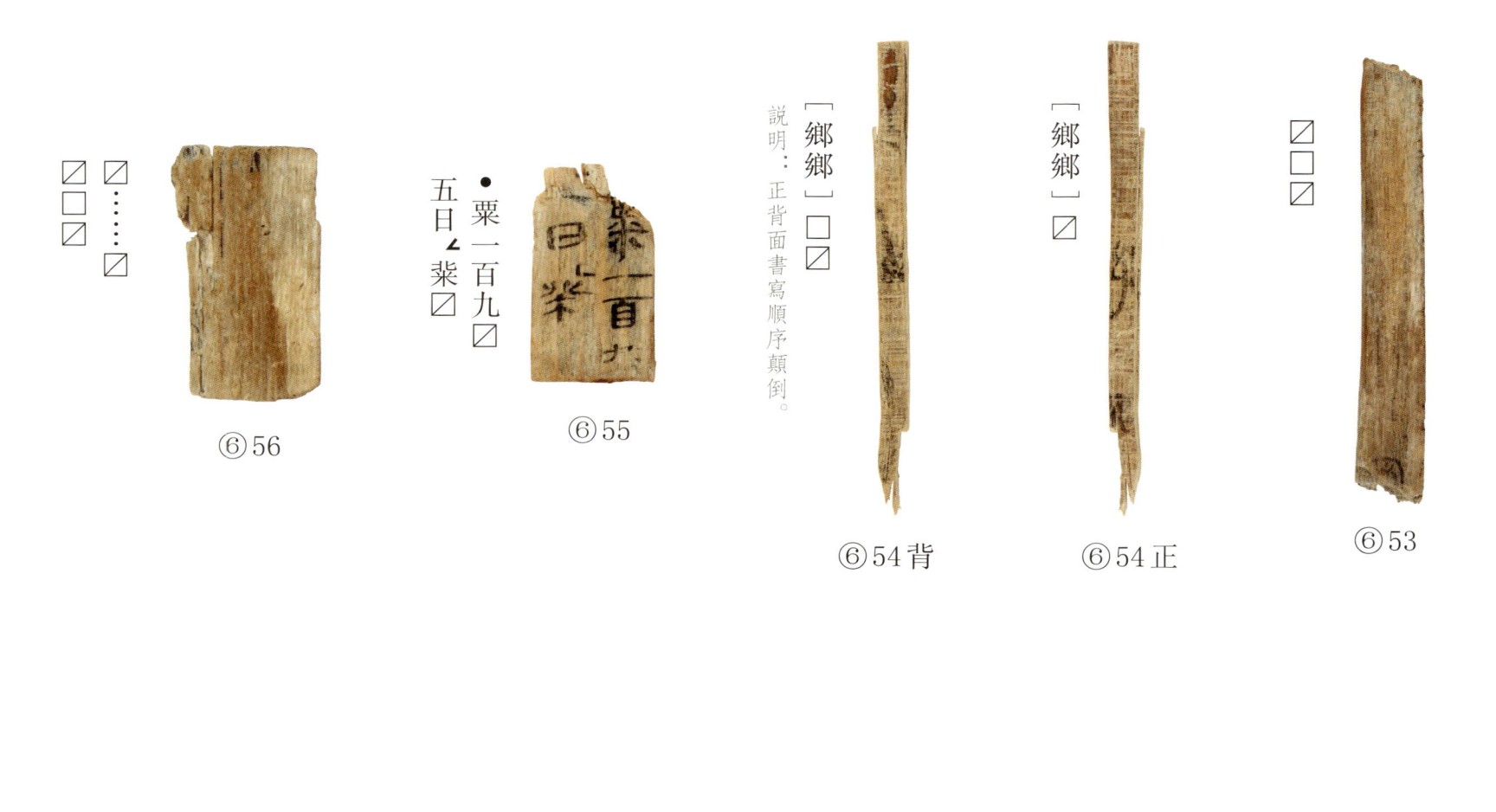

☒□

⑥52+⑦69+⑦70背

☒□☒

⑥53

［鄉鄉］☒

⑥54正

［鄉鄉］□☒

說明：正背面書寫順序顛倒。

⑥54背

•粟一百九☒
五日∠粜☒

⑥55

☒……☒
☒□☒

⑥56

☒□見☒

⑥58正

☒□☒

⑥58背

☒書到亟遣人詣廷☒

⑥59

☒□□☒
☒□☒

⑥60

☒□社稷☒

⑥61

☒□可□□☒

⑥62

☒□書☒
☒□☒

⑥63

☒□□☒

⑥64

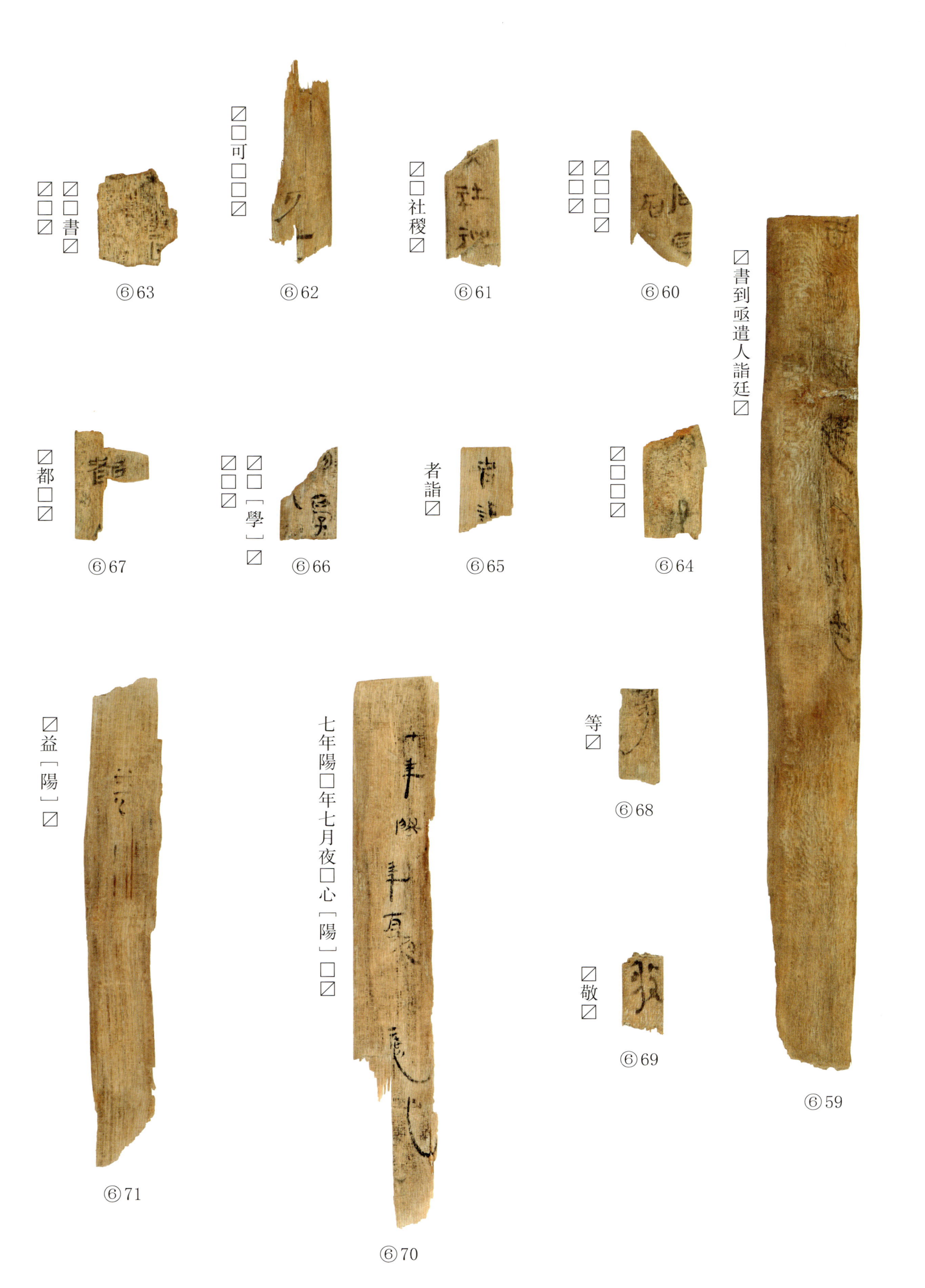

者詣☒

⑥65

☒□［學］☒
☒□☒

⑥66

☒都□☒

⑥67

等☒

⑥68

☒敬☒

⑥69

七年陽□年七月夜□心［陽］□☒

⑥70

☒益［陽］☒

⑥71

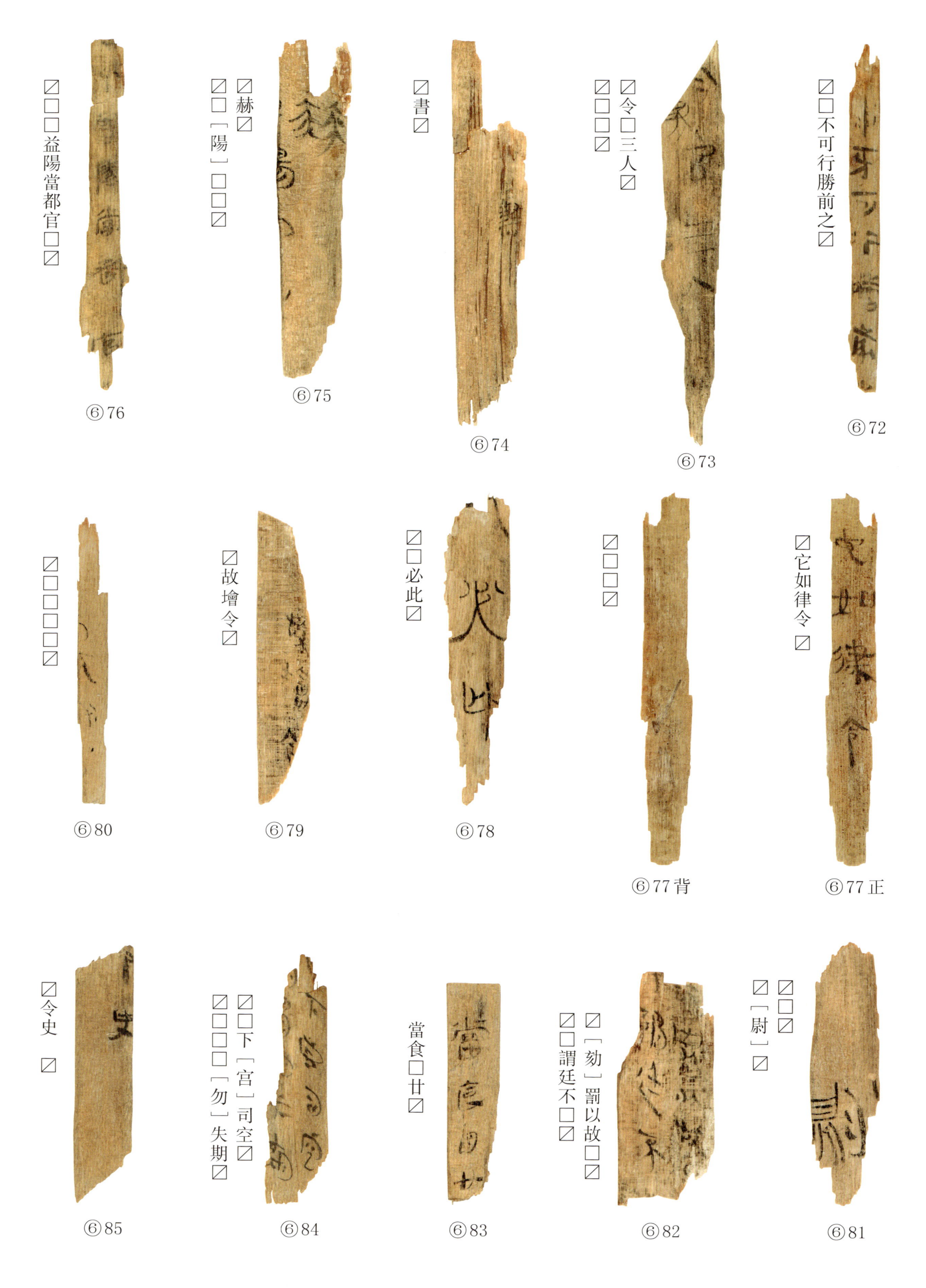

☐不可行勝前之☐
⑥72

☐令☐三人☐
☐☐☐☐
⑥73

☐書☐
⑥74

☐赫☐
☐☐［陽］☐☐☐
⑥75

☐☐☐益陽當都官☐☐
⑥76

☐它如律令☐
⑥77正

☐☐☐☐
⑥77背

☐☐必此☐
⑥78

☐故增令☐
⑥79

☐☐☐☐☐☐
⑥80

☐☐☐
☐［尉］☐
⑥81

☐［劾］罰以故☐☐
☐☐謂廷不☐☐
⑥82

當食☐廿☐
⑥83

☐☐下［宮］司空☐
☐☐☐☐［勿］失期☐
⑥84

☐令史　☐
⑥85

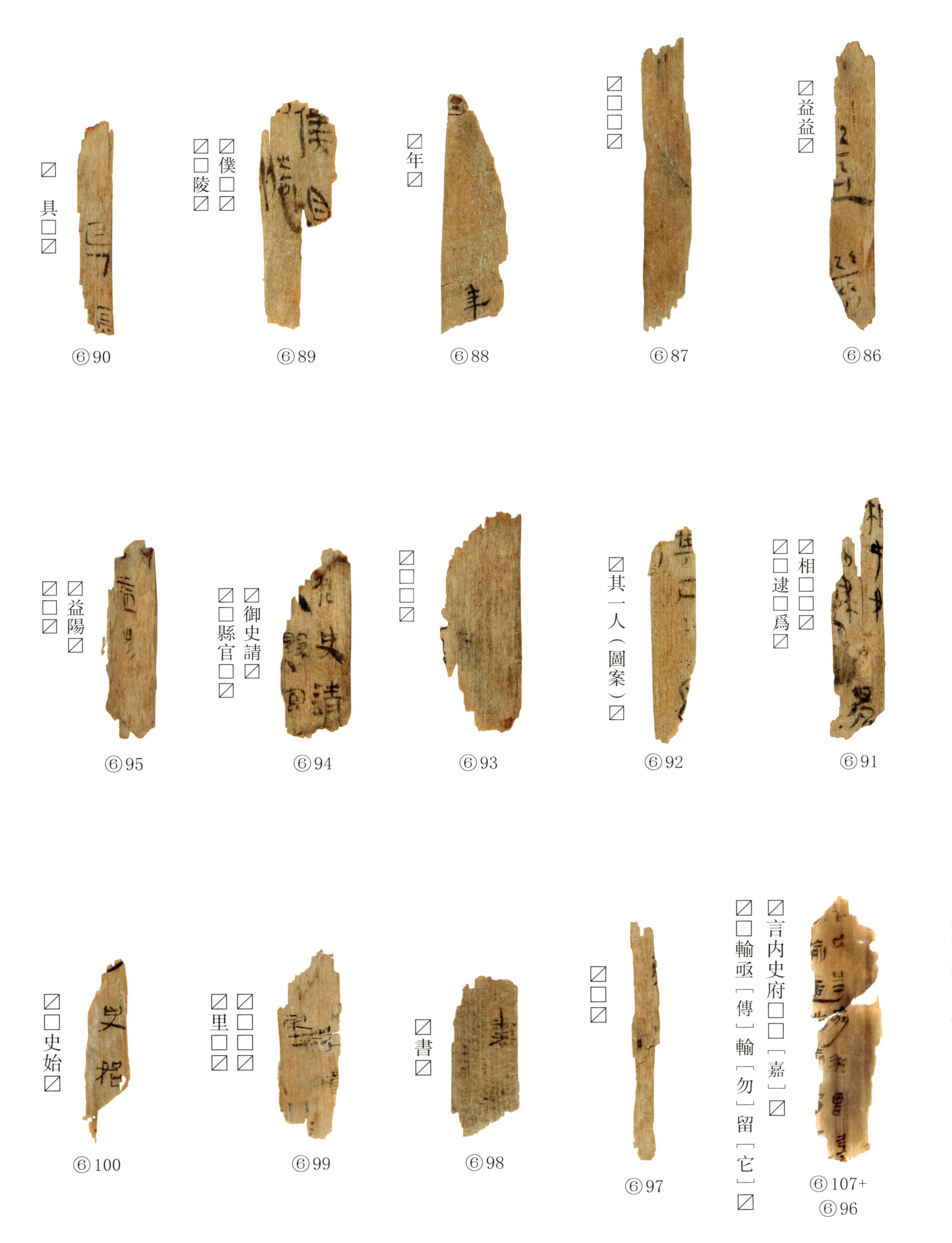

⑥86

⧄益益⧄

⑥87

⧄□□⧄

⑥88

⧄年⧄

⑥89

⧄僕□⧄

⧄□陵⧄

⑥90

⧄　具□⧄

⑥91

⧄相□□⧄

⧄□逮□爲⧄

⑥92

⧄其一人（圖案）⧄

⑥93

⧄□□⧄

⑥94

⧄御史請⧄

⧄□縣官□⧄

⑥95

⧄益陽⧄

⧄□⧄

⑥107+
⑥96

⧄言内史府□□［嘉］⧄

⧄□輸亟［傳］輸［勿］留［它］⧄

⑥97

⧄□⧄

⑥98

⧄書⧄

⑥99

⧄□□⧄

⧄里□⧄

⑥100

⧄□史始⧄

☒□朔乙□☒
☒□三月☒
☒□☒

⑥101

☒今顆□☒
☒上言☒
☒□□☒

⑥102

☒□☒
☒□坐☒

⑥103

☒益陽☒

⑥104

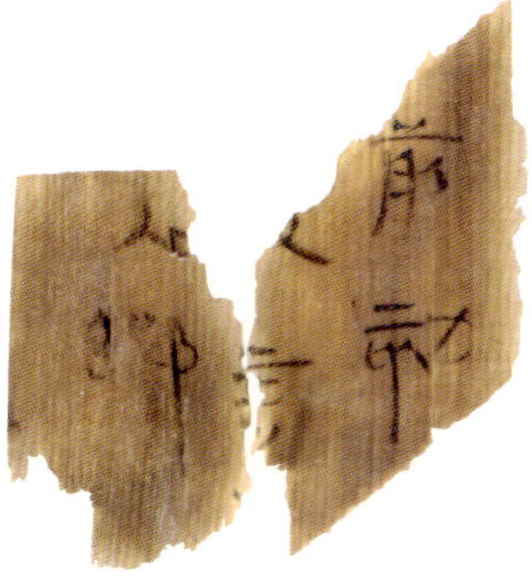

☒前劾☒
☒［敢］言［之］☒
☒入鄉☒

⑥105+⑥108

☒賤畜☒
☒侍☒

⑥106

☒書☒

⑥109

☒□□陽☒

⑥110

☒□久［鶩］☒
☒□☒

⑥111

☒□府□☒

⑥112

☒正月甲寅☒

⑥113

☒□鄉☒
☒□☒

⑥114

☒□及□□☒
☒□不可☒

⑥115

☒手☒
☒上☒

⑥116

☒□前☒

⑥117

☒□□□☒
☒□人∠其☒

⑥118

⑥119

☒□史☒
☒□∠賦及□☒
☒□☒

⑥120

☒史轂□☒

⑥121

☒何故至今☒
☒急□☒

⑥122

☒尉［史］☒

⑥123

☒［牒］☒

⑥124

☒多實☒

⑥125

☒言之☒
☒……☒

⑥126

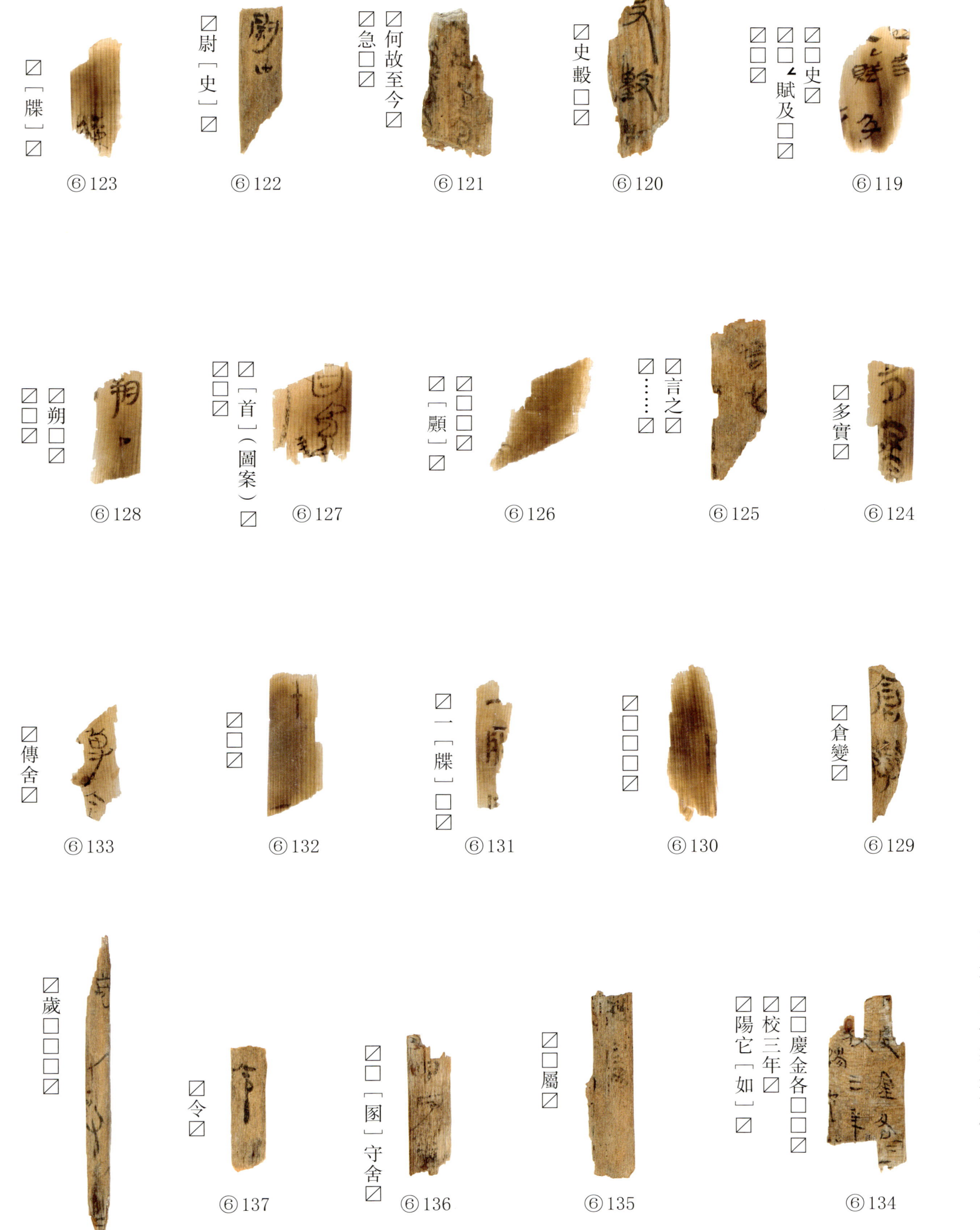

☒□□☒
☒［顚］☒

⑥127

☒［首］（圖案）☒
☒□☒

⑥128

☒朔□☒
☒□☒

⑥129

☒倉變☒

⑥130

☒□□□☒

⑥131

☒一［牒］□☒

⑥132

☒□☒

⑥133

☒傳舍☒

⑥134

☒□慶金各□□☒
☒校三年☒
☒陽它［如］☒

⑥135

☒□屬☒

⑥136

☒□［圂］守舍☒

⑥137

☒令☒

⑥138

☒歲□□□☒

☒□□☒
⑥139

☒□□☒
⑥140

☒□☒
⑥141

☒勿□安☒
⑥142

☒有令☒
☒［有］☒
⑥143正

☒吏吏☒
⑥143背

☒令□☒
⑥144正

☒敢言☒
⑥144背

☒□之☒
☒□□☒
⑥145

☒官不☒
⑥146

☒□☒
⑥147

☒□☒
⑥148

☒□□☒
⑥149

☒□□☒
☒□負☒
⑥150

☒（圖案）☒
⑥151

☒□☒
⑥152

☒□鄭☒
⑥153正

☒□□☒
⑥153背

☒□捕☒
⑥154

☒□☒
⑥155

☒□☒
☒□☒
⑥156

☒□☒
⑥157

☒□☒
☒□☒
⑥158

☒□☒
⑥159

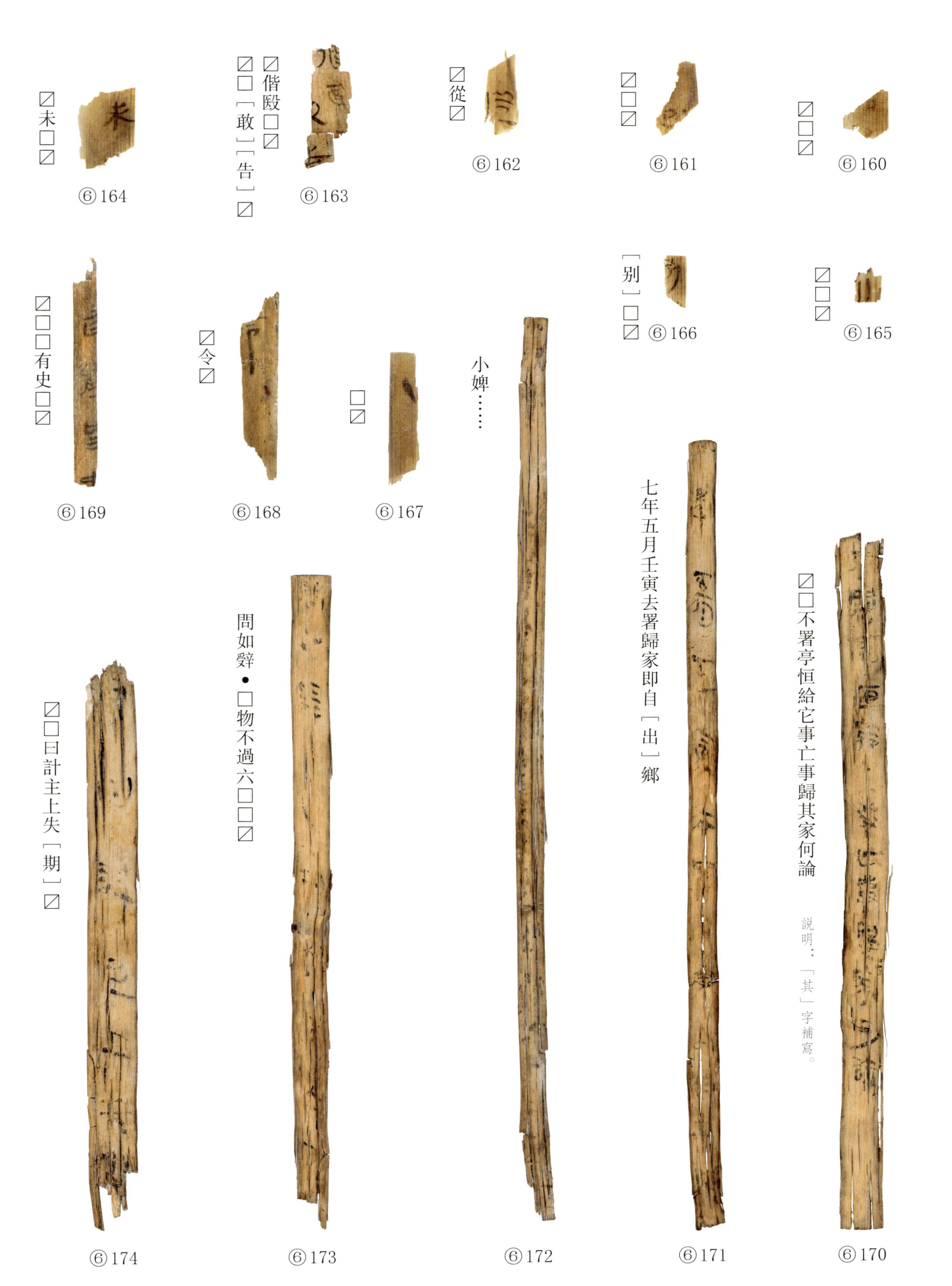

☐☐☐

⑥160

☐☐☐

⑥161

☐從☐

⑥162

☐偕殿☐☐

☐☐［敢］［告］☐

⑥163

☐未☐☐

⑥164

☐☐☐

⑥165

［別］☐☐

⑥166

☐☐

⑥167

☐令☐

⑥168

☐☐☐有史☐☐

⑥169

☐☐不署亭恒給它事亡事歸其家何論

說明：「其」字補寫。

⑥170

七年五月壬寅去署歸家即自［出］鄉

⑥171

小婢……

⑥172

問如辤•☐物不過六☐☐☐

⑥173

☐☐曰計主上失［期］☐

⑥174

⑥175
［菜］論言•問尉☐

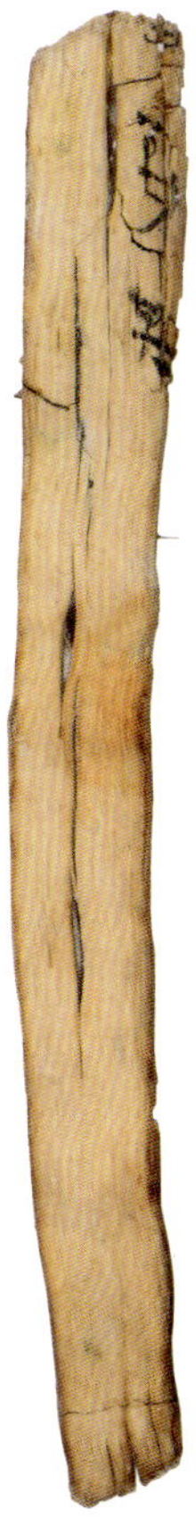
⑥176
☐到其　☐

⑥177正
☐［鄉］恒敢言之廷下書曰
☐［它坐呰］☐［今問］☐

⑥177背
☐　☐手

⑥178
☐長……☐

⑥179
☐　二七十四　二☐☐☐☐

⑥180
☐☐之［鄉］☐［當坐］
☐［毋］它坐☐强☐夏公會
☐……☐

⑥181
名☐建=後☐☐☐

⑥182正
☐廷下劾曰案潙鄉［所］以

⑥182背
☐　可手

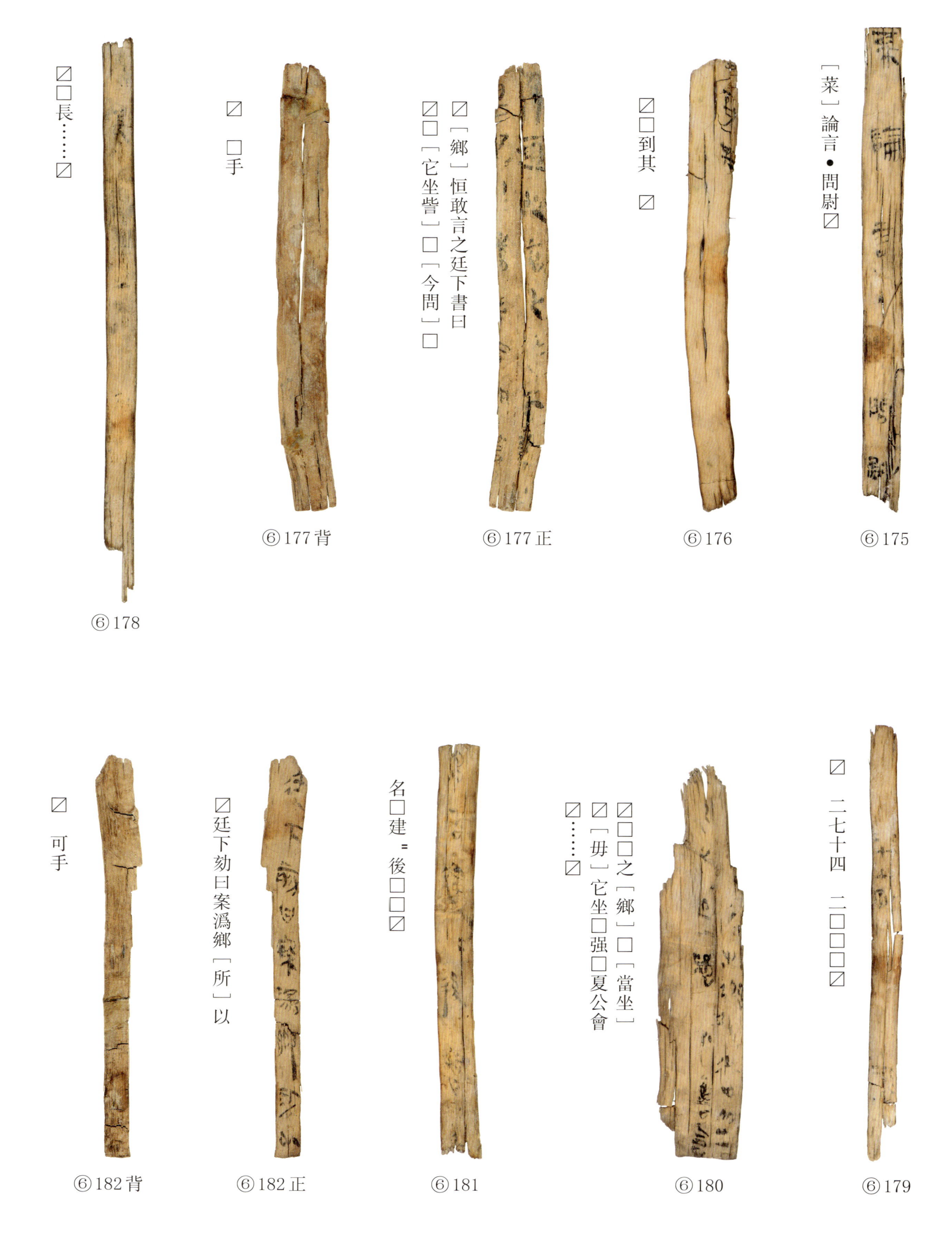

☒與□同日〔具〕☒

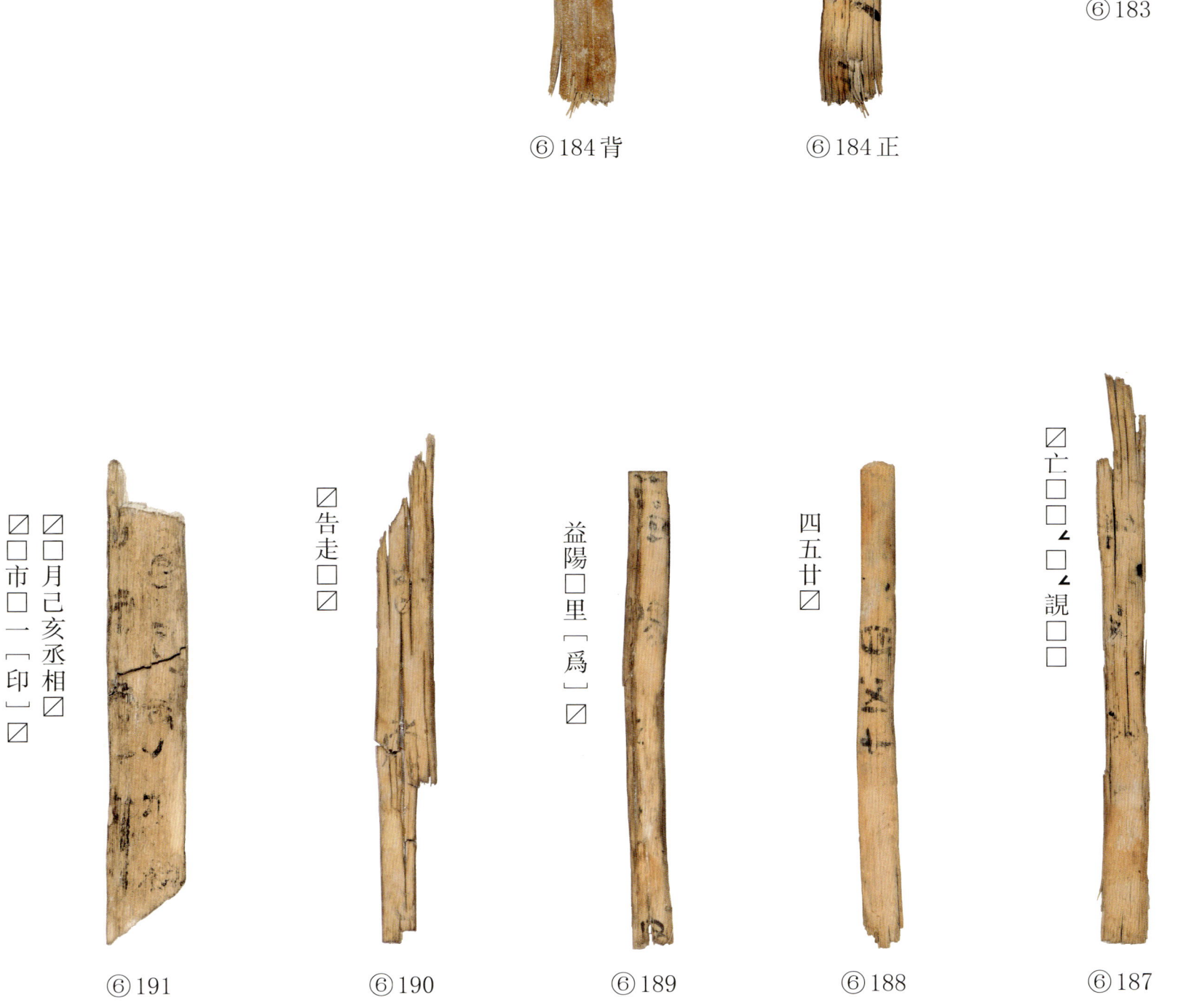

⑥183

書君臨湘公外廄□☒

⑥184正

□□☒

⑥184背

☒主當士∠瑱☒

⑥185

☒〔兑〕不上濕陵

⑥186

☒亡□□∠□∠誢□□

⑥187

四五廿☒

⑥188

益陽□里〔爲〕☒

⑥189

☒告走□☒

⑥190

☒□月己亥丞相☒
☒□市□一〔印〕☒

⑥191

三七廿一　二辨☐

⑥192

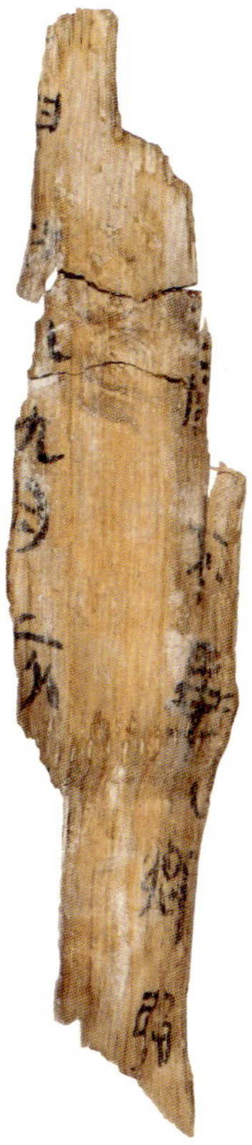
☐☐不畢∠鄉强☐
☐☐☐☐☐∠九月亥☐

⑥193

☐輸乏事它如書☐

⑥194

☐☐☐☐☐☐☐☐☐［禪］☐

⑥195

敢言之廷下書☐

⑥196

七年七月戊戌朔☐
史［治］☐〓或還☐
［遺］☐☐名吏里

⑥197正

☐☐☐☐

⑥197背

益陽丞☐

⑥198

☐不論☐☐

⑥199

尉☐☐∠☐☐

⑥200

☐☐☐☐嗇夫☐☐
☐☐史葯移吏曹☐

⑥201正

☐☐☐令☐

⑥201背

弘婦人育☐☐

⑥202

☐☐誤☐所☐

⑥203

各五☐☐

⑥204

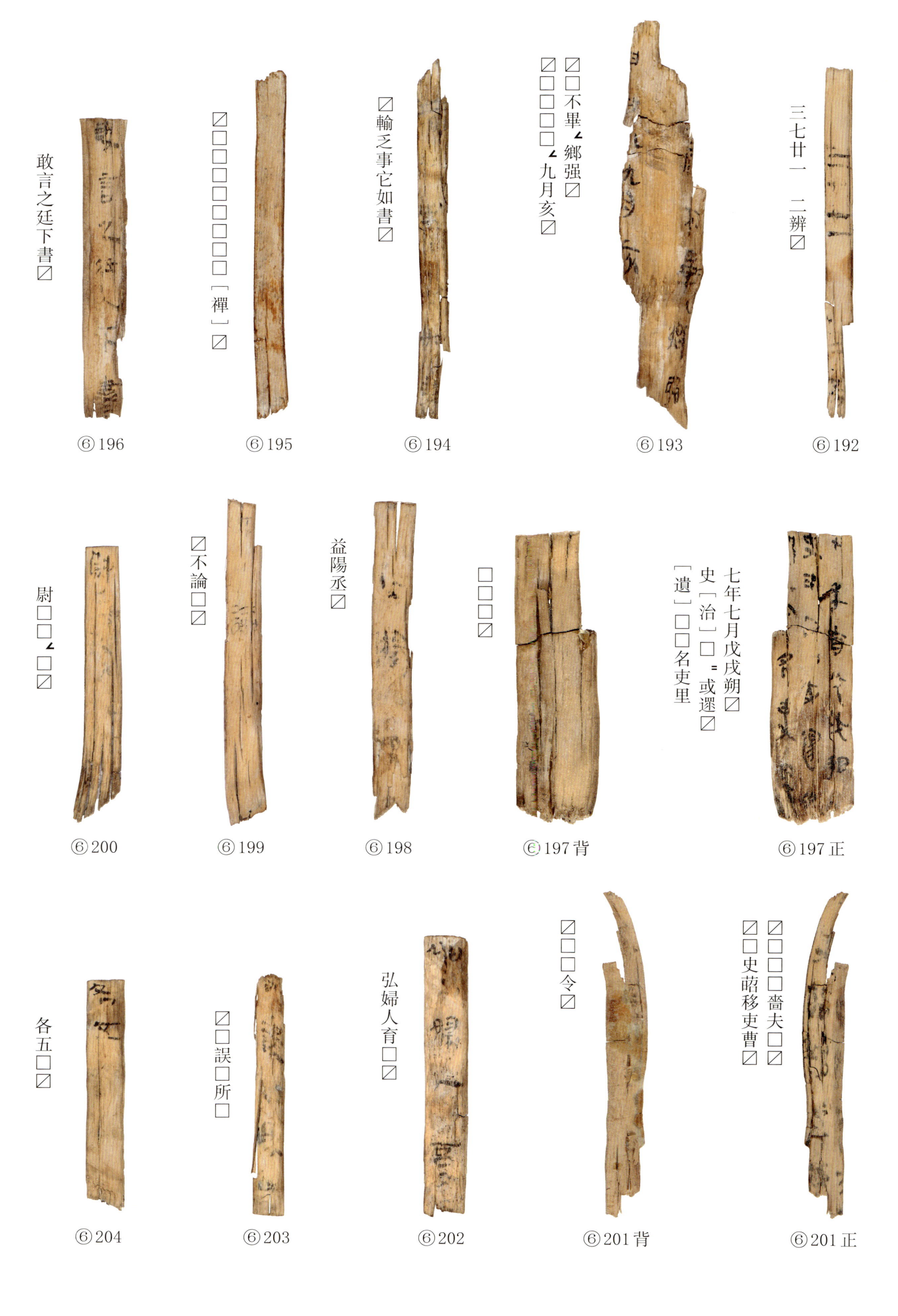

☒□辨☒
⑥205

☒箄　☒
⑥206

□□□☒
⑥207

☒□□□□
⑥208

☒半而一
⑥209

☒　女子☒
⑥210

☒□□□不☒
⑥211

☒從官
⑥212

☒……☒
⑥213

☒□□□□
⑥214

☒［賜］☒
⑥215

☒□城旦舂□☒
⑥216

☒曰發□
⑥217+⑥235

☒有罪當☒
⑥218

□□□□□☒
⑥219

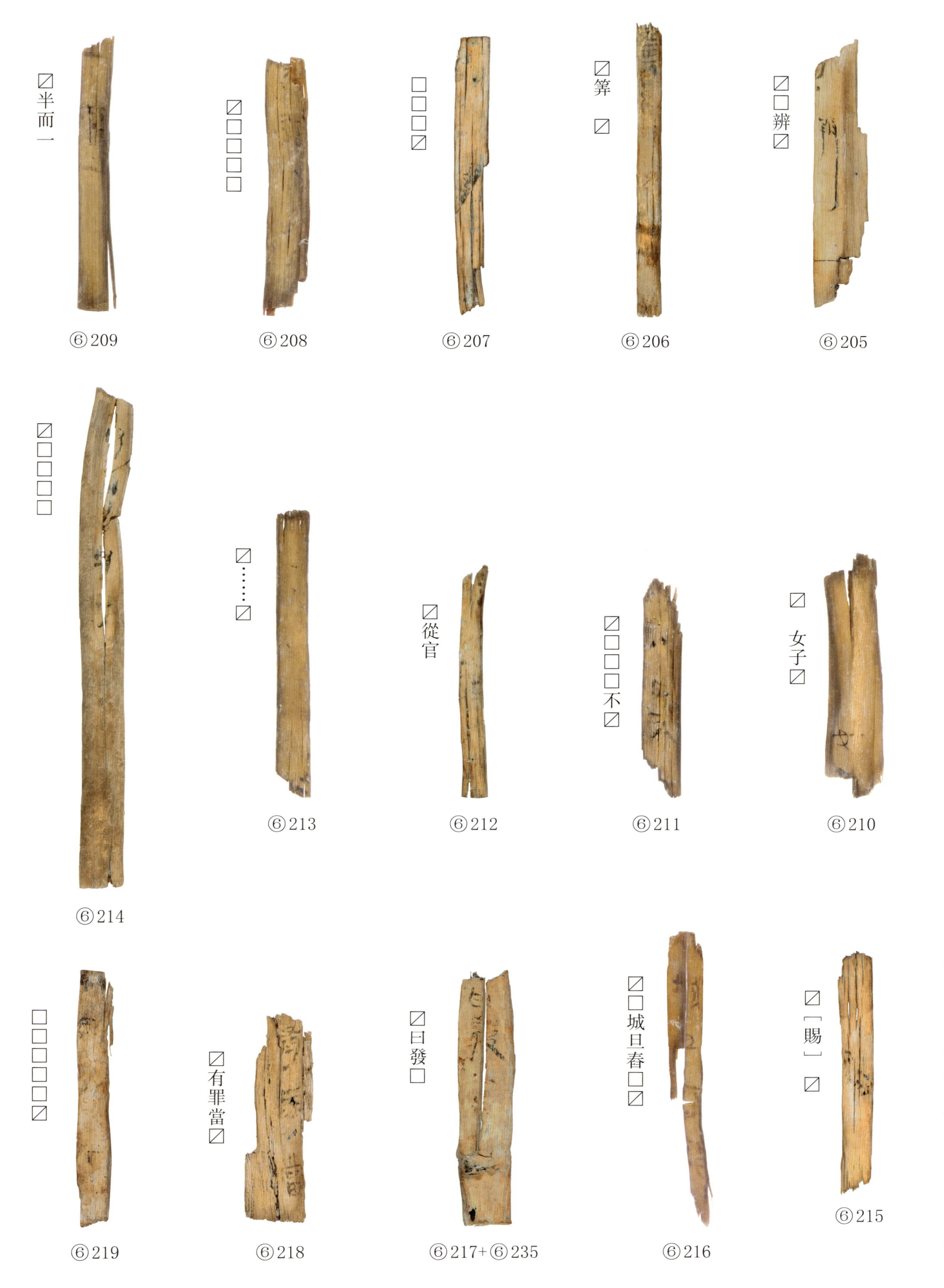

⑥220
⧄二六[十]二　⧄

⑥221
⧄□手七年⧄
⧄亟論[言]⧄

⑥222
□賦⧄

⑥223
⧄徠□屠牛

⑥224
⧄□陵丞寫下

⑥225
⧄六年七月⧄

說明：簡上端劃有規整的兩道橫綫。

⑥226
⧄□免⧄

⑥227
⧄□□□

⑥228
□□□⧄

⑥229正
⧄□□六人名籍⧄
⧄[啟]史[茝]⧄

⑥229背
⧄茝　⧄

⑥230正
⧄如律令⧄

⑥230背
⧄[而][耐]⧄

⑥231
⧄□□
⧄論=及左

⑥232
⧄□夫=□⧄
⧄□不□⧄

⑥233
⧄□□⧄

⑥234
莊里夫=⧄
收不爲□⧄

⑥236
⧄丞□⧄

⑥237
言史守府□⧄

⑥238
⧄□□丞□⧄

⑥239
⧄□七月戊戌⧄

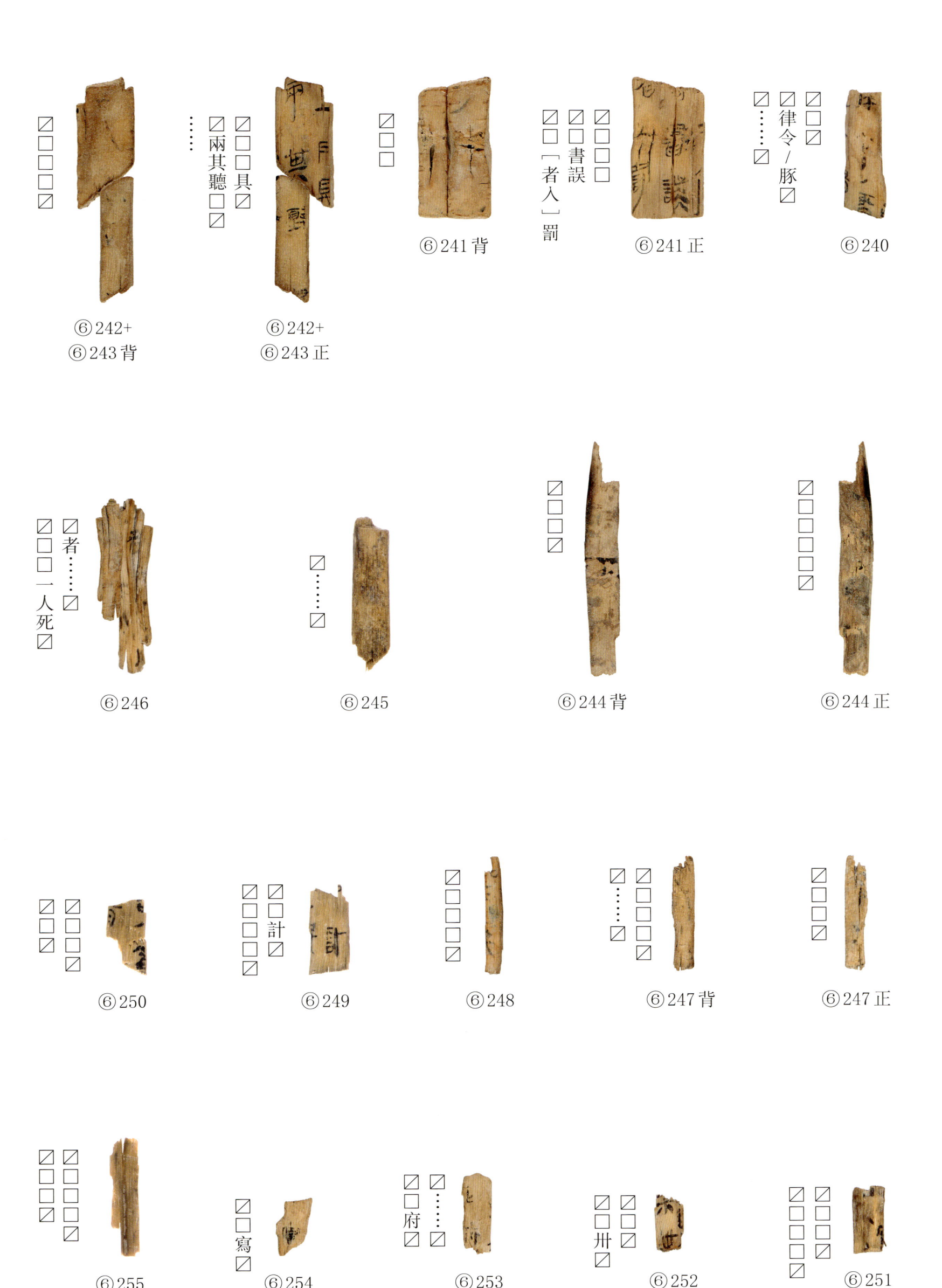

☒☐☒
☒律令/豚☒
☒……☒

⑥240

☒☐☐☐
☒☐書誤
☒☐［者入］罰

⑥241正

☒☐☐

⑥241背

☒☐☐具☒
☒兩其聽☐☒
……

⑥242+
⑥243正

☒☐☐☐☒

⑥242+
⑥243背

☒☐☐☐☐☐☒

⑥244正

☒☐☐☒

⑥244背

☒……☒

⑥245

☒者……☒
☒☐☐一人死☒

⑥246

☒☐☐☒

⑥247正

☒☐☐☐☒
☒……☒

⑥247背

☒☐☐☐☒

⑥248

☒☐計☒
☒☐☐☐☒

⑥249

☒☐☐☒
☒☐☒

⑥250

☒☐☐☒
☒☐☐☐☒

⑥251

☒☐☒
☒☐卅☒

⑥252

☒……☒
☒☐府☒

⑥253

☒☐寫☒

⑥254

☒☐☐☐☒
☒☐☐☒

⑥255

☒□□□曰☒

⑥257

☒□ˊ今問之倉已☒

☒義從官毋遺敢☒

⑥258

☒［月］丙　☒

☒歲　☒

⑥259

☒書居罰☒

⑥260

大奴二人生□☒

［小奴］一人☒

□　☒

⑥261正

□☒

⑥261背

☒□□□☒

☒敬□☒

⑥262

□□☒

七年七月［戊］☒

須以驗☒

⑥263

令史始☒

⑥264正

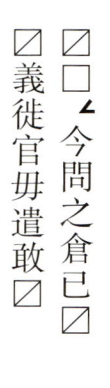

□☒

□☒

⑥264背

七年七月戊戌朔□☒

陽失期不［備輸］☒

☒□☒

⑥265+⑥305+⑥271

☒出□廣亥☒

☒出酒肉□☒

☒出米爲　☒

⑥266+⑥270+⑥278

☑［敢］再拜獻☑
☑□□☑
⑥267

☑□申［益］陽啟☑
⑥268

☑□□□□□☑
☑應論別□☑
☑□名□□□☑
⑥269

☑待☑
⑥272

☑不☑
⑥273

☑□□□□□☑
⑥274

☑戊朔□☑
☑□□☑
⑥275

☑□□□□☑
⑥276

☑□［少內］☑
⑥277

☑不更以上如□
☑□
⑥279

☑年□☑
⑥280

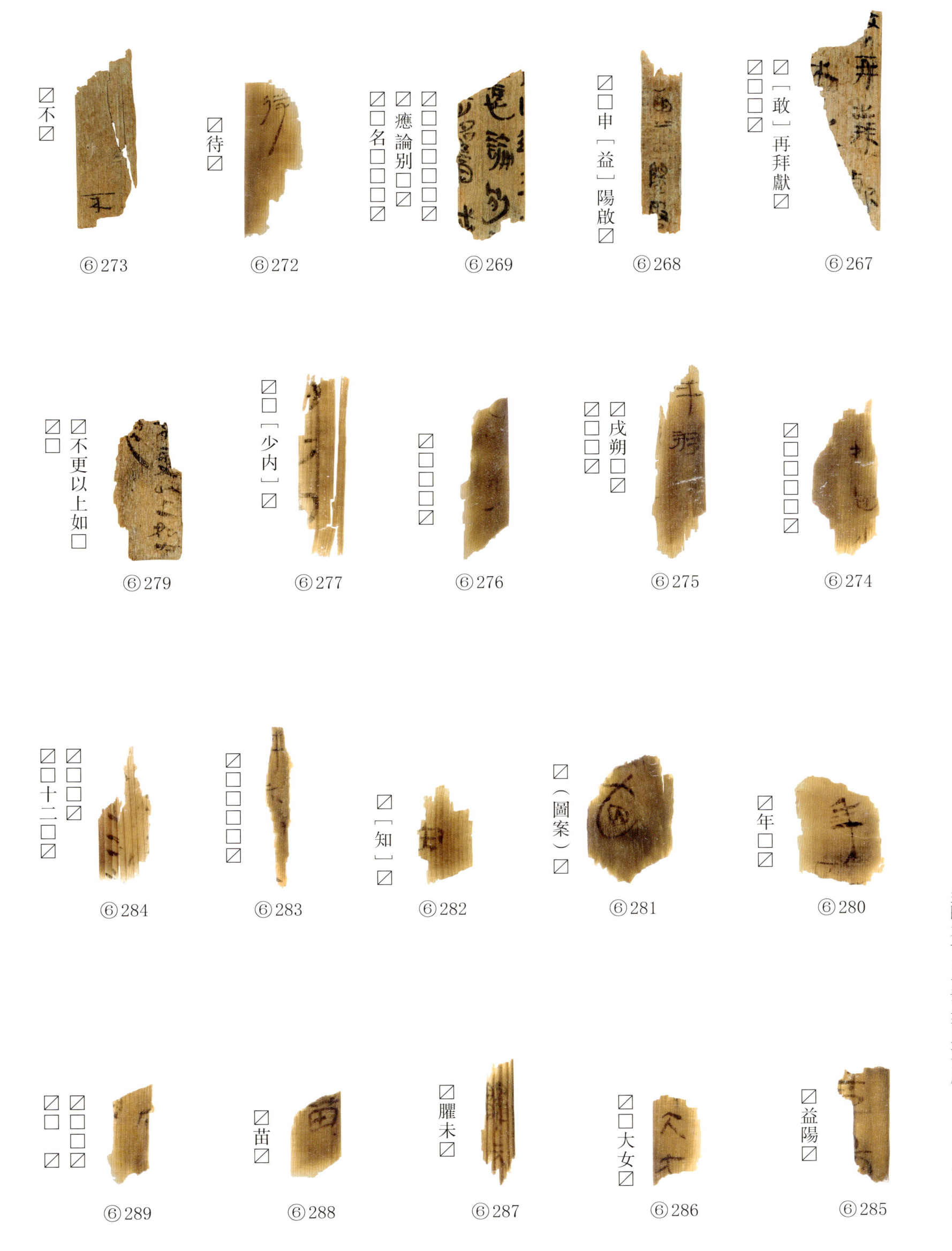

☑（圖案）☑
⑥281

☑［知］☑
⑥282

☑□□□□□☑
⑥283

☑□□☑
☑□十二□☑
⑥284

☑益陽☑
⑥285

☑□大女☑
⑥286

☑臞未☑
⑥287

☑苗☑
⑥288

☑□□☑
☑□ ☑
⑥289

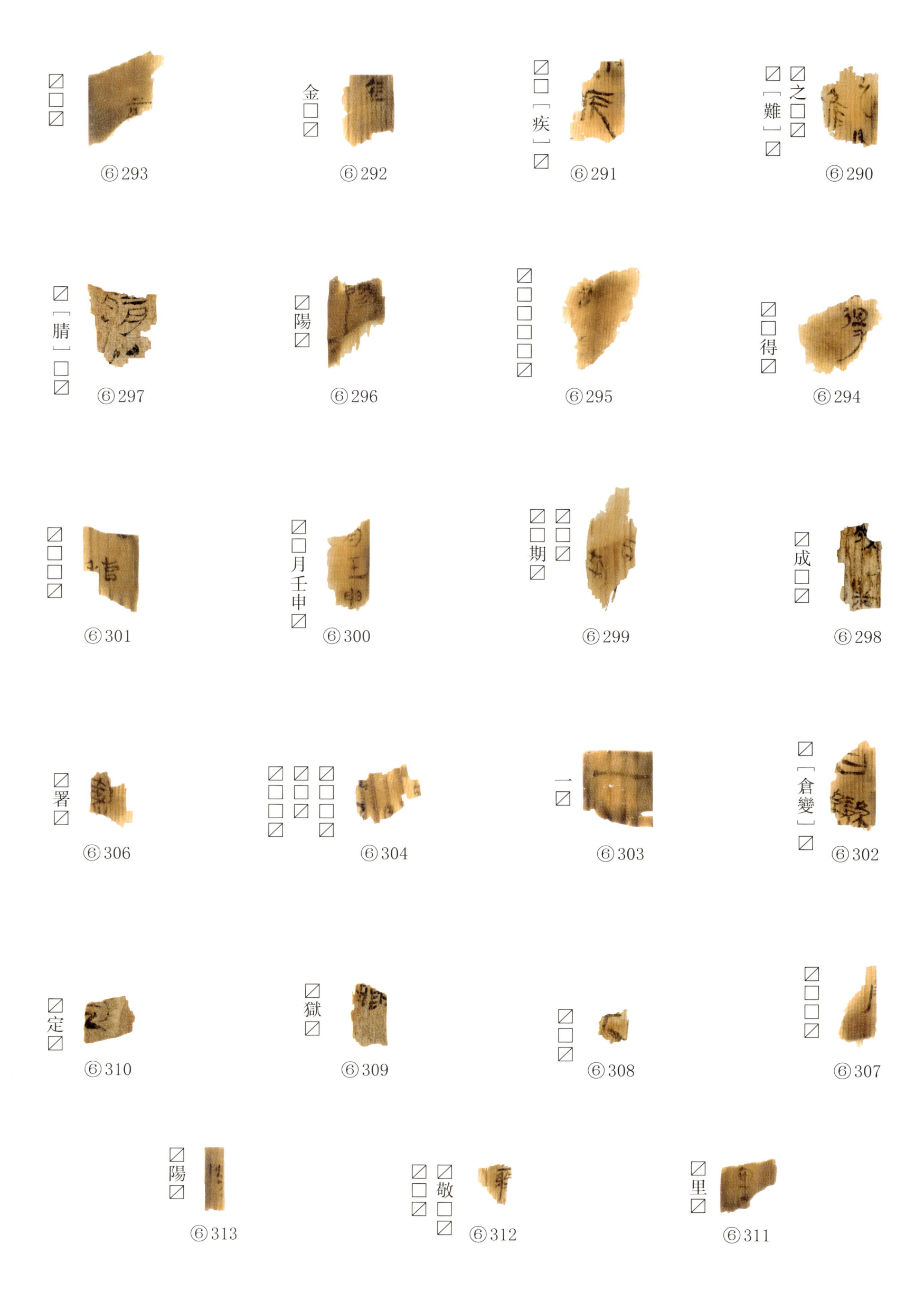

⧄之□⧄
⧄[難]⧄

⑥290

⧄□[疾]⧄

⑥291

金□⧄

⑥292

⧄□⧄

⑥293

⧄□得⧄

⑥294

⧄□□□□⧄

⑥295

⧄陽⧄

⑥296

⧄[腈]□⧄

⑥297

⧄成□⧄

⑥298

⧄□⧄
⧄□期⧄

⑥299

⧄□月壬申⧄

⑥300

⧄□□⧄

⑥301

⧄[倉變]⧄

⑥302

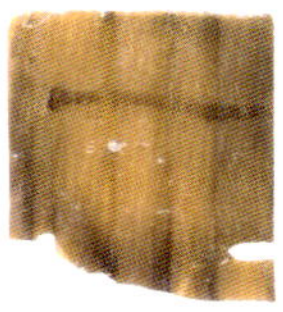

一⧄

⑥303

⧄□□⧄
⧄□⧄
⧄□□⧄

⑥304

⧄署⧄

⑥306

⧄□□⧄

⑥307

⧄□⧄

⑥308

⧄獄⧄

⑥309

⧄定⧄

⑥310

⧄里⧄

⑥311

⧄敬□⧄
⧄□⧄

⑥312

⧄陽⧄

⑥313

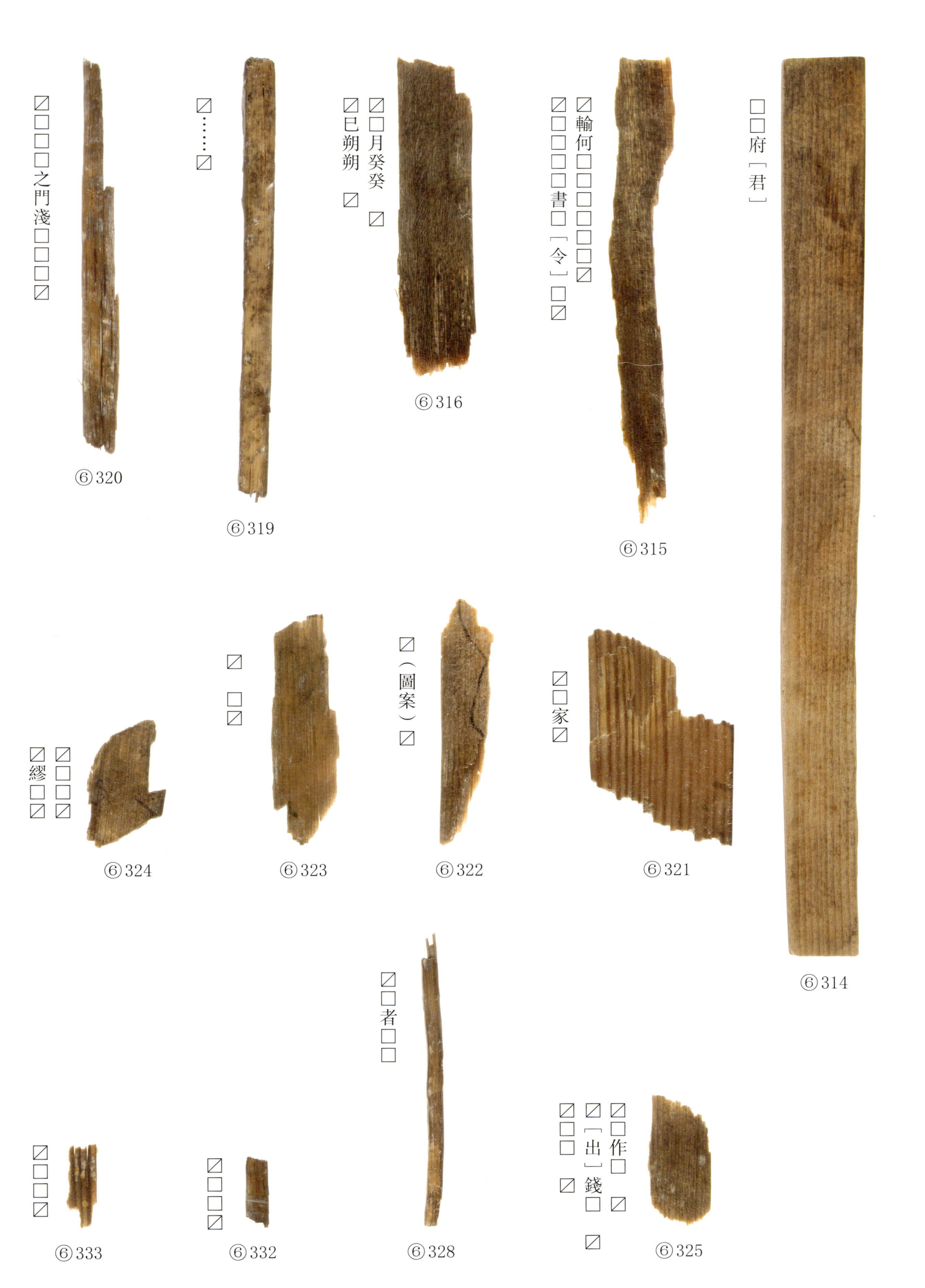

□□府［君］

⑥314

⧄輸何□□□□□□⧄

⧄□□□□書□［令］□⧄

⑥315

⧄□月癸癸　⧄

⧄巳朔朔　⧄

⑥316

⧄……⧄

⑥319

⧄□□□之門淺□□□⧄

⑥320

⧄□家⧄

⑥321

⧄（圖案）⧄

⑥322

⧄　□⧄

⑥323

⧄□□⧄

⧄繆□⧄

⑥324

⧄□作□　⧄

⧄［出］錢□　⧄

⧄□□　⧄

⑥325

⧄□者□□

⑥328

⧄□□⧄

⑥332

⧄□□⧄

⑥333

告律
盜律已
賊律
囚律
亡律已
捕律已

雜律已
具律
收律已
興律已
效律已
關市

廄律
復律
錢律
䍐律
朝律
獄律十七章

田律
户律
倉律
金布
市販
司空
䌛律

史律
臘律
祠律
治水
均輸
傳食
工作課

賨律
外□
秩律
置吏
置後
爵律已
諸侯秩律

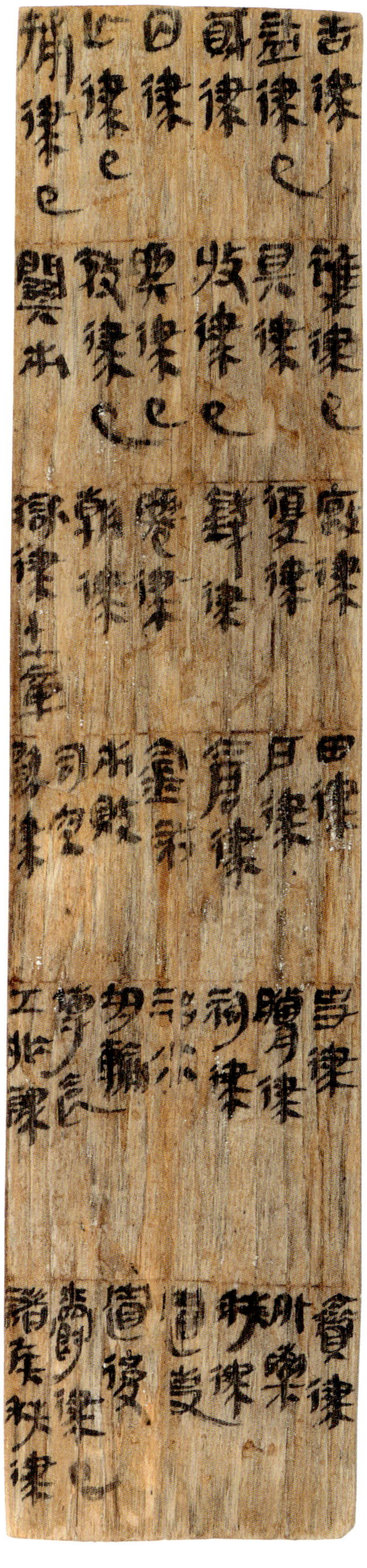

⑦1+⑦2正

傳律已
尉卒律
奔命律
行書律
蔡律
賜律

旁律廿七章
•凡卌四章

⑦1+⑦2背

⑦3正

四年四月丁亥朔丙申都鄉守蠸敢言之倉變髳長區爲
縣使漢長安長沙邸自言與私奴婢偕牒書所與
偕者三人〓一牒署奴婢主•者名于牒上謁告過所縣即

⑦3背

乏用欲賣聽爲質敢言之／四月丁酉益陽夫移過所
縣長安市令史可聽爲質它如律令／處手
辰手

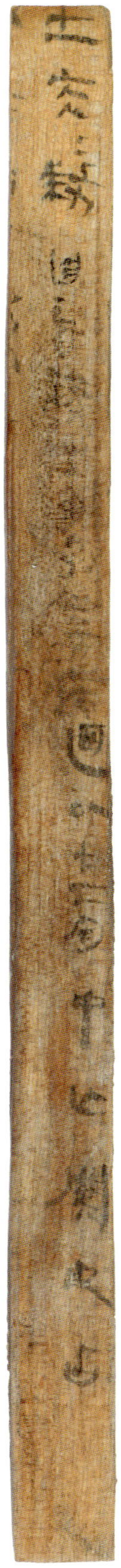

⑦4正

士夫〓勢自言奴□□主舍疾廼以十二月中亡典丑占
……

⑦4背

□

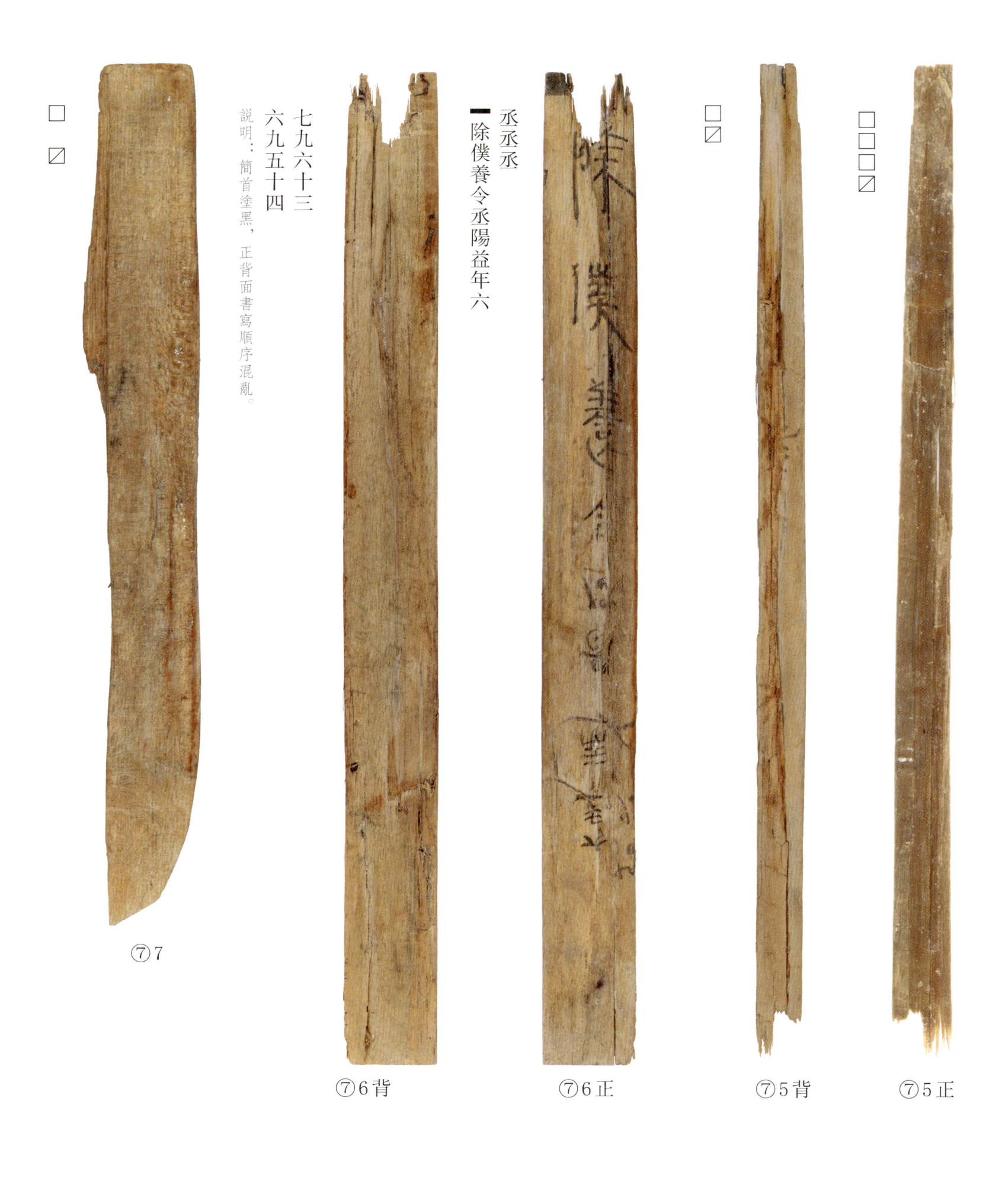

□□□⧄

⑦5正

□⧄

⑦5背

■除僕養令丞陽益年六

丞丞丞

⑦6正

七九六十三

六九五十四

說明：簡首塗黑，正背面書寫順序混亂。

⑦6背

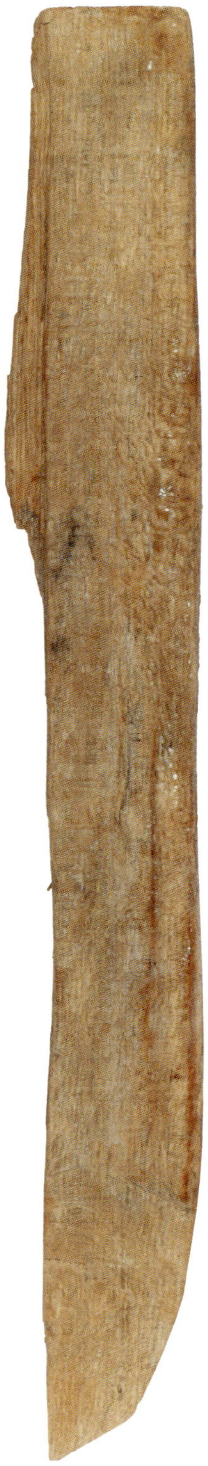

□ ⧄

⑦7

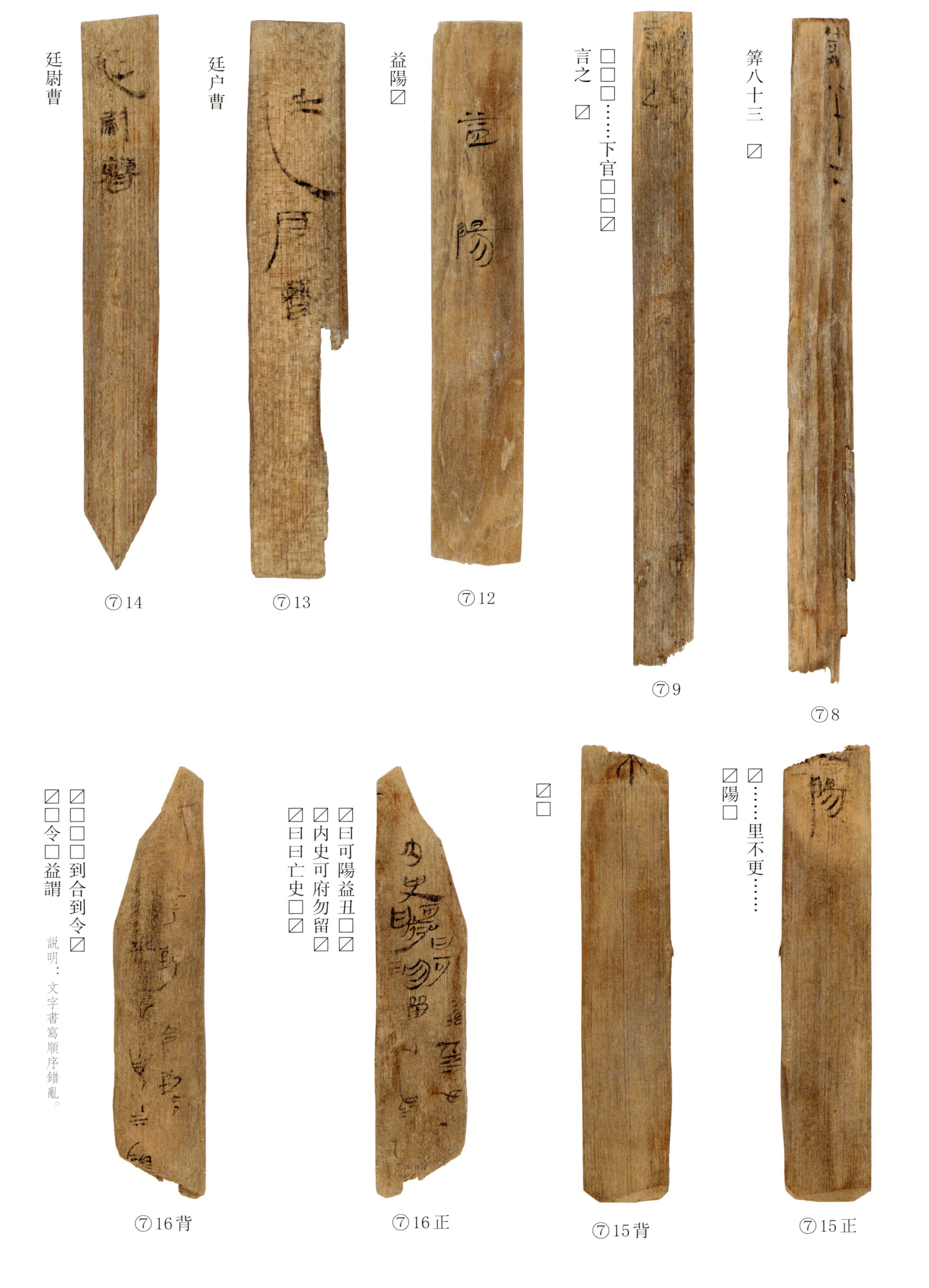

箅八十三 ☒

⑦8

□□□……下官□□☒
言之 ☒

⑦9

益陽☒

⑦12

廷户曹

⑦13

廷尉曹

⑦14

☒……里不更……
☒陽□

⑦15正

☒□

⑦15背

☒曰可陽益丑□☒
☒内史可府勿留☒
☒曰曰亡史□☒

⑦16正

☒□□□到合到令☒
☒□令□益謂

説明：文字書寫順序錯亂。

⑦16背

☑[界][主]☑

⑦17正

☑
☐
☐
☐

⑦17背

數以爲人靡☑
都鄉夫☑

⑦18正

（圖案）☑

說明：頂端有一楔口。

⑦18背

六年恒署笥☑

⑦19+⑦37正

☑爲庸臨湘不在

說明：正背面文字書寫順序顛倒。

⑦19+⑦37背

廷倉曹☑

⑦20

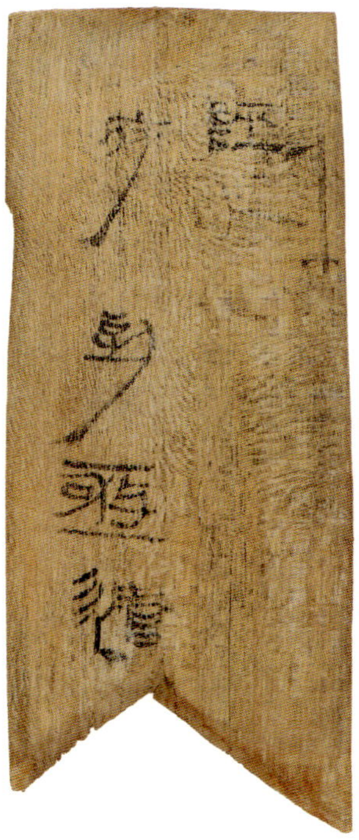

□　☐
誣人　☐
府到亟遣☐

⑦21正

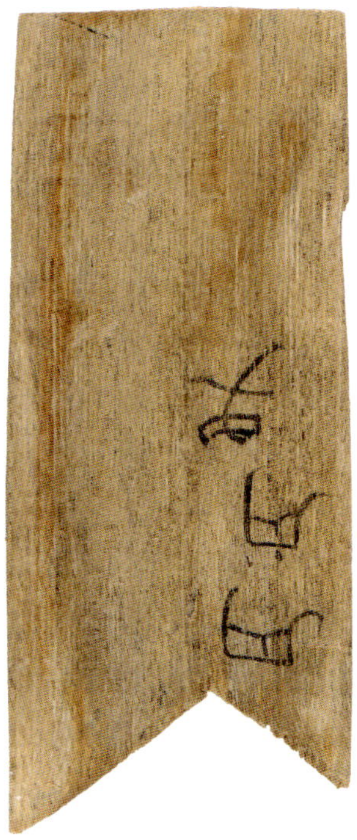

内内史

説明：正背面書寫順序相反。

⑦21背

• 倉曹□☐

⑦22

書到言之府曰府
視書
書曰

⑦23

☐□佐□倉［佐］□☐
☐强　☐

⑦24正

☐之□　☐

⑦24背

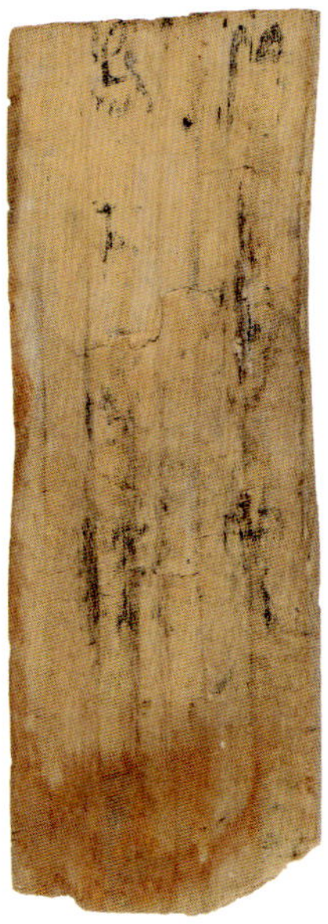

陽丞□□☐
□□□□書☐

⑦25正

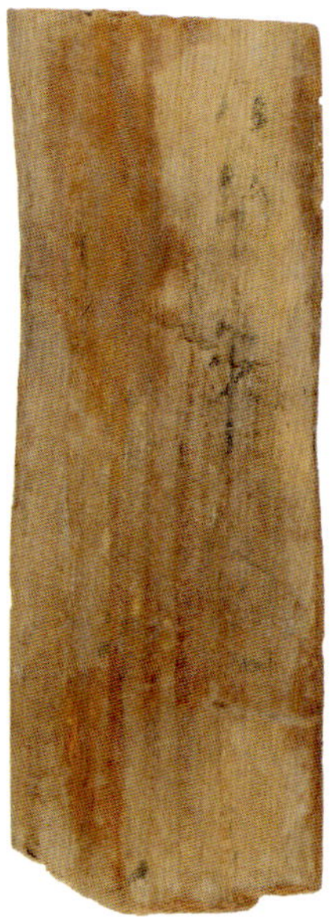

□□□□☐
□□□□／☐

⑦25背

☐□曹已

⑦27

☒□□毋養也
☒□□［毋］物所
☒時［大］病甚
☒輓□力毋
☒□肩傷於

⑦28正

☒秋

⑦28背

☒□以郵行

⑦29

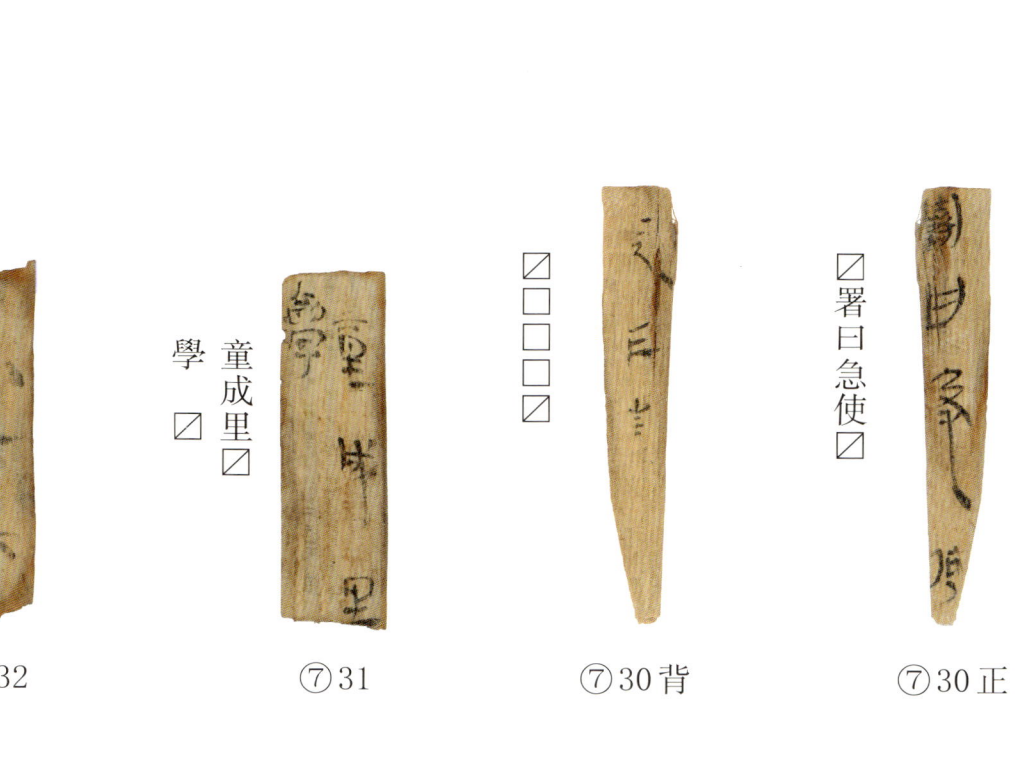

☒署曰急使☒

⑦30正

☒□□□☒

⑦30背

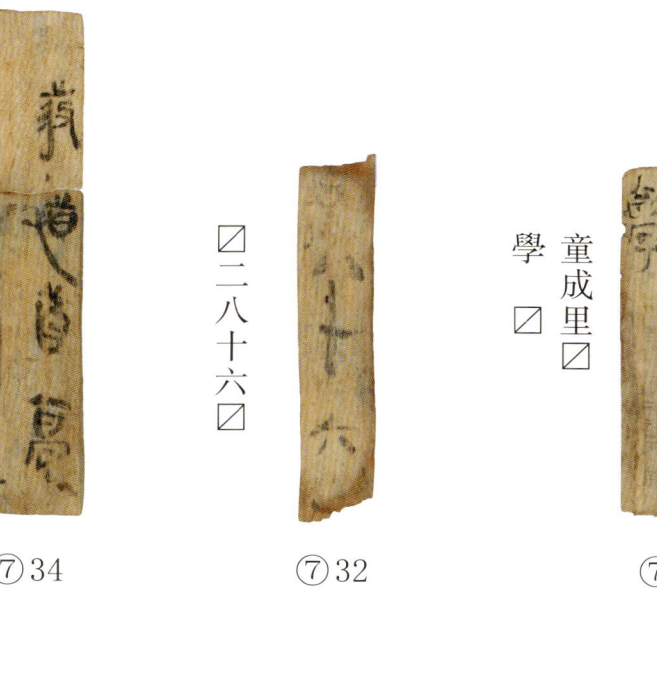

童成里☒
學　☒

⑦31

☒二八十六☒

⑦32

敬頓首高∠☒
君馬足下☒

⑦42+⑦34

☒□郵
☒□此

⑦35

☒鄉　☒

⑦36

元年七月己☒
☒□□□

⑦39正

關内［矦］☒

⑦39背

☒不智何

⑦40

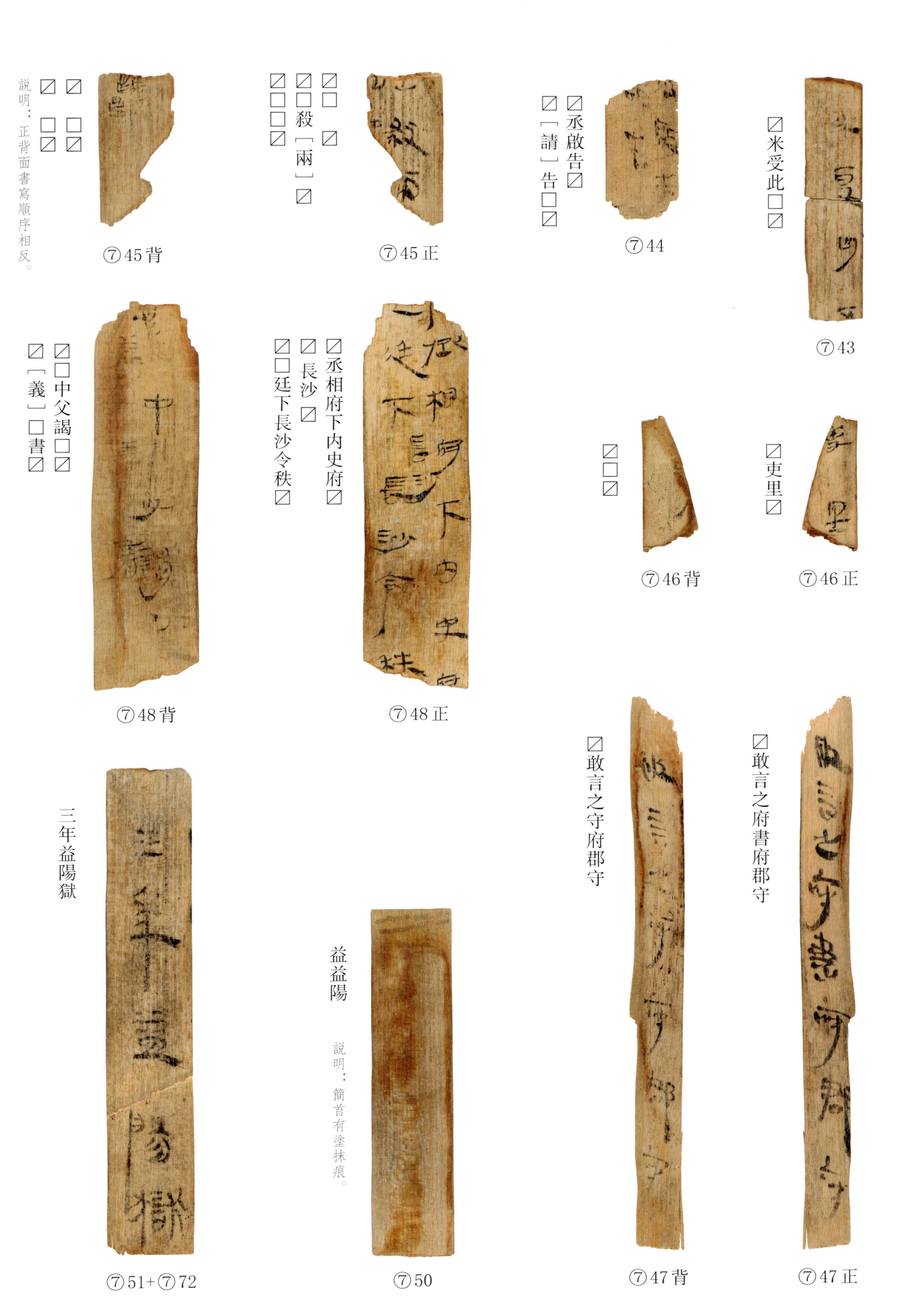

☒米受此□☒

⑦43

☒丞啟告☒
☒［請］告□☒

⑦44

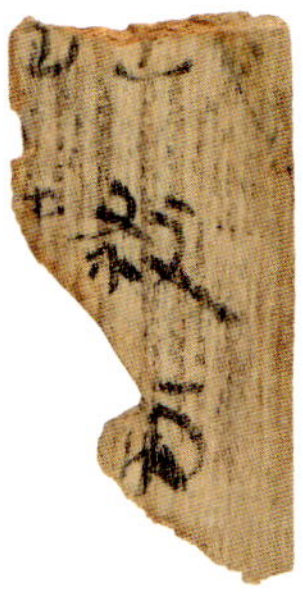

☒□　☒
☒□殺［兩］☒
☒□□☒

⑦45正

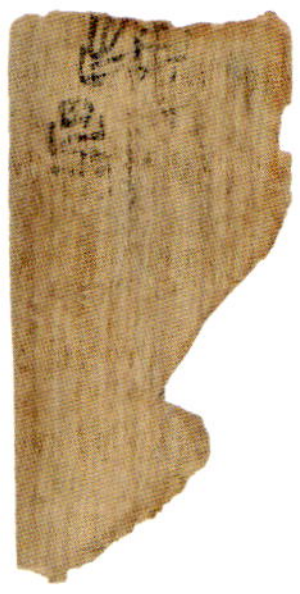

☒　□☒
☒　□☒

⑦45背

說明：正背面書寫順序相反。

☒吏里☒

⑦46正

☒□☒

⑦46背

☒丞相府下内史府☒
☒長沙 ☒
☒廷下長沙令秩☒

⑦48正

☒□中父謁□☒
☒［義］□書☒

⑦48背

☒敢言之府書府郡守

⑦47正

☒敢言之守府郡守

⑦47背

益益陽

說明：簡首有塗抹痕。

⑦50

三年益陽獄

⑦51+⑦72

⧄□□⧄

⑦52

少内⧄

⑦53

⧄新入□⧄

⑦54

⧄尉等……⧄

⑦55正

⧄□益陽□□⧄

⑦55背

⧄弟弟

⑦57正

⧄弟弟
⧄弟弟
⧄弟弟

⑦57背

□□□縣⧄

⑦58正

□［少内］⧄

⑦58背

⧄□三月辛⧄
⧄充丑益陽⧄

⑦59

⧄訊□辤曰誠⧄
⧄舉召死死⧄

⑦60正

⧄陽陽益□⧄

說明：正背面書寫順序顛倒。

⑦60背

⧄益陽丞啟告⧄
⧄□置□可以＝□⧄

⑦61

未⊠⧄
⊠⧄

⑦62正

三年七月己未⧄

⑦62側

⑦63

說明：無字異形簡。

⑦64

二年益陽☑
獄計笥☑

⑦65正

☑夫都鄉
☑期事
☑上校七

⑦65背

☑　䓖手

⑦66正

小男

⑦66背

士五庶人户

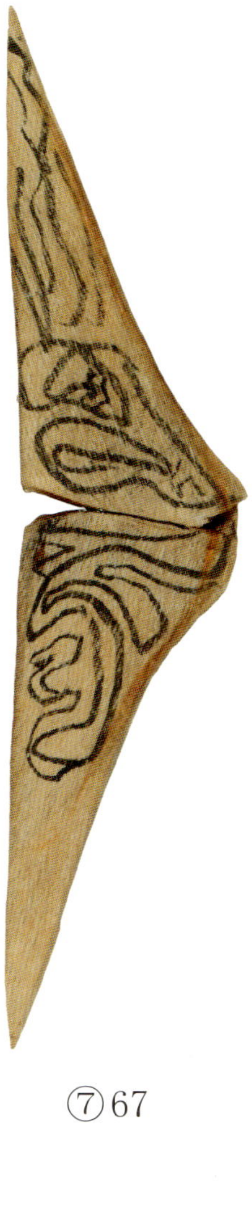

⑦67

（圖案）

⑦68

□□□☑
安𠃋秋時☑
之竊［聞］☑

☑□里□☑

☑□里月□□□☑

說明：左下三字顛倒。

⑦71正

☑□/□□☑

⑦71背

☑□内□☑

☑［自］☑

⑦73正

☑□☑

⑦73背

□□☑

⑦74

□☑

⑦75

七年五☑

□□□☑

⑦76

元年☑

⑦77

☑足［書］☑

☑□☑

⑦78正

☑亟☑

說明：簡正背面書寫順序顛倒。

⑦78背

☑陽二斗☑

⑦79

☑□□☑

⑦80

☑傳☑

⑦81

□☑

□☑

⑦82正

說明：封檢。

⑦82背

☑□　☑

⑦83

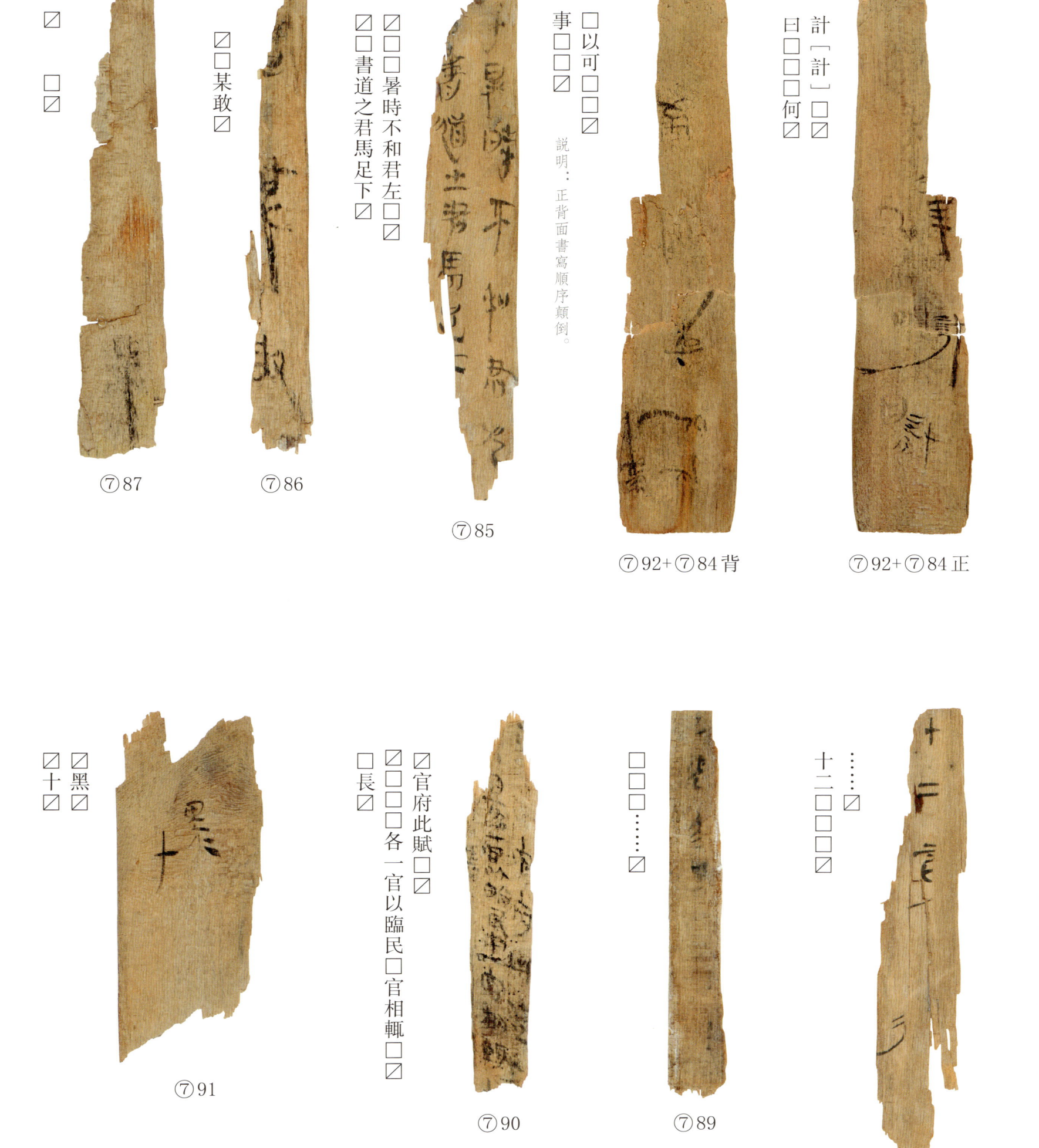

計［計］□☑
曰□□□何☑

⑦92+⑦84正

□以可□□☑
事□□☑

說明：正背面書寫順序顛倒。

⑦92+⑦84背

☑□□暑時不和君左□☑
☑□書道之君馬足下☑

⑦85

☑□某敢☑

⑦86

☑　□☑

⑦87

……☑
十二□□□☑

⑦88

□□□……☑

⑦89

☑官府此賦□☑
☑□□□各一官以臨民□官相輒□☑
□長☑

⑦90

☑黑☑
☑十☑

⑦91

☒獻＝書爲敬☒

⑦93

☒□□□☒

⑦94

☒癸丑皁☒

⑦95

☒□☒

⑦96

吏令史上☒

⑦97

☒ □☒

⑦98

☒［具］不［署］亦疑君☒
☒□☒

⑦99

☒强

⑦100

☒令曰☒
☒卩宮皆給☒

⑦101

☒□［戍］☒

⑦102

☒□□□守丞☒

⑦103

☒□□☒

⑦104

☒御史諸□☒

⑦105

☒□陽□☒

⑦106

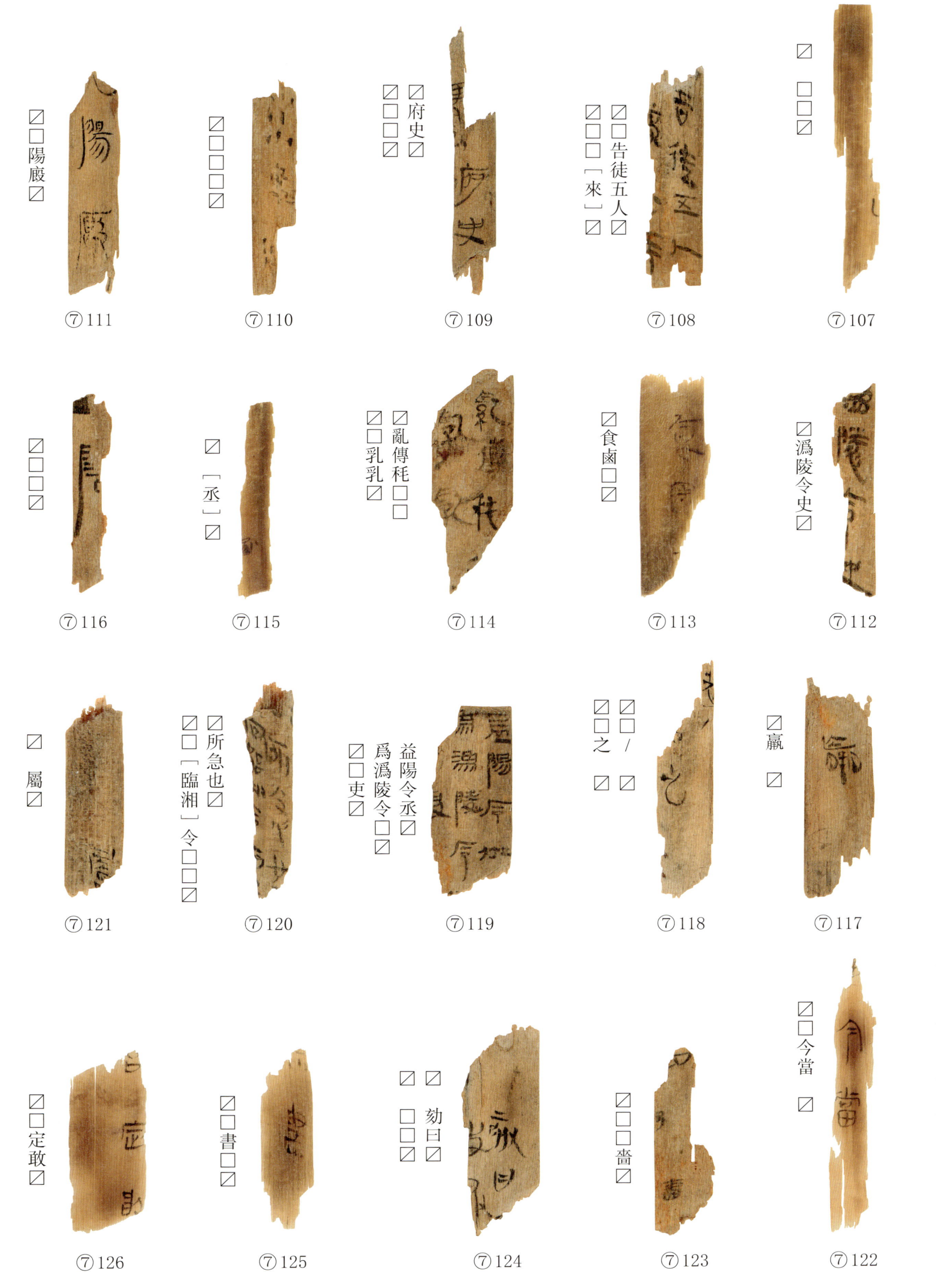

☒　□□☒

⑦107

☒□告徒五人☒
☒□□［來］☒

⑦108

☒府史☒
☒□□☒

⑦109

☒□□□☒

⑦110

☒□陽廄☒

⑦111

☒瀉陵令史☒

⑦112

☒食鹵□☒

⑦113

☒亂傳秏□□
☒□乳乳☒

⑦114

☒［丞］☒

⑦115

☒□□☒

⑦116

☒嬴　☒

⑦117

☒□／☒
☒□之　☒

⑦118

益陽令丞☒
爲瀉陵令□☒
☒□吏☒

⑦119

☒所急也☒
☒□［臨湘］令□□☒

⑦120

☒　屬☒

⑦121

☒□令當　☒

⑦122

☒□□嗇☒

⑦123

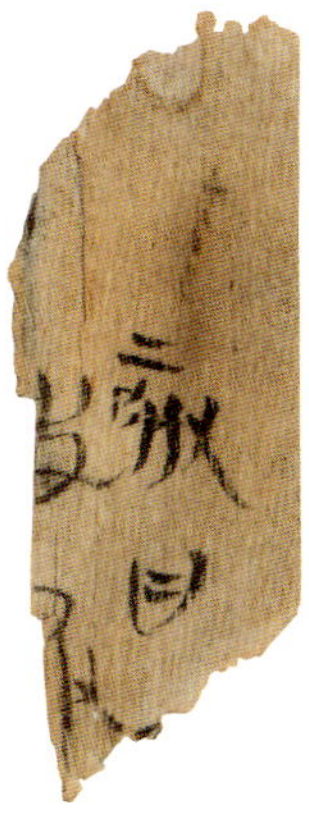
☒　効曰☒
☒　□□☒

⑦124

☒□書□☒

⑦125

☒□定敢☒

⑦126

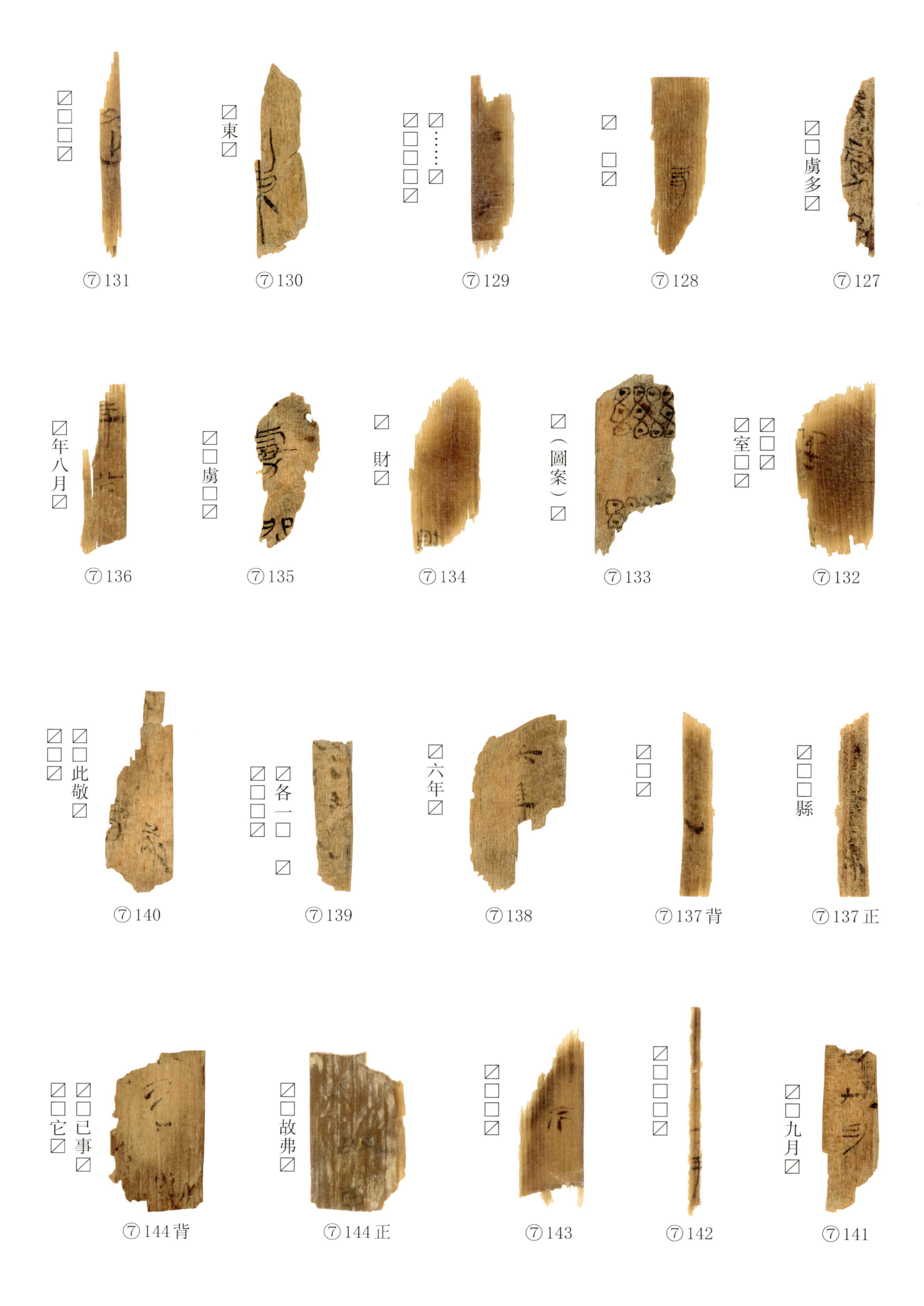

☒□虜多☒
⑦127

☒　□☒
⑦128

☒……☒
☒□□□☒
⑦129

☒東☒
⑦130

☒□□☒
⑦131

☒□☒
☒室□☒
⑦132

☒（圖案）☒
⑦133

☒財☒
⑦134

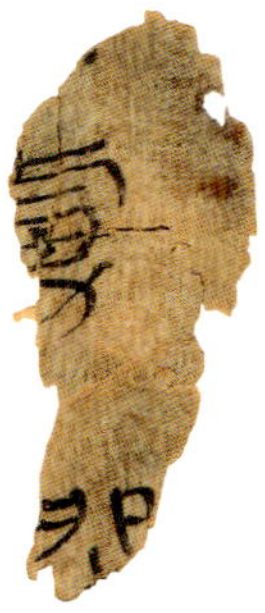
☒□虜□☒
⑦135

☒年八月☒
⑦136

☒□□縣
⑦137正

☒□☒
⑦137背

☒六年☒
⑦138

☒各一□　☒
☒□□☒
⑦139

☒□此敬☒
☒□☒
⑦140

☒□九月☒
⑦141

☒□□□☒
⑦142

☒□□☒
⑦143

☒□故弗☒
⑦144正

☒□已事☒
☒□它☒
⑦144背

☒敢告☒

⑦145正

☒□□☒

⑦145背

☒有罰☒

⑦146

内☒

⑦147

☒□行☒

⑦148

☒舍☒

⑦149

☒□☒

⑦150

☒下祠［祀］☒

⑦151

☒所［縣］□☒
☒丞勝移□☒

⑦152

☒□益☒

⑦153

☒□□□☒

⑦154

☒□☒

⑦155

☒六斗□☒
☒□☒

⑦156

□□☒
陽矣☒

⑦157

☒請□☒

⑦158

☒•以具

⑦159

☒□ ☒
☒□□☒

⑦160

☒□戊朔丁卯益陽□☒
☒□如丞府□人之☒
☒□□□□□再［拜］☒

⑦717+⑦161

☒□□☒

⑦162

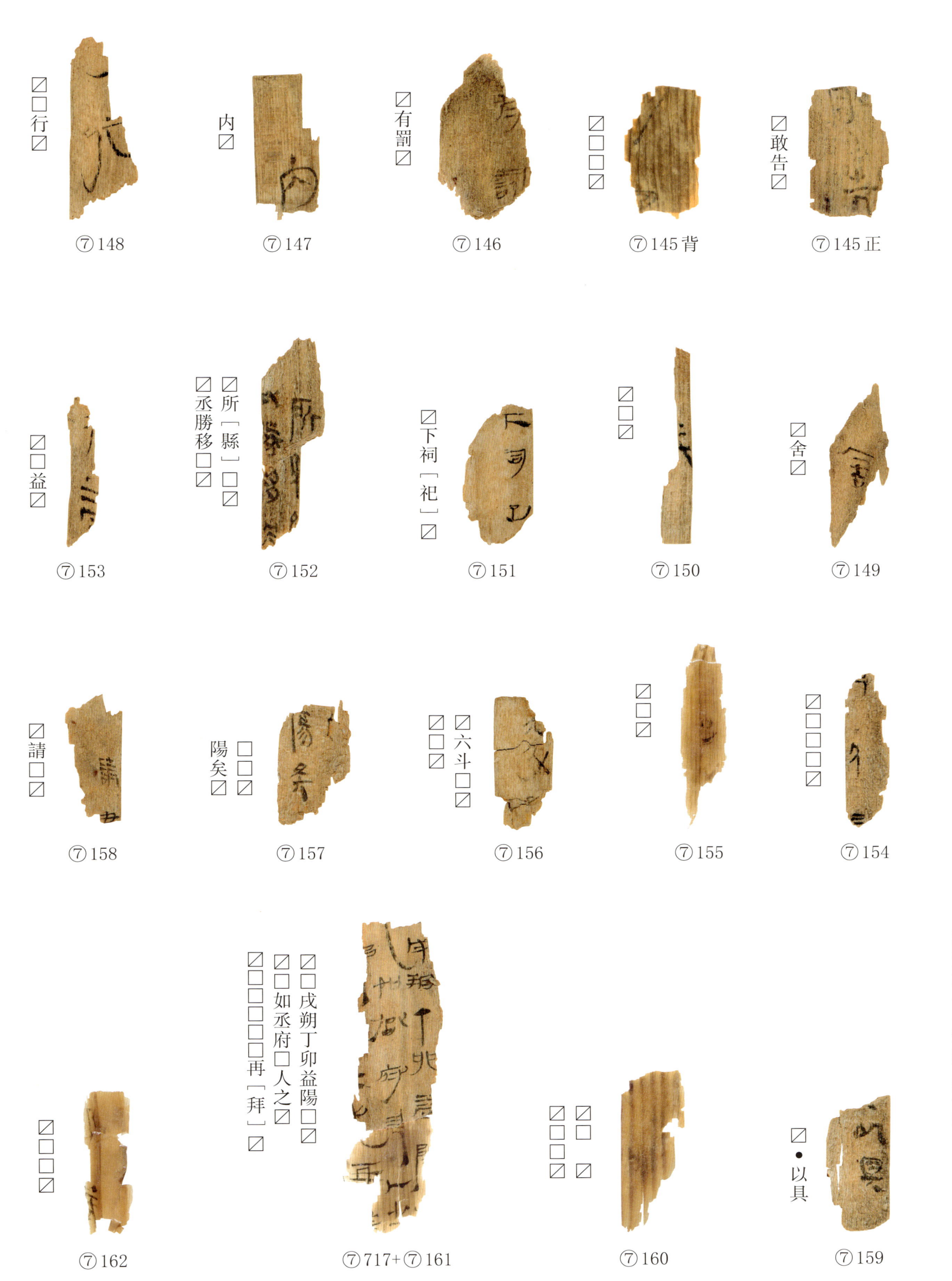

☒□□□☒
☒□七月戊戌［朔］☒
☒［從］事傳［書］☒
⑦725+⑦163

☒言之☒
☒□□□☒
⑦164

☒縣□☒
☒□☒
⑦165

（圖案）
⑦166

☒令君□☒
☒□□□☒
⑦167

☒少内嗇☒
⑦168

☒［乳］□☒
⑦169正

☒□
⑦169背

☒謁□☒
⑦170

☒□□☒
⑦171

☒陽　☒
⑦172

☒史勾
⑦173

☒成主在☒
⑦174

☒□□☒
⑦175

☒□☒
☒□□☒
⑦176

☒出□□☒
⑦177

☒矦［馬］☒
☒□☒
⑦178

☒□☒
⑦179

☒□席☒
⑦180

☐□陽丞☐
⑦181

☐□七月☐ ☐戊［朔］☐
⑦182

☐陽行☐
⑦183

☐里☐
⑦184

☐令獄☐
⑦185

☐事□☐ ☐□陽□☐
⑦186

☐□□☐ ☐□□☐
⑦187

☐□言令☐
⑦188

▨三☐
⑦189

☐丞☐ ☐到☐ ☐□□☐
⑦190

☐□☐ ☐朔☐
⑦191

☐解□
⑦192正

☐□□☐
⑦192背

☐•何☐
⑦193

☐相□☐
⑦194

☐潙陵☐
⑦195

☐□□☐ ☐□☐
⑦196

☐出［乳］□☐ ☐□□□☐
⑦197

☐書☐ ☐□□☐
說明：第二行與第一行書寫順序相反。
⑦198

☐□□［數］☐
⑦199正

☐□☐
⑦199背

☐［縣］□☐
⑦200

☐［乳］☐
⑦201

☐［敢言］☐
⑦202

☒［筭］☒

⑦203

☒□☒

⑦204

☒□□□☒

⑦205

☒□敢言［之］☒

☒□☒

⑦206+⑦290

☒□産☒

☒［亟］☒

⑦207

☒與律☒

⑦208

☒使□☒

⑦209

☒書☒

⑦210

☒走=☒

☒□□☒

⑦211

☒□☒

⑦212

☒籍☒

⑦213

☒□☒

⑦214

☒□佐☒

⑦215

☒少内☒

⑦216

☒□☒

⑦217

☒□☒

⑦218

☒□□☒

⑦219

☒□☒

☒□□☒

⑦220

☒□

☒□

☒□

⑦221

☒傳□☒

⑦222

☒問□☒

☒□☒

⑦223

☒□☒

⑦224

☒［史］☒

⑦225

☒□□☒

⑦226

☒□☒

⑦227

☐府☐
☐☐書☐
☐☐☐
⑦228

☐夫=☐
⑦229

☐☐☐
⑦230正

☐☐☐☐
⑦230背

☐[留]☐☐
☐☐☐☐
⑦231正

☐☐☐
⑦231背

☐☐☐☐
⑦232

☐☐☐☐
⑦233

☐錢☐☐
⑦234

☐（圖案）☐
⑦235

☐☐☐
⑦236

☐☐☐☐
☐☐☐☐
⑦237

☐[望]☐
☐☐
⑦238

☐☐☐☐
⑦239+⑦271

☐[佐]☐
⑦240

☐☐☐☐
⑦241

☐☐☐
☐☐☐
⑦242

☐曰☐
⑦243

☐食者☐
⑦244

☐☐☐
⑦245

☐斤六兩
⑦246

☐☐人☐☐
⑦247

☐欲☐
⑦249

☐起☐
⑦250

☐☐☐☐
⑦251

☐上☐
⑦252

☐☐☐☐
⑦253

☐侍☐
⑦254

☐☐☐☐
⑦255

⑦256 ☒□☒

⑦257 ☒□夫☒ / ☒□□☒

⑦258 ☒廷☒ / ☒□☒

⑦259 ☒□☒

⑦260 ☒□☒ / ☒□☒

⑦261 ☒□☒

⑦262 ☒［今］□☒

⑦263 ☒□☒

⑦264 ☒傳☒

⑦265 ☒□□☒ / ☒□☒

⑦266 ［美］☒

⑦267 ☒□□☒

⑦268 ☒陽 / ☒□

⑦269 ☒□□☒

⑦270 ☒□四☒

⑦272 ☒［私］☒

⑦273 ☒□□☒

⑦274 ☒□☒

⑦275 ☒□☒

⑦276 ☒□☒

⑦277 ［視］☒

⑦278 ☒□☒

⑦279 ☒□☒

⑦280 ☒□［或］☒

⑦281 ☒□☒

☒□☒
⑦282

☒□☒
⑦283

☒月☒
⑦284

☒［走］□☒
⑦285

☒□☒
⑦286

☒□☒
⑦287

☒□□☒
⑦288

☒□☒
⑦289

☒□□☒
⑦291

☒一☒
☒八☒
⑦292

☒□［月］☒
☒□☒
⑦293

☒□☒
☒□☒
⑦294

☒□☒
⑦295

☒［報］☒
⑦296

☒□□☒
⑦297

☒□☒
⑦298

☒□□□☒
⑦299

☒內☒
⑦300

☒□☒
⑦301

☒□☒
⑦302

⧄潙陵安陽各一板西山昭陵蘩陵侈道南陽
二采錫三書到問當論＝言夬九月丁西郎中鹽

⑦303

行内史事重潙陵亟言言勿留敬
手

⑦304

五年七月庚辰朔丙［申］内史陽謂觀川桂⧄
鞫便荼陵郴采錫西山昭陵泠道嗇夫□⧄

⑦305

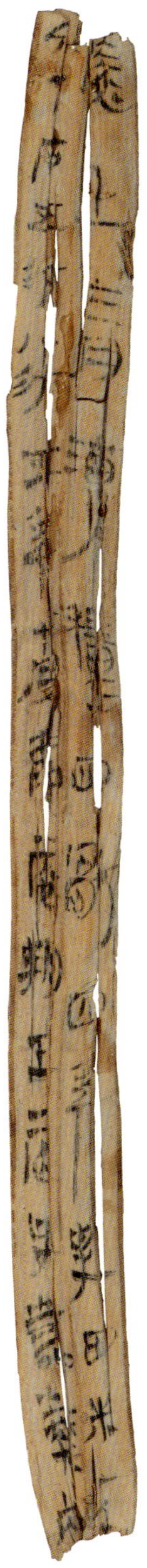

⧄陵上三月溥穜四畝四年□田米一千⧄
⧄六十石五升八升五年七月庚辰朔壬辰史嘉奏内⧄

⑦306

⑦307正

四月乙巳益陽丞梁告濕陵鄉主寫下書到定
當坐者名吏里它坐遣詣獄以書致署西〼

⑦307背

勿留□［它如律令］〼

⑦309+
⑦308

將皆何應書到亟日夜備遣必丁壯及代老弱〼
身將畢遣以書言書到尉起日而具諭□〼
内史勿留它如前書／敬手／五月乙丑内史果謂〼
寫下書到亟論留弗遣及發不當繇行留〼
別言名夬勿留／隋手　〼

小婢妙　臨水夫=歎□　正□□

⑦310

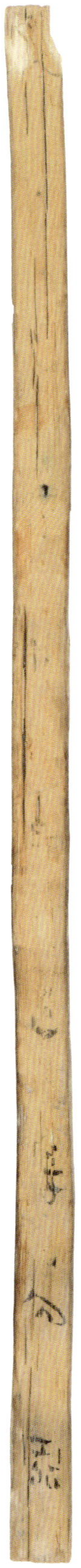

趙□□前□□足幸勿罪

⑦311

小奴畺　□□簪裹［區次］□□　□□☒

⑦312

☒□□□□臨湘∠今□

⑦313

☒具事潙陵鄉［行］時

⑦314

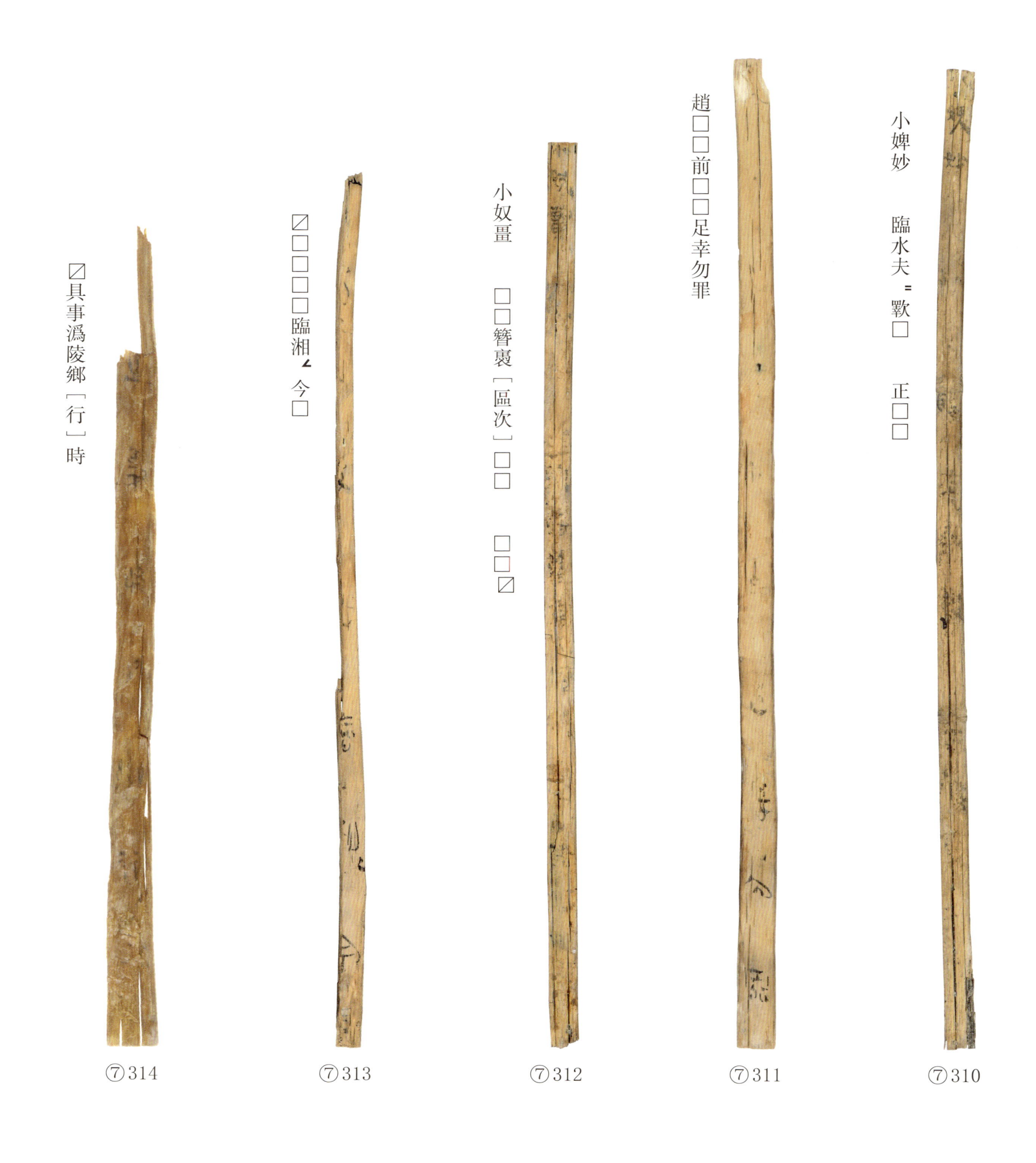

人行書潙陵∠柳手／十二月丙子郎中□行内史事謂□☐
□□府以□者□□潙陵會壬戌走所□□□☐
陵已□潙陵獄□□□書＝後［遣］到……☐
☐□□□□□□□遣＝［有］願老＝弱＝不＝可作＝非☐

⑦315+
⑦322

吏以各［當論］存吏當罪□□分□☐

⑦316

☐□出□還毋☐

⑦317

☐□□□□□□□☐

⑦318

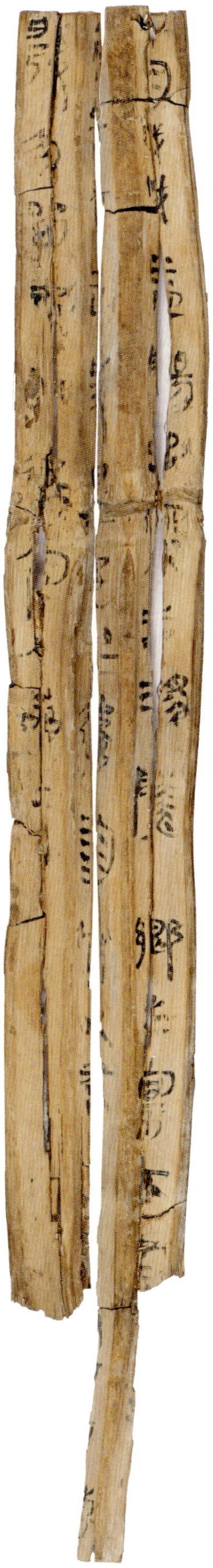

七月戊戌益陽丞黑告潙陵鄉主寫下書［到定］
當坐者名吏里它坐遣詣獄以書［致署西曹］
發勿留它如律令／萺手

⑦319+
⑦321

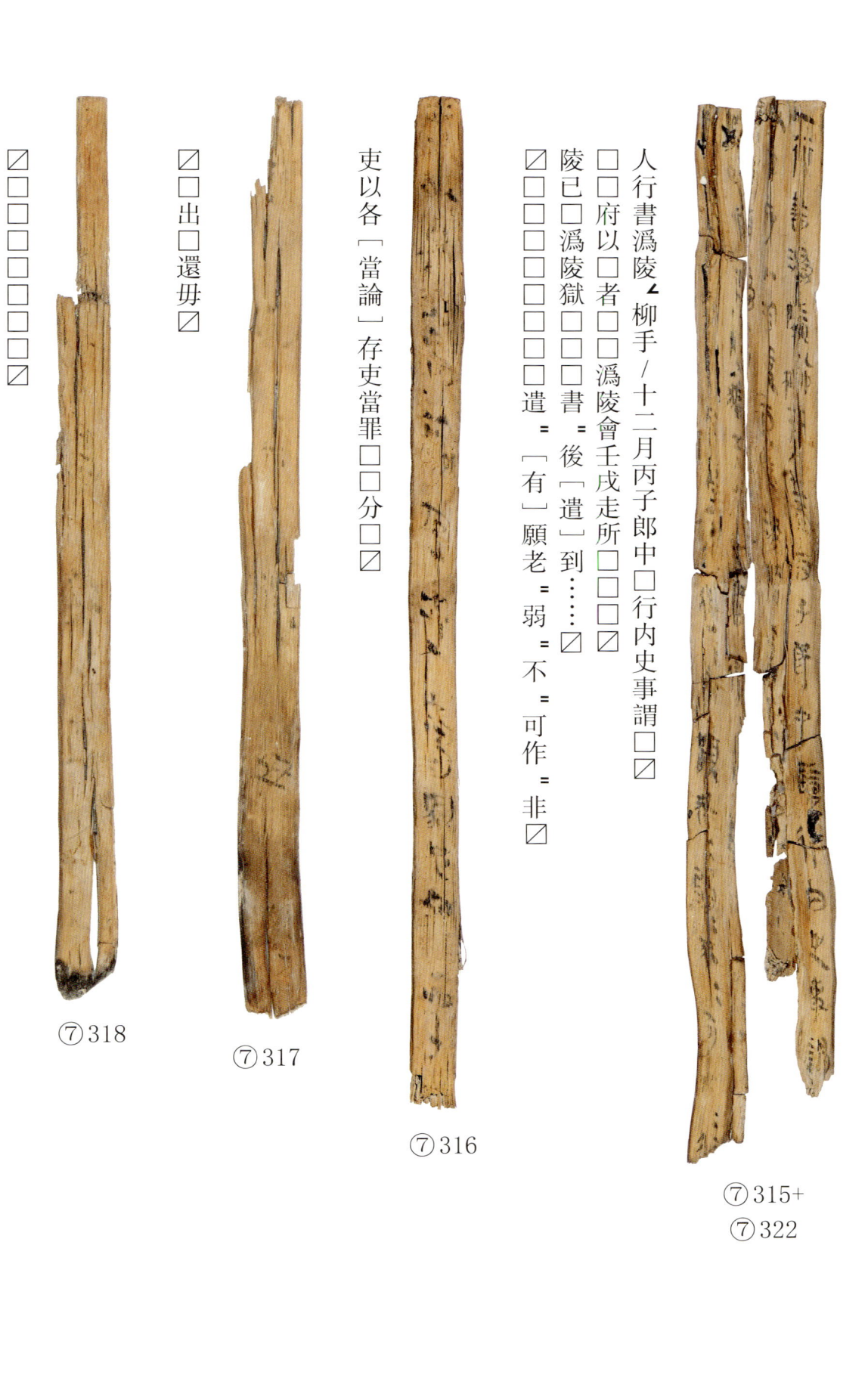

訊謁令備遣［陂］事急故令人行書☒
言之•［到］安陽丞•十二丙子丞相蒼告内☒
□□陸［道去］臨湘不過□［書下］☒
☒……☒

⑦320+⑦391

南陽［侈］道溈陵安陽丞□謂□縣所……☒

⑦323

七年十二月辛未朔壬申佐治便［隄］徹敢言之府書☒

⑦324側

溈陵右出五［十］人□［里］□□□˩今安陽作者百人☒

⑦324正

……☒

⑦324背

不相及毋者劾牒觀川桂陽［長］☐

⑦325正

□□□□□□□□□□□□□□☐

⑦325背

到言弗□□□□☐

⑦326

☐□□□□□令史與□□☐

⑦327

☐六錢尉史信十三錢半

☐•八錢區廿八錢少內入

⑦328

☒☐☐☐☐☐☐☐☐☐☒

⑦329

☒米粟計誤罰金一兩已如告

⑦330

☒☐☐
☒……☐☐☐☐☐

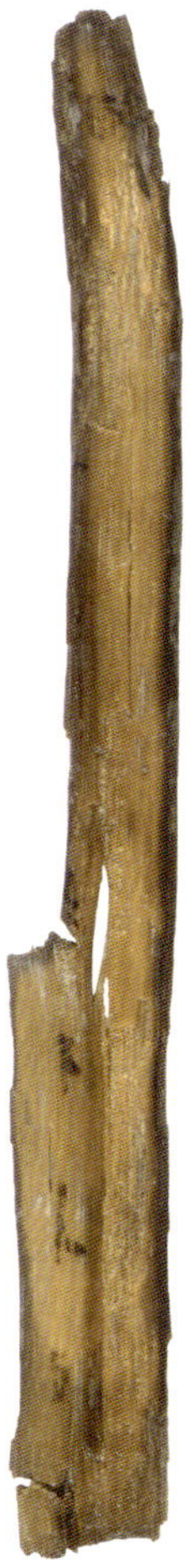

⑦331

☒賈直廿二錢☐☐☒

⑦332

☒十五毋之☐馬一匹☐☐可六☐☒

⑦333

建爲中矦☐☐☒

⑦334

☒☐☐ ☒

⑦335

☒☐☐☐☐☐☐☐☐

⑦336

不輸以故工作乏論言∠今☒

⑦337

☐☐名君☐不☐☒

⑦338

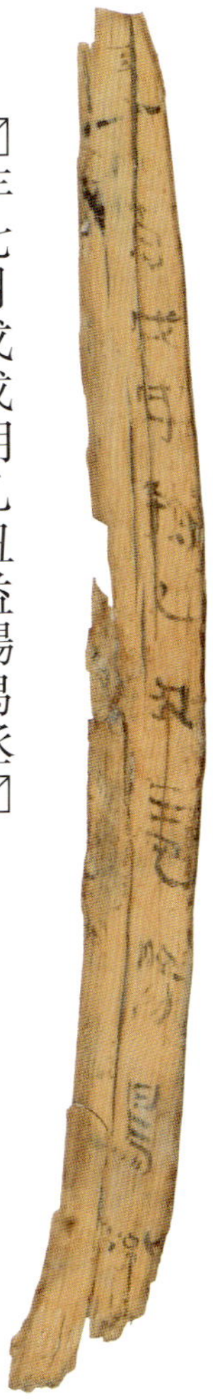
☐年七月戊戌朔乙丑益陽舄丞☐
☐☐［陽］……☐☐　☐

⑦339

☐☐潙陵鄉計☐☐

⑦340

問鄉賜强ㄥ佐☐

⑦341

☐☐潙陵令故少内慶［非］真吏☐☐
☐［六］人以十二月壬申夕到ㄥ上潙陵真書☐

⑦342

大男廿五人小男卅四人凡五十☐

⑦343

☐不［請］歲［遣］老弱吏不當應事［鄉］☐
☐☐☐安陽作者百五十人有治乾池☐☐

⑦344

☐☐☐☐日☐☐☐☐☐
［臨］昌夫＝建隸書到☐

⑦345正

出書［及］日籍☐以書☐☐
☐☐☐令　☐

⑦345背

☐［日］［乾］官器計受☐☐☐

⑦346

☐☐☐☐☐☐

⑦348

⧄□□如辭〔設〕□⧄

⑦349

⧄書

⑦350

⧄年七月戊戌朔丁未益陽□⧄

⧄詣大婢舍辭曰□⧄

⧄……⧄

⑦351

⧄□□□或還

⑦352

⧄□□□□□□□⧄

⑦353

⧄寇隱官坐亡罪隸臣以〔上〕輸作⧄

⑦354

⧄□〔穜〕□四年吏田□⧄

⑦355

⧄□衣服

⑦356

〔昔〕□□□□□⧄

⑦357

⧄□□□□⧄

⧄□觀川桂陽長⧄

⑦358正

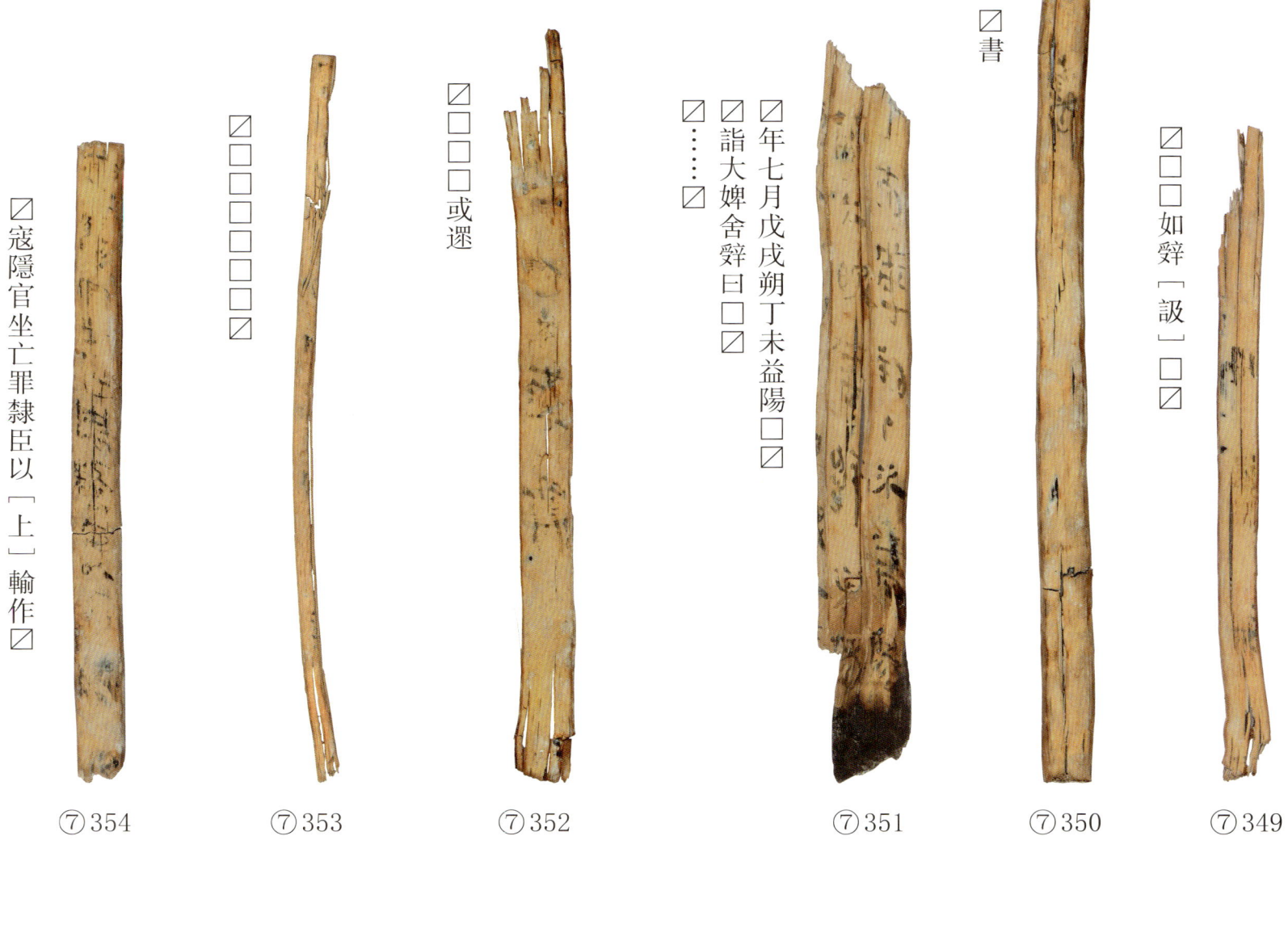

⧄……⧄

⑦358背

☑□□□□不□□☑

⑦359

敢言之府下大□☑

⑦360

□□□□□□□者所☑
……☑

⑦361

☑□□□□［隸］□☑

⑦362

☑□□□□□上七年

說明：右下有一契口。

⑦363

□生子小男五人　☑

⑦364

☑□月丙戌益陽☑

⑦365

三年賦狼☑

⑦366

☑□□□☑

⑦367正

☑……☑

⑦367背

□爲□□□□☑

⑦368

☑□治□□□□□□☑

⑦369

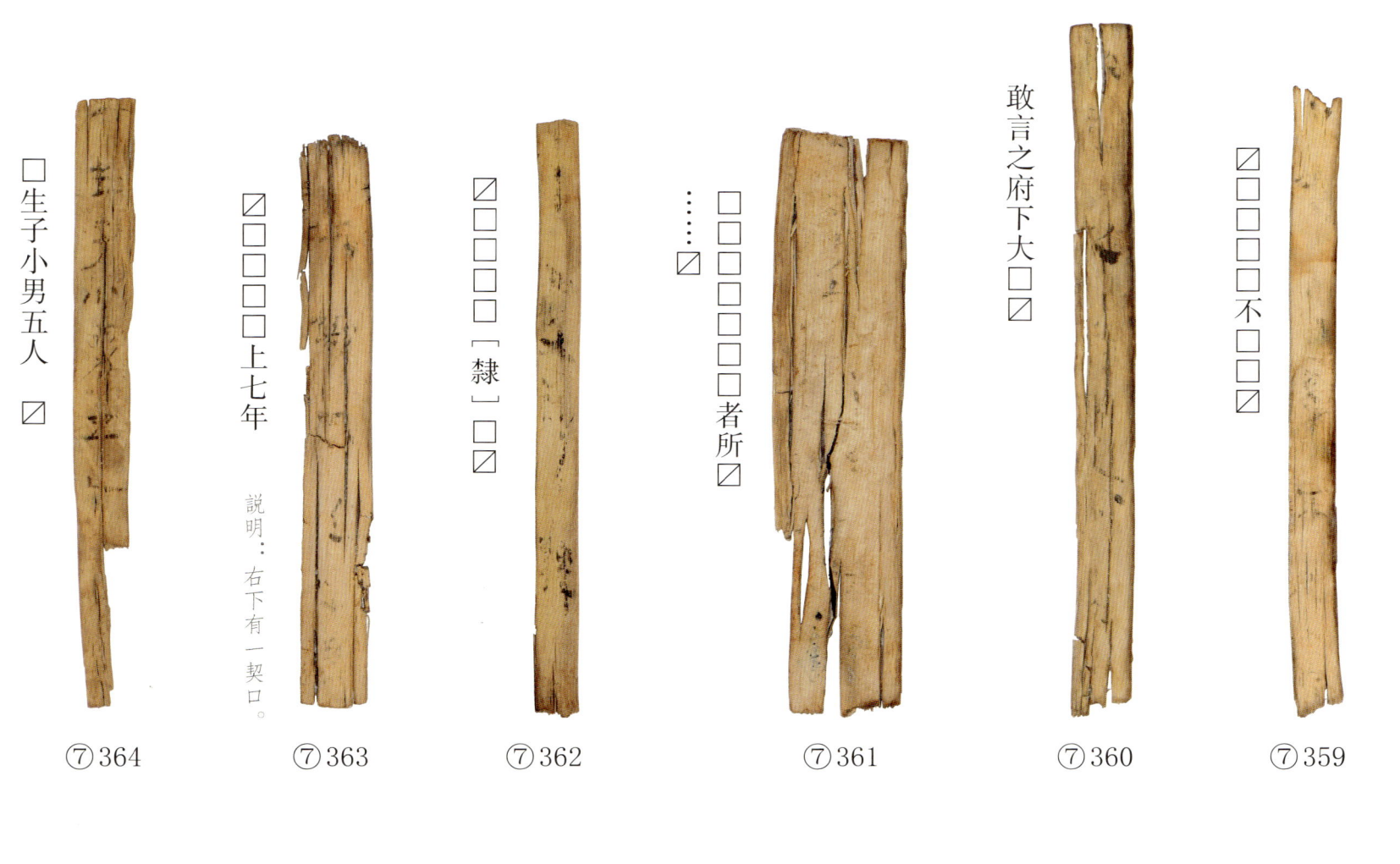

□□□▨
⑦370

▨□□□▨
⑦371

▨……▨
⑦372正

□□□　▨
⑦372背

▨□人　都鄉▨
⑦373

▨□□□□▨
⑦374

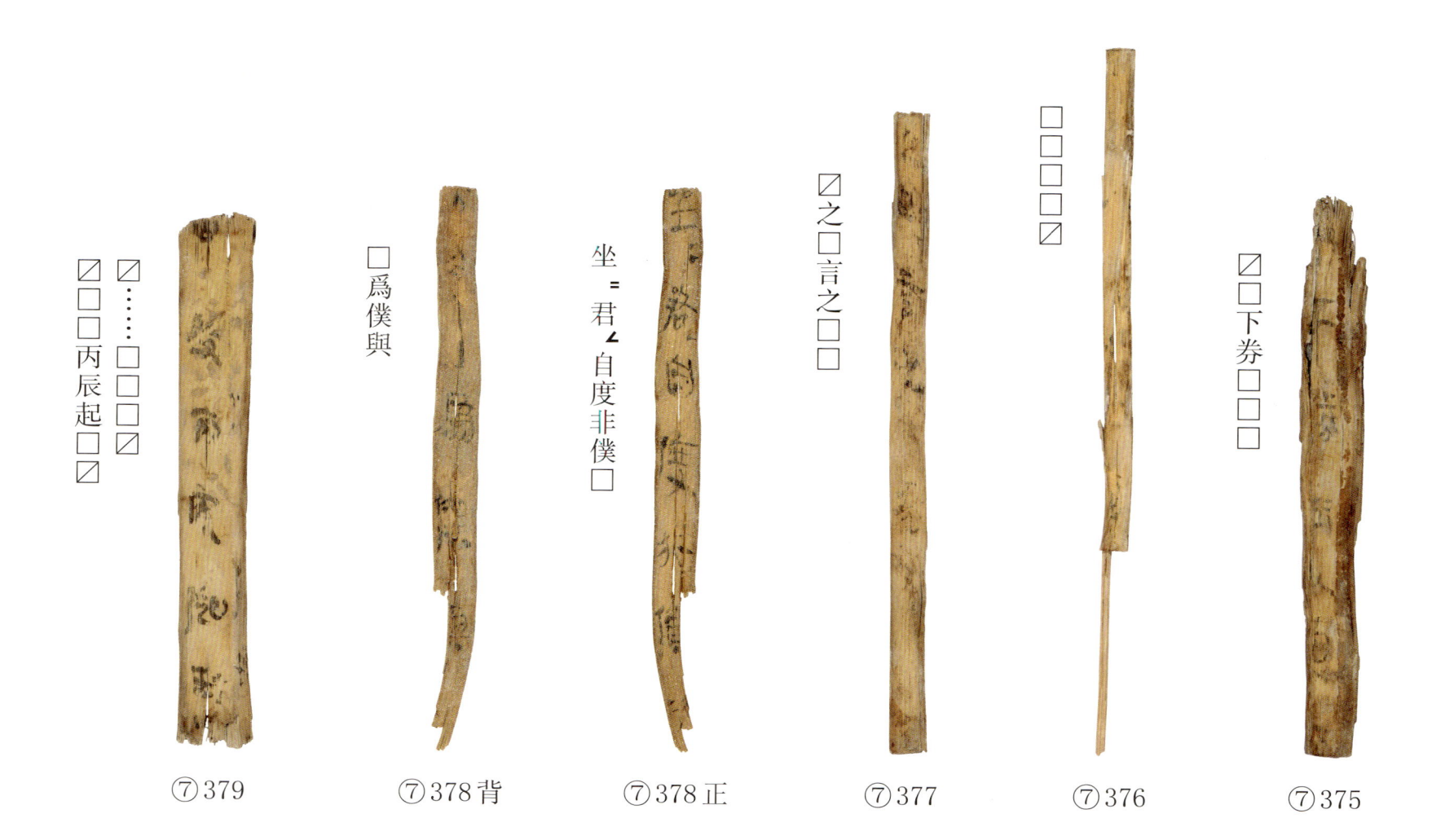

▨□下券□□□
⑦375

□□□□▨
⑦376

▨之□言之□□
⑦377

坐=君∠自度非僕□
⑦378正

□爲僕與
⑦378背

▨……□□□▨
▨□□丙辰起□▨
⑦379

☒它如書☒

⑦380

☒益陽☒

⑦381

☒□訊臂□☒

⑦382

☒□□□□□☒

⑦383

☒□［遺］言•問鄉圂乚陽乚曰與佐

⑦384+⑦388

☒……

⑦385

☒益陽少内器計出錫一☒

⑦386

☒……□□☒

⑦387

□□□□□［勿］□☒

⑦389

☒□□□□□□☒
☒□　☒

⑦390

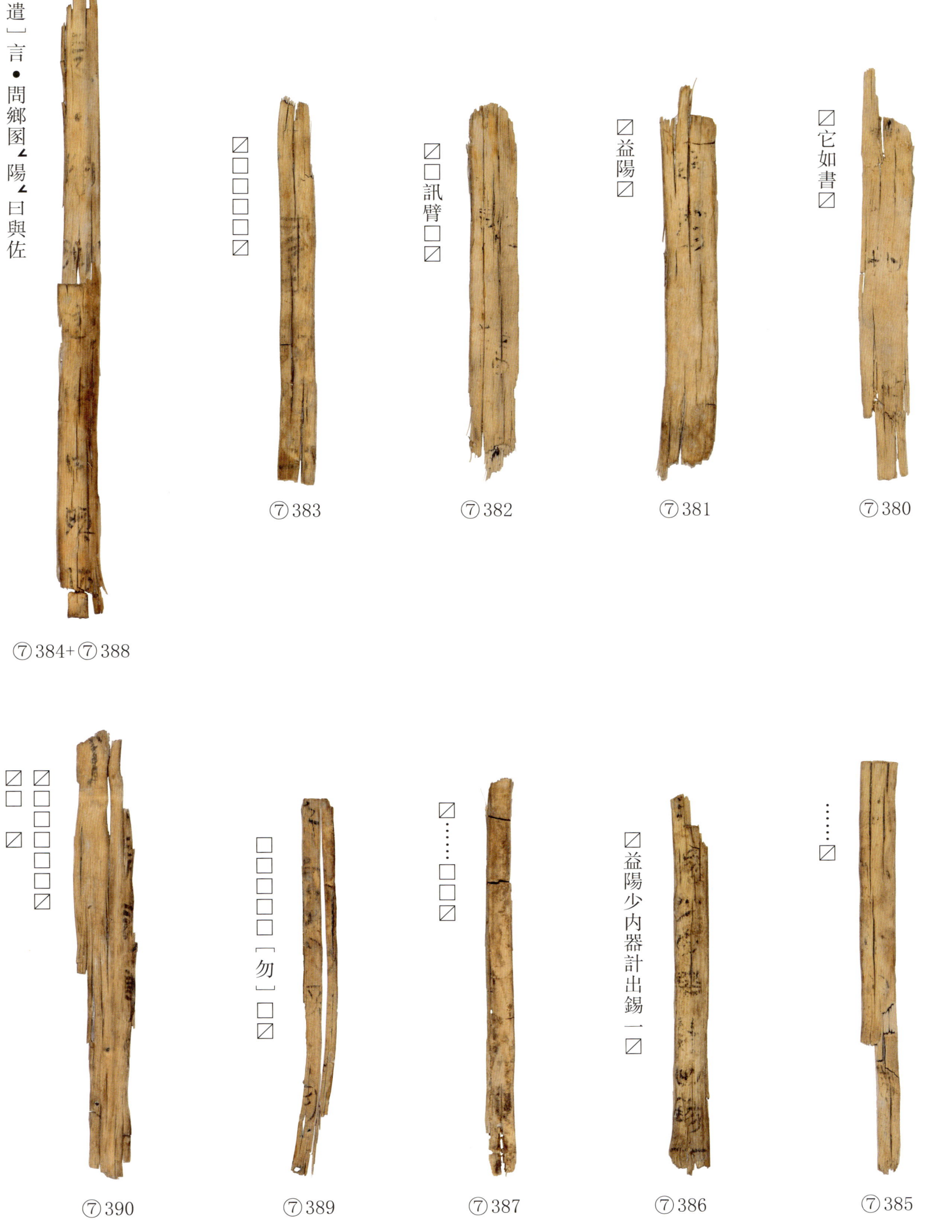

☒□陽發□［田］□☒

☒□□□□具□□☒

⑦392

☒者郎中卅三大□□☒

☒□月乙丑郎中［藍］行內☒

☒□□□……☒

⑦393正

☒　□☒

⑦393背

☒月甲子下資鄉□☒

☒此入□□□☒

⑦394

☒□□□□□□☒

☒寂興叚□□☒

⑦395

☒……☒

⑦396

☒□□□□□☒

⑦397

收故棄亡□☒

⑦398

□□☒

⑦399正

……☒

⑦399背

……☒

⑦400

☒　九月戊□□□☒

⑦401

□□□□☒

⑦402

☒□□　☒

⑦403

☒□□□□□□☒

□□陵□□□□☒

□□□□□☒

⑦404

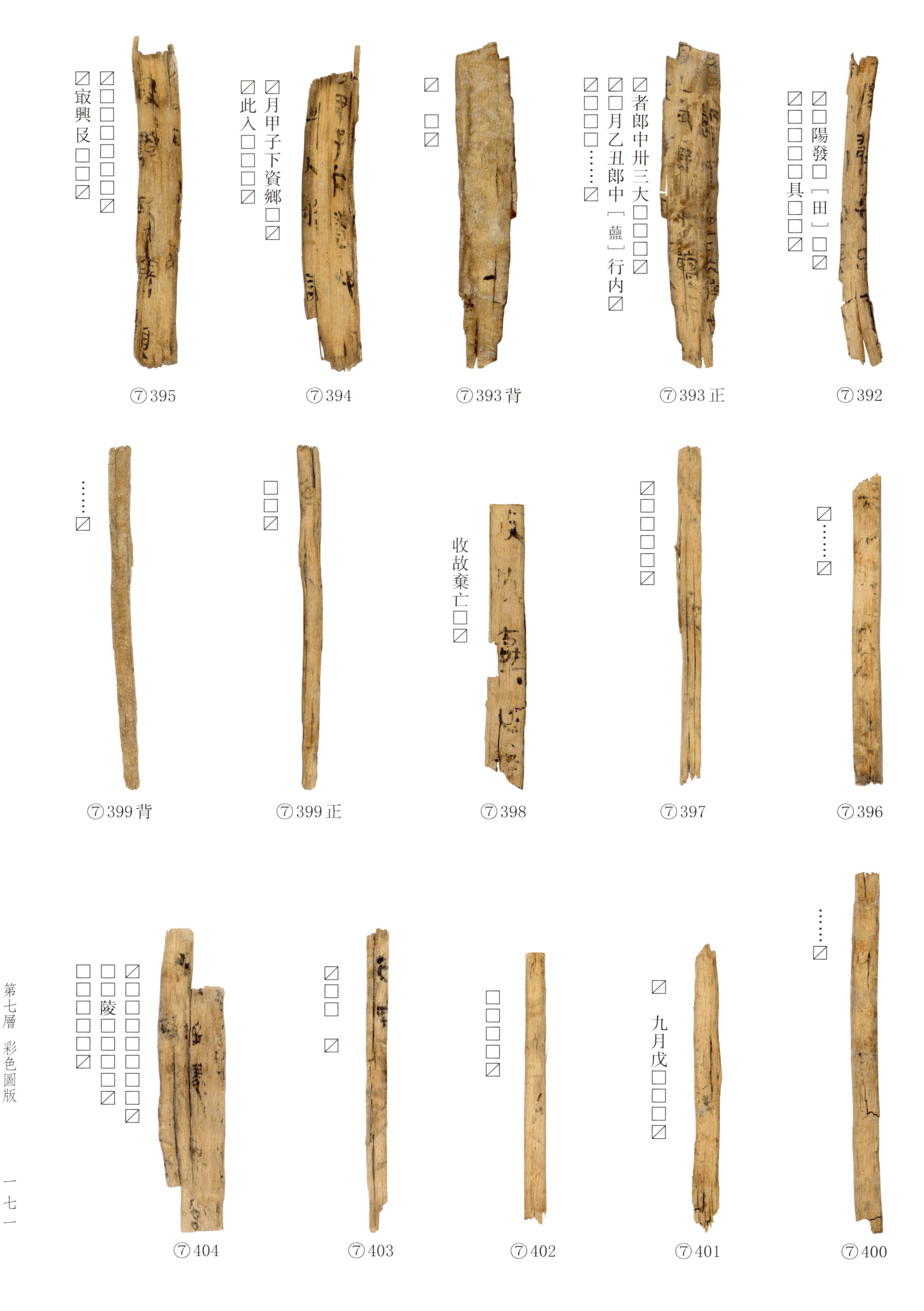

□□□□□⍁

⑦405正

⍁□□

說明：正背面書寫順序顛倒。

⑦405背

爰書直可〼繇□⍁

⑦406

⍁……□□⍁

⑦407

南陽夕道潙⍁
［稼簿］□⍁

⑦408

⍁□□□□□□□⍁

⑦409

敢告□⍁

⑦410

•□［陽］〼圂〼佐⍁

⑦411

⍁□/七月丙□□⍁

⑦412

□□□⍁

⑦413

⍁□□□□□□□⍁

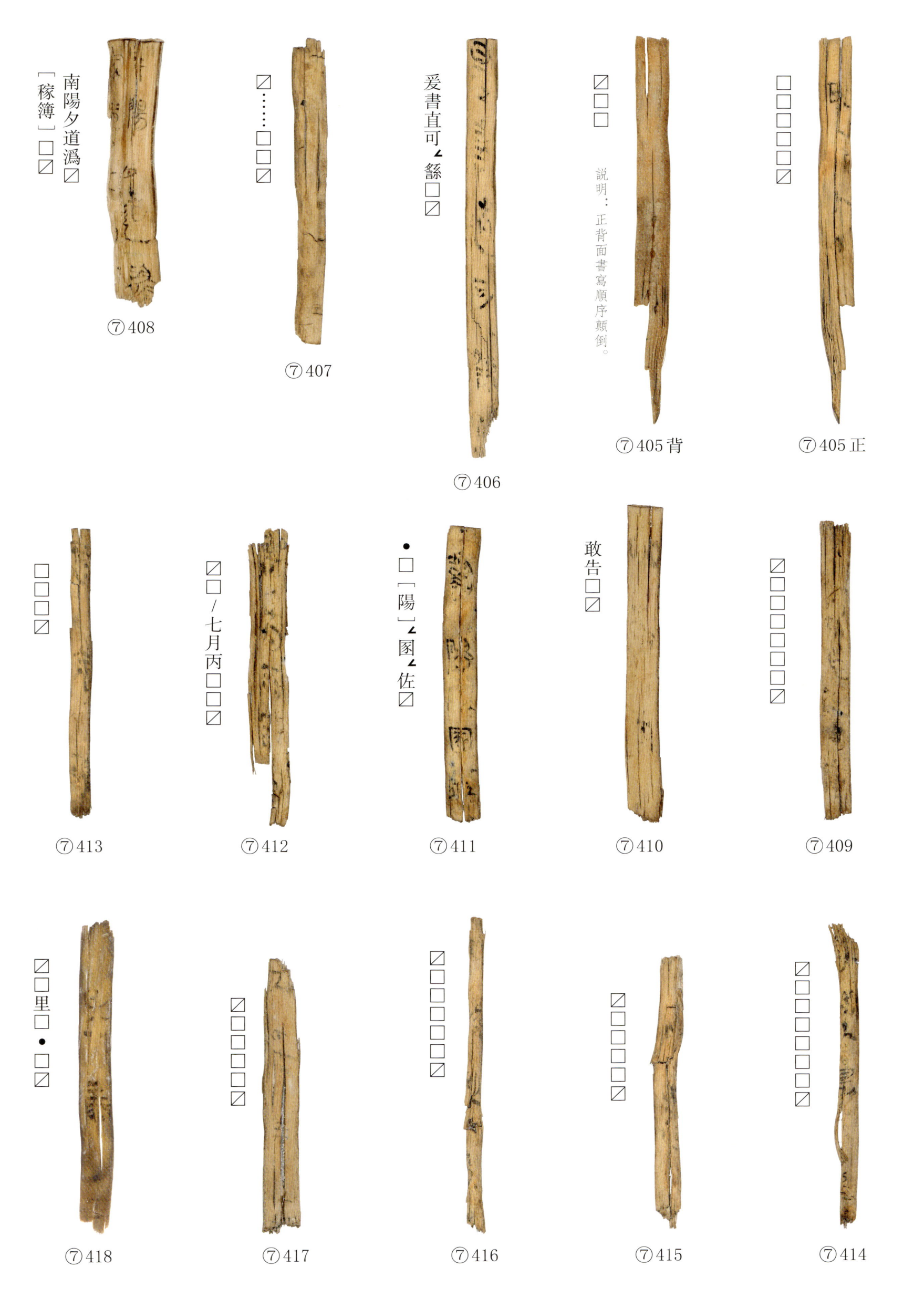

⑦414

⍁□□□□⍁

⑦415

⍁□□□□□□⍁

⑦416

⍁□□□□□⍁

⑦417

⍁□里□•□⍁

⑦418

⧄□□［其］□□⧄

⑦419

⧄署亡未出計⧄

⑦420

⧄□⧄
⧄□坐坐發役佐⧄
⧄□□□□□□□□⧄

⑦421正

⧄……⧄

⑦421背

⧄□獄□□□⧄

⑦422

□而欲勿論⧄

⑦423

［失］期□⧄

⑦424

⧄年七月戊戌朔□□⧄
⧄□□自出益陽□⧄

⑦425

⧄　誘⧄

⑦426

⧄□言＝而卻未央⧄
⧄事內史□□□⧄

⑦427

⧄里大女毆有□⧄

⑦428

⧄□□＝及吏不□
⧄□罷屬縣

⑦429

⧄　□⧄

⑦430

事不可行［勝］⧄
［兩］它別言⧄

⑦431

⧄［隸］央始論
⧄□□□□

⑦432

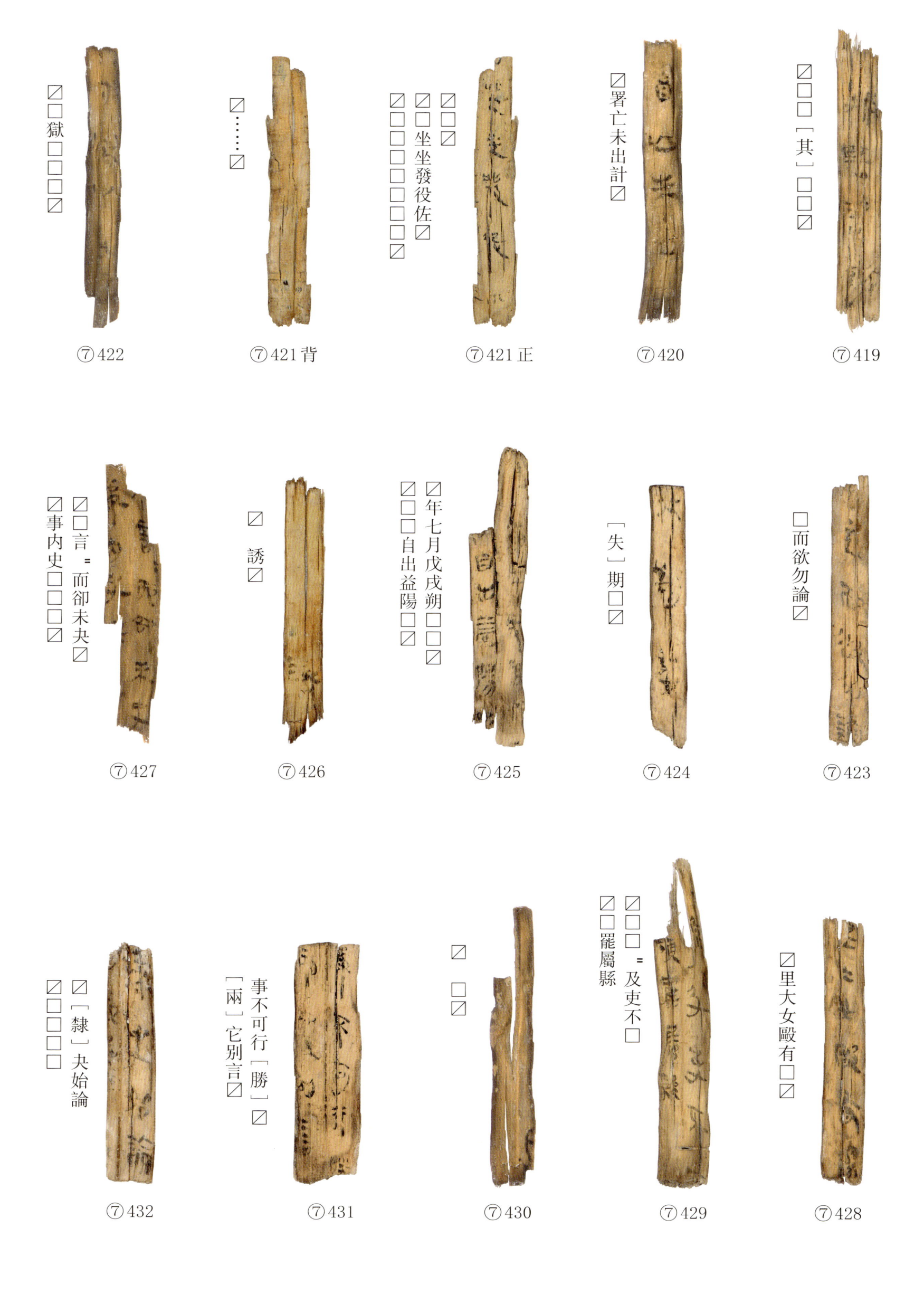

☒年□□□□□□☒
☒□令夫∠丞□□☒

⑦433

☒□上

⑦434

下［下倉］☒

⑦435

☒□□□□☒

⑦436

•□□□☒

⑦437

☒□雔金

⑦438

☒□□者□☒

⑦439正

☒胃 ☒

説明：正背面書寫順序相反。

⑦439背

☒□陽□□☒

⑦440

☒□□□□□

⑦441

☒□書曰

⑦442

☒署及有□☒

⑦443

☒□□□□☒

⑦444

有日及金∠ ☒

⑦445

五月户賦簿☒

⑦446

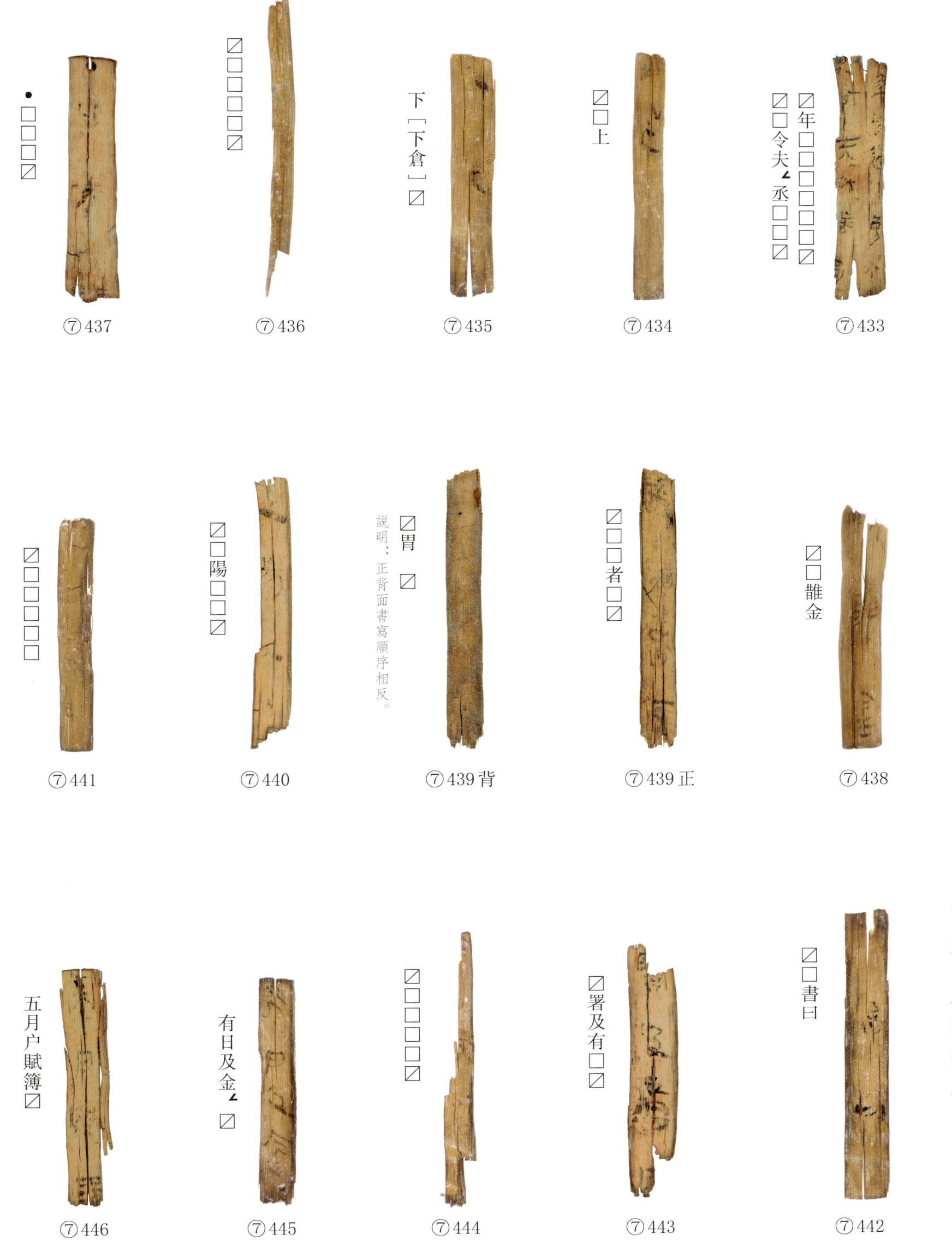

⑦447

☒……

⑦448

☒……☒

⑦449

☒□□□□

⑦450

☒□□□□□□□□☒

⑦451

☒□□□☒

⑦452

☒□□☒

⑦453

☒□□□□□☒

⑦454

☒……☒

⑦455

☒……☒

⑦456

益陽守鄭死☒

⑦457

☒□□□

⑦458

☒獄數□□☒

⑦459

□　☒

⑦460

☒□

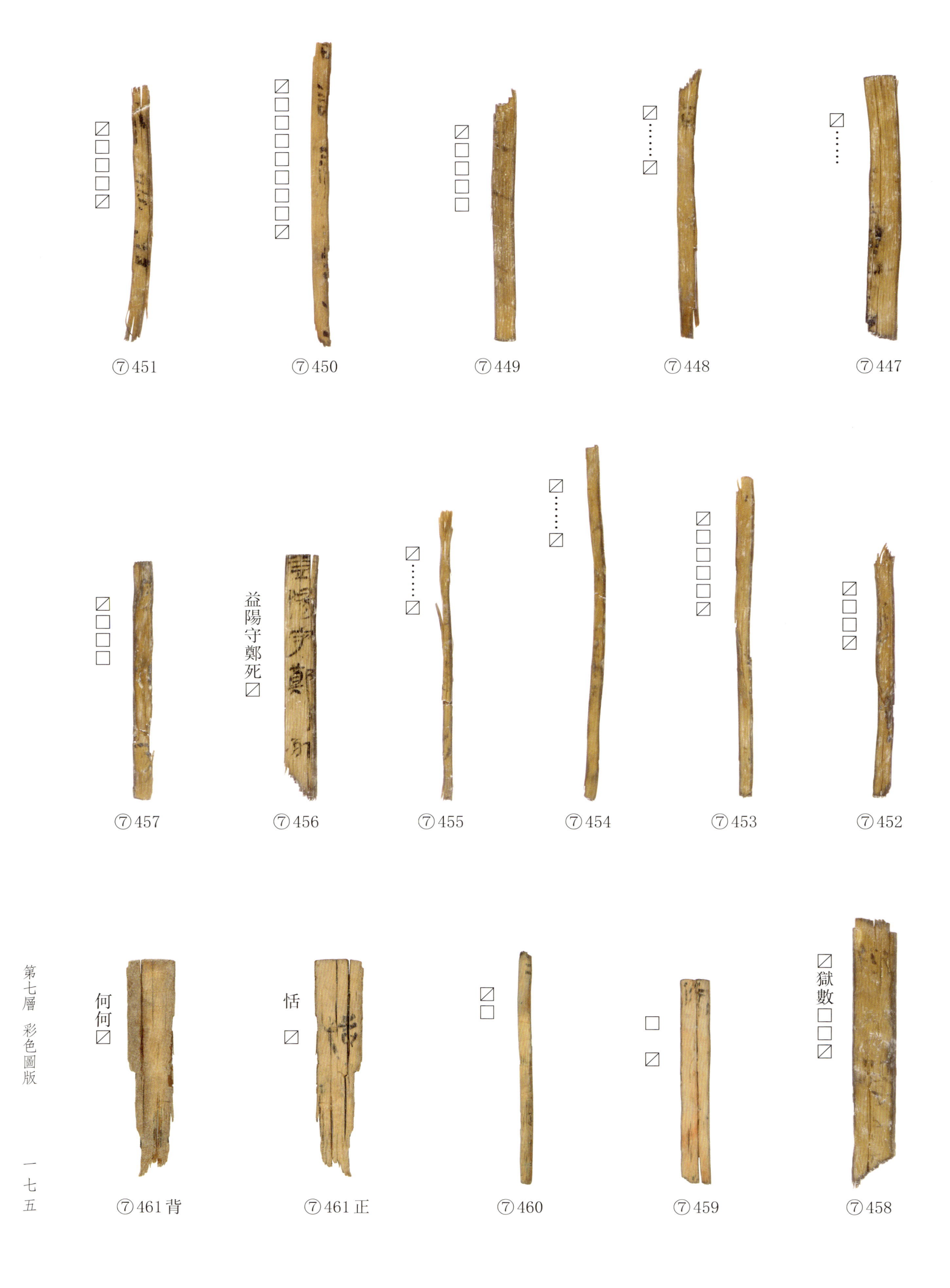

⑦461正

恬　☒

⑦461背

何何☒

☒□戊午朔庚□☒
□□□律☒
⑦462

☒里簪褭□☒
⑦463

☒誠已失期☒
⑦464

☒穜宿麥具志☒
☒□□☒
⑦465

☒□郎徒舍人□□☒
⑦466

☒□□□二千□□
☒□□□
⑦467

☒［里］恬信殺縣☒
⑦468

☒□解者□☒
⑦469

四月庚辰內史☒
⑦470

☒贖耐者耐以爲隸臣妾司☒
⑦471正

☒□　□□☒
⑦471背

☒［下］資鄉□□☒
⑦472

不識日☒
⑦473

☒錢□☒
⑦474

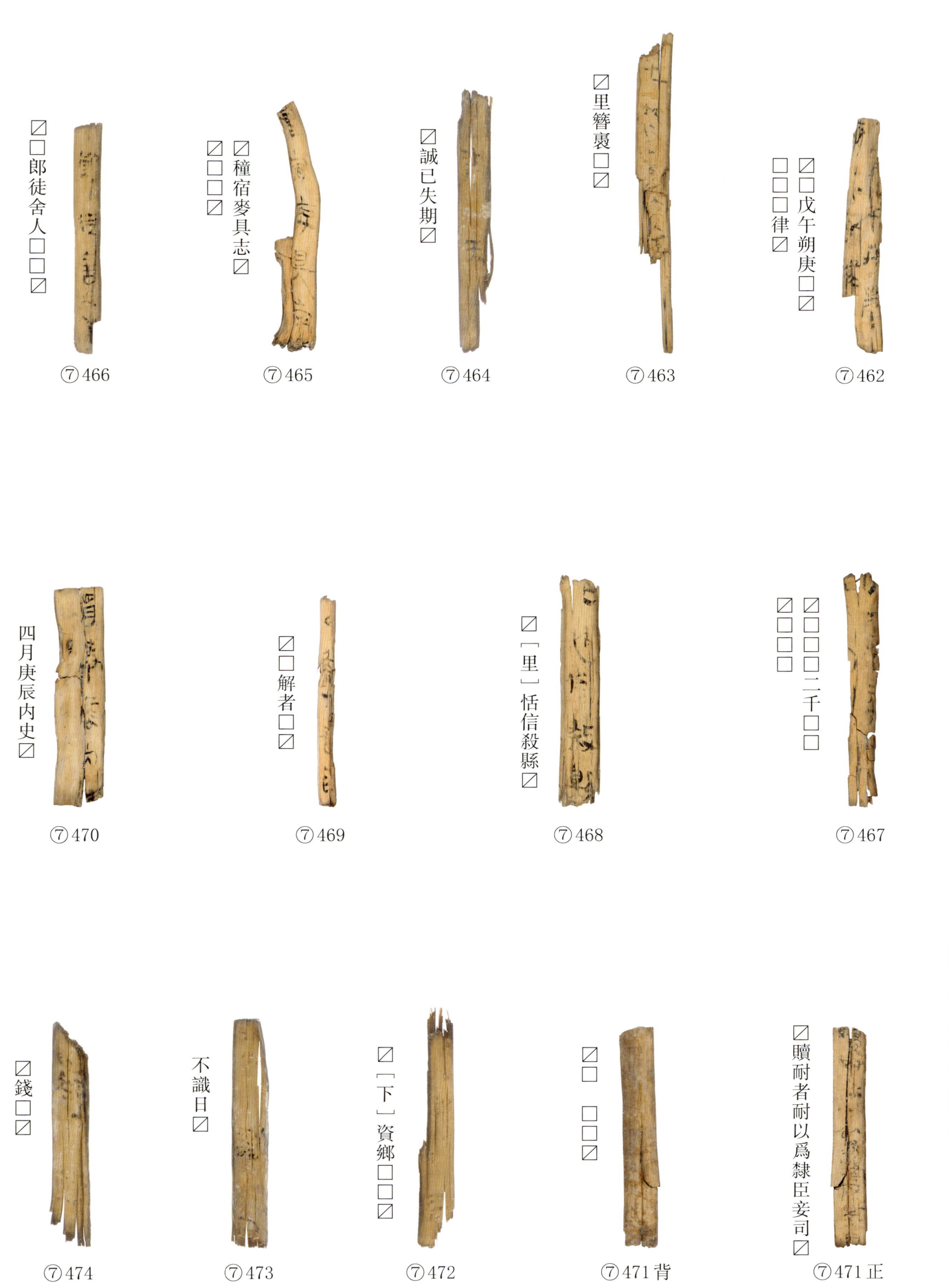

☒［數］失［期］☒

⑦475

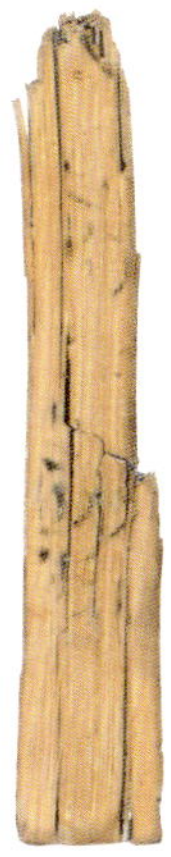

☒□［首］□☒

⑦476

☒湘畜夫寫［下］☒

☒……☒

⑦477正

☒□□□□□□□☒

⑦477背

☒□□□□餘

⑦478

六年　九月☒

⑦479

論罰［定］［今］☒

⑦480

☒守可敢言之☒

⑦481

☒□之　☒

⑦482

☒□寅具獄

☒□□書

⑦483

☒陵鄉　☒

⑦484

☒□宜　☒

⑦485

☒□□主上七年☒

⑦486

☒□□二長官長☒

☒□者［長爲］☒

⑦487

☒如律令　☒

⑦488

☒□□□□☒

☒□□□□□☒

⑦489

☒□□□☒

⑦490

☒〔書〕到日☒

⑦491

潙陵黃里小□☒

⑦492

☒□□□　二☒

⑦493

☒多前　五人新☒

⑦494

☒□□□☒

⑦495

☒□□□☒

⑦496

名吏里□☒

如律令□☒

⑦497

☒已具獄□☒

☒□□□☒

⑦498正

☒□□□□☒

⑦498背

□□〔益〕陽☒

□☒

⑦499

☒□當論□☒

⑦500

☒□□□□□〔以〕□□☒

⑦501

□□□☑

⑦502

□□□□

⑦503

案□□□☑

⑦504

☑□□□☑

⑦505

☑□是□□☑

⑦506

☑……□□☑
□户曹□□上□☑
……☑

⑦507

☑□前廿九人死亡☑

⑦508

☑□□前☑

⑦509

□□以□☑
校□畢□☑

⑦510

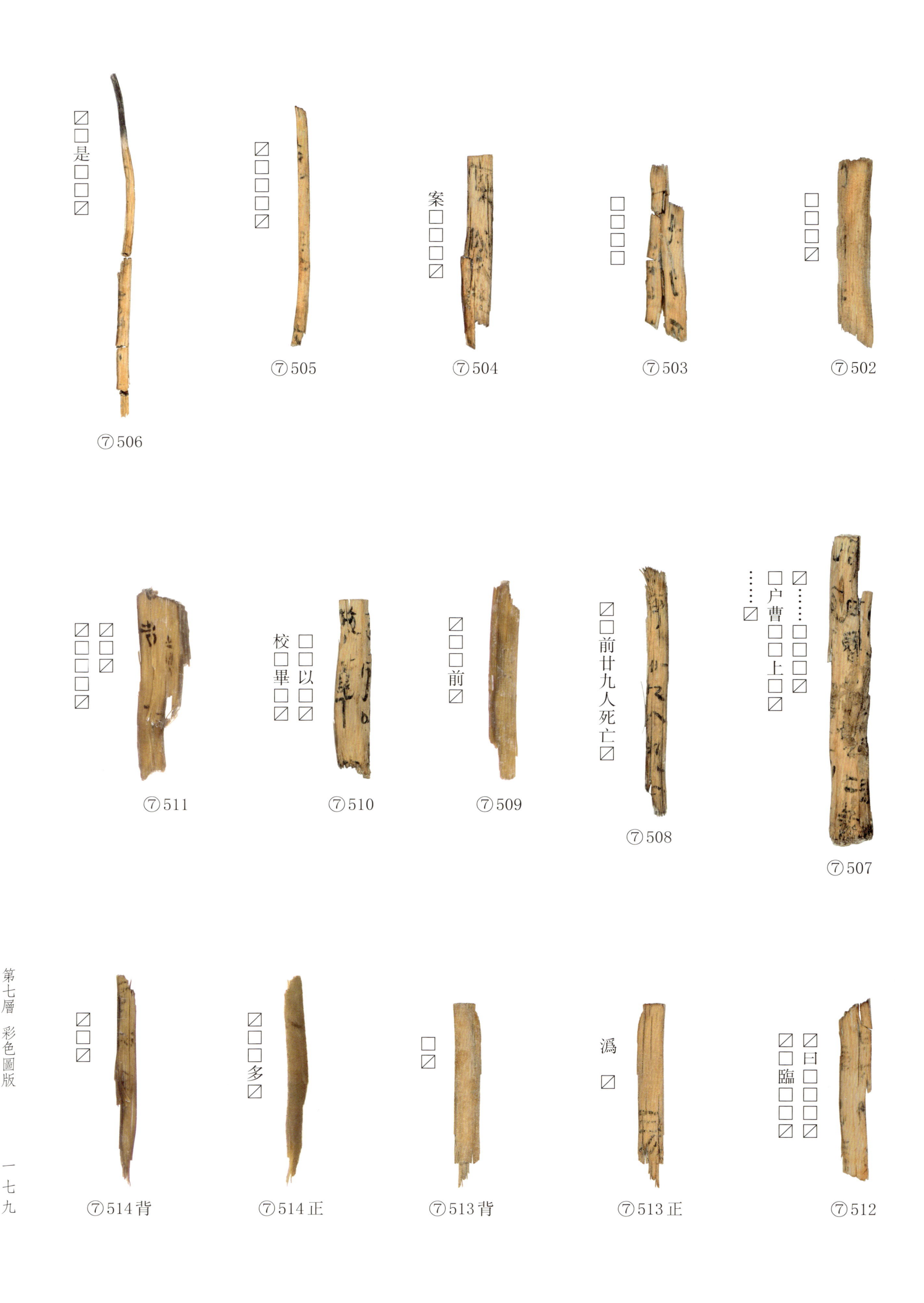

☑□☑
☑□□□☑

⑦511

☑曰□□□☑
☑□臨□□☑

⑦512

潙　☑

⑦513正

□☑

⑦513背

☑□□多☑

⑦514正

☑□☑

⑦514背

☑上□☑

⑦516

☑勿爲它☑

⑦517正

☑□丞□曰

⑦517背

☑［贖］耐□☑

⑦518

☑書☑

⑦519

☑□走□□☑

⑦520

☑□皆坐犯□☑

⑦521

夫＝建☑

⑦522

遣勿留☑

⑦523

七年□月□□朔□☑

□□□……☑

⑦524

☑七月己亥朔☑

⑦525

☑□□□☑

☑□食社步□☑

☑□□□

⑦526

☑□金一

⑦527

東　☑

⑦528

□□☑

⑦529

☑□少内□☑

⑦530

☑□□□☑

☑□［來］書☑

⑦531

亭□☑

⑦532

□□☑

⑦533

［卒］去□☑

⑦534正

□　☑

⑦534背

獄東☒

⑦535

☒□□□□☒

⑦536

□□□☒

⑦537

☒□□☒

⑦538

☒□□□☒

⑦539

□□□□□☒

……☒

⑦540

☒戊子除爲□☒

⑦541

☒□□□□☒

⑦542

☒□案之非

⑦543

☒□壬寅亡☒

⑦544

☒□陵☒

⑦545

☒可坐☒

⑦546

☒□忘以

⑦547

□□□失□☒

⑦548

☒□□□☒

⑦549

☒□□□□

⑦550

負稽直☒

⑦551

☒□亭□☒

⑦552

☒□□□☒

☒□四兩其☒

⑦553

☒亡置□☒

⑦554

二□☒
⑦555

☒□爲校當□☒
☒［到言］□☒
⑦556

☒□□
⑦557

☒□［梁］□□☒
⑦558

里□☒
⑦559

☒□□☒
⑦560正

☒□☒
⑦560背

歸家☒
⑦561

☒□□罰□☒
⑦562

☒□書到□☒
⑦563

☒□☒
☒□益陽□☒
⑦564

☒有令☒
☒□它如☒
⑦565

☒更☒
⑦566

☒……☒
⑦567

☒……☒
⑦568

☒□□如☒
⑦569

☒相還□☒
⑦570

☒言內史☒
☒及它當☒
⑦571

☒□□□☒
⑦572

☒得☒
⑦573

☒□上☒

⑦574

☒□□□□☒
☒□夬□☒

⑦575正

☒……☒

⑦575背

☒……☒

⑦576

未□輸☒
□□□☒

⑦577正

□□［上］☒

⑦577背

☒牒□☒

⑦578

☒［相］幸□☒

⑦579

☒□□□□☒

⑦580

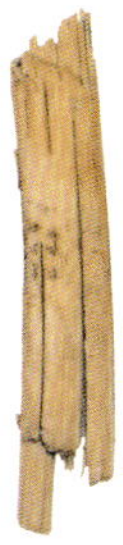
☒□☒

⑦581

［即］☒

⑦582

□□☒
到并☒
午以書☒

⑦583

☒□□

⑦584

☒忌

⑦585

☒［司］□□☒
☒□□□☒

⑦586正

☒□□☒
☒［下］書到☒
☒……☒

⑦586背

☒□□□□☒

⑦587

移☒
潙陵［鄉］☒

⑦588

☒□□□□

⑦589

☒□☒

⑦590

☒□中尉□☒

⑦591

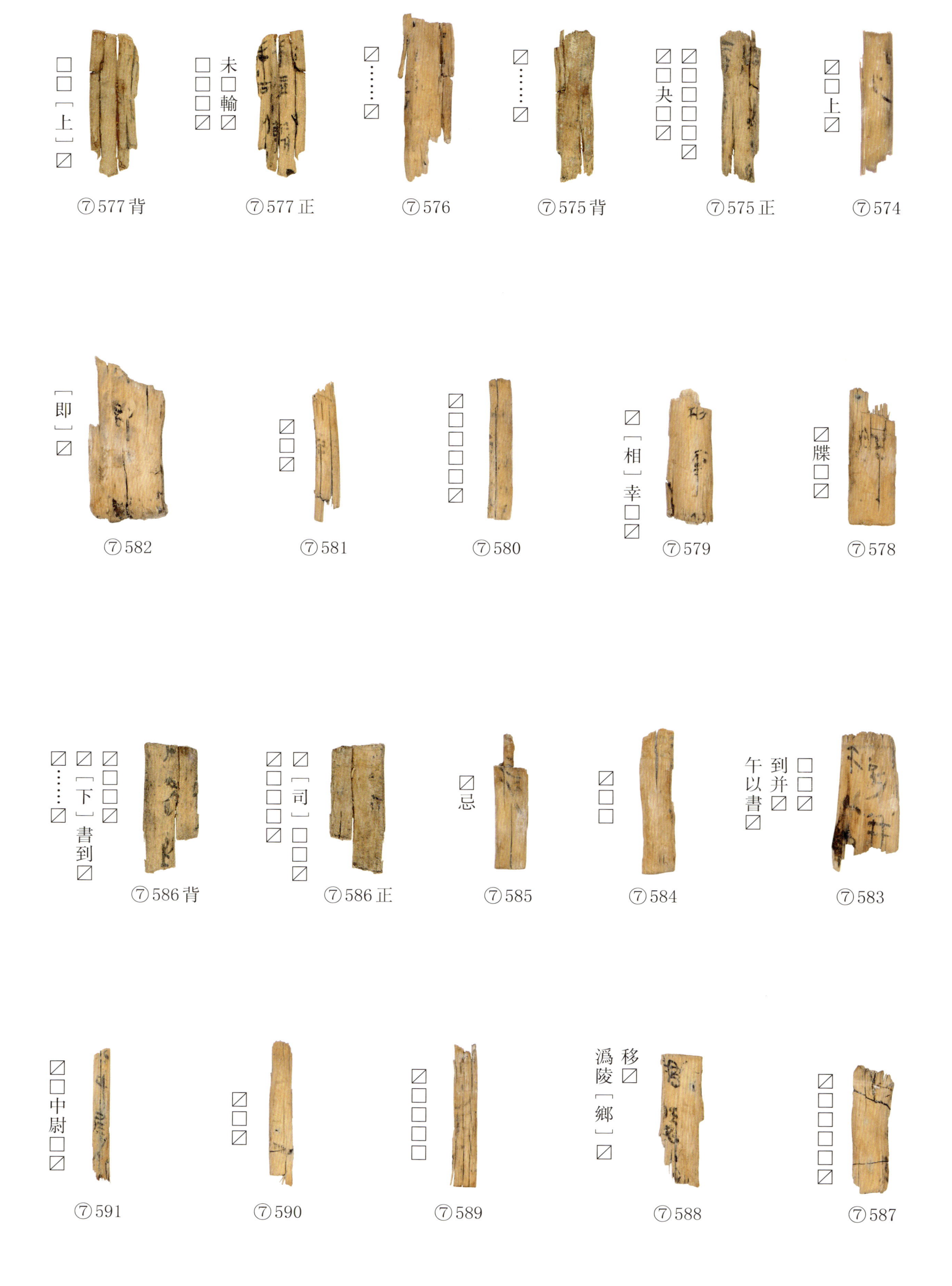

•鞫□☒

⑦592

☒□而☒
☒□☒

⑦593

☒□何☒

⑦594正

☒□□☒

⑦594背

禾事☒
尉令□☒

⑦595

☒□陽治□☒

⑦596

☒□□□☒

⑦597

☒□□□□☒
☒已坐失☒

⑦598

☒□□☒
☒□☒

⑦599

☒□□☒

⑦600

☒□☒

⑦601

☒忌□☒

⑦602

☒□直□□

⑦603

☒行

⑦604

☒澙陵☒

⑦605

☒□☒

⑦606

☒□□☒

⑦607

☒□蓢
☒□□

⑦608

□☒

⑦609

☒［西］便荼陵泠

⑦610正

☒□□上□□薄

⑦610背

⧄謂少内嗇⧄
⧄□得論□⧄

⑦611

⧄□益陽⧄

⑦612

⧄□不敢□⧄

⑦613正

⧄□□□⧄

⑦613背

⧄□⧄
⧄不到［辟］⧄

⑦614正

⧄□⧄

⑦614背

⧄□⧄

⑦615

⧄事别⧄

⑦616

一牒⧄

⑦617

⧄□内史⧄

⑦618

⧄空佐⧄

⑦619

□□□⧄

⑦620

□□⧄

⑦621

⧄［官］時⧄

⑦622

⧄□兩

⑦623

⧄……⧄

⑦624

十一兩⧄

⑦625

⧄□□⧄

⑦626

⧄□僕寄□⧄

⑦627

☒［使］治□☒
⑦628

☒□內史所☒
⑦629

☒□□□☒
⑦630

•以☒
⑦631

☒□□□☒
⑦632

☒□［得］☒
⑦633

☒令及［都］☒
⑦634

☒□□☒
⑦635

☒□☒
⑦636

☒□□☒
☒□□☒
⑦637

☒□☒
⑦638

☒□它如☒
☒□□☒
⑦639正

☒　□☒
⑦639背

☒□
⑦640

☒□□☒
☒□與☒
☒□□☒
⑦641

☒□□☒
⑦642

☒曰☒
⑦643

☒□□□☒
⑦644

☒年　五月☒
⑦645正

☒□□☒
⑦645背

☒［猥］吏☒
⑦646

☒□□☒
⑦647

☒□☒
⑦648

☒……☒
☒……☒
⑦649

☒論之□☒
⑦650正

☒□□☒
⑦650背

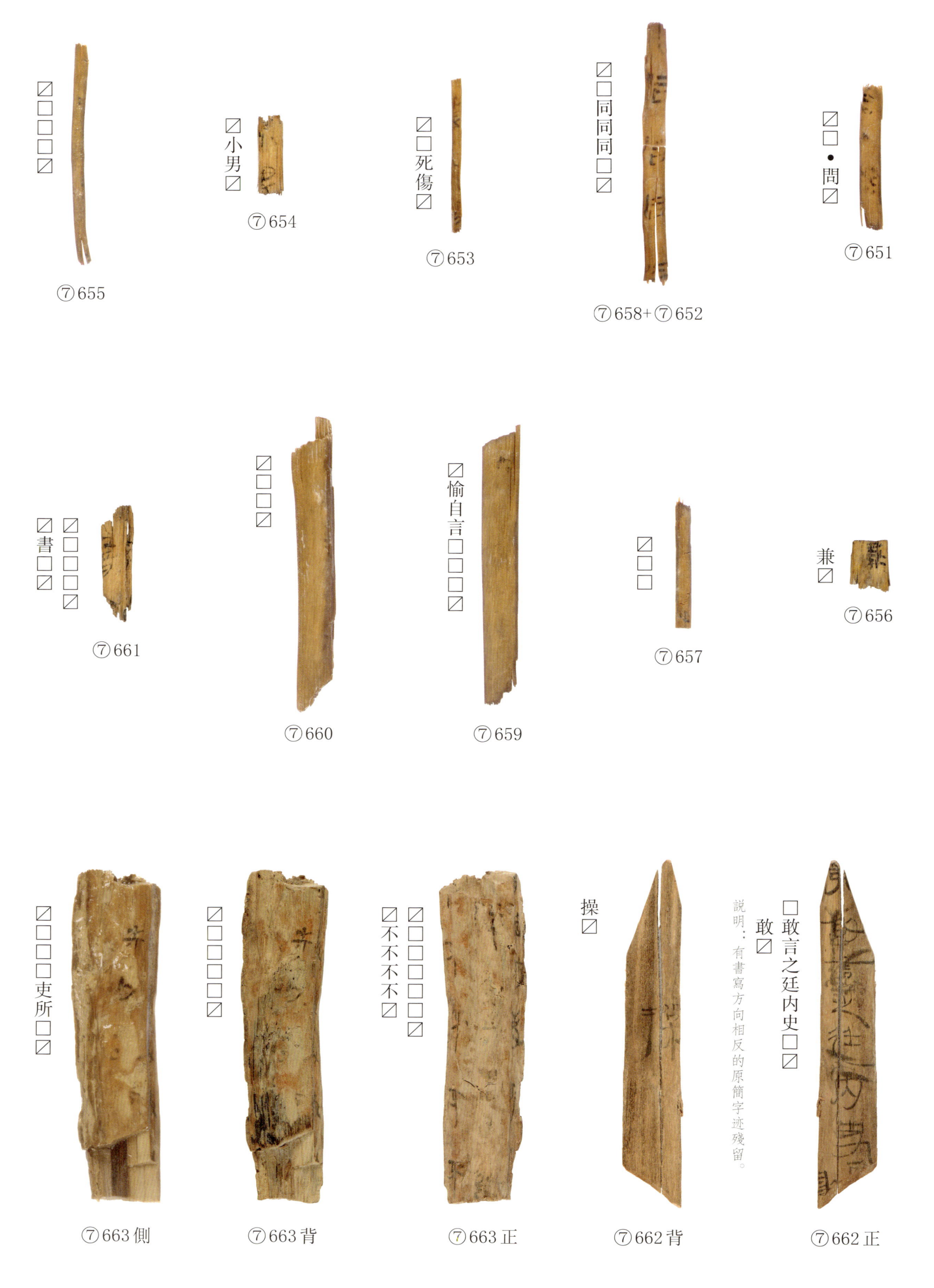

☒□・問☒

⑦651

☒□同同同□☒

⑦658+⑦652

☒□死傷☒

⑦653

☒小男☒

⑦654

☒□□□☒

⑦655

兼☒

⑦656

☒□□

⑦657

☒愉自言□□□☒

⑦659

☒□□☒

⑦660

☒□□□☒

☒書□☒

⑦661

□敢言之廷內史□☒

敢☒

說明：有書寫方向相反的原簡字迹殘留。

⑦662正

操☒

⑦662背

☒□□□□□☒

☒不不不不☒

⑦663正

☒□□□□☒

⑦663背

☒□□□吏所□☒

⑦663側

☒□□聞馬□☒
☒□□史□☒

⑦664

☒（圖案）□南
☒ 可敢言

⑦669+
⑦665

內史☒

⑦666

☒□□□☒

⑦667

☒□☒
☒□皆☒

⑦668

☒□亟☒

⑦670正

☒斷☒

説明：正背面書寫順序顛倒。

⑦670背

☒□上☒
☒上□□□

⑦671

☒□廷廷廷☒

⑦672正

☒□之廷廷☒

⑦672背

☒□□☒
☒□☒

⑦673

☒勺□☒

⑦674

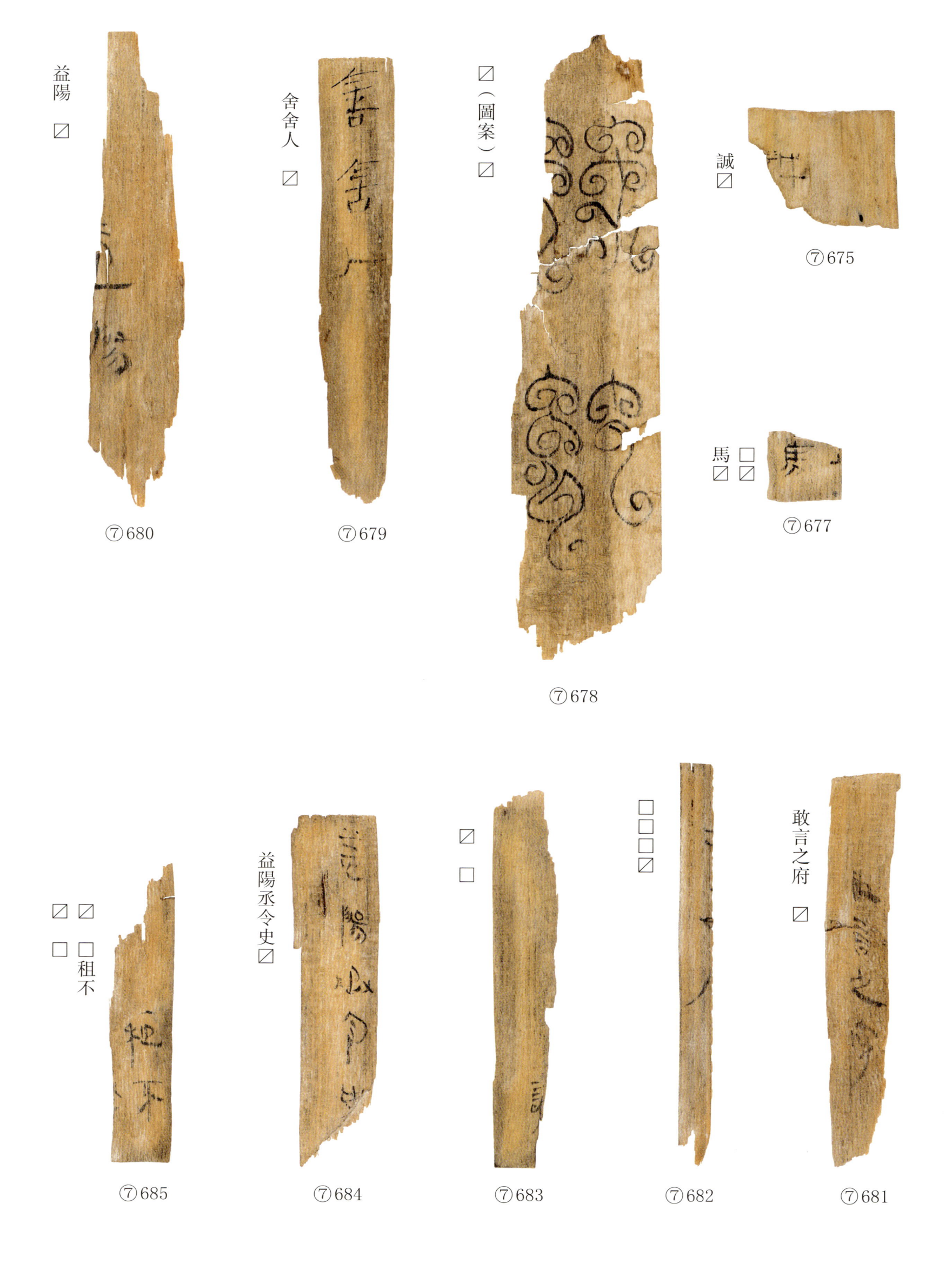

誠☒

⑦675

☐☒
馬☒

⑦677

☒（圖案）☒

⑦678

舍舍人　☒

⑦679

益陽　☒

⑦680

敢言之府　☒

⑦681

☐☐☐☒

⑦682

☒　☐

⑦683

益陽丞令史☒

⑦684

☒　☐租不
☒　☐

⑦685

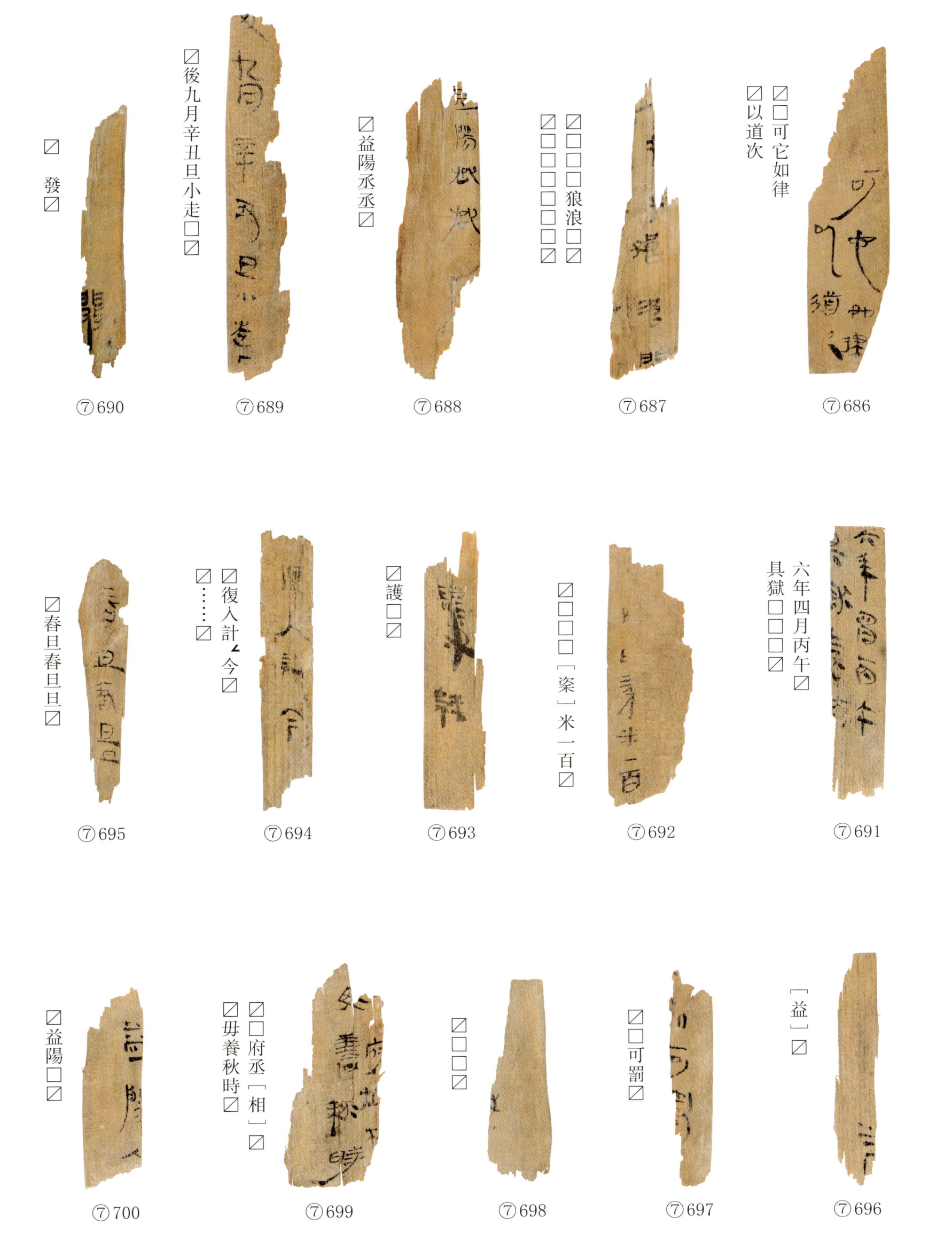

☒□可它如律
☒以道次

⑦686

☒□□□□狼浪□☒
☒□□□□□□□☒

⑦687

☒益陽丞丞☒

⑦688

☒後九月辛丑旦小走□☒

⑦689

☒　發☒

⑦690

六年四月丙午☒
具獄□□□☒

⑦691

☒□□□［粢］米一百☒

⑦692

☒護□☒

⑦693

☒復入計˘今☒
☒……☒

⑦694

☒春旦春旦旦☒

⑦695

［益］☒

⑦696

☒□可罰☒

⑦697

☒□□☒

⑦698

☒□府丞［相］☒
☒毋養秋時☒

⑦699

☒益陽□☒

⑦700

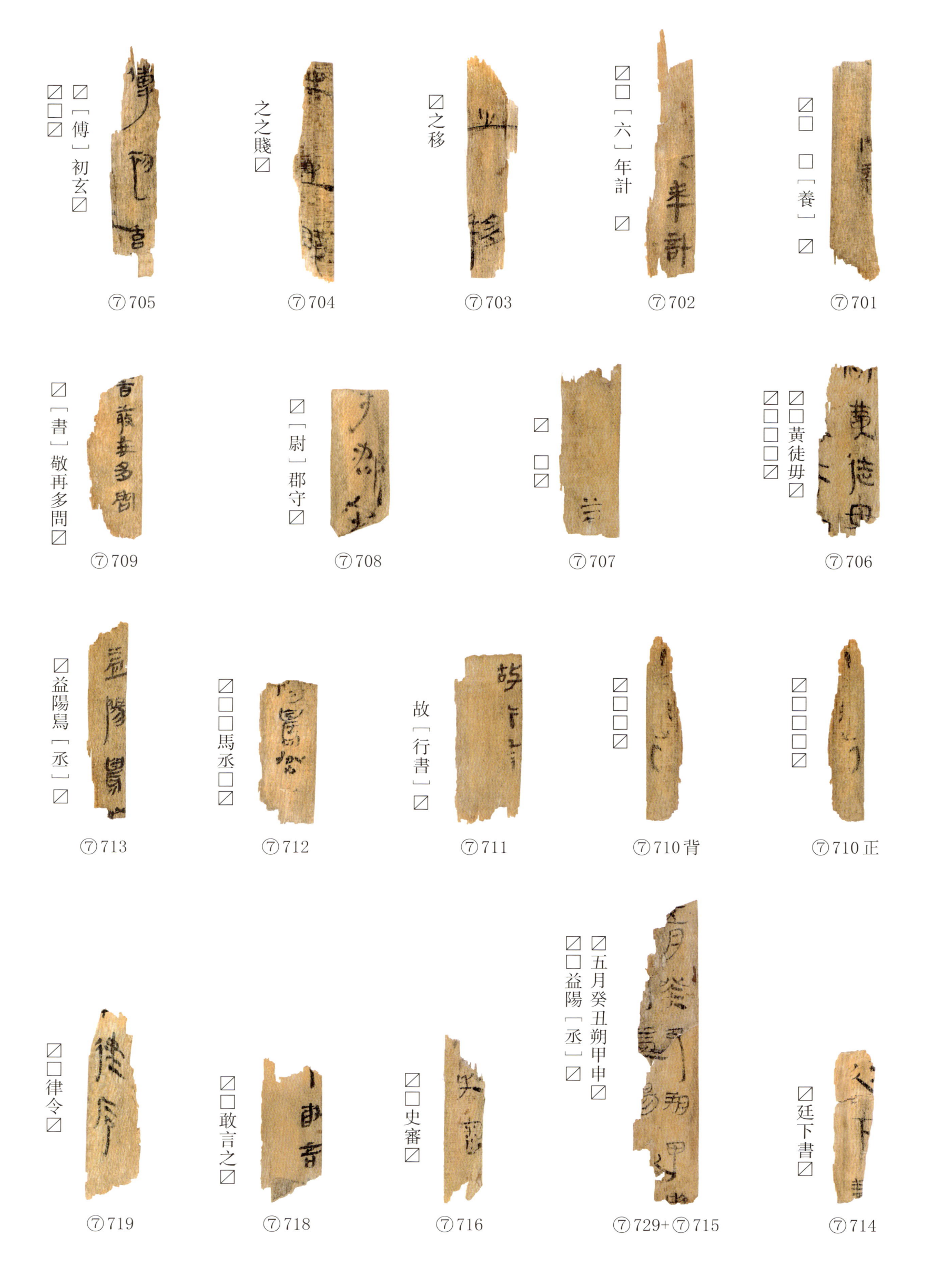

☒□　□［養］　☒

⑦701

☒□［六］年計　☒

⑦702

☒之移

⑦703

之之賤☒

⑦704

☒［傳］初玄☒
☒□☒

⑦705

☒□黃徒毋☒
☒□□□□☒

⑦706

☒　□☒

⑦707

☒［尉］郡守☒

⑦708

☒［書］敬再多問☒

⑦709

☒□□□□☒

⑦710正

☒□□□☒

⑦710背

故［行書］☒

⑦711

☒□□馬丞□☒

⑦712

☒益陽舄［丞］☒

⑦713

☒廷下書☒

⑦714

☒五月癸丑朔甲申☒
☒□益陽［丞］☒

⑦729+⑦715

☒□史審☒

⑦716

☒□敢言之☒

⑦718

☒□律令☒

⑦719

⧄［辤］□□⧄
⑦720

⧄略當爲⧄
⑦721

⧄七月戊戌朔［庚］⧄
⧄□益陽賦□⧄
⑦722+⑦752

⧄門淺
⧄朔
⑦723

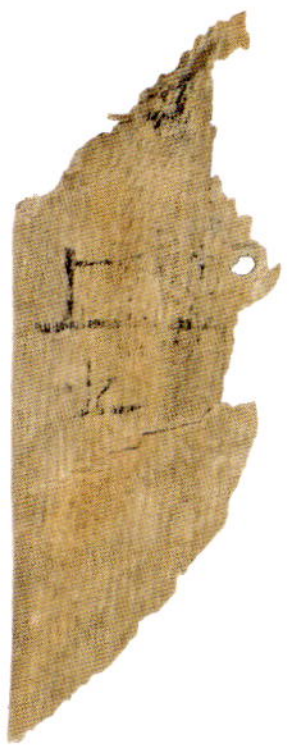
⧄□⧄
⧄□□⧄
⧄上之⧄
⑦724

⧄□具獄⧄
⑦726

⧄駕□⧄
⑦727

⧄主誠非□⧄
⑦728

⧄□⧄
⧄□□⧄
⑦730

⧄□七［年］　⧄
⧄□　⧄
⑦731

⧄□□⧄
⑦732

⧄［七］年六月己⧄
⑦733

⧄年七月戊戌⧄
⑦734

⧄□府下⧄
⑦735

⧄可⧄
⧄□⧄
⑦736

七年八月⧄
⑦737

⧄□七十一⧄
⑦738

⧄□□⧄
⑦739

⧄府勿⧄
⑦740

☒令下☒
⑦741

☒□錢□☒
⑦742

☒丑☒
⑦743

☒者亦曰☒
☒□前［書］☒
⑦744

☒［府］下　☒
⑦745

☒□□□□☒
☒□□/□
⑦746

☒私甲弩☒
⑦747

☒［言］
⑦748

☒□□☒
⑦749

☒□二石□☒
⑦750

☒今今☒
⑦751

☒□□□☒
☒□☒
⑦753

☒□　☒
⑦754

☒［嘉］☒
☒敢言☒
⑦755

☒□［庫］☒
☒□□□☒
⑦756

☒［敬］再拜□☒
☒□□不［安］☒
⑦757+⑦789

☒不不☒
☒不☒
⑦758

☒□=得☒
☒□☒
⑦759

☒□簪☒
☒簪裹☒
⑦760

☒□梁☒
⑦761

賤走盧□☒
□□☒
⑦762+⑦777

☒室具☒
☒□☒
⑦763

☒陳［可］☒
⑦764

☒□□☒
☒□三分☒
⑦765

☒□以爲☒
☒□☒
⑦766

☒戌朔丙午☒
⑦771+⑦767

☒□☒
⑦768

☒□☒
⑦769

☒不□☒
⑦770

☒□□□☒
⑦772

☒□斗□☒
⑦773

☒辛☒
☒□勿令☒
⑦774

☒□☒
⑦775

☒丙□☒
⑦776

☒［乳］☒
⑦778

☒［益］☒
⑦779

☒□□□☒
⑦780

☒□☒
⑦781

☒元年☒
☒變□☒
⑦782

☒［矦］☒
☒□☒
⑦783

☒忌☒
⑦784

☒暑☒
⑦785

☒僕☒
☒□□□☒
⑦786

別□☒
⑦787

☒益陽☒
⑦788

☒□□☒
⑦790

☒□□☒
⑦791

☒□治功□☒
⑦797+⑦792

☒□□□☒
⑦793

☒□□□☒
⑦794

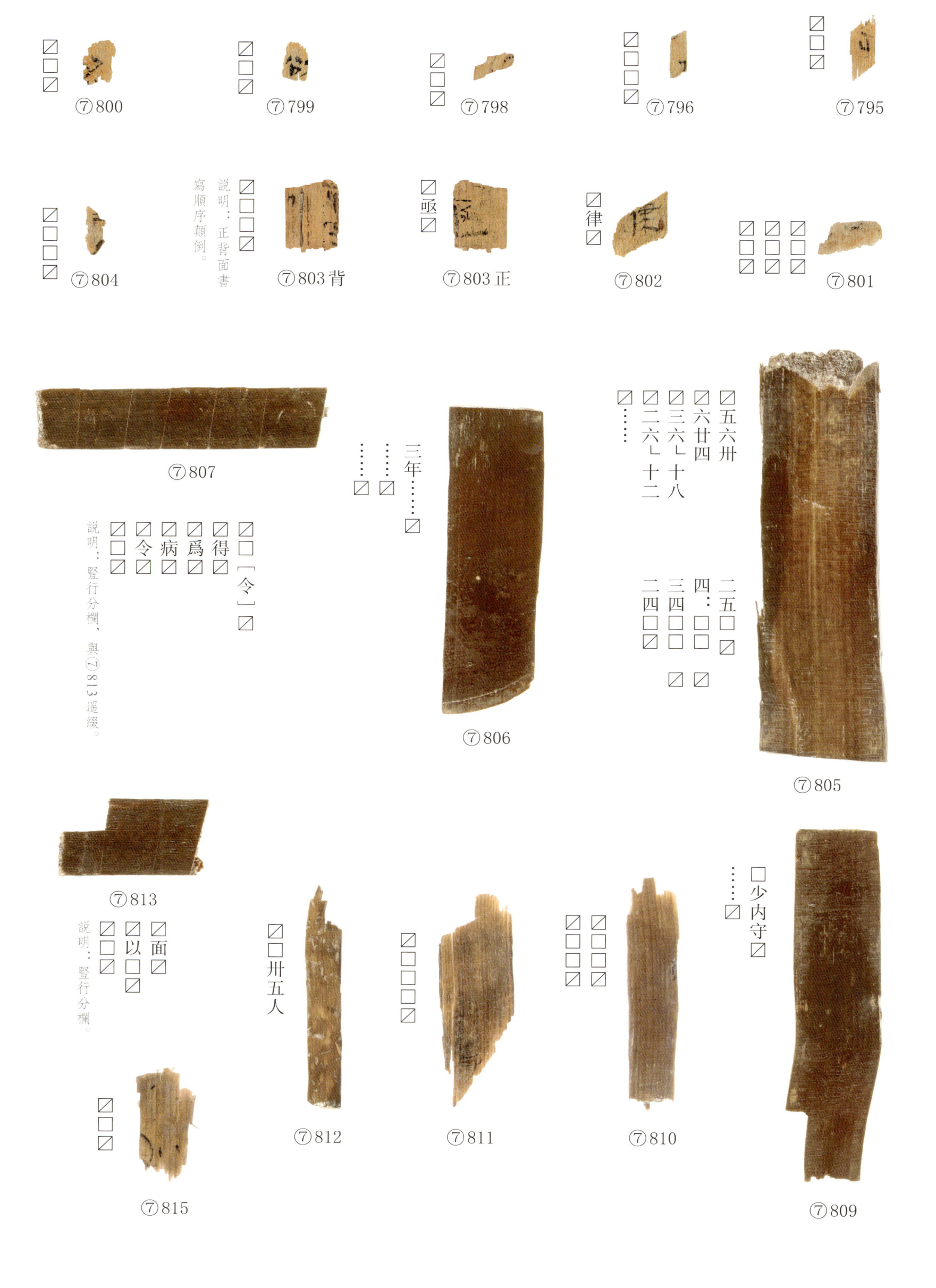

☒□☒
⑦800

☒□☒
⑦799

☒□☒
⑦798

☒□□☒
⑦796

☒□☒
⑦795

☒□□☒
⑦804

☒□□☒
說明：正背面書寫順序顛倒。
⑦803背

☒亟☒
⑦803正

☒律☒
⑦802

☒□☒
☒□☒
☒□☒
⑦801

☒□［令］☒
☒得☒
☒爲☒
☒病☒
☒令☒
☒□☒
說明：竪行分欄，與⑦813遥綴。
⑦807

三年……☒
……☒
……☒
⑦806

☒五六卅　二五□☒
☒六廿四　四：□□　☒
☒三六乚十八　三四□□　☒
☒二六乚十二　二四□☒
☒……
⑦805

☒面☒
☒以□☒
☒□☒
說明：竪行分欄。
⑦813

☒□卅五人
⑦812

☒□□□☒
⑦811

☒□□☒
☒□□☒
⑦810

□少内守☒
……☒
⑦809

☒□☒
⑦815

第八層

敬再拜獻書　鄭
夏公黃車御者　書

⑧1

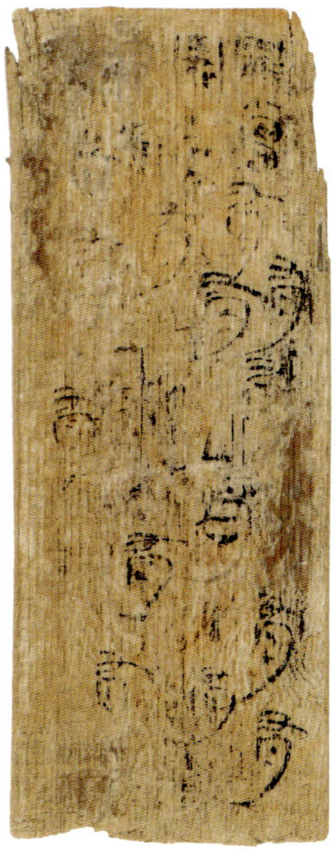

罪當有有有有有有☐
罪當有有有　☐
令者有有有有　☐
罪者有有　☐
及者　☐

⑧2

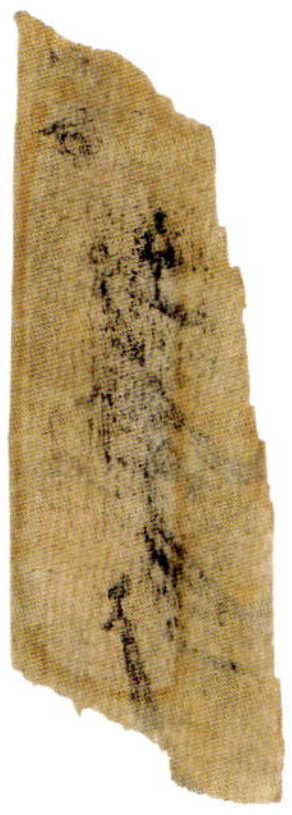

☐□廷廷廷廷☐

⑧3正

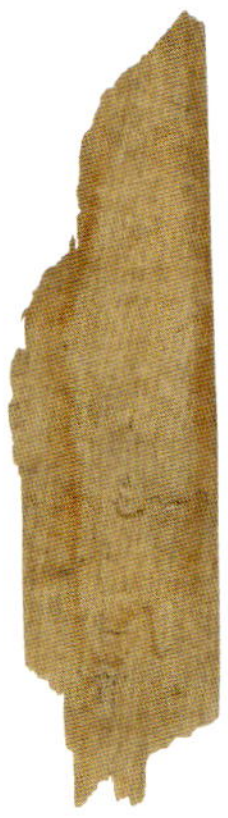

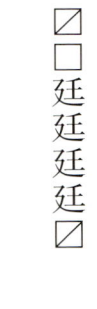

☐廷敢言☐
☐廷☐

⑧3背

☐□☐
☐□田☐
☐［陽］☐

⑧4

☐□□☐
☐□☐

⑧5

☐［如］☐

⑧6

☐（圖案）☐

⑧7

☐□宿獄不□☐
☐……☐

⑧8

第九層

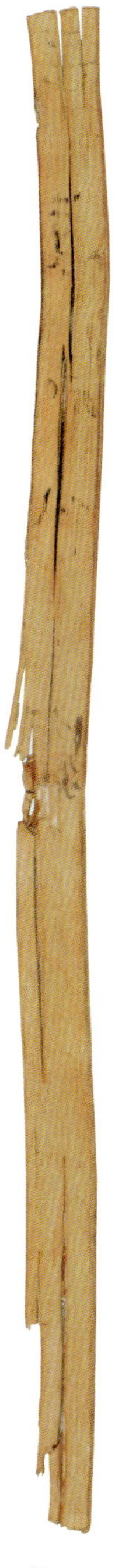
忌前以□　罷　〼
⑨1

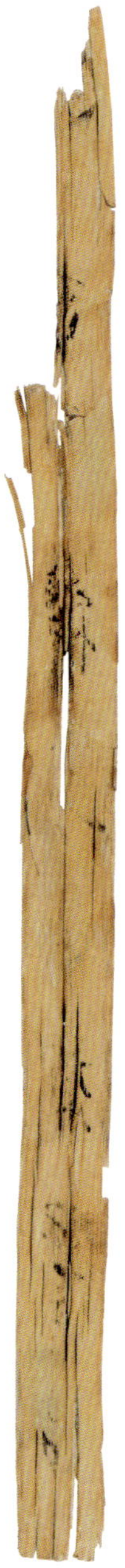
〼□□□□繇［亡］曰來［五百］
⑨2

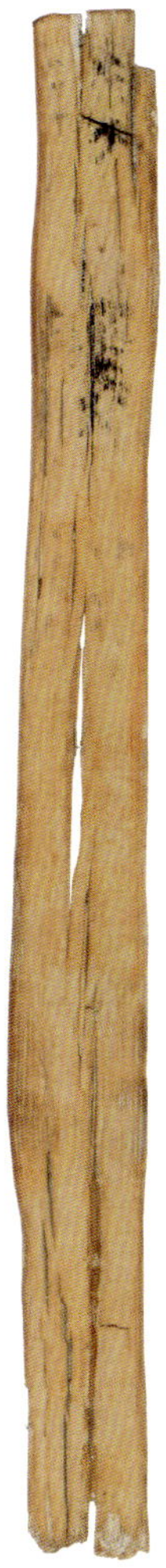
潙陵鄉　〼
⑨3

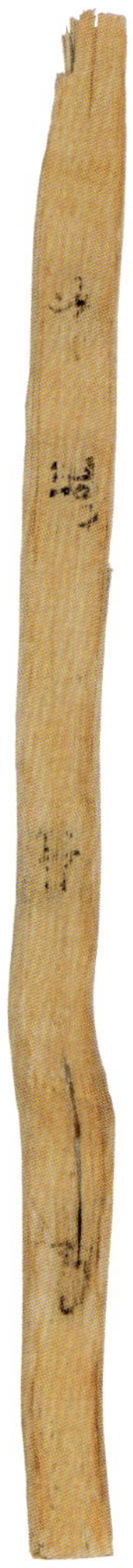
〼□［畸］□□者皆
⑨4

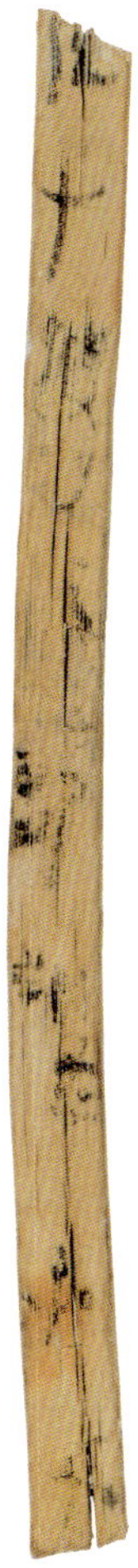
〼□子使反□擇子不〼
⑨5

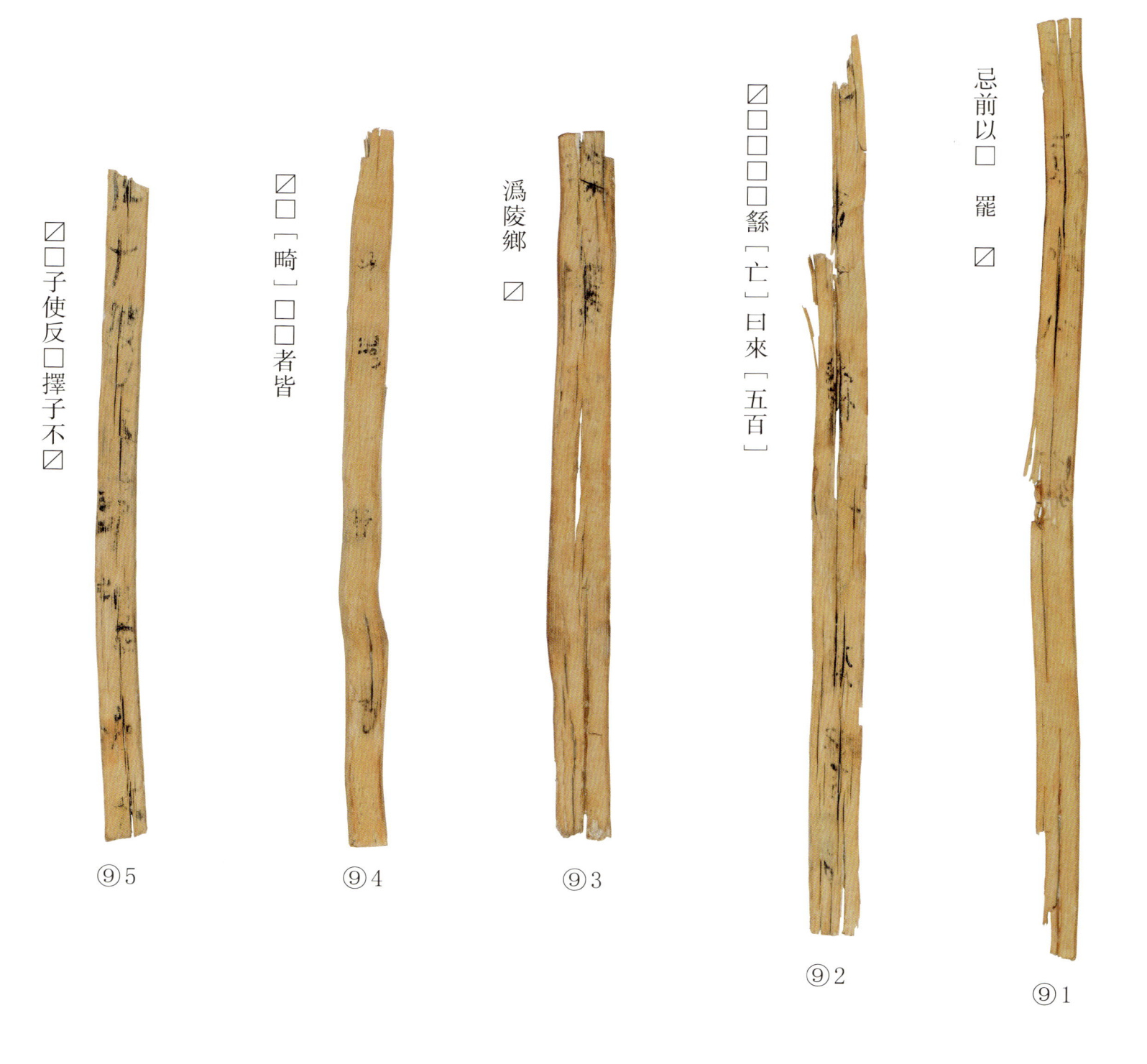

☑□書從事以道次［傳］
☑□必□從□者者者☑

⑨6

☑□書∠有曰已坐

⑨7

雠律［令］者［御］史☑

⑨8

☑……☑

⑨9

☑□三月辛丑朔丙辰□☑

⑨10

☑□□長六尺□□□☑

⑨11正

☑□□□□□□☑

⑨11背

☑□□有罪□☑

⑨12

……
☑行內史事謂臨☑
☑……☑

⑨13正

☑□□□□□□□☑
☑□□□□□□□☑

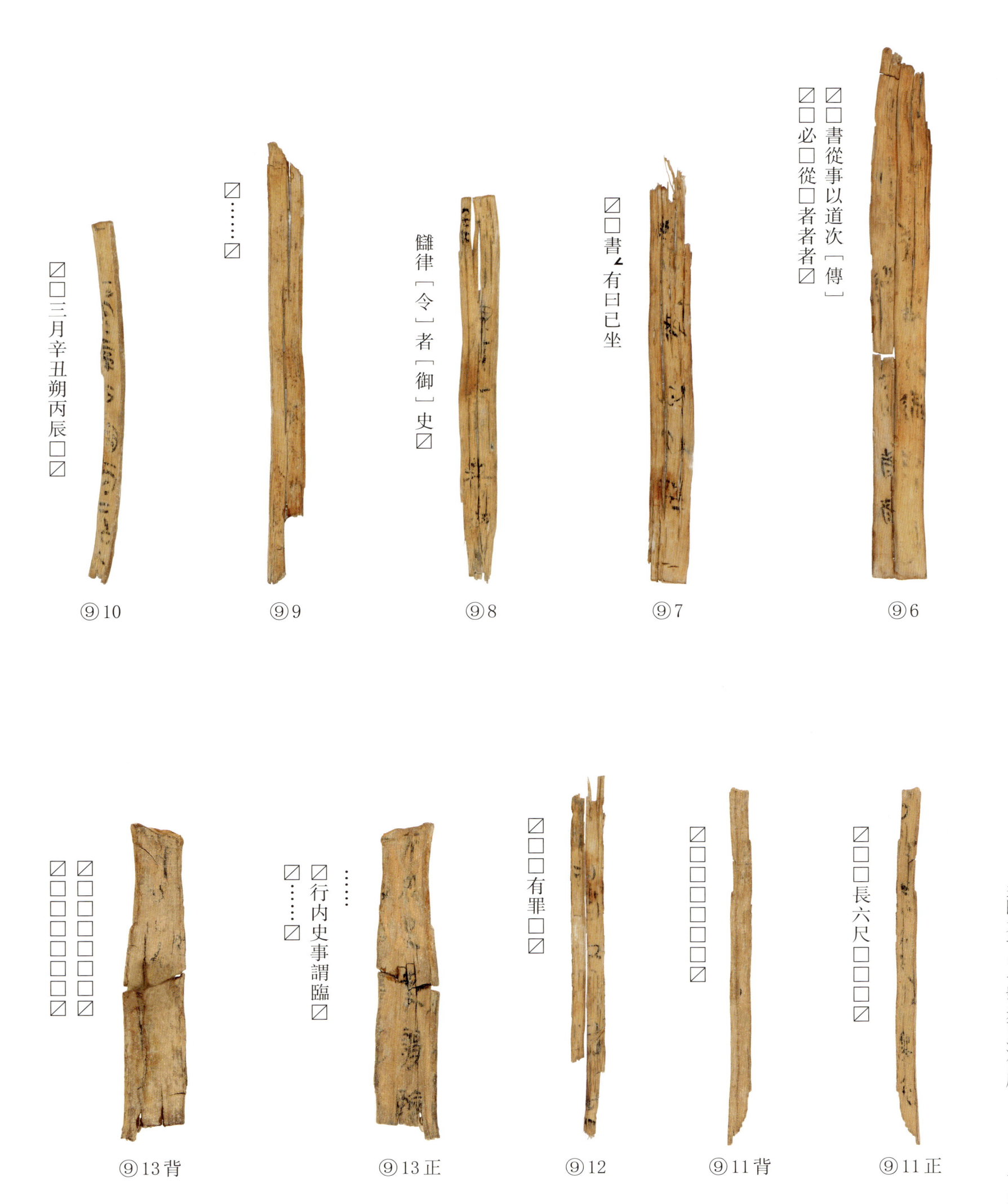

⑨13背

☐□今失期弗備

⑨14

昔者楚巫玉□☐

⑨15

☐［尉］□□☐
☐□簪□☐

⑨16

☐□　☐
☐□□□□□□□☐

⑨17

☐……☐
☐□盈……☐

⑨18+⑨19

☐□　☐

⑨20

☐□□七年五月朔□☐

⑨21

☐……
☐□□□□□□☐

⑨22

☐［孝］□□□□☐

⑨23

☐□□□□□☐

⑨24

☐辛亥壬子☐

⑨25

☐□□□□□□□☐
☐□□□□□□□☐

⑨26

☐□陽□□□☐
☐［朔］庚戌□☐

⑨27

☐具獄或還益☐
☐六年四月丙午☐

⑨28正

☐　□☐

⑨28背

☐……☐

☐□□□☐

⑨29

☐□日將□□☐

⑨30

☐益陽☐

☐當繇☐

⑨31

☐□□□☐

⑨32

☐罪人死罪□□☐

⑨33

☐當□☐

⑨34

☐□□☐

⑨35

☐□罪事

⑨36+⑨47

☐□□□□□☐

☐□□內甲☐

☐丞梁□☐

⑨37

☐　傳舍二人☐

⑨38

☐□□☐

⑨39

☐□陽丞得☐

⑨40

今爲令佐六☐

⑨41

☐□曰□☐

⑨42

☐（圖案）☐

⑨43

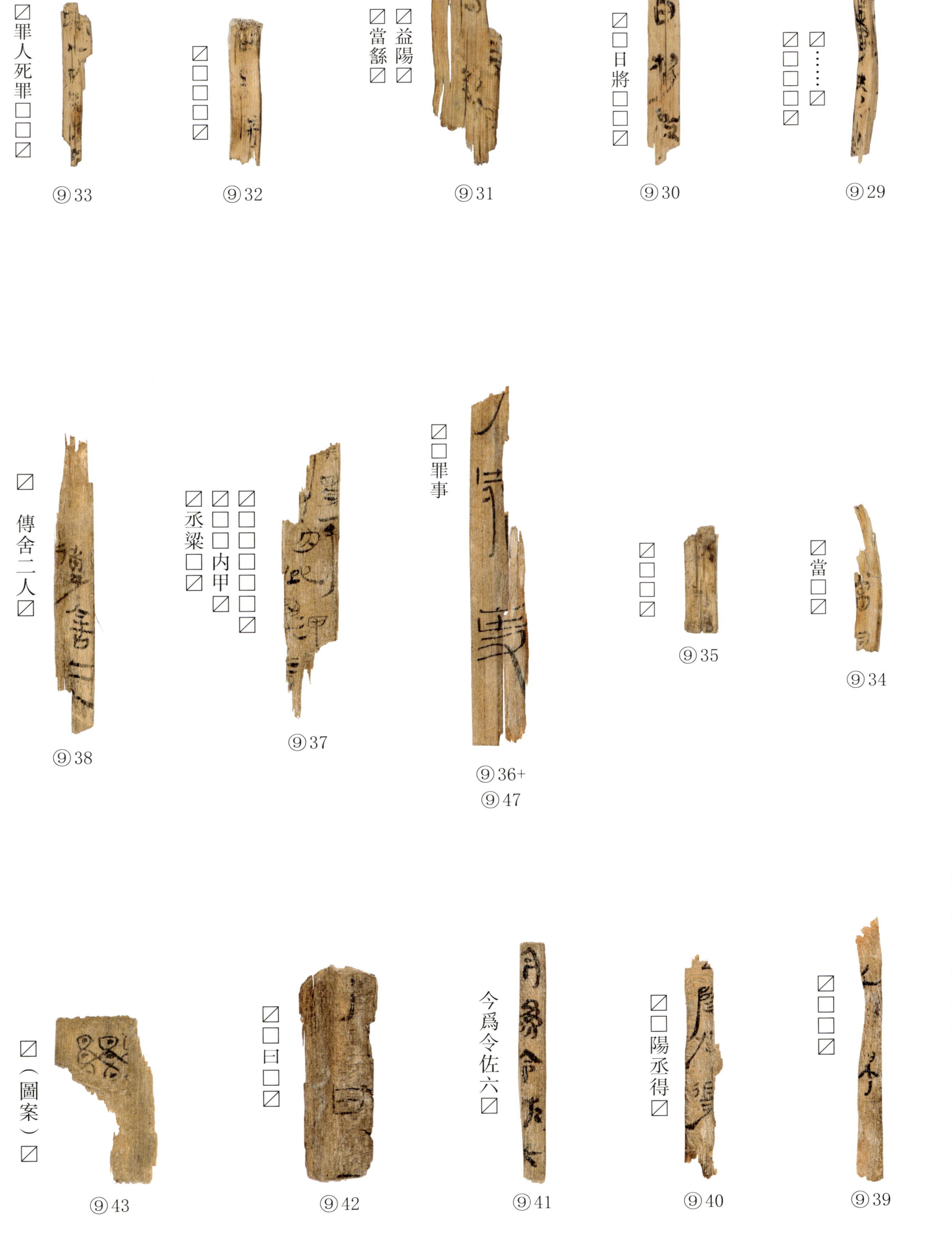

⍁□七月戊 ⍁
⍁□ ⍁
⑨44

⍁□⍁
⍁［雞］□百九十⍁
⑨45

⍁□如前⍁
⑨46

⍁陽丞得⍁
⑨48

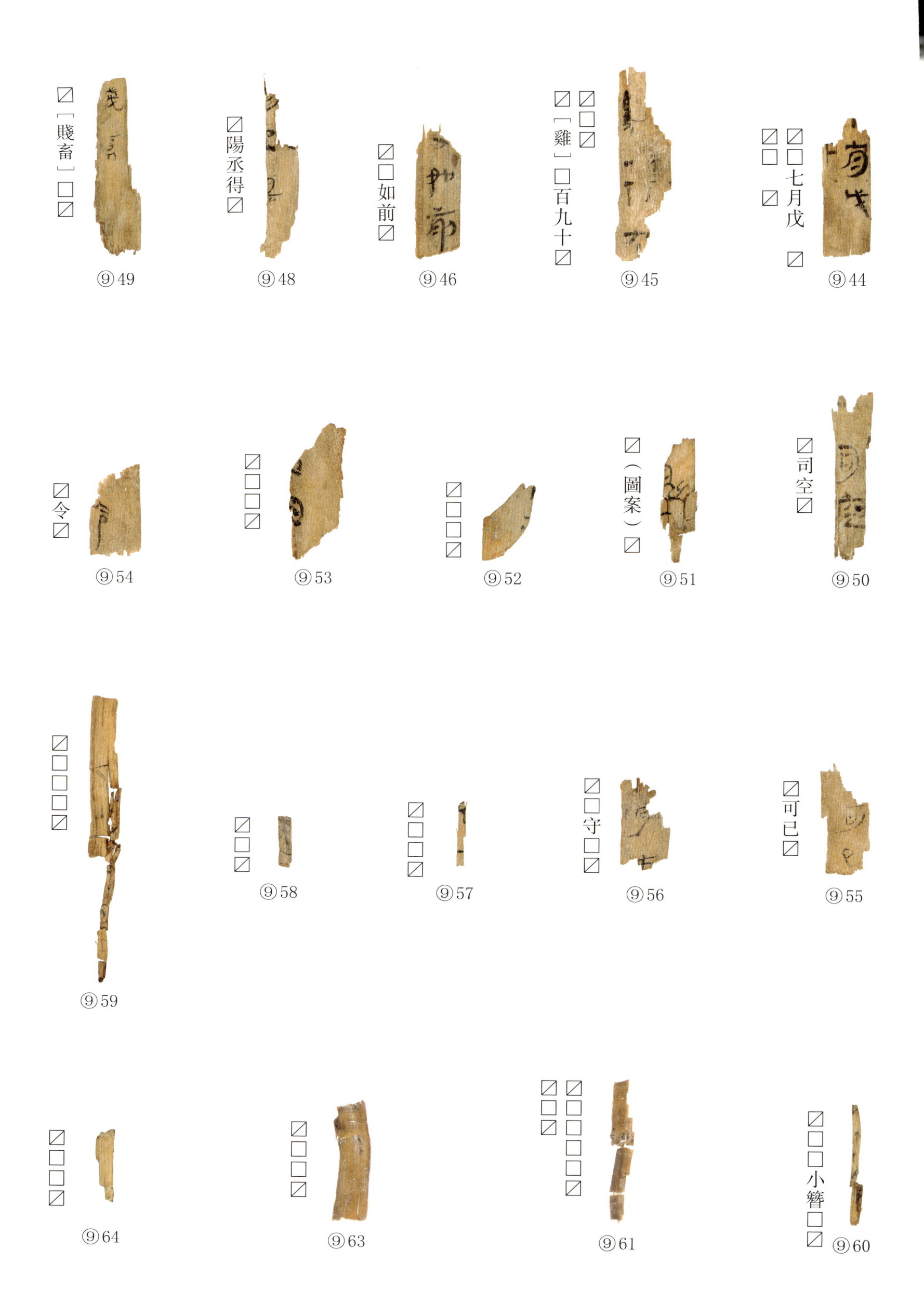

⍁［賤畜］□⍁
⑨49

⍁司空⍁
⑨50

⍁（圖案）⍁
⑨51

⍁□□⍁
⑨52

⍁□□⍁
⑨53

⍁令⍁
⑨54

⍁可已⍁
⑨55

⍁□守□⍁
⑨56

⍁□□⍁
⑨57

⍁□⍁
⑨58

⍁□□□⍁
⑨59

⍁□□小簪□⍁
⑨60

⍁□□□□⍁
⍁□⍁
⑨61

⍁□□⍁
⑨63

⍁□□⍁
⑨64

益陽兔子山七號井西漢簡牘

下

湖南省文物考古研究院
益陽市文物考古研究所
中國人民大學歷史系
編著

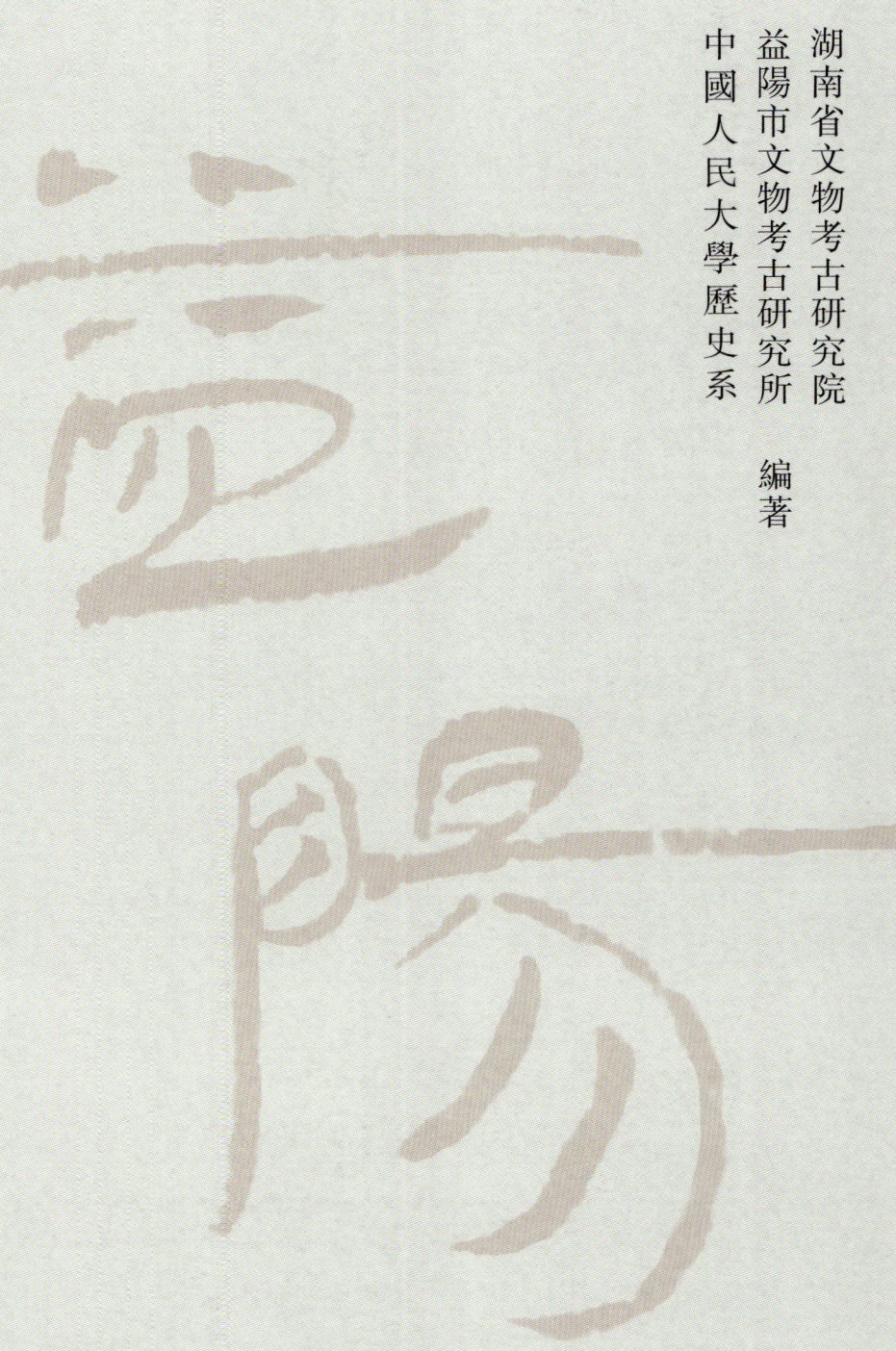

下册目録

紅外綫圖版

第一層

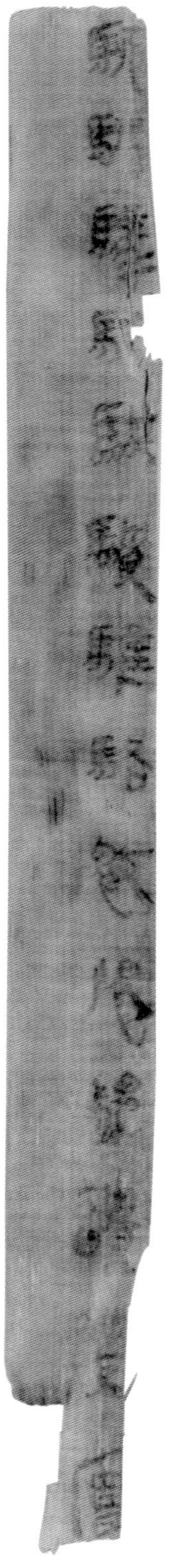

①1正

駹駈騂□騏驉騅駱敫隗㲈□□匱▨

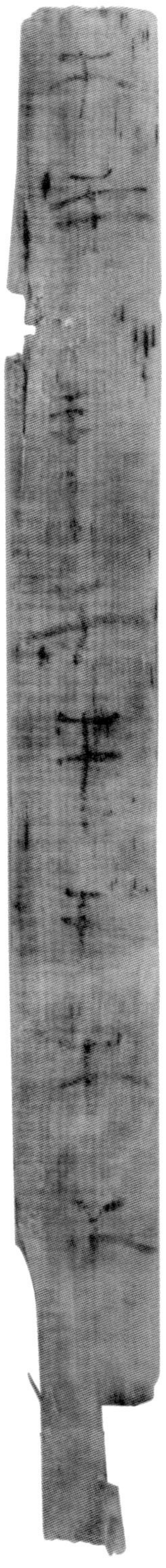

①1背

牛羊羊牛牛牛牛牛▨

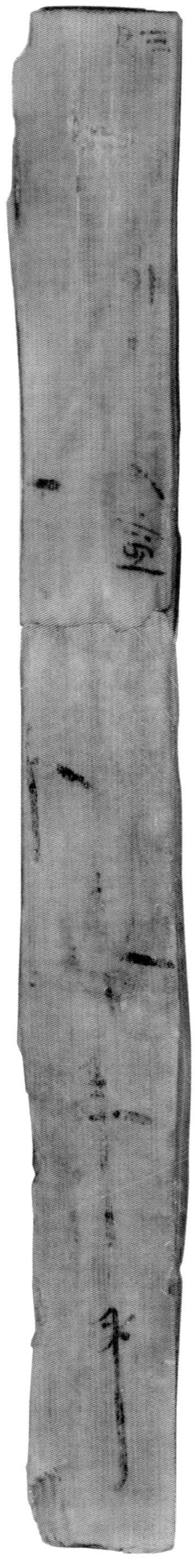

①2+④47正

三□□□□朔□□□益［年］年禾……

①2+④47背

□□□

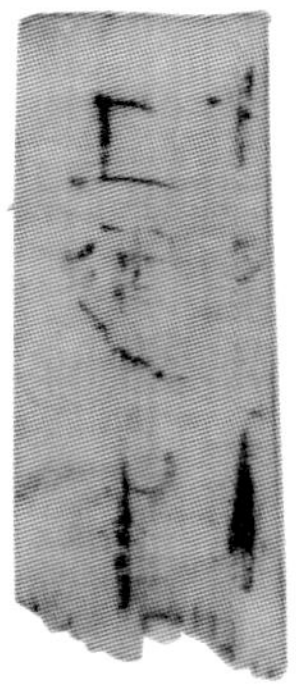
□□□☒
上造□☒

①3

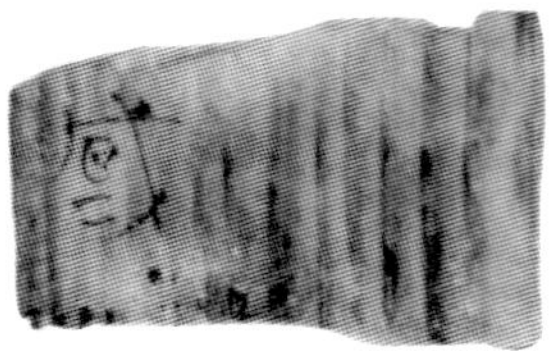
☒臧☒

①4

☒□瘍□☒

①5

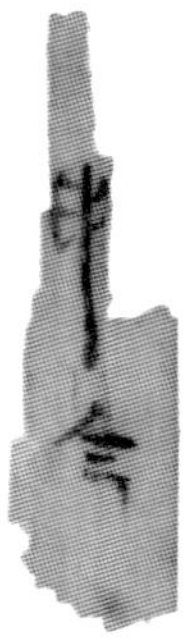
☒申［乞］☒

①6

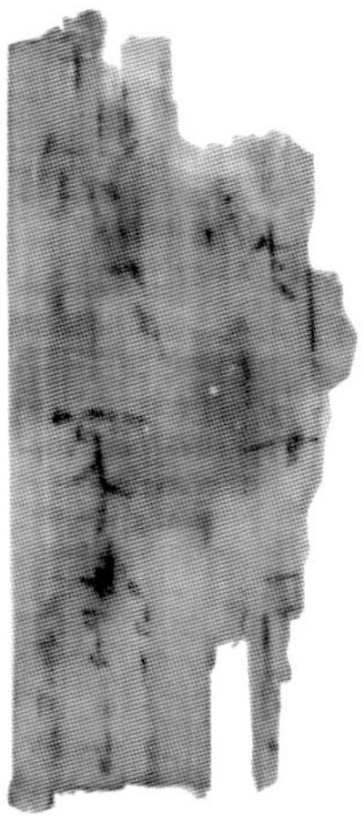
☒□七□☒
☒十錢不衛☒

①7

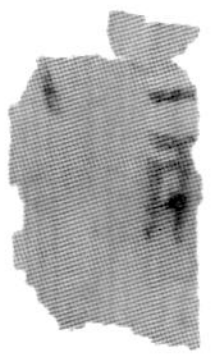
☒一兩☒
☒□☒

①8

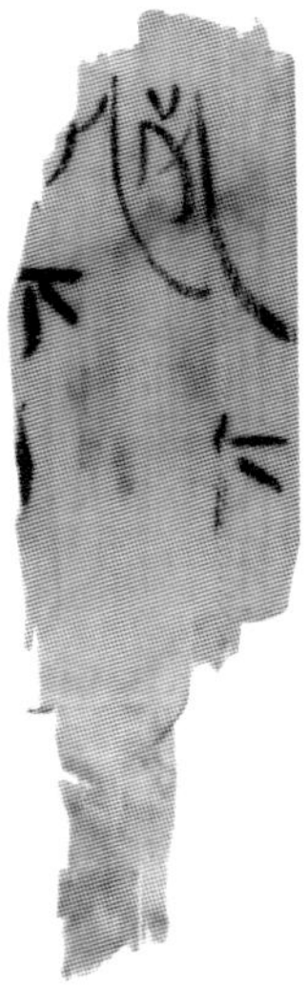
☒死□☒
☒死□☒

①9

☒上☒
☒□☒

①10

☒庚辰☒
☒□　☒

①11

☒歲爲免［老］☒

①12

☒□□☒

①13

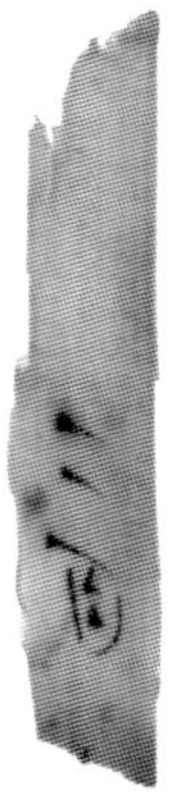
☒　二百□☒

①14

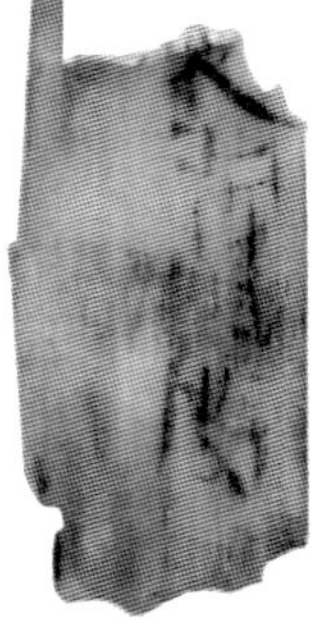
☒□□□☒

①15

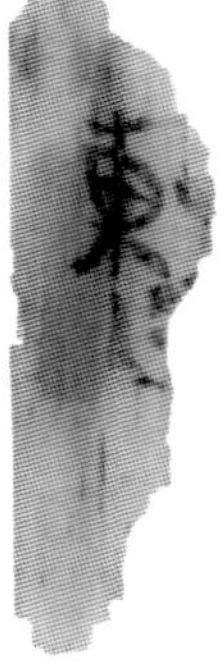
☒曹☒

①16

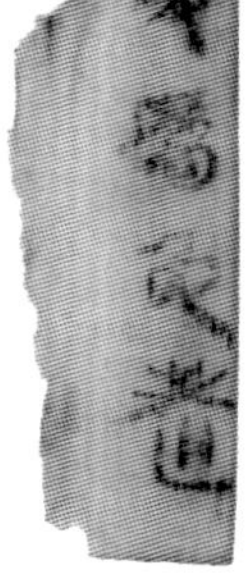
☒歲爲免老☒
☒□　☒

①17

☒□□□□□
☒□□□益陽
☒□□□□□
☒□□□□□

①18正

☒□□

①18背

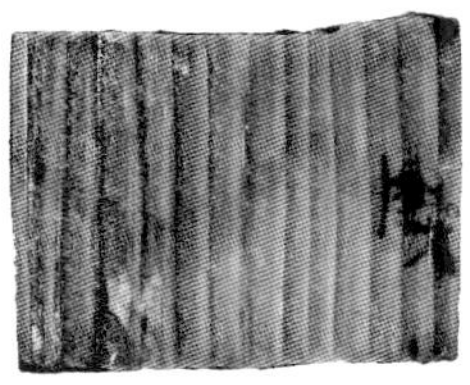

☒□☒

①22

☒□ ☒
☒責□□□☒
☒發□令☒

①19正

☒□□☒
☒□□□□☒

①19背

☒□

①24

☒□□□□☒

①27

☒□□☒
☒□□☒

①20正

☒□□□□☒
☒……☒

①20背

☒三年七月辛亥［朔］☒
☒□數賦☒

①29

第二層

⧄□□□□□

②1

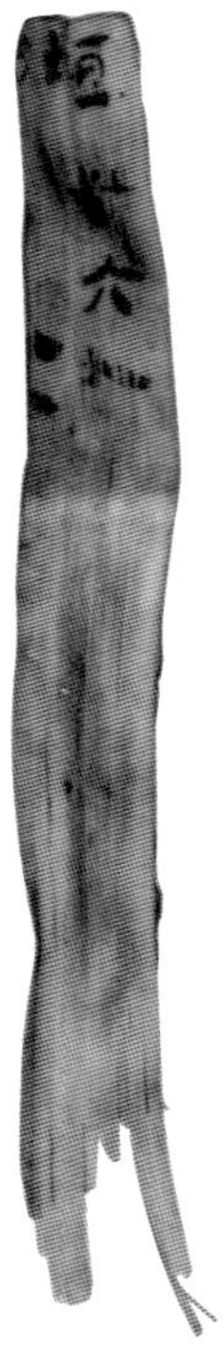

垣廿六人 ⧄

□□□□［人］⧄

②2

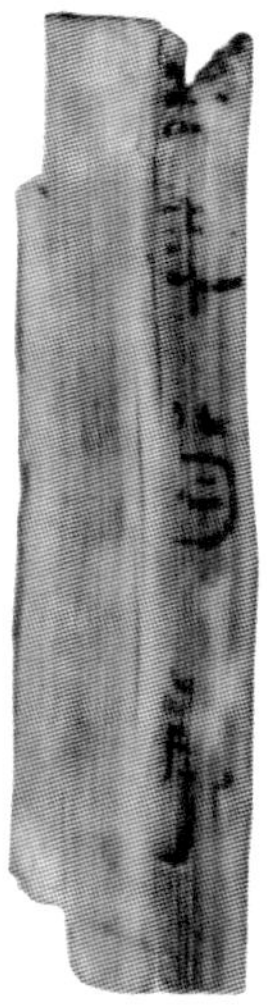

三年六八月［庚］⧄

②3

⧄□□二 ⧄

②4

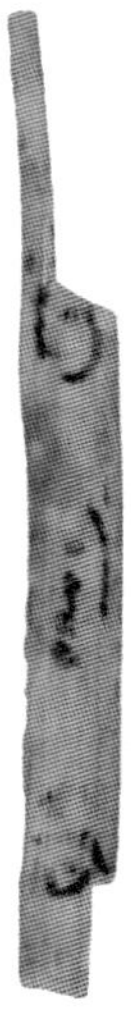

⧄□［金］□⧄

②5

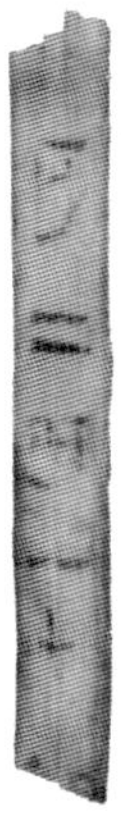

⧄可二百一十□⧄

②6

⧄［癸］亥倉［辯］⧄

②7

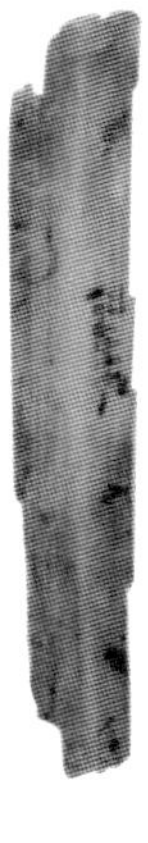

⧄□□□□□⧄

⧄□……⧄

②8

⧄□□□□□⧄

②9

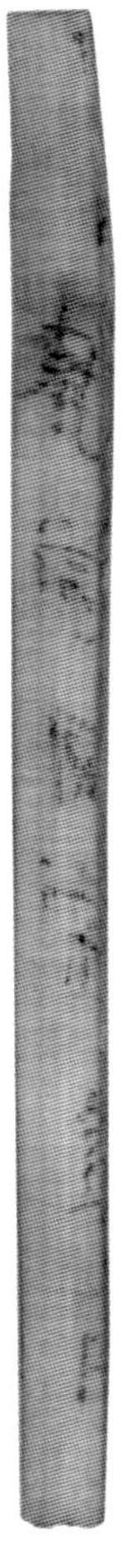

□當［陽］□□［益］［陽］⧄

②10

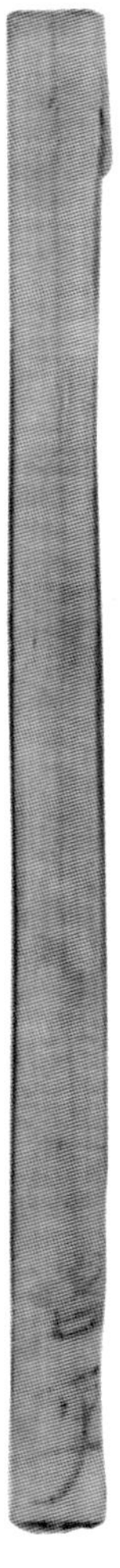

各吏⧄

②11

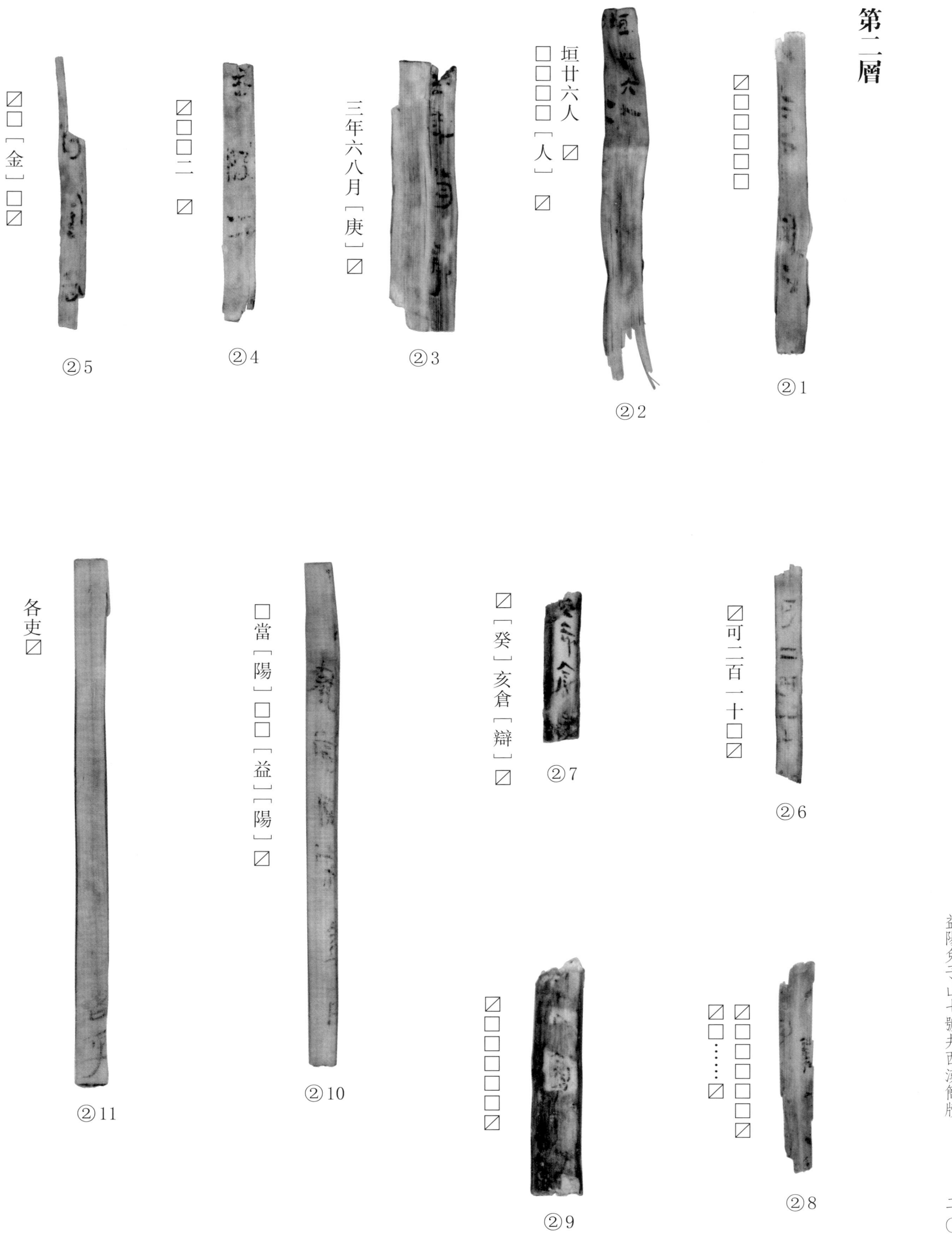

☒［里］公士［庚］賞爵☒
臨昌簪裹贏∠各☒
□里簪裹僕賞爵一級☒

②12正

九年□□□□□☒
□□□□□□☒

②12背

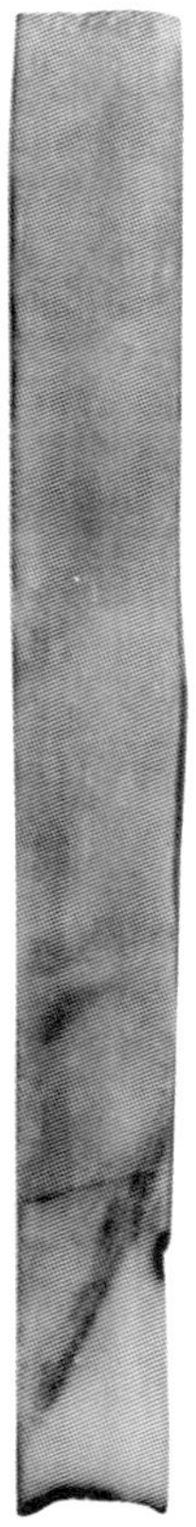

□□☒

②13

申言王［環］□王后來給其用瓦□盂各百五十府
許令［獄］司空給各五十至今未給故令佐濯行
□謁下獄司空具以□盂畀濯□☒

④54+②14

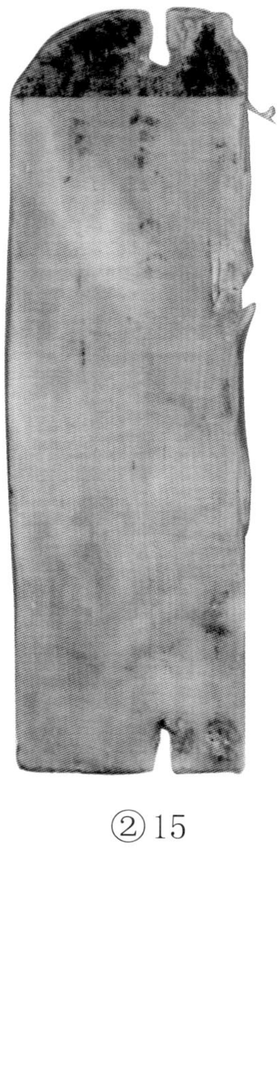

……
……
……

②15

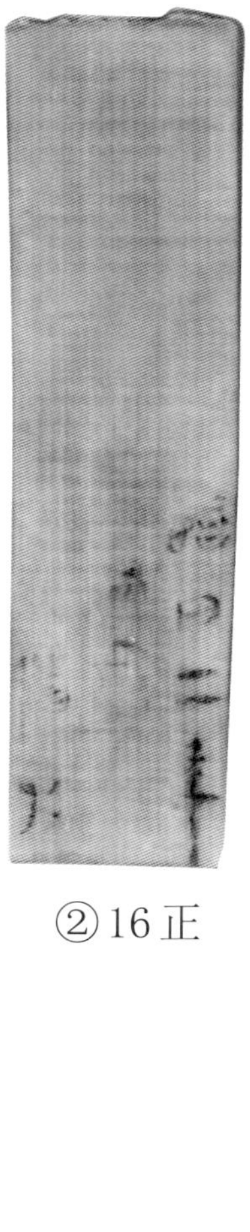

☒⊠□田二年
☒⊠□□
☒⊠［陽］□

②16正

☒　勾手

②16背

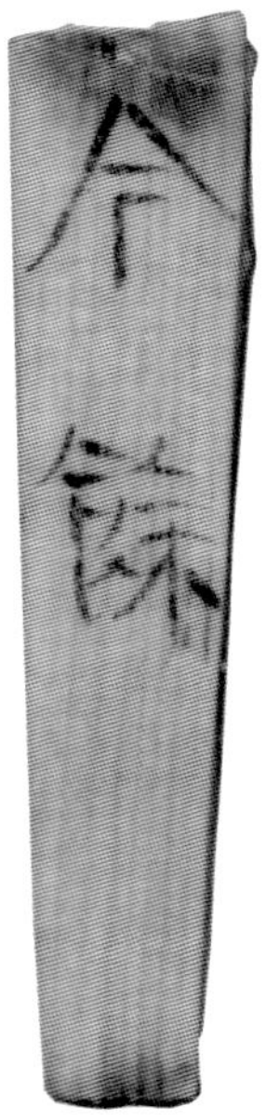

☒今餘

②17

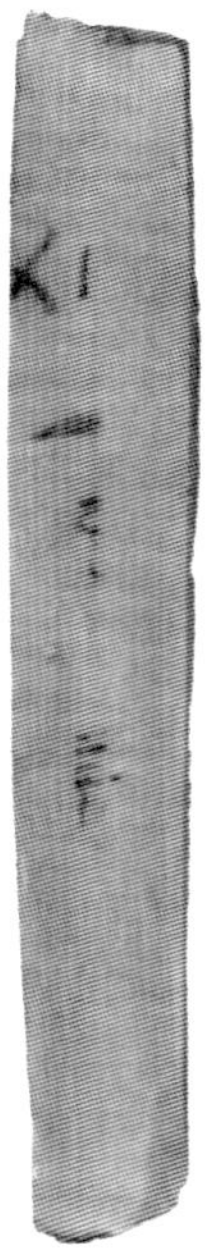

☒□□□言　☒
☒□　☒

②18

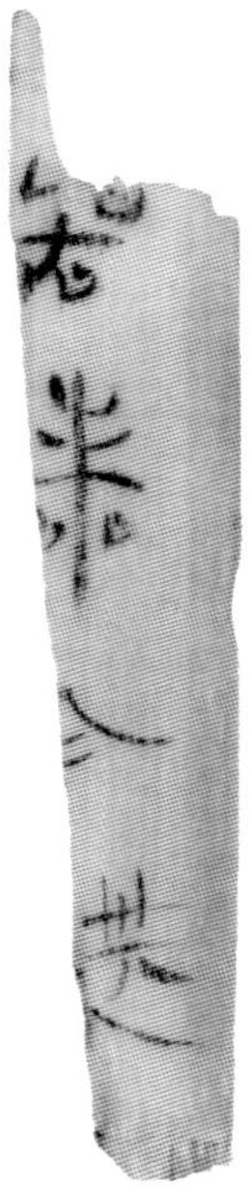

☒器□□□☒

②19正

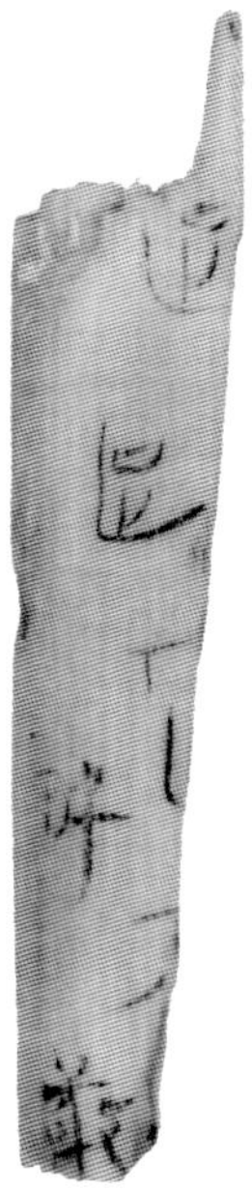

☒足足□□☒
☒　□敬☒

②19背

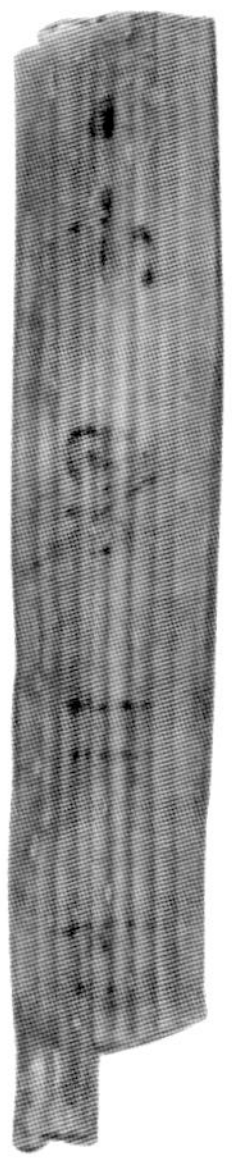

•小男二□☒

②20

☒章章

②21正

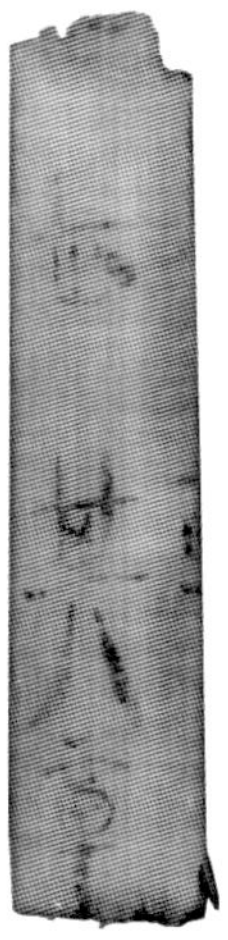

☒……
☒長其章

②21背

☒□戊倉辯敢言☒

②22

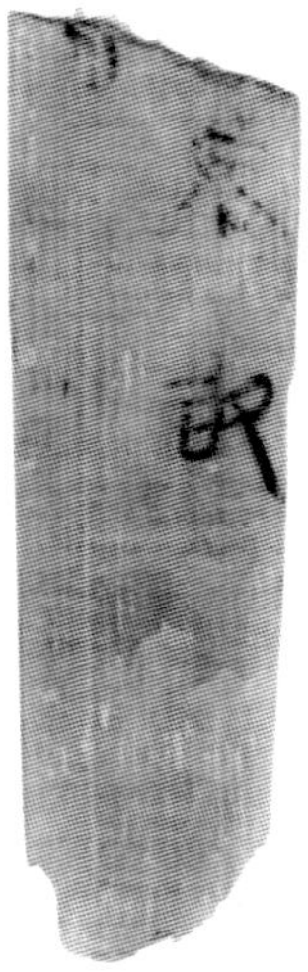

☒□敢　☒
☒□　☒

②23正

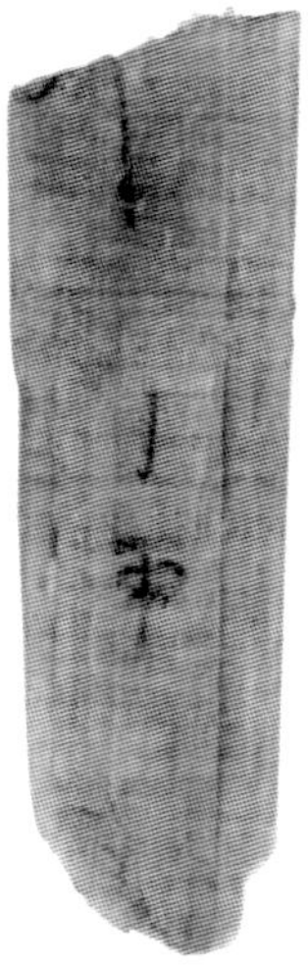

☒　▍兩　☒

②23背

説明：背面有分欄痕迹。

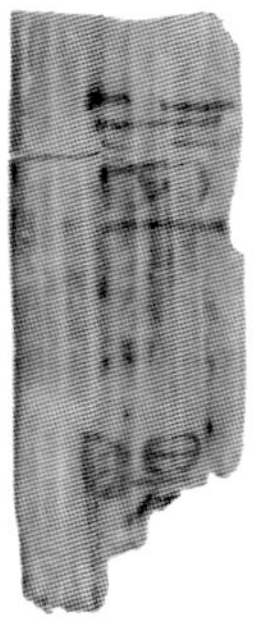

☒益陽☒

②24正

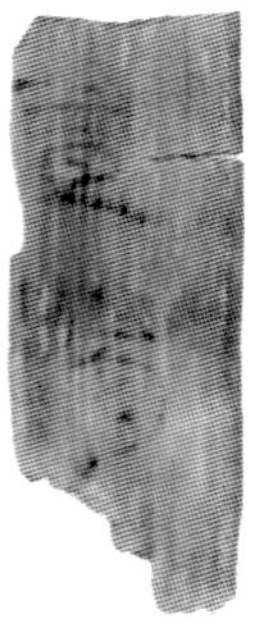

☒益陽☒

②24背

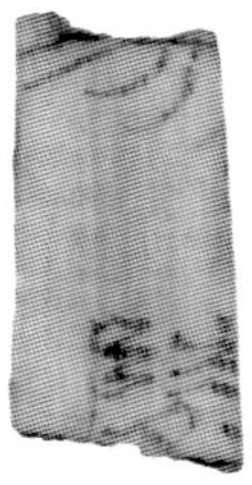

☒［澙］陵☒

②25

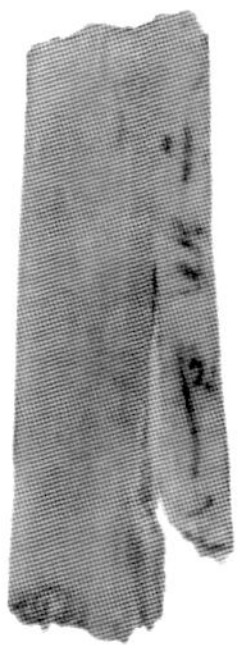

☒□□□□☒

②26正

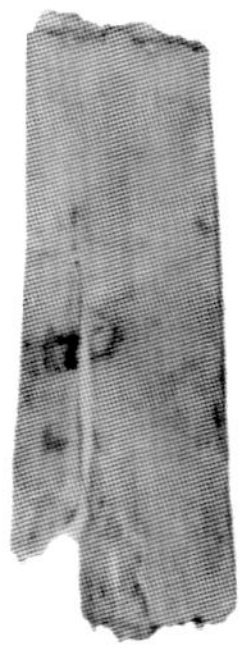

☒　□□☒

②26背

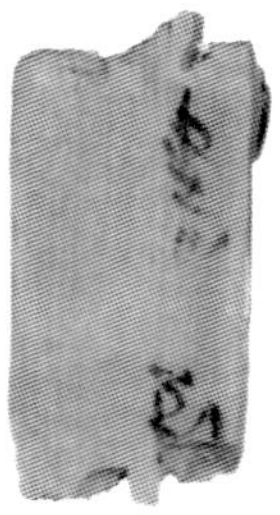
⧄書到⧄

②27

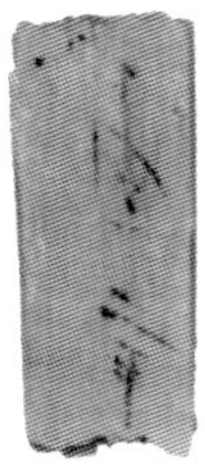
⧄□月辛⧄

②28正

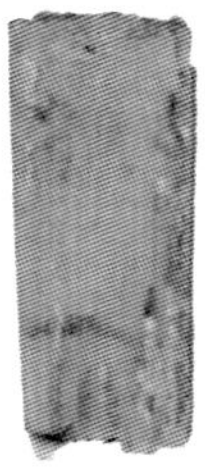
⧄□□⧄

②28背

⧄□八分⧄
⧄□廣⧄

②29正

⧄□年⧄
⧄朔朔□⧄
⧄□令⧄

②29背

⧄□□⧄

②30

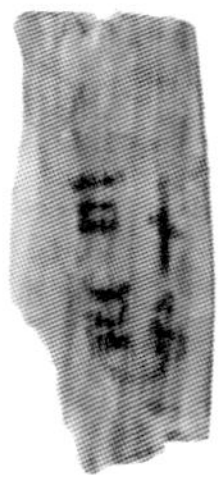
⧄□□⧄

②31

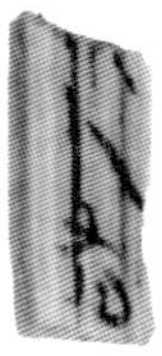
⧄□人有⧄

②32正

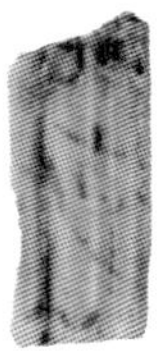
⧄□直□⧄

②32背

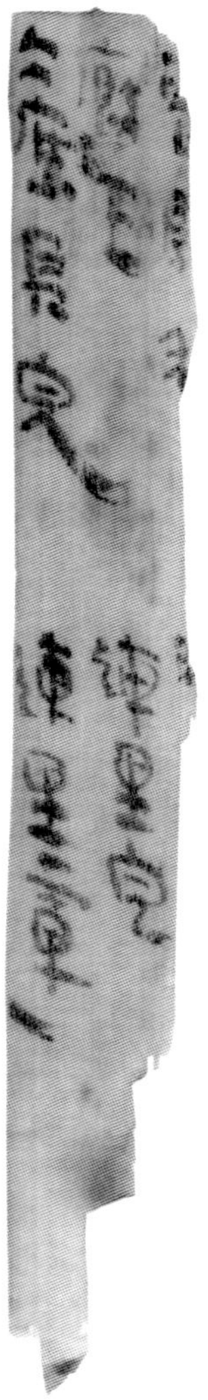
［郡尉］□　□⧄
廄壬　　連里完　⧄
大庶長完　連里章　⧄

②33

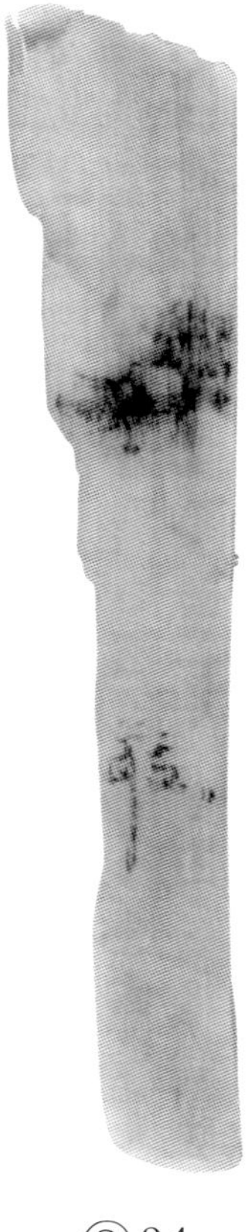
⧄□敬⧄

②34

⧄書黄爲膸⧄
⧄膸膸⧄

②35

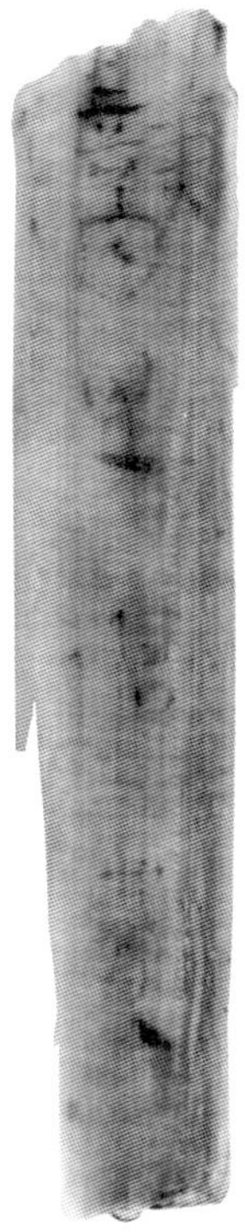
⧄□　⧄
⧄言内史□□□⧄

②36

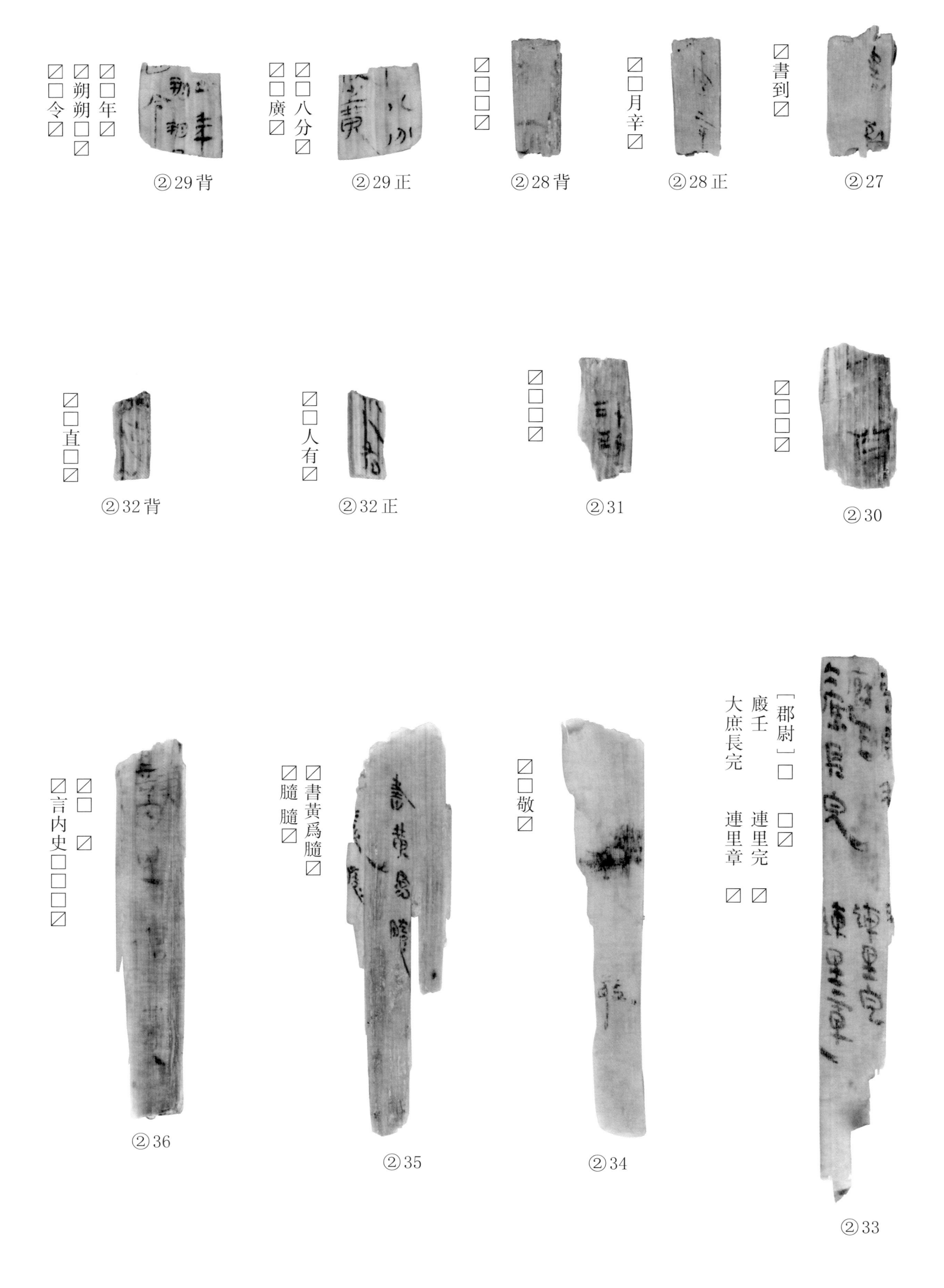

⍁（虎頭圖案）⍁

②37

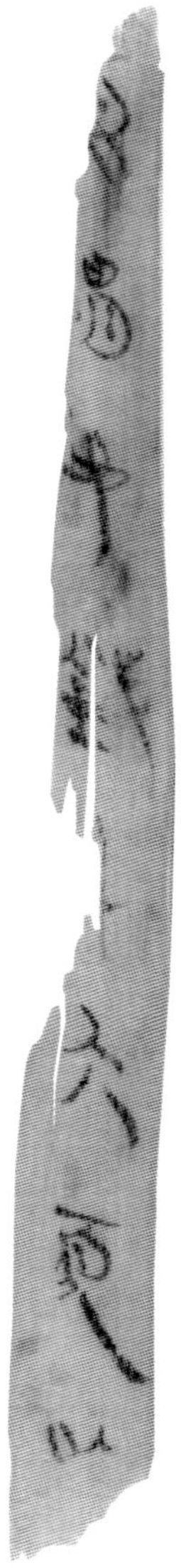

⍁□謂予錢千六須以⍁

②38

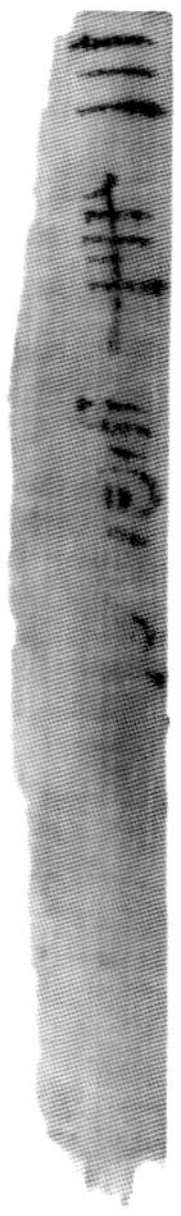

三年益陽　⍁

②39

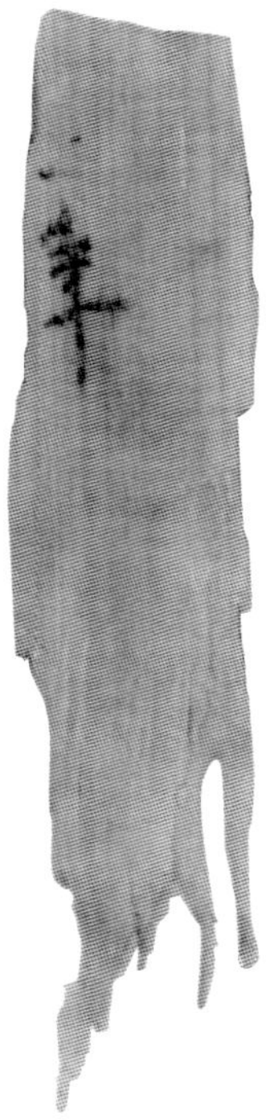

□年　⍁

②40

⍁鋏幭⍁

②41

⍁［敢］告都水丞⍁

②42

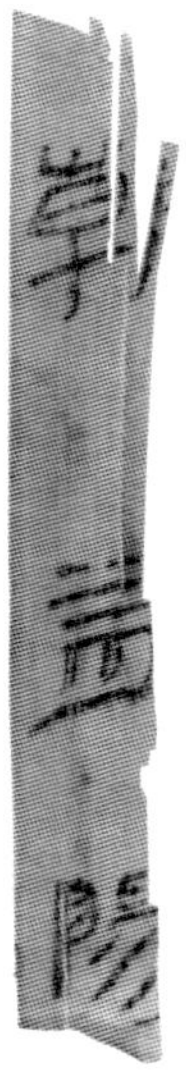

⍁朝益陽⍁

②43

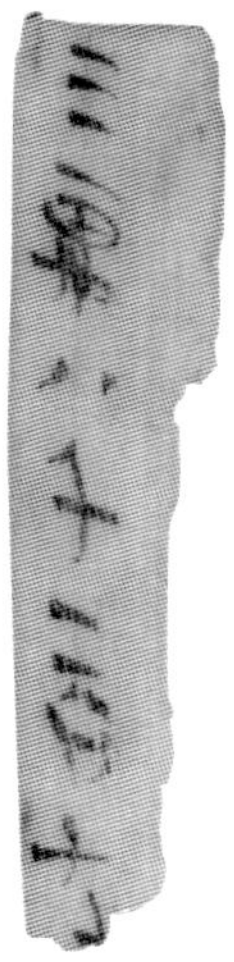

三萬八千一百十□⍁

②44

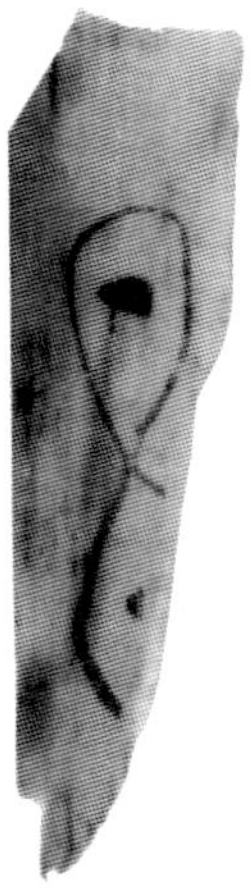

⍁（圖案）⍁

②45

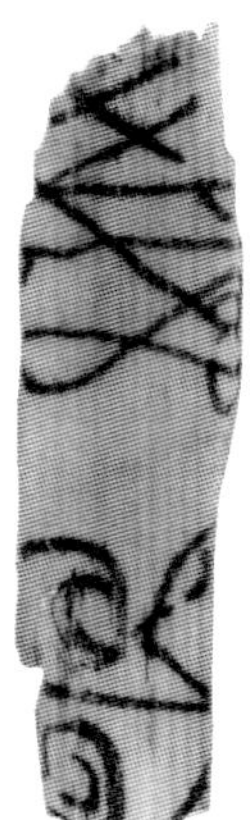

⍁（圖案）⍁

②46

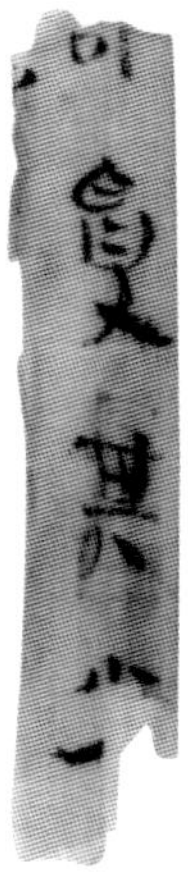

⍁□受其少⍁

②47

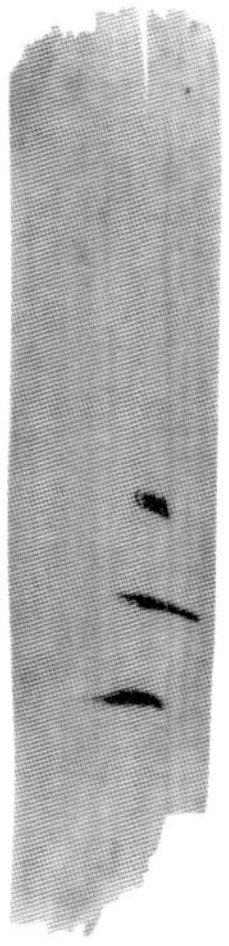

⍁　□⍁

②48

⍁更縣屬⍁

②49

⍁大女静青□⍁

②50

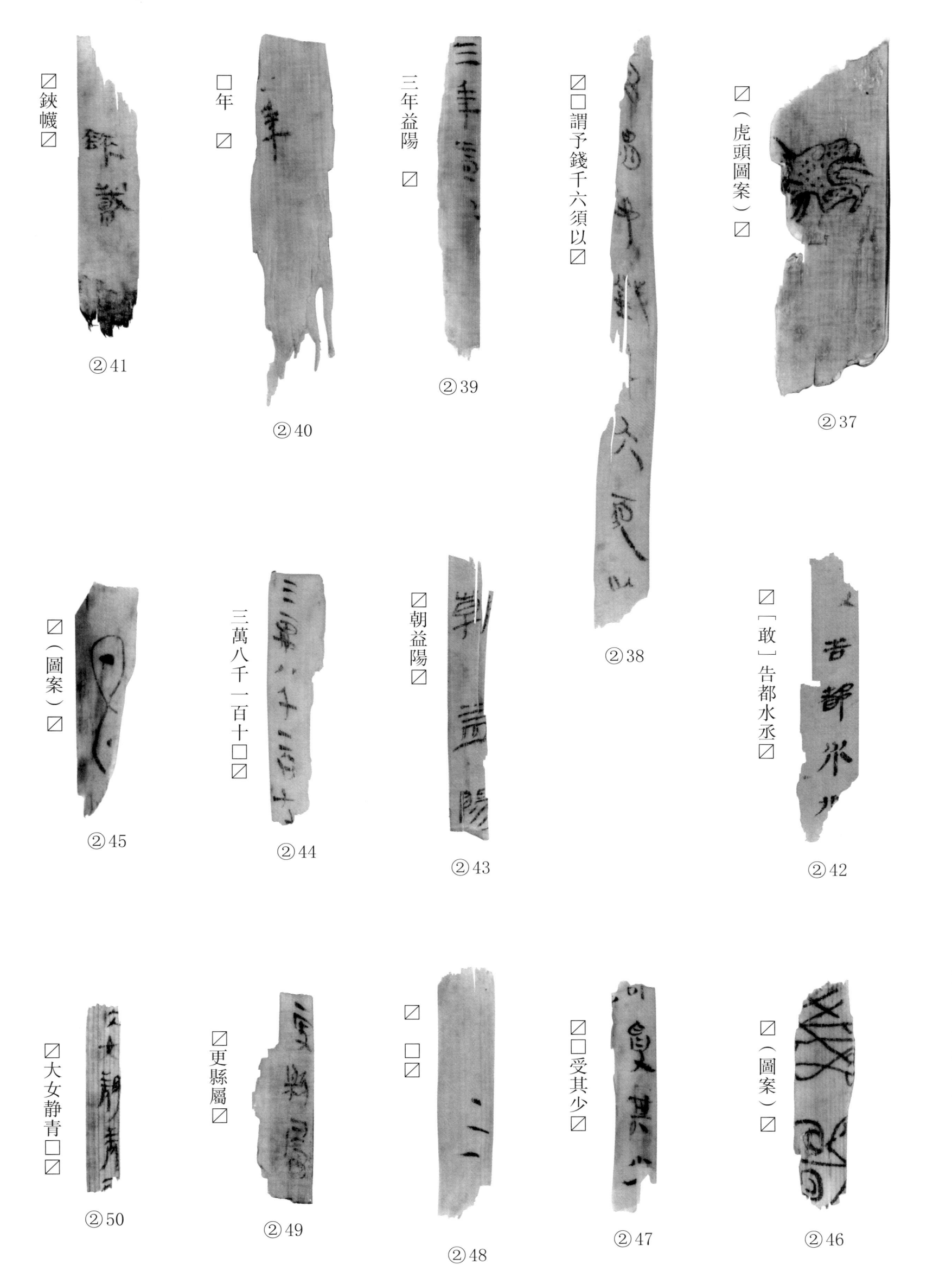

☒凡［笥］乀☒

②51

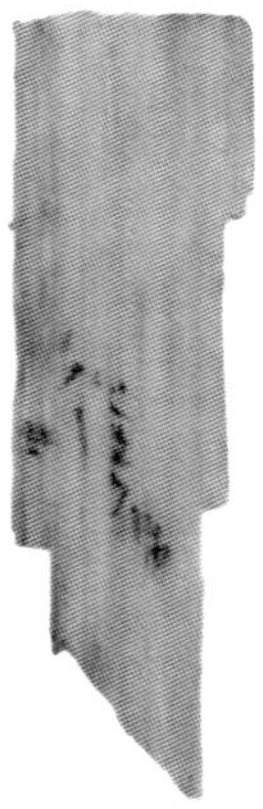

僕☒

②52

☒□里旁籍［曰］☒

②53

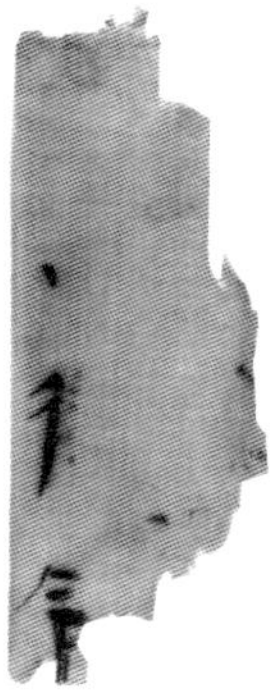

☒□□☒
☒□律令☒

②54

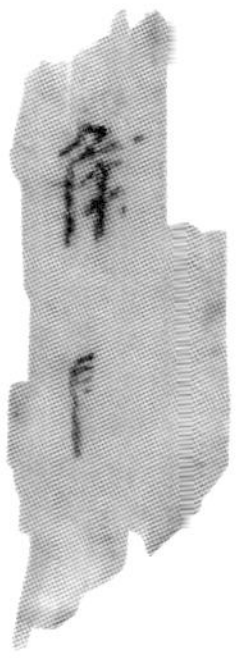

☒矦□☒

②55

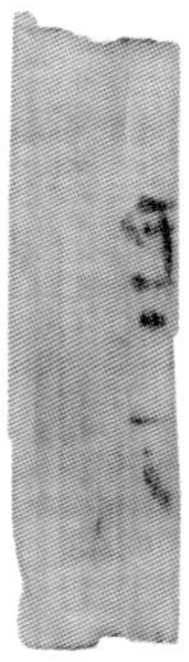

☒里□☒

②56

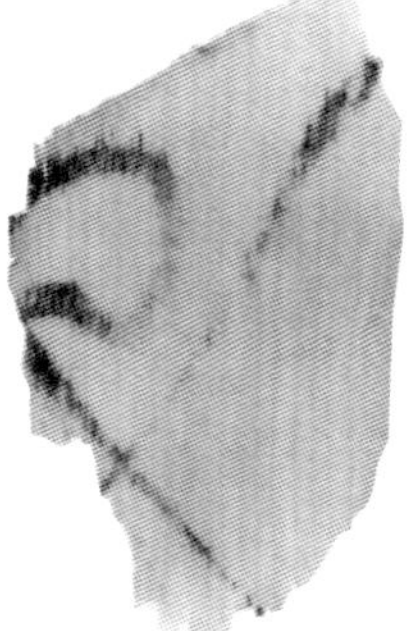

☒（圖案）☒

②57

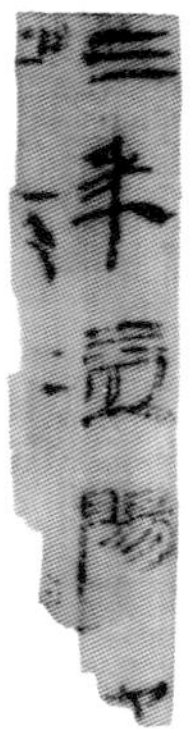

三年益陽□☒
□□□□☒

②58

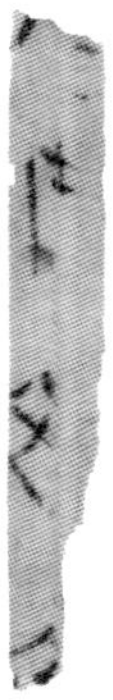

☒□□□□☒

②59

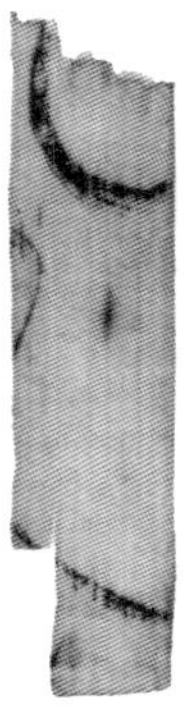

☒乙乙

②60

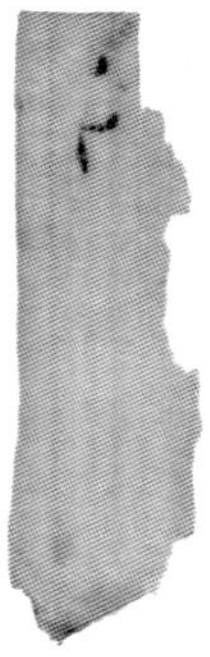

□ ☒

②61

☒月辛亥朔☒
☒……☒

②62

☒發［弩］□☒

②63

☒書到言☒

②64

☒□□□☒

②65

臨昌户人公士☒
妻［曰］□☒

②66

☒［見］論□☒
☒ 田=移☒

②67

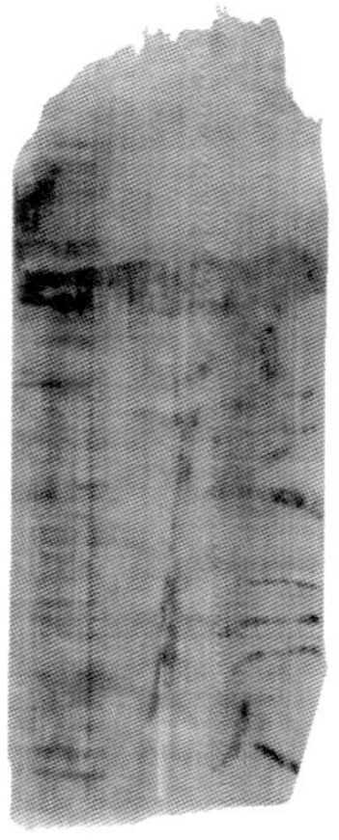

☒徒三人☒

②68正

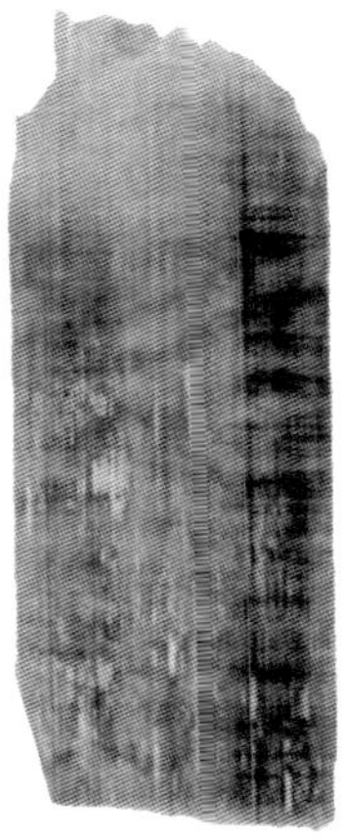

②68背

說明：正面有墨綫分欄，背面右側有一組墨道。

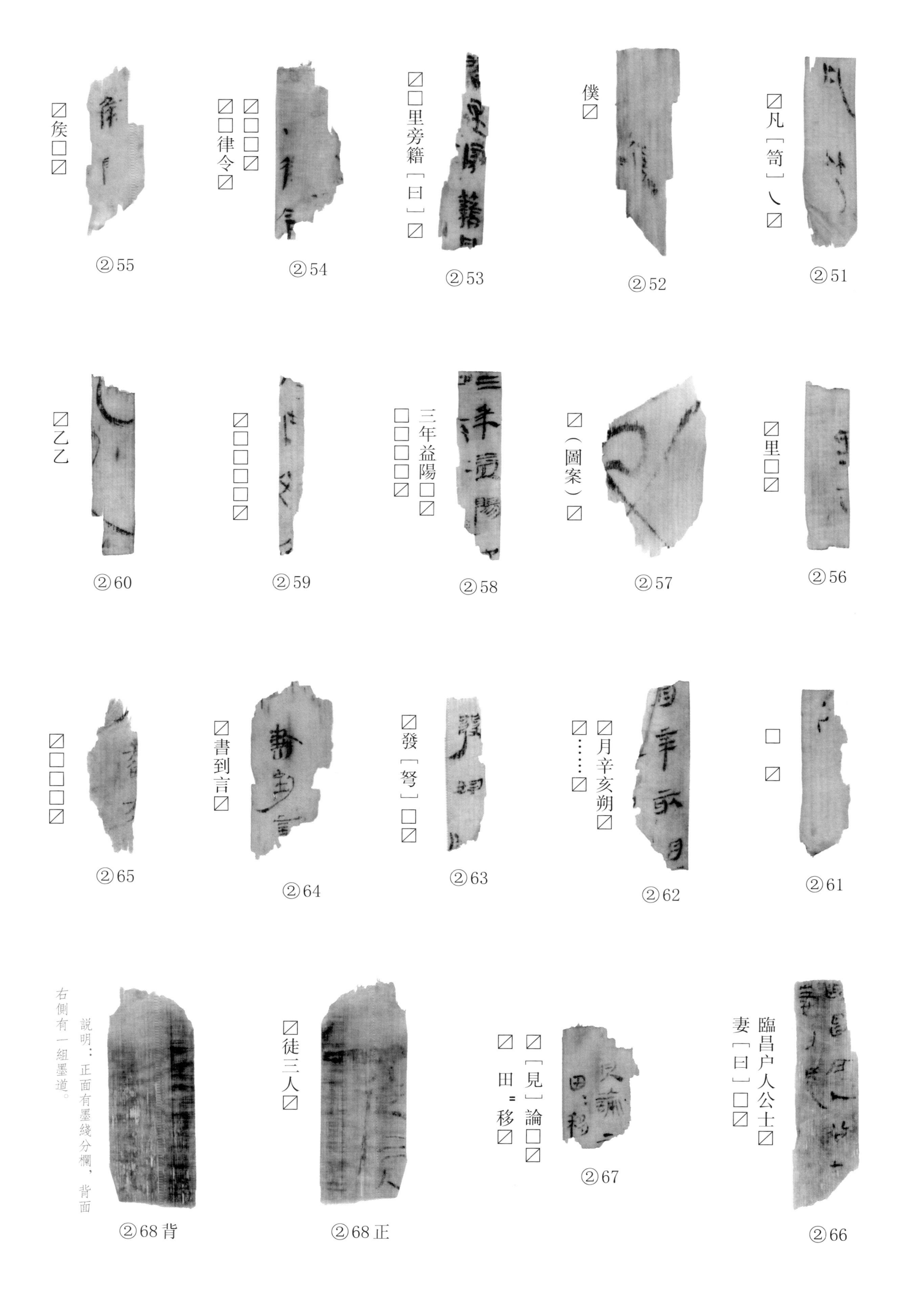

三年六月辛巳［朔］▨
∟求盜律∟賜∟▨
□□□□□□□▨

②69+③154

▨……▨
▨矛▨

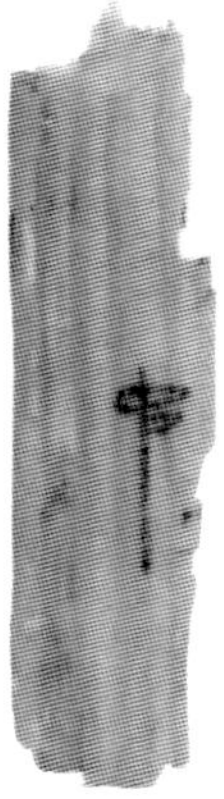

②70

▨□□□▨
▨治青□▨

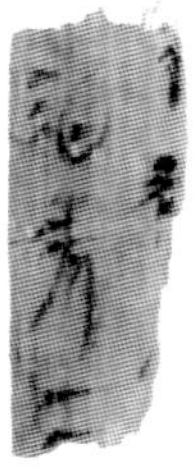

②71

▨□　▨

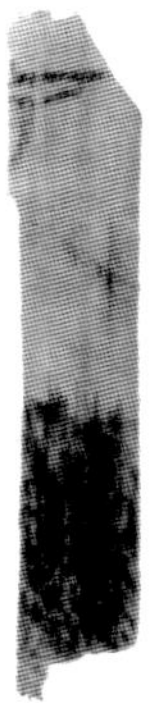

②72

▨□獻書▨

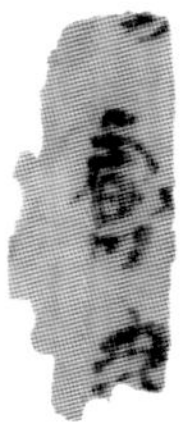

②73

▨□［亡］　▨

②74

▨三人▨

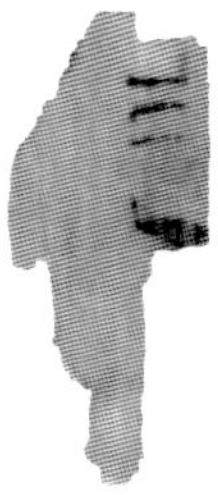

②75

▨年七月▨
▨七月　▨

②76

▨應▨

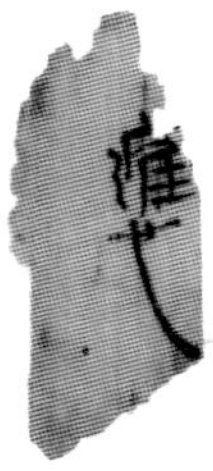

②77

三年益［陽］▨

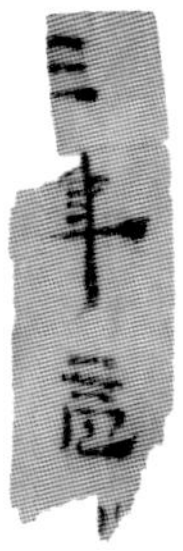

②78

▨　□

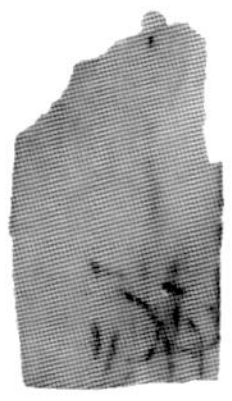

②79

▨□下爲▨
▨□□□▨

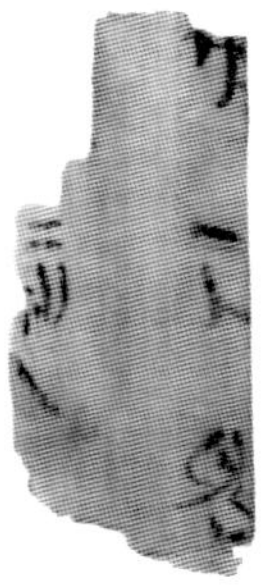

②80

▨［年］益陽▨
▨舍小史▨

②81

▨□□　▨

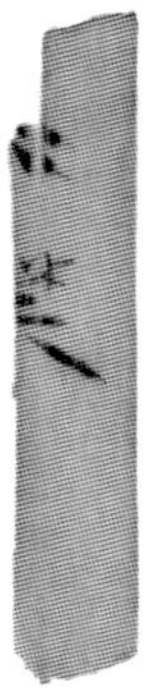

②82

▨□　▨

②83

▨三年▨

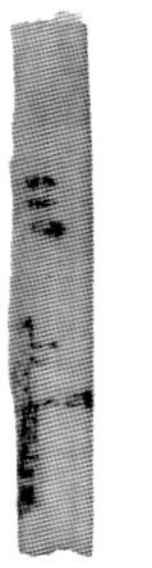

②84

▨□□▨

②85

▨□所［得］□▨

②86

▨□小不□▨

②87

▨不更柳▨

②88

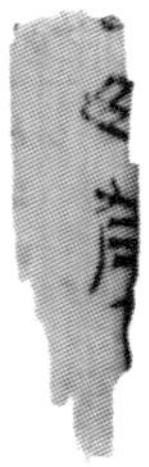

☐□毋有☐

②89

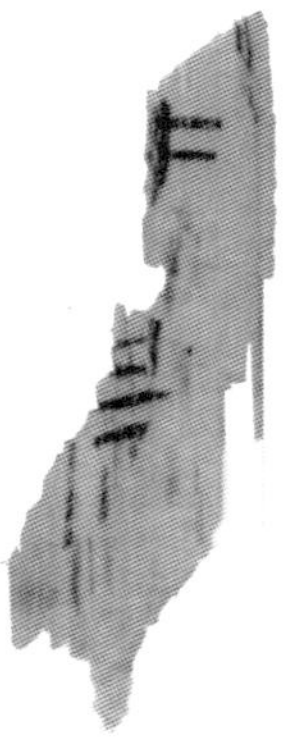

☐□□☐

②90

☐□ ☐

☐□ ☐

②91

☐□□☐

②92

☐□不☐

②93

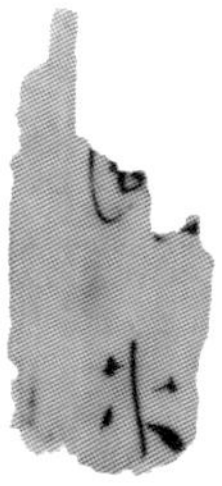

☐□水☐

②94

☐百二☐

②95

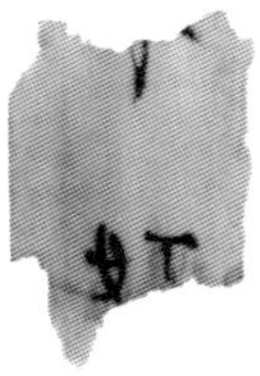

☐□□☐

②96

☐□□☐

②97

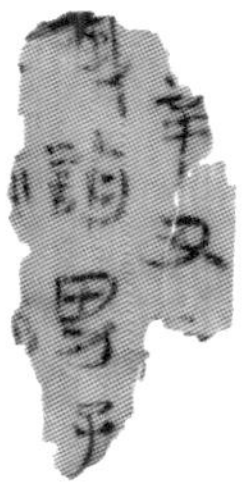

☐辛丑□☐

☐［臧］詣男子☐

☐□□□☐

②98+②111

☐□☐

☐□□☐

☐□☐

②99

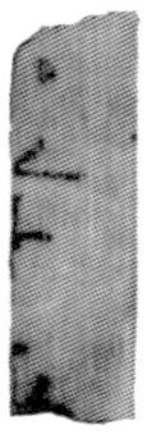

☐□□☐

②100

☐益☐

②101

☐□□☐

②102

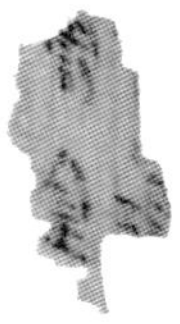

☐□☐

☐罰金☐

②103

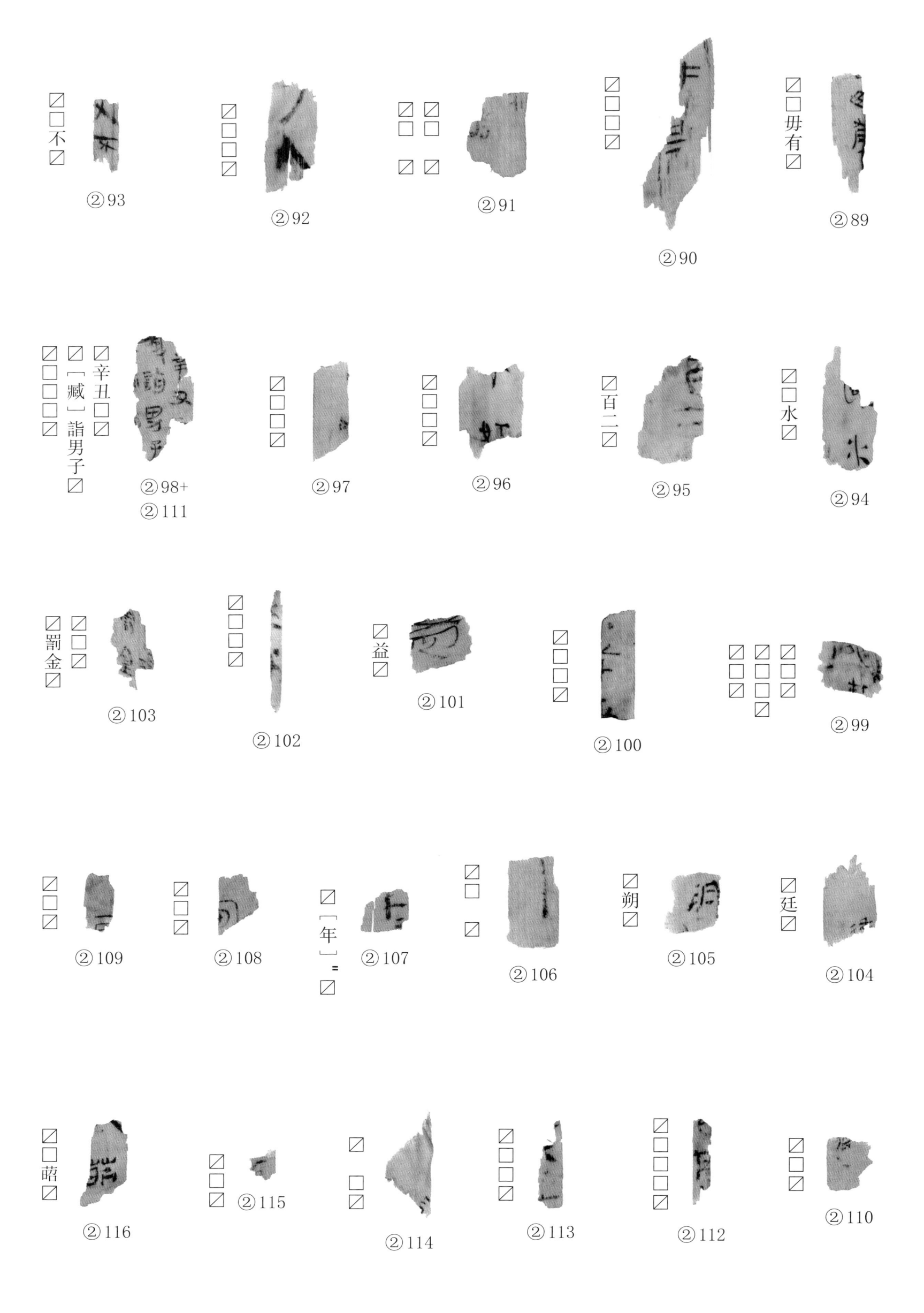

☐廷☐

②104

☐朔☐

②105

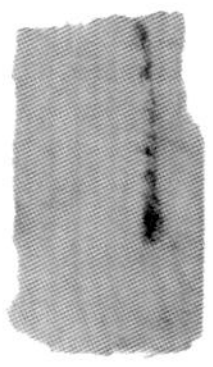

☐□ ☐

②106

☐［年］=☐

②107

☐□☐

②108

☐□☐

②109

☐□☐

②110

☐□□□☐

②112

☐□□☐

②113

☐□ ☐

②114

☐□☐

②115

☐□菭☐

②116

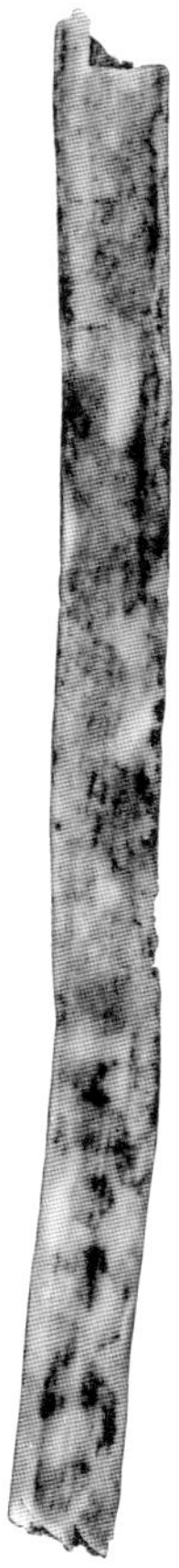
②117

☒……☒

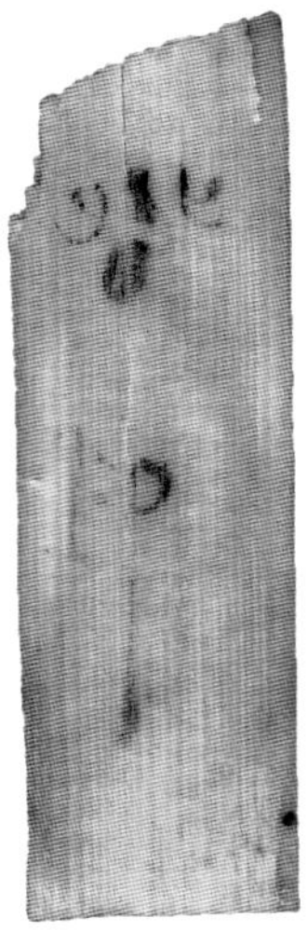
②118

☒丞印

②119正

☒陽□□□益□☒

②119背

☒……☒

②120正

☒……☒
☒……☒

②120背

☒□　☒

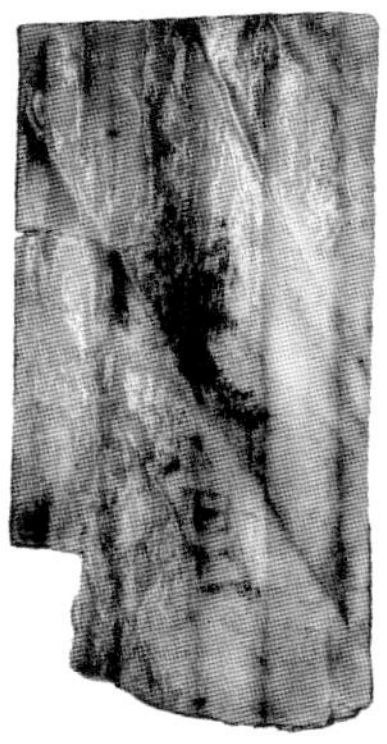
②121正

□□☒

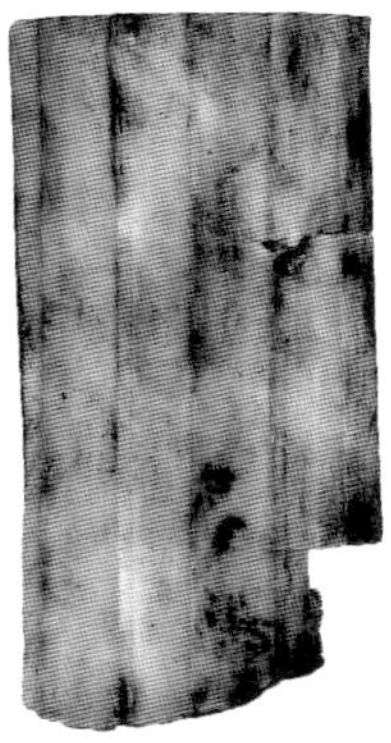
②121背

……☒

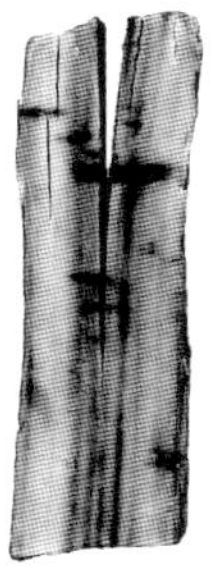
②122

☒□□□□☒

②123

☒八□□☒

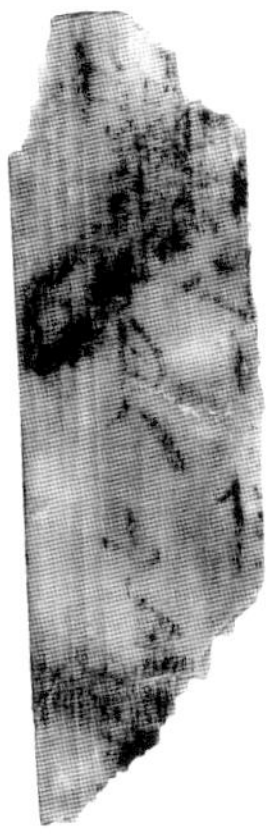
②124

☒……☒
□□見之□☒

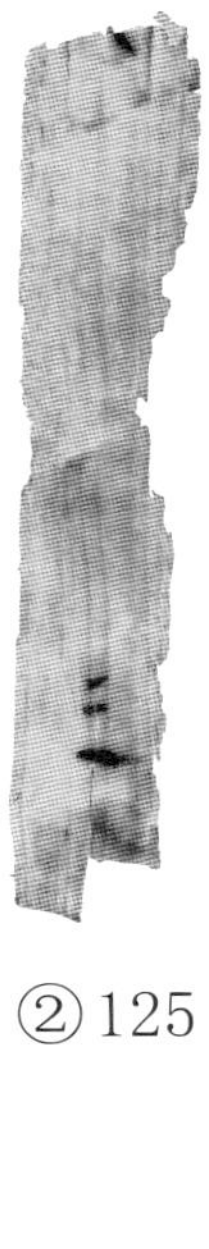
②125

☒□　三☒

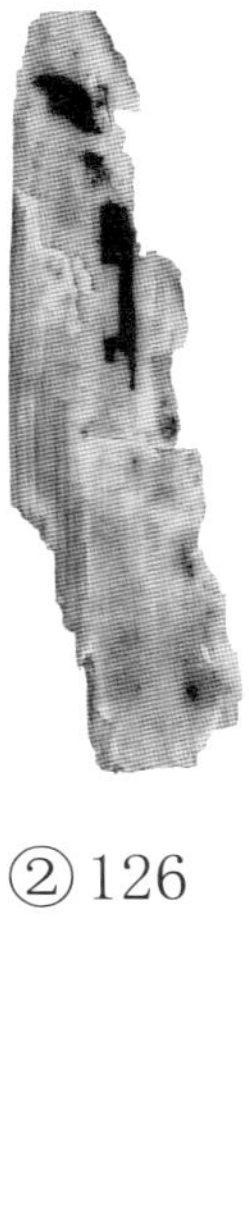
②126

☒□☒

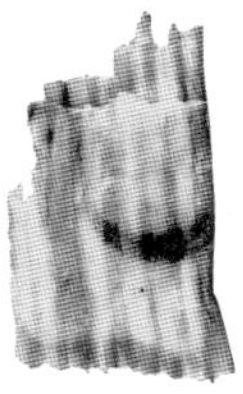
②127

☒□☒

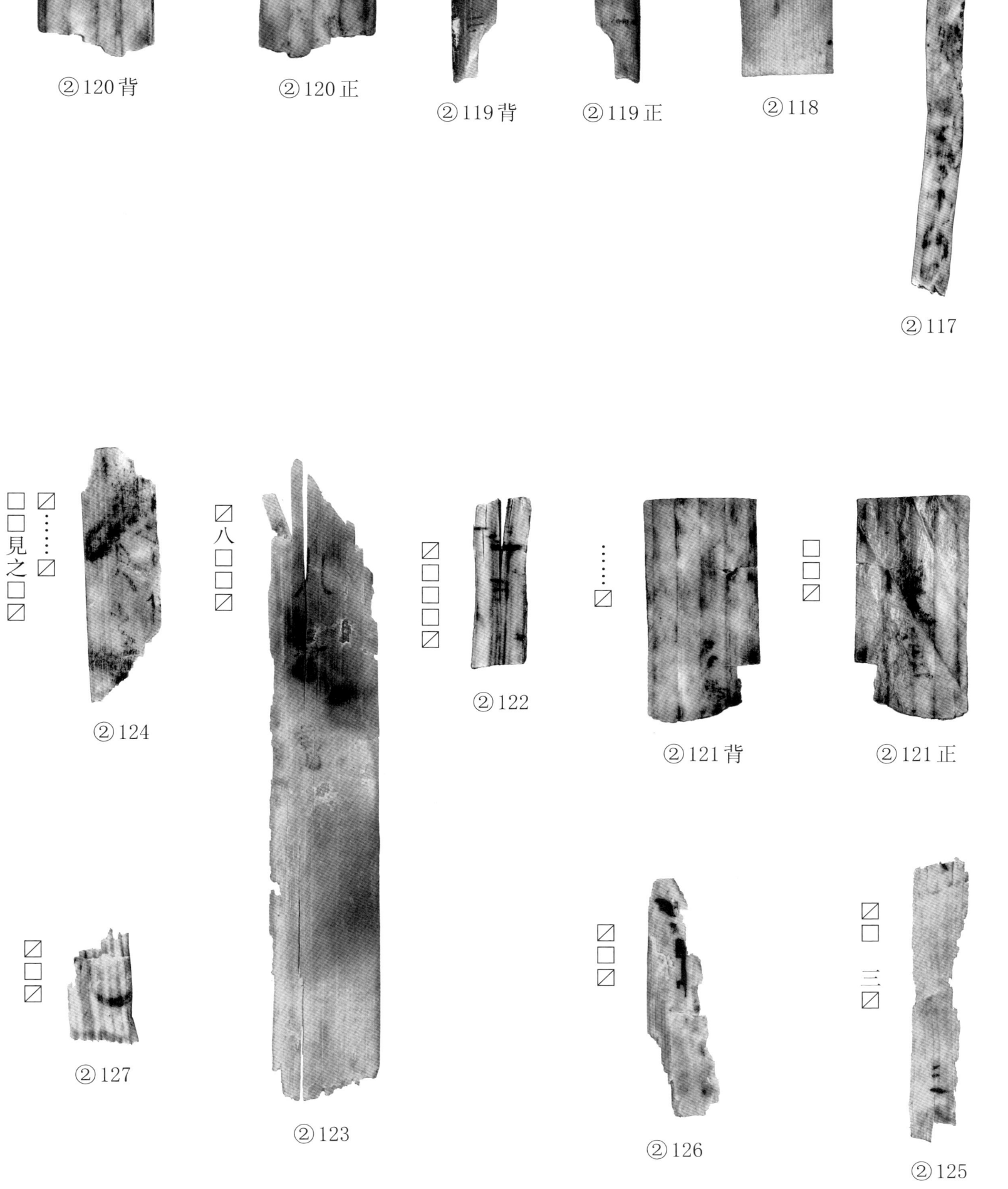

☒有 書 ☒
☒各各各曰令下廷 ☒
☒又金書各敢敢言之令□……☒
☒ □史十斤五□令……☒
☒各有□有食忘有史書曰二年 令 ☒

②128

第三層

（圖案）廄佐武所輔

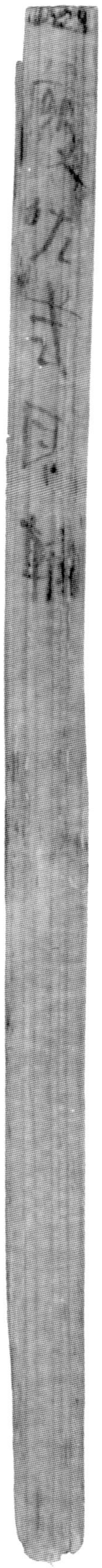

③1

［不治］辛亥夜半［等時］　〼

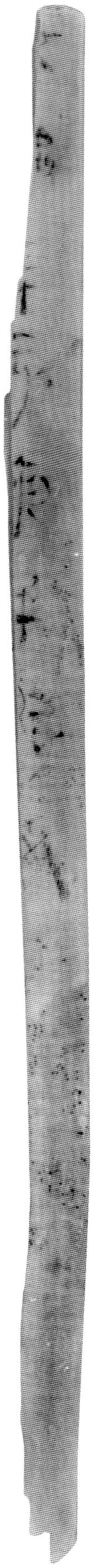

③2

年　年
倉四倉倉倉倉倉
□定米上三　三年三年
出平稾糸糸糸□　稾

③3

食［食］盡〼

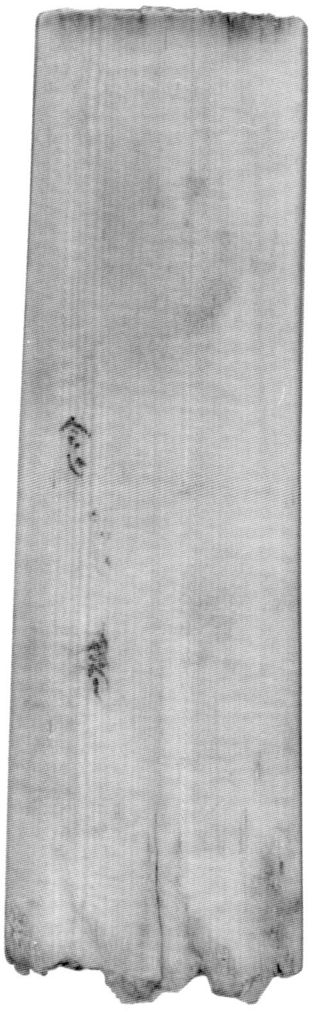

③4

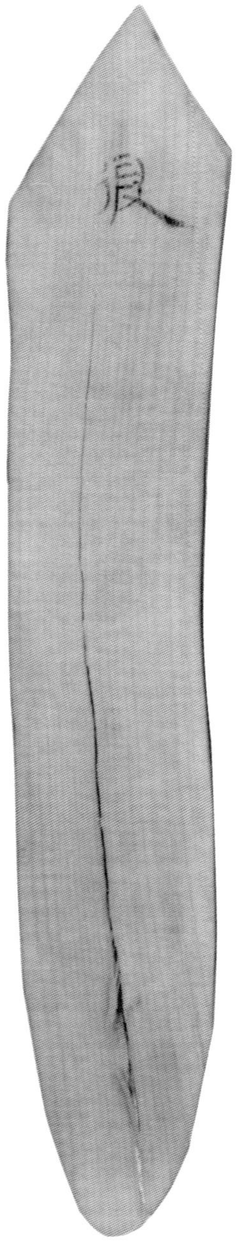

③5正

假

③5背

不有物故
有　司㇏

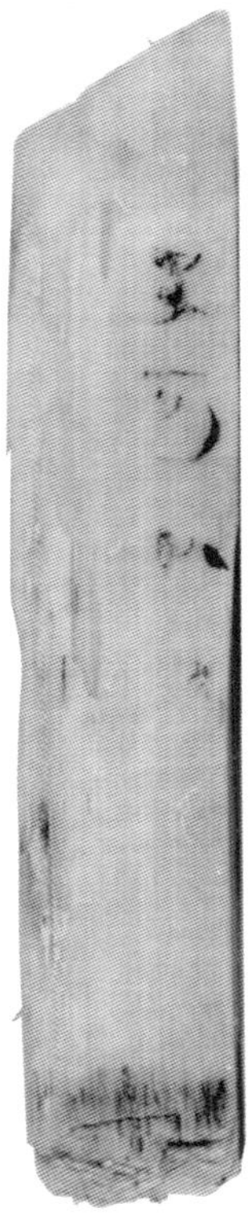

③7正

☒　史可以□

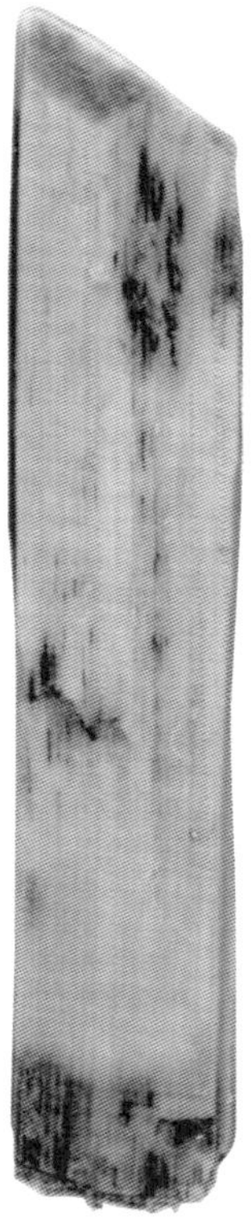

③7背

説明：正背面下端塗黑。

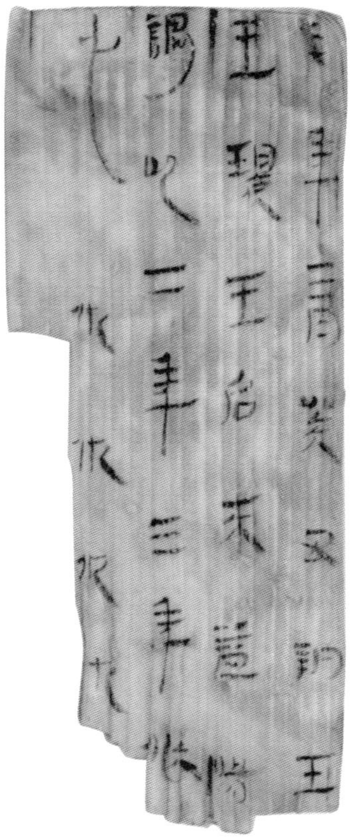

③6正

三年三月癸丑朔壬☒
王環王后來益陽☒
謁以二年三年作☒
之　佐佐佐佐☒

③6背

賤畜僕佗☒
前者得毋有所不辨☒
以百五十錢屬倉主「勝」☒
若過如故賈幸以米屬☒
大粟敬道之　☒

〼……〼
〼言之　〼
〼言都言　〼

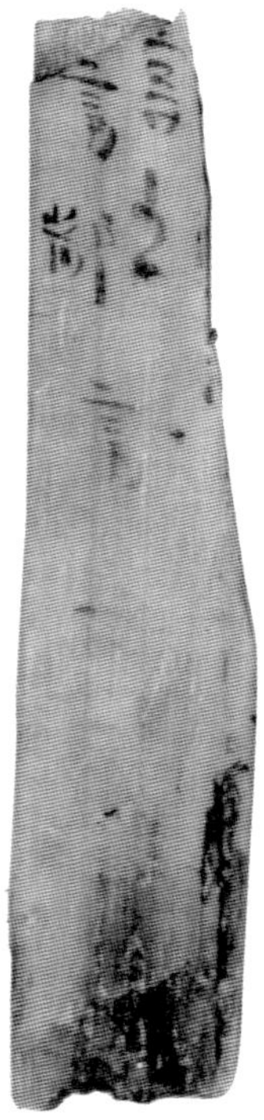

③8正

〼☒二一　〼
〼☐☒北☐☐〼

③8背

〼　☐☐令〼

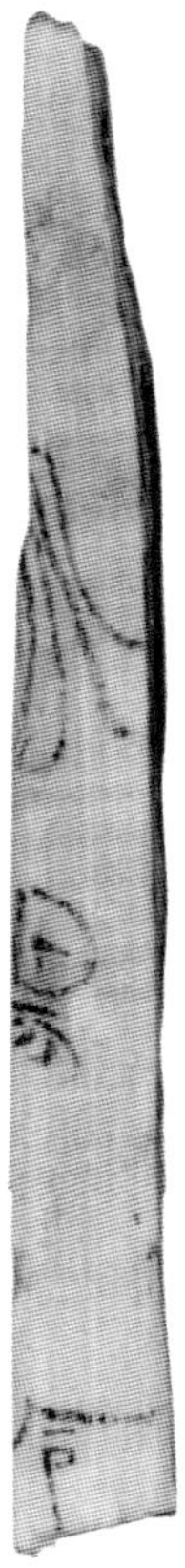

③9

〼　謝　二曰
〼人六［揚］
〼　丞相

③10正

〼　•三月☐
〼☐三☐
〼（圖案）

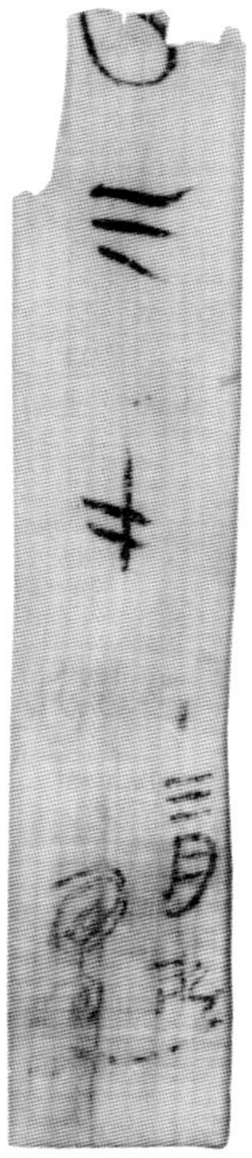

③10背

説明：「人六揚」「☐三☐」書寫順序顛倒。

〼亥朔戊寅〼
〼［二］☐☐〼

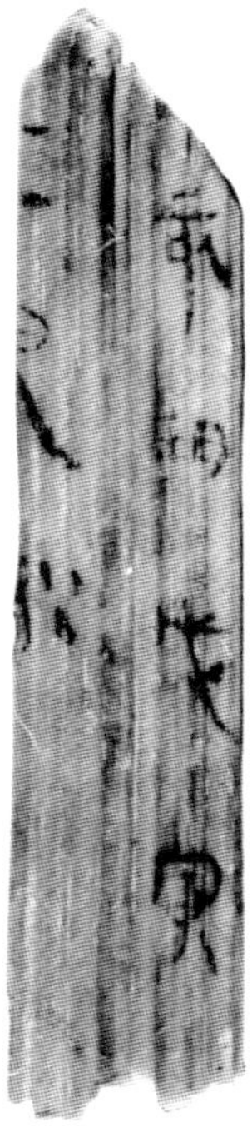

③11正

〼☐☐☐　〼

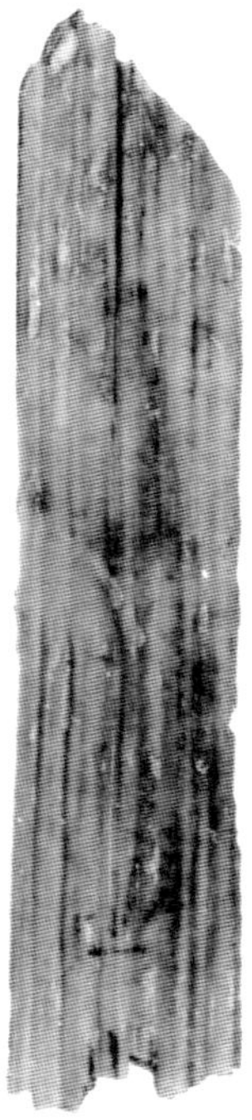

③11背

〼☐入　〼

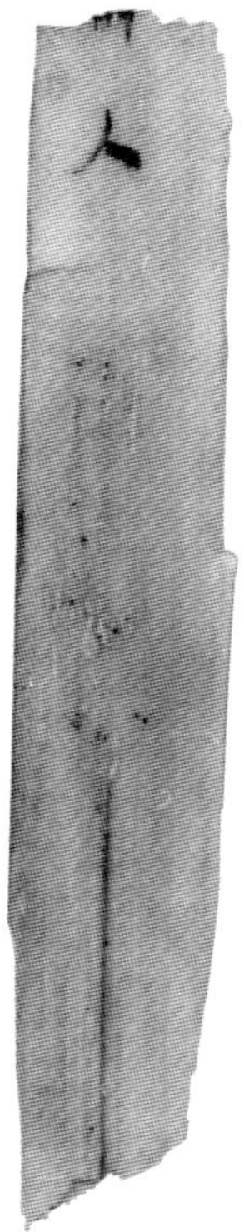

③12

〼（圖案）〼

③13

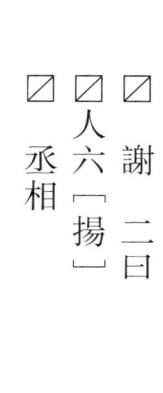

☐☐〔告〕郵官〔廷〕疑☐☐
☐☐廷且論督以三〔萬〕☐
☐〔史〕☐

③14

☐卯朔日〓倉守變敢言☐
☐史府書曰小史倉☐☐
☐　倉　☐

③15+③69正

☐丑☐　☐
☐☐☐之傳䀠☐☐　☐
☐曰令月☐☐昌☐☐

③15+③69背

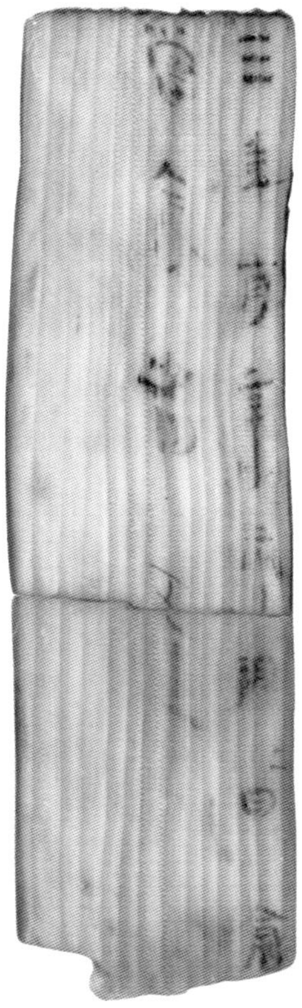

三年七月辛亥朔〓日倉☐
當食者☐　☐

③16+③65

☐大奴

③17正

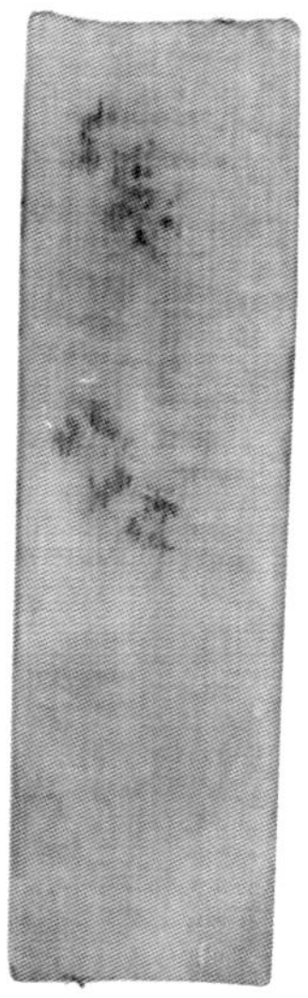

☐☐☐

③17背

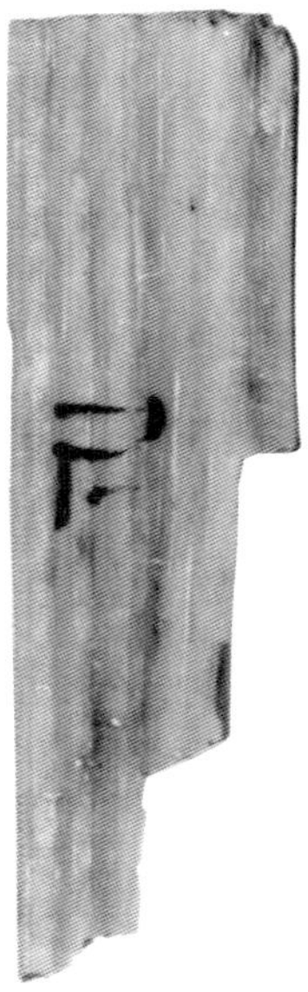

☐☐

③18正

☐☐☐☐

③18背

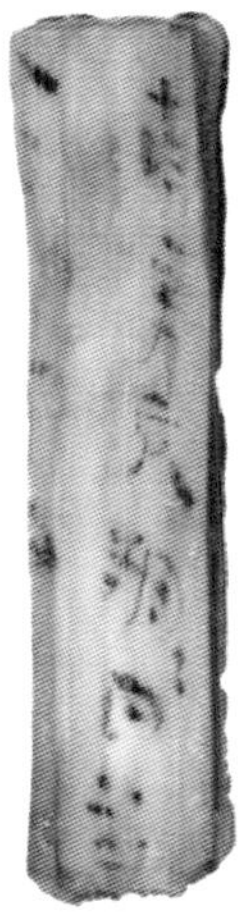

☐七月辛亥朔〓日益☐
☐……☐

③19

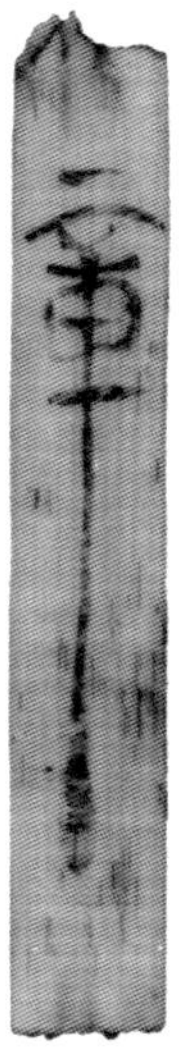

☐章

③20正

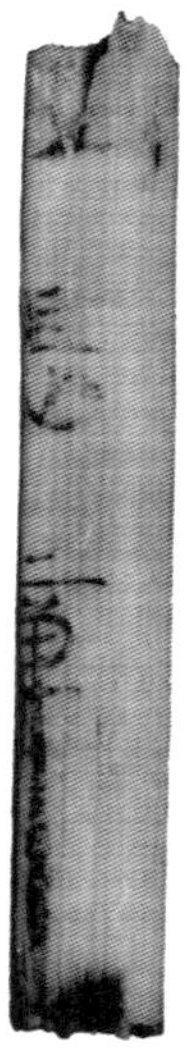

☐〔校〕長章

③20背

☐☐☐　☐

③21

☐猥☐☐
☐☐☐☐

③22

☒〔陽〕僕〔爲〕敬☐☐
☒☐〔所〕☐

③23

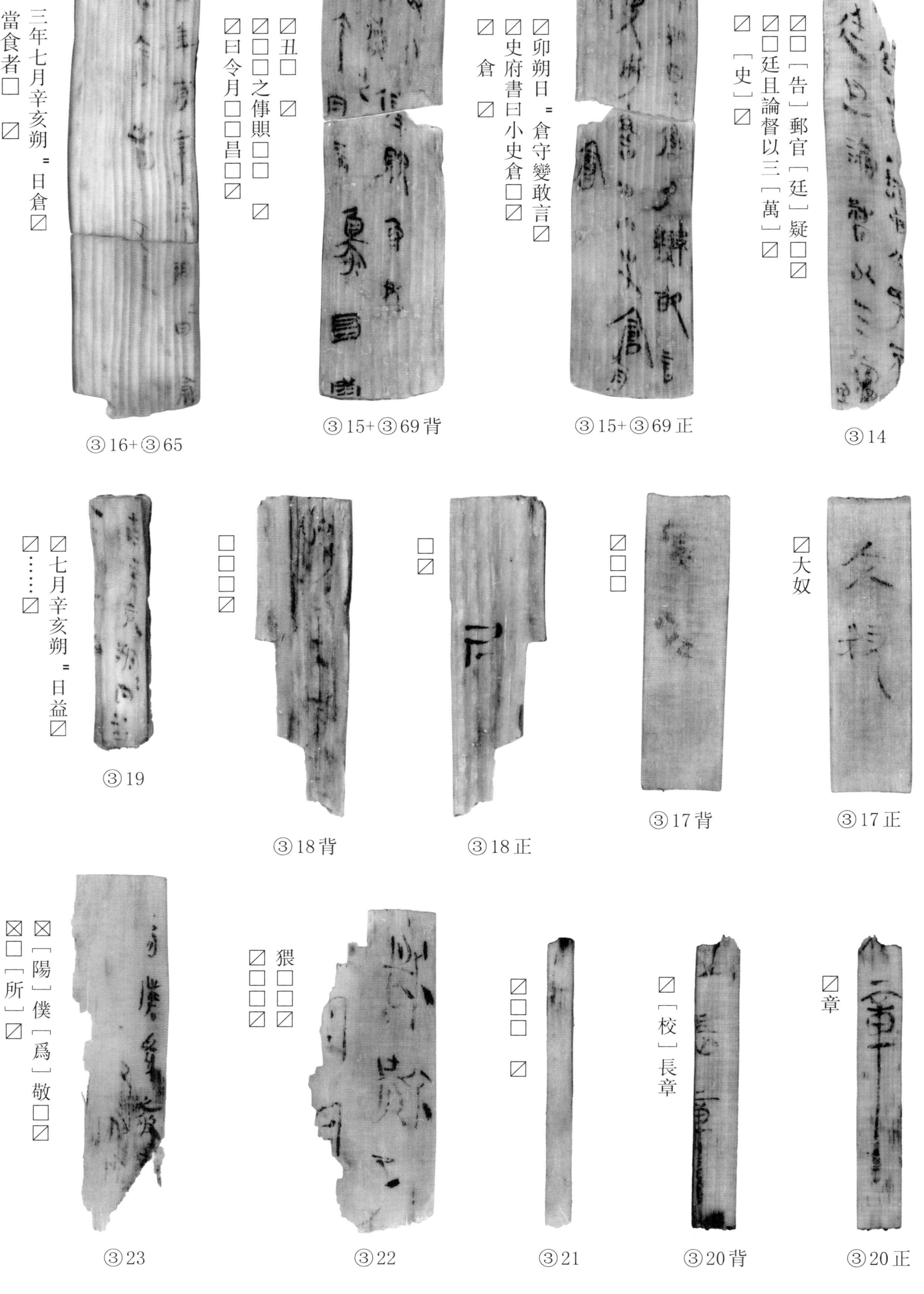

⧄已事⧄

③24

⧄署雜封有鞫者臨⧄
⧄……［脱］不⧄

③25

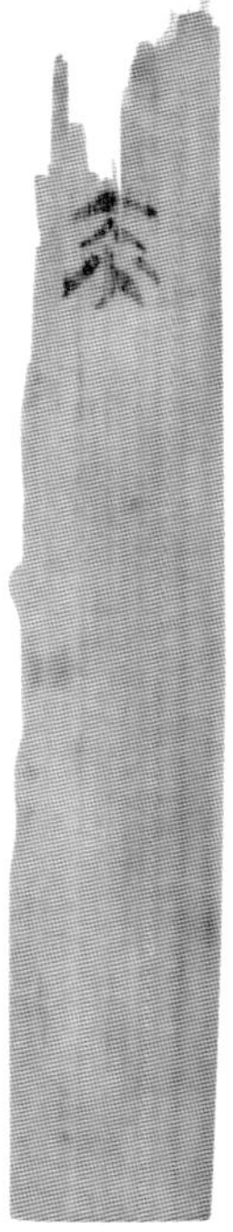
⧄赤

③26

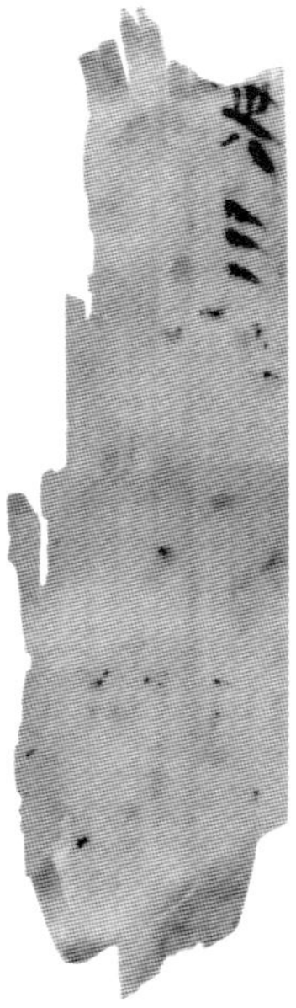
⧄其三　⧄

③27

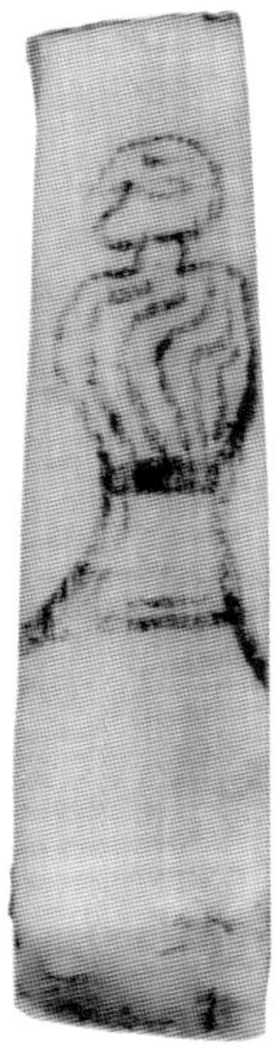
（圖案）⧄

③28

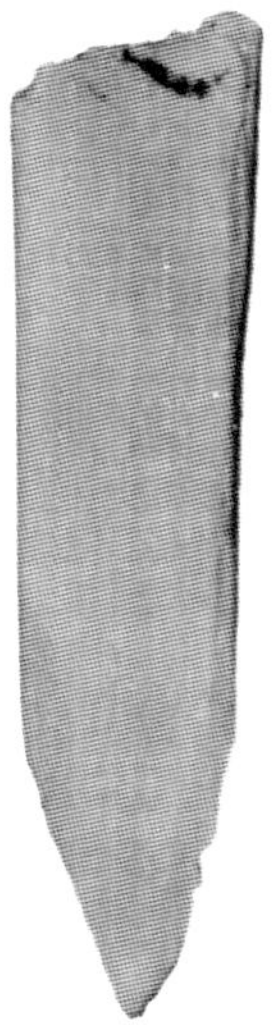
⧄□

③29

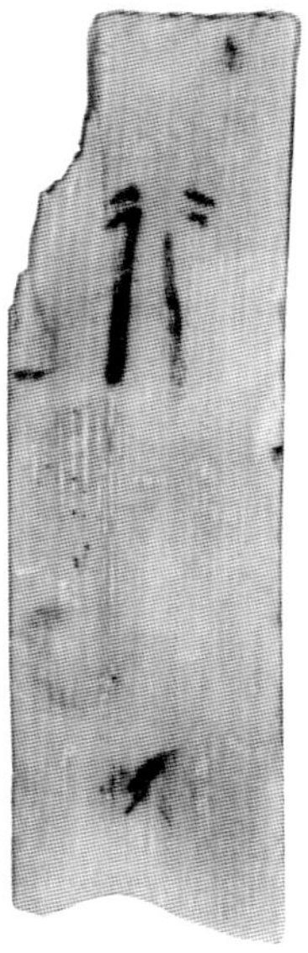
⧄行□⧄

③30正

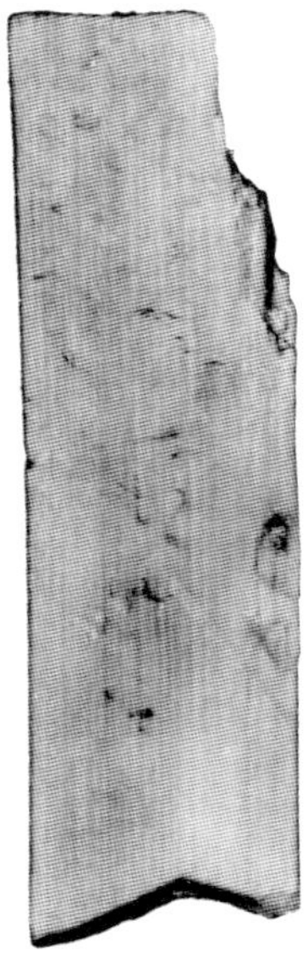
⧄……⧄
⧄……⧄

③30背

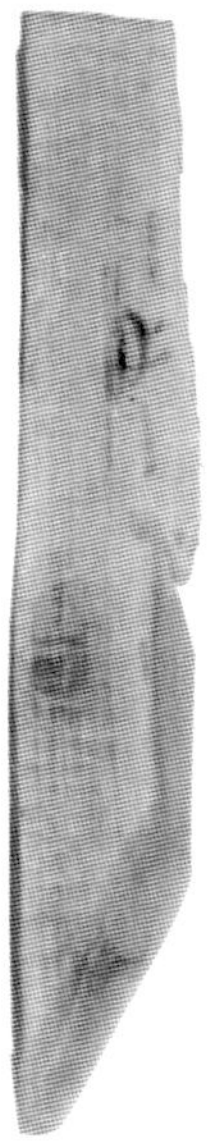
□⧄

③31

⧄繪⧄

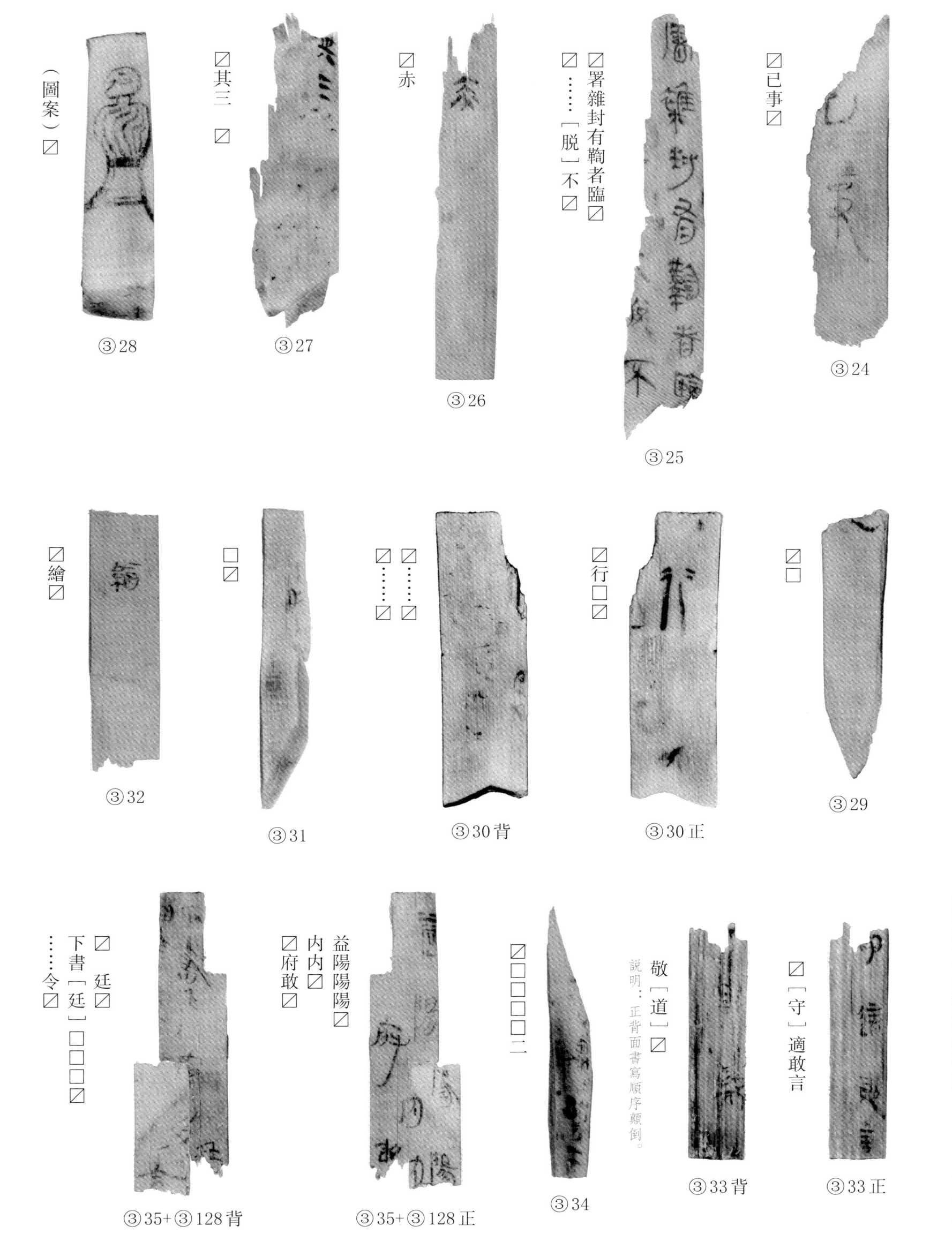

③32

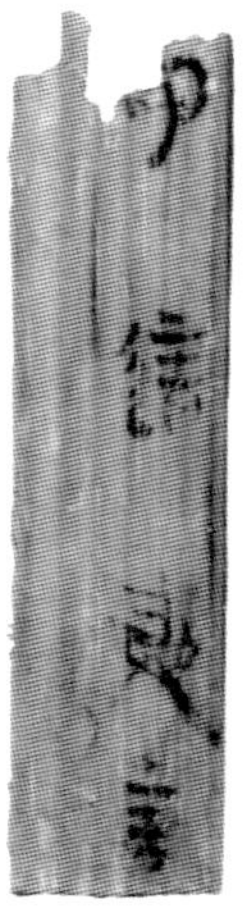
⧄［守］適敢言

③33正

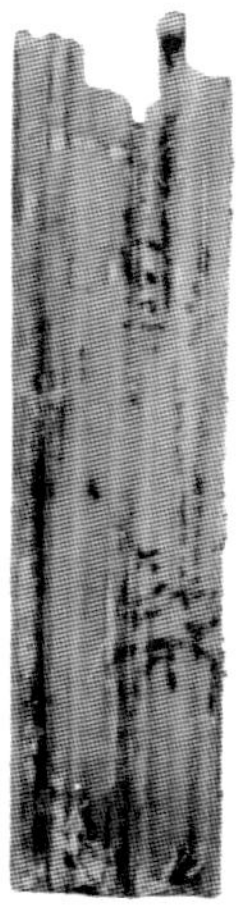
敬［道］⧄

説明：正背面書寫順序顛倒。

③33背

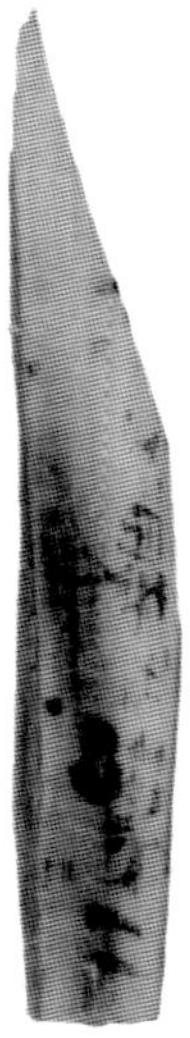
⧄□□□□二

③34

益陽陽陽⧄
内内⧄
⧄府敢⧄

③35+③128正

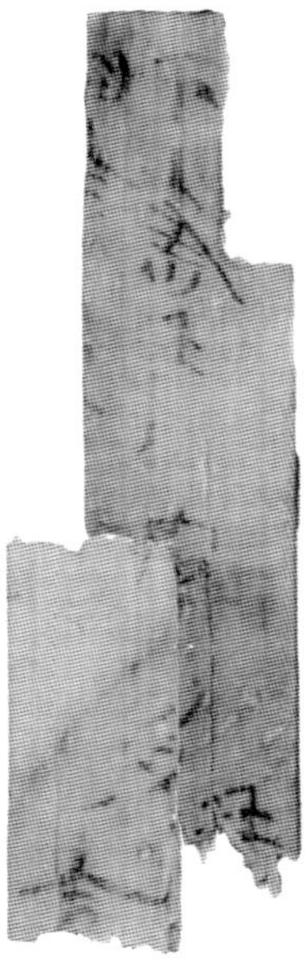
⧄　廷⧄
下書［廷］□□□□⧄
……令⧄

③35+③128背

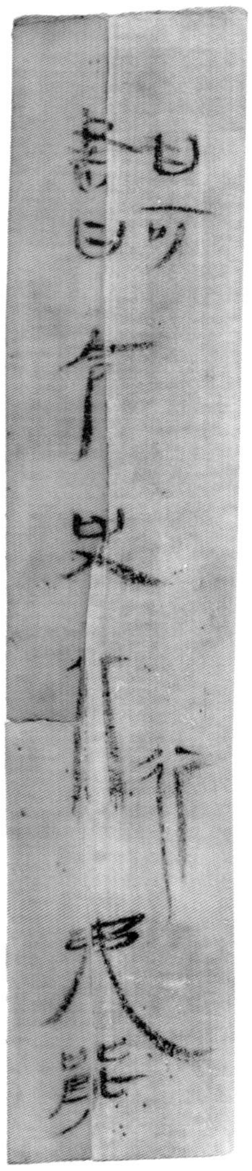

曰可　行
書曰令史行弗能

④19+③36+
③125正

令丙
令行［甲］寅甲子
丁台手

④19+③36+
③125背

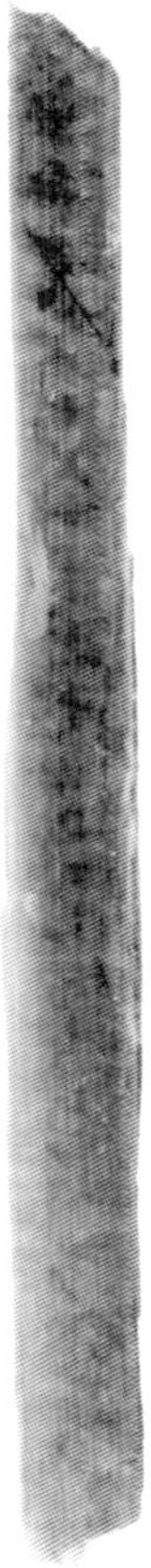

☐……☐

③37

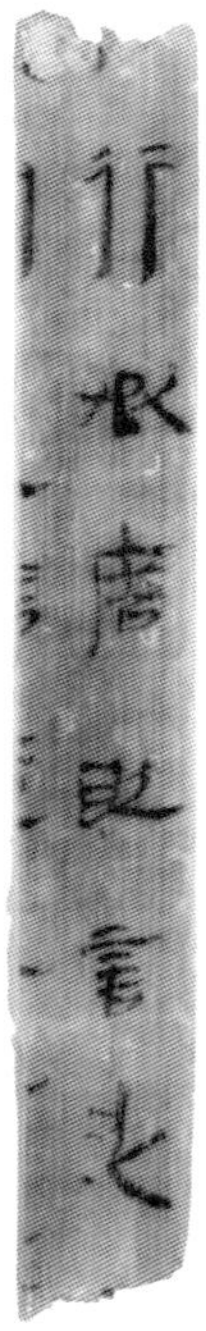

☐□行丞啟敢言之☐
☐□□□□□□□☐

③39正

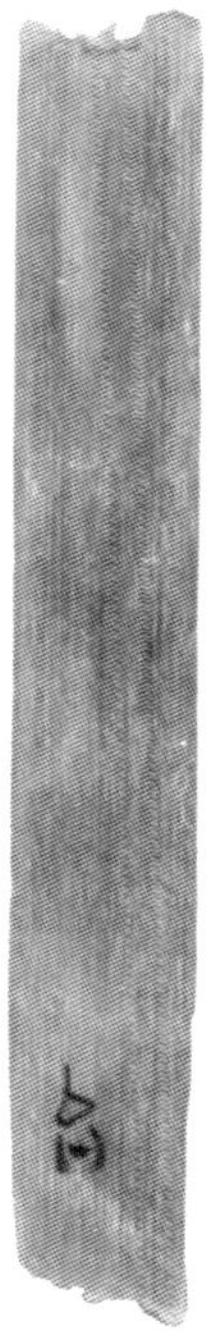

☐台☐

③39背

史請御□……☐

③38正

年□史　☐
朔律朔令　☐

③38背

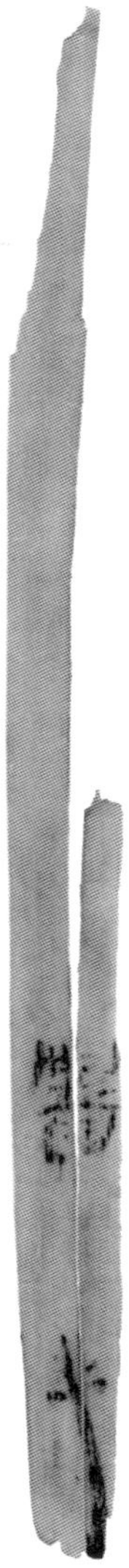

☐　署□☐

③170+
③40正

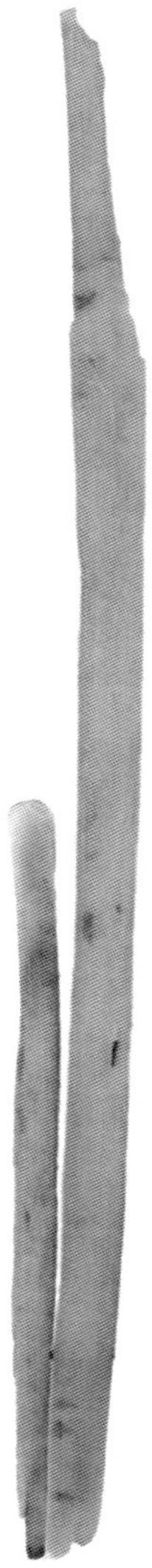

☐□□☐

③170+
③40背

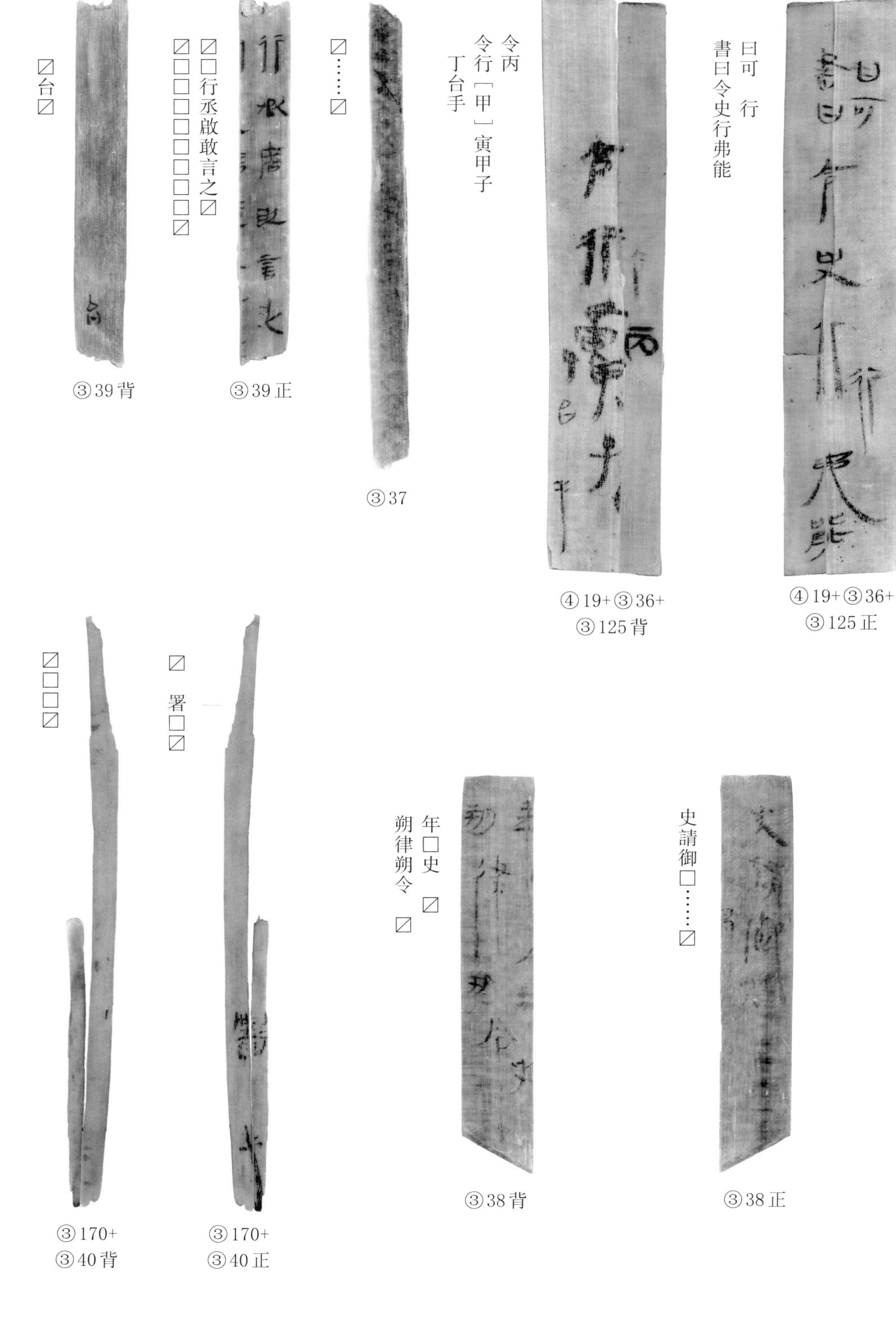

☑ 陽丞啟敢言☑
☑□□ ☑

③41

嚋陵 ☑

③42

☑（圖案）☑

③43

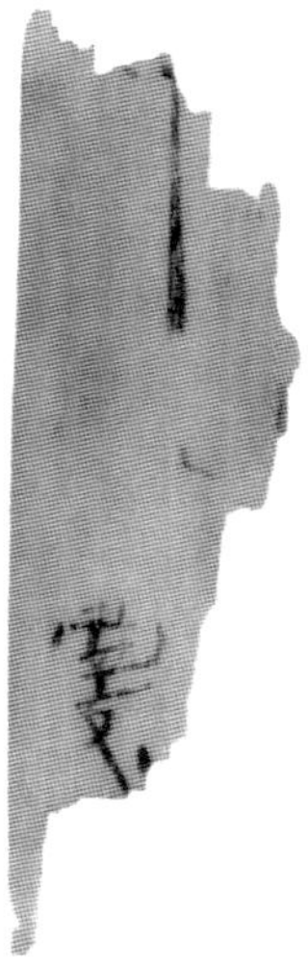

☑□□□☑

③44

☑ 計校繆［長］☑
☑ □□□□□☑

③45

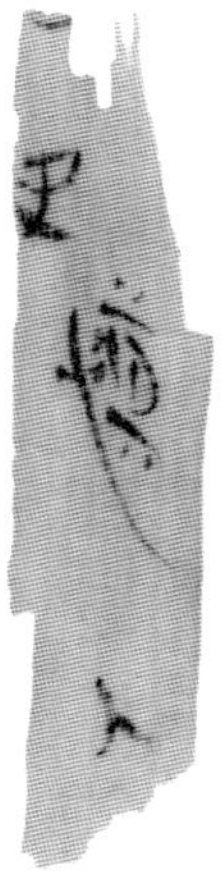

☑慎人☑
☑□史 ☑

③46

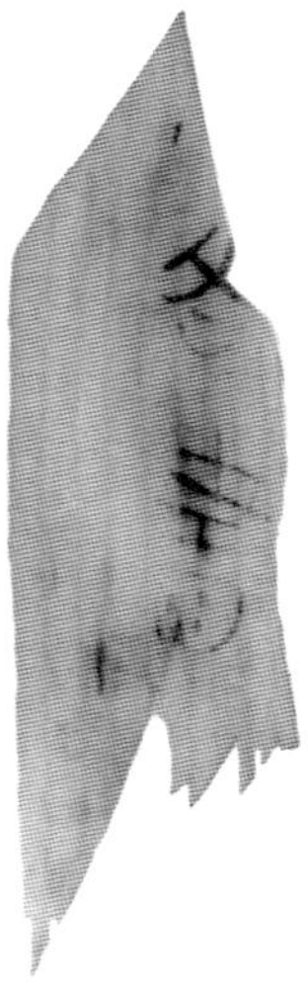

☑各書☑

③47

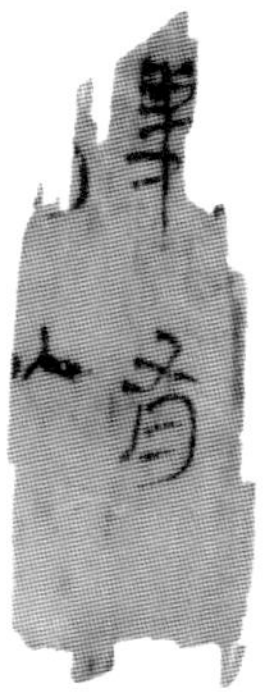

☑事有☑
☑□以☑

③48

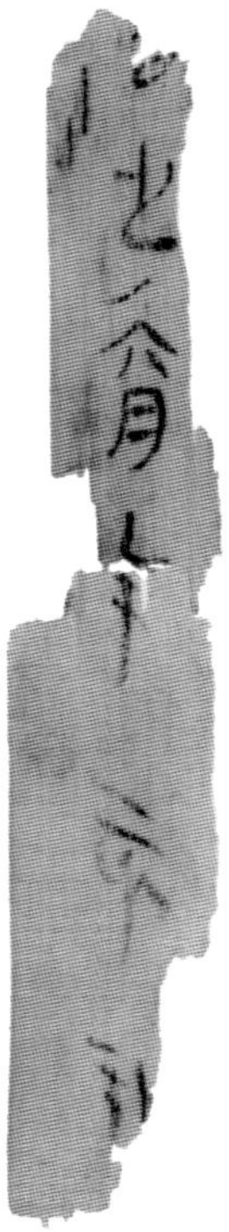

☑言之/六月辛亥［朔］☑
……

③155+③49

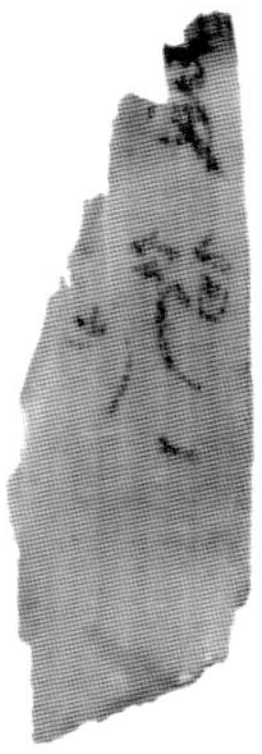

☑受給一☑
☑□/ ☑

③50

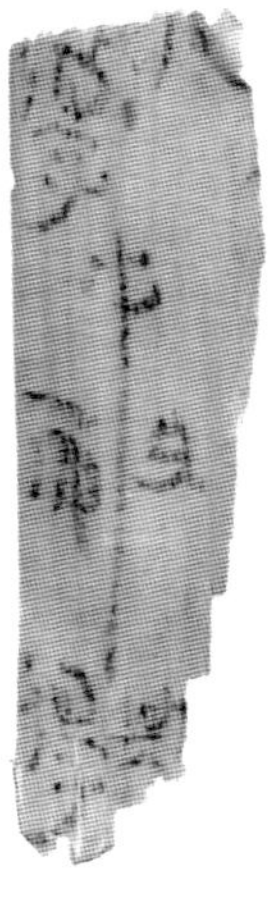

☑□□期☑
☑ 手 ☑
☑得而得☑

③51

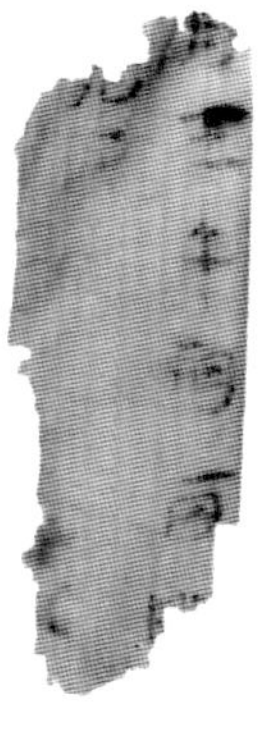

☑月壬午朔丙戌☑
☑□ ☑

③52

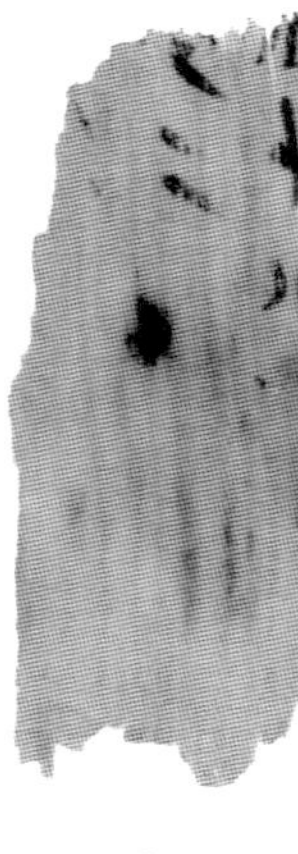

☑□十八 ☑
☑□二 ☑

③53

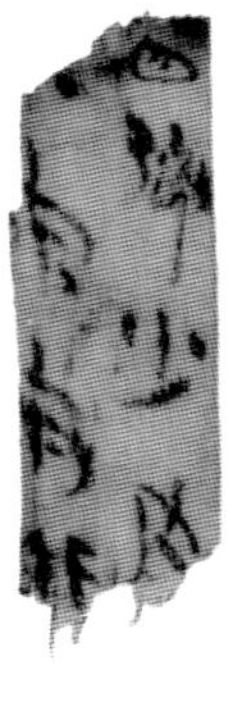

☑四鄉少內☑
☑□官府［行］☑

③54

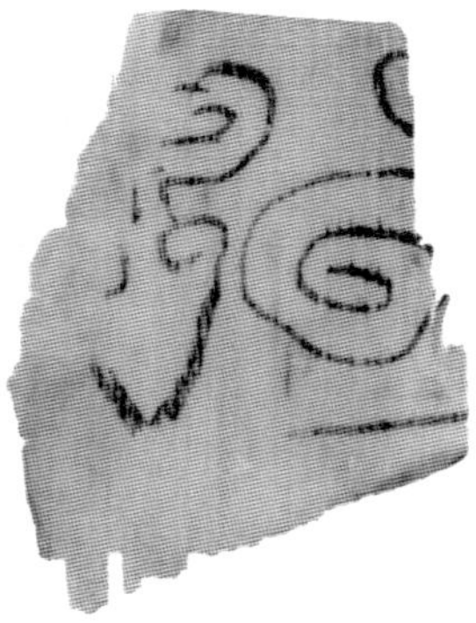

（圖案）☑

③55

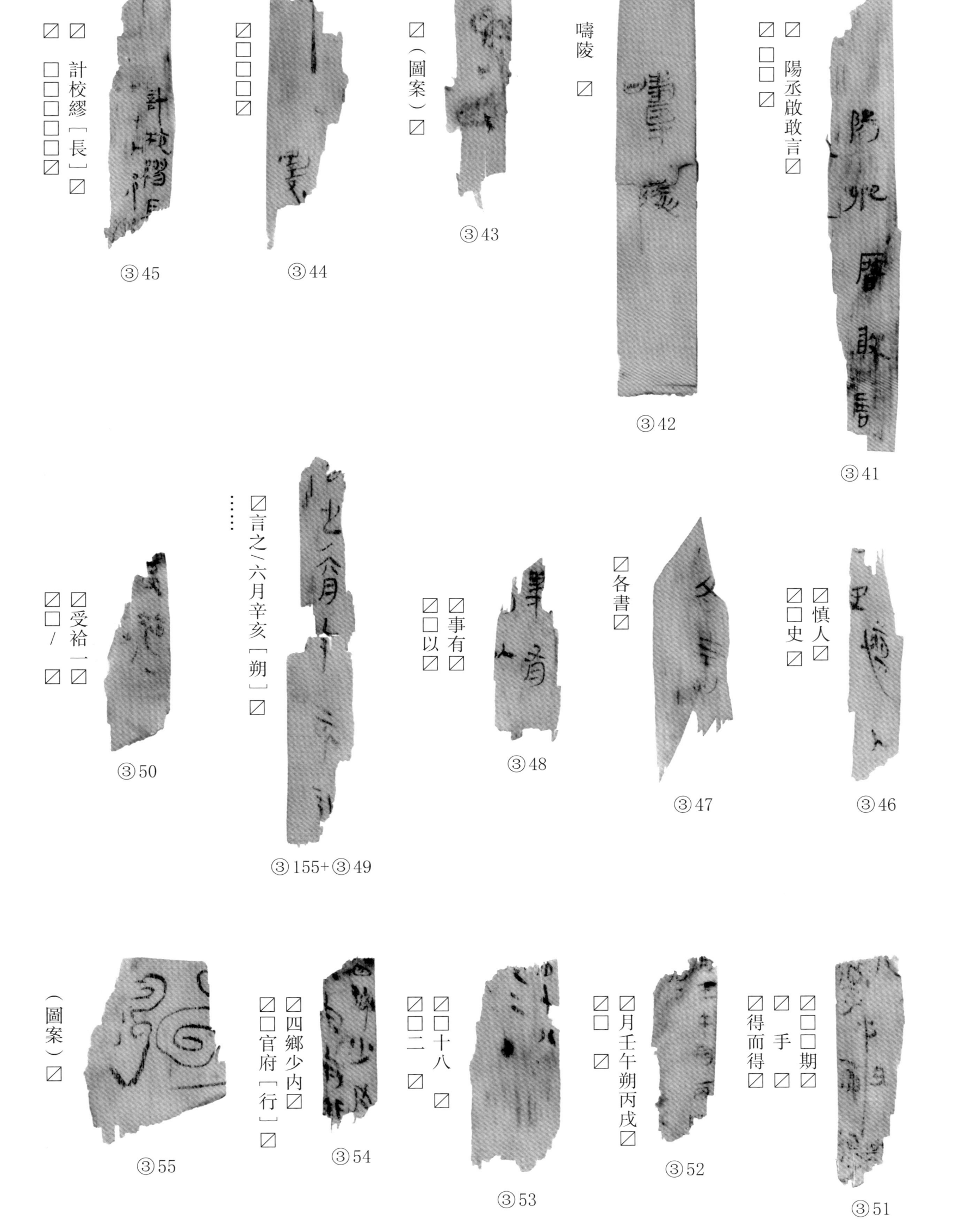

☒書敢言之☒

③56

子丙丙□☒

③57

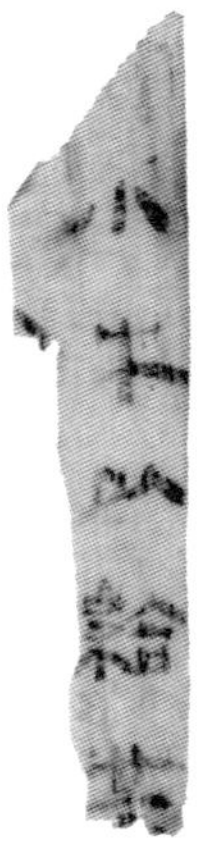

☒□牛以給其☒
☒□☒

③58

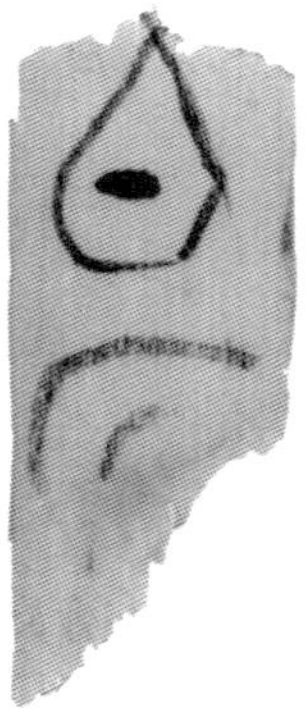

☒（圖案）☒

③59

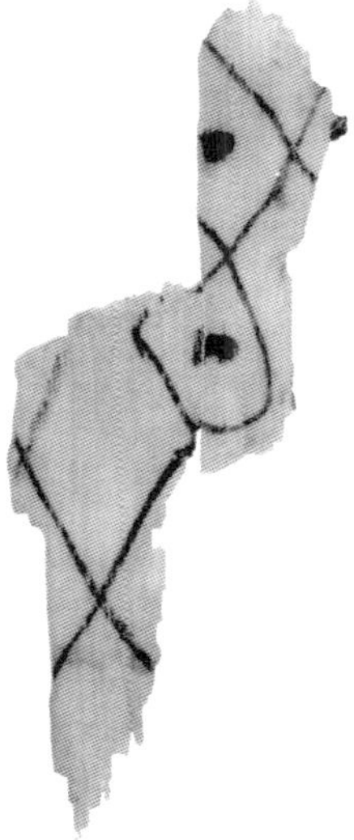

☒（圖案）☒

③60+③81

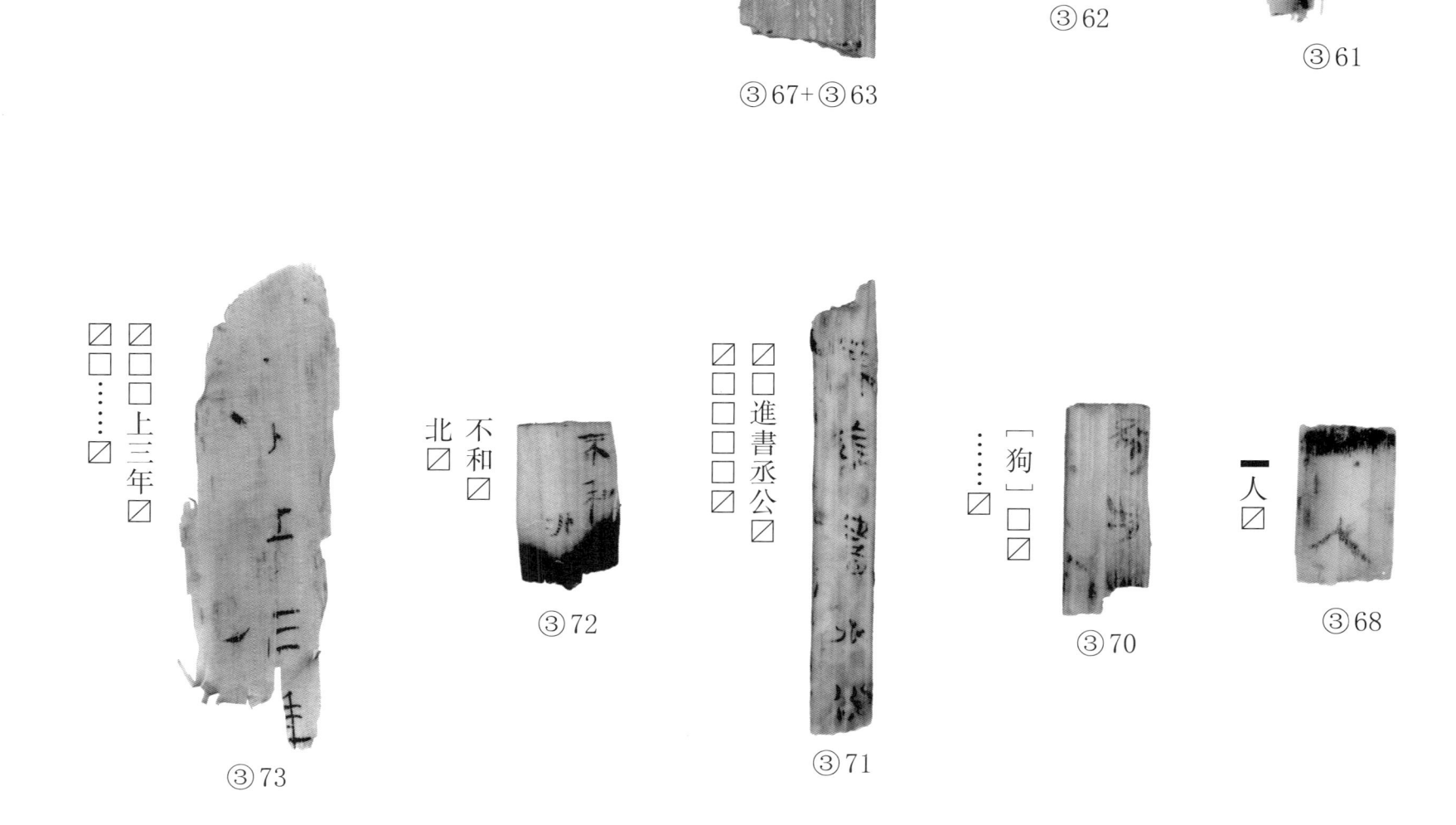

☒　悲☒

③61

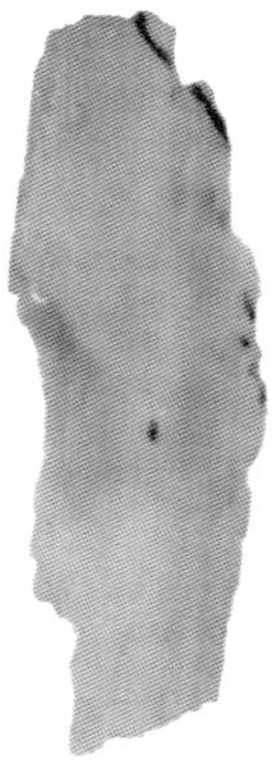

☒（圖案）☒

③62

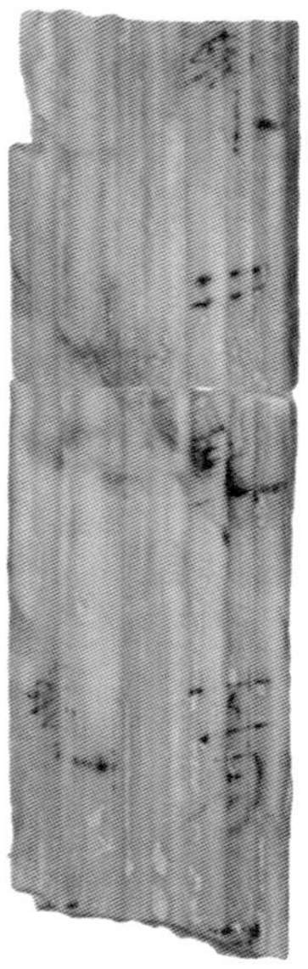

☒［亂］二年五月□☒
☒　亂□☒

③67+③63

一☒

說明：墨綫分欄符。

③64

☒□☒
☒□☒

③66

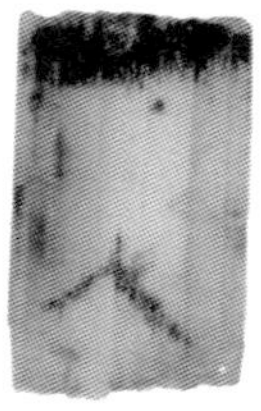

■人☒

③68

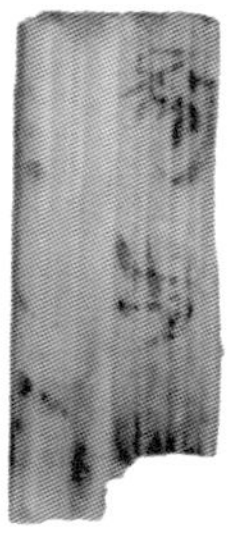

［狗］□☒
……☒

③70

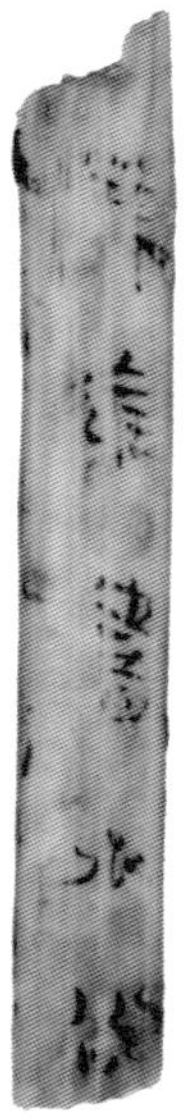

☒□進書丞公☒
☒□□□□☒

③71

不和☒
北☒

③72

☒□□上三年☒
☒□……☒

③73

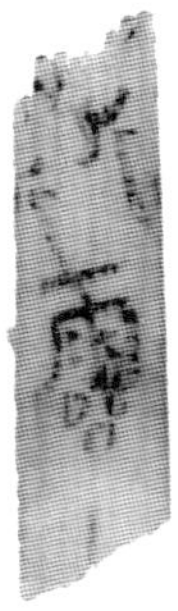
⧄□斤　⧄
⧄［霝］⧄
⧄□斤　⧄

③74

⧄潘里簪褭⧄

③75

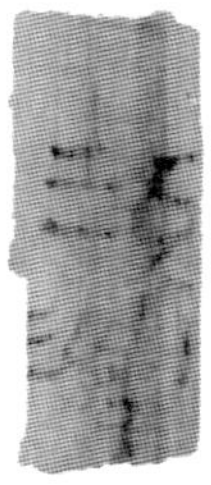
⧄流澙⧄

③76

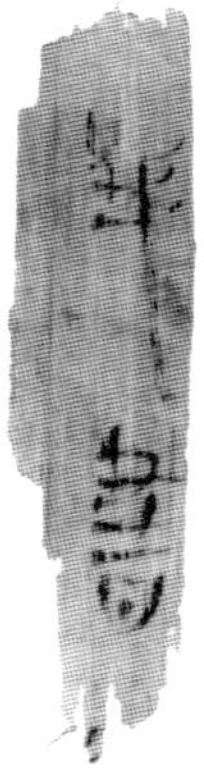
⧄郢書⧄

③77

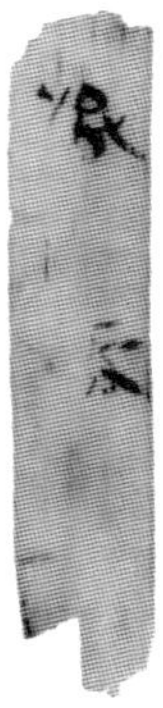
⧄丞［啟］⧄

③78

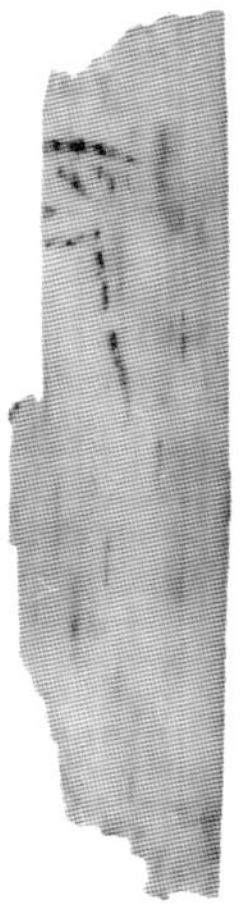
⧄□　⧄

③79

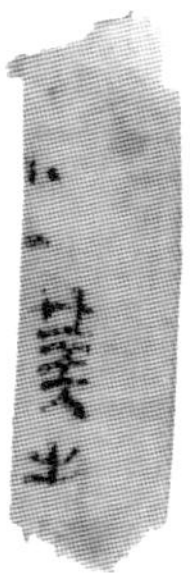
⧄□□箅出⧄

③80

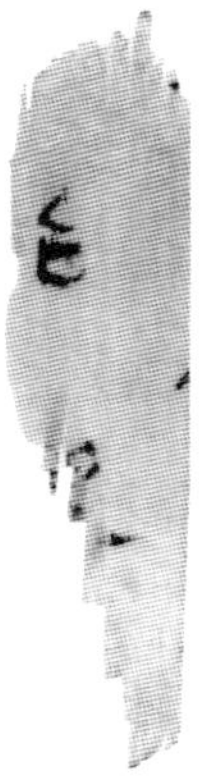
⧄……⧄
⧄□□⧄

③82

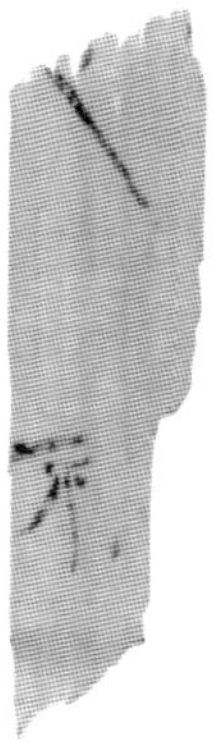
⧄□不⧄

③83

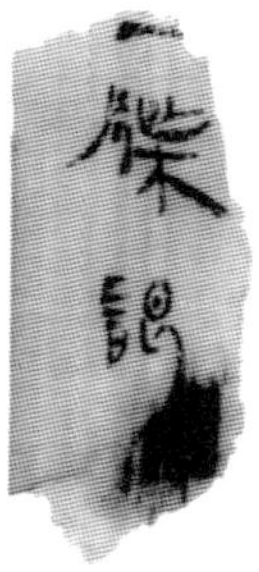
⧄一牒謁⧄

③84

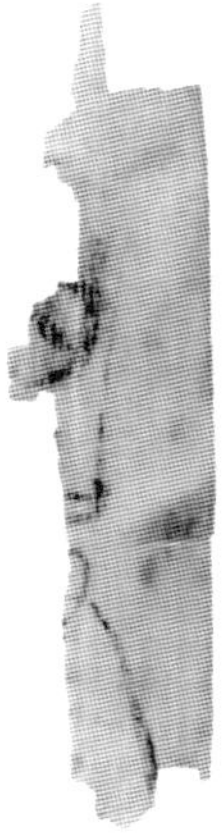
⧄［內］史⧄

③85

⧄□⧄
⧄［髼］⧄
⧄□□　⧄

③86

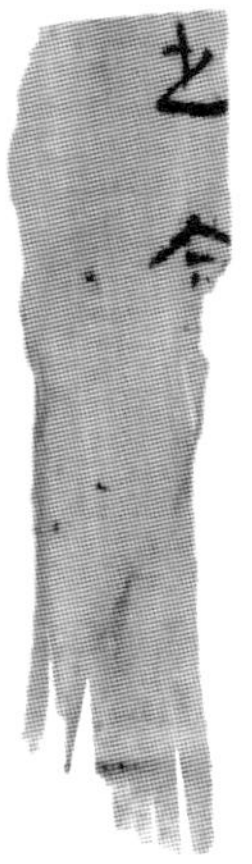
⧄之今　⧄

③87

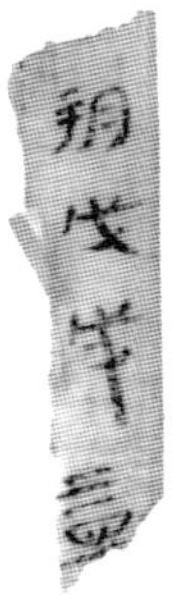
⧄朔戊戌益⧄

③88

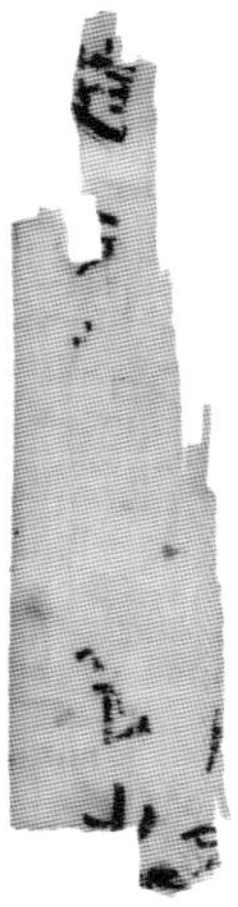
⧄□□⧄
⧄［辤］□□☒言之⧄

③89

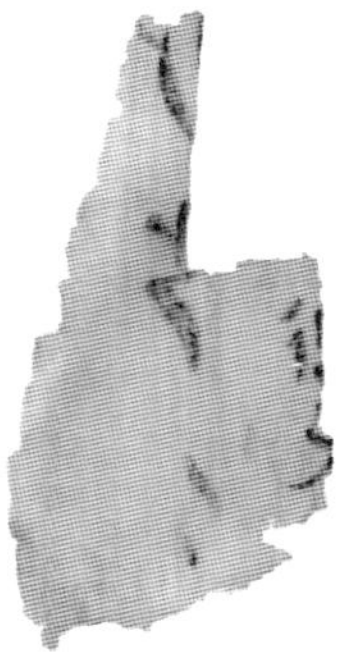
⧄［得］⧄
⧄□之□⧄

③90

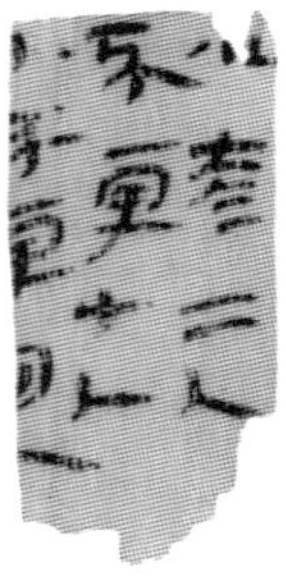
小夫＝二人⧄
不更七人⧄
小不更四人⧄

③91

⧄［尺］道分從連□⧄

③92

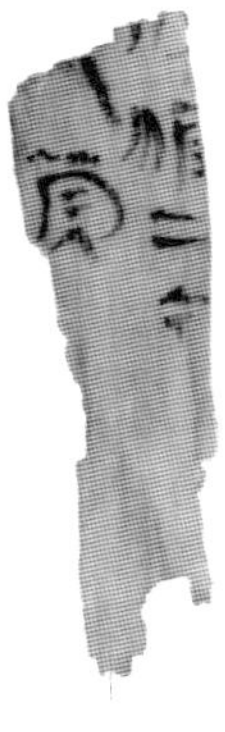
⧄□帷二□　⧄
⧄□莞　⧄

③93

⧄內史⧄
⧄□　⧄

③94+③104

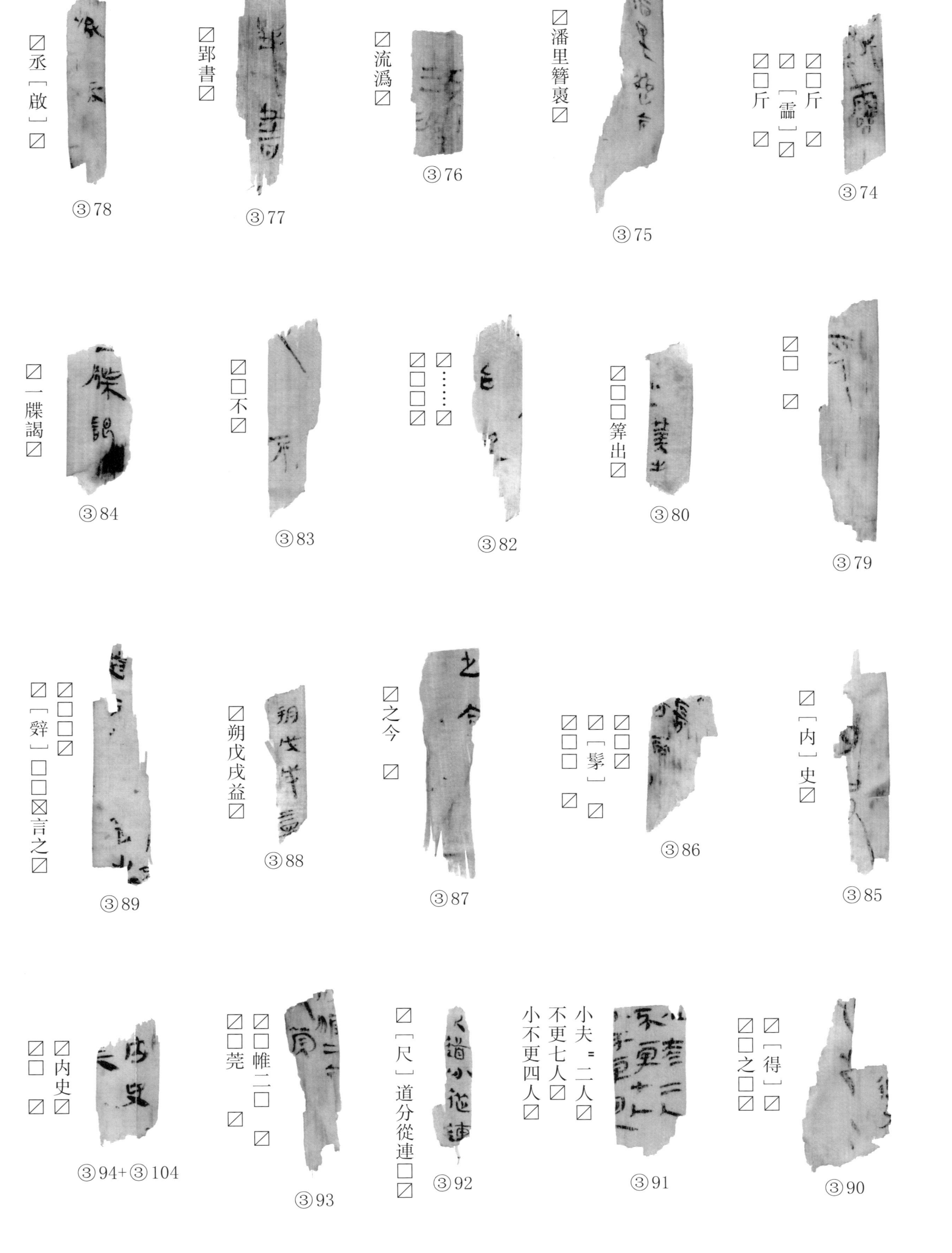

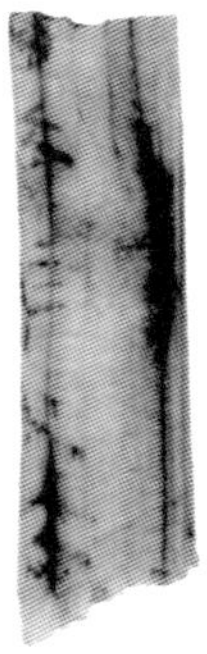
③95
☒□□□□□☒

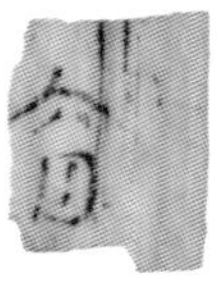
③96正
☒六月☒

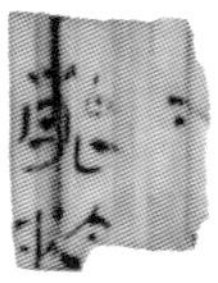
③96背
☒□☒
☒能□☒

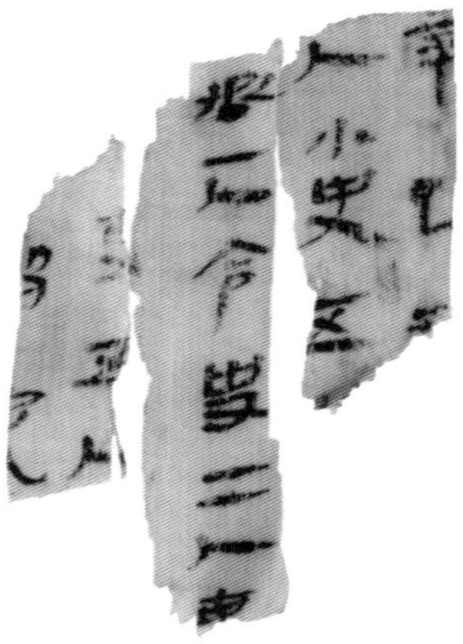
④155+③113+③97
☒辛巳［朔］☒
☒人小史五□☒
☒丞一人令史二人吏☒
☒吏五人☒
☒□它☒

③98
☒行□　☒

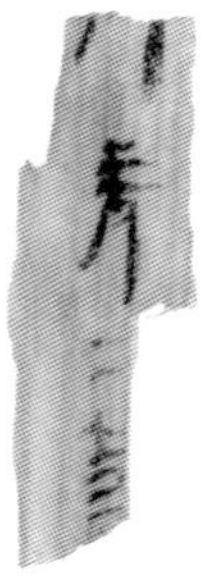
③99
☒□青二［筭］☒

③100
☒僕［誘］☒

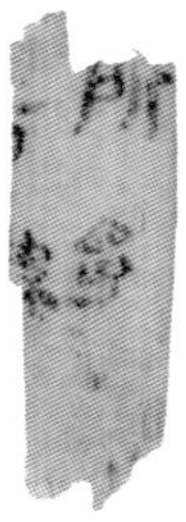
③101
☒所受☒
☒□□☒

③102
☒以

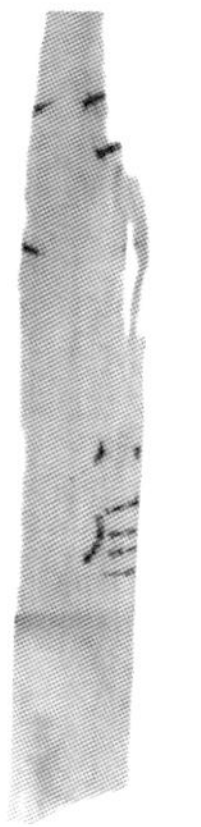
③103
☒□　八月　☒
☒□□　☒

③105
☒□　□□一☒

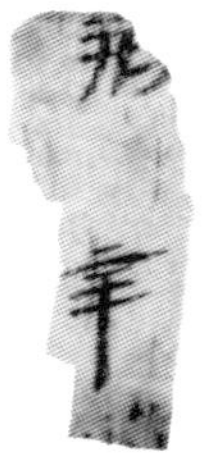
③106
☒朔辛☒

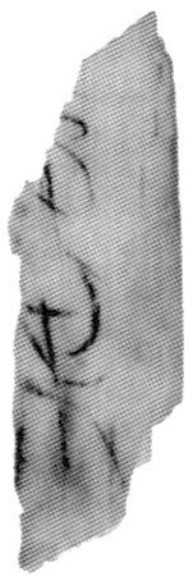
③107
☒□□□☒
☒一☒

③108
☒□丞敢［敢］☒
☒男子□☒

③109
☒□□□□　☒

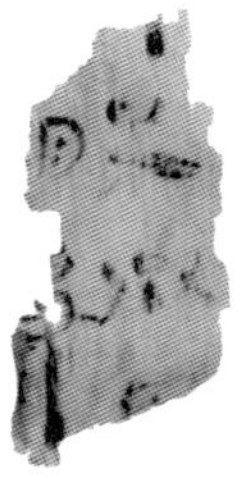
③110
☒□史丞□☒
☒□□事☒

③111
☒裹斬☒
☒［柏］ㄥ☒

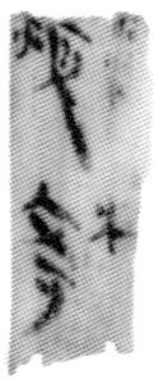
③112
☒□□☒
☒煩令☒

③114
☒□□☒
☒□　☒

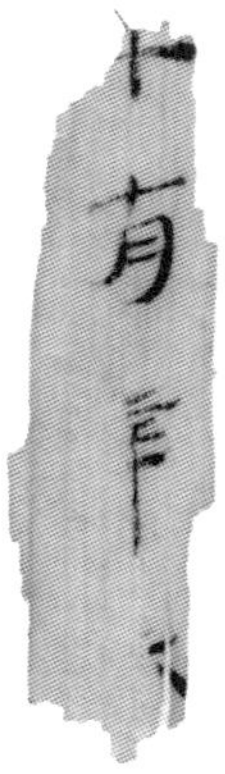
③115
☒［年］七月辛［亥］☒

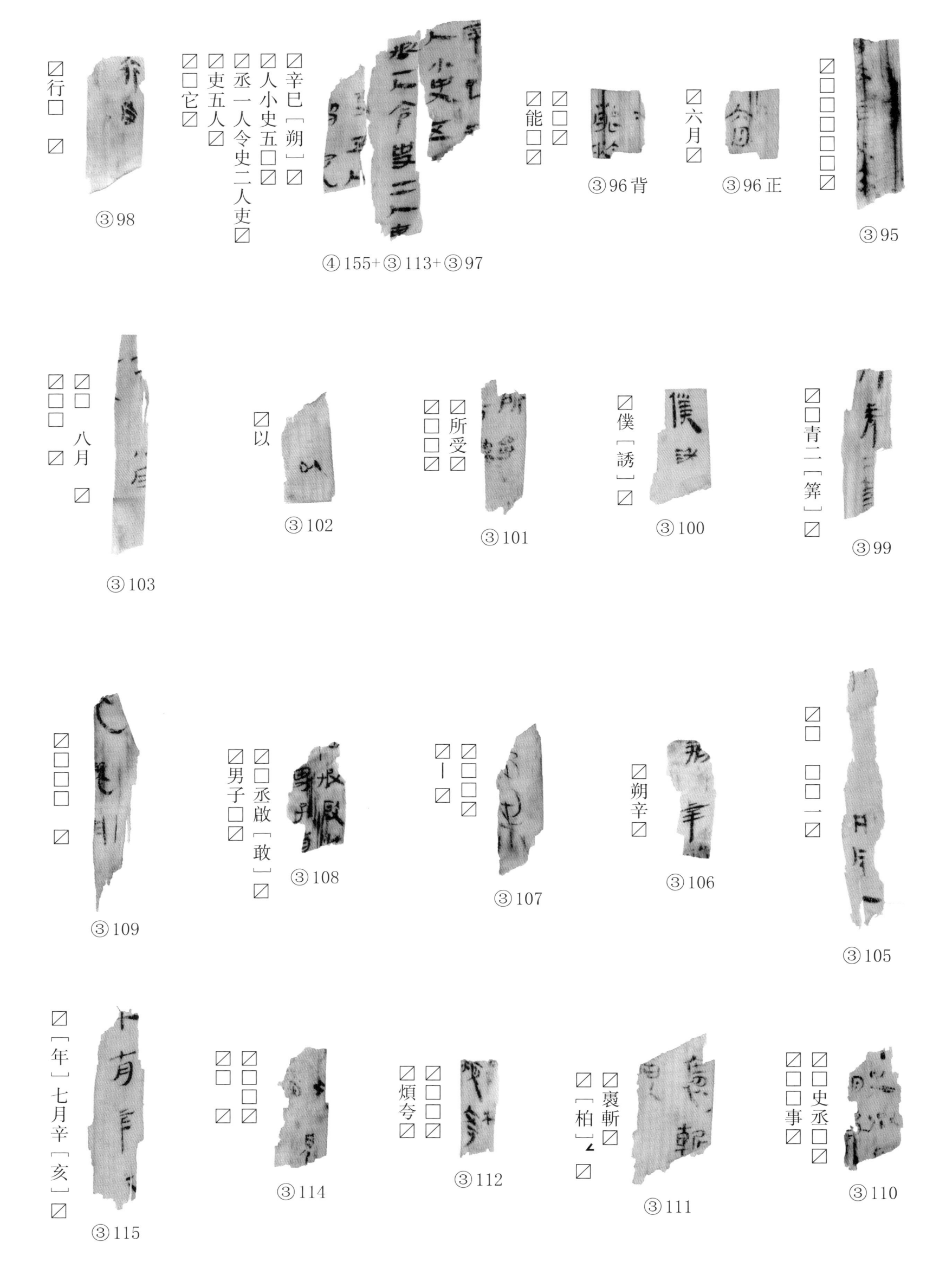

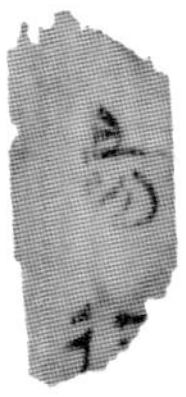
☑［陽行］☑
③116

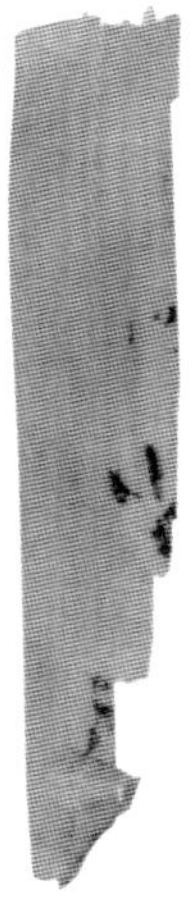
☑□之□☑
③117

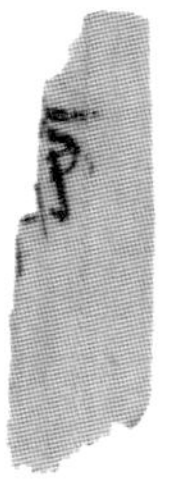
☑□☑
③118

☑□陽丞啟☑
③119

☑□朔□☑
③120

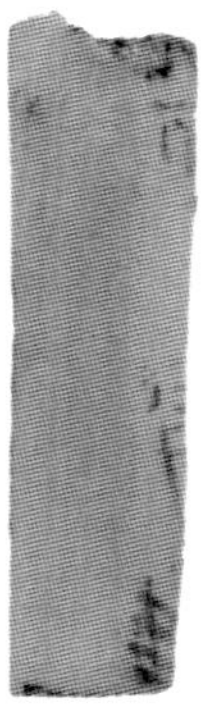
☑□□書☑
③121

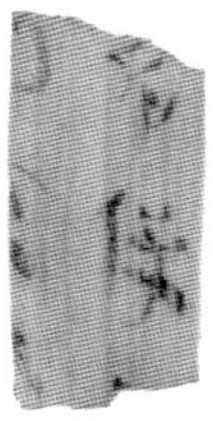
☑后使□☑
☑□□□☑
③122

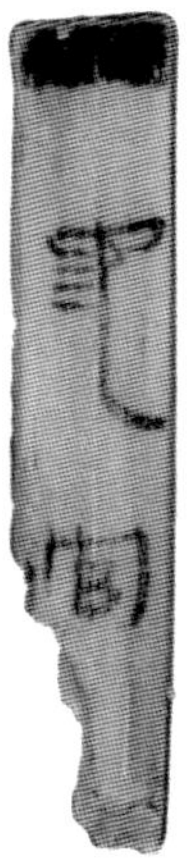
—沱（池）官 ☑
③123

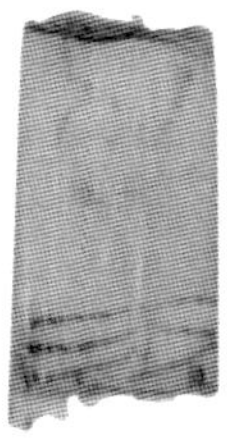
☑□□☑
③124

☑三月庚
③126正

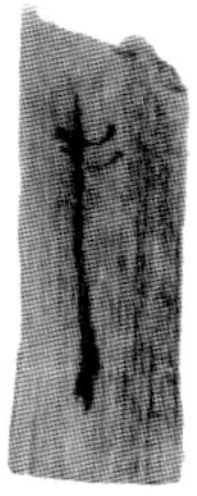
☑手☑
③126背

☑□餘徹
③127

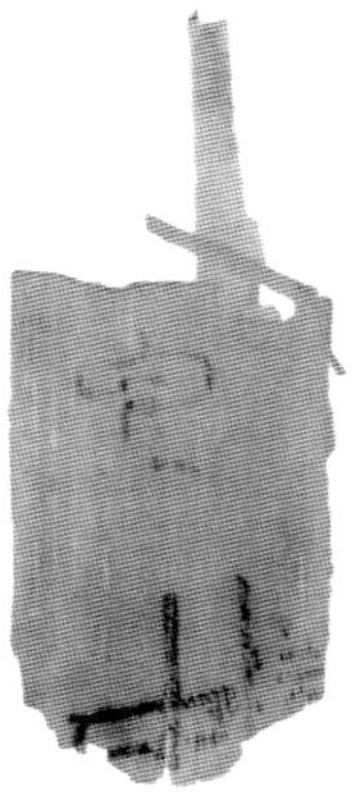
☑［定］□☑
③129

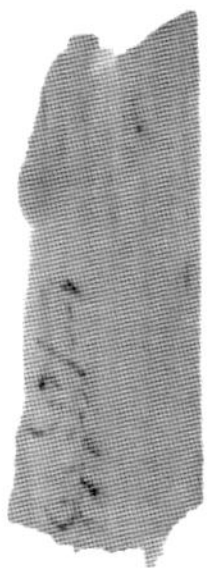
☑膝☑
③130

☑尉聽☑
☑□□陽☑
③131

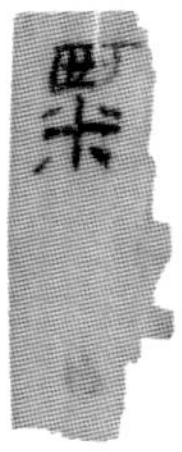
粟 ☑
③132

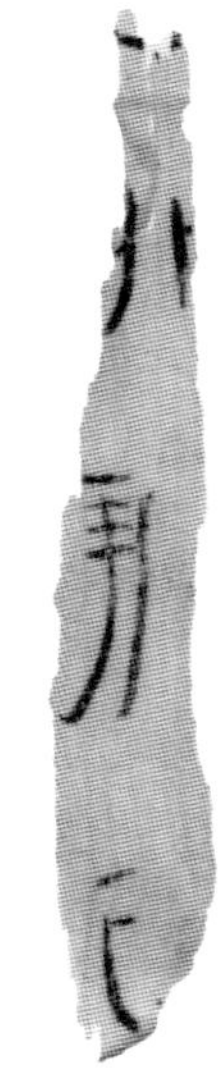
☑□卯朔□☑
③133

☑□敬 ☑
③134

☑□□ ☑
③135

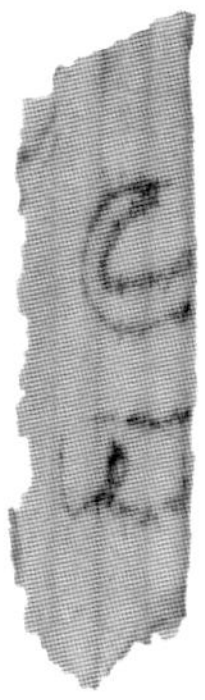
☑（圖案）☑
③136

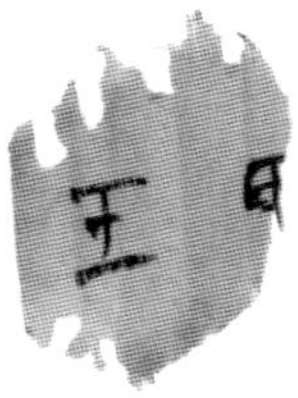
☑甲☑
☑壬☑
③137

☑身☑
③138

☑□□封□☑
☑□當□☑
③139

☑□□□☑
③140

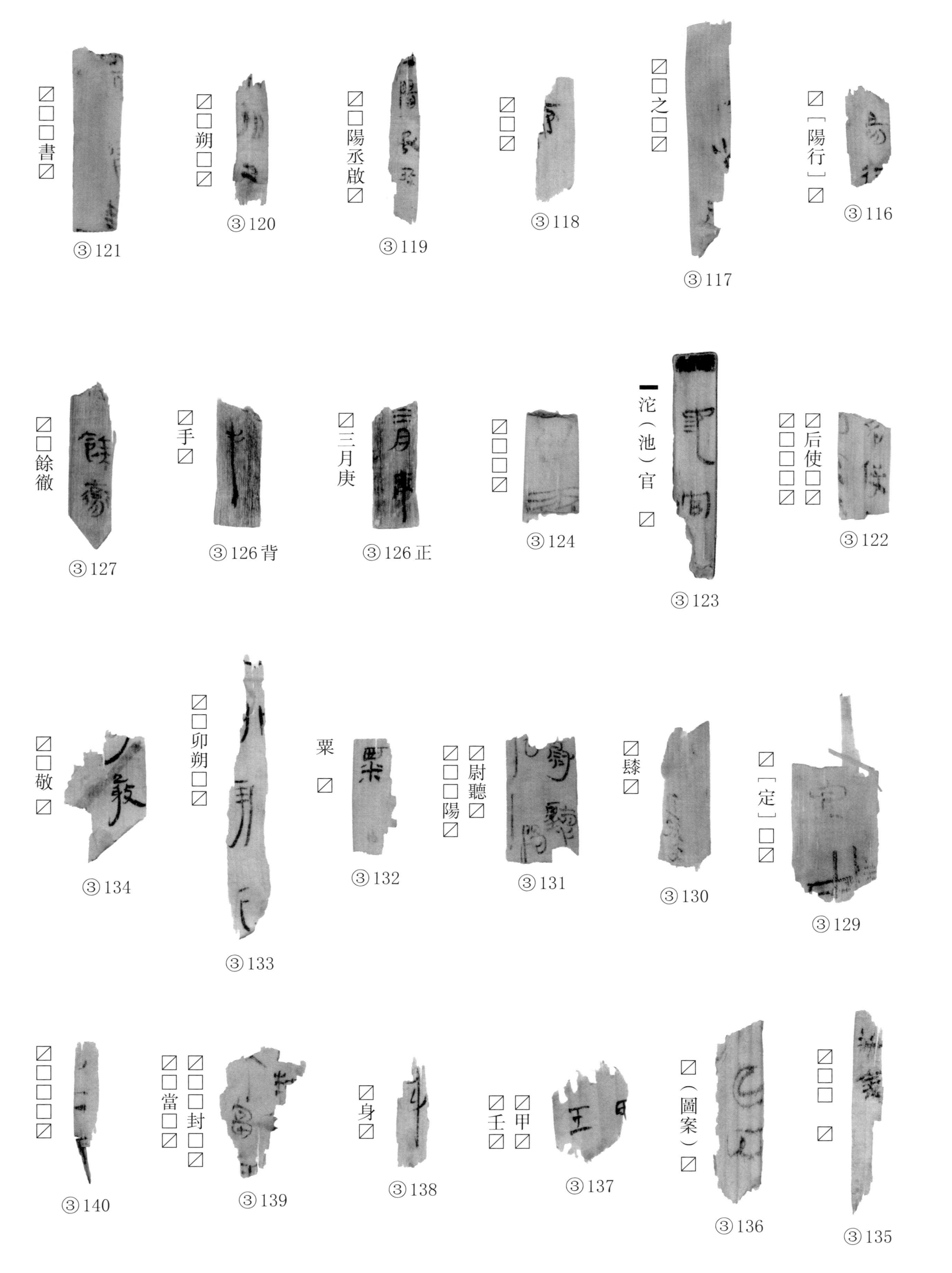

☒□未☒
③141

☒□□☒
③142

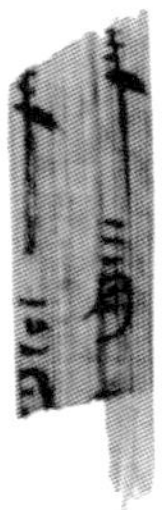
☒年三月□☒
☒年三月☒
③143

☒乙未☒
☒當□☒
③144

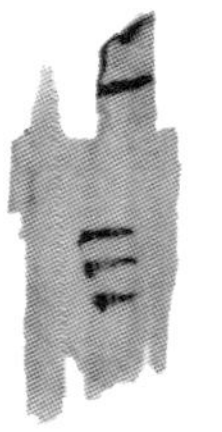
☒□三☒
③145

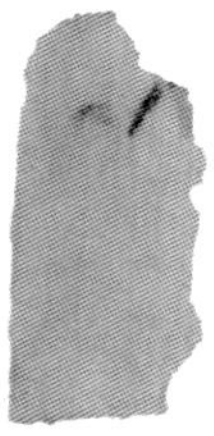
☒□☒
③146

☒賊□☒
③147

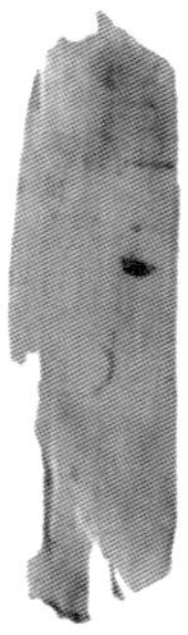
☒……☒
③148

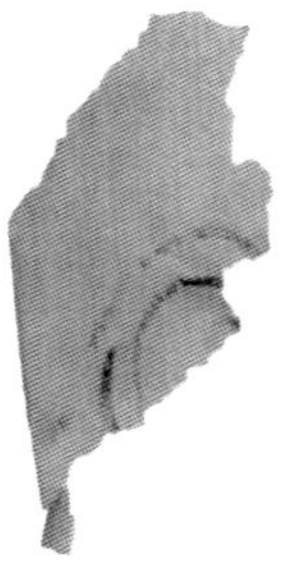
☒（圖案）☒
③149

☒□盜□☒
③150

☒詣☒
③151

☒陽丞☒
☒□□☒
③152

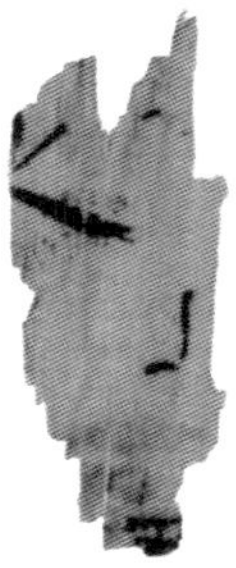
☒□□□☒
☒之 ☒
③153

☒□□□☒
③156

☒□一功☒
☒……☒
③157

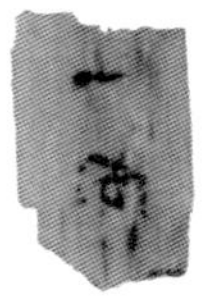
☒一□☒
③158

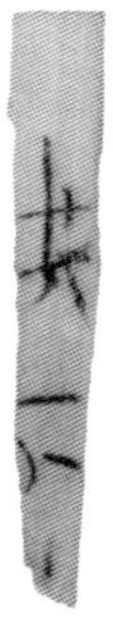
□□□☒
③159正

□☒
③159背

能☒
有☒
③160正

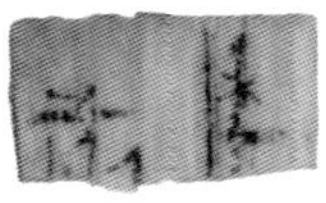
年☒
前☒
③160背

……☒
③161正

……☒
③161背

☒［投］☒
③162正

☒□□☒
③162背

☒謁☒
③163

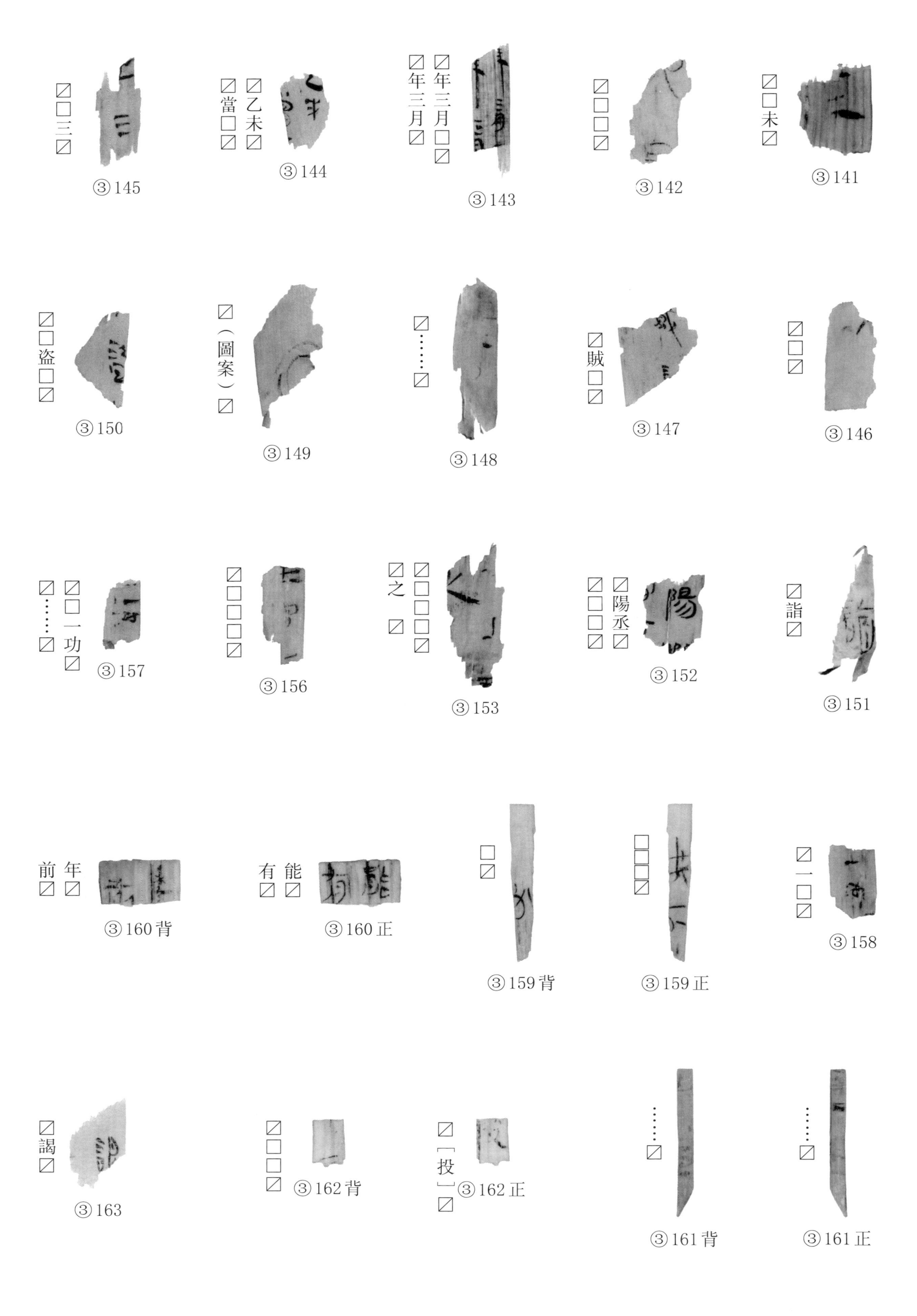

☑書☑

③164

☑益陽☑

③165

☑□□□　☑

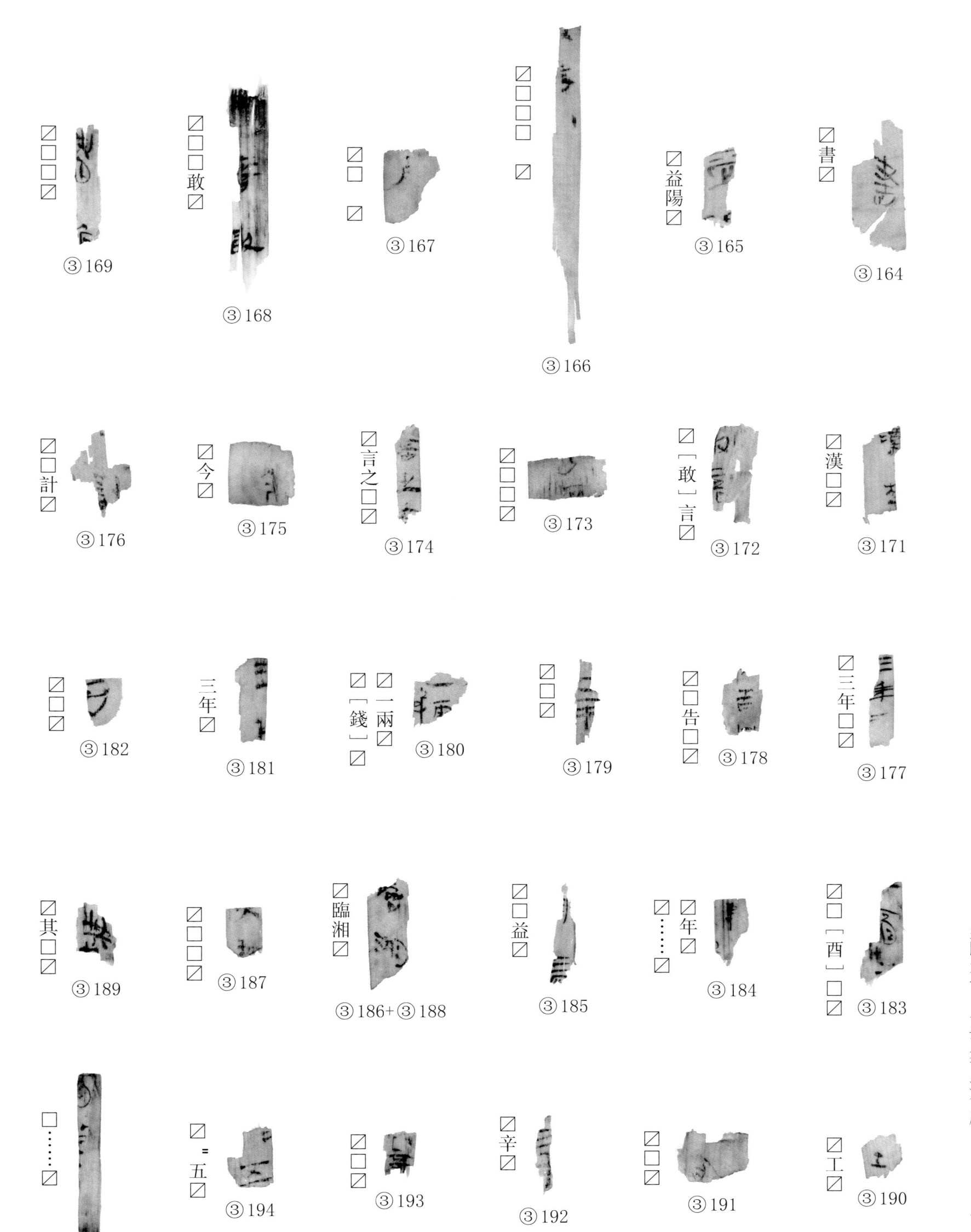

③166

☑□　☑

③167

☑□□敢☑

③168

☑□□☑

③169

☑漢□☑

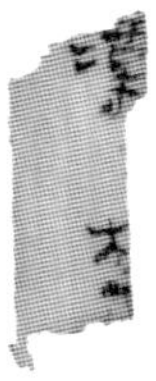

③171

☑［敢］言☑

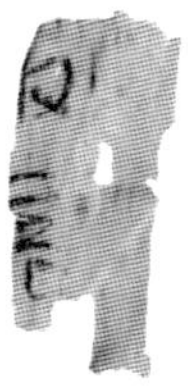

③172

☑□□☑

③173

☑言之□☑

③174

☑今☑

③175

☑□計☑

③176

☑三年□☑

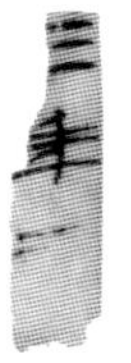

③177

☑□告□☑

③178

☑□☑

③179

☑一兩☑
☑［錢］☑

③180

三年☑

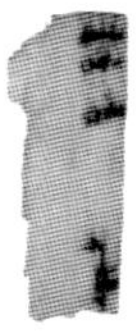

③181

☑□☑

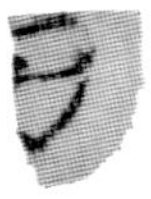

③182

☑□［西］□☑

③183

☑年☑
☑……☑

③184

☑□益☑

③185

☑臨湘☑

③186+③188

☑□□☑

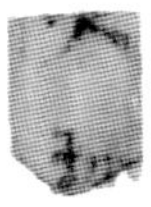

③187

☑其□☑

③189

☑工☑

③190

☑□☑

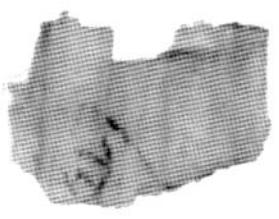

③191

☑辛☑

③192

☑□☑

③193

☑=五☑

③194

□……☑

③195

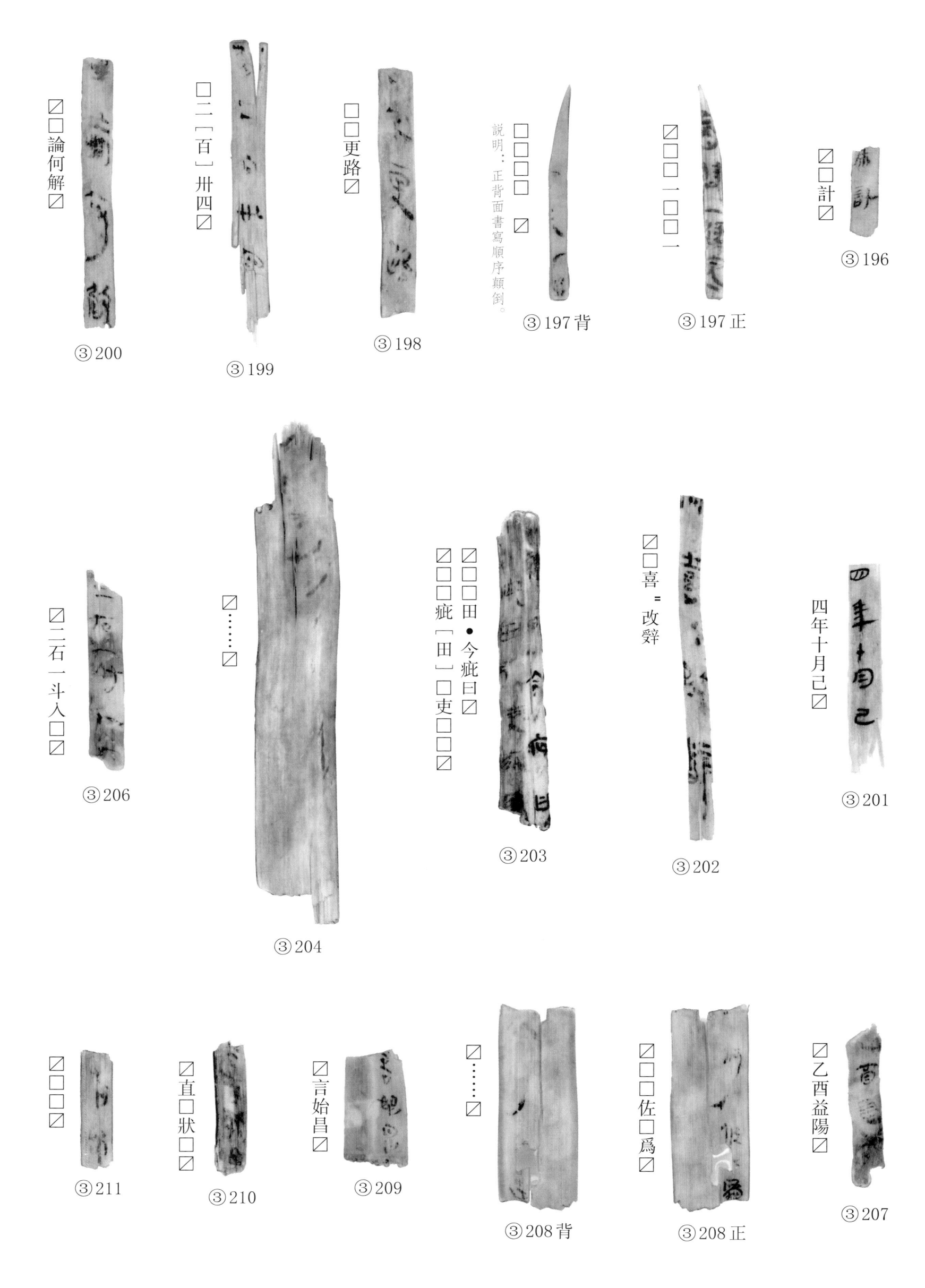

☒□計☒

③196

☒□□一□□一

③197正

□□□□　☒

説明：正背面書寫順序顛倒。

③197背

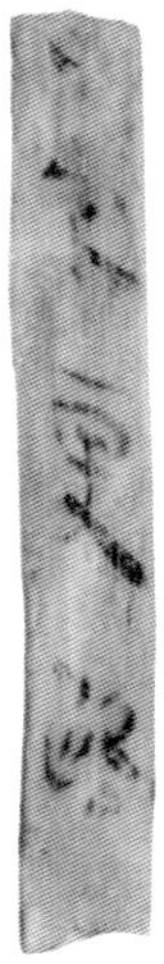
□□更路☒

③198

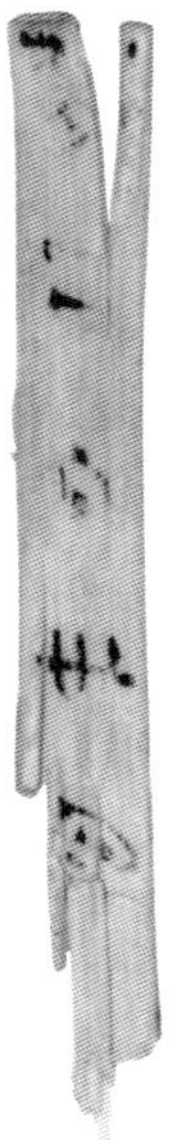
□二〔百〕卌四☒

③199

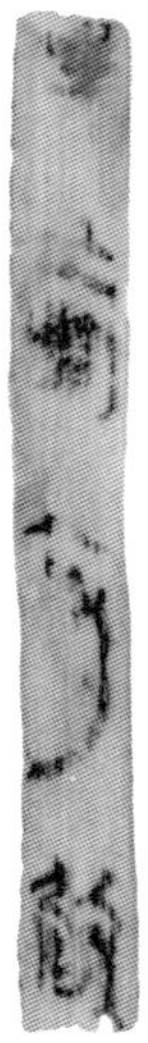
☒□論何解☒

③200

四年十月己☒

③201

☒□喜〓改辤

③202

☒□□田●今疕曰☒
☒□□疕〔田〕□吏□□☒

③203

☒……☒

③204

☒二石一斗入□☒

③206

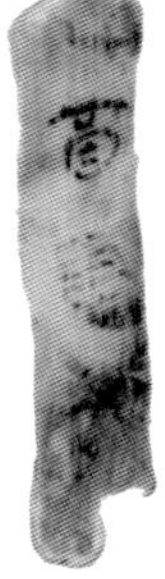
☒乙酉益陽☒

③207

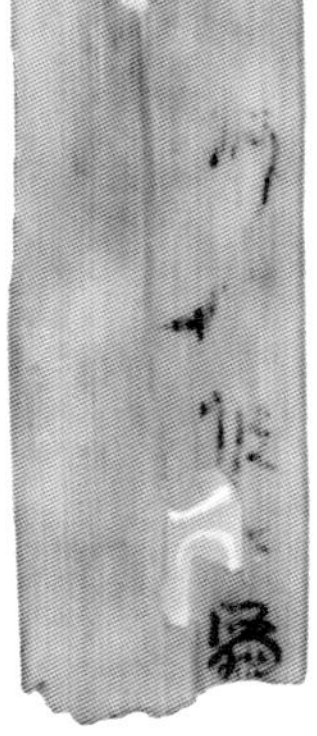
☒□□佐□爲☒

③208正

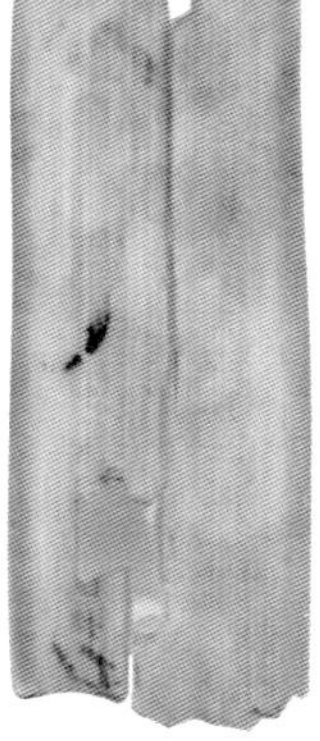
☒……☒

③208背

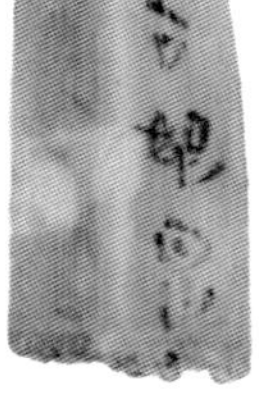
☒言始昌☒

③209

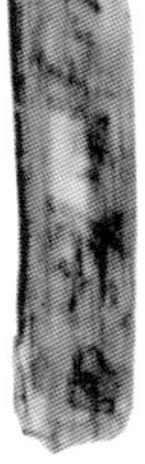
☒直□狀□☒

③210

☒□□☒

③211

☒行☒

③212

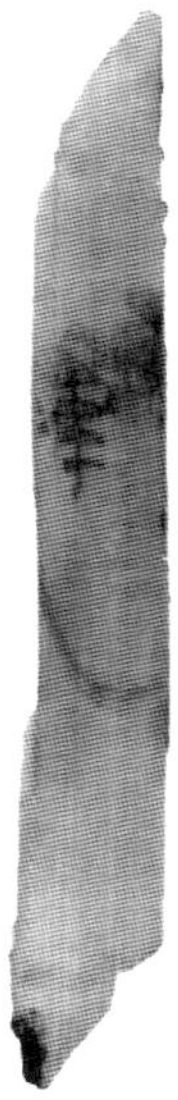

☒連☒

③213

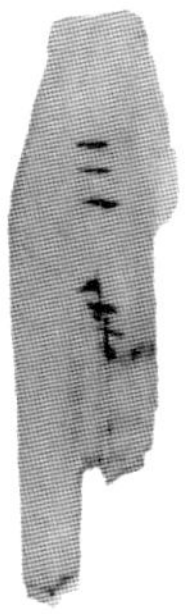

☒三年☒

③214

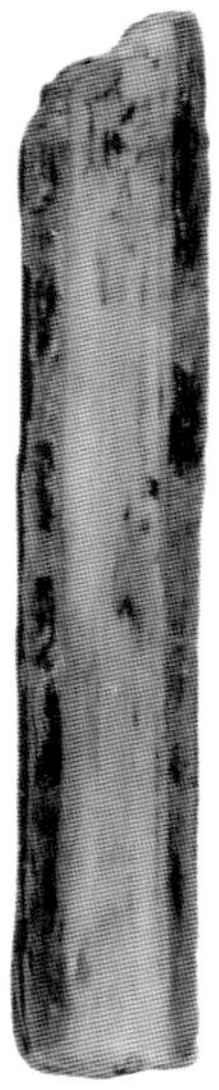

☒……☒

③215

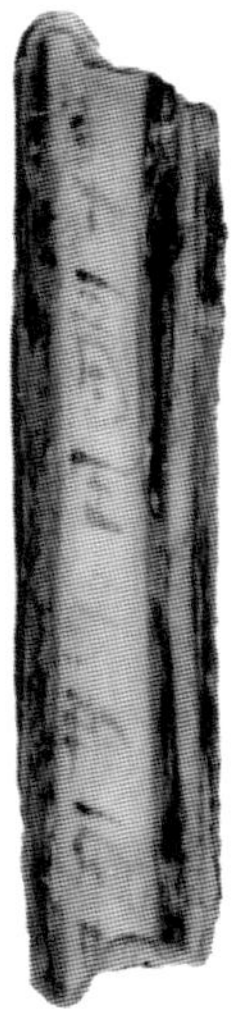

☒年五月壬子朔丙□☒

③216

☒十一月以上☒

③217

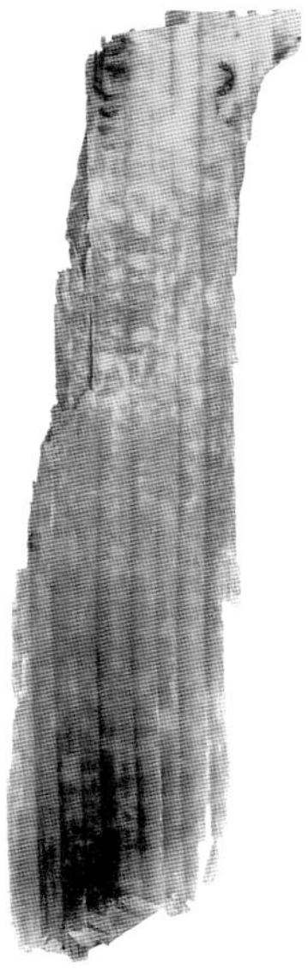

☒□ ☒

③218

☒（圖案）☒

③219

☒□□□☒

③220

☒□☒

③221

☒□□□☒

③222

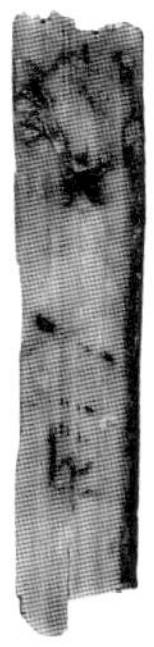

☒□□□☒

③223

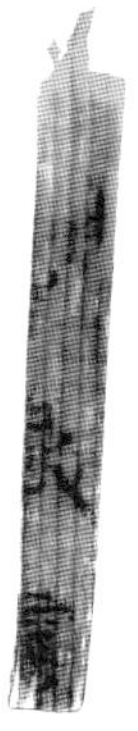

☒□敢□

③224

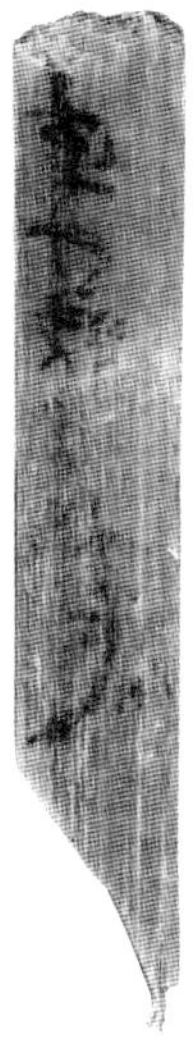

☒□□□☒

③225正

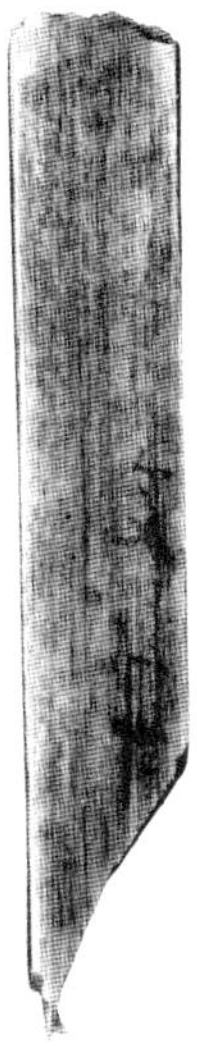

☒ □□☒

③225背

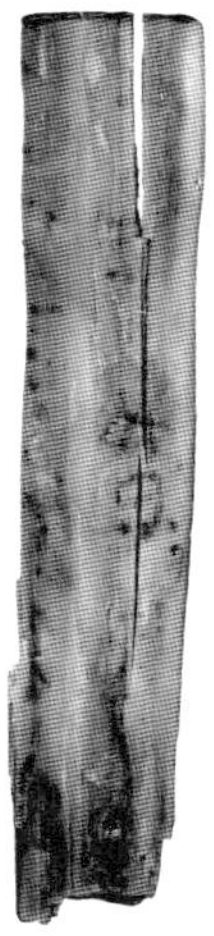

□□六月□□☒

……☒

③226

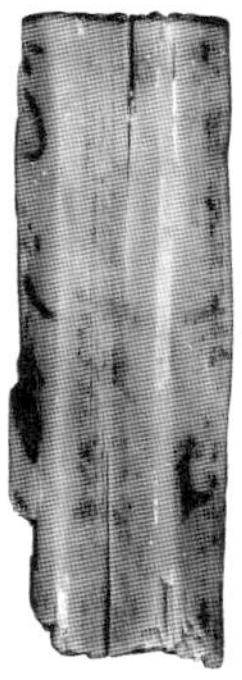

□□□□□□☒

□□□□□☒

□□□□□☒

③227

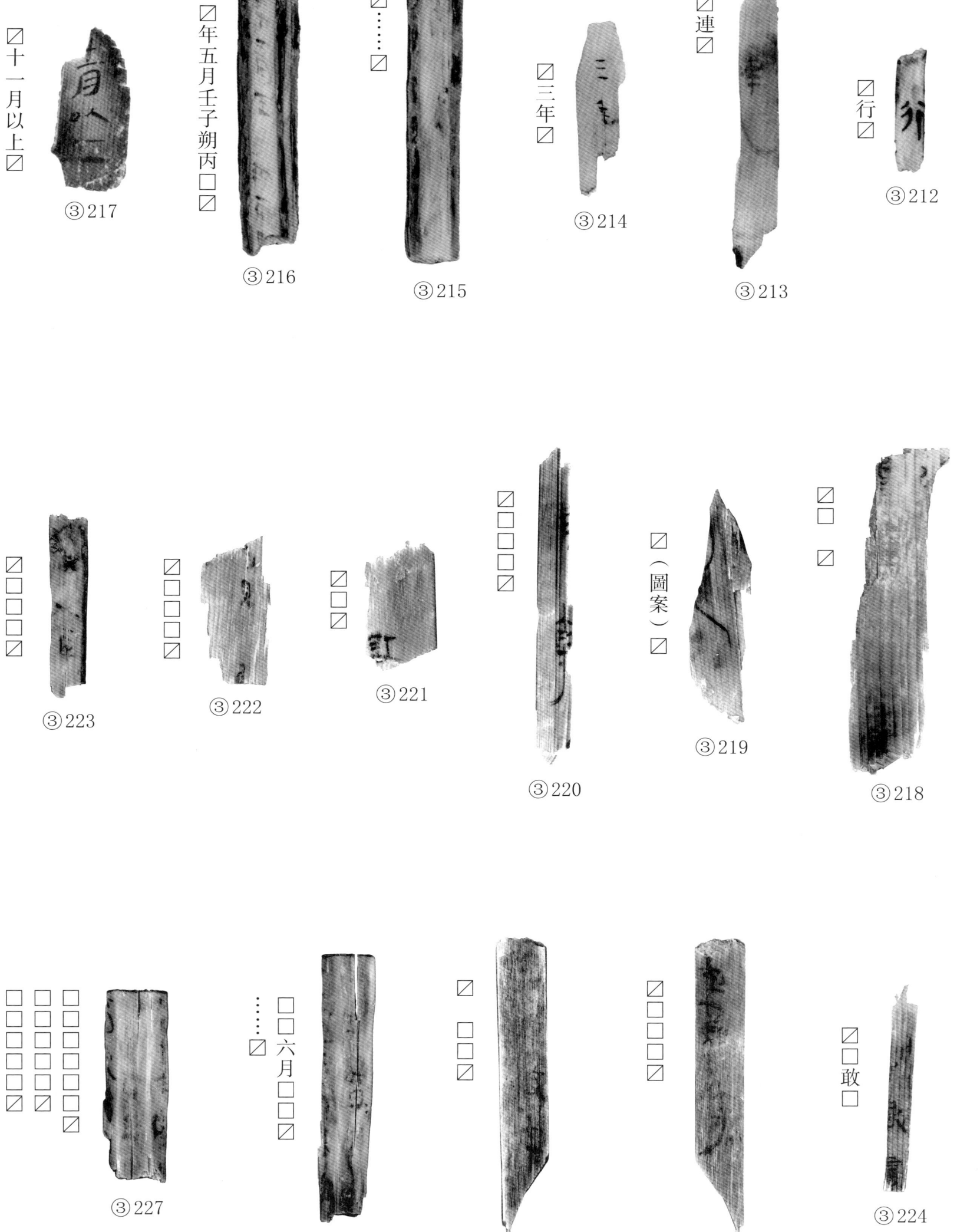

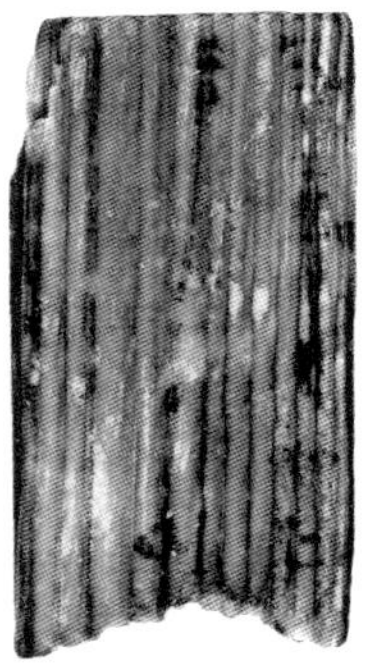
③228
☐☐☐☐☐☒
☐☐☐☐☒

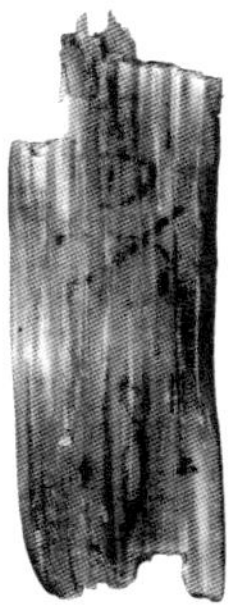
③229正
☒男子☒

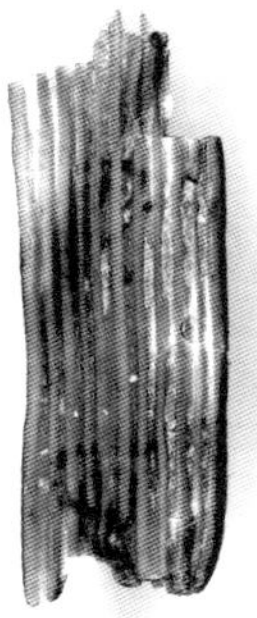
③229背
☒……☒

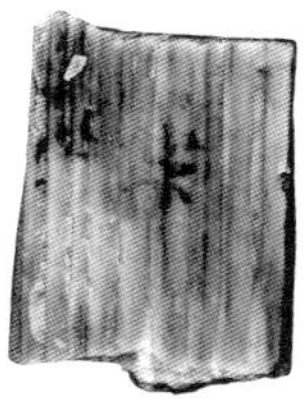
③230
☒☐☒
☒☐☒

③231
☒……

③232
☒☐☒

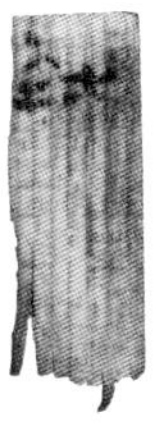
③234
☐☒

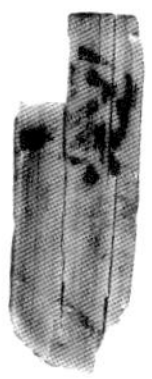
③235
☐☒

③236
☒☐☒
☒☐☐☒

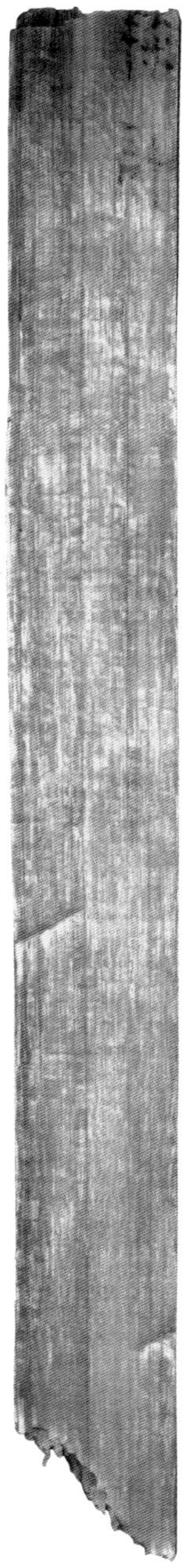
③238
☒隸計　☒

③239
三年☐月辛☐朔☐☐……☒

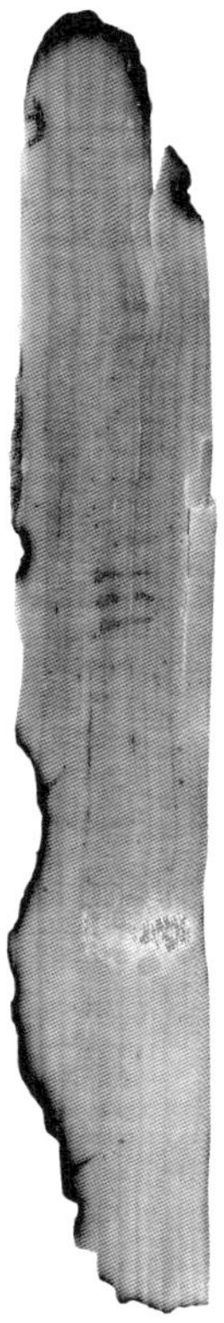
③240
☒　三　☒
☒……☒

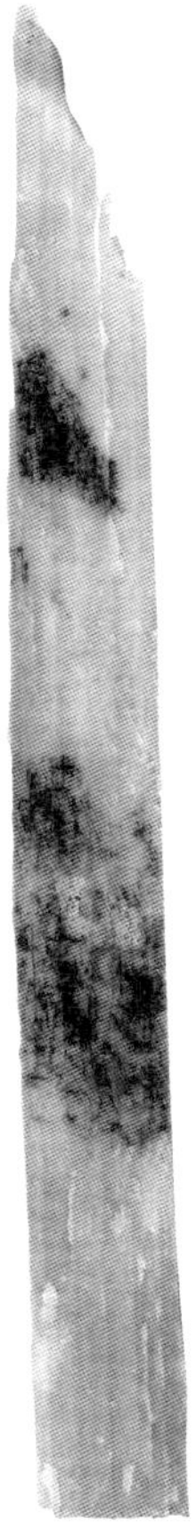
③241
☒☐☐

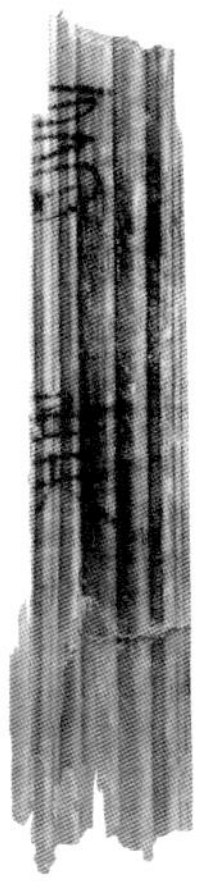
③242
☒畜☐☒

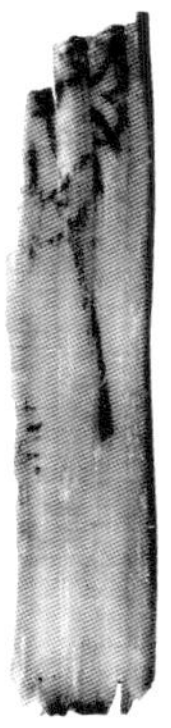
③244
☒☐☐☒

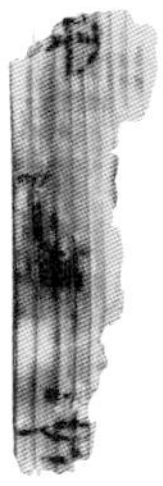
③245
☒☐☐☐☒

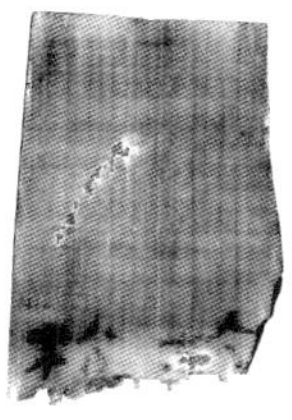
③246正
［校］☒
校☒

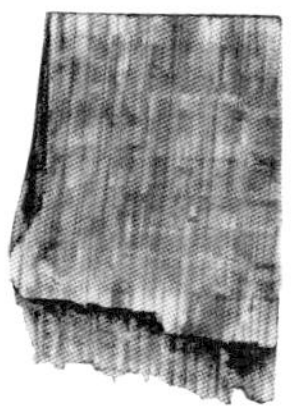
③246背
☐☒

第四層

三年八月辛亥朔甲辰
朔益陽行爰丞啟敢
石九縣縣律

④1正

④1背

郲爰不䄻丹九兩斤
反卑

說明：正面第三行書寫順序顛倒。

□級謁謁言内史
升一賣謁□府府

④2正

書到定定定　▨
……㇏▨

④2背

說明：「升一賣謁口」顛倒書寫。

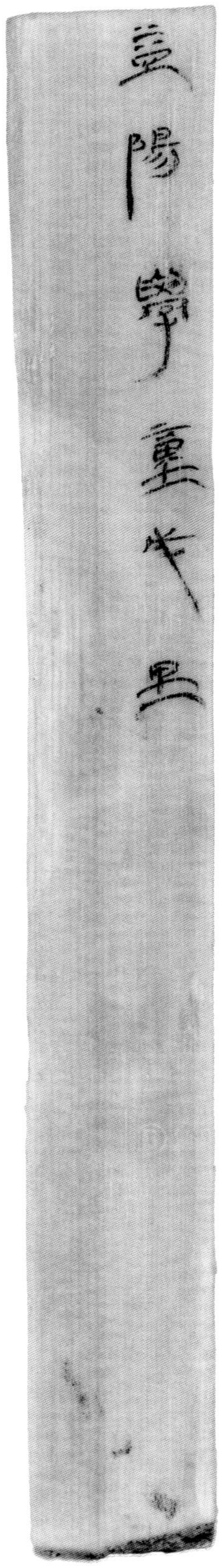

益陽學童成里

④3

僕過敬至令〈令〉陳公侍馬足下者府付尉▨

賤走僕啟敬再捧獻書若侍▨

④4

三年九月己卯朔辛巳益陽丞啟敢

言之府書曰令史敢

④5正

三年

④5背

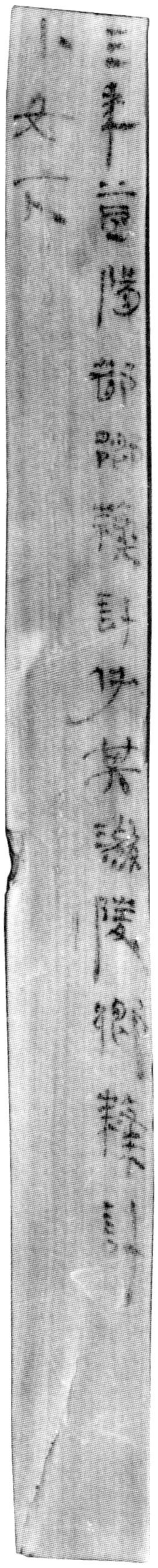

三年益陽都鄉隸計付其潙陵鄉隸計

小女一人

④6

三年三月朔戊午益陽令夫= ⧄

上十年嗇計入何解言何 ⧄

④7正

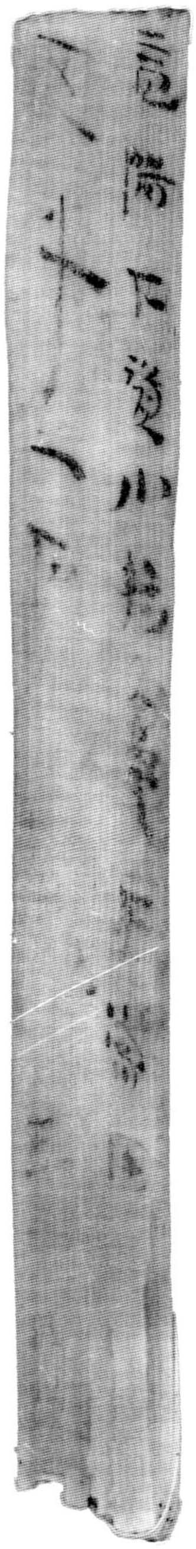

益陽下資小簪褭不當用⧄

五千一百□⧄

④7背

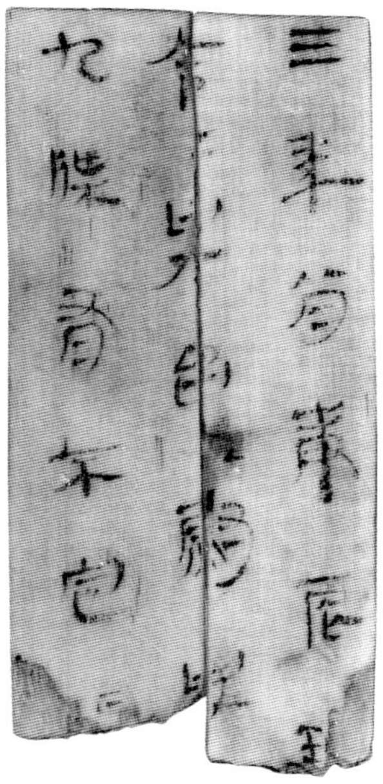

三年八月庚辰朔⧄

令=史台ㄥ尉史⧄

九牒有不定□⧄

④10+④53

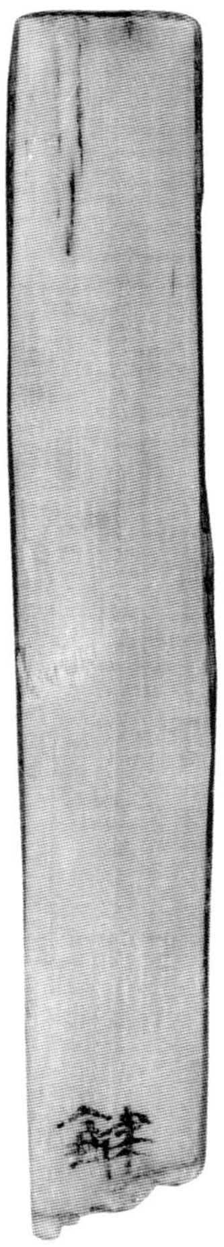

鍵⧄

④11正

□⧄

④11背

說明：正背面書寫順序顛倒。

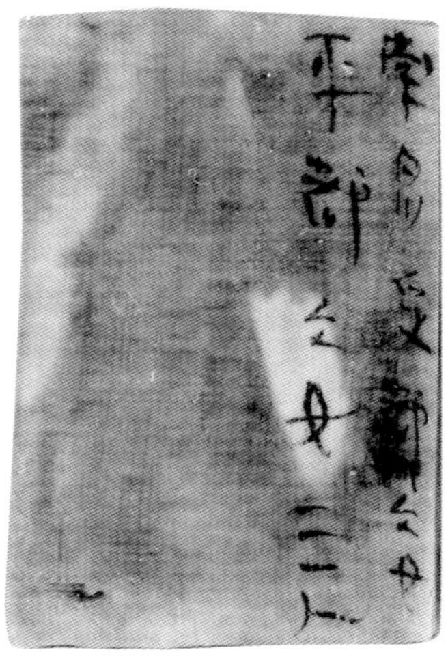

南昌受［都］鄉大女
平都大女三人

④12正

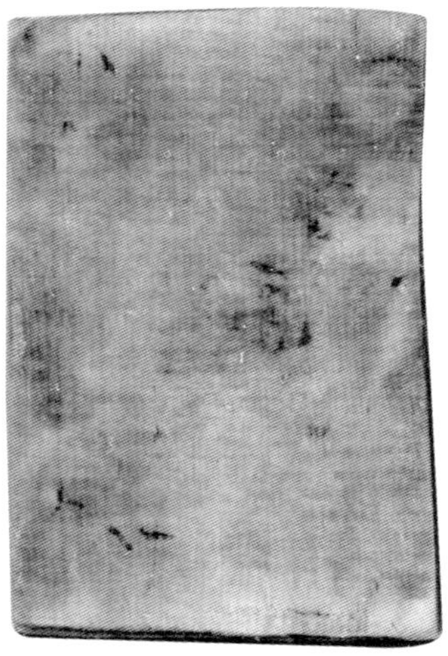

⊠
⊠
⊠人

④12背

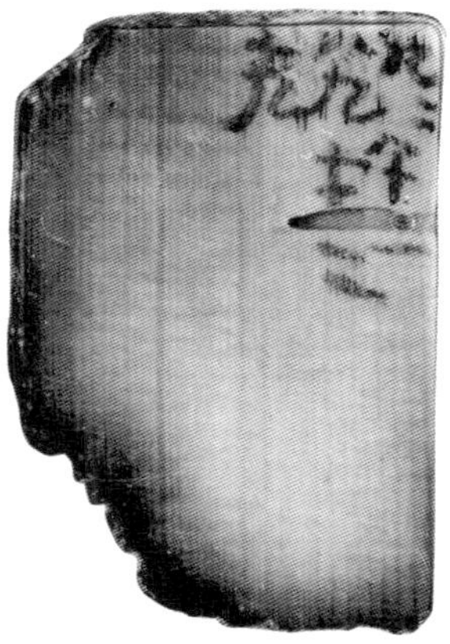

九＝八十一　▨
八九七十二　▨
七九　▨

④13

▨□□□▨
▨仁▨
▨［陽］□□▨

④14正

▨□▨

④14背

▨　□

④15

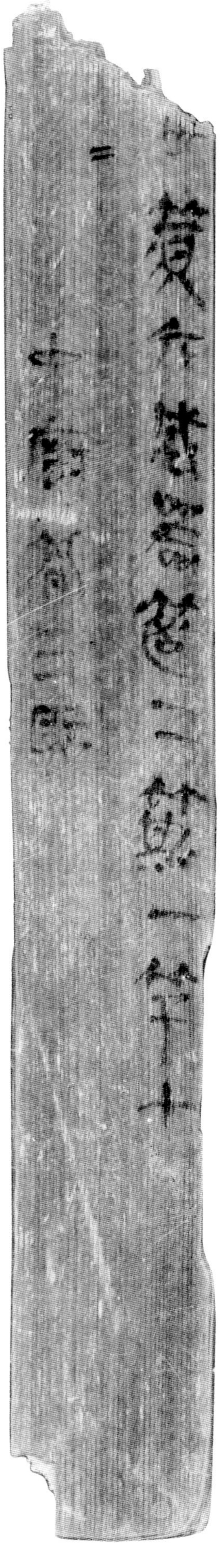

〼卅　簀六盛器□二簖一竿七

〼二

〼　中廚笥三□

④16正

〼□薪卅臬一壺二

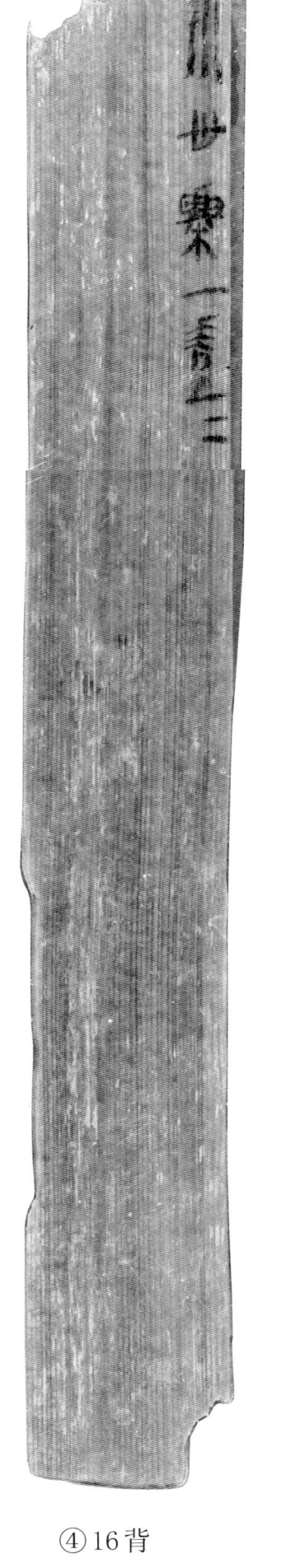

④16背

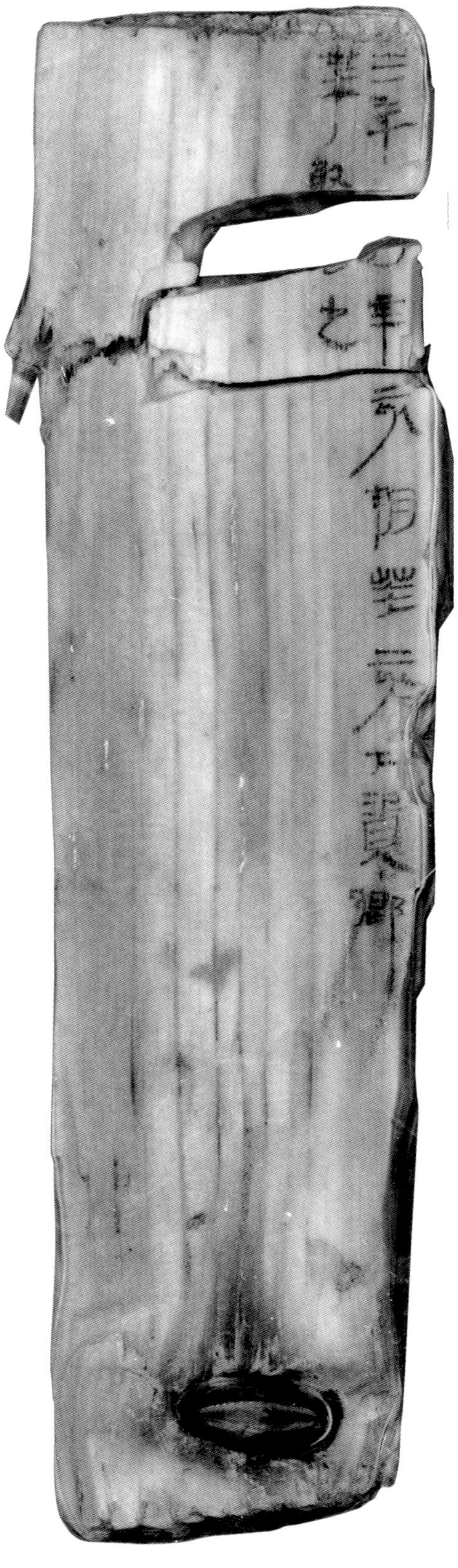

三年〼月辛亥朔癸亥下資鄉
華敢［言］之

④17

〼☒□廡一牒書
〼☒□有罪皆［疏］

④18正

〼　慶手

④18背

內史史
內史府內內益益陽

④20正

益陽益陽丞□

④20背

☒矦邑

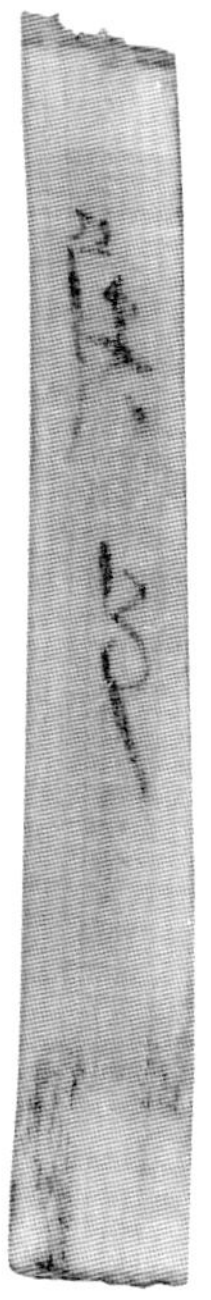

④21正

☒□九十九十九

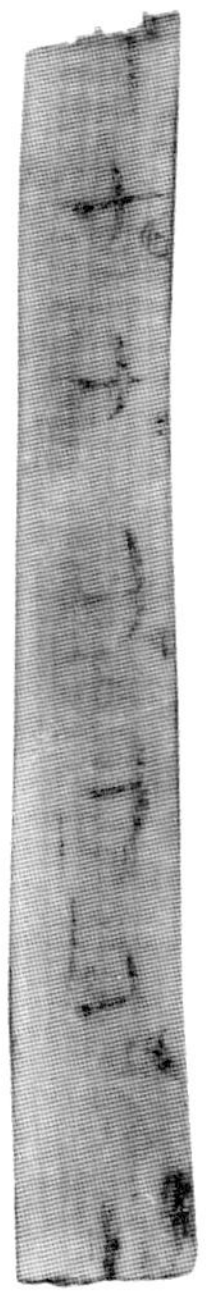

④21背

☒從事

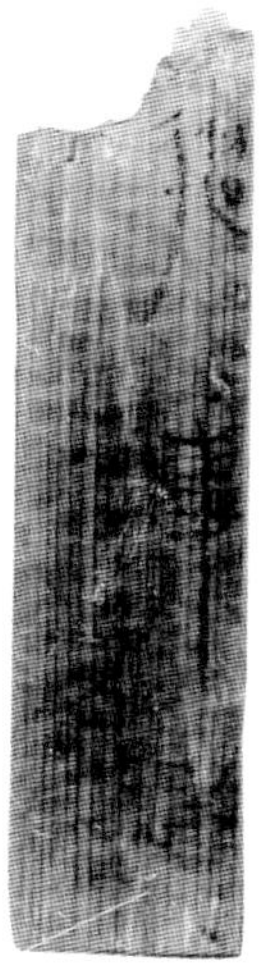

④22

廷倉曹

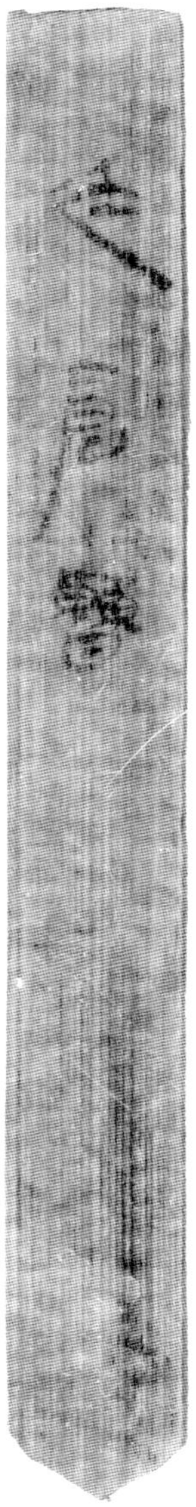

④23

下資鄉☒

④24正

三年正月壬［申］申益☒
三年六月來 ☒

④24背

内史 ☒

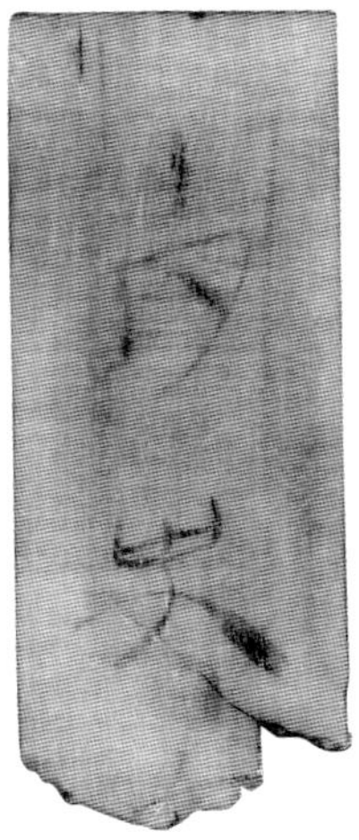

④25正

益陽 ☒

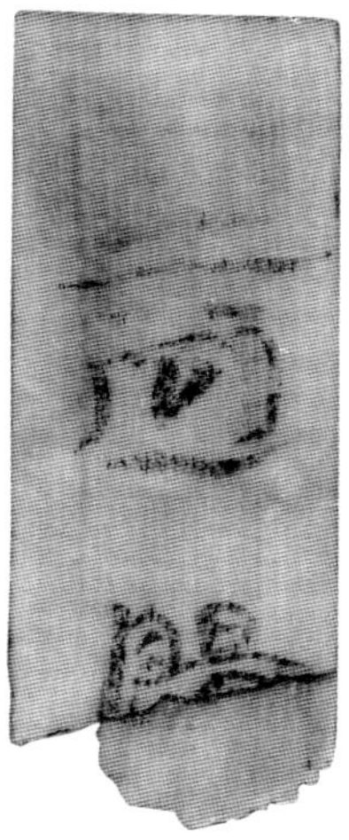

④25背

☒益陽傳舍芻稾□償☒
☒芻二鈞五斤□☒

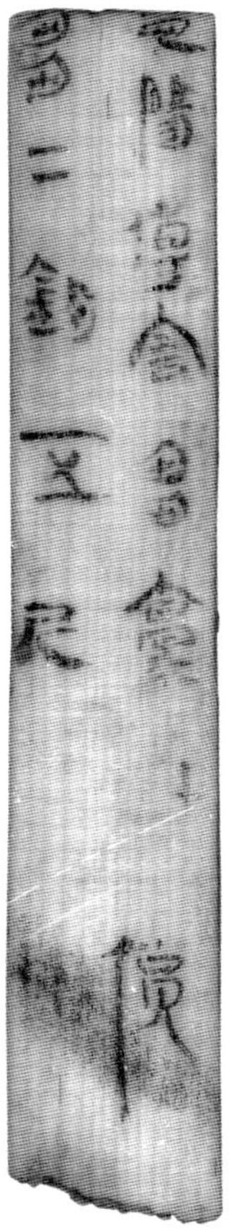

④26正

☒□使使使之 ☒

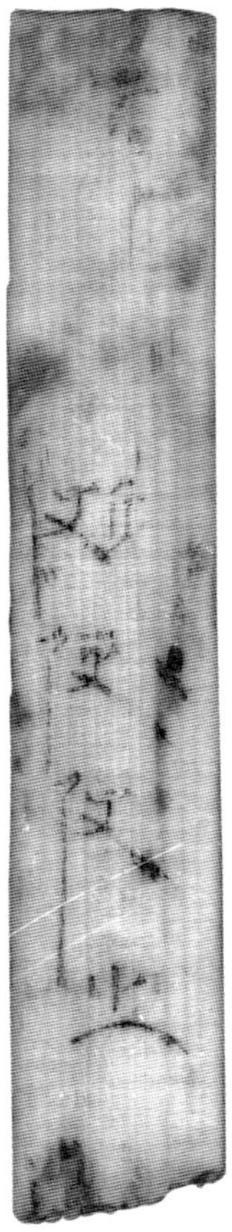

④26背

☒□□□☒

④27

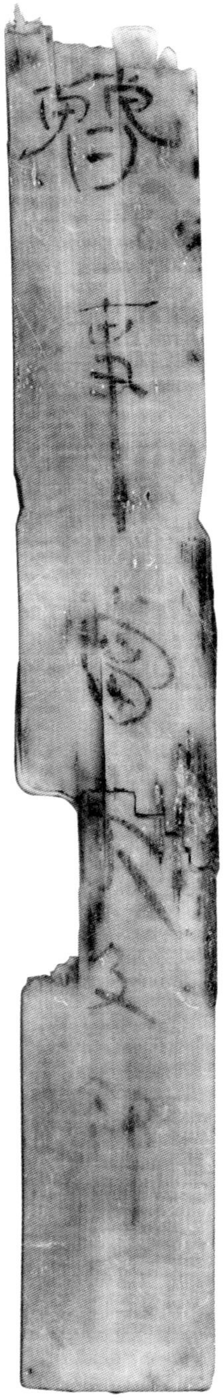

☒曹事當下及郤

④28

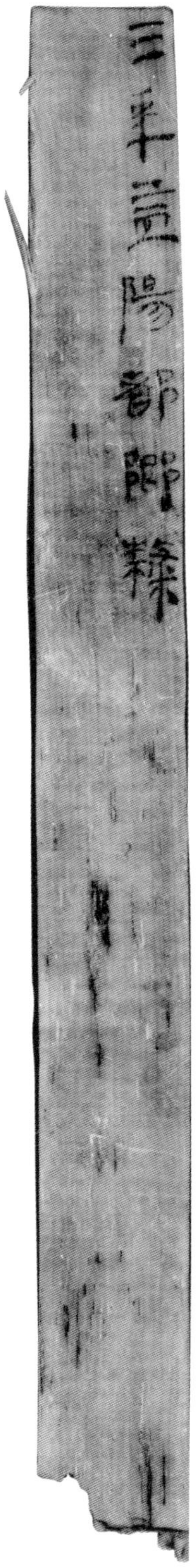

三年益陽都鄉隸　☒

④29

☒□亥敬再拜獻書多問公孫佩毋恙秋時不利御前者得毋有所不安大□□□□夫□獻書□□僕顒以身□

君且［受］□□丞主＝□方□□不得ㄥ僕有非敢上書君也顒王孫匃公孫佩□獲之因［敢言］道之過□再拜多問兩公孫

④30+
④43正上

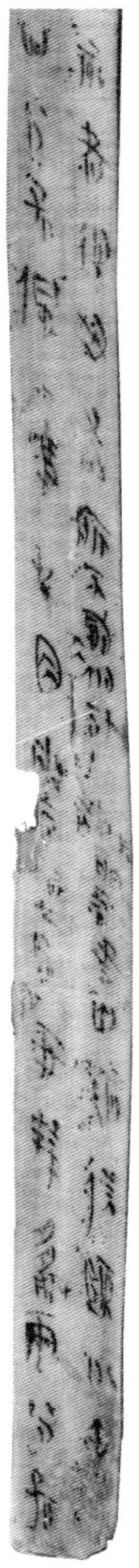

④30+
④43正下

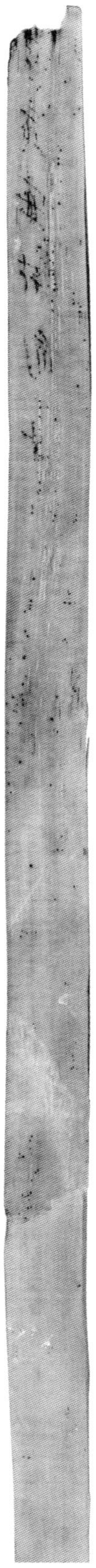

☒也敬再拜道之

④30+
④43背上

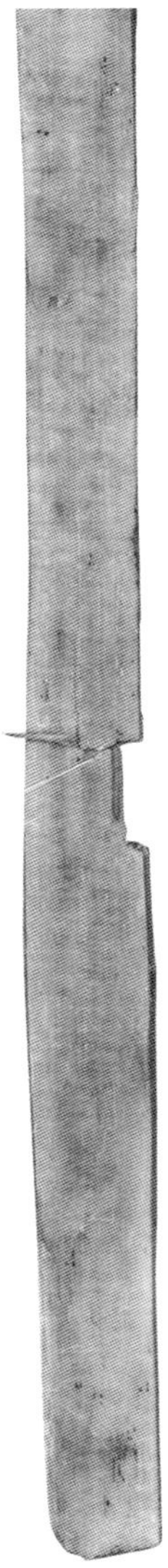

④30+
④43背下

三□三□七月　☒
三［年］□□　☒

④31正

□□朔朔　☒

④31背

■金布［須］☒

④32

☒入名曰三年☒

④33正

☒［謂］□陽昭□□□□□☒

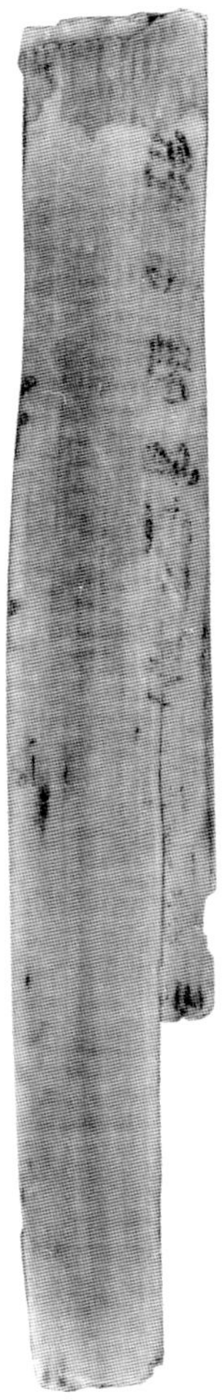

④33背

☒門淺公馬足☒
☒不安處疏遠☒

④34

☒□［慎］
☒之謂母家
☒□裹簪裹

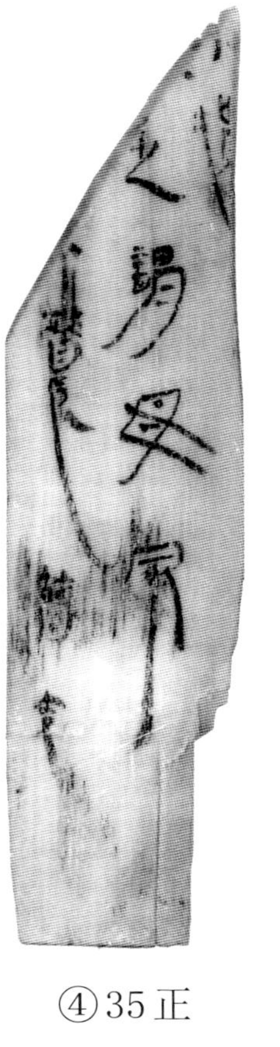

④35正

☒益陽［人］之安
☒□再再再變□敬
☒　鳥小　☒

④35背

春□　☒
鯉　☒
□　☒
以　☒

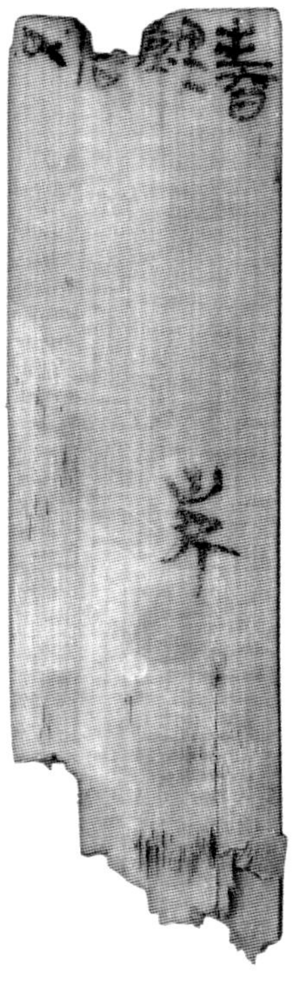

④36

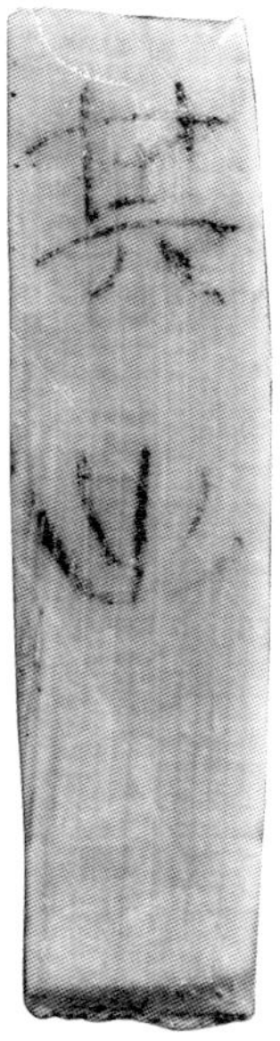

其出 ▨

④37

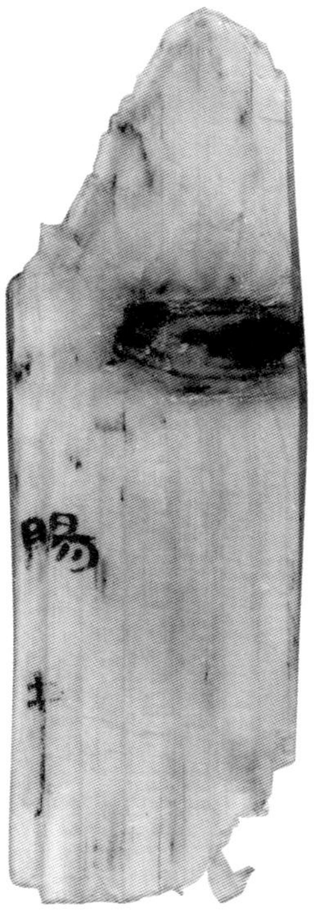

▨［陽］手

④38

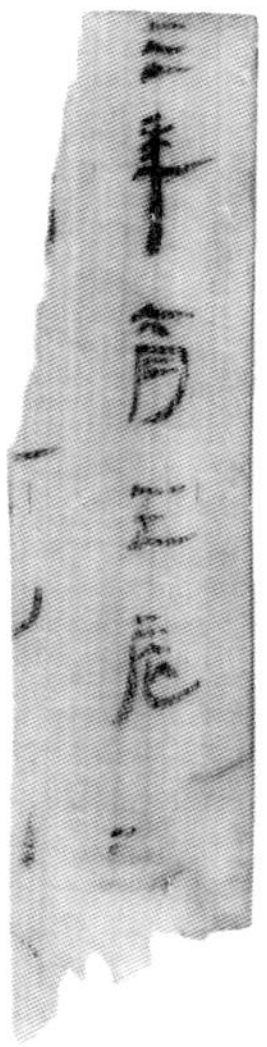

三年六月壬辰□▨

……▨

④39

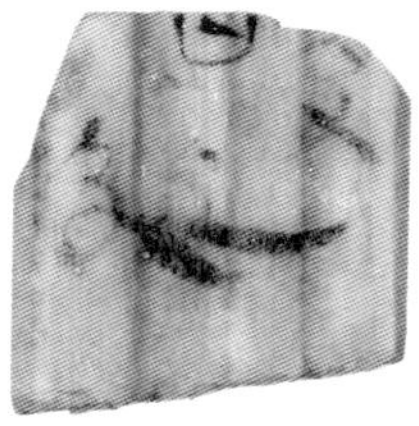

▨及

▨□及

▨及

④40正

▨□

▨□

④40背

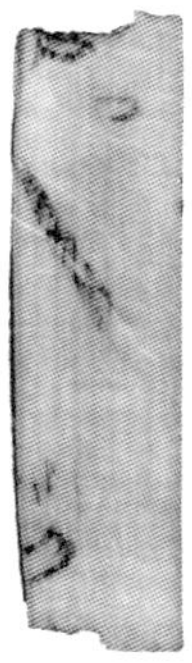

▨□□▨

④41

十二月□□□□假▨

④44

□□ ▨

匿弗別▨

④45

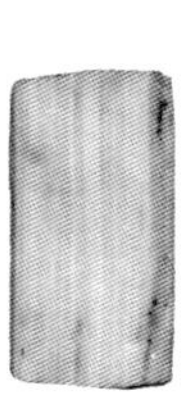

▨□□

④46

九月丙子旦鄉菭□

④42正

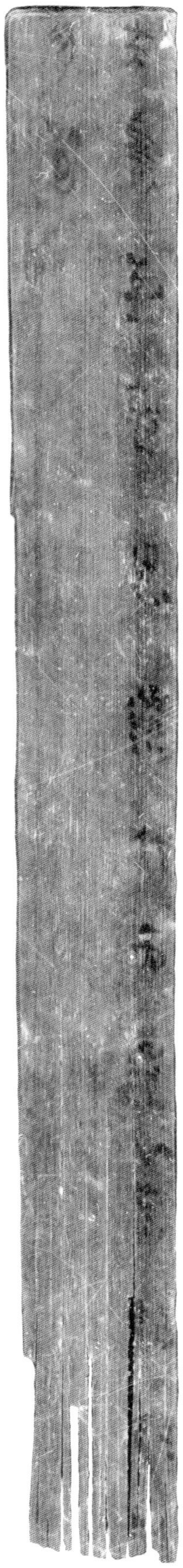

夫書到亟爲遣□而□以書□□□▨

勿留 ▨

④42背

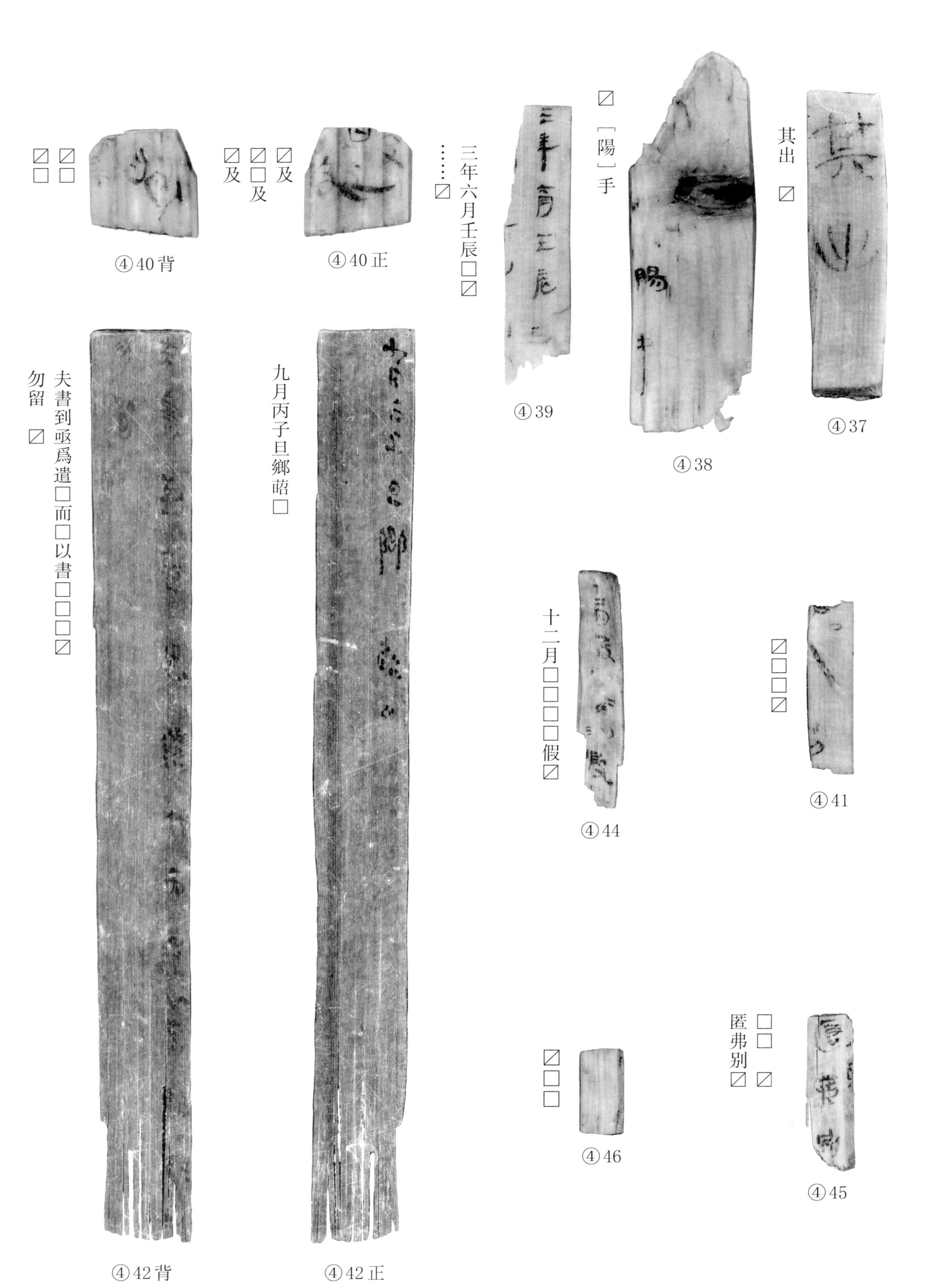

☑年九月乙丑朔乙酉益陽丞☑
☑之府書曰令上計［丞］☑

④48正

書以三年它有□□□□□☑
年七月三年年　☑

④50正

☑　𠬝敢□數□𠬝☑
☑𠬝𠬝𠬝屬及𠬝
☑數□夊𠬝𠬝

④48背

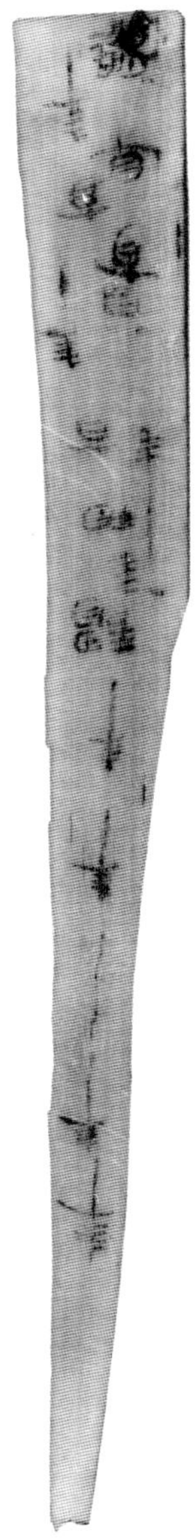

謂七月月七□年年年年年年☑
年月七年月七朔謂☑

說明：背面書寫順序混亂。

④50背

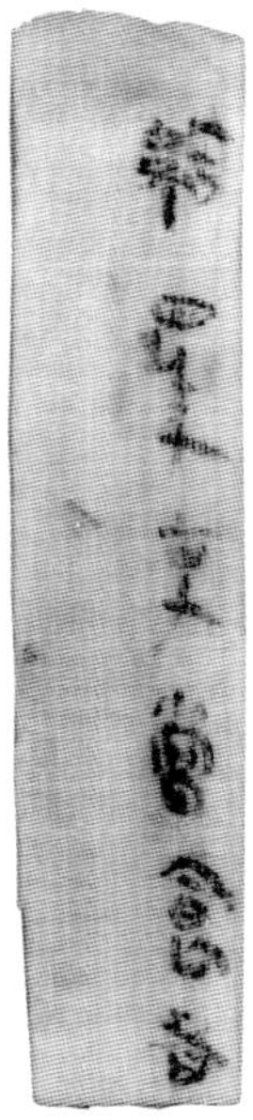

☑給四年吏當食者

④49

☑安安童自能九□☑
☑曼曼曼　☑
☑益陽　　☑

④51

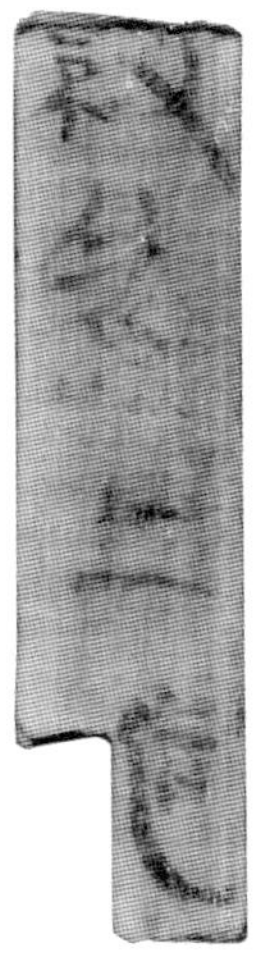

☑級爲上造☑

④52

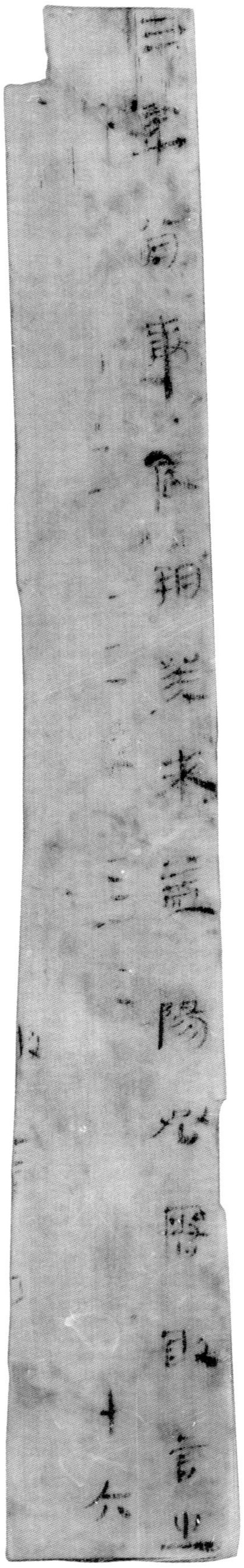

三年八月庚辰朔癸未益陽丞啟敢言之

十六

……［敢言］

④55正

□手

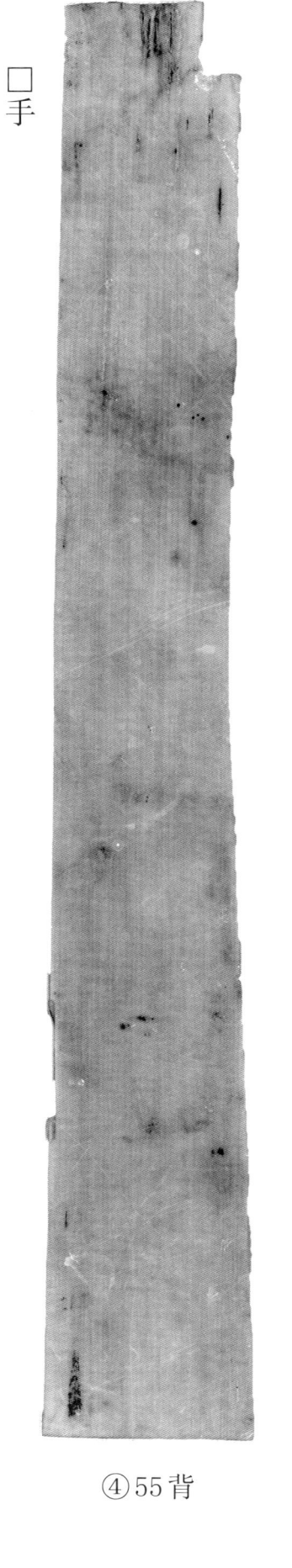

④55背

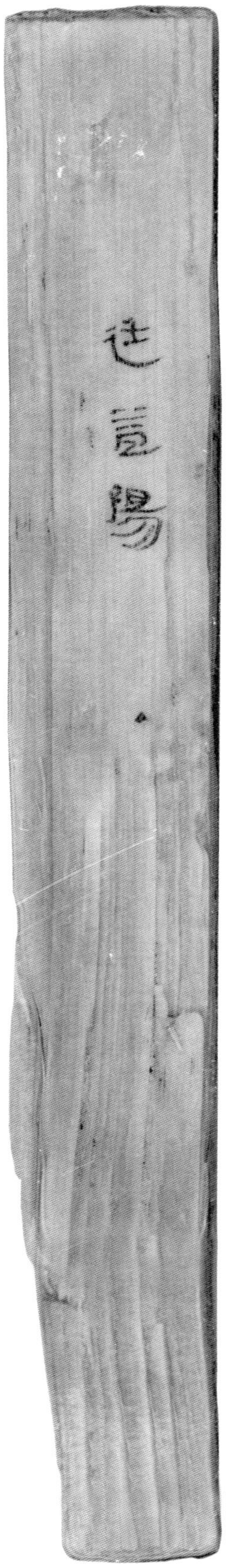

廷益陽

④56

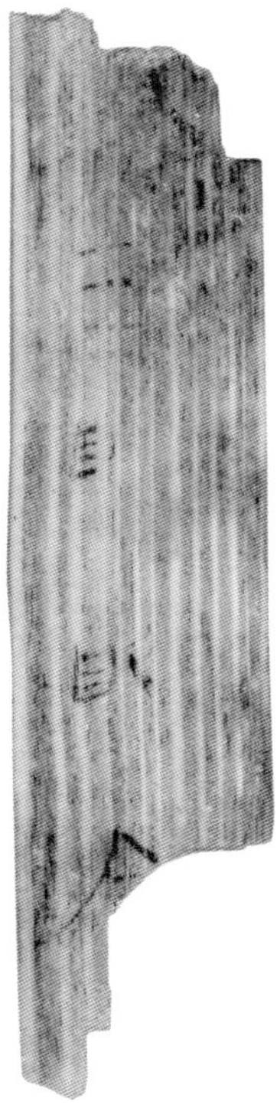

☑三月［敢］□☑

④57

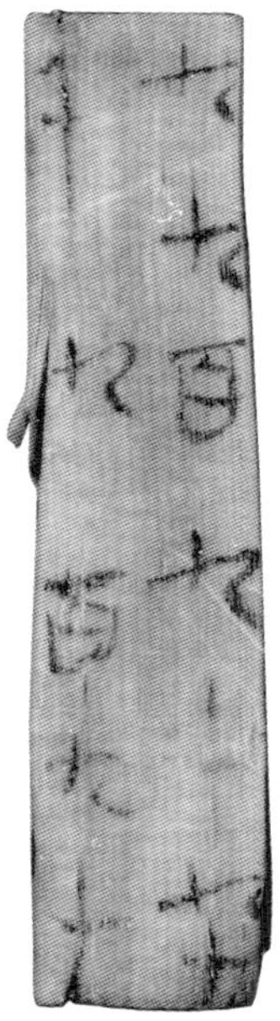

九九百九十九十☑

千九百九十☑

④58

☐始
☐始始

④59

令 ☐
賤走僕☐
木 ☐

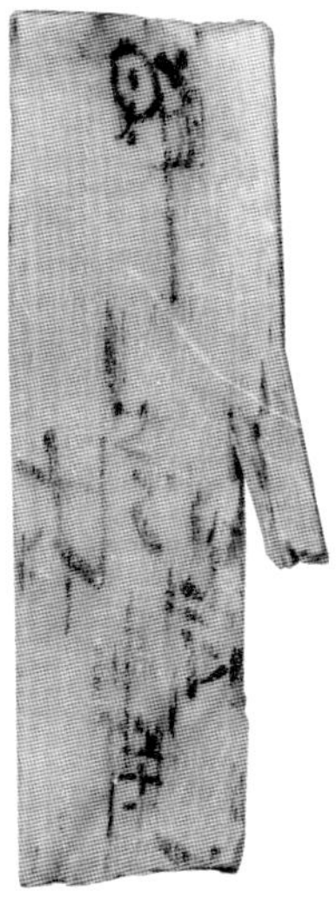
④60正

二年 ☐☐
二☐☐☐

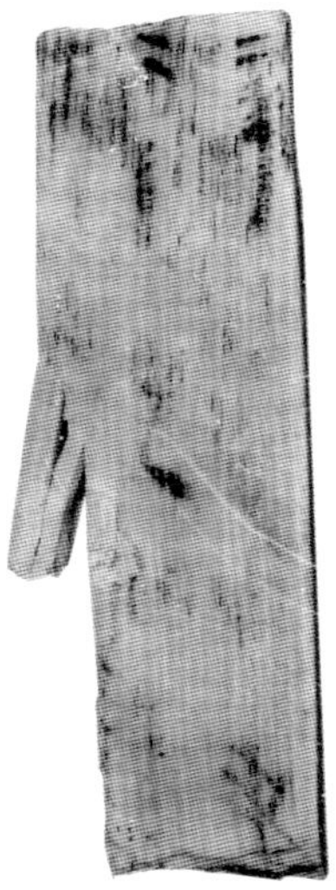
④60背

☐令☐
☐令☐☐

④61

［内］☐

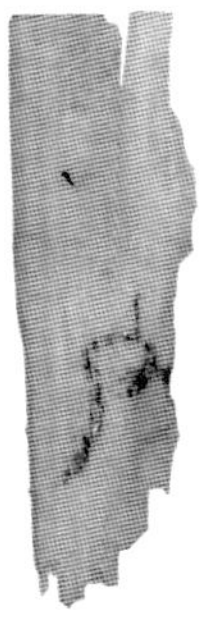
④62

☐朔己
☐裹☐
☐☐☐

④63

☐……

④64

□☐

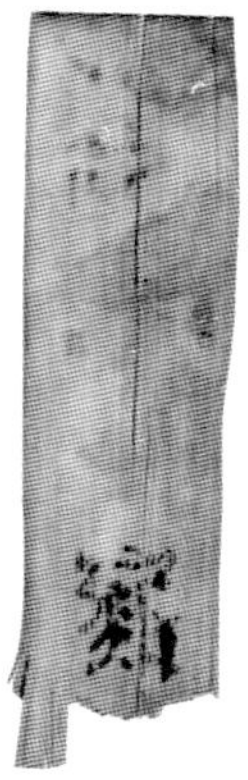
④65正

……☐

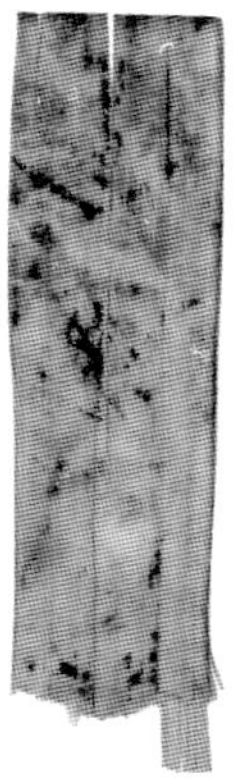
④65背

☐☐☐☐☐☐勿☐☐

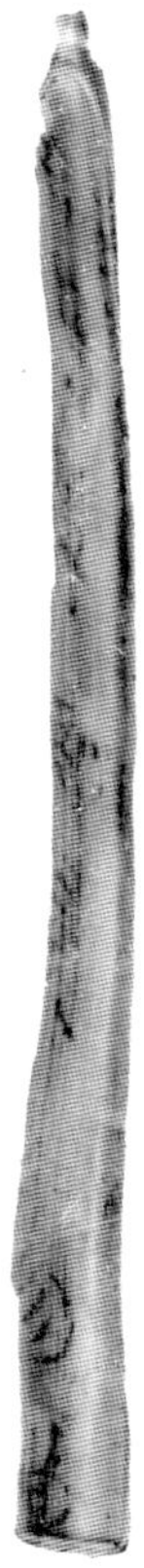
④66

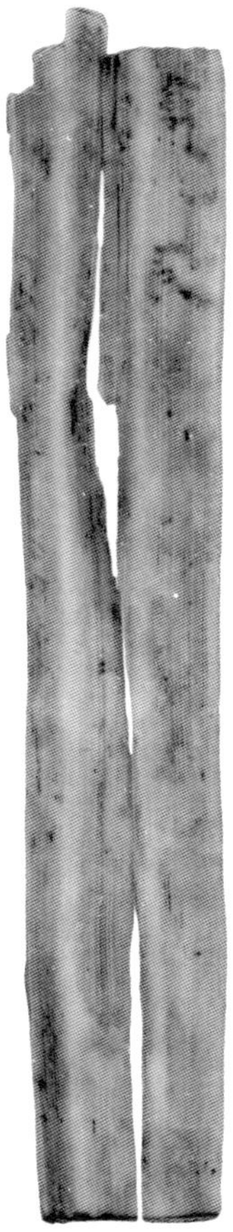

⧄□□……
⧄□□□……
⧄□□□……

④67

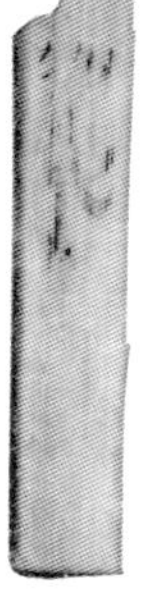

⧄從

④68

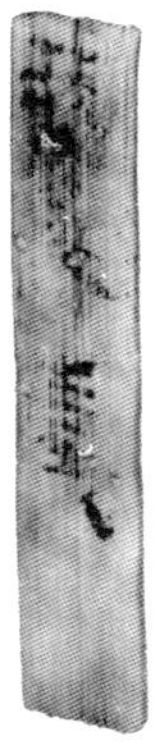

⧄□□義 ⧄

④69

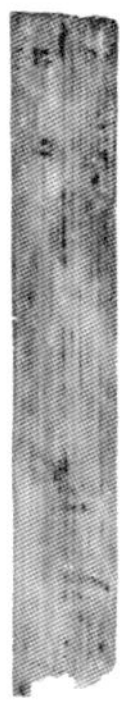

……⧄

④71

□勿□□□⧄

④72

⧄□□□□⧄

④74

⧄□□⧄

④75

⧄□□□……

④76

☒月壬辰朔壬子 ⧄
☒五日以上得 ⧄
其□□［七］十日以下 ⧄

④77

三年益陽都鄉隸計受臨湘［杲］鄉都邑□⧄
小女一人 ⧄

④78

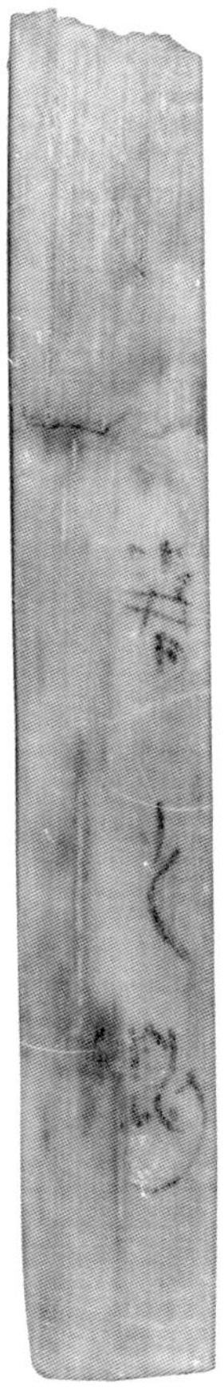

⧄春之鼠

④79

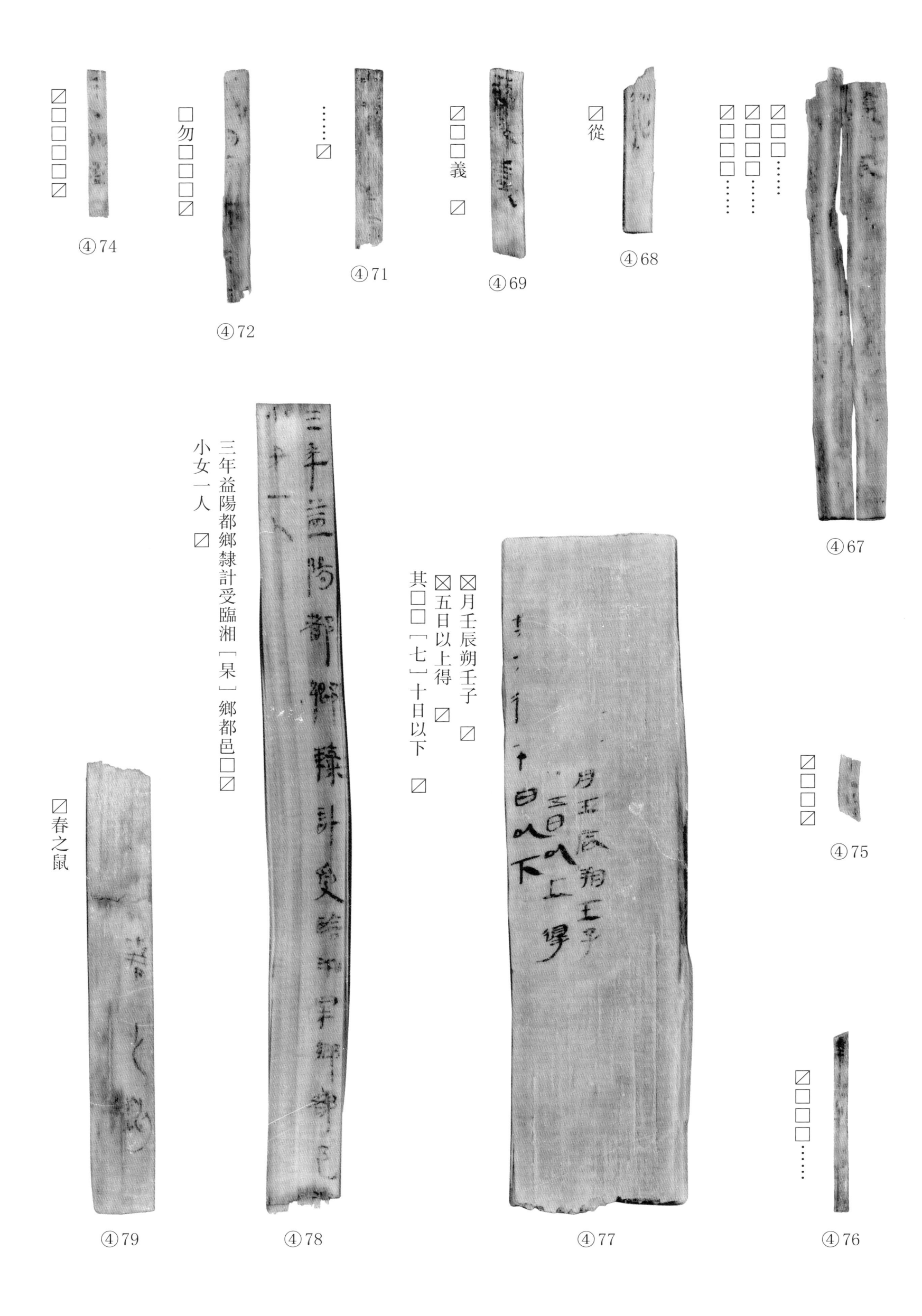

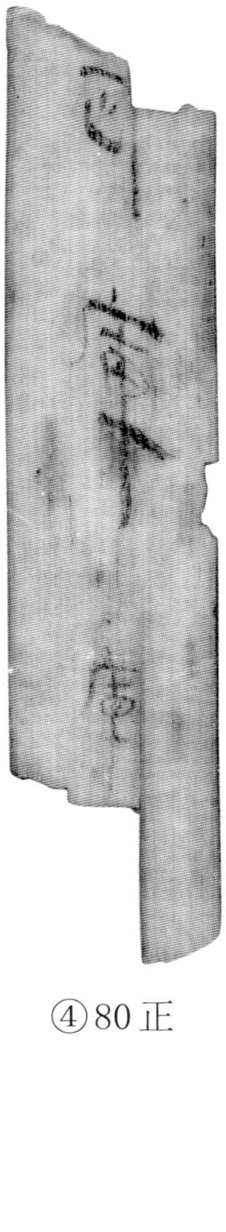

④80正

☑武庫庫☑

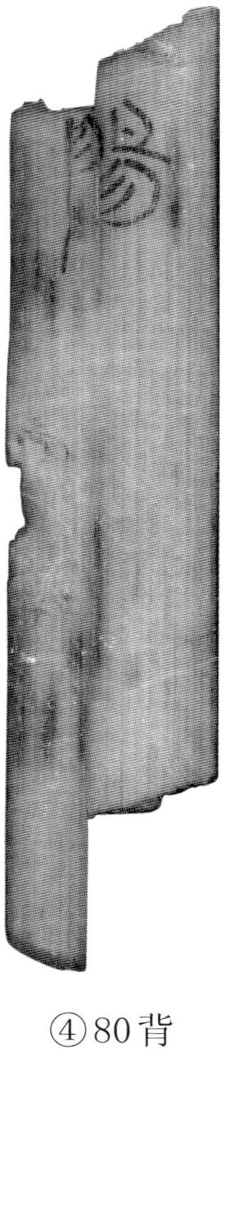

④80背

☑陽　☑

④81正

三年七月辛亥朔戊戌倉變敢言之
上三年計寂一謁以臨計敢
言之•七月辛亥朔＝日益陽［行］丞啟敢
告［安］陽［丞］令史可以從［事］

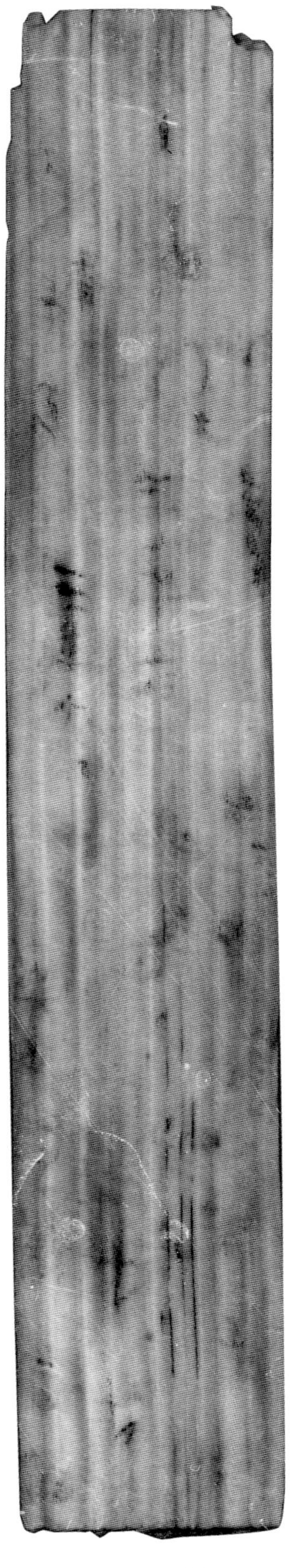

④81背

三年七月……
三年六［月］……

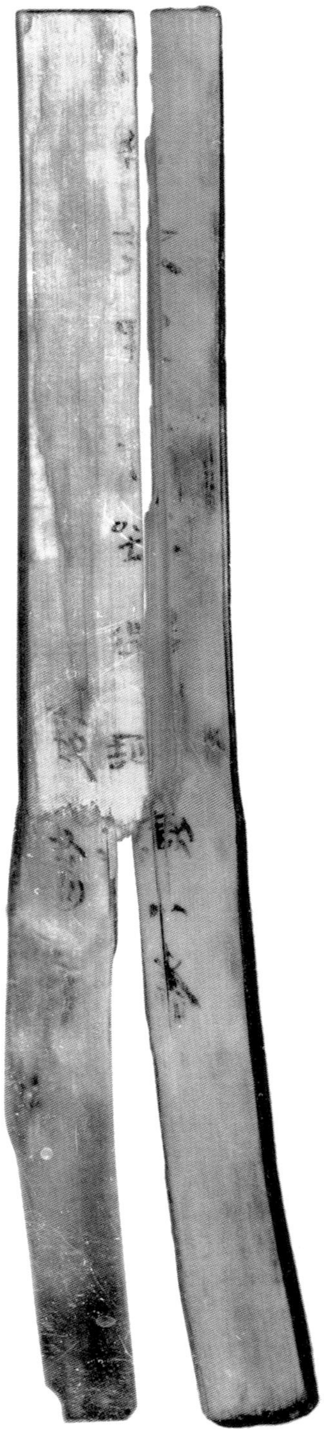

④82+④84正

□名吏里它坐遣詣獄以書
致書□

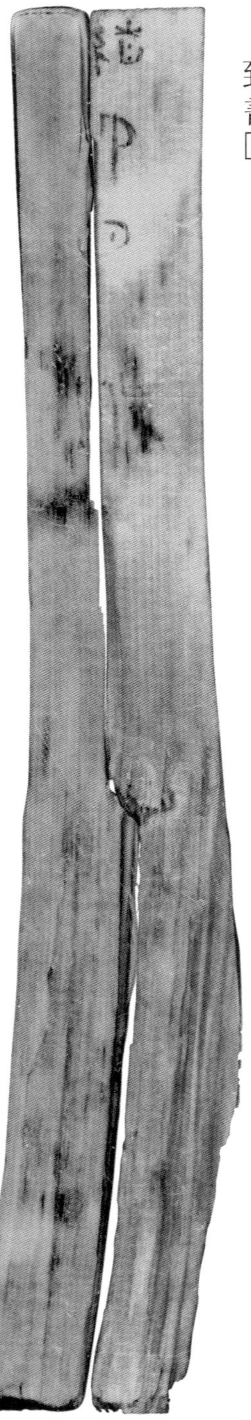

④82+④84背

緒巾四□

④85

伐簡各一寫食□□廷〼

④86正

内史□〼
□朔敢言之〼
朔御朔物尉〼

④86背

各一書〼
尉令尉史令□〼
□御〼

④83

〼攸ㄥ益陽各一〼
〼［攸］下尉聽〼

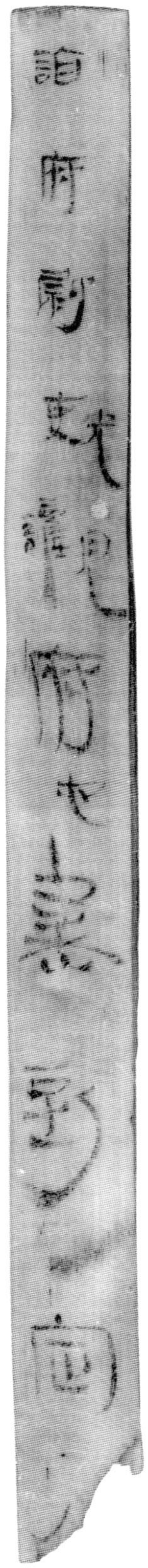

④87正

先見 ☐
詣府尉史讙府它書到定［名］☐

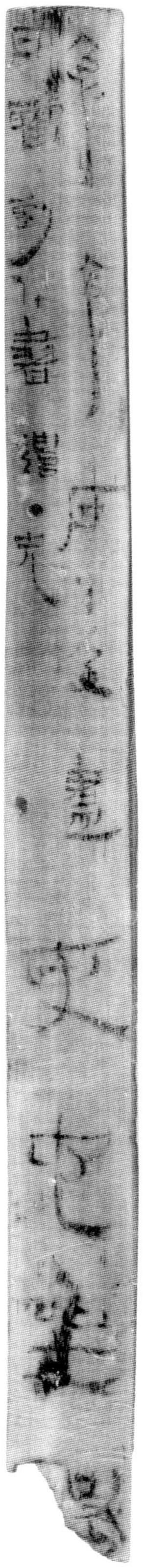

④87背

急令户□及盡吏它坐遣☐
户曹到書遣先 ☐

④88正

☐……
☐方□□與□陽丞□
☐方方方手

④88背

☐訾浦謂
☐［僕］陽手亟
☐非豖

④89正

☐癸未益陽丞啟敢言之
☐□官
☐壬上□年［今］除爲官校
☐ 壬……校
☐□令壬□□□戊成

④89背

☐三年□月庚辰……□月庚辰
☐□月……辰……
☐……丞……以
☐……
☐大……大女……

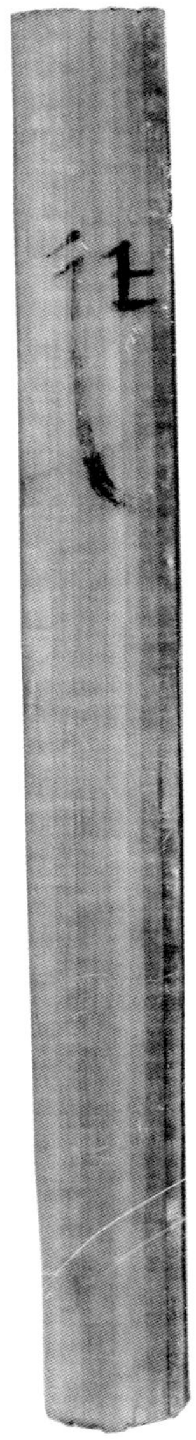

廷

④90

三年斷斷成里
學獄艸朔犬司朔成
獄獄獄笥里成里
夫夫成里里成里
夫夫三啇雜呰［壬］都□夫＝

説明：頂部有墨綫圖案。

④91

▨不更［寡］▨

④93正

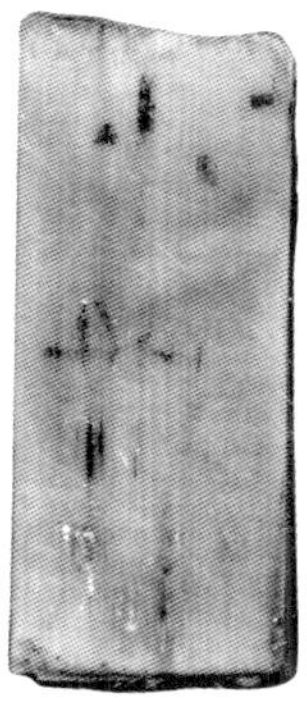

▨小女▨

④93背

三年六月辛巳朔□□内史□▨
□□□丞牒書［上］［錢］未□▨
三年丁及□九九十▨

④92正

三三年内巳［今］□▨
九十九□□　▨

④92背

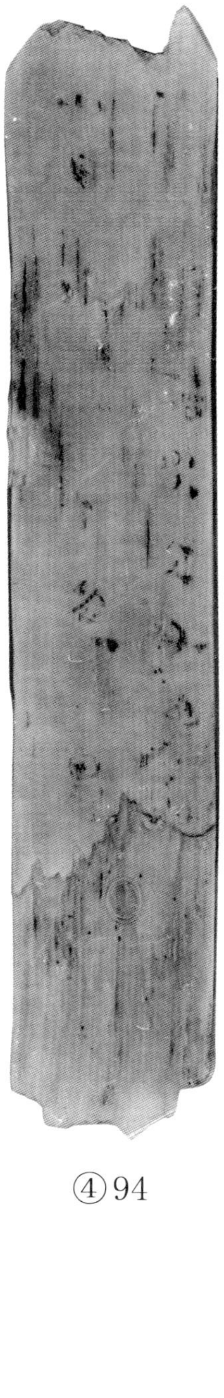

▨□□□水大女子□▨
▨小女□□□［男］▨

④94

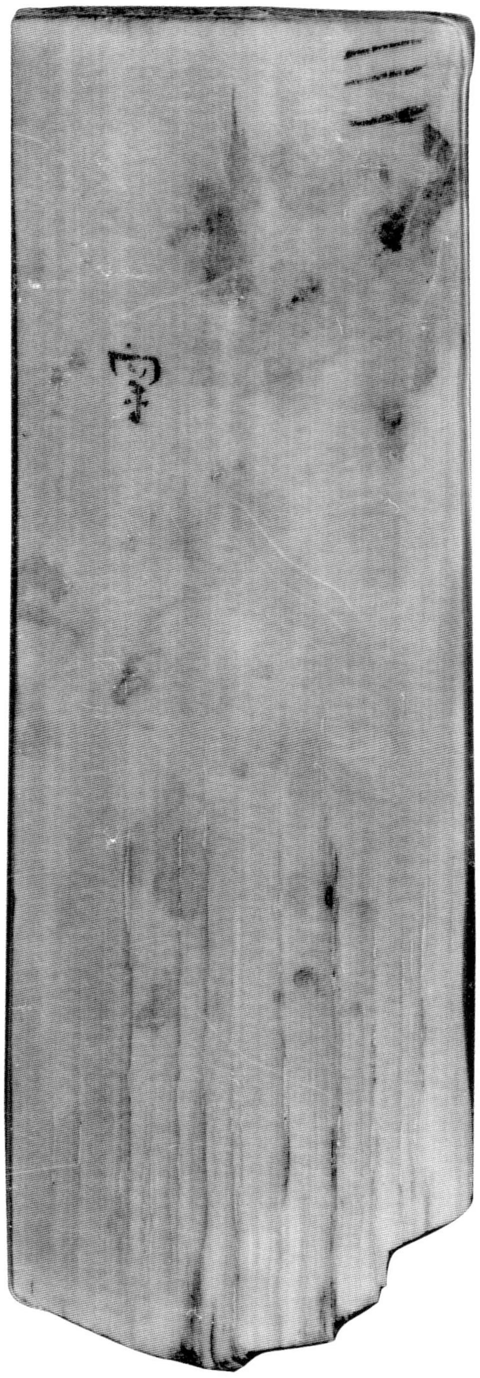

三 ⊘
室 ⊘

④95

□□……□□□少內□⊘
里人 ⊘

④96

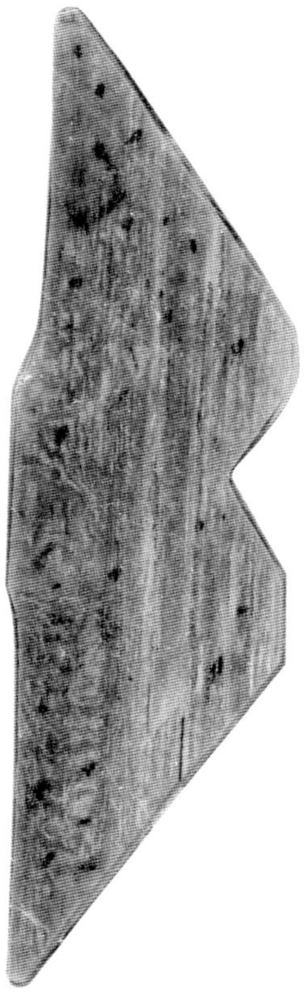

……

④97

小史卯當⊘
與秀 ⊘

④98

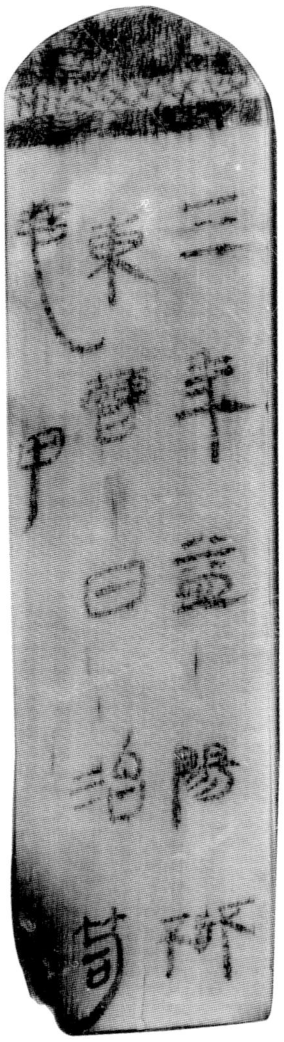

三年益陽獄
東曹日治笥
第甲

④100正

三年正月乙丑益陽［行］
丞啟敢言之府下丞
相書曰上士五告可

④100背

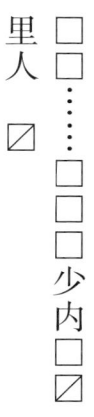

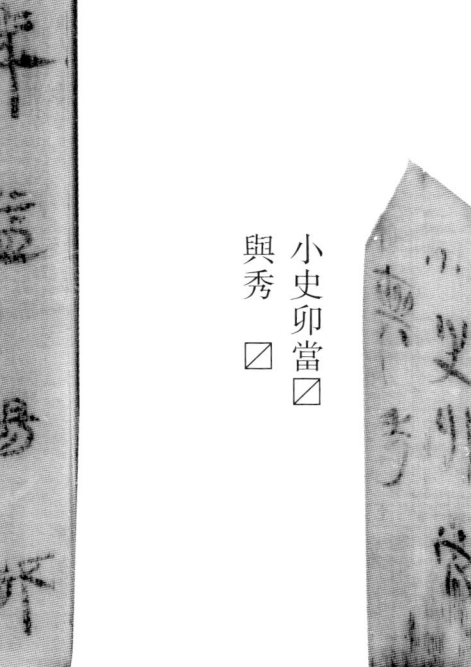

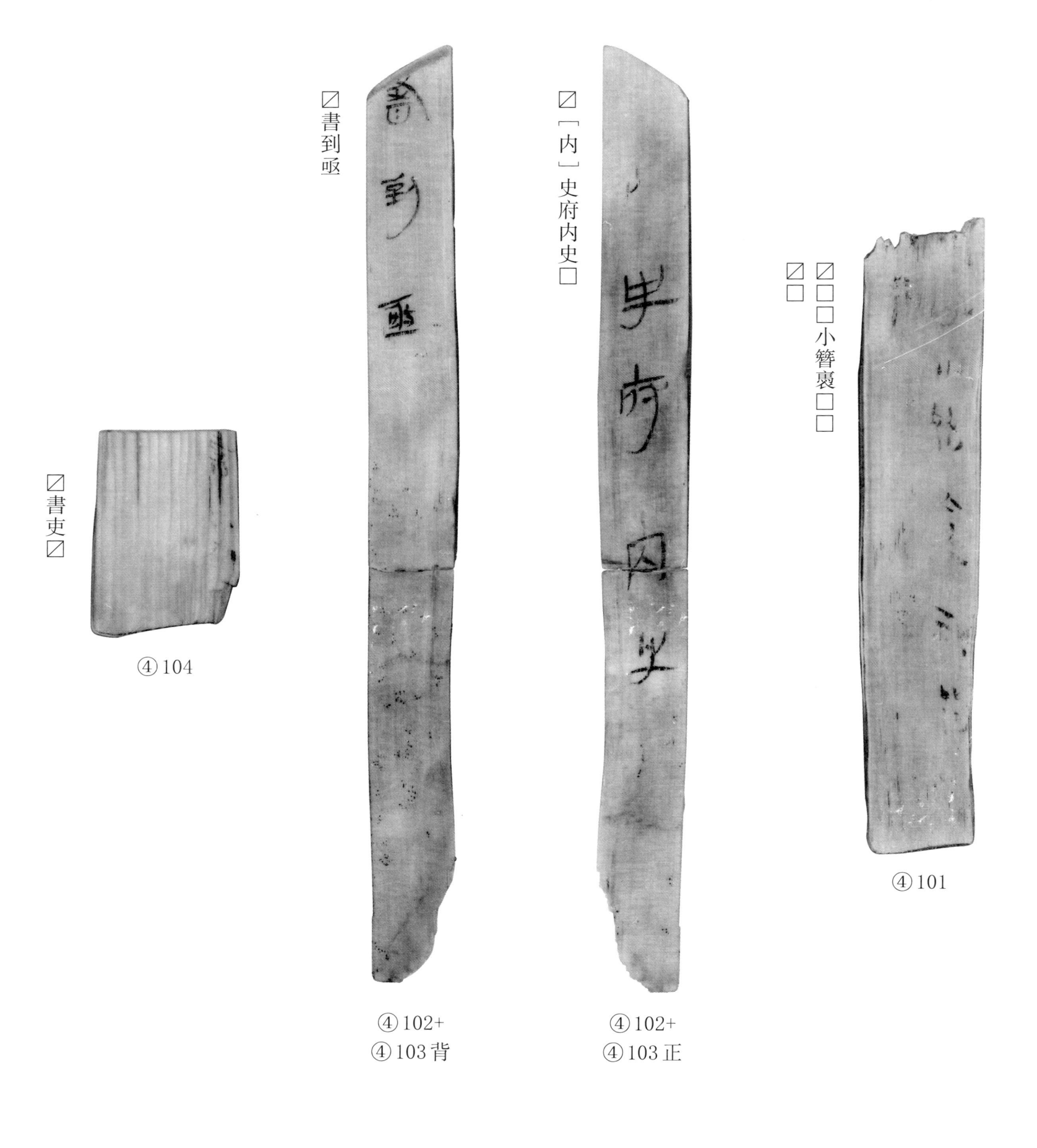

〼☐☐小簪裹☐☐
〼☐

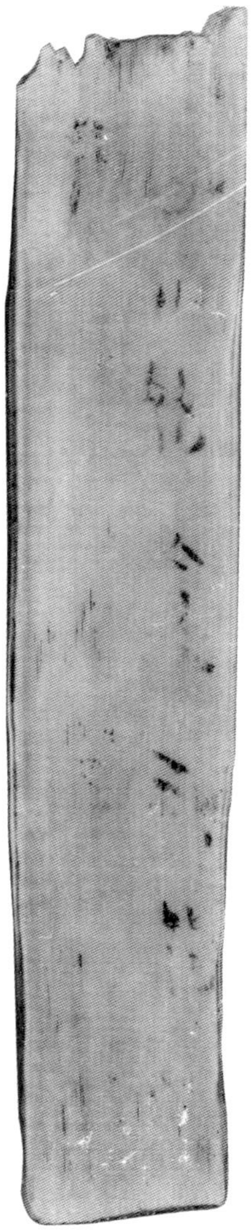

④101

〼［内］史府内史☐

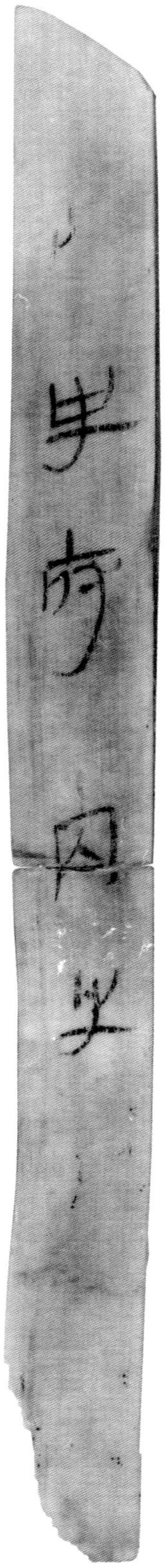

④102+
④103正

〼書到亟

④102+
④103背

〼書吏〼

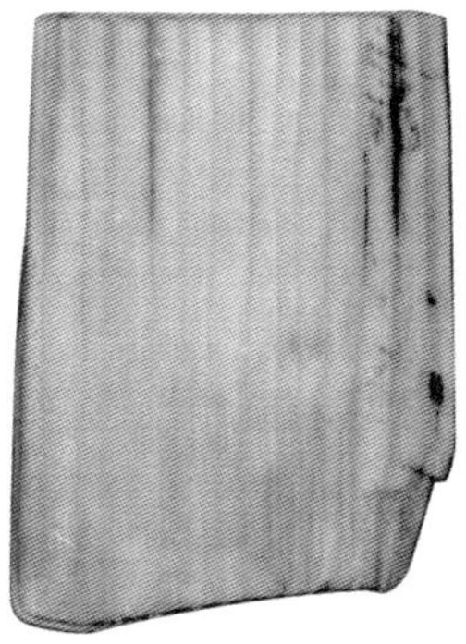

④104

④105正

米粟一千二百八十九☐
畜［計］七千八百三　☐
□四千八今以減十八復減卌……☐

④105背

四□　☐

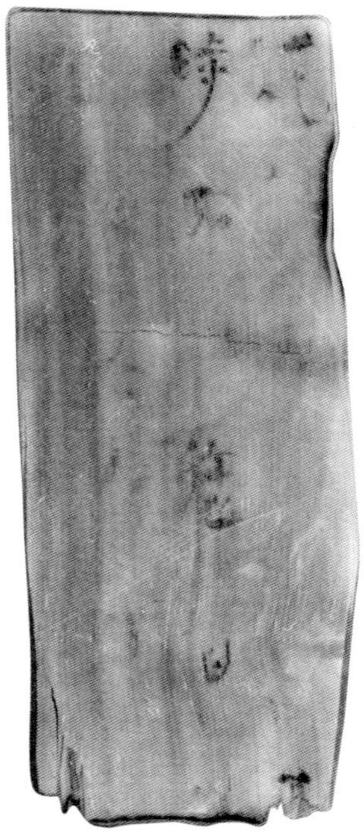

賤□……□☑
時不御□☑

④106正

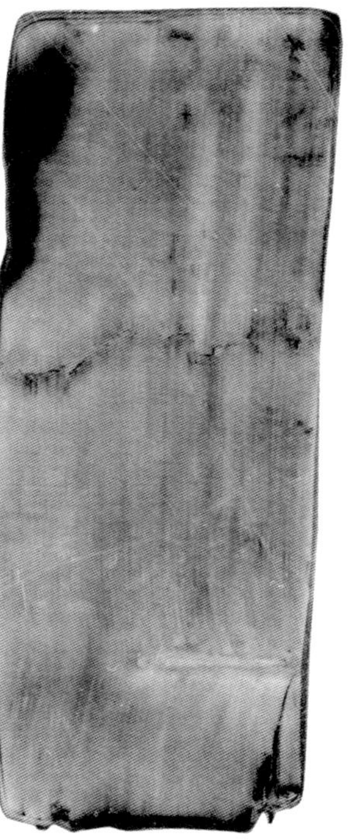

三年……☑
□……☑

④106背

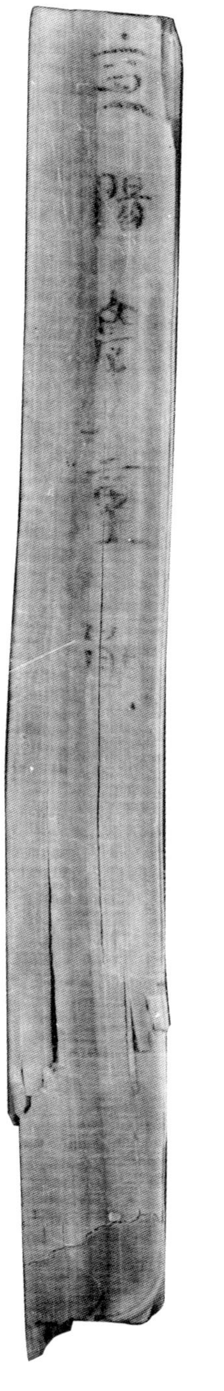

益陽學童［熊］☑

④107正

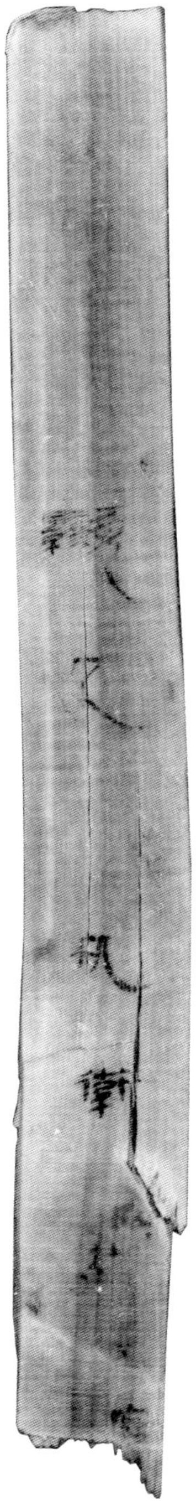

顯乙［机］衛□□□☑

④107背

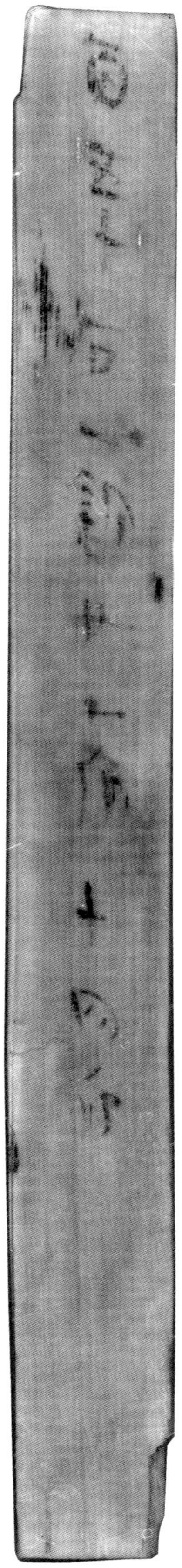

百五十石一鈞廿七斤十四斤

④108正

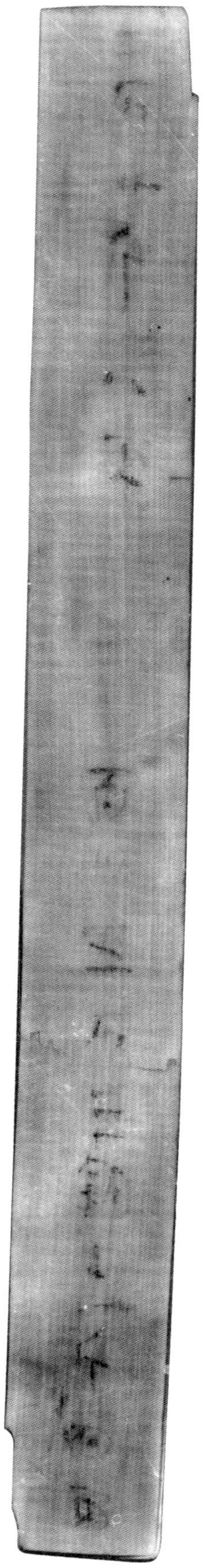

二石七斤八兩　百卅五石三鈞十一斤四兩

④108背

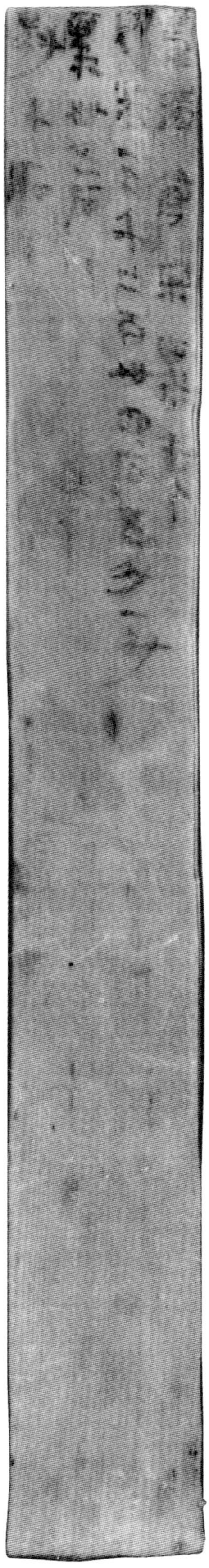

益陽倉米粟志
見米三千二百卌四石五斗一升 ｜
粟卌五石 ｜
叔千石 ｜

④109

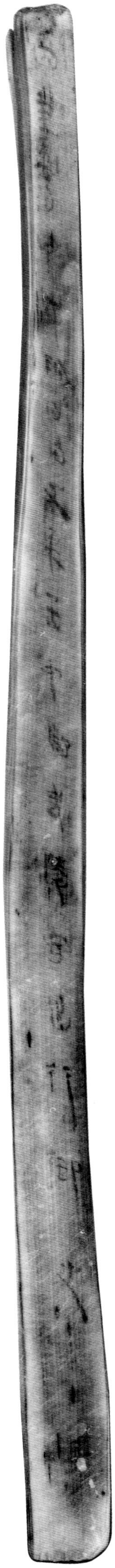

少内書［二］月甲午朔＝日内史杲告中尉武陵守昌行御史

④110

☐□郵人□　□□□☐

④111

☐□□□人□☐

④112

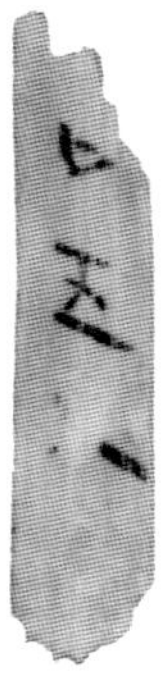

☐□五人☐

④113

☐毋嬈將來［書］名數□☐

④114

莊里官夫＝□☐

④115

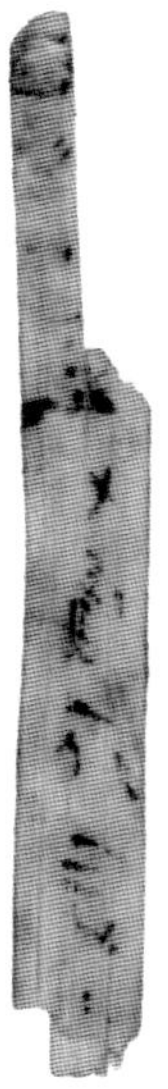

☐□五斗賈一斗三升□☐

④116

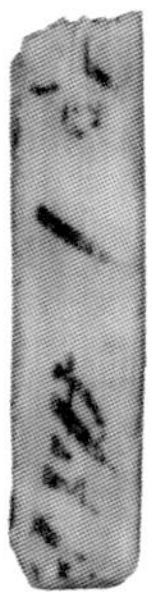

☒□一［書］☒

④117

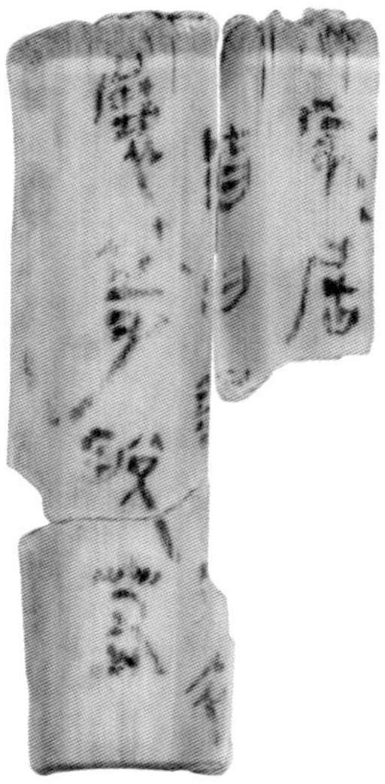

家∠居☒
皆曰□□□☒
展等脱若☒

④118+④119

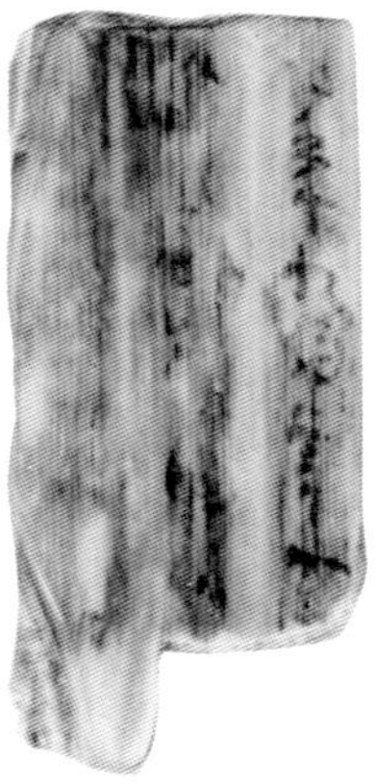

［三］年九月辛酉☒
□□□□☒

④120

走
☒

④121

三年十月☒
或詣黥顔☒

④122

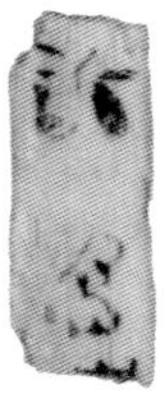

☒
釿爲□☒

④123正

☒□者☒

④123背

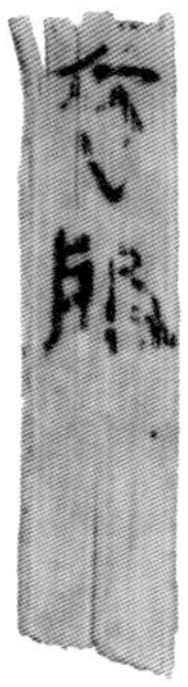

☒衣服☒

④124

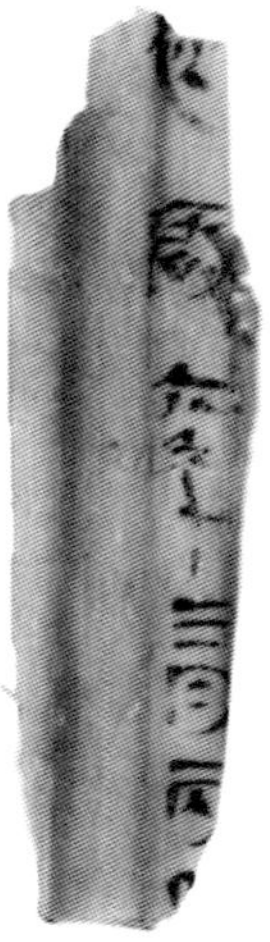

☒□啟六年三月丙□☒

④125正

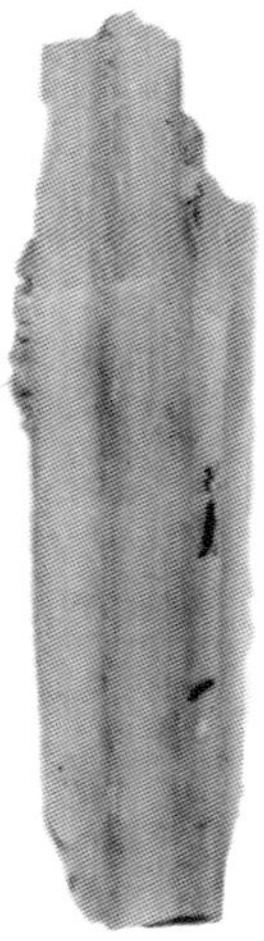

☒……☒

④125背

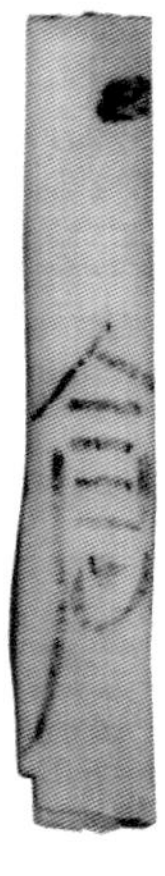

•倉☒

④126

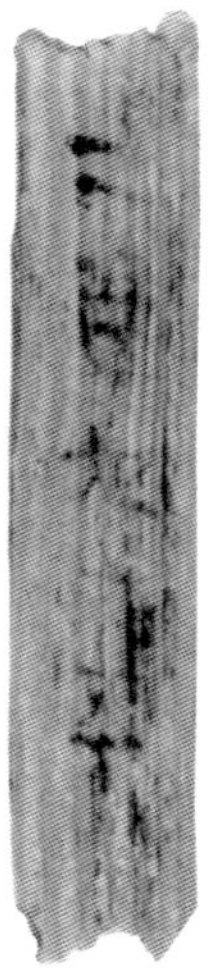

☒二百九十五☒

④127正

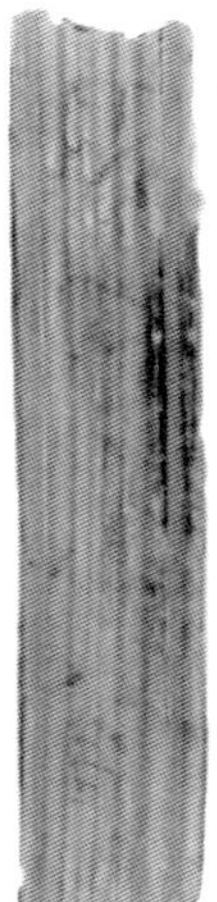

☒□□□□☒

④127背

☒再拜再再再再☒
☒獻獻獻獻☒

④128+④129正

☒辵辵金布布益□

④128+④129背

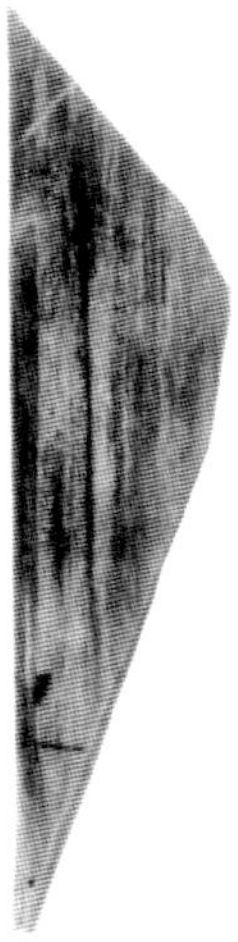

☐∠☐

④130

☐□字□☐
☐爲□☐

④131正

☐賈☐
☐當□☐

④131背

說明：正背面書寫順序相反。

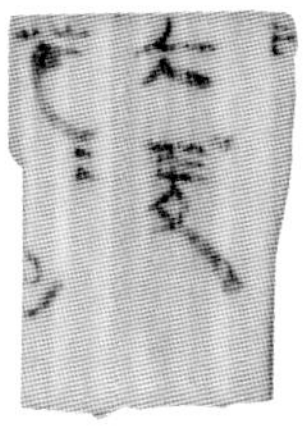

□　☐
大麦　☐
茋=□☐

④132

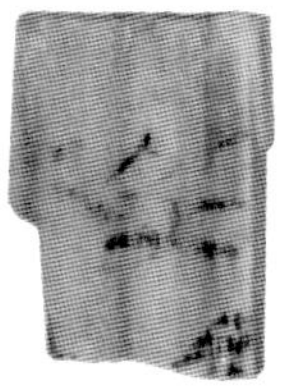

□□☐
及　☐
及　☐

④133正

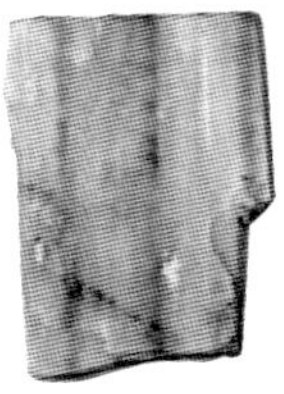

□　☐

④133背

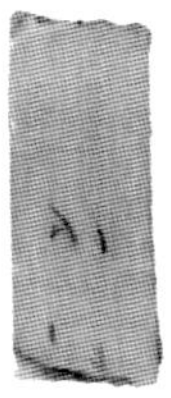

☐□□☐

④134正

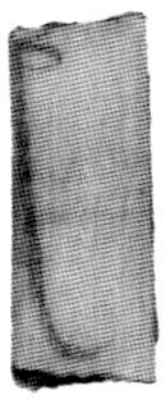

☐［邑］　☐

④134背

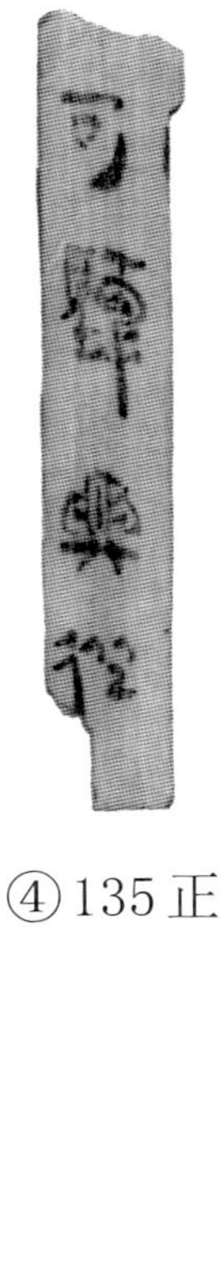

☐可聽與從

④135正

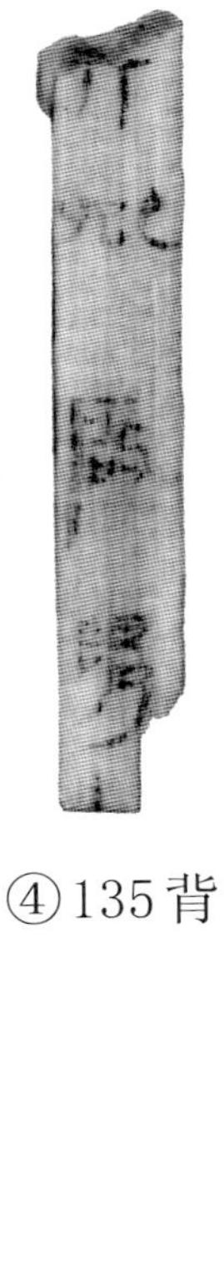

☐［行］丞啟謂□

④135背

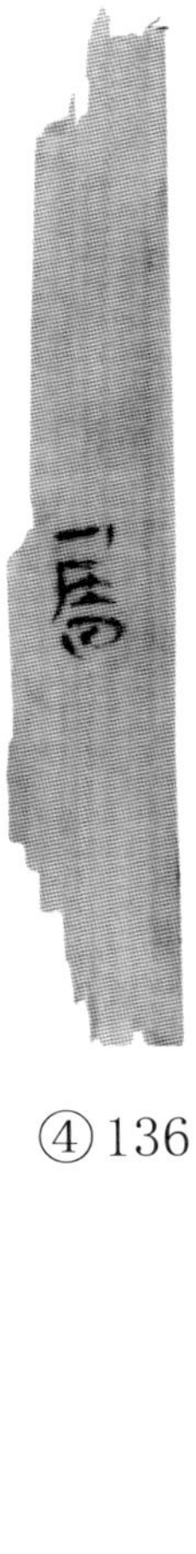

☐［屬］☐

④136

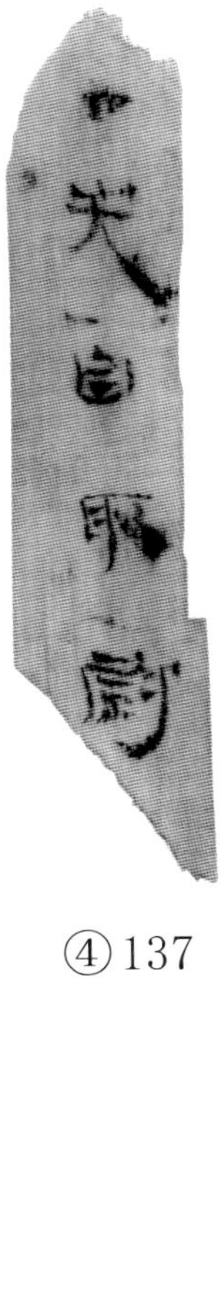

☐□先自取尉☐

④137

☐□□☐
☐　署書☐
☐令史涓☐

④138

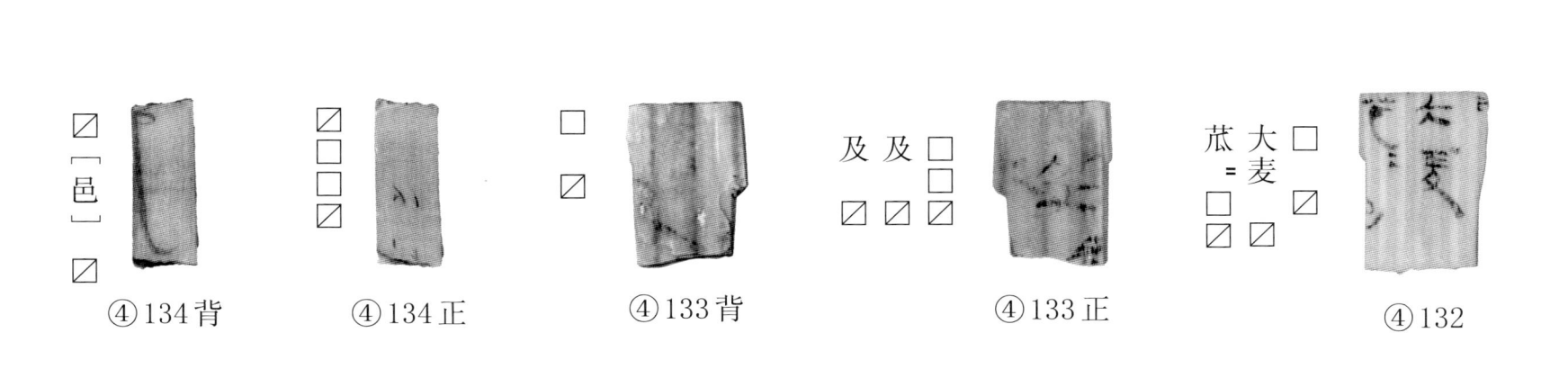

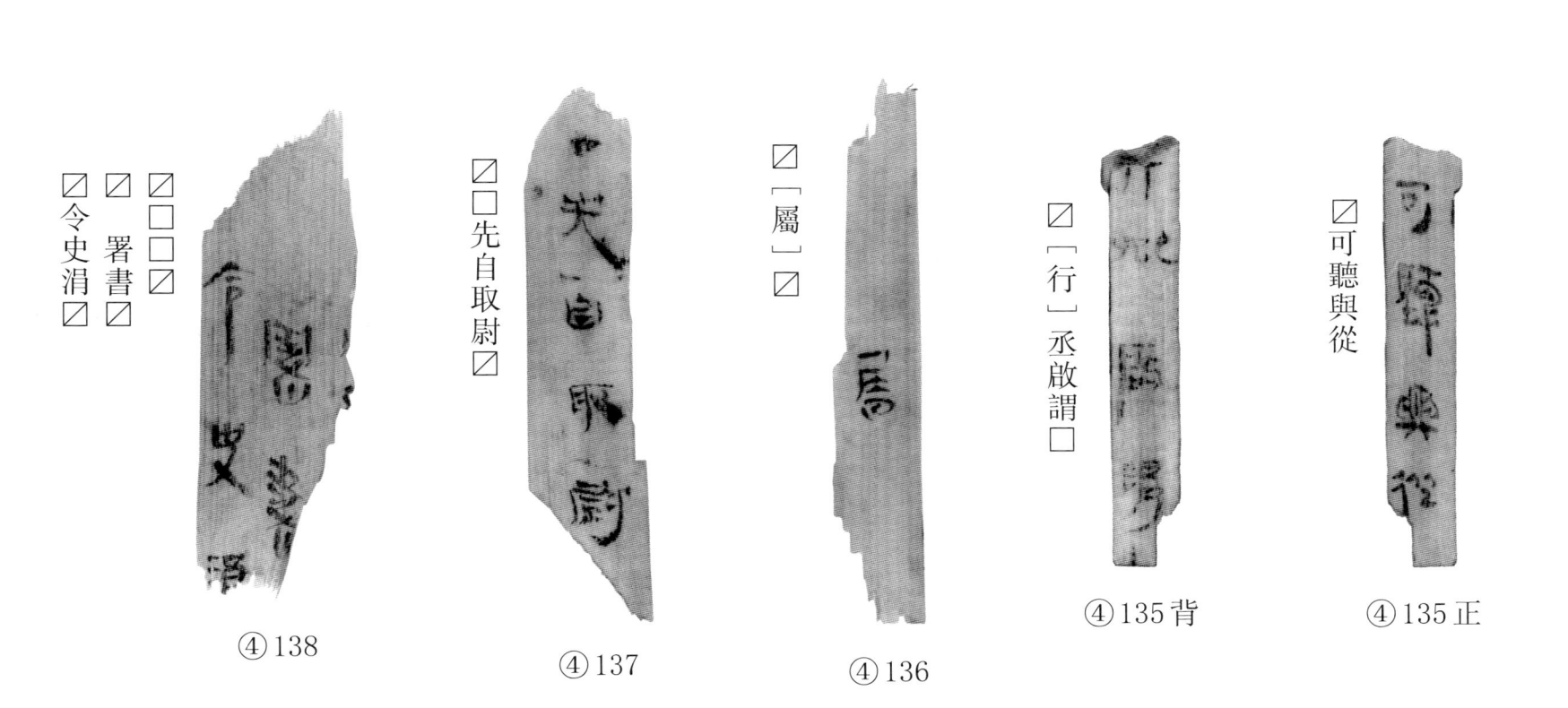

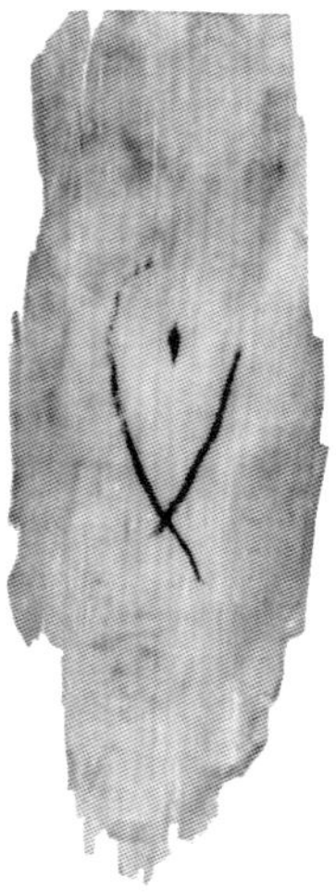
☐（圖案）☐
④139

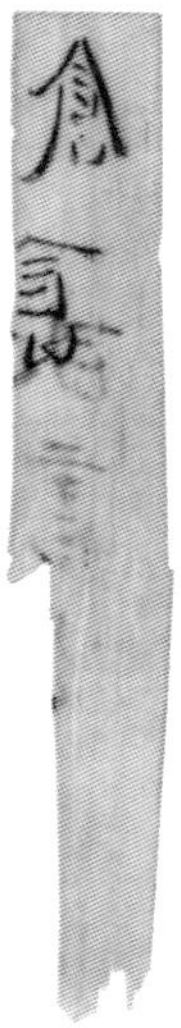
倉倉　☐
④140正

敢言之　☐
④140背

☐□益陽陽☐
④141

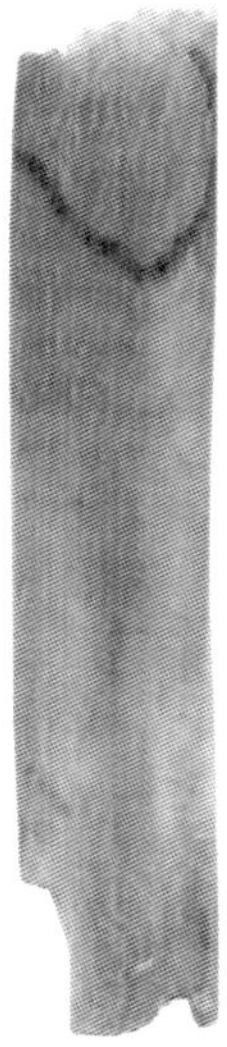
☐（圖案）☐
④142

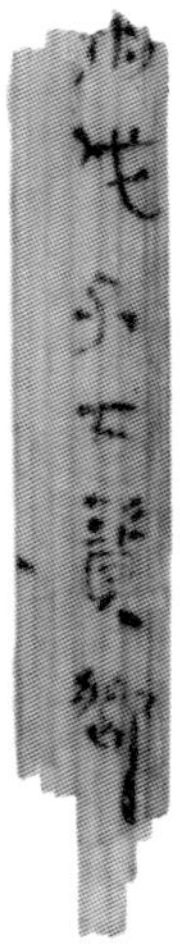
☐朔戊子下資鄉☐
④143

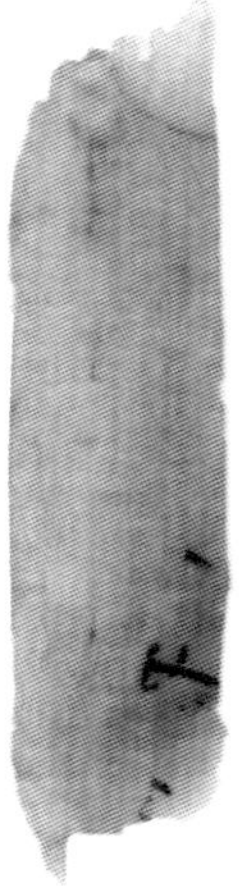
☐　□□□☐
④144正

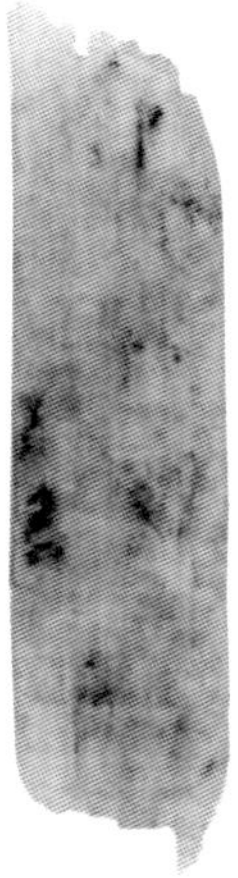
☐……☐
④144背

☐益陽☐
④145

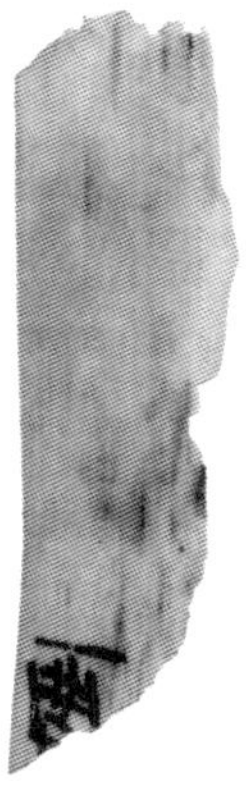
☐［賈］☐
④146

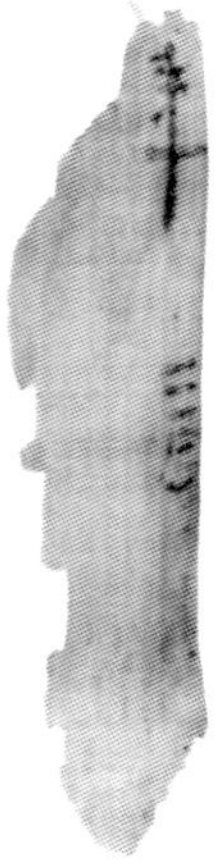
☐年三月☐
④147

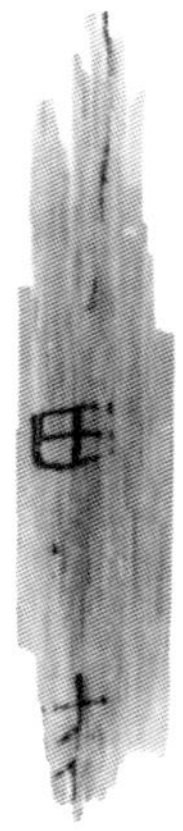
☐□田□☐
④148

☐［東］曹☐
④149

☐■倉縣☐
④150

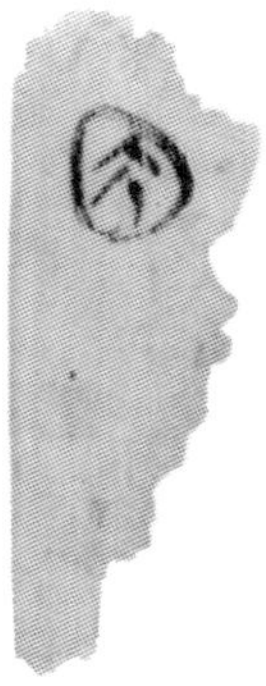
☐因　☐
④151

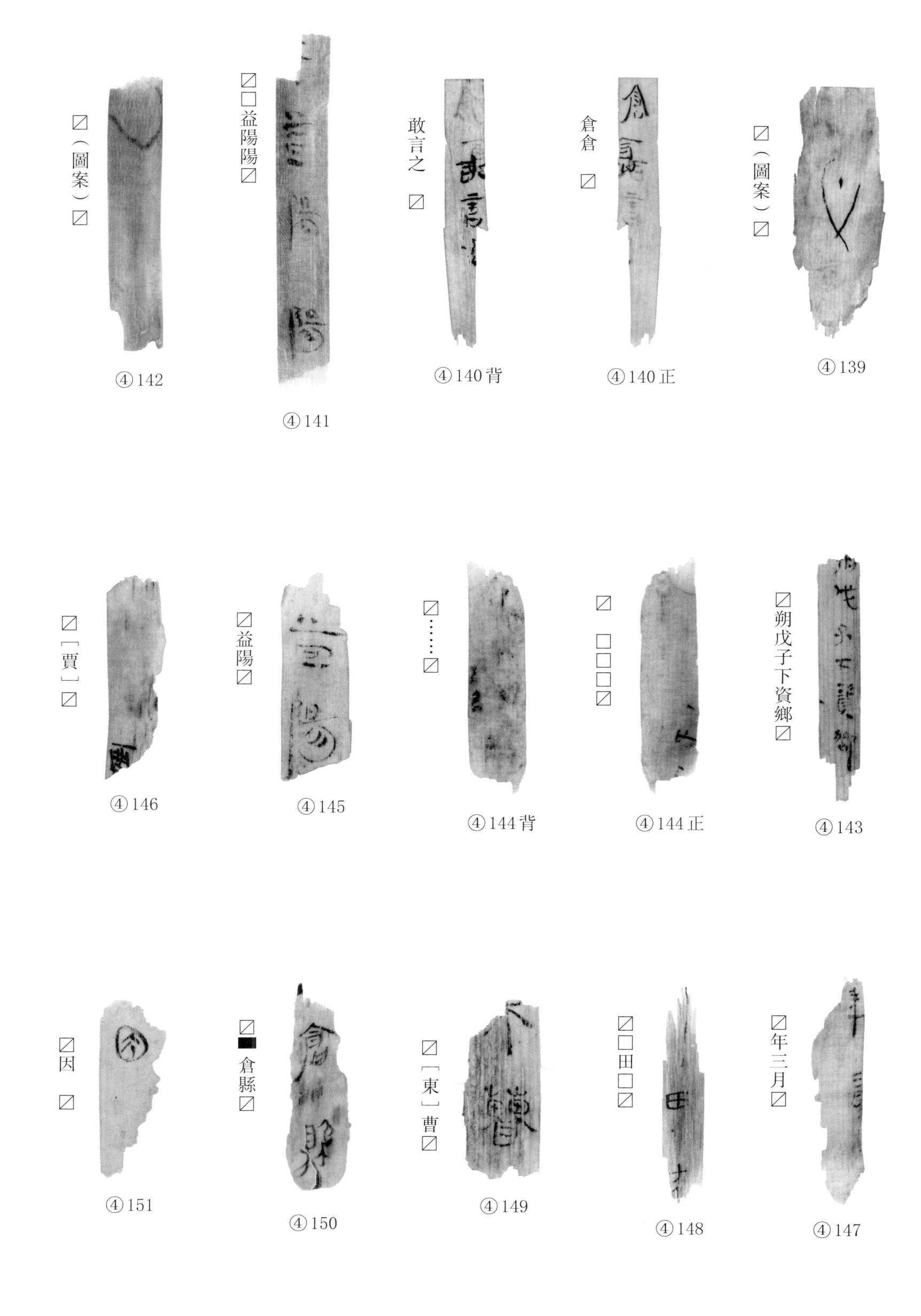

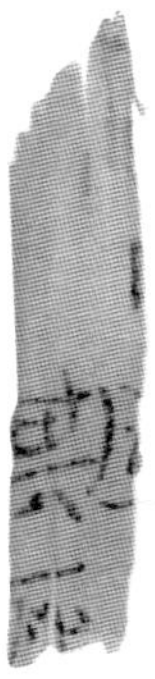
☑　期［與］☑
④152

☑褑☑
④153

☑丁酉☐☑
④154

☑負田☐☑
☑相除定☑
④156

☑☐黃陽失☑
☑喜失期☑
④157+④164

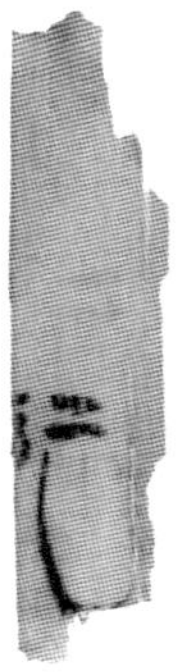
☑行☑
④158

☑☐☐☑
④159

☑☐曰　☑
④160

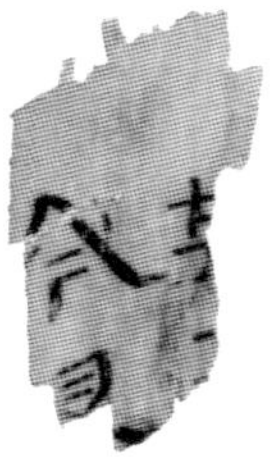
☑［期］☐☑
☑今見☑
④161

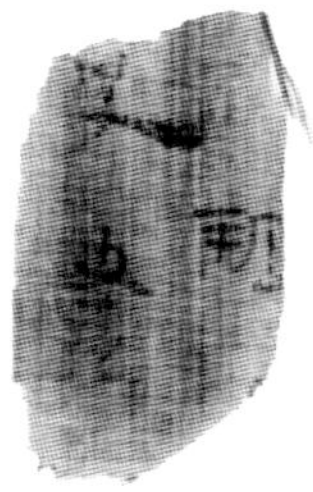
☑朔☑
☑史書☑
④162

☑級☐☐☑
④163

☑下資☑
④165

☑六升六分升☑
☑五斗七升☑
☑☐☐☑
④166

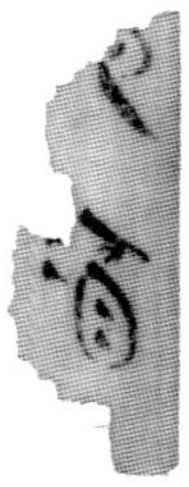
☑☐酒☑
④167

☑傅☐☑
④168

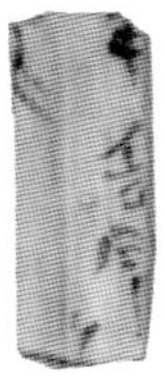
☑☐名☐☑
☑☐　☑
④169

☑☐☐☐☑
④170

☑庫弩☑
④171

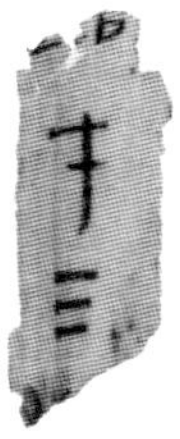
☑☐七十三☑
④172

☑它☑
④173

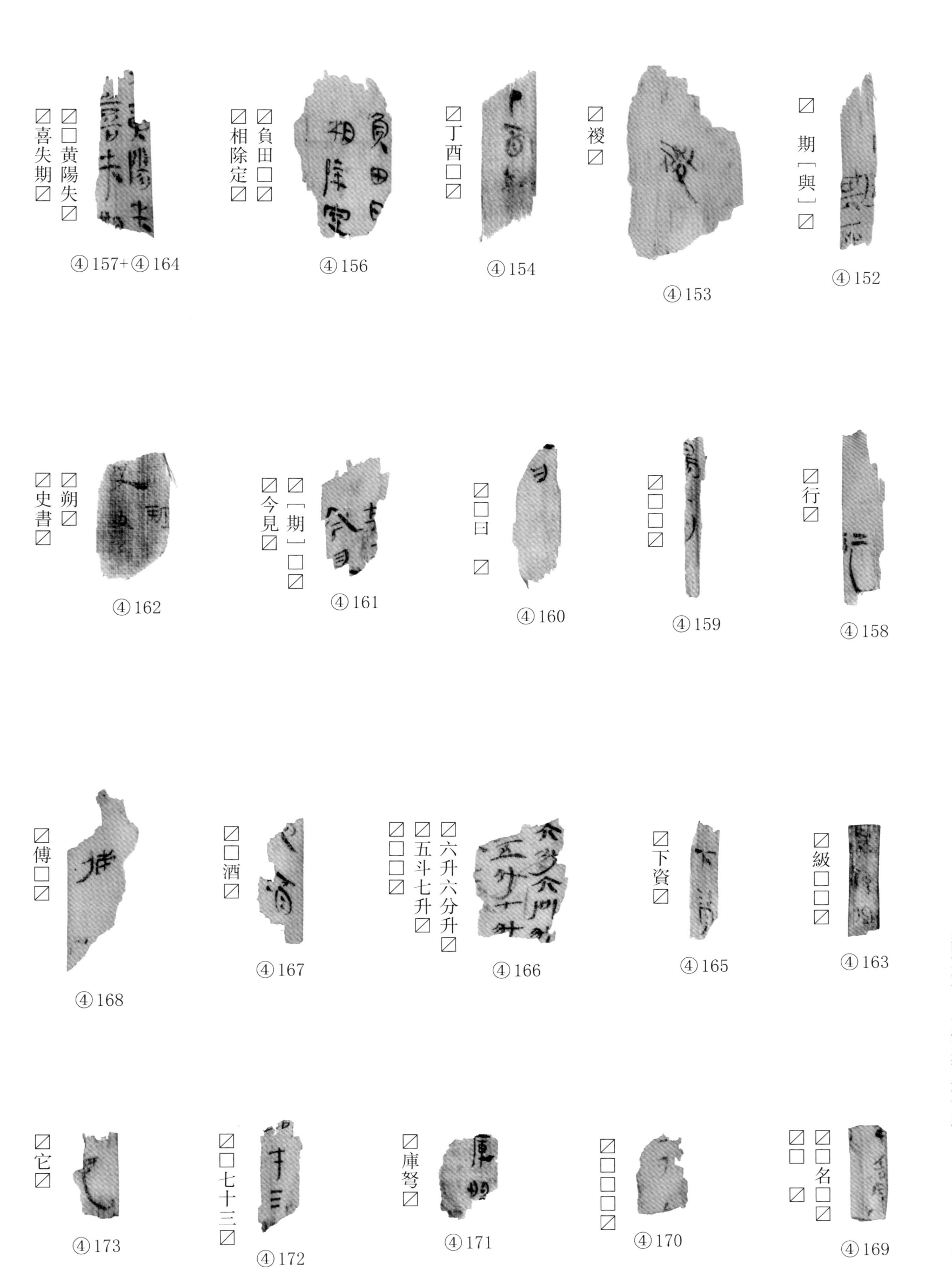

⧄勿留⧄
④174

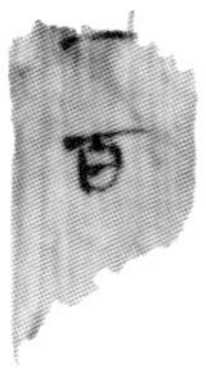
⧄一百⧄
④175

期□⧄
□ ⧄
④176

⧄□□ ⧄
④177

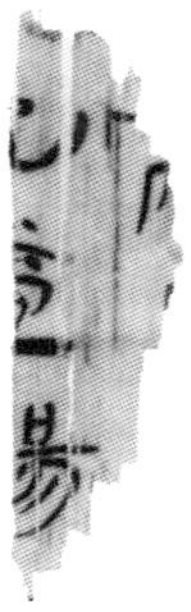
⧄□內□⧄
⧄□巳益陽⧄
④178

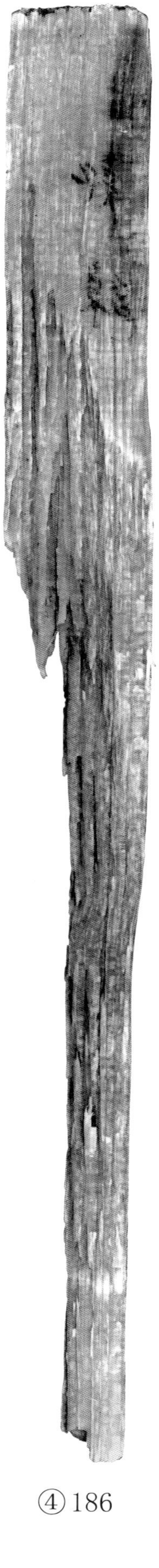
⧄□□□ ⧄
④186

⧄□自⧄
④179

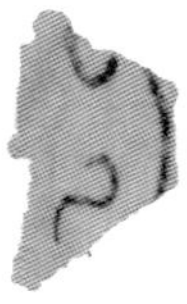
⧄（圖案）⧄
④180

□□⧄
④181

⧄□⧄
④182

隸⧄
④183

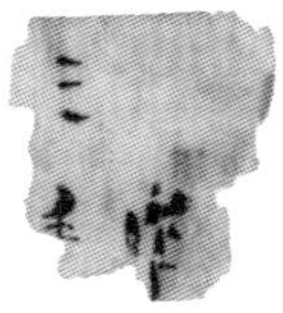
□⧄
三年⧄
④184

⧄陽⧄
④185

⧄沱⧄
⧄□⧄
④187

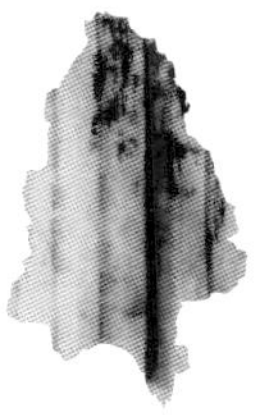
⧄□⧄
④188

第五層

☑年□月乙亥屬喪尉□級吏□所□☑

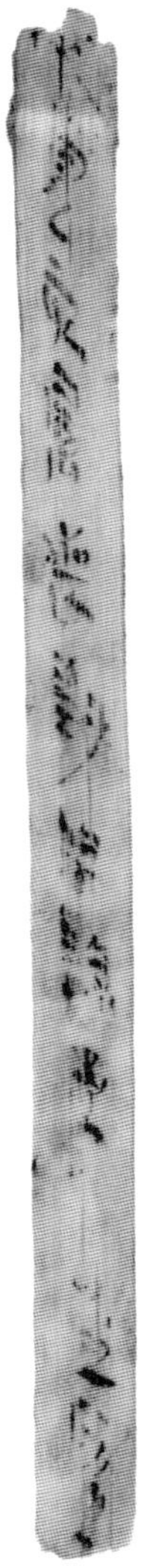

⑤壹1

☑……二□□前送爲□平□

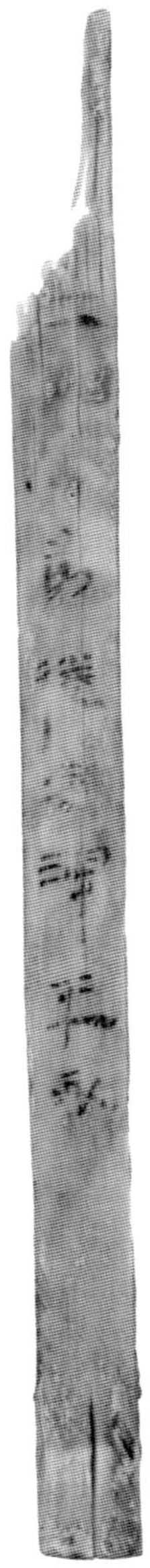

⑤壹2

……
☑

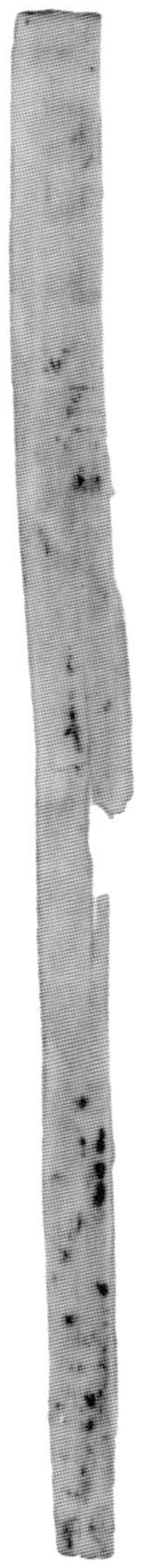

⑤壹3

☑□□□〔笥〕少□五□□

⑤壹4

☑□長長□□□□□□□□

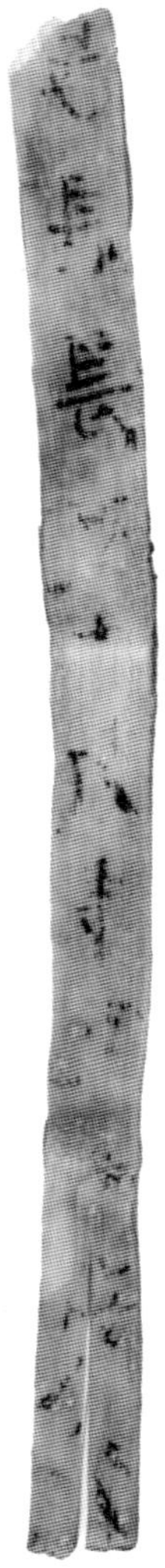

⑤壹5

☑非有道不敢爲當∠直問〔敢〕☑

⑤壹6

☑……〔攻〕一□☑

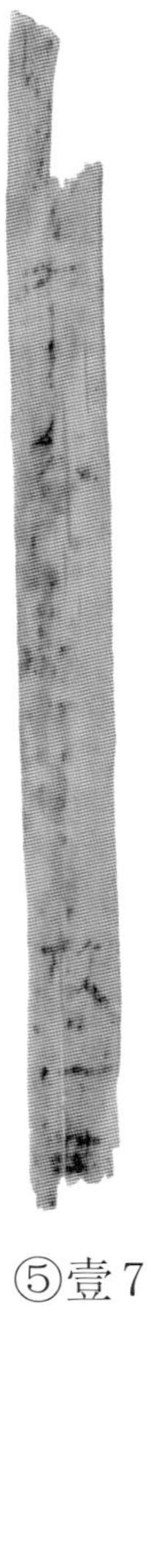

⑤壹7

☑之罪等以上者不爲不審

⑤壹8

謹閉☑

⑤壹9

☑壬午　辛巳　庚辰☑

⑤壹10

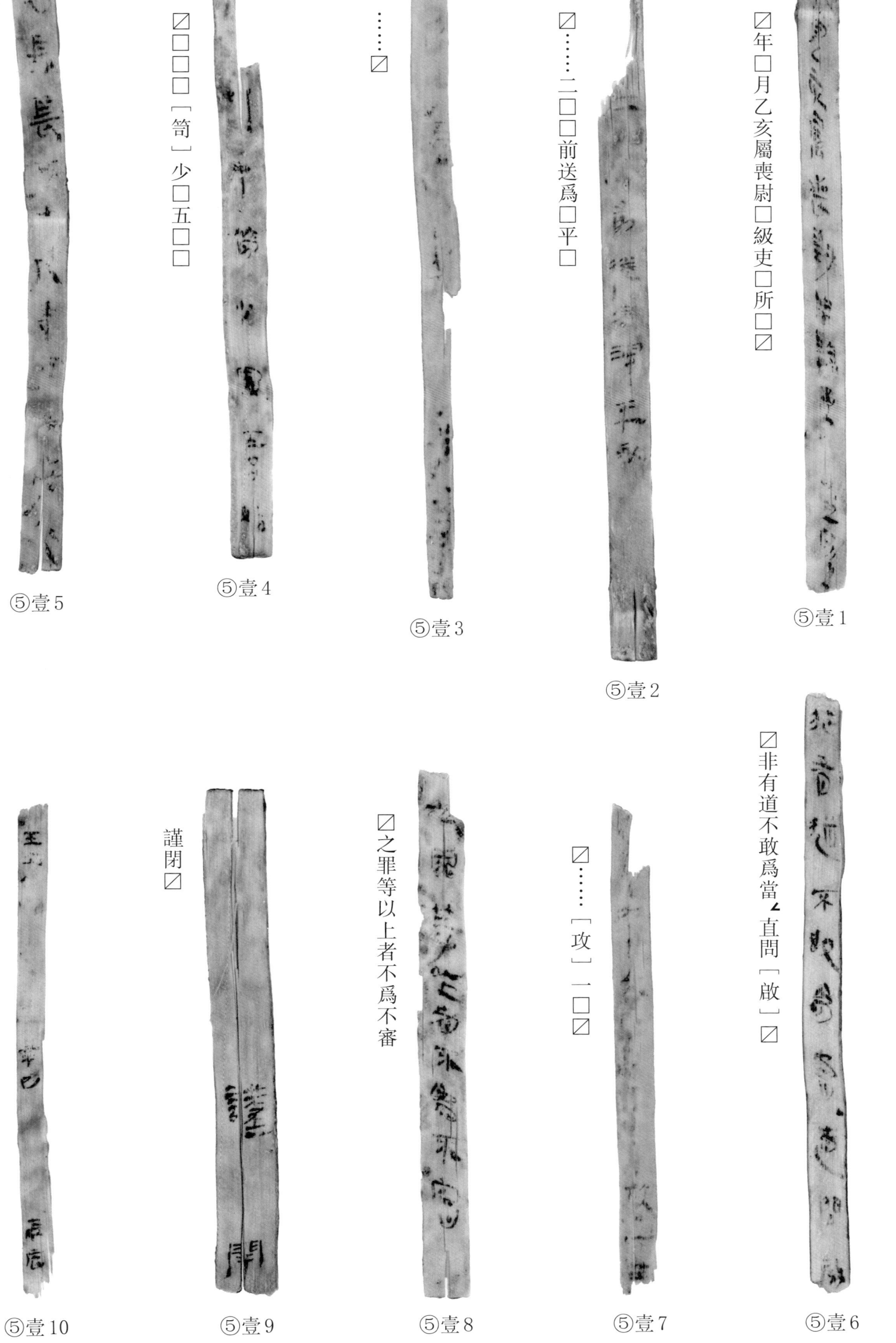

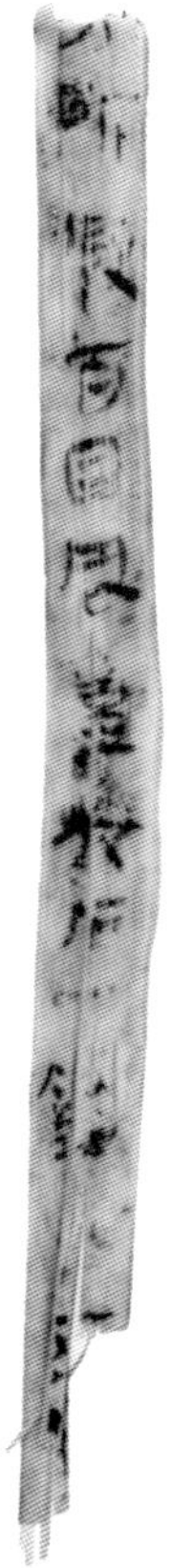

〼［所］假百目罔□六石一鈞□□□〼

⑤壹11

隸大女韋年六十六　故一筭□〼

⑤壹12

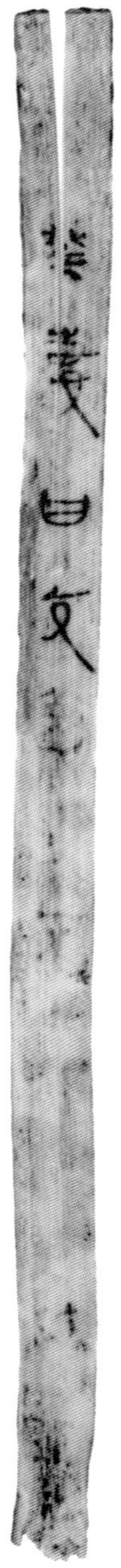

癸妻曰交年［十］五　故□筭□〼

⑤壹13正

説明：背面劃痕兩道。

⑤壹13背

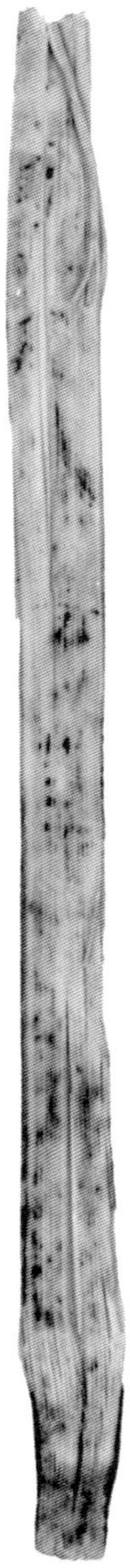

〼……

⑤壹14

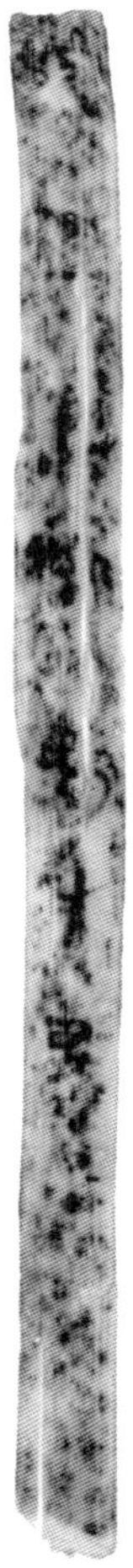

……〼

⑤壹15

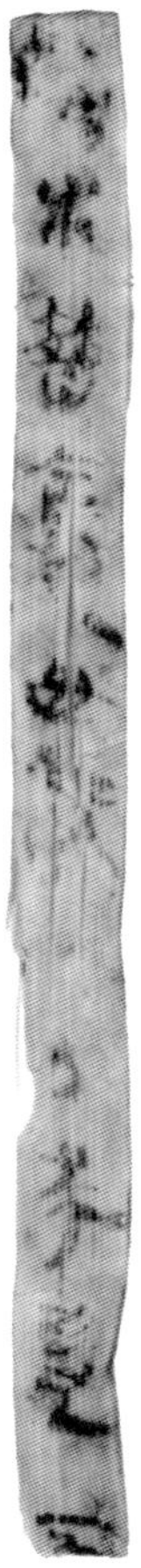

□［水］簪裹毋□□□求盜□〼

⑤壹16

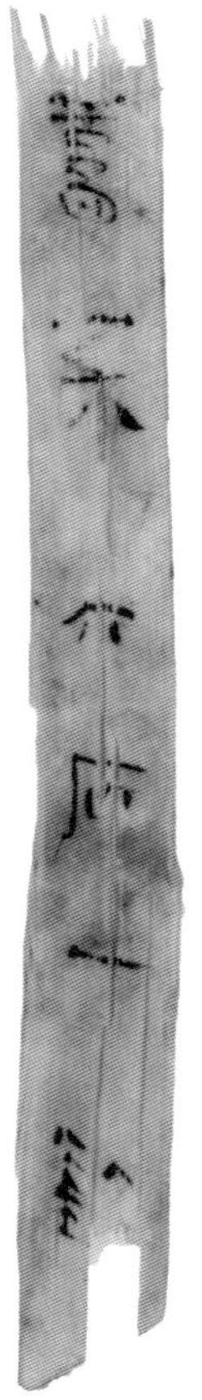

蓄菜六石一鈞〼

⑤壹17

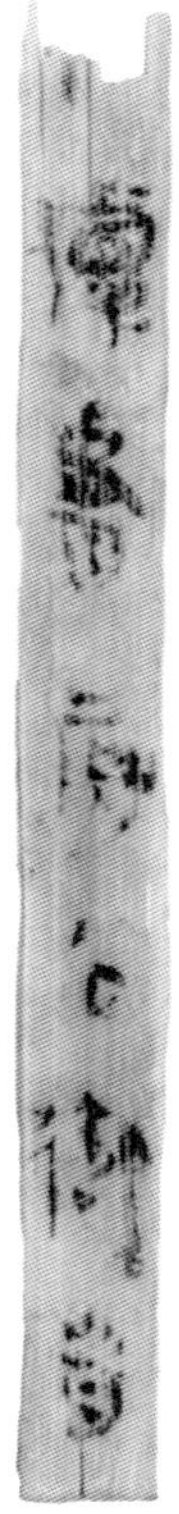

〼獻書□公御者

⑤壹18

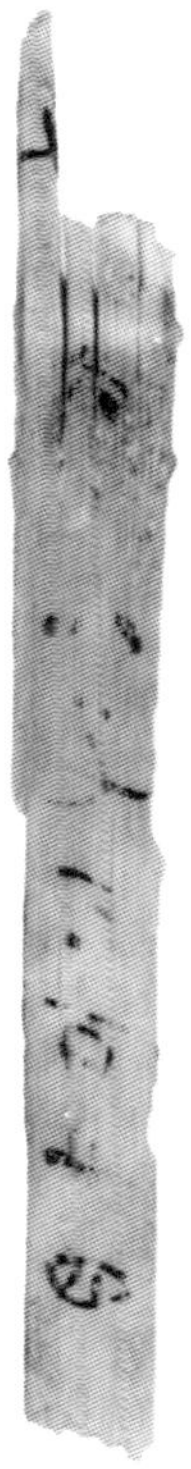

〼□六□□及三百廿四〼

⑤壹19

■夫=糴徙臨湘書　大男〼

⑤壹20

〼□不筭　〼

⑤壹21

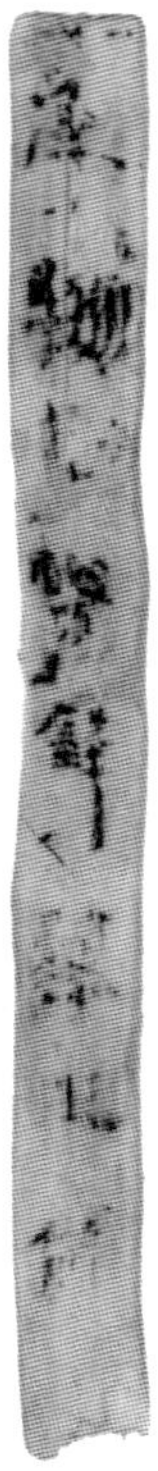
七年輸内幣錢數未備☑
⑤壹22

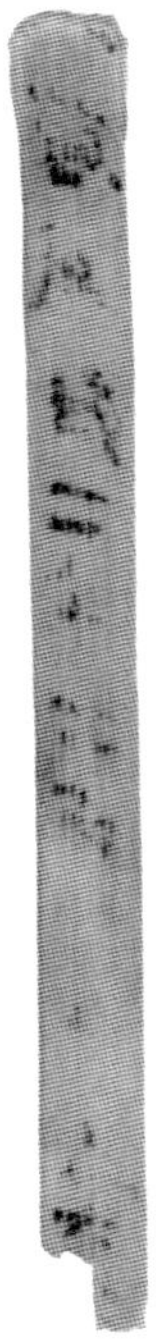
☑□［租］錢二千二百□十 •其□☑
⑤壹23

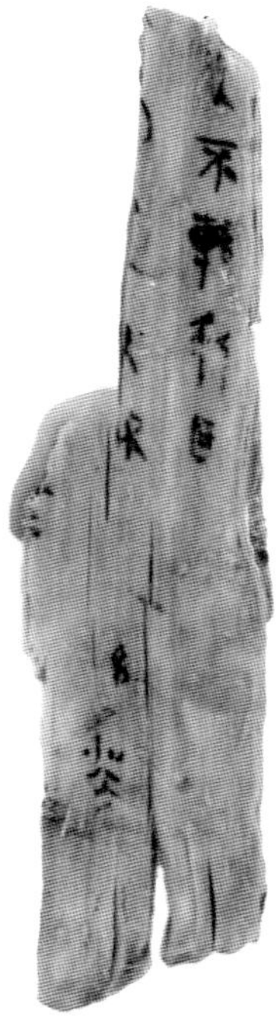
☑□不□利□☑
☑□□□□□□□［癸］ ☑
☑□□ ☑
⑤壹24

☑不更益陽望利公士□☑
⑤壹25

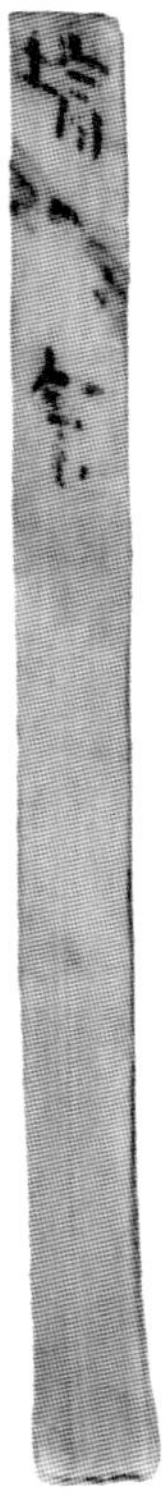
□舍
⑤壹26

☑鹽二分十一月癸巳食廷☑
⑤壹27

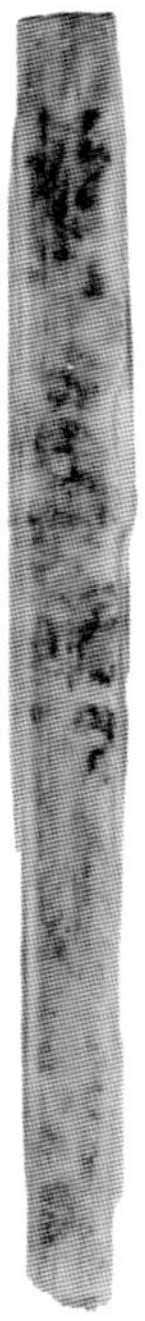
☑……☑
⑤壹28正

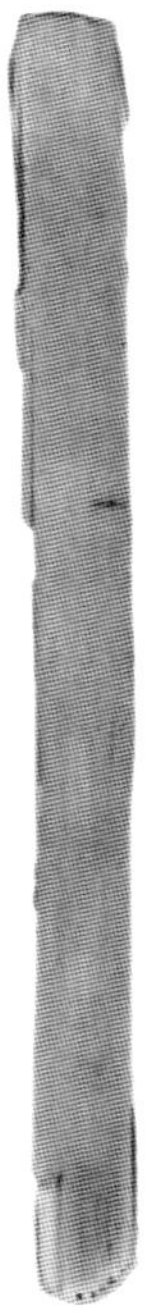
説明：背面有一道編痕。
⑤壹28背

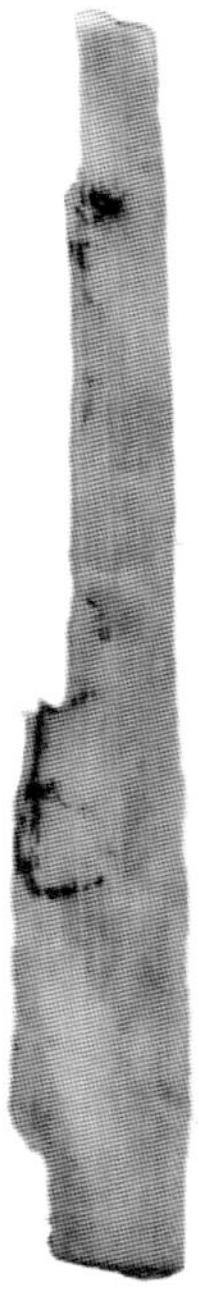
☑□□□☑
⑤壹29

安陽安陽☑
⑤壹158+⑤壹30

☑里兄簪裹肥年廿三☑
⑤壹31

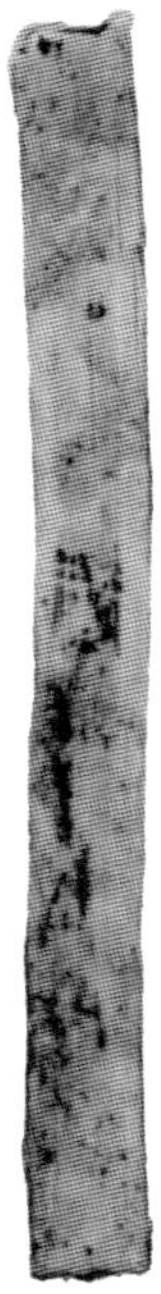
☑……☑
⑤壹32

☑□月辛未屬喪尉都［賀］□☑
⑤壹33

☑ 當繇半□☑
⑤壹34

□人和 ☑
⑤壹35

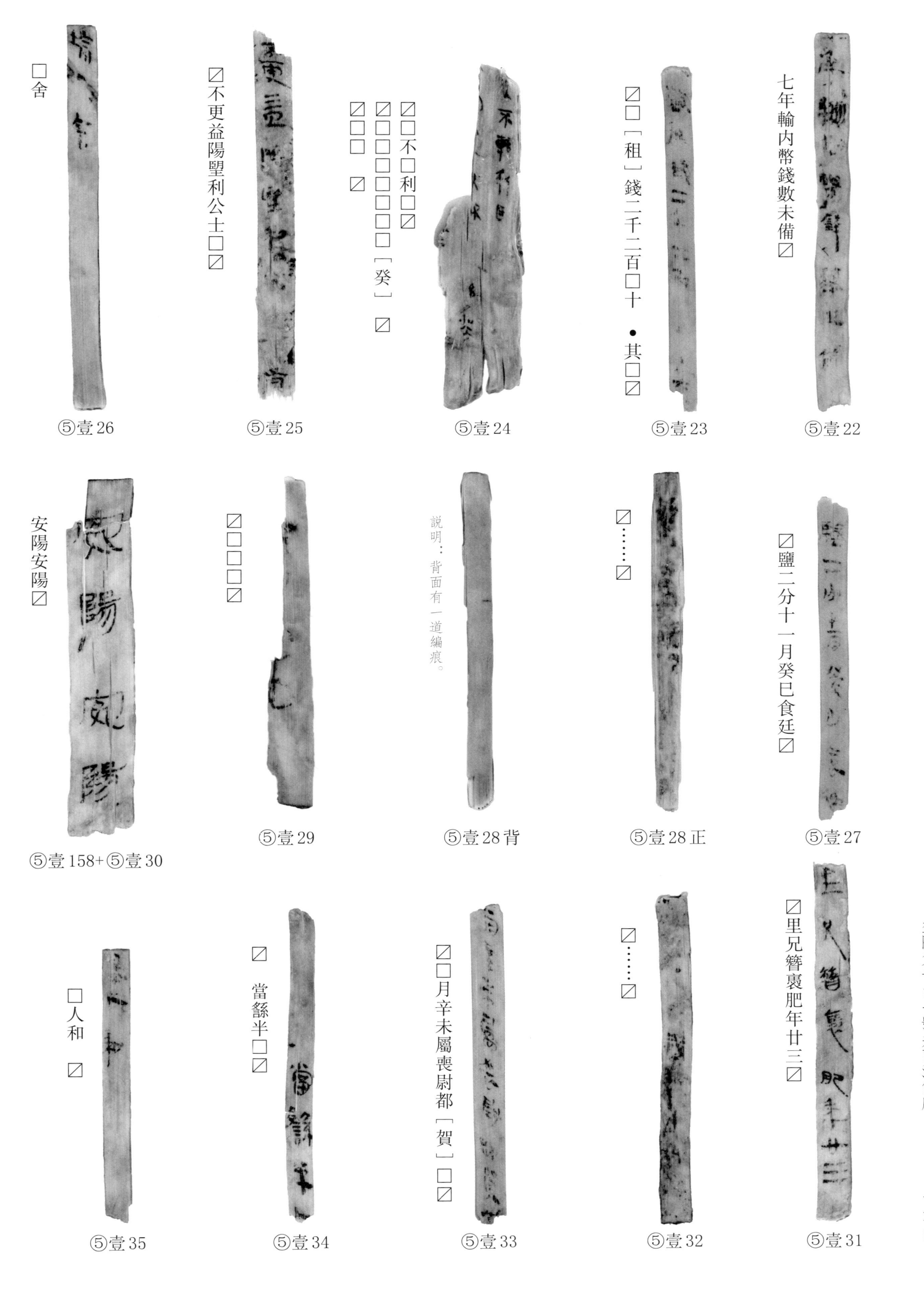

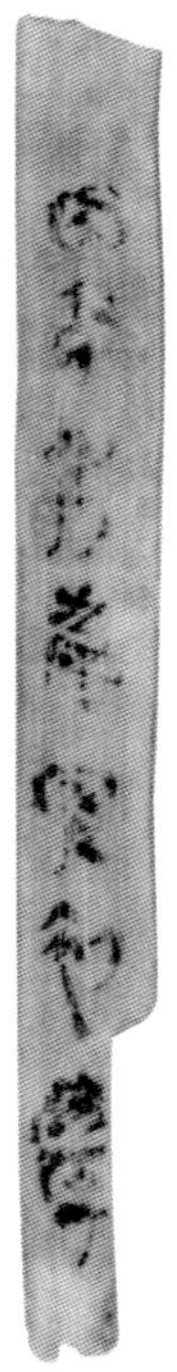
⍁四年四月庚寅初學⍁
⑤壹36

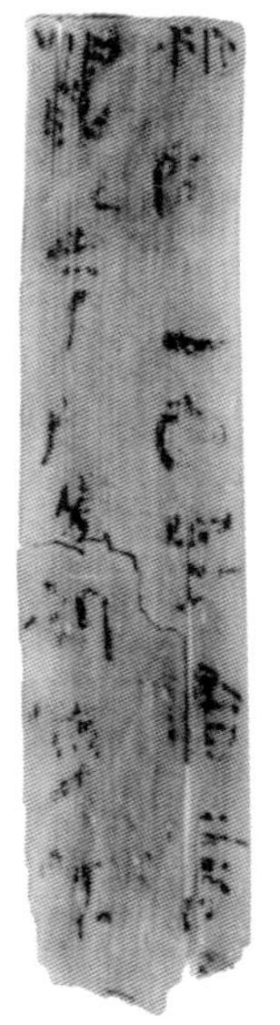
相□□□□言⍁
□↙□□□□□□⍁
⑤壹37

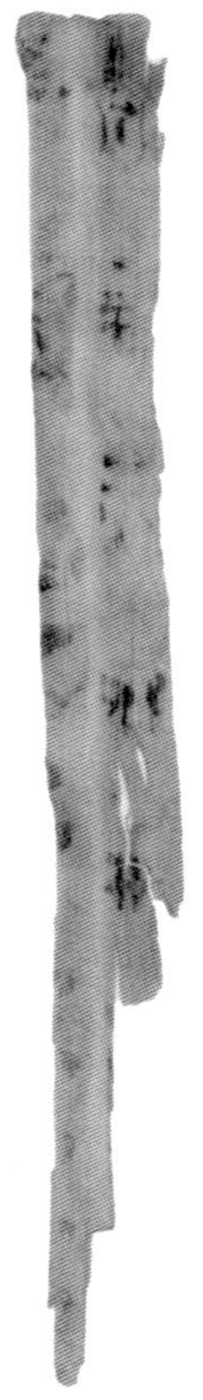
⍁□□□□□⍁
⍁……⍁
⑤壹38

⍁穀隸　⍁
⑤壹39

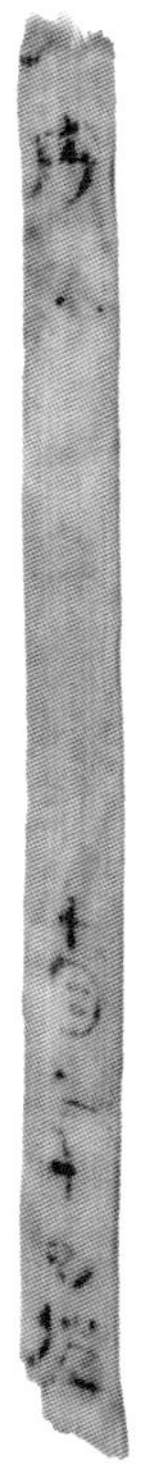
⍁□内　十月辛巳佐⍁
⑤壹40

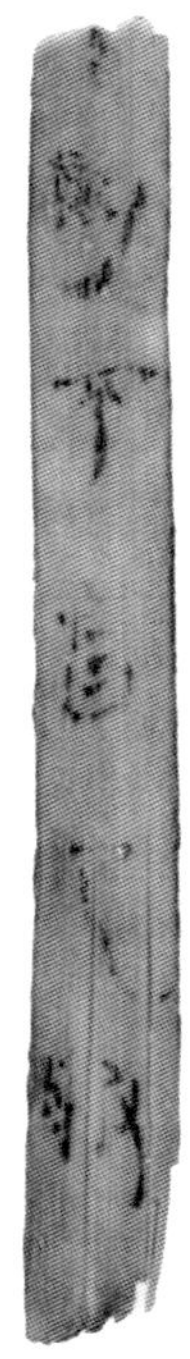
⍁□［尉］不［昌］已報⍁
⑤壹41

⍁［九］十八人
⍁□廿九□少□□
⑤壹42

三年［十］二月［乙］未朔辛⍁
□曰或詣黥顔頯⍁
［爵］里名□□□□□⍁
□□□□⍁
⑤壹43

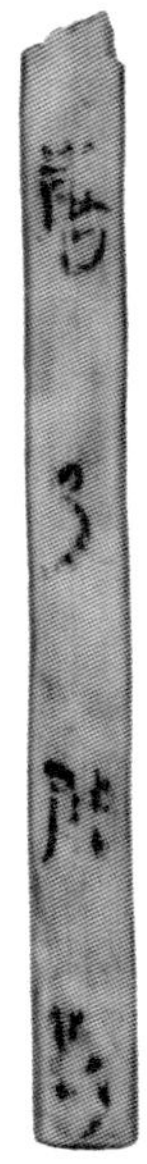
⍁唐乃□□⍁
⑤壹44

元年八月壬戌朔□⍁
元年九月□⍁
⑤壹45

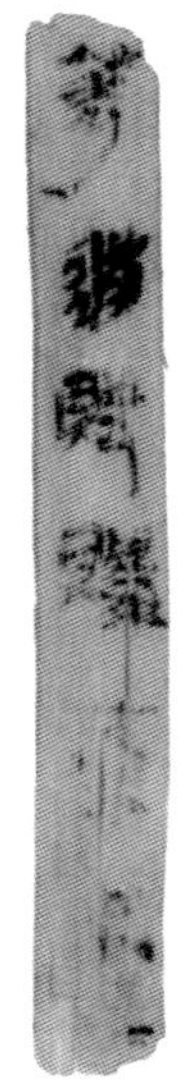
⍁莠道賦購□未□⍁
⑤壹46

臨水官夫＝　⍁
⑤壹47

⍁……⍁
⍁里它坐識者操⍁
⍁……⍁
⑤壹48

二年□月辛酉朔□⍁
⑤壹49

⍁［令］各邑捧急急急□⍁
⑤壹50

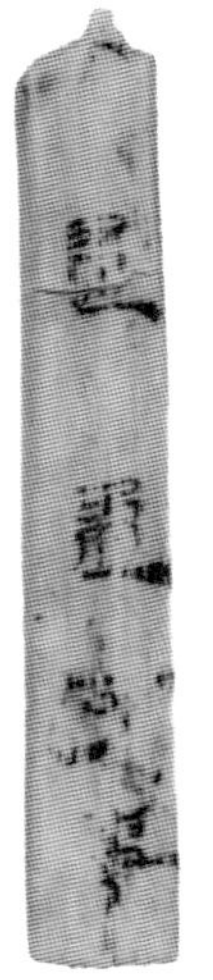
☐□盜盜可事
⑤壹51正

說明：下端有一道編痕。
⑤壹51背

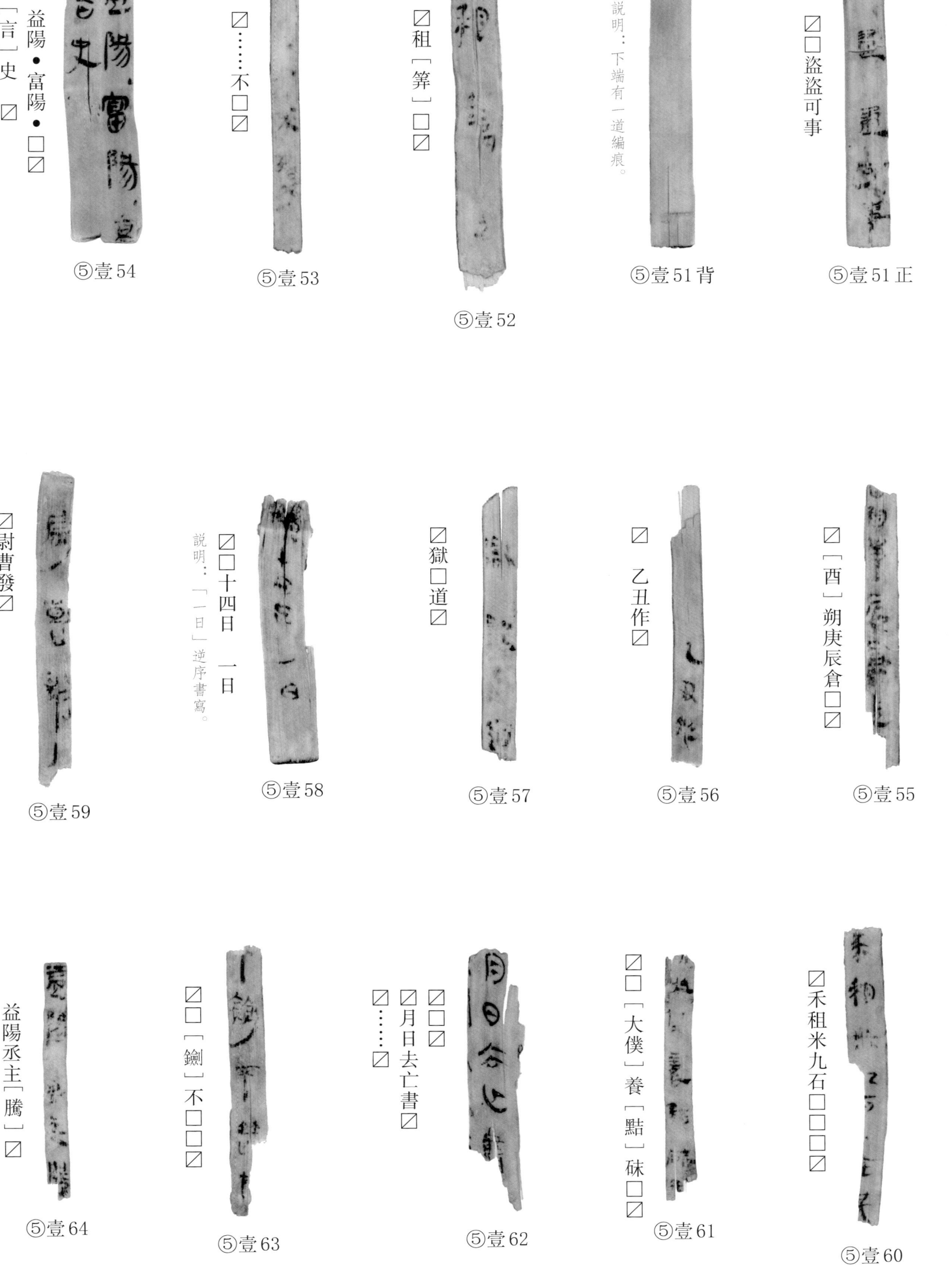

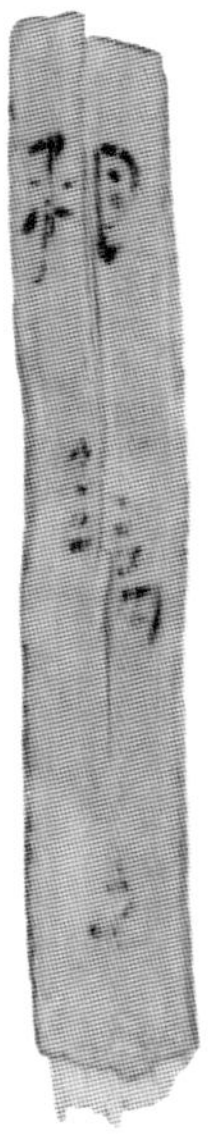
☐租［筭］□☐
⑤壹52

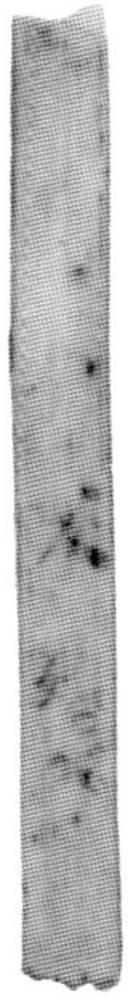
☐……不□☐
⑤壹53

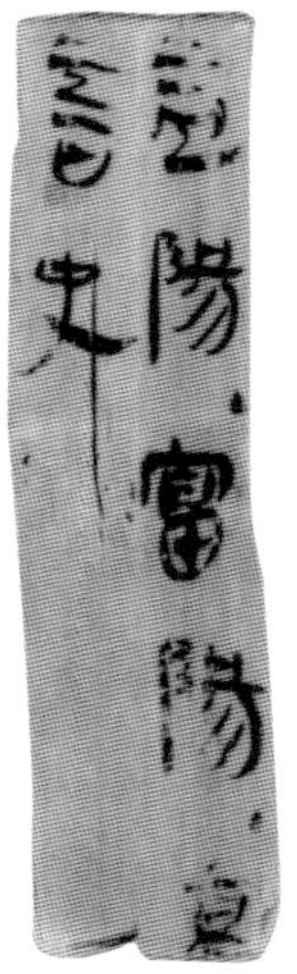
益陽•富陽•□☐
［言］史　☐
⑤壹54

☐［酉］朔庚辰倉□☐
⑤壹55

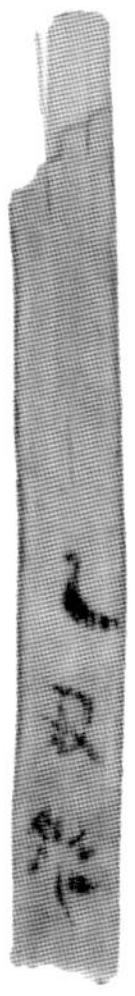
☐　乙丑作☐
⑤壹56

☐獄□道☐
⑤壹57

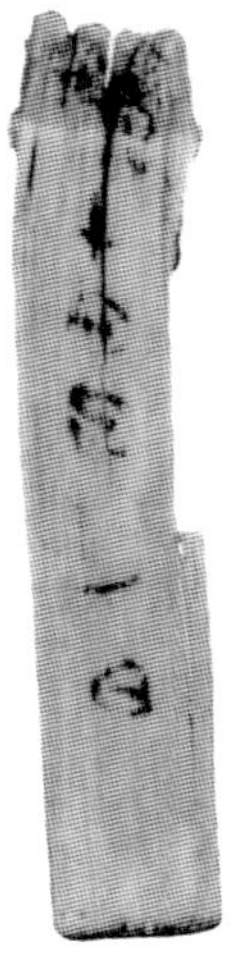
☐□十四日　一日
說明：「一日」逆序書寫。
⑤壹58

☐尉曹發☐
⑤壹59

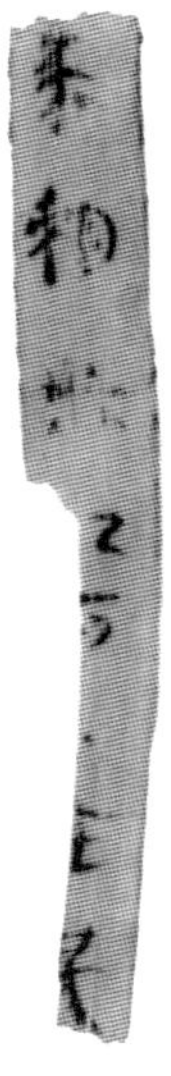
☐禾租米九石□□□☐
⑤壹60

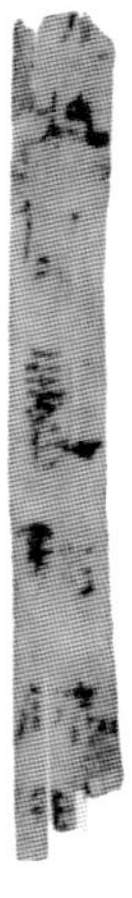
☐□［大僕］養［黠］砞□☐
⑤壹61

☐□☐
☐月日去亡書☐
☐……☐
⑤壹62

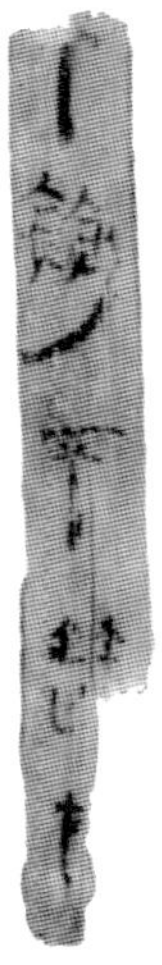
☐□［鍘］不□□☐
⑤壹63

益陽丞主［騰］☐
⑤壹64

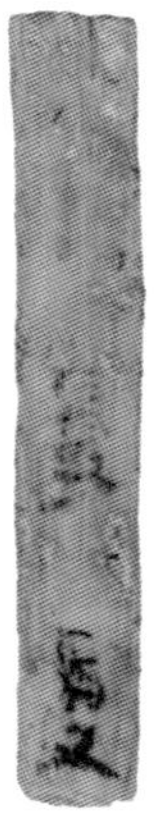
［爵爵］⧄

⑤壹65

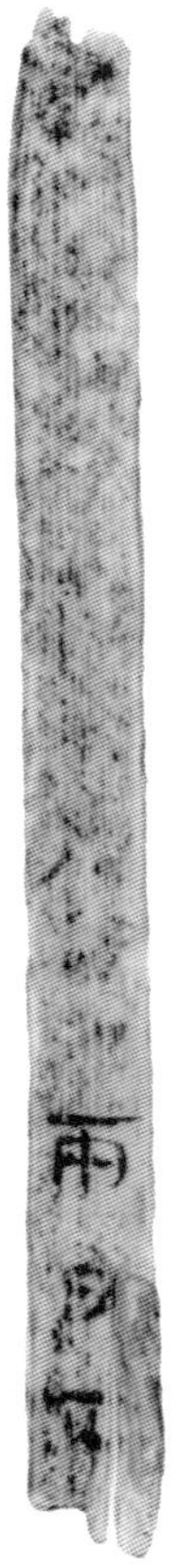
⧄……□□兩日□⧄

⑤壹66正

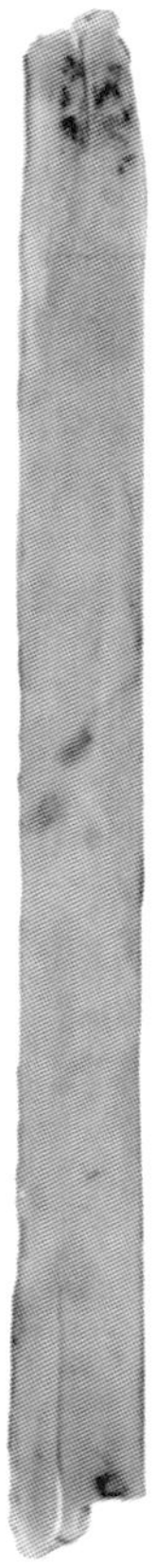
⧄□　⧄

説明：背面上端有一道平劃痕。

⑤壹66背

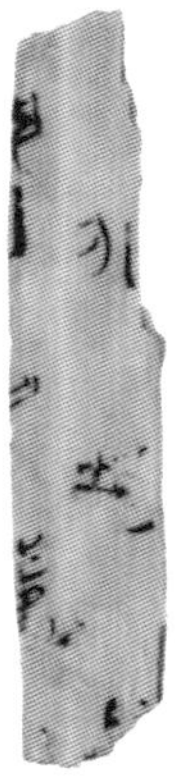
⧄非□□⧄
⧄□□□⧄

⑤壹67

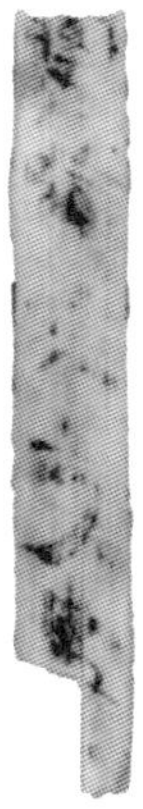
⧄□□□可事⧄

⑤壹68

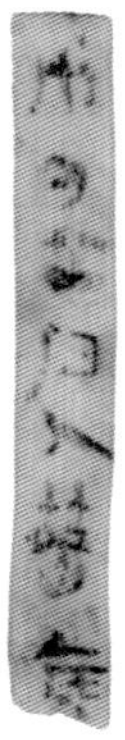
□里户人簪裹⧄

⑤壹69

宣都小夫⧄

⑤壹70

⧄囚長

⑤壹71

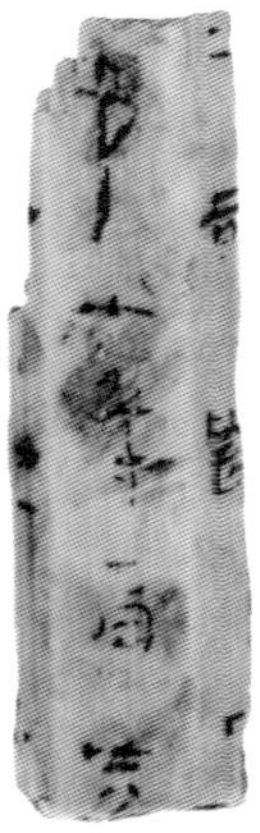
⧄□［劾數］□⧄
⧄□七年□月□⧄
⧄……⧄

⑤壹72

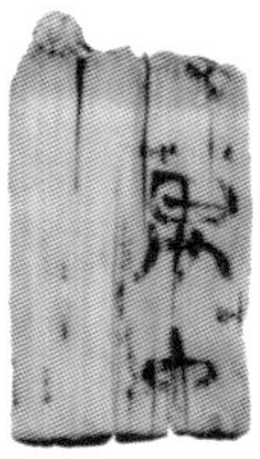
⧄□萬中

⑤壹73

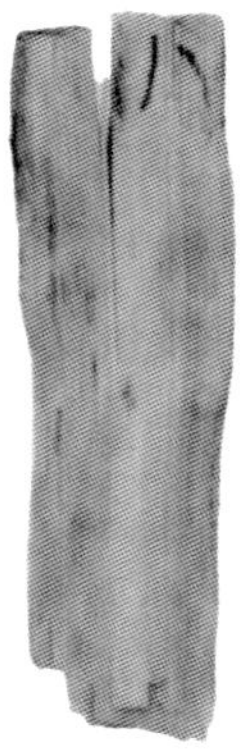
⧄□　⧄

⑤壹74

⧄［定爵］里
⧄□可問如

⑤壹75

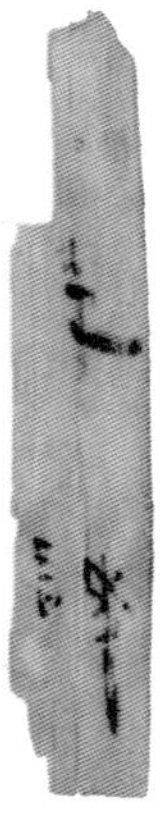
⧄年誠

⑤壹76

二年□月辛酉⧄

⑤壹77

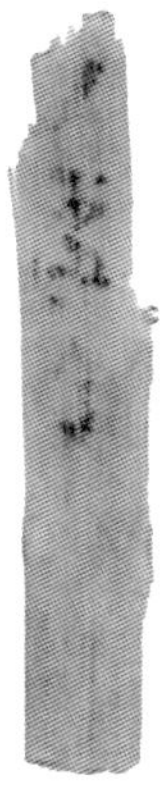
⧄□事□

⑤壹78

乏萬六千□☐

⑤壹79

☐書書

⑤壹80

☐陽毋歐□☐
☐陽以從☐

⑤壹81

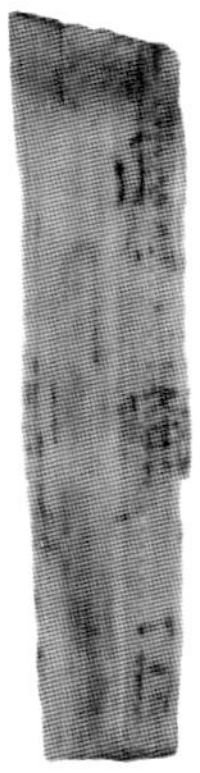
☐□□□

⑤壹82

☐上敢言

⑤壹83

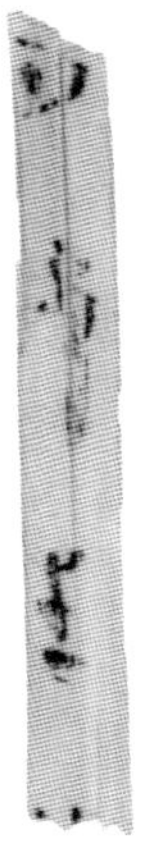
☐可□［告］□☐

⑤壹84

☐□書□□☐
☐……☐

⑤壹85

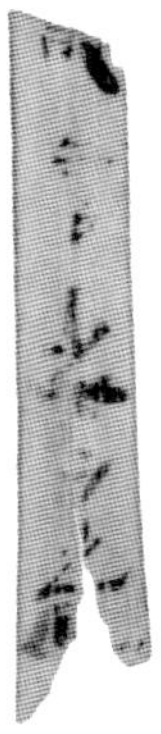
☐敢言之□之□☐

⑤壹86

☐□［牒］☐
☐□數☐

⑤壹87

☐皇天之浩☐

⑤壹88

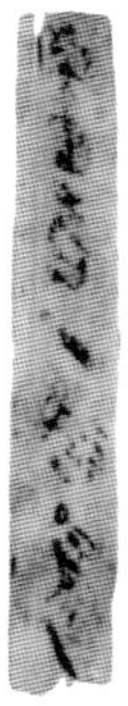
□里户人簪褭☐

⑤壹89

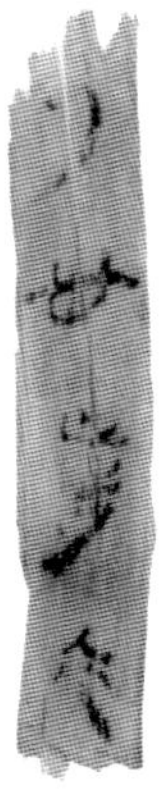
☐□卅□衣☐

⑤壹90

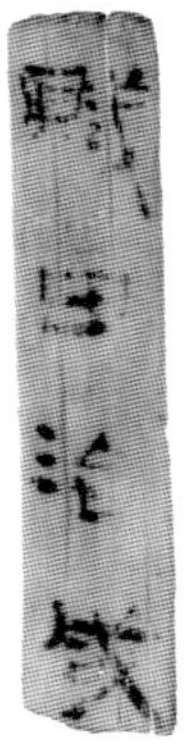
賦田治咸☐

⑤壹91

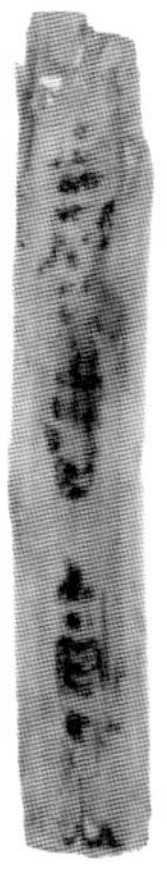
☐倉［倉］倉□☐

⑤壹92

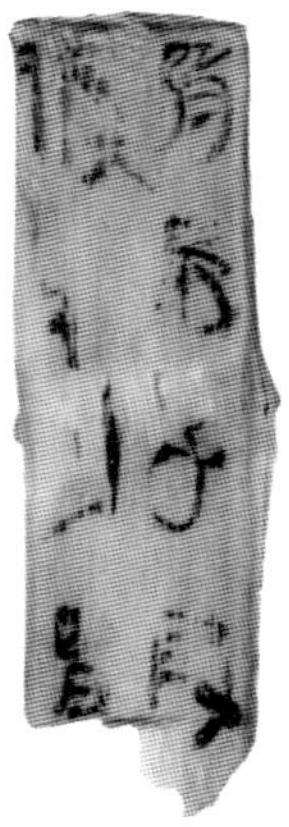
四月庚子叚☐
假□□四月☐

⑤壹93

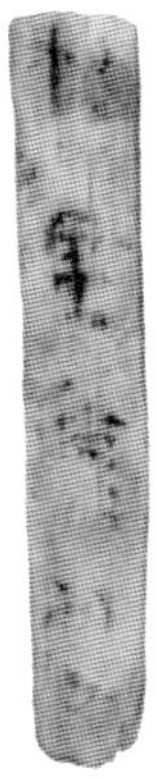
□里□□☐

⑤壹94

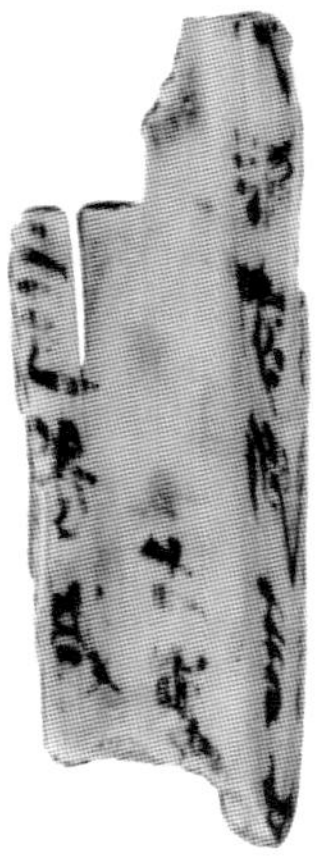
☐□□□☐
☐□潙陵鄉嗇夫☐
☐　士□☐
☐益陽［咸］☐

⑤壹95

☐戊辰朔乙亥益☐
☐益陽□□☐
☐□□得

⑤壹96+⑤壹137+
⑤壹100正

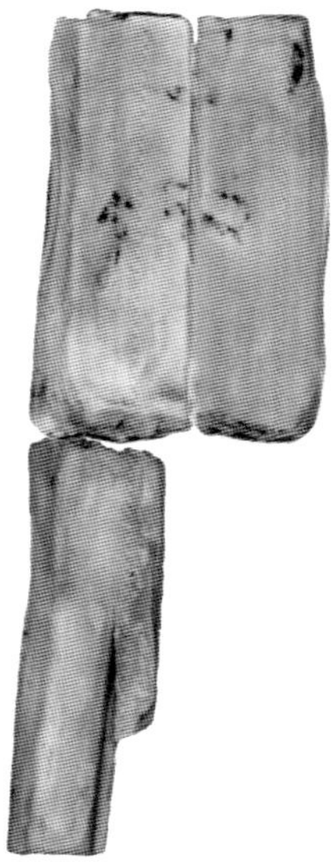
☐□□☐
☐令　☐

⑤壹96+⑤壹137+
⑤壹100背

☐庚寅屬☐

⑤壹97

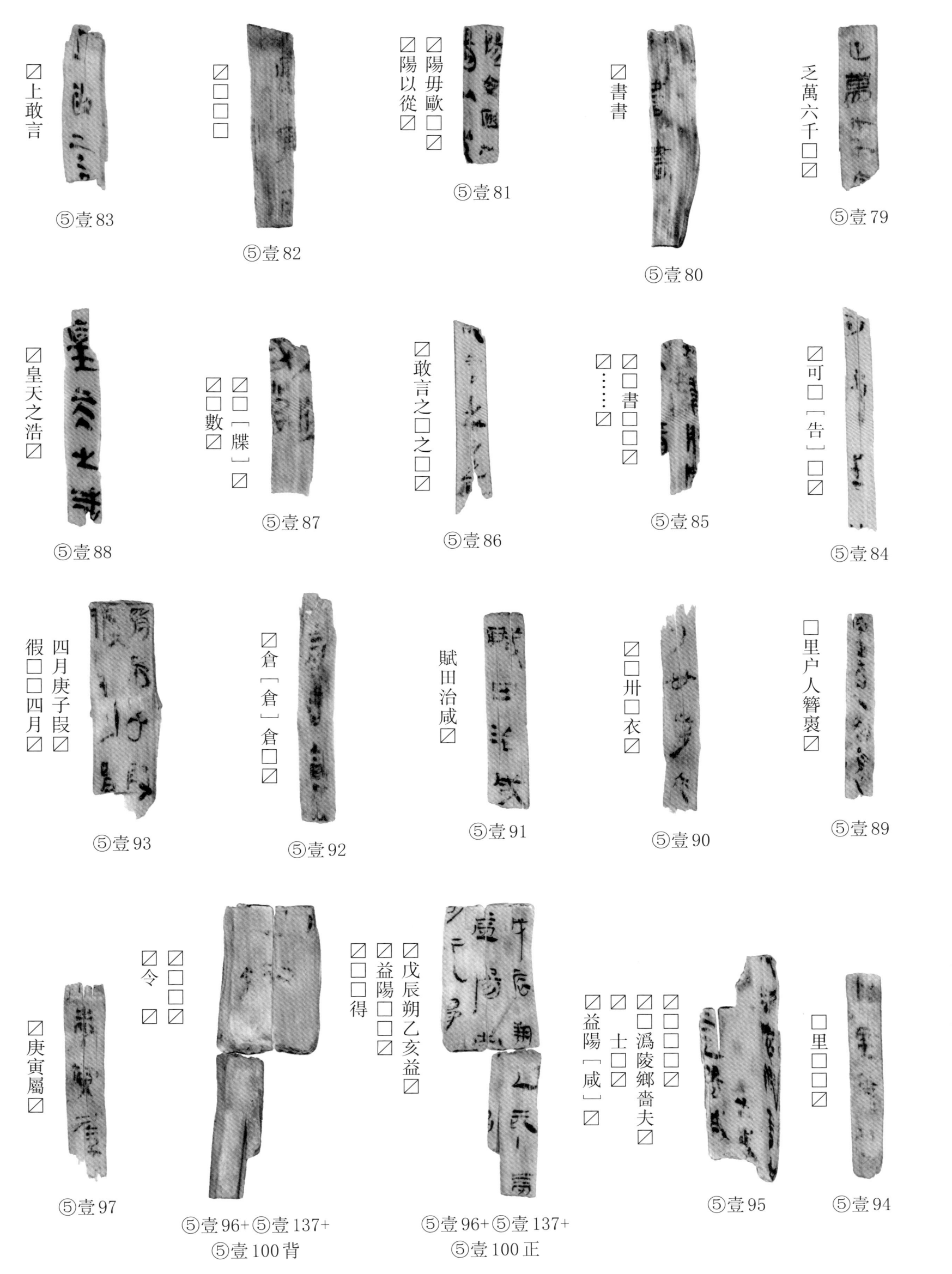

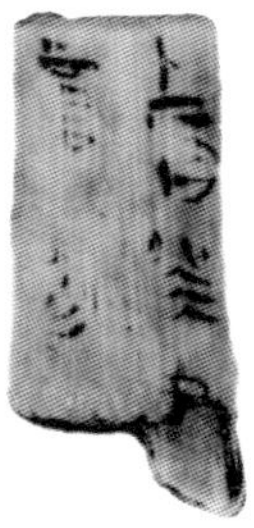
十二月癸□☒
言勿☒

⑤壹98

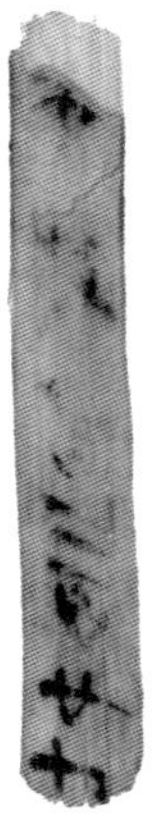
☒□□　□二百廿九☒

⑤壹99

平都户人不更☒

⑤壹101

☒□識□少☒

⑤壹102

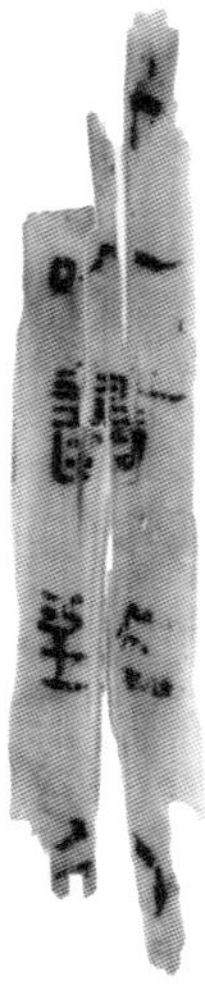
☒□以書致□☒

⑤壹103+
⑤壹106

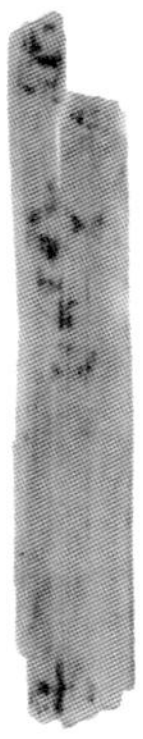
☒□□□☒

⑤壹104

戊子所收穀□☒

⑤壹105正

説明：背面偏上位置，左上向右下，有一道劃痕。

⑤壹105背

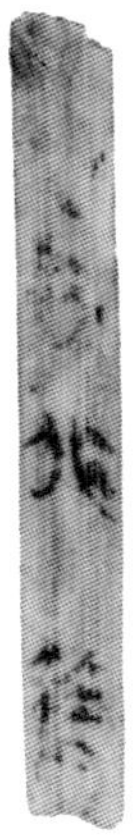
☒□□作［籍］☒

⑤壹107

☒案奏廷☒

⑤壹108

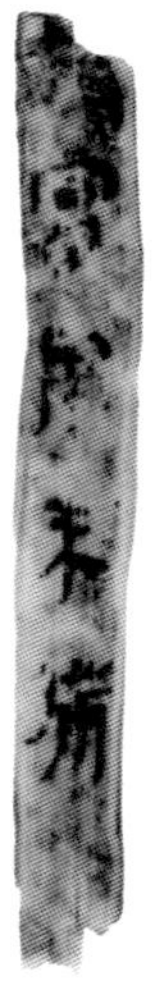
☒□寫□未備☒

⑤壹109

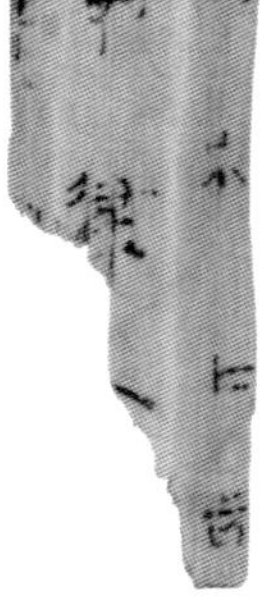
□□□□☒
如律［令］☒
□□☒

⑤壹110

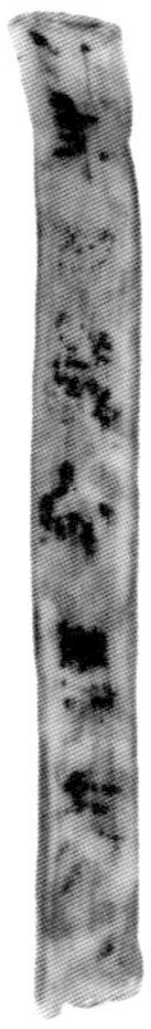
□［年］□［錢］□□□☒

⑤壹111

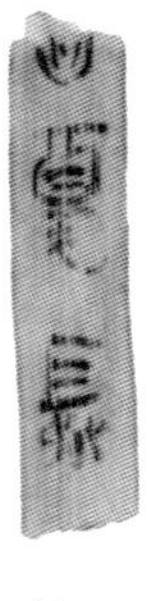
☒□惡□☒

⑤壹112

☒□七月八月九☒

⑤壹113

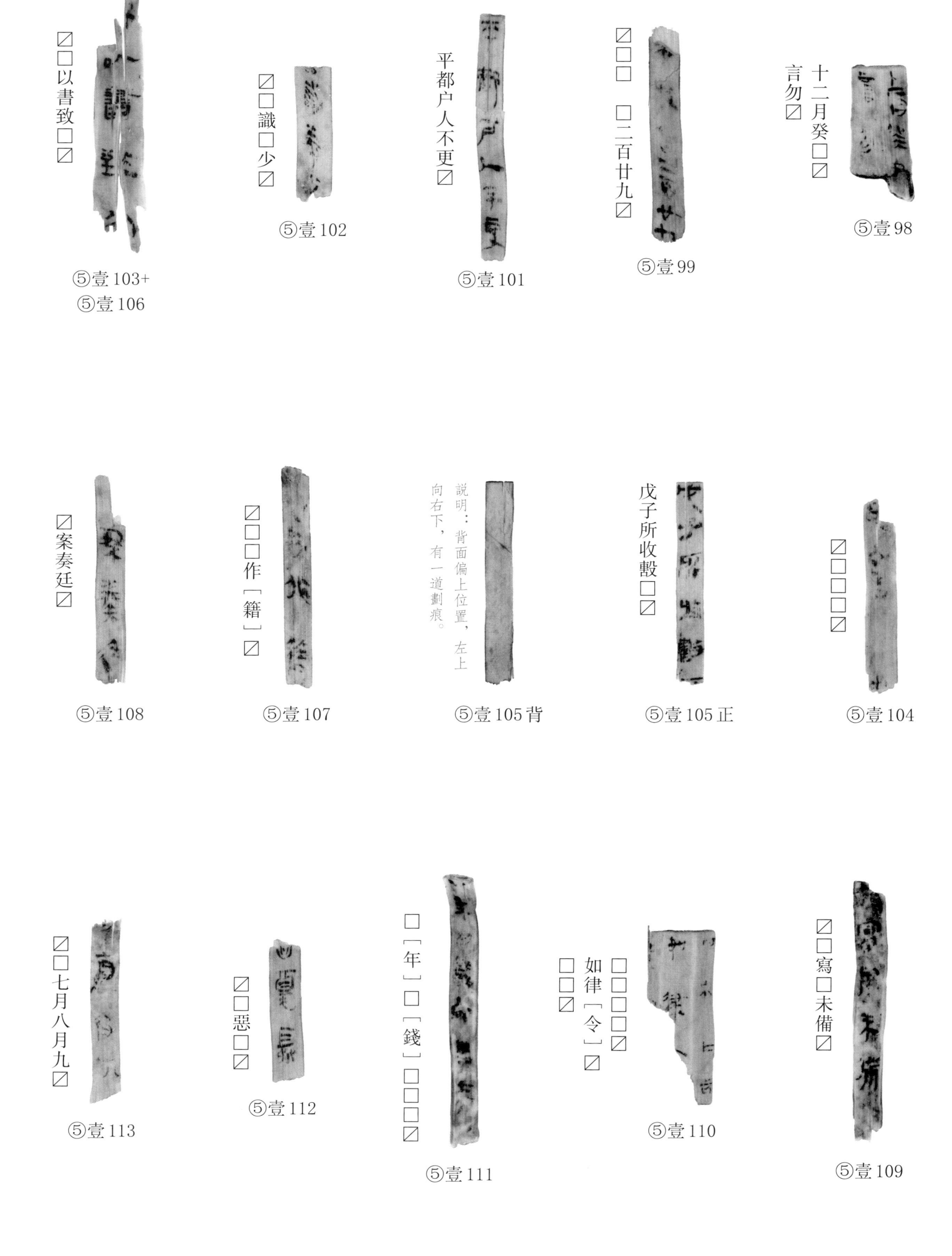

☐……廿人□□☐

⑤壹114

☐［律］佐　☐

⑤壹115

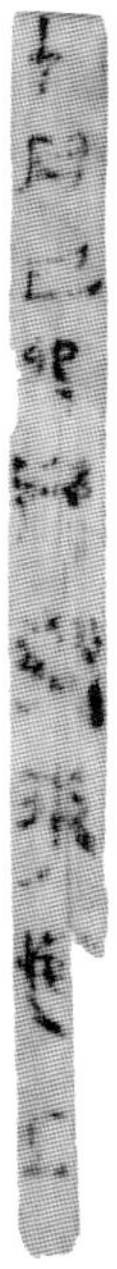
十月己卯［都］鄉佐□上☐

⑤壹116

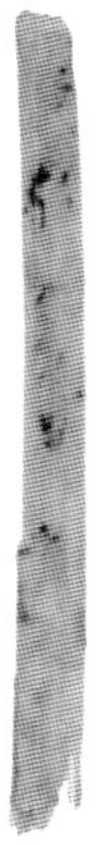
☐……☐

⑤壹117

☐□□□☐

⑤壹118

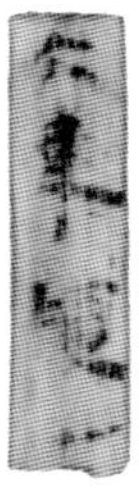
六年［頃］□☐

⑤壹119

☐□長可☐

⑤壹120

☐□革带□☐

⑤壹121

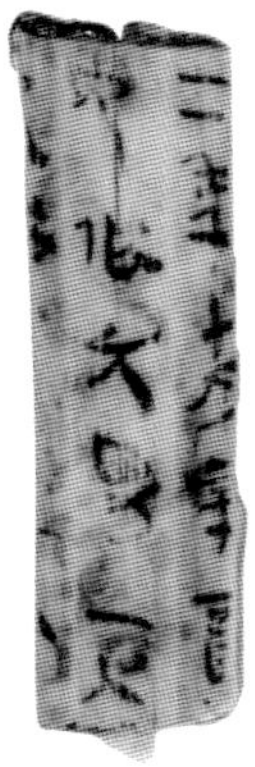
二年十月辛酉☐
冗作大男一人☐
……☐

⑤壹122

☐□　九［月］☐
☐□□　☐

⑤壹123正

☐□　☐

⑤壹123背

☐□多☐

⑤壹124

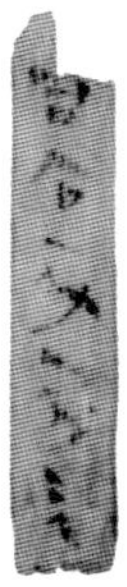
☐□石一斗一升□

⑤壹125

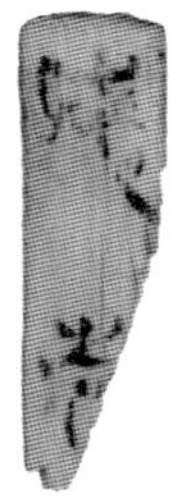
賤走☐

⑤壹126

☐［爲］盜賊□☐
☐□靡襌☐

⑤壹127

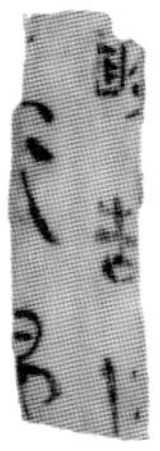
☐敢告□☐
☐□□［帛］☐

⑤壹128

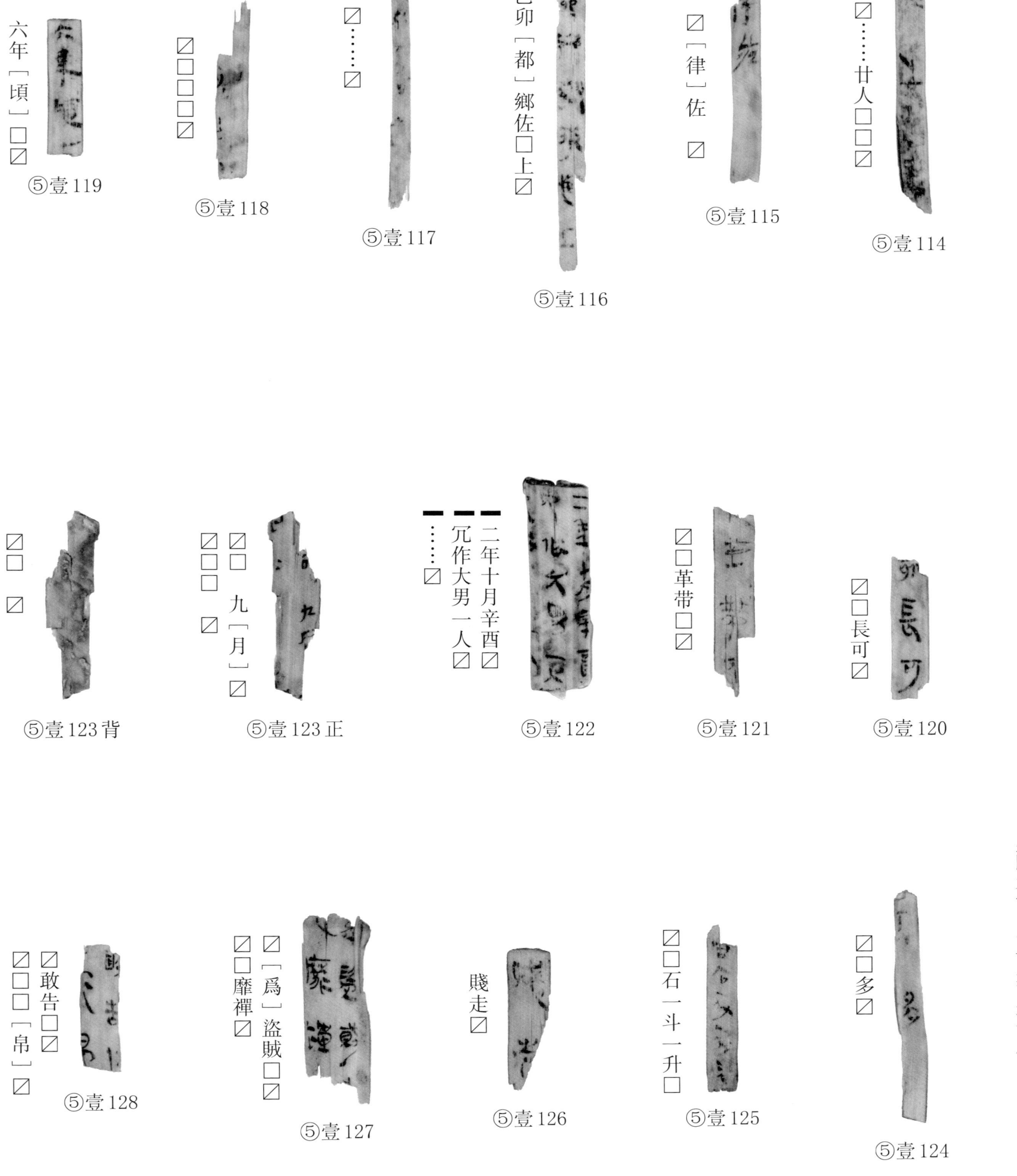

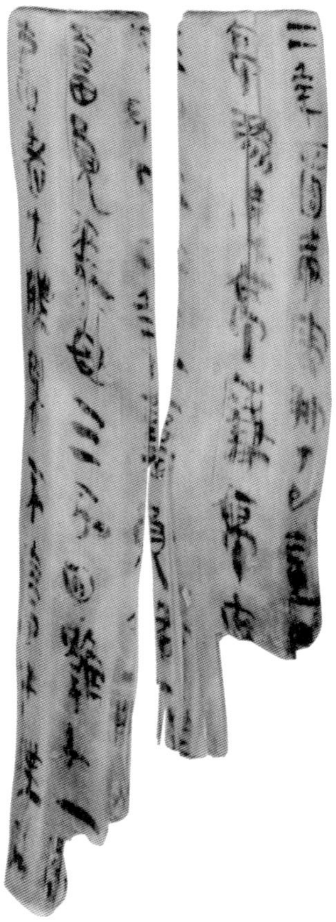
二年正月庚寅朔丁巳益［陽］☑
亭潙陵亭兼亭□☑
□□□二年畜員各一牒☑
畜員豕母三犬四雞十一□☑
畜者九牒署不畜十牒□☑

⑤壹131+⑤壹129正

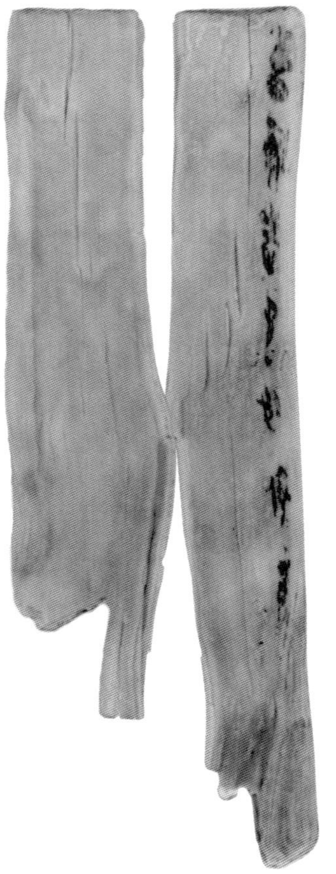
當報者它如律［令］☑

⑤壹131+⑤壹129背

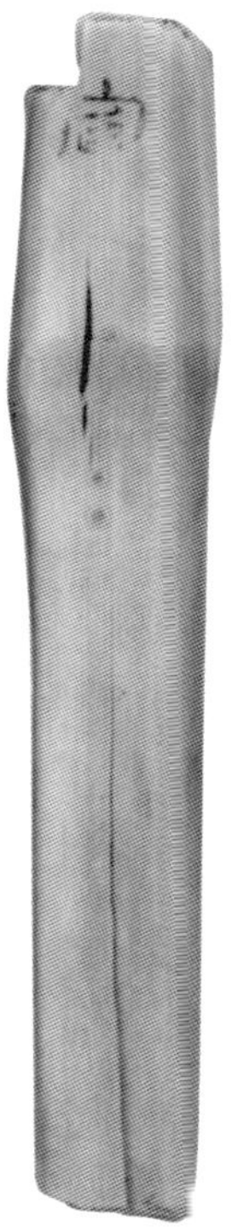
☑宦

⑤壹130

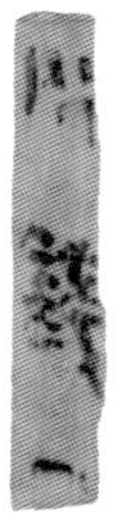
☑□錢一☑

⑤壹132

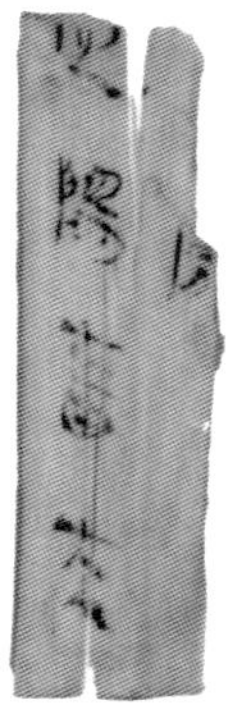
☑陽
☑益陽嗇夫

⑤壹133正

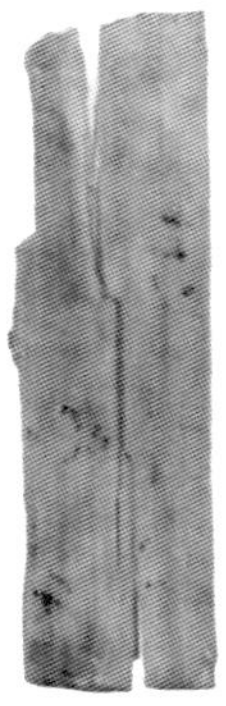
☑□
☑□□

⑤壹133背

元年已繇積☑

⑤壹134

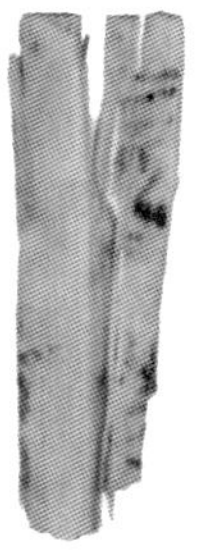
益陽☑
□□☑

⑤壹135

☑鄉見筭三☑

⑤壹136

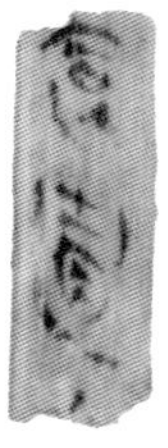
☑食置□☑

⑤壹138

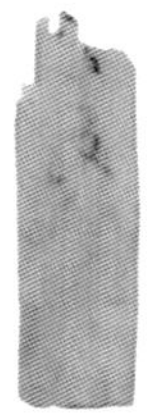
☑□及

⑤壹139

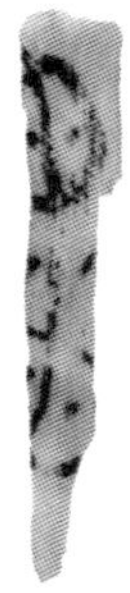
☑（圖案）☑

⑤壹140

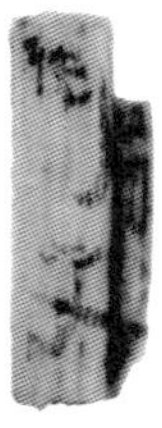
☑御史☑

⑤壹141

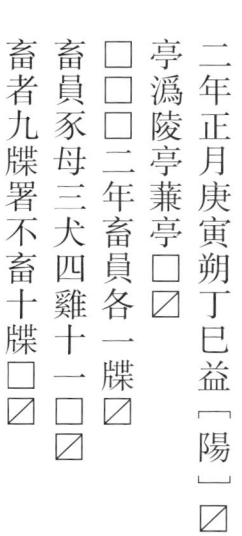

⧄萬一千⧄
⑤壹142

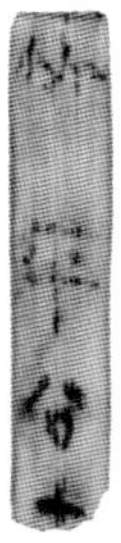
竹平公士⧄
⑤壹143

⧄□禪衣⧄
⑤壹144

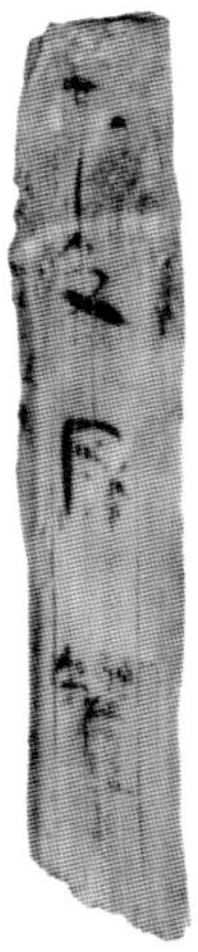
□及所糶⧄
⑤壹145

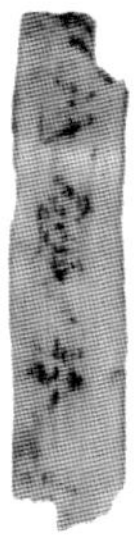
⧄□［屬喪］⧄
⑤壹146

⧄□［夢］⧄
⑤壹147

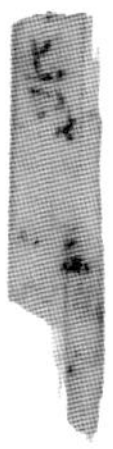
⧄□□⧄
⑤壹148

⧄□田□⧄
⑤壹149正

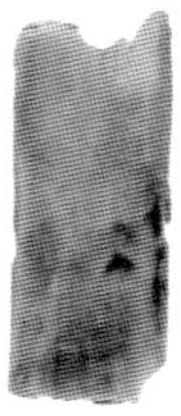
⧄□⧄
⑤壹149背

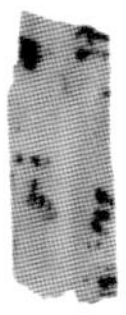
⧄□□□⧄
⧄□□⧄
⑤壹150

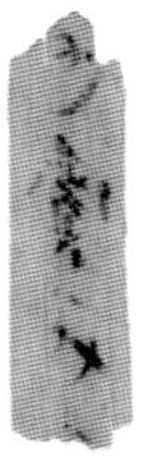
⧄升賈一斗□⧄
⑤壹151

⧄□⧄
⑤壹152

⧄之□□⧄
⧄［來］令 ⧄
⑤壹153

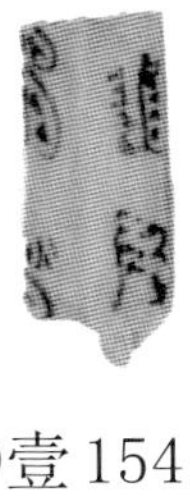
⧄道叚⧄
⧄［謂］□⧄
⑤壹154正

⧄□□⧄
⑤壹154背

⧄潙［陵］⧄
⧄……⧄
⑤壹155

⧄□□⧄
⑤壹156

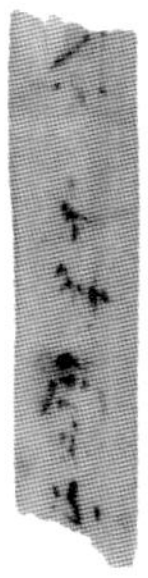
⧄□十升賈□⧄
⑤壹157

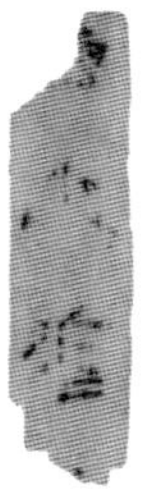
⧄□□□□⧄
⑤壹159

⧄□□⧄
⑤壹160

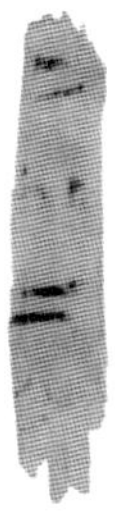
⧄二斗二升⧄
⑤壹161

⧄□書⧄
⑤壹162

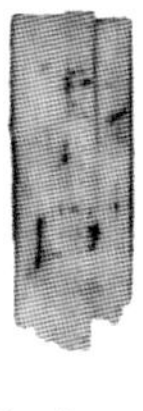
⧄□户⧄
⑤壹163

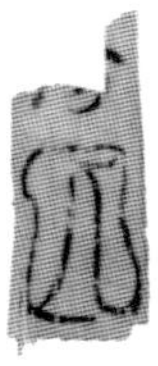
⧄□□⧄
⑤壹164

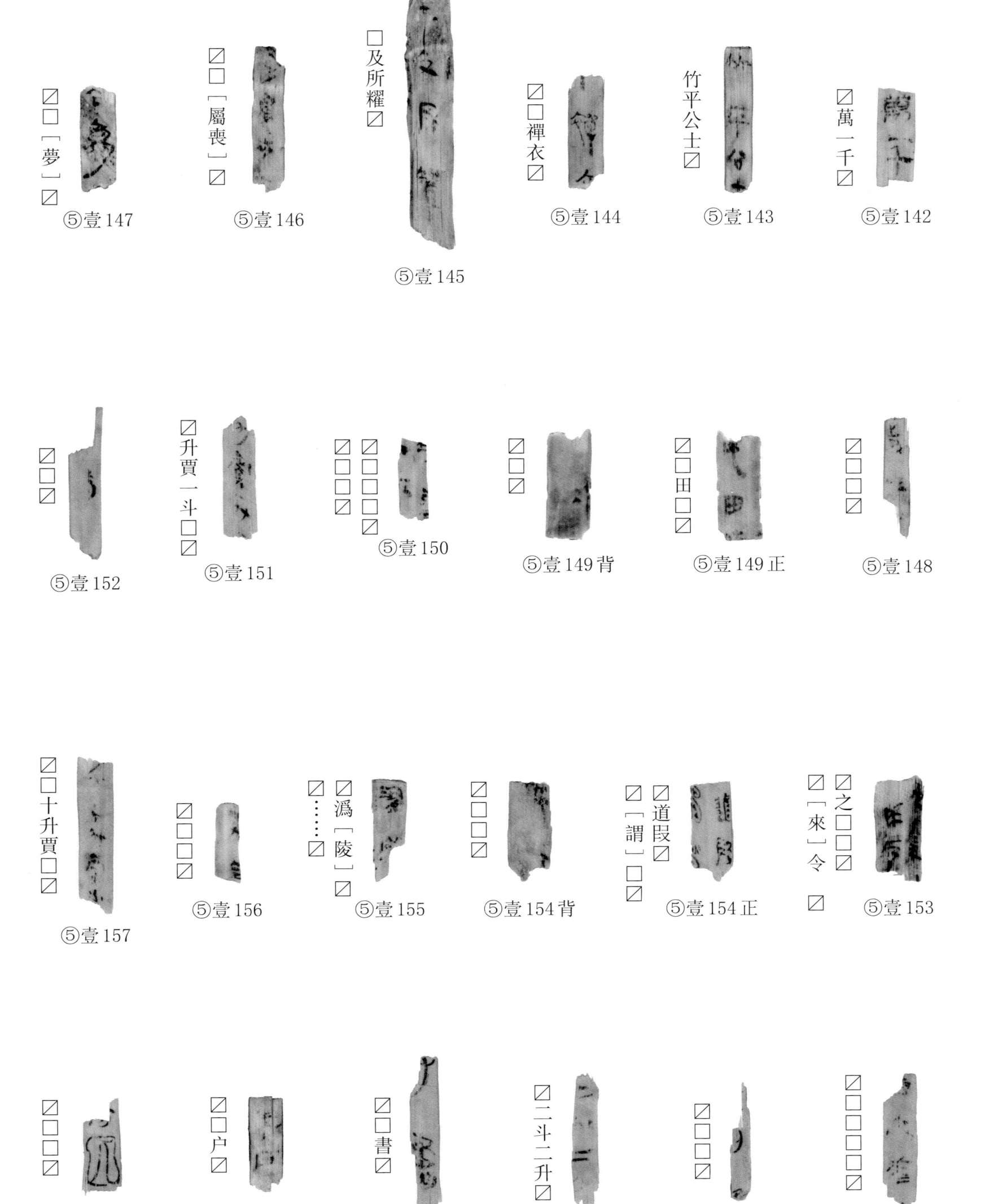

八月盡九月致使傳當計書束

說明：簡兩側有契口。

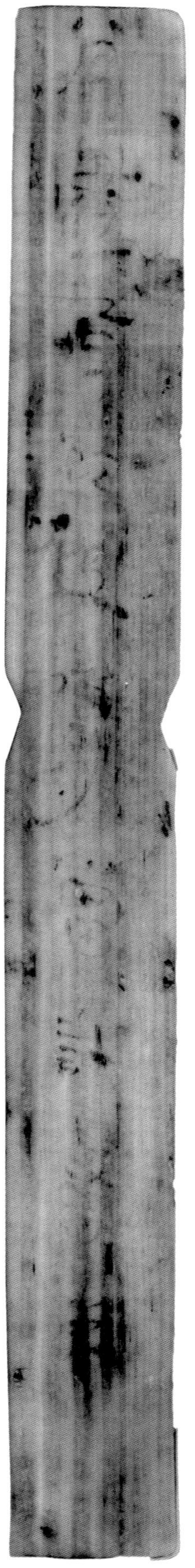

⑤壹165

▬廷倉曹

⑤壹166

廷金布

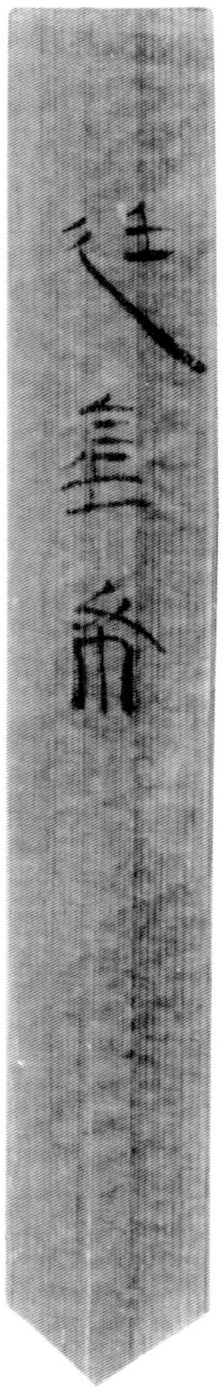

⑤壹167

廷倉曹

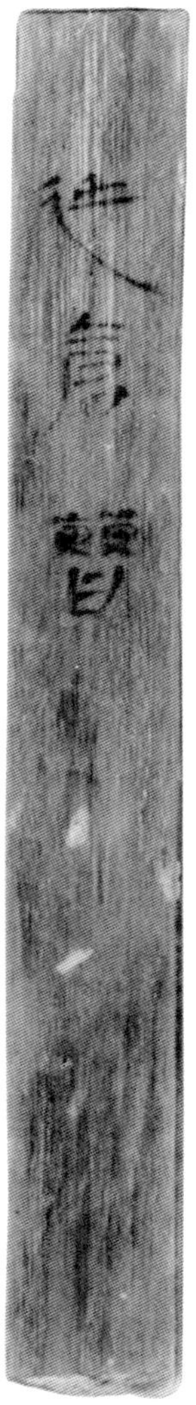

⑤壹168

下資鄉□　□

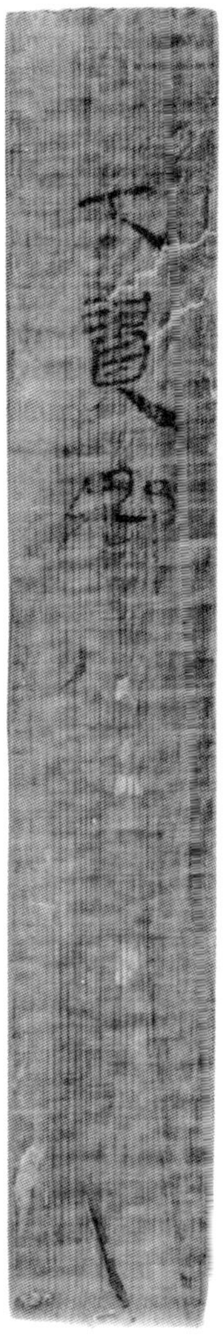

⑤壹169

⑤壹170正

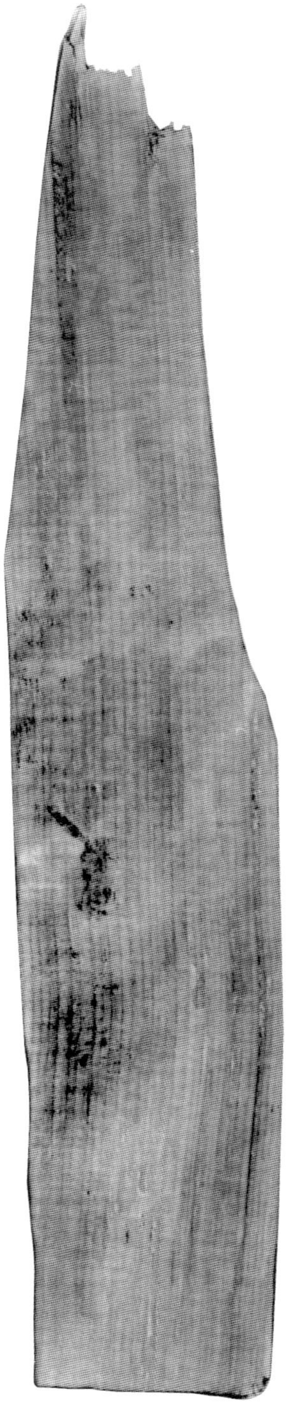

⑤壹170背

⍁□丞相蒼敢告主初昭

⍁　□陽益

⍁□□□□石石數女□□

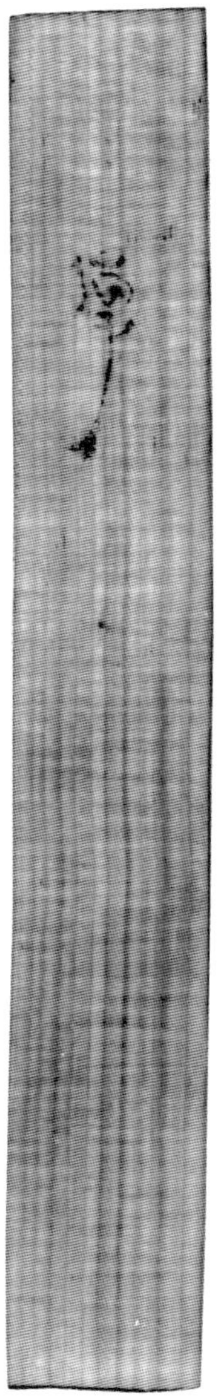

⑤壹171

⍁□□□

説明：文字書寫順序混亂。

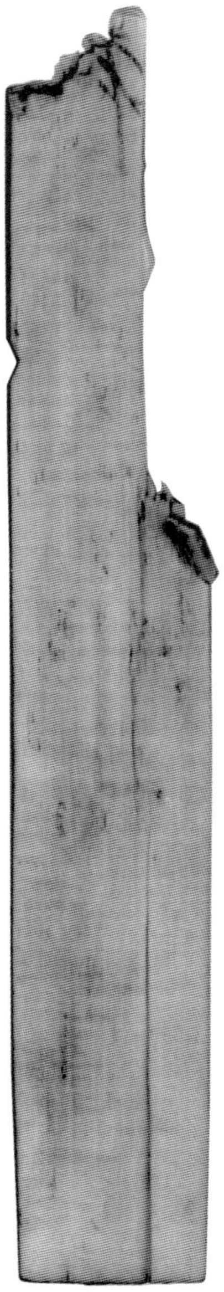

⑤壹172

傳

⍁□

説明：簡側有契口。

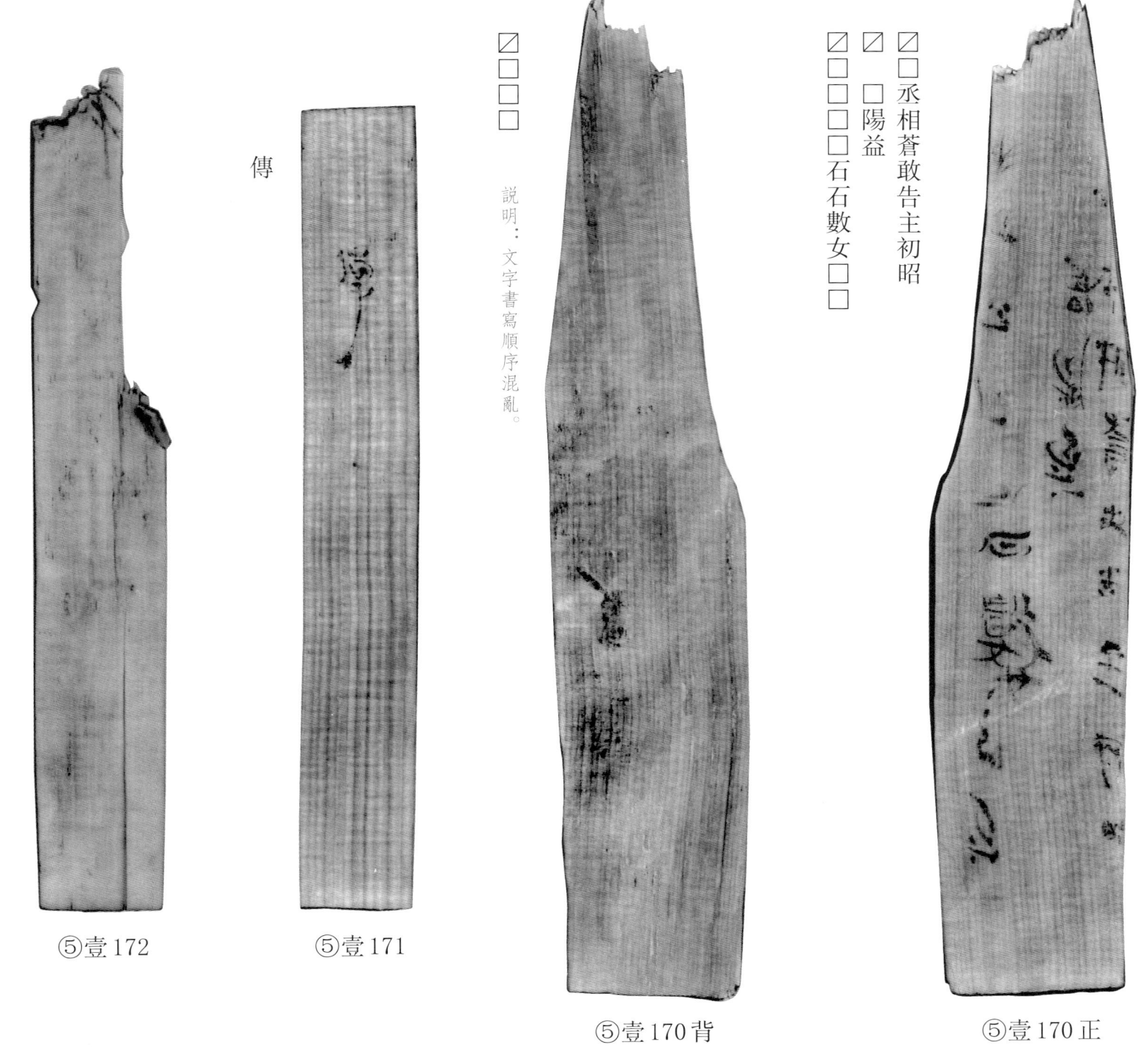

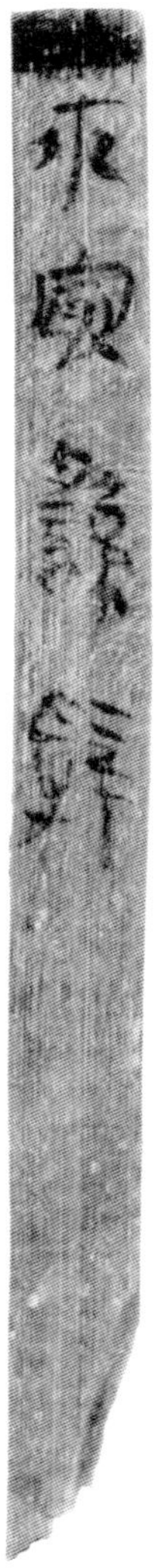

■佐㝡繇辤　⍁

⑤壹173

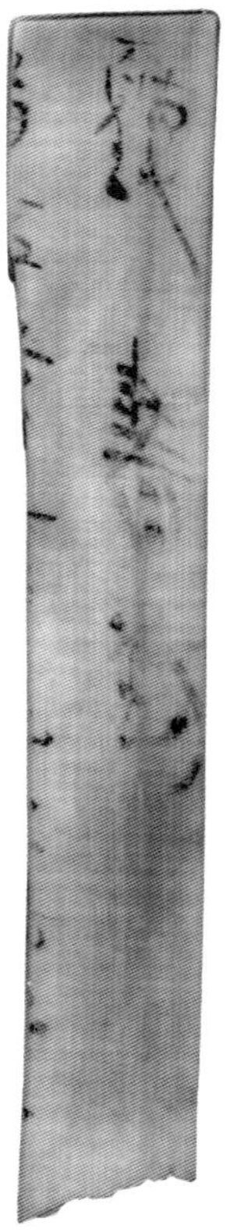

聽書到　⍁
……⍁

⑤壹174正

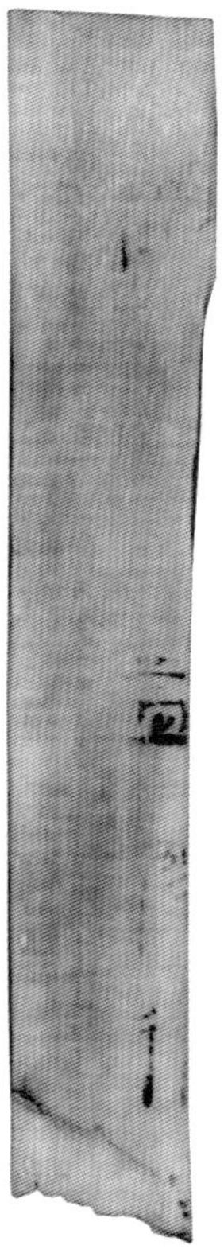

益陽行□⍁

⑤壹174背

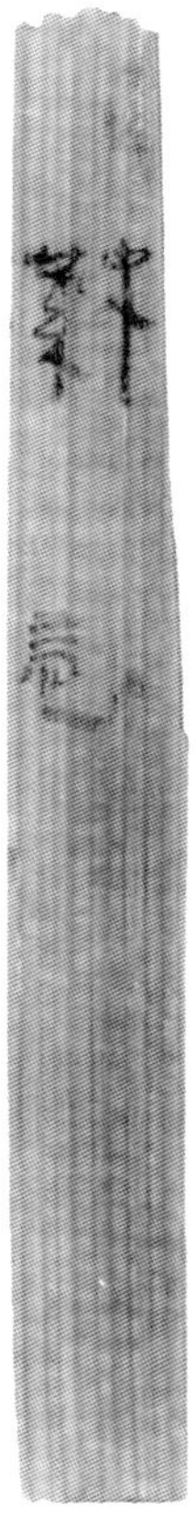

⍁
䊵益

⑤壹175正

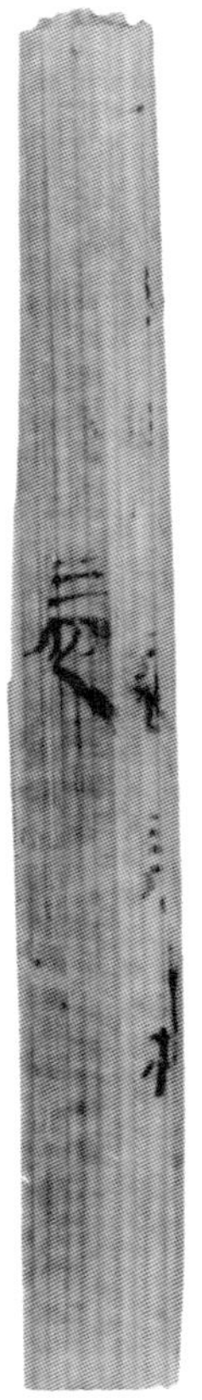

⍁□□□□□［益］□
⍁益

⑤壹175背

⍁小史臧戊辰之上資鄉可

⑤壹176

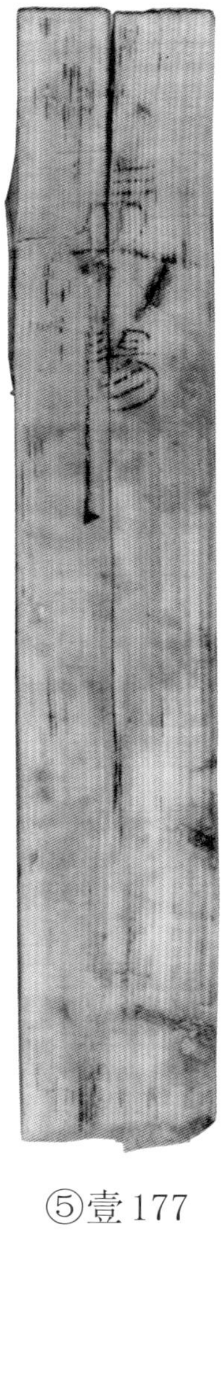

益陽

⑤壹177

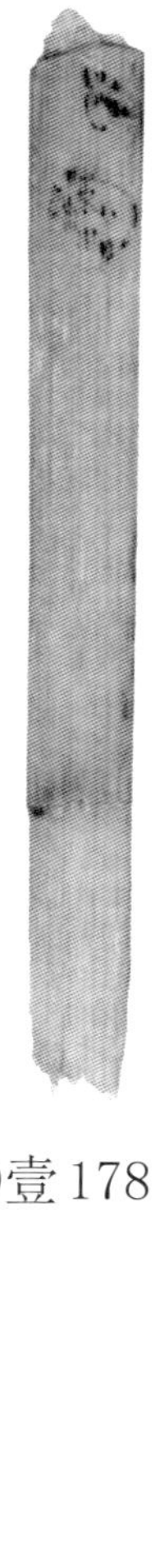

⍁□□　⍁

⑤壹178正

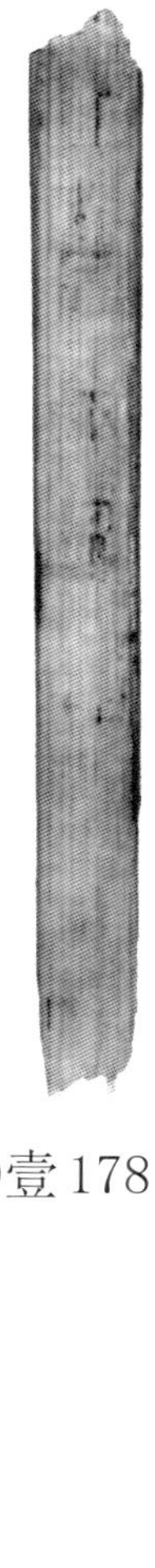

⍁……⍁

⑤壹178背

□書⍁

⑤壹179

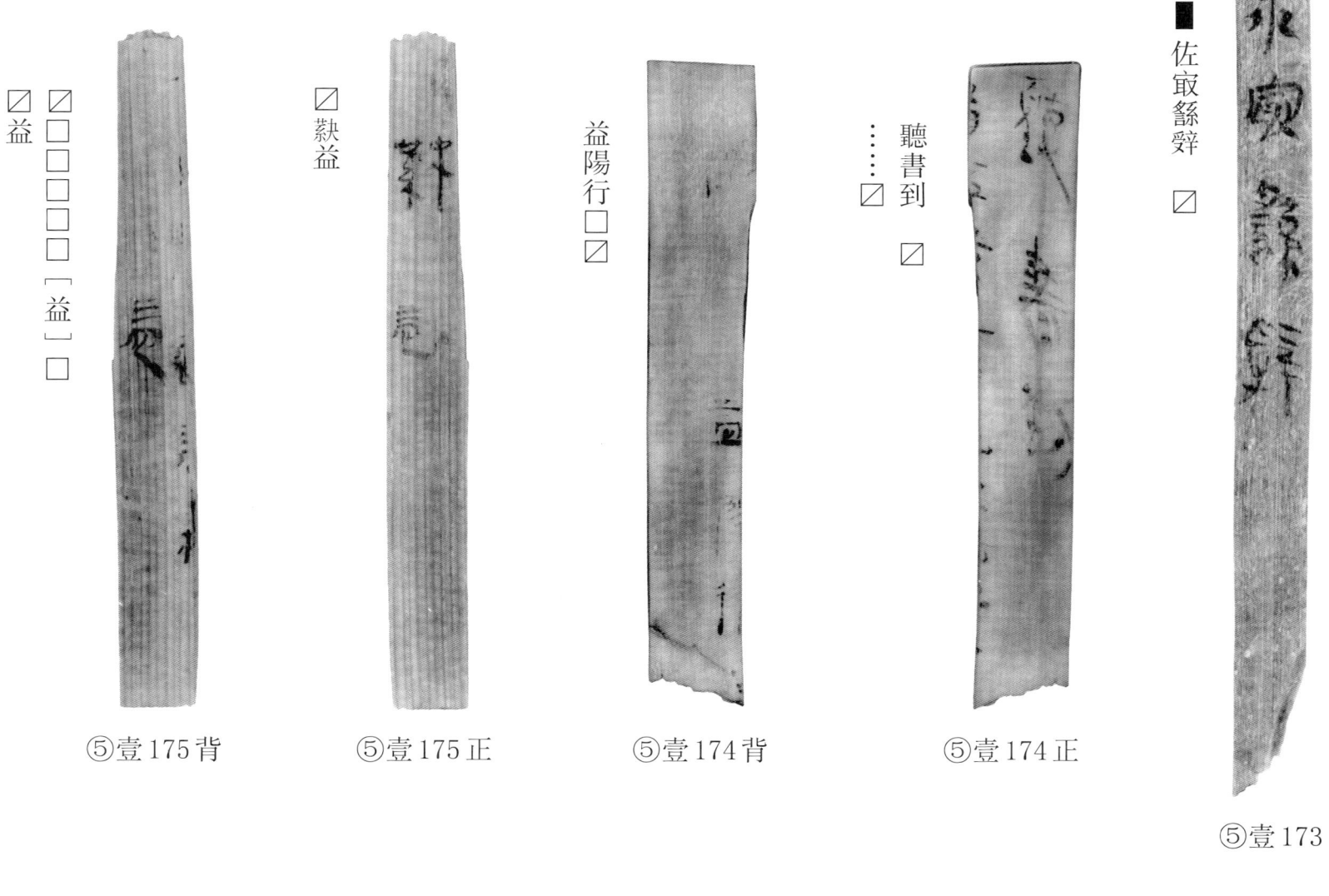

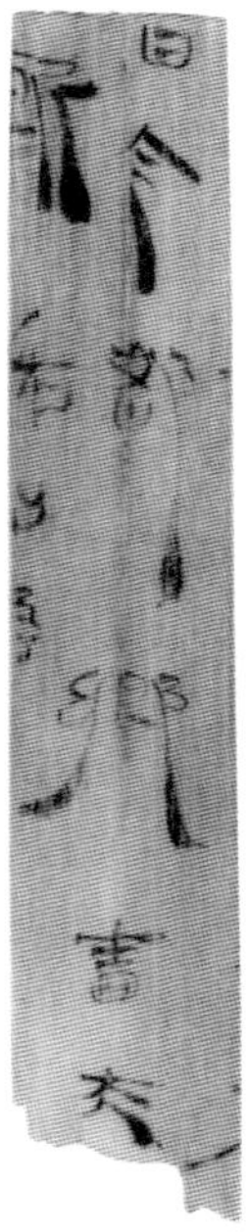

……〼

曰令都鄉嗇夫〼

［斬］左□□　〼

⑤壹180正

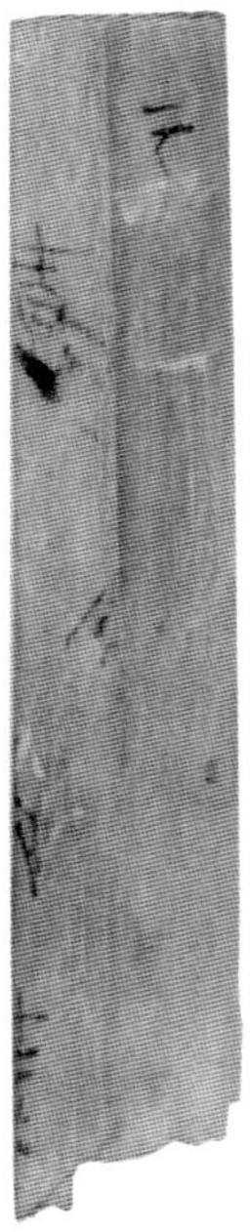

……〼

……〼

⑤壹180背

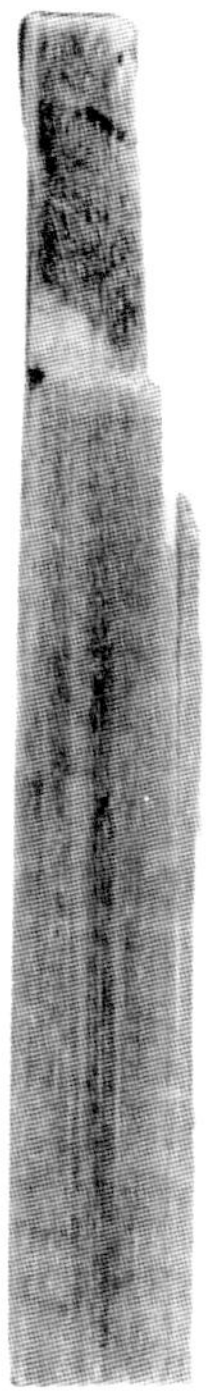

□

⑤壹181

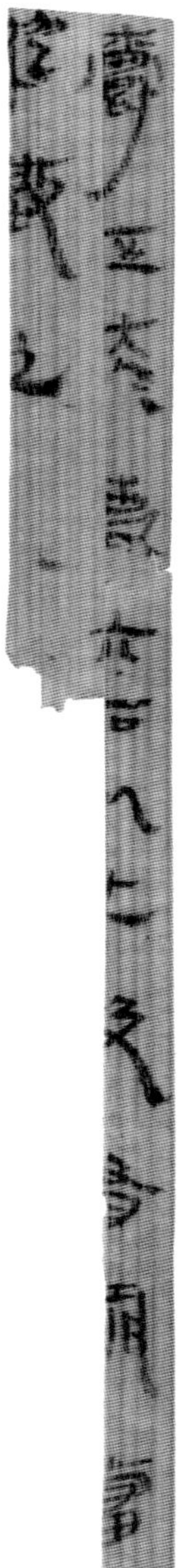

爵五夫＝吏六石以上及有罪當〼

縱轂之　〼

⑤壹193+⑤壹194+⑤壹182正

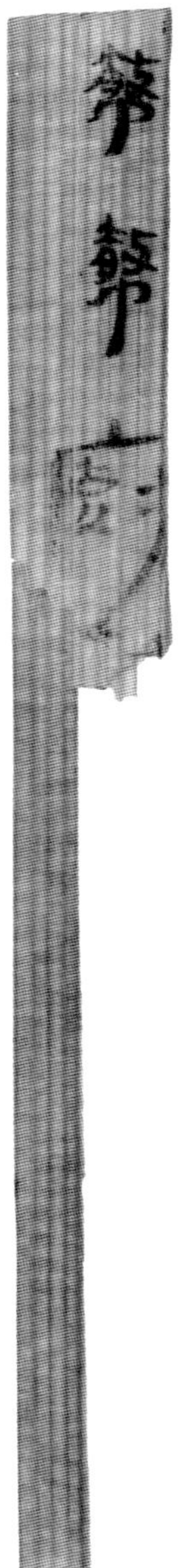

幣幣廚〼

⑤壹193+⑤壹194+⑤壹182背

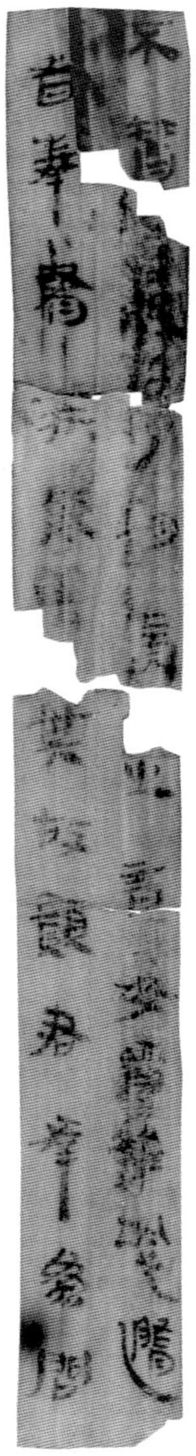

不智〼□□何物僕〼之言毋留難恐隨

者奉書再拜請〼其故顧君幸爲問

⑤壹325+⑤壹207+⑤壹199+⑤壹261+⑤壹183

十一年［八］月甲申朔［辛］亥益陽守丞□敢言之
書曰有失者上所爕物・問之益陽［毋］應
者敢言之

⑤壹184+
⑦26+⑦38+
⑦676正

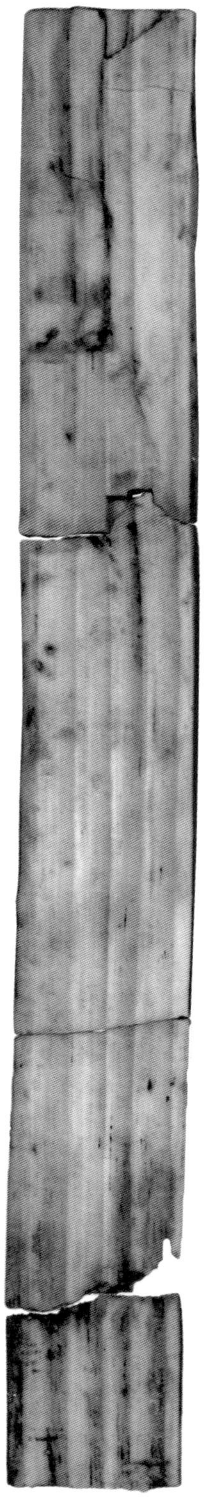

□手

⑤壹184+
⑦26+⑦38+
⑦676背

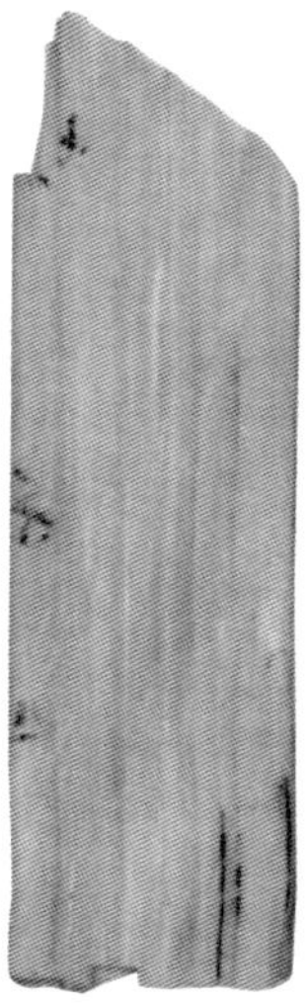

☑……☑

⑤壹185

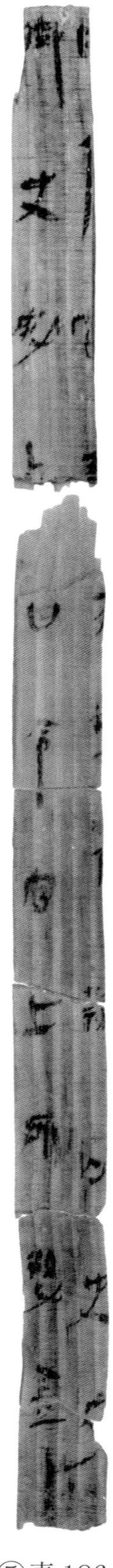

御史□上　☑曰令官上所□金☑
□□□□　☑□□□［隸］内史［守］☑

⑤壹186+
⑤壹256+
⑤壹387+
⑤壹262+
⑤壹260+
⑤壹324正

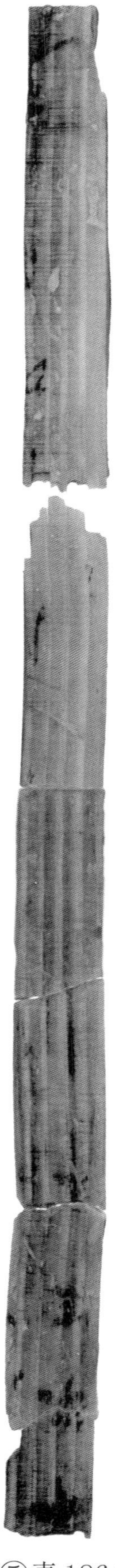

□□□☑　……

説明：⑤壹186與其餘殘片遥綴。

⑤壹186+
⑤壹256+
⑤壹387+
⑤壹262+
⑤壹260+
⑤壹324背

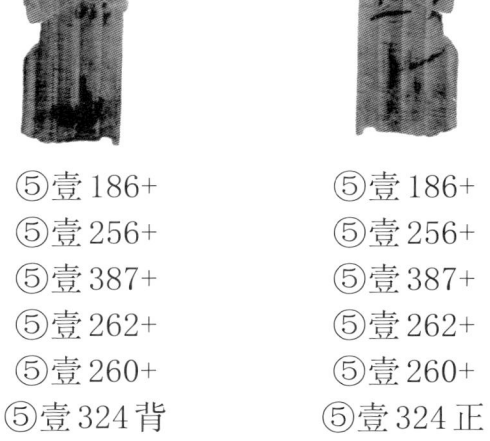

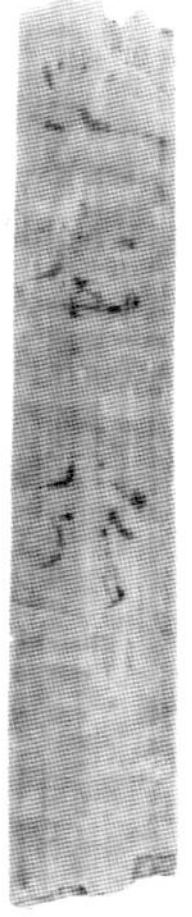

□□□行□

⑤壹187正

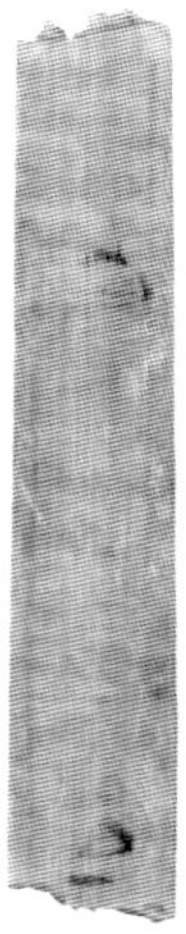

□□□□

⑤壹187背

□癸出稾尉史□

説明：右側有三組刻齒，分别爲五、一、二。

⑤壹188

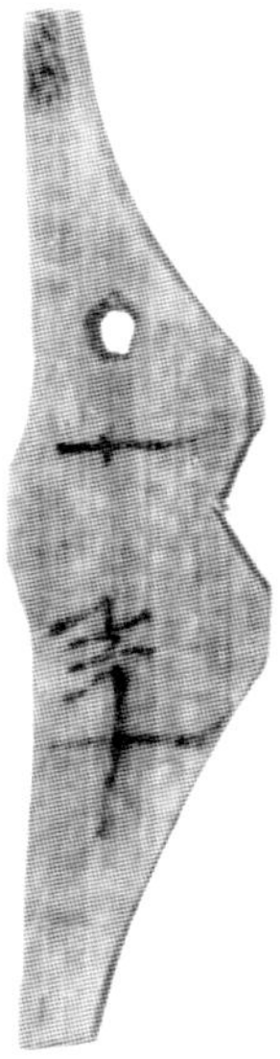

七年

⑤壹189

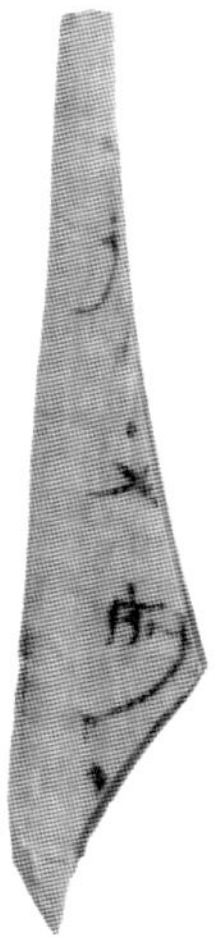

□［御］史府□□

⑤壹190正

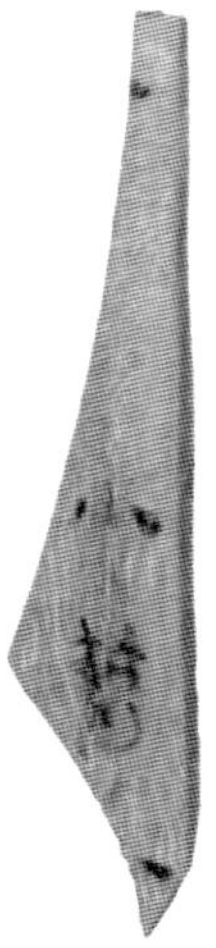

□□小簪□□

⑤壹190背

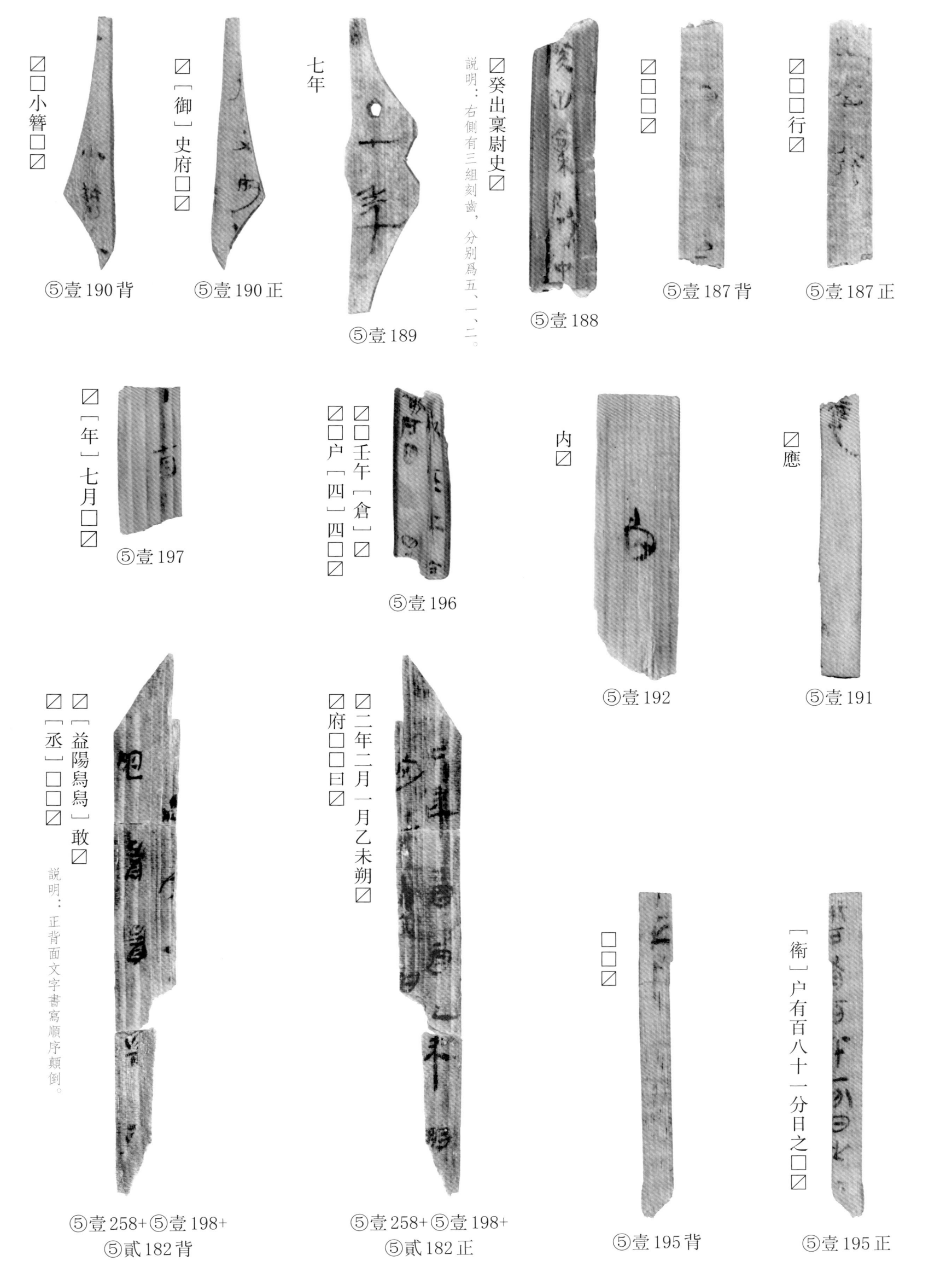

□應

⑤壹191

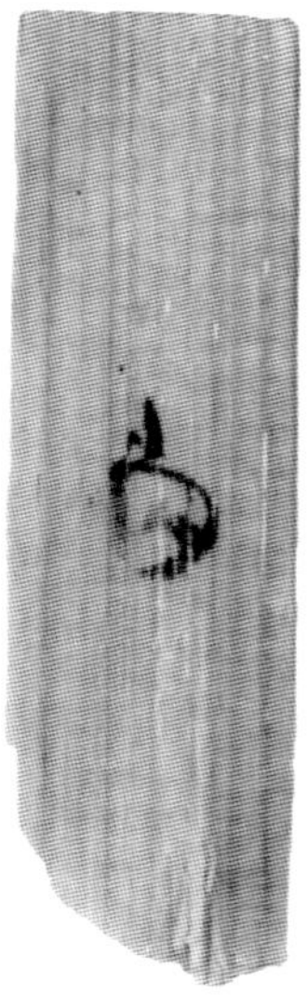

内□

⑤壹192

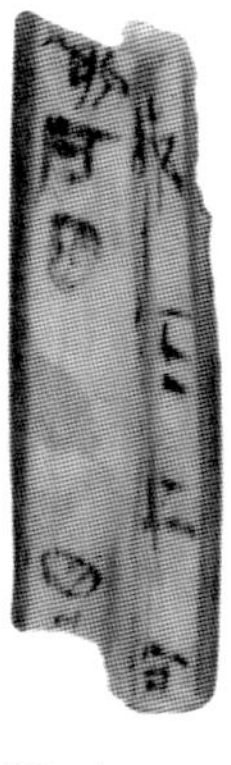

□□壬午［倉］□

□□户［四］四□□

⑤壹196

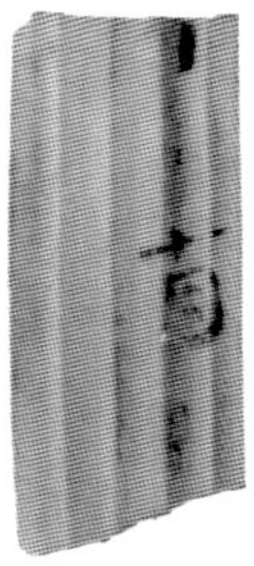

□［年］七月□□

⑤壹197

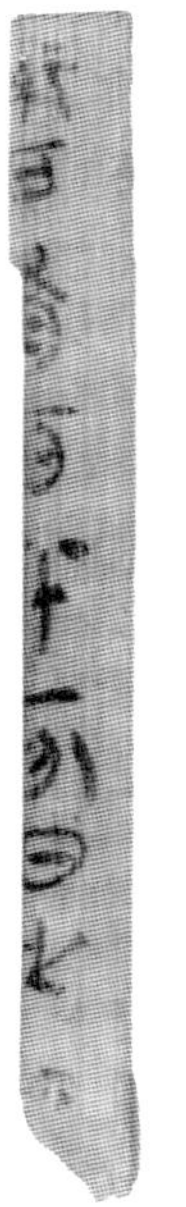

［衛］户有百八十一分日之□□

⑤壹195正

□□□

⑤壹195背

□二年二月一月乙未朔□

□府□□曰□

⑤壹258+⑤壹198+⑤貳182正

□［益陽舄舄］敢□

□［丞］□□□

説明：正背面文字書寫順序顛倒。

⑤壹258+⑤壹198+⑤貳182背

☑□□辤曰☑
☑益陽行丞☑
☑□鄉鄉鄉☑

⑥46+⑤壹
200正

☑審/四月壬寅［朔］
☑□□☑

⑥46+⑤壹
200背

☑□☑
☑□☑

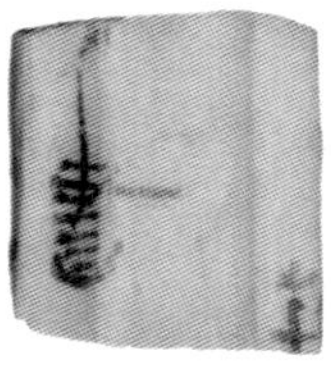

⑤壹201

☑□林黑
☑林黑

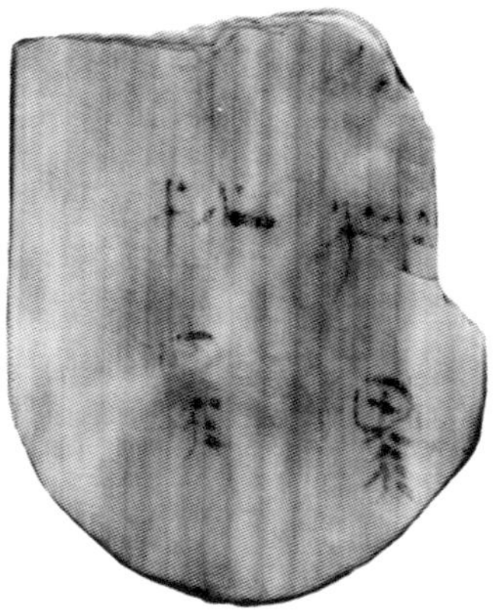

⑤壹202

☑□☑

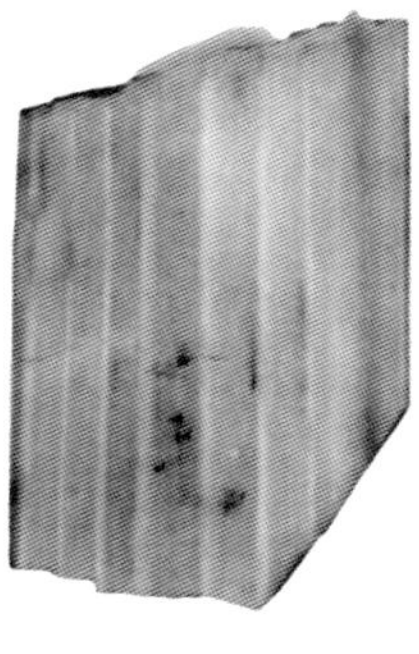

⑤壹203正

☑□☑

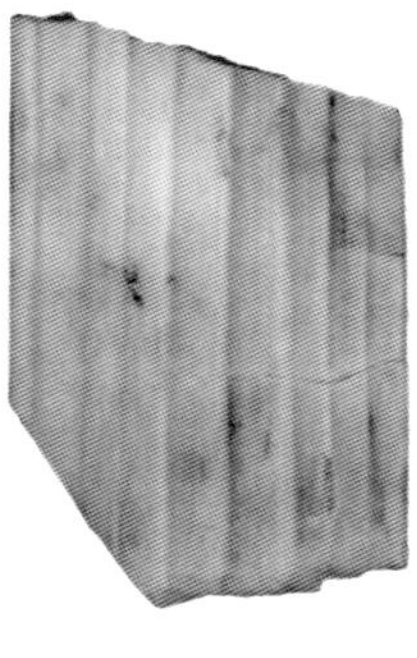

⑤壹203背

☑□［丞］梁敢☑
☑□□□□☑

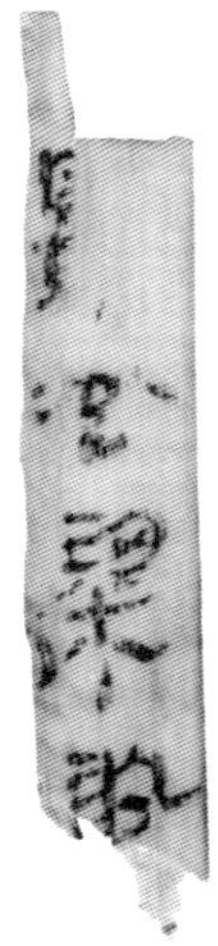

⑤壹204正

☑年 七月 七月☑

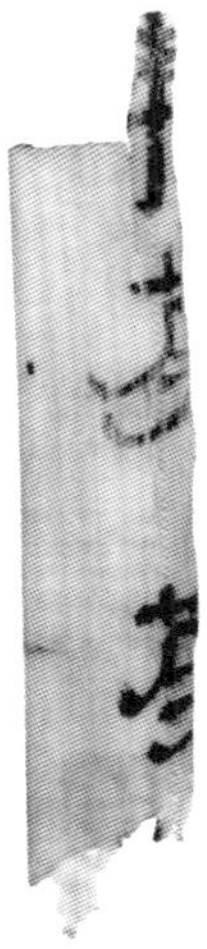

⑤壹204背

☑□□賤畜□☑
☑□□□□☑
☑□□□☑

⑤壹323+⑤壹266+
⑤壹205

☑七月□□☑

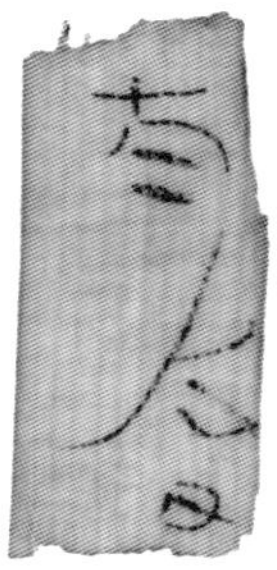

⑤壹206正

☑者□☑

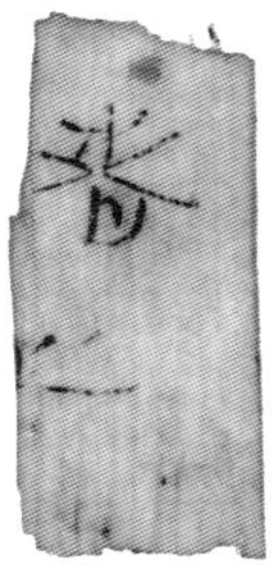

⑤壹206背

廷倉曹☑

⑤壹208+⑤壹381+
⑤壹382

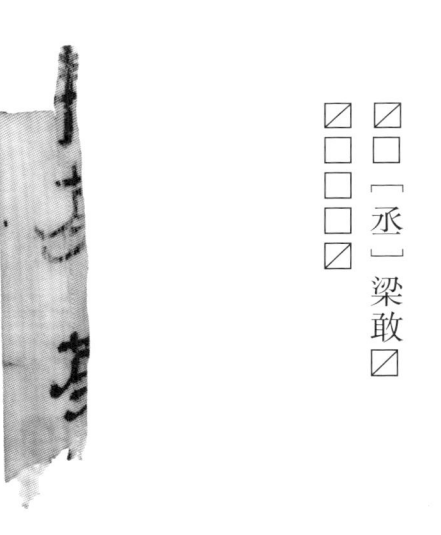

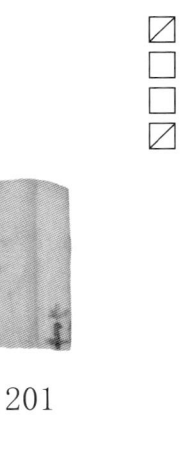

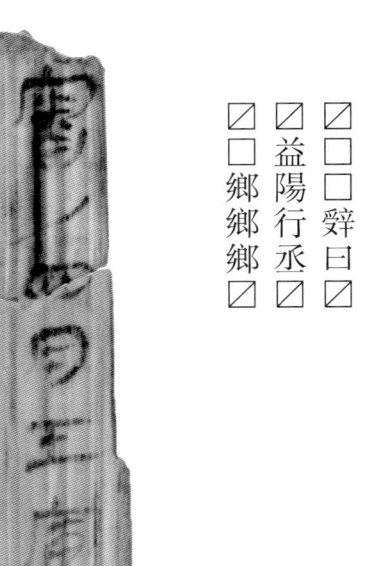

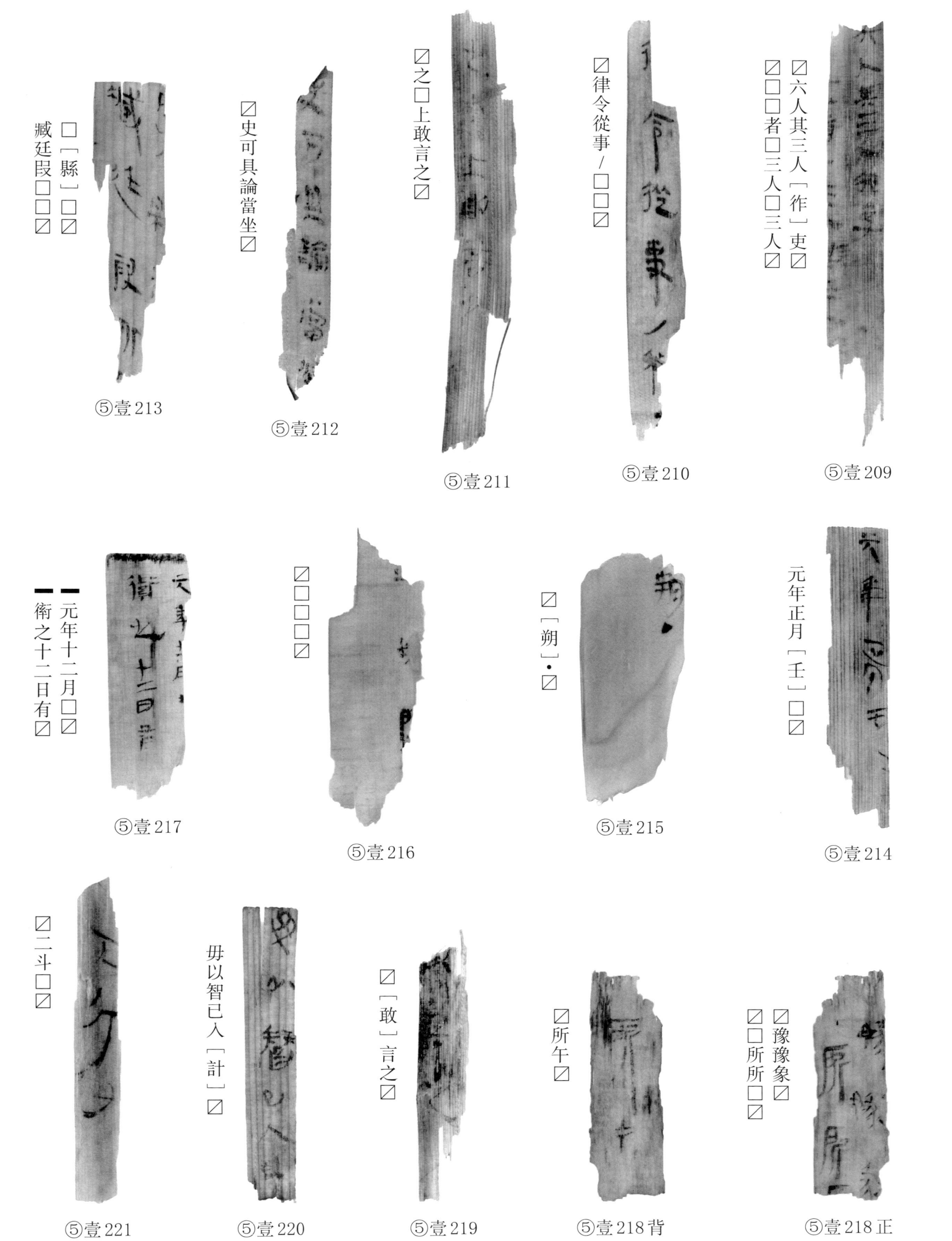

☐六人其三人［作］吏☐
☐□□者□三人□三人☐

⑤壹209

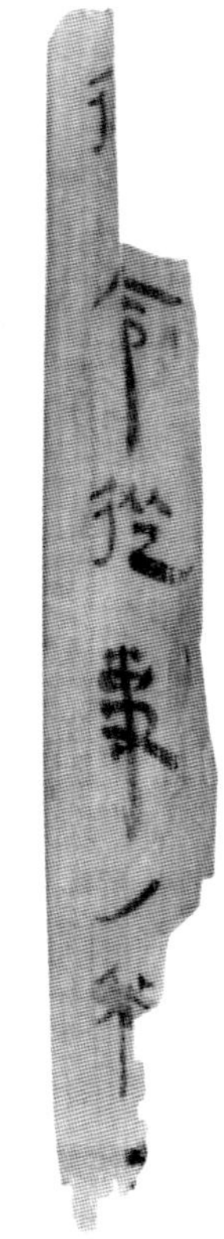

☐律令從事/□□☐

⑤壹210

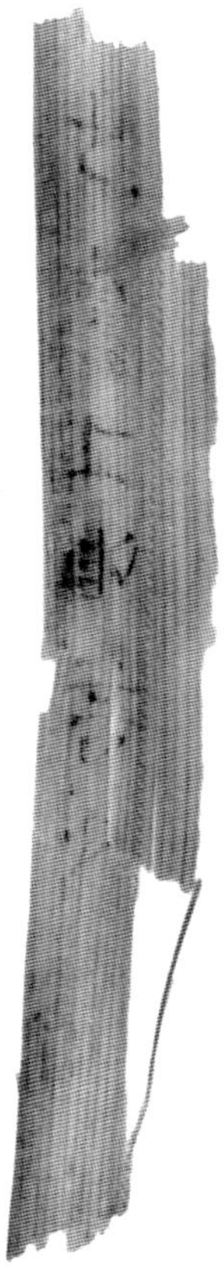

☐之□上敢言之☐

⑤壹211

☐史可具論當坐☐

⑤壹212

□［縣］□☐
臧廷叚□□☐

⑤壹213

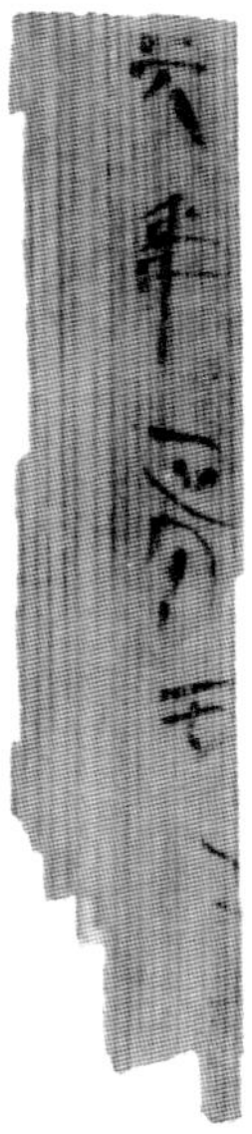

元年正月［壬］□☐

⑤壹214

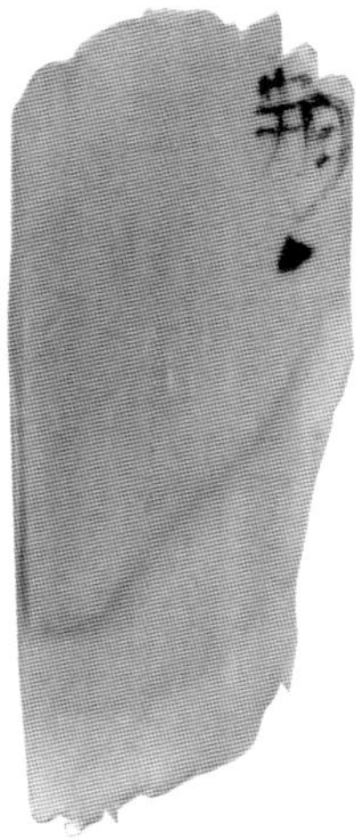

☐［朔］·☐

⑤壹215

☐□□□☐

⑤壹216

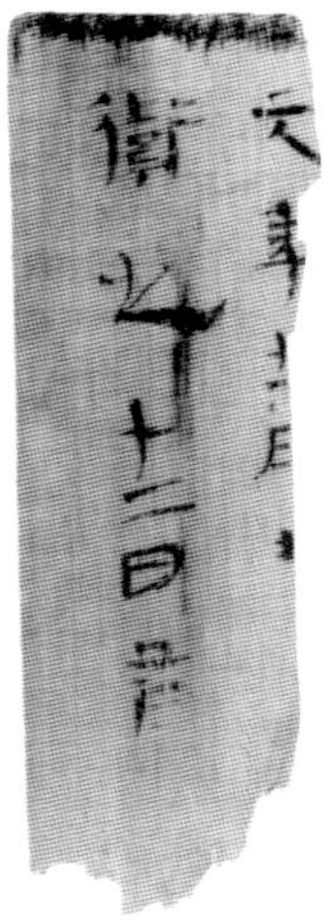

▬元年十二月□☐
▬衛之十二日有☐

⑤壹217

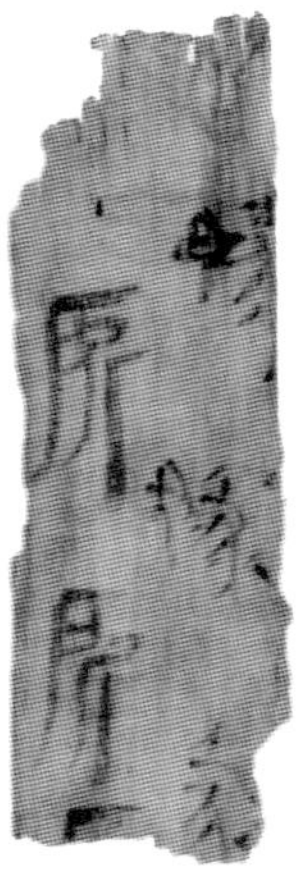

☐豫豫象☐
☐□所所□☐

⑤壹218正

☐所午☐

⑤壹218背

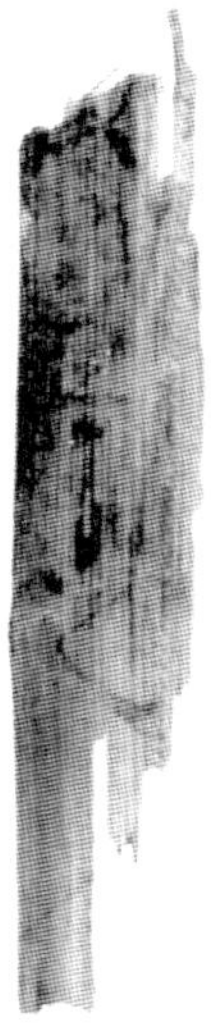

☐［敢］言之☐

⑤壹219

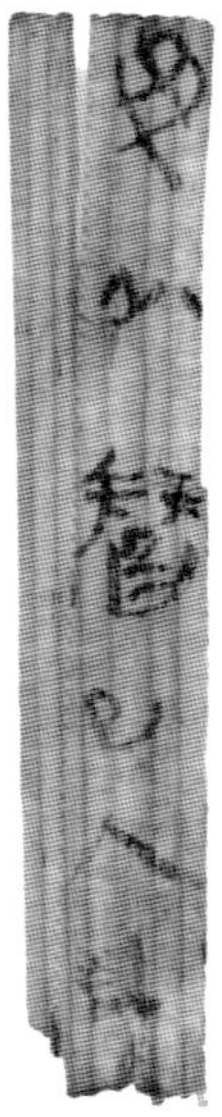

毋以智已入［計］☐

⑤壹220

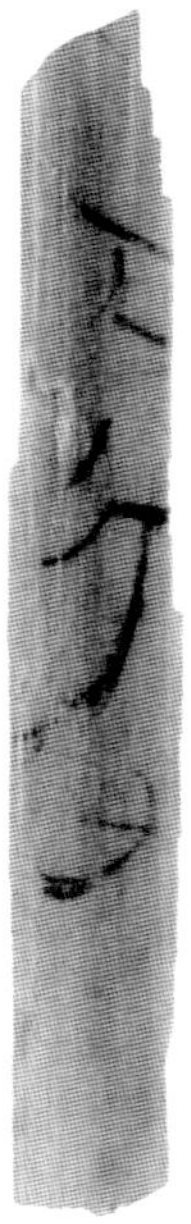

☐二斗□☐

⑤壹221

☒言之　☒

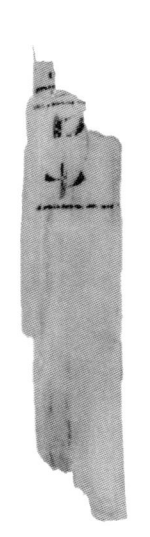

⑤壹222

☒☐九十［石］☒

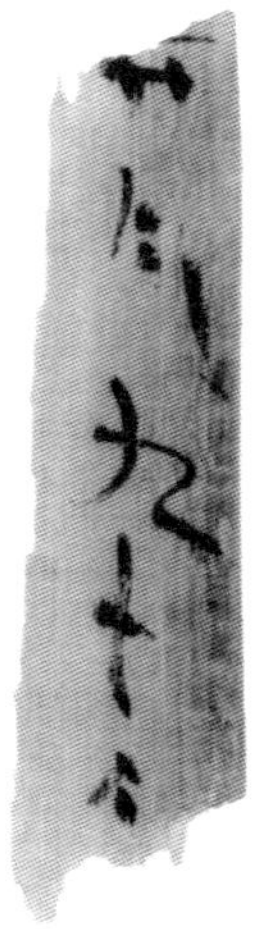

⑤壹223

元年［一］月癸☒

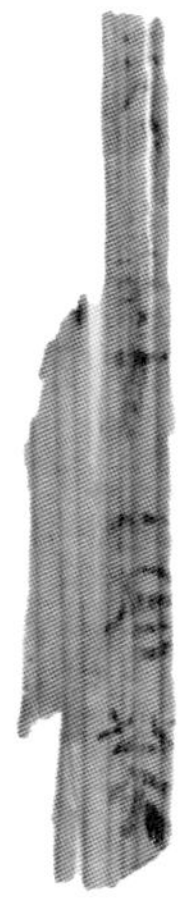

⑤壹224

☒［年］庚辰☒

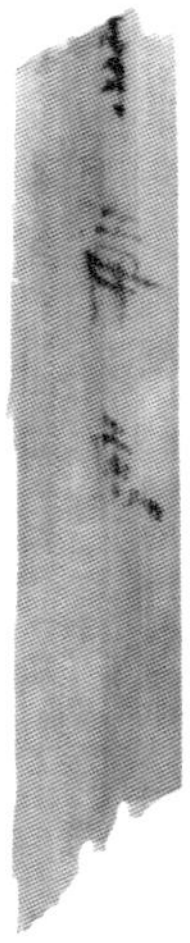

⑤壹225

☒年正月☒

⑤壹226

☒七月癸巳☒

⑤壹227

安☒

⑤壹228

☒有舍☒
☒［如］律令☒

⑤壹229

☒（圖案）☒

⑤壹230+
⑤壹238

☒（圖案）☒

⑤壹231

☒☐戊戌益陽☒
☒☐小不更有自［言］☒

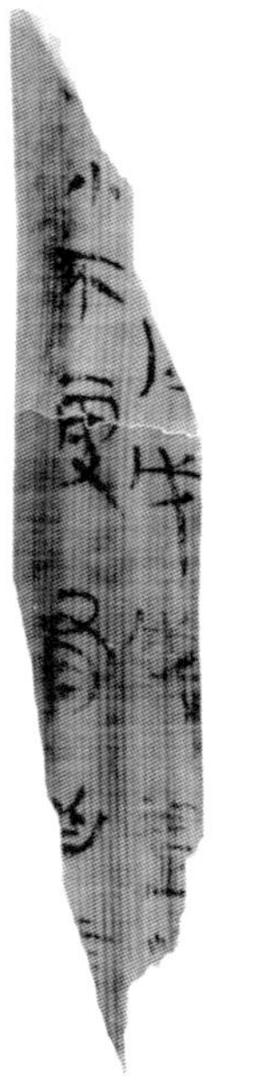

⑤壹342+
⑤壹232

☒☐以下七十五☐☒

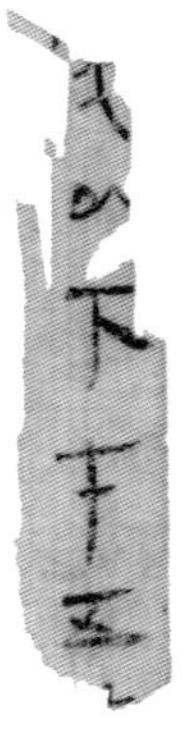

⑤壹233

☒☐☐☒

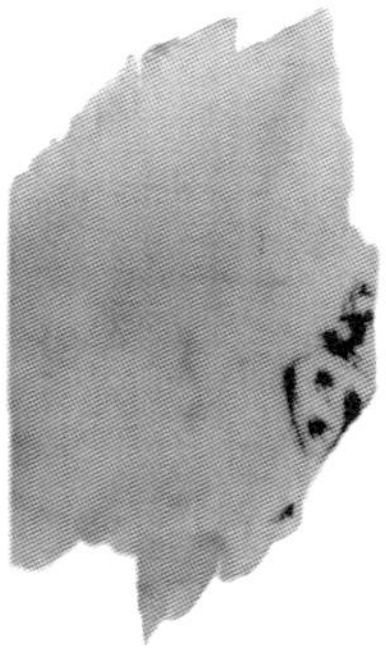

⑤壹234

☒弗　☒
☒☐　☒

⑤壹235

☒舍☒

⑤壹236

☑□發☑

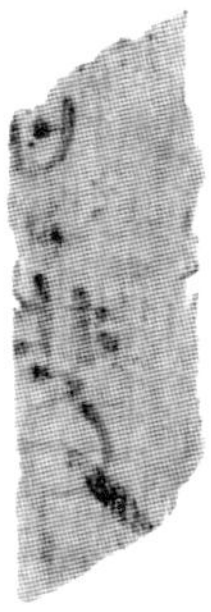

⑤壹237

☑□告尉鄉☑

⑤壹239

☑　□☑

⑤壹240

☑□留/□☑

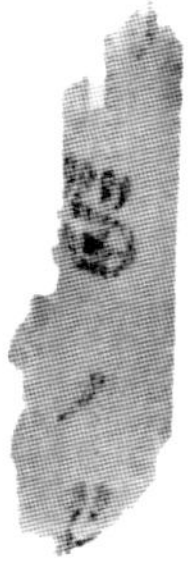

⑤壹241

☑　/☑

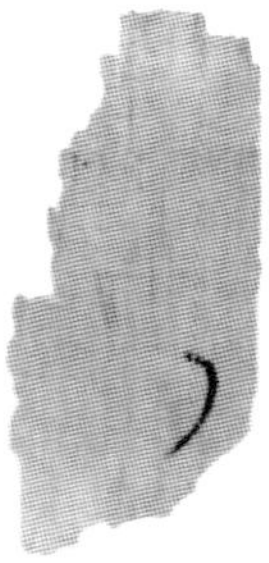

⑤壹242

☑（圖案）☑

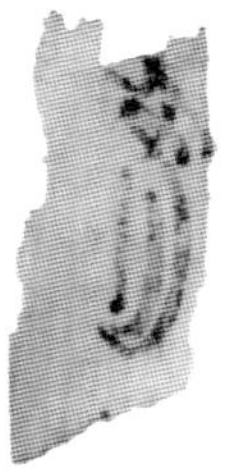

⑤壹243

☑□□□☑

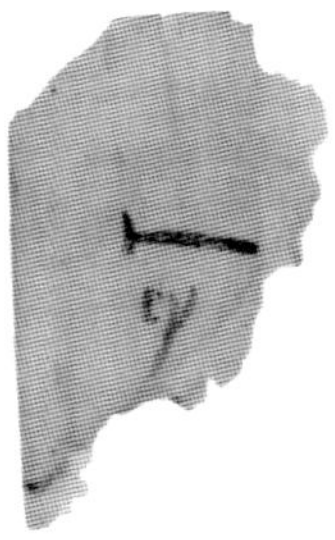

⑤壹244

☑乙酉☑

⑤壹245

☑（圖案）☑

⑤壹246

☑陽敢言☑

⑤壹247

☑七十六箕☑

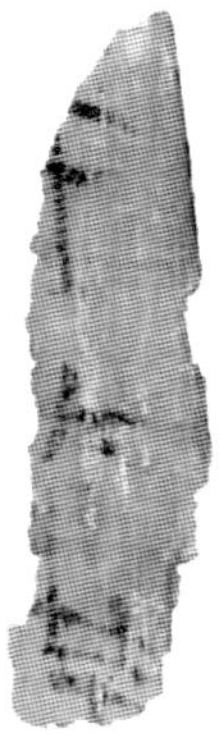

⑤壹248

☑［益］陽丞得☑

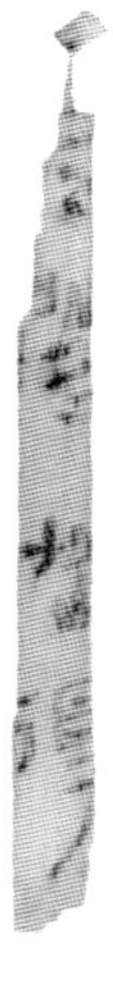

⑤壹249

☑……☑
☑□□□□□☑

⑤壹250

☑□士五六十二皆爲晥☑
☑士六十五公卒以下六十☑

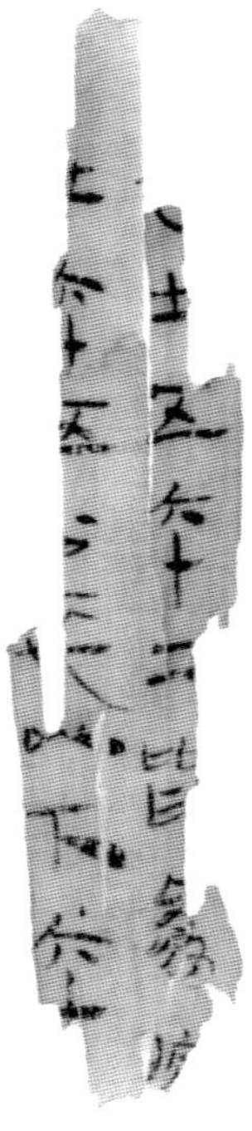

⑤壹251+
⑤壹344

☑□☑

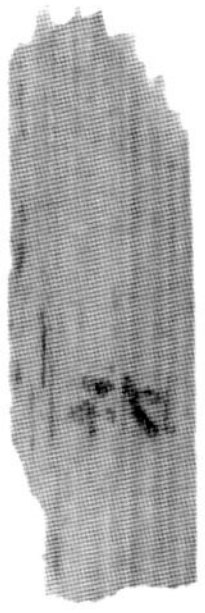

⑤壹252

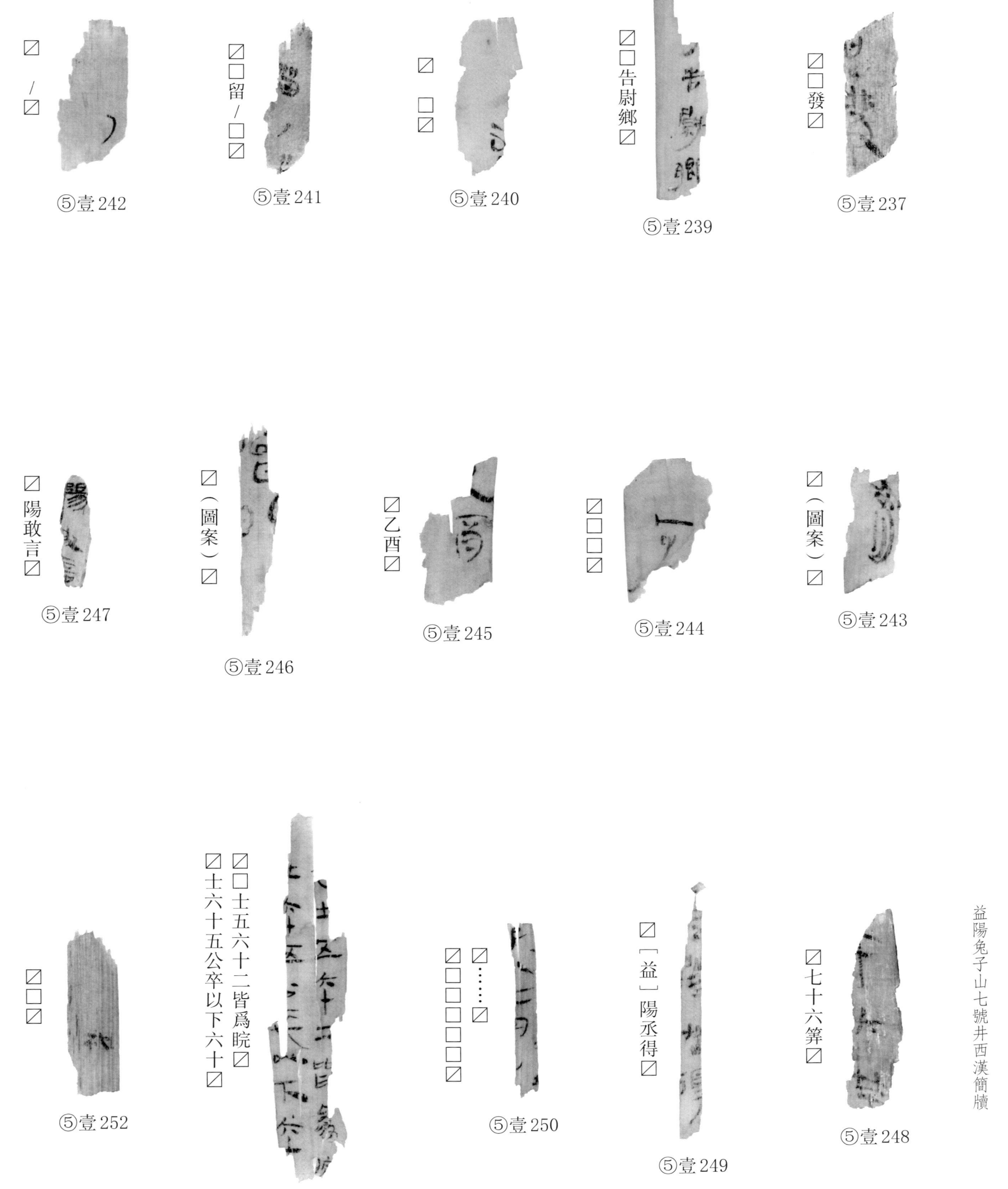

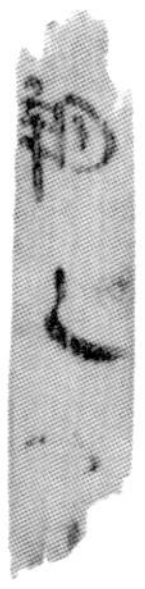
⍁朔乙□⍁

⑤壹253

⍁□令□⍁

⑤壹254

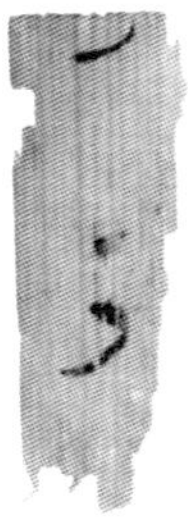
⍁□□⍁

⑤壹255

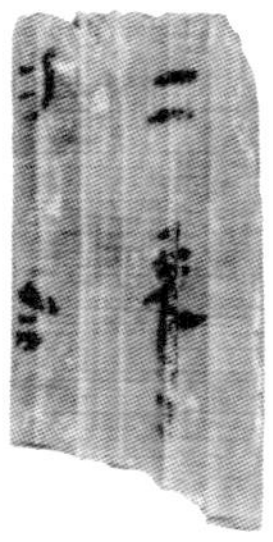
二年⍁
曰令⍁

⑤壹257正

□□⍁
□□□⍁

⑤壹257背

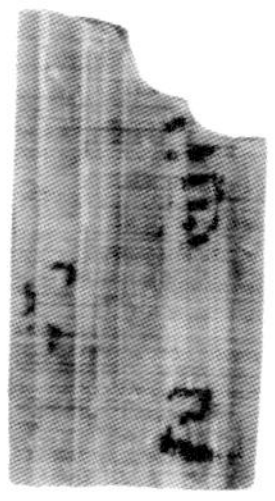
⍁□月己⍁
⍁□⍁

⑤壹259正

⍁□□⍁
⍁□□⍁

⑤壹259背

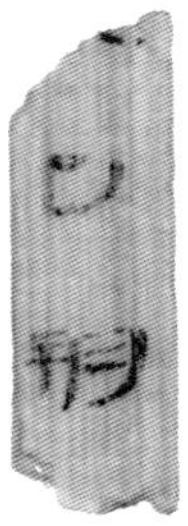
⍁□巳朔⍁

⑤壹263

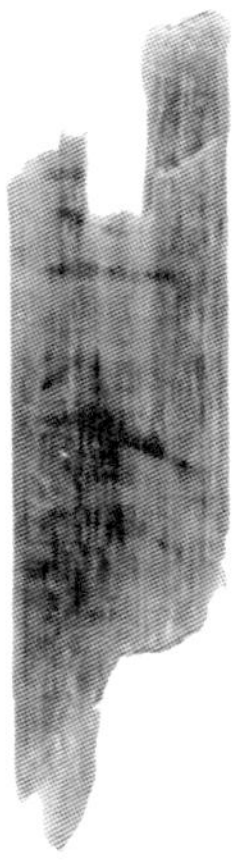
⍁［五］年⍁

⑤壹264正

⍁□□⍁

說明：正背面書寫順序顛倒。

⑤壹264背

⍁益陽⍁

⑤壹265

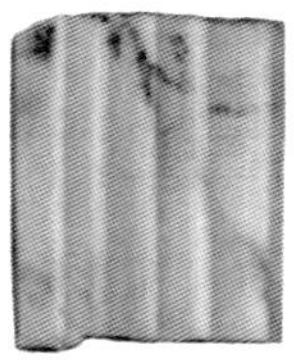
⍁□⍁

⑤壹267正

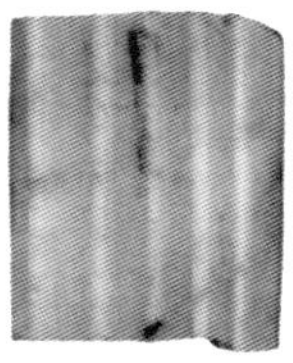
⍁□□

⑤壹267背

⍁□⍁
⍁□⍁

⑤壹268

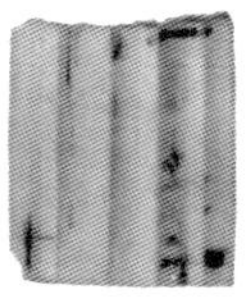
⍁□□⍁

⑤壹269

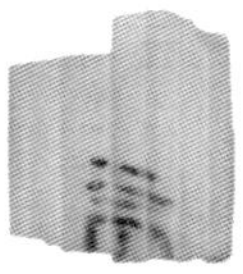
⍁益⍁

⑤壹270正

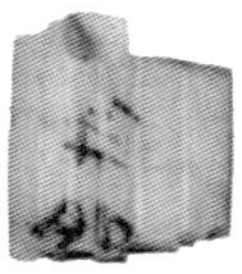
⍁□□⍁

⑤壹270背

⍁門淺⍁

⑤壹271

⍁（圖案）⍁

⑤壹272

⍁［千］二百⍁

⑤壹273

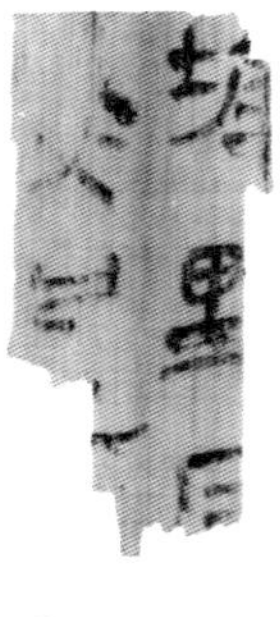
⍁坑里户⍁
⍁［妻］曰□⍁

⑤壹274

⍁五升⍁

⑤壹275

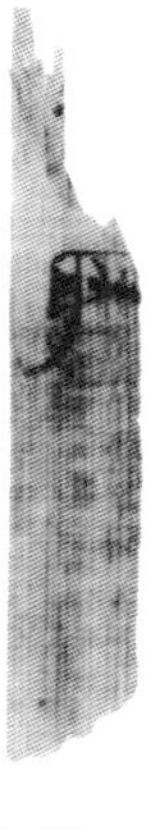
⍁□□⍁

⑤壹276

⍁□□□⍁

⑤壹277

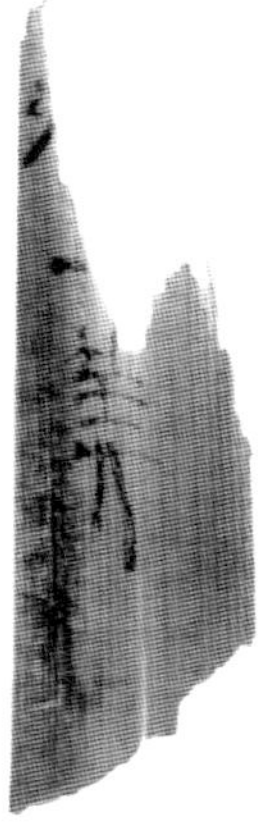
☒□一箅☒
⑤壹278

☒□☒
☒□丁卯☒
⑤壹279

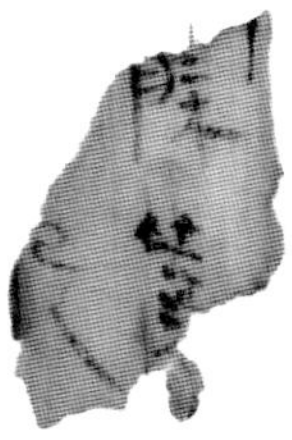
☒除等☒
☒□□☒
⑤壹280

☒從事/□☒
⑤壹281

☒［南里］☒
☒□□☒
⑤壹282

☒□食冗□☒
☒□□□☒
⑤壹283

☒□□☒
⑤壹284

☒［尉］☒
☒□□☒
⑤壹285

一百十四石五斗☒
⑤壹286

☒［罰］□☒
⑤壹287

☒内☒
⑤壹288

☒尉☒
⑤壹289

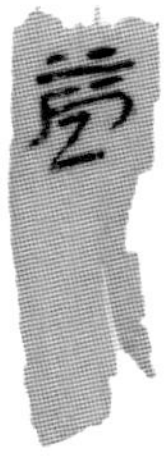
☒益☒
⑤壹290

☒丞☒
⑤壹291

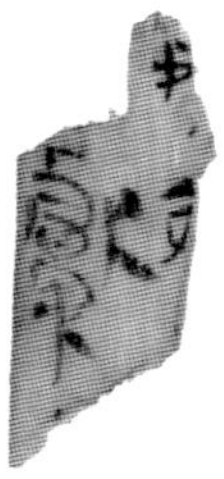
☒□□☒
☒獻☒
⑤壹292

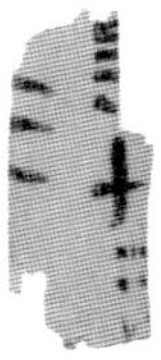
☒□十二□☒
☒□☒
⑤壹293

☒蒼手☒
⑤壹294

☒［庫］□☒
⑤壹295

☒史 ☒
⑤壹296

☒［詣］□☒
⑤壹297

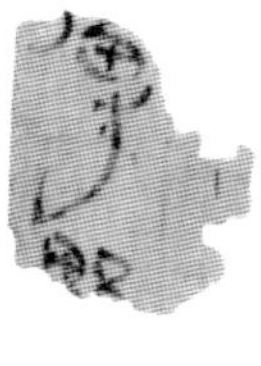
☒［傳］□☒
⑤壹298

☒□言☒
⑤壹299

☒□□☒
⑤壹300

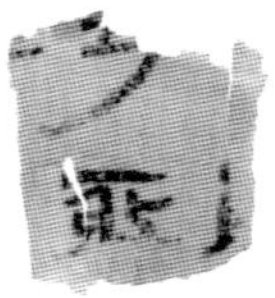
☒□☒
☒□丞☒
⑤壹313+
⑤壹301

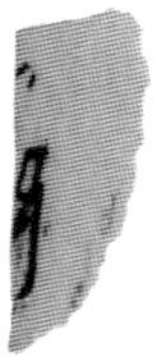
☒□□☒
⑤壹302

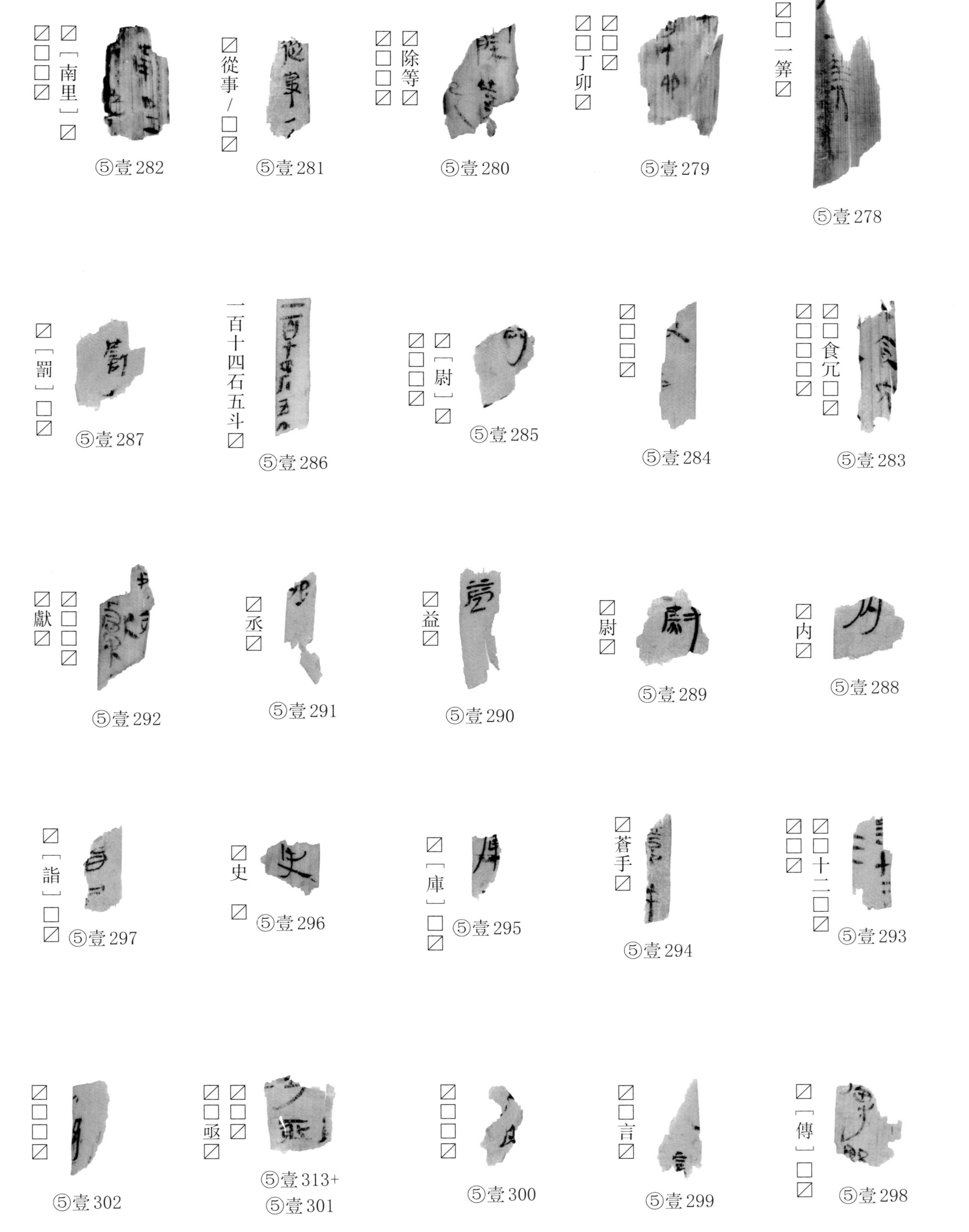

☒敬☒

⑤壹303

☒□☒ ☒□☒

⑤壹304

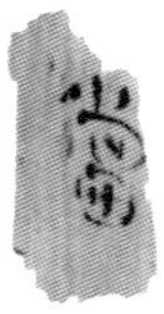
☒當☒

⑤壹305

☒□□☒

⑤壹306

☒□□□□☒ ☒……☒

⑤壹307

☒即☒ ☒［丞］啟☒

⑤壹308

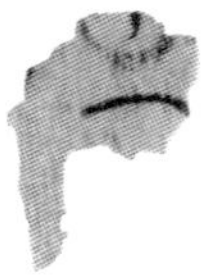
☒□□☒

⑤壹309

☒［陽］☒

⑤壹310

☒□一□☒

⑤壹311

☒［史］☒

⑤壹312

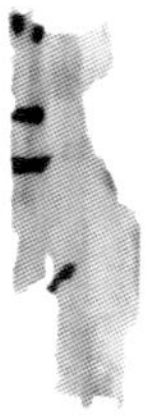
☒□□□☒

⑤壹314

☒□☒

⑤壹315

☒□☒

⑤壹316

☒年［二］

⑤壹317

☒□☒ ☒□☒

⑤壹318

☒□六☒

⑤壹319

☒一束荊

⑤壹320正

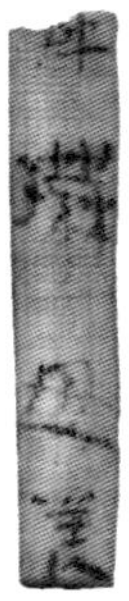
☒拜撫毋［養］

⑤壹320背

☒謂父☒

⑤壹321正

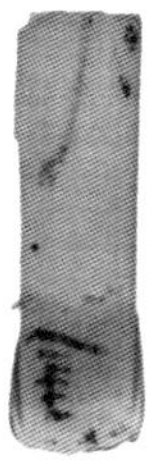
☒□金☒

⑤壹321背

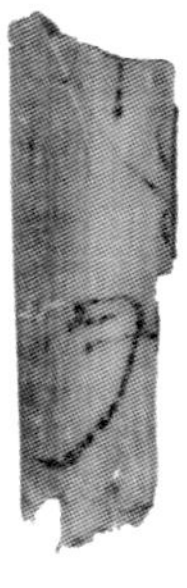
☒□□□☒

⑤壹322正

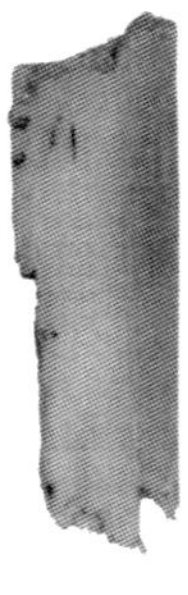
☒□□□☒

⑤壹322背

☒陽☒

⑤壹326正

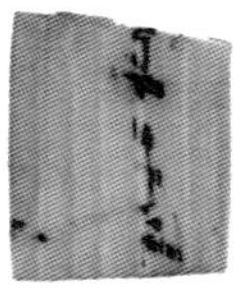
☒［至］□☒

說明：正背面書寫顛倒。

⑤壹326背

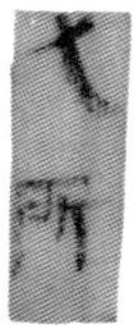
☒□所☒

⑤壹327

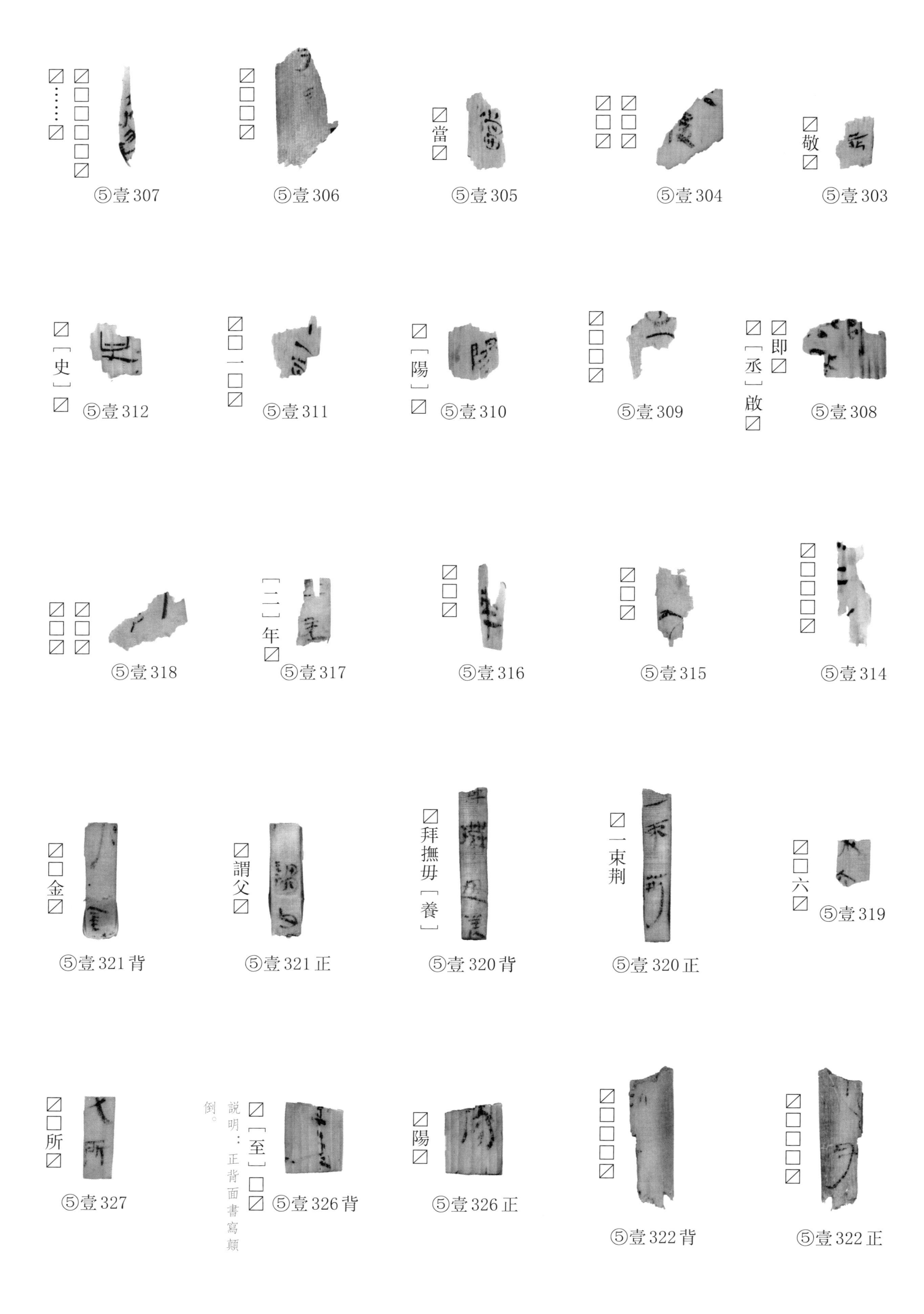

七九六十［三］　二九十八　三八廿四　三七廿一　［二六十二］　［三四十二］☒
［六］九五［十］四　八〓六十四　二八十六　二七十四　五〓廿五　二四而八☒
［五］九卌［五］　七八五十六　七〓卌九　六〓卅六　四五廿　三〓而九☒
六八卌八　六七卌二　五六卅　三五十五　二參而六☒

⑤壹328+
⑤貳27+
⑦41正

［二］〓而［四］☒
［一］〓而［二］☒
［二半而一］☒

⑤壹328+
⑤貳27+
⑦41背

☒□☒
☒書☒

⑤壹329

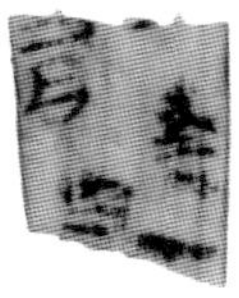

☒□書☒
☒□月史☒

⑤壹330正

☒□以☒
☒事☒

⑤壹330背

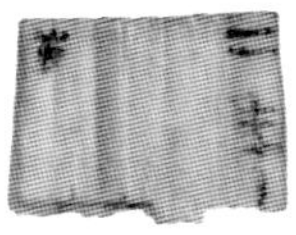

二年☒
□☒☒

⑤壹331

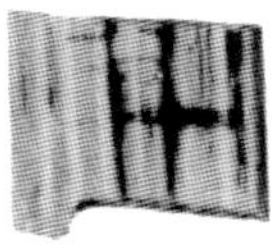

☒□☒

⑤壹332

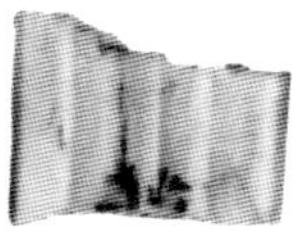

☒□☒

⑤壹333正

☒□☒

⑤壹333背

☒□令☒

⑤壹334正

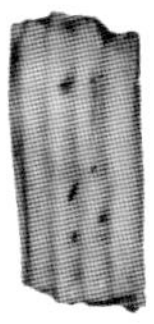

☒□□☒

⑤壹334背

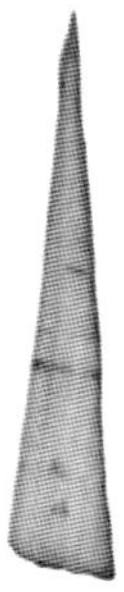

☒□□☒

⑤壹335正

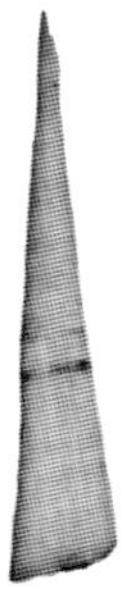

☒□☒

⑤壹335背

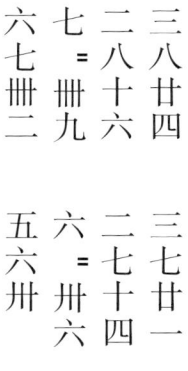

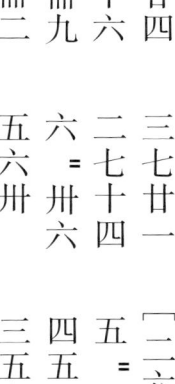

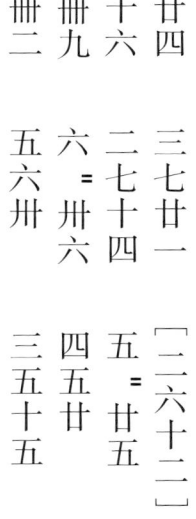

⧄□□⧄
⑤壹336正

⧄□□□□⧄
⑤壹336背

⧄［百］⧄
⑤壹337

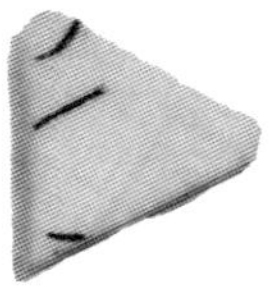
⧄□⧄
⧄□⧄
⑤壹338正

⧄□⧄
⑤壹338背

⧄□□⧄
⧄何□⧄
⑤壹339正

⧄［遠］□⧄
⑤壹339背

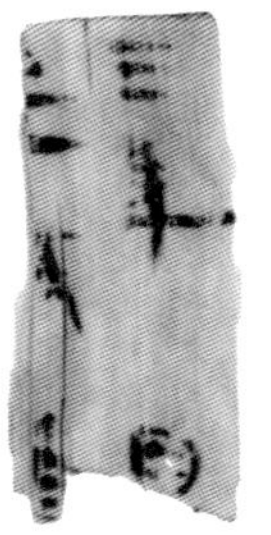
三年［月］⧄
□□□⧄
⑤壹340

⧄□實⧄
⧄□⧄
⑤壹341

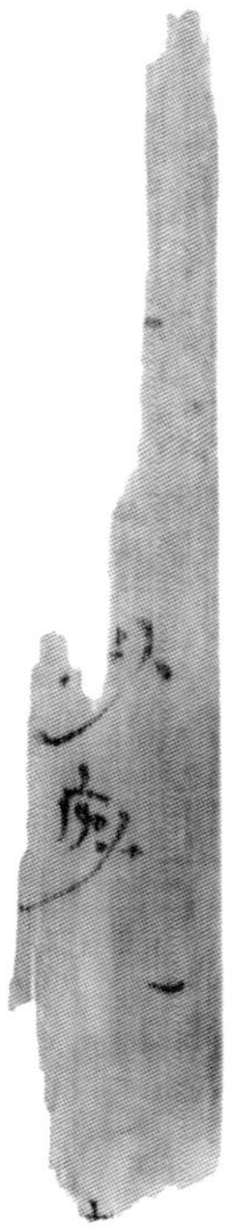
⧄□府府□□⧄
⑤壹343

⧄司空⧄
⧄□佐⧄
⑤壹345

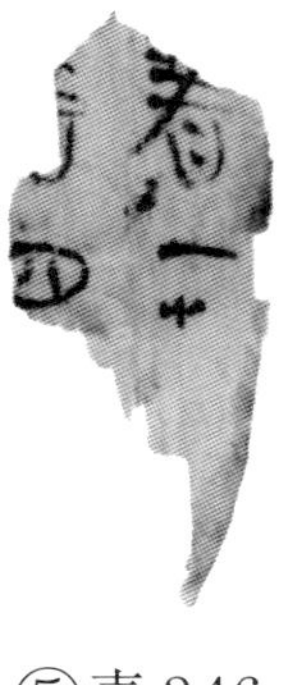
⧄書一□⧄
⧄［書］四⧄
⑤壹346

⧄□□⧄
⧄萬五⧄
⧄□□⧄
⑤壹347

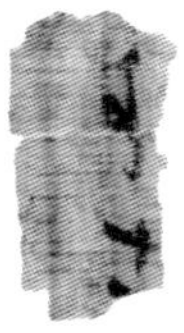
⧄□□⧄
⑤壹348

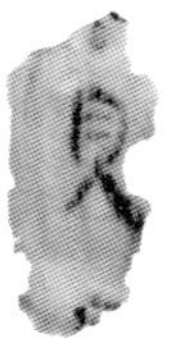
⧄□見□⧄
⑤壹349

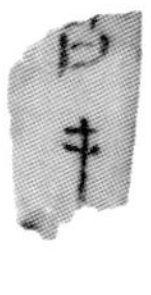
⧄□手⧄
⑤壹350

⧄□□⧄
⑤壹351

⧄縣⧄
⧄□⧄
⑤壹352

⧄□⧄
⑤壹353

⧄□⧄
⑤壹354

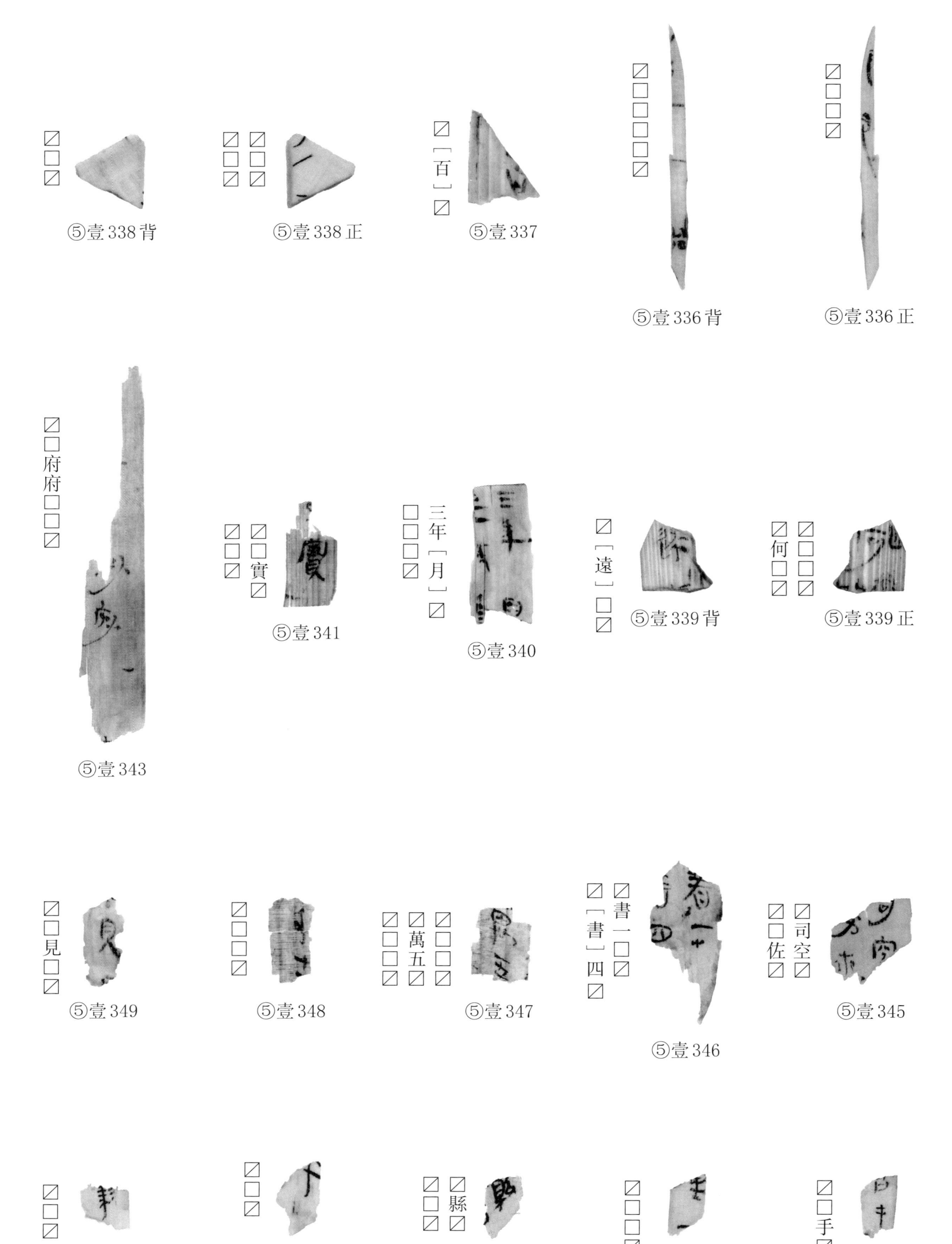

⧄□⧄

⑤壹355

⧄□⧄

⑤壹356

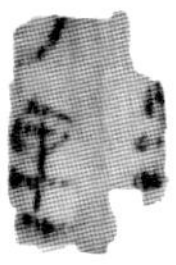

⧄□⧄

⧄□里⧄

⑤壹357

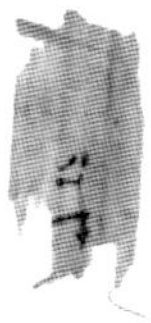

⧄□□⧄

⑤壹358

⧄書⧄

⑤壹359

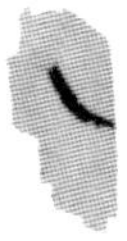

⧄□⧄

⑤壹360

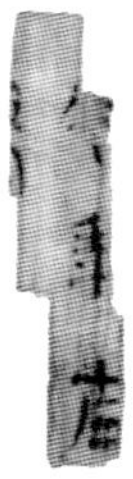

□年七月⧄

□⧄

⑤壹361

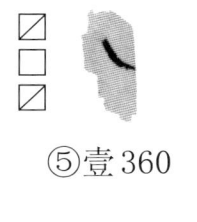

⧄□□⧄

⑤壹362

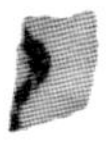

⧄□⧄

⑤壹363

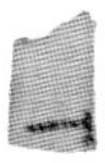

⧄□⧄

⑤壹364

⧄［廿石］⧄

⑤壹365

⧄□⧄

⧄□□⧄

⑤壹366

⧄□⧄

⑤壹367

⧄□⧄

⑤壹368

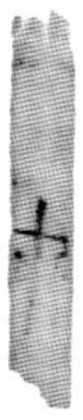

⧄□［它］⧄

⑤壹369

⧄獻⧄

⑤壹370

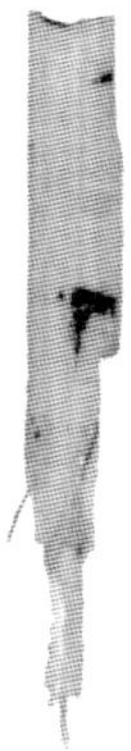

⧄□□⧄

⑤壹371

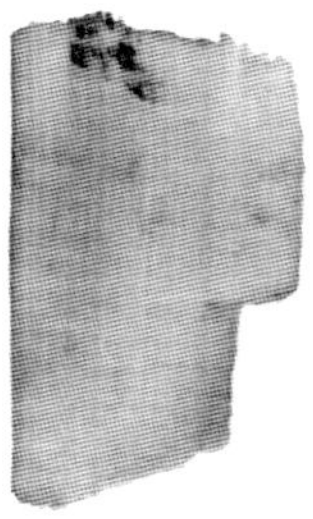

⧄□⧄

⑤壹372

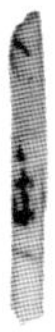

⧄□□⧄

⑤壹373

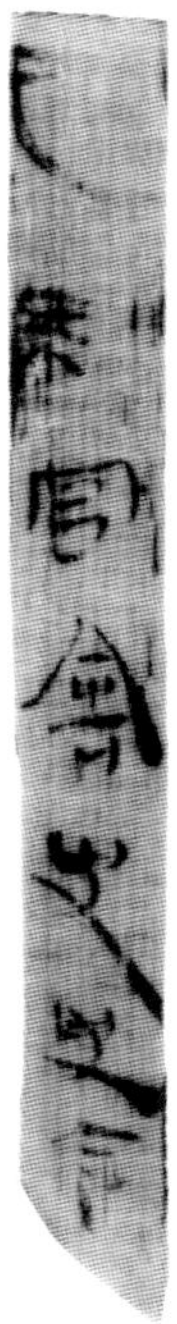

⧄□□官舍史史令⧄

⑤壹374

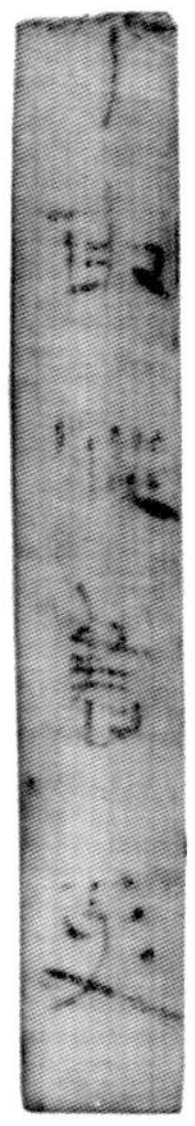

⧄□敢牒書吏

⑤壹375正

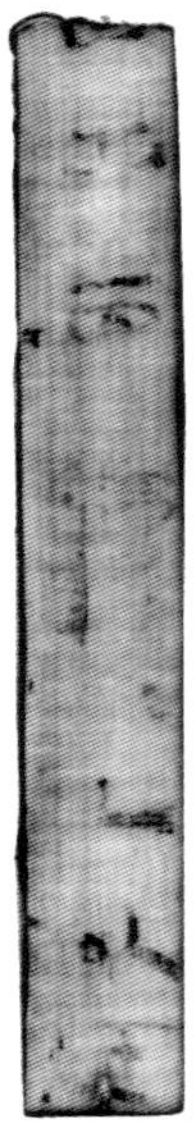

⧄□出丙□以乙以□

⑤壹375背

鄉鄉⧄
□□□⧄

⑤壹376正

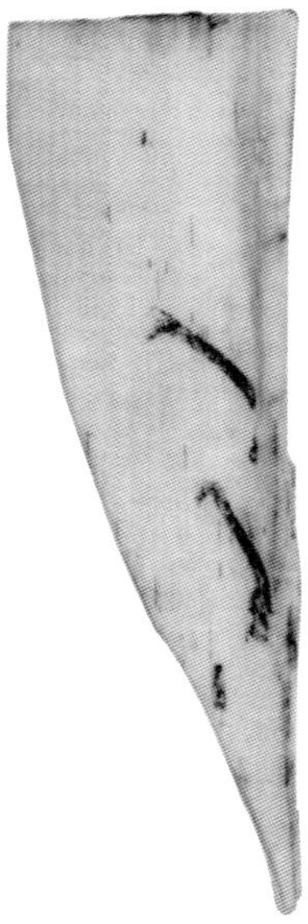

⧄□□□⧄

說明：正背面書寫順序顛倒。

⑤壹376背

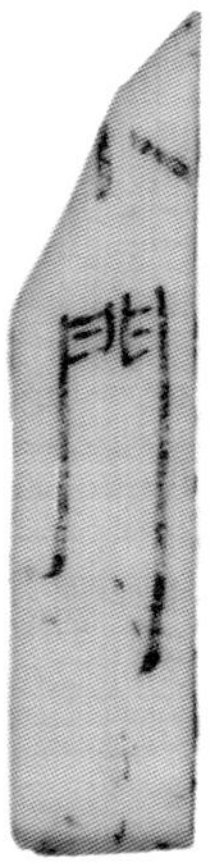

⧄□門

⑤壹377正

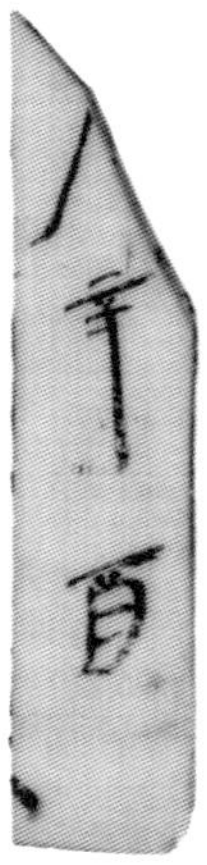

⧄□辛酉

⑤壹377背

⧄□有□⧄
⧄□　⧄

⑤壹378

⧄毋小史⧄
⧄小吏善以來⧄

⑤壹379正

⧄□責⧄

⑤壹379背

⧄□□賤　⧄

⑤壹380

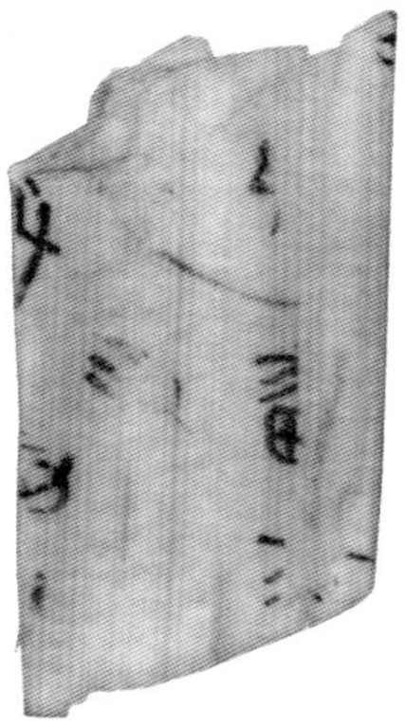

⧄□鄉啬夫⧄
⧄□□　⧄
⧄□□□⧄

⑤壹383正

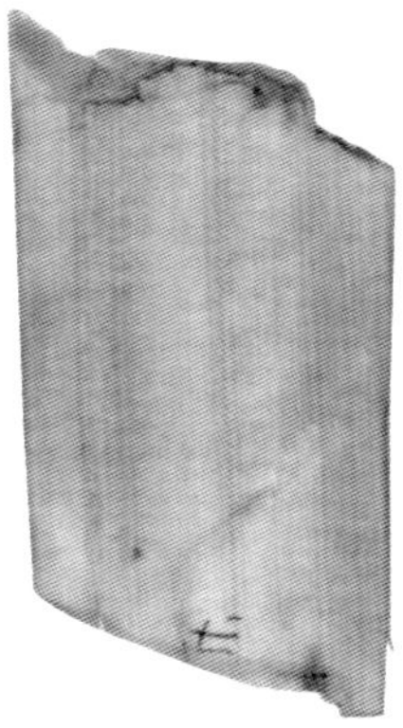

⧄□⧄

說明：正背面書寫順序顛倒。

⑤壹383背

⧄［辰］辰

⑤壹384

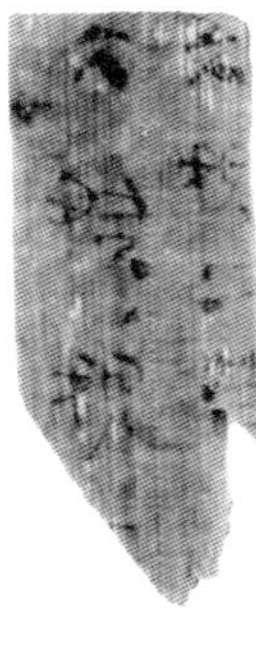

大婢二□⧄
大奴婢□⧄

⑤壹385

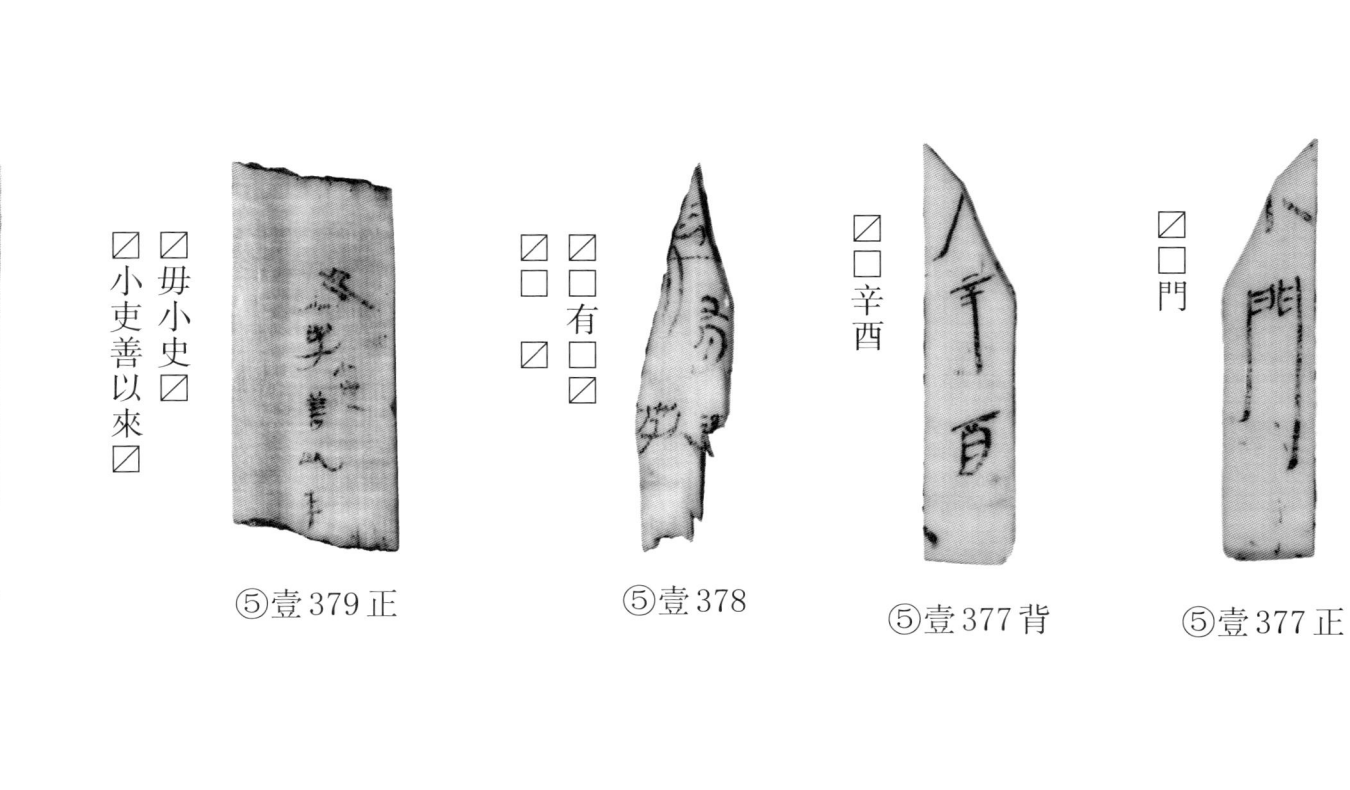

☒［書］莊里∠婦☒
☒　元年□□☒

⑤壹388

賤子僕善☒

⑤壹389

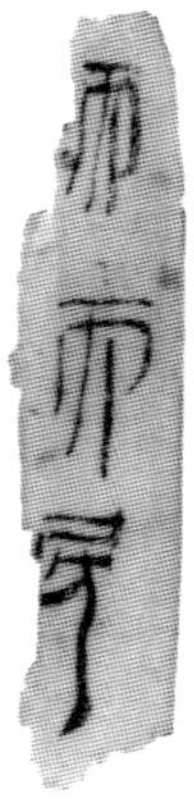

☒而而民☒

⑤壹390

☒□□☒
☒□亟遺勿留☒

⑤壹391

☒問伯無☒

⑤壹392

☒□□　☒
☒□奉［解］☒

⑤壹393

莊里寡婦□☒

⑤壹394

☒敬　☒

⑤壹395

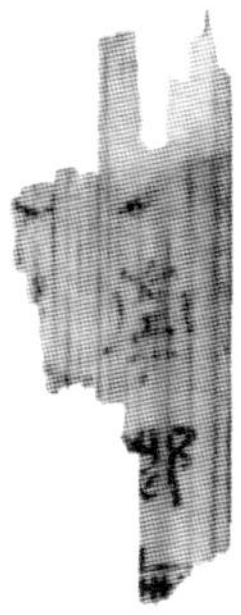

☒□南鄉□☒
☒□□□□

⑤壹396

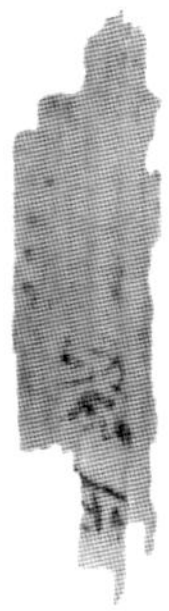

☒爲□☒

⑤壹397

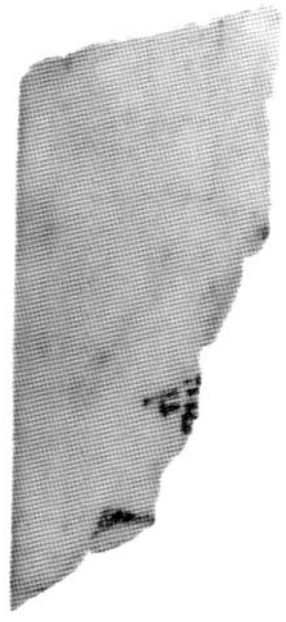

☒□☒
☒□☒
☒□☒

⑤壹398

☒□月禾稼☒
☒□□☒

⑤壹399

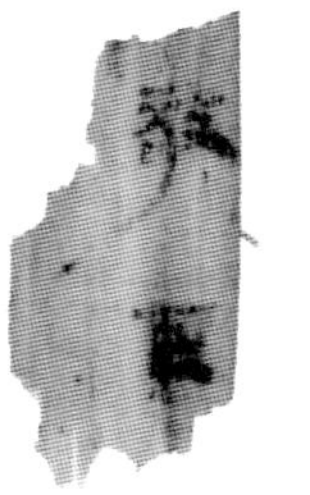

☒敬事☒

⑤壹400

☒□☒

⑤壹401

☒□□□☒
☒……☒

⑤壹402

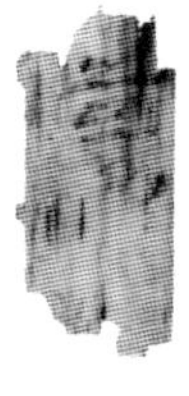

☒□☒

⑤壹403

☒走僕☒
☒□十二月庚☒

⑤壹404+
⑤壹406

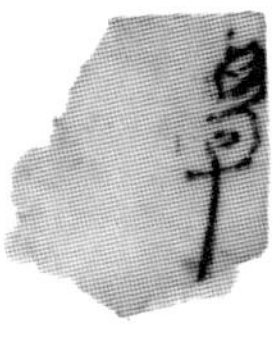

☒學☒

⑤壹405

☒夜☒

⑤壹407

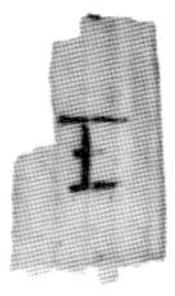

☒□壬☒

⑤壹408

⧄再□⧄

⑤壹409

⧄□⧄

⑤壹410

⧄□⧄

⑤壹411

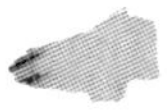

⧄□⧄

⑤壹412

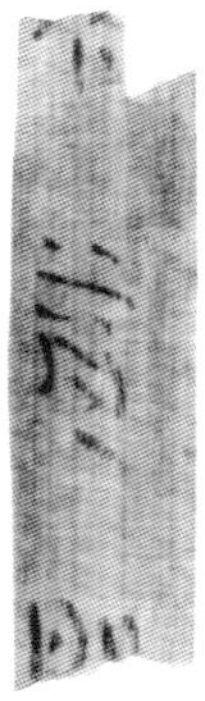

⧄□益陽⧄

⑤壹413

⧄□不給□□□卅日⧄

⑤壹414正

⧄□□ ⧄

⑤壹414背

⧄□何□ ⧄
⧄□□［曰］百 ⧄

⑤壹415

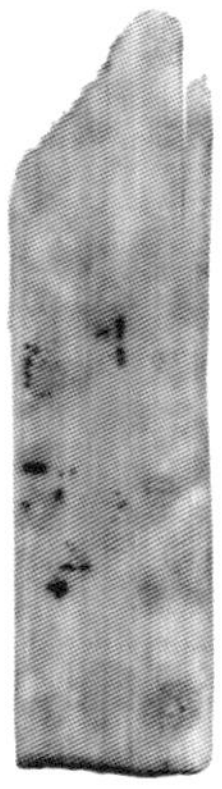

□□□⧄

⑤壹416

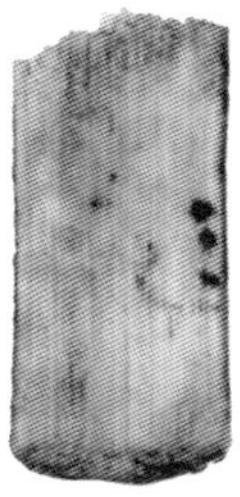

⧄□

⑤壹417

⧄辰辰辰辰辰辰辰辰辰⧄
⧄辰辰辰辰辰辰辰辰辰⧄

⑤貳2正

⧄辰辰辰辰辰辰 ⧄
⧄辰辰辰辰辰 ⧄

説明：疑與⑤壹384簡遥綴。

⑤貳2背

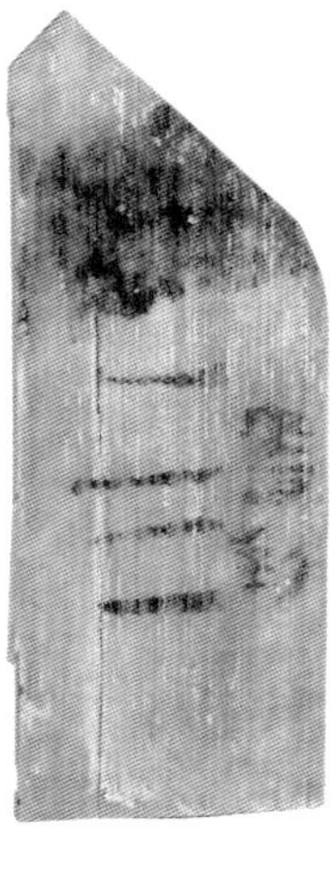

署到

説明：有墨團，四横道。

⑤貳3

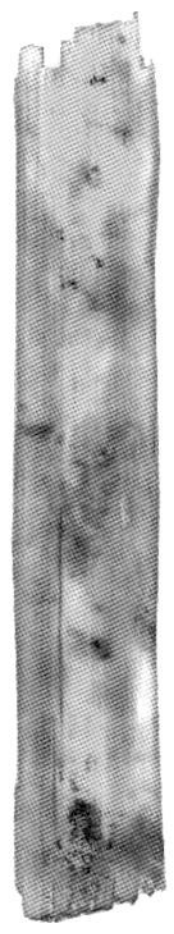

⧄□□□□⧄

⑤貳4

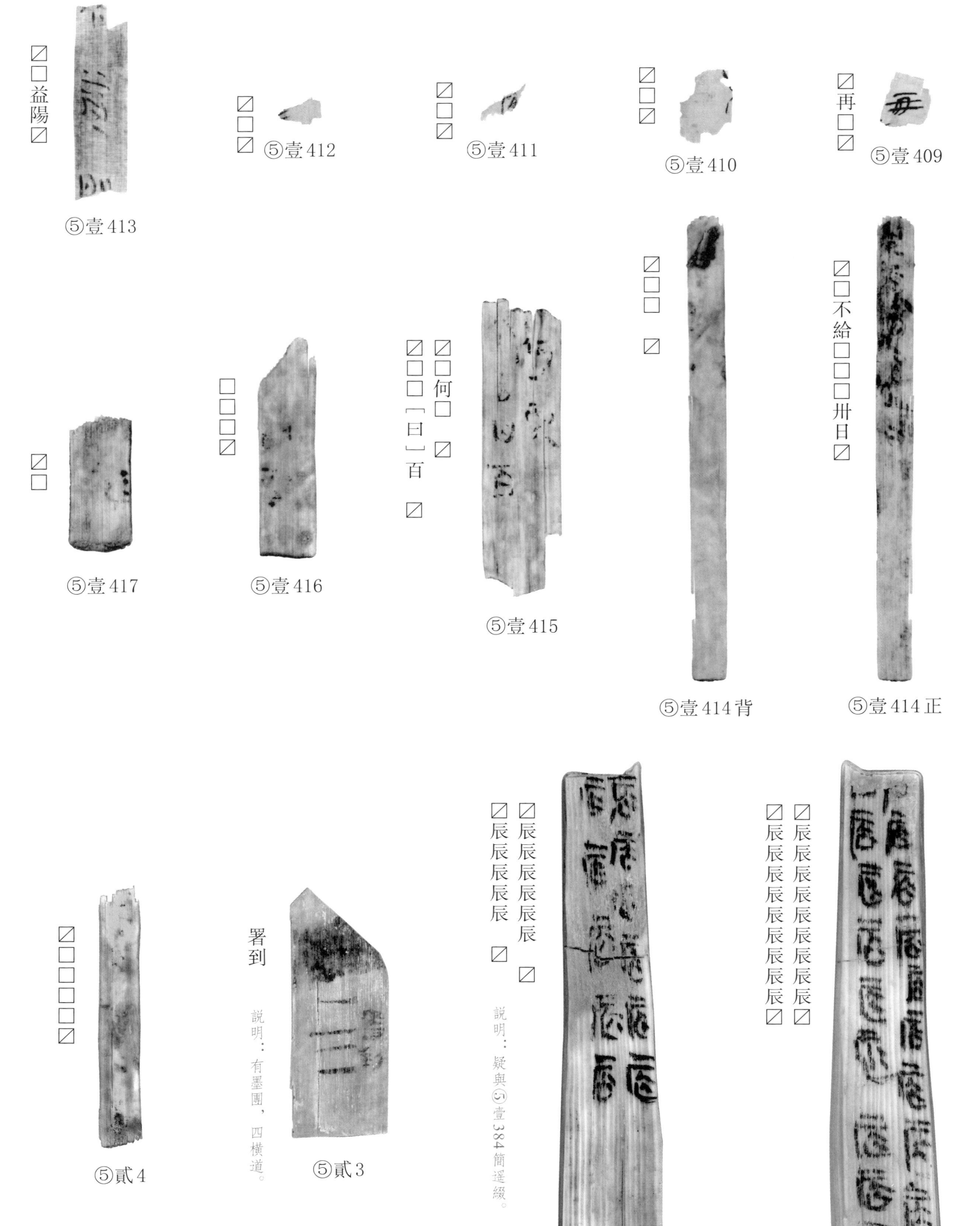

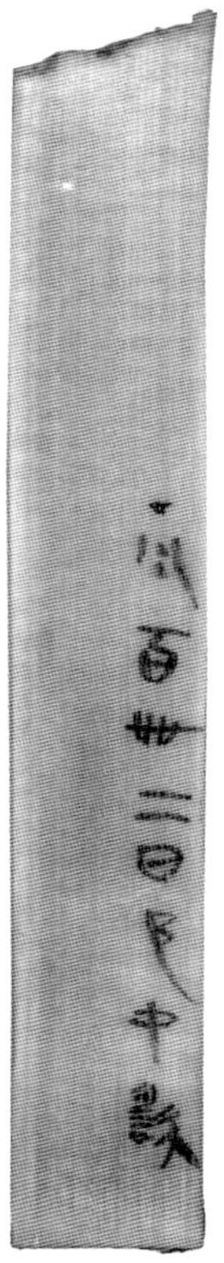
⊠　・凡百卌二日邑中繇
⑤貳5正

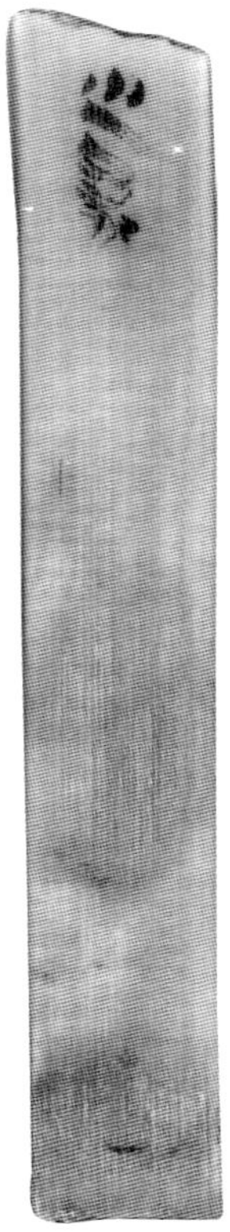
⊠嘉　□
⑤貳5背

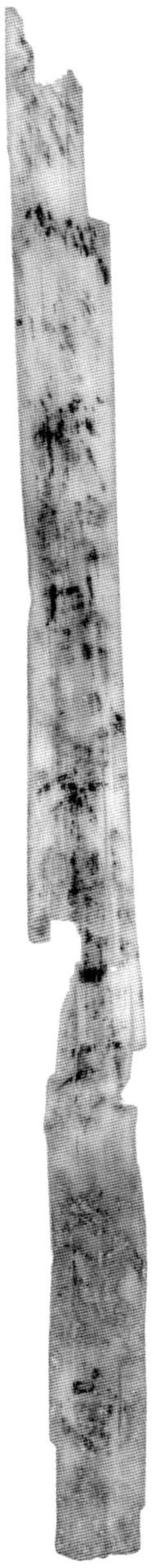
⊠……宮⊠
⑤貳7

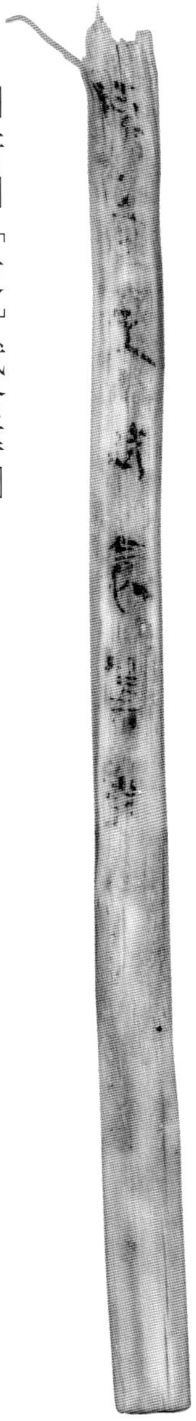
⊠所□〔吏〕賦食筭□
⑤貳10

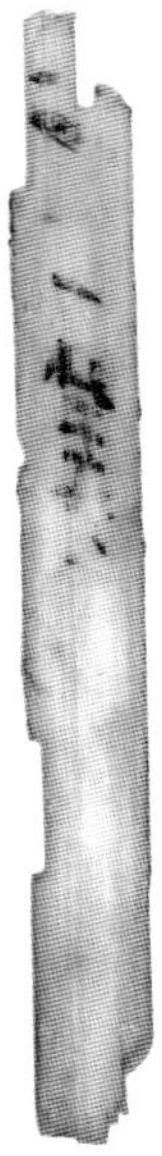
⊠□一筭　⊠
⑤貳11

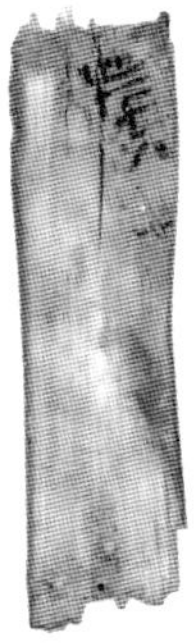
⊠□　⊠
⑤貳12

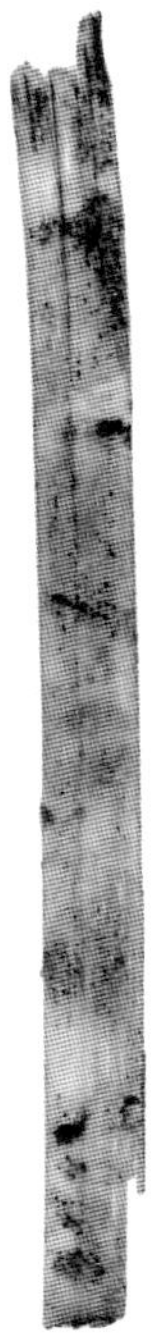
⊠……⊠
⑤貳13

▍大女客子徒下資書⊠
⑤貳15

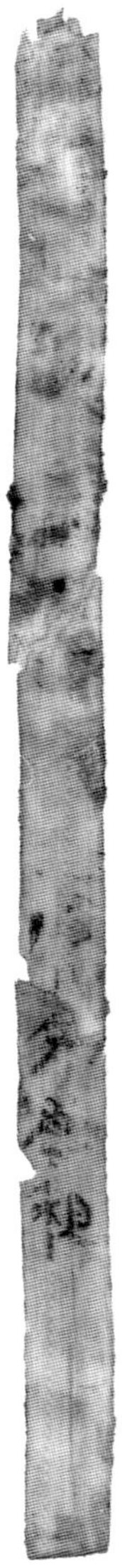
⊠……□〔及〕君租⊠
⑤貳16正

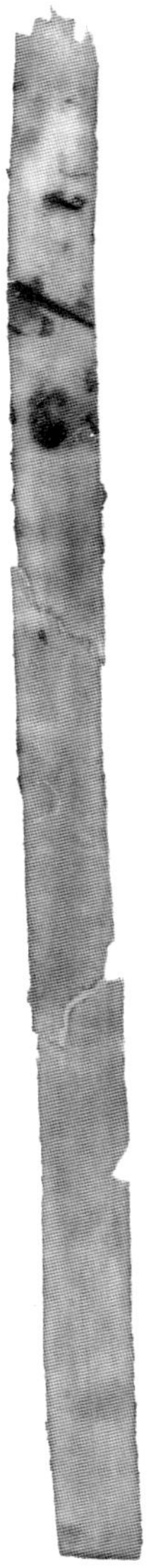
⊠□□□⊠
⑤貳16背

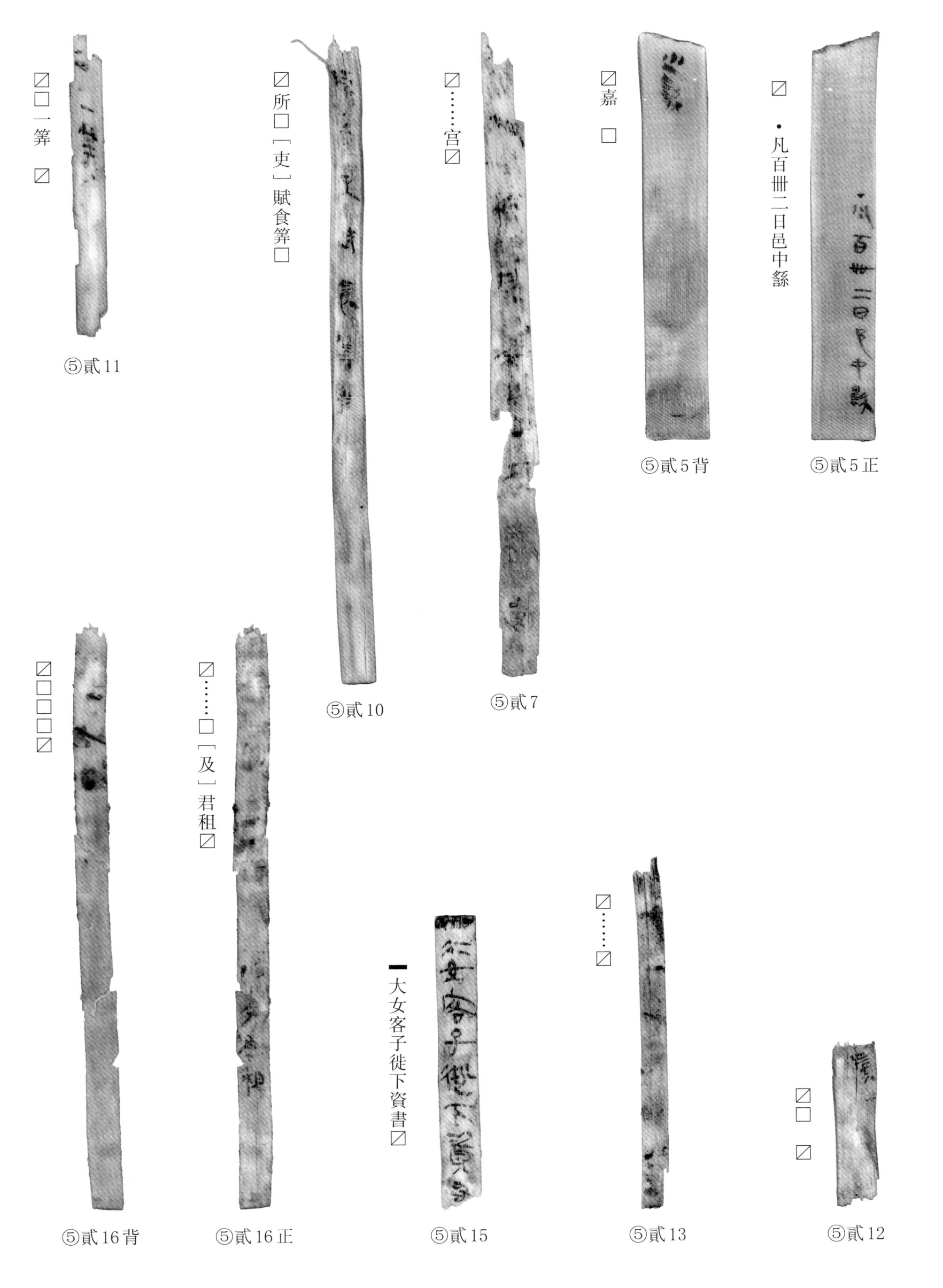

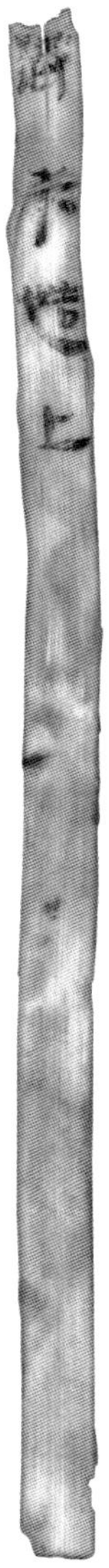
☒鄉佐恬上

⑤貳20

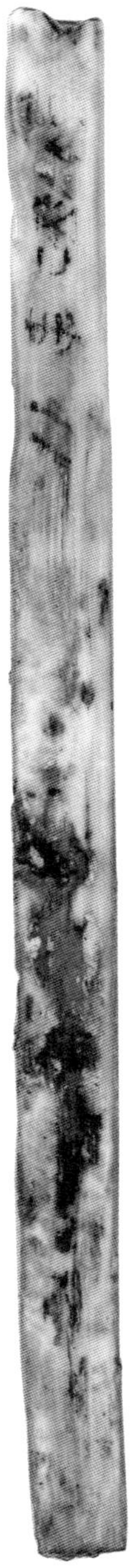
☒［從］者卌二……☒

⑤貳21

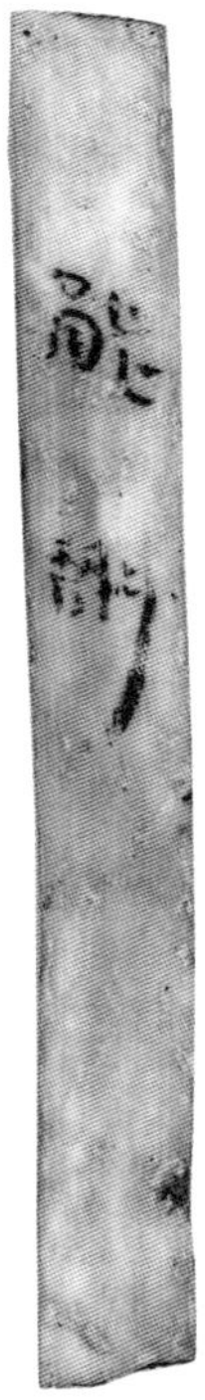
能謝　☒

⑤貳26

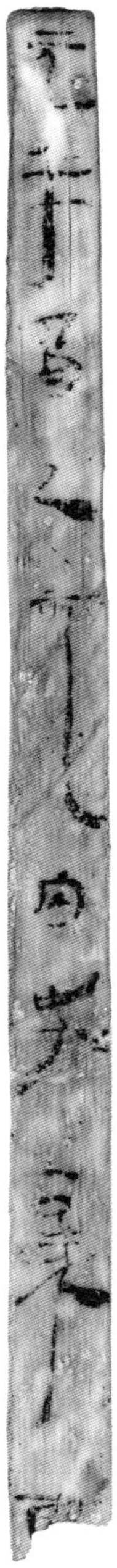
元年九月乙亥内史華敢☒

⑤貳29

☒定處［盈］□□　☒

⑤貳32

☒……

⑤貳34正

説明：背面有刻痕。

⑤貳34背

丁丑所收户賦錢六十二　☒

⑤貳46正

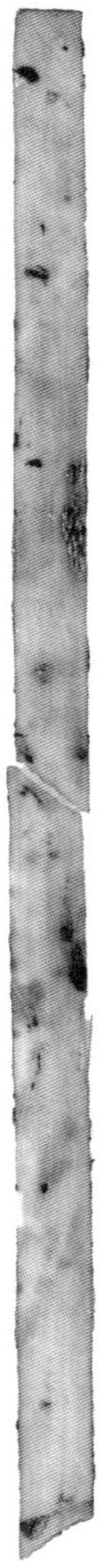
説明：背面有刻痕。

⑤貳46背

☒十月辛酉朔庚寅都鄉守舍上　☒

⑤貳49

▨令▨

⑤貳52

▨尉□▨

⑤貳53

▨□者□▨
▨□□□▨

⑤貳54+
⑤貳55

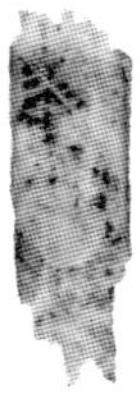
▨［庚］▨

⑤貳56

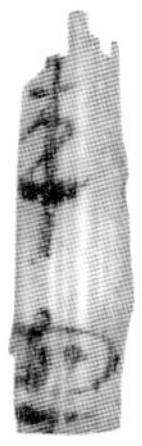
▨年案▨

⑤貳58

▨□年已□▨

⑤貳59

▨廣▨

⑤貳61

▨□米凡三石四□▨

⑤貳62

▨□瘠篤不可□▨

⑤貳63

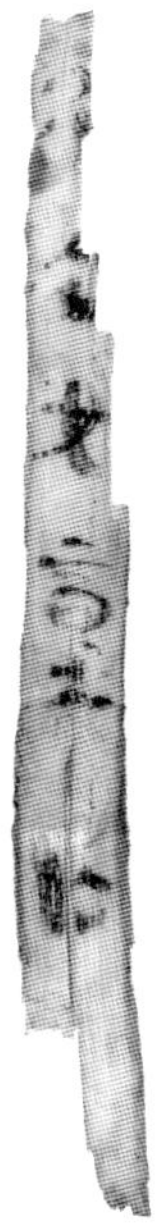
▨□大女童亡▨

⑤貳64

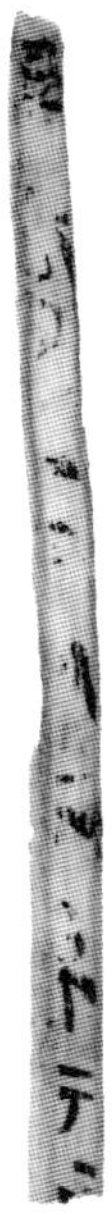
▨□□□□□□□□□▨

⑤貳65

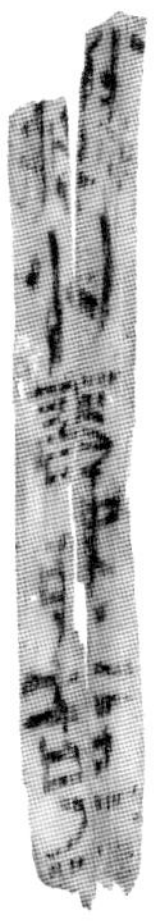
▨□鄉□嗇史吏士史□▨

⑤貳68+
⑤貳71

▬此以上二人▨

⑤貳69

□□▨

⑤貳70

▨［四］升　□

⑤貳72

十二月甲子壬辰大□▨

⑤貳74

▨千八▨

⑤貳76

▨丞▨

⑤貳77

▨□▨

⑤貳78

▨□▨

⑤貳79

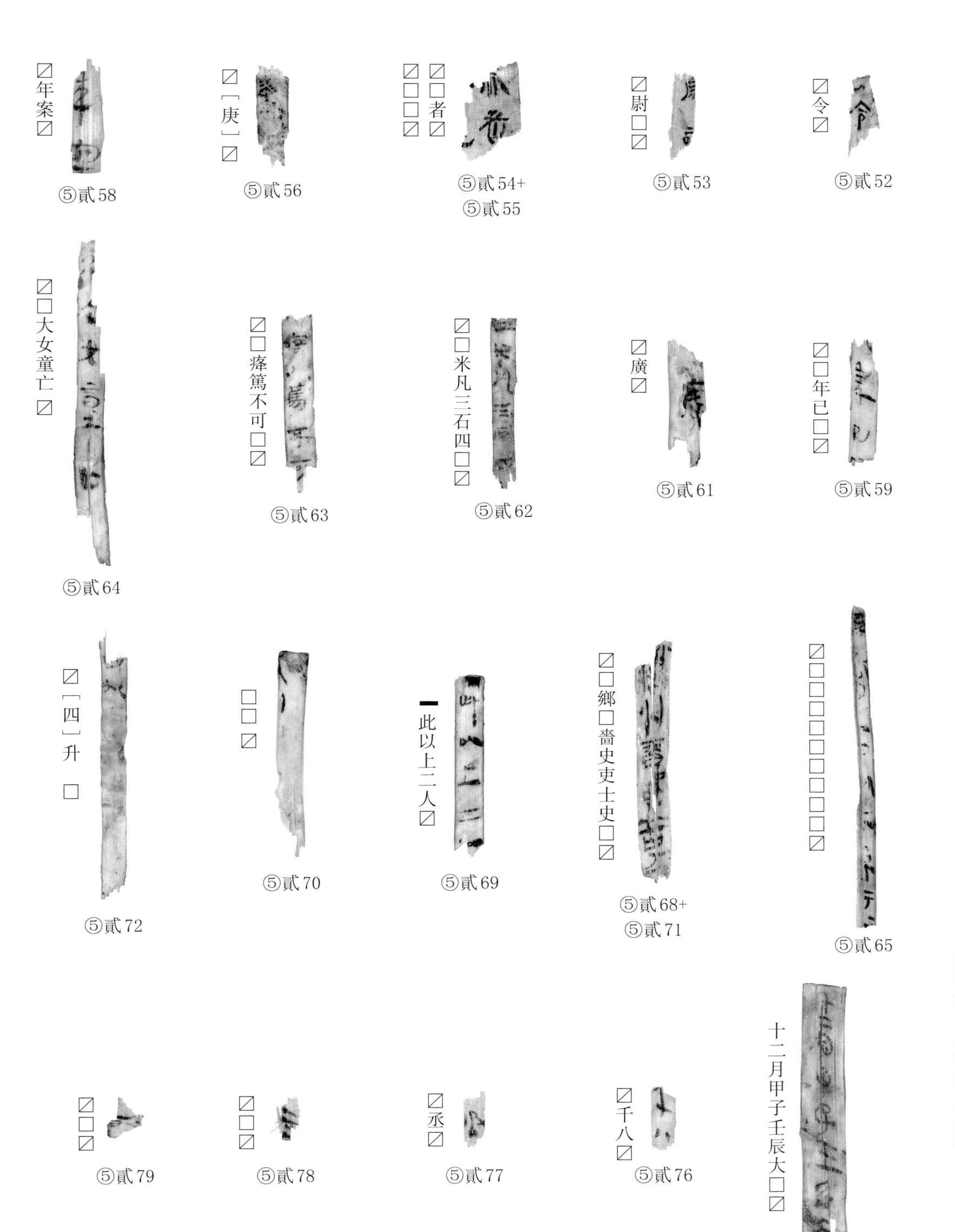

☒□☒
⑤貳80

☒［乘］☒
⑤貳81

☒毋☒
⑤貳82

☒去□☒
⑤貳83

☒朝徵□☒
☒□☒
⑤貳85

☒官嗇夫☒
⑤貳86

……☒
⑤貳87

☒□之/二月☒
⑤貳88

☒□　□□☒
⑤貳89正

☒……☒
⑤貳89背

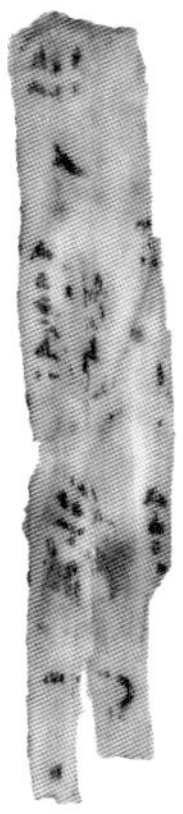
☒□□□☒
☒出入錢有□☒
⑤貳90

☒□□□
⑤貳91

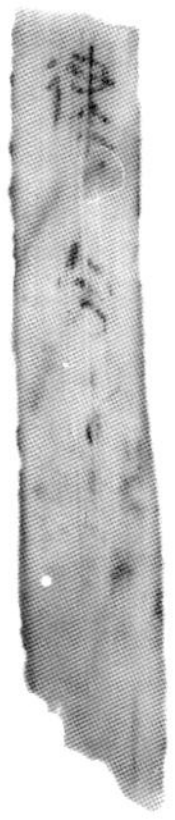
☒律令　☒
⑤貳92

☒□☒
⑤貳93

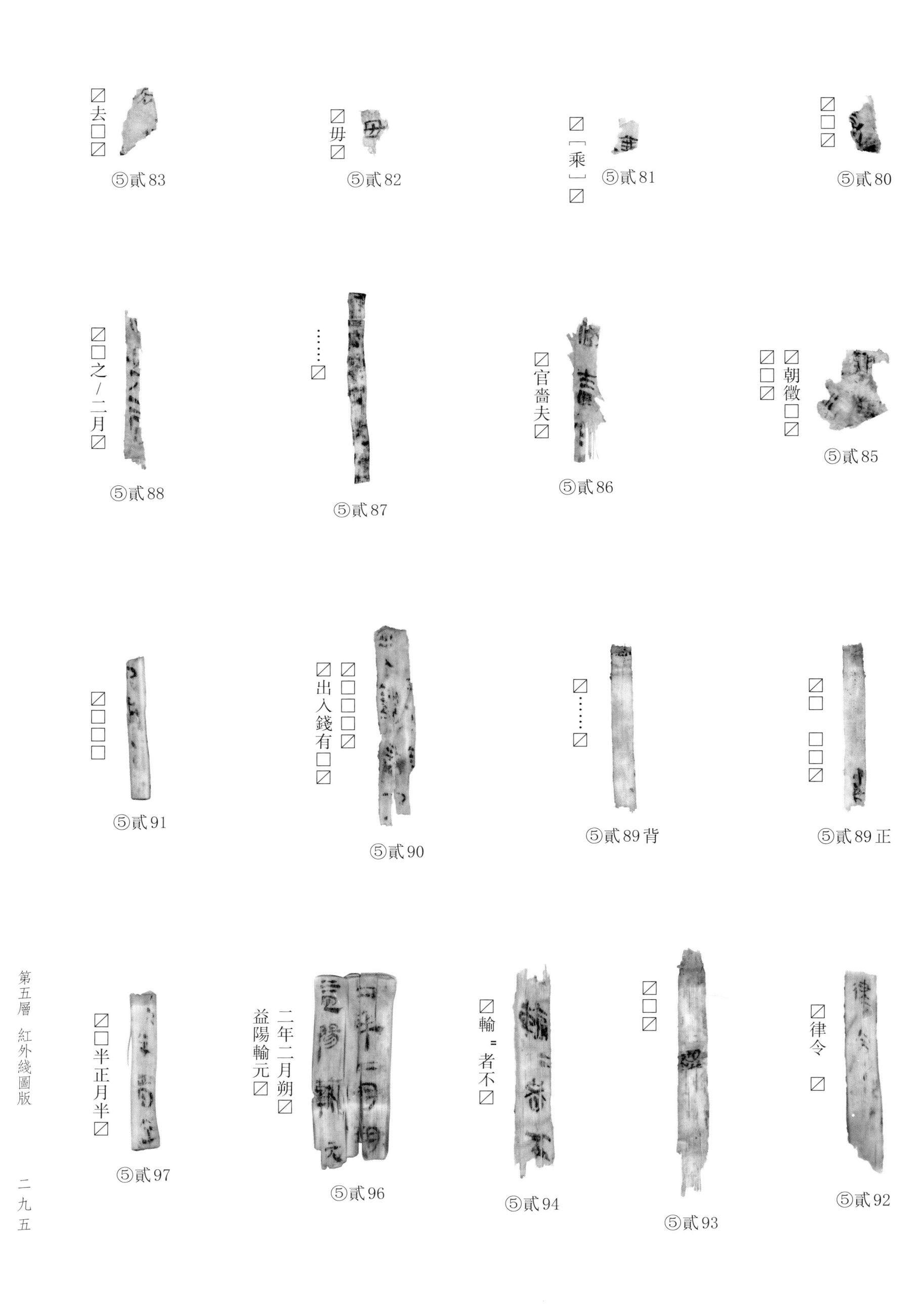

☒輸=者不☒
⑤貳94

二年二月朔☒
益陽輸元☒
⑤貳96

☒□半正月半☒
⑤貳97

甲戌盡乙亥所收户賦錢一百七十⧄

⑤貳99正

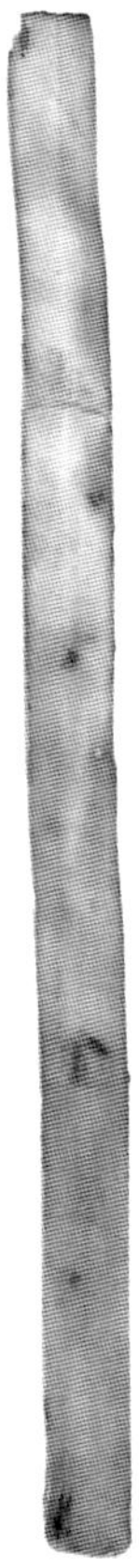

⑤貳99背

說明：背面有劃痕。

二年七月己丑所收賦少二□□□□□⧄

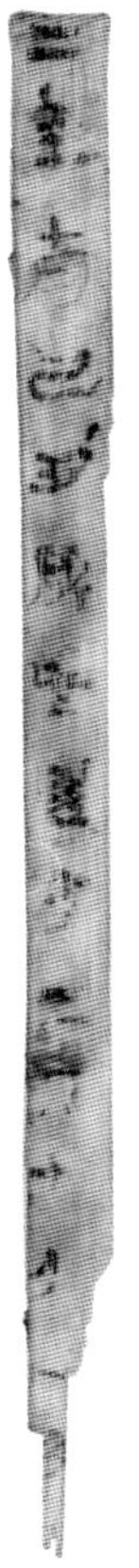

⑤貳100

⧄大婢一人　□　一人廷［削］⧄
⧄□奴一人　　十月戊辰□⧄
⧄奴四人⧄

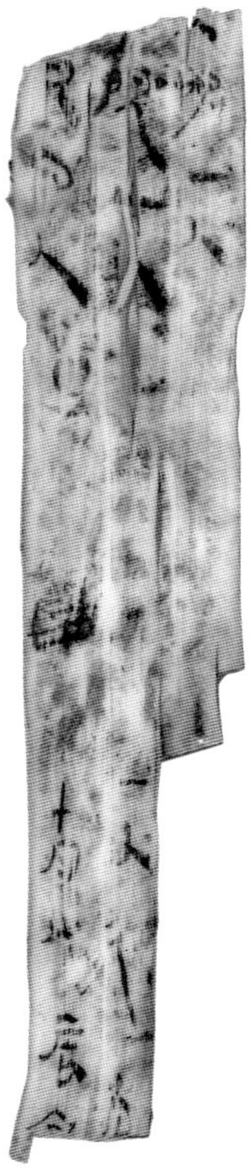

⑤貳101

說明：第二欄倒序。

十月辛西倉變敢言之□⧄

⑤貳102正

⧄……

⑤貳102背

擊反錢一千庚辰輸少⧄

⑤貳103

⧄［養］

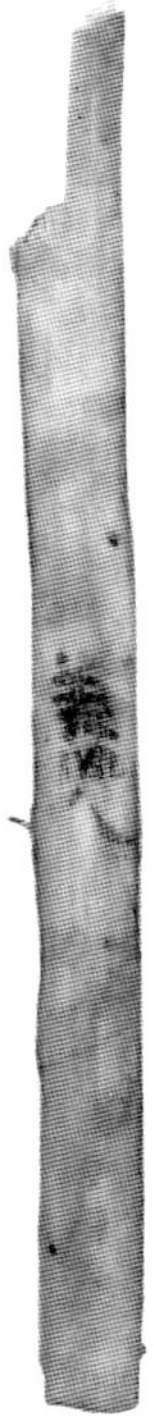

⑤貳104

⧄女一人　⧄

⑤貳106

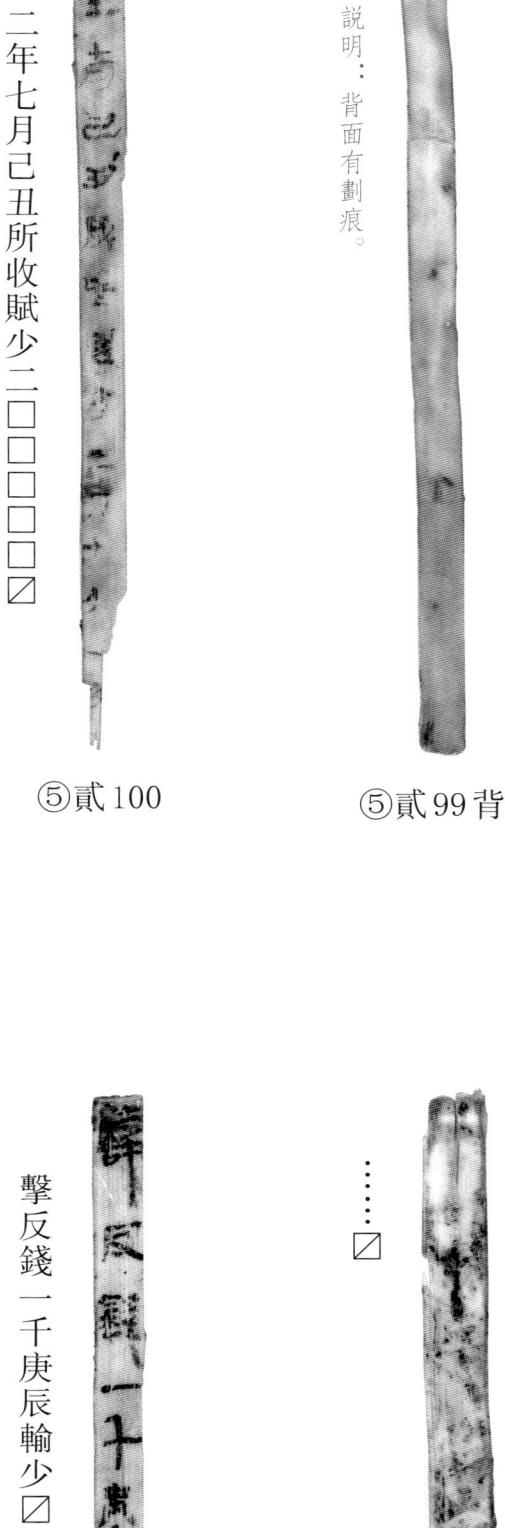

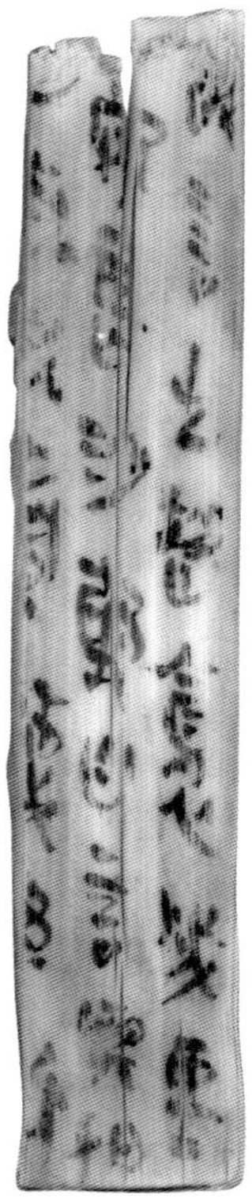

☒敢言之簪褭成里
☒安長沙邸自言與私
☒［乏用欲］賣聽爲［質］

⑤貳108+
⑤貳116

二年三月　☒
……☒

⑤貳112

□☒

⑤貳113

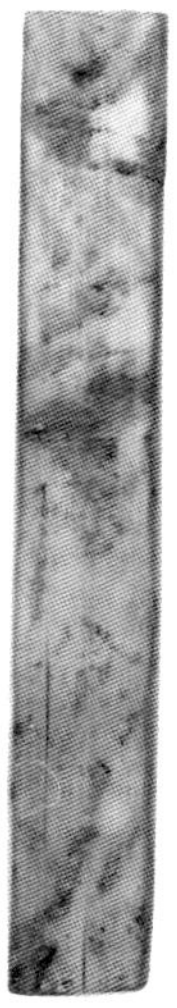

☒□益陽令

⑤貳115

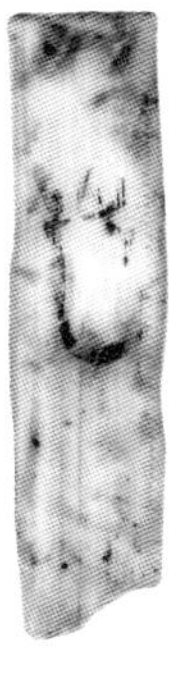

□□☒

⑤貳118

☒六　☒

⑤貳119

☒［五］□□□□□☒

⑤貳121

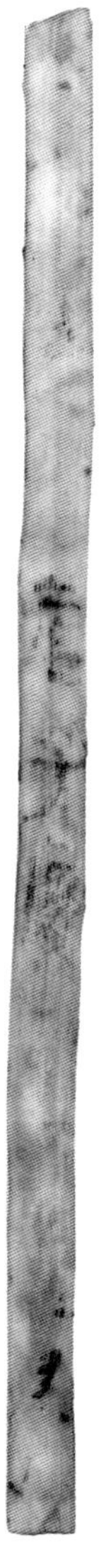

☒　產子［優］　□□

⑤貳124正

説明：背面有劃痕。

⑤貳124背

☒□以□☒
☒□☒

⑤貳126

☒□☒
☒□棄☒

⑤貳127

☒□里夫☒

⑤貳128

☒□☒
☒□韋□☒

⑤貳129

☒□司空☒

⑤貳130

☒倦☒

⑤貳131

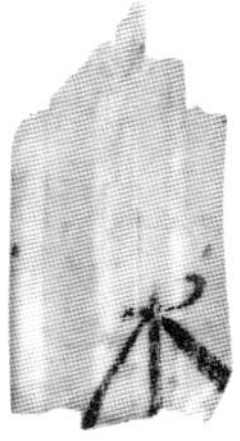

▨木▨

⑤貳132

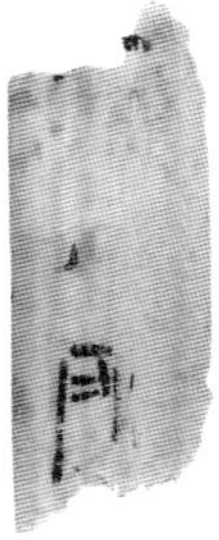

▨□□所▨

⑤貳133

□□▨

⑤貳139

▨□户衛一百少内•户□□□□▨

⑤貳242+⑤貳145

▨石二▨

⑤貳146

▨免作六▨

⑤貳148

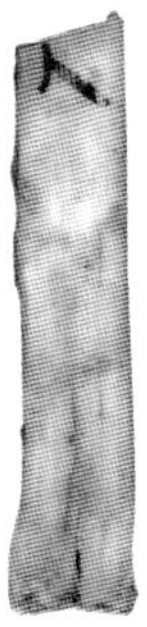

▨人

⑤貳154

▬倉變▨

⑤貳158

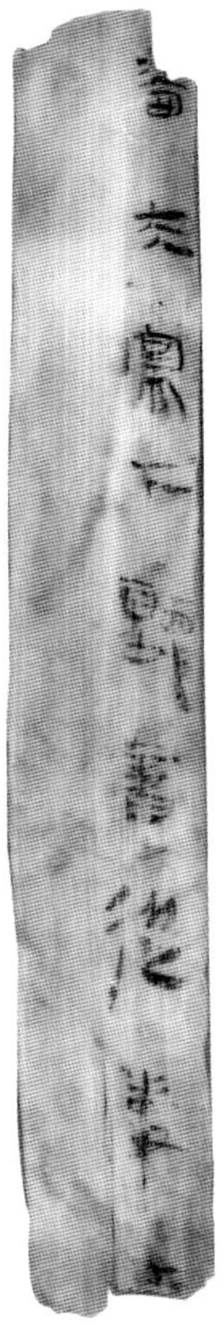

▨嗇夫寫下聽書從事□▨

⑤貳164

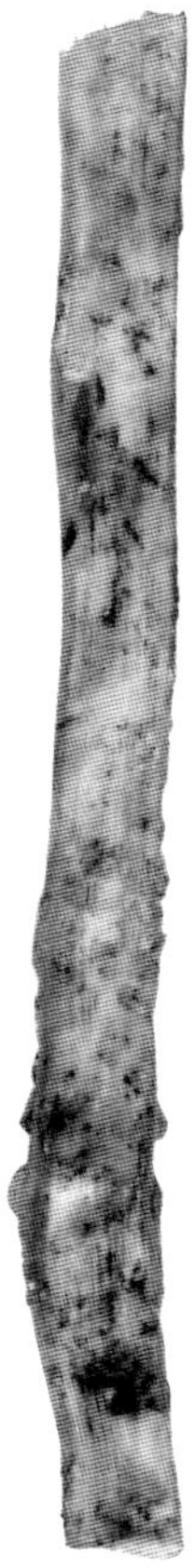

▨……▨

⑤貳165

▨治瀌陽丞龍敢告益陽丞主至今未

▨告主/國手/［十二］月乙未朔＝日別治瀌陽

▨［益］陽丞主至今未報寫追故令人▨

⑤貳159+⑤貳160+⑤貳161+⑤貳162+⑤貳163

元年☑
陽□□☑
遺詣□☑
名吏里☑
□□☑

⑤貳168+
⑤貳170+
⑤貳167正

……☑

⑤貳168+
⑤貳170+
⑤貳167背

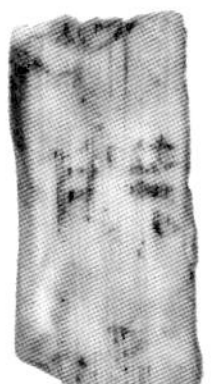

☑□牒□☑

⑤貳171

☑⿸疒應☑
☑當移應☑

⑤貳172

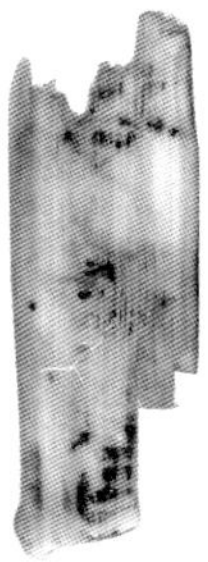

☑□□□☑

⑤貳173

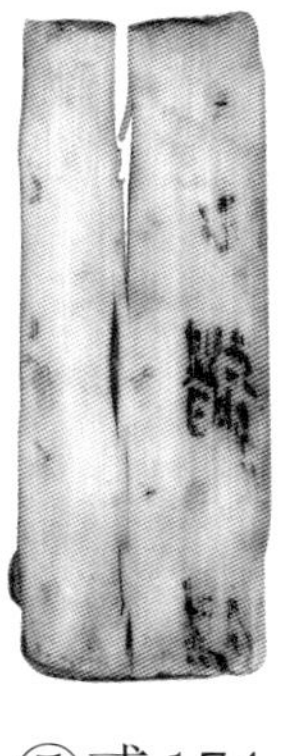

☑□□數□☑
☑……☑

⑤貳174

☑□奴曰彔□☑
☑益陽丞☑

⑤貳175

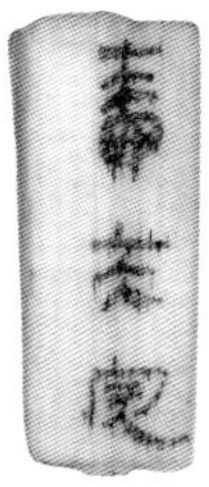

☑嗇夫完☑

⑤貳176正

☑□它☑

⑤貳176背

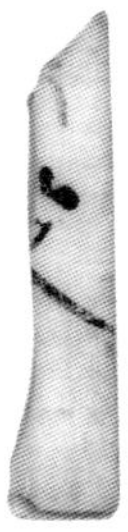

☑□□☑

⑤貳177

☑請贏　☑
☑不備　☑
☑期　☑

⑤貳178+
⑤貳185

☑鞫☑

⑤貳179

□□□☑
後到縣☑

⑤貳180

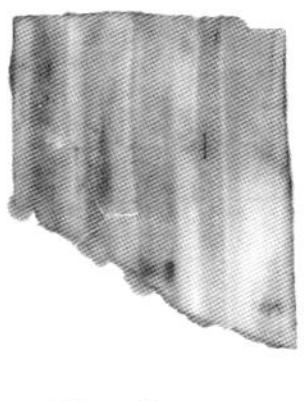

□☑

⑤貳181

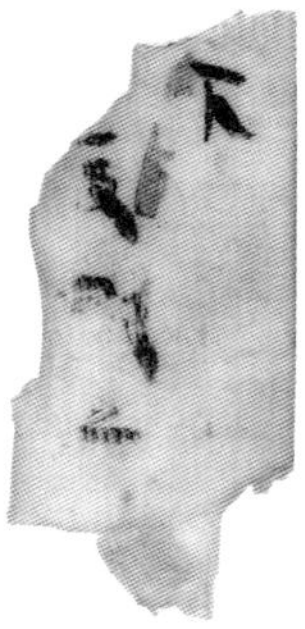

☑下　□
☑□□□☑

⑤貳183正

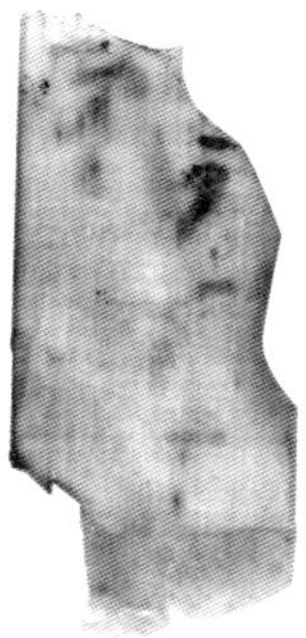

☑……☑

⑤貳183背

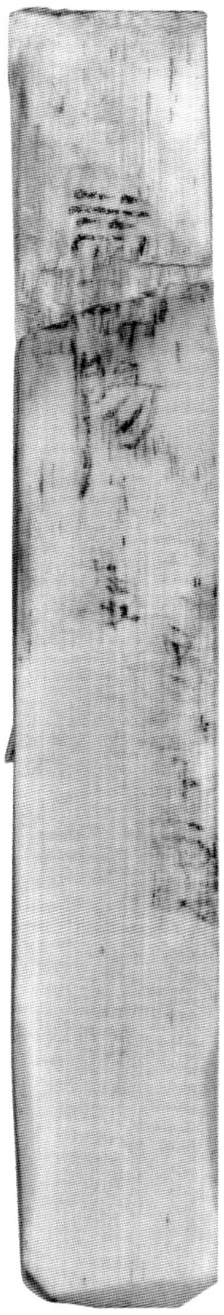

……里不更……

益陽□

⑤貳184+⑦15正

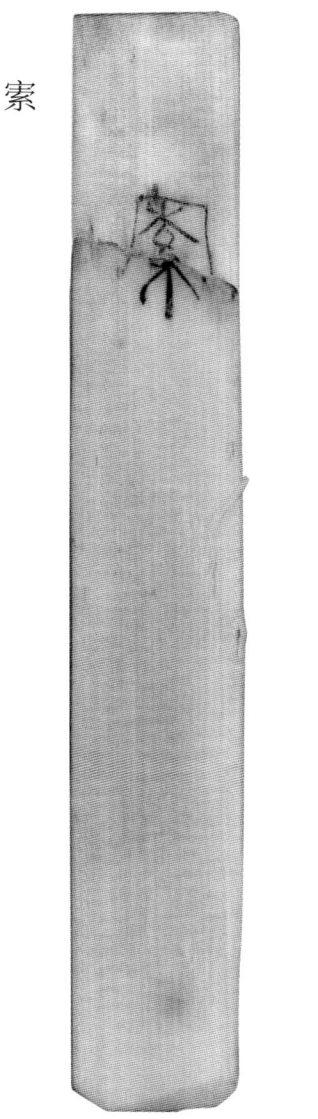

索

⑤貳184+⑦15背

☑廷金布☑

⑤貳186正

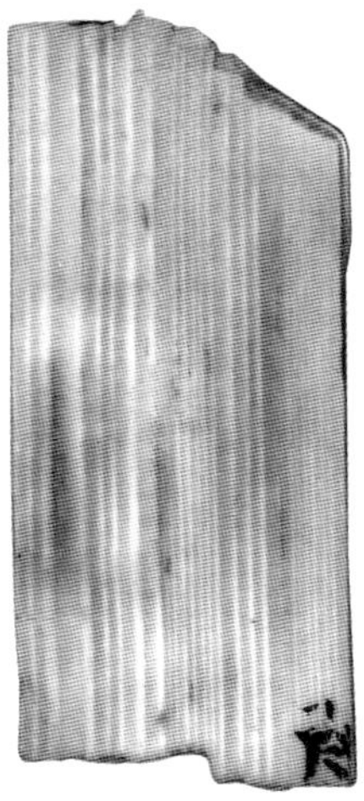

☑□☑

⑤貳186背

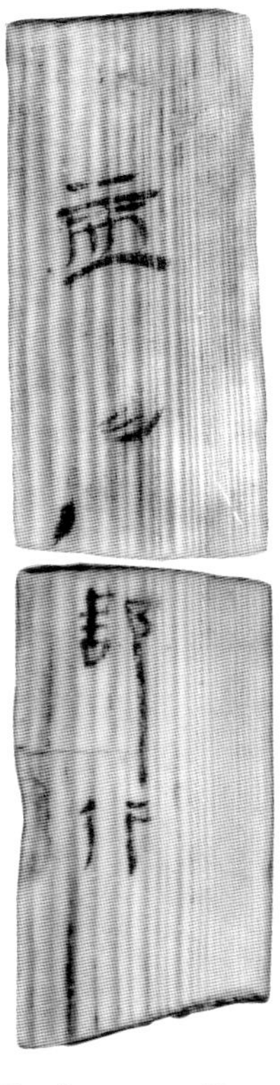

益［陽］☑郵行

⑤貳187+⑦33

賤走僕分敬頓首多問君劾毋養也中時不和君
劾亦得毋爲官事變虖君劾幸分爲賢［人］今
僕＝少日入時分以來敬再拜頓首道之

⑦10+⑤貳188

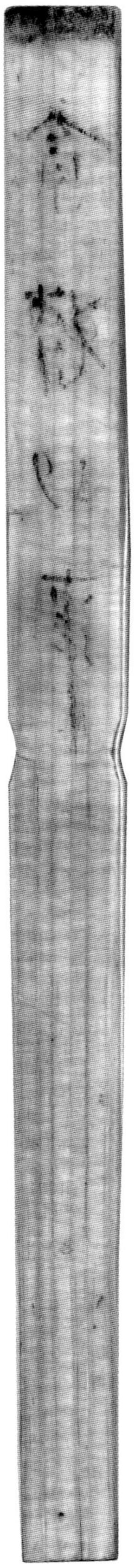

倉曹已事

⑤貳190

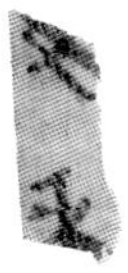
☒□□☒
⑤貳191

☒□□☒
⑤貳192

☒［木］☒
⑤貳193

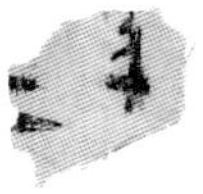
☒［年］☒
☒□☒
⑤貳194

告□☒
□☒
⑤貳195

☒□☒
☒□☒
⑤貳196

☒所☒
⑤貳197

☒□□☒
⑤貳198

☒平☒
⑤貳199

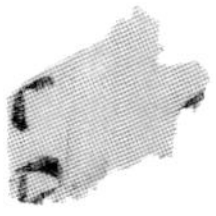
☒□☒
☒□☒
⑤貳200

☒女☒
☒□☒
⑤貳201

☒□☒
⑤貳202

☒勞☒
⑤貳203

☒□☒
⑤貳204

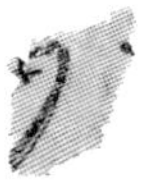
☒□☒
☒□☒
⑤貳205

☒□☒
⑤貳206

☒□☒
⑤貳207

☒信☒
⑤貳208

☒□☒
⑤貳209

☒僕□☒
⑤貳210

□□☒
⑤貳211

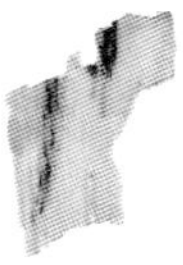
☒□☒
⑤貳212

☒□大女☒
☒□小簪☒
⑤貳213

☒夫寫☒
⑤貳214

☒□☒
⑤貳215

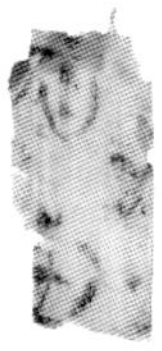
☒［書］到☒
⑤貳216

☒亥手☒
⑤貳217

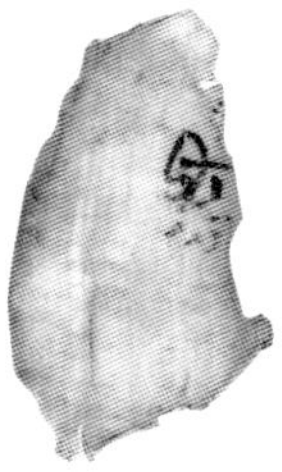
☒爲☒
⑤貳218

☒吏□□☒
⑤貳219

☒子［堇］☒
☒□☒
⑤貳220

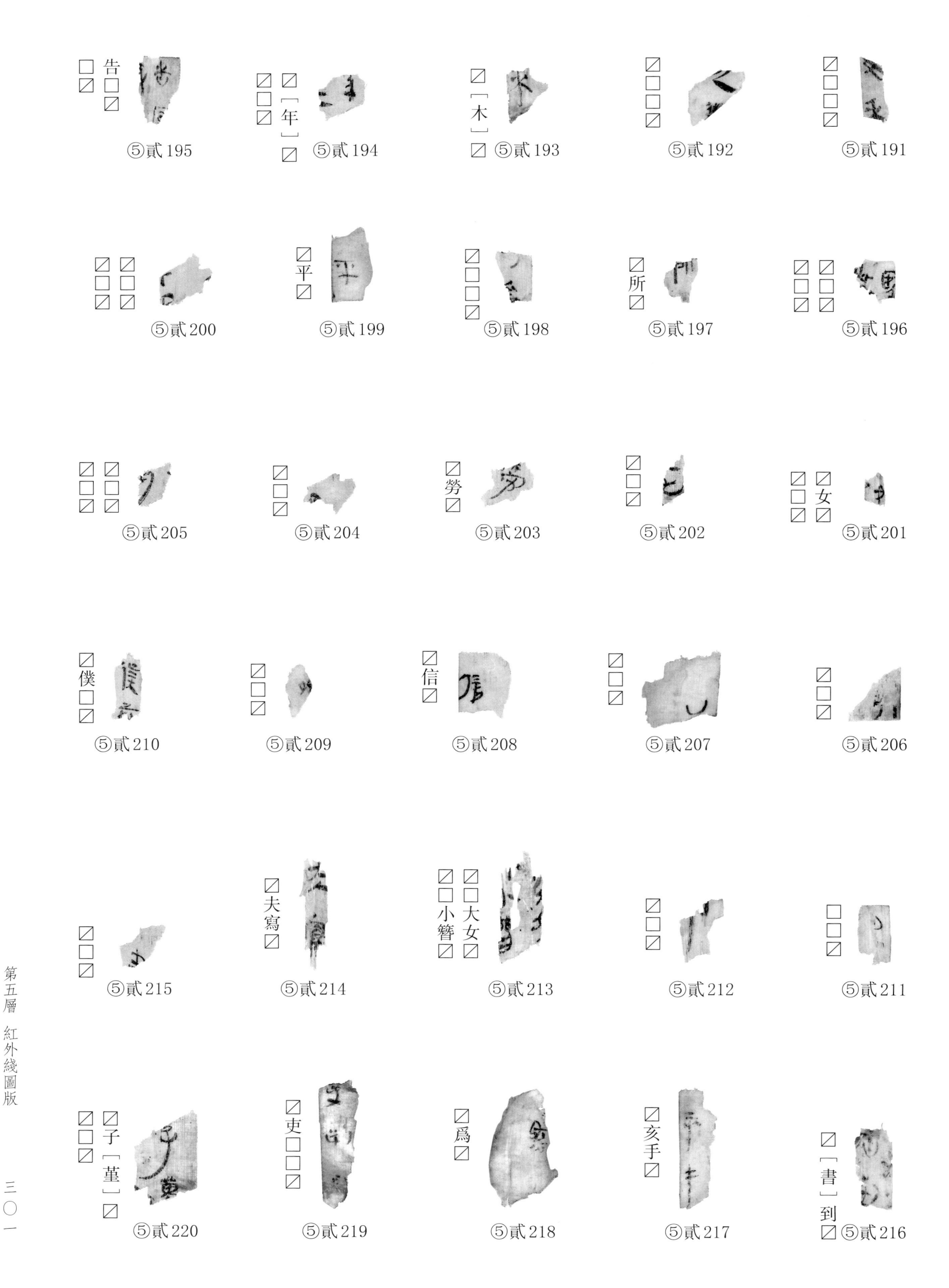

☒□以□☒

⑤貳221

☒□□☒

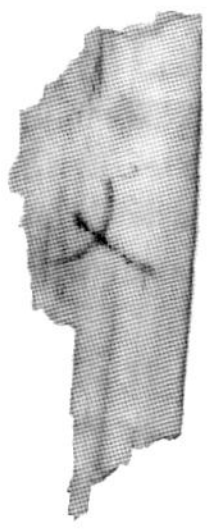

⑤貳222

☒□□□☒

☒□☒

⑤貳223

☒潙鄉□☒

⑤貳224

☒……☒

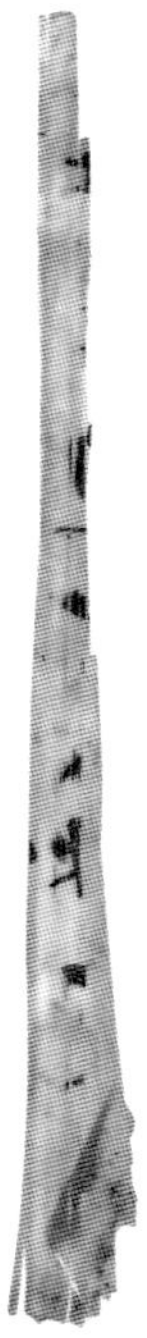

⑤貳226

☒□歸☒

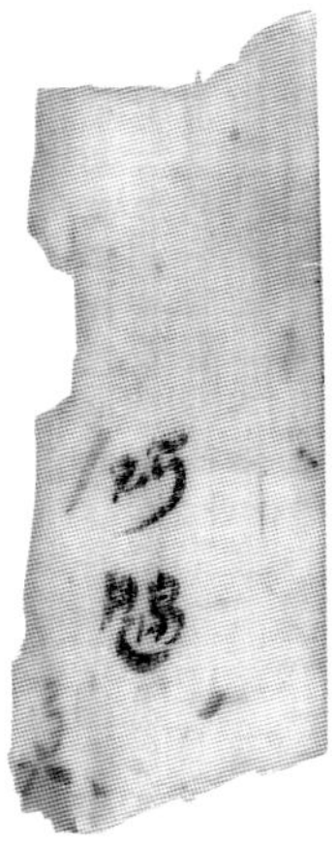

⑤貳227正

☒□☒

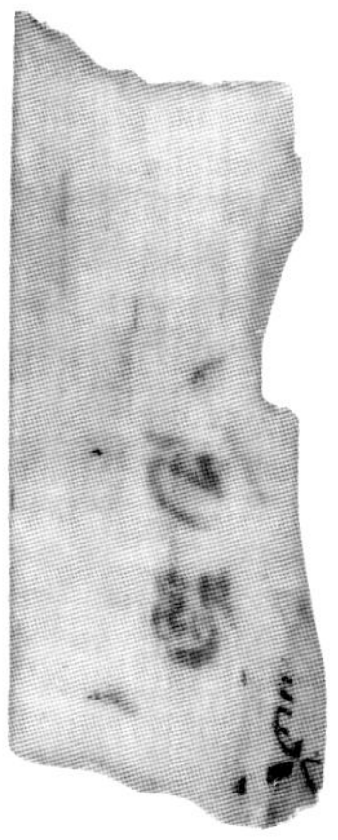

⑤貳227背

☒□□□☒

大女沙冗□☒

壆利公士賜家三☒

⑤貳228

司空☒

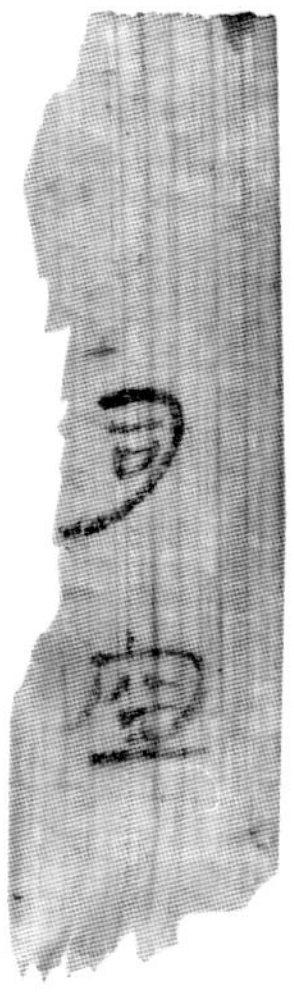

⑤貳229

☒□智士五趙　☒

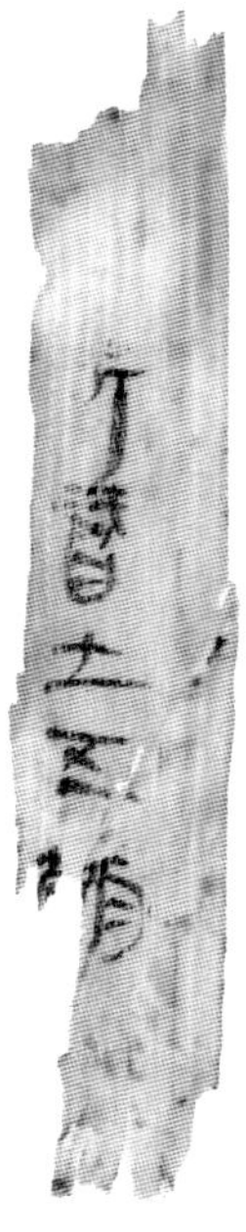

⑤貳230

☒一□☒

⑤貳231

☒•凡［一］☒

⑤貳232

二年☒

⑤貳233

□幸☒

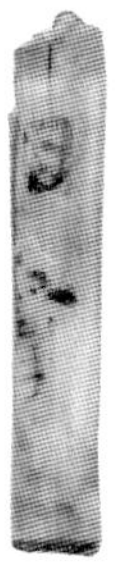

⑤貳236

☐……☐

⑤貳238

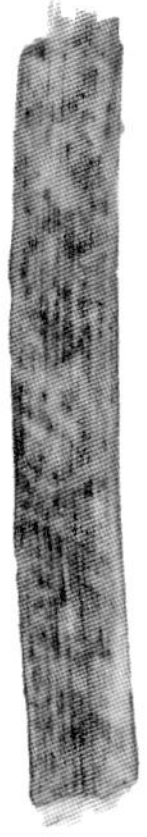
☐……☐

⑤貳240正

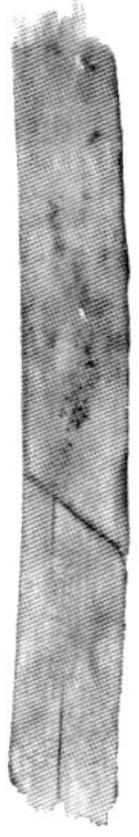
說明：背面有刻劃痕。

⑤貳240背

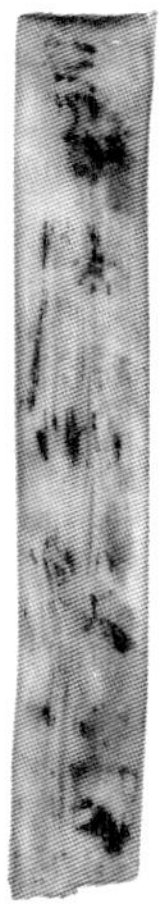
益陽［出］□□☐

⑤貳241

☐己未益陽丞☐
☐年［賦］□☐

⑤貳243

☐□□□書　☐

⑤貳246

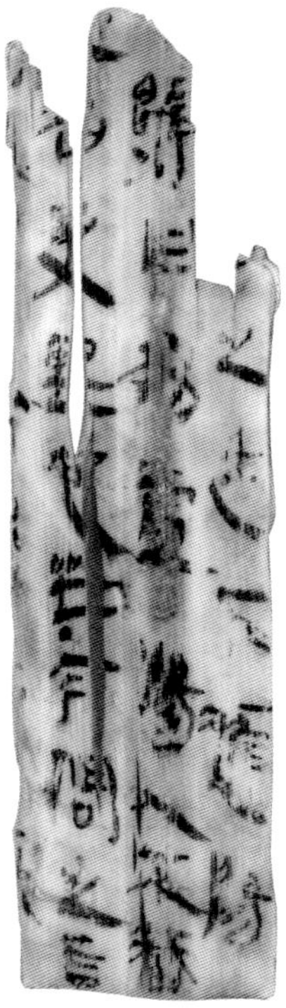
☐之廷下　應陽
☐辤曰爲益陽人不智
□名吏里它坐•今問之益

⑤貳248正

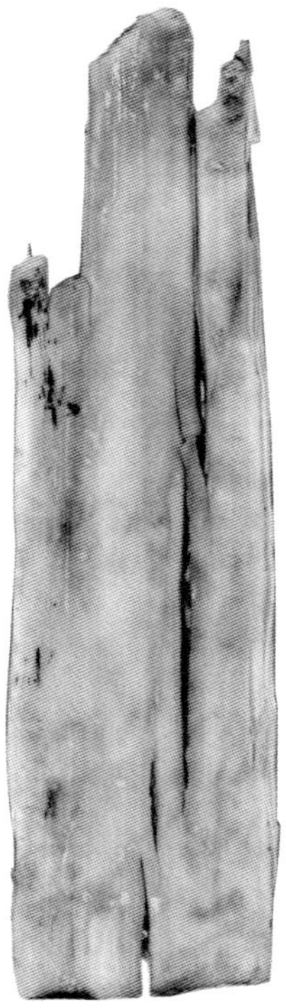
☐□□□

⑤貳248背

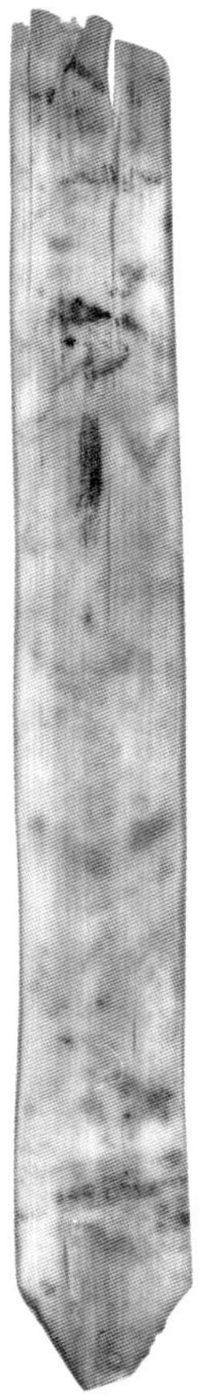
☐金布

⑤貳249

☐……☐
☐……☐
☐敢言之•……☐

⑤貳250

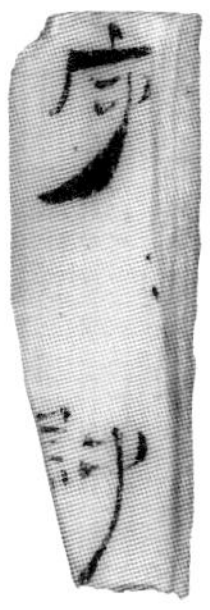
守：尉☒

⑤貳251

☒□
☒勿

⑤貳252

☒浪☒

⑤貳255

☒……☒

⑤貳256

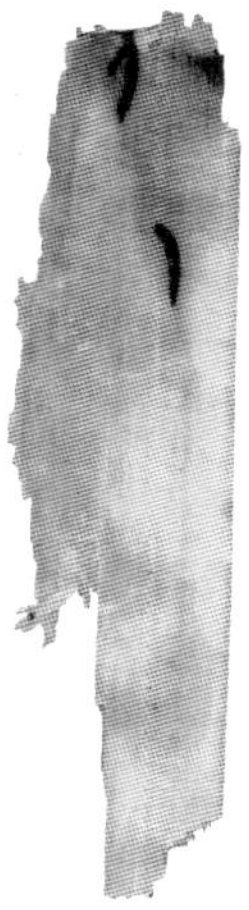
☒□□　☒

⑤貳258

☒□☒

⑤貳259

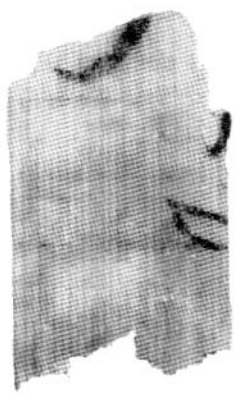
☒□□☒

⑤貳260

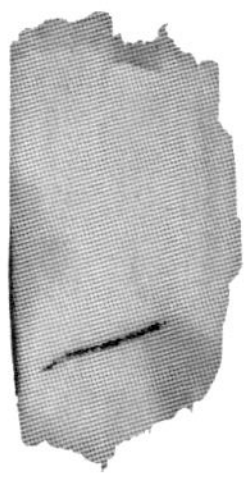
☒□☒

⑤貳261

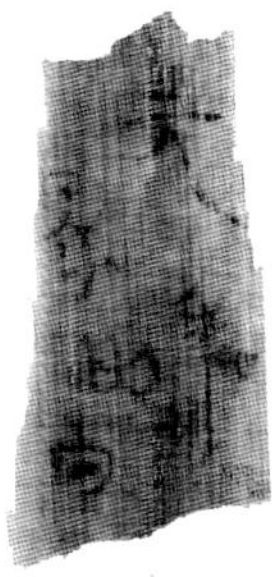
☒元年☒
☒□□□☒

⑤貳262

☒□□□☒

⑤貳263

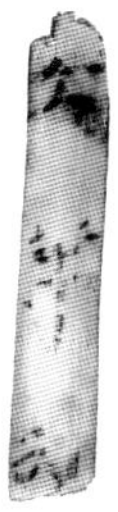
☒大半□☒

⑤貳264

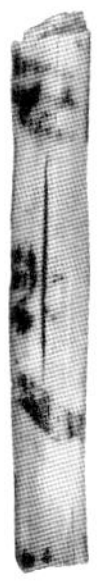
☒□□□☒

⑤貳265正

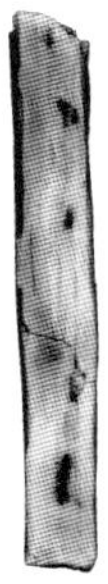
☒……☒

⑤貳265背

☒□□□☒

⑤貳266

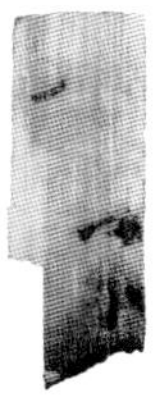
☒□□□☒

⑤貳267

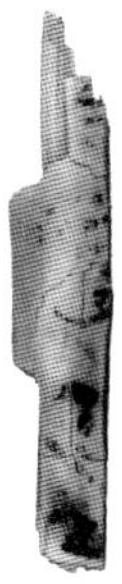
☒□□□□□☒

⑤貳268

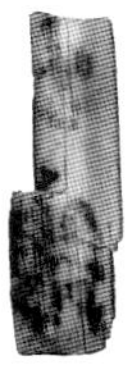
☒□□

⑤貳270

☒□□☒

⑤貳271

☒□☒

⑤貳272

☒□□☒

⑤貳273

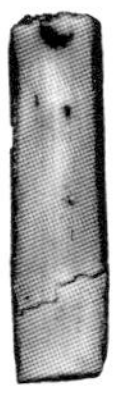
☒□□□
⑤貳274

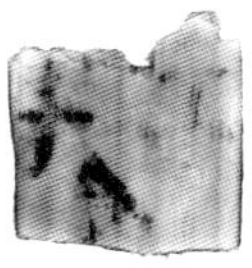
☒□☒
☒□□☒
⑤貳275正

☒□☒
☒□□☒
⑤貳275背

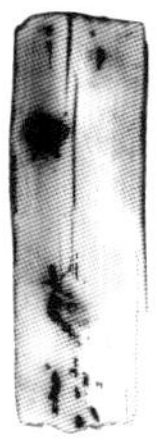
□□□□☒
⑤貳276

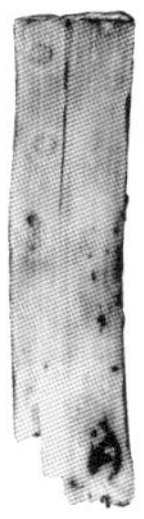
□□☒
⑤貳277

□□□□☒
⑤貳278

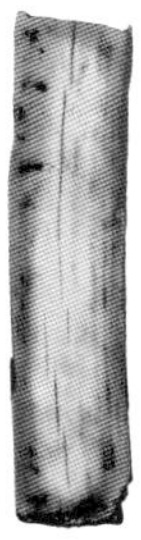
☒……☒
⑤貳279

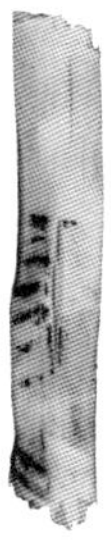
☒〔會〕□☒
⑤貳280

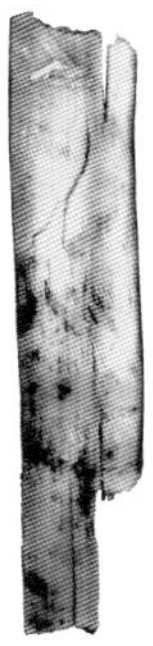
☒□□□☒
⑤貳281

☒〔史史〕
⑤貳283正

☒□□
⑤貳283背

☒□□☒
⑤貳285

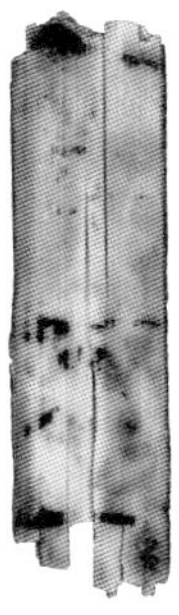
☒□□□□☒
⑤貳286

☒□□□□□□□☒
⑤貳287

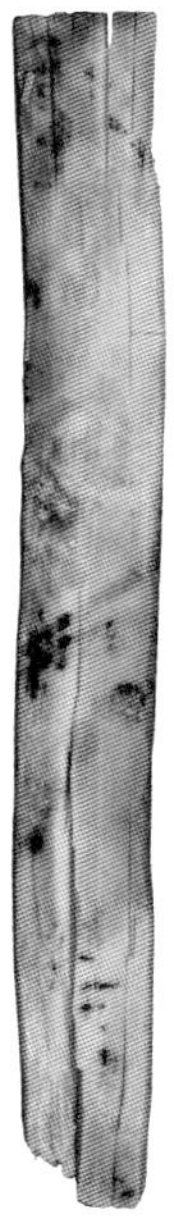
□□□□□□□☒
⑤貳289

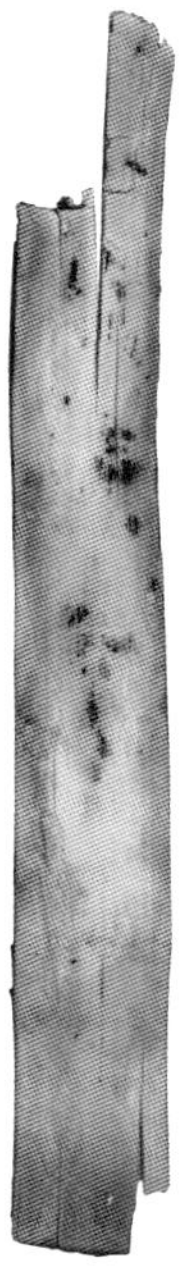
☒……
⑤貳290

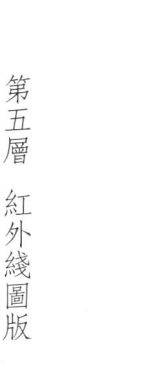

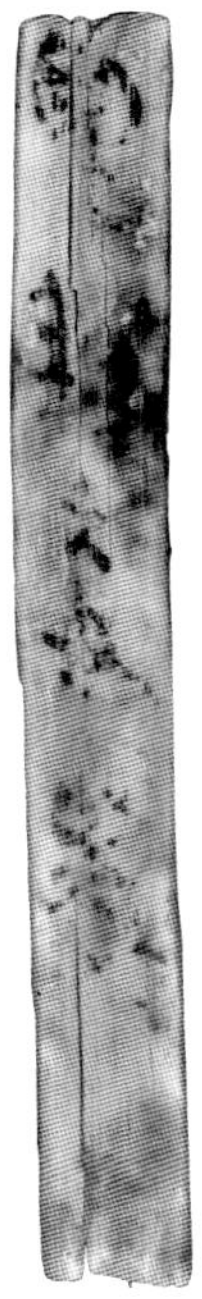

□□大女□☒

⑤貳 291

☒……☒

⑤貳 292

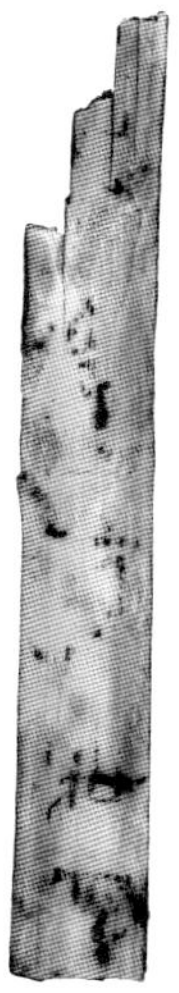

☒□□□□□☒

⑤貳 293

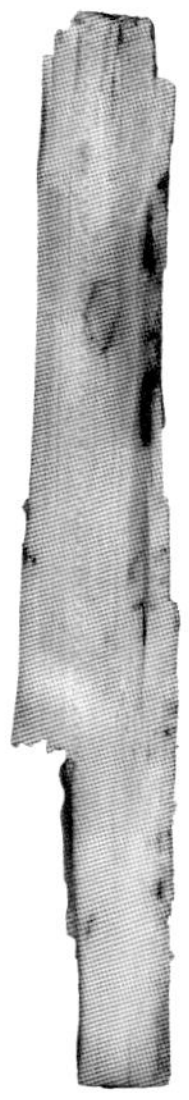

☒……

⑤貳 294

☒□□□□□□☒

⑤貳 295

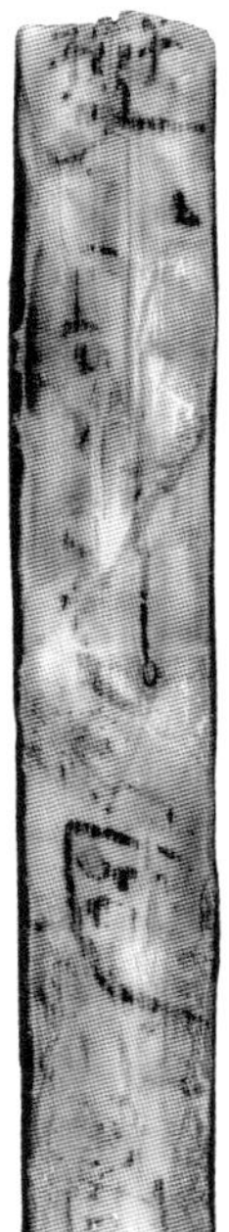

☒變□□區賣

⑤貳 296

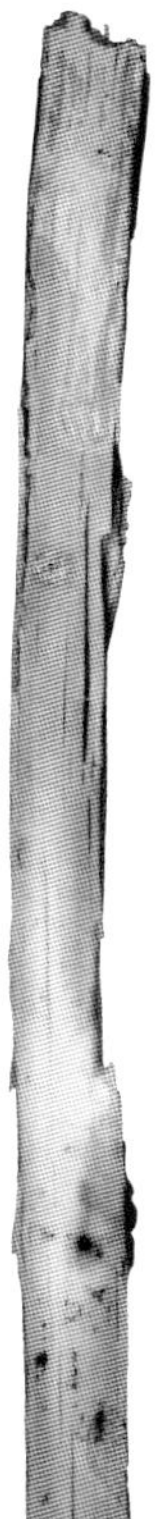

☒……☒

⑤貳 297

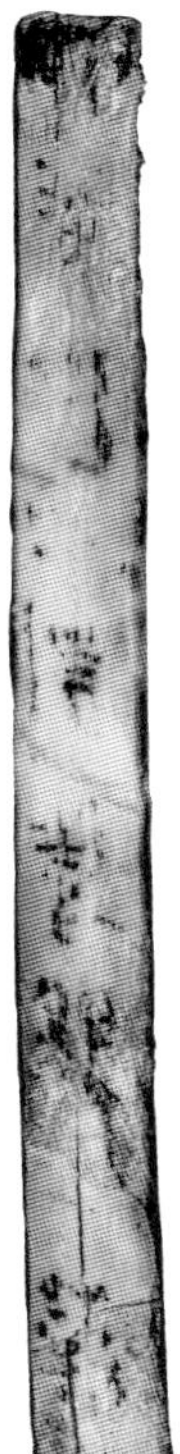

□□□□□□□□☒

⑤貳 298

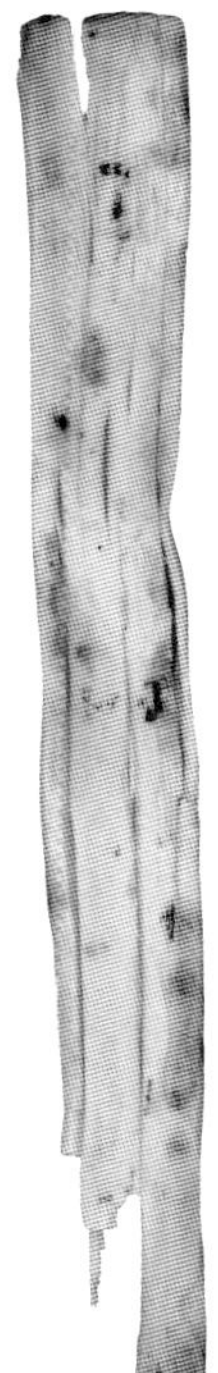

……☒

⑤貳 299

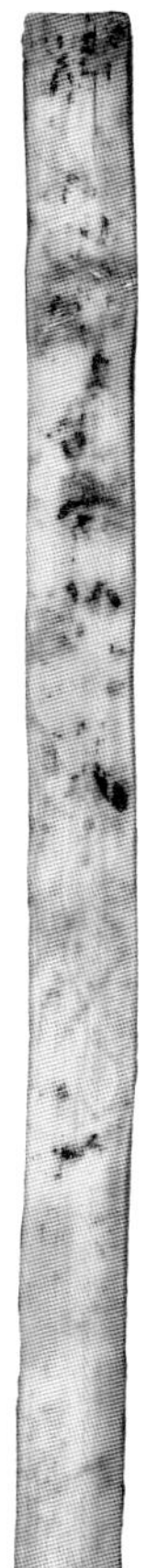

□□□□□□□　□　☒

⑤貳 300

☒□□
⑤貳301

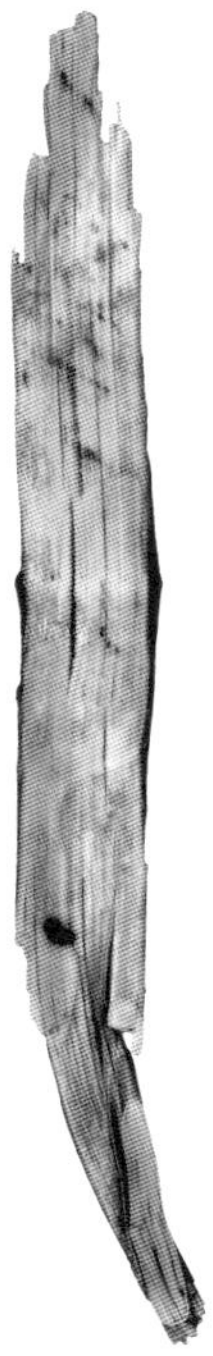
☒□百五十［八］☒
⑤貳303

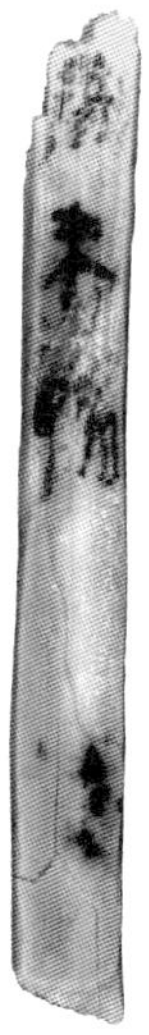
☒陽未［輸］☒
⑤貳304

戊□所收虎購錢十一☒
⑤貳307

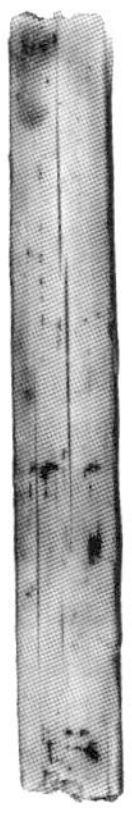
☒□□□□☒
⑤貳308

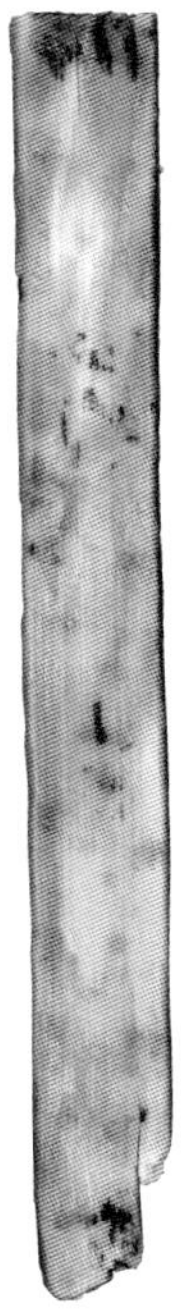
☒□□□□☒
⑤貳309

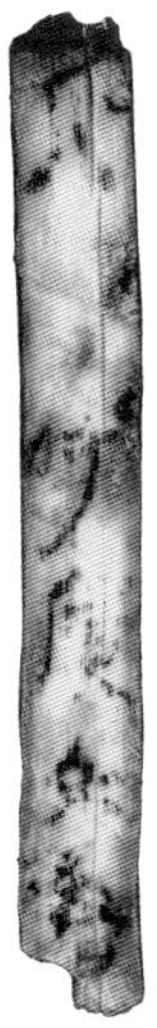
☒□付廣□□☒
⑤貳310

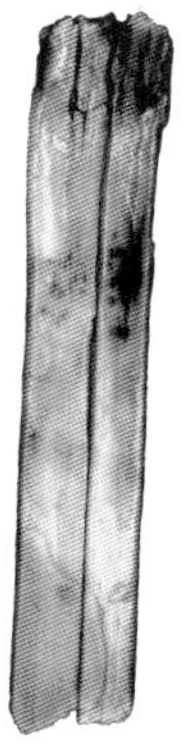
☒□☒
⑤貳311

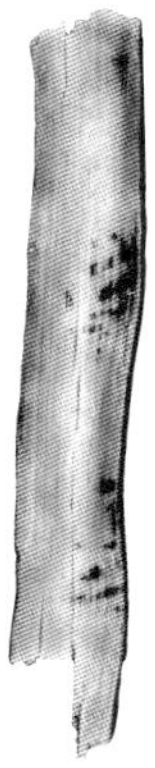
☒□□☒
⑤貳312

☒□［筭］□☒
⑤貳313

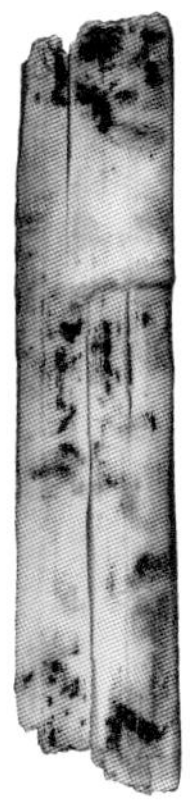
☒□□□☒
⑤貳315

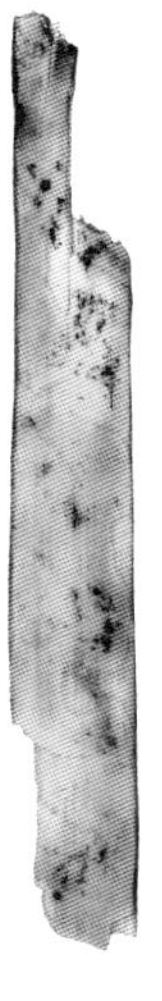
☒□□□□☒
⑤貳316

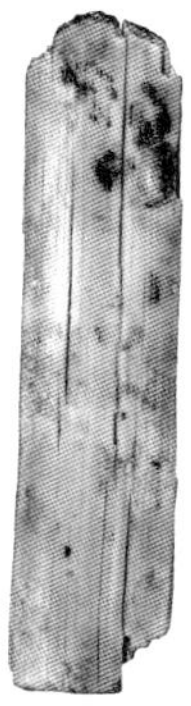
☒□
⑤貳318

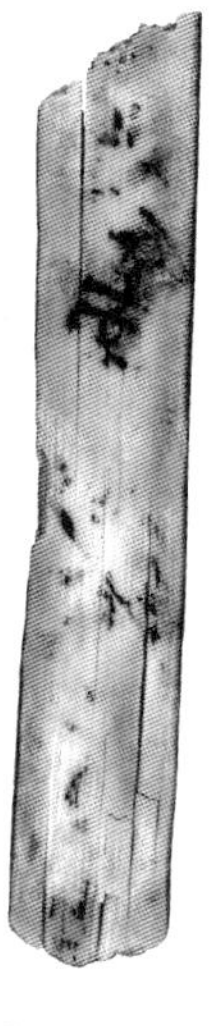
☒□□□□☒
⑤貳319

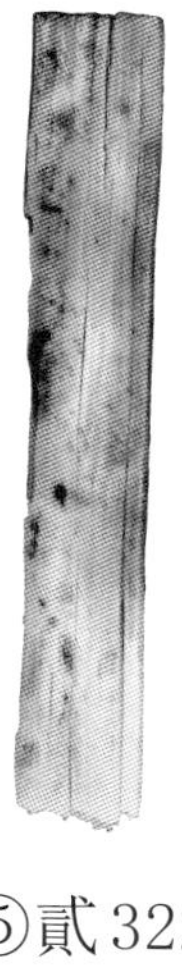
……☒
⑤貳322

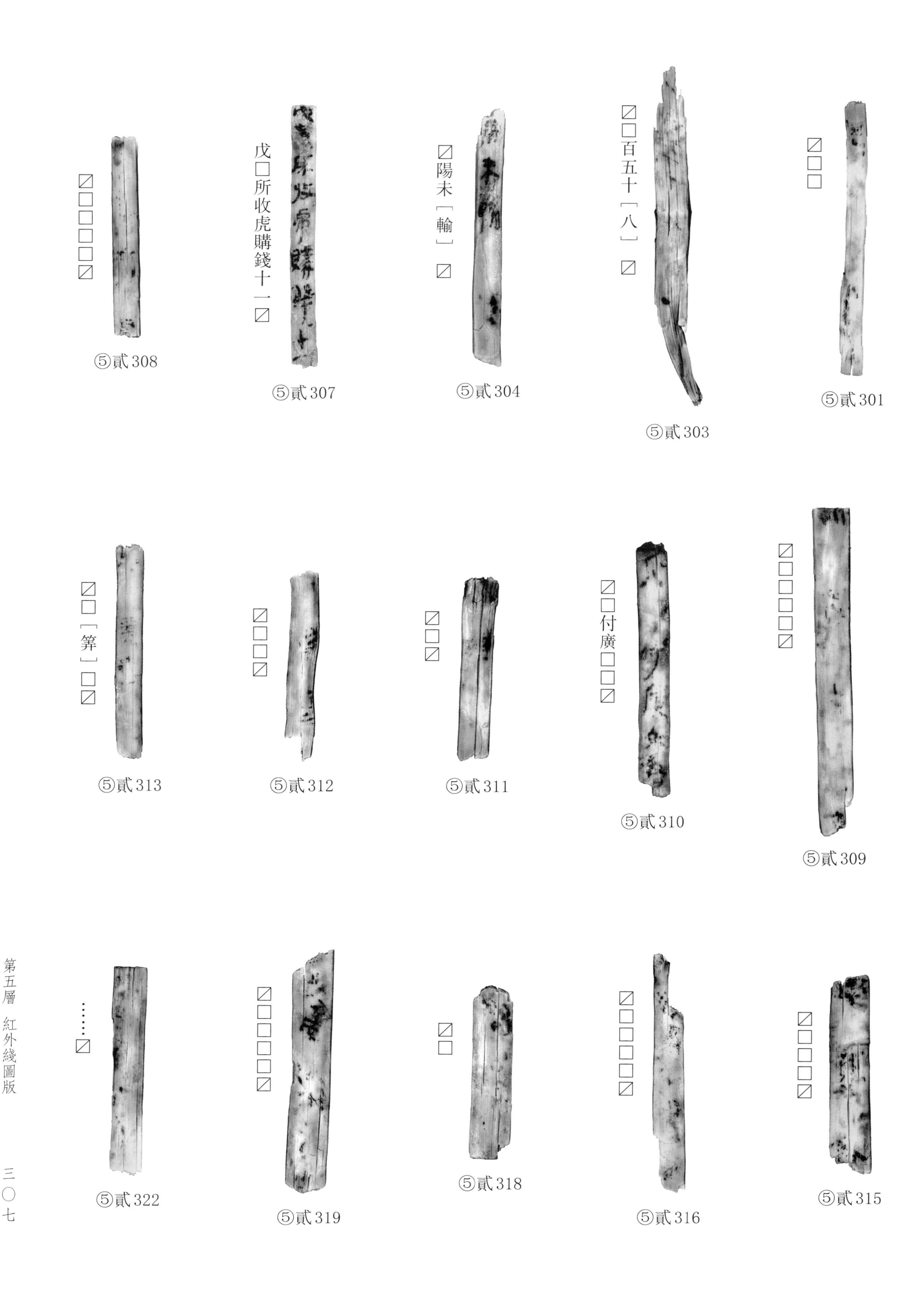

☒□□□□☒

⑤貳323

☒□盡乙☒

☒言之／四月□☒

⑤貳325

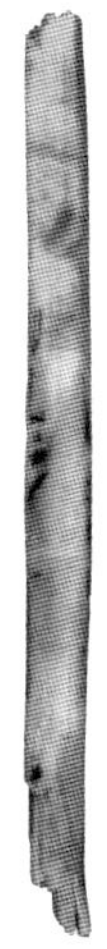

☒□☒

⑤貳326

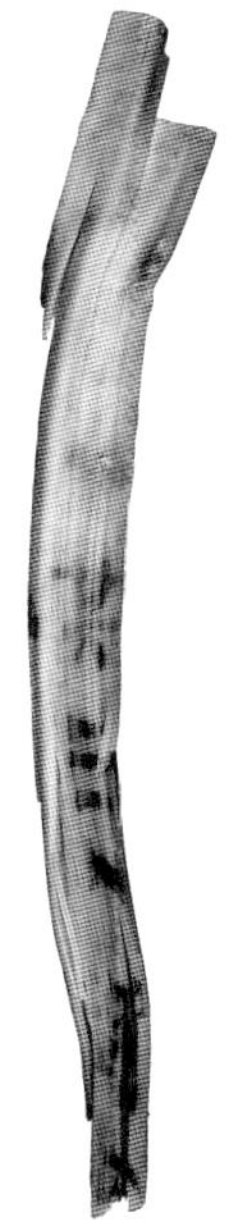

其三人□□☒

⑤貳327

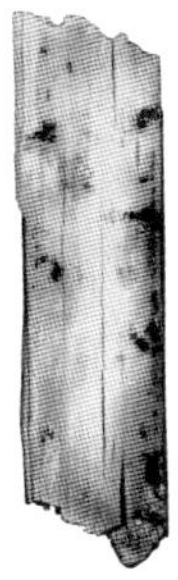

☒……☒

☒……☒

⑤貳328

益陽☒

⑤貳329

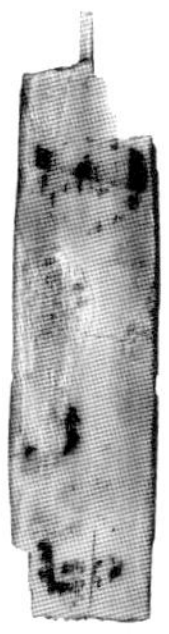

☒□□□□□☒

⑤貳330

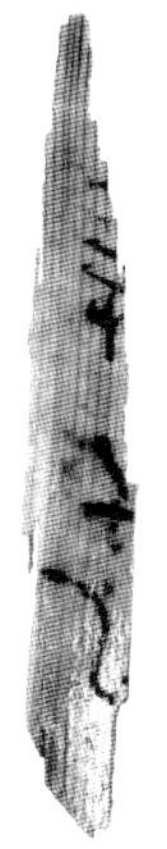

☒□□□☒

⑤貳331

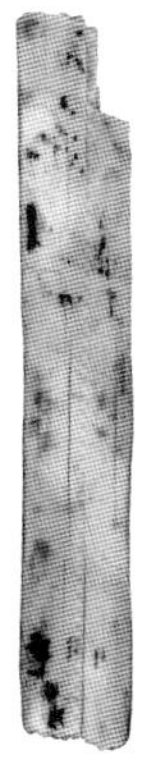

☒□□□□□□☒

⑤貳332

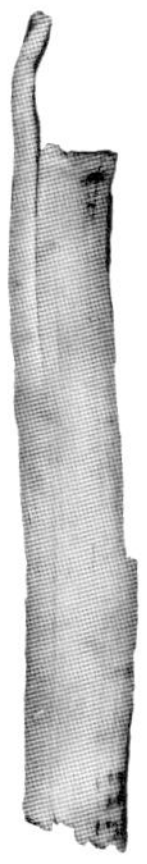

☒□□☒

⑤貳333

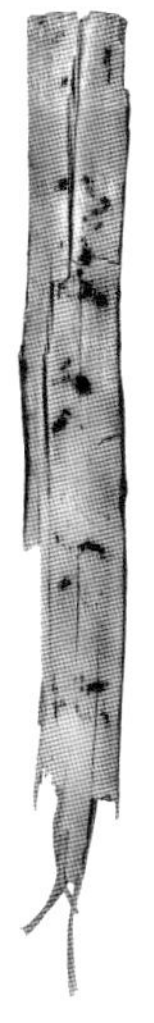

□□□□□☒

⑤貳334

☒□□☒

⑤貳335

☒□□☒

⑤貳337

☒□□☒

⑤貳338

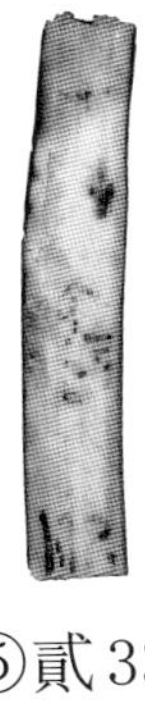

☒□□□□☒

⑤貳339

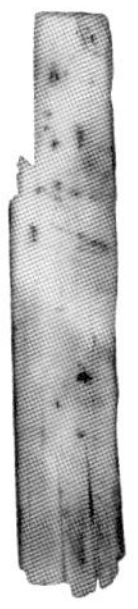
□□□□☒
⑤貳340

☒……☒
⑤貳341

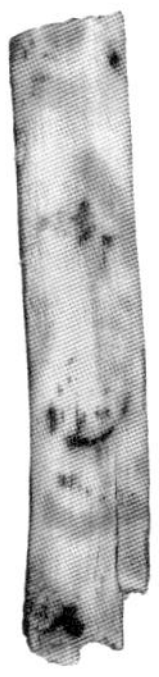
☒□□□□☒
⑤貳342

☒□□□☒
⑤貳343

☒□□☒
⑤貳344

☒□傳以節□☒
⑤貳345

☒□□□☒
⑤貳346

☒□□☒
⑤貳347

☒斤□☒
⑤貳348

☒□☒
⑤貳351

☒□□☒
☒□☒
⑤貳352

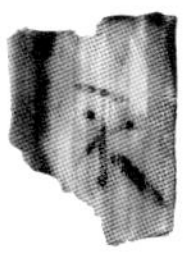
☒不☒
⑤貳353

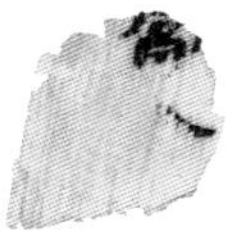
☒□☒
⑤貳354

☒□☒
☒□數☒
⑤貳355

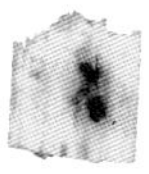
☒□☒
⑤貳356

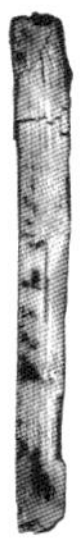
☒□□□□☒
⑤貳357

☒□□□☒
⑤貳358

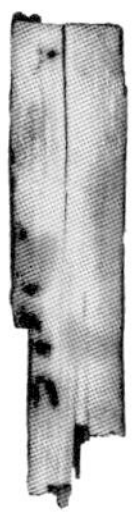
☒□□☒
⑤貳359

☒［夫］：□☒
⑤貳360

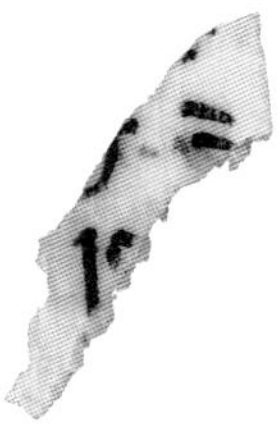
☒□□☒
☒□□☒
⑤貳361

☒荷☒
⑤貳362

☒［中］□☒
⑤貳363

☒□☒
⑤貳365

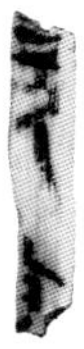
☒□□☒
⑤貳370

☒□☒
⑤貳371

☒□□☒
⑤貳374

☒□☒
⑤貳375

☒□☒
⑤貳376

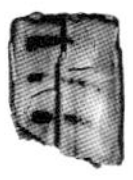
三☒
⑤貳378

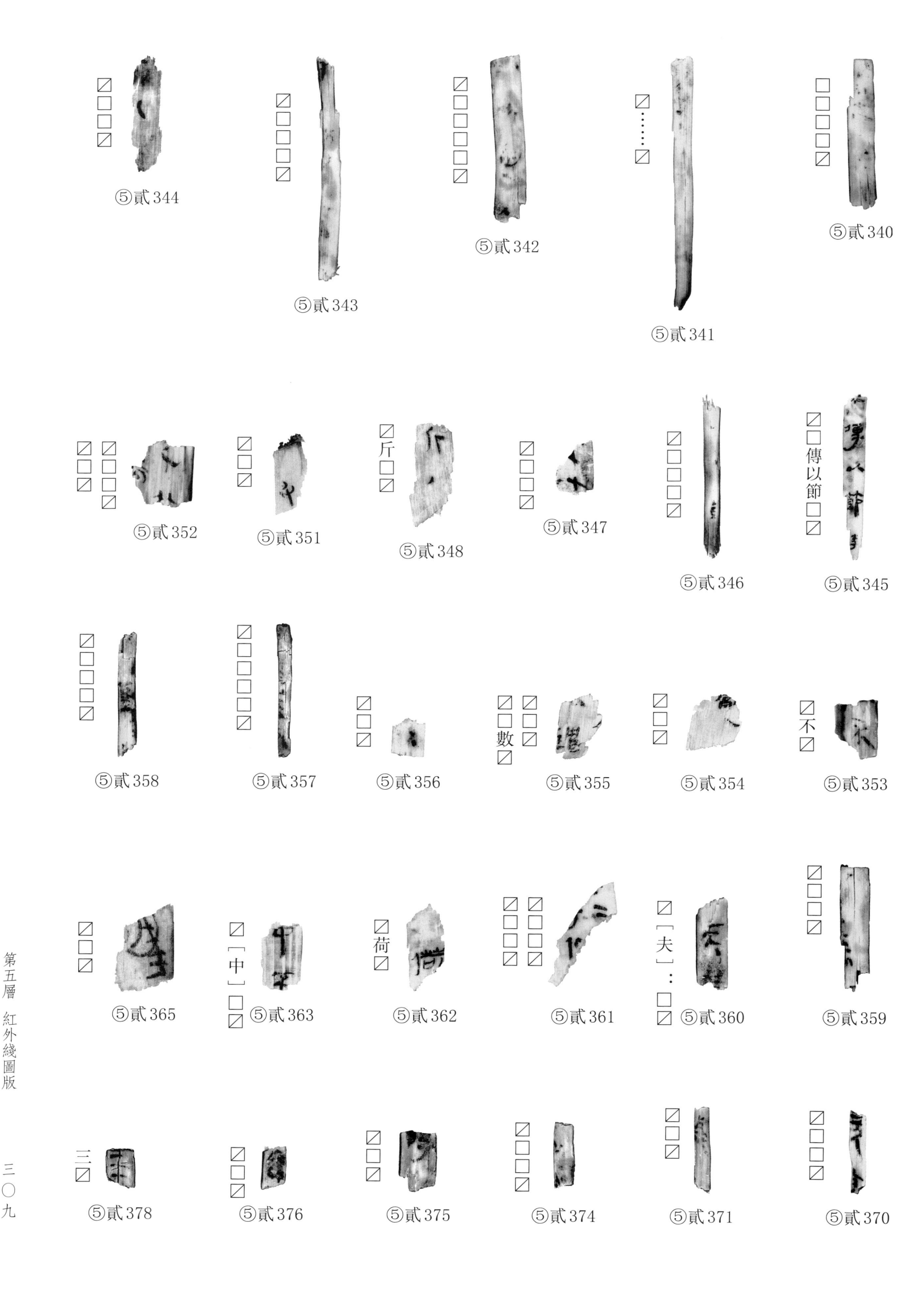

第六層

五年它如律令安武并死舍☑
鄉 都 武☑

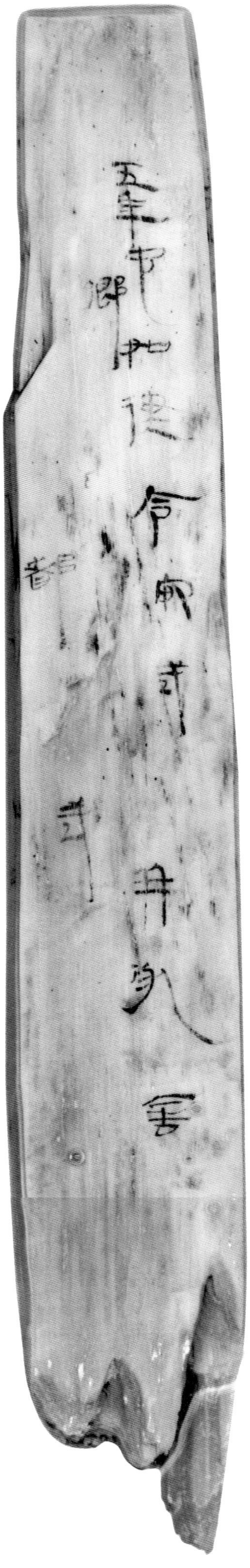

⑥1正

目□□□□□自☑

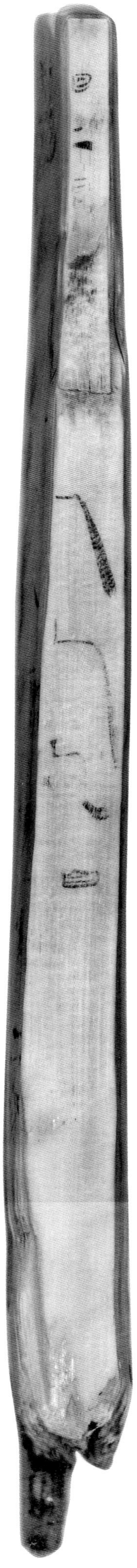

⑥1左側

（圖案）□東曹日司金□（圖案）
笴（圖案）
兩廿人□☑

⑥1背

甲子乙丑丙丁卯癸丑筋齒羽留留蓾奴婢四千☑

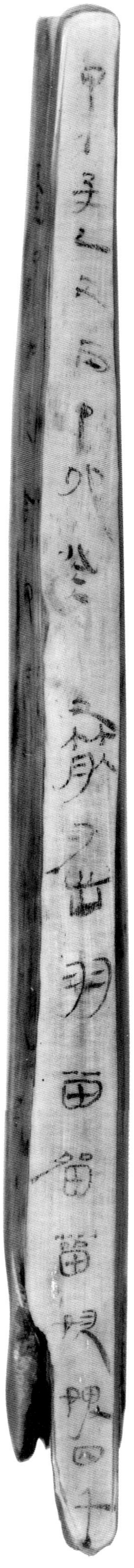

⑥1右側

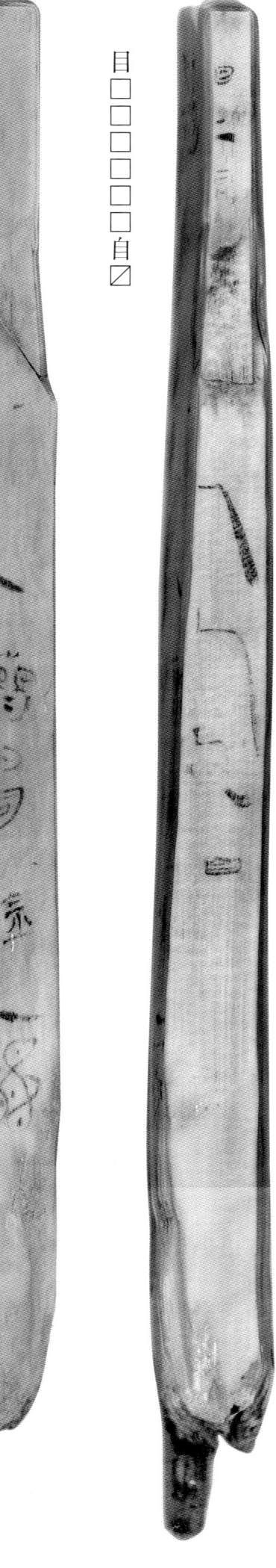

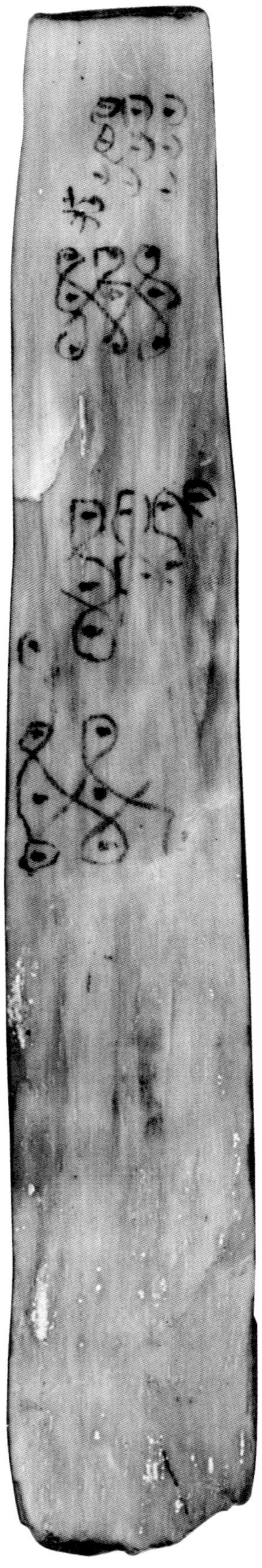

（圖案）制（圖案）

⑥2正

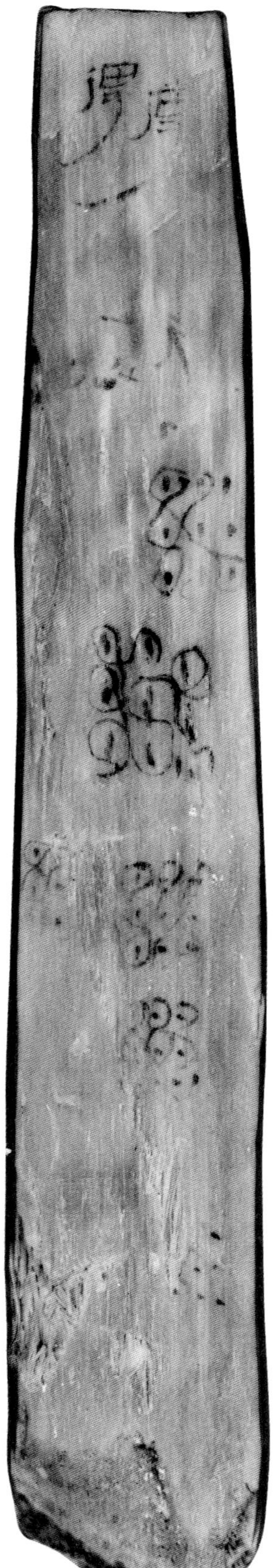

得□□（圖案）☐
得□（圖案）

⑥2背

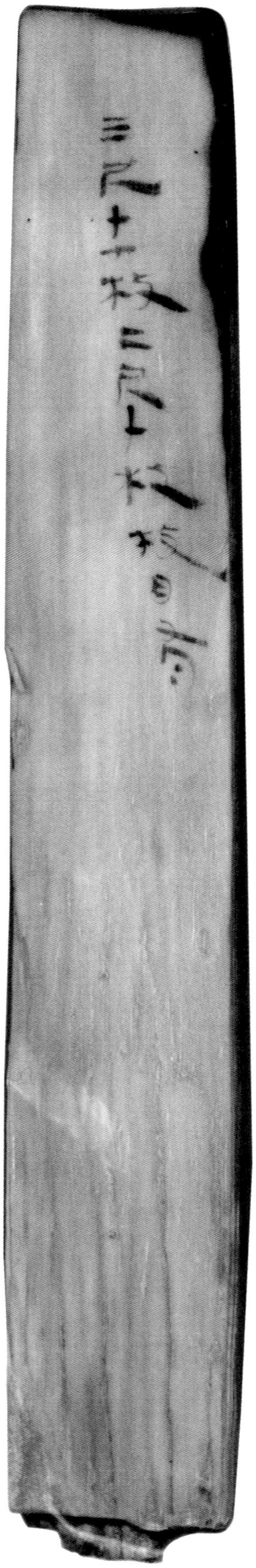

三尺十七枚二尺十枚校月有☐

⑥3

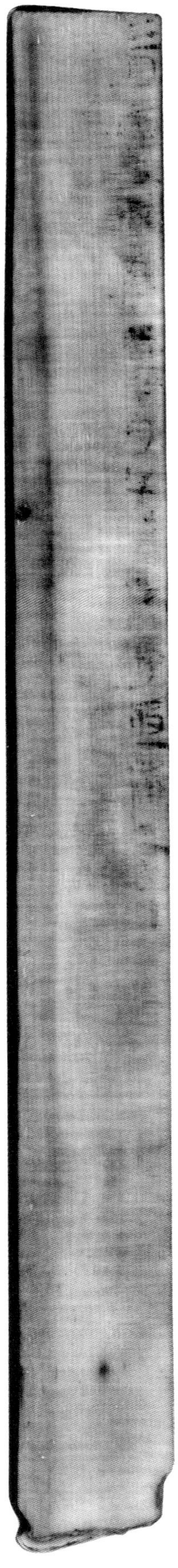

三月辛丑□□□□□□□□□亟□□□☐

⑥4

☐以買☐

⑥5正

☐二月二月己己酉益陽丞☐

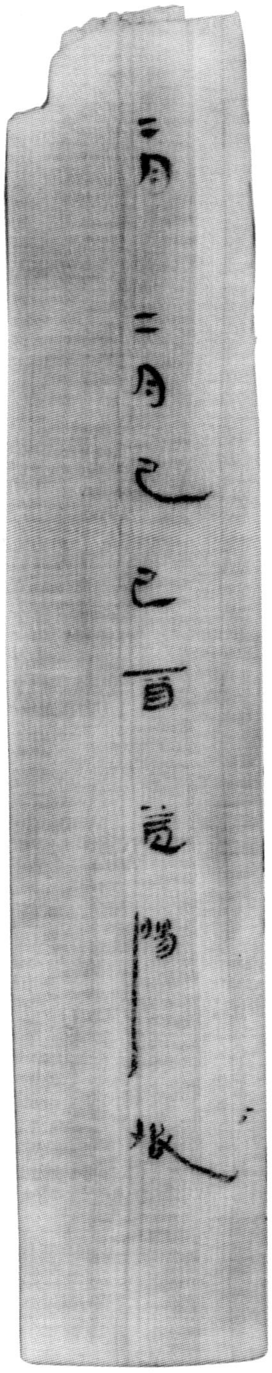

⑥5背

或遝下資鄉恒徙爲陽馬鄉嗇佐信爲尉史書
七年七月戊戌朔丙寅西曹史萿移吏曹可
具寫移［須］以驗獄勿留它如律令

⑥6正

萿手

⑥6背

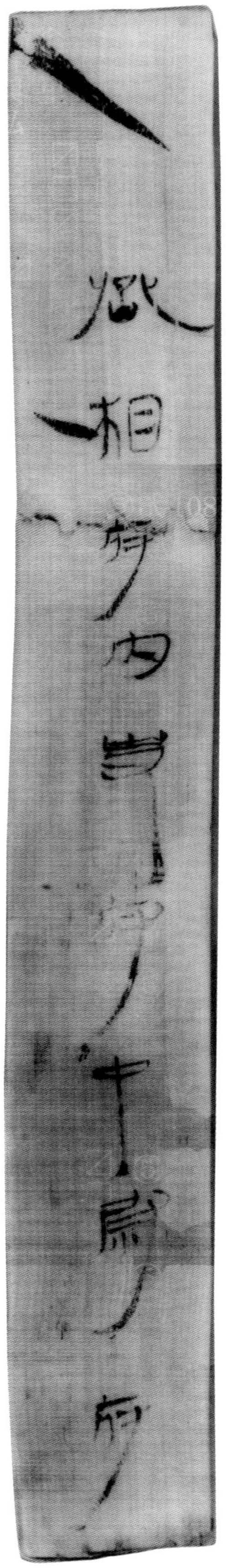
□丞相府内史府中尉府

⑥7正

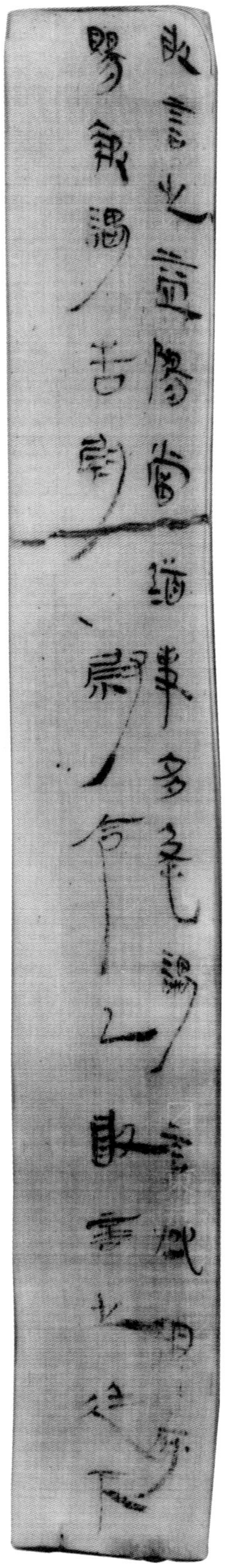
敢言之益陽當道事多急謁言丞相府
賜報謁告尉尉令乙敢言之廷下

⑥7背

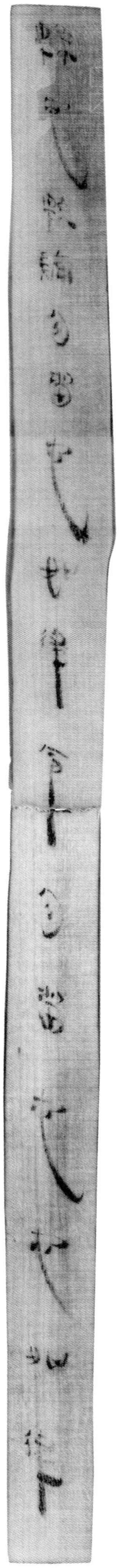
縣它縣論勿留它如律令勿留它它如律

⑥8+
⑦11正

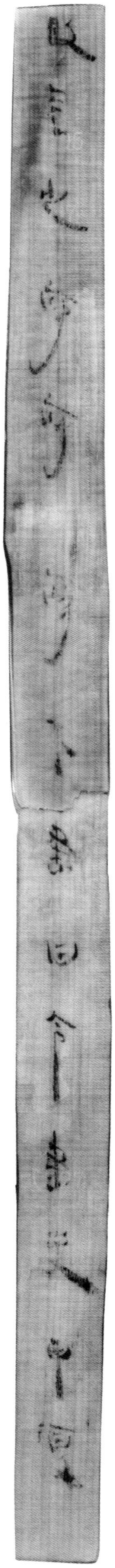
敢言之守府府下書曰令書吏甲復

⑥8+
⑦11背

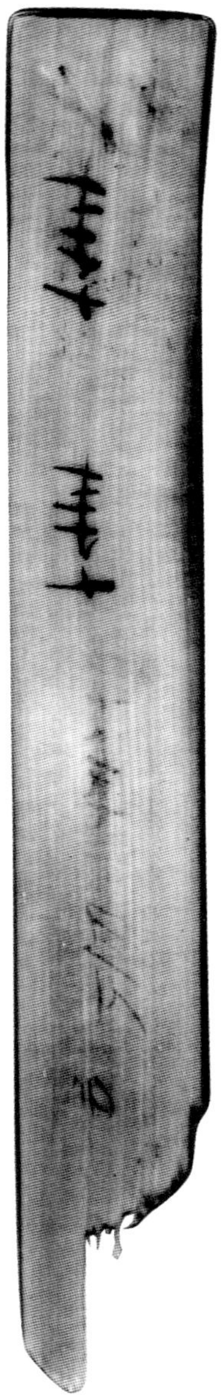
年七年七七年長伯▨
說明：書寫順序倒錯。
⑥9

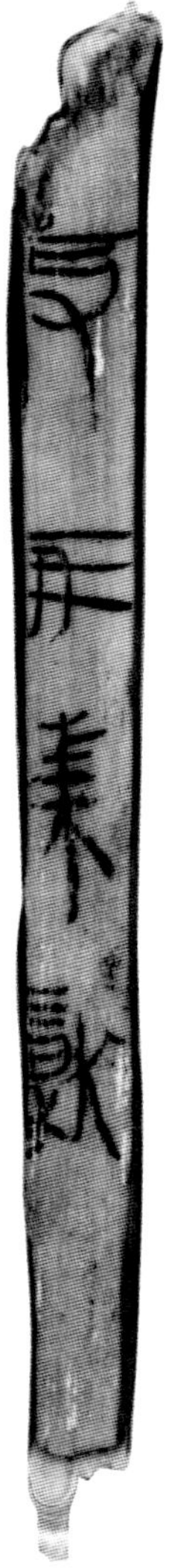
▨［敬］再拜獻▨
⑥10正

▨□□史人爲〓何人不審▨
⑥10背

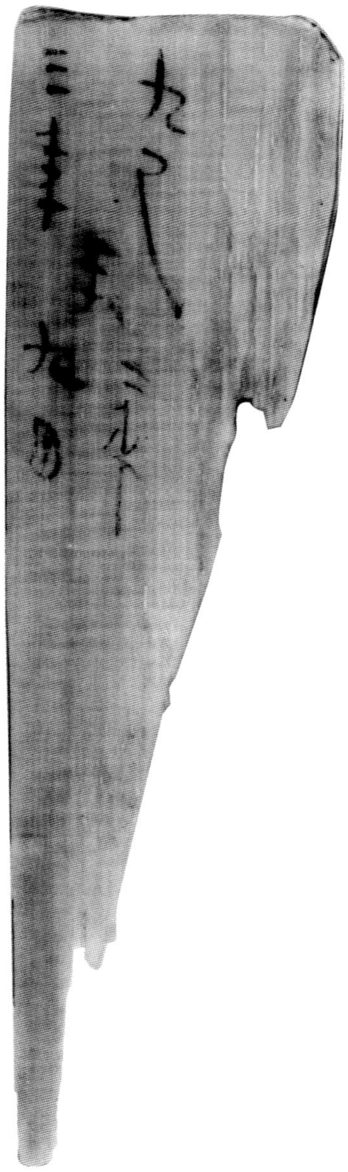
九卩二年▨
三年□九月▨
⑥12

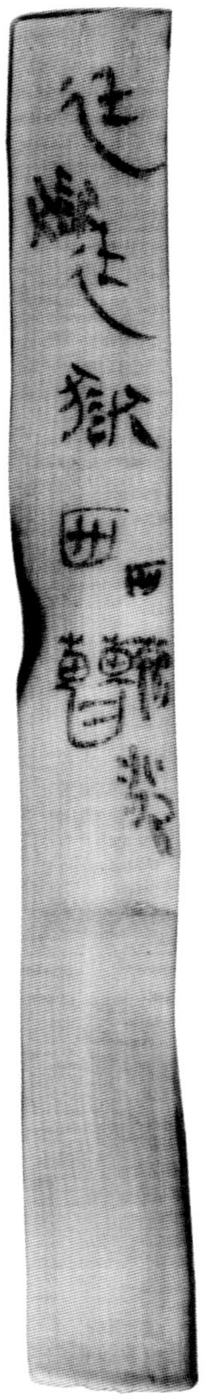
西曹發
廷廷獄西曹
獄
⑥11正

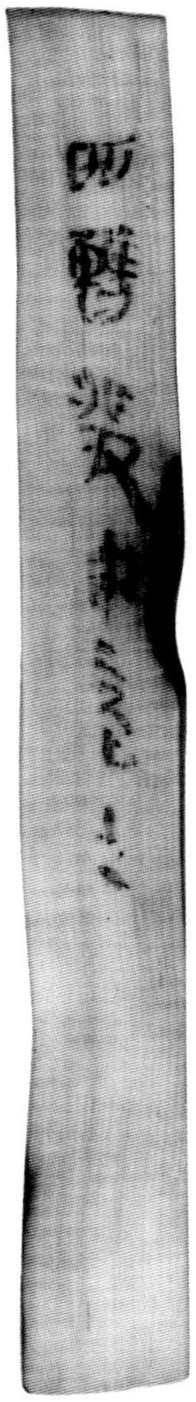
西曹發敢言之
⑥11背

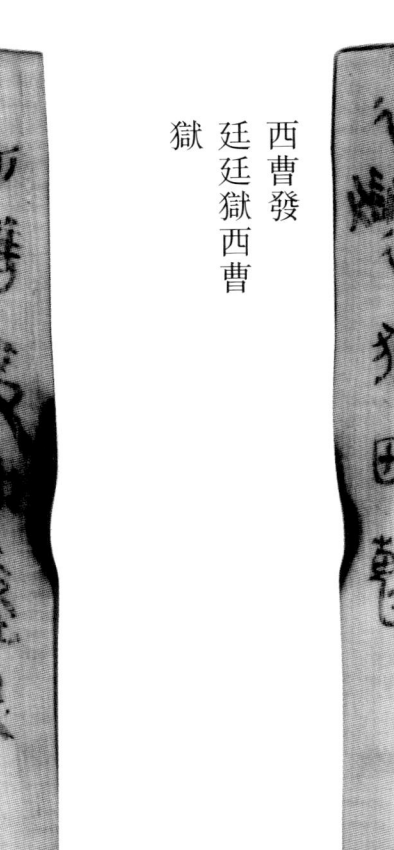

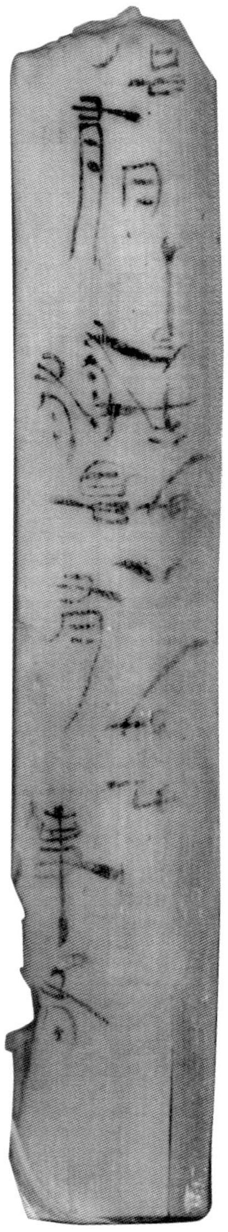

☑有令半升八斗九
☑□有月有有有有事有

⑥13正

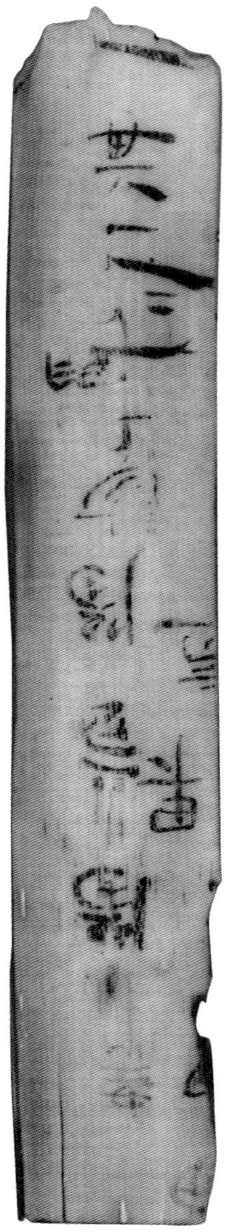

☑益畀□□□
☑□人其一人=千□陽陽益陽書

説明：正背面均書寫順序混亂。

⑥13背

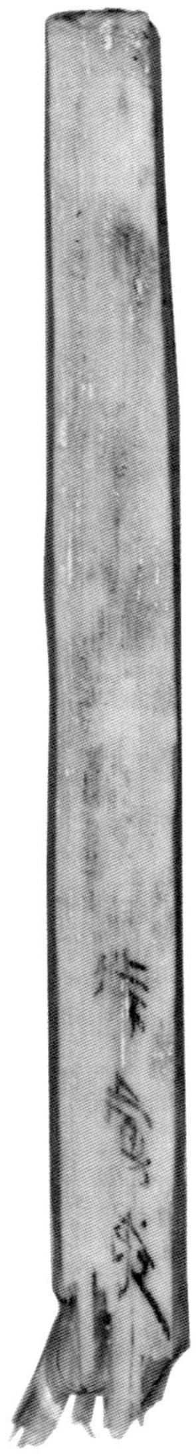

□虜敬☑

⑥14

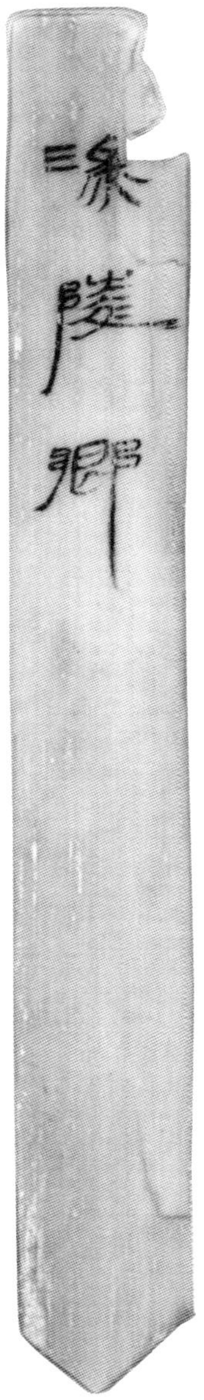

潙陵鄉

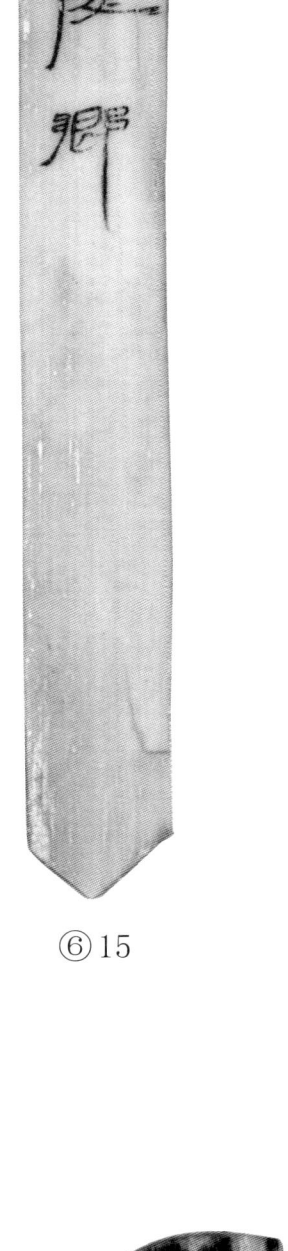

⑥15

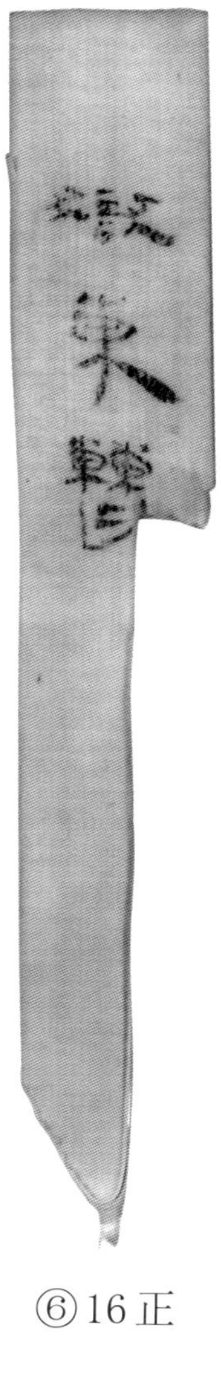

獄東曹☑

⑥16正

筭凡負二日賈□□☑

⑥16背

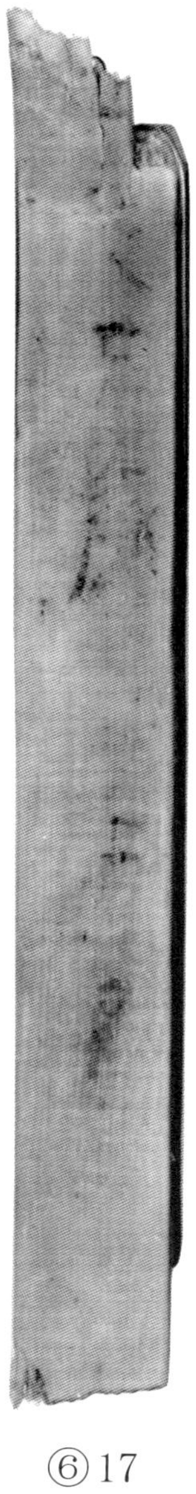

☑……☑

⑥17

金布
日治

⑥18

☑□不用此律（圖案）
☑陽□□益陽丞□☑
☑［陽］公陽陽□□之☑
☑敢言（圖案）☑
☑［耒］陽□丞□敢言之之☑

⑥19正

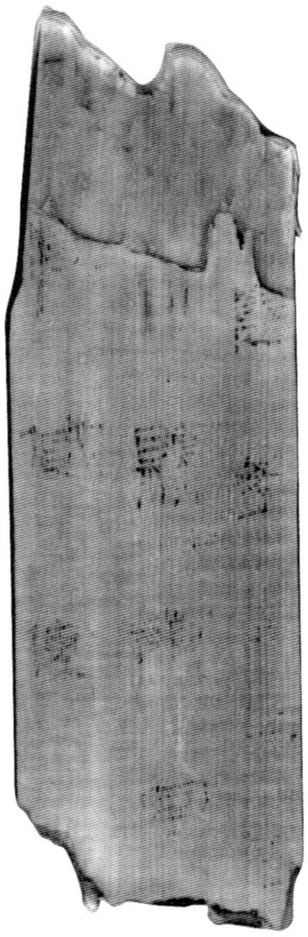

☑□□□□□☑
☑□縣［道］官☑
☑□貸□☑

⑥19背

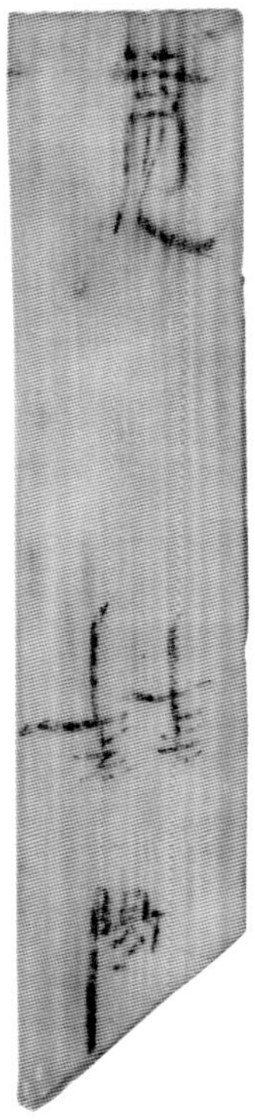

益年年陽☑

⑥20正

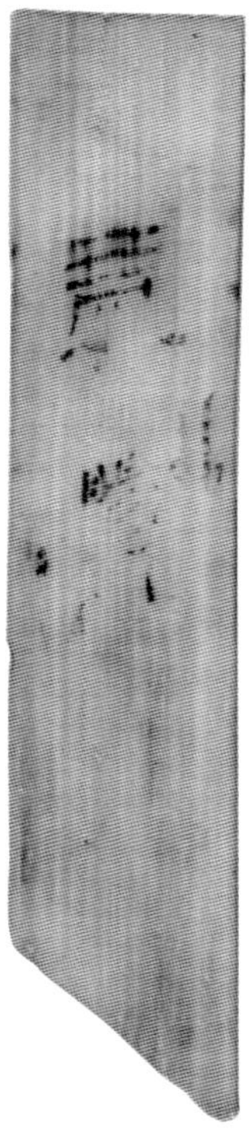

卯☑
益陽☑

説明：「年年」「卯」倒書。

⑥20背

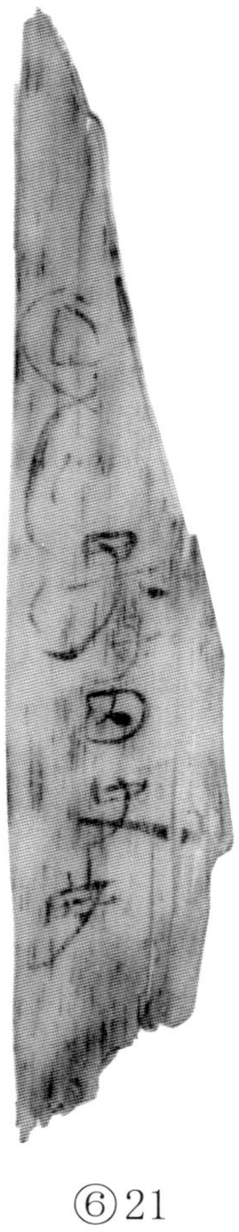

☑（圖案）畀子内史府☑

⑥21

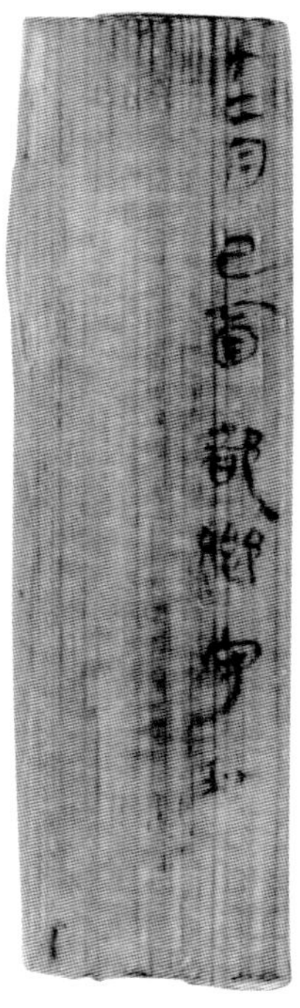

十二月己酉都鄉守□☑

⑥22正

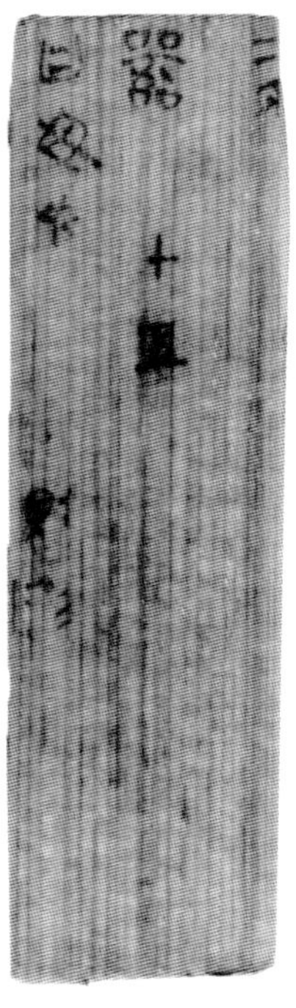

二□ ☑
器十□ ☑
曰毋它 財物 ☑

⑥22背

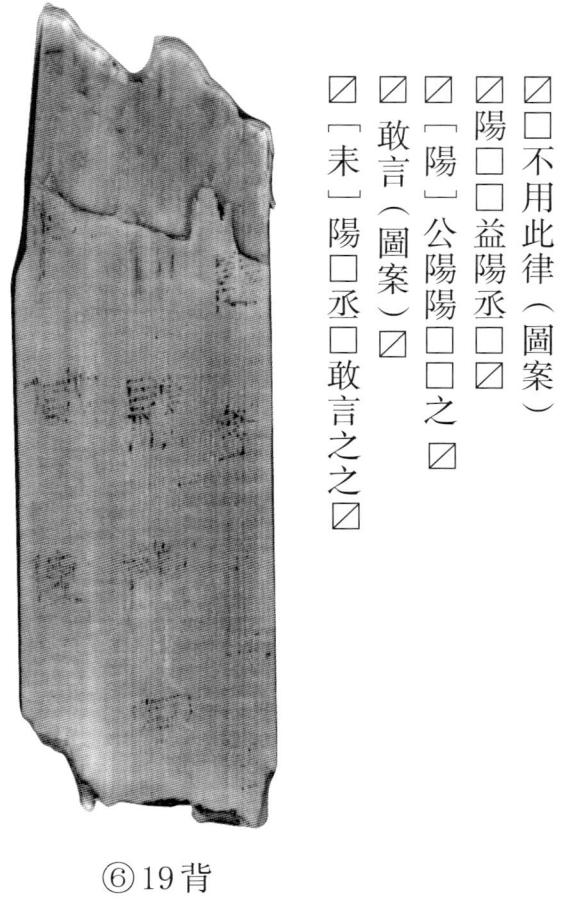

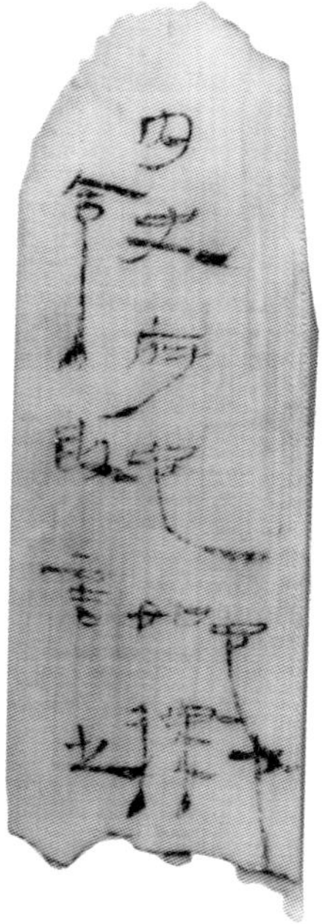

☒　它它☒
☒內史府它如律☒
☒令敢言之☒

⑥23正

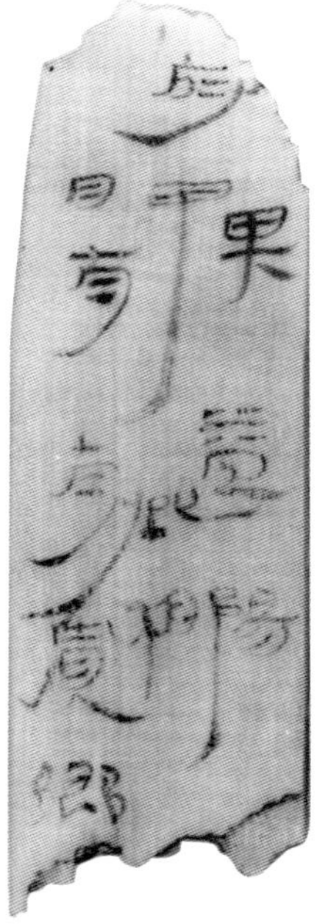

☒畀益陽☒
☒□府甲丞相☒
☒月七月［十］月買鄉☒

⑥23背

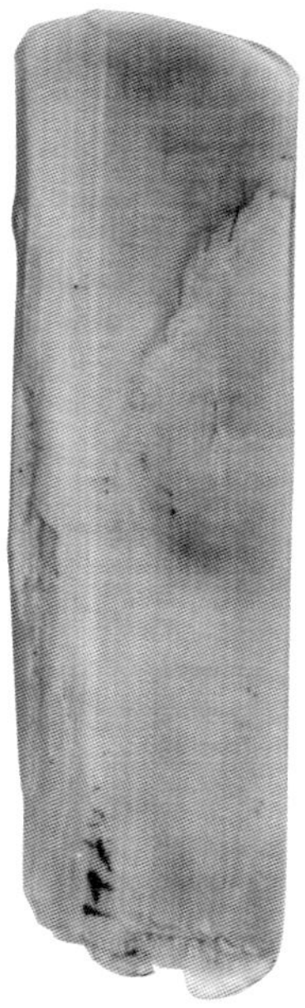

☒　□□☒

⑥24

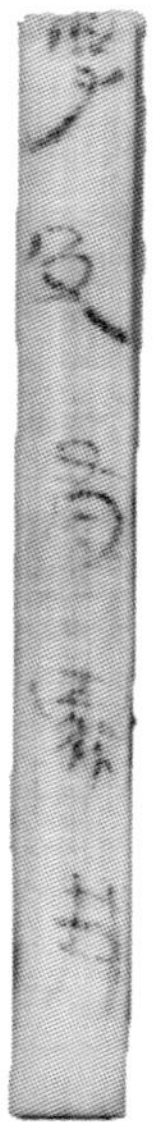

☒□及有罪弗

⑥25

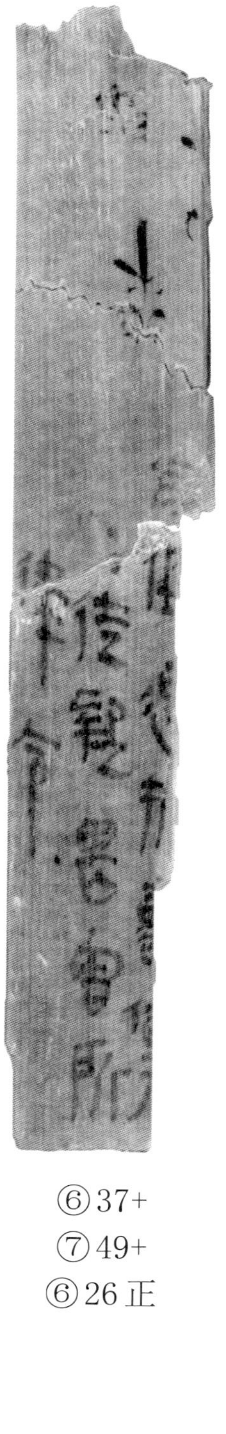

☒□□烏丞勝告□田丞令獄史
☒□□□［有］徵還捕繫傳
☒　□徒疑畏害所
☒　律令

說明：簡面文字書寫順序混亂。

⑥37+
⑦49+
⑥26正

☒　告手

⑥37+
⑦49+
⑥26背

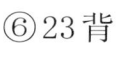

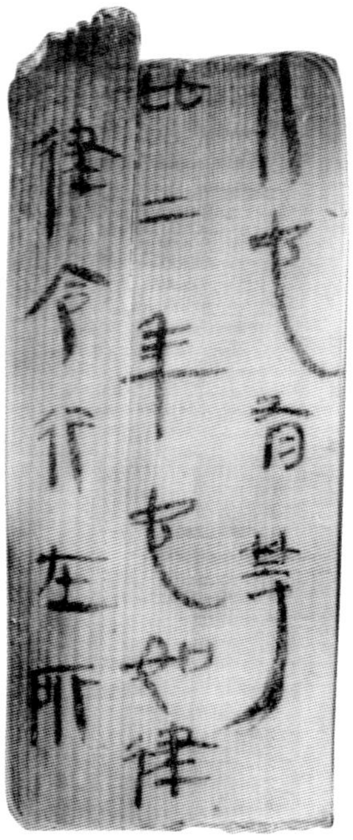

☑□它有等
☑［比］二年它如律
☑□律令行在所

⑥27正

☑它有等［比］□□
☑它有等比二年九月
☑之日下失時亡日失

⑥27背

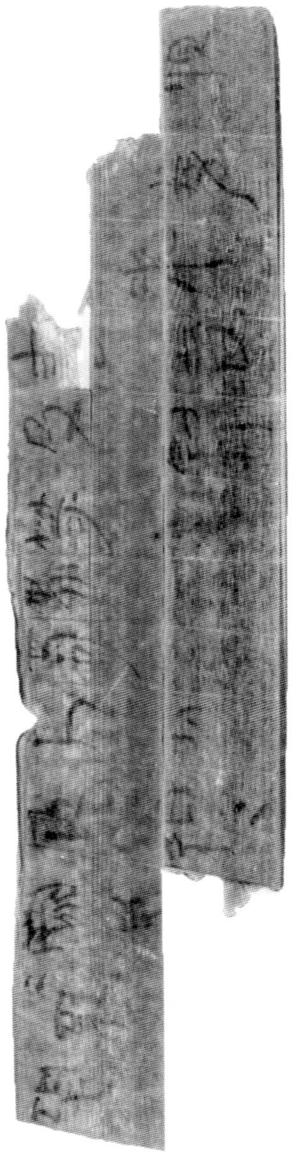

☑書及等界笥□敢罪＝不恐☑
☑□券未者□□□□［復］☑

說明：簡面有鋭器分欄痕迹，簡文横寫。

⑥39+⑥28

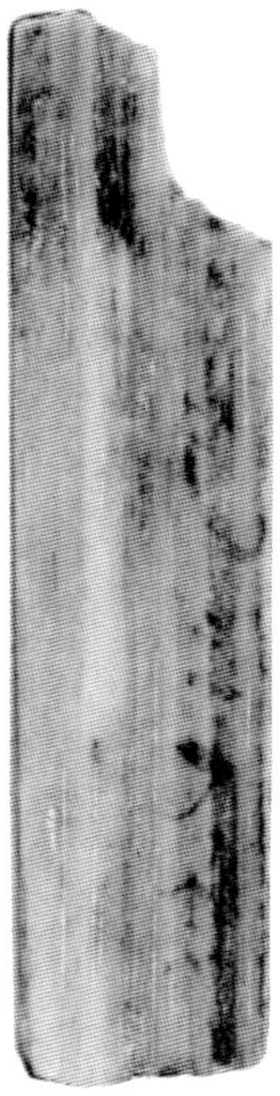

☑……☑

⑥29

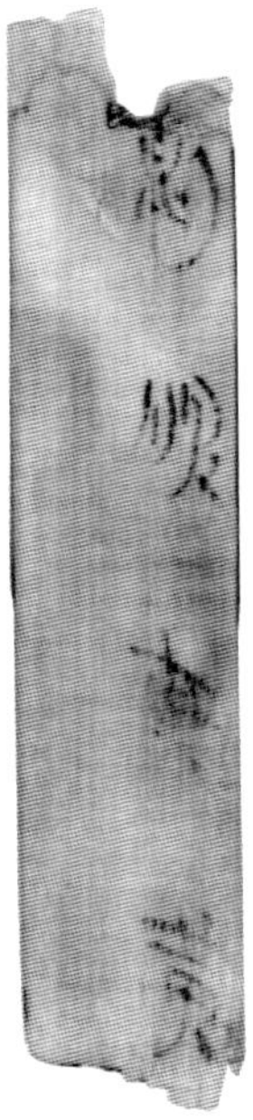

☑則脾□黄☑

⑥30

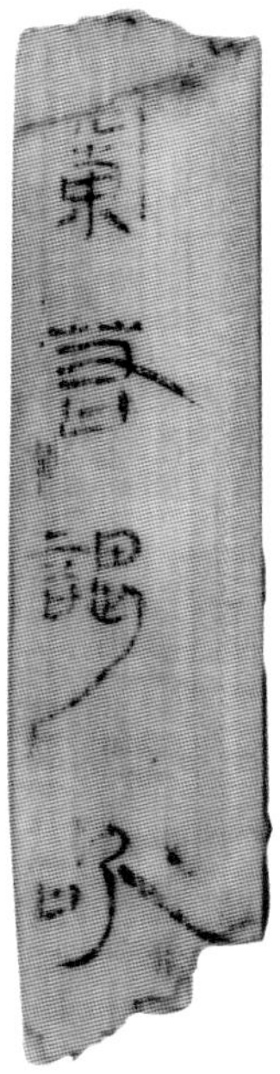

☑闌若謁欲☑

⑥31正

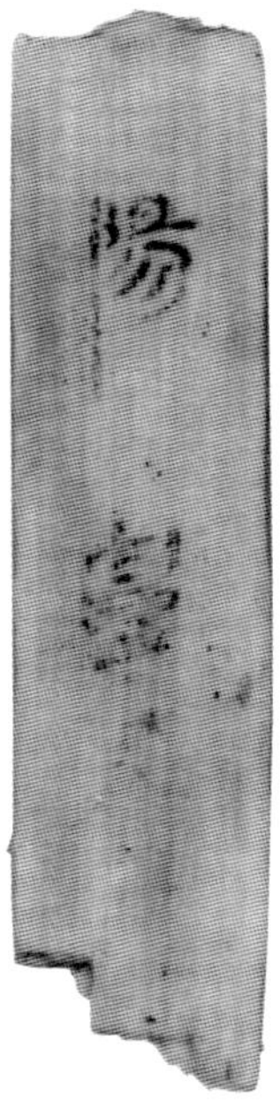

☑陽□☑

⑥31背

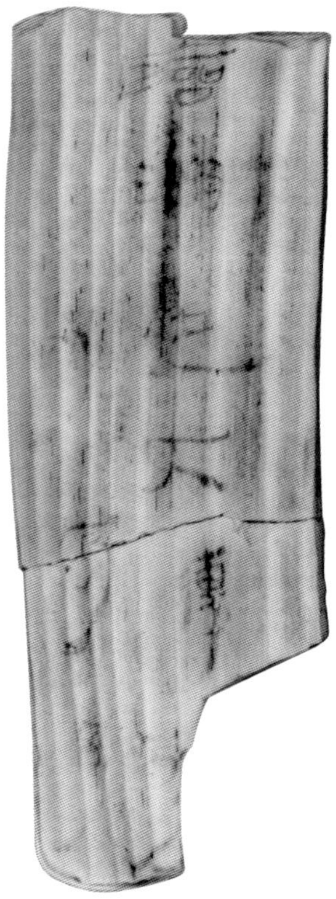

▨臨湘廷下傳□▨
▨□□府□▨

⑥32正

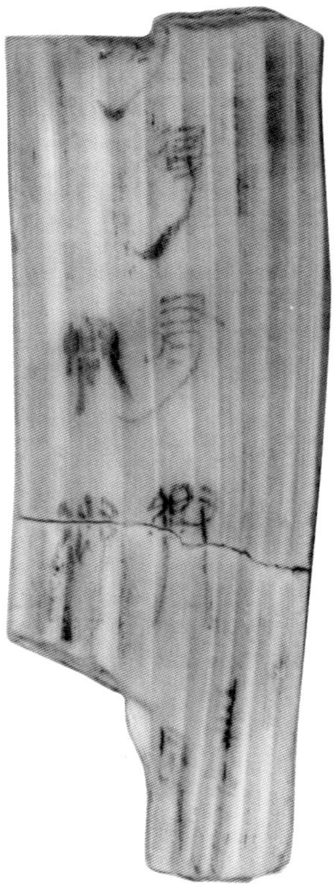

▨□得有鄉□▨
▨鄉鄉▨

⑥32背

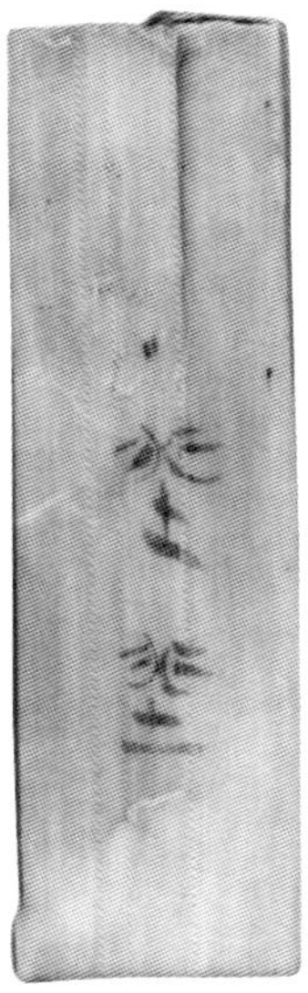

□韭韭

⑥33

石二廿▨
令史可聽▨

⑥34正

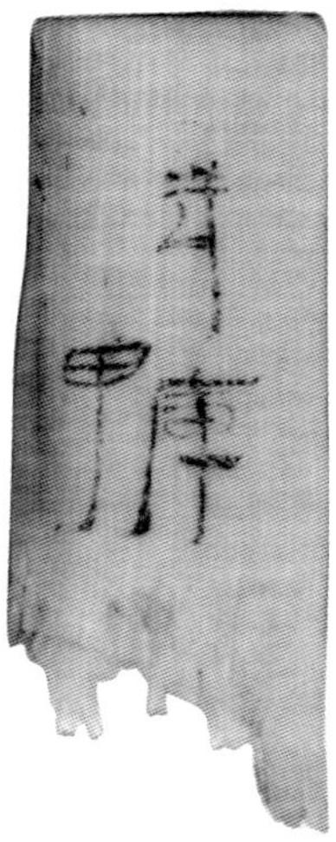

武庫▨
甲▨

⑥34背

說明：正面兩行文字書寫順序顛倒。

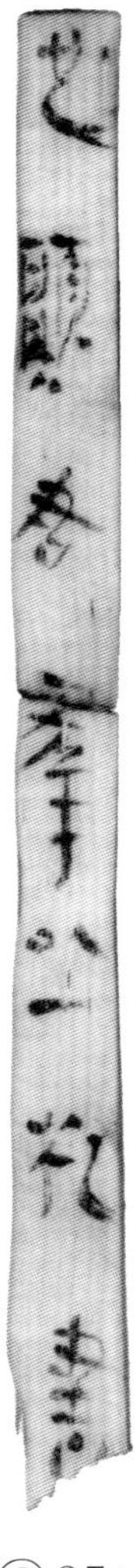

也顧君幸以一札書▨

⑥35+⑦56正

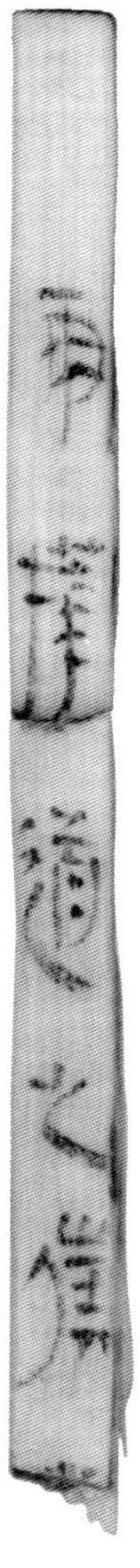

再拜道之僕□▨

⑥35+⑦56背

▨□曰幸［因］書□▨

⑥36+⑦57

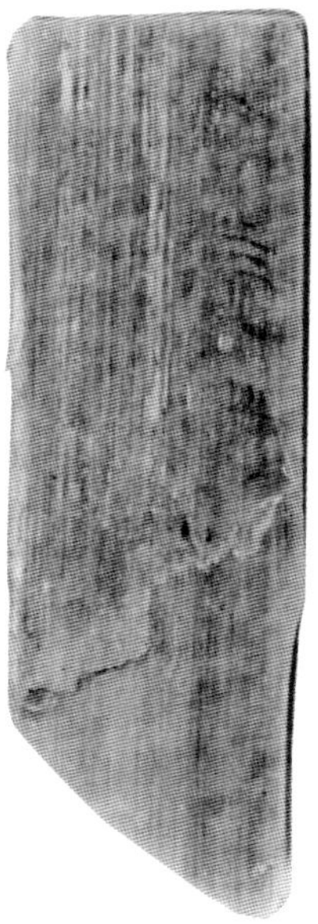
□益陽☒
⑥38

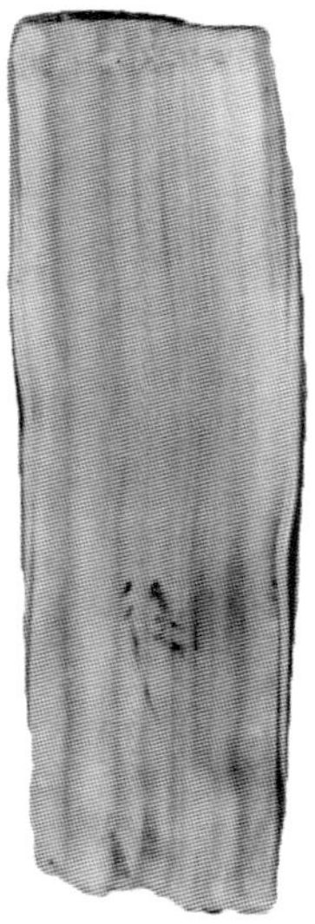
廷☒
⑥40

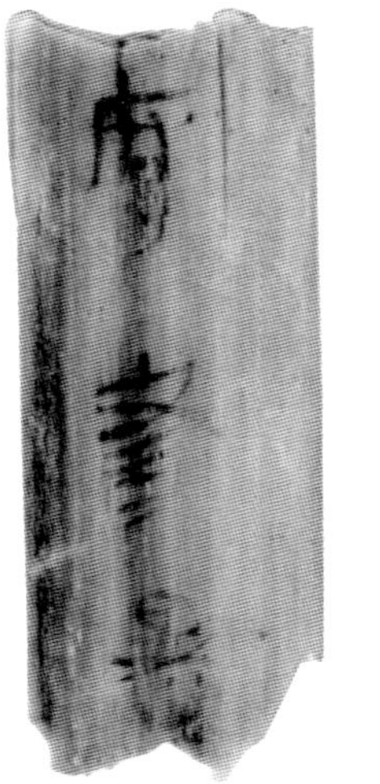
☒府書署☒
⑥41正

☒□☒
⑥41背

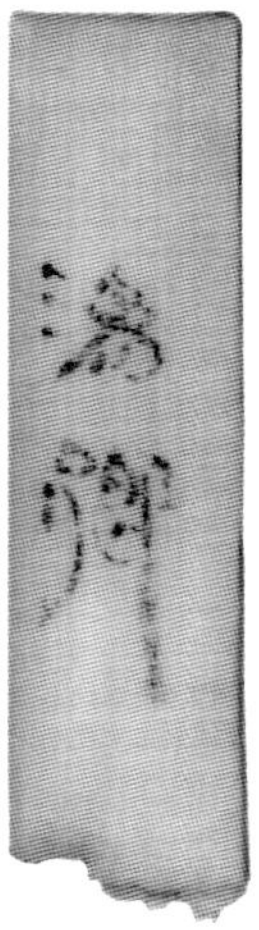
潙鄉☒
⑥42

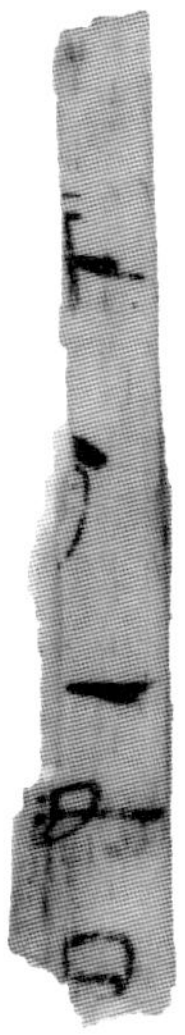
☒［年九月乙］丑［朔］☒
⑥43

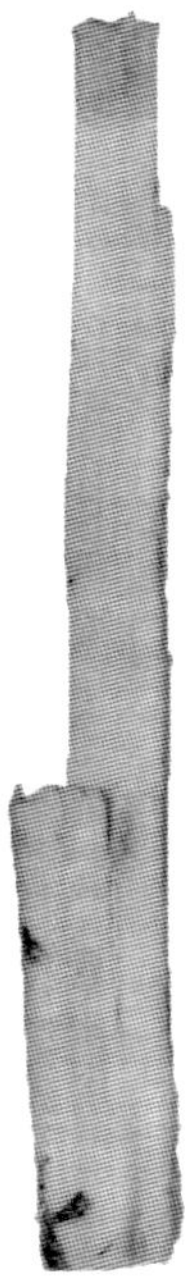
☒□□☒
⑥44

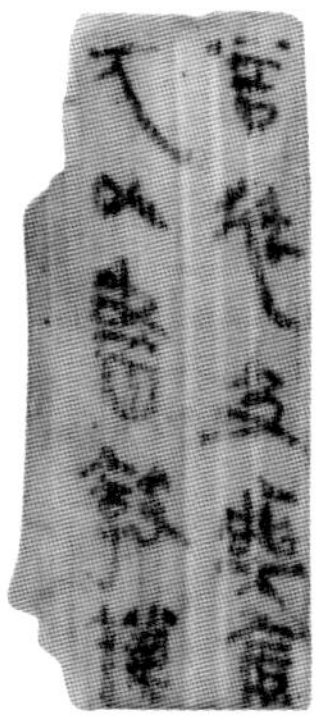
☒言廷及與［會］☒
☒［先］以書教僕☒
⑥45正

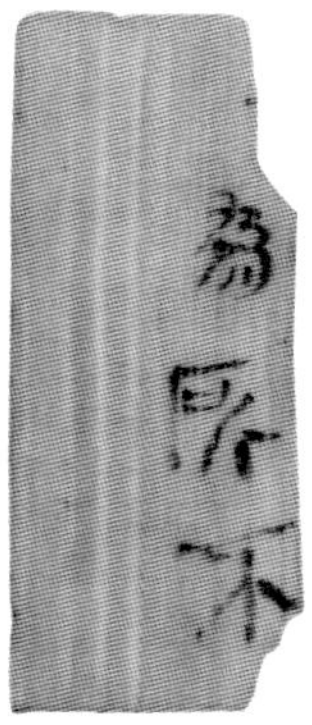
☒□爲所不☒
⑥45背

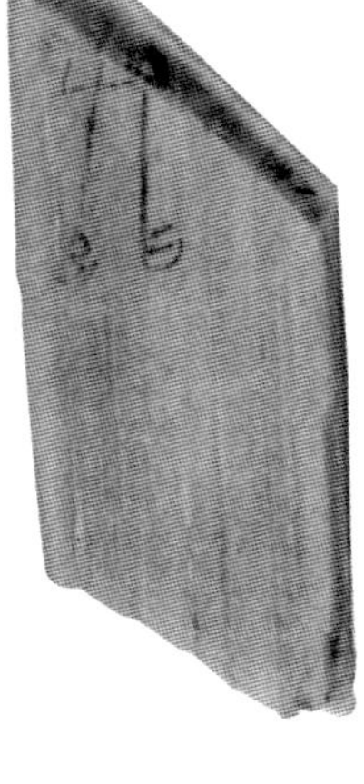
（圖案）
⑥47正

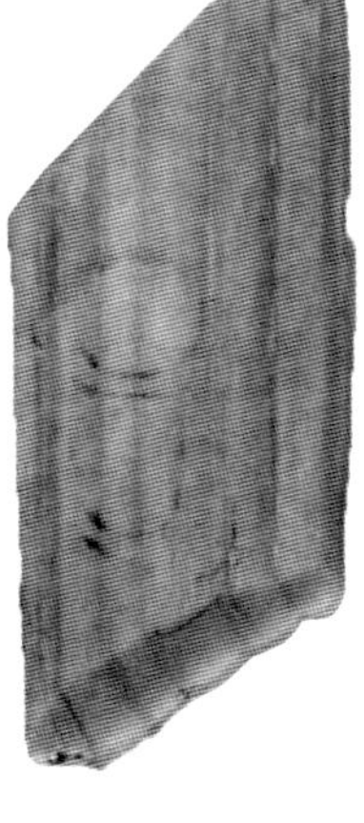
（圖案）
⑥47背

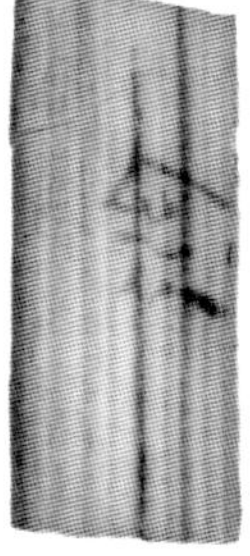
☒［表］
⑥48

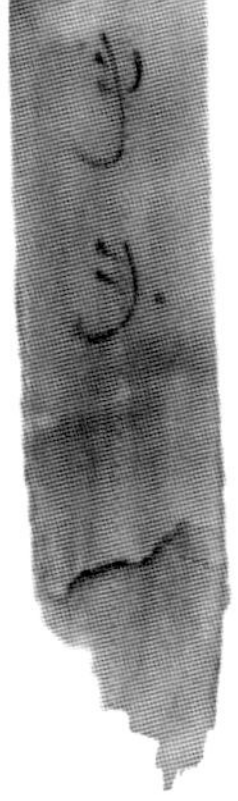
☒寸寸　☒
⑥49正

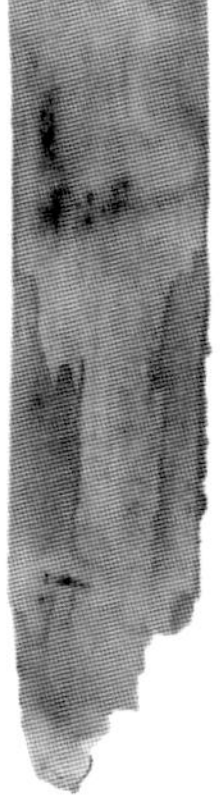
☒□□□☒
⑥49背

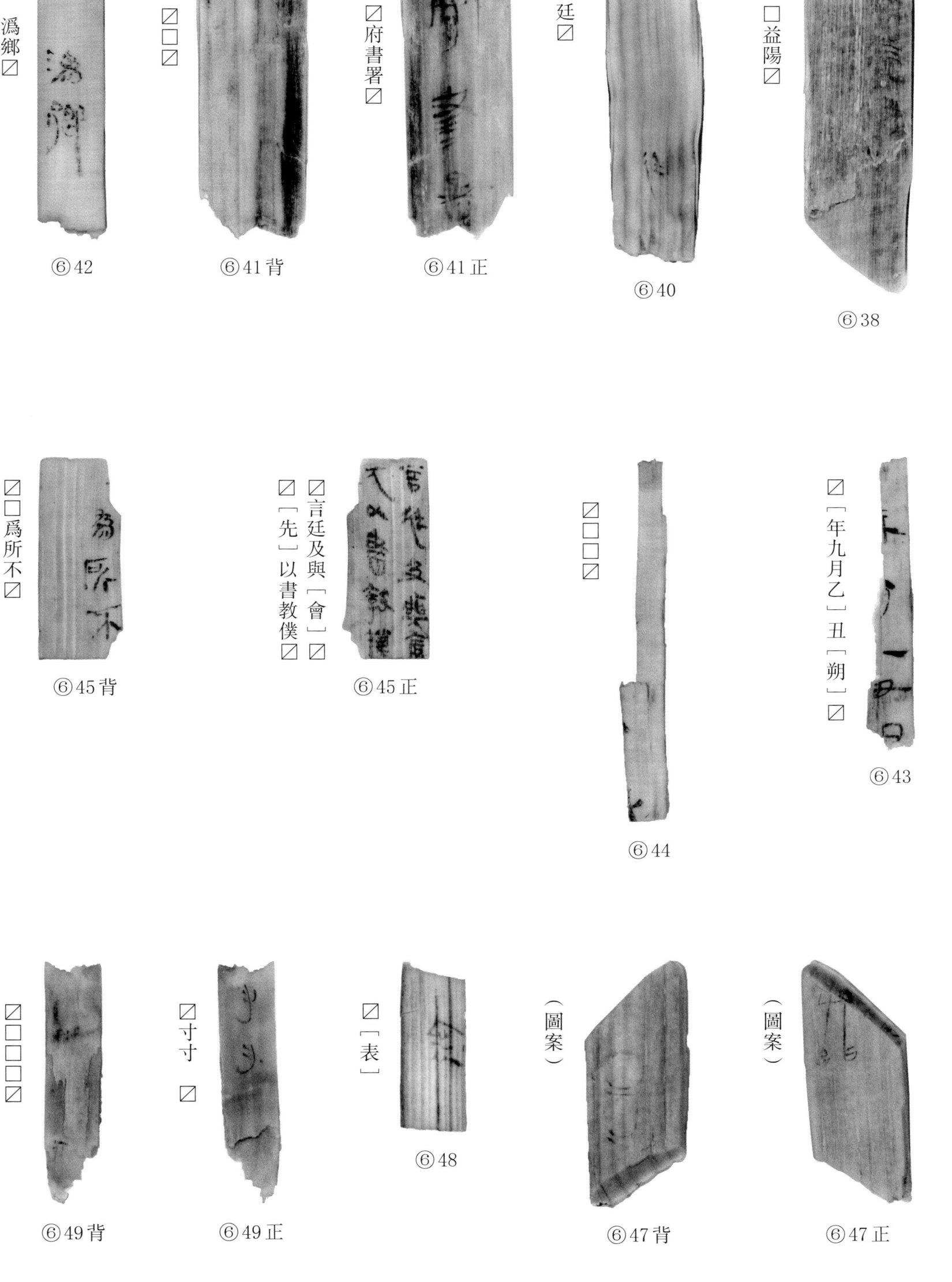

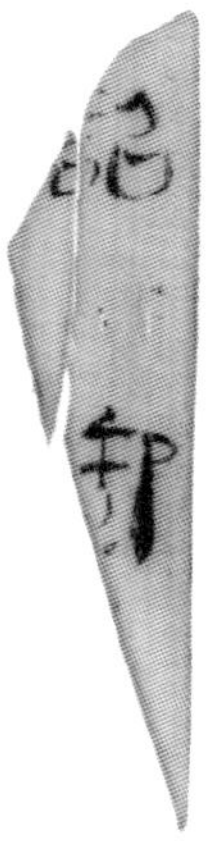
☐詔御☐

⑥50正

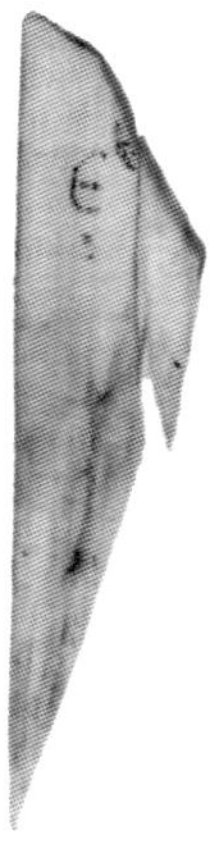
☐□□☐

⑥50背

☐□□☐

⑥51

☐［還］☐
☐□□

⑥52+⑦69+⑦70正

☐□

⑥52+⑦69+⑦70背

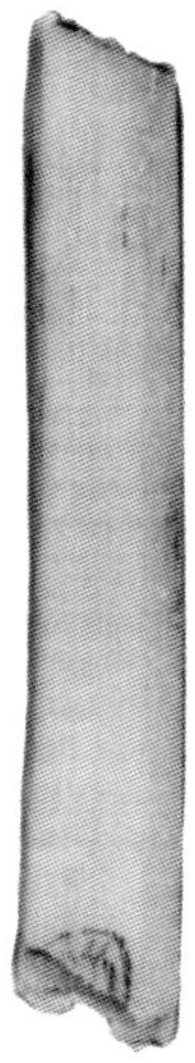
☐□☐

⑥53

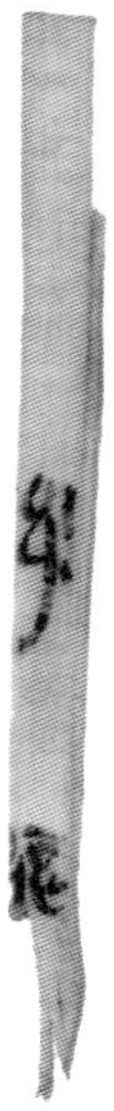
［鄉鄉］☐

⑥54正

［鄉鄉］□☐

說明：正背面書寫順序顛倒。

⑥54背

•粟一百九☐
五日∠粜☐

⑥55

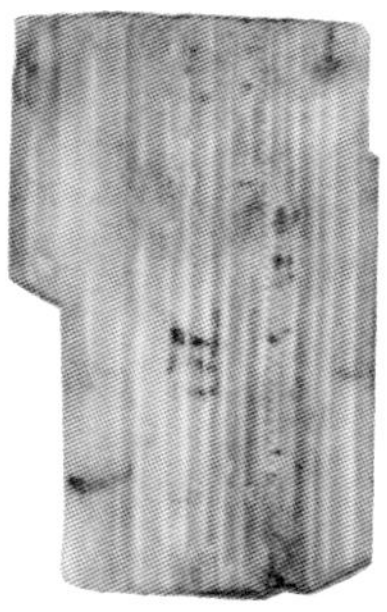
☐……☐
☐□☐

⑥56

☐□見☐

⑥58正

☐□☐

⑥58背

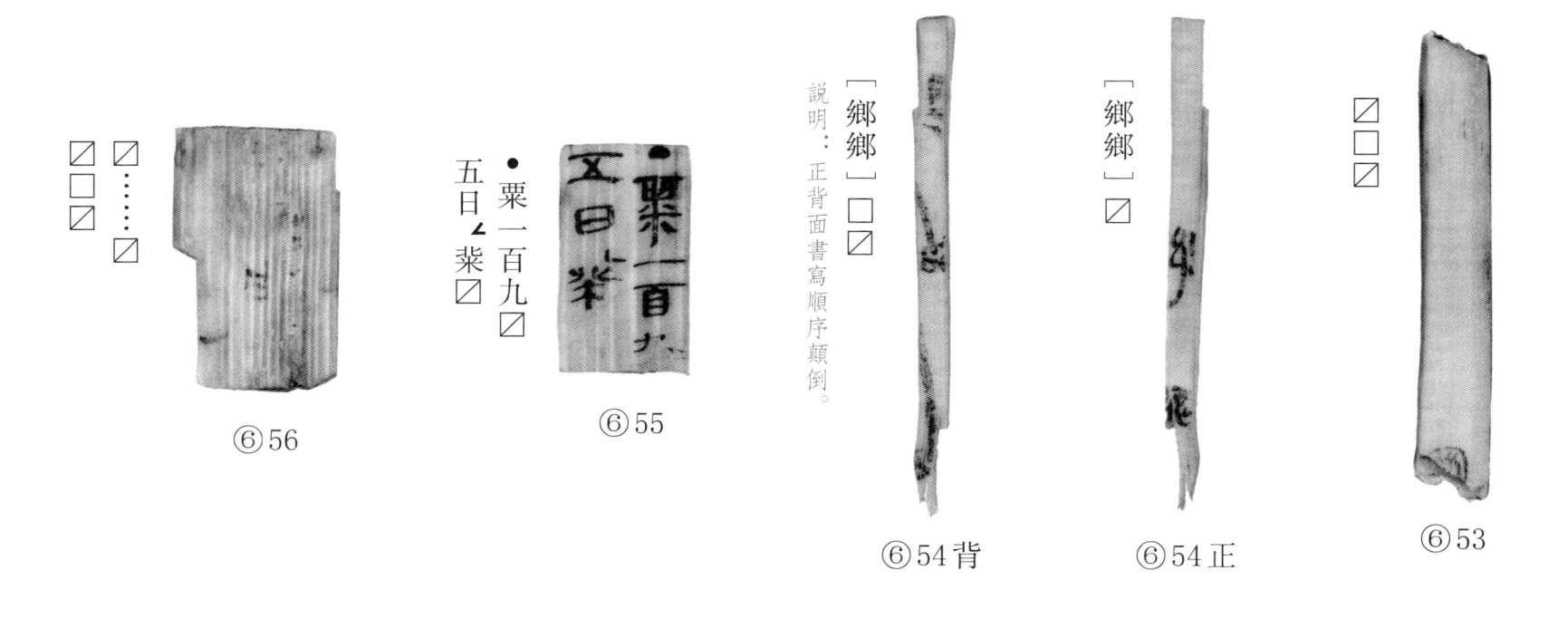

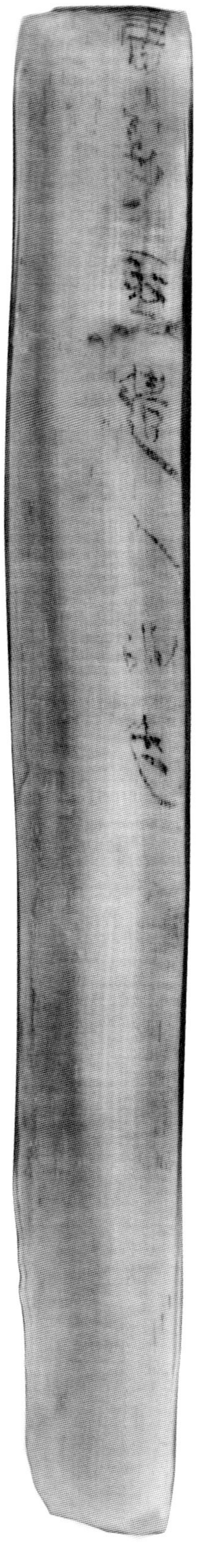

⑥59

〼書到亟遣人詣廷〼

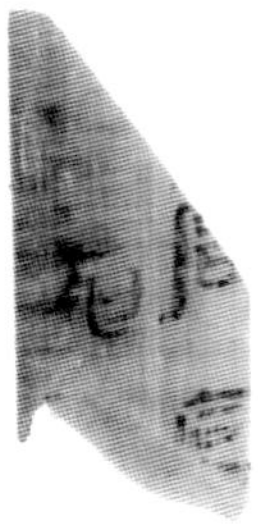

⑥60

〼□□〼

〼□□〼

⑥61

〼□社稷〼

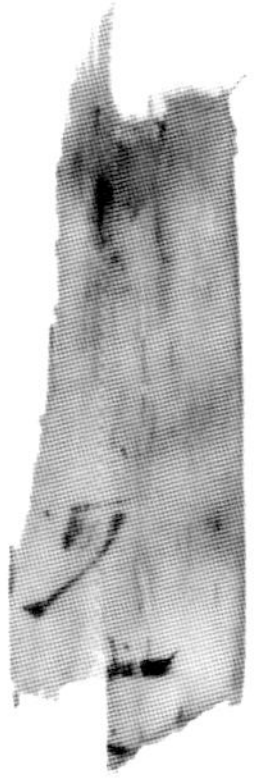

⑥62

〼□可□□〼

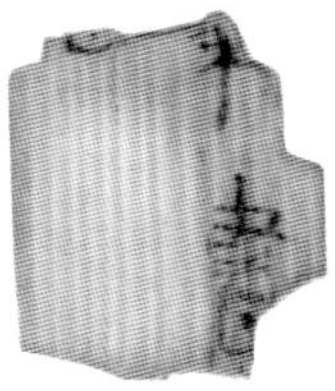

⑥63

〼□書〼

〼□〼

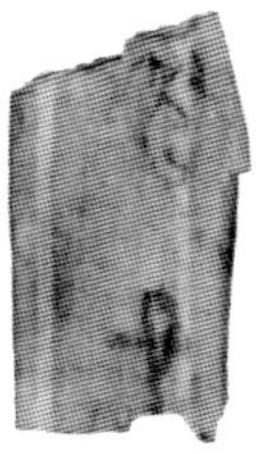

⑥64

〼□□〼

⑥65

者詣〼

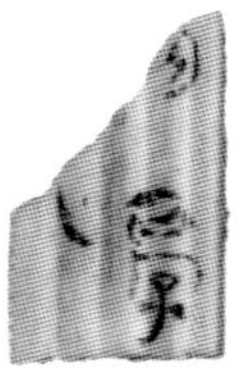

⑥66

〼□［學］〼

〼□〼

⑥67

〼都□〼

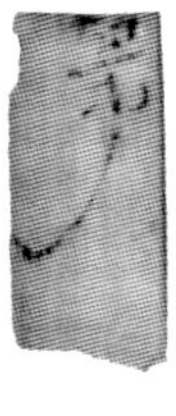

⑥68

等〼

⑥69

〼敬〼

⑥70

七年陽□年七月夜□心［陽］□〼

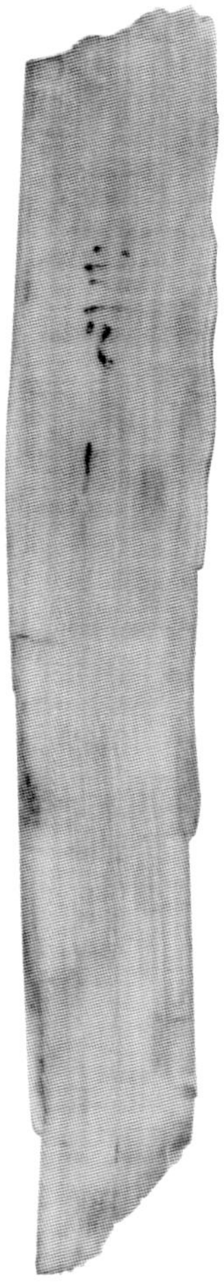

⑥71

〼益［陽］〼

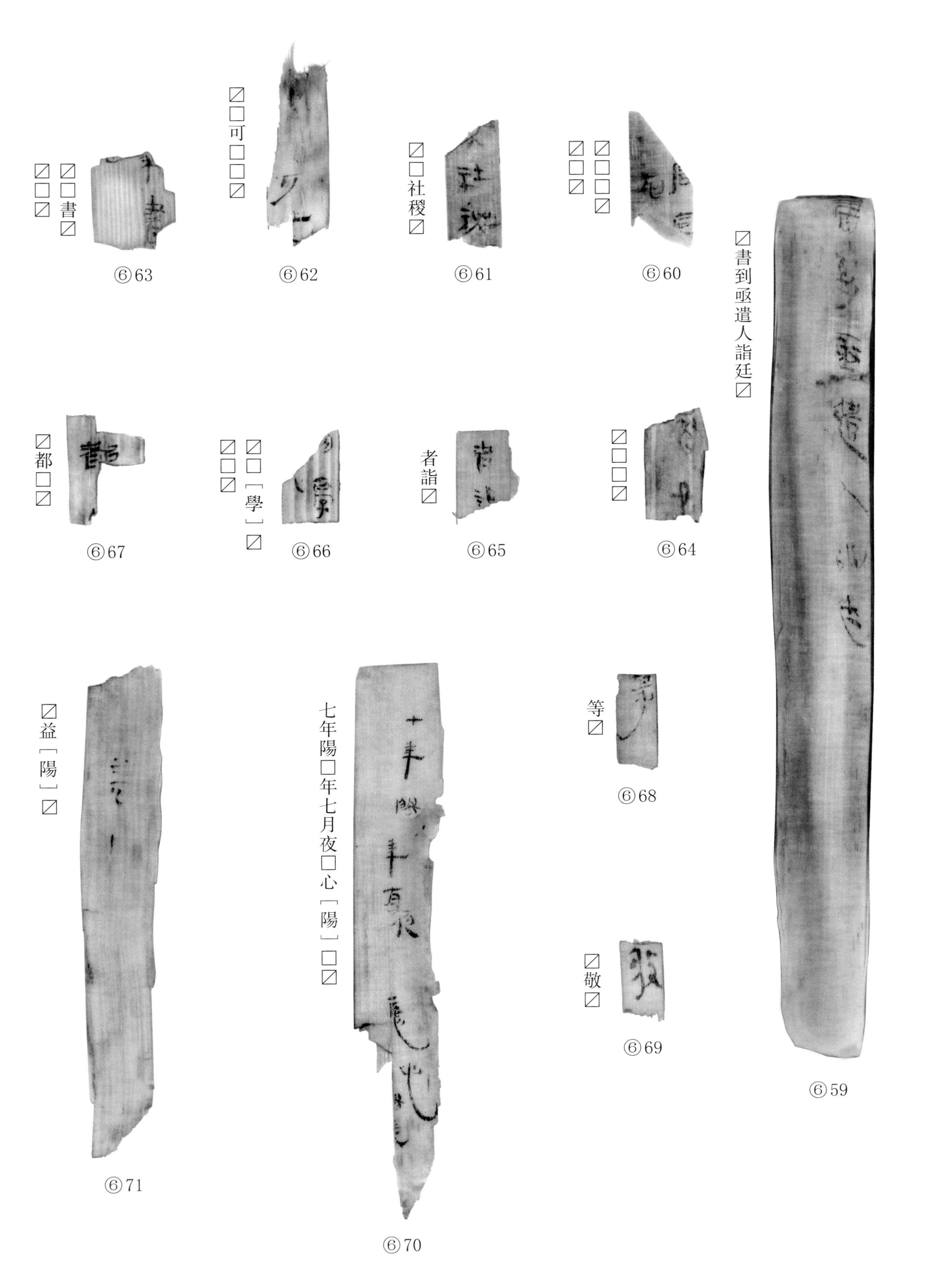

☐□不可行勝前之☐

⑥72

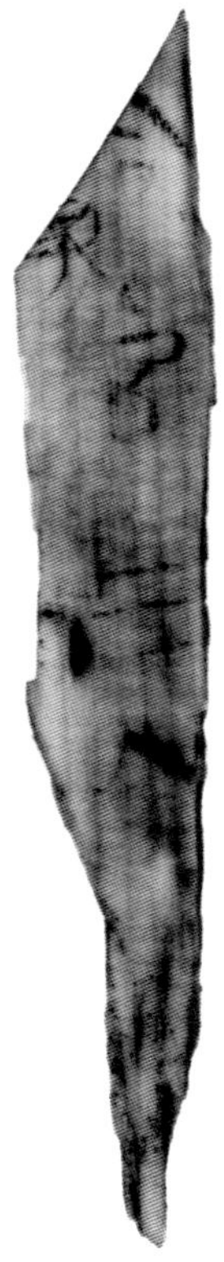

☐令□三人☐
☐□□☐

⑥73

☐書☐

⑥74

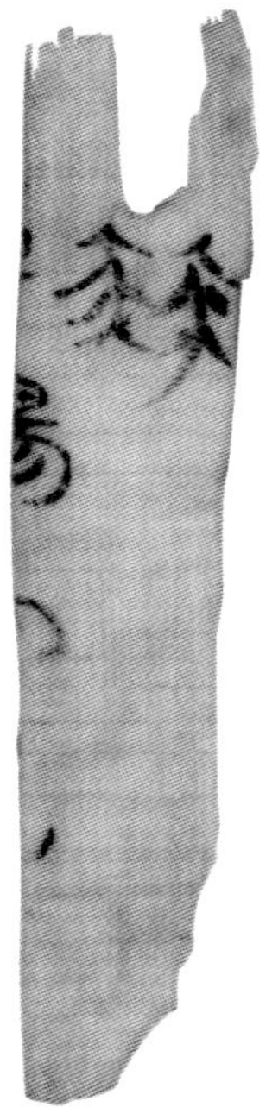

☐赫☐
☐□［陽］□□☐

⑥75

☐□□益陽當都官□☐

⑥76

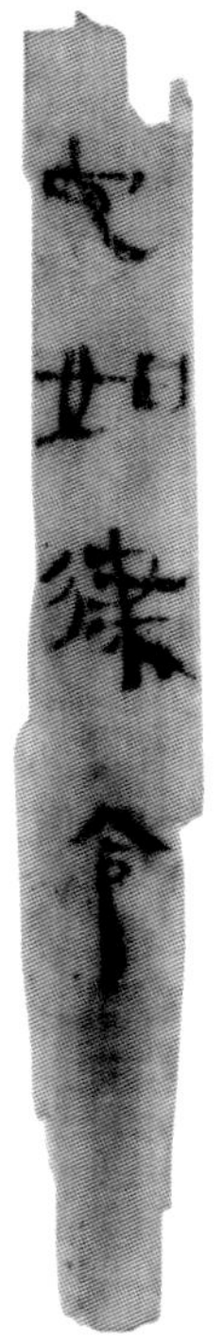

☐它如律令 ☐

⑥77正

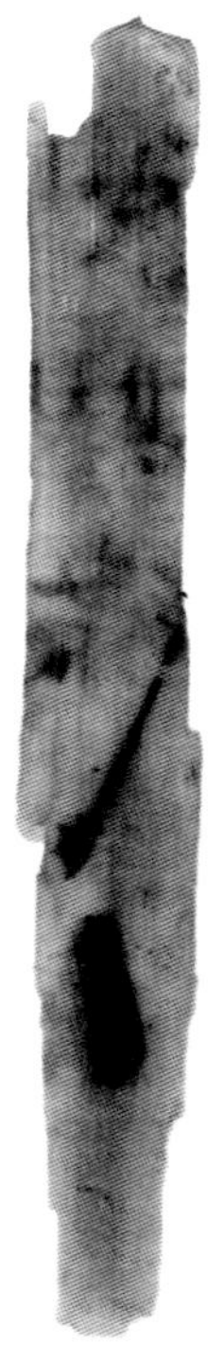

☐□□☐

⑥77背

☐□必此☐

⑥78

☐故壇令☐

⑥79

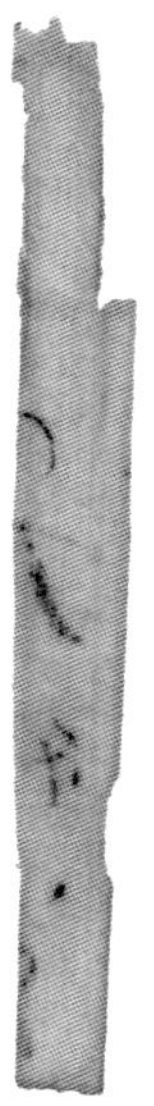

☐□□□□☐

⑥80

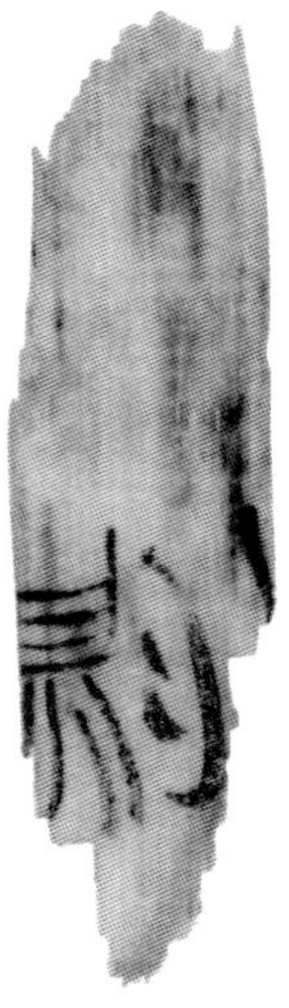

☐□☐
☐［尉］☐

⑥81

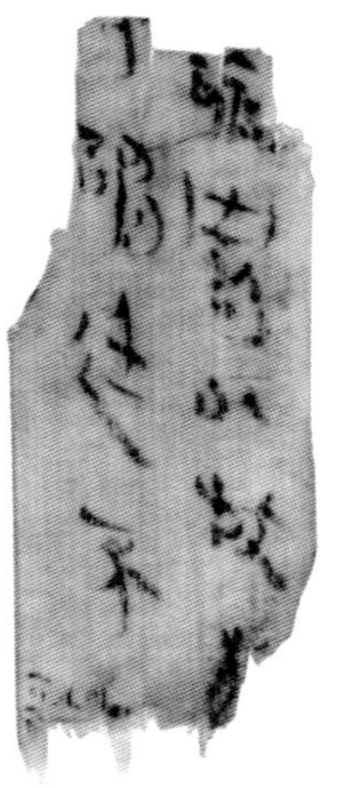

☐［劾］罰以故□☐
☐□謂廷不□☐

⑥82

當食□廿☐

⑥83

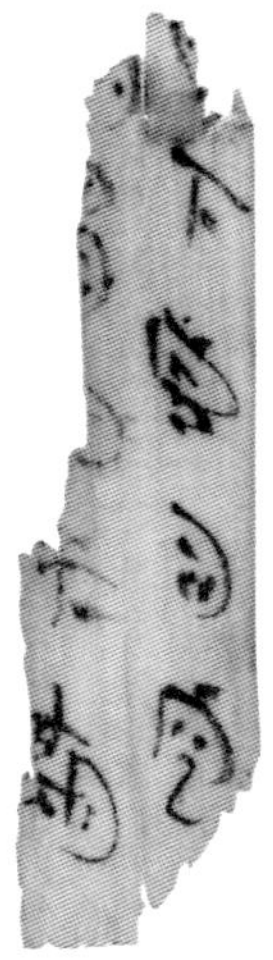

☐□下［宮］司空☐
☐□□□［勿］失期☐

⑥84

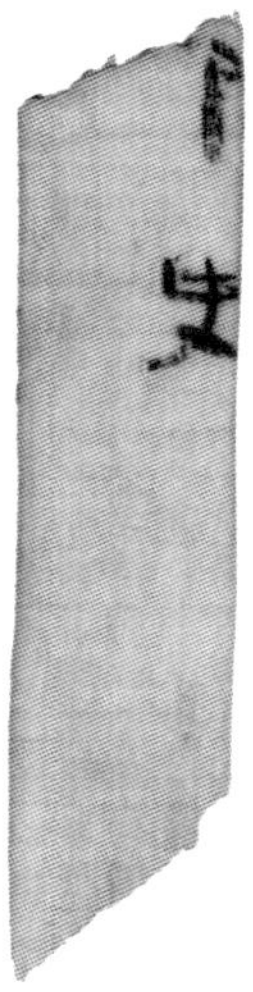

☐令史 ☐

⑥85

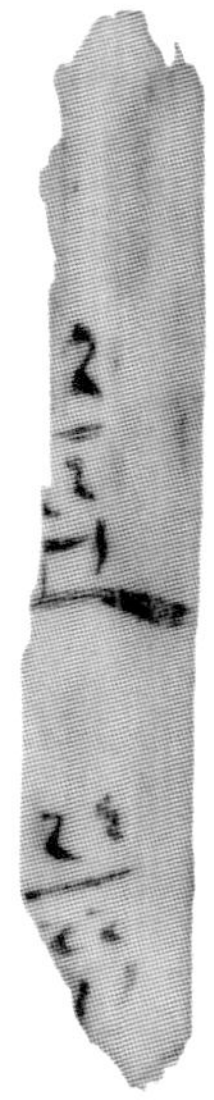

⍁益益⍁

⑥86

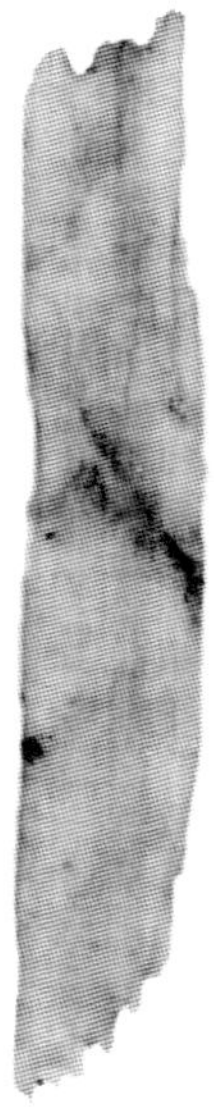

⍁□□⍁

⑥87

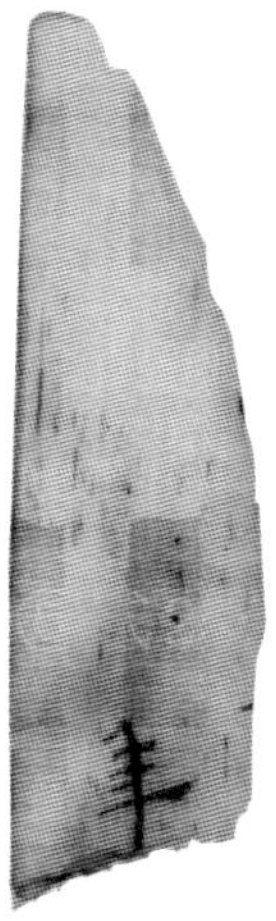

⍁年⍁

⑥88

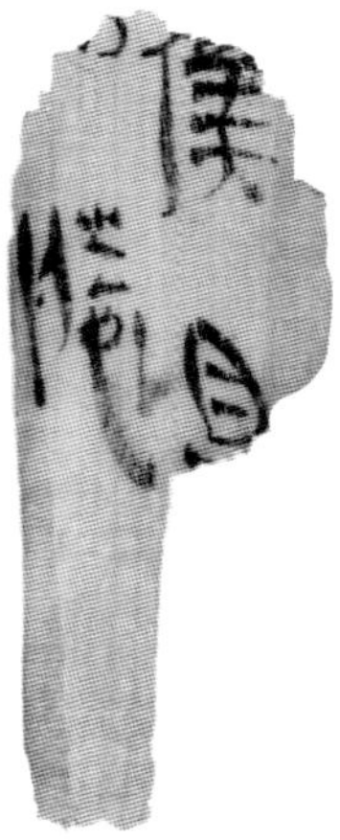

⍁僕□⍁
⍁□陵⍁

⑥89

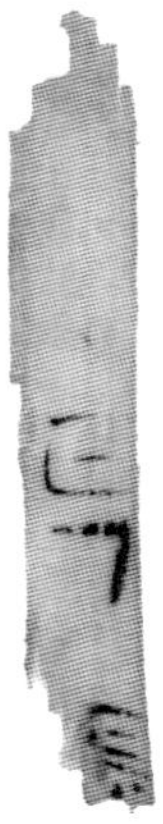

⍁　具□⍁

⑥90

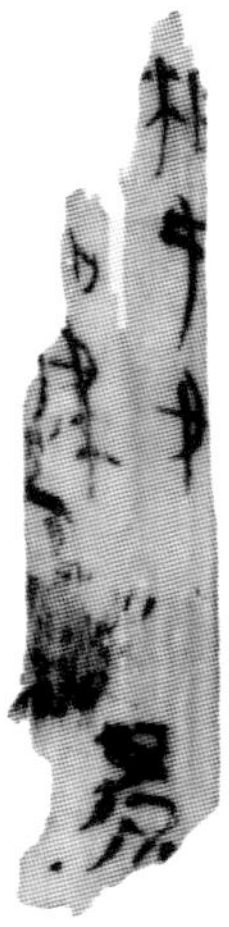

⍁相□□⍁
⍁□逮□爲⍁

⑥91

⍁其一人（圖案）⍁

⑥92

⍁□□⍁

⑥93

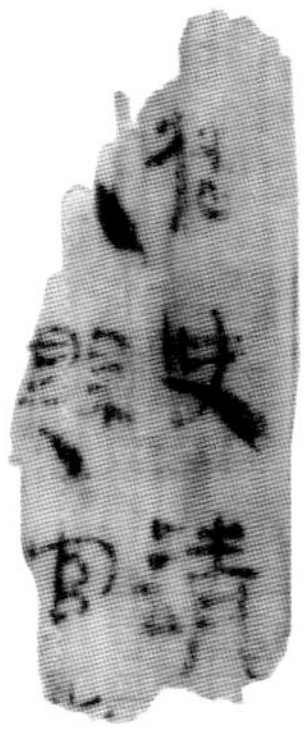

⍁御史請⍁
⍁□縣官□⍁

⑥94

⍁益陽⍁
⍁□⍁

⑥95

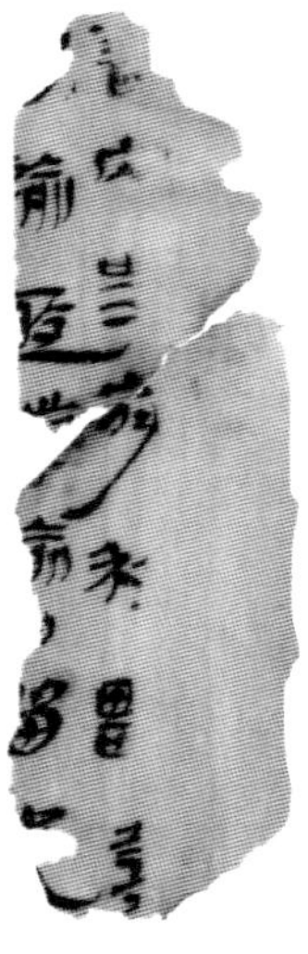

⍁言内史府□□［嘉］⍁
⍁□輸亟［傳］輸［匄］留［它］⍁

⑥107+⑥96

⍁□⍁

⑥97

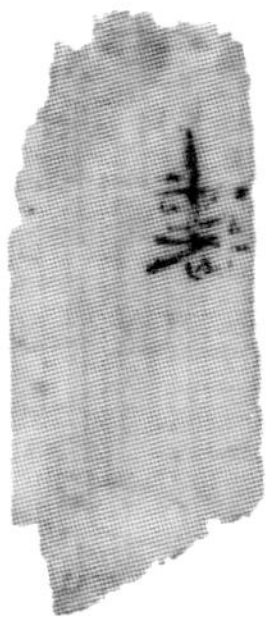

⍁書⍁

⑥98

⍁□□⍁
⍁里□⍁

⑥99

⍁□史始⍁

⑥100

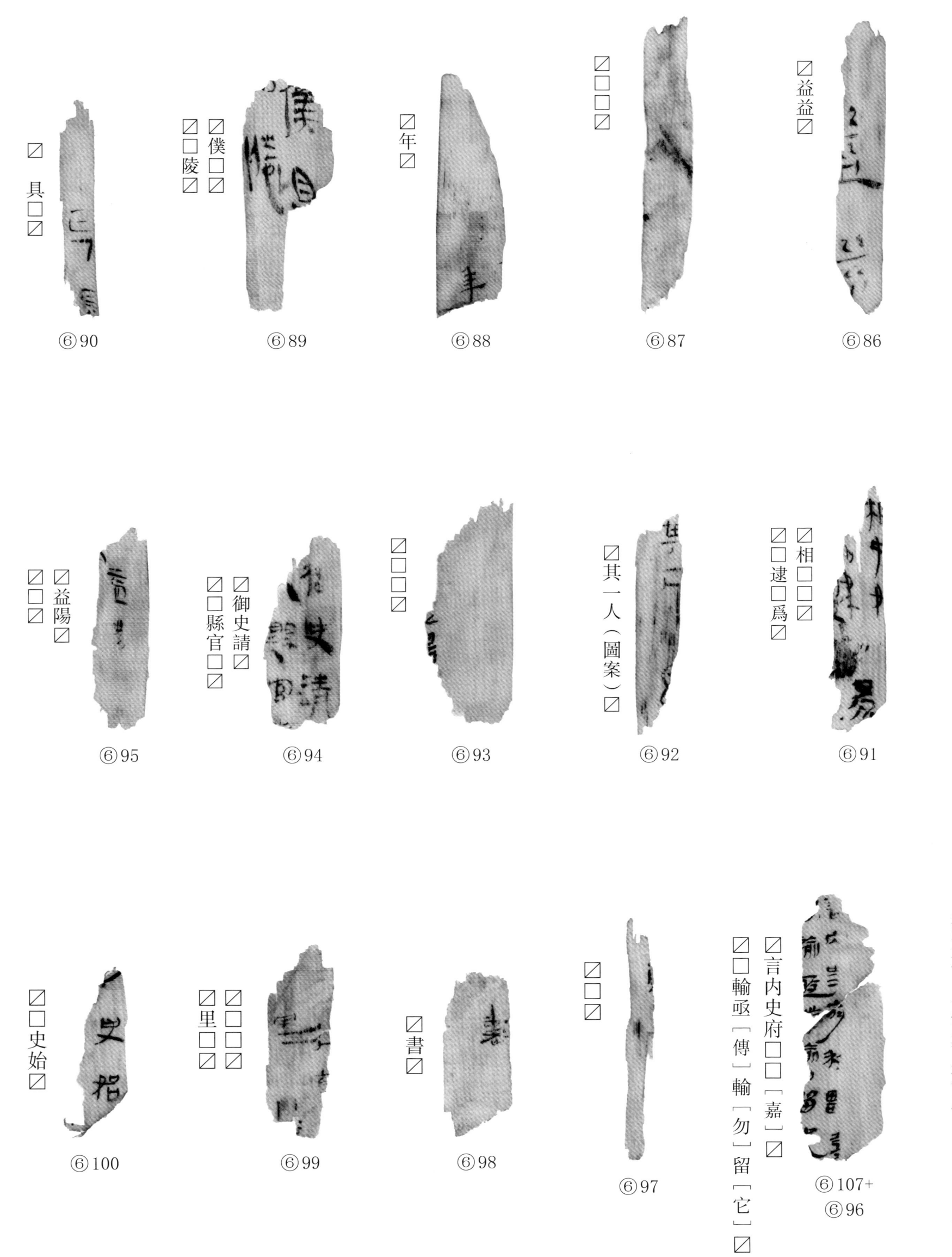

☐☐朔乙☐☐
☐☐三月☐
☐☐☐

⑥101

☐今顧☐☐
☐上言☐
☐☐☐☐

⑥102

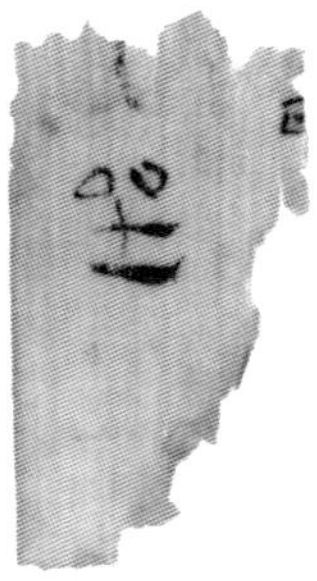

☐☐☐
☐☐坐☐

⑥103

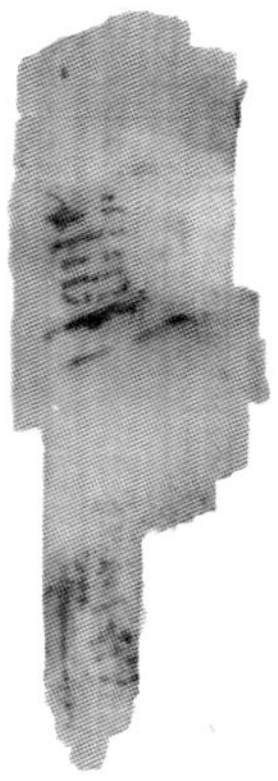

☐益陽☐

⑥104

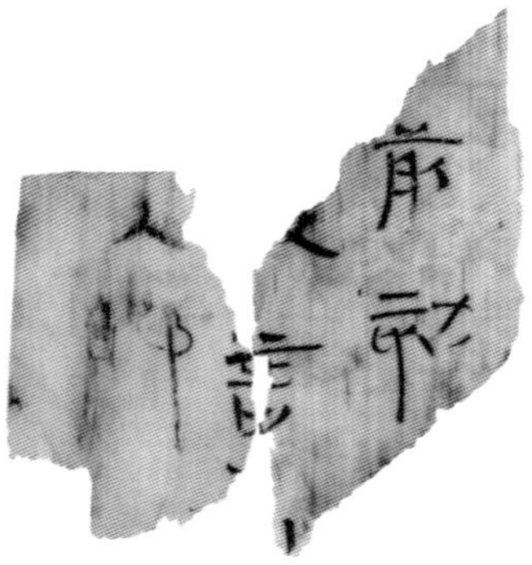

☐前劾☐
☐［敢］言［之］☐
☐入鄉☐

⑥105+⑥108

☐賤畜☐
☐侍☐

⑥106

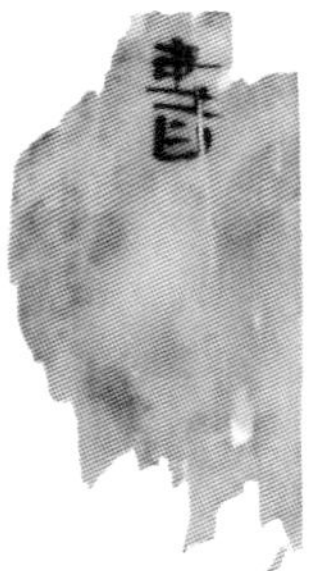

☐書☐

⑥109

☐☐☐陽☐

⑥110

☐☐久［鷙］☐
☐☐☐

⑥111

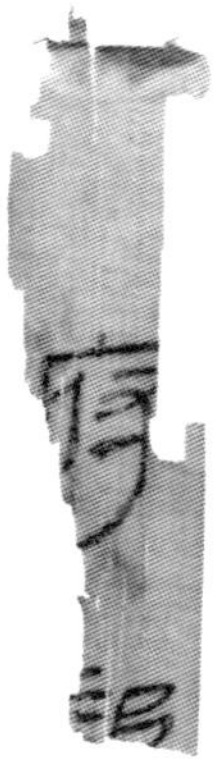

☐☐府☐☐

⑥112

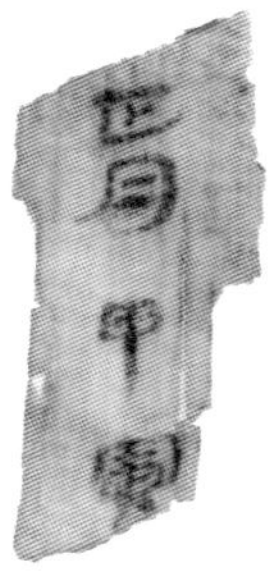

☐正月甲寅☐

⑥113

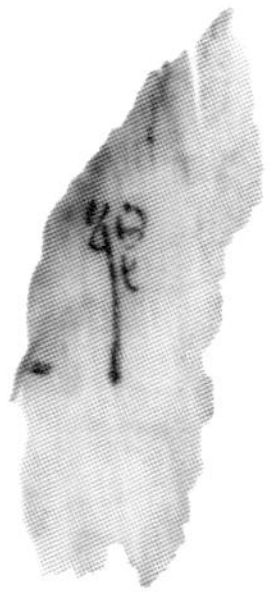

☐☐鄉☐
☐☐☐

⑥114

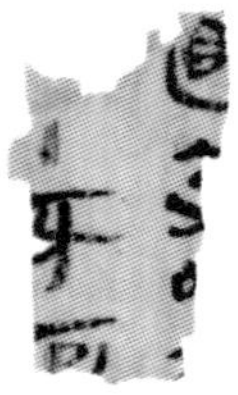

☐☐及☐☐☐
☐☐不可☐

⑥115

☐手☐
☐上☐

⑥116

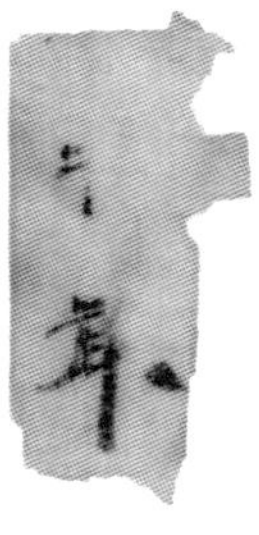

☐☐前☐

⑥117

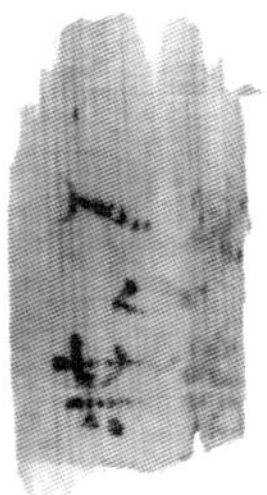

☐☐☐☐☐
☐☐人∠其☐

⑥118

☐□史☐
☐□∠賦及□☐
☐□☐

⑥119

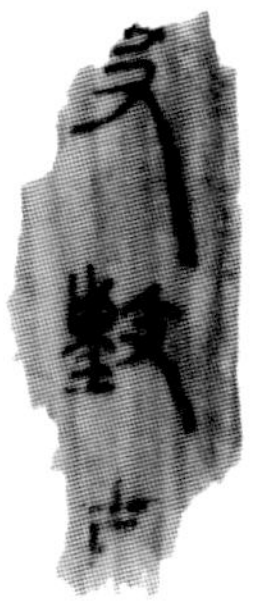
☐史轂□☐

⑥120

☐何故至今☐
☐急□☐

⑥121

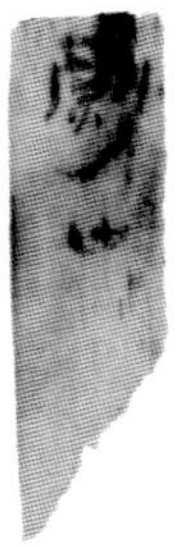
☐尉［史］☐

⑥122

☐［牒］☐

⑥123

☐多實☐

⑥124

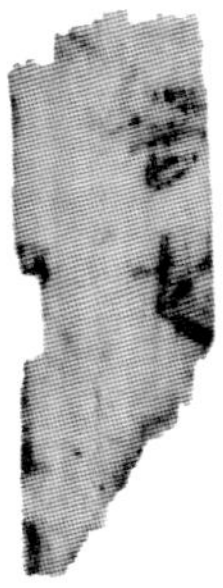
☐言之☐
☐……☐

⑥125

☐□□☐
☐［顚］☐

⑥126

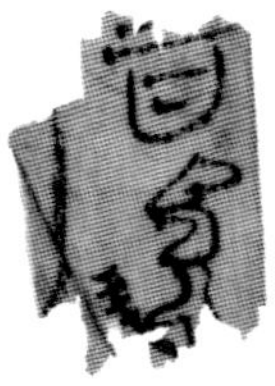
☐［首］（圖案）☐
☐□☐

⑥127

☐朔□☐
☐□☐

⑥128

☐倉變☐

⑥129

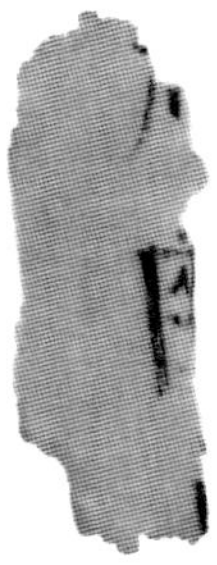
☐□□□☐

⑥130

☐一［牒］□☐

⑥131

☐□☐

⑥132

☐傳舍☐

⑥133

☐□慶金各□□☐
☐校三年☐
☐陽它［如］☐

⑥134

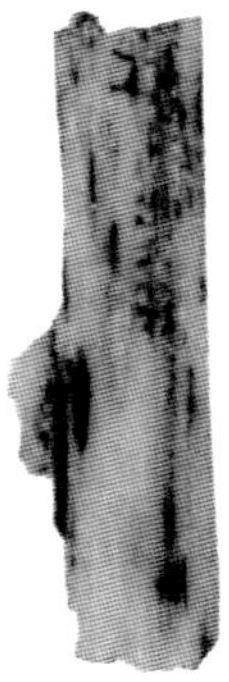
☐□屬☐

⑥135

☐□［圂］守舍☐

⑥136

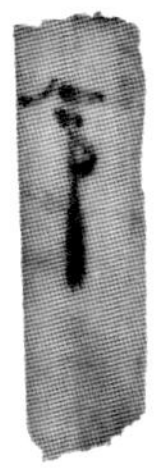
☐令☐

⑥137

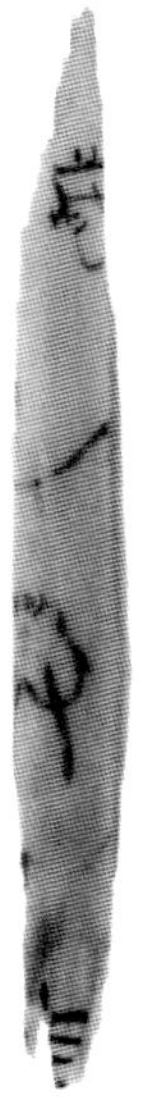
☐歲□□□☐

⑥138

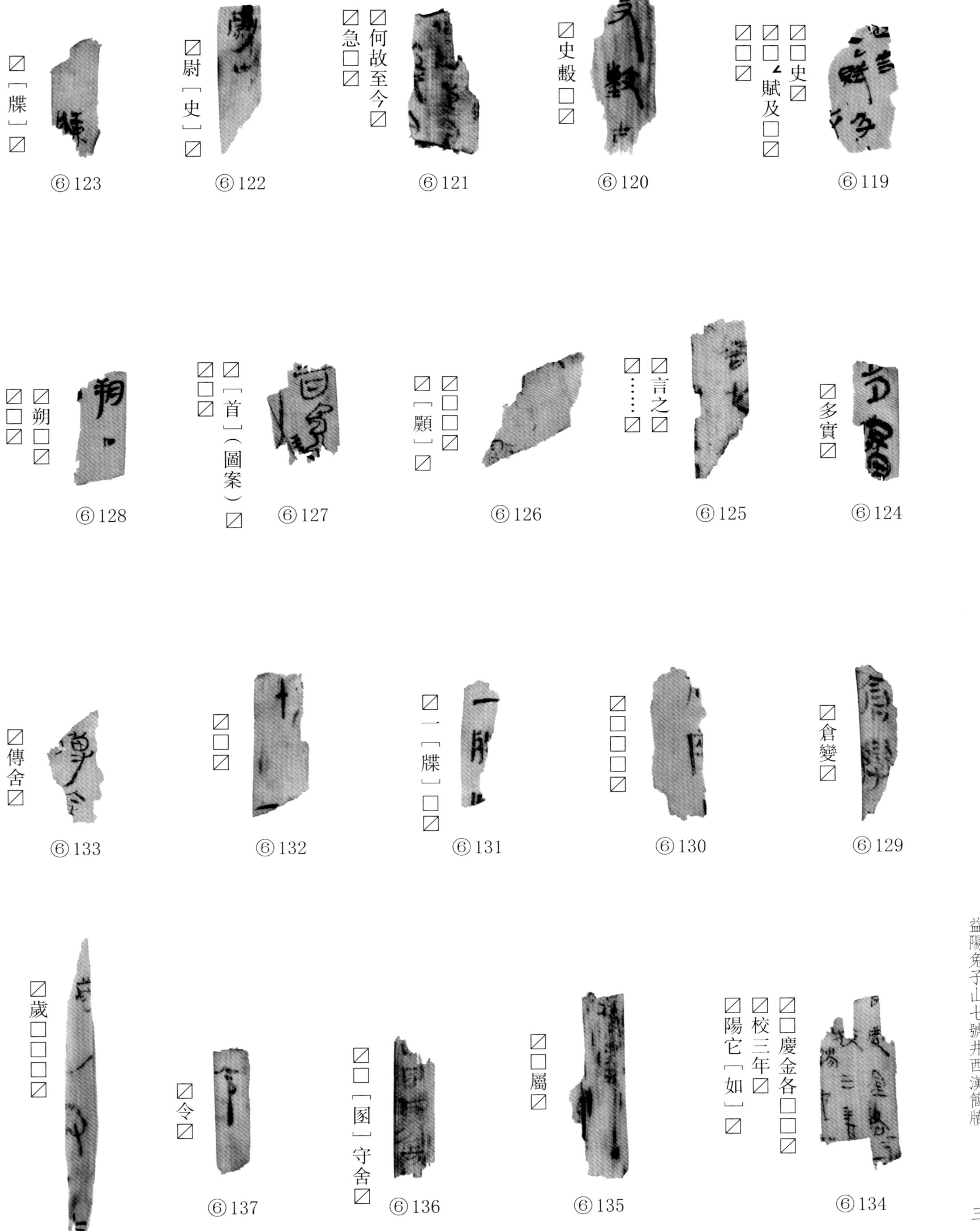

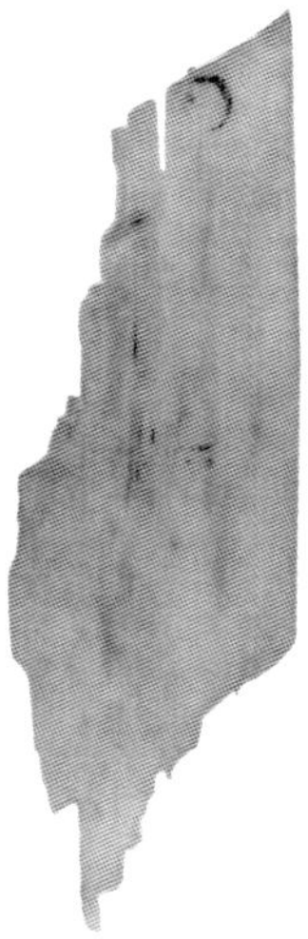
☒□□☒
⑥139

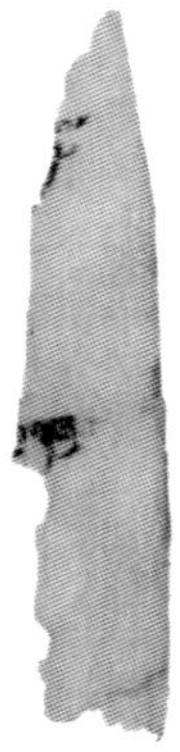
☒□□☒
⑥140

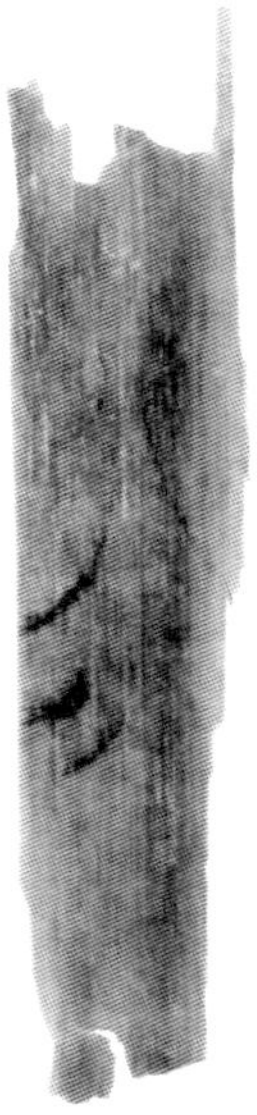
☒□☒
⑥141

☒勿□安☒
⑥142

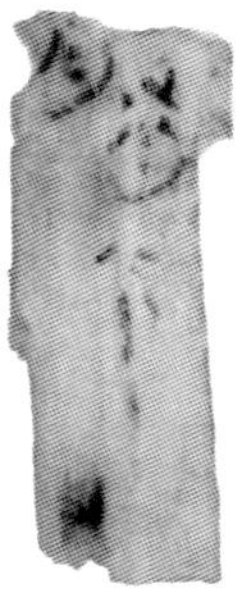
☒有令☒
☒［有］☒
⑥143正

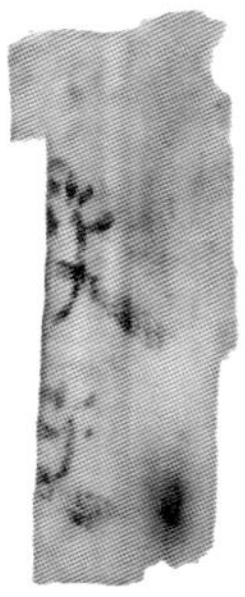
☒吏吏☒
⑥143背

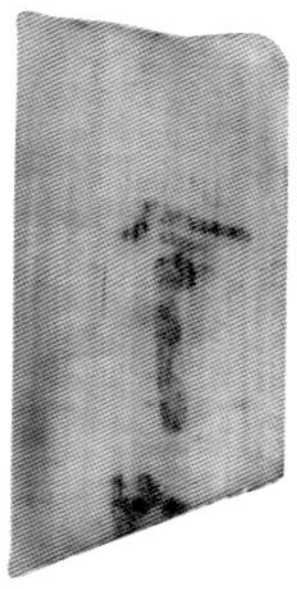
☒令□☒
⑥144正

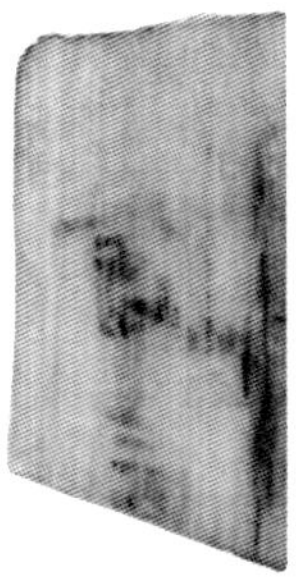
☒敢言☒
⑥144背

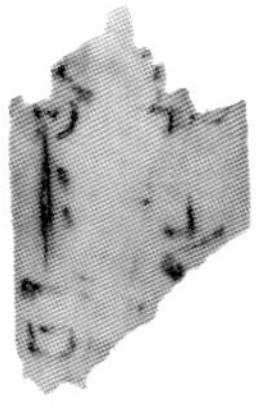
☒□之☒
☒□□☒
⑥145

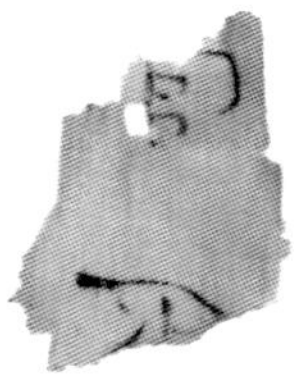
☒官不☒
⑥146

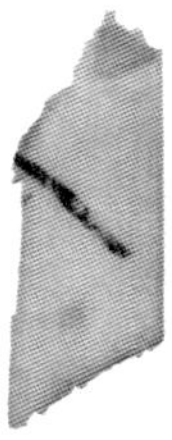
☒□☒
⑥147

☒□☒
⑥148

☒□□☒
⑥149

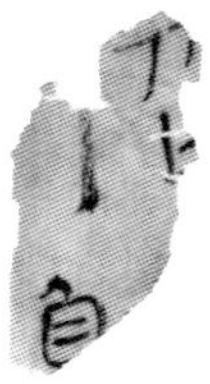
☒□□☒
☒□負☒
⑥150

☒（圖案）☒
⑥151

☒□☒
⑥152

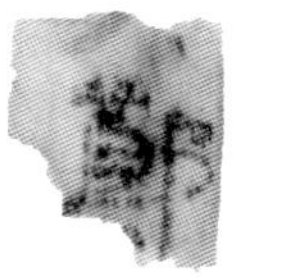
☒□鄭☒
⑥153正

☒□□☒
⑥153背

☒□捕☒
⑥154

☒□☒
⑥155

☒□☒
☒□☒
⑥156

☒□☒
⑥157

☒□☒
☒□☒
⑥158

☒□☒
⑥159

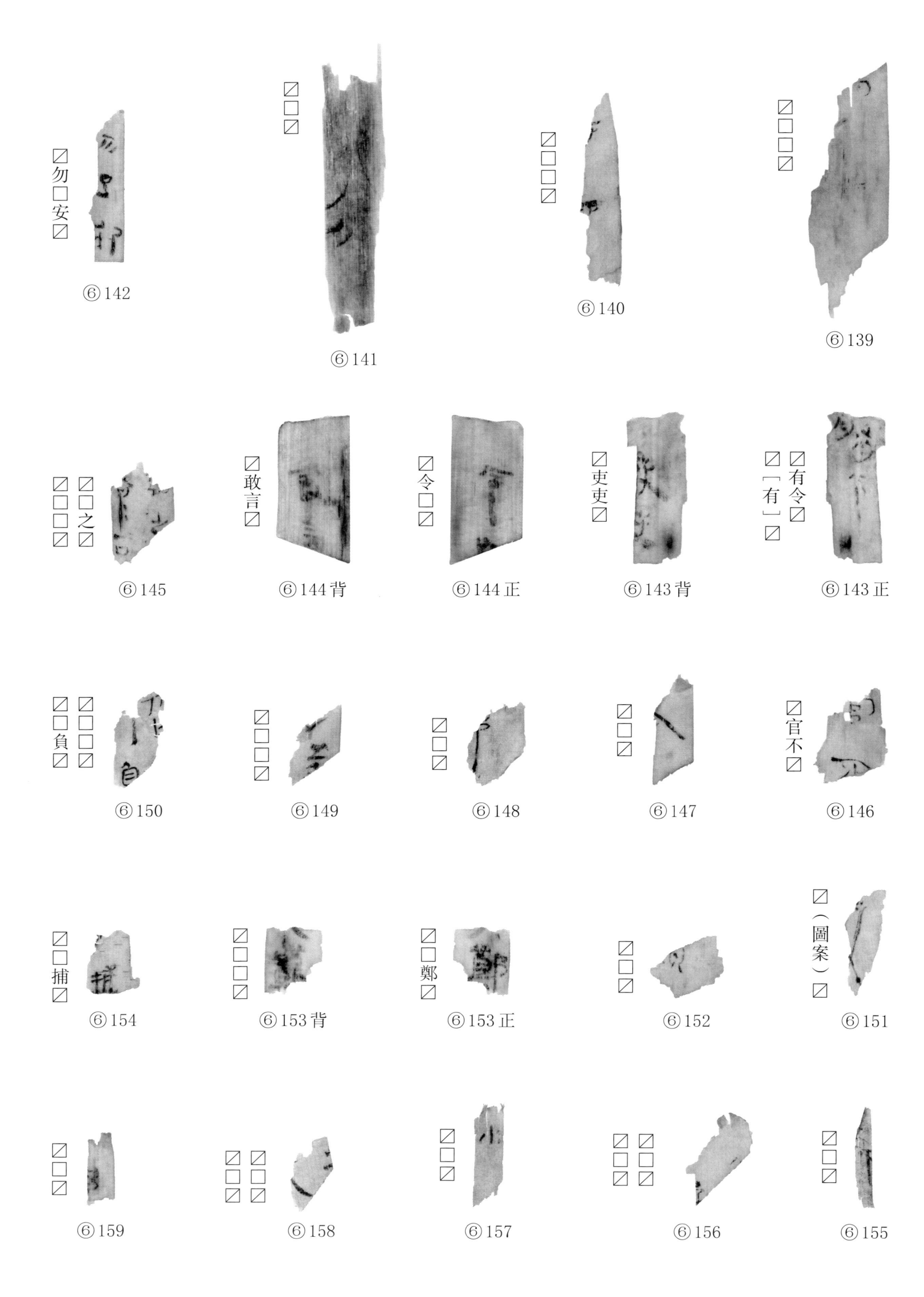

⑥160

〼□〼

⑥161

〼□〼

⑥162

〼從〼

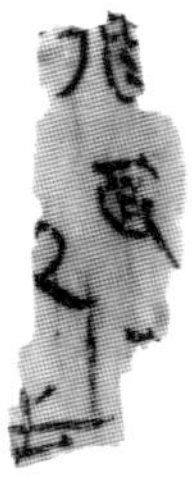

⑥163

〼偕毆□〼

〼□［敢］［告］〼

⑥164

〼未□〼

⑥165

〼□〼

⑥166

［別］□〼

⑥167

□〼

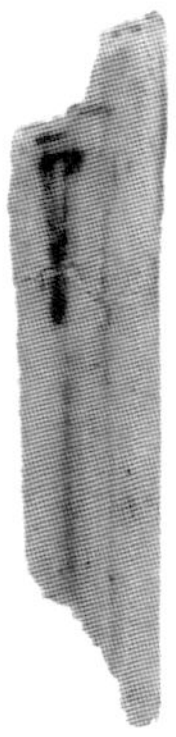

⑥168

〼令〼

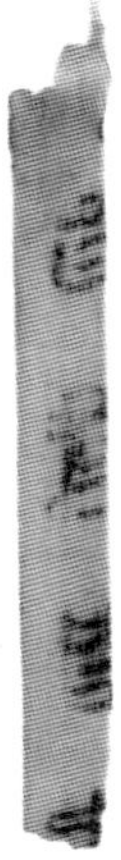

⑥169

〼□□有史□〼

⑥170

〼□不署亭恒給它事亡事歸其家何論

說明：「其」字補寫。

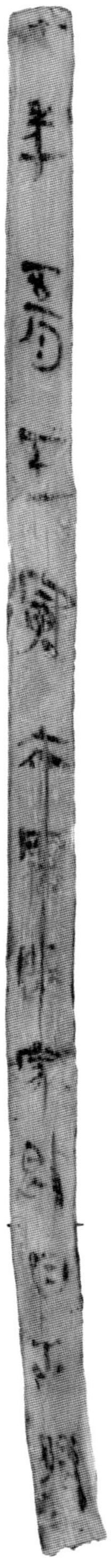

⑥171

七年五月壬寅去署歸家即自［出］鄉

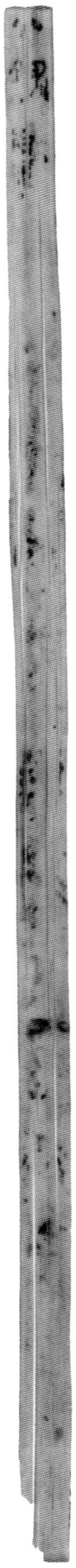

⑥172

小婢……

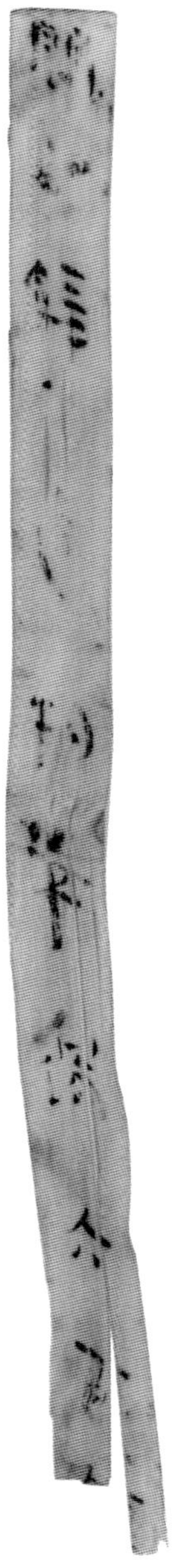

⑥173

問如辤•□物不過六□□〼

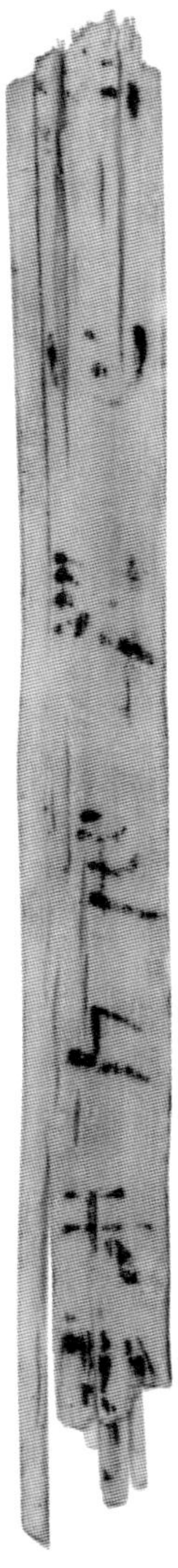

⑥174

〼□曰計主上失［期］〼

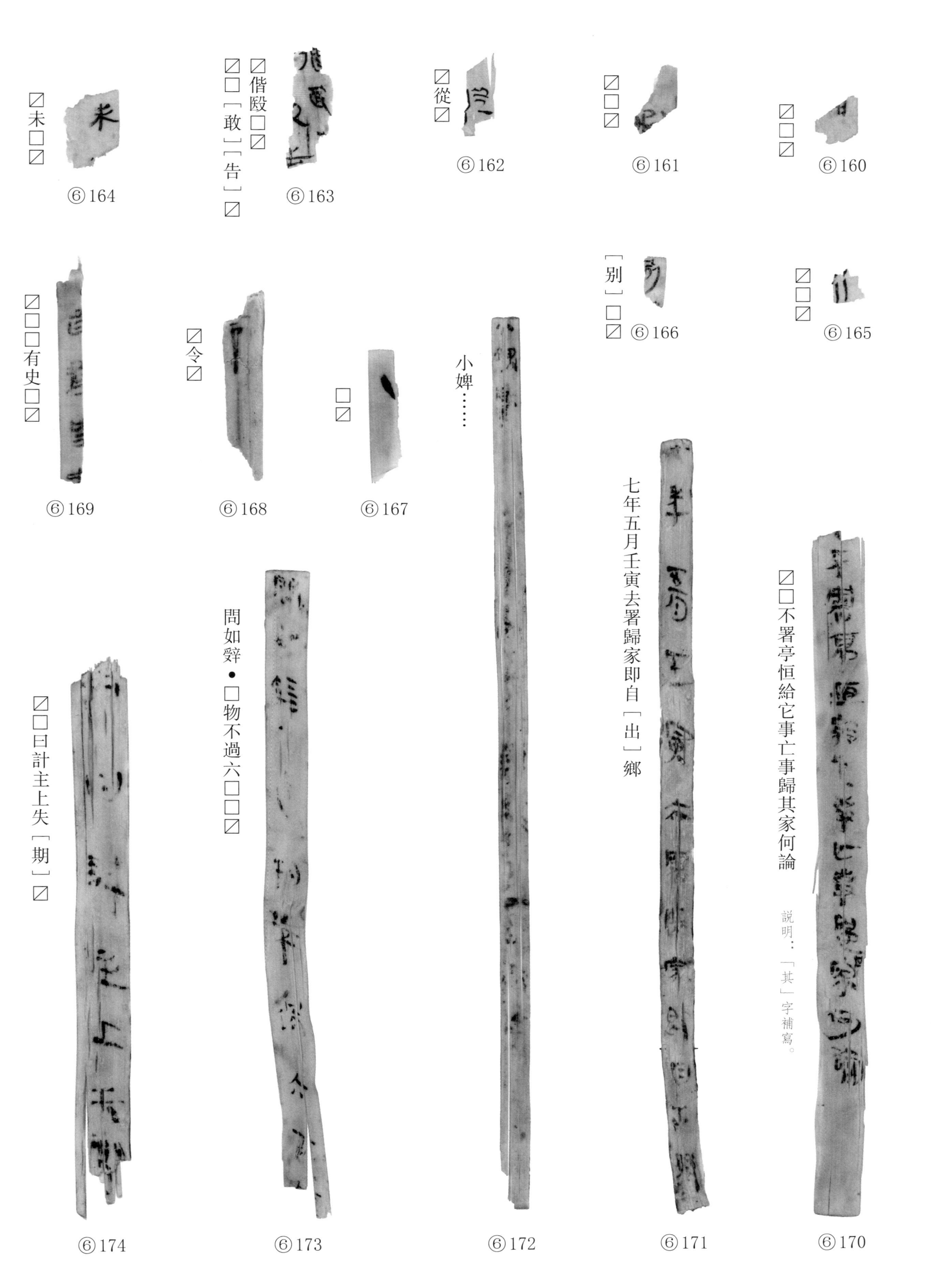

［菜］論言•問尉☒
⑥175

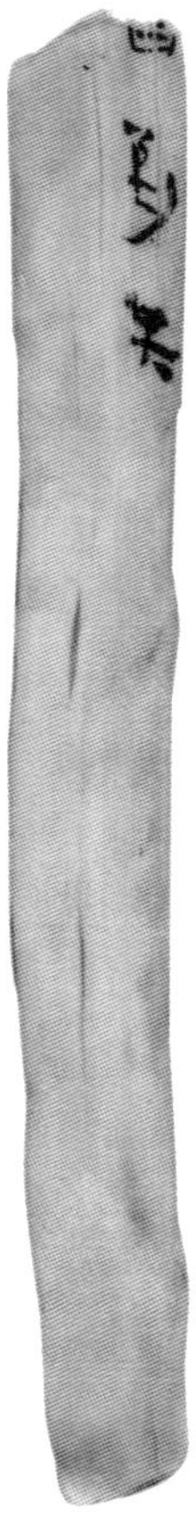
☒□到其　☒
⑥176

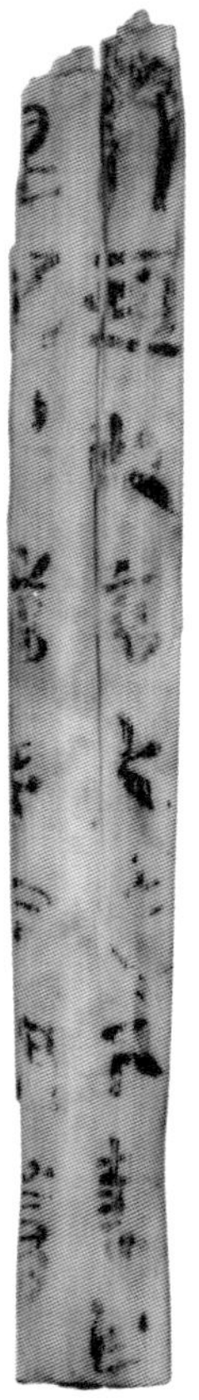
☒［鄉］恒敢言之廷下書曰
☒□［它坐訾］□［今問］□
⑥177正

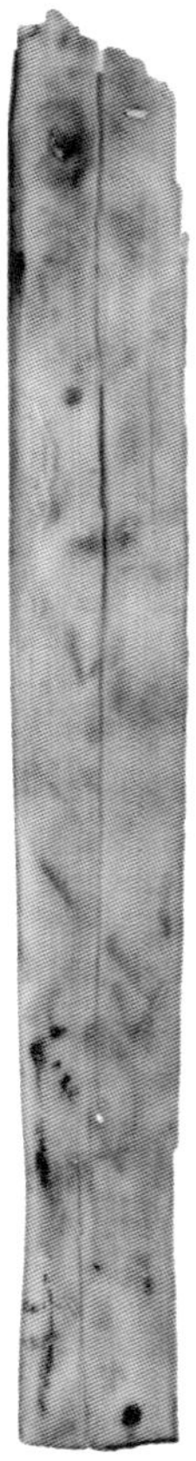
☒　□手
⑥177背

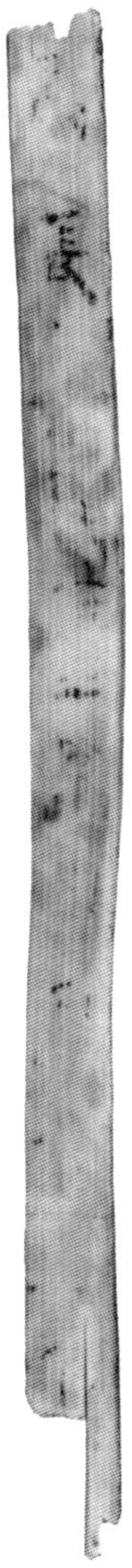
☒□長……☒
⑥178

☒　二七十四　二□□□☒
⑥179

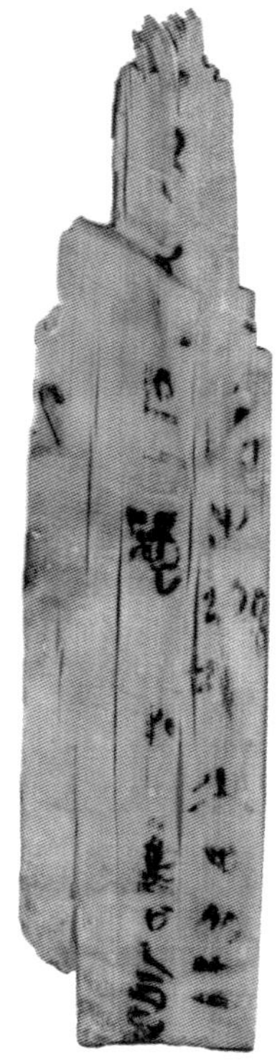
☒□□之［鄉］□［當坐］
☒［毋］它坐□强□夏公會
☒……☒
⑥180

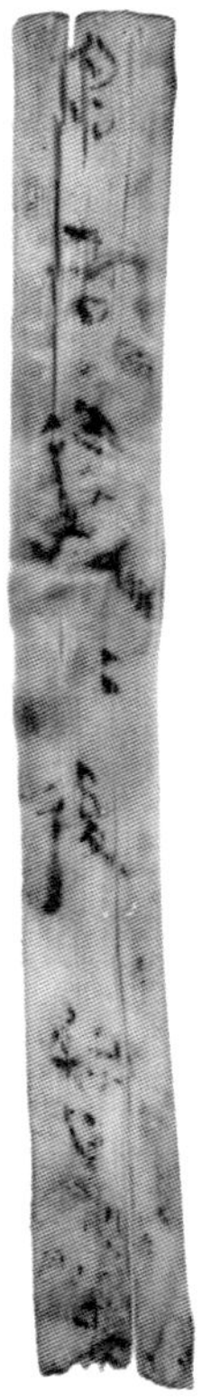
名□建＝後□□☒
⑥181

☒廷下劾曰案瀉鄉［所］以
⑥182正

☒　可手
⑥182背

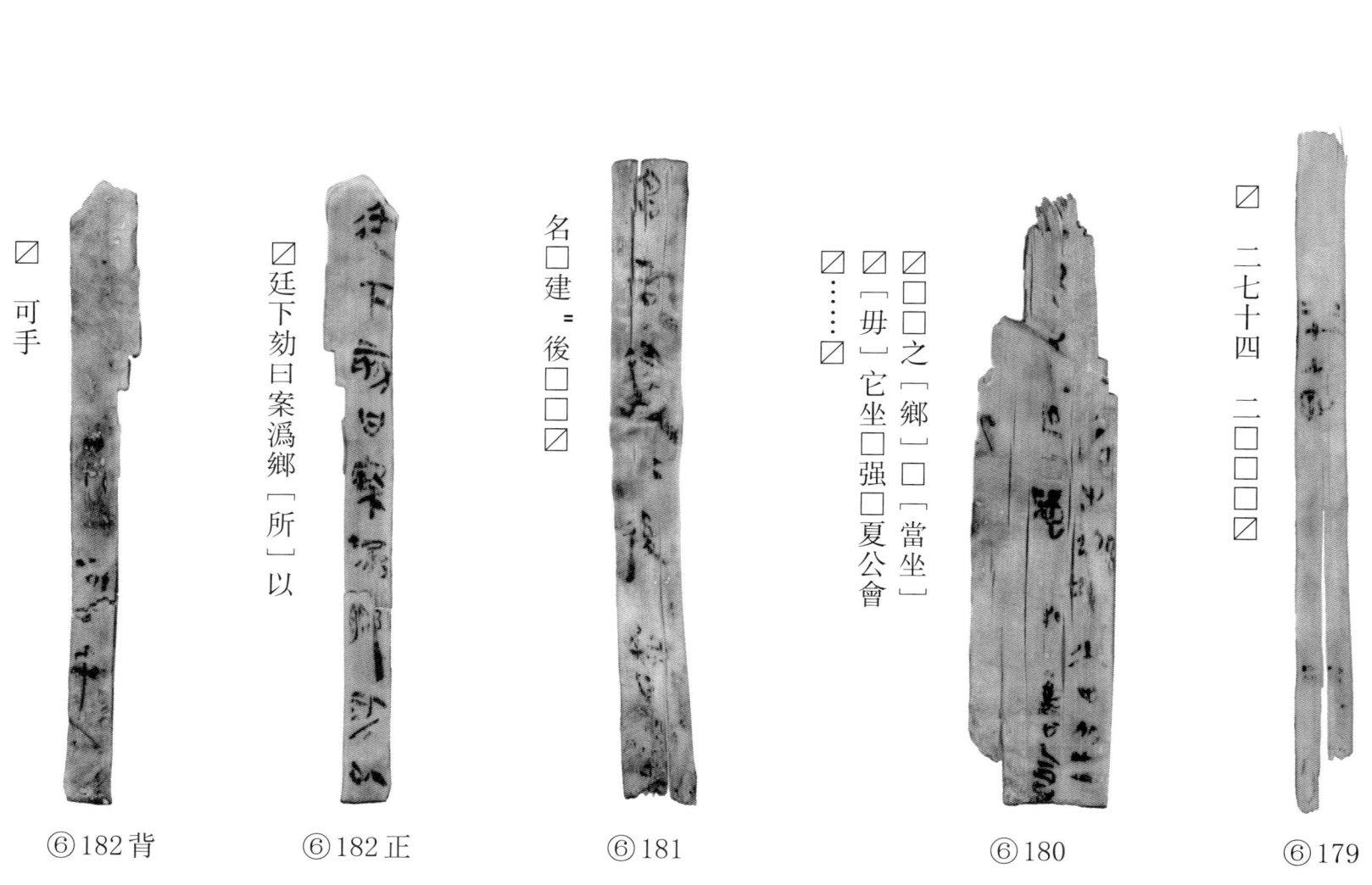

☐與□同日［具］☐

⑥183

書君臨湘公外廄□☐

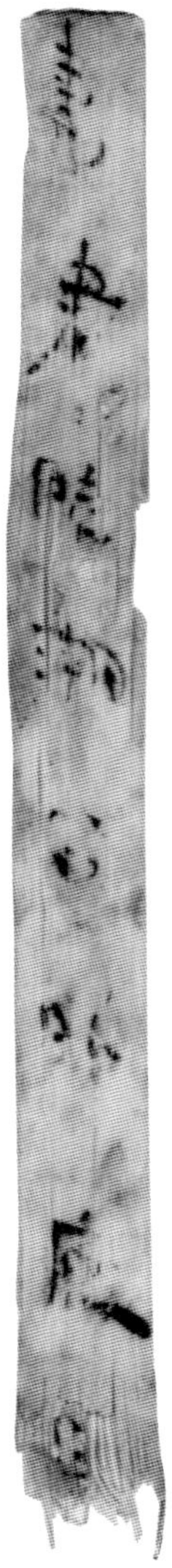

⑥184正

□□☐

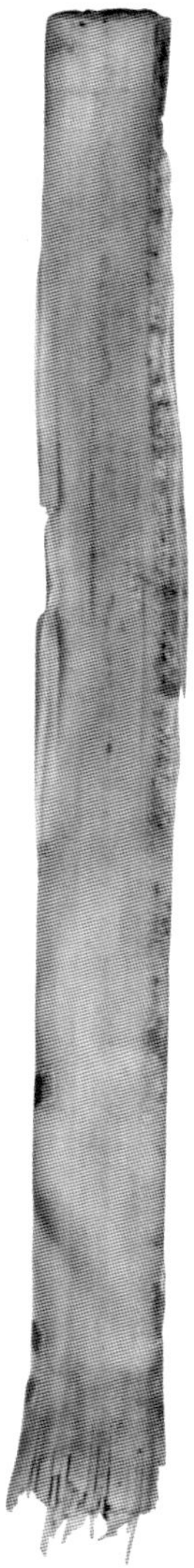

⑥184背

☐主當士∠瑣☐

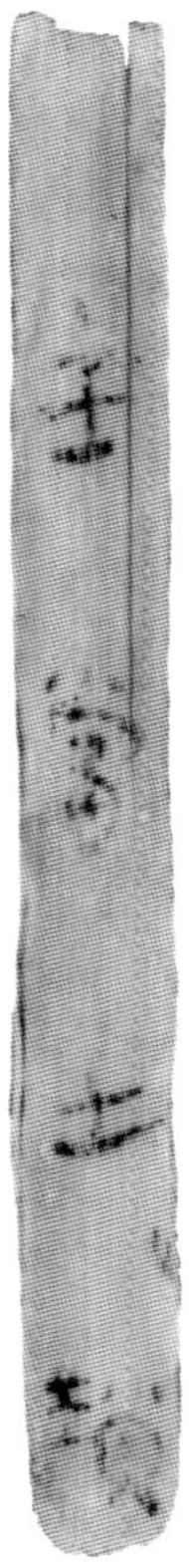

⑥185

☐［兑］不上潙陵

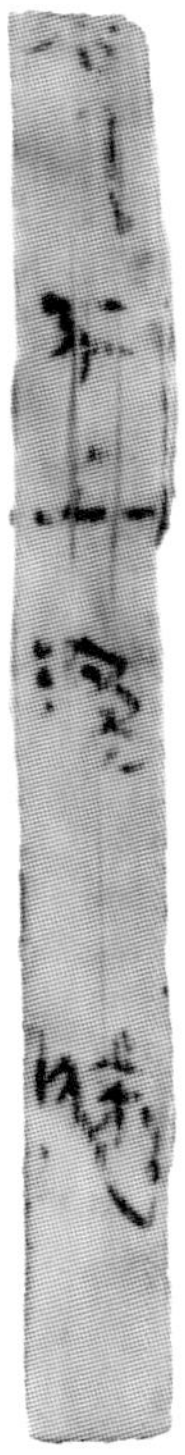

⑥186

☐亡□□∠□∠誽□□

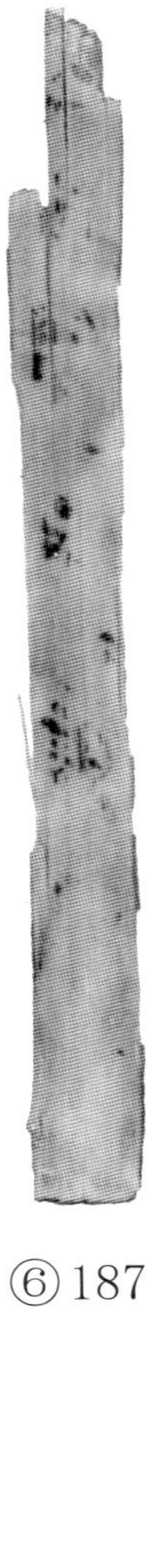

⑥187

四五廿☐

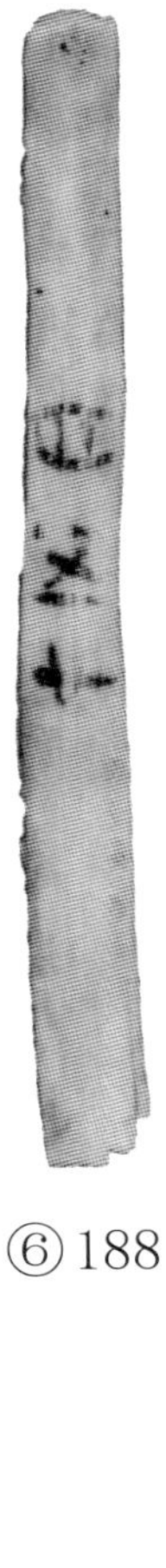

⑥188

益陽□里［爲］☐

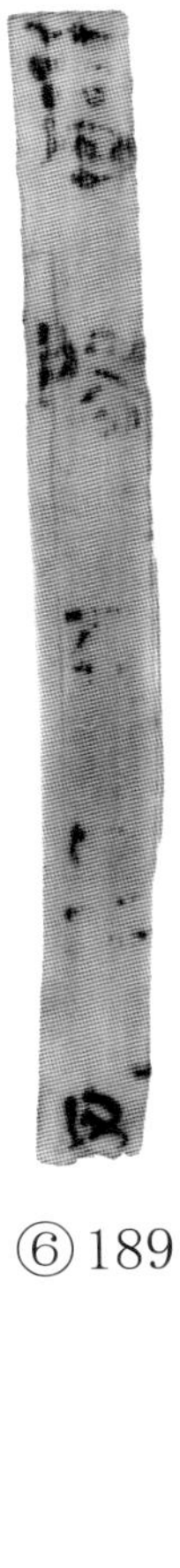

⑥189

☐告走□☐

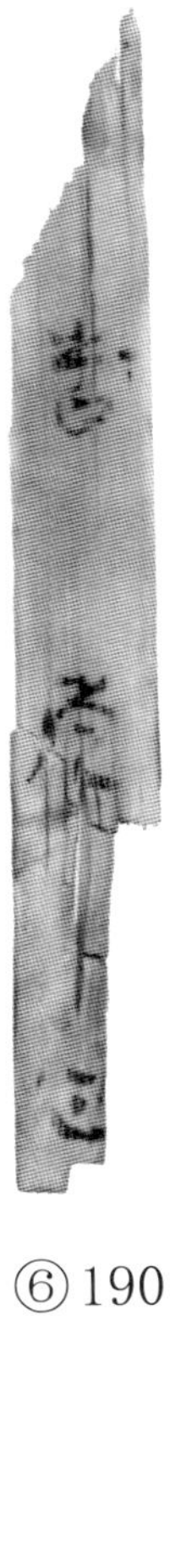

⑥190

☐□月己亥丞相☐
☐□市□一［印］☐

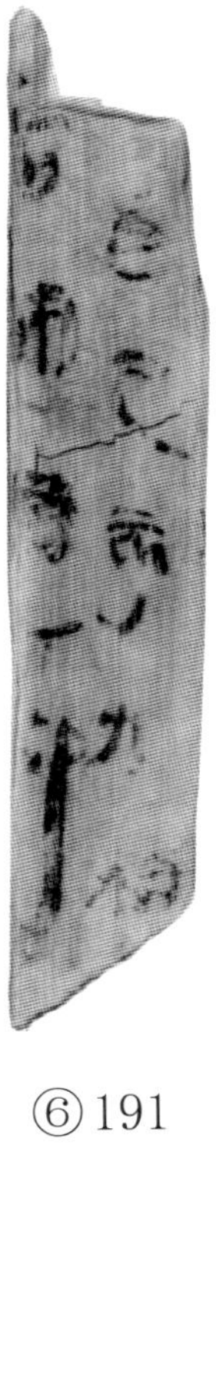

⑥191

三七廿一　二辨☐

⑥192

☐☐不畢ㄥ鄉强☐
☐☐☐☐☐ㄥ九月亥☐

⑥193

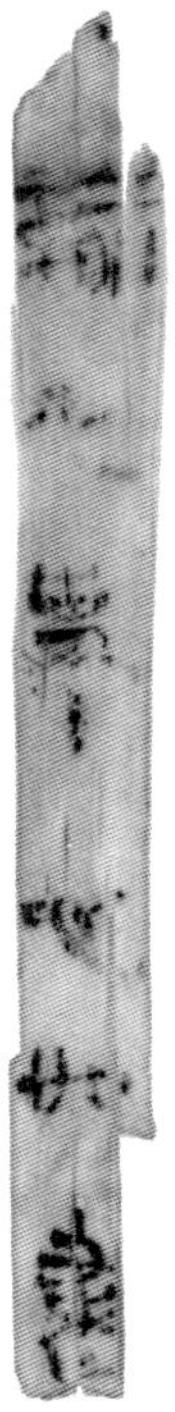
☐輸乏事它如書☐

⑥194

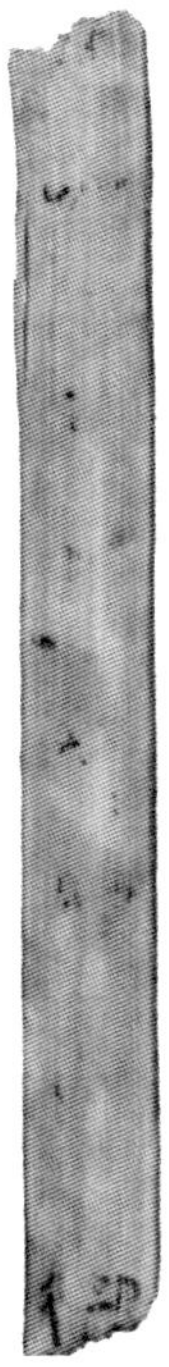
☐☐☐☐☐☐☐☐［禪］☐

⑥195

敢言之廷下書☐

⑥196

七年七月戊戌朔☐
史［治］☐〓或還☐
［遺］☐☐名吏里

⑥197正

☐☐☐☐

⑥197背

益陽丞☐

⑥198

☐不論☐☐

⑥199

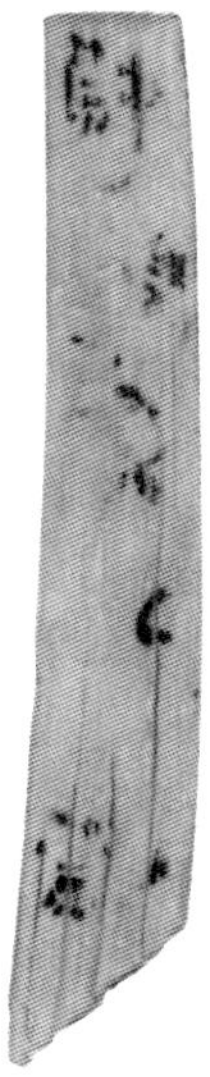
尉☐☐ㄥ☐☐

⑥200

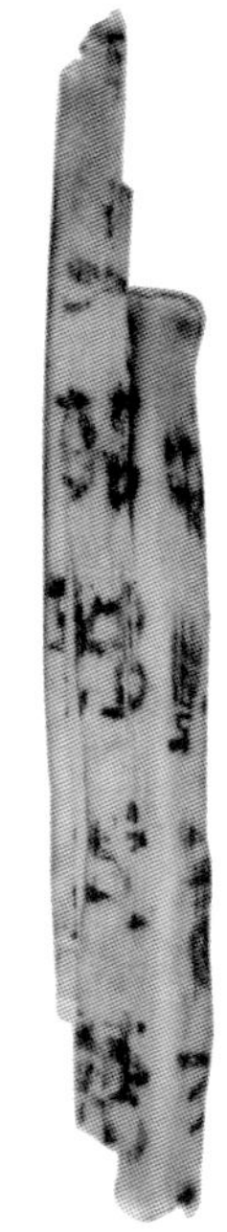
☐☐☐☐嗇夫☐☐
☐☐史萮移吏曹☐

⑥201正

☐☐☐令☐

⑥201背

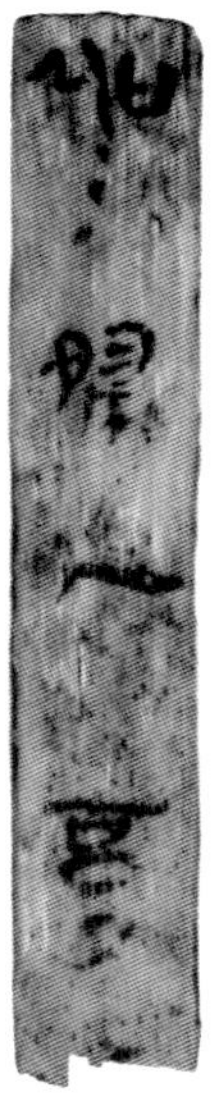
弘婦人育☐☐

⑥202

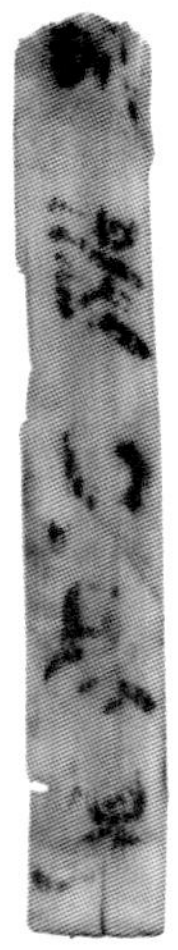
☐☐誤☐所☐

⑥203

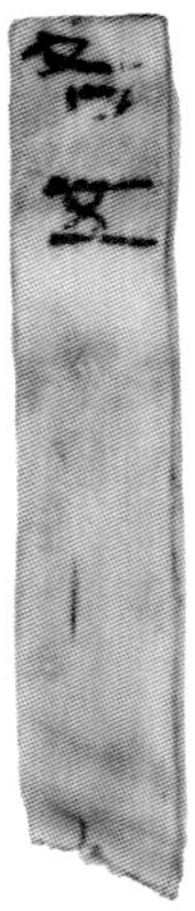
各五☐☐

⑥204

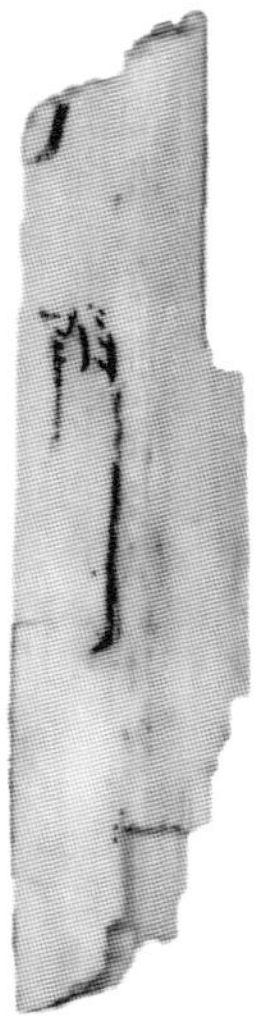
☐□辨☐
⑥205

☐箅 ☐
⑥206

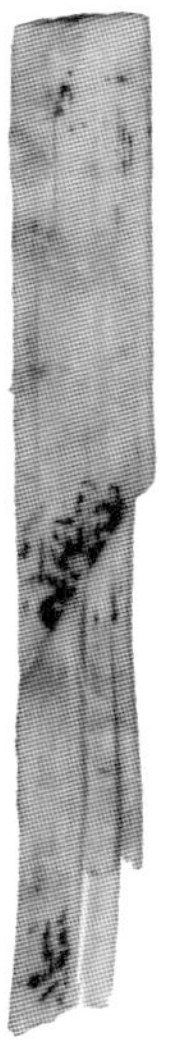
□□□☐
⑥207

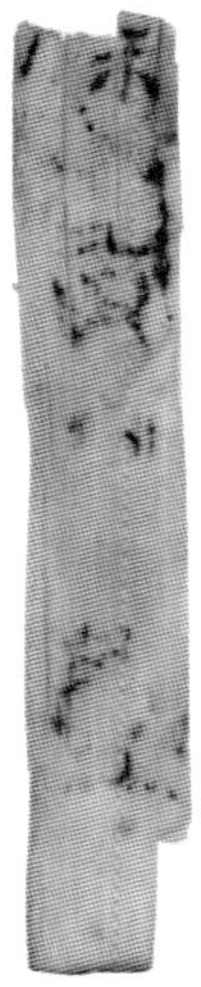
☐□□□□
⑥208

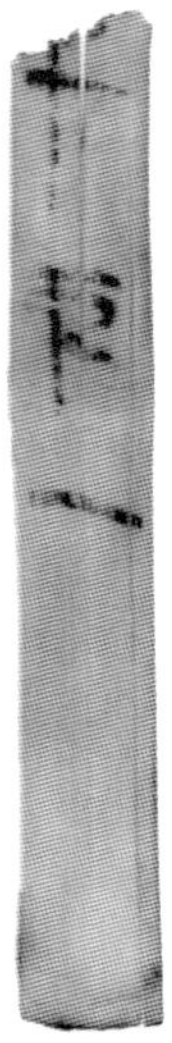
☐半而一
⑥209

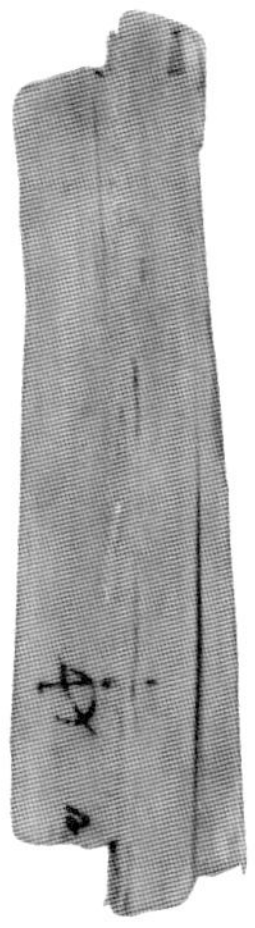
☐ 女子☐
⑥210

☐□□□不☐
⑥211

☐從官
⑥212

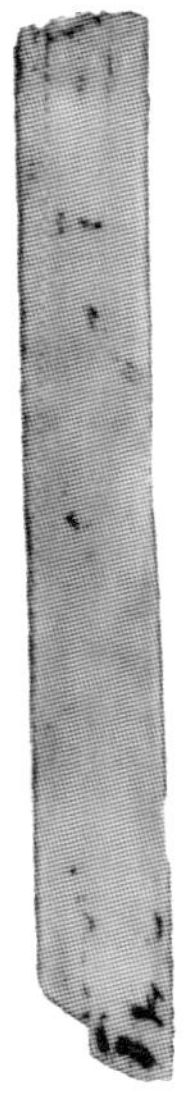
☐……☐
⑥213

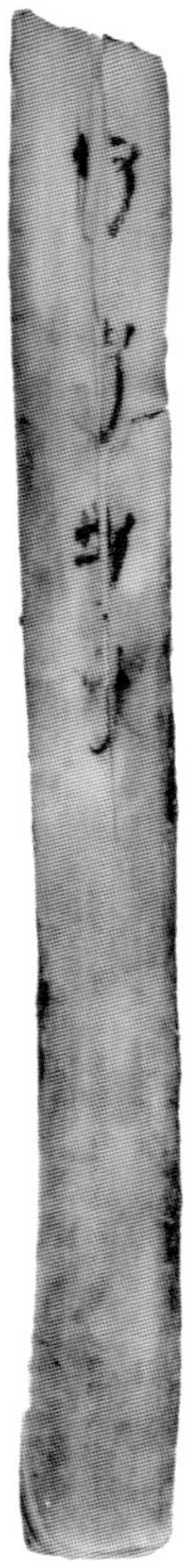
☐□□□□
⑥214

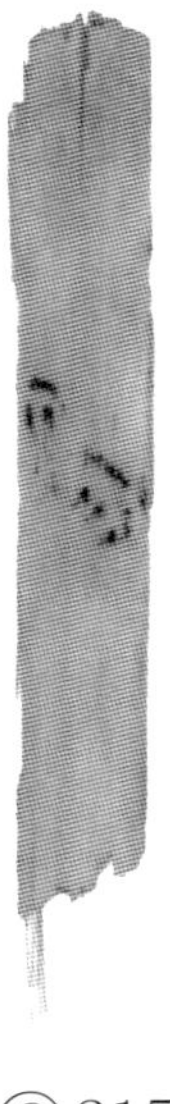
☐［賜］ ☐
⑥215

☐□城旦舂□☐
⑥216

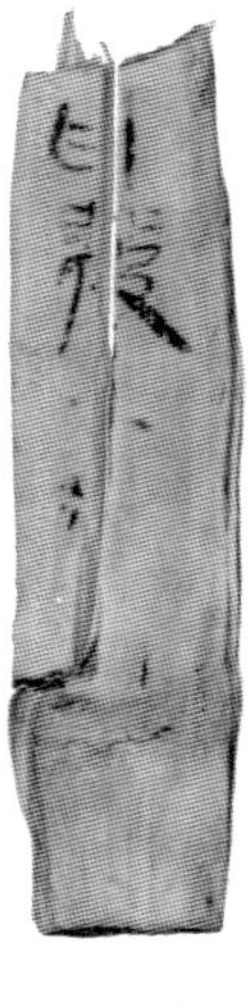
☐曰發□
⑥217+⑥235

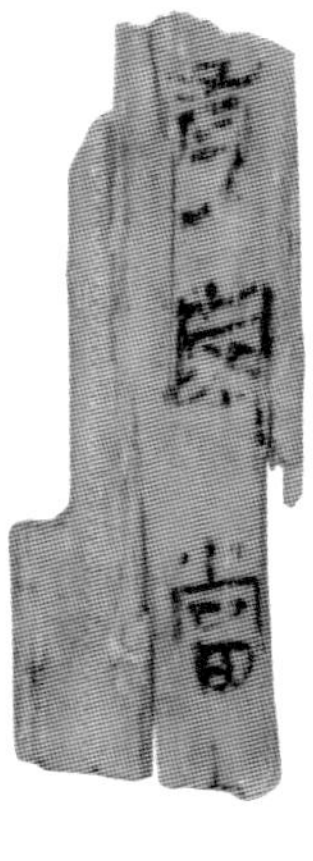
☐有罪當☐
⑥218

□□□□☐
⑥219

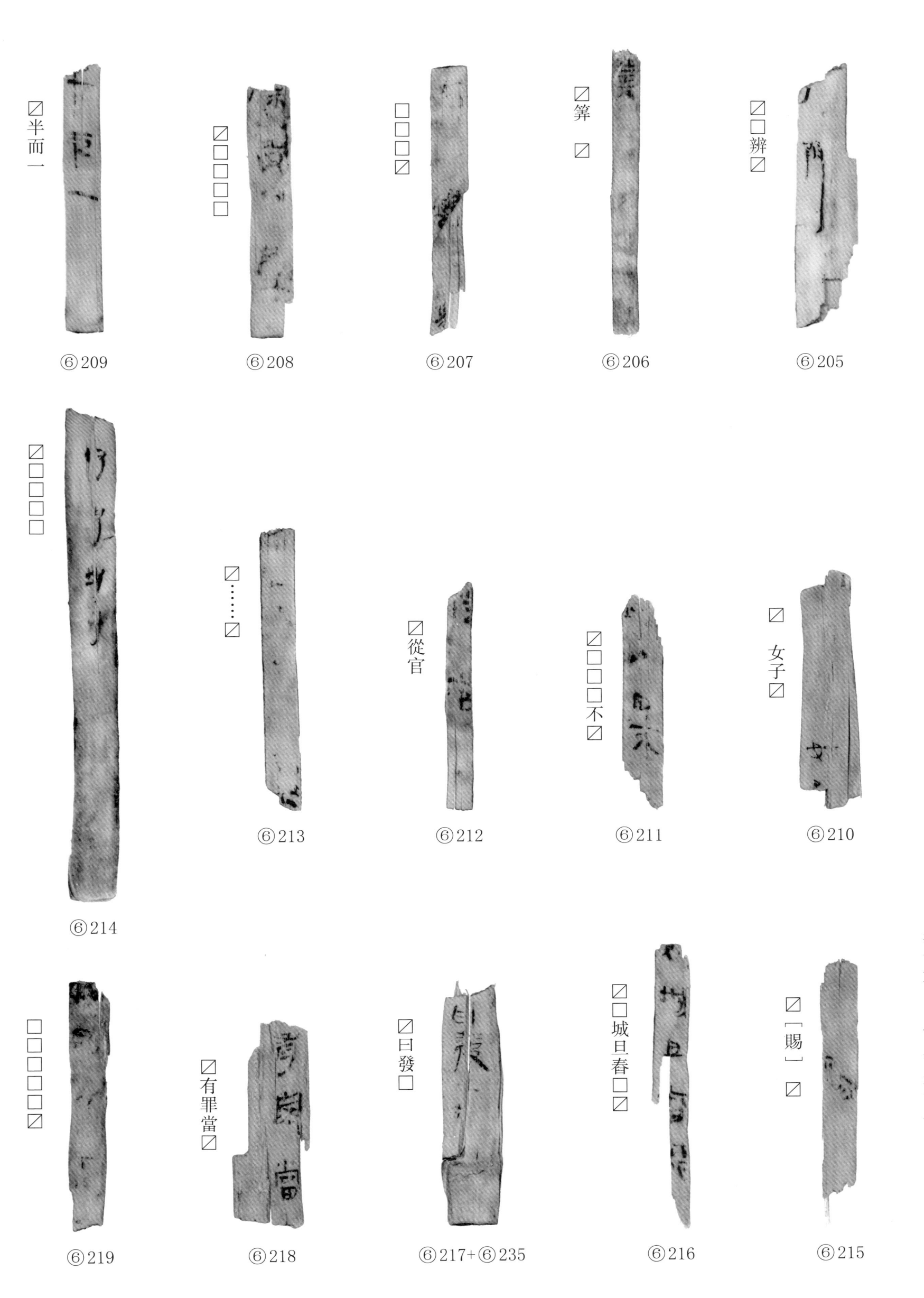

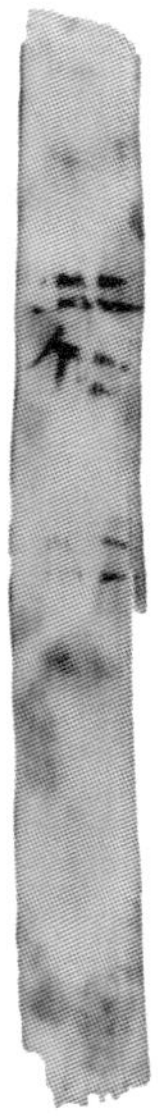
☒二六［十］二　☒
⑥220

☒☐手七年☒
☒亟論［言］☒
⑥221

☐賦☒
⑥222

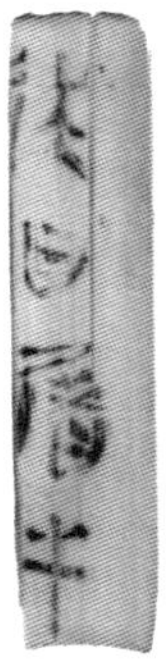
☒徠☐屠牛
⑥223

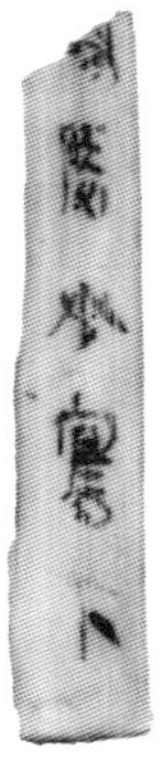
☒☐陵丞寫下
⑥224

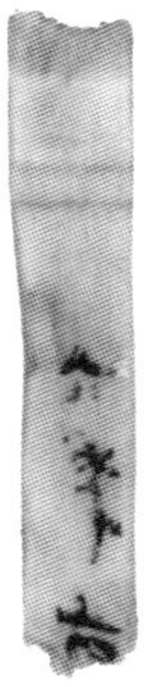
☒六年七月☒
説明：簡上端劃有規整的兩道横綫。
⑥225

☒☐免☒
⑥226

☒☐☐☐
⑥227

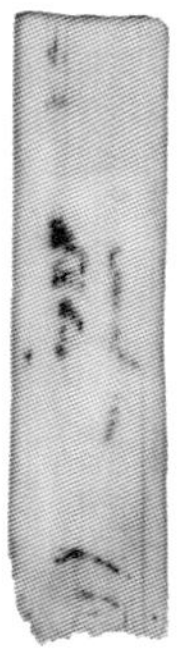
☐☐☐☒
⑥228

☒☐☐六人名籍☒
☒［啟］史［䓊］☒
⑥229正

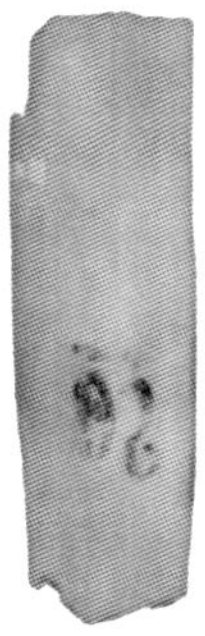
☒䓊　☒
⑥229背

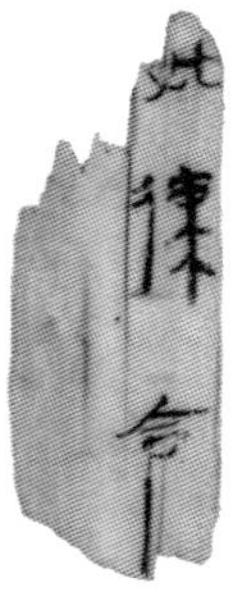
☒如律令☒
⑥230正

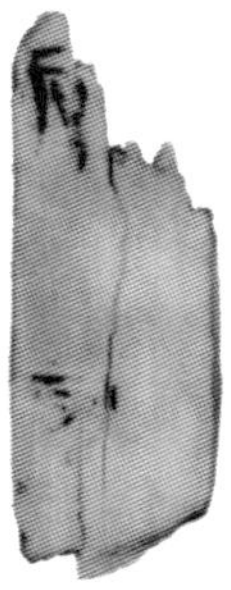
☒［而］［耐］☒
⑥230背

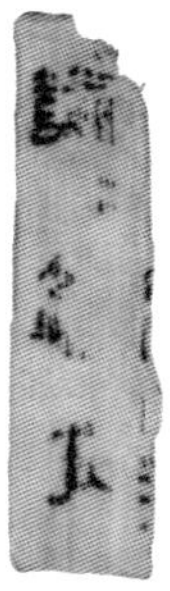
☒☐☐
☒論＝及左
⑥231

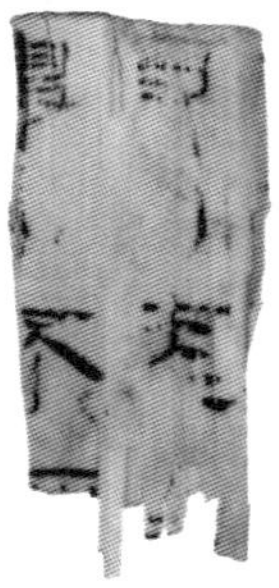
☒☐夫＝☐☒
☒☐不☐☒
⑥232

☒☐☐☒
⑥233

莊里夫＝☒
收禾爲☐☒
⑥234

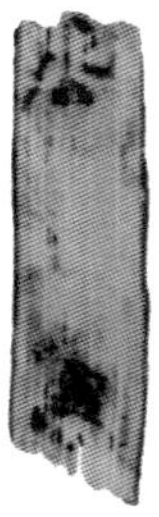
☒丞☐☒
⑥236

言史守府☐☒
⑥237

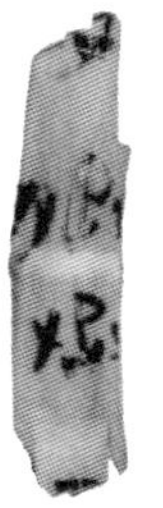
☒☐☐丞☐☒
⑥238

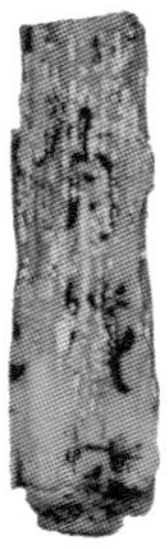
☒☐七月戊戌☒
⑥239

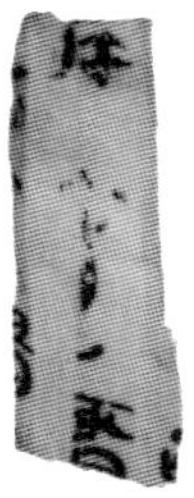

☒☐☒
☒律令/豚☒
☒……☒

⑥240

☒☐☐☐
☒☐書誤
☒☐［者入］罰

⑥241正

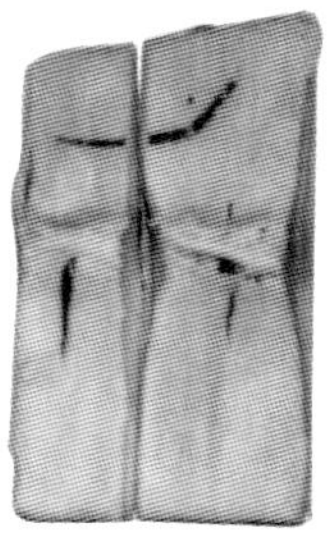

☒☐☐

⑥241背

☒☐☐具☒
☒兩其聽☐☒
……

⑥242+⑥243正

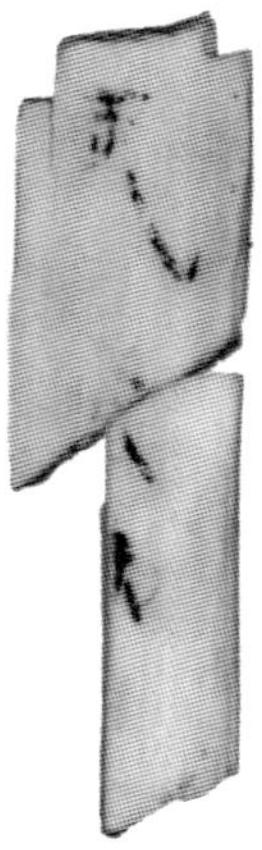

☒☐☐☐☒

⑥242+⑥243背

☒☐☐☐☐☒

⑥244正

☒☐☐☒

⑥244背

☒……☒

⑥245

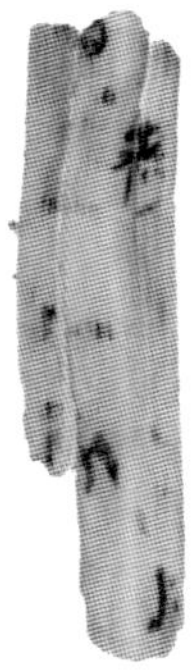

☒者……☒
☒☐☐一人死☒

⑥246

☒☐☐☒

⑥247正

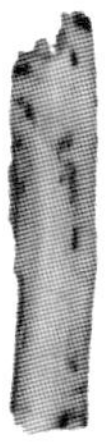

☒☐☐☐☒
☒……☒

⑥247背

☒☐☐☐☒

⑥248

☒☐計☒
☒☐☐☐☒

⑥249

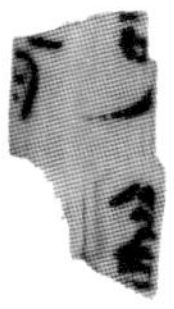

☒☐☐☒
☒☐☒

⑥250

☒☐☐☒
☒☐☐☐☒

⑥251

☒☐☒
☒☐卅☒

⑥252

☒……☒
☒☐府☒

⑥253

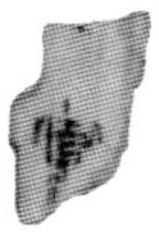

☒☐寫☒

⑥254

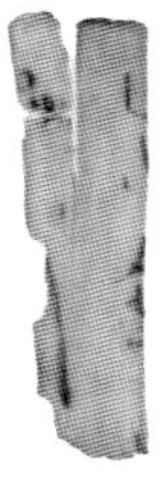

☒☐☐☐☒
☒☐☐☒

⑥255

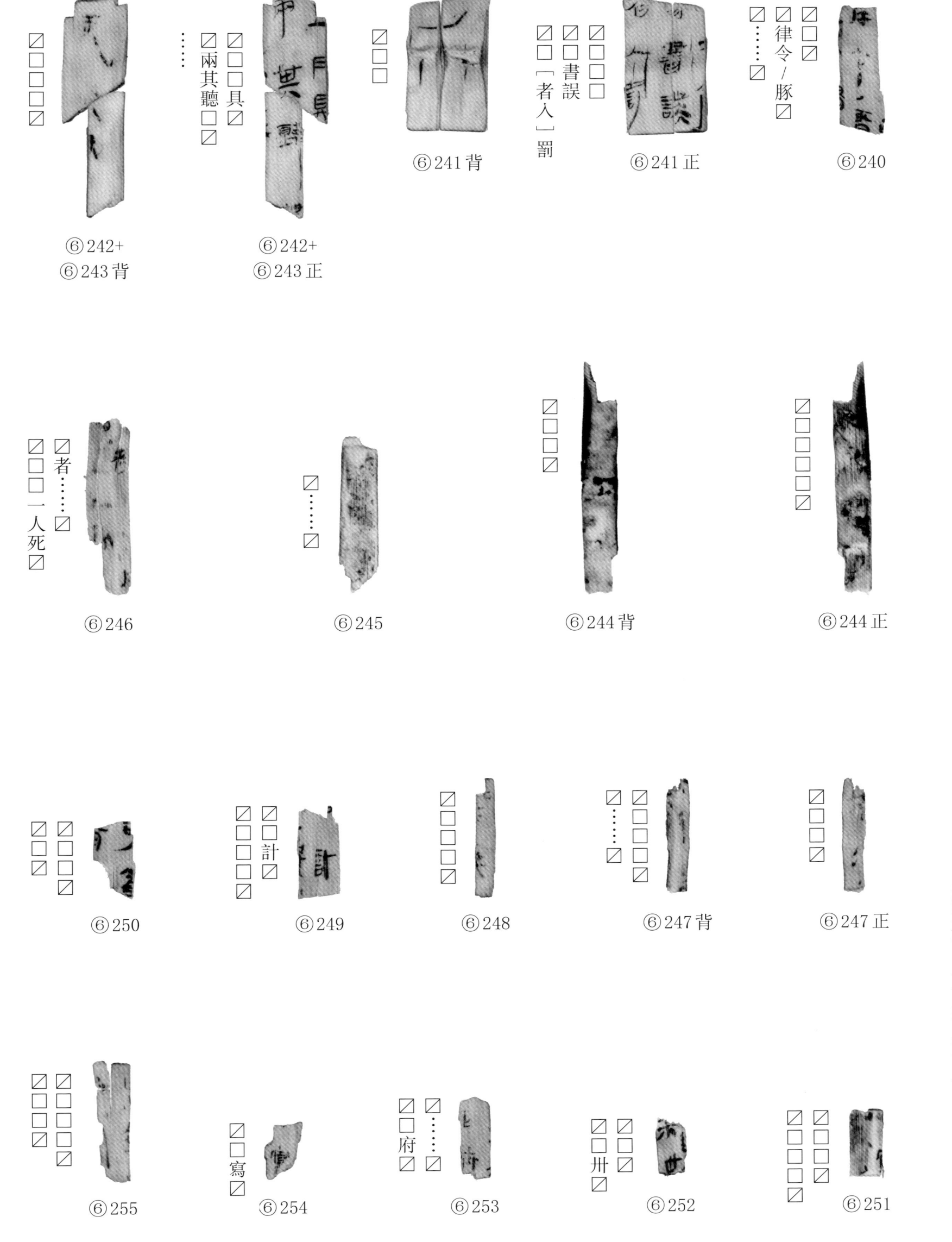

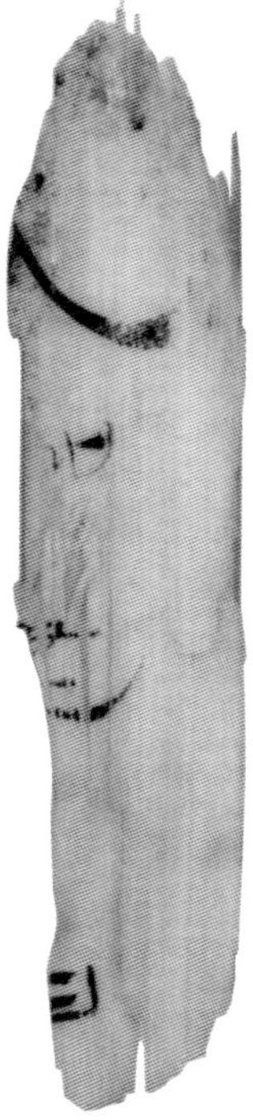

☒□□□曰☒

⑥257

☒□〆今問之倉已☒
☒義徒官毋遺敢☒

⑥258

☒［月］丙　☒
☒歲　☒

⑥259

☒書居罰☒

⑥260

大奴二人生□☒
［小奴］一人☒
□　☒

⑥261正

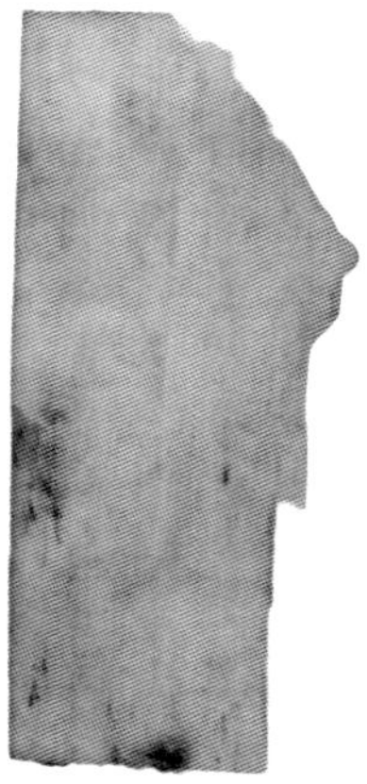

□☒

⑥261背

☒□□□☒
☒敬□☒

⑥262

□□☒
七年七月［戊］☒
須以驗☒

⑥263

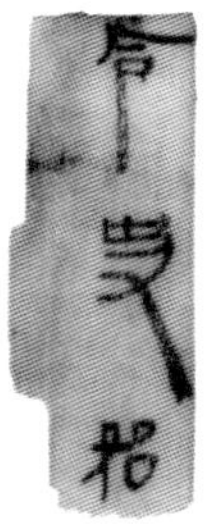

令史始☒

⑥264正

□☒
□☒

⑥264背

七年七月戊戌朔□☒
陽失期不［備輸］☒
☒□☒

⑥265+⑥305+⑥271

☒出口廣袤☒
☒出酒肉口☒
☒出米爲　☒

⑥266+⑥270+⑥278

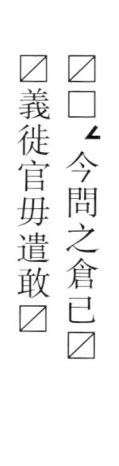

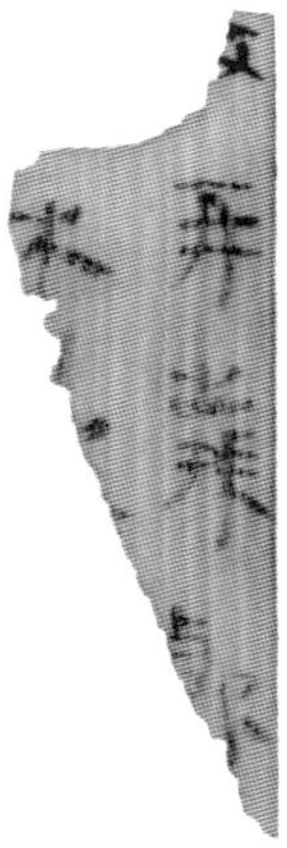
☒［敢］再拜獻☒
☒□□☒

⑥267

☒□申［益］陽啟☒

⑥268

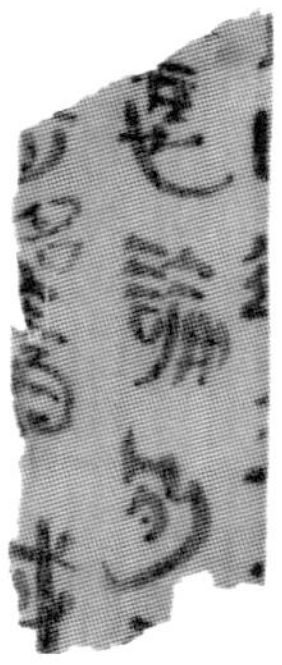
☒□□□□□☒
☒應論別□☒
☒□名□□□☒

⑥269

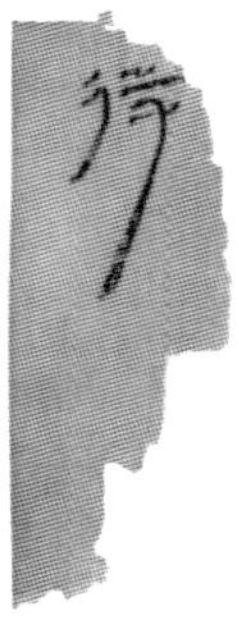
☒待☒

⑥272

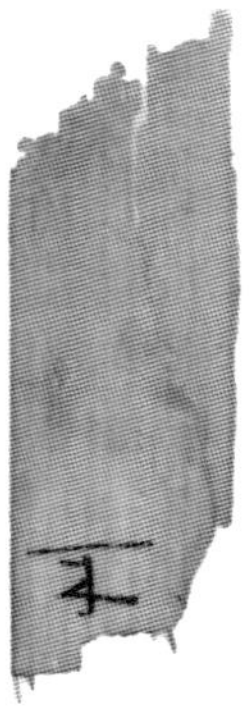
☒不☒

⑥273

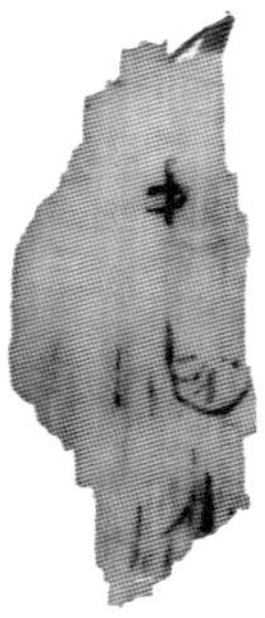
☒□□□□☒

⑥274

☒戍朔□☒
☒□□☒

⑥275

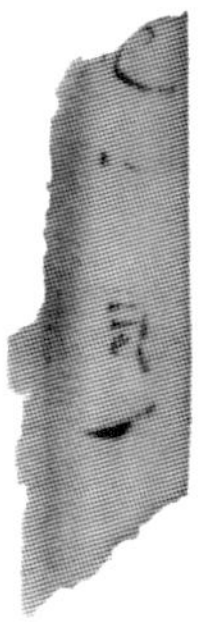
☒□□□☒

⑥276

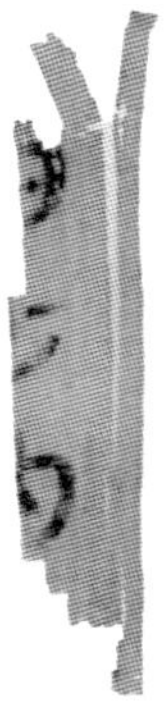
☒□［少内］☒

⑥277

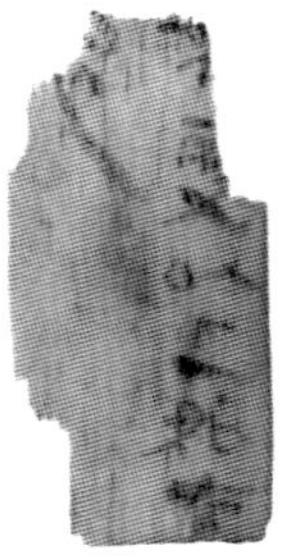
☒不更以上如□
☒□

⑥279

☒年□☒

⑥280

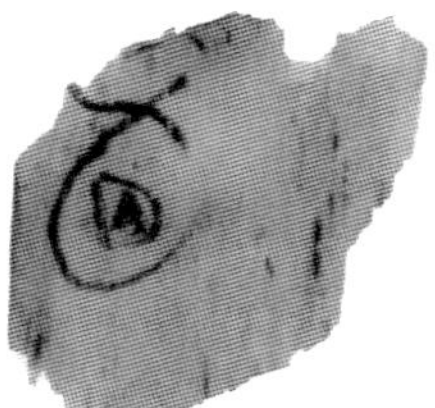
☒（圖案）☒

⑥281

☒［知］☒

⑥282

☒□□□□☒

⑥283

☒□□☒
☒□十二□☒

⑥284

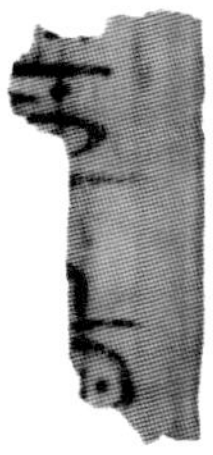
☒益陽☒

⑥285

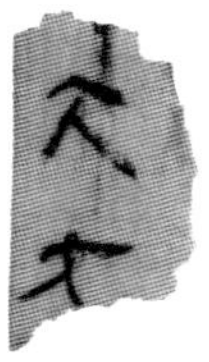
☒□大女☒

⑥286

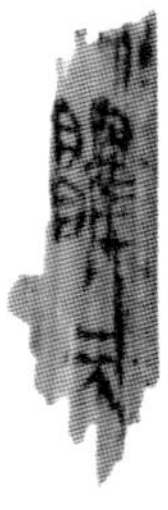
☒臞末☒

⑥287

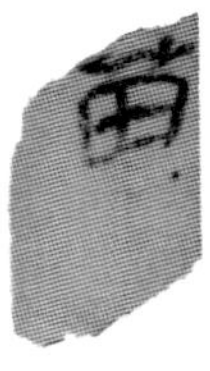
☒苗☒

⑥288

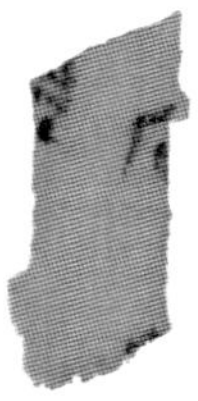
☒□□☒
☒□ ☒

⑥289

⧄之□⧄
⧄［難］⧄
⑥290

⧄□［疾］⧄
⑥291

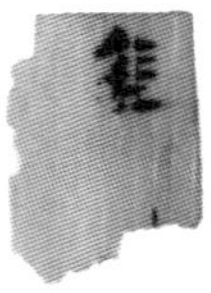
金□⧄
⑥292

⧄□⧄
⑥293

⧄□得⧄
⑥294

⧄□□□□⧄
⑥295

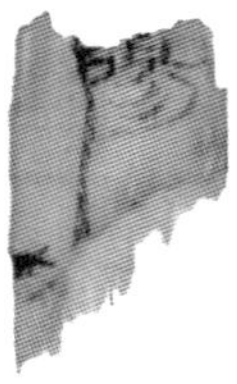
⧄陽⧄
⑥296

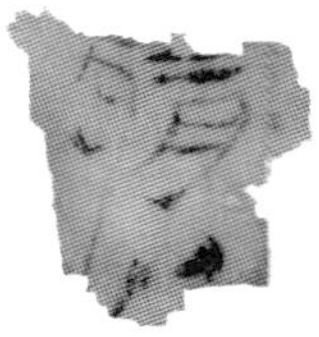
⧄［睛］□⧄
⑥297

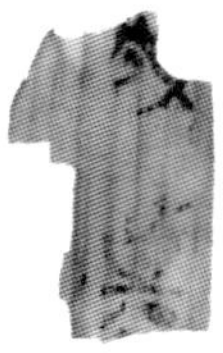
⧄成□⧄
⑥298

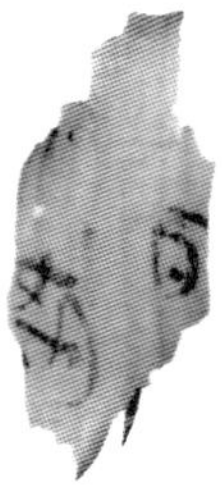
⧄□⧄
⧄□期⧄
⑥299

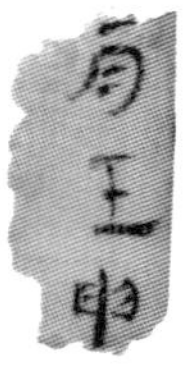
⧄□月壬申⧄
⑥300

⧄□□⧄
⑥301

⧄［倉變］⧄
⑥302

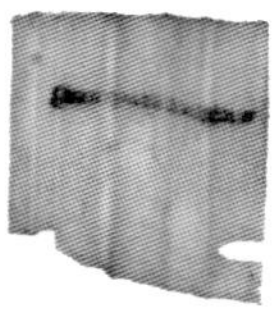
一⧄
⑥303

⧄□□⧄
⧄□⧄
⧄□□⧄
⑥304

⧄署⧄
⑥306

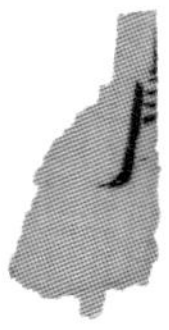
⧄□□⧄
⑥307

⧄□⧄
⑥308

⧄獄⧄
⑥309

⧄定⧄
⑥310

⧄里⧄
⑥311

⧄敬□⧄
⧄□⧄
⑥312

⧄陽⧄
⑥313

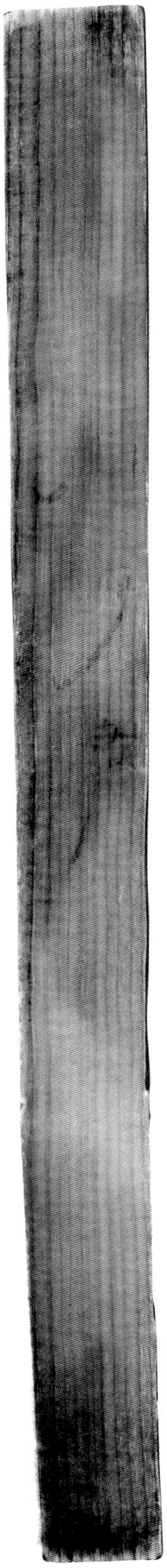

☐☐府［君］

⑥314

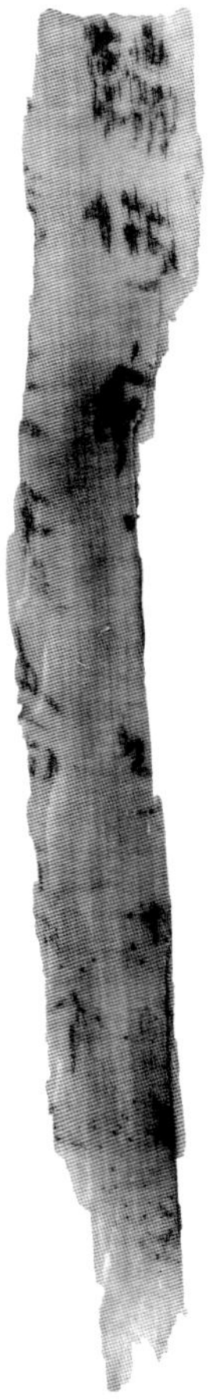

☐輸何☐☐☐☐☐☐☐
☐☐☐☐☐書☐［令］☐☐

⑥315

☐☐月癸癸 ☐
☐巳朔朔 ☐

⑥316

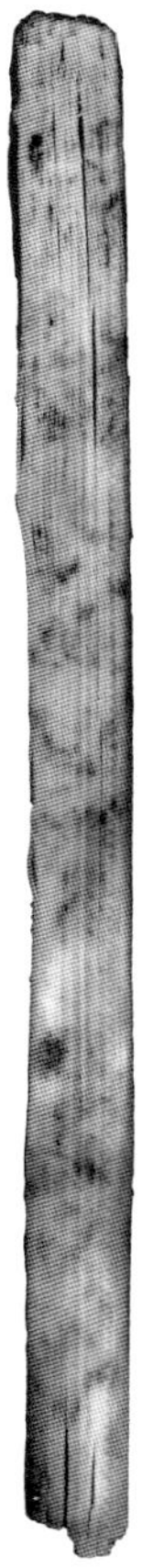

☐……☐

⑥319

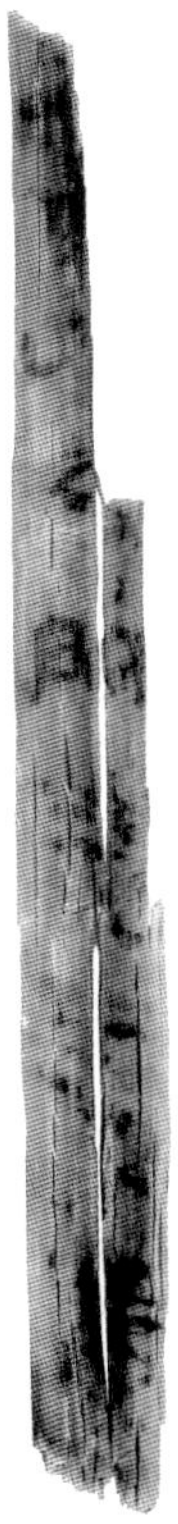

☐☐☐☐之門淺☐☐☐☐

⑥320

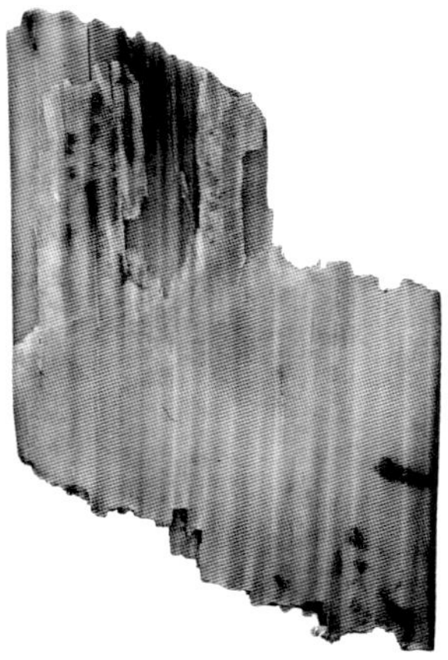

☐☐家☐

⑥321

☐（圖案）☐

⑥322

☐ ☐☐

⑥323

☐☐☐☐
☐繆☐☐

⑥324

☐☐作☐ ☐
☐［出］錢☐ ☐
☐☐☐ ☐

⑥325

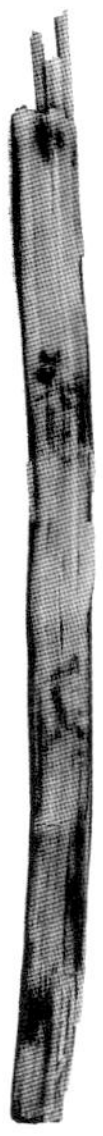

☐☐者☐☐

⑥328

☐☐☐☐

⑥332

☐☐☐☐

⑥333

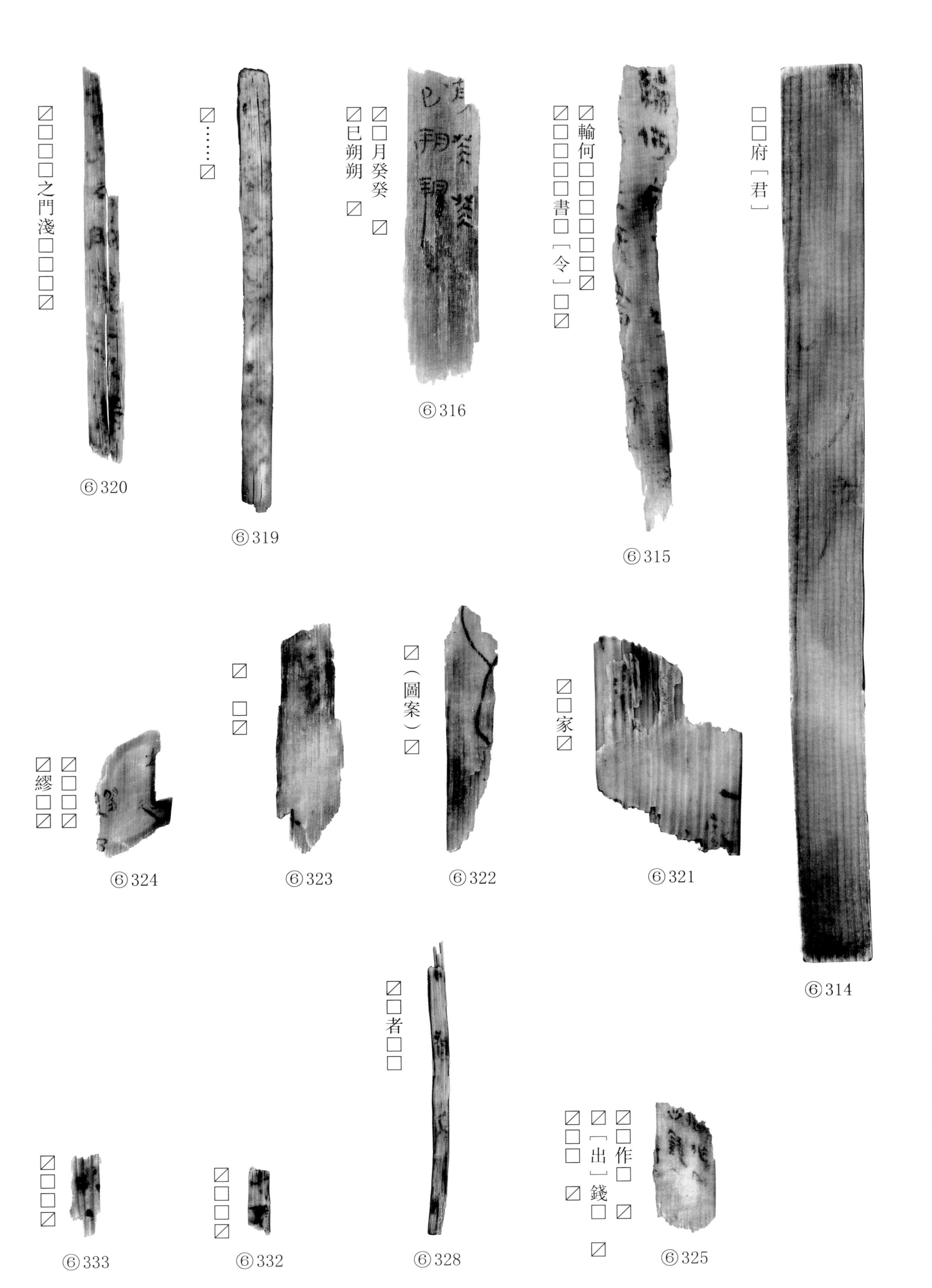

第七層

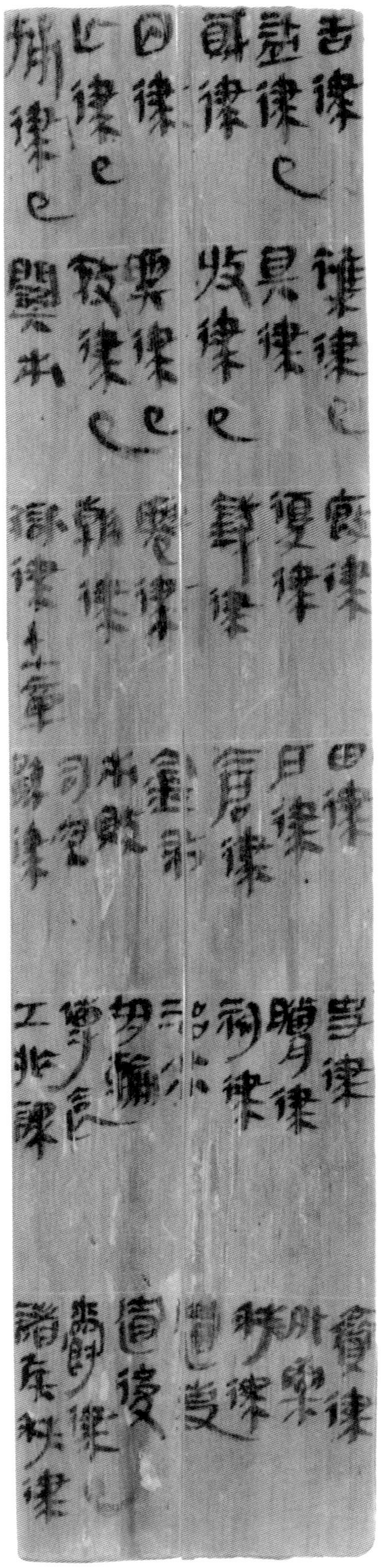

⑦1+⑦2正

告律　雜律已　廄律　田律　史律　賨律
盜律已　具律　復律　户律　臘律　外□
賊律　收律已　錢律　倉律　祠律　秩律
囚律　興律已　䙴律　金布　治水　置吏
亡律已　效律已　朝律　市販　均輸　置後
捕律已　關市　獄律十七章　司空　傳食　爵律已
繇律　工作課　諸侯秩律

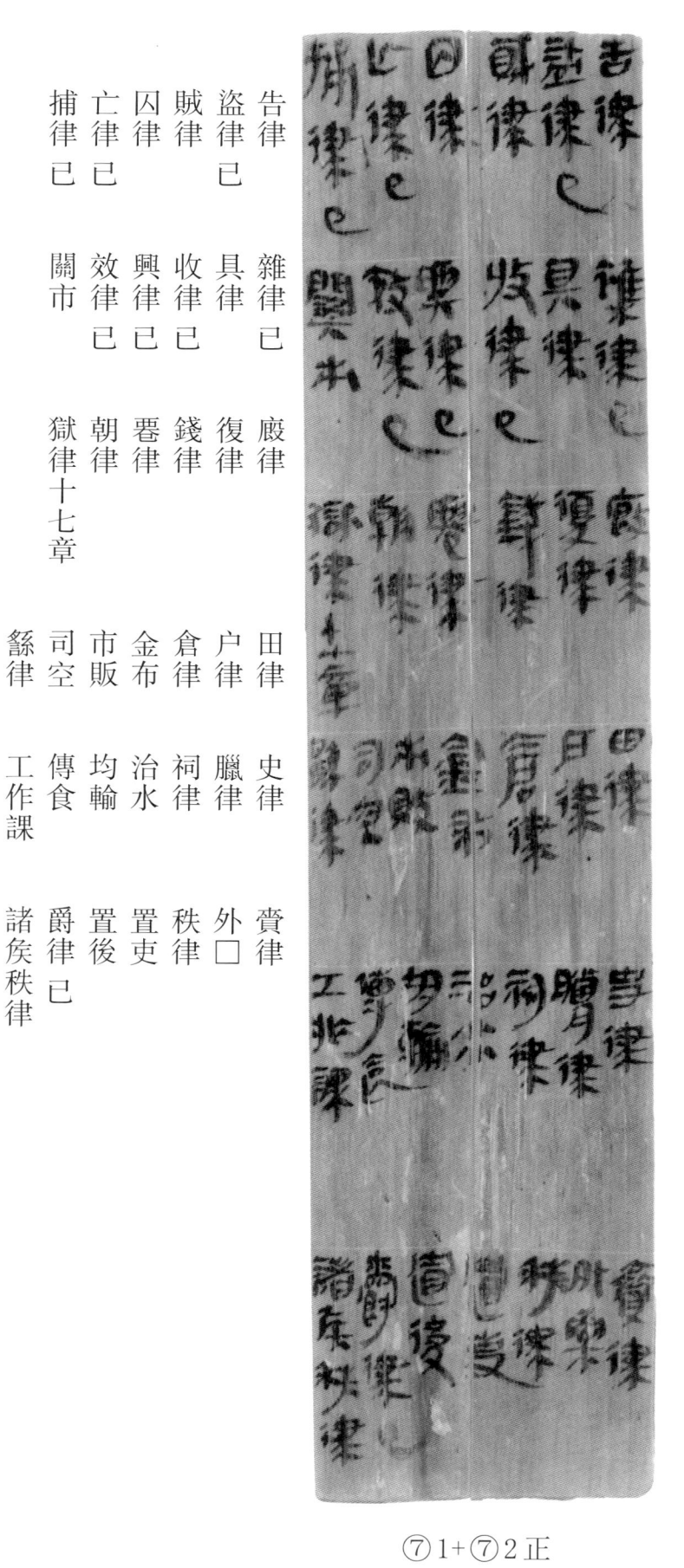

⑦1+⑦2背

傳律已
尉卒律
奔命律
行書律
蔡律
賜律
旁律廿七章
•凡卌四章

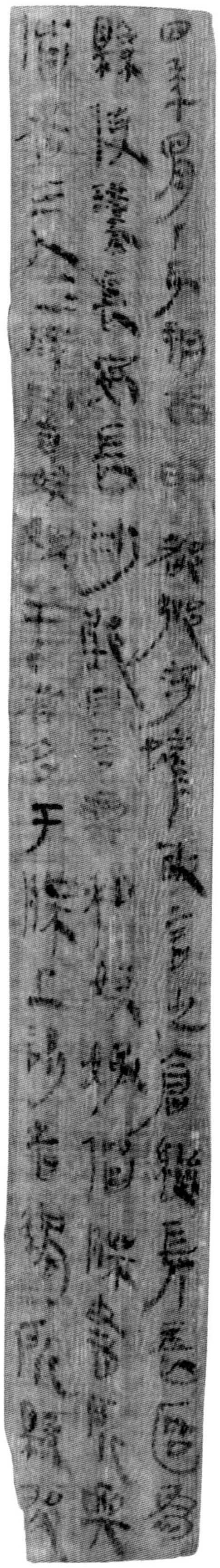

⑦3正

四年四月丁亥朔丙申都鄉守䙌敢言之倉變髳長區爲
縣使漢長安長沙邸自言與私奴婢偕牒書所與
偕者三人〻一牒署奴婢主•者名于牒上謁告過所縣即

⑦3背

乏用欲賣聽爲質敢言之／四月丁酉益陽夫移過所
縣長安市令史可聽爲質它如律令／處手
辰手

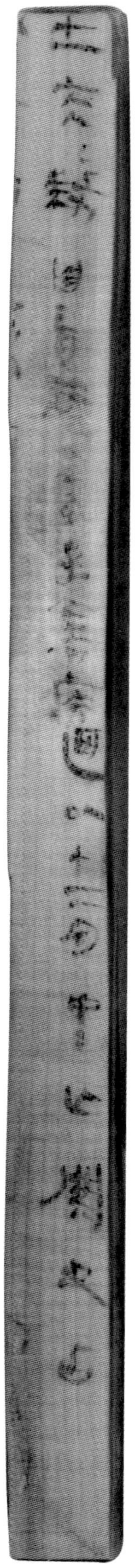

⑦4正

士夫〻務自言奴□□主舍疾迺以十二月中亡典丑占
……

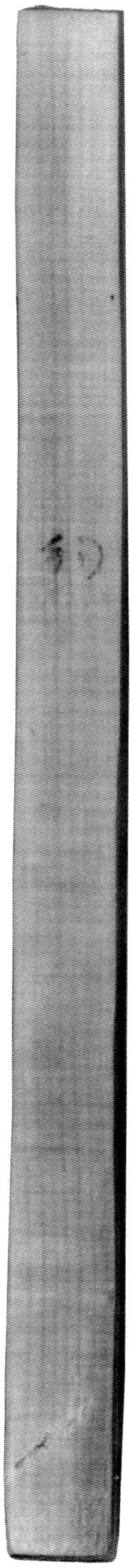

⑦4背

□

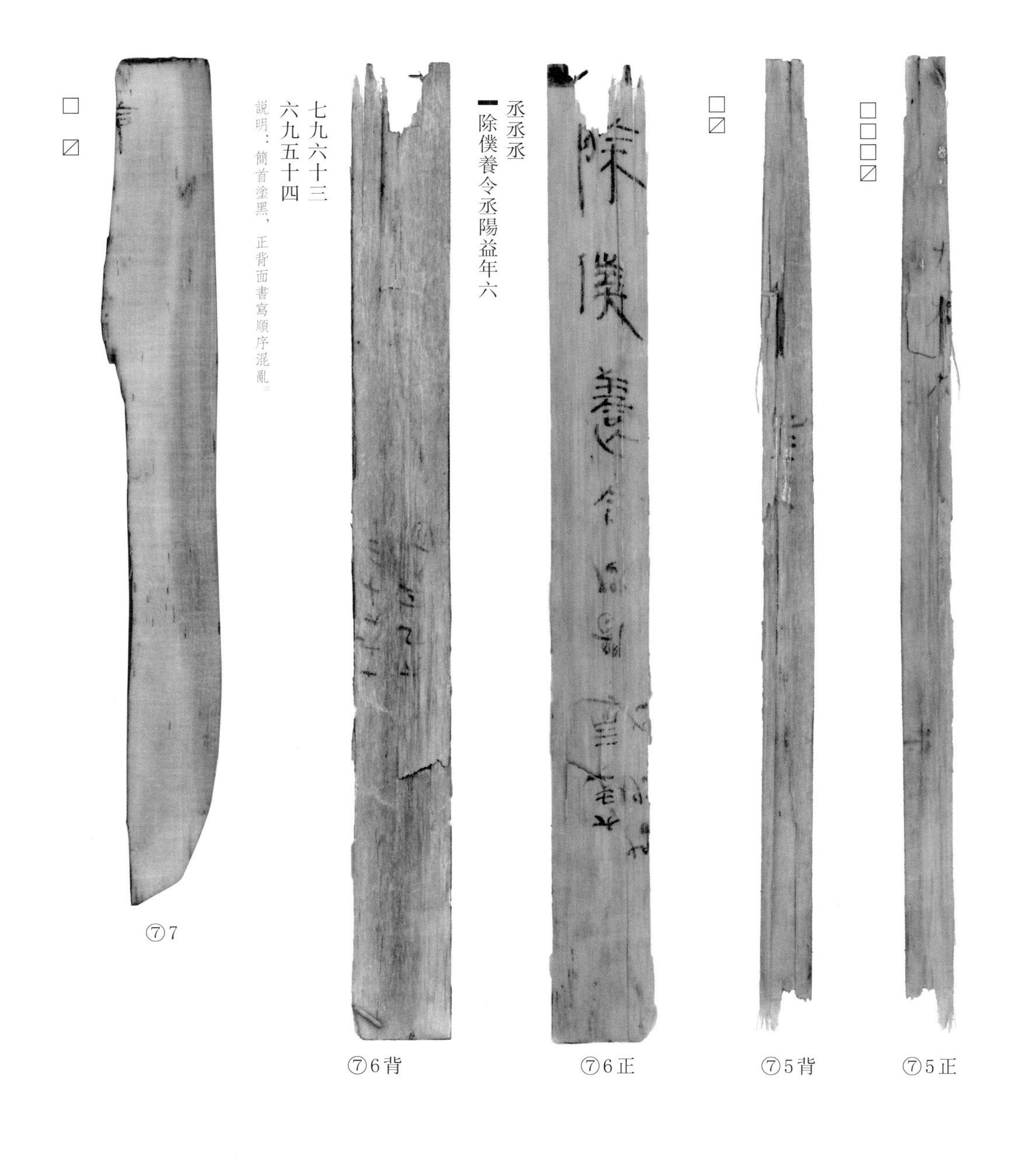

□□□⧄

⑦5正

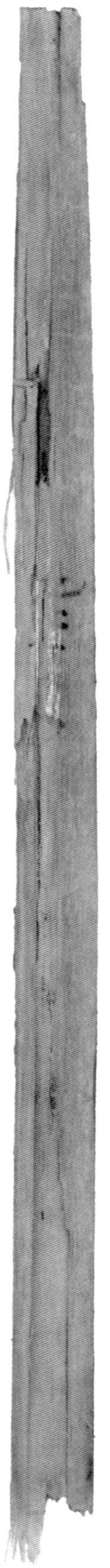

□⧄

⑦5背

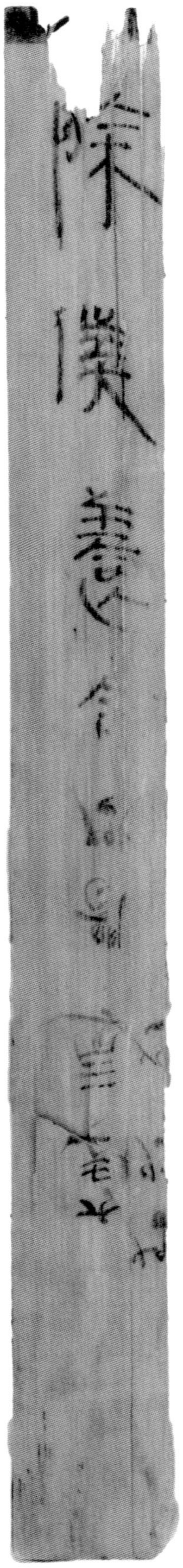

⑦6正

■除僕養令丞陽益年六
丞丞丞

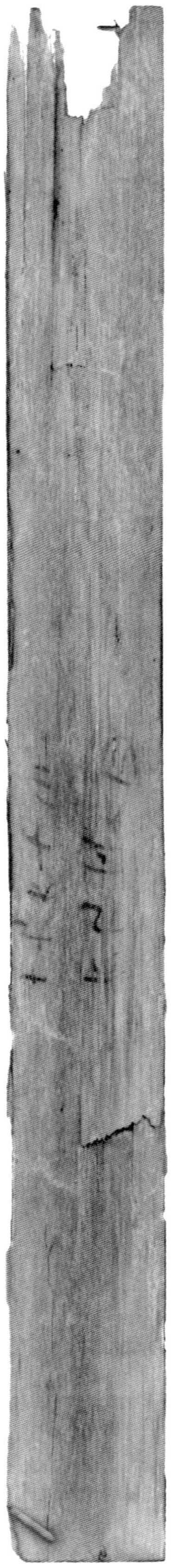

⑦6背

七九六十三
六九五十四

説明：簡首塗黑，正背面書寫順序混亂。

□　⧄

⑦7

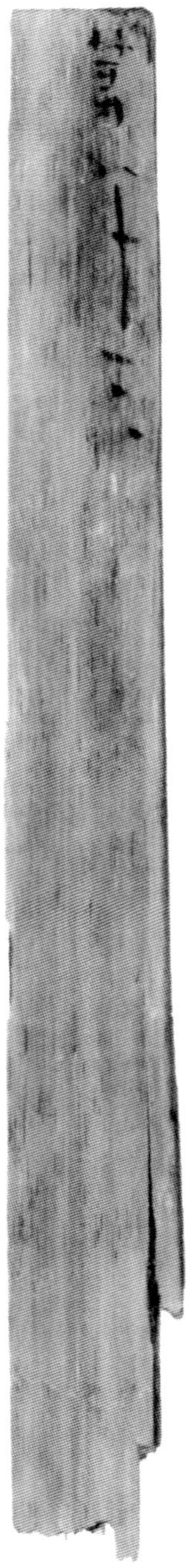

筭八十三 ▨

⑦8

□□□……下官□□▨
言之 ▨

⑦9

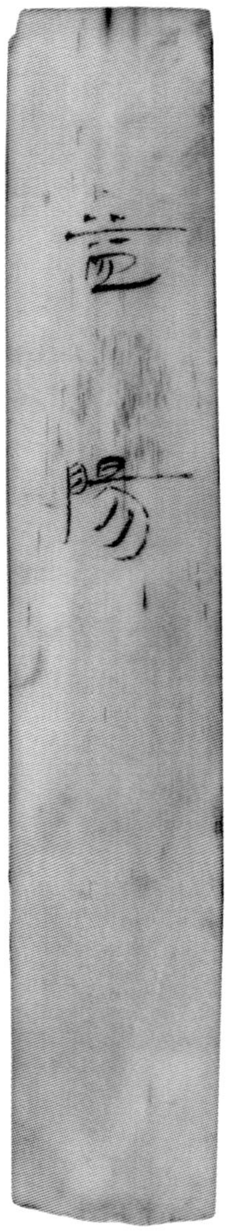

益陽 ▨

⑦12

廷户曹

⑦13

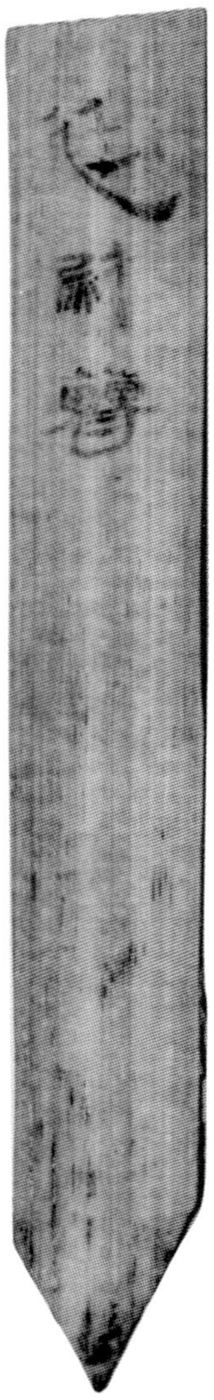

廷尉曹

⑦14

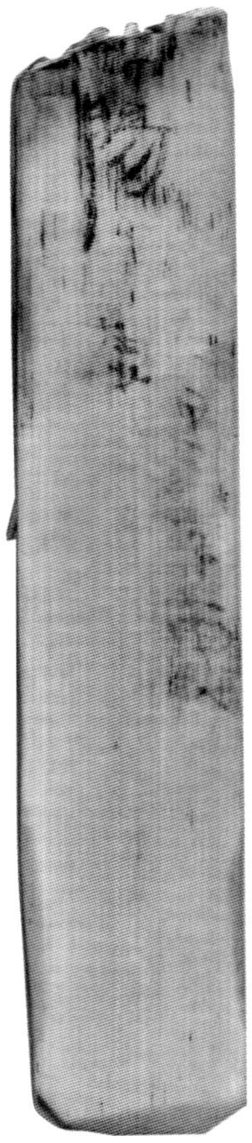

▨……里不更……
▨陽□

⑦15正

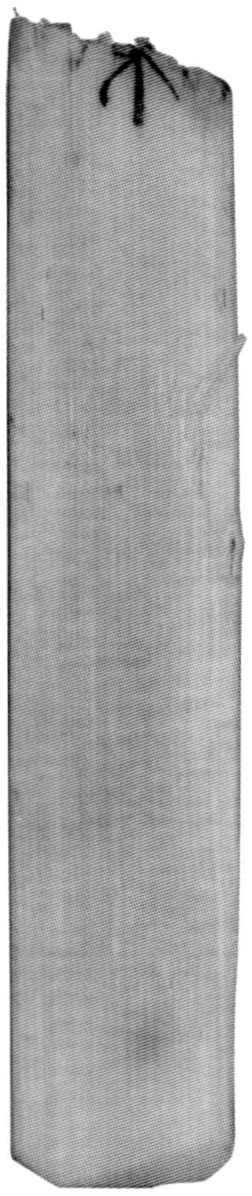

▨□

⑦15背

▨曰可陽益丑□▨
▨内史可府勿留▨
▨曰曰亡史□▨

⑦16正

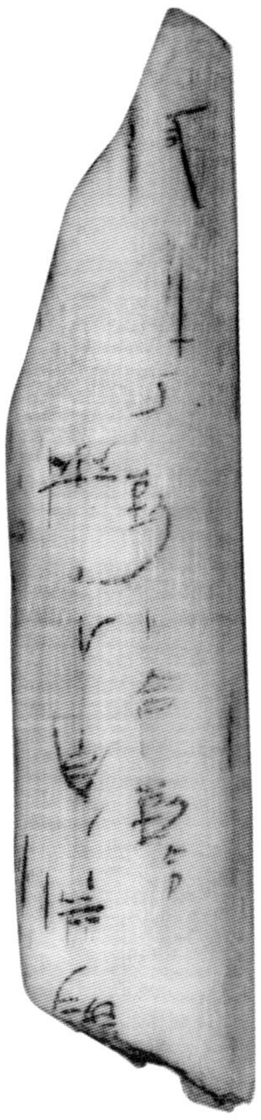

▨□□□到合到令▨
▨□令□益謂

說明：文字書寫順序錯亂。

⑦16背

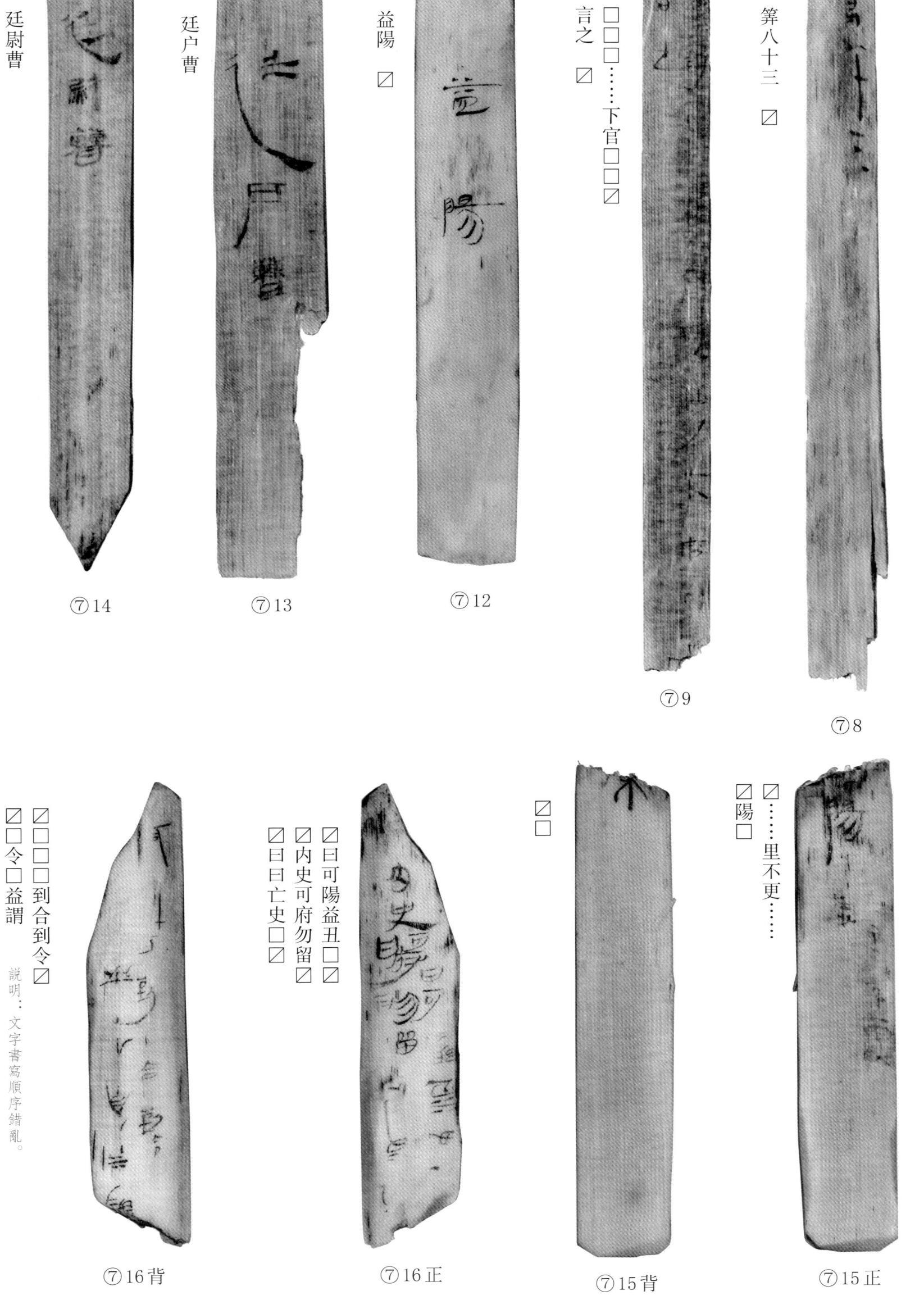

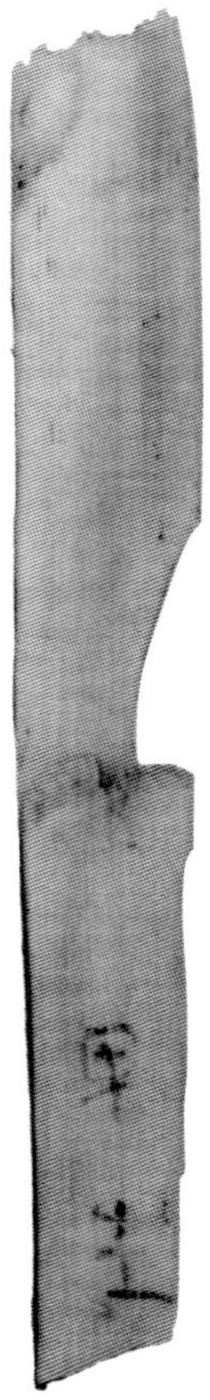

[界][主]☐

⑦17正

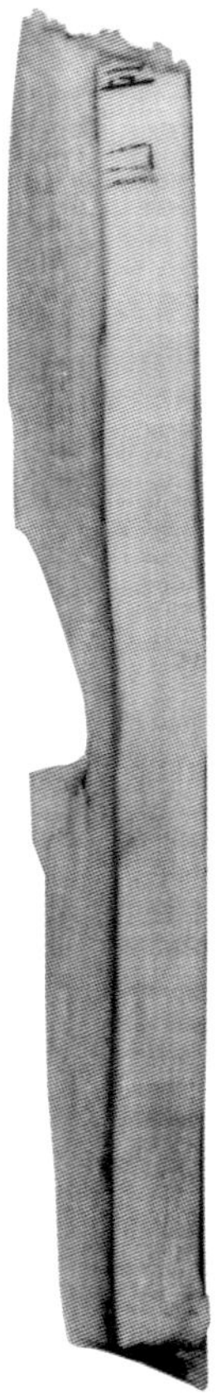

☐□□☐

⑦17背

數以爲人靡☐
都鄉夫　☐

⑦18正

（圖案）☐

說明：頂端有一楔口。

⑦18背

六年恒署笥☐

⑦19+⑦37正

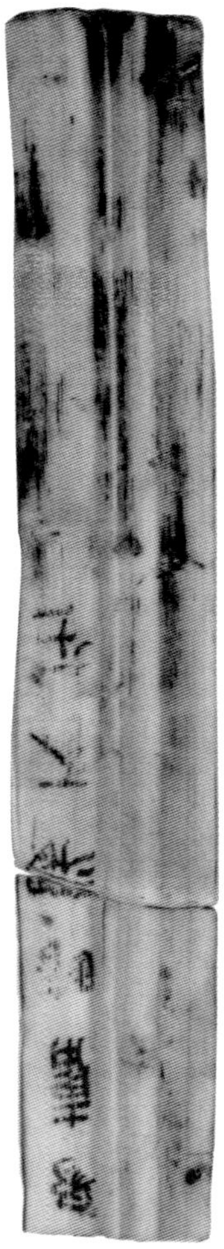

☐爲庯臨湘不在

說明：正背面文字書寫順序顛倒。

⑦19+⑦37背

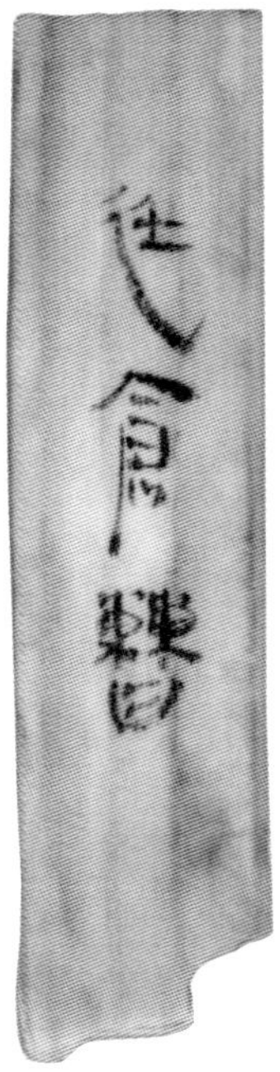

廷倉曹☐

⑦20

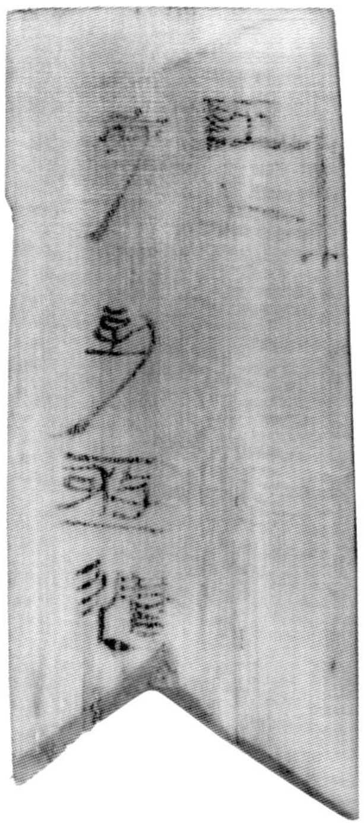

□　☒
誣人　☒
府到亟遣☒

⑦21正

内内史

説明：正背面書寫順序相反。

⑦21背

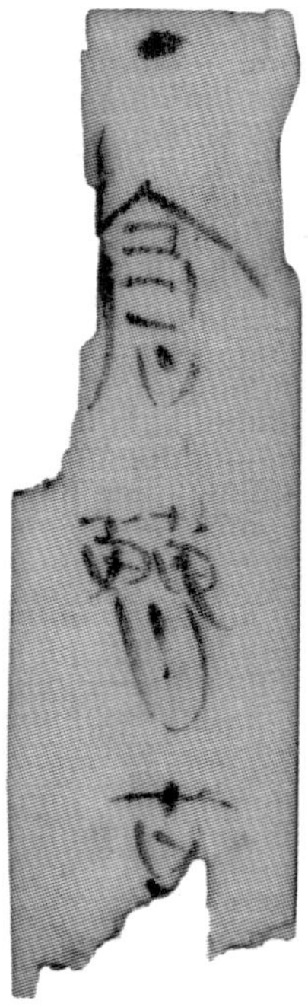

•倉曹□☒

⑦22

書到言之府曰府
視書
書曰

⑦23

☒□佐□倉［佐］□☒
☒强　☒

⑦24正

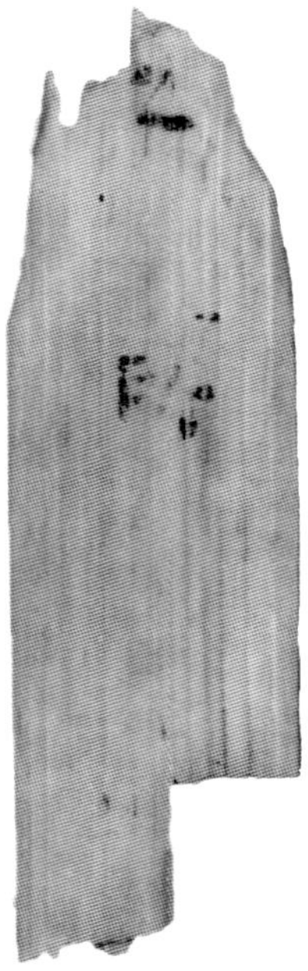

☒之□　☒

⑦24背

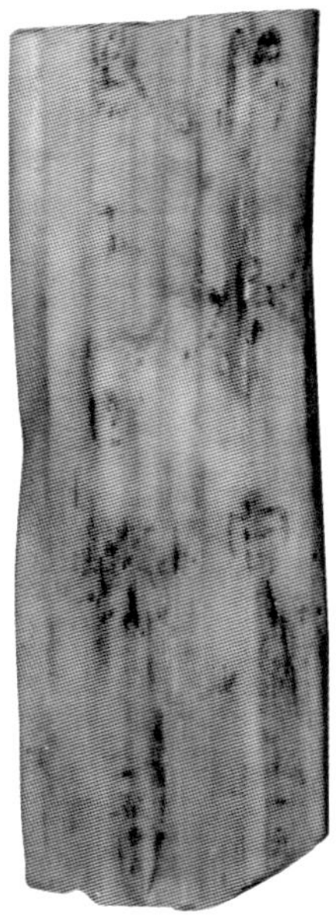

陽丞□□☒
□□□□書☒

⑦25正

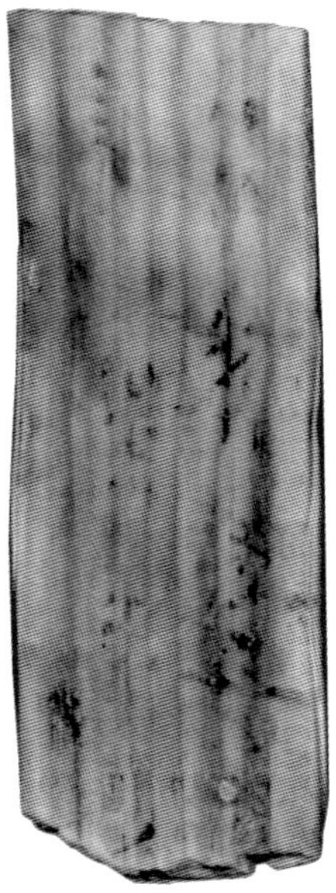

□□□□☒
□□□□/☒

⑦25背

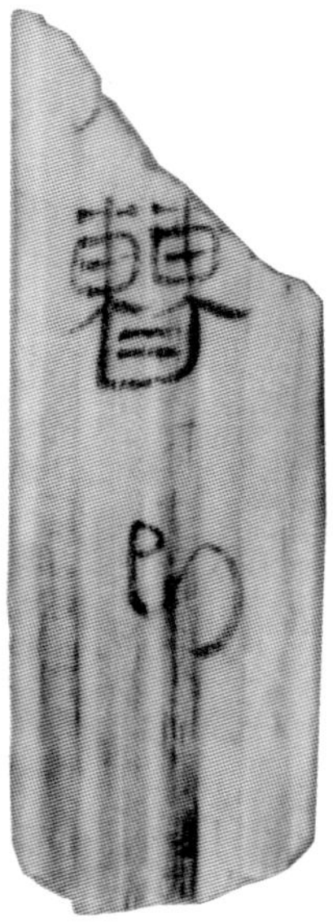

☒□曹已

⑦27

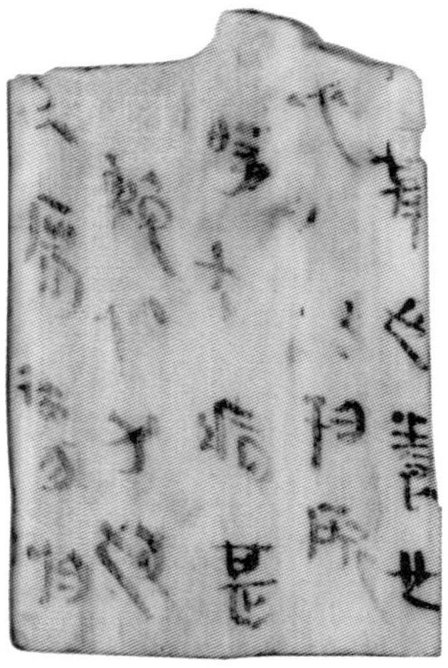

⧄□□毋養也
⧄□□［毋］物所
⧄時［大］病甚
⧄輓□力毋
⧄□肩傷於

⑦28正

⧄秋

⑦28背

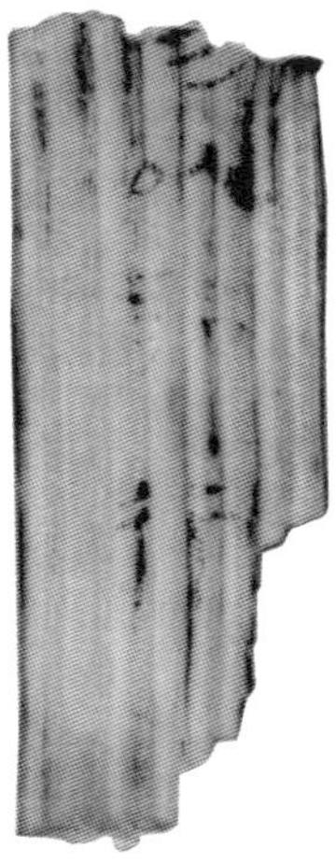

⧄□以郵行

⑦29

⧄署曰急使⧄

⑦30正

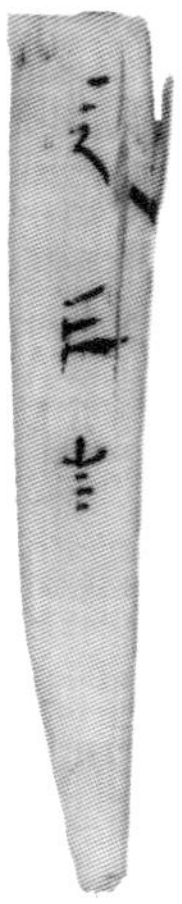

⧄□□□⧄

⑦30背

童成里⧄
學　⧄

⑦31

⧄二八十六⧄

⑦32

敬頓首高∠⧄
君馬足下⧄

⑦42+⑦34

⧄□郵
⧄□此

⑦35

⧄鄉
⧄

⑦36

元年七月己⧄
⧄□□⧄

⑦39正

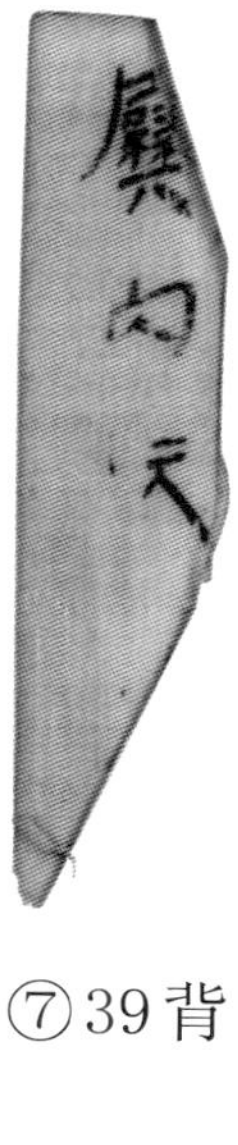

關内［矦］⧄

⑦39背

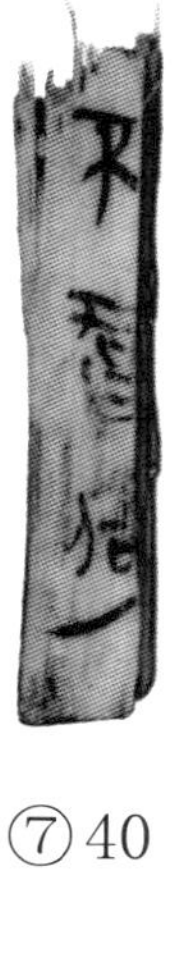

⧄不智何

⑦40

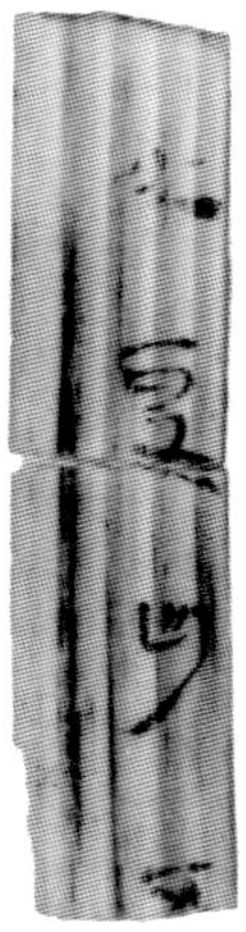

☒米受此□☒

⑦43

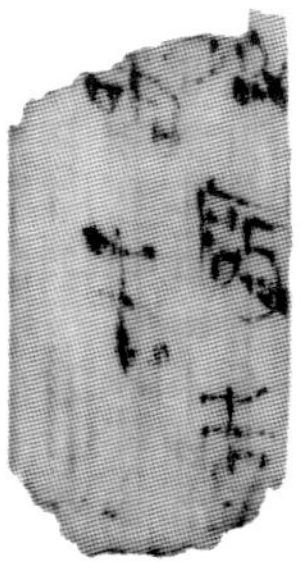

☒丞啟告☒

☒［請］告□☒

⑦44

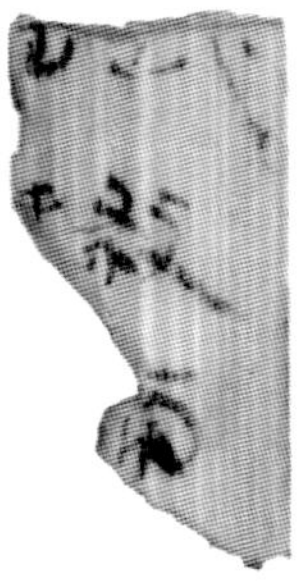

☒□ ☒

☒□殺［兩］☒

☒□□☒

⑦45正

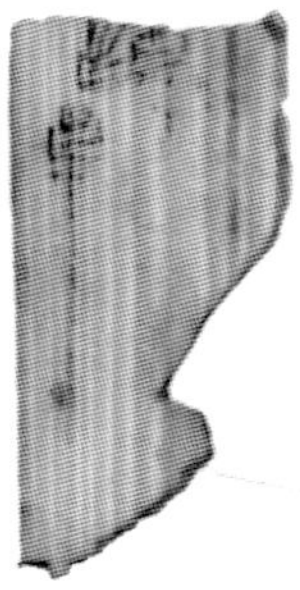

☒ □☒

☒ □☒

⑦45背

説明：正背面書寫順序相反。

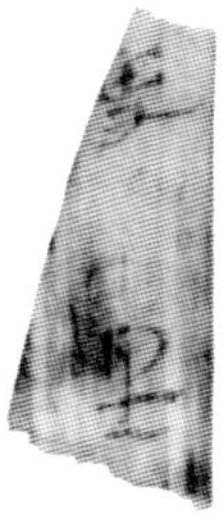

☒吏里☒

⑦46正

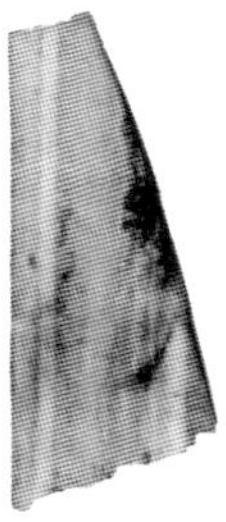

☒□☒

⑦46背

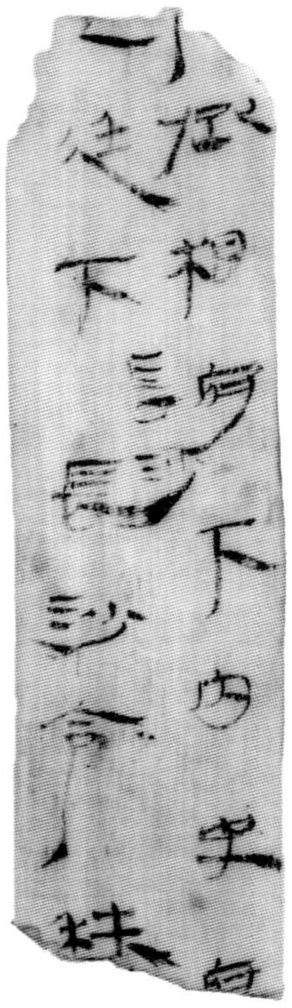

☒丞相府下內史府☒

☒長沙 ☒

☒□廷下長沙令秩☒

⑦48正

☒□中父謁□☒

☒［義］□書☒

⑦48背

☒敢言之府書府郡守

⑦47正

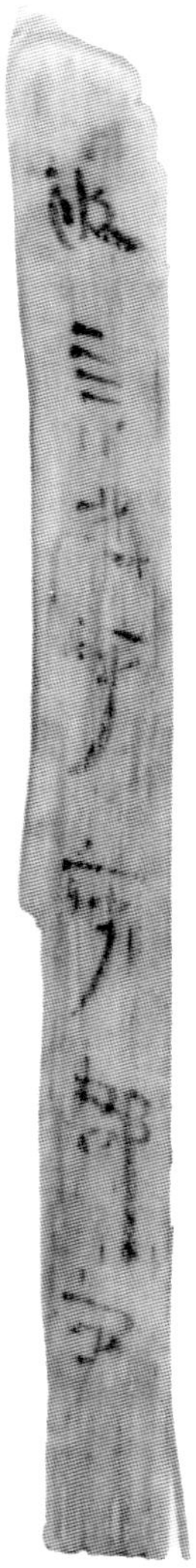

☒敢言之守府郡守

⑦47背

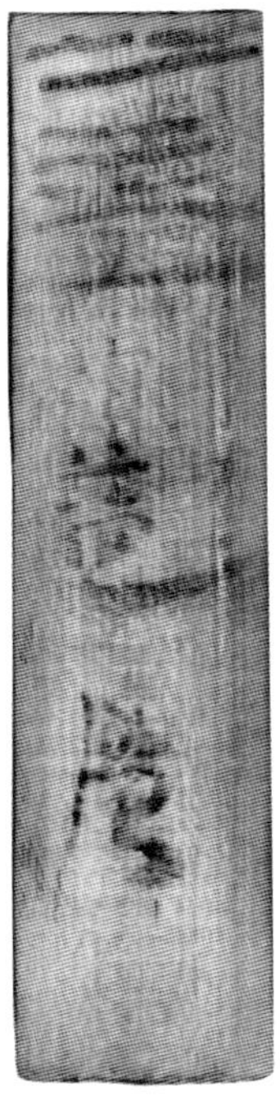

益益陽

説明：簡首有塗抹痕。

⑦50

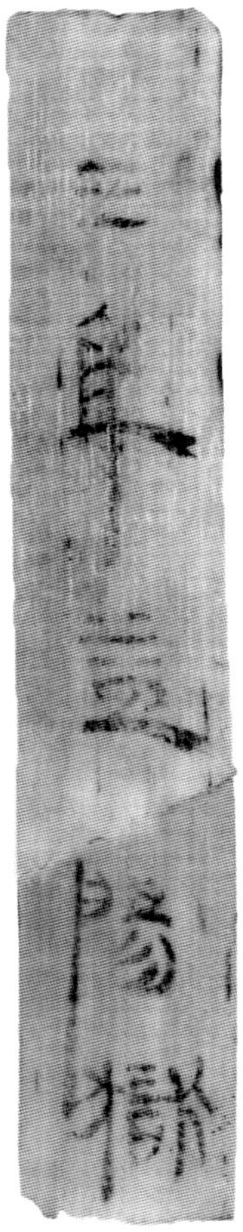

三年益陽獄

⑦51+⑦72

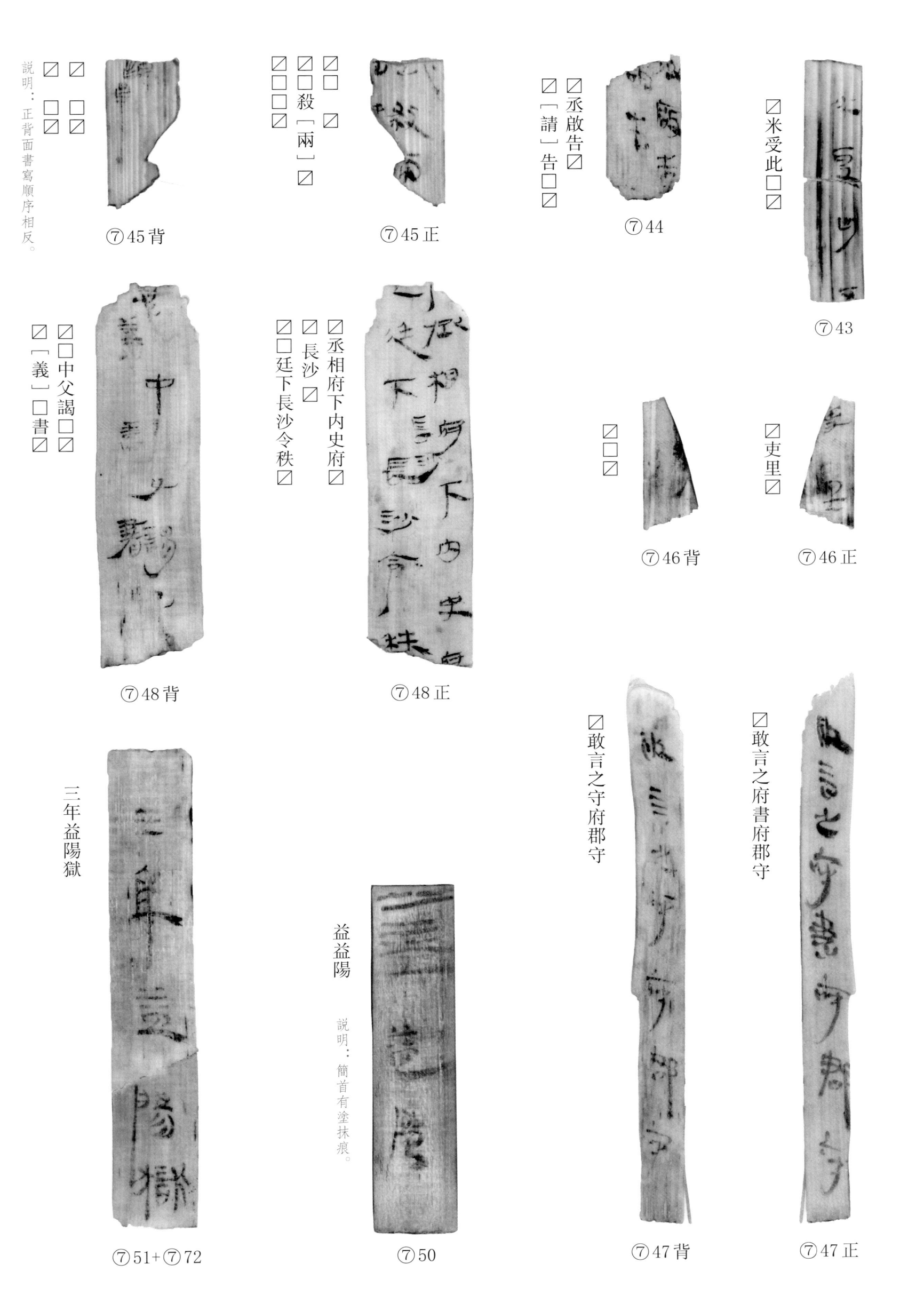

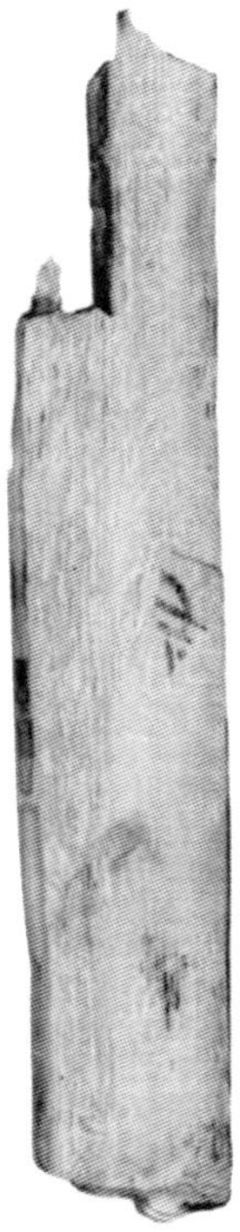

▨□□▨

⑦52

少內▨

⑦53

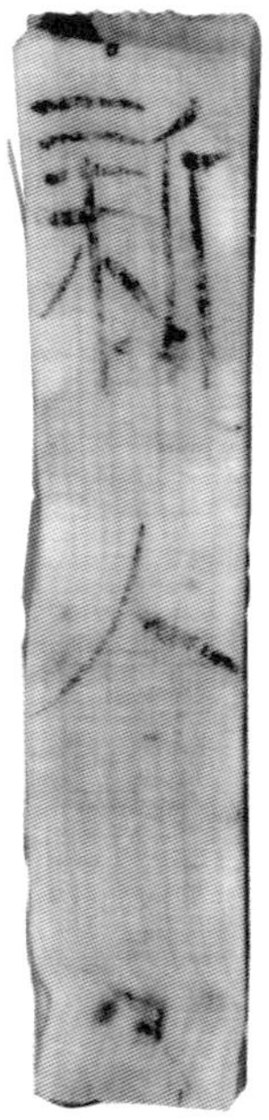

▨新入□▨

⑦54

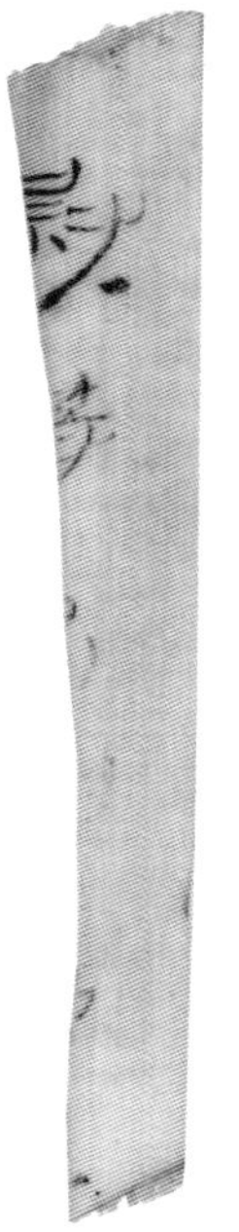

▨尉等……▨

⑦55正

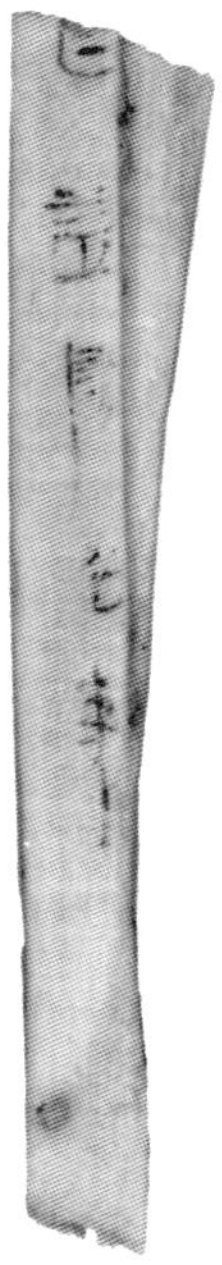

▨□益陽□□▨

⑦55背

▨弟弟

⑦57正

▨弟弟
▨弟弟
▨弟弟

⑦57背

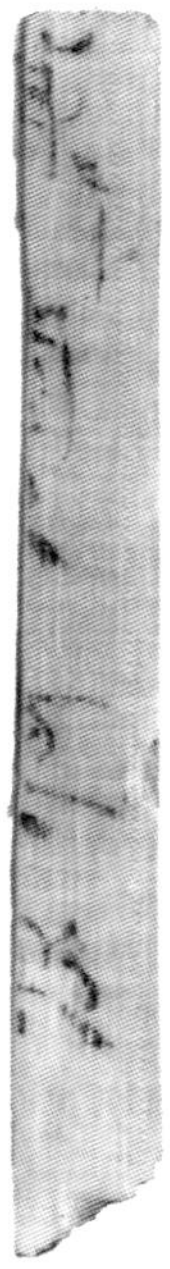

□□□縣▨

⑦58正

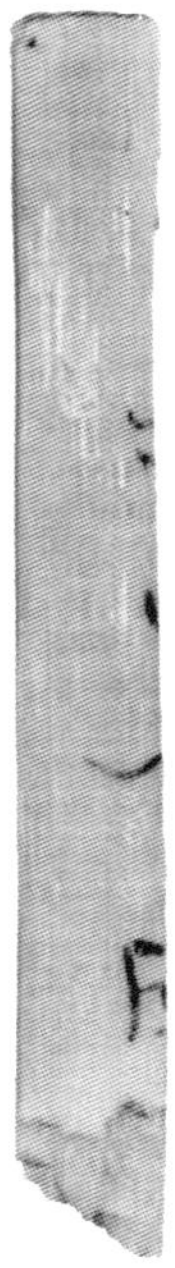

□［少內］▨

⑦58背

▨□三月辛▨
▨充丑益陽▨

⑦59

▨訊□辤曰誠▨
▨舉召死死▨

⑦60正

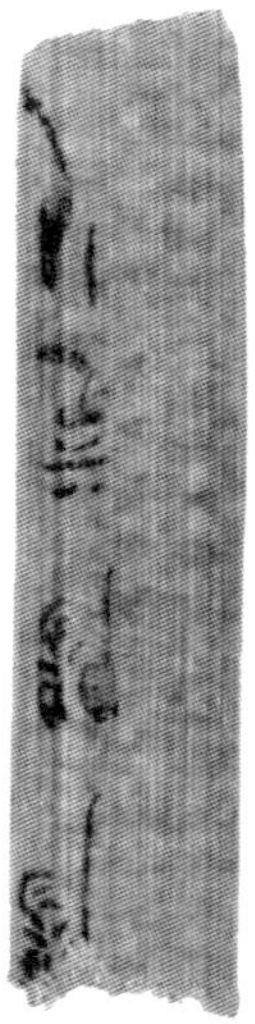

▨陽陽益□▨

説明：正背面書寫順序顛倒。

⑦60背

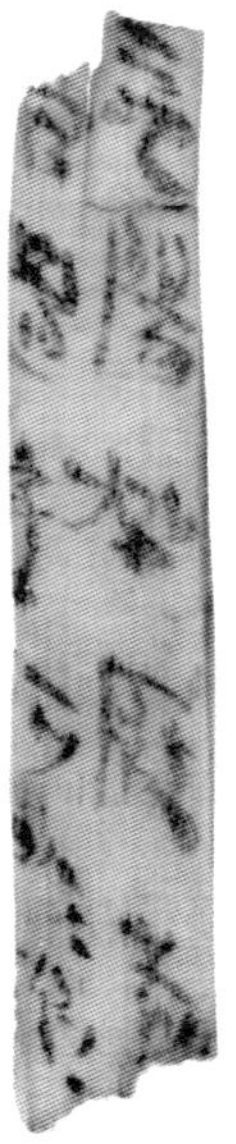

▨益陽丞啟告▨
▨□置□可以〻□▨

⑦61

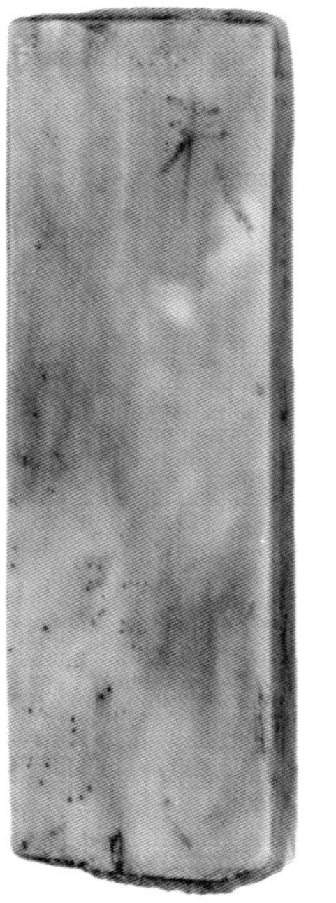

未⊠▨
⊠▨

⑦62正

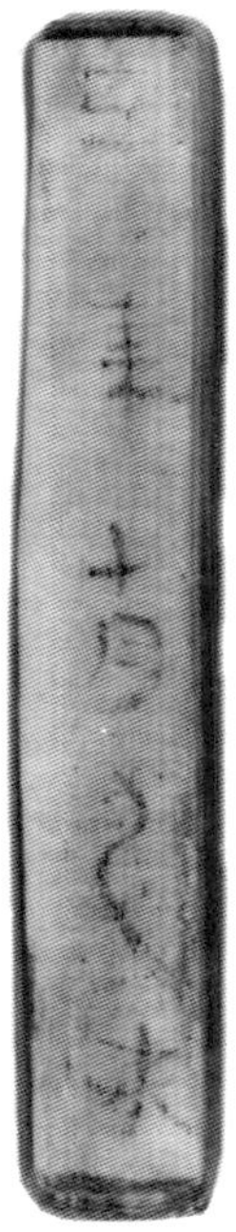

三年七月己未▨

⑦62側

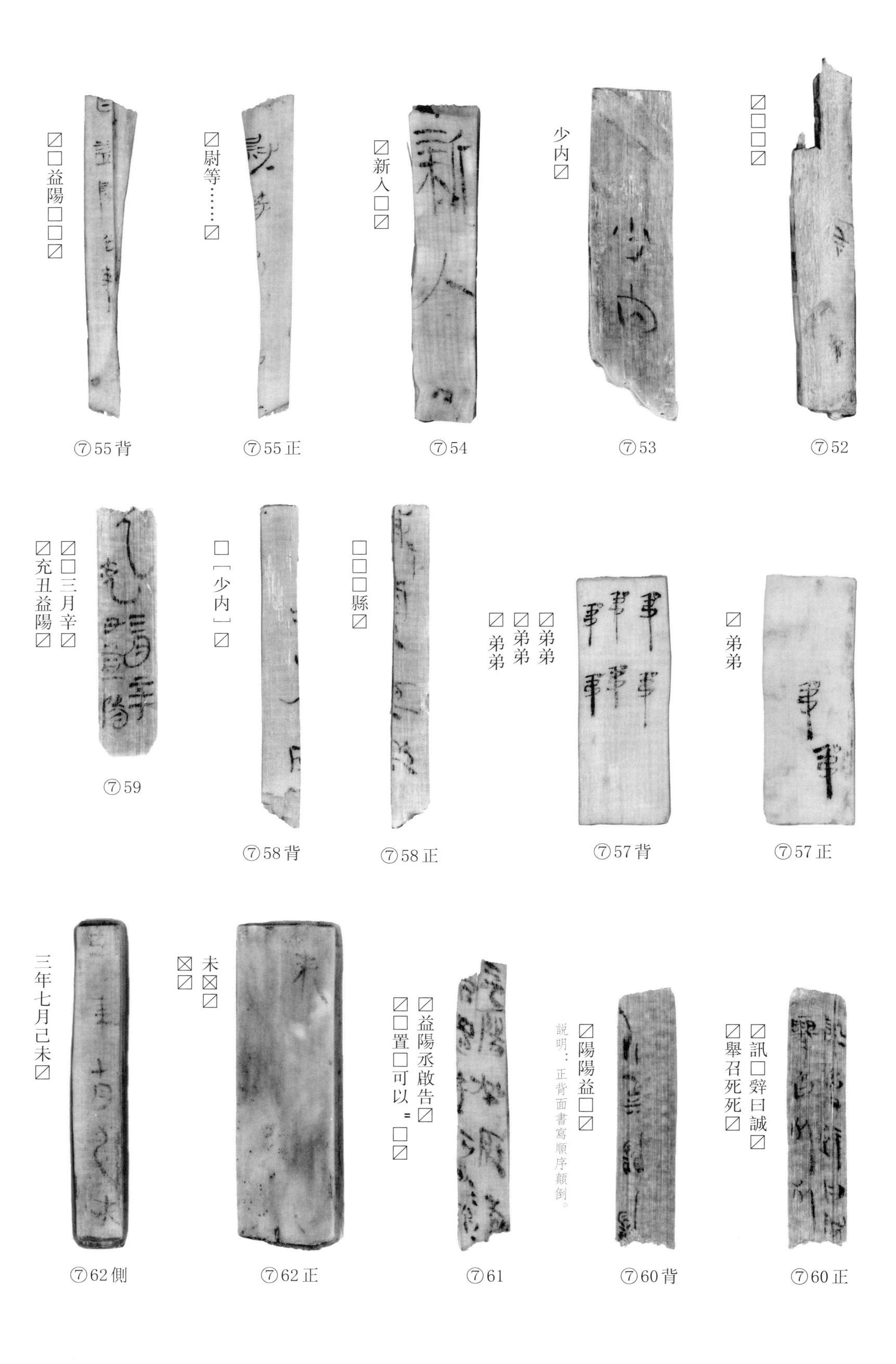

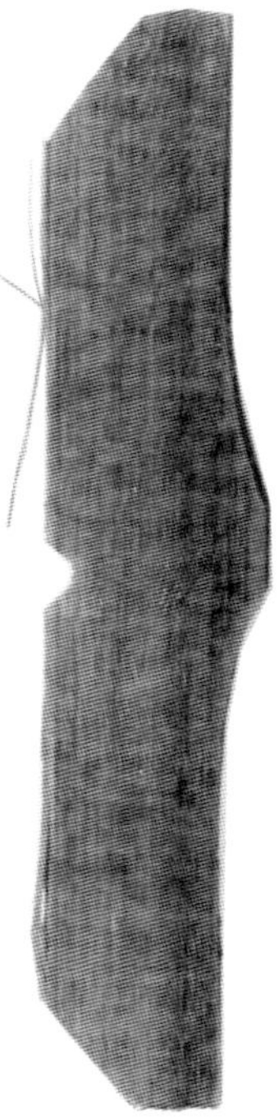

說明：無字異形簡。

⑦63

二年益陽〼
獄計笥〼

⑦64

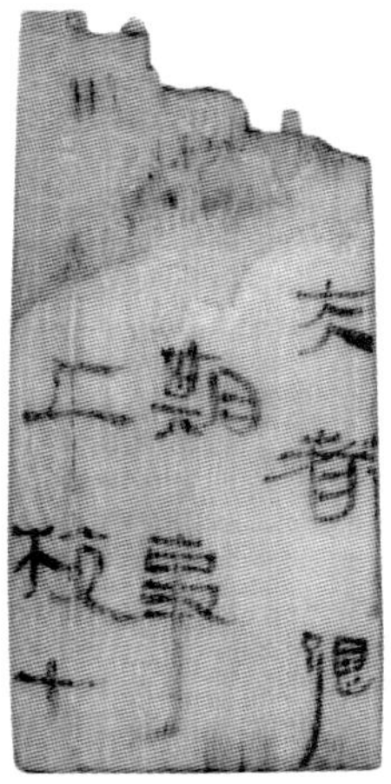

〼夫都鄉
〼期事
〼上校七

⑦65正

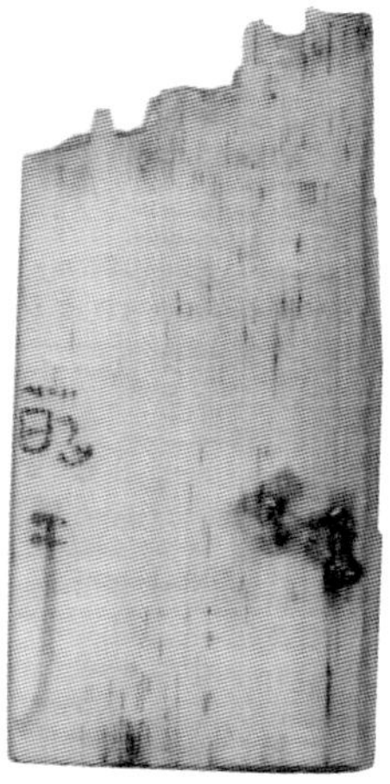

〼　莭手

⑦65背

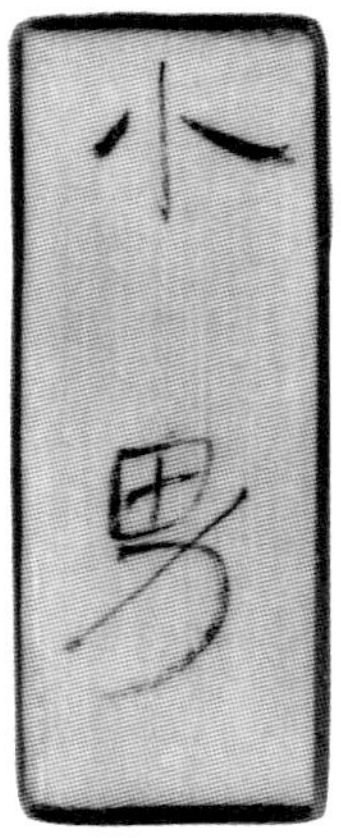

小男

⑦66正

士五庶人户

⑦66背

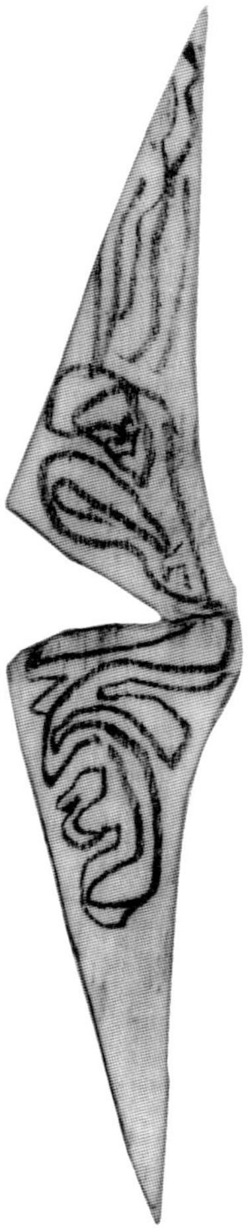

（圖案）

⑦67

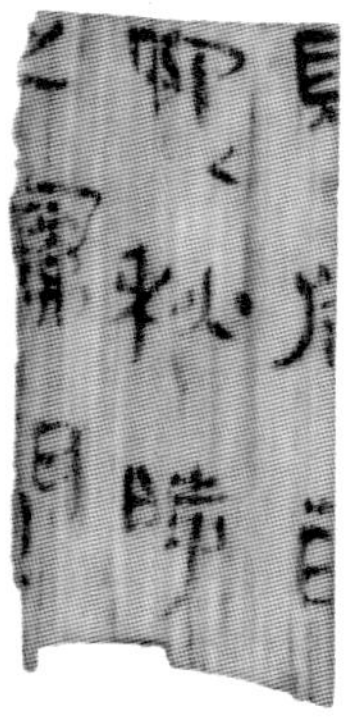

□□□〼
安ㄥ秋時〼
之竊［聞］〼

⑦68

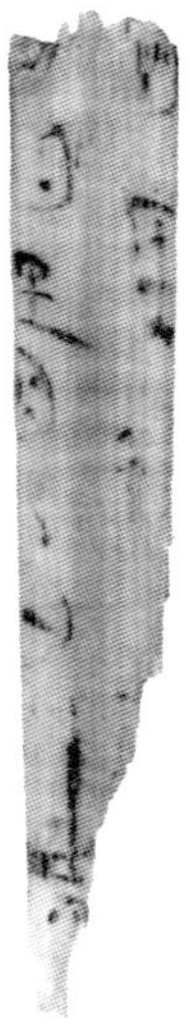

⍁□里□⍁
⍁□里月□□□⍁

說明：左下三字顛倒。

⑦71正

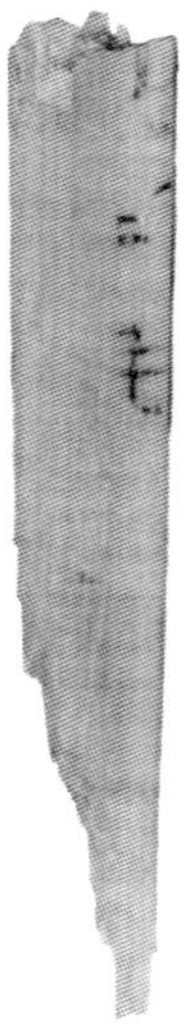

⍁□/□□⍁

⑦71背

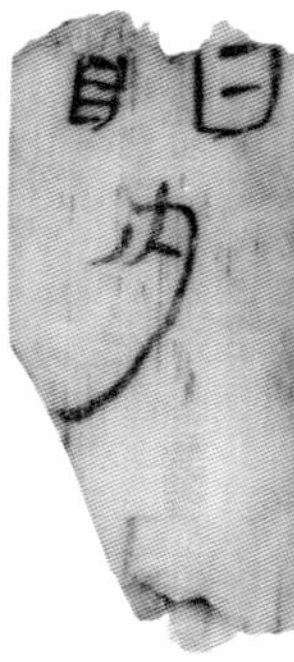

⍁□内□⍁
⍁［自］⍁

⑦73正

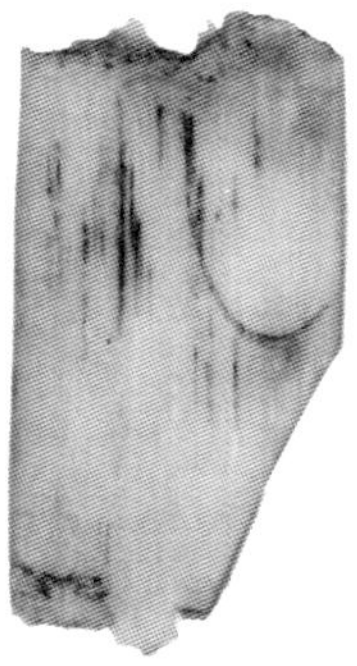

⍁□⍁

⑦73背

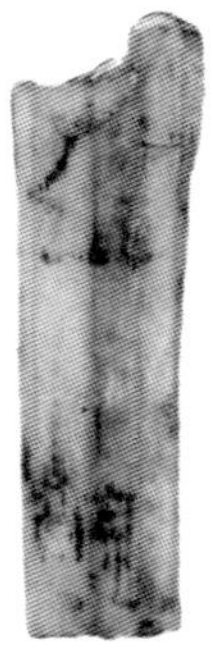

□□⍁

⑦74

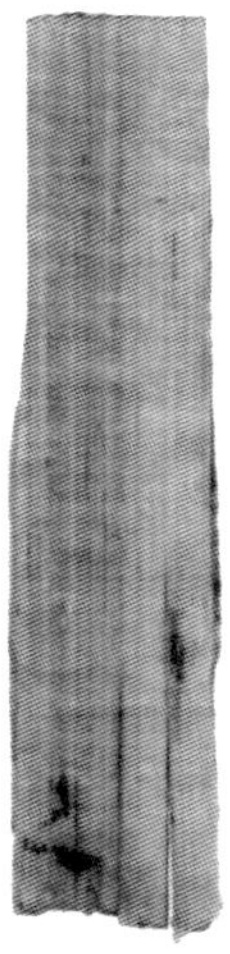

□⍁

⑦75

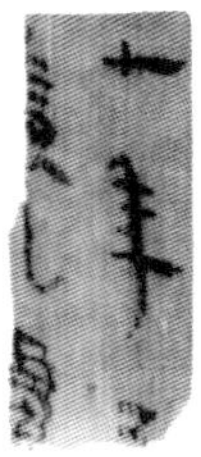

七年五⍁
□□□⍁

⑦76

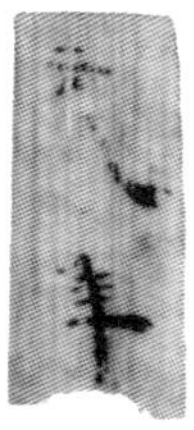

元年⍁

⑦77

⍁足［書］⍁
⍁□⍁

⑦78正

⍁亟⍁

說明：簡正背面書寫順序顛倒。

⑦78背

⍁陽二斗⍁

⑦79

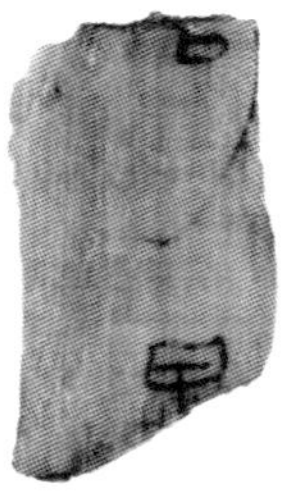

⍁□□⍁

⑦80

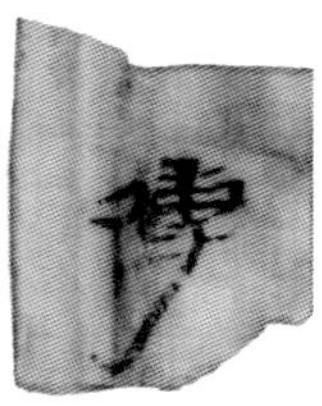

⍁傳⍁

⑦81

⍁⍁
□⍁

⑦82正

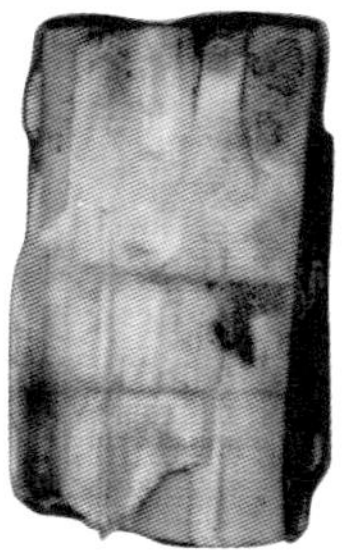

說明：封檢。

⑦82背

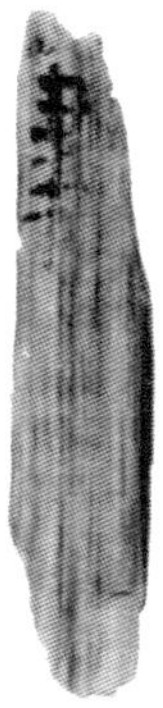

⍁□　⍁

⑦83

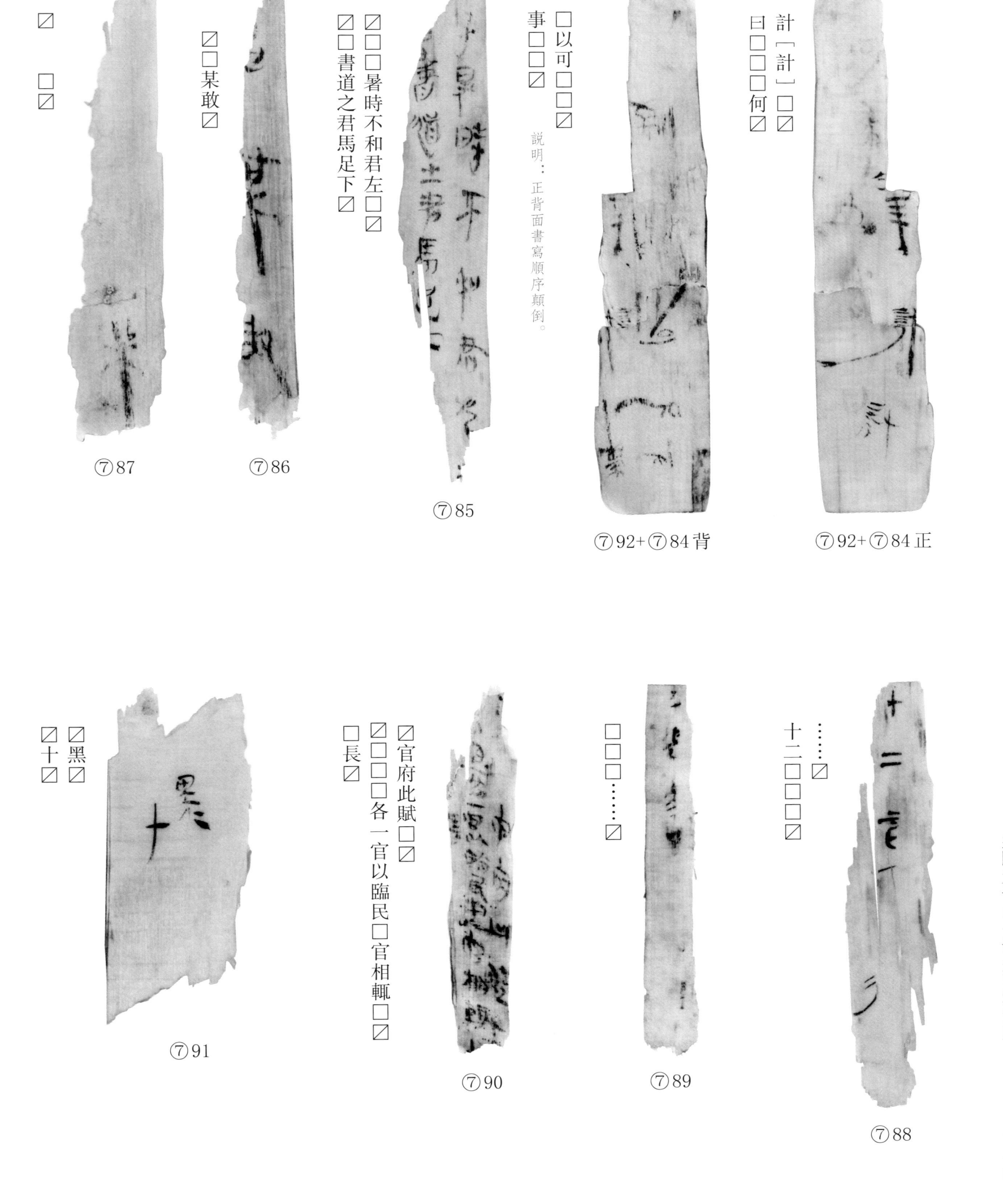

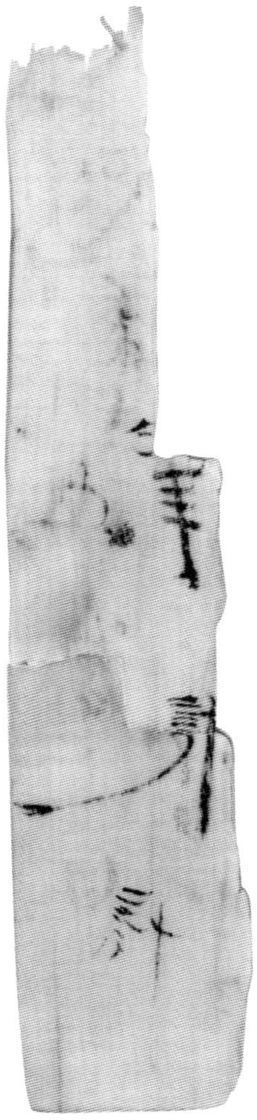

計［計］□☒
曰□□□何☒

⑦92+⑦84正

□以可□□☒
事□□☒

說明：正背面書寫順序顛倒。

⑦92+⑦84背

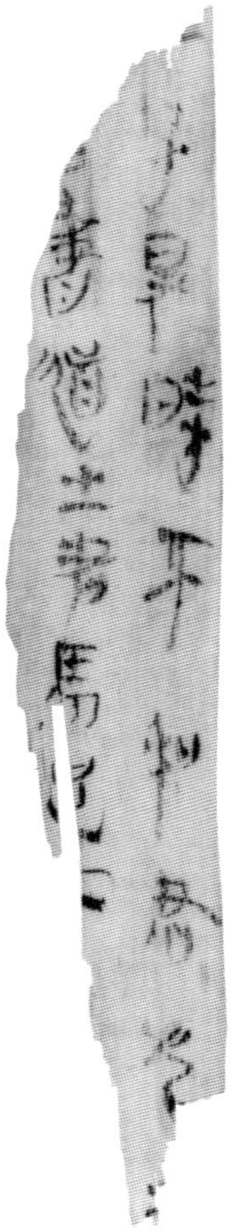

☒□□暑時不和君左□☒
☒□書道之君馬足下☒

⑦85

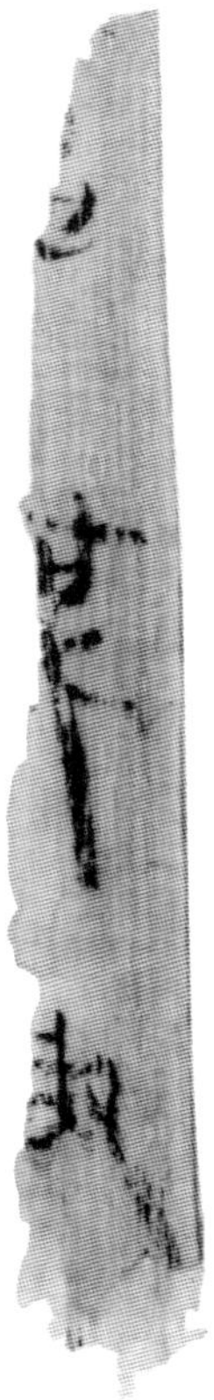

☒□某敢☒

⑦86

☒　□☒

⑦87

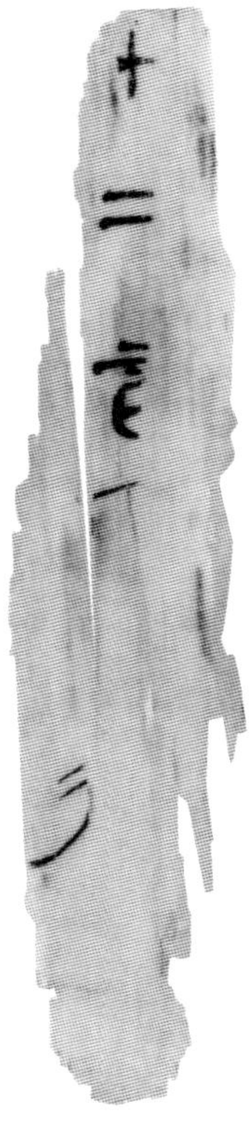

……☒
十二□□□☒

⑦88

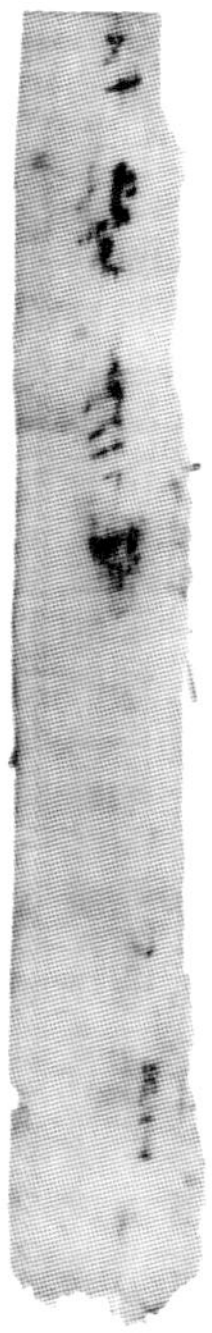

□□□……☒

⑦89

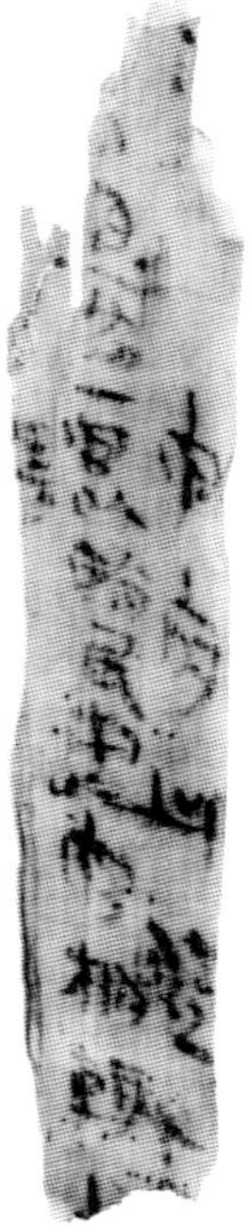

☒官府此賦□☒
☒□□□各一官以臨民□官相輒□☒
□長☒

⑦90

☒黑☒
☒十☒

⑦91

☒獻＝書爲敬☒

⑦93

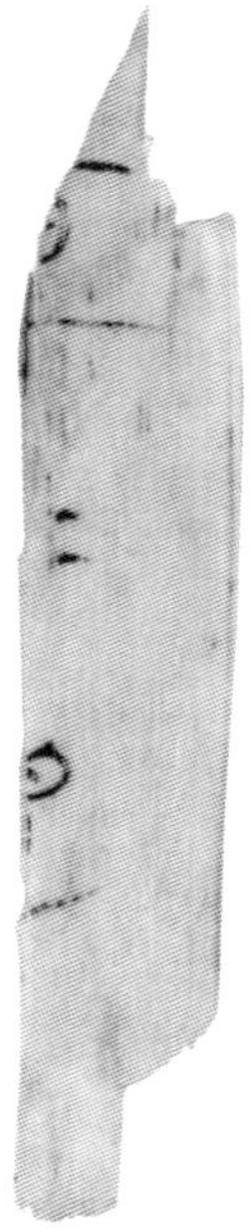

☒□□□☒

⑦94

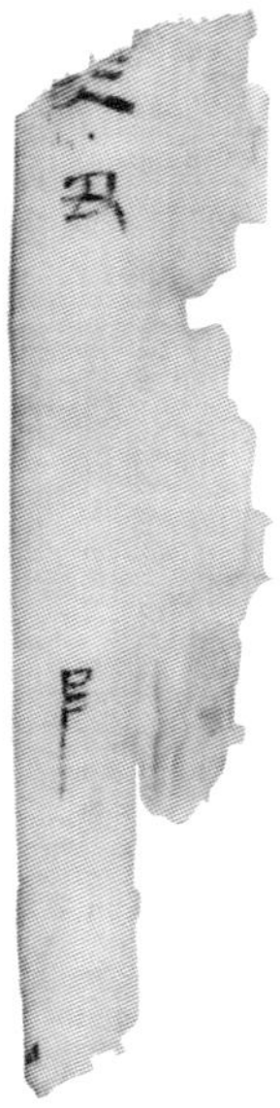

☒癸丑皁☒

⑦95

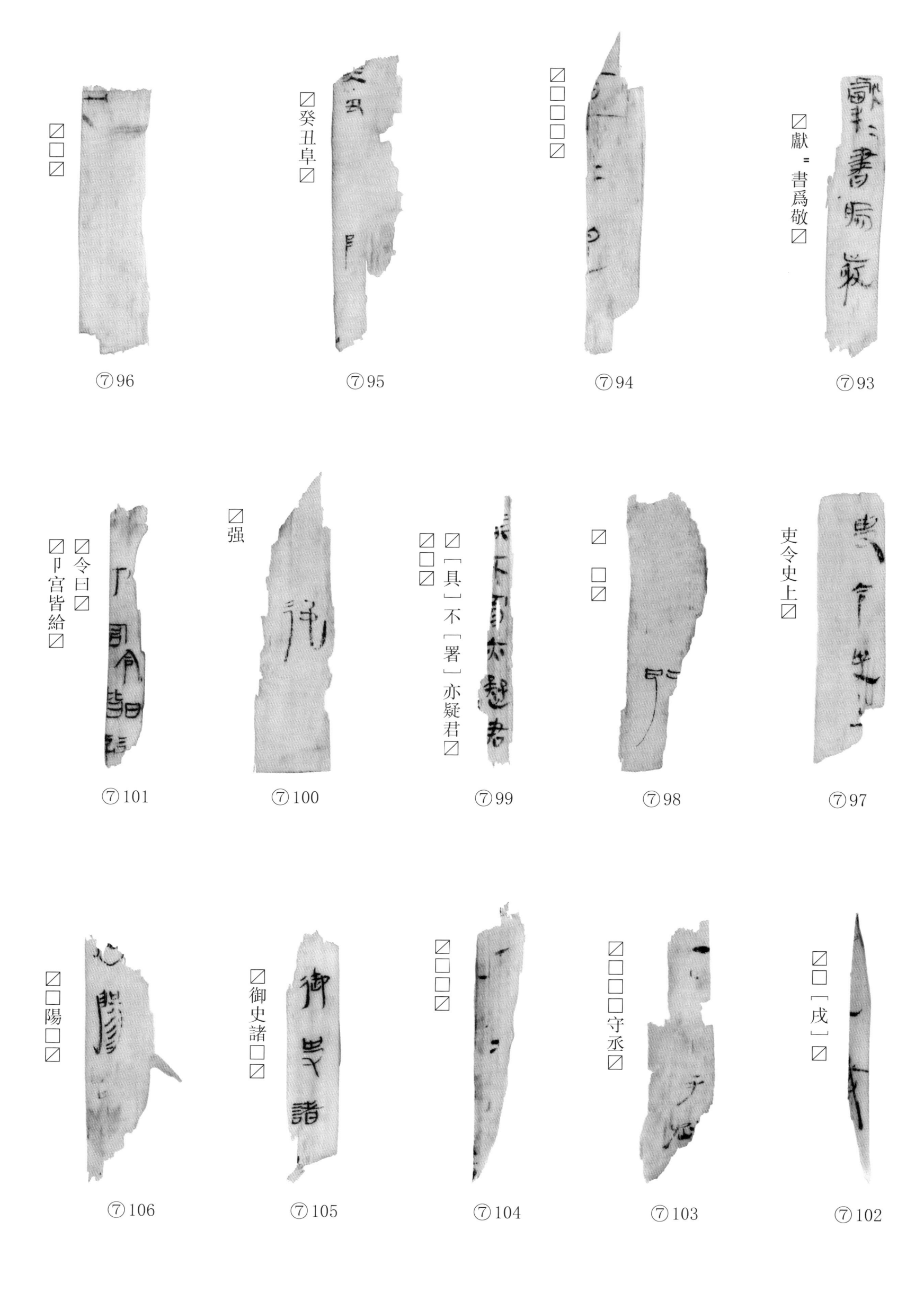

☒□☒

⑦96

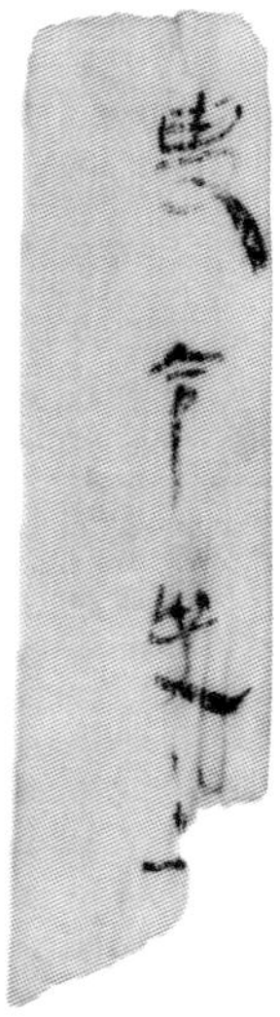

吏令史上☒

⑦97

☒　□☒

⑦98

☒［具］不［署］亦疑君☒
☒□☒

⑦99

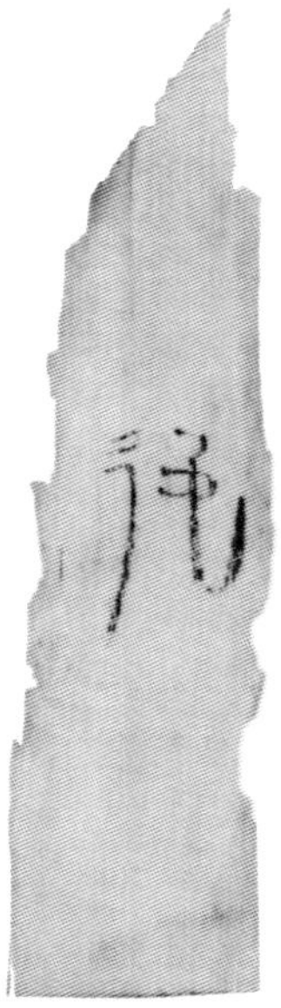

☒强

⑦100

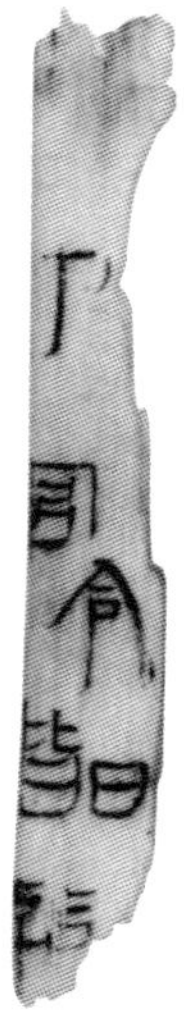

☒令曰☒
☒卩宮皆給☒

⑦101

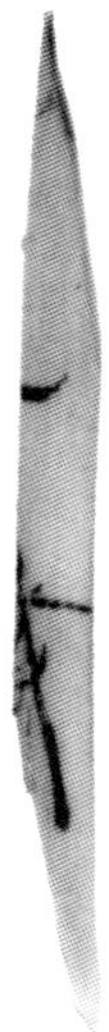

☒□［戌］☒

⑦102

☒□□□守丞☒

⑦103

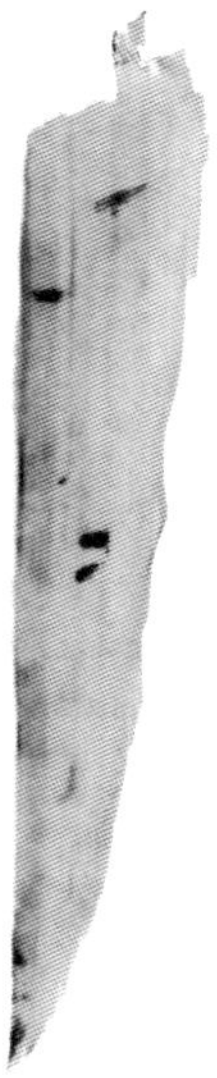

☒□□☒

⑦104

☒御史諸□☒

⑦105

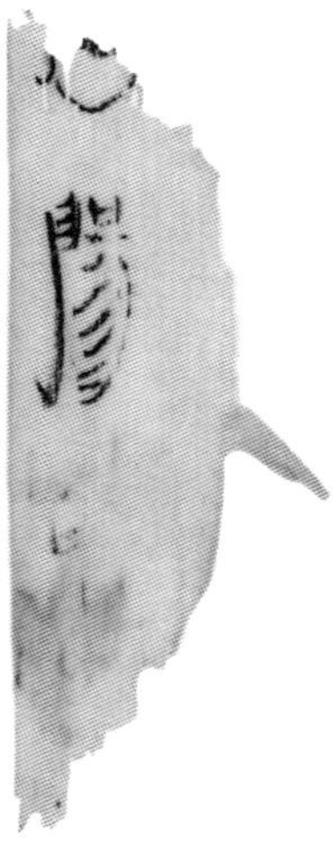

☒□陽□☒

⑦106

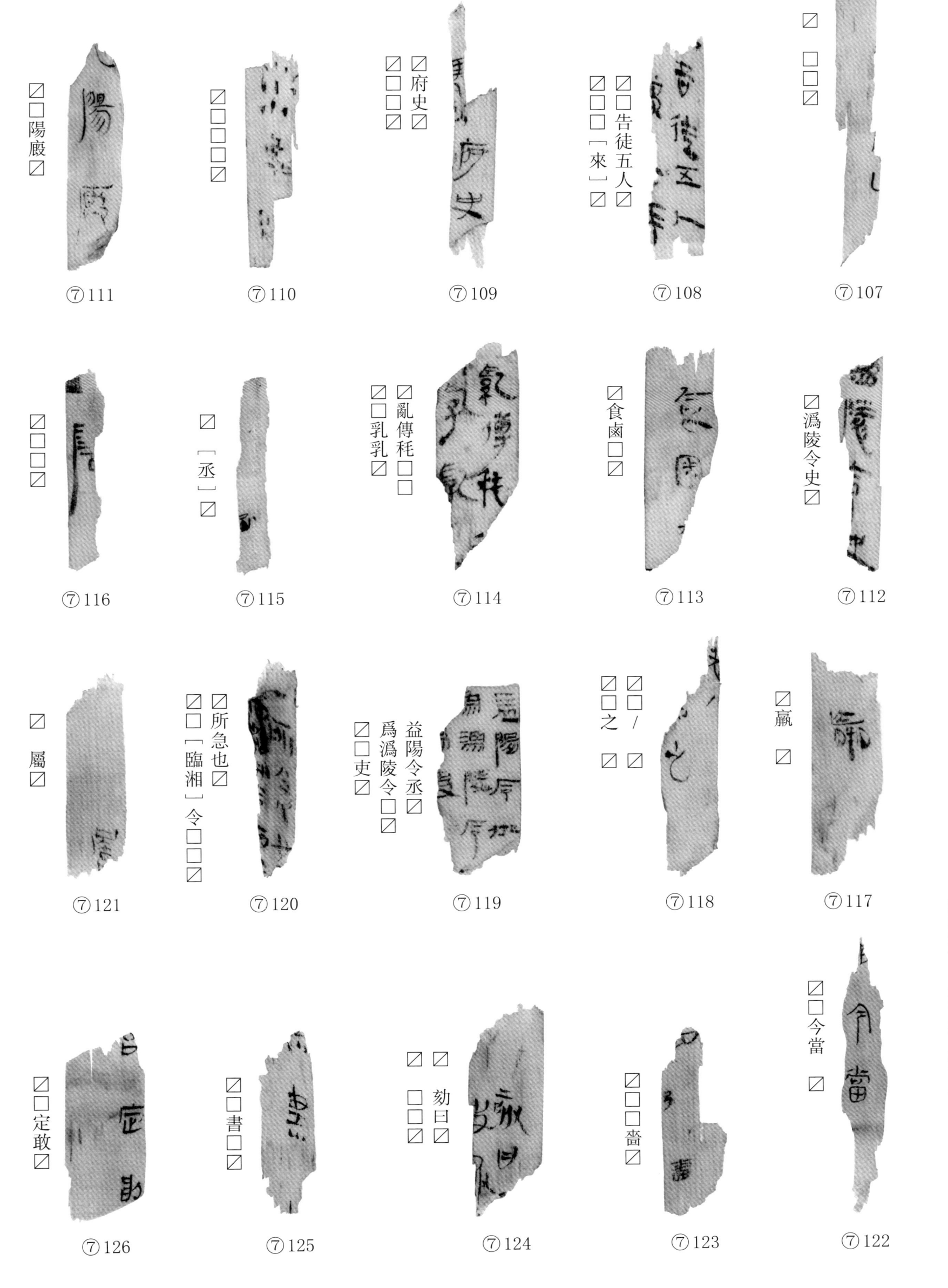

☒ □□☒

⑦107

☒□告徒五人☒
☒□□［來］☒

⑦108

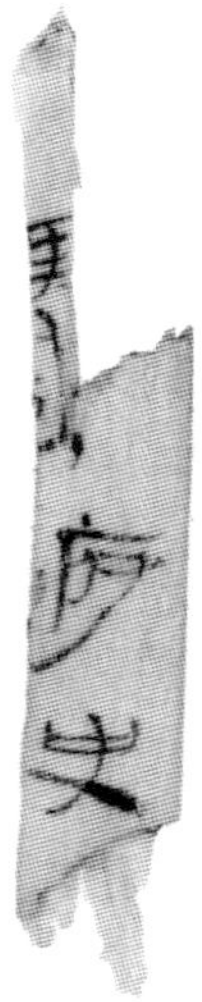
☒府史☒
☒□□☒

⑦109

☒□□□☒

⑦110

☒□陽殿☒

⑦111

☒潙陵令史☒

⑦112

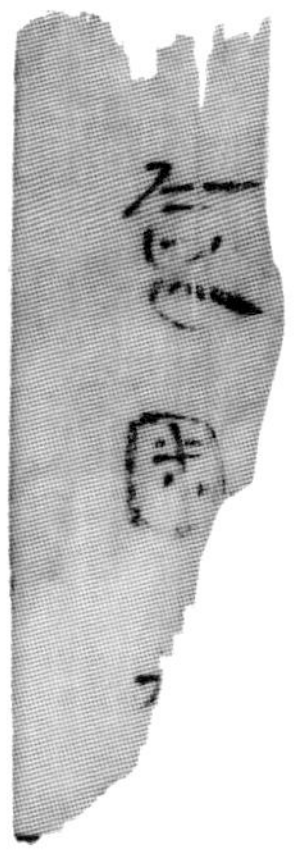
☒食鹵□☒

⑦113

☒亂傳秏□□
☒□乳乳☒

⑦114

☒［丞］☒

⑦115

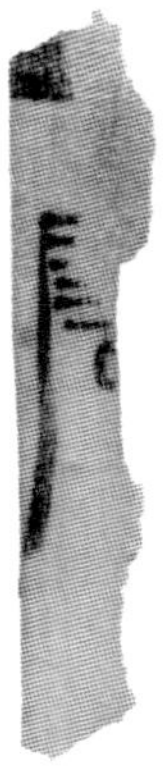
☒□□☒

⑦116

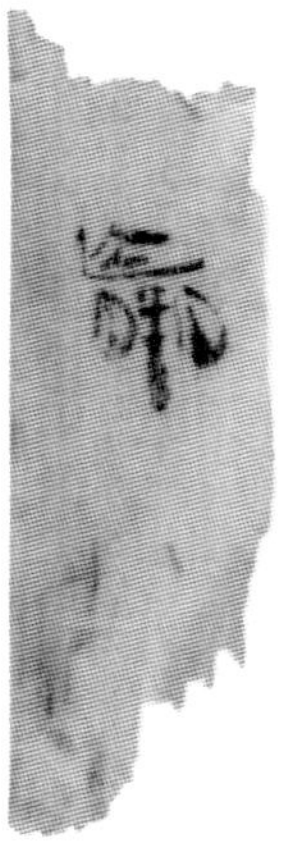
☒羸 ☒

⑦117

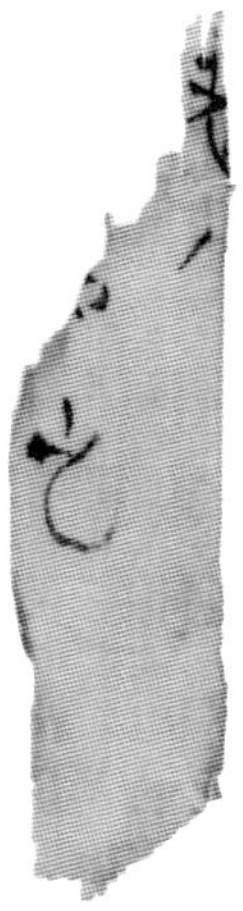
☒□/☒
☒□之 ☒

⑦118

益陽令丞☒
爲潙陵令□☒
☒□吏☒

⑦119

☒所急也☒
☒□［臨湘］令□□☒

⑦120

☒ 屬☒

⑦121

☒□今當 ☒

⑦122

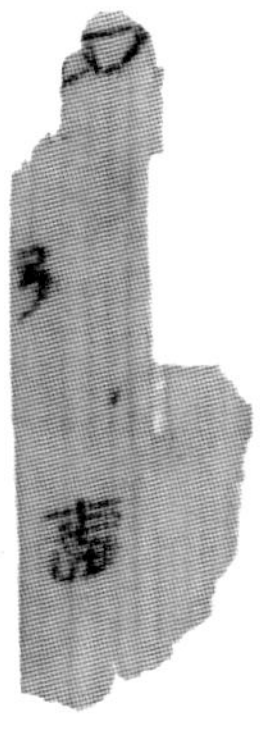
☒□□嗇☒

⑦123

☒ 㔔曰☒
☒ □□☒

⑦124

☒□書□☒

⑦125

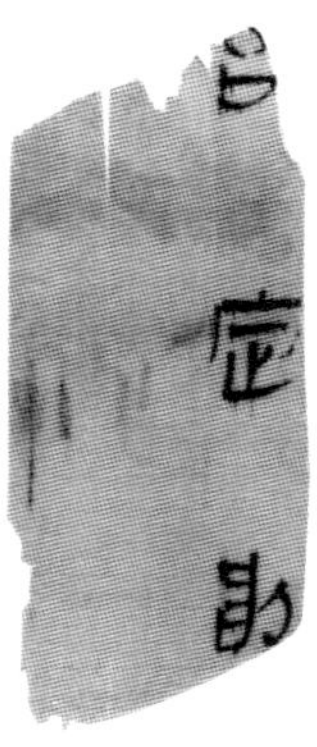
☒□定敢☒

⑦126

☐☐虜多☐

⑦127

☐　☐☐

⑦128

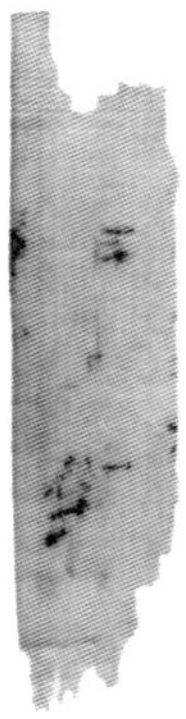

☐……☐
☐☐☐☐☐

⑦129

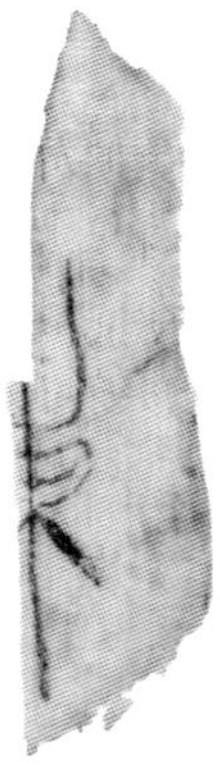

☐東☐

⑦130

☐☐☐☐

⑦131

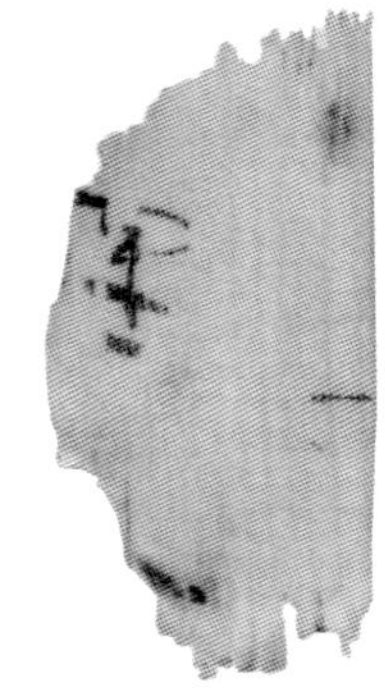

☐☐☐
☐室☐☐

⑦132

☐（圖案）☐

⑦133

☐　財☐

⑦134

☐☐虜☐☐

⑦135

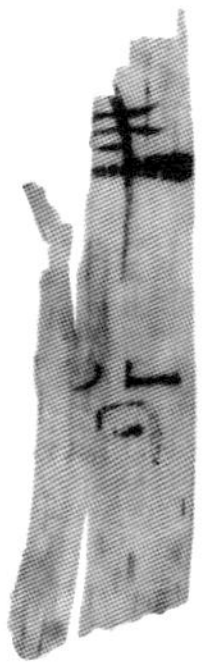

☐年八月☐

⑦136

☐☐☐縣

⑦137正

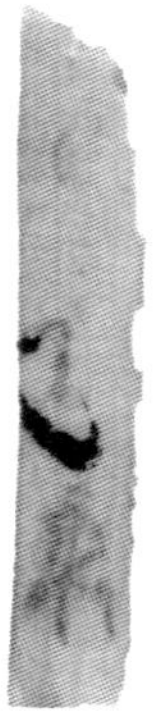

☐☐☐

⑦137背

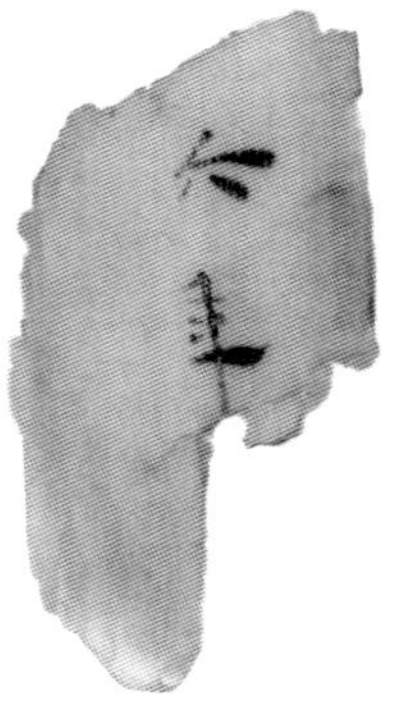

☐六年☐

⑦138

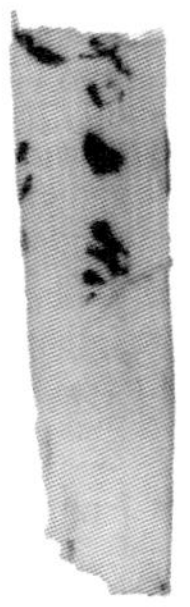

☐各一☐　☐
☐☐☐☐

⑦139

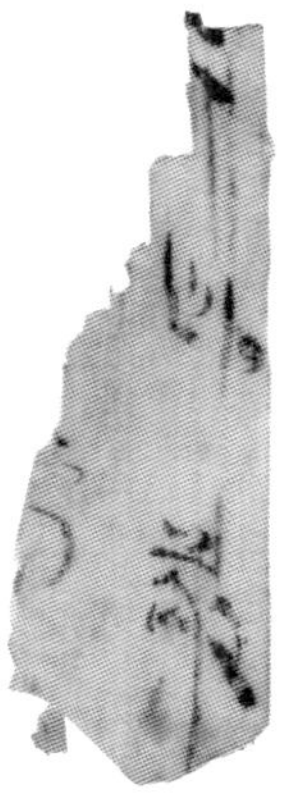

☐☐此敬☐
☐☐☐

⑦140

☐☐九月☐

⑦141

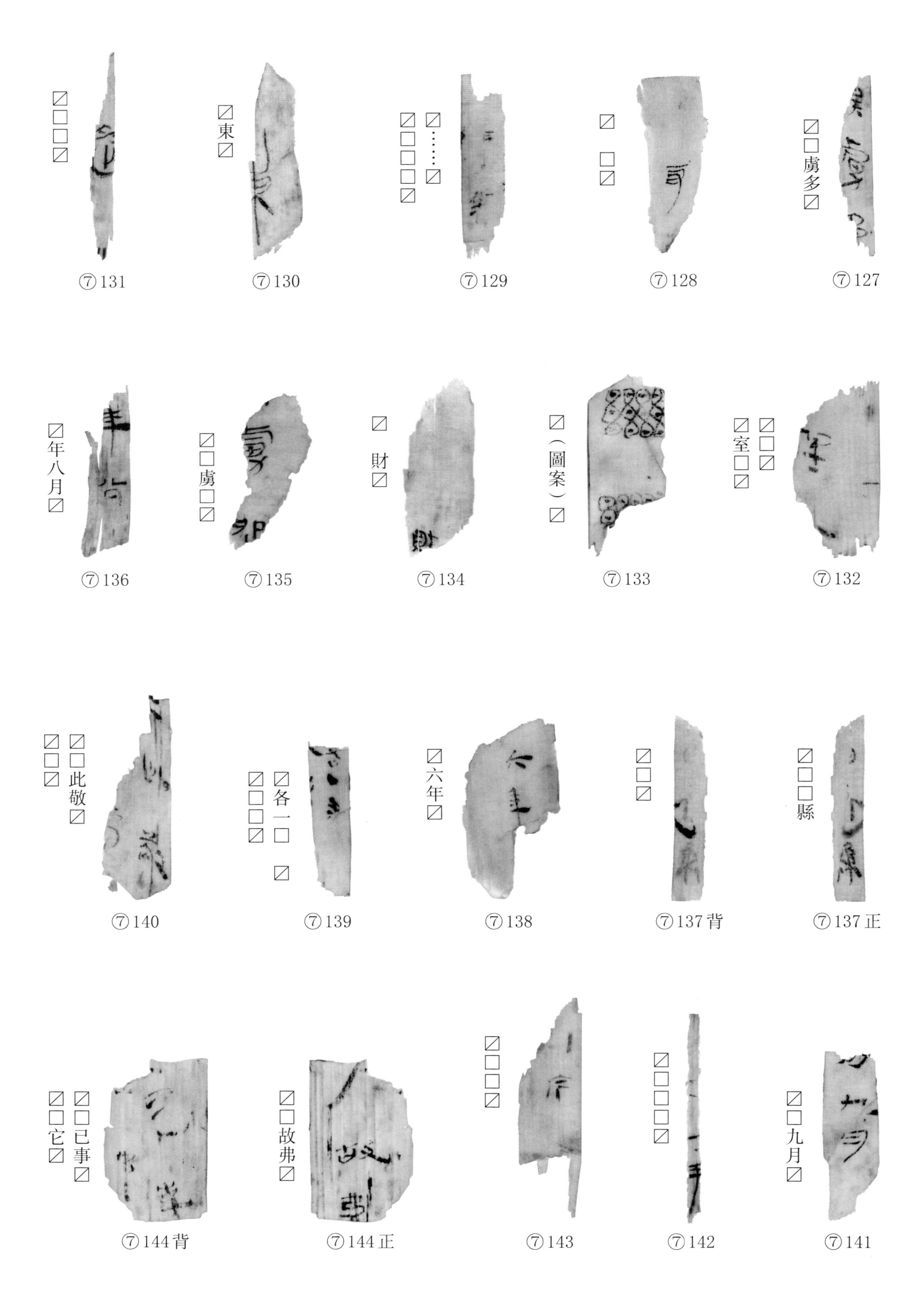

☐☐☐☐☐

⑦142

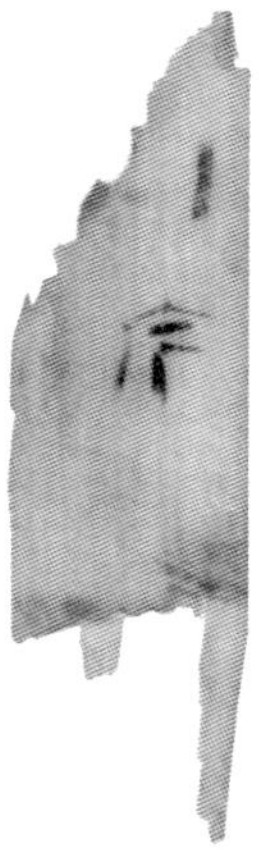

☐☐☐☐

⑦143

☐☐故弗☐

⑦144正

☐☐已事☐
☐☐它☐

⑦144背

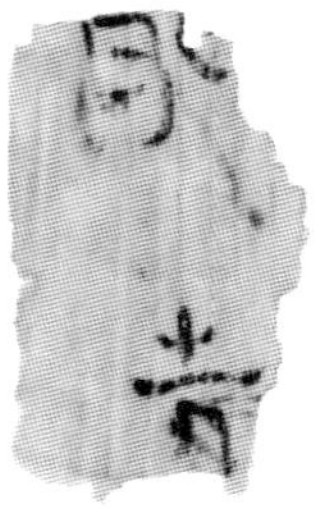
☒敢告☒

⑦145正

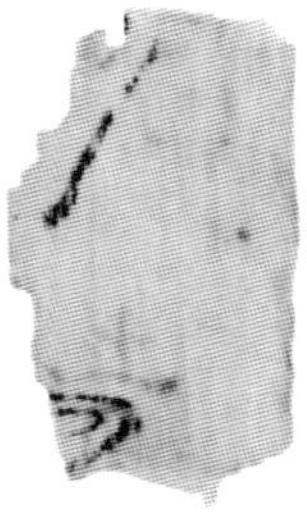
☒□□☒

⑦145背

☒有罰☒

⑦146

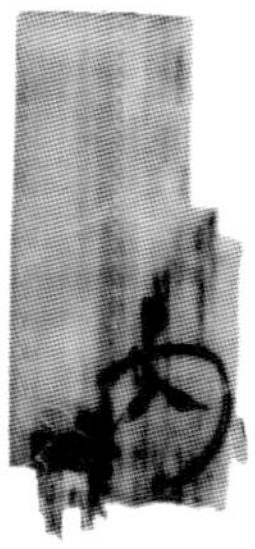
内☒

⑦147

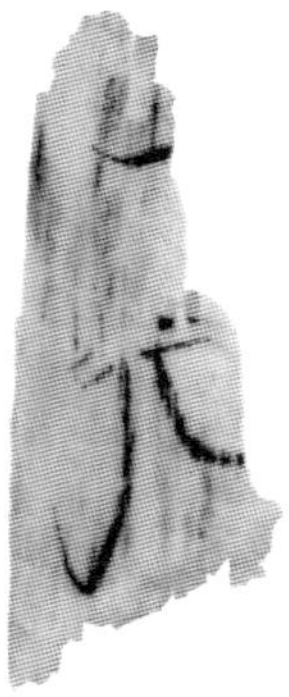
☒□行☒

⑦148

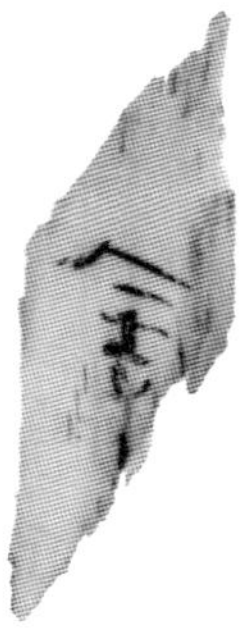
☒舍☒

⑦149

☒□☒

⑦150

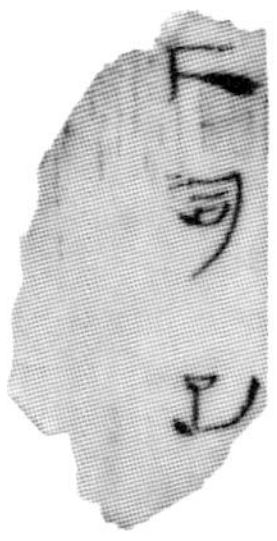
☒下祠［祀］☒

⑦151

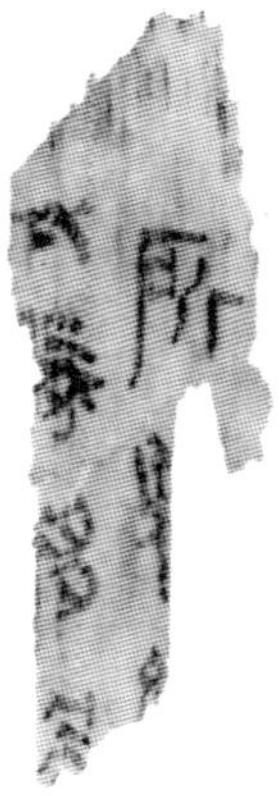
☒所［縣］□☒
☒丞勝移□☒

⑦152

☒□益☒

⑦153

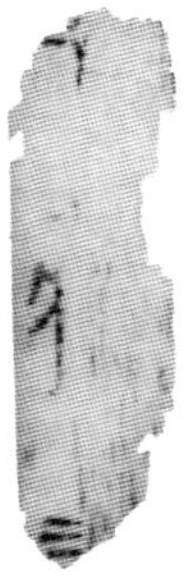
☒□□□☒

⑦154

☒□☒

⑦155

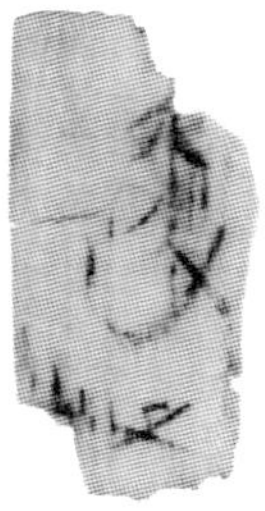
☒六斗□☒
☒□☒

⑦156

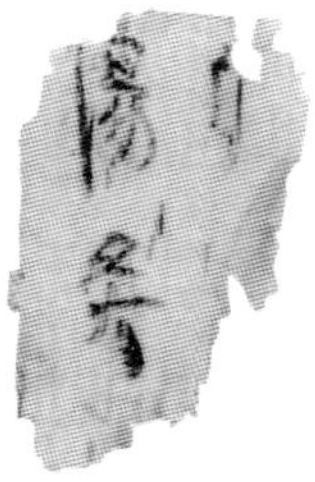
□□☒
陽矣☒

⑦157

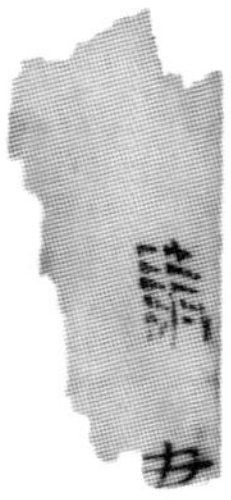
☒請□☒

⑦158

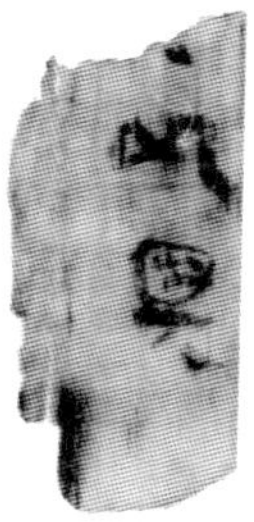
☒・以具

⑦159

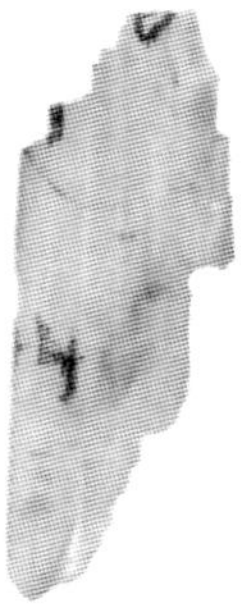
☒□ ☒
☒□□☒

⑦160

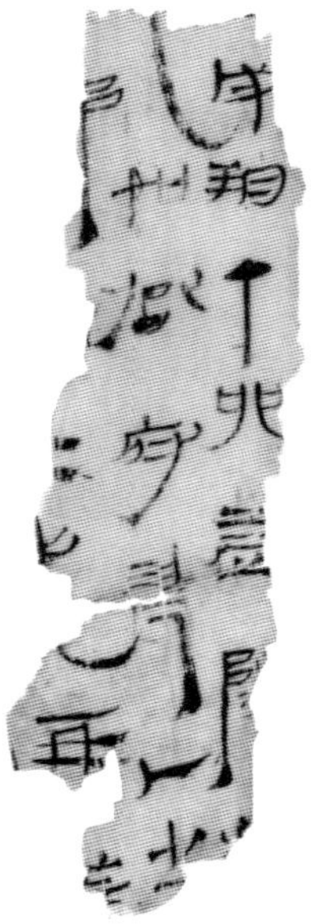
☒□戊朔丁卯益陽□☒
☒□如丞府□人之☒
☒□□□□再［拜］☒

⑦717+⑦161

☒□□☒

⑦162

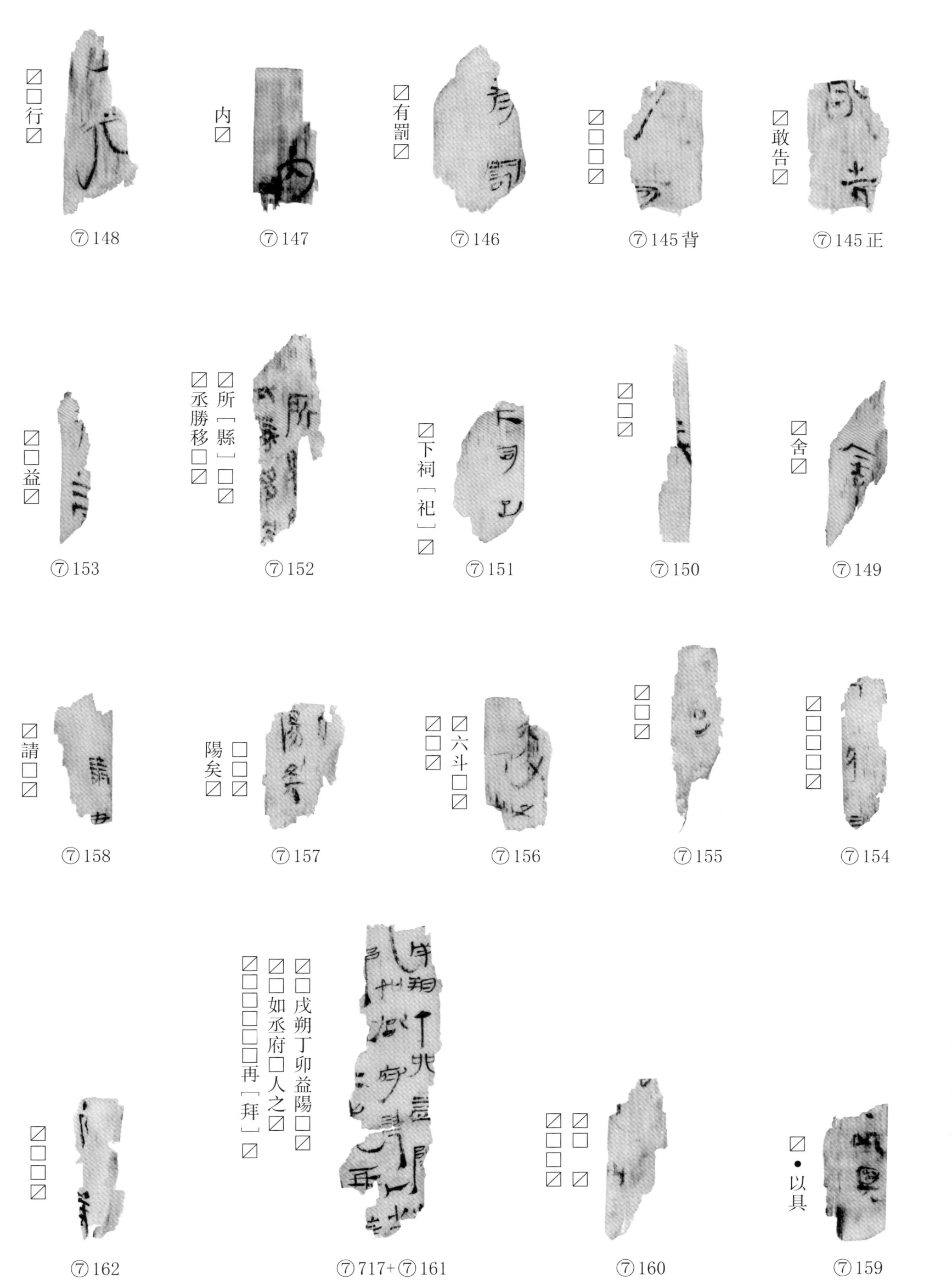

☒□□□☒
☒□七月戊戌［朔］☒
☒［從］事傳［書］☒

⑦725+⑦163

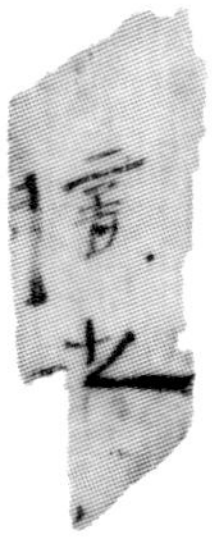

☒言之☒
☒□□□☒

⑦164

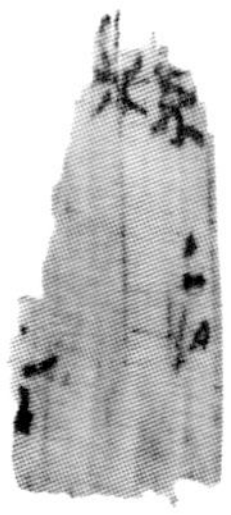

☒縣□☒
☒□☒

⑦165

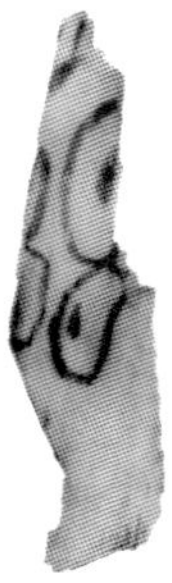

（圖案）

⑦166

☒令君□☒
☒□□□☒

⑦167

☒少內嗇☒

⑦168

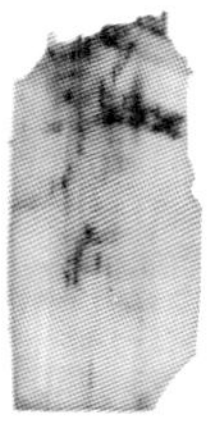

☒［乳］□☒

⑦169正

☒□

⑦169背

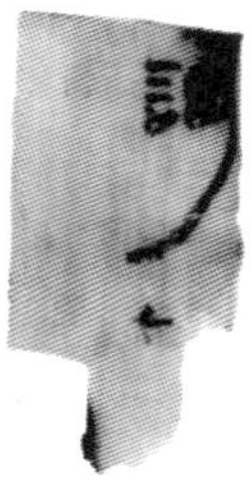

☒謁□☒

⑦170

☒□□☒

⑦171

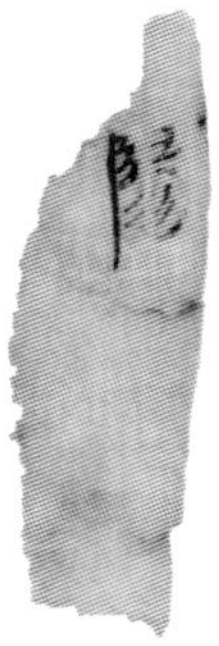

☒陽
☒

⑦172

☒史勾

⑦173

☒成主在☒

⑦174

☒□□☒

⑦175

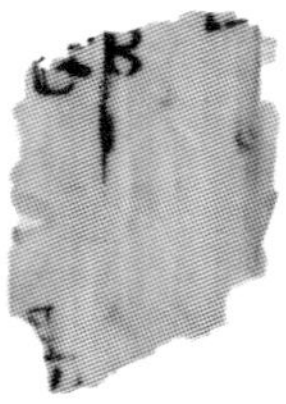

☒□☒
☒□□☒

⑦176

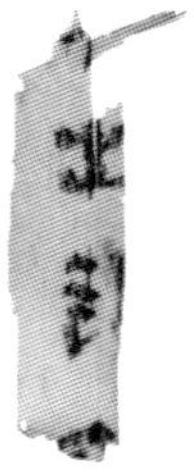

☒□出□□☒

⑦177

☒矦［馬］☒
☒□☒

⑦178

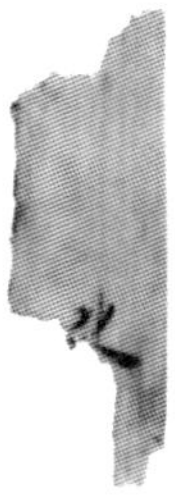

☒□☒

⑦179

☒□席☒

⑦180

☒□陽丞☒
⑦181

☒□七月☒
☒戊［朔］☒
⑦182

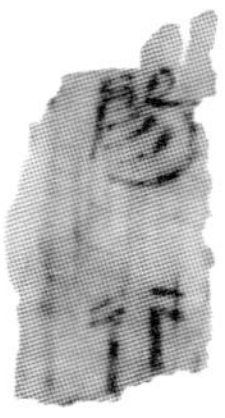
☒陽行☒
⑦183

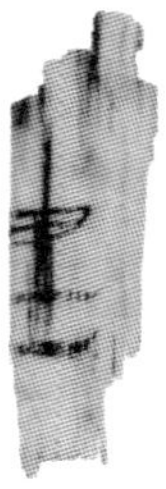
☒里☒
⑦184

☒令獄☒
⑦185

☒事□☒
☒□陽□☒
⑦186

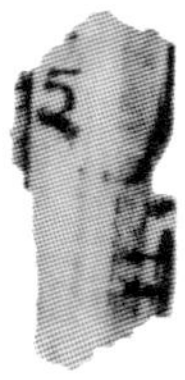
☒□□☒
☒□□☒
⑦187

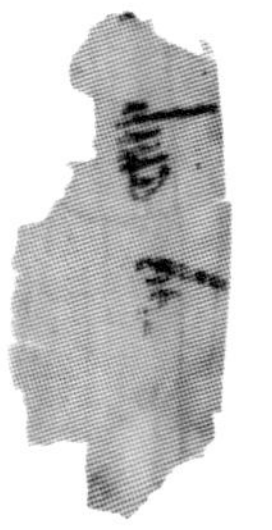
☒□言令☒
⑦188

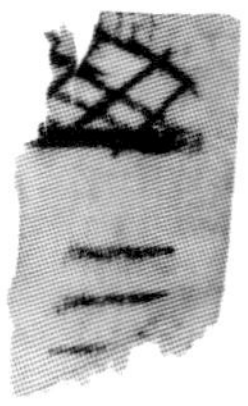
▨三☒
⑦189

☒丞☒
☒到☒
☒□□☒
⑦190

☒□☒
☒朔☒
⑦191

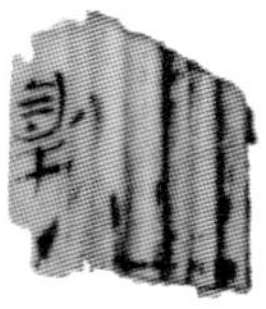
☒解□
⑦192正

☒□□☒
⑦192背

☒•何☒
⑦193

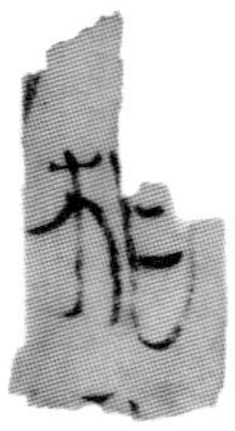
☒相□☒
⑦194

☒潙陵☒
⑦195

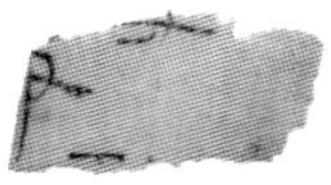
☒□□☒
☒□☒
⑦196

☒出［乳］□☒
☒□□□☒
⑦197

☒書☒
☒□□☒
⑦198

說明：第二行與第一行書寫順序相反。

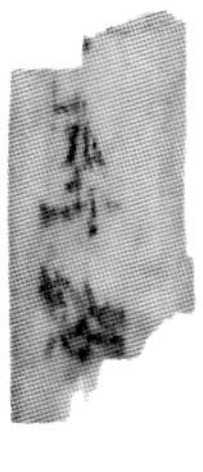
☒□□［數］☒
⑦199正

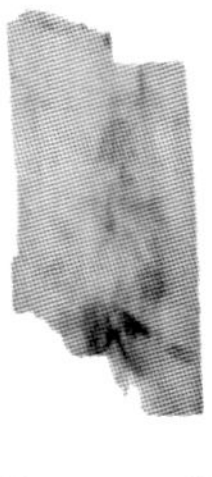
☒□☒
⑦199背

☒［縣］□☒
⑦200

☒［乳］☒
⑦201

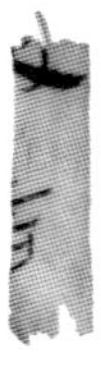
☒［敢言］☒
⑦202

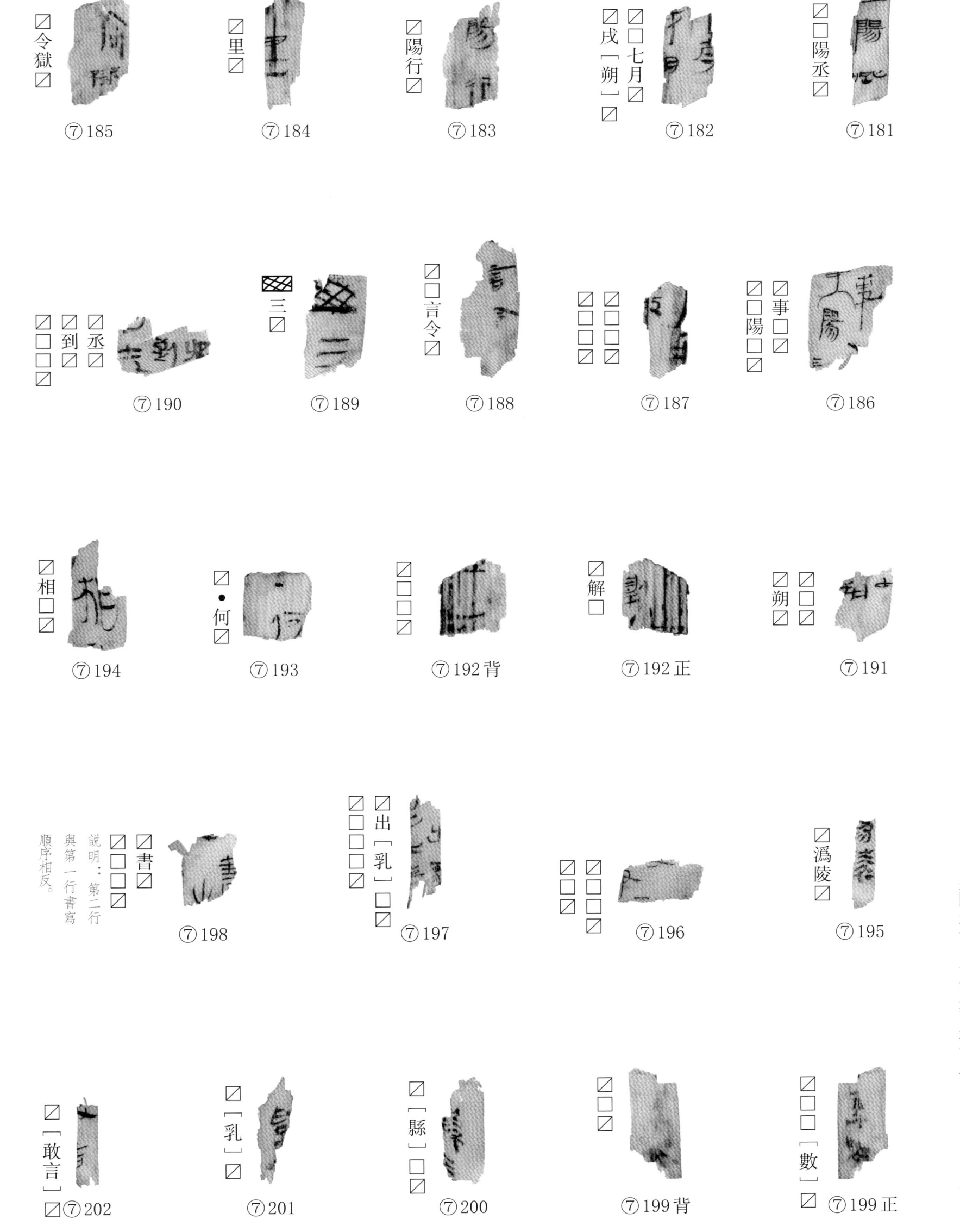

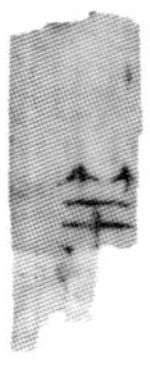
☐［箅］☐
⑦203

☐□☐
⑦204

☐□□□☐
⑦205

☐□敢言［之］☐
☐□☐
⑦206+⑦290

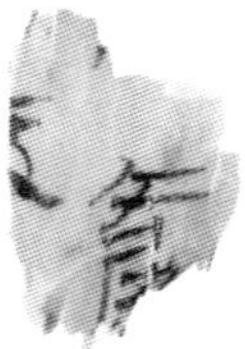
☐□產☐
☐［亟］☐
⑦207

☐與律☐
⑦208

☐使□☐
⑦209

☐書☐
⑦210

☐走=☐
☐□□☐
⑦211

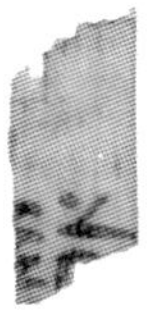
☐□☐
⑦212

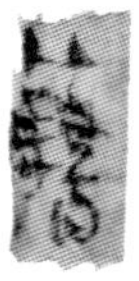
☐籍☐
⑦213

☐□☐
⑦214

☐□佐☐
⑦215

☐少內☐
⑦216

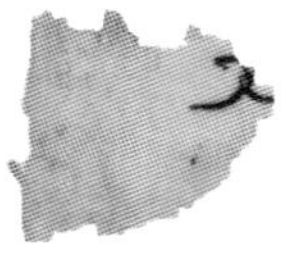
☐□☐
⑦217

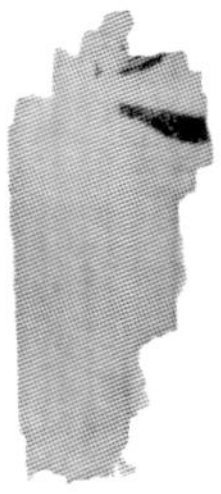
☐□☐
⑦218

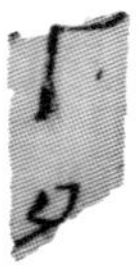
☐□□☐
⑦219

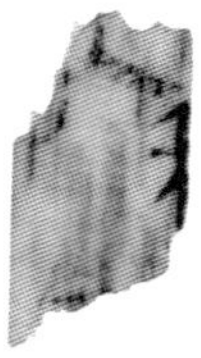
☐□☐
☐□□☐
⑦220

☐□
☐□
☐□
⑦221

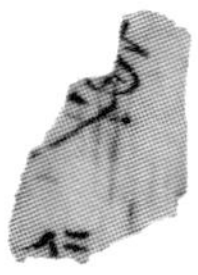
☐傳□☐
⑦222

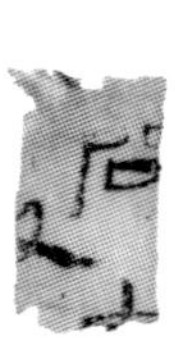
☐問□☐
☐□☐
⑦223

☐□☐
⑦224

☐［史］☐
⑦225

☐□□☐
⑦226

☐□☐
⑦227

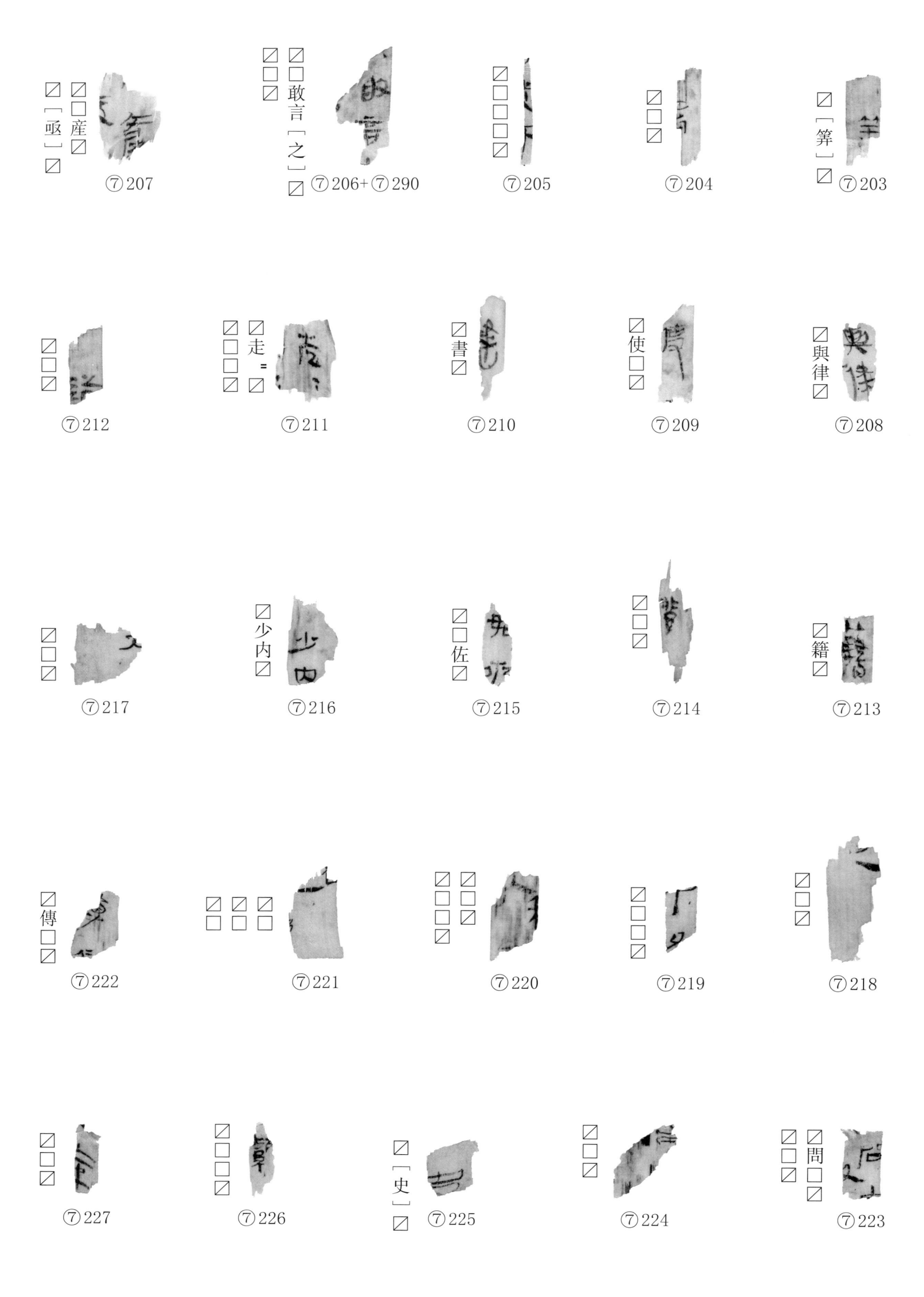

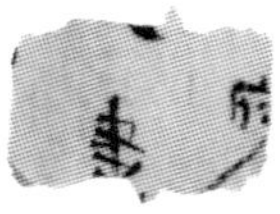

☒府☒
☒□書☒
☒□☒

⑦228

☒夫=☒

⑦229

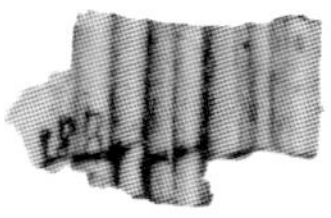

☒□☒

⑦230正

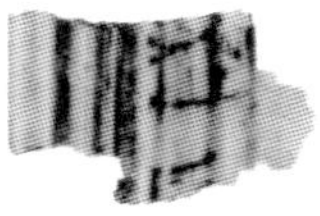

☒□□☒

⑦230背

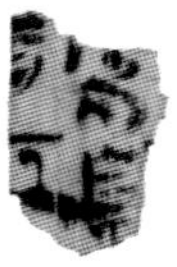

☒［留］□☒
☒□□☒

⑦231正

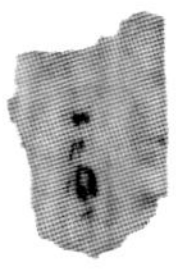

☒□☒

⑦231背

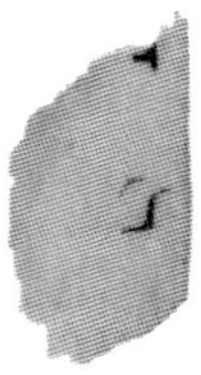

☒□□☒

⑦232

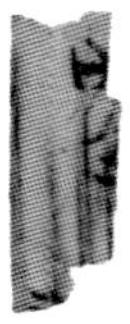

☒□□☒

⑦233

☒錢□☒

⑦234

☒（圖案）☒

⑦235

☒□☒

⑦236

☒□□☒
☒□□☒

⑦237

☒［望］☒
☒□

⑦238

☒□□☒

⑦239+⑦271

☒［佐］☒

⑦240

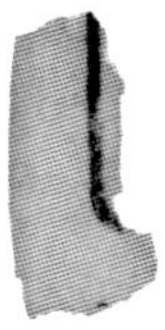

☒□□☒

⑦241

☒□☒
☒□☒

⑦242

☒曰☒

⑦243

☒食者☒

⑦244

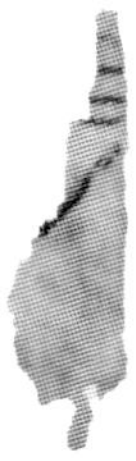

☒□☒

⑦245

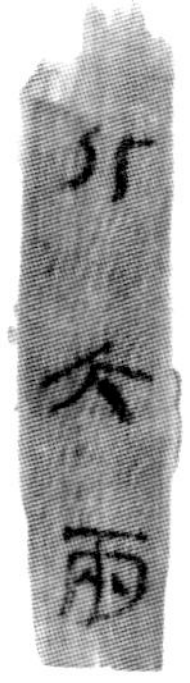

☒斤六兩

⑦246

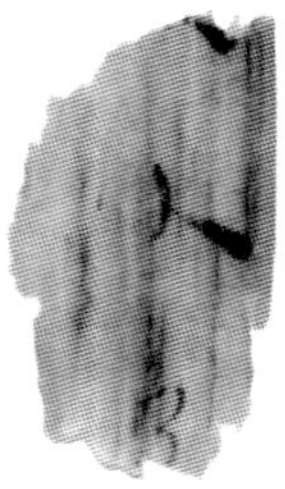

☒□人□☒

⑦247

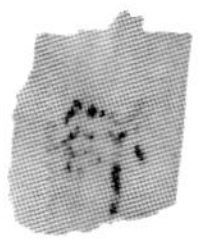

☒欲☒

⑦249

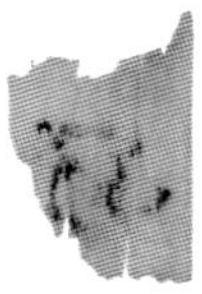

☒起☒

⑦250

☒□□☒

⑦251

☒上☒

⑦252

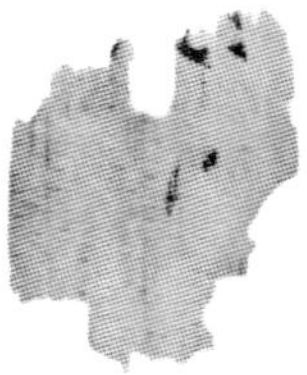

☒□□☒

⑦253

☒侍☒

⑦254

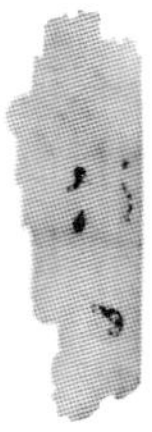

☒□□☒

⑦255

⧄□⧄

⑦256

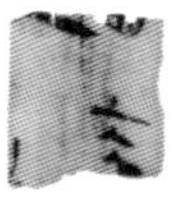

⧄□夫⧄
⧄□□⧄

⑦257

⧄廷⧄
⧄□⧄

⑦258

⧄□⧄

⑦259

⧄□⧄
⧄□⧄

⑦260

⧄□⧄

⑦261

⧄［今］□⧄

⑦262

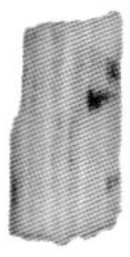

⧄□⧄

⑦263

⧄傳⧄

⑦264

⧄□□⧄
⧄□⧄

⑦265

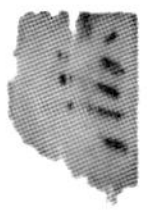

［美］⧄

⑦266

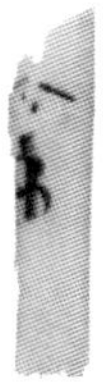

⧄□□⧄

⑦267

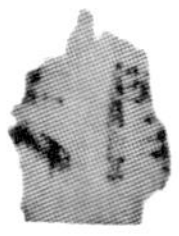

⧄陽
⧄□

⑦268

⧄□□⧄

⑦269

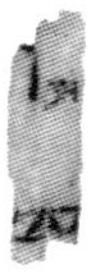

⧄□四⧄

⑦270

⧄［私］⧄

⑦272

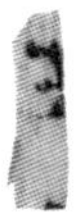

⧄□□⧄

⑦273

⧄□⧄

⑦274

⧄□⧄

⑦275

⧄□⧄

⑦276

［視］⧄

⑦277

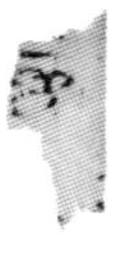

⧄□⧄

⑦278

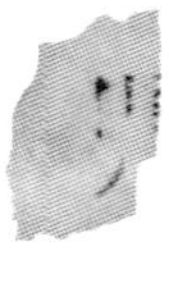

⧄□⧄

⑦279

⧄□［或］⧄

⑦280

⧄□⧄

⑦281

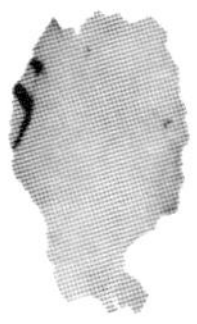
⍁□⍁

⑦282

⍁□⍁

⑦283

⍁月⍁

⑦284

⍁［走］□⍁

⑦285

⍁□⍁

⑦286

⍁□⍁

⑦287

⍁□□□⍁

⑦288

⍁□⍁

⑦289

⍁□□□⍁

⑦291

⍁一⍁
⍁八⍁

⑦292

⍁□［月］⍁
⍁□⍁

⑦293

⍁□⍁
⍁□⍁

⑦294

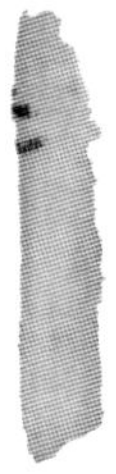
⍁□⍁

⑦295

⍁［報］⍁

⑦296

⍁□□⍁

⑦297

⍁□⍁

⑦298

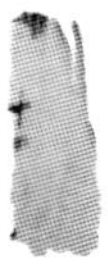
⍁□□□⍁

⑦299

⍁內⍁

⑦300

⍁□⍁

⑦301

⍁□⍁

⑦302

⑦303

〼潙陵安陽各一板西山昭陵虆陵侈道南陽
二采錫三書到問當論＝言夬九月丁西郎中鹽

⑦304

行内史事重潙陵亟言言勿留敬
手

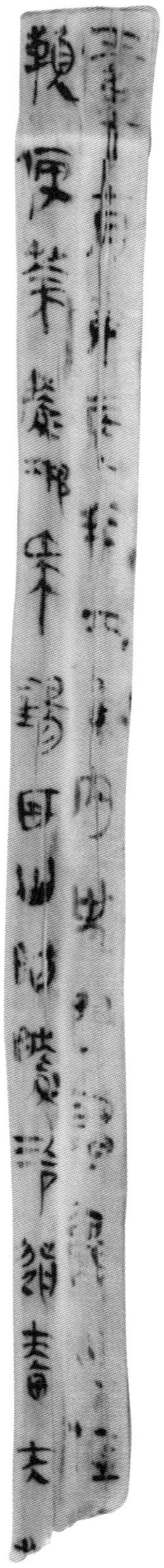

⑦305

五年七月庚辰朔丙［申］内史陽謂觀川桂〼
鞔便荼陵郴采錫西山昭陵泠道嗇夫□〼

⑦306

〼陵上三月溥穜四鬭四年□田米一千〼
〼六十石五升八升五年七月庚辰朔壬辰史嘉奏内〼

⑦307正

四月乙巳益陽丞梁告潙陵鄉主寫下書到定
當坐者名吏里它坐遣詣獄以書致署西〼

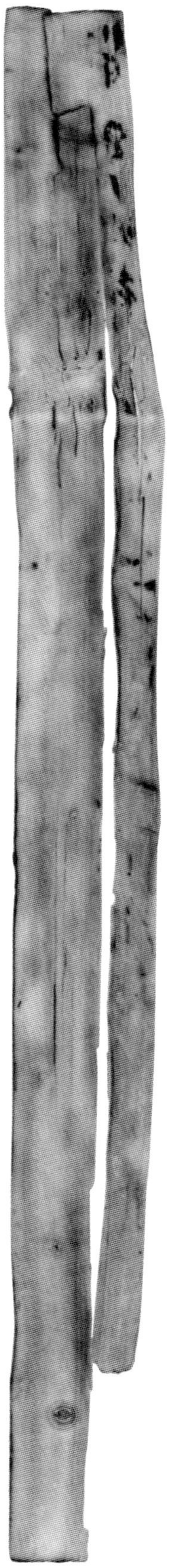

⑦307背

勿留□［它如律令］〼

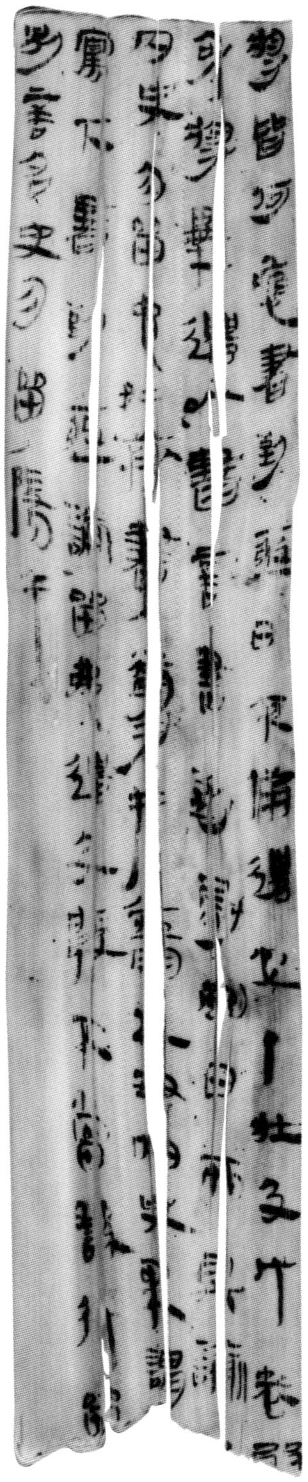

⑦309+
⑦308

將皆何應書到亟日夜備遣必丁壯及代老弱〼
身將畢遣以書言書到尉起日而具論□〼
內史勿留它如前書／敬手／五月乙丑內史果謂〼
寫下書到亟論留弗遣及發不當繇行留〼
別言名夬勿留／隋手　〼

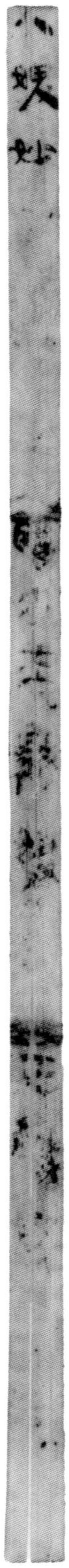

小婢妙　臨水夫〓歎□　正□□

⑦310

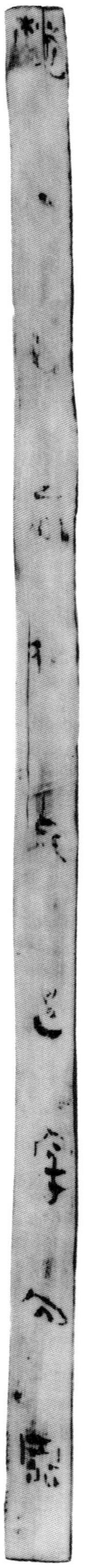

趙□□前□□足幸勿罪

⑦311

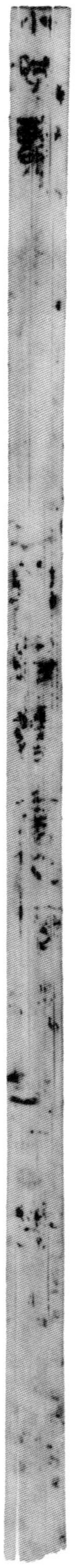

小奴畺　□□簪裹［區次］□□　□□☒

⑦312

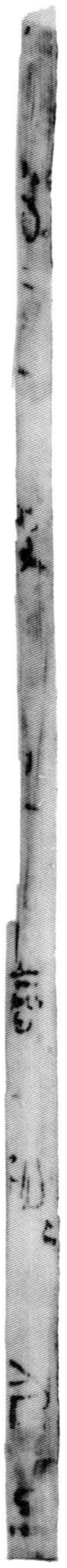

☒□□□□臨湘∠今□

⑦313

☒具事溈陵鄉［行］時

⑦314

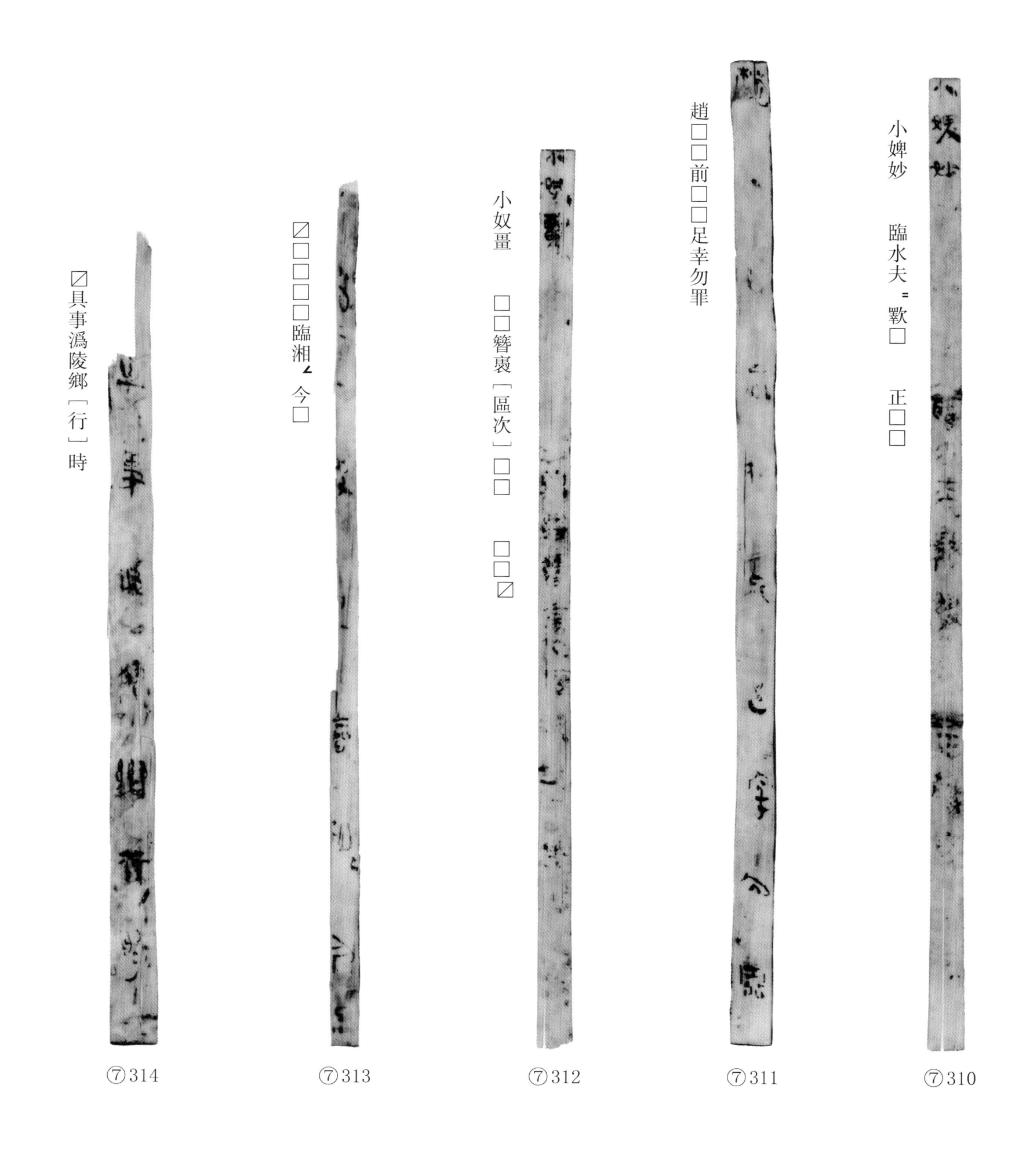

⑦315+⑦322

人行書潙陵∠柳手／十二月丙子郎中□行内史事謂□☐
□□府以□者□□潙陵會壬戌走所□□□☐
陵已□潙陵獄□□□書＝後［遣］到……☐
☐□□□□□□□遣＝［有］願老＝弱＝不＝可作＝非☐

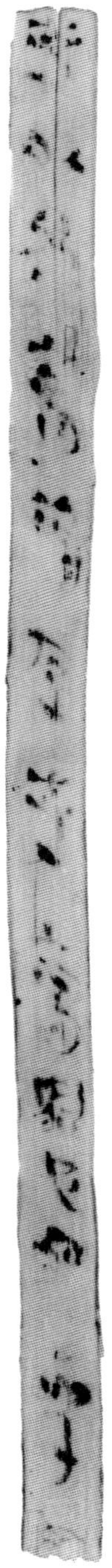

⑦316

吏以各［當論］存吏當罪□□分□☐

⑦317

☐□出□還毋☐

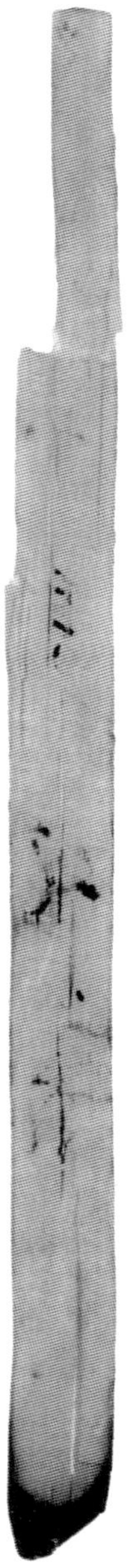

⑦318

☐□□□□□□□☐

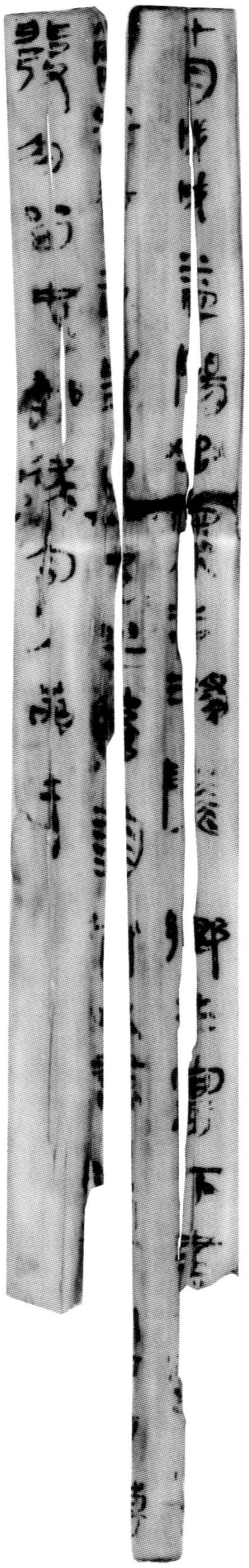

⑦319+⑦321

七月戊戌益陽丞黑告潙陵鄉主寫下書［到定］
當坐者名吏里它坐遣詣獄以書［致署西曹］
發勿留它如律令／　茝手

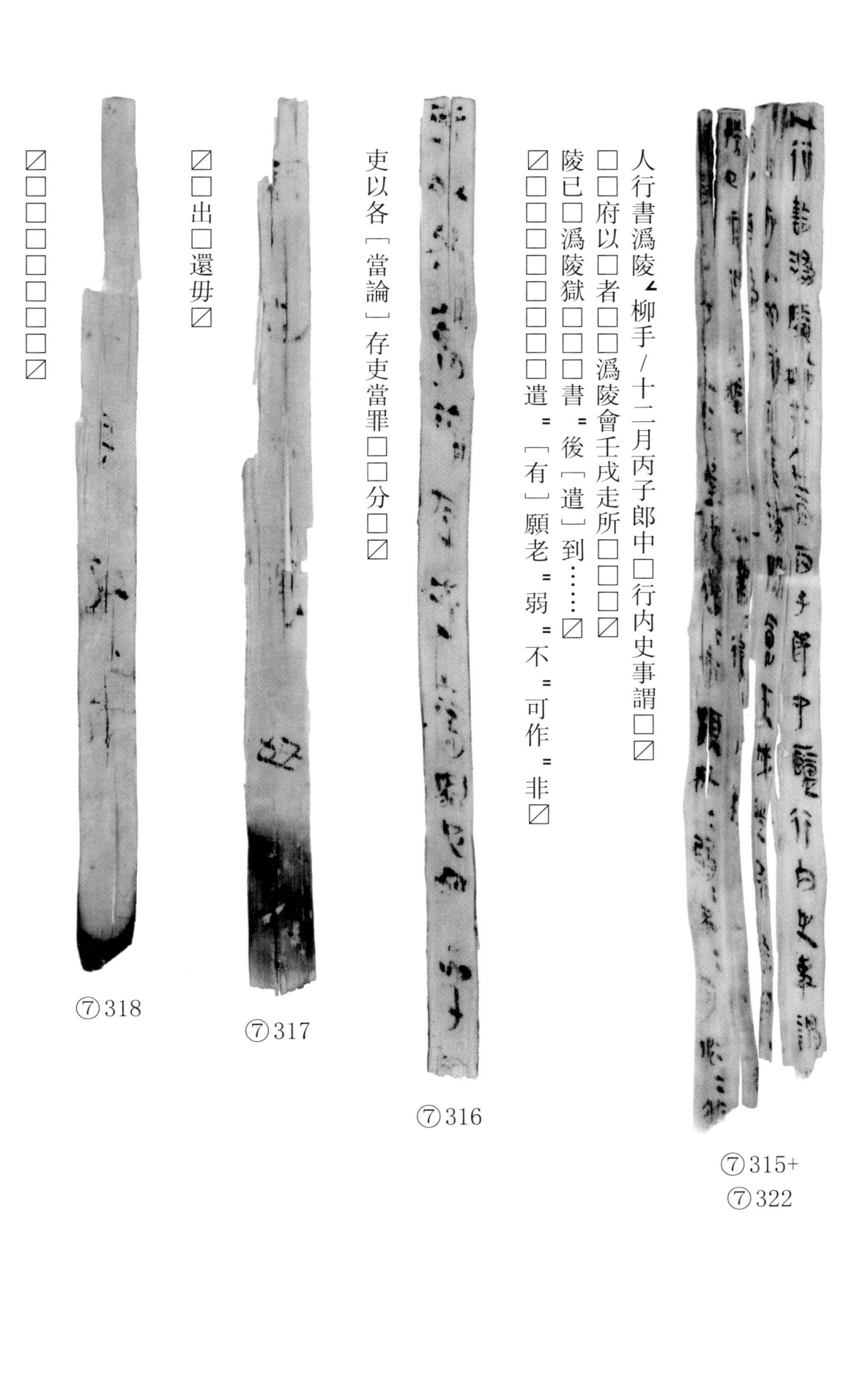

訊謁令備遣［陂］事急故令人行書☐
言之•［到］安陽丞•十二丙子丞相蒼告内☐
☐☐陸［道去］臨湘不過☐［書下］☐
☐……☐

⑦320+⑦391

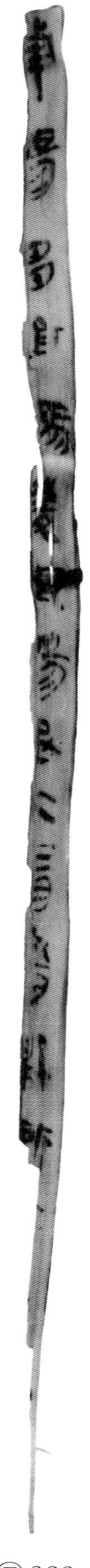

南陽［侈］道潙陵安陽丞☐謂☐縣所……☐

⑦323

七年十二月辛未朔壬申佐治便［隄］徹敢言之府書☐

⑦324側

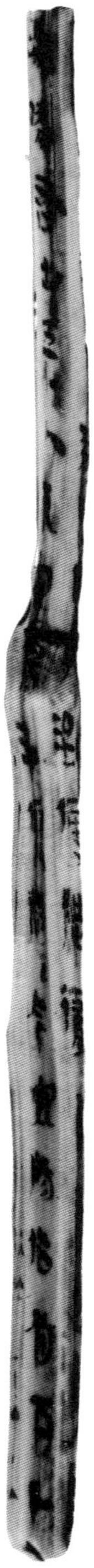

潙陵右出五［十］人☐［里］☐☐☐↙今安陽作者百人☐

⑦324正

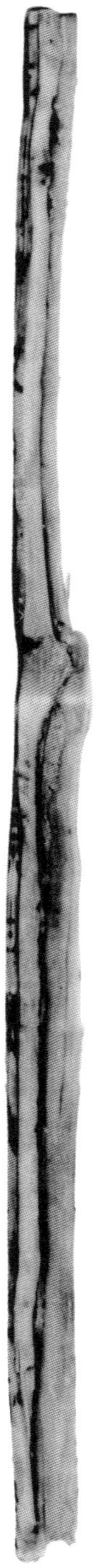

……☐

⑦324背

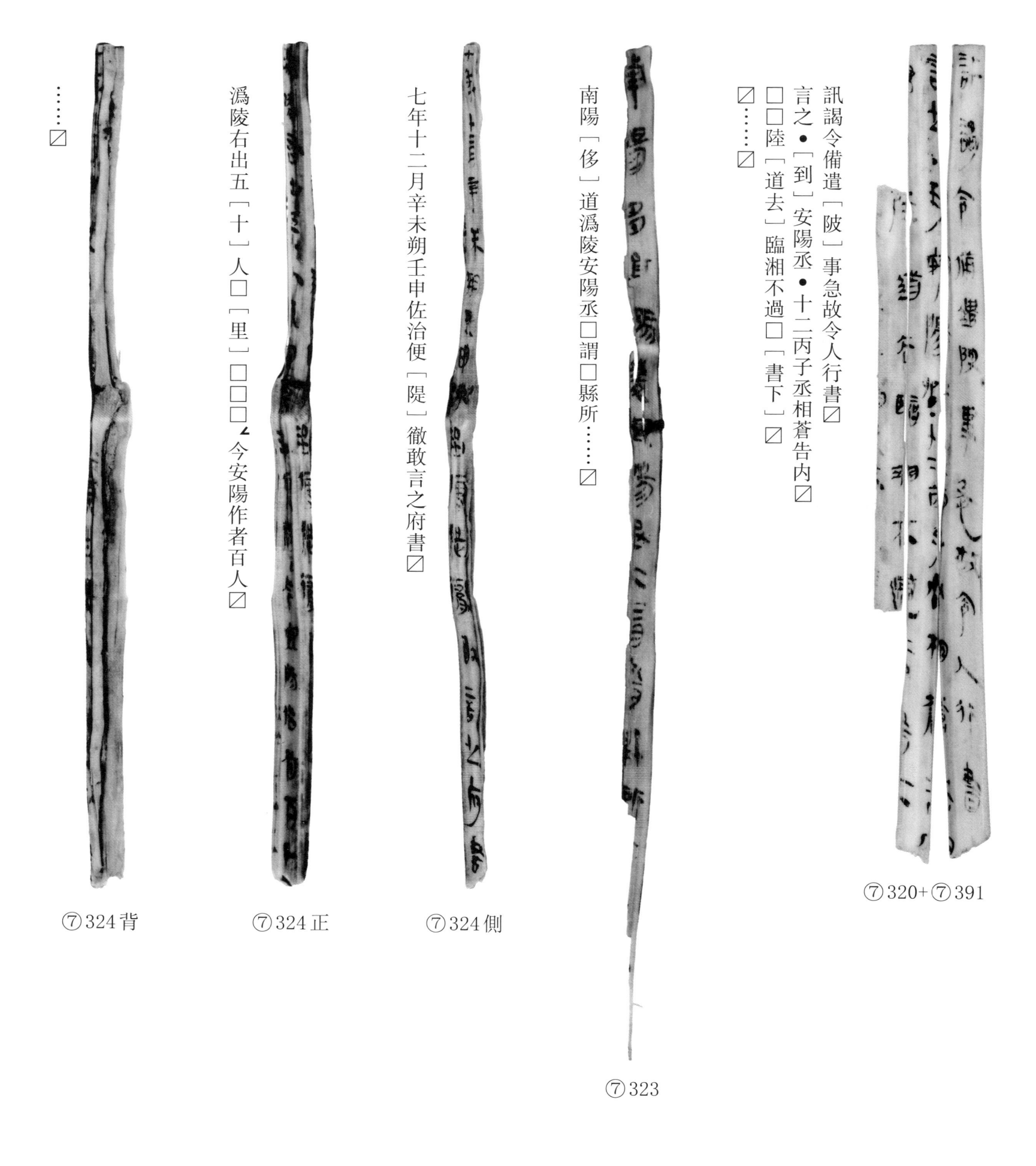

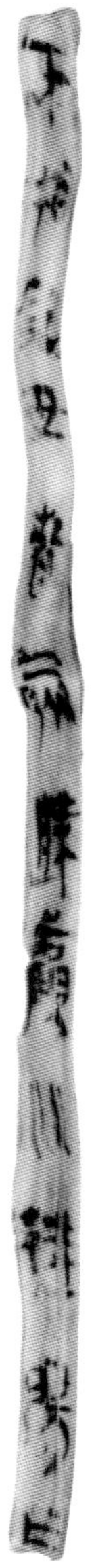

⑦325正

不相及毋者劾牒覲川桂陽［長］⧄

⑦325背

□□□□□□□□□□□□□□⧄

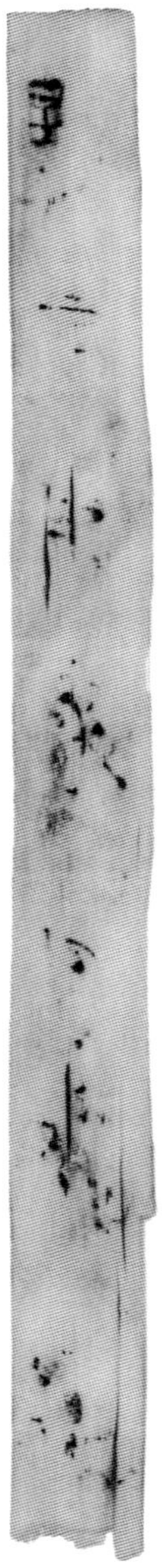

⑦326

到言弗□□□□⧄

⑦327

⧄□□□□□令史與□□⧄

⑦328

⧄六錢尉史信十三錢半
⧄•八錢區廿八錢少内入

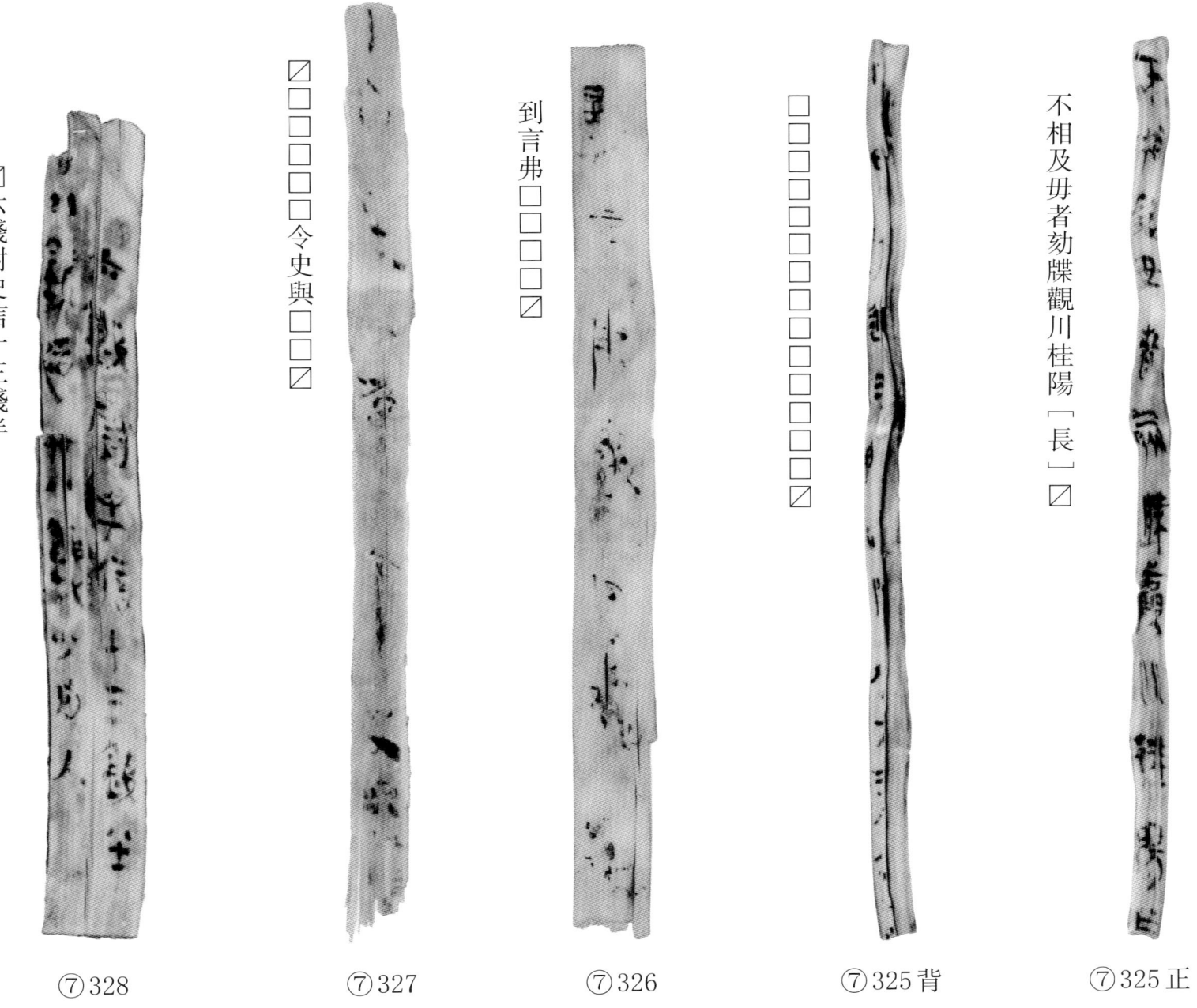

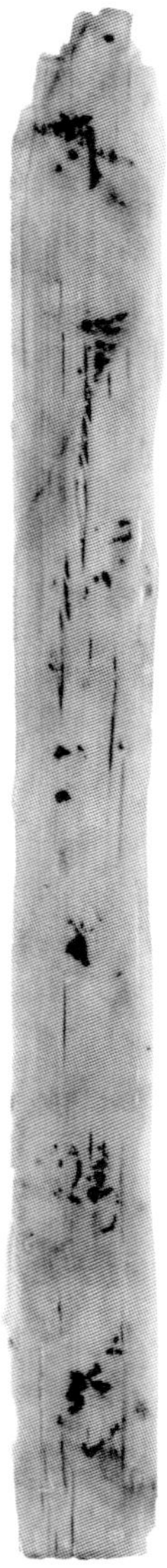

〼□□□□□□□□□〼

⑦329

〼米粟計誤罰金一兩已如告

⑦330

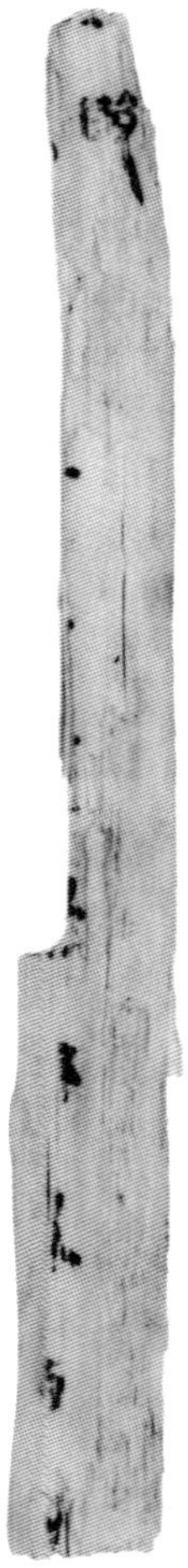

〼□□
〼……□□□□□

⑦331

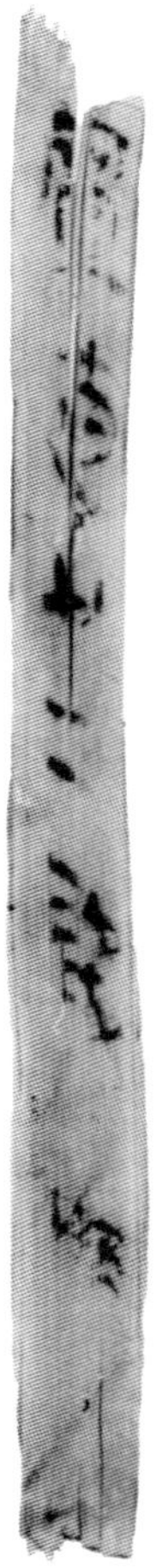

〼賈直廿二錢□□〼

⑦332

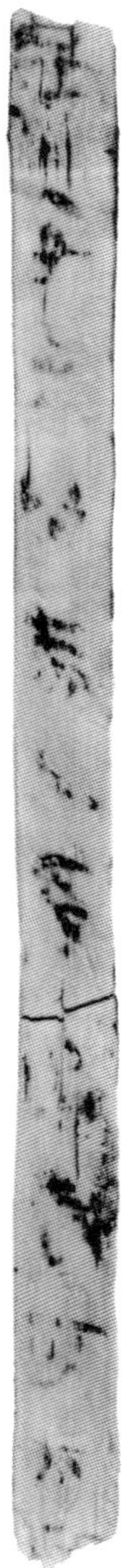

〼十五毋之□馬一匹□□可六□〼

⑦333

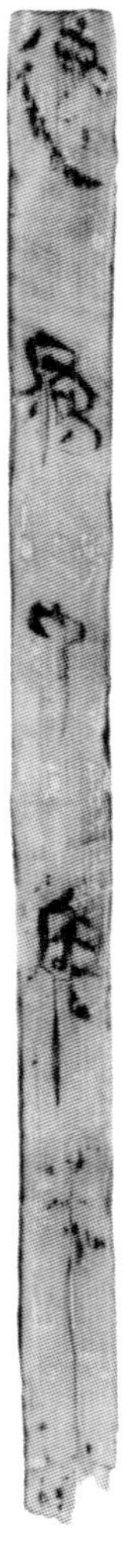

建爲中矦□□〼

⑦334

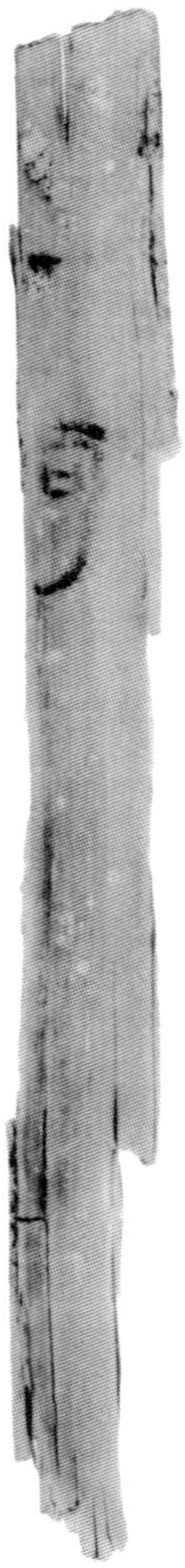

〼□□　〼

⑦335

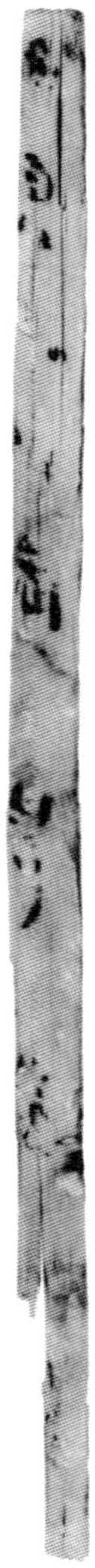

〼□□□□□□□□

⑦336

不輸以故工作之論言∠今〼

⑦337

□□名君□不□〼

⑦338

☒年七月戊戌朔乙丑益陽烏丞☒
☒□［陽］……□□　☒

⑦339

☒□溈陵鄉計□☒

⑦340

問鄉賜强ㄥ佐☒

⑦341

☒□溈陵令故少內慶［非］真吏□☒
☒［六］人以十二月壬申夕到ㄥ上溈陵真書☒

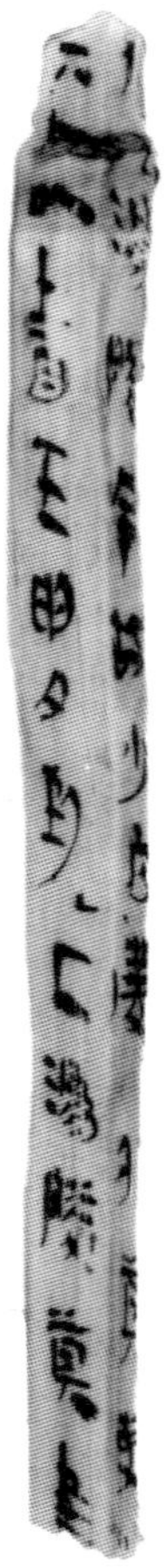

⑦342

大男廿五人小男卅四人凡五十☒

⑦343

☒不［請］歲［遣］老弱吏不當應事［鄉］☒
☒□□安陽作者百五十人有治乾池□☒

⑦344

□□□□曰□□□□□☒
［臨］昌夫〻建隸書到☒

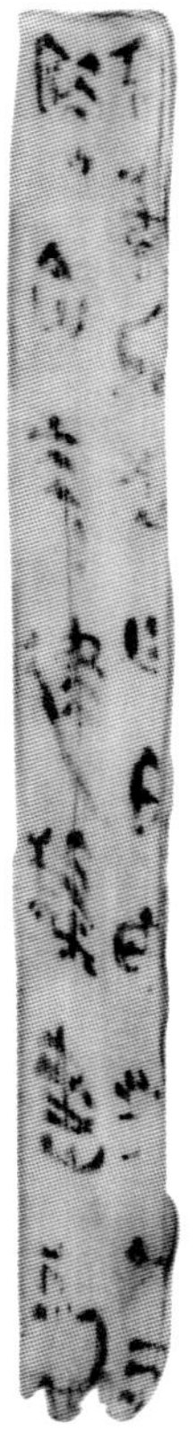

⑦345正

出書［及］日籍□以書□☒
□□□令　☒

⑦345背

☒［日］［乾］官器計受□□☒

⑦346

☒□□□□☒

⑦348

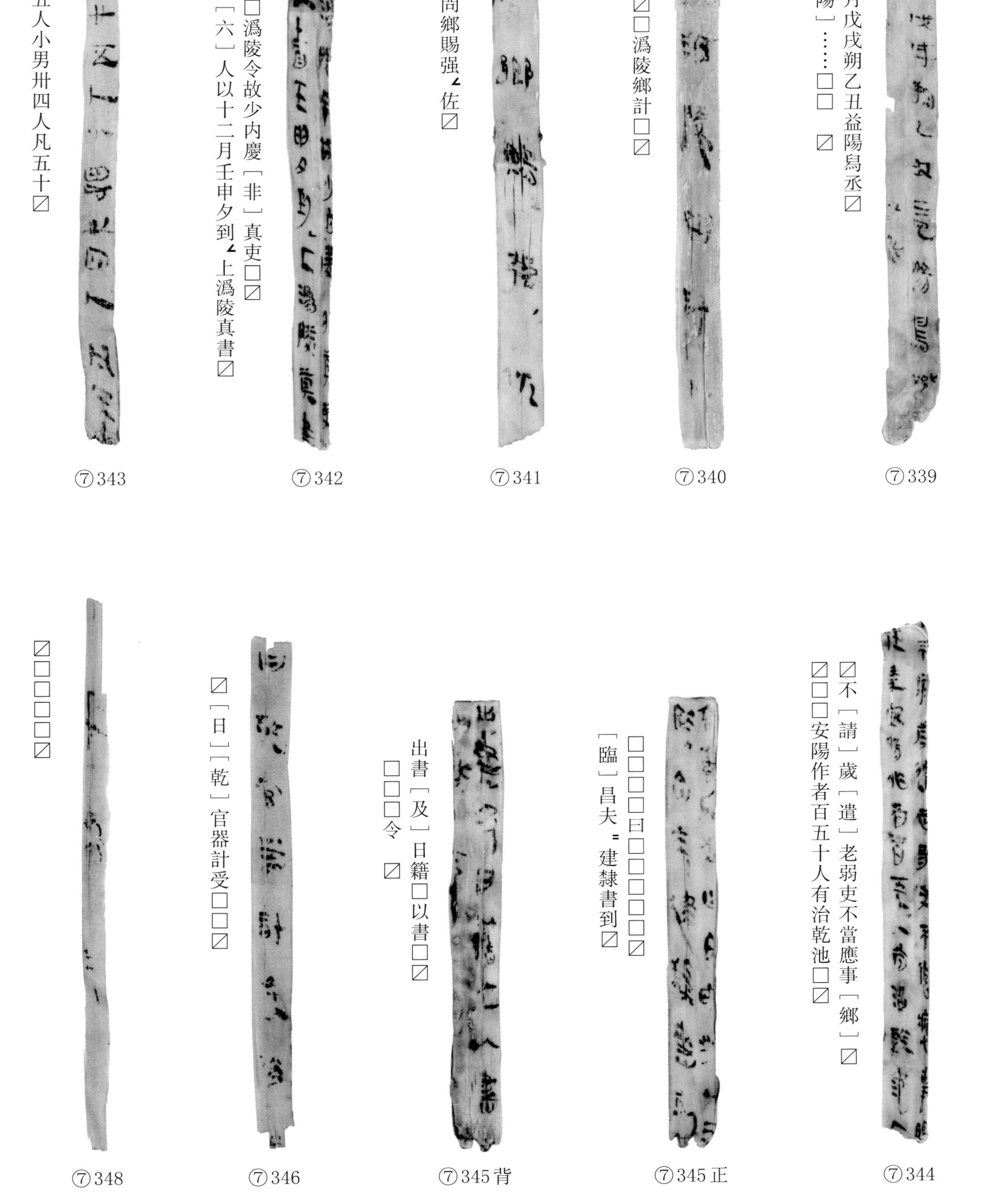

⑦349 ☐☐☐如辭［谻］☐☐

⑦350 ☐書

⑦351 ☐年七月戊戌朔丁未益陽☐☐
☐詣大婢舍辭曰☐☐
☐……☐

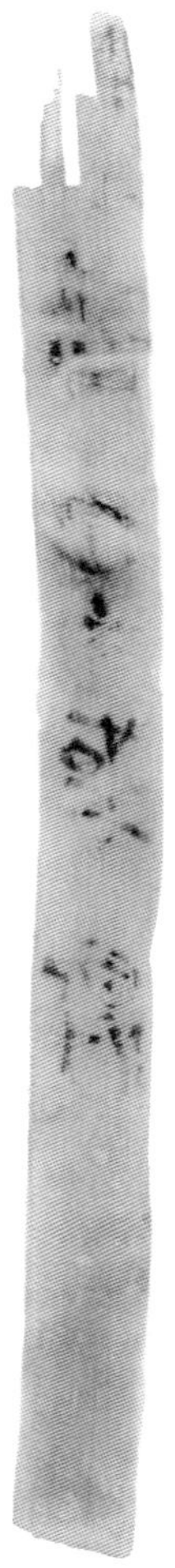

⑦352 ☐☐☐☐或還

⑦353 ☐☐☐☐☐☐☐☐

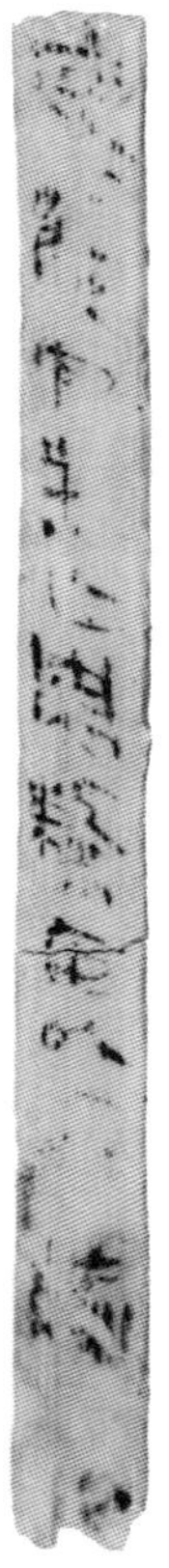

⑦354 ☐宼隱官坐亡罪隸臣以［上］輸作☐

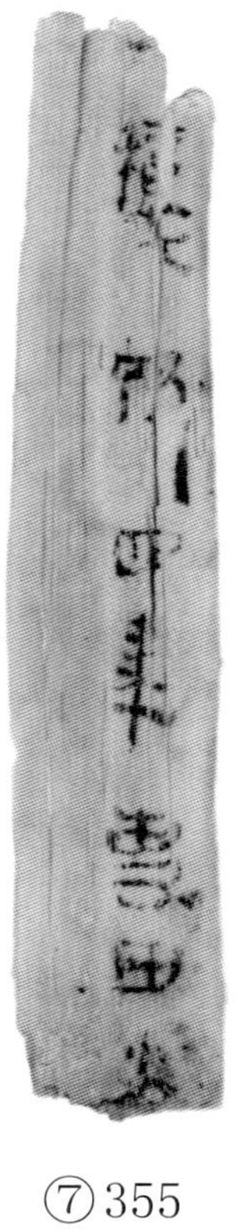

⑦355 ☐☐［橦］☐四年吏田☐☐

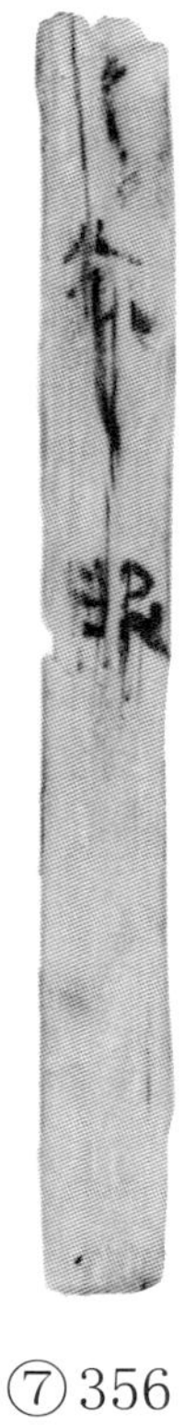

⑦356 ☐☐衣服

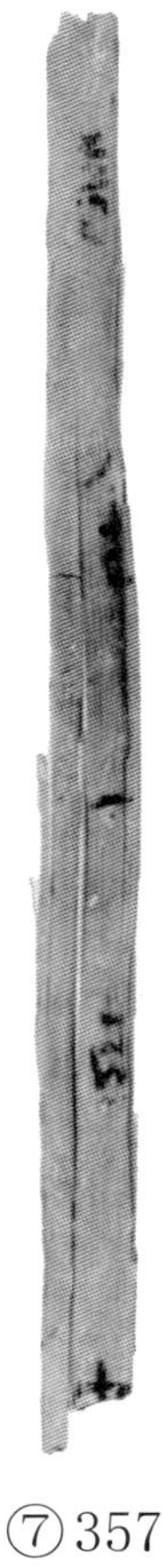

⑦357 ［肻］☐☐☐☐☐☐

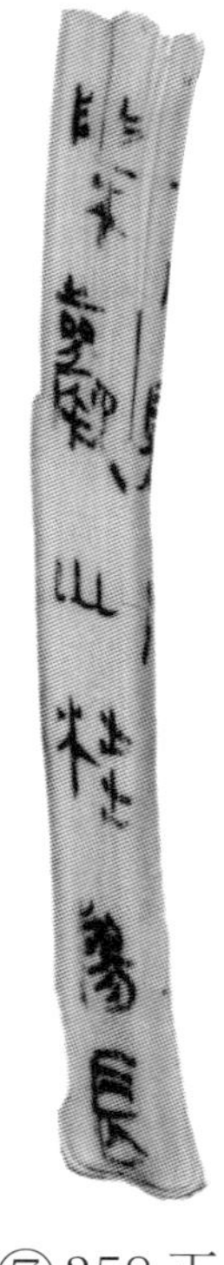

⑦358正 ☐☐☐☐☐☐
☐☐觀川桂陽長☐

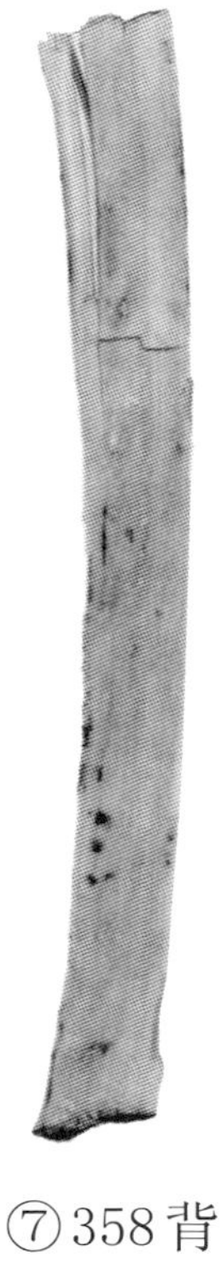

⑦358背 ☐……☐

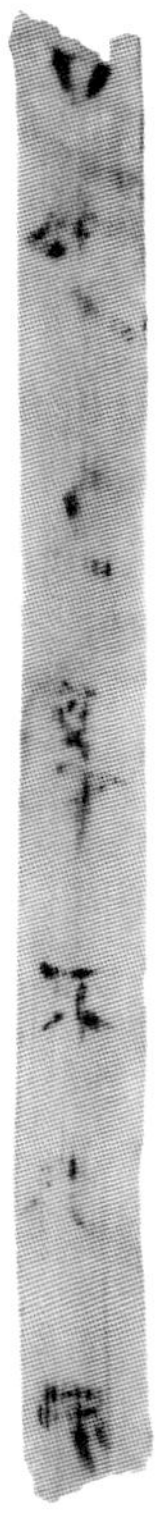

☑□□□□不□□☑

⑦359

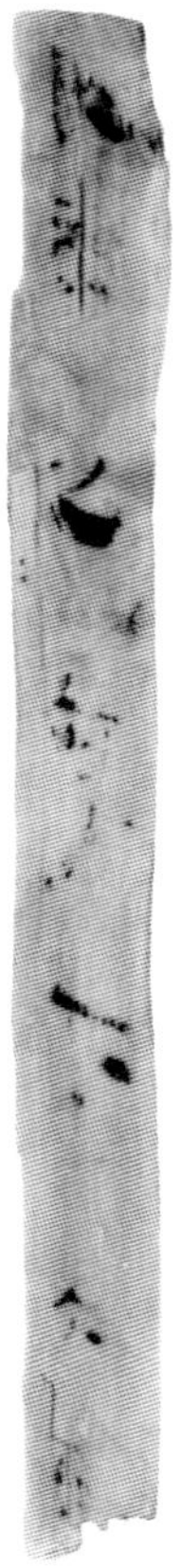

敢言之府下大□☑

⑦360

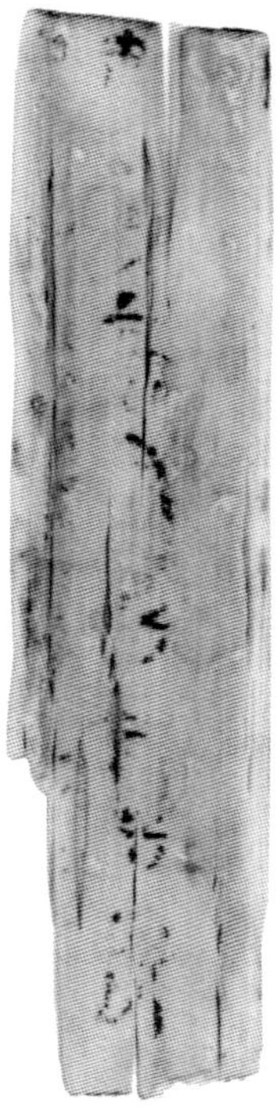

□□□□□□□者所☑

……☑

⑦361

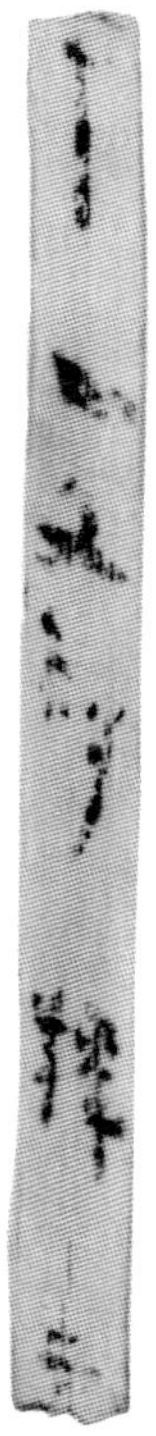

☑□□□□［隷］□☑

⑦362

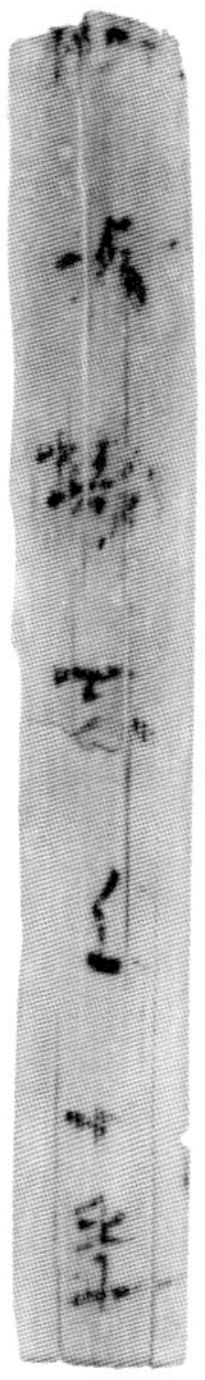

☑□□□□□上七年

説明：右下有一契口。

⑦363

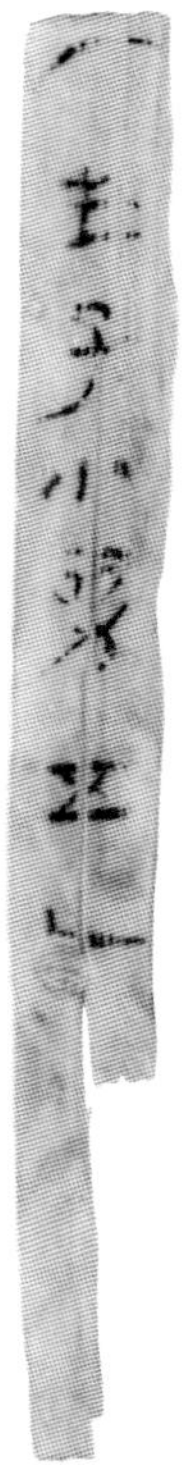

□生子小男五人　☑

⑦364

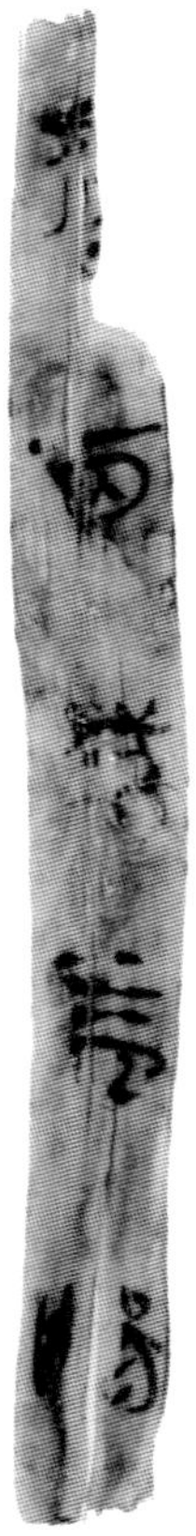

☑□月丙戌益陽☑

⑦365

三年賦狼☑

⑦366

☑□□□☑

⑦367正

☑……☑

⑦367背

□爲□□□□☑

⑦368

☑□治□□□□□□☑

⑦369

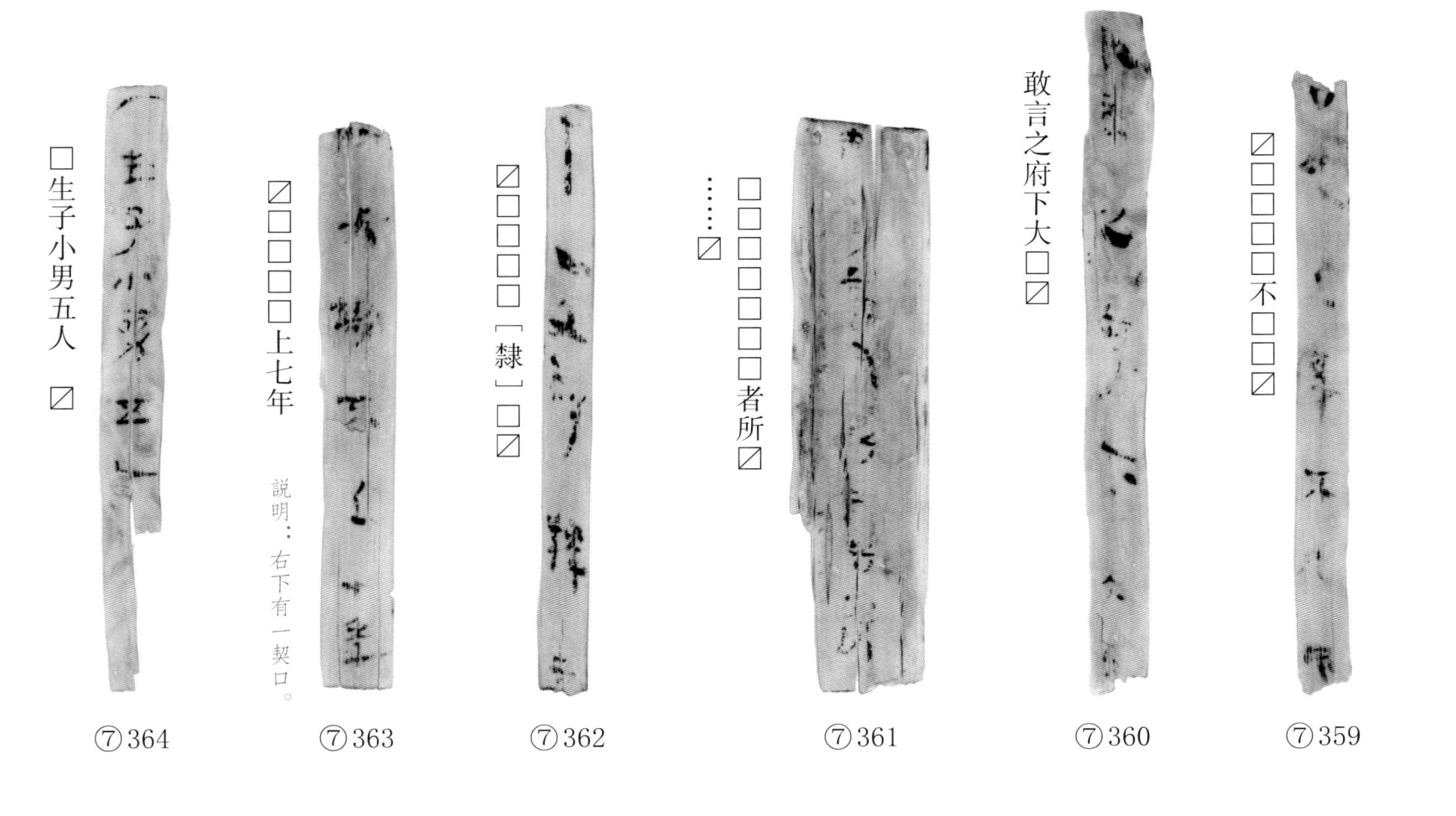

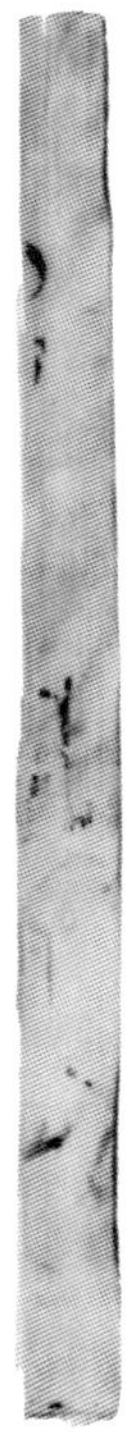
□□□☒
⑦370

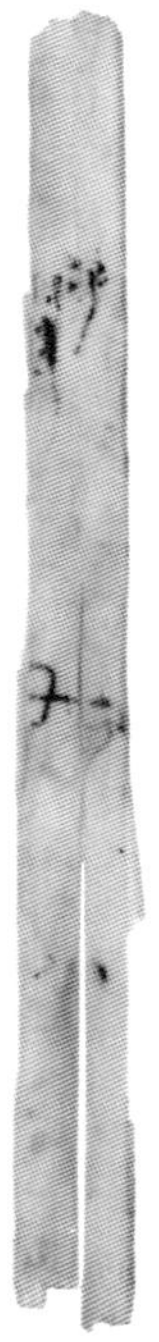
☒□□□☒
⑦371

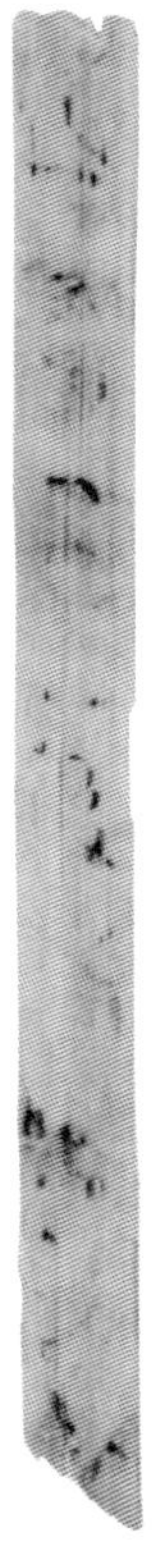
☒……☒
⑦372正

□□□　☒
⑦372背

☒□人　都鄉☒
⑦373

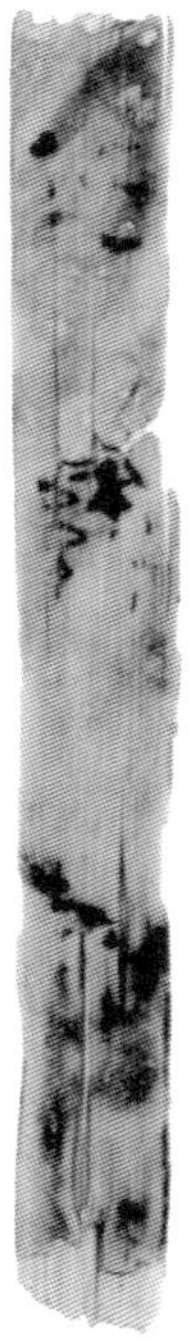
☒□□□□☒
⑦374

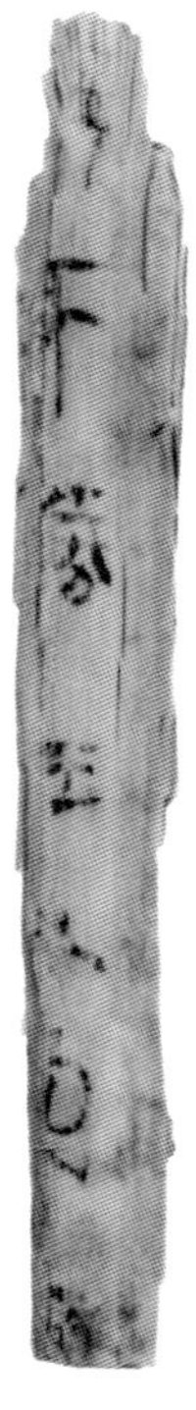
☒□下券□□□
⑦375

□□□□☒
⑦376

☒之□言之□□
⑦377

坐〓君∠自度非僕□
⑦378正

□爲僕與
⑦378背

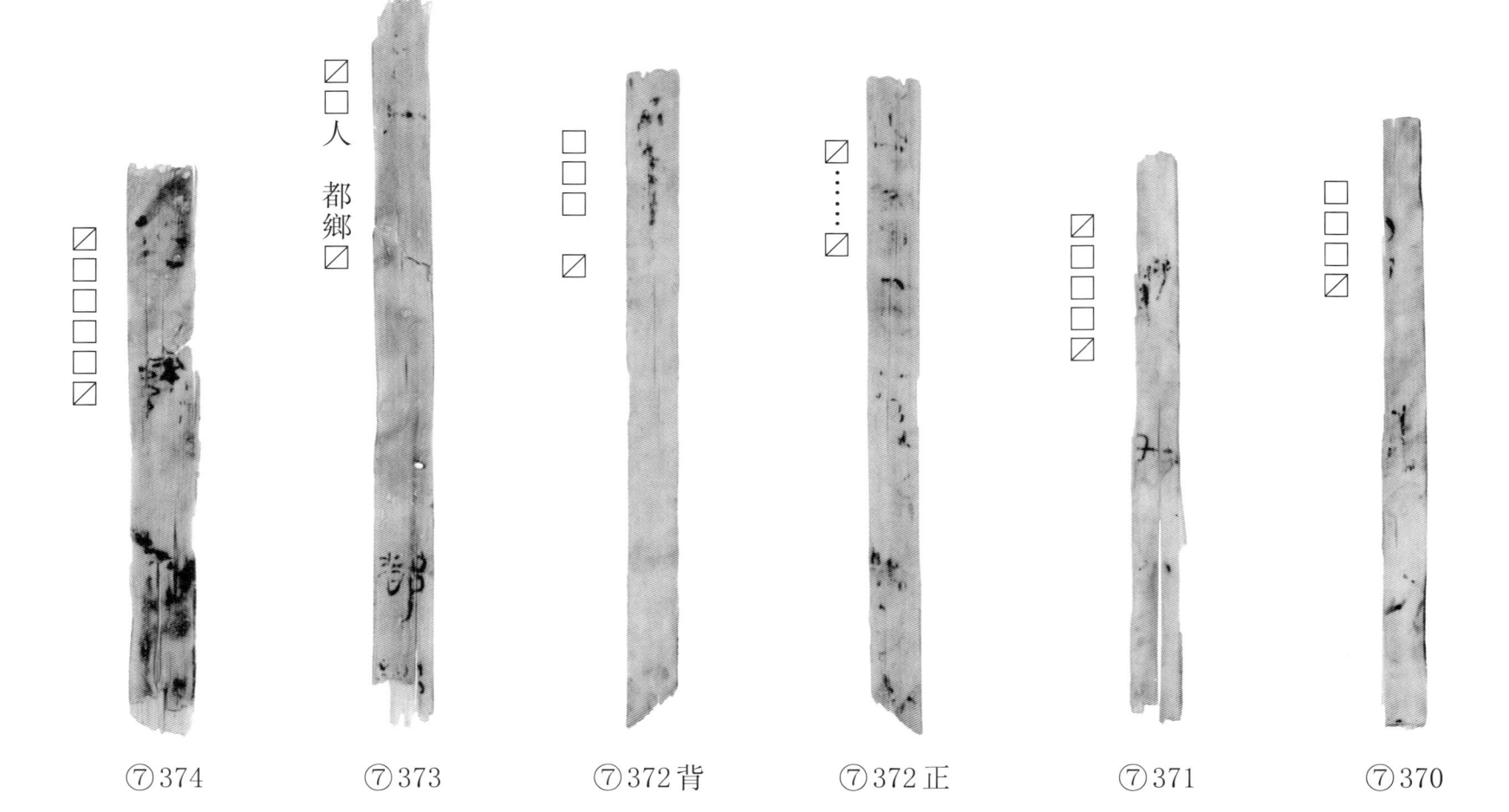

☒□□丙辰起□☒
☒……□□□☒
⑦379

☒它如書☒

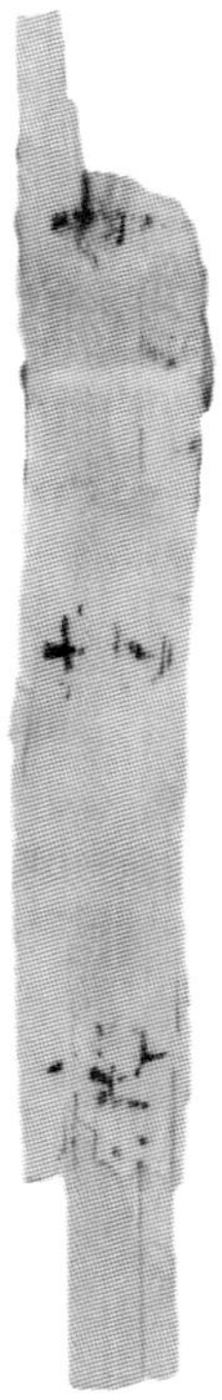

⑦380

☒益陽☒

⑦381

☒□訊臂□☒

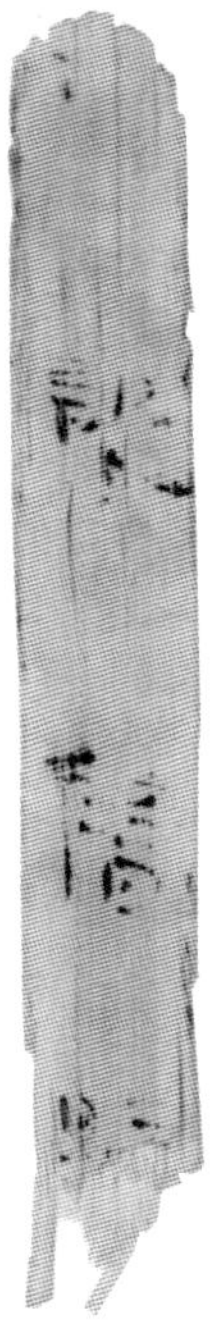

⑦382

☒□□□□□☒

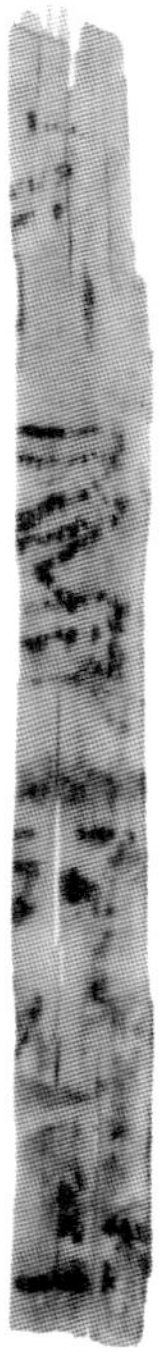

⑦383

☒□［遣］言●問鄉嗇²陽²曰與佐

⑦384+⑦388

☒……

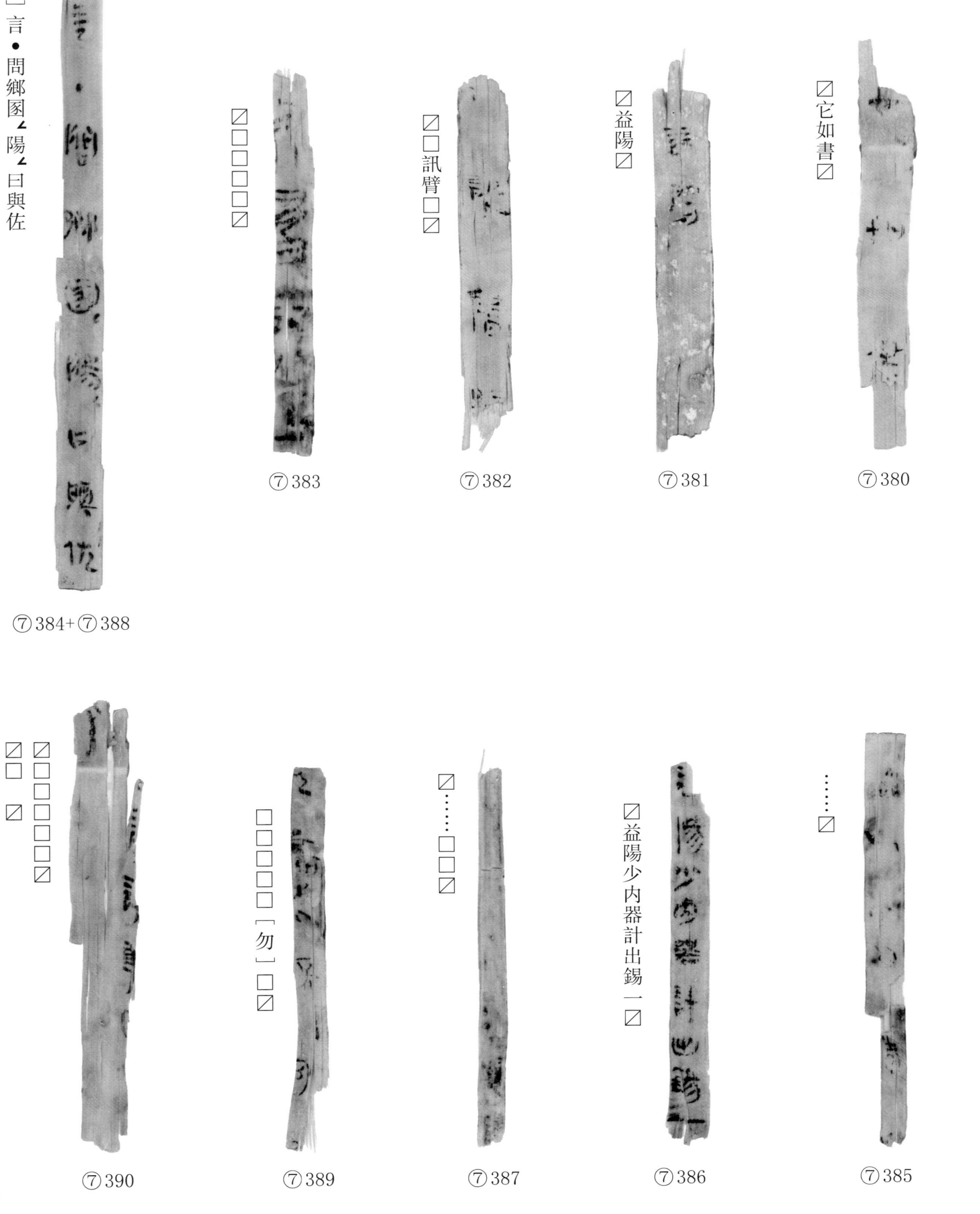

⑦385

☒益陽少内器計出錫一☒

⑦386

☒……□□☒

⑦387

□□□□□［勿］□☒

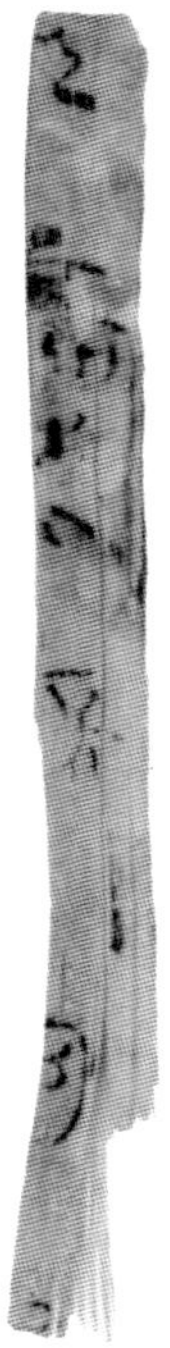

⑦389

☒□□□□□□☒
☒□　☒

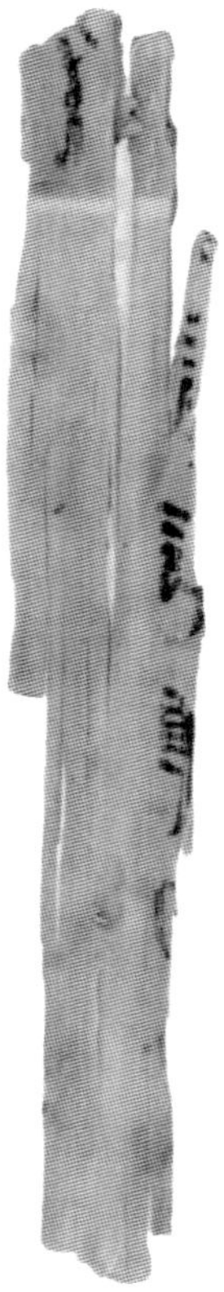

⑦390

⍁□□□□□□⍁
⍁㝡興叚□□⍁

⑦395

⍁月甲子下資鄉□⍁
⍁此入□□□⍁

⑦394

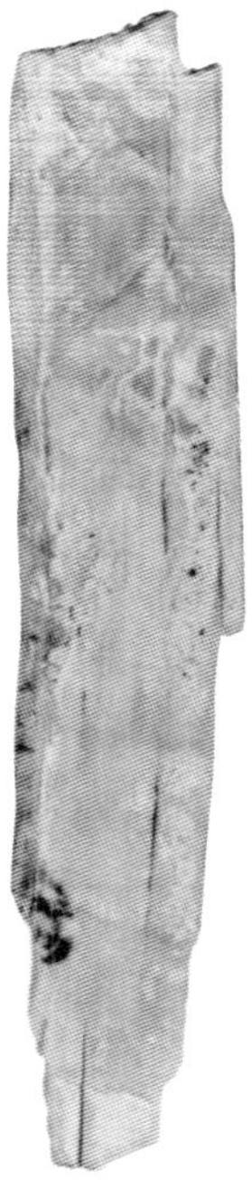

⍁　□⍁

⑦393背

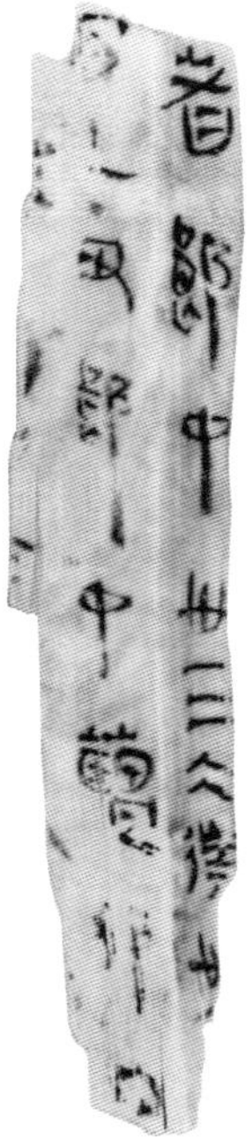

⍁者郎中卅三大□□⍁
⍁□月乙丑郎中［藍］行内⍁
⍁□□□……⍁

⑦393正

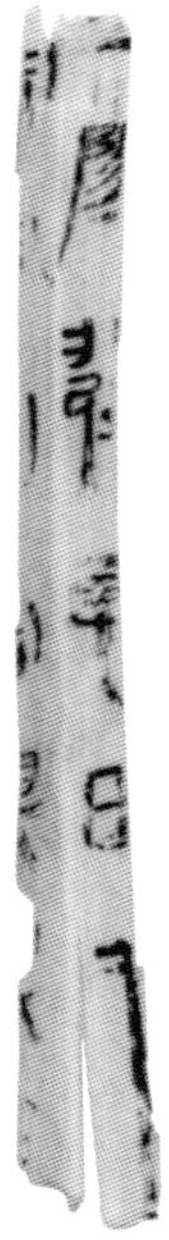

⍁□陽發□［田］□⍁
⍁□□□□具□□⍁

⑦392

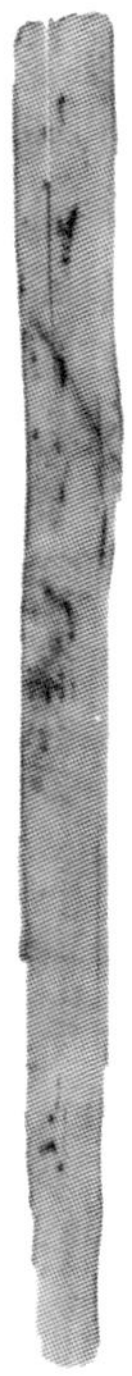

……⍁

⑦399背

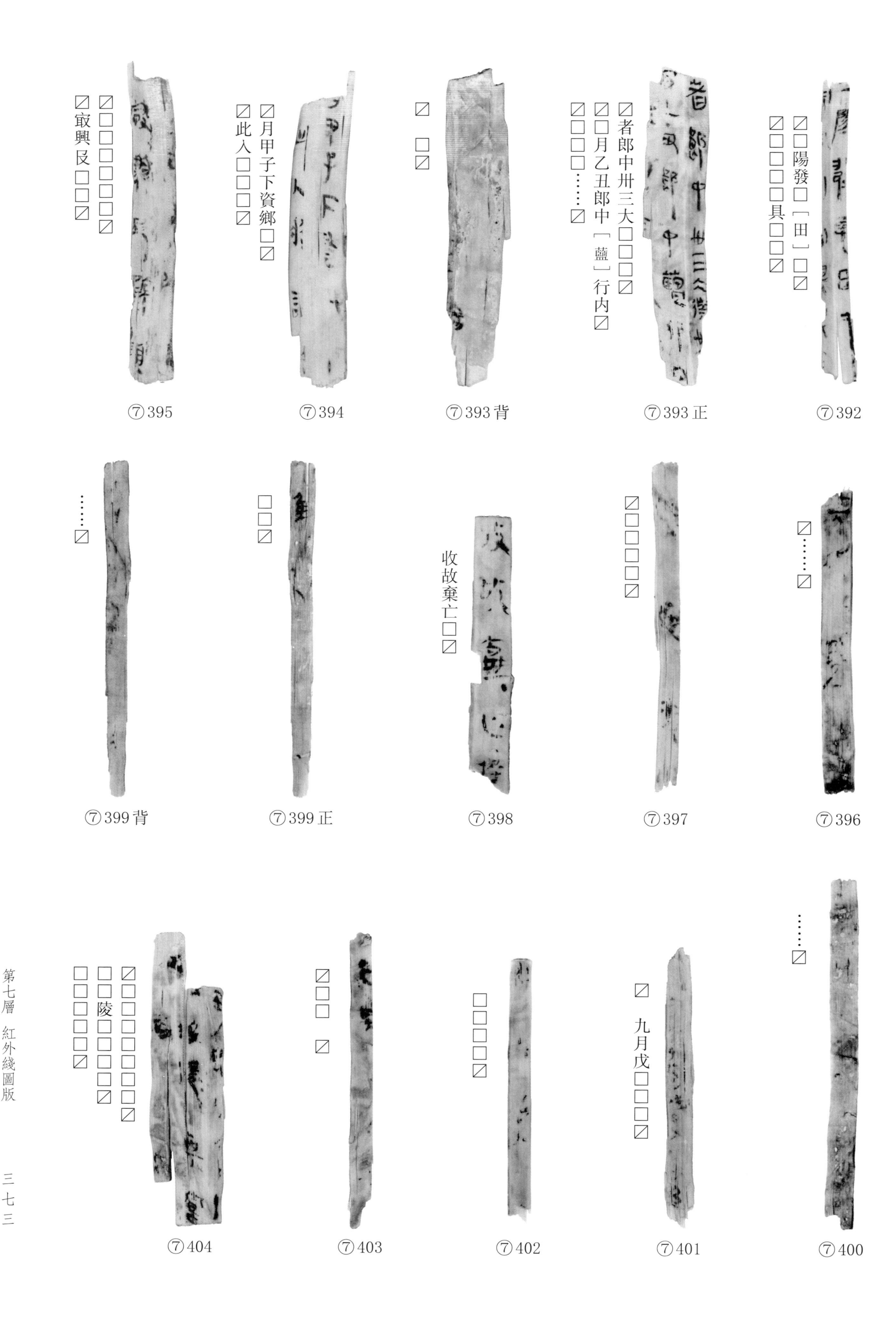

□□⍁

⑦399正

收故棄亡□⍁

⑦398

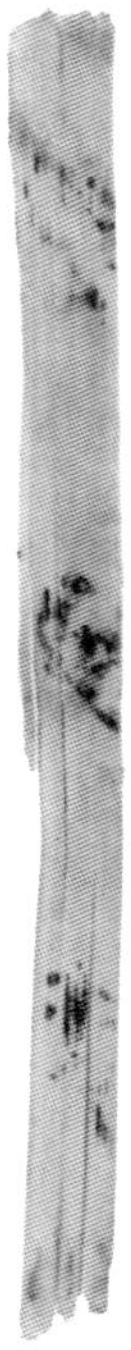

⍁□□□□□⍁

⑦397

⍁……⍁

⑦396

⍁□□□□□⍁
□□陵□□□□⍁
□□□□□⍁

⑦404

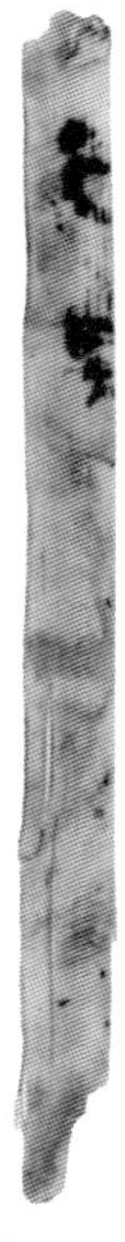

⍁□□　⍁

⑦403

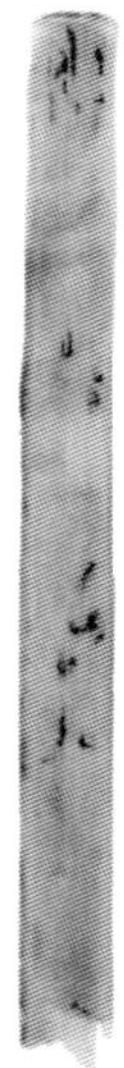

□□□□⍁

⑦402

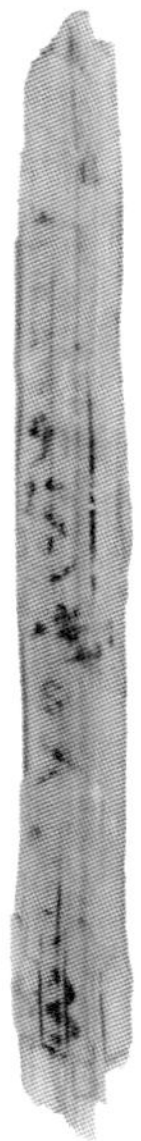

⍁　九月戊□□□⍁

⑦401

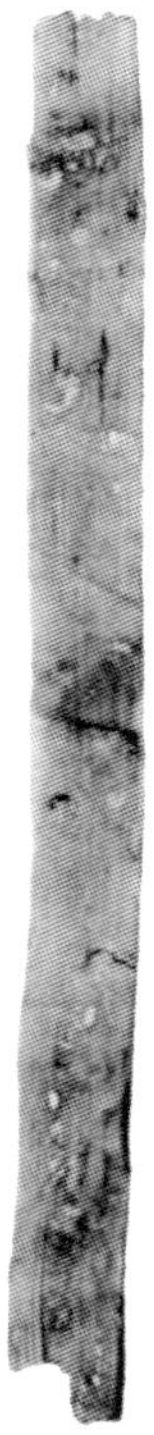

……⍁

⑦400

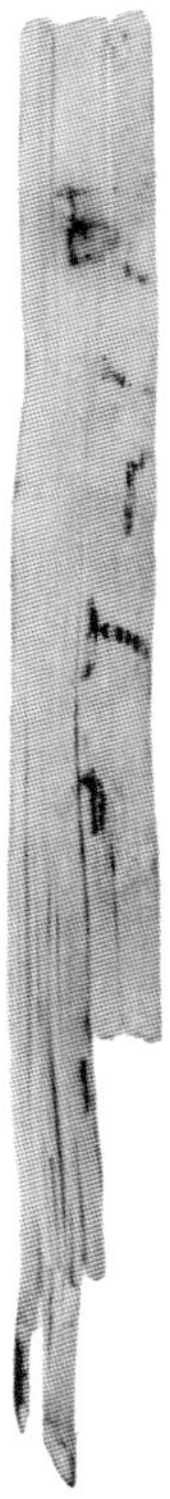
□□□□□⧄

⑦405正

⧄□□

說明：正背面書寫順序顛倒。

⑦405背

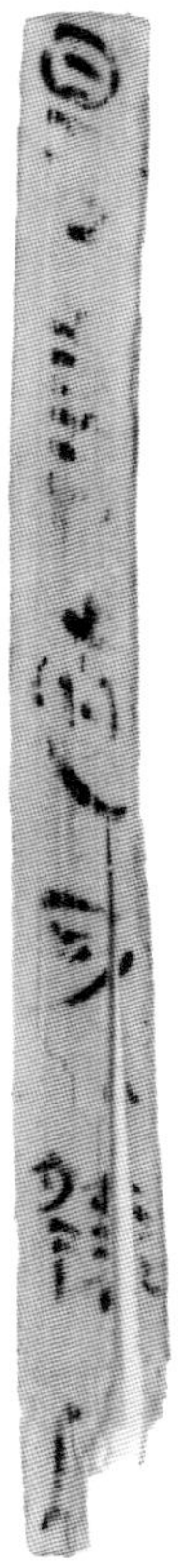
爰書直可∠繇□⧄

⑦406

⧄……□□⧄

⑦407

南陽夕道潙⧄
［稼簿］□⧄

⑦408

⧄□□□□□□⧄

⑦409

敢告□⧄

⑦410

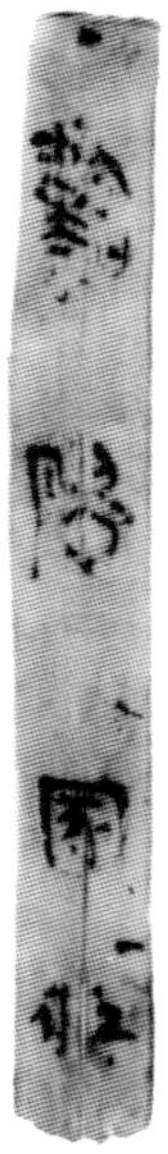
•□［陽］∠圂∠佐⧄

⑦411

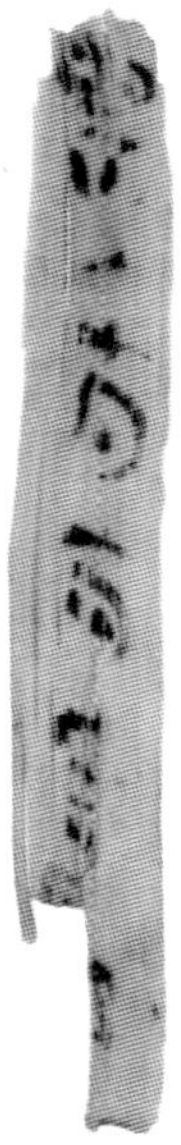
⧄□/七月丙□□⧄

⑦412

□□□⧄

⑦413

⧄□□□□□□⧄

⑦414

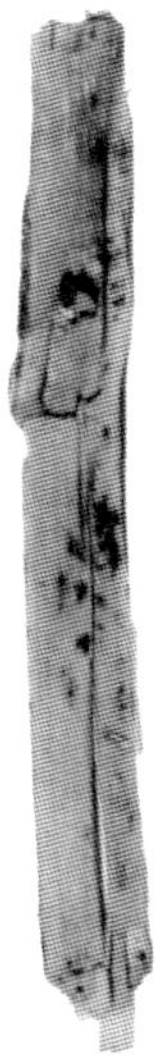
⧄□□□□⧄

⑦415

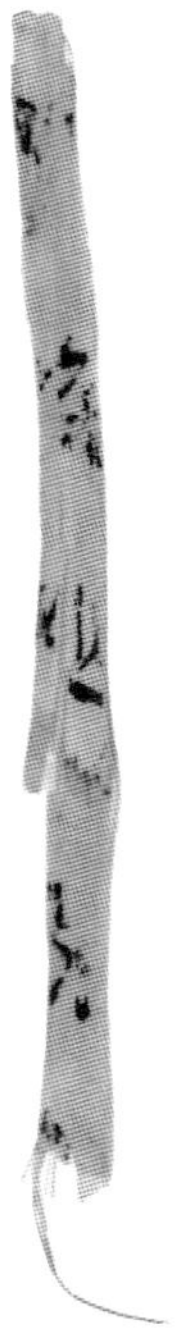
⧄□□□□□⧄

⑦416

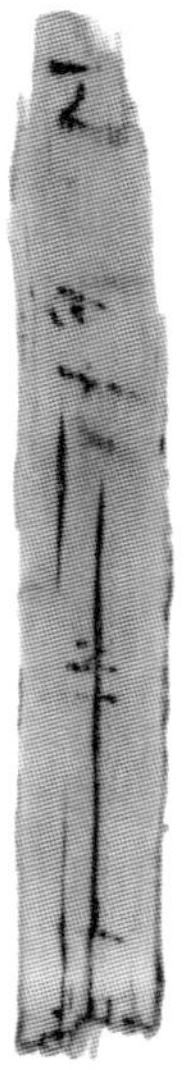
⧄□□□□⧄

⑦417

⧄□里□•□⧄

⑦418

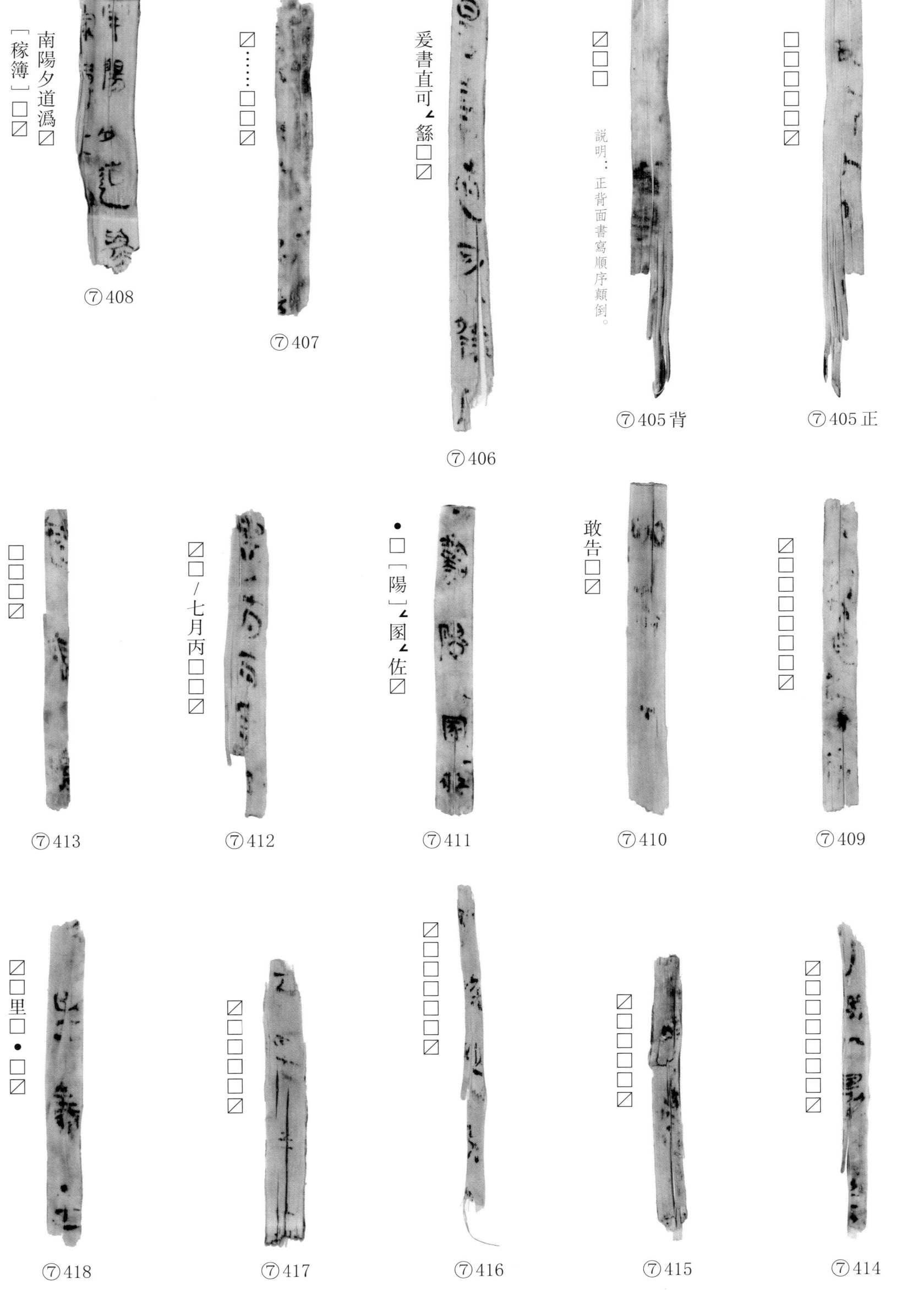

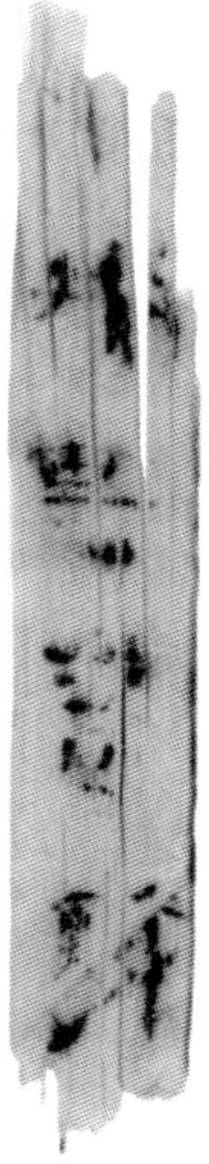
⑦419
⧄□□［其］□□⧄

⑦420
⧄署亡未出計⧄

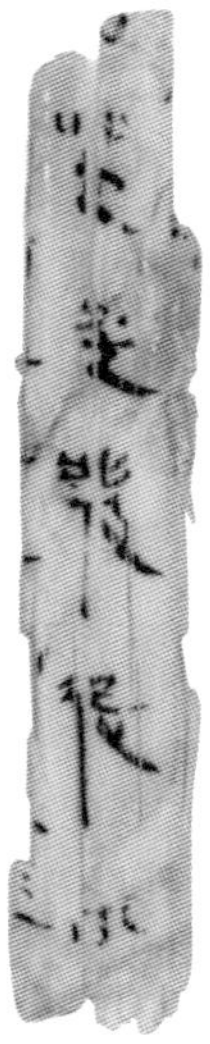
⑦421正
⧄□⧄
⧄□坐坐發役佐⧄
⧄□□□□□□□□⧄

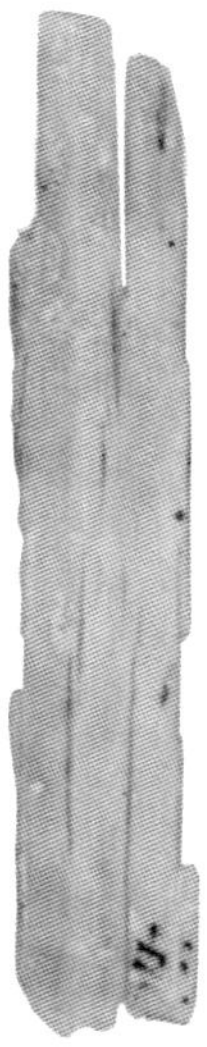
⑦421背
⧄……⧄

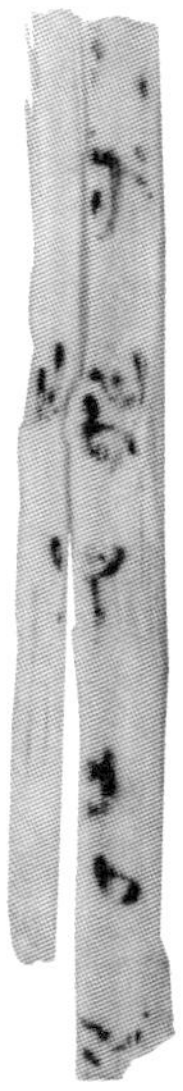
⑦422
⧄□獄□□□⧄

⑦423
□而欲勿論⧄

⑦424
［失］期□⧄

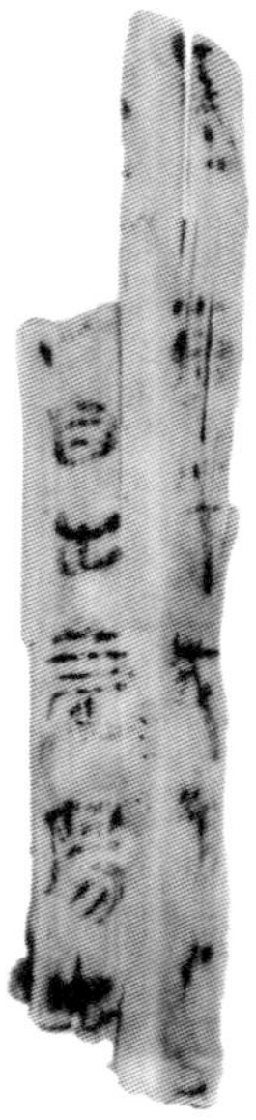
⑦425
⧄年七月戊戌朔□□⧄
⧄□□自出益陽□⧄

⑦426
⧄　誘⧄

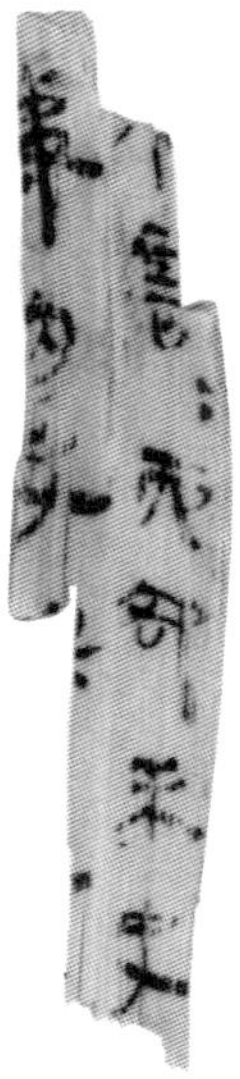
⑦427
⧄□言=而卻未央⧄
⧄事内史□□□⧄

⑦428
⧄里大女毆有□⧄

⑦429
⧄□□=及吏不□
⧄□罷屬縣

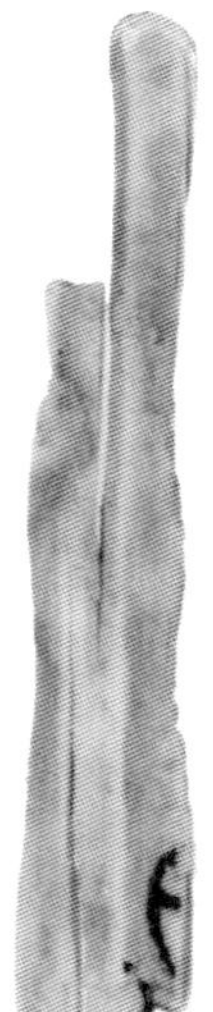
⑦430
⧄　□⧄

⑦431
事不可行［勝］⧄
［兩］它別言⧄

⑦432
⧄［隸］夬始論
⧄□□□□

⊠年□□□□□⊠
⊠□令夫∠丞□□⊠
⑦433

⊠□上
⑦434

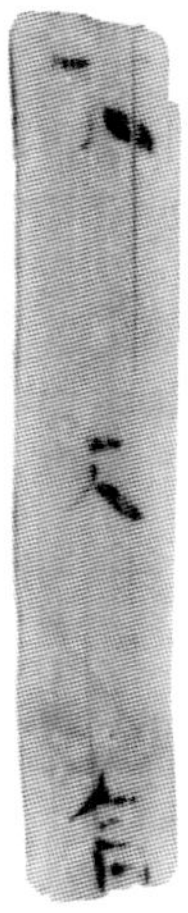
下［下倉］⊠
⑦435

⊠□□□□⊠
⑦436

•□□□⊠
⑦437

⊠□誰金
⑦438

⊠□□者□⊠
⑦439正

⊠胃　⊠
說明：正背面書寫順序相反。
⑦439背

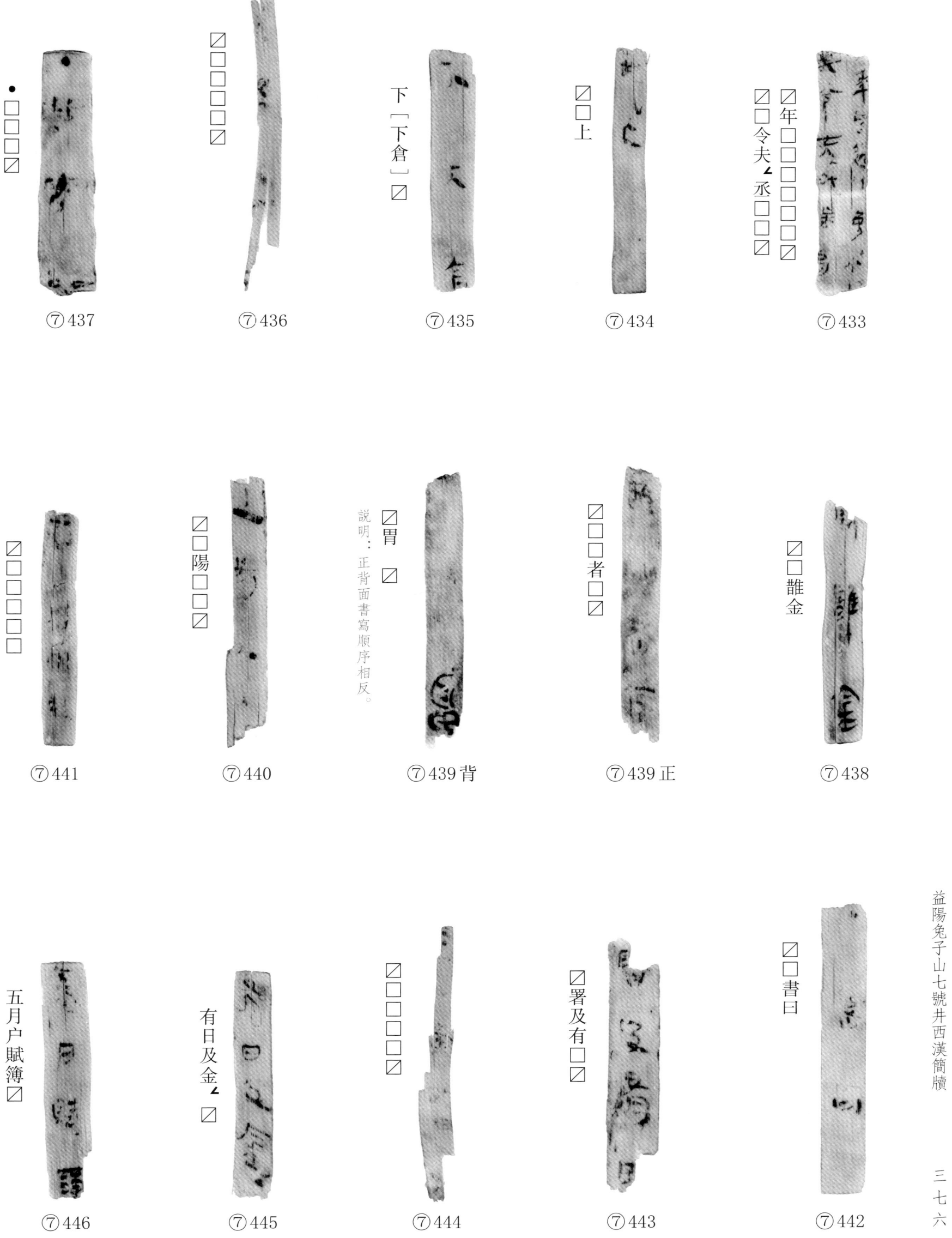

⊠□陽□□⊠
⑦440

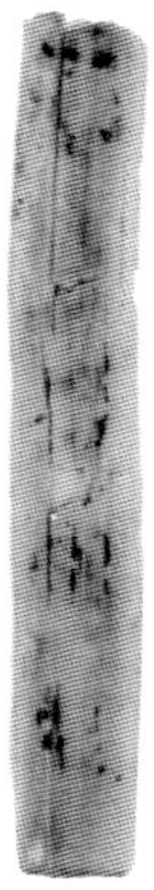
⊠□□□□□
⑦441

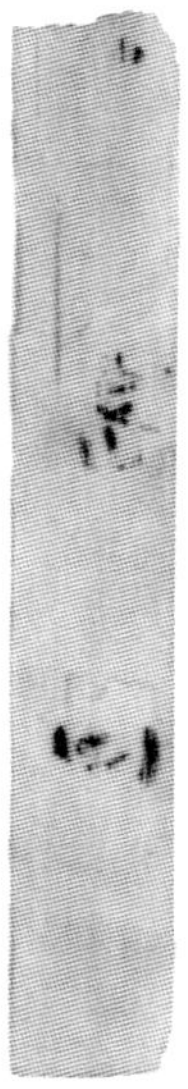
⊠□書曰
⑦442

⊠署及有□⊠
⑦443

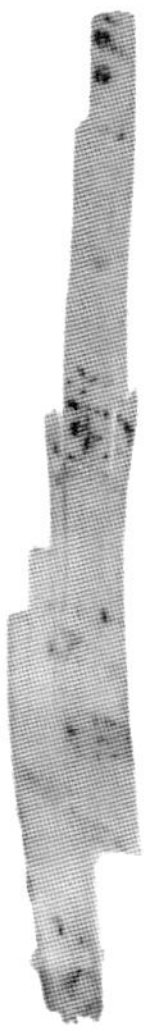
⊠□□□□⊠
⑦444

有日及金∠⊠
⑦445

五月户賦簿⊠
⑦446

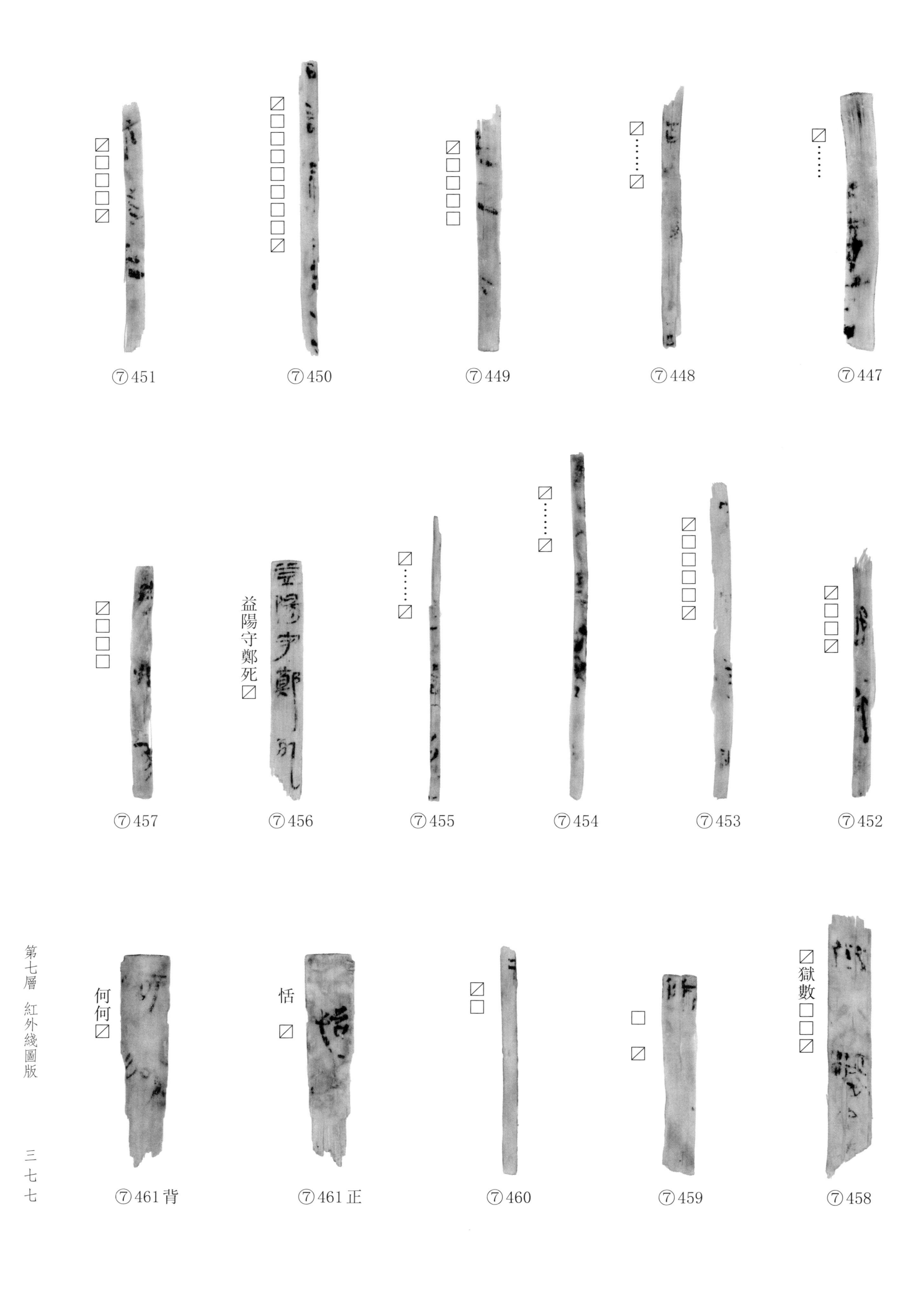

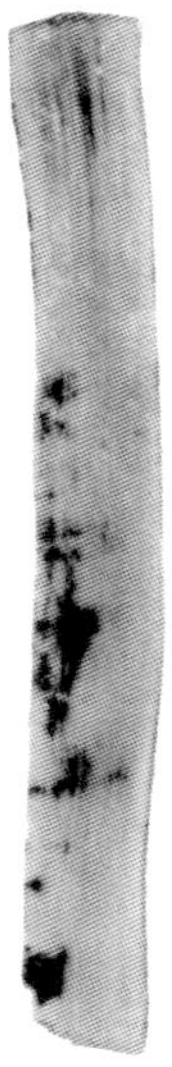
⧄……

⑦447

⧄……⧄

⑦448

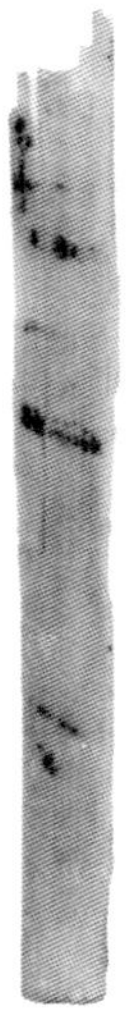
⧄□□□□

⑦449

⧄□□□□□□□⧄

⑦450

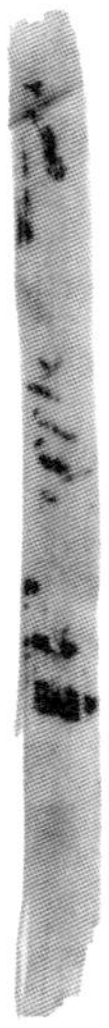
⧄□□□⧄

⑦451

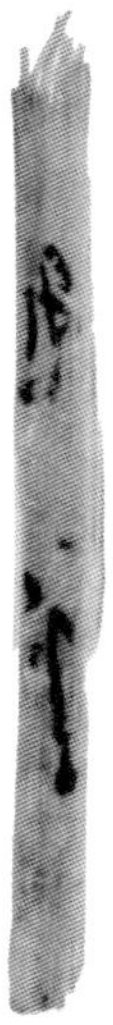
⧄□□⧄

⑦452

⧄□□□□⧄

⑦453

⧄……⧄

⑦454

⧄……⧄

⑦455

益陽守鄭死⧄

⑦456

⧄□□□

⑦457

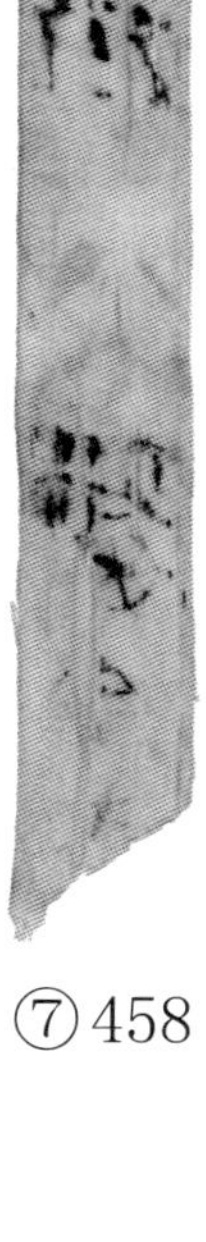
⧄獄數□□⧄

⑦458

□　⧄

⑦459

⧄□

⑦460

恬　⧄

⑦461正

何何⧄

⑦461背

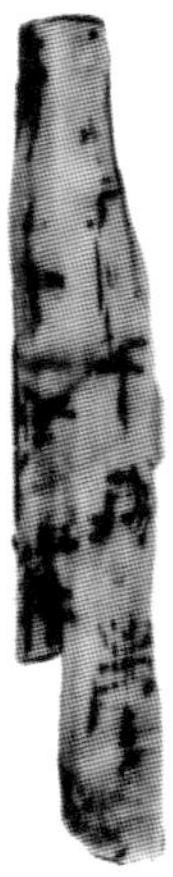

☑□戊午朔庚□☑
□□□律☑

⑦462

☑里簪裹□☑

⑦463

☑誠已失期☑

⑦464

☑穜宿麥具志☑
☑□□☑

⑦465

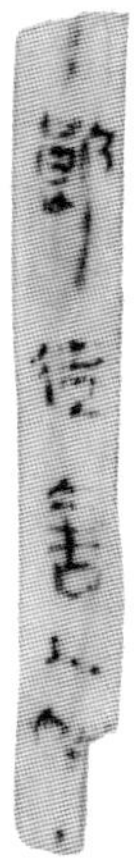

☑□郎徒舍人□□☑

⑦466

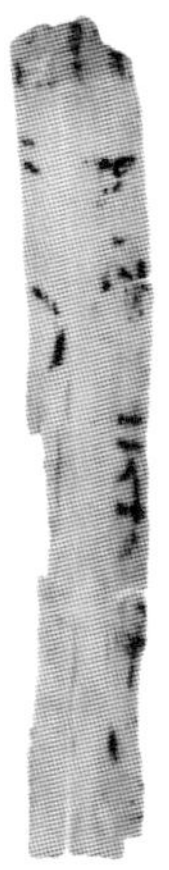

☑□□□二千□□
☑□□□

⑦467

☑［里］恬信殺縣☑

⑦468

☑□解者□☑

⑦469

四月庚辰內史☑

⑦470

☑贖耐者耐以爲隸臣妾司☑

⑦471正

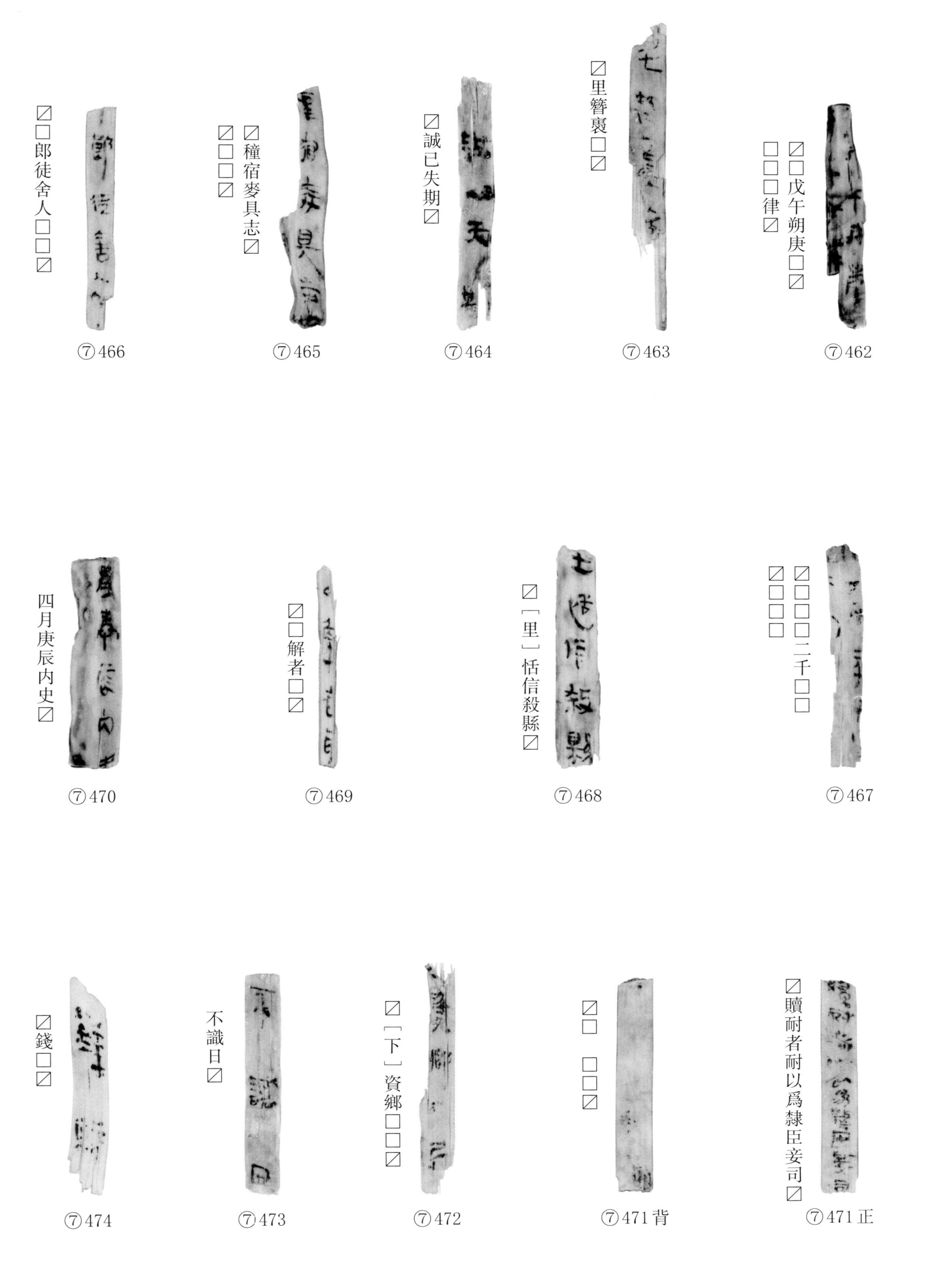

☑□　□□☑

⑦471背

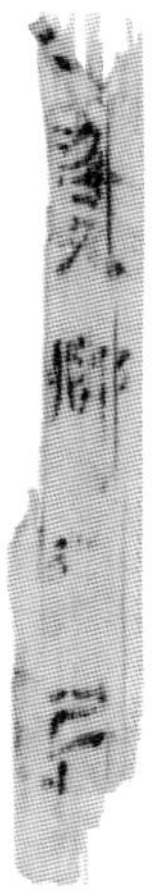

☑［下］資鄉□□☑

⑦472

不識日☑

⑦473

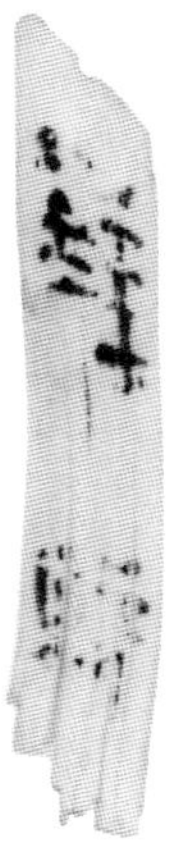

☑錢□☑

⑦474

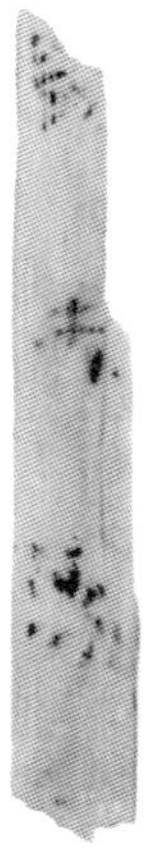
☒［數］失［期］☒
⑦475

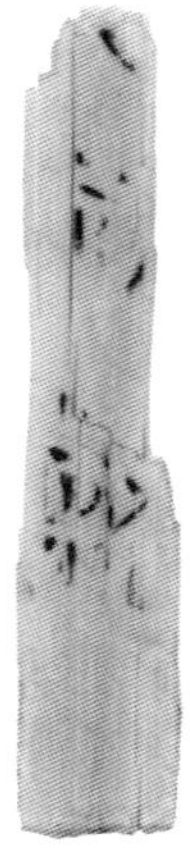
☒□［首］□☒
⑦476

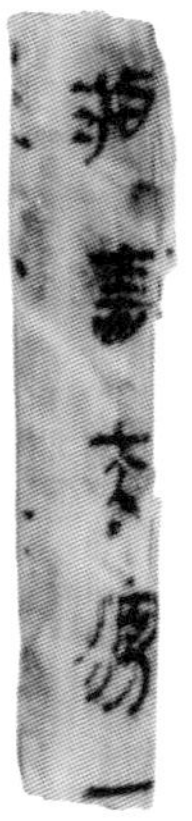
☒湘嗇夫寫［下］☒
☒……☒
⑦477正

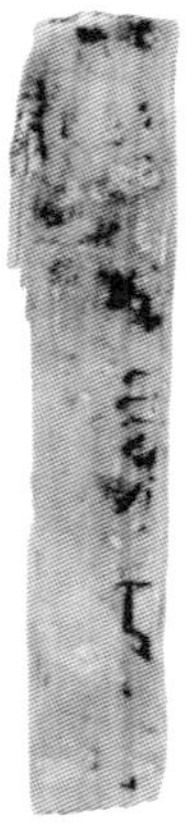
☒□□□□□□☒
⑦477背

☒□□□□餘
⑦478

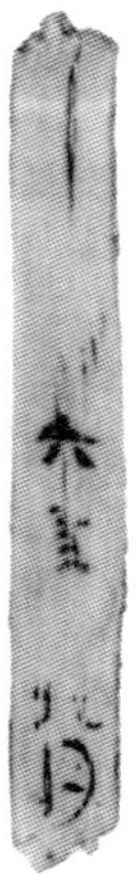
六年　九月☒
⑦479

論罰［定］［令］☒
⑦480

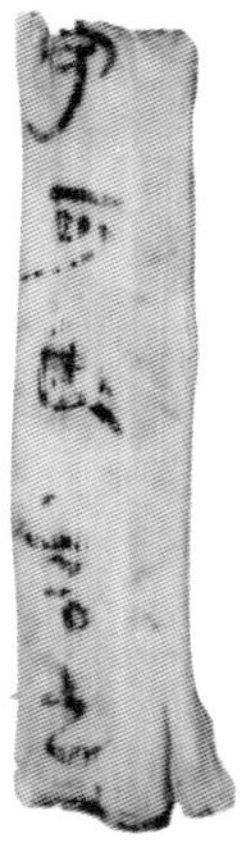
☒守可敢言之☒
⑦481

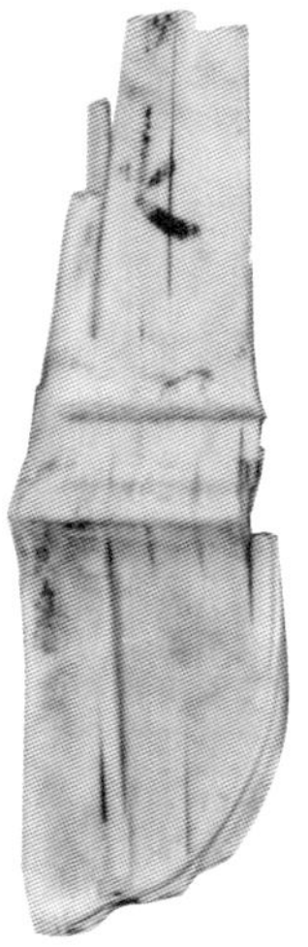
☒□之　☒
⑦482

☒□寅具獄
☒□□書
⑦483

☒陵鄉　☒
⑦484

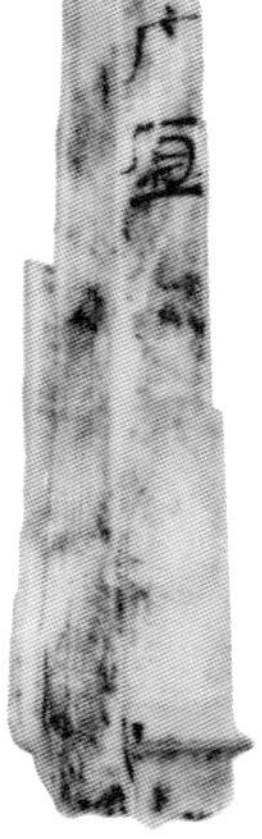
☒□宜　☒
⑦485

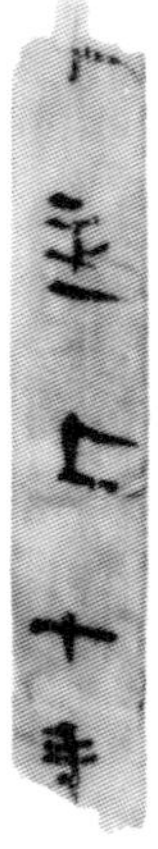
☒□□主上七年☒
⑦486

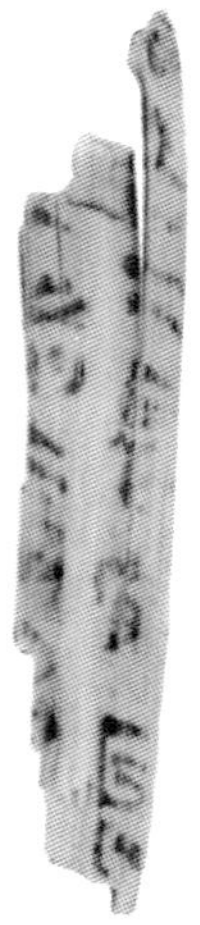
☒□□二長官長☒
☒□者［長爲］☒
⑦487

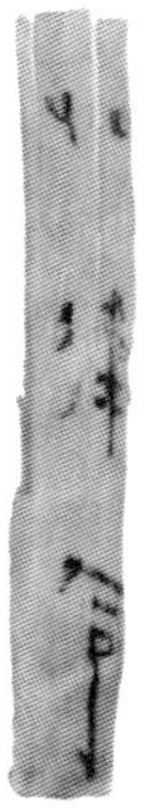
☒如律令　☒
⑦488

☒□□□□☒
☒□□□□□□☒

⑦489

☒□□□☒

⑦490

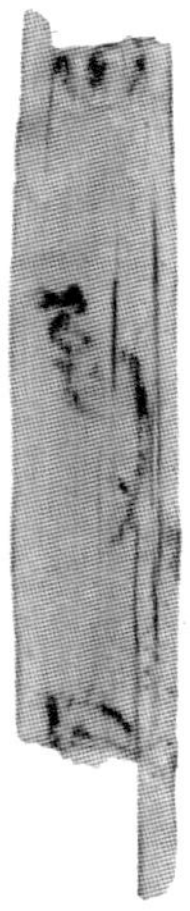

☒［書］到曰☒

⑦491

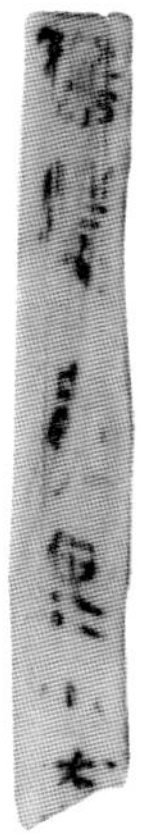

澙陵黄里小□☒

⑦492

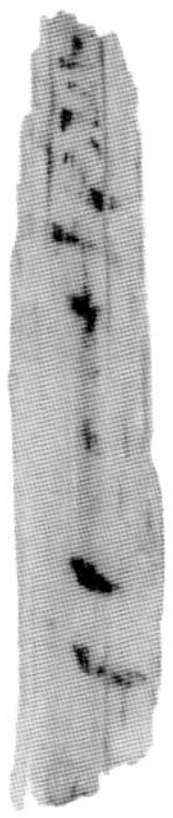

☒□□□　二☒

⑦493

☒多前　五人新☒

⑦494

☒□□□☒

⑦495

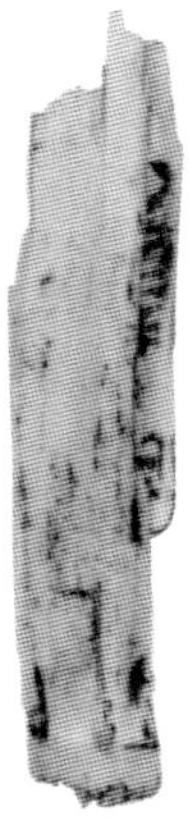

☒□□□☒

⑦496

名吏里□☒
如律令□☒

⑦497

☒已具獄□☒
☒□□□☒

⑦498正

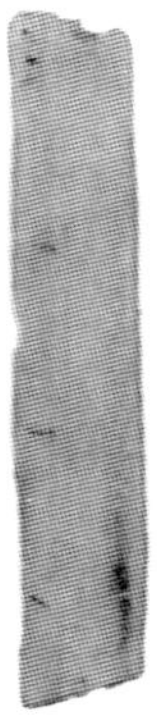

☒□□□□☒

⑦498背

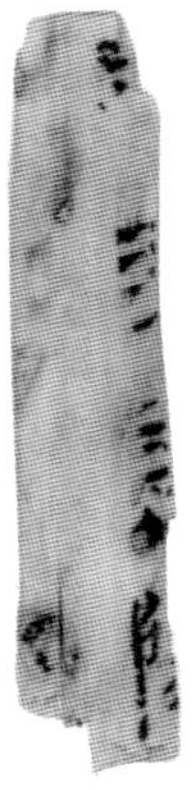

□□［益］陽☒
□☒

⑦499

☒□當論□☒

⑦500

☒□□□□□［以］□□☒

⑦501

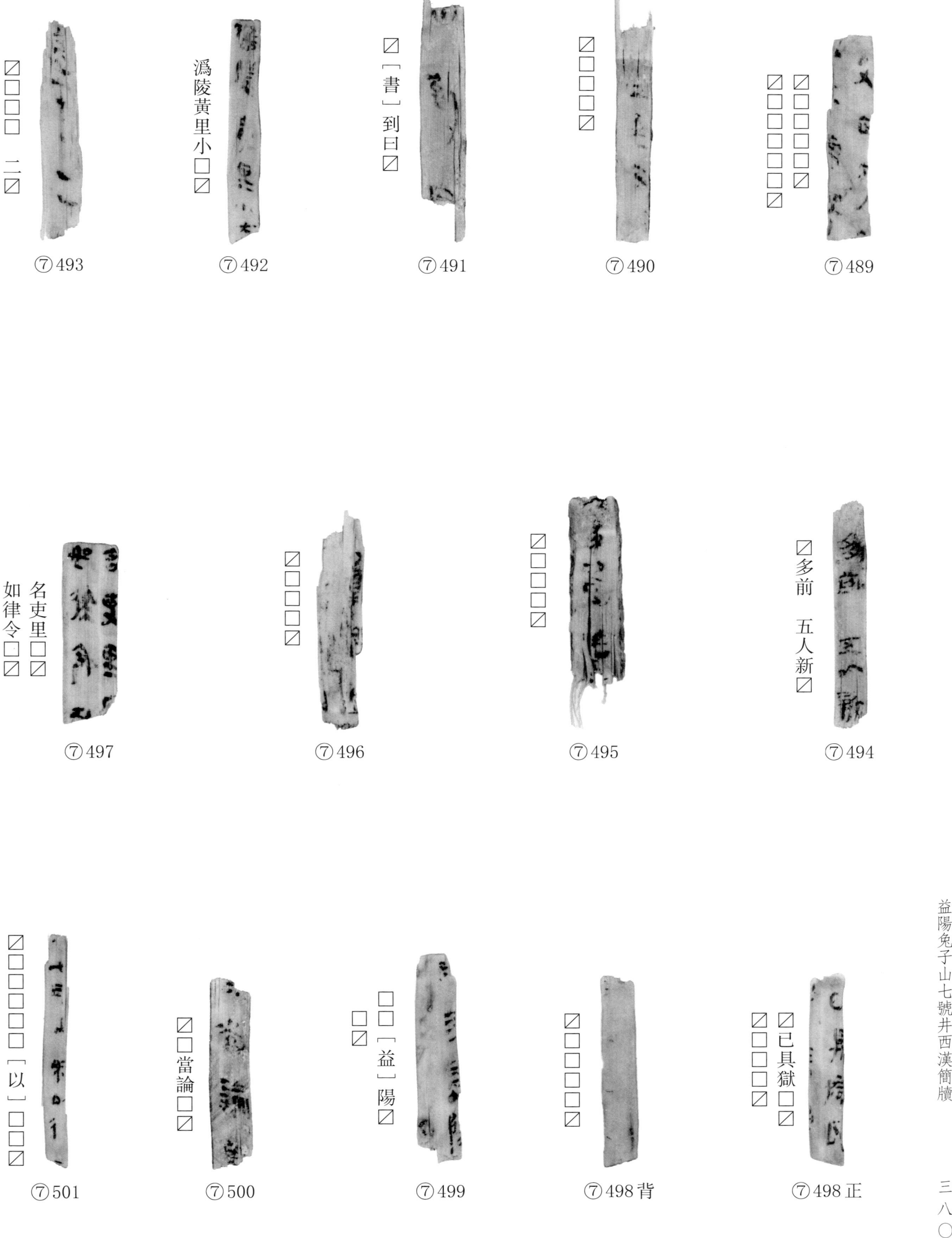

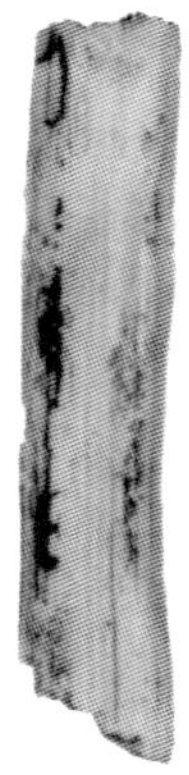
□□□▨

⑦502

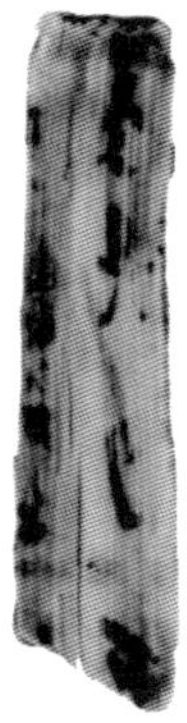
□□□□

⑦503

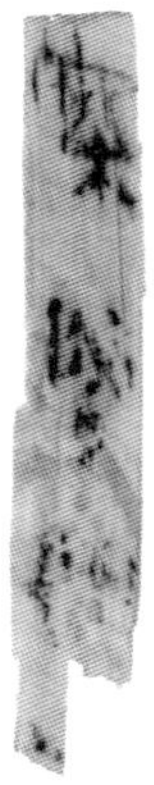
案□□□▨

⑦504

▨□□□▨

⑦505

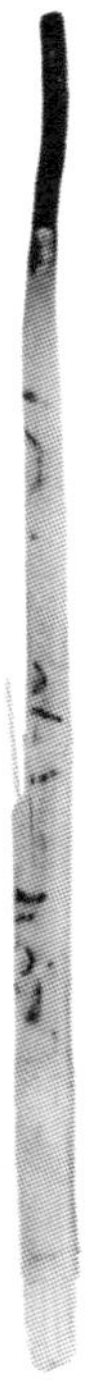
▨□是□□▨

⑦506

▨……□□□▨
□户曹□□上□▨
……▨

⑦507

▨□前廿九人死亡▨

⑦508

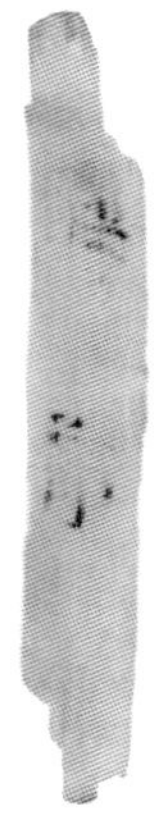
▨□□前▨

⑦509

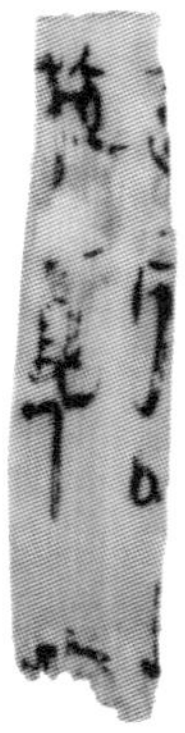
□□以□▨
校□畢□▨

⑦510

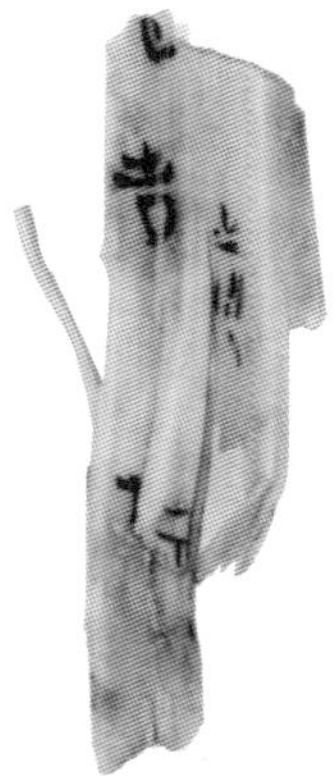
▨□▨
▨□□□▨

⑦511

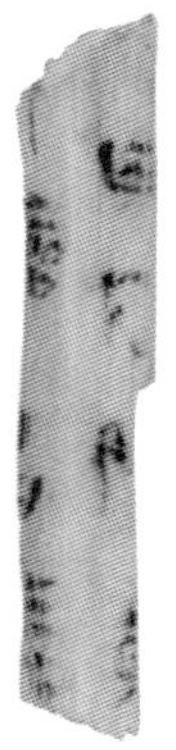
▨曰□□□▨
▨□臨□□▨

⑦512

潙 ▨

⑦513正

□▨

⑦513背

▨□□多▨

⑦514正

▨□▨

⑦514背

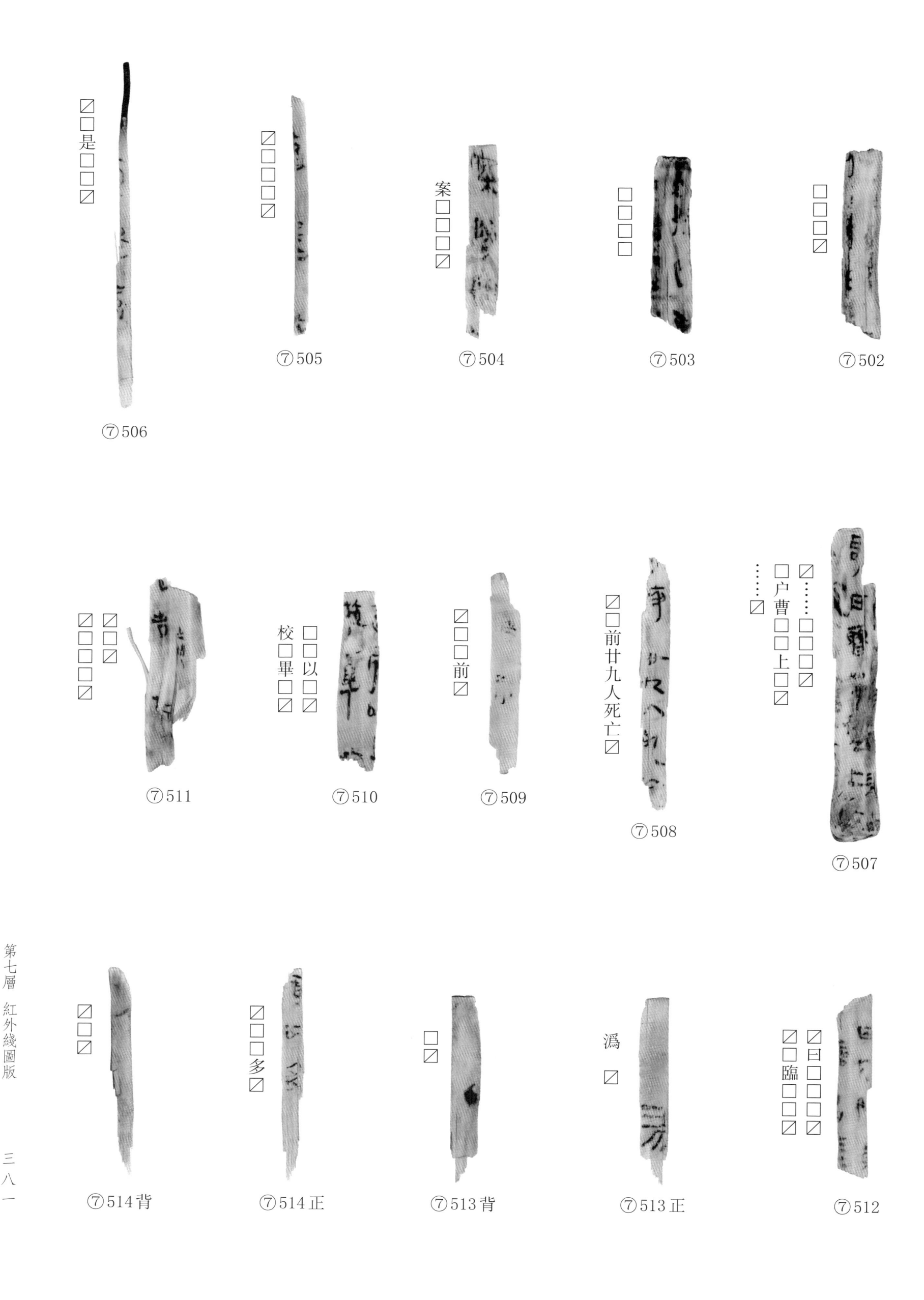

☒上□☒
⑦516

☒勿爲它☒
⑦517正

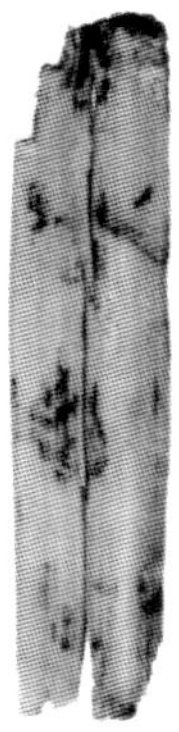
☒□丞□曰
⑦517背

☒［牘］耐□☒
⑦518

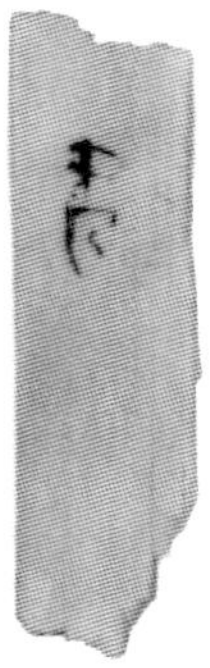
☒書☒
⑦519

☒□走□□☒
⑦520

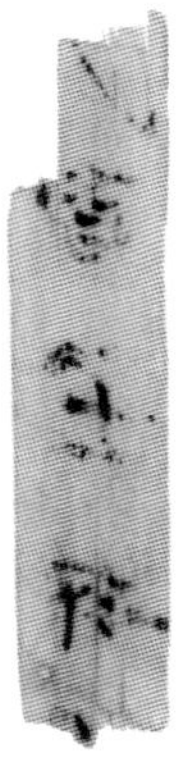
☒□皆坐犯□☒
⑦521

夫＝建☒
⑦522

遣勿留☒
⑦523

七年□月□□朔□☒
□□□……☒
⑦524

☒七月己亥朔☒
⑦525

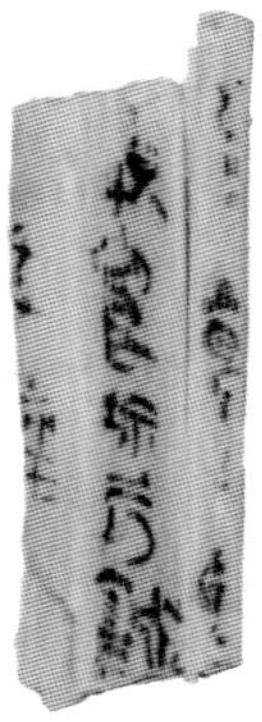
☒□□□☒
☒□食社步□☒
☒□□□☒
⑦526

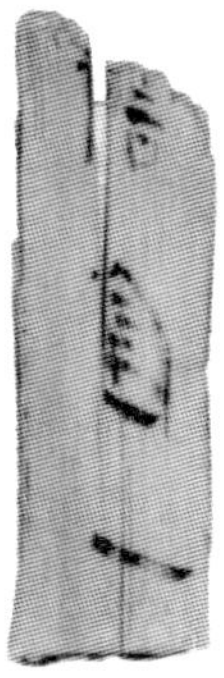
☒□金一
⑦527

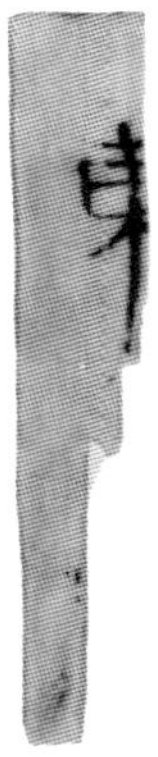
東　☒
⑦528

□□☒
⑦529

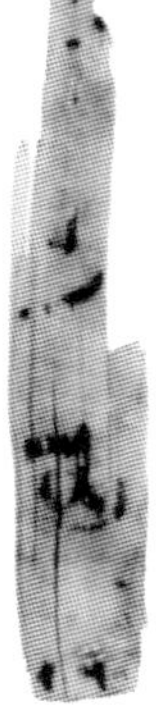
☒□少内□☒
⑦530

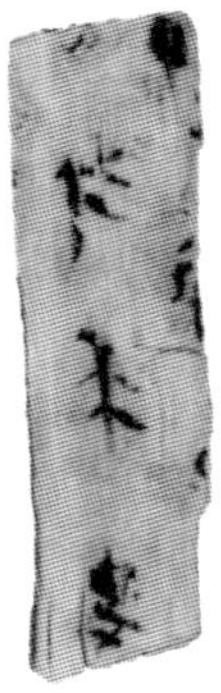
☒□□□☒
☒□［來］書☒
⑦531

亭□☒
⑦532

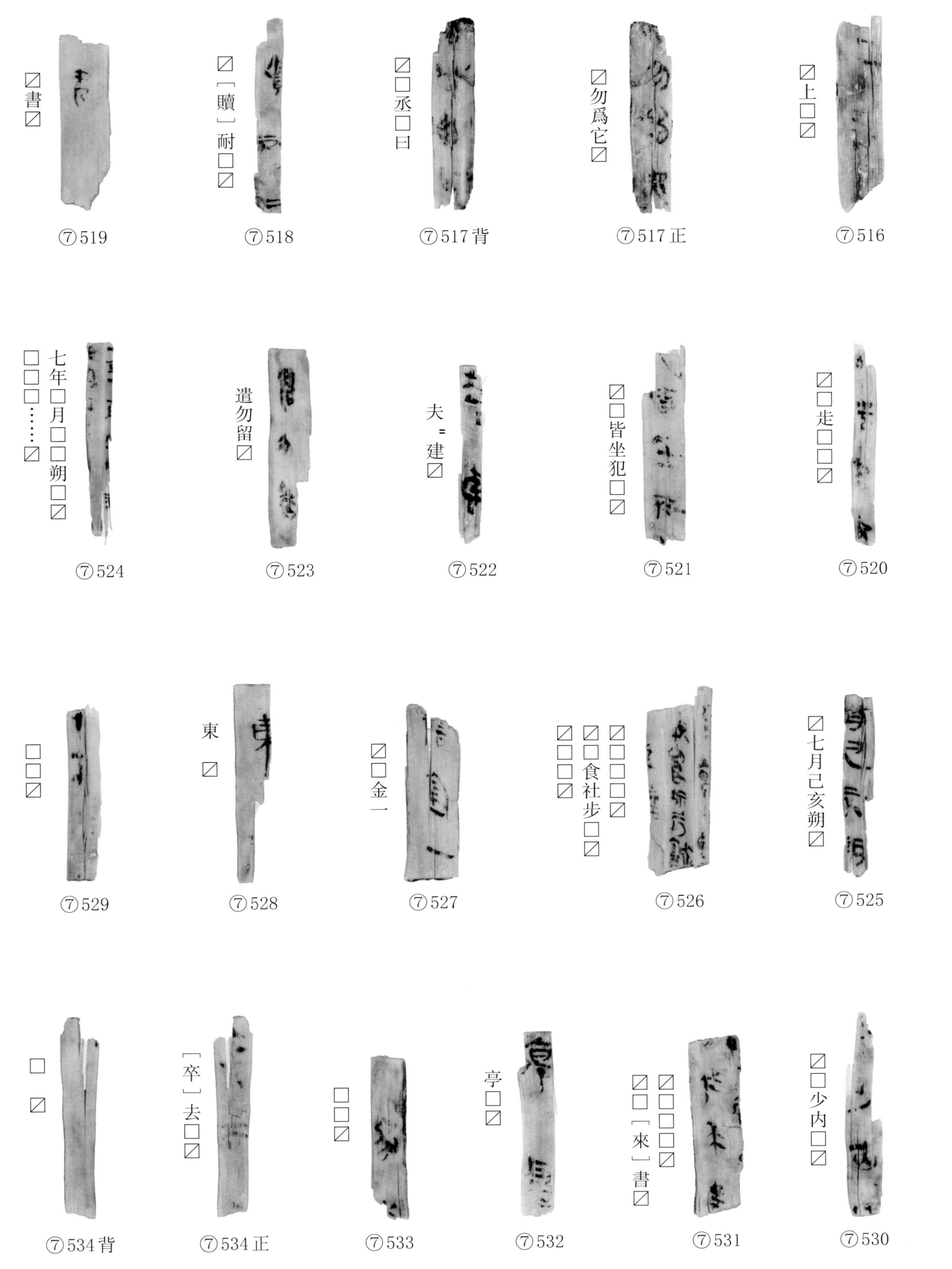

□□☒
⑦533

［卒］去□☒
⑦534正

□　☒
⑦534背

獄東⧄
⑦535

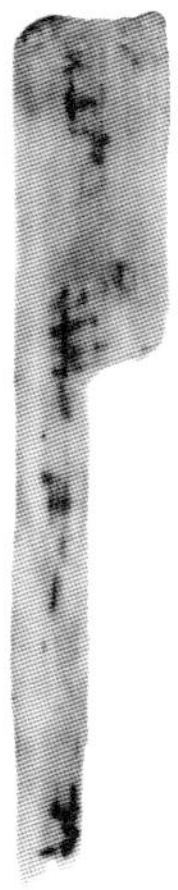
⧄□□□□⧄
⑦536

□□□⧄
⑦537

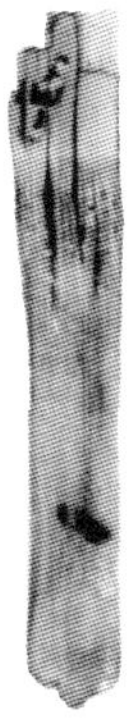
⧄□□⧄
⑦538

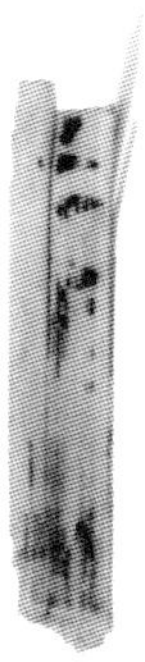
⧄□□□⧄
⑦539

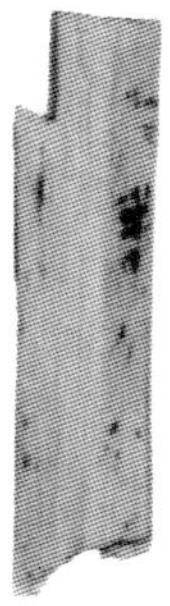
□□□□□⧄
……⧄
⑦540

⧄戊子除爲□⧄
⑦541

⧄□□□⧄
⑦542

⧄□案之非
⑦543

⧄□壬寅亡⧄
⑦544

⧄□陵⧄
⑦545

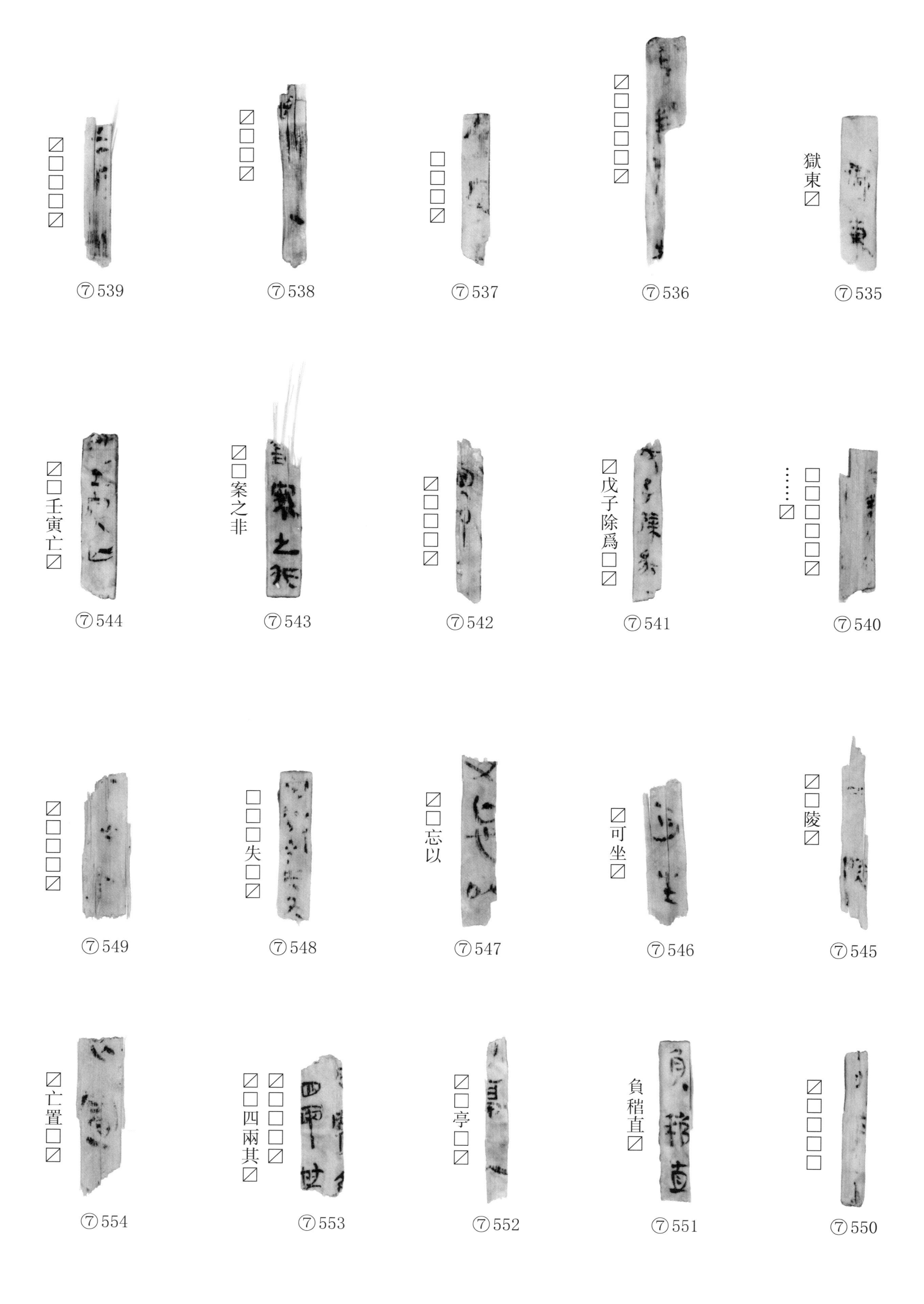

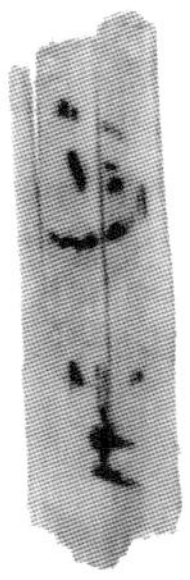
⧄可坐⧄
⑦546

⧄□忘以
⑦547

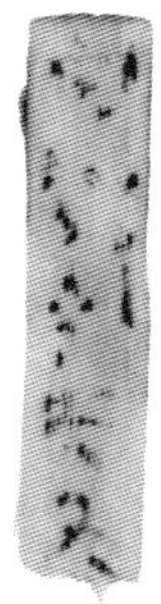
□□□失□⧄
⑦548

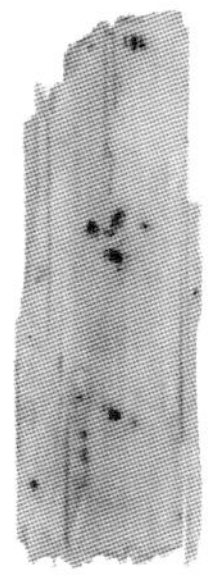
⧄□□□⧄
⑦549

⧄□□□□
⑦550

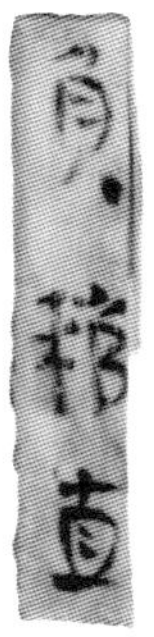
負稽直⧄
⑦551

⧄□亭□⧄
⑦552

⧄□□□⧄
⧄□四兩其⧄
⑦553

⧄亡置□⧄
⑦554

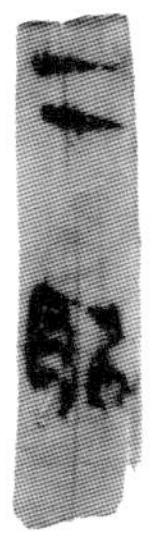

二□☒

⑦555

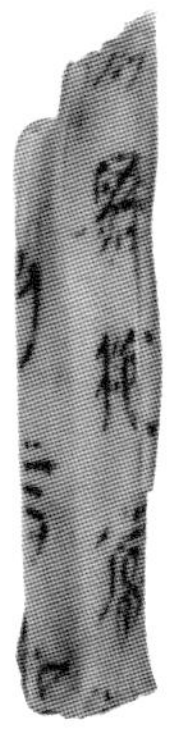

☒□爲校當□☒
☒［到言］☒

⑦556

☒□□

⑦557

☒□［梁］□□☒

⑦558

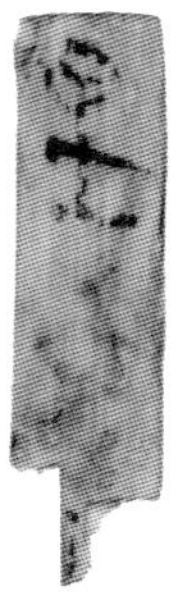

里□☒

⑦559

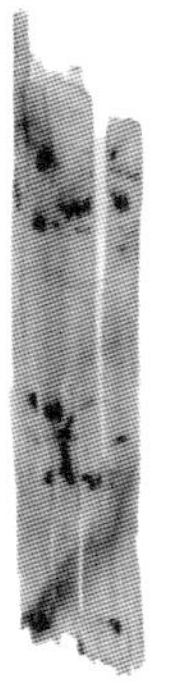

☒□□☒

⑦560正

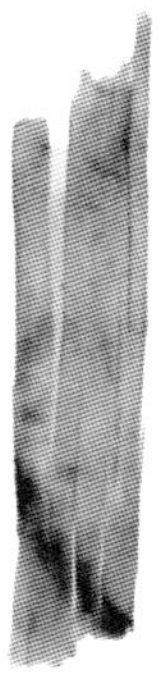

☒□☒

⑦560背

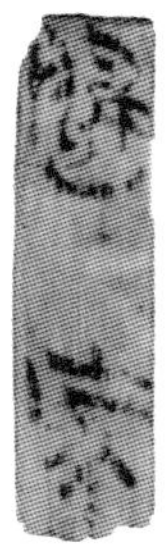

歸家☒

⑦561

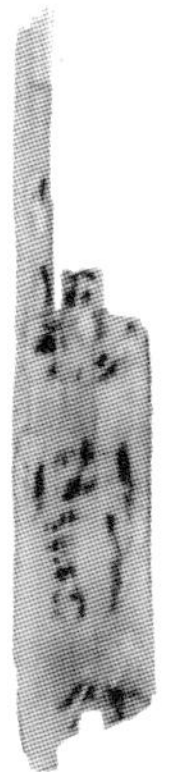

☒□□罰□☒

⑦562

☒□書到□☒

⑦563

☒□☒
☒□益陽□☒

⑦564

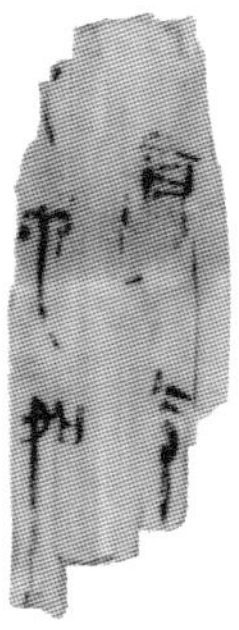

☒有令☒
☒□它如☒

⑦565

☒更☒

⑦566

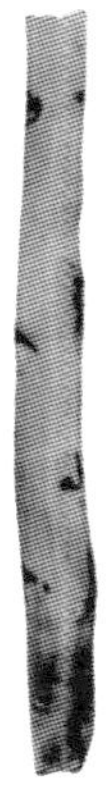

☒……☒

⑦567

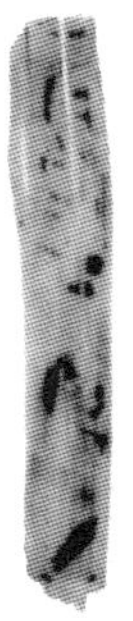

☒……☒

⑦568

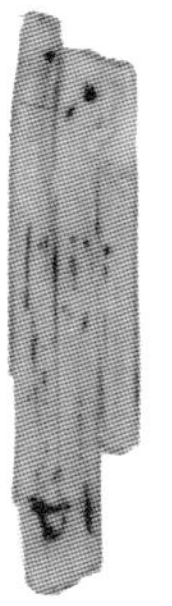

☒□□如☒

⑦569

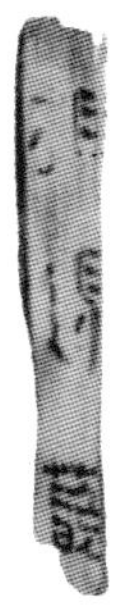

☒相還□☒

⑦570

☒言內史☒
☒及它當☒

⑦571

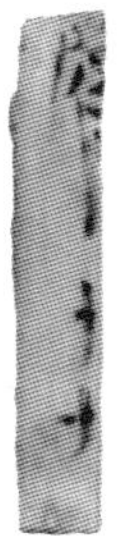

☒□□□☒

⑦572

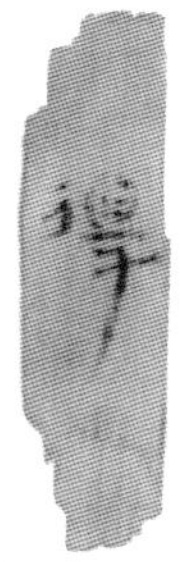

☒得☒

⑦573

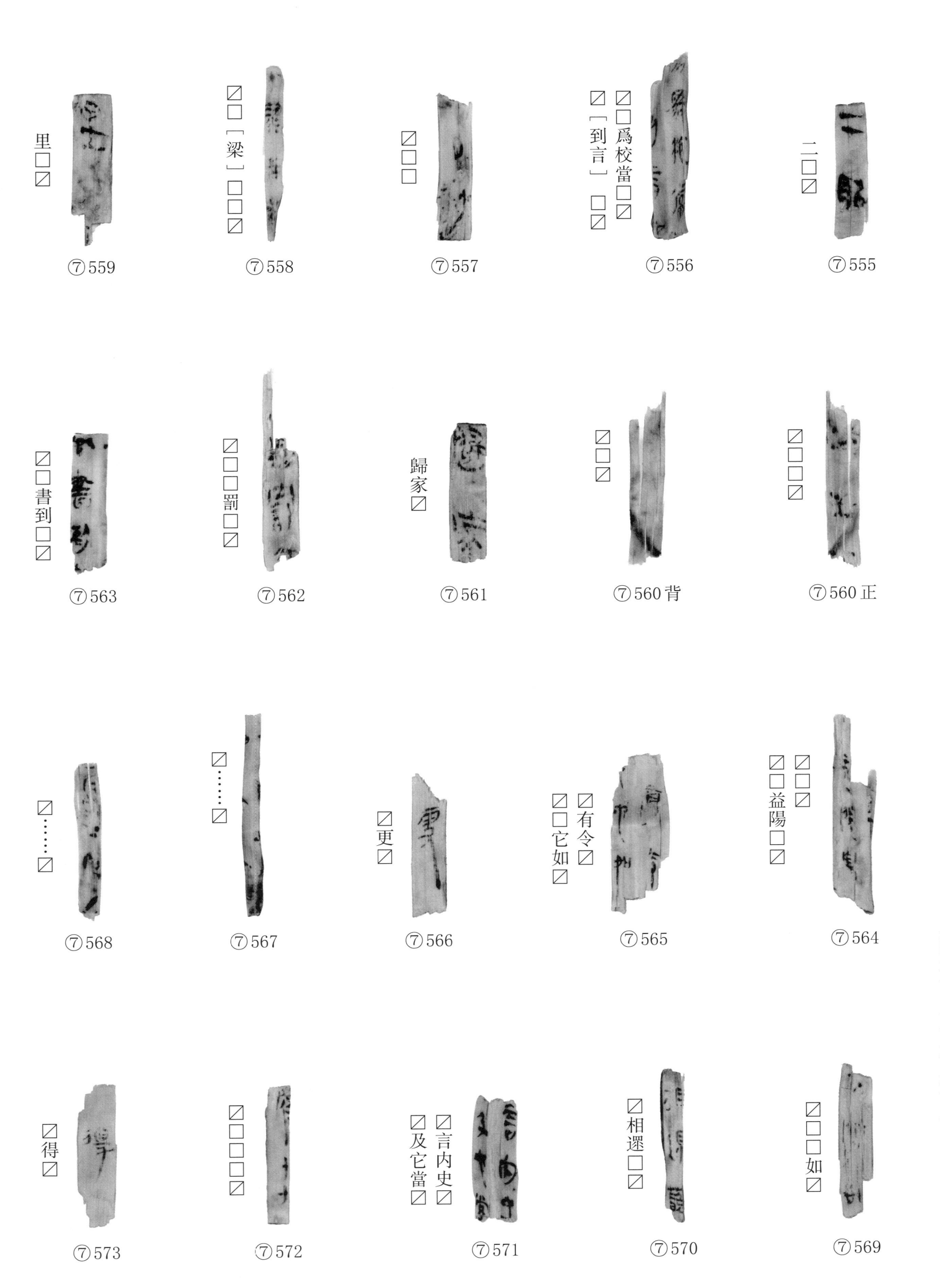

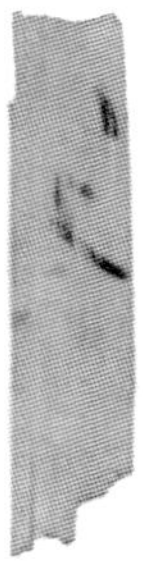
⑦574
▨□上▨

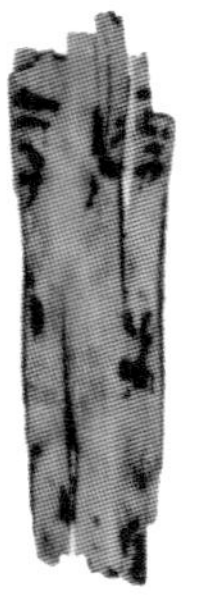
⑦575正
▨□□□□▨
▨□夬□▨

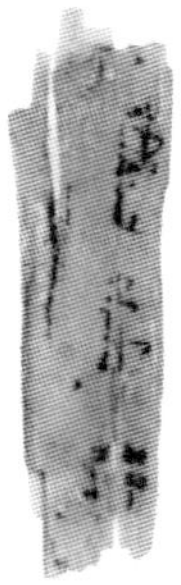
⑦575背
▨……▨

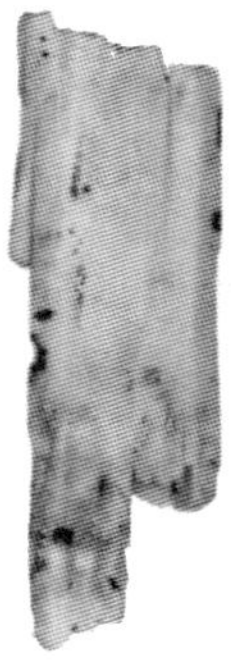
⑦576
▨……▨

⑦577正
未□輸▨
□□□▨

⑦577背
□□［上］▨

⑦578
▨牒□▨

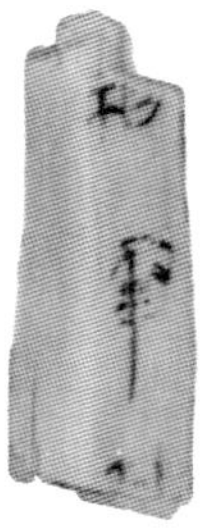
⑦579
▨［相］幸□▨

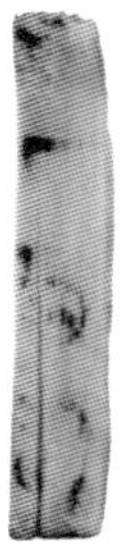
⑦580
▨□□□□▨

⑦581
▨□▨

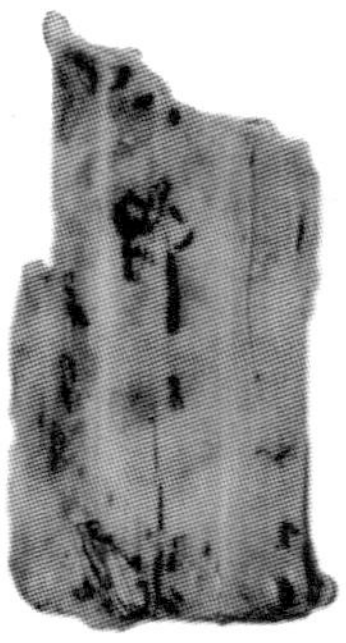
⑦582
［即］▨

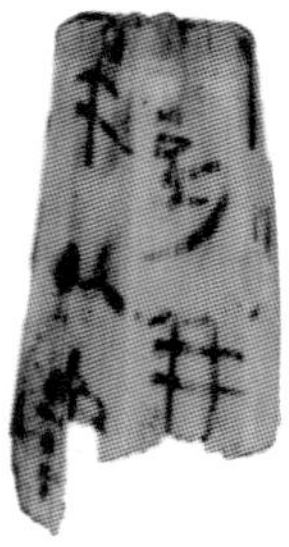
⑦583
□□▨
到并▨
午以書▨

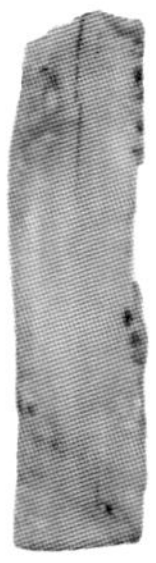
⑦584
▨□□

⑦585
▨忌

⑦586正
▨［司］□□▨
▨□□□▨

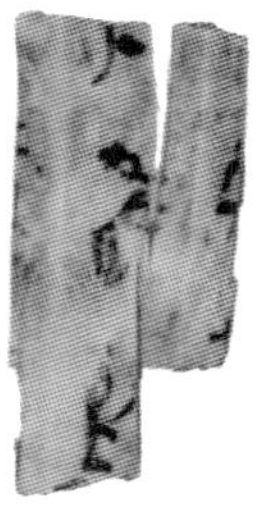
⑦586背
▨□□▨
▨［下］書到▨
▨……▨

⑦587
▨□□□□▨

⑦588
移▨
潙陵［鄉］▨

⑦589
▨□□□□

⑦590
▨□▨

⑦591
▨□中尉□▨

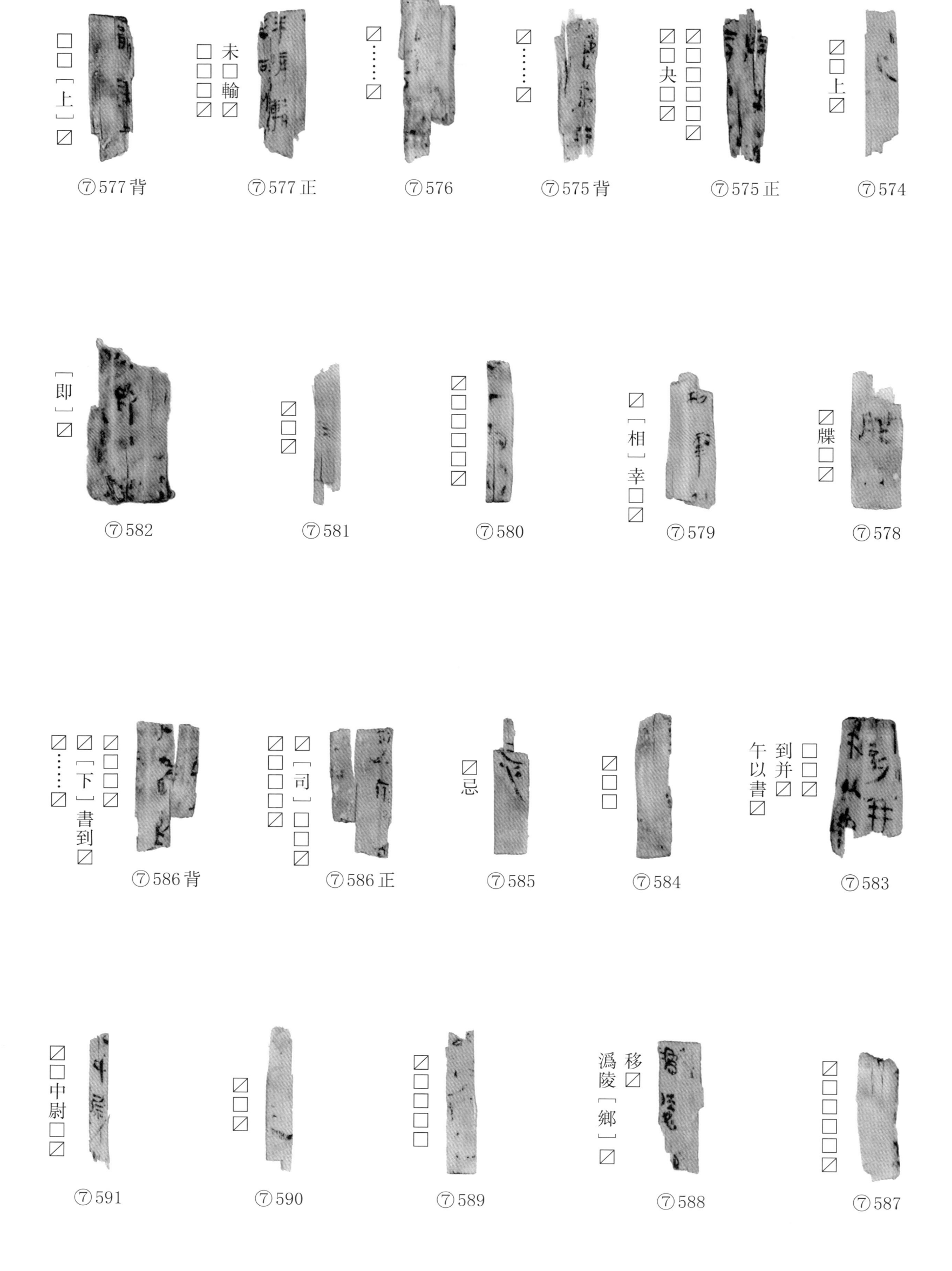

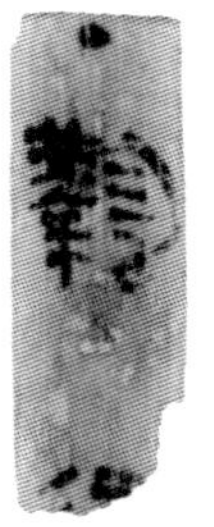
•鞫□⧄
⑦592

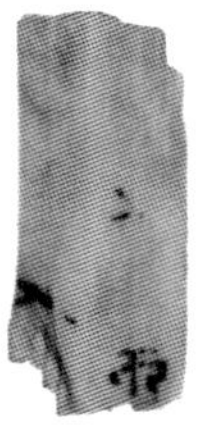
⧄□而⧄
⧄□⧄
⑦593

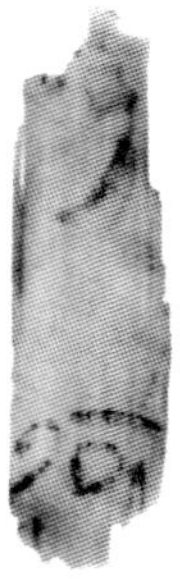
⧄□何⧄
⑦594正

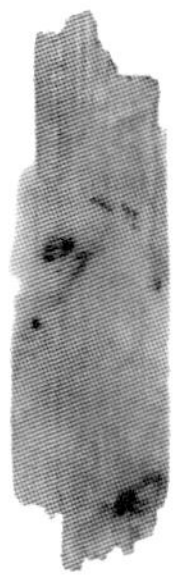
⧄□□⧄
⑦594背

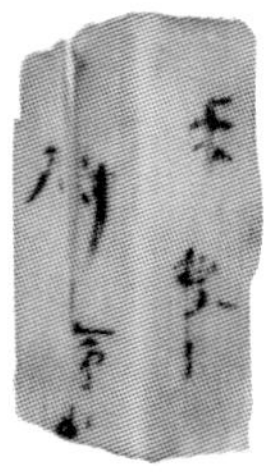
禾事⧄
尉令□⧄
⑦595

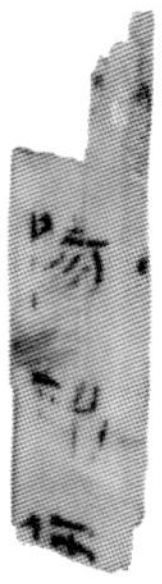
⧄□陽治□⧄
⑦596

⧄□□□⧄
⑦597

⧄□□□□⧄
⧄已坐失⧄
⑦598

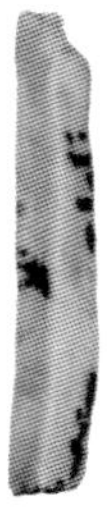
⧄□□⧄
⧄□⧄
⑦599

⧄□□⧄
⑦600

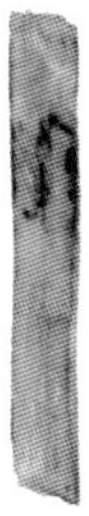
⧄□⧄
⑦601

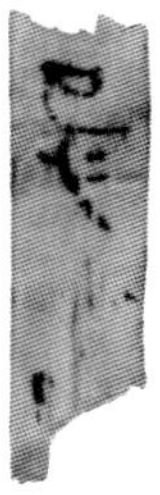
⧄忌□⧄
⑦602

⧄□直□□
⑦603

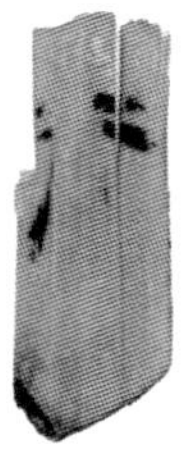
⧄行
⑦604

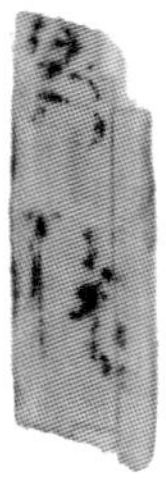
⧄潙陵⧄
⑦605

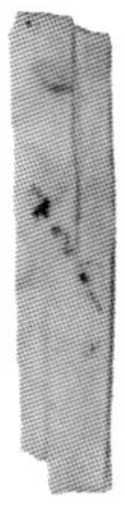
⧄□⧄
⑦606

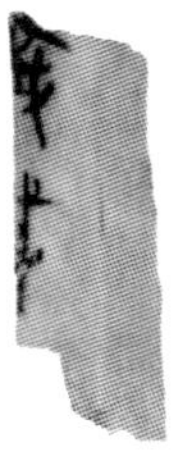
⧄□□⧄
⑦607

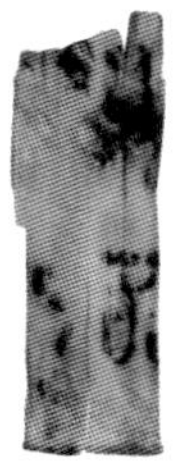
⧄□菖
⧄□□
⑦608

□⧄
⑦609

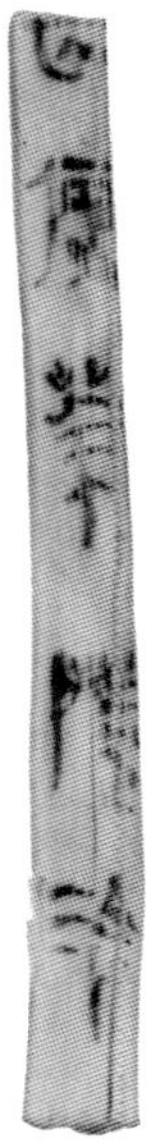
⧄［西］便荼陵泠
⑦610正

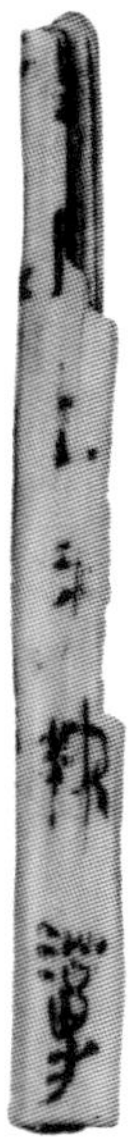
⧄□□上□□薄
⑦610背

⧄謂少内嗇⧄
⧄□得論□⧄
⑦611

⧄□益陽⧄
⑦612

⧄□不敢□⧄
⑦613正

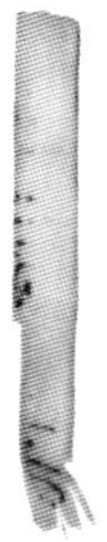
⧄□□□⧄
⑦613背

⧄□⧄
⧄不到［辟］⧄
⑦614正

⧄□⧄
⑦614背

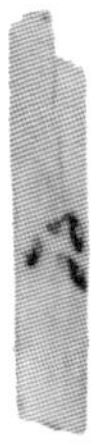
⧄□⧄
⑦615

⧄事別⧄
⑦616

一牒⧄
⑦617

⧄□内史⧄
⑦618

⧄空佐⧄
⑦619

□□□⧄
⑦620

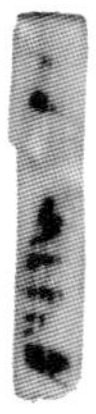
□□⧄
⑦621

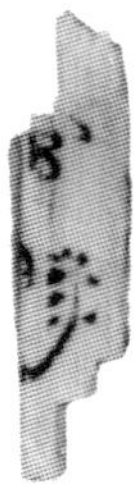
⧄［官］時⧄
⑦622

⧄□兩
⑦623

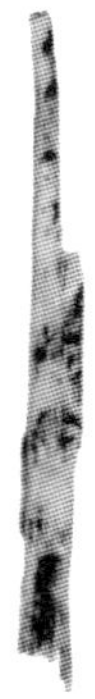
⧄……⧄
⑦624

十一兩⧄
⑦625

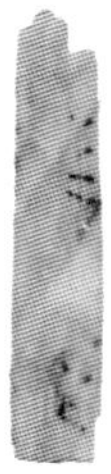
⧄□□⧄
⑦626

⧄□僕寄□⧄
⑦627

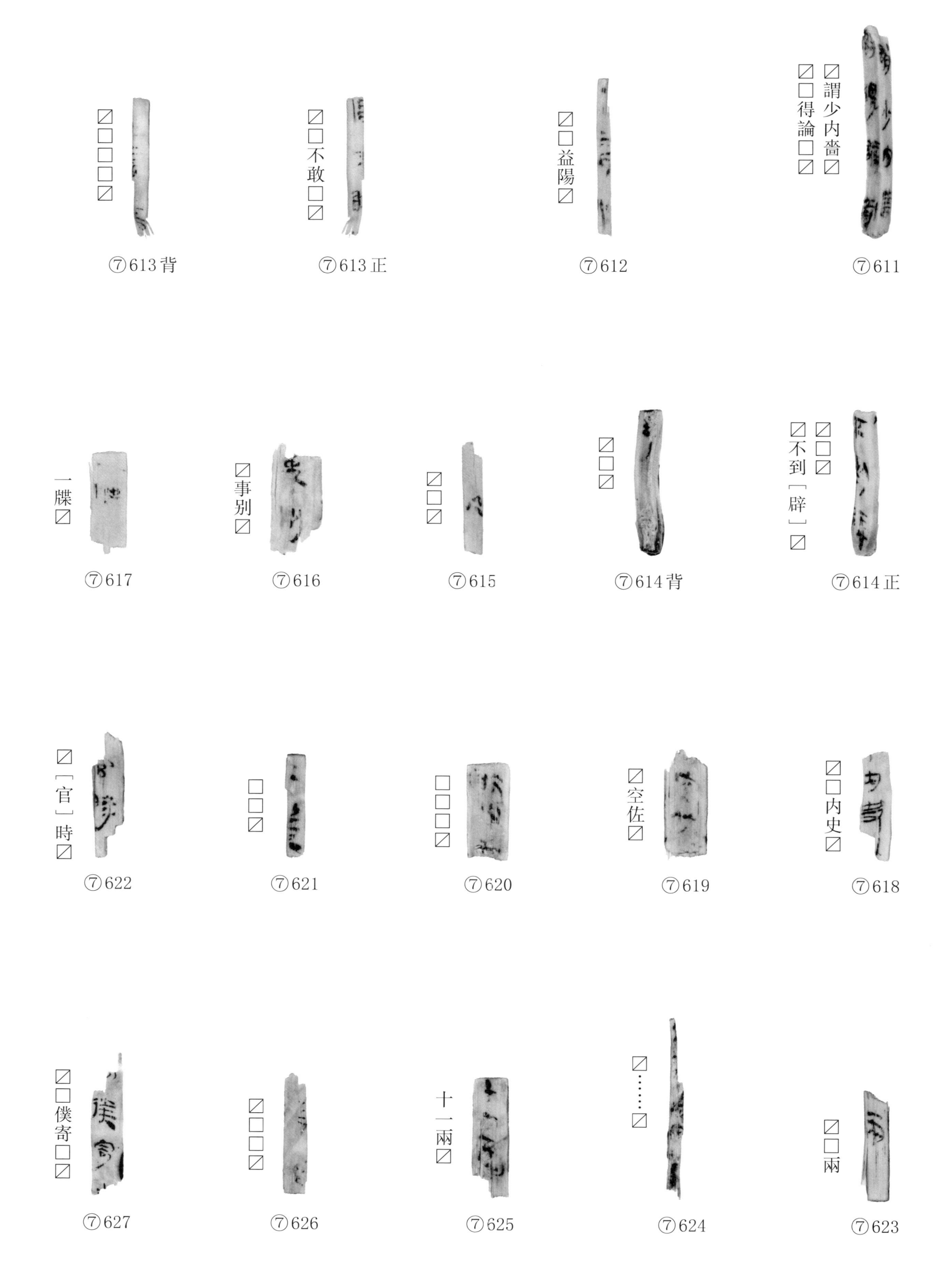

⧄［使］治□⧄

⑦628

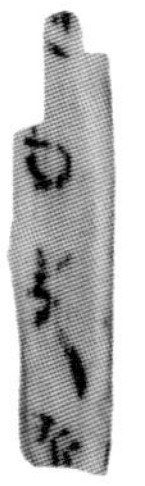
⧄□內史所⧄

⑦629

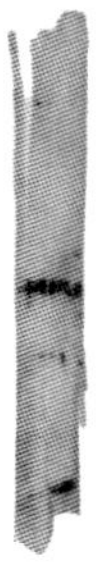
⧄□□□⧄

⑦630

•以⧄

⑦631

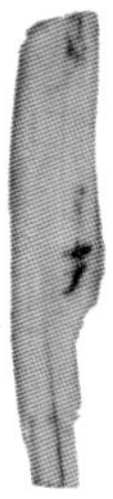
⧄□□□⧄

⑦632

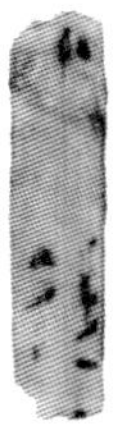
⧄□［得］⧄

⑦633

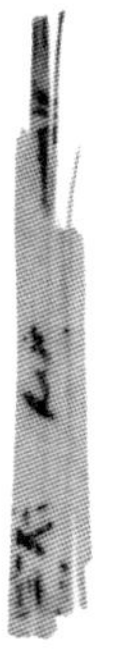
⧄令及［都］⧄

⑦634

⧄□□⧄

⑦635

⧄□⧄

⑦636

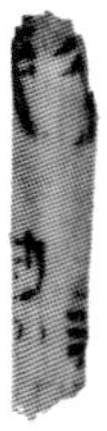
⧄□□⧄

⧄□□⧄

⑦637

⧄□⧄

⑦638

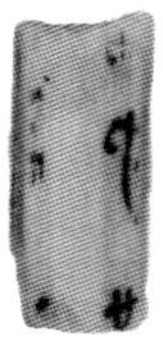
⧄□它如⧄

⧄□□⧄

⑦639正

⧄　□⧄

⑦639背

⧄□

⑦640

⧄□□⧄

⧄□與⧄

⧄□□⧄

⑦641

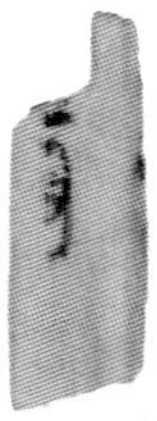
⧄□□⧄

⑦642

⧄曰⧄

⑦643

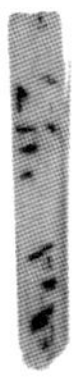
⧄□□□⧄

⑦644

⧄年　五月⧄

⑦645正

⧄□□⧄

⑦645背

⧄［猥］吏⧄

⑦646

⧄□□⧄

⑦647

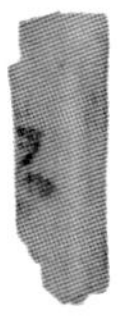
⧄□⧄

⑦648

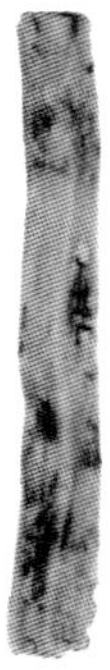
⧄……⧄

⧄……⧄

⑦649

⧄論之□⧄

⑦650正

⧄□□⧄

⑦650背

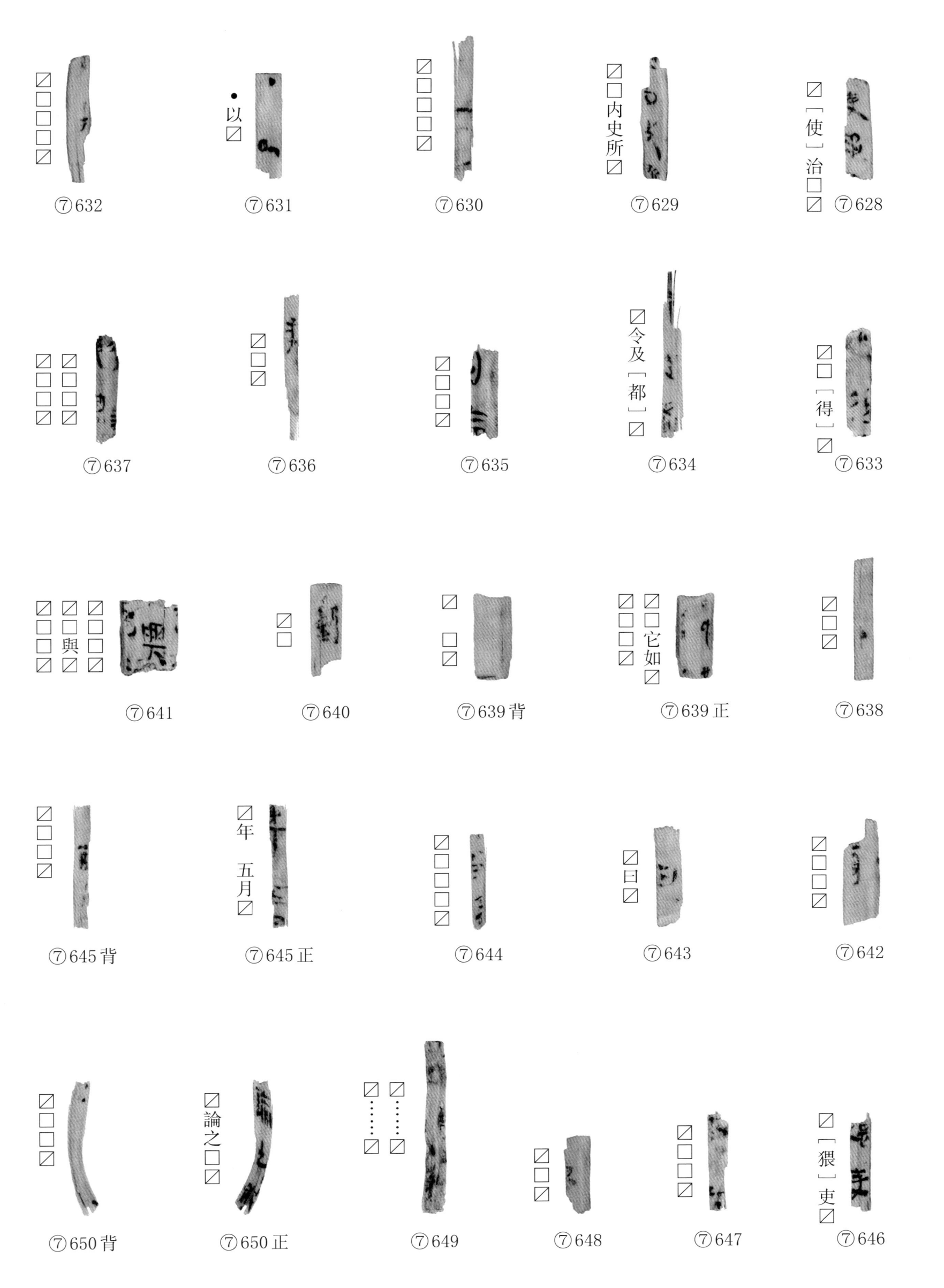

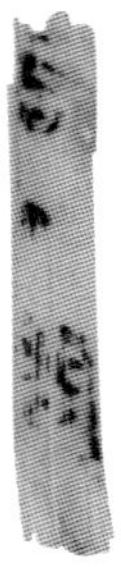

☐□•問☐

⑦651

☐□同同同□☐

⑦658+⑦652

☐□死傷☐

⑦653

☐小男☐

⑦654

☐□□□☐

⑦655

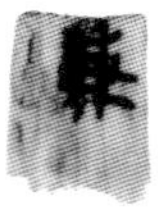

兼☐

⑦656

☐□□

⑦657

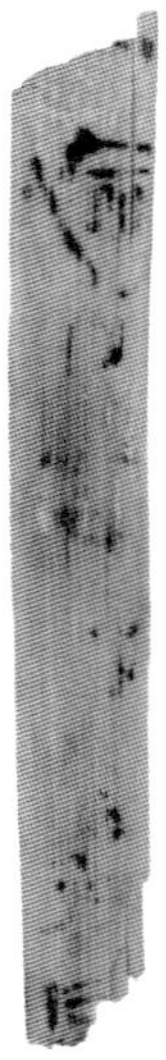

☐愉自言□□□☐

⑦659

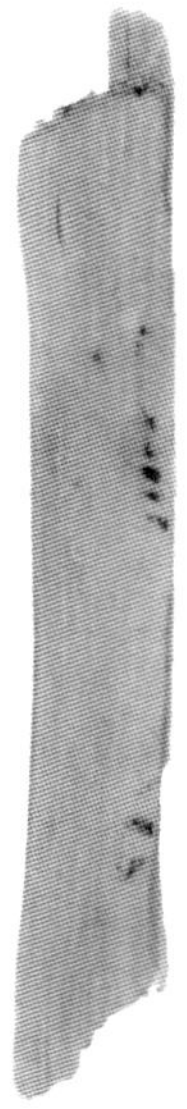

☐□□☐

⑦660

☐□□□☐

☐書□☐

⑦661

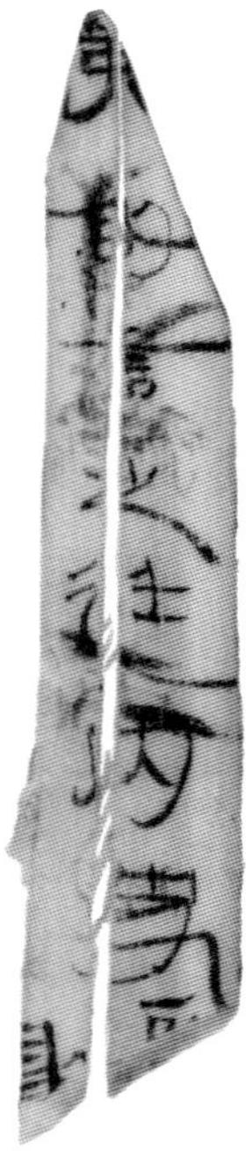

□敢言之廷内史□☐

敢☐

說明：有書寫方向相反的原簡字迹殘留。

⑦662正

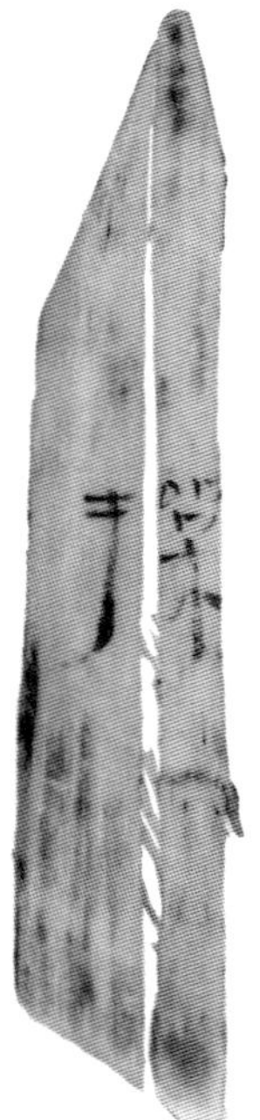

操☐

⑦662背

☐□□□□☐

☐不不不不☐

⑦663正

☐□□□□☐

⑦663背

☐□□□吏所□☐

⑦663側

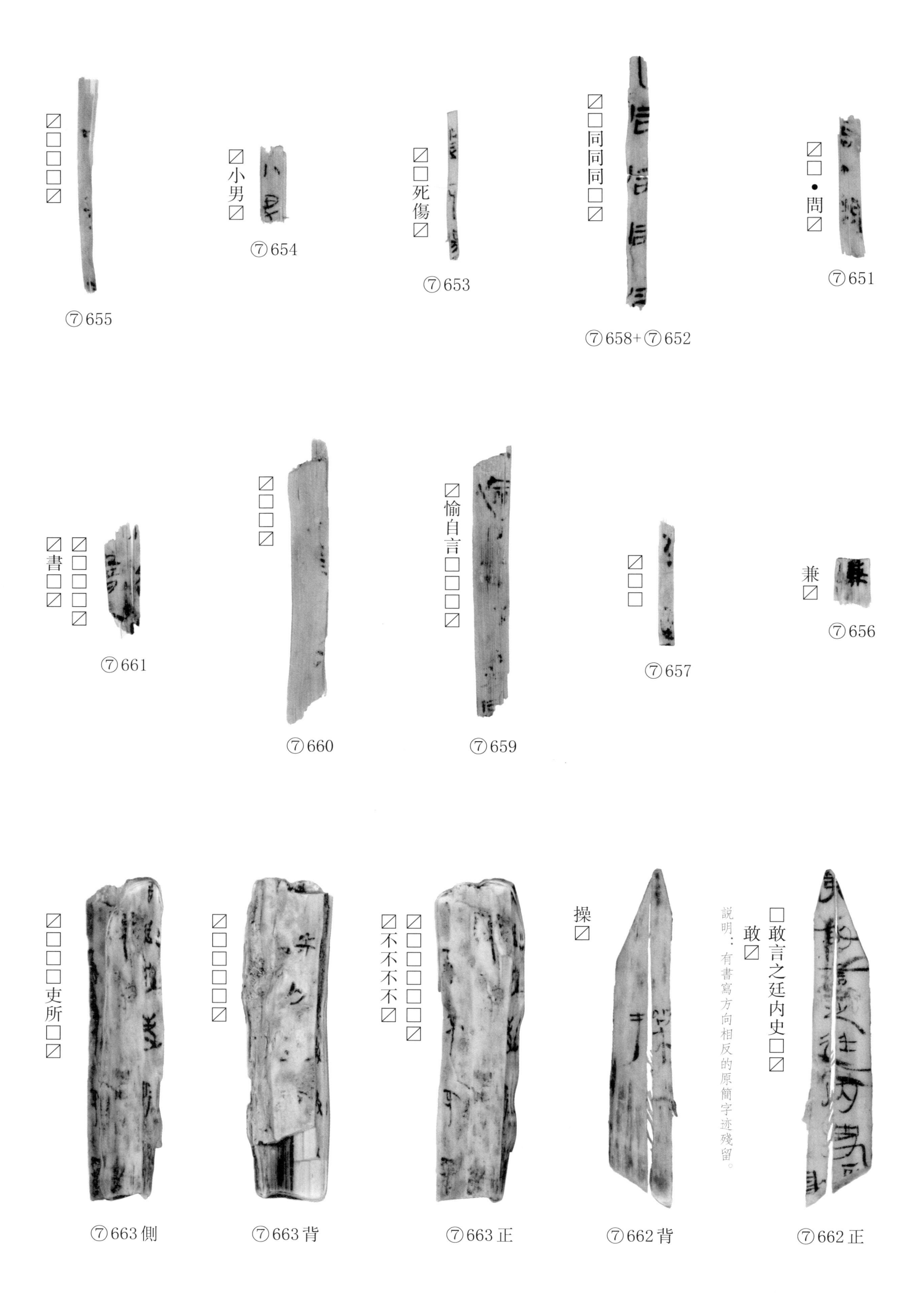

☑□□聞馬□☑
☑□□史□☑

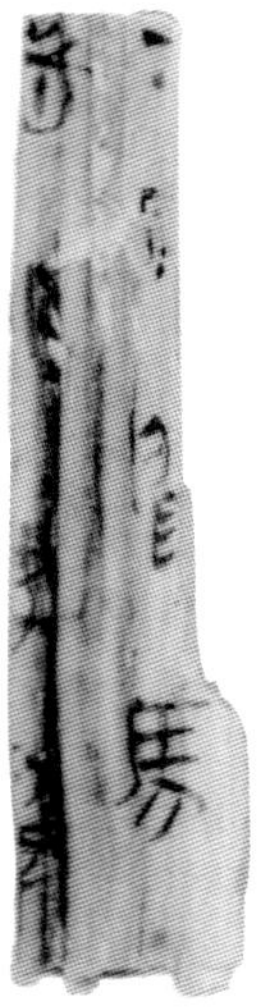

⑦664

☑（圖案）□南
☑　可敢言

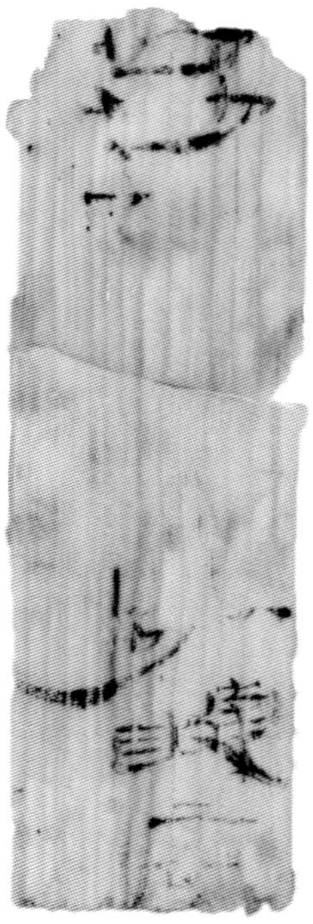

⑦669+
⑦665

内史☑

⑦666

☑□□□☑

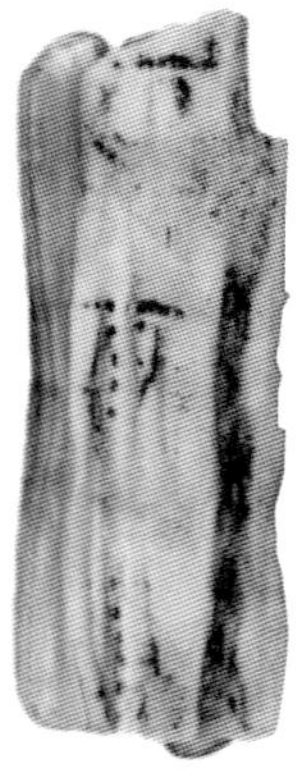

⑦667

☑□☑
☑□皆☑

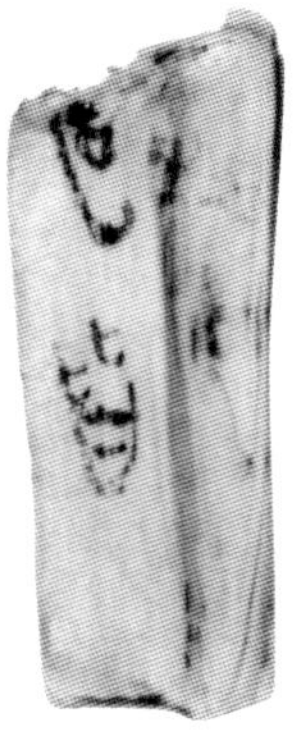

⑦668

☑□函☑

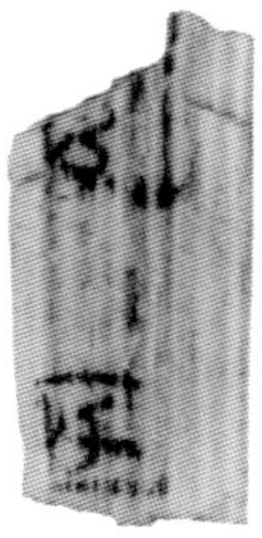

⑦670正

☑斷☑

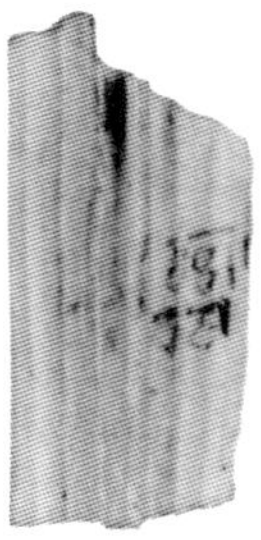

⑦670背

説明：正背面書寫順序顛倒。

☑□上☑
☑上□□□

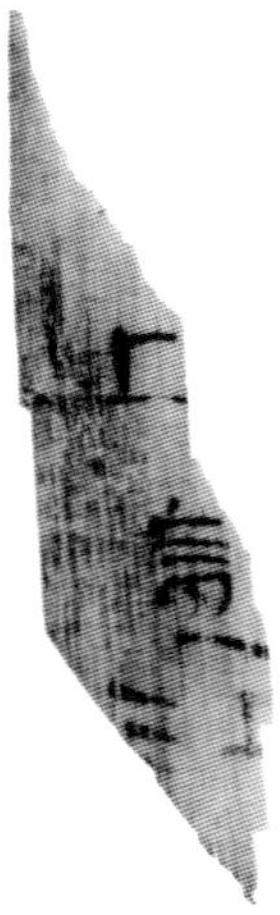

⑦671

☑□廷廷廷☑

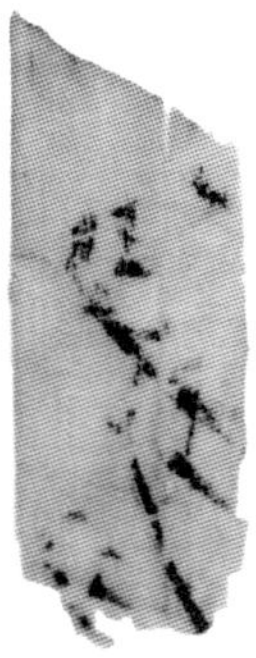

⑦672正

☑□之廷廷☑

⑦672背

☑□□☑
☑□☑

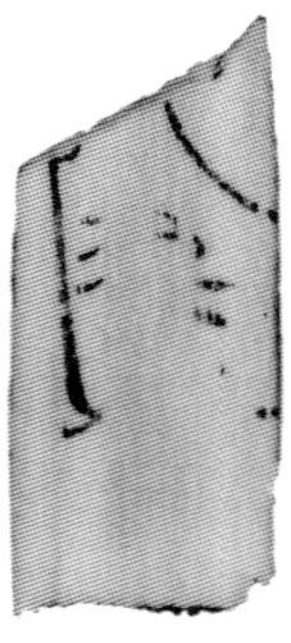

⑦673

☑句□☑

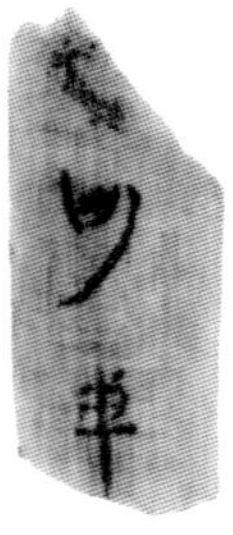

⑦674

誠▨

⑦675

□▨
馬▨

⑦677

▨（圖案）▨

⑦678

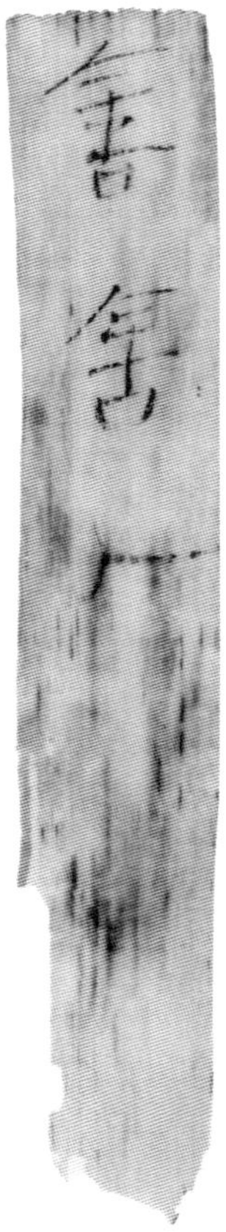

舍舍人　▨

⑦679

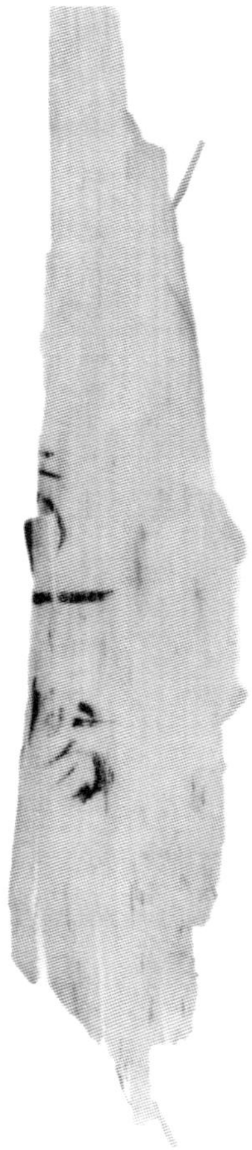

益陽　▨

⑦680

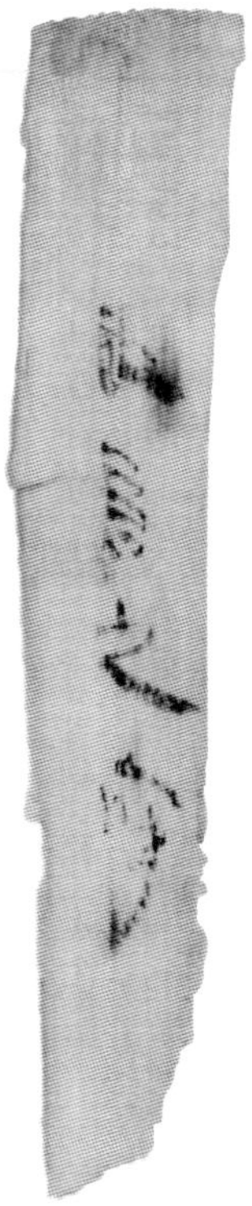

敢言之府　▨

⑦681

□□□▨

⑦682

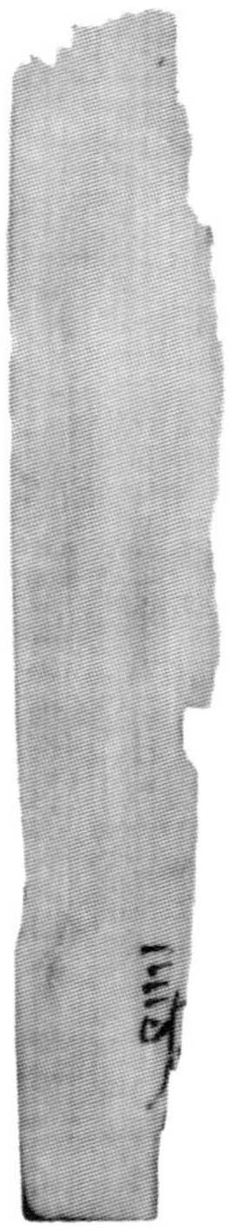

▨　□

⑦683

益陽丞令史▨

⑦684

▨□租不
▨□

⑦685

☐□可它如律
☐以道次

⑦686

☐□□□狼浪□☐
☐□□□□□□□☐

⑦687

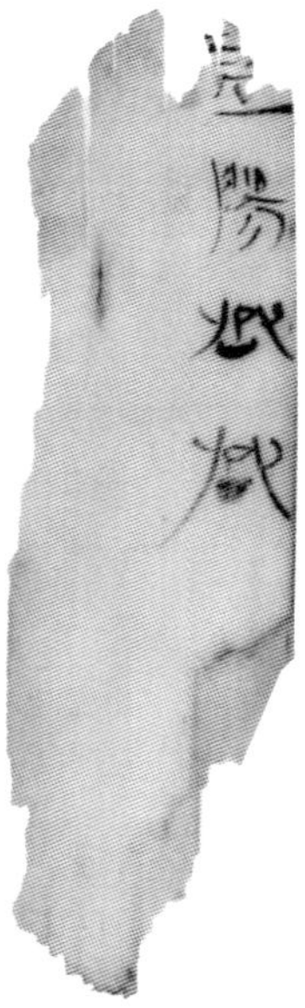

☐益陽丞丞☐

⑦688

☐後九月辛丑旦小走□☐

⑦689

☐　發☐

⑦690

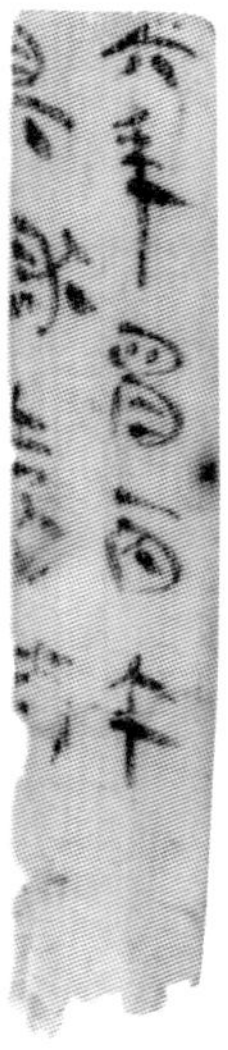

六年四月丙午☐
具獄□□□☐

⑦691

☐□□□［桼］米一百☐

⑦692

☐護□☐

⑦693

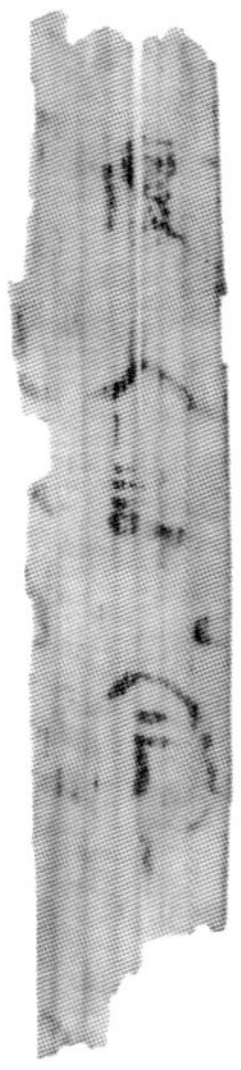

☐復入計⸝今☐
☐……☐

⑦694

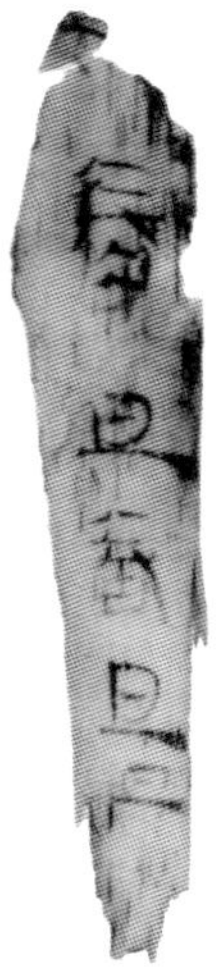

☐春旦春旦旦☐

⑦695

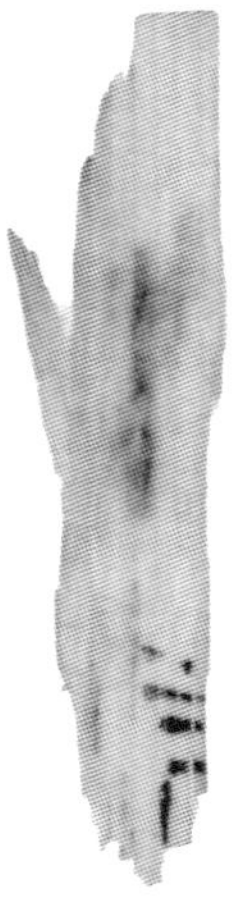

［益］☐

⑦696

☐□可罰☐

⑦697

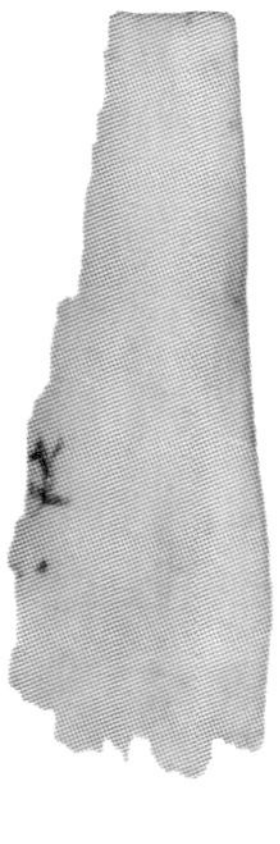

☐□□☐

⑦698

☐□府丞［相］☐
☐毋養秋時☐

⑦699

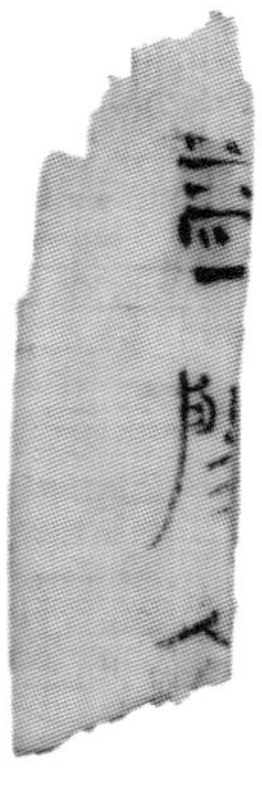

☐益陽□☐

⑦700

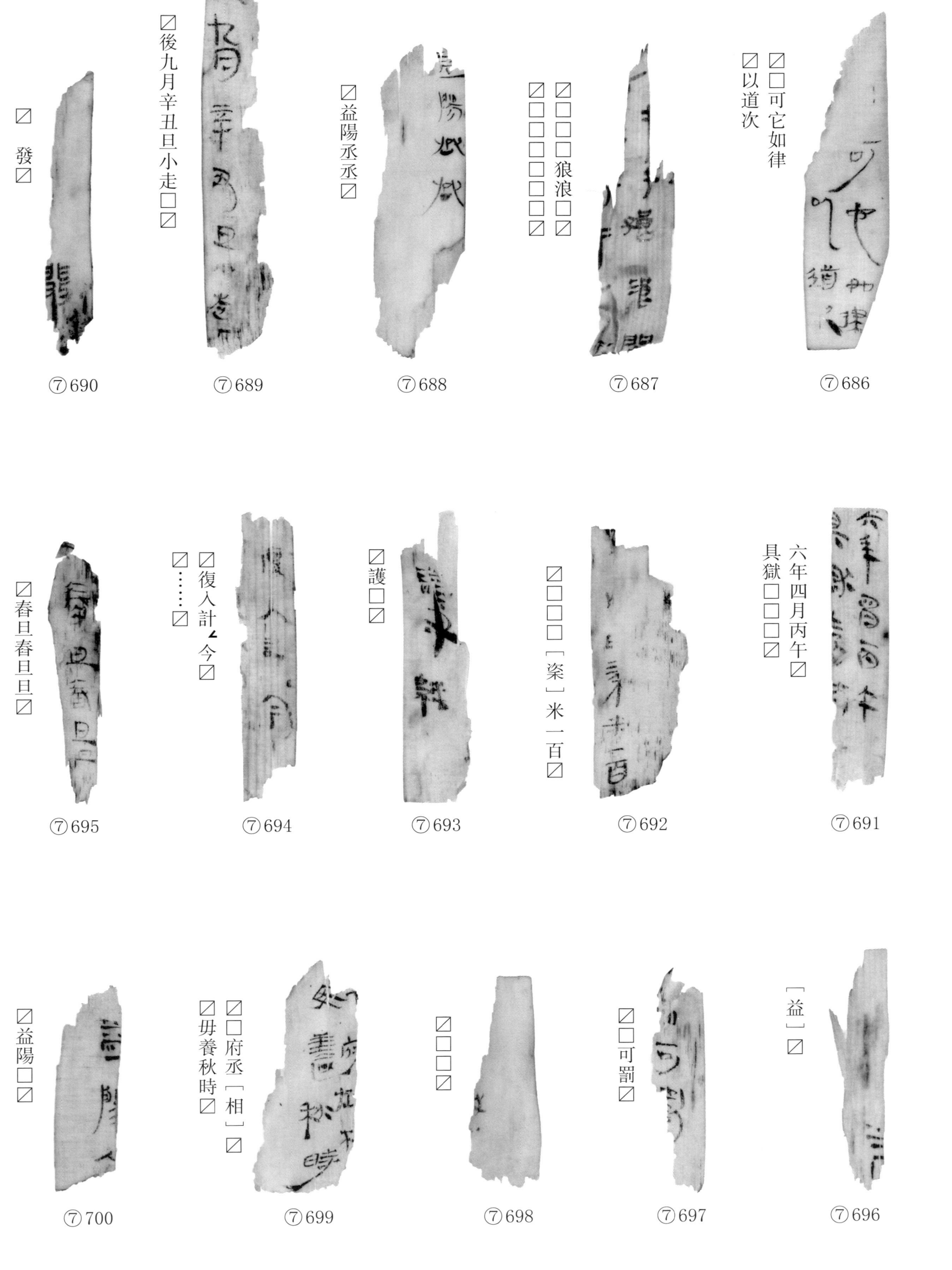

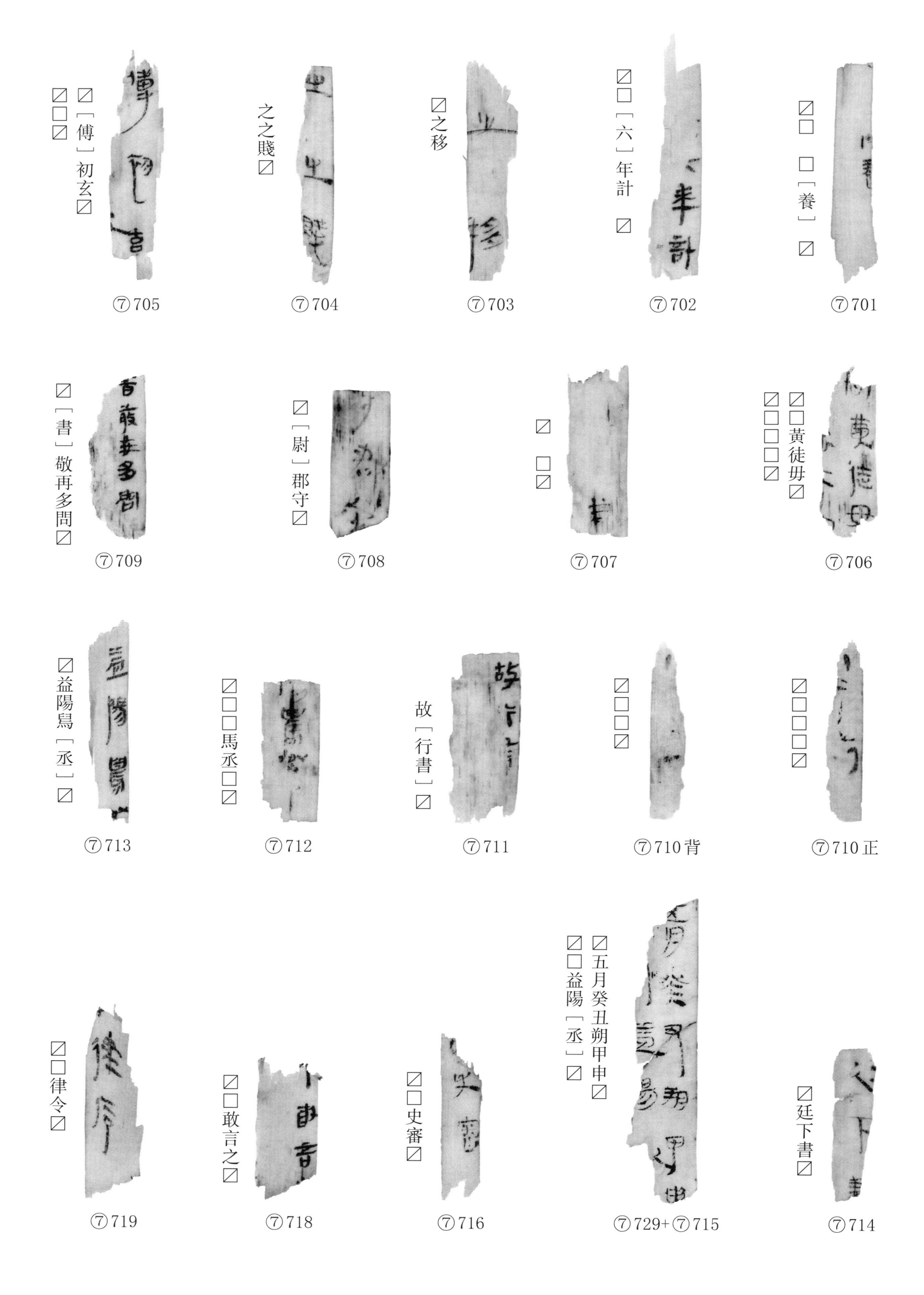

☒［傳］初玄☒
☒□☒

⑦705

之之賤☒

⑦704

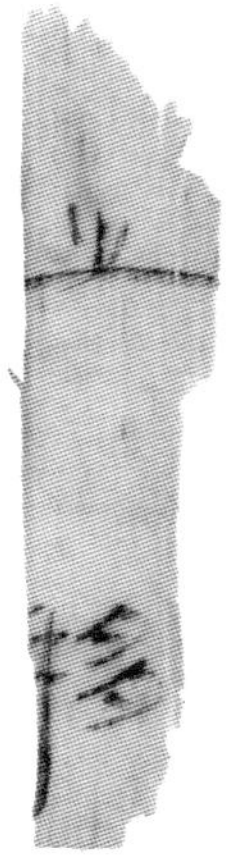

☒之移

⑦703

☒□［六］年計　☒

⑦702

☒□　□［養］　☒

⑦701

☒□黃徒毋☒
☒□□□☒

⑦706

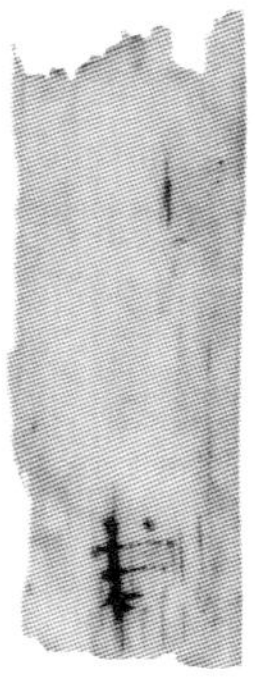

☒　□☒

⑦707

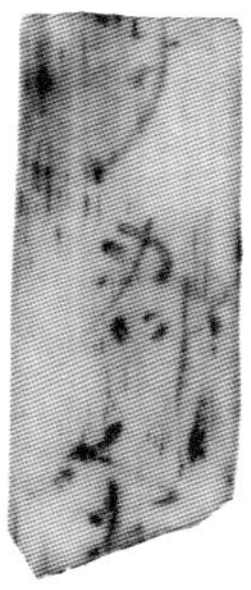

☒［尉］郡守☒

⑦708

☒［書］敬再多問☒

⑦709

☒□□□☒

⑦710正

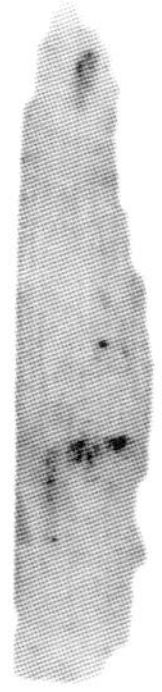

☒□□☒

⑦710背

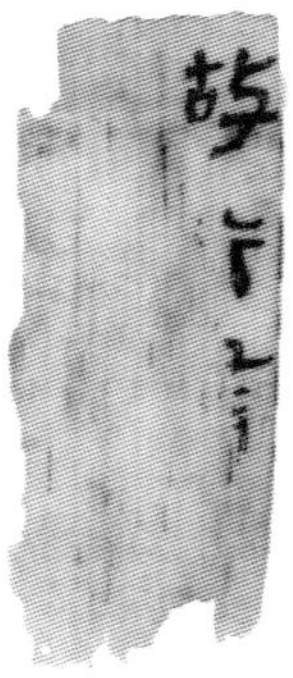

故［行書］☒

⑦711

☒□□馬丞□☒

⑦712

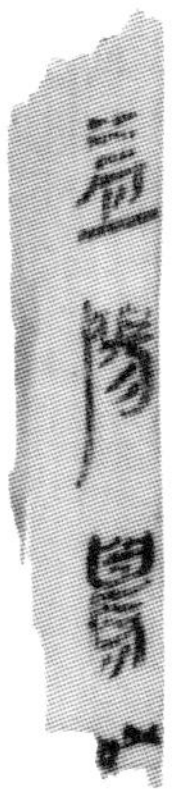

☒益陽隝［丞］☒

⑦713

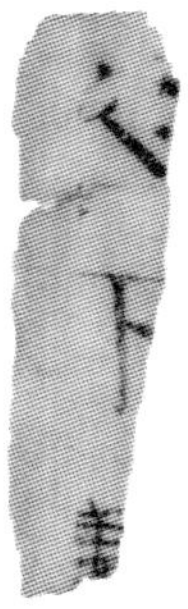

☒廷下書☒

⑦714

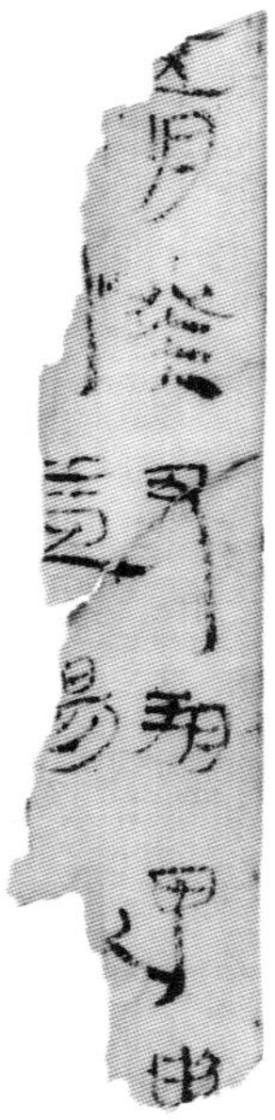

☒五月癸丑朔甲申☒
☒□益陽［丞］☒

⑦729+⑦715

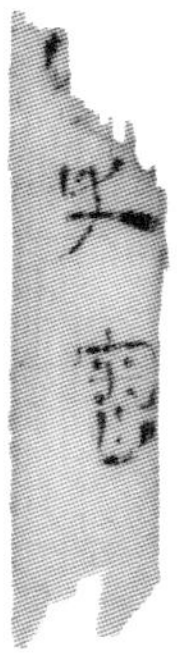

☒□史審☒

⑦716

☒□敢言之☒

⑦718

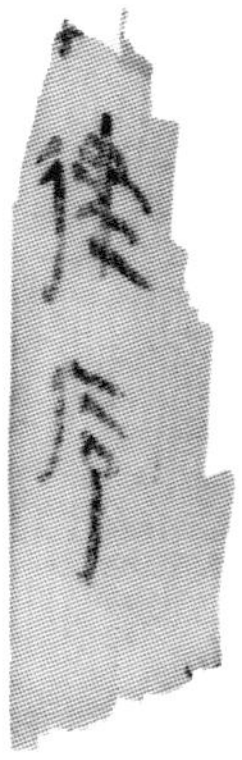

☒□律令☒

⑦719

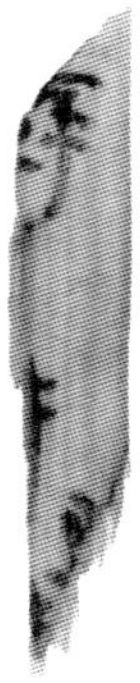

☒［辤］□□☒

⑦720

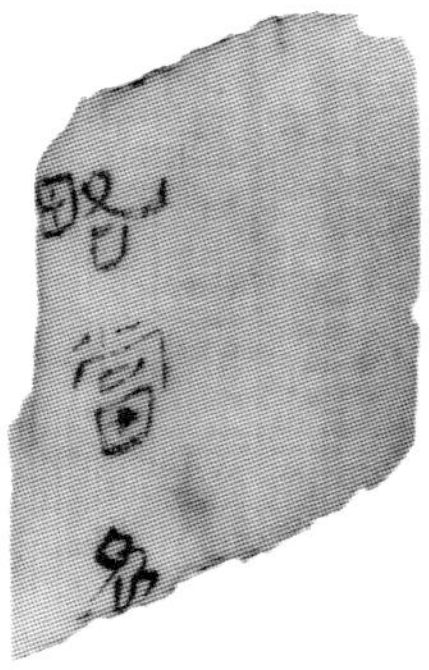

☒略當爲☒

⑦721

☒七月戊戌朔［庚］☒
☒□益陽賦□☒

⑦722+⑦752

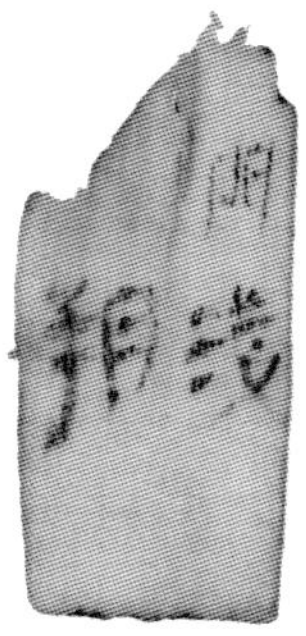

☒門淺
☒朔

⑦723

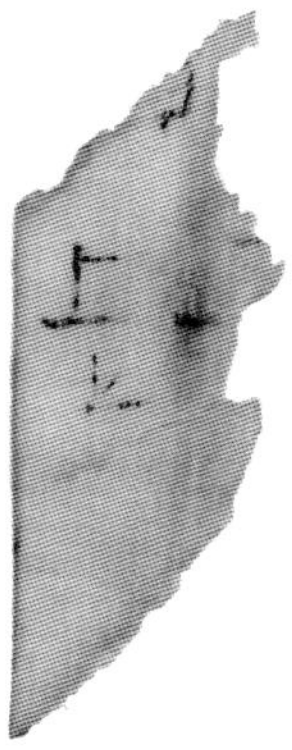

☒□☒
☒□□☒
☒上之☒

⑦724

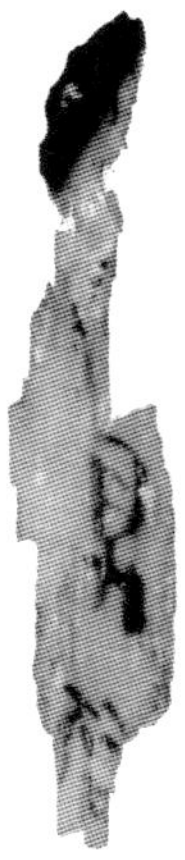

☒□具獄☒

⑦726

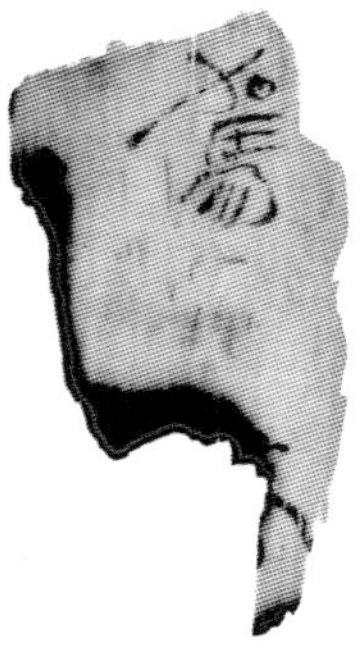

☒駕□☒

⑦727

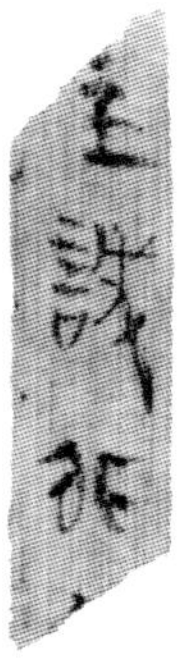

☒主誠非□☒

⑦728

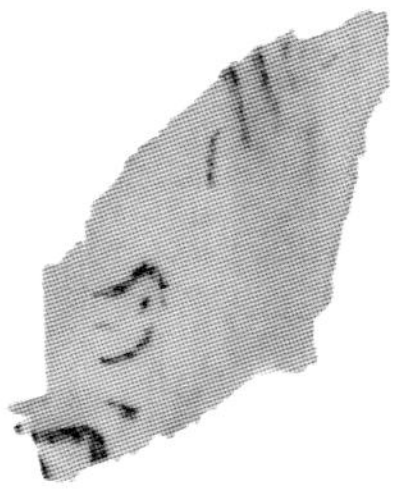

☒□☒
☒□□☒

⑦730

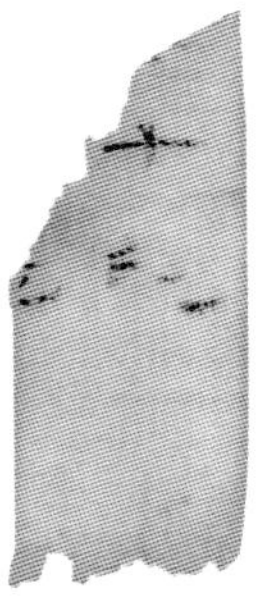

☒□七［年］　☒
☒□　☒

⑦731

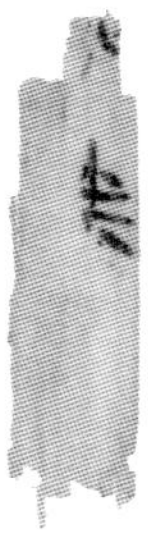

☒□□☒

⑦732

☒［七］年六月己☒

⑦733

☒年七月戊戌☒

⑦734

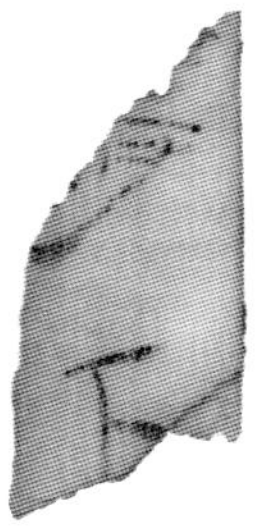

☒□府下☒

⑦735

☒可☒
☒□☒

⑦736

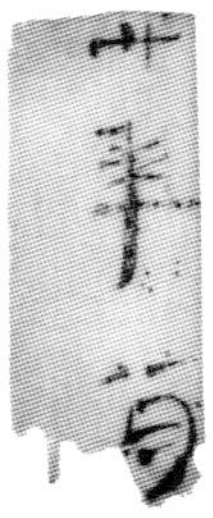

七年八月☒

⑦737

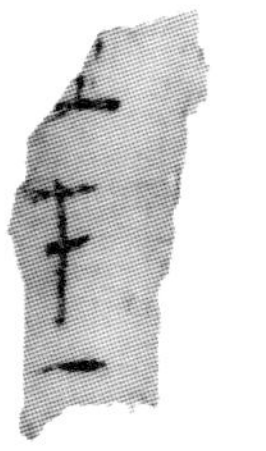

☒□七十一☒

⑦738

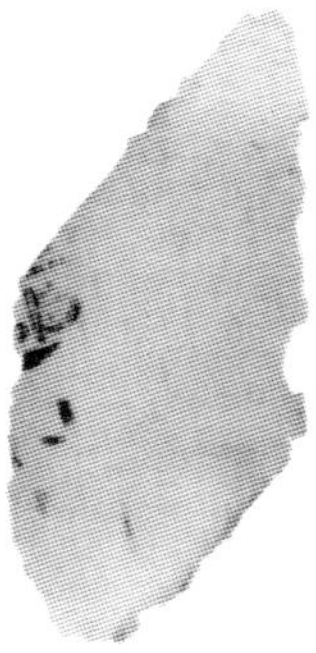

☒□□☒

⑦739

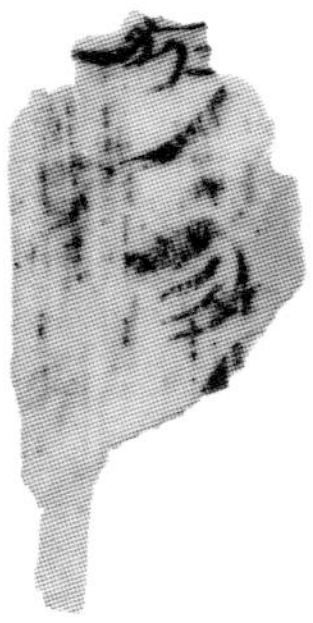

☒府勿☒

⑦740

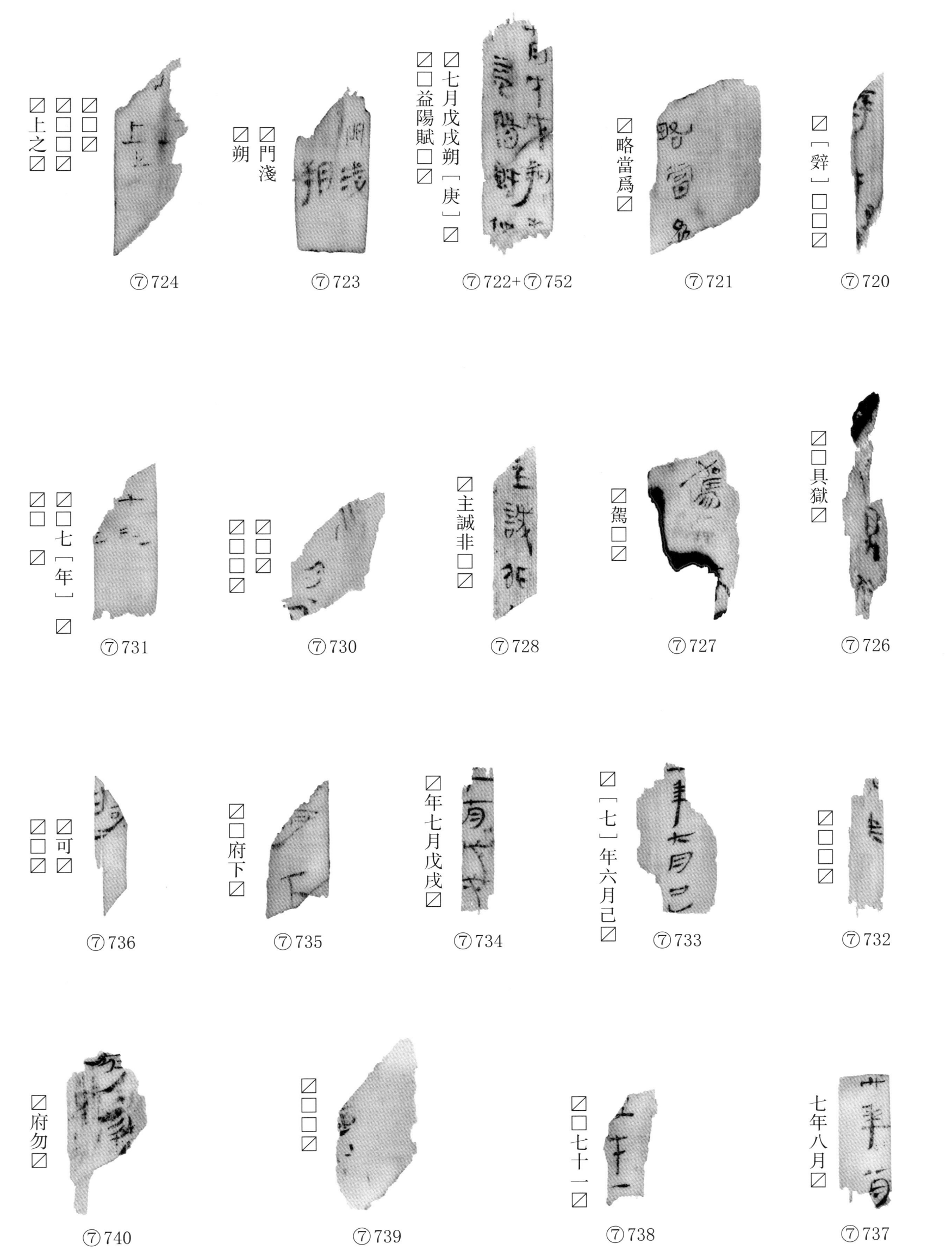

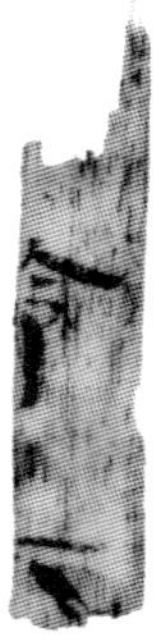
☒令下☒
⑦741

☒□錢□☒
⑦742

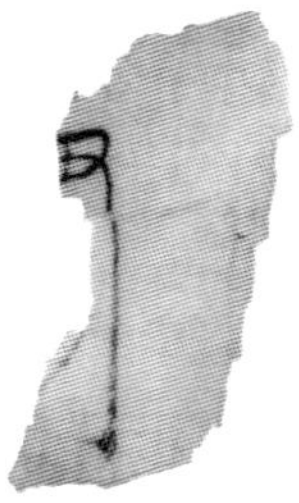
☒丑☒
⑦743

☒者亦曰☒
☒□前［書］☒
⑦744

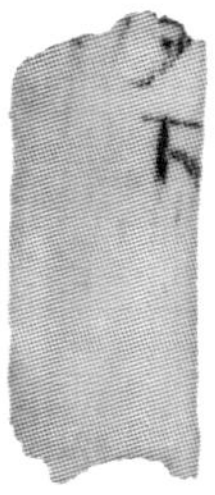
☒［府］下　☒
⑦745

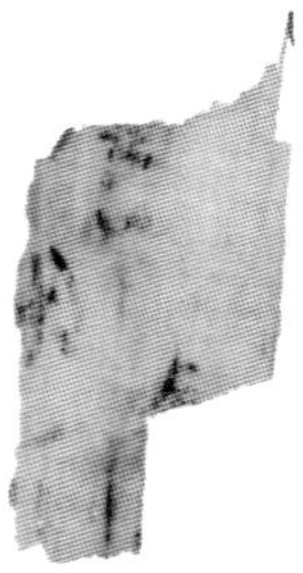
☒□□□□☒
☒□□/□
⑦746

☒私甲弩☒
⑦747

☒［言］
⑦748

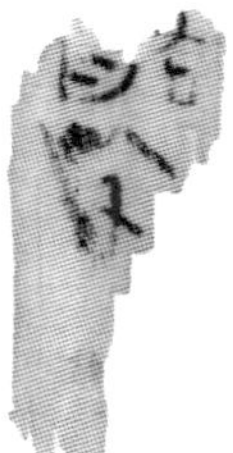
☒□□☒
⑦749

☒□二石□☒
⑦750

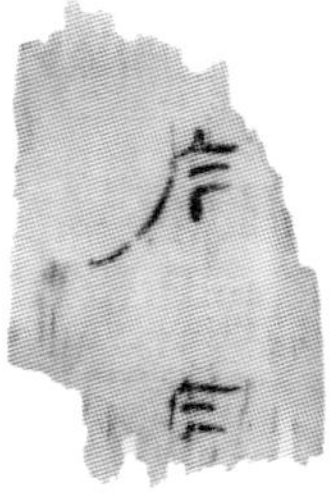
☒今今☒
⑦751

☒□□□☒
☒□☒
⑦753

☒□　☒
⑦754

☒［嘉］☒
☒敢言☒
⑦755

☒□［庫］☒
☒□□□☒
⑦756

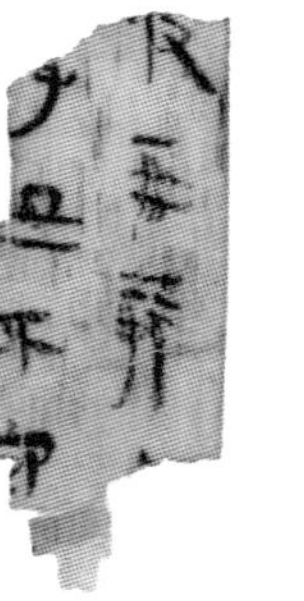
☒［敬］再拜□☒
☒□□不［安］☒
⑦757+⑦789

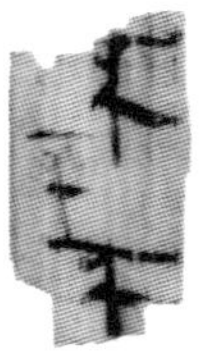
☒不不☒
☒不☒
⑦758

☒□＝得☒
☒□☒
⑦759

☒□簪☒
☒簪褭☒
⑦760

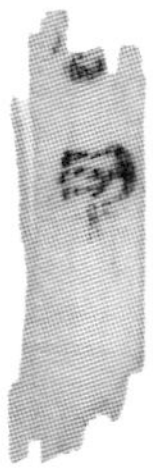
☒□梁☒
⑦761

賤走蘆□☒
□□☒
⑦762+⑦777

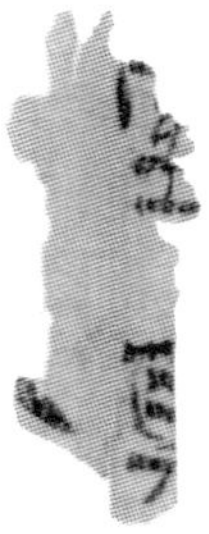
☒室具☒
☒□☒
⑦763

☒陳［可］☒
⑦764

☒□□☒
☒□三分☒
⑦765

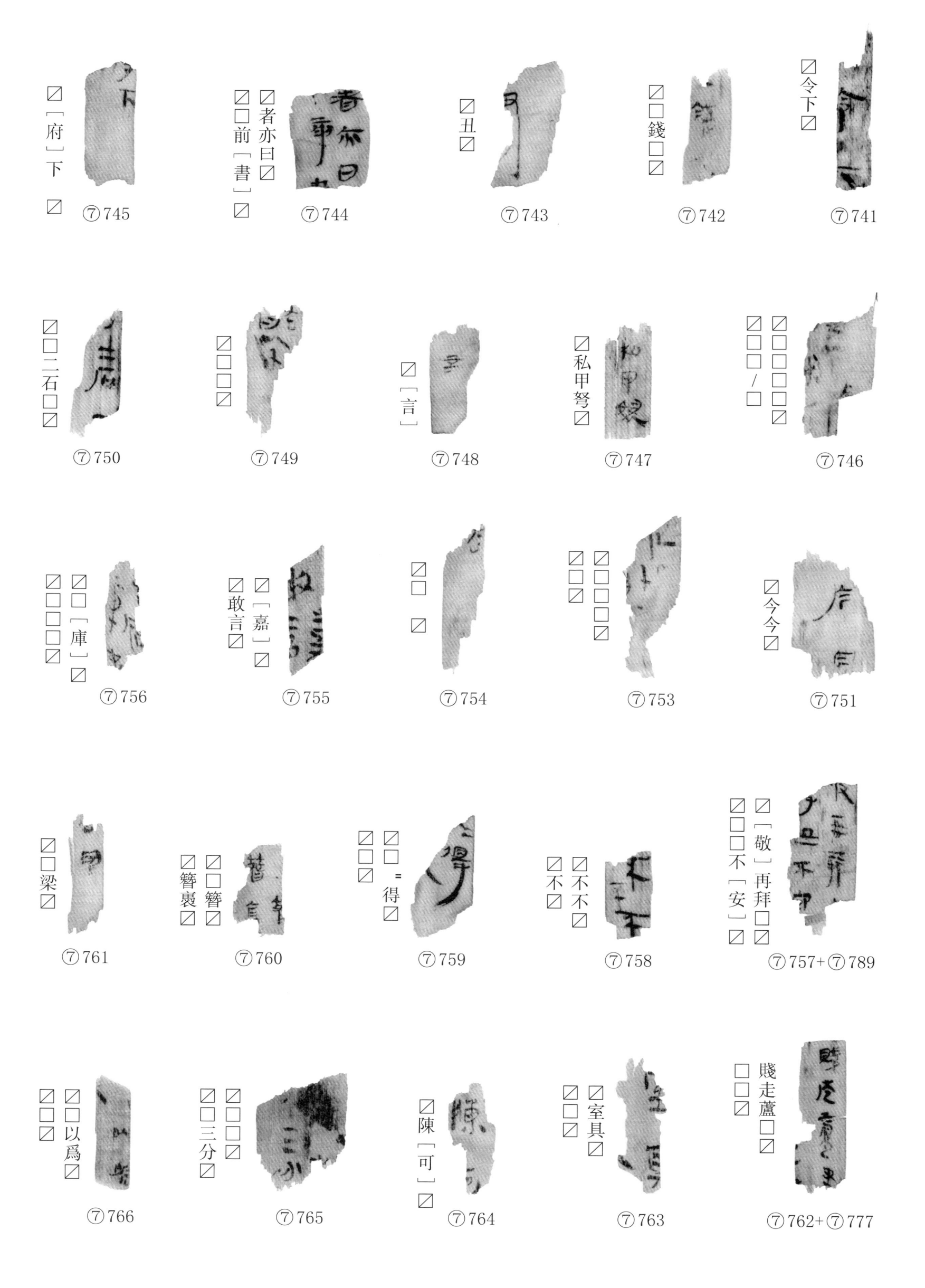

☒□以爲☒
☒□☒
⑦766

☒戊朔丙午☒
⑦771+⑦767

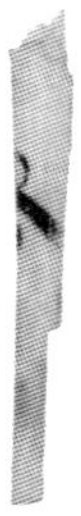
☒□☒
⑦768

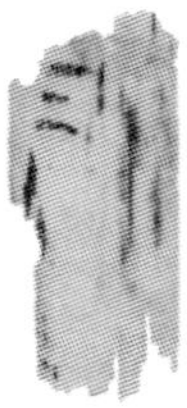
☒□☒
⑦769

☒不□☒
⑦770

☒□□□☒
⑦772

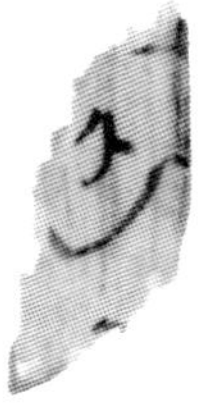
☒□斗□☒
⑦773

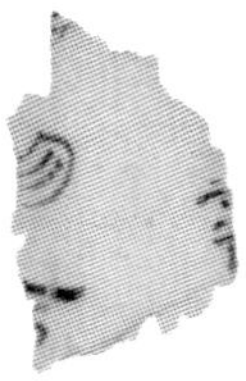
☒辛☒
☒□勿令☒
⑦774

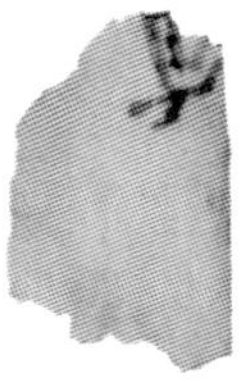
☒□☒
⑦775

☒丙□☒
⑦776

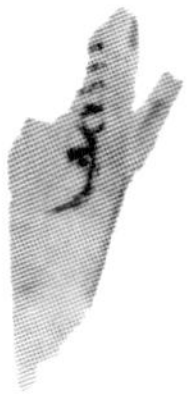
☒［乳］☒
⑦778

☒［益］☒
⑦779

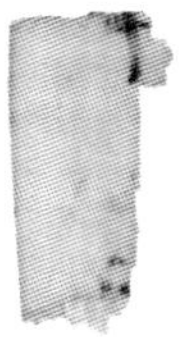
☒□□☒
⑦780

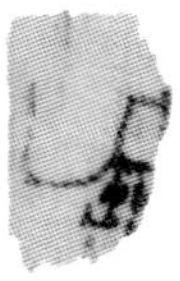
☒□☒
⑦781

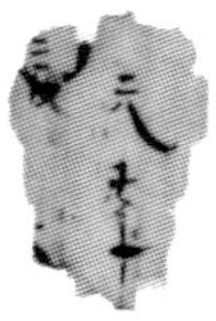
☒元年☒
☒變□☒
⑦782

☒［侯］☒
☒□☒
⑦783

☒忌☒
⑦784

☒暑☒
⑦785

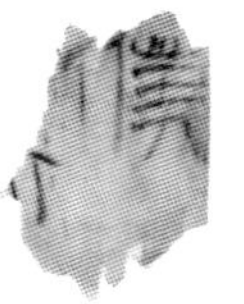
☒僕☒
☒□□□☒
⑦786

別□☒
⑦787

☒益陽☒
⑦788

☒□□☒
⑦790

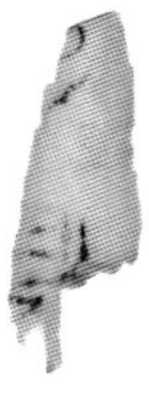
☒□□☒
⑦791

☒□治功□☒
⑦797+⑦792

☒□□□☒
⑦793

☒□□□☒
⑦794

☐□☐

⑦795

☐□□☐

⑦796

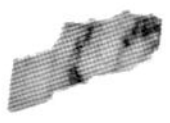

☐□☐

⑦798

☐□☐

⑦799

☐□☐

⑦800

☐□☐
☐□☐
☐□☐

⑦801

☐律☐

⑦802

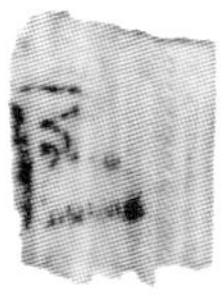

☐亟☐

⑦803正

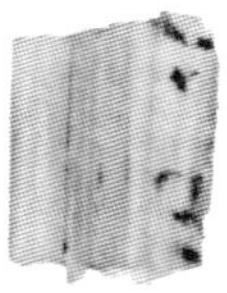

☐□□☐

説明：正背面書寫順序顛倒。

⑦803背

☐□□☐

⑦804

☐五六卅　二五□☐
☐六廿四　四：□□☐
☐三六乚十八　三四□□☐
☐二六乚十二　二四□☐
☐……

⑦805

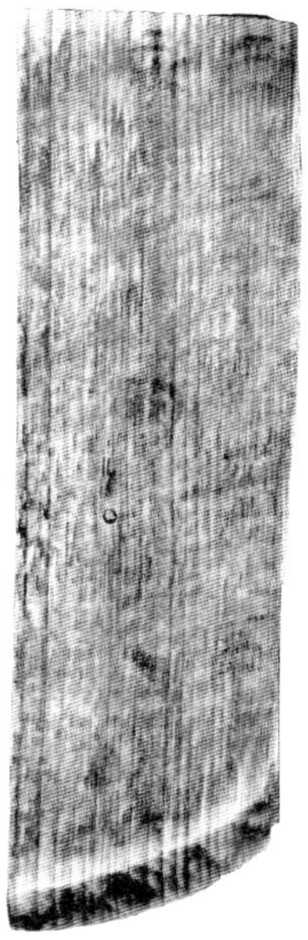

三年……☐
……☐
……☐

⑦806

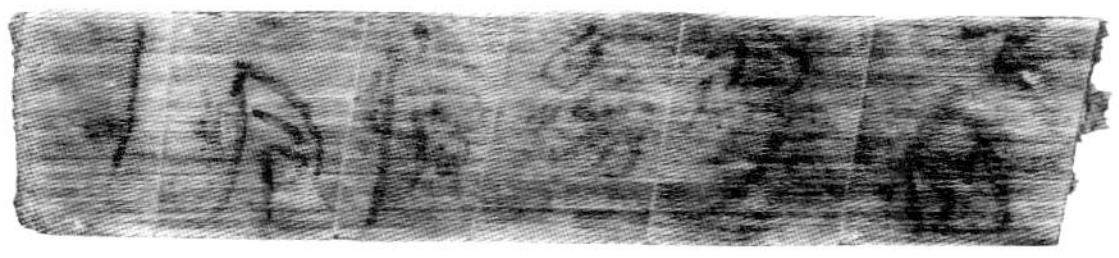

☐□［令］☐
☐得☐
☐爲☐
☐病☐
☐令☐
☐□☐

説明：豎行分欄，與⑦813遥綴。

⑦807

□少內守☐
……☐

⑦809

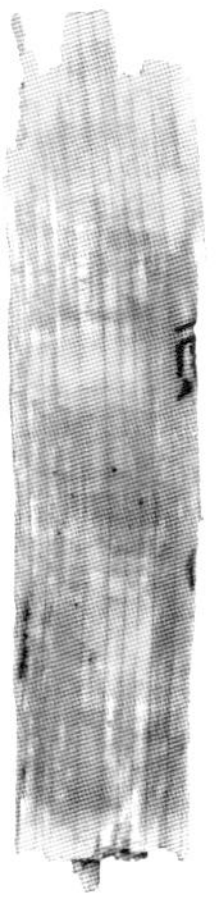

☐□□☐
☐□□☐

⑦810

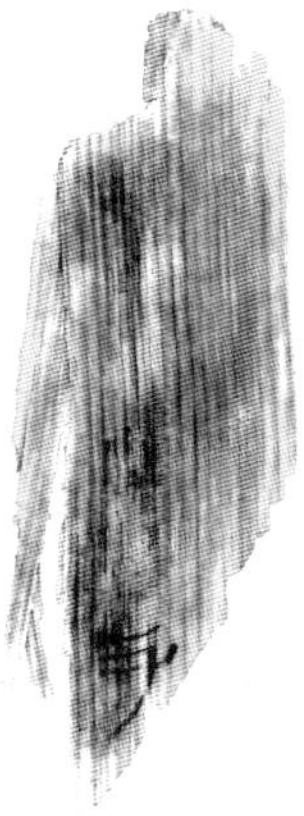

☐□□□☐

⑦811

☐□卅五人

⑦812

⑦813

☐面☐
☐以□☐
☐□☐

説明：豎行分欄。

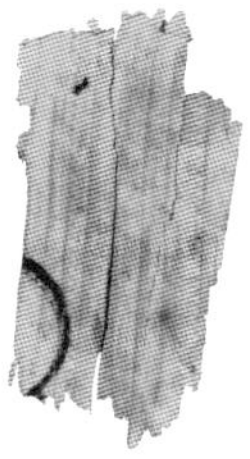

☐□☐

⑦815

第八層

敬再拜獻書　鄭
夏公黃車御者　書

⑧1

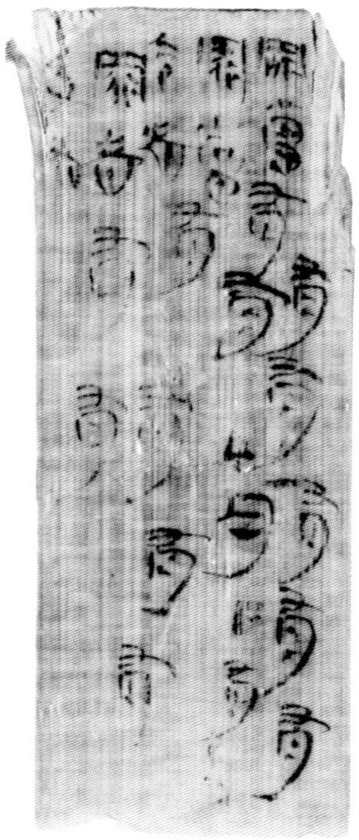

罪當有有有有有有有☐
罪當有有有　☐
令者有有有有有　☐
罪者有有　☐
及者　☐

⑧2

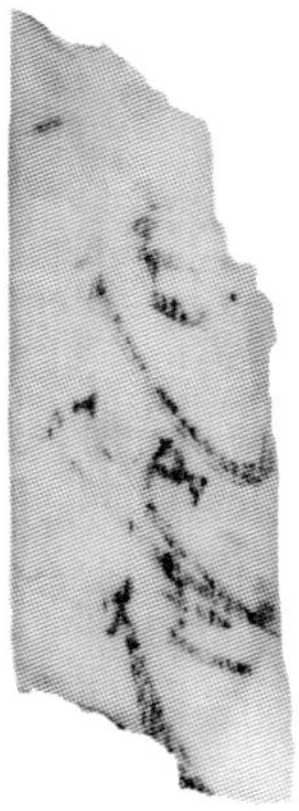

☐□廷廷廷廷☐

⑧3正

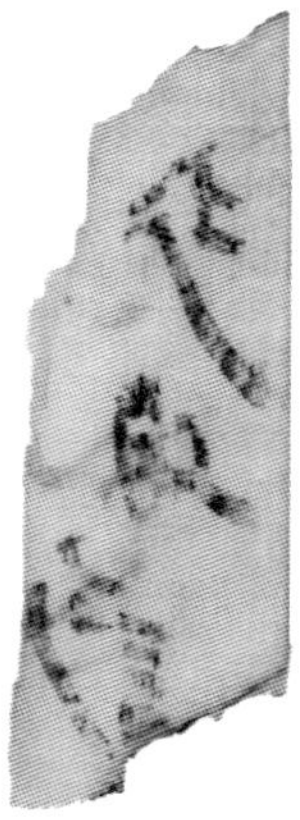

☐廷敢言☐
☐廷☐

⑧3背

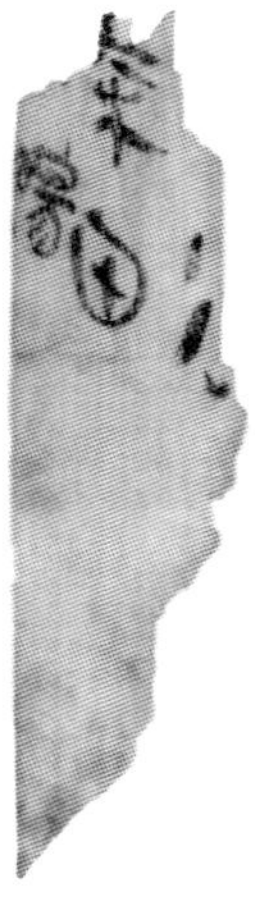

☐□☐
☐□田☐
☐［陽］☐

⑧4

☐□□☐
☐□☐

⑧5

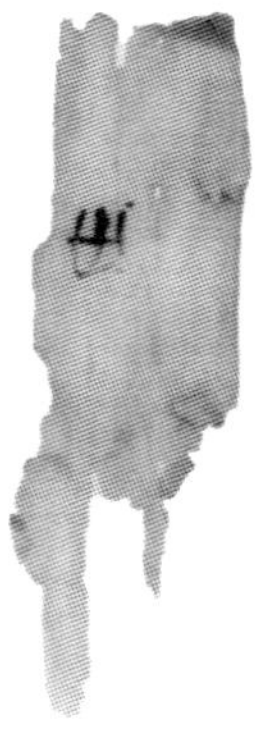

☐［如］☐

⑧6

☐（圖案）☐

⑧7

☐□宿獄不□☐
☐……☐

⑧8

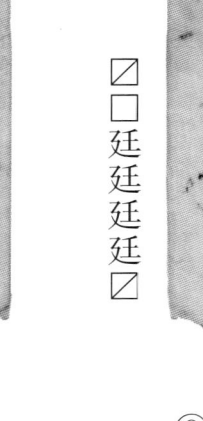

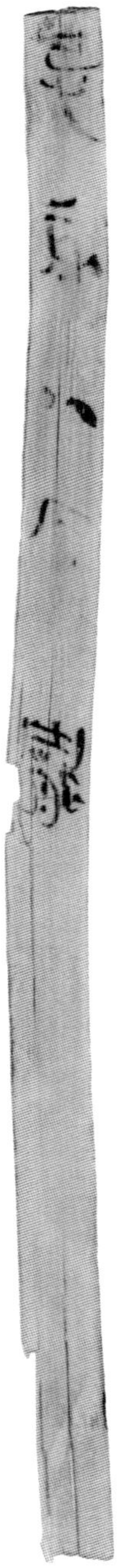

忌前以□　罷　☒

⑨1

☒□□□□繇［亡］曰來［五百］

⑨2

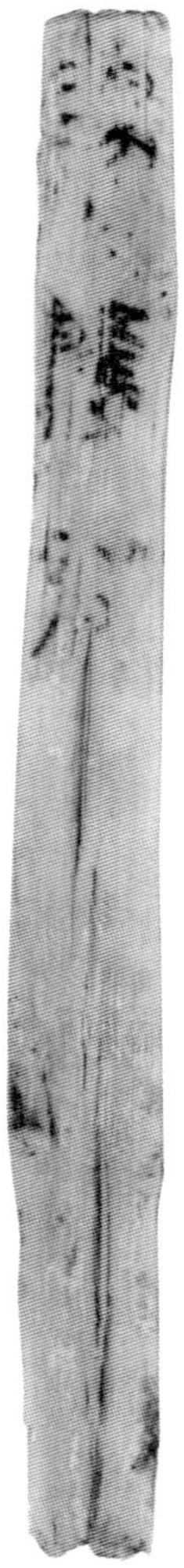

潙陵鄉　☒

⑨3

☒□［畸］□□者皆

⑨4

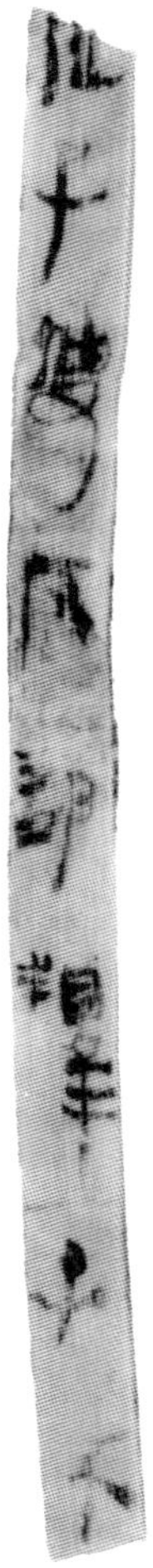

☒□子使反□擇子不☒

⑨5

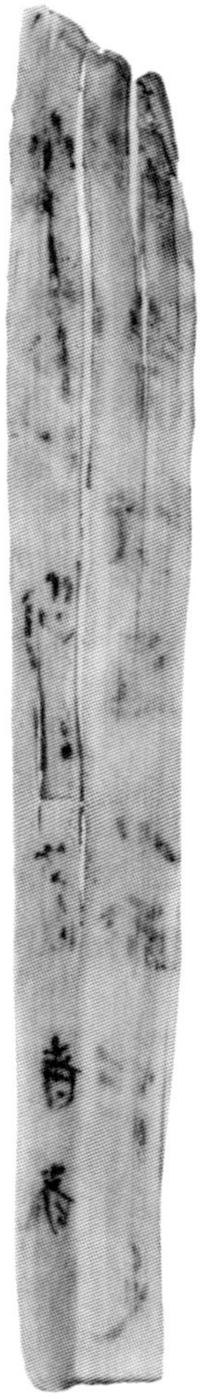

☒□書從事以道次［傳］
☒□必□從□者者者☒

⑨6

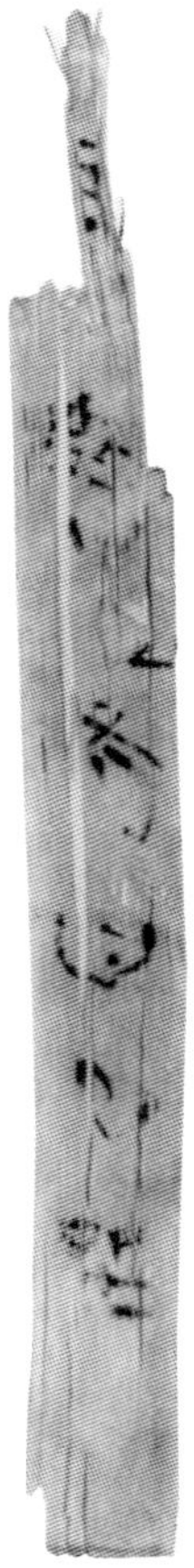

☒□書∠有曰已坐

⑨7

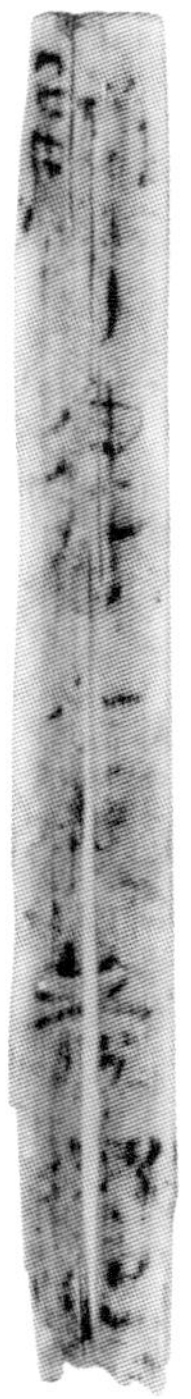

讎律［令］者［御］史☒

⑨8

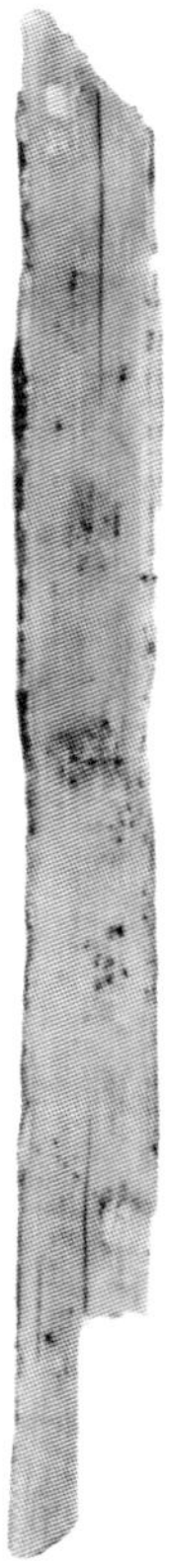

☒……☒

⑨9

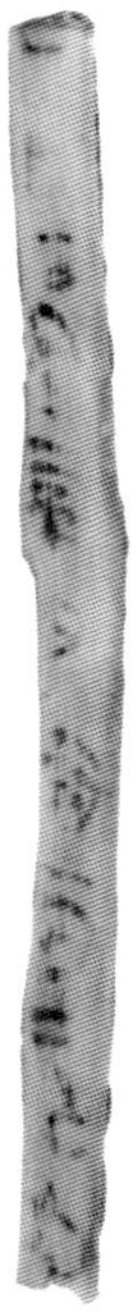

☒□三月辛丑朔丙辰□☒

⑨10

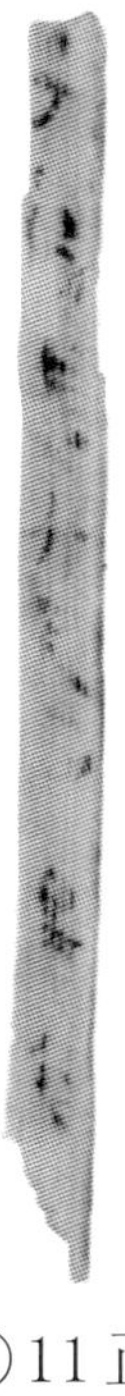

☒□□長六尺□□□☒

⑨11正

☒□□□□□□☒

⑨11背

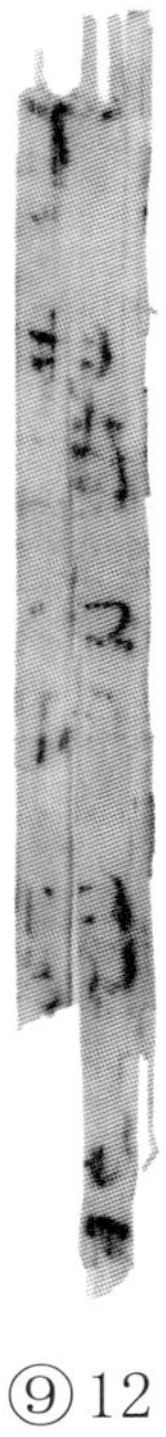

☒□□有罪□☒

⑨12

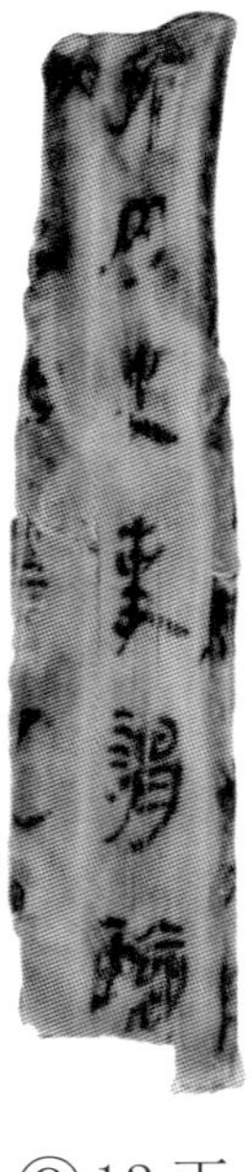

☒行内史事謂臨☒
☒……☒
……

⑨13正

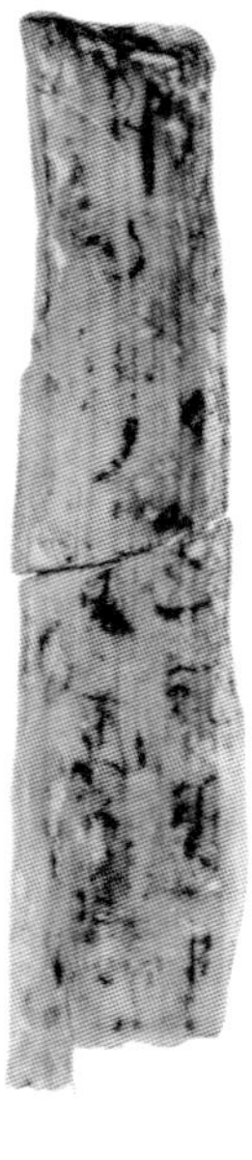

☒□□□□□□□☒
☒□□□□□□□☒

⑨13背

☒□今失期弗備

⑨14

昔者楚巫玉□☒

⑨15

☒［尉］□□☒
☒□簪□☒

⑨16

☒□　☒
☒□□□□□□☒

⑨17

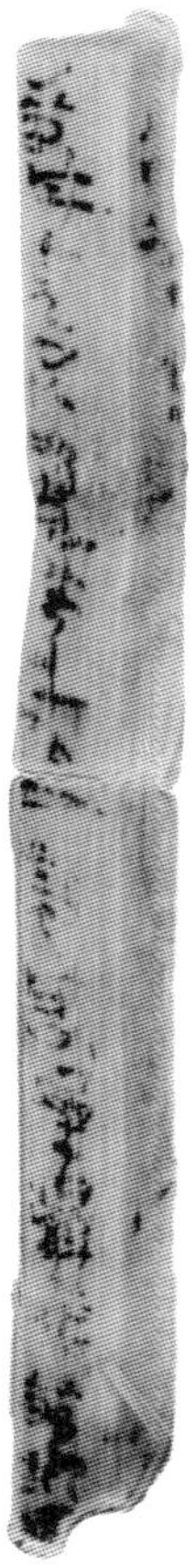

☒……☒
☒□盈……☒

⑨18+⑨19

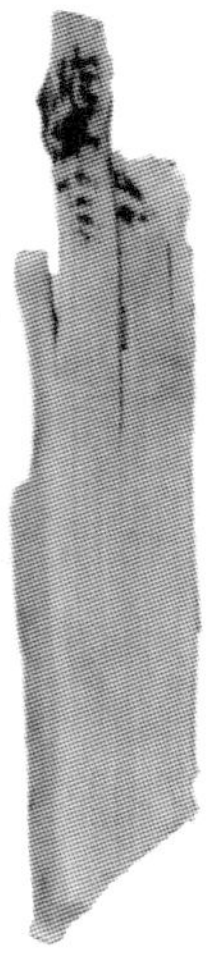

☒□　☒

⑨20

☒□□七年五月朔□☒

⑨21

☒……
☒□□□□□□□☒

⑨22

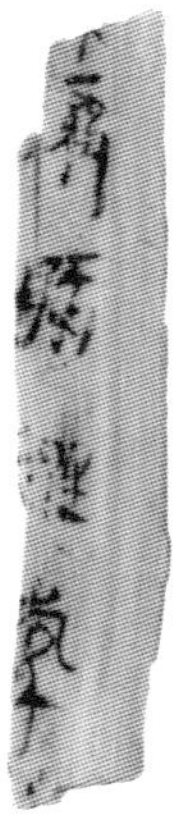

☒□□□□［孝］☒

⑨23

☒□□□□□☒

⑨24

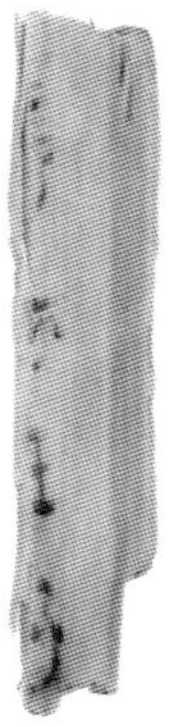

☒辛亥壬子☒

⑨25

☒□□□□□□☒
☒□□□□□□☒

⑨26

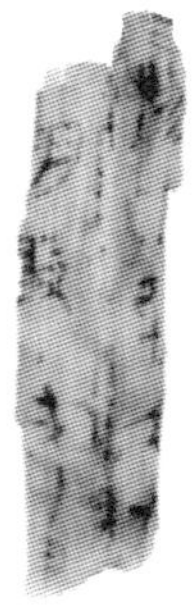

☒□陽□□□☒
☒［朔］庚戌□☒

⑨27

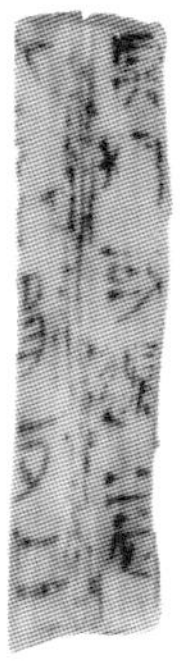

☒具獄或遝益☒
☒六年四月丙午☒

⑨28正

☒　□☒

⑨28背

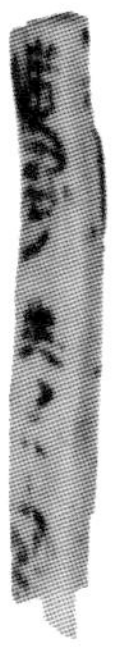
☑……☑
☑□□□☑
⑨29

☑□日將□□☑
⑨30

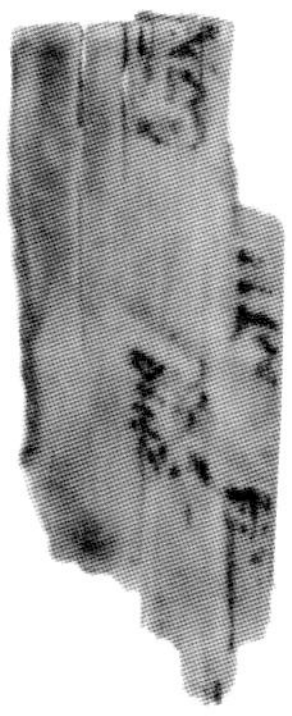
☑益陽☑
☑當繇☑
⑨31

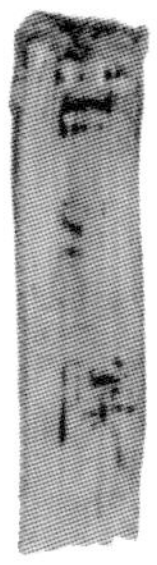
☑□□□☑
⑨32

☑罪人死罪□□☑
⑨33

☑當□☑
⑨34

☑□□☑
⑨35

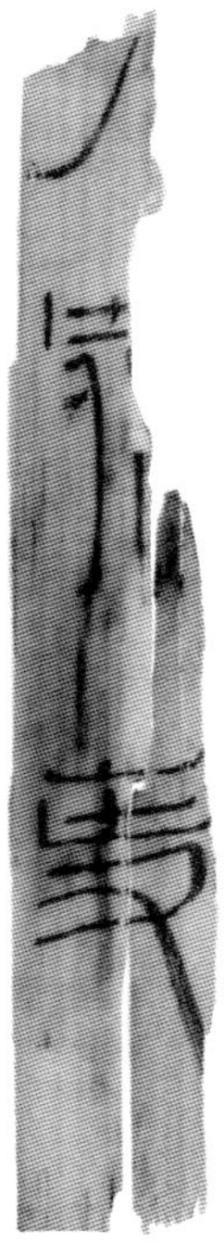
☑□罪事
⑨36+⑨47

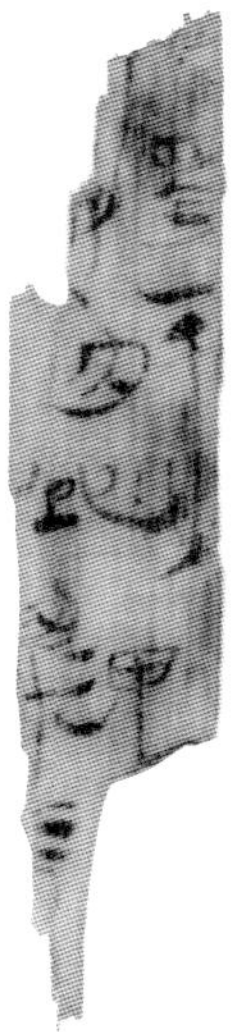
☑□□□□□☑
☑□□內甲☑
☑丞梁□☑
⑨37

☑　傳舍二人☑
⑨38

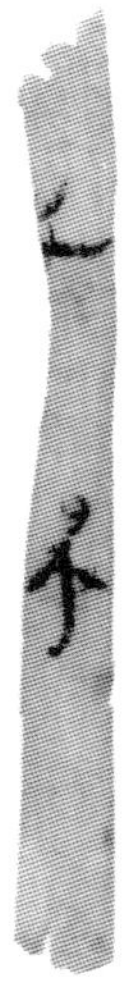
☑□□☑
⑨39

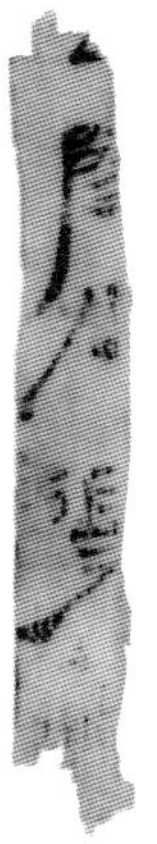
☑□陽丞得☑
⑨40

今爲令佐六☑
⑨41

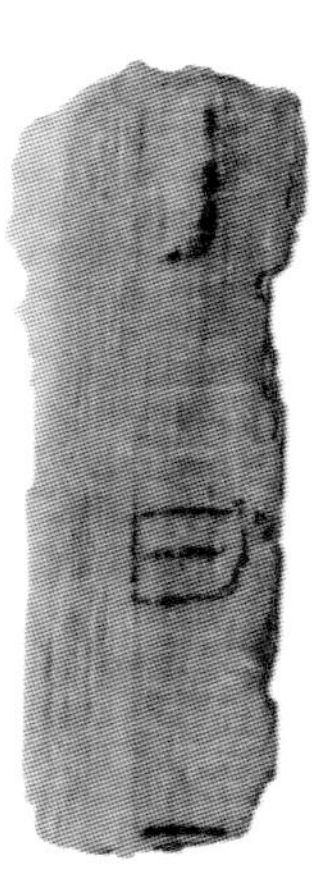
☑□曰□☑
⑨42

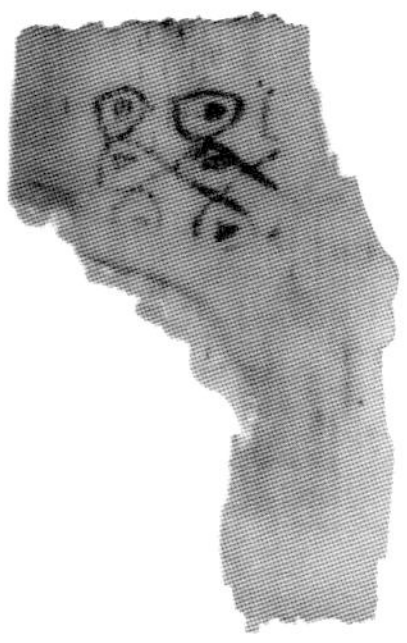
☑（圖案）☑
⑨43

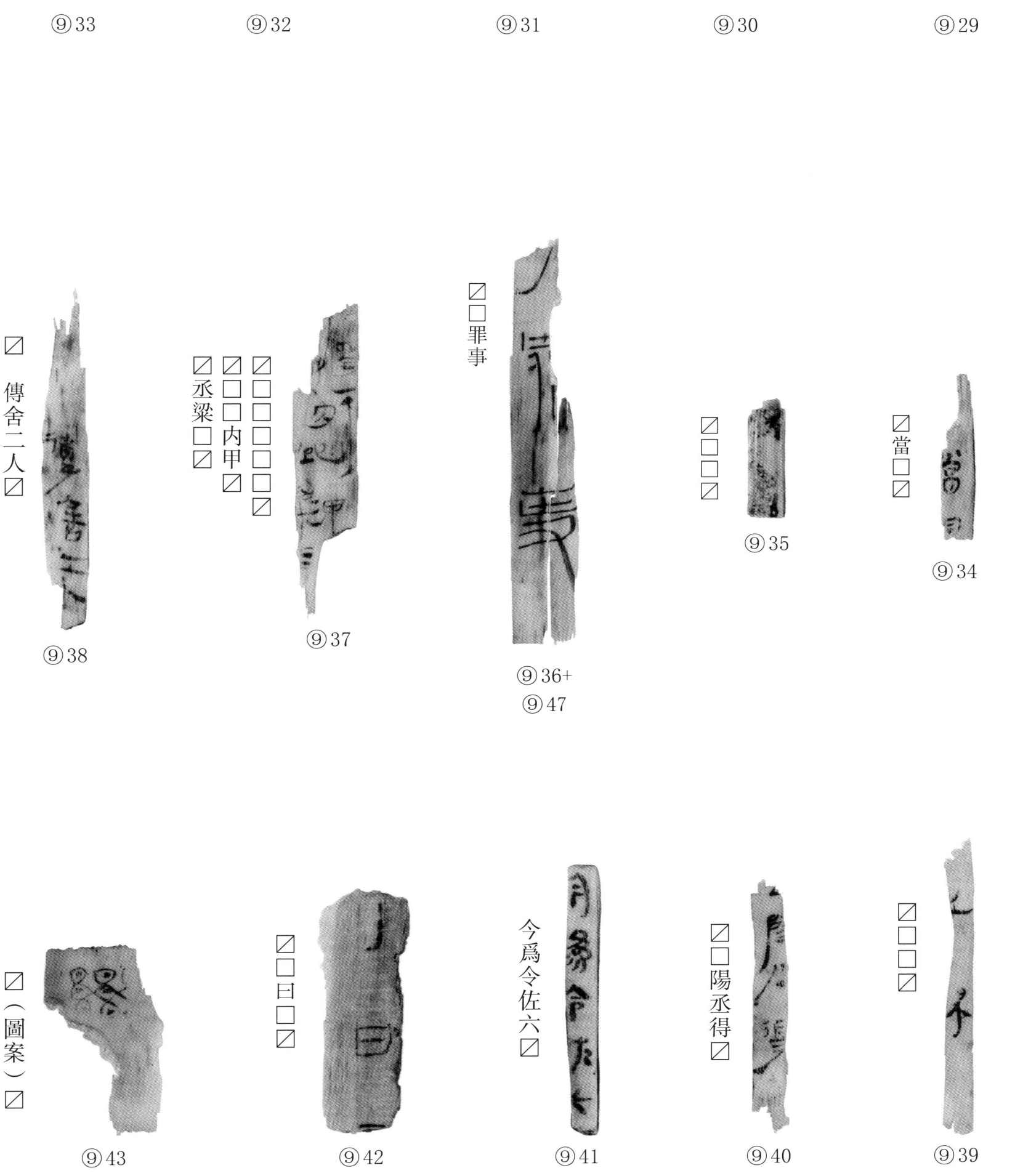

☒□七月戊 ☒
☒□ ☒

⑨44

☒□☒
☒［雞］□百九十☒

⑨45

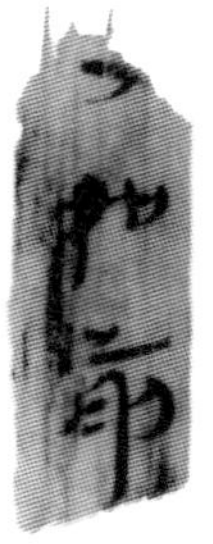
☒□如前☒

⑨46

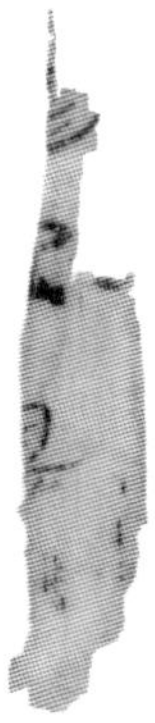
☒陽丞得☒

⑨48

☒［賤］［畜］□☒

⑨49

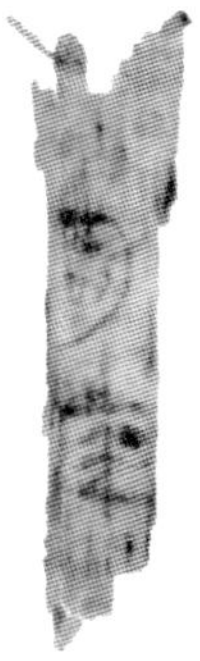
☒司空☒

⑨50

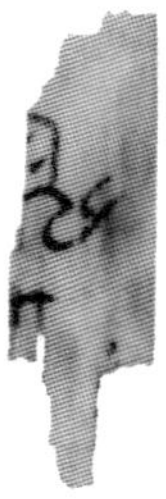
☒（圖案）☒

⑨51

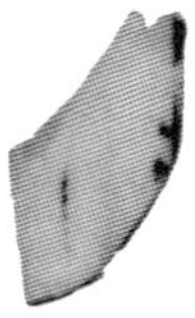
☒□□☒

⑨52

☒□□☒

⑨53

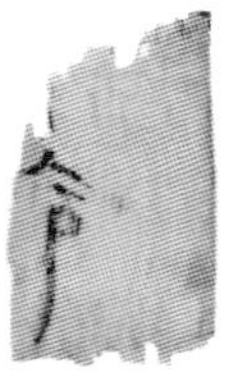
☒令☒

⑨54

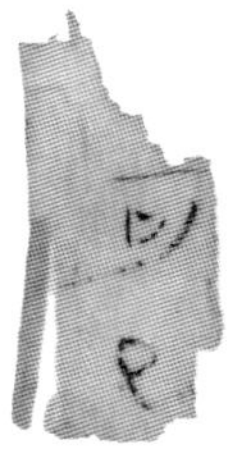
☒可已☒

⑨55

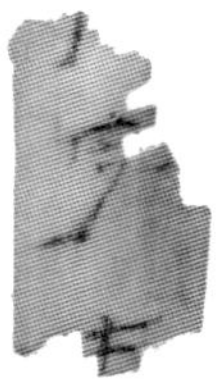
☒□守□☒

⑨56

☒□□☒

⑨57

☒□☒

⑨58

☒□□□☒

⑨59

☒□□小簪□☒

⑨60

☒□□□□☒
☒□☒

⑨61

☒□□☒

⑨63

☒□□☒

⑨64

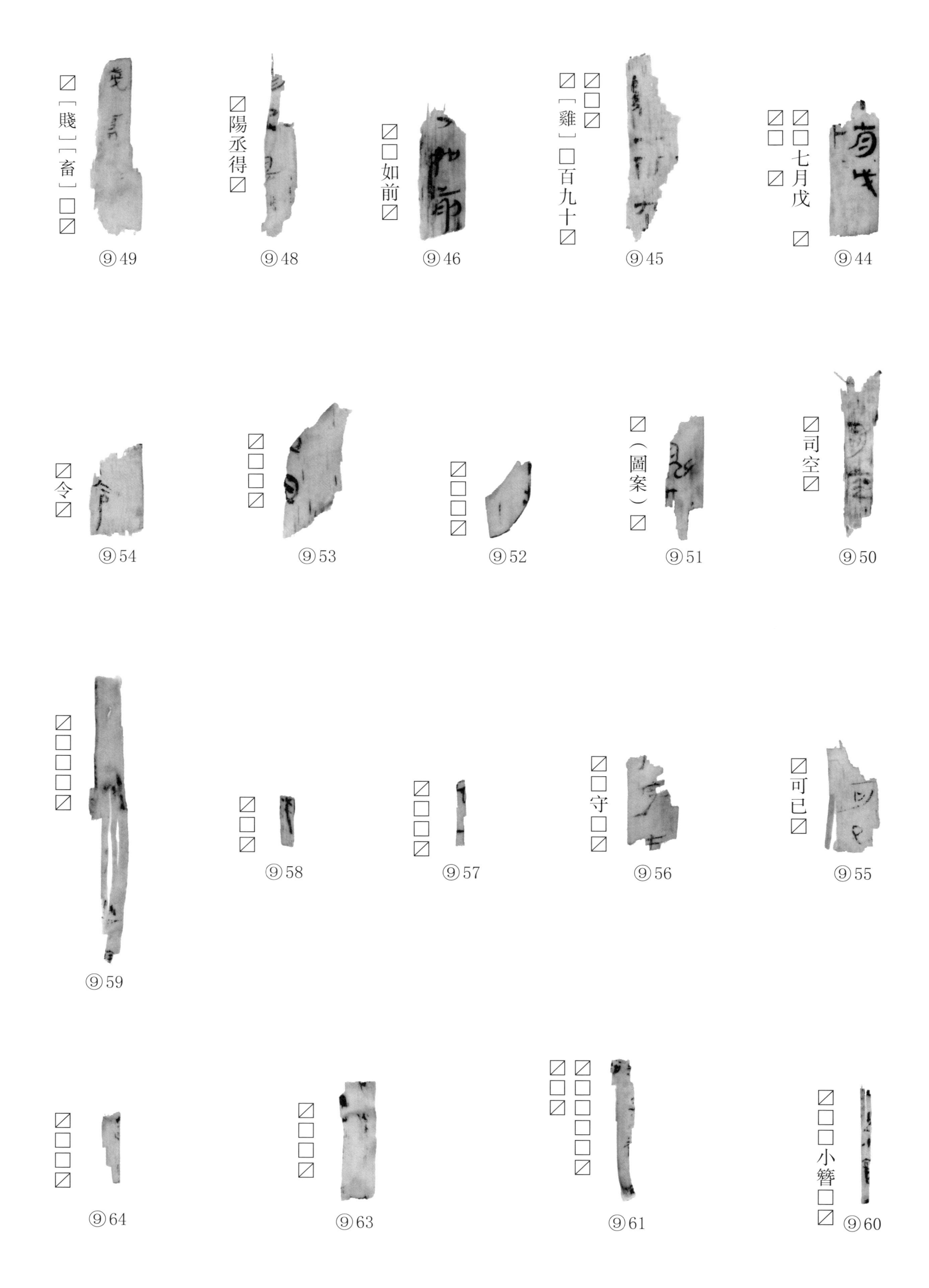

第十層

☐……☐

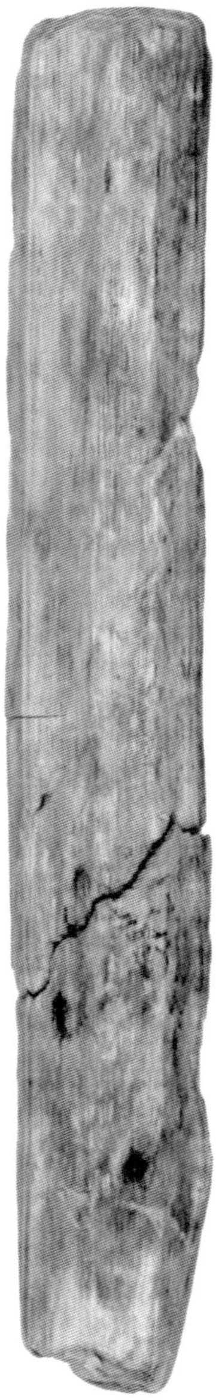

⑩1

附録

湖南益陽兔子山遺址七號井發掘報告

湖南省文物考古研究院
益陽市文物考古研究所

兔子山遺址位於益陽市赫山區三里橋社區一座東北至西南走向的山崗上（圖一）。山崗名鐵鋪嶺，位置在蘭溪河與資水交匯處。兔子山位於崗地東北部，最高處海拔四十五米（圖二）。遺址發現於一九七八年，益陽市文物隊曾對其進行試掘，認定遺址爲戰國秦漢時期益陽縣治所在，一九九七年該遺址被公布爲市重點文物保護單位，二〇一九年獲批爲全國重點文物保護單位。

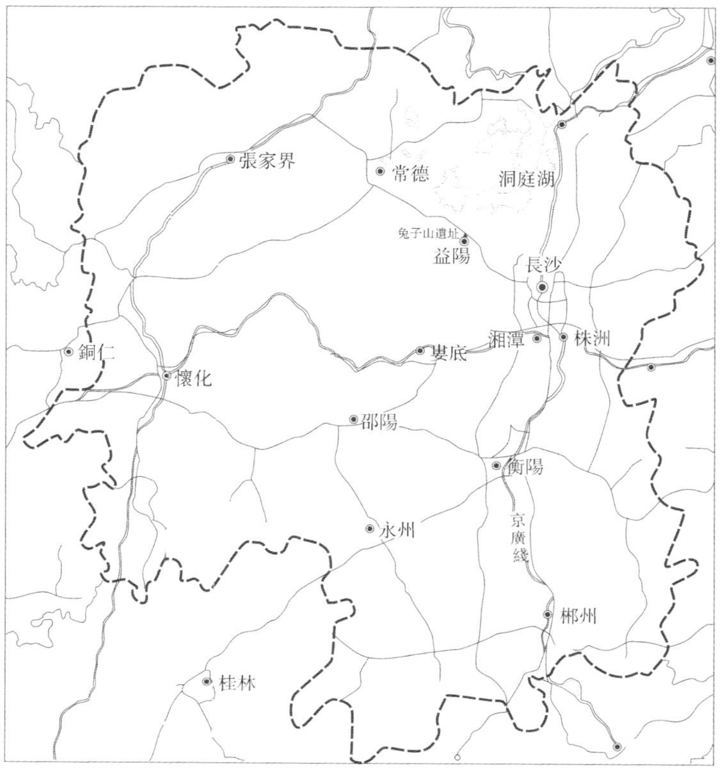

圖一　兔子山遺址所處行政區劃位置

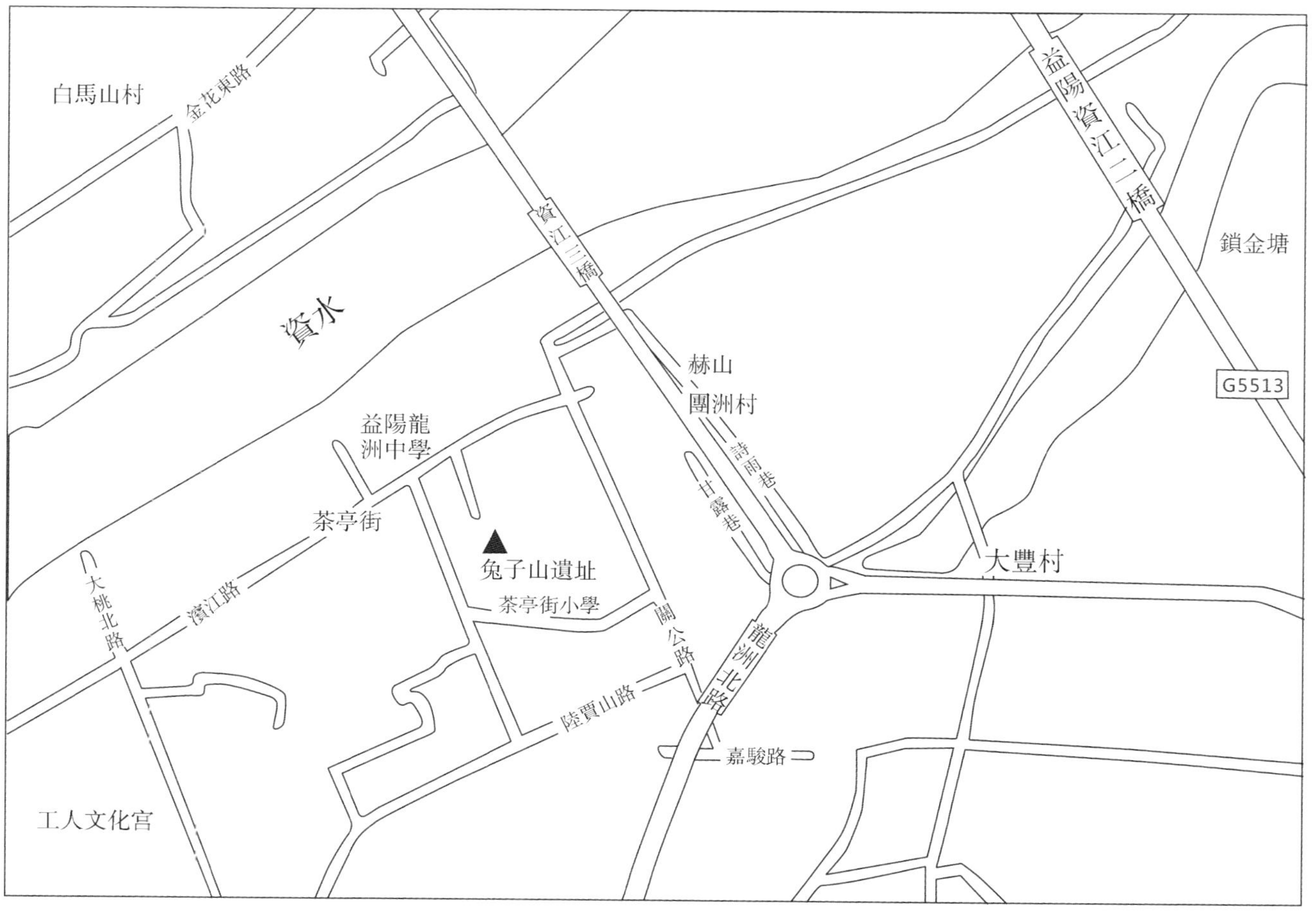

圖二　兔子山遺址位置示意圖

二〇一三年春，長沙易盛達置業有限公司獲得鐵鋪嶺區域開發權，益陽市文物考古研究所（時益陽市文物處）對該區域進行了勘探和發掘。五月二十八日三號井（編號J3）發現簡牘後，湖南省文物考古研究所介入，發掘工作持續至當年十一月。發掘面積1000平方米，清理古井十六口、灰坑五十六個、灰溝七條、房屋建築遺存九處（圖三）。其中十一口井出土簡牘，另出土大量板瓦、筒瓦、瓦當、空心磚、方形花紋磚、陶瓷器、木漆器、金屬器、動植物標本。現將七號井（編號J7）的發掘和收穫介紹如下。

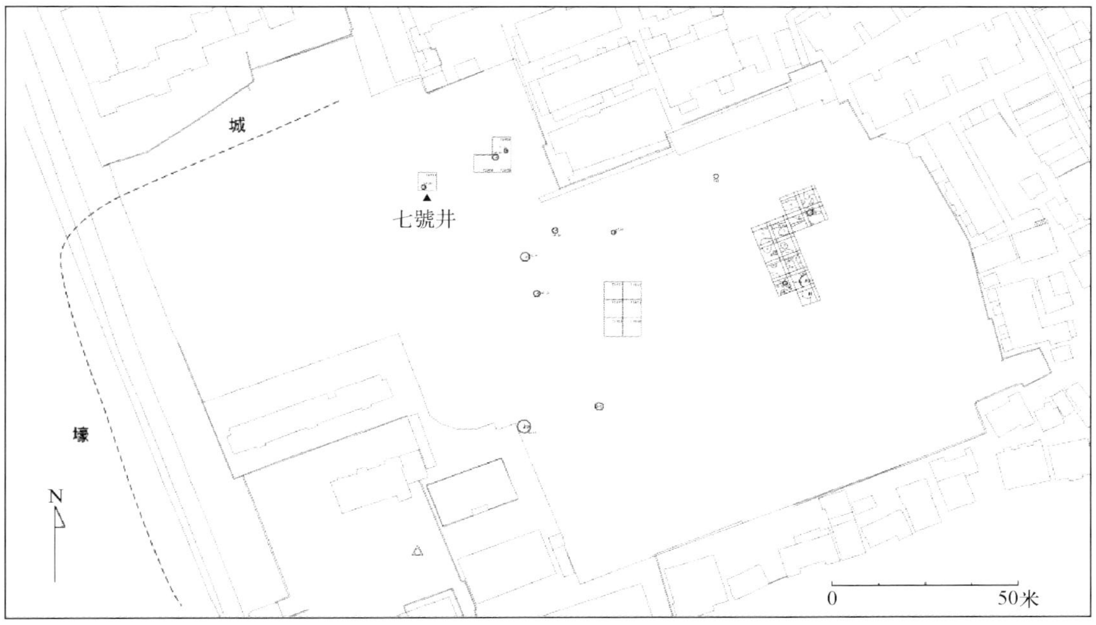

圖三　兔子山遺址遺迹分布和七號井位置圖

一、概　况

七號井位於兔子山遺址西北部，地處鐵鋪嶺地勢最高處。井口地表土層、文化層已被往年的建設和近期施工破壞，開口層位不明。現存井口海拔41.83米，直接暴露在第四紀網紋紅土中。發掘工作始於二〇一三年六月七日，至七月二十四日結束。

該井結構爲筒形土坑直壁井，井口平面呈圓形，井壁光滑，其上有掘井和使用時留下的脚窩，井底有四層疊放的陶井圈。井口直徑1.2米，現存深度7.5米（圖四）。出土有陶器、金屬器、簡牘及动植物遺骸。

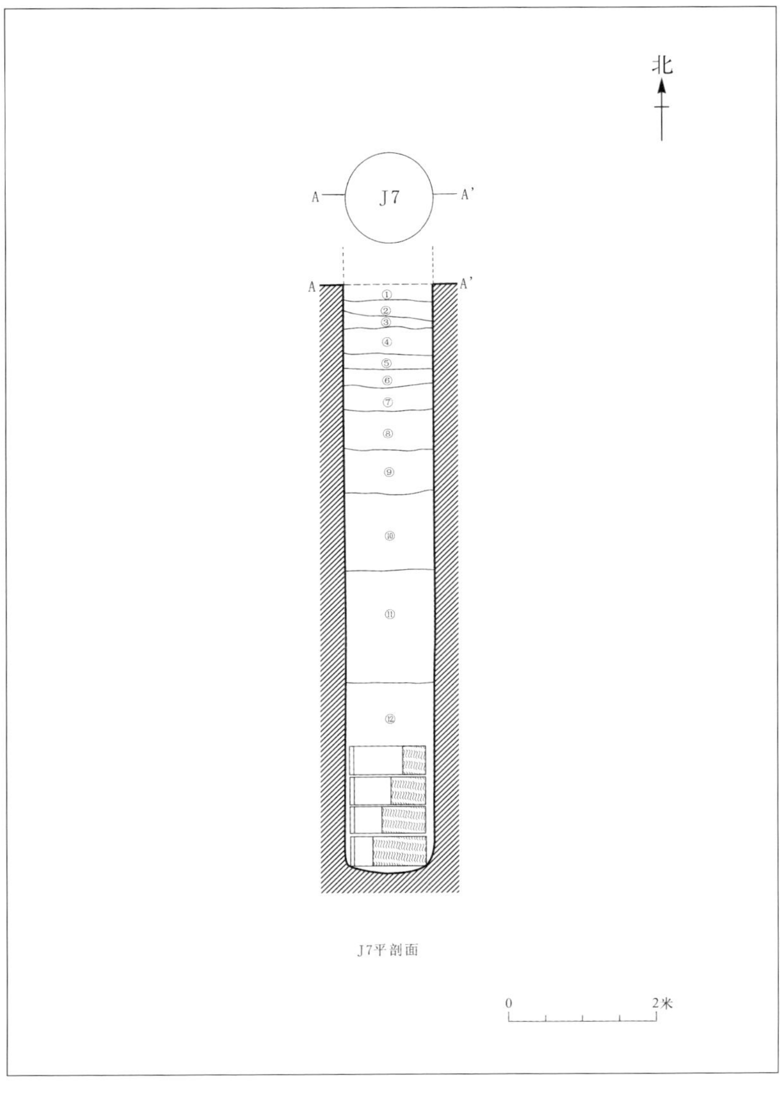

圖四　七號井平、剖面图

井内堆積分爲十二層：

第①層：灰黑色土層，厚0.25米，包含物有殘斷竹竿、竹篾條、竹編物，簡牘29枚。

第②層：深灰色土層，厚0.15—0.3米，距地表0.25米，包含物有木頭、竹片，簡牘127枚。

第③層：青灰色淤泥層，厚0.07—0.2米，距地表0.35—0.55米，包含物多是朽壞程度嚴重的竹木器，簡牘246枚。

第④層：青灰色淤泥層，黏性强，厚0.4米，距地表0.6米，包含物中竹木器較第③層明顯減少，有少量陶片，簡牘188枚。

第⑤層：青灰色土層，厚0.2米，距地表1米，南側有腳窩，包含物有少量竹木片，簡牘795枚。

第⑥層：青灰色土層，厚0.20—0.25米，距地表1.2米，包含物有大量竹編殘器，少量陶片，簡牘333枚。

第⑦層：青灰色土層，厚0.3—0.35米，距地表1.4—1.45米，包含物有大量竹木材質碎片和竹木器，簡牘815枚。

第⑧層：青灰色淤泥層，含沙略多，厚0.57米，距地表1.75米，包含物有大量陶片，簡牘8枚。

第⑨層：青灰色淤泥層，厚0.6—0.65米，距地表2.3米，包含物有大量陶片，簡牘64枚。

第⑩層：深灰色淤泥層，厚1.05—1.1米，距地表2.9—2.94米，包含物有簡牘1枚。

第⑪層：灰黑色土層，黏性强，類似於青膏泥，厚1.53—1.58米，距地表3.98—4.02米，包含物僅見陶井圈殘片。

第⑫層：黄色沙土層，厚2.63米，距地表5.56米，包含物有陶井圈。

二、出土器物

七號井出土器物以簡牘爲大宗，另有部分陶器、石器和金屬器。

（一）陶器

陶器共四十九件，器類有罐、盆、鼎、板瓦、筒瓦、瓦當、空心磚、井圈。均爲泥質灰陶，陶色深灰或青灰，以青灰色占絶大多數。紋飾有繩紋、間斷繩紋、弦紋，繩紋與間斷繩紋多施加於罐、瓦、井圈之上，弦紋多飾於瓦當。

罐　兩件。均爲泥質灰陶。

標本J7⑧：1，方唇，平折沿，沿面略凹，高領，領壁近直，鼓腹，圜底，底部略向上凹，最大徑在腹部偏上。通體飾繩紋，紋飾多已磨損。口徑14.9、腹徑25.4、高27、壁厚0.8厘米（圖五，3；圖版一，3）。標本J7⑧：2，圓唇，平折沿略外斜，高領，領壁弧轉，鼓腹，圜底，最大徑偏下，通體飾繩紋，紋飾多已磨損。口徑12.8、腹徑21.2、高21、壁厚0.7厘米（圖五，4；圖版一，4）。

盆　兩件。

標本J7⑧：9，泥質灰陶，圓唇，平折沿，敞口弧壁，底殘，盆身外壁飾繩紋。口徑42、殘高8.4、厚0.9厘米（圖五，12）。

鼎足　一件。

標本J7⑧：3，泥質灰陶，稍微外撇，呈勺狀，高11、上端寬4.1厘米（圖五，7；圖版一，5）。

板瓦　十二件。

標本J7③：1，泥質陶，青灰色，截面弧形，形態規整，殘損，通體飾繩紋，殘長22.8、寬19.1、厚1.6厘米（圖五，1）。

筒瓦　十七件，均爲殘片（圖版一，6）。

瓦當　十件，均爲泥質灰陶。

標本J7③：4，當面爲圓形，周沿凸起，沿内飾兩周凸弦紋，中間以兩道凸棱分隔，飾對稱卷曲紋與乳釘紋。瓦面飾繩紋，內表粗糙，保留有製作時的切割痕迹。直徑18.2、殘長12.8、厚1.1厘米（圖五，5；圖版一，1）。標本J7⑧：6，當面爲圓形，周沿凸起，沿内飾一周凸弦紋，中間飾卷曲紋與菱形網格紋。直徑15.2、殘長17.6、厚1厘米（圖五，2；圖版二，1）。標本J7⑦：4，當面飾樹紋與雲紋。直徑14.4、殘長12、厚1.3厘米（圖五，13；圖版一，2）。

空心磚　一件。

標本J7⑧：7，泥質陶，胎體呈青灰色，外表呈深灰色。完整形制不明，結構奇特，面平整，另三面有壁，呈「冂」形。内底飾方框紋，正側面和上表面飾層層嵌套的方框圖案，圖案規整。寬23.4、殘高15.5、殘長19、厚2.7厘米（圖五，6；圖版二，2）。

井圈　四件。均爲圓筒形。

標本J7⑪：4，泥質灰陶，通體飾繩紋。直徑96、高42、厚3.5厘米（圖五，10；圖版三，3）。

（二）鐵器

鋌　一件。

標本J7⑪：1，長條形，截面呈圓形，銹蝕。長15.1、直徑0.9厘米（圖五，11；圖版三，1）。

車軎　一組兩件。

標本J7⑪：2—1、J7⑫：2—2，圓筒形，外表有位置相對的方形凸起一對，銹蝕嚴重。直徑5.8、高3、厚1厘米（圖五，8、9；圖版三，2）。

（三）石器

網墜　一件。

標本J7⑨：1，黑色，卵狀，兩側有凹槽以便固定網繩。長徑4.1、寬2.8厘米（圖五，14；圖版二，3）。

（四）簡牘

● 簡牘的收集和前期處理

發掘過程中，在認真收集各類金屬、陶質、石質文物的同時，特別留意包含物中的竹木質文物，形狀近於簡牘者悉數收集。七號井簡牘散亂分布於填土中，收集時根據出土層位，在包裝箱中墊以海綿和保鮮膜，一層簡牘、一層海綿和保鮮膜，按出土順序擺放，並在諮詢文物保護專家關於藥劑種類和用量的意見後，添加蒸餾水和滅菌、防黴藥劑。

室内清理時綜合以往工作經驗，據出土順序逆序裝盤。其中非簡牘竹木質文物占很大比例，清洗時加以甄別。

● 簡牘概況

七號井共出土簡牘2606枚，其中無字簡135枚，削衣占大多數。簡牘保存情况較差，糟朽、降解嚴重，多殘斷和縱向開裂，綴合和復原的難度很大。

完整簡牘一般長23厘米，部分簡有兩道或三道編繩，無法分辨先編聯後書寫還是先書寫後編聯。檢、楬類長10厘米左右，厚度不一。槧材加工多不規範。簡牘文字均爲毛筆墨書，墨痕較淡。多爲習字簡，筆迹稚拙者多見。

● 簡牘内容

簡牘内容多爲西漢前期益陽縣衙署公文文書，具體記録了當時長沙國轄下益陽縣、鄉、村里行政運作以及官吏、民衆的日常生活，是當時基層社會的實録。

簡牘公文記録有明確的年月和朔日干支，簡J7⑤壹184+J7⑦26+J7⑦38+J7⑦676「十一年八月甲申朔辛亥」，查張培瑜先生《根據新出曆日簡牘試論秦和漢初的曆法》，該年是漢高祖十一年（前一九六年），是簡牘中出現的最早的年份。簡J7⑦525「七月己亥朔」，應是景帝前元五年（前一五二年），是紀年簡中最晚的年份。這些紀年簡框定了七號井簡牘産生的時間。綜合簡文可知，西漢初年長沙國及益陽縣行政、官吏建置。簡J7⑥7、J7⑦48等記録長沙國設丞相、御史、中尉、郎中、少内，益陽縣吏員有縣令（嗇夫）、丞（守丞、行丞）、

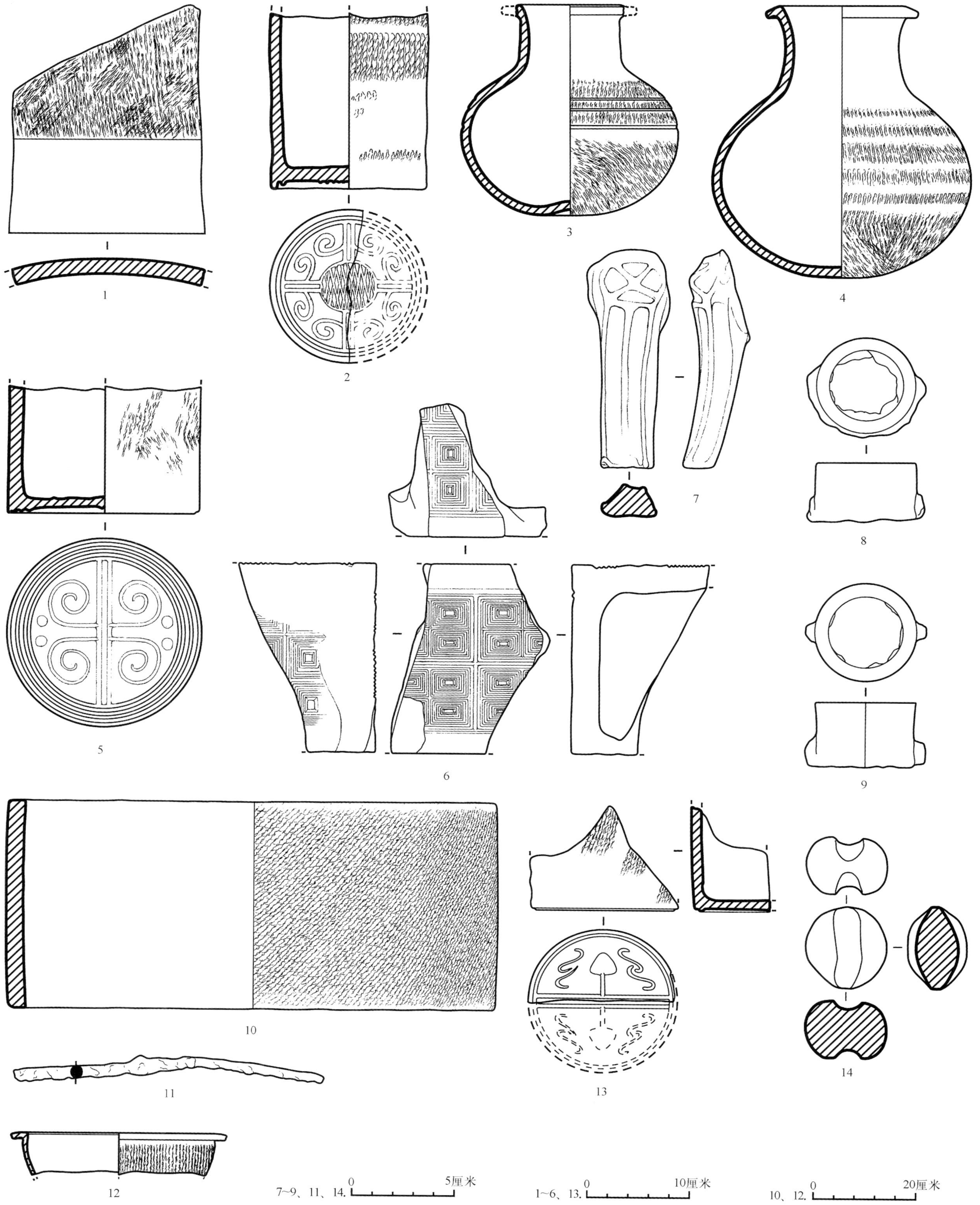

圖五　J7 出土器物圖

1. 板瓦（J7③：1）　2. 瓦當（J7⑧：6）　3. 陶罐（J7⑧：1）　4. 陶罐（J7⑧：2）　5. 瓦當（J7③：4）
6. 空心磚（J7⑧：7）　7. 陶鼎足（J7⑧：3）　8. 鐵車軎（J7⑪2–1）　9. 鐵車軎（J7⑪2–2）　10. 井圈（J7⑪：4）
11. 鐵鋌（J7⑪：1）　12. 陶盆（J7⑧：9）　13. 瓦當（J7⑦：4）　14. 網墜（J7⑨：1）

尉、少內（嗇夫）、令史、小史等，另有髳長、校長。縣廷分曹理事，有倉曹、户曹、吏曹、尉曹、（獄）東曹、（獄）西曹等。益陽下轄五鄉：都鄉、陽馬鄉、上資鄉、下資鄉、潙陵鄉，鄉由鄉嗇夫管理。驛亭有潙陵亭、兼亭等。鄉下設里，有成里、黄里、莊里等。簡J7⑤壹170、J7⑦320+J7⑦391中有「丞相蒼」，應是長沙國丞相軑侯利蒼。簡J7④3「益陽學童成里」記録學童由縣府管理，簡J7①1「駹駓騂（騂）□騏驖騅駱魌隗甈□□匱▨」可能是當時流行的字書的佚文，簡J7⑤壹328+J7⑤貳27+J7⑦41是九九表以及數量衆多的習字簡，是當時人們學習過程的遺留。另有私人書信十餘件，簡J7④30+J7④43是私人信件，有「獻書」字樣，應是朋友間的書信往來或贈送書籍，當與惠帝獻書令無涉。簿籍文書有户籍和徒隸作簿，户籍中包含民爵，徒隸作簿是刑徒和奴隸的安排及工作記録。簡文也簡略涉及祭祀活動。

三、結　語

漢代益陽縣爲現益陽市赫山區和資陽區，地處湘西北與長沙地區的交通要衝。益陽是湖南境内最早設置的縣份之一，荊門包山二號墓簡83「益陽公」是楚國益陽縣之縣公[一]，九號井出土簡牘明確了兔子山遺址是楚益陽（縣）公治所[二]，里耶秦簡8 147等記載有「益陽」[三]，《漢書·高帝紀》記載漢高祖五年（前二〇二年）「以長沙、豫章、象郡、桂林、南海立番君芮爲長沙王」，益陽爲長沙國轄縣。

七號井開鑿時間無疑早於紀年簡中最早的漢高祖十一年，使用、廢弃的時間應當與簡文中體現的時間大致相當，出土的高領圜底陶罐特徵明顯，製作時間可能在楚國晚期；空心磚、板瓦、筒瓦、瓦當等建築材料與簡牘文書可以證實該遺址是西漢初年益陽縣衙署所在。七號井簡牘與九號井簡牘、里耶秦簡年代緊密銜接，其形制、公文格式繼承秦制，但簡牘材質選擇多樣、墨色濃淡紛呈、書寫不規範（或説草率），反映了秦末農民戰爭、楚漢戰爭兵燹離亂之後，新政權建立，百廢待舉之時的匆忙與權宜。

荊州文物保護中心吴順清先生、方北松先生親到現場指導竹木器和簡牘的處理與保護，在此謹致謝忱。

參與發掘人員：張興國　周創華　曹　偉　鄧建强　陽承良　熊有志
談國鳴　潘茂輝　匡立球　張朝輝　唐釗軻等
領　　隊：張春龍
測　　量：徐佳林
器物修復：易萬春　杜林慧　汪華英等
繪　　圖：羅　希　李　順
攝　　影：楊　町
簡牘室内保護：周西璧　劉　娜　屈　鳳　周西黛
釋　　文：張春龍　楊先雲
執　　筆：張春龍　楊先雲
〔一〕湖北省荊沙鐵路考古隊：《包山楚簡》，文物出版社，一九九一年，第三五四頁。
〔二〕湖南省文物考古研究所等：《湖南益陽兔子山遺址九號井發掘簡報》，《文物》二〇一六年第五期，第四十七頁。
〔三〕湖南省文物考古研究所：《里耶秦簡（壹）》，文物出版社，二〇一二年，第三十五頁。

圖版一

1. J7 ③：4 瓦當

2. J7 ⑦：4 瓦當

3. J7 ⑧：1 陶罐

4. J7 ⑧：2 陶罐

5. J7 ⑧：3 陶鼎足

6. J7 ⑧：4 筒瓦

1. J7⑧：6 瓦當

2. J7⑧：7 空心磚

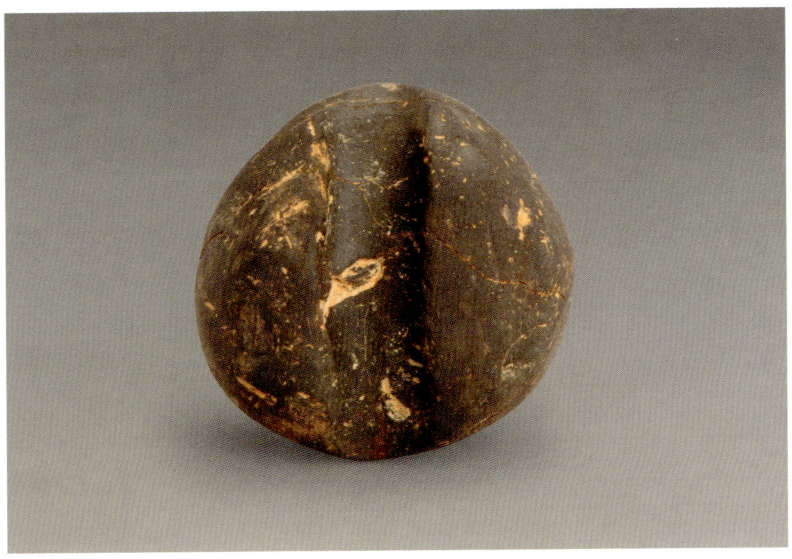

3. J7⑨：1 石網墜

圖版三

1. J7 ⑪：1 鐵鋌

2. J7 ⑪：2 鐵車軎

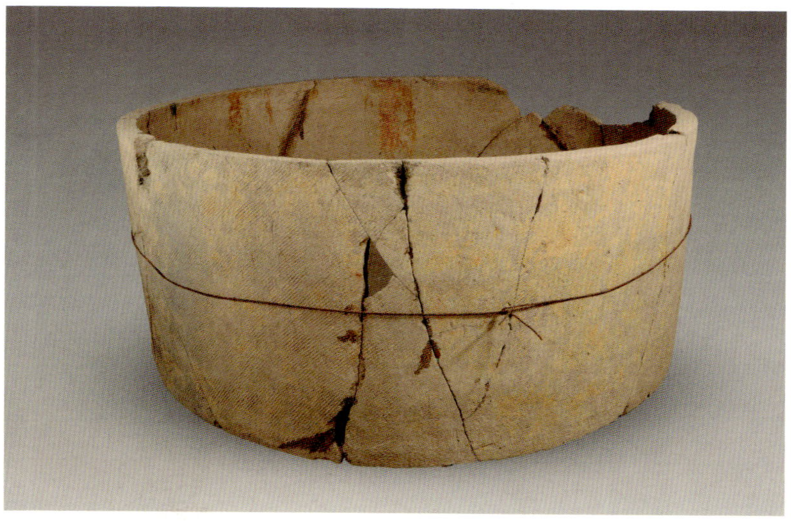

3. J7 ⑪：4 陶井圈

附　表

益陽兔子山七號井西漢簡牘綴合一覽表

序號	綴合編號	序號	綴合編號	序號	綴合編號	序號	綴合編號
1	①2+④47	23	⑤壹158+⑤壹30	45	⑤貳159+⑤貳160+⑤貳161+⑤貳162+⑤貳163	67	⑦92+⑦84
2	④54+②14	24	⑤壹96+⑤壹137+⑤壹100	46	⑤貳168+⑤貳170+⑤貳167	68	⑦717+⑦161
3	②69+③154	25	⑤壹103+⑤壹106	47	⑤貳178+⑤貳185	69	⑦725+⑦163
4	②98+②111	26	⑤壹131+⑤壹129	48	⑤貳184+⑦15	70	⑦206+⑦290
5	③15+③69	27	⑤壹193+⑤壹194+⑤壹182	49	⑤貳187 +⑦33	71	⑦239+⑦271
6	③16+③65	28	⑤壹325+⑤壹207+⑤壹199+⑤壹261+⑤壹183	50	⑦10+⑤貳188	72	⑦309+⑦308
7	③35+③128	29	⑤壹184+⑦26+⑦38+⑦676	51	⑥8+⑦11	73	⑦315+⑦322
8	④19+③36+③125	30	⑤壹186（遥綴）+⑤壹256+⑤壹387+⑤壹262+⑤壹260+⑤壹324	52	⑥37+⑦49+⑥26	74	⑦319+⑦321
9	③170+③40	31	⑤壹258+⑤壹198+⑤貳182	53	⑥39+⑥28	75	⑦320+⑦391
10	③155+③49	32	⑥46+⑤壹200	54	⑥35+⑦56	76	⑦384+⑦388
11	③60+③81	33	⑤壹323+⑤壹266+⑤壹205	55	⑥36+⑥57	77	⑦658+⑦652
12	③67+③63	34	⑤壹208+⑤壹381+⑤壹382	56	⑥52+⑦69+⑦70	78	⑦669+⑦665
13	③94+③104	35	⑤壹230+⑤壹238	57	⑥107 +⑥96	79	⑦729+⑦715
14	④155+③113+③97	36	⑤壹342+⑤壹232	58	⑥105+⑥108	80	⑦722+⑦752
15	③186+③188	37	⑤壹251+⑤壹344	59	⑥217+⑥235	81	⑦757+⑦789
16	④10+④53	38	⑤壹313+⑤壹301	60	⑥242+⑥243	82	⑦762+⑦777
17	④30+④43	39	⑤壹328（遥綴）+⑤貳27+⑦41	61	⑥265+⑥305+⑥271	83	⑦771+⑦767
18	④82+④84	40	⑤壹404+⑤壹406	62	⑥266+⑥270+⑥278	84	⑦797+⑦792
19	④102+④103	41	⑤貳54+⑤貳55	63	⑦1+⑦2	85	⑨18+⑨19
20	④118+④119	42	⑤貳68+⑤貳71	64	⑦19+⑦37	86	⑨36+⑨47
21	④128+④129	43	⑤貳108+⑤貳116	65	⑦42+⑦34		
22	④157+④164	44	⑤貳242+⑤貳145	66	⑦51+⑦72		

後記

兔子山遺址是戰國秦漢時益陽縣縣治所在地，故城城廓至今猶存。長沙易盛達置業有限公司獲得遺址區域開發權，二〇一三年春，益陽市文物考古研究所（時益陽市文物處）對建設開發地塊進行搶救性發掘，五月二十八日三號井出土簡牘，報告湖南省文物局，湖南省文物局委托湖南省文物考古研究所主持後續發掘工作，同時上報國家文物局。

六月一日，湖南省文物考古研究所高成林、張春龍同往兔子山遺址，高先生在此後的發掘、文物保護、整理工作管理協調、兔子山遺址參評十大考古發現資料準備等工作中傾力相助。

後續的考古工作由張春龍、張興國主持。益陽市文物處曹偉先生、周創華先生帶領考古隊辛苦工作已三個月，合同商定的時間已到期，易盛達公司調整、延後施工進場時間，保證了考古發掘有序進行。

兔子山遺址考古發掘證書爲中華人民共和國考古發掘證照考執字（2013）第374號。

六月四日，荆州文物保護中心吴順清先生、方北松先生到達發掘現場，就出土簡牘文物現場保護給出指導性意見。

六月十一、十二日，經益陽市文物處鄧建强先生聯繫安排，湖南城市學院先後有十二位同學義務參與，分揀文物。

發掘期間，湖南省文物局陳遠平局長、文物處領導熊建華、陳立文，湖南省文物考古研究所郭偉民所長、顧海濱副所長等多次到工地檢查、督促工作。

七月十一日，湖南省文物局文物處熊建華處長召集會議，在銅官窑基地討論遺址原地保護事宜，參加者有劉彬徽先生、高至喜先生、金則恭先生、熊傳薪先生、宋少華先生、喻燕姣女史和益陽市文物處領導。與會專家均贊成遺址原址保護，爲益陽市人民政府決定原址保護遺址提供了參考意見。

七月二十一日，兔子山遺址考古發掘及出土簡牘保護論證會在銅官窑基地召開，郭偉民所長主持。參會者有：中國文化遺産研究院胡平生研究員、中國人民大學國學院王子今教授、北京大學考古文博學院趙化成教授、武漢大學簡帛研究中心陳偉教授、中國社會科學院考古研究所朱巖石研究員、中國國家博物館信立祥研究館員、陝西省文物考古研究所焦南峰研究員、荆州文物保護中心方北松研究員。大家分析了兔子山遺址發掘工作得失，爲下一步工作提出具體建議，全面系統地探明古城的文化內涵及其與周邊遺迹、墓葬、道路設施的關係，探討簡牘發現的學術價值和社會影響，明確了簡牘的保護整理方案。

二〇一四年三月，荆州文物保護中心方北松先生主持制訂完成《湖南益陽兔子山遺址飽水簡牘及竹木器保護修復方案》，並獲得國家文物局批准，簡牘保護工作依照《方案》如期展開。

七號井位於遺址西北部，現場負責人鄧建强先生，發掘時間二〇一三年六月七日至七月二十四日。天氣炎熱，發掘現場的臨時庫房極其簡陋，不利於簡牘等有機質文物的存放。此時湖南省文物考古研究所銅官窑基地建成不久，顧海濱副所長支持簡牘整理保護工作，將基地植物實驗室移作簡牘工作室。簡牘文物及時運送至基地實驗室，執行運送工作的是保衛干事陳登高。

至二〇一七年，出土簡牘保護工作基本完成。

二〇一八年八月十日至二十四日，中國人民大學歷史學院張忠煒教授、劉自穩博士和研究生田歌、汪蓉蓉、楊霜、張桑田等師生至銅官窑工作基地，參與七號井簡牘研讀會，對釋文校訂、簡牘綴合等方面進行探討，貢獻多多，提升了本書的整理質量。

二〇一八年十一月三日至四日，湖南省文物考古研究所主辦、「出土文獻與中國古代文明研究協同創新中心」中國人民大學中心承辦的「《益陽兔子山遺址七號井出土簡牘》審稿會」召開，地點在北京海淀區湖北大厦四樓大別山廳。參加人員有：臺灣「中研院」歷史語言研究所邢義田先生，中國文化遺產研究院胡平生研究員、劉紹剛研究員，中國社會科學院歷史研究所鄔文玲研究員，清華大學出土文獻研究與保護中心李均明研究員，復旦大學出土文獻與古文字研究中心陳劍教授、施謝捷教授、郭永秉教授，北京大學歷史系陳侃理研究員，中國政法大學徐世虹教授，中國人民大學國學院王子今教授、歷史學院孫家洲教授、張忠煒教授和劉自穩博士、汪蓉蓉等在讀碩士生，湖南省文物考古研究所張春龍、楊先雲、楊英。

新疆維吾爾自治區吐魯番文物局蘆韜研究員、重慶師範大學歷史社會學院碩士生陳占欣參加了第五稿校對工作。

基地管理員陳登高、楊如、黃子仁對簡牘實驗室的維護工作多有貢獻。

考古發掘參加人員： 參見《發掘報告》

清洗、測量、紅外掃描： 周西璧　劉　娜　屈　鳳　周西黛

彩色拍照： 楊　町　易新博　丁　潔　黃仁芳

簡牘保護： 方北松　陳樹仁　汪南桂（荊州文物保護中心）

張曉英（湖南省文物考古研究院考古科技與實驗研究中心）

簡牘綴合： 汪蓉蓉　楊先雲　劉自穩

編　著： 張春龍　楊先雲

圖書在版編目（CIP）數據

益陽兔子山七號井西漢簡牘 / 湖南省文物考古研究院，益陽市文物考古研究所，中國人民大學歷史系編著.
—上海：上海古籍出版社，2023.12
ISBN 978－7－5732－0592－6

Ⅰ. ①益… Ⅱ. ①湖… ②益… ③中… Ⅲ. ①簡（考古）—研究—益陽—西漢 Ⅳ. ①K877.54

中國國家版本館CIP數據核字（2023）第010279號

責任編輯：顧莉丹
封面設計：嚴克勤
技術編輯：耿瑩禕

益陽兔子山七號井西漢簡牘（全二册）

湖南省文物考古研究院
益陽市文物考古研究所 編著
中國人民大學歷史系

上海古籍出版社出版發行
（上海市閔行區號景路159弄1-5號A座5F 郵政編碼201101）
（1）網址：www. guji. com. cn
（2）E-mail：guji1 @ guji. com. cn
（3）易文網網址：www. ewen. co
上海雅昌藝術印刷有限公司印刷
開本787×1092 1/8 印張54.5 插頁8
2023年12月第1版 2023年12月第1次印刷
ISBN 978－7－5732－0592－6
K・3324 定價：1800.00元